中國水力發電年鑒

同心铸就 · 服务水电

2006 年 9 月 9 日，中共中央总书记、国家主席胡锦涛视察新疆恰甫其海水库大坝及道路工程

2006年4月8日，中共中央政治局常委、国务院总理温家宝与柬埔寨总理洪森共同出席中国水利水电建设集团公司承建的柬埔寨甘再水电站项目启动揭幕仪式

2006年8月25日，中共中央政治局常委李长春到拉西瓦水电站视察

2006 年 11 月 26 日，中共中央政治局委员、国务院副总理曾培炎视察向家坝水电站工程

2006 年 11 月 6 日，中共中央政治局委员、国务院副总理回良玉（左）出席淮河临淮岗洪水控制工程建成仪式并为工程揭牌

2006年5月1日，水利部部长汪恕诚视察四川紫坪铺水利枢纽工程

2006年9月27日，国务院南水北调办公室主任张基尧视察南水北调中线穿黄一标工程

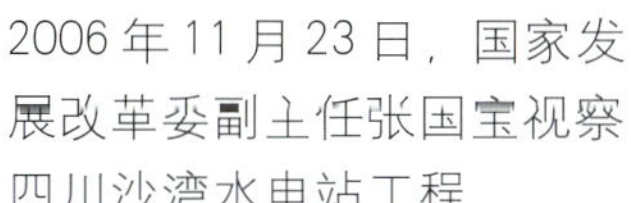

2006年11月23日，国家发展改革委副主任张国宝视察四川沙湾水电站工程

2006 年 11 月 26 日，装机容量 600 万 kW 的金沙江向家坝水电站开工典礼在工地举行

2006 年 4 月 15 日，装机容量 420 万 kW 的黄河拉西瓦水电站工程开工典礼在工地举行

装机容量1260万kW的溪洛渡水电站正在加紧建设，图为流光溢彩的溪洛渡工地之夜

溪洛渡水电站左岸导流洞施工现场

瀑布沟工地全貌鸟瞰

向家坝左岸

黄河拉西瓦水电站大坝工程施工全景

施工中的向家坝水电站马延坡及太平料厂砂石加工系统工程

三峡大坝全景

广西龙滩水电站大坝工程施工夜景

云南小湾水电站地下厂房工程

李家峡水电站工程获2006年度中国建筑工程鲁班奖

淮河入海水道淮安枢纽工程获2006年度中国建筑工程鲁班奖

龙滩水电站世界首台 70 万 kW 空冷式水轮发电机组转子吊装成功

三峡水电站右岸 22 号 70 万 kW 机组定子吊装

三板溪水电站

二滩水电站大坝泄洪

施工中的南水北调中线丹江口大坝加高工程

贵州光照水电站全断面碾压混凝土大坝雄姿初现

700m级高陡边坡及堆积体开挖与锚固施工技术在小湾水电站施工中应用获中国电力科技进步一等奖

四川沙牌碾压混凝土拱坝筑坝配套技术研究获国家科技进步二等奖

中国水利水电建设集团承建的苏丹麦洛维水电工程

中国水利水电建设集团承建的埃塞俄比亚泰可泽水电工程

全国 2006 年装机容量

万 kW

地域 \ 项目	总装机容量	水　电	火　电	核　电	风　电
中国大陆	62369.8	13029.2	48382.2	684.6	207.3
中国台湾	3459.8	451.0	2493.9	514.4	0.5
合　计	65829.6	13480.2	50876.1	1199.0	207.8

注：1.总装机容量数据还包括太阳能、潮汐、柴油等其他能源发电装机容量。
2.未含香港、澳门数据。

全国 2006 年装机容量结构图

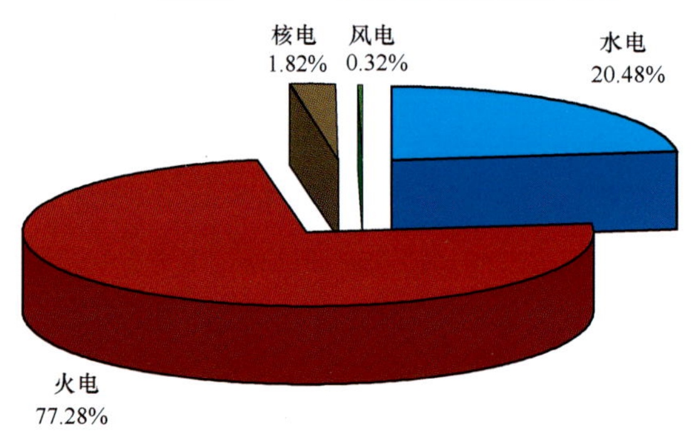

全国 2006 年年发电量

亿 kW·h

地域 \ 项目	总发电量	水　电	火　电	核　电	风　电
中国大陆	28498.55	4147.69	23741.46	548.44	28.45
中国台湾	1812.46	59.69	898.77	379.39	
合　计	30311.01	4207.38	24120.85	927.83	

注：1.总发电量数据还包括其他能源发电量 32.51 亿 kW · h。
2.未含香港、澳门数据。

全国 2006 年年发电量结构图

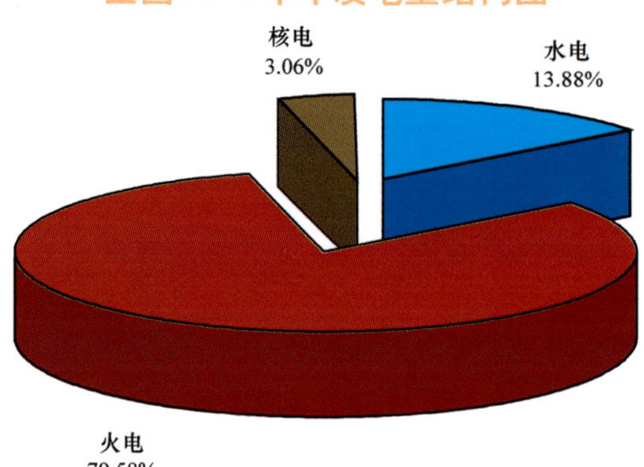

资料来源：中国大陆资料来源于中国电力企业联合会。中国台湾资料来自台湾电力公司。

注：未含香港、澳门数据。

全国历年水电装机容量增长情况表

万kW

年 份	中国大陆	台湾省	全国合计	新增装机容量	年 份	中国大陆	台湾省	全国合计	新增装机容量
1949	36.0	18.0	54		1978	1727.7	139.2	1867	153.9
1950	36.2	22.1	58	4.3	1979	1911.0	139.2	2050	183.3
1951	37.8	(24.0)	(62)	(3.5)	1980	2031.8	138.6	2170	120.2
1952	38.5	(27.0)	(66)	(3.7)	1981	2193.3	138.7	2332	161.6
1953	53.0	(30.0)	(83)	(17.5)	1982	2295.9	138.7	2435	102.6
1954	60.6	33.0	94	10.6	1983	2416.5	143.1	2560	125.0
1955	69.5	(34.0)	(104)	(9.9)	1984	2560.0	148.0	2708	148.4
1956	91.4	(36.0)	(127)	(23.9)	1985	2641.5	248.9	2890	182.4
1957	101.9	(38.0)	(140)	(12.5)	1986	2754.2	256.4	3011	120.2
1958	121.6	(40.0)	(162)	(21.7)	1987	3019.3	255.8	3275	264.5
1959	162.0	(42.0)	(204)	(42.4)	1988	3269.8	255.8	3526	250.5
1960	194.1	44.8	239	34.9	1989	3458.3	256.2	3715	188.9
1961	233.3	(47.0)	(280)	(41.4)	1990	3604.6	256.2	3861	146.3
1962	237.9	53.8	292	11.4	1991	3788.3	256.2	4045	183.7
1963	243.0	(56.0)	(299)	(7.3)	1992	4068.1	257.7	4326	281.3
1964	268.3	(59.0)	(327)	(28.3)	1993	4489.3	257.7	4747	421.2
1965	302.2	62.8	365	37.5	1994	4906.1	364.8	5271	523.9
1966	363.8	(65.0)	(429)	(64.0)	1995	5218.4	418.3	5637	365.8
1967	383.9	(67.0)	(451)	(22.1)	1996	5557.8	428.8	5987	349.9
1968	438.8	(70.0)	(509)	(57.9)	1997	5972.6	428.8	6401	414.8
1969	505.3	72.2	578	68.7	1998	6506.5	442.2	6949	547.3
1970	623.5	90.1	714	136.1	1999	7297.1	442.2	7739	790.6
1971	780.4	(96.0)	(876)	(162.8)	2000	7935.2	442.2	8377	638.1
1972	870.0	113.1	983	106.7	2001	8300.6	442.2	8743	365.4
1973	1029.9	113.2	1143	159.9	2002	8607.4	451.1	9059	315.7
1974	1181.7	136.5	1318	175.2	2003	9489.6	451.1	9941	882.2
1975	1342.8	136.5	1479	161.1	2004	10524.2	451.0	10975	1034.5
1976	1465.5	136.5	1602	122.7	2005	11738.8	451.0	12190	1214.6
1977	1576.5	136.5	1713	111.0	2006	13029.2	(451.0)	(13480.2)	(1290.4)

资料来源：2005年及以前的资料来源于《中国水力发电年鉴》第十卷；2006年中国大陆资料来源于中国电力企业联合会；2006年台湾省数据沿用上年数据。

注：1.() 内数据表示缺当年资料，用上、下数据插补得出或沿用上年数据。

2.未含香港、澳门数据。

全国历年水电年发电量增长情况表

亿kW·h

年 份	中国大陆	台湾省	全国合计	年增率 (%)	年 份	中国大陆	台湾省	全国合计	年增率 (%)
1949	12.0	6.0	18		1978	446.3	49.7	496	−4.0
1950	13.2	9.7	23	27.2	1979	501.2	45.7	547	10.3
1951	14.9	(10.0)	(25)	(8.7)	1980	582.1	29.3	611	11.8
1952	18.3	(12.0)	(30)	(21.7)	1981	655.5	47.9	703	15.1
1953	25.5	(14.0)	(40)	(30.4)	1982	744.0	47.8	792	12.6
1954	32.0	15.6	48	20.5	1983	863.6	49.9	913	15.4
1955	34.0	(16.6)	(51)	(6.3)	1984	867.8	44.3	912	−0.2
1956	47.1	(17.0)	(64)	(26.7)	1985	923.7	69.3	993	8.9
1957	48.2	(18.0)	(66)	(3.3)	1986	944.8	74.2	1019	2.6
1958	41.1	(19.0)	(60)	(−9.2)	1987	1002.3	71.2	1073	5.3
1959	43.6	(20.0)	(64)	(5.8)	1988	1091.8	61.5	1153	7.4
1960	74.1	20.6	95	48.9	1989	1184.5	66.8	1251	8.5
1961	74.1	(21.1)	(95)	(0.5)	1990	1263.5	81.9	1345	7.5
1962	90.4	21.6	112	17.6	1991	1248.4	55.1	1303	−3.1
1963	86.9	(23.0)	(110)	(−1.9)	1992	1314.7	83.5	1398	7.3
1964	106.0	(24.0)	(130)	(18.3)	1993	1516.0	67.2	1583	13.2
1965	104.1	24.4	129	−1.2	1994	1667.9	88.9	1757	11.0
1966	126.2	(25.0)	(151)	(17.7)	1995	1867.7	88.8	1956	11.4
1967	131.4	(27.0)	(158)	(4.8)	1996	1869.2	90.4	1960	0.2
1968	115.0	(28.0)	(143)	(−9.7)	1997	1945.6	95.7	2041	4.2
1969	160.1	30.5	191	33.3	1998	243.0	106.1	2149	5.3
1970	204.6	26.4	231	21.2	1999	2129.3	89.4	2219	3.2
1971	250.6	(30.0)	(281)	(21.5)	2000	2431.3	78.5	2510	13
1972	288.2	34.2	322	14.9	2001	2611.1	82.3	2693	7.3
1973	389.0	34.0	423	31.2	2002	2745.7	57.9	2804	4.1
1974	414.4	47.1	461	9.1	2003	2813.3	64.3	2878	2.6
1975	476.3	52.6	529	14.6	2004	3309.9	59.7	3370	17.1
1976	456.4	42.8	499	−5.6	2005	3964.0	59.7	4024	19.4
1977	476.5	40.2	517	3.5	2006	4147.7	(59.7)	(4207)	(4.5)

资料来源：2005年及以前的资料来源于《中国水力发电年鉴》第十卷；2006年中国大陆资料来源于中国电力企业联合会；2006年台湾省数据沿用上年数据。

注：1.() 内数据表示缺当年资料，用上、下数据插补得出或沿用上年数据。

2.未含香港、澳门数据。

2006

中国水力发电年鉴

李锐

第十一卷

中国水力发电工程学会 主办
中国水力发电年鉴编辑部 编纂

中国电力出版社

二〇〇七年·北京

图书在版编目（CIP）数据

中国水力发电年鉴．第11卷，2006/中国水力发电工程学会编．—北京：中国电力出版社，2007
ISBN 978-7-5083-6660-9

Ⅰ．中…　Ⅱ．中…　Ⅲ．水利电力工业-中国-2006-年鉴　Ⅳ．F426.61-54

中国版本图书馆CIP数据核字（2008）第002381号

中国电力出版社出版、发行
（北京三里河路6号　100044　http：//www.cepp.com.cn）
北京盛通印刷股份有限公司印刷
各地新华书店经售
*
2007年12月第一版　2007年12月北京第一次印刷
787毫米×1092毫米　16开本　47.75印张　1585千字　10插页
印数0001—4000册　定价**258.00**元

《中国水力发电年鉴》第十一卷
编 纂 委 员 会

管　毅（中国大唐集团公司）

白学桂（中国华电集团公司）

汪　昱（中国国电集团公司）

杜永昌（中国水利水电建设集团公司）

杨　军（中国葛洲坝集团公司）

郑桂斌（中国人民武装警察部队水电指挥部）

于　翔（水利部农村水电及电气化发展局）

（以下以姓氏笔划为序）

王　芳　王　鹏　王中礼　王阳平　卢可源

石　岺　申满斌　吕槐青　孙林智　李小湄

李开海　李庆云　李向阳　刘　淑　刘丽丽

乔仁贵　乔建平　许松林　朱家鹏　朱斌锋

陈　星　陈　勇　陈念水　陈洪治　何启华

何琴雯　苏伯林　余小波　张　建　张　雁

张文俊　张红权　张亚力　张俊华　范志林

范建朋　单思超　郑丽英　胡耀斌　姚栓喜

高仲平　郭惠民　唐　兰　唐　勇　徐家鑫

程　平　蒋志青　曾　浩　檀雅华

《中国水力发电年鉴》第十一卷
编辑出版工作人员

主　　编　郦凤山

副 主 编　黄景湖　王东棣　毛亚杰　李　新　任景怀

技术编辑　蔡明昌　常兆堂

编　　务　王　玉　胡丹蓉　王幼春

终　　审　刘广峰　丁　雁

复　　审　杨伟国　姜　萍

责任编辑　谭学奇　韩世韬　张　敏

美术设计　杨晓东

版式设计　张秋雁

责任校对　刘振英　黄　蓓

出版印刷　邹树群

编　辑　说　明

（一）《中国水力发电年鉴》属专业性行业年鉴，主要面向全国水电行业从事规划、勘测、设计、施工、科研、咨询、建设管理、设备制造、生产运行、院校教育的工程技术人员、师生和各级有关领导与专家。

（二）本卷年鉴的资料时段为2006年，按序排列为第十一卷。框架结构由篇目、栏目、条目三个层次组成，共编列18个篇目、56个栏目、441个条目。每个篇目均以隔页列出，栏目、条目名称分别用通栏、双栏并铺以不同的网底印出，以示醒目。

（三）本卷年鉴的编辑工作，以邓小平理论和“三个代表”重要思想为指导，贯彻落实科学发展观，按照国家大力有序开发水电的方针，力求全面、真实地反映2006年我国水电行业各方面所取得的成就和技术进步，做到“大事不漏、小事不上”，更好地服务于水电行业。

（四）本卷年鉴聘请了一些专家帮助组稿，内容丰富；但框架结构保持相对稳定，编列的篇目为最基本的专题，只在“国际合作与技术交流”篇目设置了两个国际会议栏目和在“机电及金属结构”篇目设置“综述”栏目，以反映相关的内容。鉴于风力发电、南水北调与水力发电有相关之处，水电行业许多单位都涉及，本卷年鉴对风电开发和南水北调建设的情况也列了栏目。

（五）本卷年鉴实行文责自负，各条目的内容、数据、插图等均由撰稿人核对无误并由单位有关部门审定、核实。

（六）本卷年鉴编辑实行主编负责制。主编负责总体框架结构设计、征询意见、组稿与初审等工作；各篇目的编辑负责稿件的征集、修改、编排、整理。

“特载”、“水能及风能开发”篇目由邴凤山、蔡明昌编辑；“大中型水电工程”、“水工设计”篇目由黄景湖编辑；“工程勘测”、“土建施工”、“水电建设管理”、“环境保护与水库移民”、“水电工程的综合效益”篇目由王东棣编辑；“机电及金属结构”、“技术标准与水电新书”、“水电站生产运行”篇目由常兆堂编辑；“国际合作与技术交流”篇目由常兆堂、任景怀编辑；“科学研究与技术创新”、“农村水电及电气化”篇目由蔡明昌编辑；“机构及学术团体”、“统计资料”、“大事记”篇目由黄景湖、邴凤山、王东棣编辑。另外，英文目录由张晶晶翻译。

（七）《中国水力发电年鉴》始终坚持政治的严肃性，历史的准确性，内容的全面性、科学性、实用性和连续性，对历史负责，对后人负责。编辑过程中力求资料翔实、语言规范、文字精练。但由于水平所限，不妥、疏漏甚至错误之处在所难免，敬请广大读者批评指正。

联系地址：北京市宣武区白广路二条1号中国水力发电工程学会《中国水力发电年鉴》编辑部，邮编：100761。

《中国水力发电年鉴》主编

郦凤山

2007.12

篇　目

目　　录

3 大中型水电工程

4 工程勘测

5 水工设计

6 土建施工

7 机电及金属结构

8 科学研究与技术创新

9　国际合作与技术交流

10 技术标准与水电新书

11 水电建设管理

12 水电站生产运行

13 环境保护与水库移民

14 水电工程的综合效益

15 农村水电及电气化

16 机构及学术团体

17 统计资料

18 大事记

CONTENTS

Chapter 1 Specials

Chapter 2 Hydropower and Wind Power Development

Chapter 3 Large and Medium-Sized Hydropower Projects

Chapter 4 Projects Investigation

Chapter 5 Hydraulic Structure Design

Chapter 6 Civil Works & Construction

Chapter 7 Electro-Mechanical Equipment & Metal Structure

Chapter 8 Scientific Research and Technical Innovation

Chapter 9 International Cooperation & Technology Exchange

Chapter 10 Technical Norms and Book Publication

Chapter 11 Management of Hydropower Construction

Chapter 12 Production and Operation of Hydropower Stations

Chapter 13 Environment Protection and Resettlement of Reservoir Area Residents

Chapter 14 Comprehensive Benefits of Hydropower Projects

Chapter 15 Rural Hydropower Projects and Rural Electrification

Chapter 16 Organizations and Academic Societies

Chapter 17 Statistics Information

Chapter 18 Chronicle

彩 色 插 页 目 录

1

特　　载

重　要　文　件

中共中央、国务院关于实施科技规划纲要增强自主创新能力的决定

为抓住和用好本世纪头20年发展的重要战略机遇期，坚持以邓小平理论和“三个代表”重要思想为指导，贯彻党的十六大和十六届三中、四中、五中全会精神，全面落实科学发展观，组织实施《国家中长期科学和技术发展规划纲要（2006—2020年）》（以下简称《规划纲要》），增强自主创新能力，努力建设创新型国家，特作如下决定。

一、实施《规划纲要》，努力建设创新型国家

科学技术是第一生产力，是推动人类文明进步的革命力量。进入21世纪，科学技术发展日新月异，科技进步和创新愈益成为增强国家综合实力的主要途径和方式，依靠科学技术实现资源的可持续利用、促进人与自然的和谐发展愈益成为各国共同面对的战略选择，科学技术作为核心竞争力愈益成为国家间竞争的焦点。我国已进入必须更多依靠科技进步和创新推动经济社会发展的历史阶段。科学技术作为解决当前和未来发展重大问题的根本手段，作为发展先进生产力、发展先进文化和实现最广大人民群众根本利益的内在动力，其重要性和紧迫性愈益凸显。按照党的十六大要求，国务院在充分调查研究的基础上组织制定了《规划纲要》。这一纲要立足国情、面向世界，以增强自主创新能力为主线，以建设创新型国家为奋斗目标，对我国未来15年科学和技术发展作出了全面规划与部署，是新时期指导我国科学和技术发展的纲领性文件。

中央确定，全面实施《规划纲要》，经过15年努力，到2020年使我国进入创新型国家行列。建设创新型国家，核心就是把增强自主创新能力作为发展科学技术的战略基点，走出中国特色自主创新道路，推动科学技术的跨越式发展；就是把增强自主创新能力作为调整产业结构、转变增长方式的中心环节，建设资源节约型、环境友好型社会，推动国民经济又快又好发展；就是把增强自主创新能力作为国家战略，贯穿到现代化建设各个方面，激发全民族创新精神，培养高水平创新人才，形成有利于自主创新的体制机制，大力推进理论创新、制度创新、科技创新，不断巩固和发展中国特色社会主义伟大事业。

实施《规划纲要》，建设创新型国家，是全面落实科学发展观、开创社会主义现代化建设新局面的重大战略举措。这必将有利于提升我国自主创新能力和增强国家核心竞争力，改变关键技术依赖于人、受制于人的局面；必将有利于转变发展观念、创新发展模式、提高发展质量，加快推进新型工业化的步伐；必将有利于弘扬以爱国主义为核心的民族精神和以改革创新为核心的时代精神，大大增强民族自信心和凝聚力，促进全面建设小康社会宏伟目标的实现和中华民族的伟大复兴。全党同志特别是各级领导干部务必深刻认识建设创新型国家的极端重要性和紧迫性，切实把完成这项任务作为关系全局的大事抓紧抓好。

二、坚持自主创新，全面提升国家竞争力

新时期我国科学技术发展的指导方针是：自主创新、重点跨越、支撑发展、引领未来。这一方针，是我国半个多世纪科技事业发展实践经验的概括总结，是面向未来、实现中华民族伟大复兴的重要抉择，必须贯穿于我国科技事业发展的全过程。

从现在起到2020年，我国科学和技术发展要以提升国家竞争力为核心，实现以下重要目标：一是掌握一批事关国家竞争力的装备制造业和信息产业核心技术，使制造业和信息产业技术水平进入世界先进行列。二是农业科技整体实力进入世界前列，促进农业综合生产能力的提高，有效保障国家食物安全。三是能源开发、节能技术和清洁能源技术取得突破，促进能源结构优化，主要工业产品单位能耗指标达到或接近世界先进水平。四是在重点行业和重点城市建立循环经济的技术发展模式，节约资源、保护环境，为建设资源节约型、环境友好型社会提供科技支持。五是重大疾病防治水平显著提高，新药创制和关键医疗器械研制取得突破，全面提升产业发展的技术能力。六是国防科技基本满足现代武器装备自主研制和信息化建设的需要，为维护国家安全提供保障。七是涌现出一批具有世界水平的科学家和研究团队，在科学发展的主流方向上取得一批具有重大影响的创新成果，信

息、生物、材料和航天等领域的前沿技术达到世界先进水平。八是建成若干世界一流的科研院所和大学以及具有国际竞争力的企业研究开发机构，形成比较完善的中国特色国家创新体系。

“十一五”期间，必须把增强自主创新能力放在更加突出的位置。一要把解决经济社会发展的瓶颈制约放在优先位置，力争在能源、资源、环境、农业、信息等关键领域取得重大技术突破。二要积极发展对经济增长有重大带动作用、具有自主知识产权的核心技术和关键技术，协力攻关，形成一批市场占有率高的产品和国际知名品牌，提高重大技术装备国产化水平，推动高技术产业加快从加工装配为主向自主研发制造延伸。三要加强基础研究和前沿技术研究，在信息、生命、空间、海洋、纳米、新材料等战略领域超前部署，加大投入力度，增强科技和经济持续发展的后劲。四要加强重大科技基础设施和条件平台建设，实施若干重大科学工程，支撑科学技术创新。五要按照有所为有所不为的原则，集中优势力量，启动一批重大专项，力争取得重要突破，提高国家核心竞争力。

三、创新体制机制，走中国特色自主创新道路

实施《规划纲要》，体制机制是关键。必须深化科技体制改革和经济体制改革，进一步消除制约科技进步和创新的体制性、机制性障碍，有效整合全社会科技资源，推动经济与科技的紧密结合，形成技术创新、知识创新、国防科技创新、区域创新、科技中介服务等相互促进、充满活力的国家创新体系。要继续推进科技体制改革，充分发挥政府的主导作用，充分发挥市场在科技资源配置中的基础性作用，充分发挥企业在技术创新中的主体作用，充分发挥国家科研机构的骨干和引领作用，充分发挥大学的基础和生力军作用，在实践中走出中国特色自主创新道路。

增强自主创新能力，关键是强化企业在技术创新中的主体地位，建立以企业为主体、市场为导向、产学研相结合的技术创新体系。采取更加有力的措施，营造更加良好的环境，使企业真正成为研究开发投入的主体、技术创新活动的主体和创新成果应用的主体。鼓励国有大型企业加快研究开发机构建设和加大研究开发投入，努力形成一批集研究开发、设计、制造于一体，具有国际竞争力的大型骨干企业。重视和发挥民营科技企业在自主创新、发展高新技术产业中的生力军作用，创造公平竞争的环境，支持其做大做强并参与国际竞争。支持有条件的企业承担国家研究开发任务，主持或参与重大科技攻关。加强创新创业服务体系建设，为中小企业特别是科技型中小企业的技术创新提供良好条件。大力推进产学研相结合，鼓励和支持企业同科研院所、高等院校联合建立研究开发机构、产业技术联盟等技术创新组织。

深化科研体制改革，形成开放、流动、竞争、协作的知识创新体系。进一步深化应用开发类科研机构企业化转制改革，鼓励和支持其在行业共性关键技术研究开发与推广应用中发挥骨干作用。继续推进社会公益类科研机构分类改革。稳定支持从事基础研究、前沿高技术研究和社会公益研究的科研机构，建立健全现代科研院所制度。充分发挥高等院校学科综合、人才荟萃、教学科研紧密结合等优势，建设一批高水平的研究型大学。根据国家重大需求，填补研究领域空白，建设一批高水平的国家研究基地。

深化国防科研体制改革，建设军民结合、寓军于民的国防科技创新体系。统筹军民科技计划和军民两用科技发展，建立健全科技资源共享、军民互动合作的协调机制，实现从基础研究、应用研究开发、产品设计制造到技术和产品采购的有机结合。

建设各具特色和优势的区域创新体系，促进中央与地方科技力量的有机结合，促进区域内科技资源的合理配置和高效利用。东部地区要努力提高自主创新能力。支持中西部地区加强科技发展能力建设。推进国家高新技术产业开发区以增强自主创新能力为核心的“二次创业”。

建设社会化、网络化的科技中介服务体系，加强先进适用技术推广应用。加快农业技术推广体系改革与创新，完善社会化服务机制，鼓励各类农科教机构和社会力量参与多元化的农业技术推广服务，促进各类先进适用技术在农村推广应用，为社会主义新农村建设提供支撑。

四、制定配套政策，激励自主创新

为确保《规划纲要》顺利实施，必须从财税、金融、政府采购、知识产权保护、人才队伍建设等方面制定一系列政策措施，加强经济政策和科技政策的相互协调，形成激励自主创新的政策体系。

（一）加大财政科技投入力度，确保财政科技投入增幅明显高于财政经常性收入增幅。形成多元化、多渠道、高效率的科技投入体系，使全社会研究开发投入占国内生产总值的比例逐年提高。

（二）推进增值税转型改革，统一各类企业税收制度，加大对企业研究开发投入的税收激励。

（三）改善对高新技术企业的信贷服务和融资环境，加大对高新技术产业化的金融支持，发展支持高新技术产业的创业投资和资本市场。

（四）实施扶持自主创新的政府采购政策，建立财政性资金采购自主创新产品制度，制定将国家重大

建设项目纳入政府采购主体范围的办法，对具有自主知识产权的重要高新技术装备与产品实施政府首购政策和订购制度。

（五）在继续引进先进技术的同时，高度重视和切实加强对引进技术的消化、吸收与再创新。建立统筹协调机制，对引进技术的消化、吸收与再创新给予政策支持。依托国家和地方重点工程建设项目，积极推进重大装备的自主研究开发与制造。定期发布禁止和限制引进的重大技术装备和重大产业技术目录，防止盲目重复引进。

（六）建设严格保护知识产权的法治环境。健全法律制度，依法严厉打击各种侵犯知识产权的行为，为知识产权的产生与转移提供切实有效的法律保障。重视自主知识产权的应用和保护，支持以我为主形成重大技术标准。

（七）健全人才激励机制，结合国家重大科技工程和重点任务的实施，大胆启用青年人才，培养高水平的创新人才。积极引进海外高层次人才。

（八）深化教育改革，加快教育发展，推进素质教育和创新教育，为建设创新型国家培养结构合理、素质优良的各级各类人才。

（九）加强科技创新基地与平台建设，建立科技资源的共享机制。

（十）充分利用对外开放的有利条件，在更宽领域、更深层次上开展国际科技合作与交流，在高起点上推进自主创新。

五、动员全党全社会力量，为建设创新型国家而奋斗

增强自主创新能力，建设创新型国家，是一项极其广泛而深刻的社会变革，是我们党在新的历史条件下提高执政能力的必然要求。各级领导干部务必站在时代的前列，解放思想、实事求是、与时俱进，全面落实科学发展观，深化改革、扩大开放，大力实施科教兴国战略和人才强国战略，出色完成建设创新型国家的各项任务。

各级党委和政府必须充分认识自主创新的长期性、复杂性和艰巨性，切实加强对科技工作的领导，切实把提高自主创新能力作为一件大事来抓，努力为自主创新创造良好的法治环境、政策环境、市场环境和舆论环境。各级党政主要负责同志要高度重视科技工作，并把提高自主创新能力的成效作为落实科学发展观和正确政绩观的重要内容。中央各有关部门和各级管理部门要紧密配合，加强对《规划纲要》落实工作的具体指导，加强统筹协调，强化政策支持，及时研究、解决重大专项和其他重点任务实施过程中遇到的困难和问题。要抓紧制定配套政策的实施细则。各地区各部门要依据《规划纲要》，抓紧制定并认真实施切合本地区本部门实际的科技发展规划。要在全社会广为传播科学知识、科学方法、科学思想、科学精神，提高全民族的科学文化素质。大力发展创新文化，努力培养创新精神。鼓励各行各业广泛开展群众性的小发明、小革新。大力宣传献身科技事业并作出重大贡献的科学家、工程师和其他科技人员。倡导学术平等和自由探索，遏制学术不端行为，大力营造勇于创新、尊重创新和激励创新的文化氛围。大力繁荣发展哲学社会科学，促进哲学社会科学与自然科学相互渗透，为建设创新型国家提供更好的理论指导。

建设创新型国家，是全党全社会的共同事业。新中国成立以来，经过几代人艰苦卓绝的不懈努力，我国科学技术发展取得了举世瞩目的伟大成就。比较完整的学科体系，丰富的科技人力资源，持续增长的国内市场需求，集中力量办大事的制度优势，博大精深的优秀传统文化，都为建设创新型国家奠定了坚实的基础。广大科技工作者行动起来，广大企业、科研院所和高等院校行动起来，社会各界行动起来，高举邓小平理论和“三个代表”重要思想伟大旗帜，在以胡锦涛同志为总书记的党中央领导下，继承和发扬“两弹一星”精神和载人航天精神，统一思想、坚定信心、奋发努力、扎实苦干，坚持走中国特色自主创新道路，以只争朝夕的精神为建设创新型国家而努力奋斗。

国务院关于修改《中华人民共和国统计法实施细则》的决定

中华人民共和国国务院令

第453号

现公布《国务院关于修改〈中华人民共和国统计法实施细则〉的决定》，自2006年2月1日起施行。

总理　温家宝

二〇〇五年十二月十六日

中华人民共和国统计法实施细则（修正）

（1987年1月19日国务院批准，1987年2月15日国家统计局发布，2000年6月2日国务院批准修订，2000年6月15日国家统计局发布。根据2005年12月16日《国务院关于修改〈中华人民共和国统计法实施细则〉的决定》修订）

第一章 总 则

第一条 根据《中华人民共和国统计法》（以下简称《统计法》）的规定，制定本细则。

第二条 《统计法》所指的统计，是指运用各种统计方法对国民经济和社会发展情况进行统计调查、统计分析，提供统计资料和统计咨询意见，实行统计监督等活动的总称。

国民经济和社会发展的统计项目分类，由国家统计局规定、调整。

第三条 国家有计划地用现代信息技术装备各级人民政府统计机构，建立健全国家统计信息自动化系统。国务院各部门根据工作需要，有计划地用现代信息技术装备本部门及其管辖系统的统计机构。

县级以上各级人民政府应当将国家统计信息工程建设列入发展计划。国家统计信息工程建设，由国家统计局统一领导，县级以上地方各级人民政府统计机构分级负责。

第四条 统计机构和统计人员实行工作责任制，实行考核和奖惩制度，不断提高工作质量和工作效率。

统计机构和统计人员依法独立行使下列职权：

（一）统计调查权——调查、搜集有关资料，召开有关调查会议，检查与统计资料有关的原始记录和凭证。统计调查对象应当依照《统计法》和国家有关规定，如实提供统计资料和情况，不得虚报、瞒报、拒报、迟报，不得伪造、篡改。

（二）统计报告权——将统计调查取得的统计资料和情况加以整理、分析，向上级领导机关和有关部门提出统计报告。任何单位或者个人不得阻挠和扣压统计报告，不得篡改统计资料。

（三）统计监督权——根据统计调查和统计分析，对国民经济和社会发展情况进行统计监督，检查国家政策和计划的实施，考核经济效益、社会效益和工作成绩，检查和揭露存在的问题，检查虚报、瞒报、伪造、篡改统计资料的行为，提出改进工作的建议。有关部门和单位对统计机构、统计人员反映、揭露的问题和提出的建议，应当及时处理，作出答复。

第五条 县级以上地方各级人民政府、各部门、各企业事业组织，应当根据国家统计任务和本地区、本部门、本单位的需要，在下列方面加强对统计工作的领导和监督：

（一）领导和支持统计机构、统计人员和其他有关人员执行统计法规和统计制度，准确、及时地完成统计工作任务，加强统计工作现代化建设；

（二）吸收和组织统计人员参加讨论有关政策和计划、研究经济和社会发展问题的会议，发挥统计的服务和监督作用；

（三）根据国家统一部署，组织实施重大的国情国力普查；

（四）按照规定审批统计调查计划，切实解决经批准的统计调查需要的人员和经费。

第六条 国家统计局及其派出的调查队、县级以上地方各级人民政府统计机构是国家执行统计法规和统计制度的机关，负责监督检查统计法规和统计制度的实施，维护统计机构和统计人员的职权，依法查处违反统计法规和统计制度的行为。

县级以上地方各级人民政府统计机构依法查处本行政区域内发生的统计违法行为；在国家统计局派出的调查队组织实施的统计调查中发生的统计违法行为，由组织实施该项统计调查的调查队负责查处。

第二章 统计调查计划和统计制度

第七条 县级以上各级人民政府统计机构和有关部门按照下列三类情况，分别建立统计制度，编制统计调查计划，按照规定经审查机关批准后实施：

（一）国家统计调查，是指全国性基本情况的统计调查，包括国家统计局单独拟订的和国家统计局与国务院有关部门共同拟订的统计调查项目。国家统计调查计划中新的、重大的统计调查项目，由国家统计局报国务院审批；经常性的、一般性的统计调查项目，由国家统计局审批。

各地方、各部门、各单位必须严格按照国家统计调查方案实施国家统计调查。

（二）部门统计调查，是指各部门的专业性统计调查。部门统计调查计划和统计调查方案，由该部门的统计机构组织本部门各有关职能机构编制。其中，统计调查对象属于本部门管辖系统内的，由本部门领导人审批，报国家统计局或者本级地方人民政府统计机构备案；统计调查对象超出本部门管辖系统的，报国家统计局或者本级地方人民政府统计机构审批，其中重要的，报国务院或者本级地方人民政府审批。各部门统计调查管辖系统的划分办法，由国家统计局会同国务院有关部门提出，报国务院批准后实施。

（三）地方统计调查，是指地方人民政府需要的地方性的统计调查。地方统计调查计划和统计调查方案的报批办法，由省、自治区、直辖市人民政府统计机构规定，报国家统计局备案。

第八条 部门统计调查和地方统计调查不得与国家统计调查重复、矛盾。

国家统计调查与部门统计调查、地方统计调查的分工，由国家统计局会同国务院有关部门和省、自治区、直辖市人民政府统计机构具体商定。

第九条　县级以上各级人民政府的综合协调部门需要的统计资料，应当从本级人民政府统计机构和有关部门搜集；确实需要直接进行统计调查的，应当编制统计调查计划和统计调查方案，依照《统计法》和本细则的有关规定，经批准后实施。

县级以上各级人民政府有关部门组织实施的部门统计调查，应当及时向本级人民政府统计机构报送基本统计资料或者综合统计资料。

国家统计局和县级以上地方各级人民政府统计机构，应当定期、无偿地向本级人民政府部门提供有关综合统计资料。

第十条　统计调查计划按照统计调查项目编制。统计调查项目，是指一定时期内为实现特定统计调查目的而组织实施的统计调查。统计调查项目的计划应当列明：项目名称、调查机关、调查目的、调查范围、调查对象、调查方式、调查时间、调查的主要内容。

编制统计调查计划，必须同时编制统计调查方案。统计调查方案应当包括下列内容：

（一）供统计调查对象填报用的统计调查表和说明书；

（二）供整理上报用的统计综合表和说明书；

（三）统计调查需要的人员和经费及其来源。

第十一条　县级以上各级人民政府统计机构、各部门统计机构对送审的统计调查计划和统计调查方案的必要性、可行性、科学性应当进行严格审查；对不符合本细则规定的，应当退回修改或者不予批准。编制和审查统计调查方案，应当遵循下列原则：

（一）在已经批准实施的各种统计调查中能够搜集到资料的，不得重复调查；

（二）抽样调查、重点调查或者行政记录可以满足需要的，不得制发全面统计调查表；一次性统计调查可以满足需要的，不得进行经常性统计调查；按年统计调查可以满足需要的，不得按季统计调查；按季统计调查可以满足需要的，不得按月统计调查；月以下的进度统计调查必须从严控制；

（三）编制新的统计调查方案，必须事先试点或者征求有关地方、部门和基层单位的意见，进行可行性论证，保证切实可行，注重调查效益；

（四）统计调查需要的人员和经费应当有保证。

第十二条　国家建立周期性的普查制度。周期性普查由国务院和地方各级人民政府统一领导，组织统计机构和有关部门共同实施，所需要的经费由中央和地方财政共同负担。

进行经常性抽样调查，应当通过基本统计单位普查和行政记录的方式，查明基本统计单位及其分布情况，建立科学的抽样框，按照随机原则在调查总体中选取足以代表总体的样本单位，减少抽样误差。

第十三条　按照规定程序批准的统计调查表，必须在右上角标明表号、制表机关、批准或者备案机关、批准或者备案文号、有效期限。

对未标明前款所列内容或者超过有效期限的统计调查表，有关统计调查对象有权拒绝填报，统计机构有权废止。

第十四条　统计调查方案所规定的指标涵义、调查范围、计算方法、分类目录、调查表式、统计编码等，未经批准该统计调查方案的机关同意，任何单位或者个人不得修改。

第三章　统计资料的管理和公布

第十五条　各地方、各部门、各单位应当健全统计资料的审核制度，保障统计资料的准确性和及时性。

各部门、各企业事业组织提供的统计资料，由本部门、本单位领导人或者统计负责人审核、签署或者盖章后上报。有关财务统计资料由财务会计机构或者会计人员提供，并经财务会计负责人审核、签署或者盖章。县级以上各级人民政府统计机构和乡、镇统计员提供的统计资料，由本级人民政府统计机构负责人或者乡、镇统计员审核、签署或者盖章后上报。

第十六条　各级领导机关制定政策、计划，检查政策、计划执行情况，考核经济效益、社会效益和工作成绩，进行奖励和惩罚等，需要使用统计资料的，必须依照《统计法》第十三条的规定，以统计机构或者统计负责人签署或者盖章的统计资料为准。

第十七条　县级以上各级人民政府统计机构必须做好统计信息咨询服务工作，充分利用可以公开的社会经济信息为社会公众服务。

符合国家有关规定，在《统计法》和统计制度规定之外提供统计信息咨询，实行有偿服务。具体办法由国家统计局会同国务院价格主管部门制定。

第十八条　各地方、各部门、各单位必须执行国家有关统计资料保密管理的规定，加强对统计资料的保密管理。

第十九条　各地方、各部门、各单位必须建立统计资料档案制度。统计资料档案的保管、调用和移交，应当遵守国家有关档案管理的规定。

第二十条　国家建立健全统计资料定期公布制度。

国家统计局统计调查取得的统计数据，由国家统计局公布。国务院有关部门统计调查取得的统计数据，由国务院有关部门公布；其中，与国家统计局统计调查取得的统计数据有重复、交叉的，应当在同国家统计局协商后，由国务院有关部门公布。国务院有关部门公布统计数据，应当自公布之日起10日内报国家统计局备案。

县级以上地方各级人民政府统计机构和有关部门公布其统计调查取得的地方统计数据，比照前款规定执行。

第二十一条 国家建立健全统计数据质量监控和评估的制度，加强对各省、自治区、直辖市重要统计数据的监控和评估。

第四章 统计机构和统计人员

第二十二条 国家统计局履行下列职责：

（一）根据有关法律、行政法规和国家有关政策和计划，制定统计工作规章，制订统计工作现代化规划和国家统计调查计划，组织领导和协调全国统计工作，监督检查统计法规和统计制度的实施；

（二）健全国民经济核算制度和统计指标体系，制定全国统一的基本统计报表制度；制定或者与有关部门共同制定国家统计标准，审定部门统计标准；

（三）在国务院领导下，会同有关部门组织重大的国情国力普查，组织、协调全国社会经济抽样调查；

（四）根据国家制定政策、计划和进行管理的需要，搜集、整理、提供全国性的基本统计资料，对国民经济和社会发展情况进行统计分析、统计预测和统计监督；

（五）审查国务院各部门编制的统计调查计划和统计调查方案，管理国务院各部门制发的统计调查表；

（六）检查、审定、管理、公布、出版全国性的基本统计资料，定期发布全国国民经济和社会发展情况的统计公报；

（七）统一领导和管理国家统计局派出的调查队；

（八）组织指导全国统计科学研究、统计教育、统计干部培训和统计书刊出版工作；

（九）开展统计工作和统计科学的国际交流。

国家统计局派出的调查队承担国家统计局布置的各项调查任务，依法独立开展统计调查，独立上报统计资料。

第二十三条 县级以上地方各级人民政府统计机构履行下列职责：

（一）完成国家统计调查任务，执行国家统计标准，执行全国统一的基本统计报表制度；

（二）制订本行政区域内的统计工作现代化规划、统计调查计划和统计调查方案，统一领导和协调本行政区域内包括中央和地方单位的统计工作，监督检查统计法规和统计制度的实施；

（三）根据本行政区域内制定计划和进行管理的需要，搜集、整理、提供基本统计资料，对本行政区域内国民经济和社会发展情况进行统计分析、统计预测和统计监督；

（四）审查本行政区域内各部门的统计调查计划和统计调查方案，管理本行政区域内务部门制发的统计调查表；

（五）按照国家有关规定，检查、审定、管理、公布、出版本行政区域内的基本统计资料；省、自治区、直辖市人民政府统计机构定期发布本行政区域内国民经济和社会发展情况的统计公报；自治州、县、自治县、市、市辖区人民政府统计机构按照本级人民政府的决定，发布本行政区域内国民经济和社会发展情况的统计公报；

（六）组织指导本行政区域内各部门、各单位加强统计基础工作建设，加强统计教育、统计干部培训和统计科学研究工作；对本行政区域内人民政府统计机构干部和乡、镇统计员进行考核和奖励。

县级以上地方各级人民政府统计机构受本级人民政府和上级人民政府统计机构的双重领导，在统计业务上以上级人民政府统计机构的领导为主。

第二十四条 乡、镇统计员执行乡、镇综合统计的职能，履行下列职责：

（一）完成国家统计调查和地方统计调查任务，执行国家统计标准，执行全国统一的基本统计报表制度，执行统计法规和统计制度，监督检查统计法规和统计制度的实施；

（二）按照国家有关规定，搜集、整理、分析、提供和管理本乡、镇的基本统计资料；

（三）组织指导本乡、镇各有关单位、人员加强农村统计基础工作建设，健全本乡、镇的统计台账制度和统计档案制度，组织乡、镇以下的统计业务工作。

乡、镇人民政府应当根据《统计法》等有关规定和统计工作的需要，设置专职的或者兼职的统计员，建立健全乡、镇统计信息网络。乡、镇统计员和乡、镇统计信息网络在统计业务上受县级人民政府统计机构的领导。

村的统计工作，由村民委员会指定专人负责，其在统计业务上受乡、镇统计员的领导。

第二十五条 县级以上各级人民政府有关部门的统计机构或者统计负责人执行本部门综合统计的职能，履行下列职责：

（一）组织指导、综合协调本部门各职能机构（包括生产、供销、基建、劳动人事、财务会计等机构）的统计工作，共同完成国家统计调查、部门统计调查和地方统计调查任务，执行统计法规和统计制度，监督检查统计法规和统计制度的实施；

（二）制订本部门的统计工作现代化规划、统计调查计划和统计调查方案，组织指导本部门及其管辖系统内企业事业组织的统计工作，加强统计队伍和统计基础工作建设；

（三）按照国家有关规定，向上级领导机关和本级人民政府统计机构报送和提供本部门的基本统计资料，会同计划和其他有关职能机构对本部门执行政策、计划和经营管理效益的情况，进行统计分析、统计预测和统计监督；

（四）管理本部门制发的统计调查表和基本统计资料；

（五）会同本部门的人事教育机构，组织指导本部门的统计教育和统计干部培训；对本部门统计人员进行考核和奖励；加强本部门统计科学研究工作。

县级以上各级人民政府有关部门统计机构的设置，应当根据实际需要，本着精简、效能的原则，依照《统计法》的规定执行。

第二十六条　企业事业组织的统计机构或者统计负责人执行本单位综合统计的职能，履行下列职责：

（一）组织指导、综合协调本单位各职能机构和下属机构的统计工作，共同完成国家统计调查、部门统计调查和地方统计调查任务，制订、实施本单位的统计工作计划和统计制度，执行统计法规和统计制度，监督检查统计法规和统计制度的实施；

（二）按照国家有关规定，报送和提供统计资料，对本单位计划的执行情况和经营管理的效益，进行统计分析和统计监督；

（三）管理本单位的统计调查表和基本统计资料；

（四）会同本单位有关职能机构完善计量、检测制度，建立健全原始记录、统计台账和核算制度。

企业事业组织的统计机构或者统计负责人在统计业务上，受所在地人民政府统计机构或者乡、镇统计员的指导。

中小型企业事业组织不单设统计人员的，可以指定人员专门负责统计工作。

第二十七条　统计负责人，是指代表本部门或者本单位履行《统计法》规定职责的主要责任人员。不设统计机构的，一般应当由具备相当统计专业技术职务条件的人员担任统计负责人。

第二十八条　各地方、各部门、各单位应当根据国家有关规定和工作需要，设置统计专业技术职务。

第二十九条　具有统计专业技术职务的人员的调动，应当分别征求本地区、本部门、本单位统计机构或者统计负责人的意见；其中，具有中级以上统计专业技术职务的人员的调动，应当征得上级统计机构的同意。

县级以上地方各级人民政府统计机构主要负责人的调动，应当征得上一级人民政府统计机构的同意。乡、镇统计员的调动，应当征得县级人民政府统计机构的同意。

各部门和企业事业组织统计负责人的调动，应当征求上级主管部门和所在地人民政府统计机构的意见。

第三十条　国家统计局和县级以上地方各级人民政府统计机构，应当有计划地对统计人员进行培训，加强对统计人员的职业道德教育，提高统计人员的业务素质。

国家统计局和县级以上地方各级人民政府统计机构增加和补充统计人员，应当从具备统计专业知识的人员中选调。

第五章　奖励和惩罚

第三十一条　县级以上各级人民政府统计机构、各部门、各企业事业组织，应当依照国家或者企业事业组织的规定，对有下列表现之一的统计人员或者集体，定期评比，给予奖励：

（一）在改革和完善统计制度、统计方法等方面，作出重要贡献的；

（二）在完成规定的统计调查任务，保障统计资料的准确性、及时性方面，作出显著成绩的；

（三）在进行统计分析、统计预测和统计监督方面，有所创新，取得重要成绩的；

（四）在运用和推广现代信息技术方面，取得显著效果的；

（五）在改进统计教育和统计专业培训，进行统计科学研究，提高统计科学水平方面，作出重要贡献的；

（六）坚持实事求是，依法办事，同违反统计法规和统计制度的行为作斗争，表现突出的；

（七）揭发、检举统计违法行为有功的。

奖励分为：通令嘉奖、记功、记大功、晋级、升职、授予荣誉称号，并可以发给奖品、奖金。奖金按照国家或者企业事业组织的规定在有关经费中开支。

第三十二条　下列行为，属于《统计法》第二十七条第一款所称情节较重的违法行为：

（一）虚报、瞒报、伪造、篡改统计资料数额较大或者占应报数额的份额较多的；

（二）虚报、瞒报、伪造、篡改或者拒报统计资料，二年内再次发生的；

（三）虚报、瞒报、伪造、篡改、拒报或者屡次迟报统计资料，被责令改正而拒不改正的；

（四）虚报、瞒报、伪造、篡改、拒报或者屡次迟报统计资料，造成严重后果或者恶劣影响的；

（五）在接受统计检查时，拒绝提供情况、提供虚假情况或者转移、隐匿、毁弃原始统计记录、统计台账、统计报表以及与统计有关的其他资料的；

（六）使用暴力或者威胁的方法阻挠、抗拒统计检查的；

（七）国家统计局依法认定的其他行为。

第三十三条 企业事业组织有《统计法》第二十七条第一款所列违法行为之一的，由县级以上人民政府统计机构或者国家统计局派出的调查队予以警告，并可以处5万元以下的罚款。

个体工商户有《统计法》第二十七条第一款所列违法行为之一的，由县级以上人民政府统计机构或者国家统计局派出的调查队予以警告，并可以处1万元以下的罚款。

第三十四条 任何单位或者个人有《统计法》第二十九条第二款所列违法行为的，由县级以上人民政府统计机构责令改正，没收违法所得，并可以处违法所得1倍以上3倍以下的罚款；没有违法所得的，可以处3万元以下的罚款。

第六章 附 则

第三十五条 中华人民共和国境外的组织、个人需要在中华人民共和国境内进行统计调查活动的，应当委托中华人民共和国境内具有涉外统计调查资格的机构进行。

统计调查范围限于省、自治区、直辖市行政区域内的，应当持有关证明文件和统计调查方案，向省、自治区、直辖市人民政府统计机构提出申请，由省、自治区、直辖市人民政府统计机构审批；统计调查范围跨省、自治区、直辖市行政区域的，应当持有关证明文件和统计调查方案，向国家统计局提出申请，由国家统计局审批。

第三十六条 本细则自发布之日起施行。

国家处置电网大面积停电事件应急预案

1 总则

1.1 编制目的

正确、有效和快速地处理大面积停电事件，最大程度地减少大面积停电造成的影响和损失，维护国家安全、社会稳定和人民生命财产安全。

1.2 编制依据

依据《中华人民共和国安全生产法》、《中华人民共和国电力法》和《国家突发公共事件总体应急预案》，制定本预案。

1.3 适用范围

（1）本预案适用于国家应对和处理因电力生产重特大事故、电力设施大范围破坏、严重自然灾害、电力供应持续危机等引起的对国家安全和社会稳定以及人民群众生产生活构成重大影响和严重威胁的大面积停电事件。

（2）本预案用于规范在电网发生大面积停电事件下，各相关地区、各有关部门组织开展社会救援、事故抢险与处置、电力供应恢复等工作。

（3）本预案中大面积停电是指：电力生产受严重自然灾害影响或发生重特大事故，引起连锁反应，造成区域电网、省电网或重要中心城市电网减供负荷而引起的大面积停电事件。

1.4 工作原则

（1）预防为主。坚持“安全第一、预防为主”的方针，加强电力安全管理，落实事故预防和隐患控制措施，有效防止重特大电力生产事故发生；加强电力设施保护宣传工作和行政执法力度，提高公众保护电力设施的意识；协调发电燃料供给，规范电力市场秩序，避免发生电力供应危机；开展大面积停电恢复控制研究，制订科学有效的电网恢复预案；开展停电救援和紧急处置演习，提高对大面积停电事件处理和应急救援综合处置能力。

（2）统一指挥。在国家统一指挥和协调下，通过应急指挥机构和电网调度机构，组织开展事故处理、事故抢险、电网恢复、应急救援、维护社会稳定、恢复生产等各项应急工作。

（3）分工负责。按照分层分区、统一协调、各负其责的原则建立事故应急处理体系。电网企业按照电网结构和调度管辖范围，制订和完善电网应急处理和恢复预案，保证电网尽快恢复供电。发电企业完善保“厂用电”措施，确保机组的启动能力和电厂自身安全。电力用户根据重要程度，自备必要的保安措施，避免在突然停电情况下发生次生灾害。各省（区、市）人民政府、国务院有关部门按各自职责，组织做好电网大面积停电事件应急准备和处置工作。

（4）保证重点。在电网事故处理和控制中，将保证大电网的安全放在第一位，采取各种必要手段，防止事故范围进一步扩大，防止发生系统性崩溃和瓦解。在电网恢复中，优先保证重要电厂厂用电源和主干网架、重要输变电设备恢复，提高整个系统恢复速度。在供电恢复中，优先考虑对重点地区、重要城市、重要用户恢复供电，尽快恢复社会正常秩序。

2 组织机构

2.1 国家应急机构

2.1.1 电网大面积停电应急领导小组

国家成立电网大面积停电事件应急领导小组（以下简称应急领导小组），统一领导指挥大面积停电事件应急处置工作。

2.1.2 应急领导小组办公室

应急领导小组下设办公室，负责日常工作。办公室设在电监会安全监管局。

2.1.3 相关部门（应急机构）

发展改革、公安、财政、铁道、交通、商务、安全生产监督管理等部门或单位按照国务院大面积停电应急协调机构、应急领导小组、各级人民政府的统一部署和各自职责配合做好大面积停电应急工作。

2.2 地方应急指挥机构

各省（区、市）人民政府比照国家处置电网大面积停电事件应急预案，结合本地实际制定预案并成立相应的电网大面积停电应急指挥机构，建立和完善相应的电网停电应急救援与处置体系。

2.3 电力调度机构、电力企业、重要用户

2.3.1 电力调度机构

各级电力调度机构是电网事故处理的指挥中心，值班调度员是电网事故处理的指挥员，统一指挥调度管辖范围内的电网事故处理。

2.3.2 电力企业

有关电网企业、发电企业成立大面积停电应急指挥机构，负责本企业的事故抢险和应急处理工作。

2.3.3 重要用户

负责本单位事故抢险和应急处理。

3 事件分级

按照电网停电范围和事故严重程度，将大面积停电分为Ⅰ级停电事件和Ⅱ级停电事件两个状态等级。

3.1 Ⅰ级停电事件

发生下列情况之一，电网进入Ⅰ级停电事件状态：

（1）因电力生产发生重特大事故，引起连锁反应，造成区域电网大面积停电，减供负荷达到事故前总负荷的30％以上；

（2）因电力生产发生重特大事故，引起连锁反应，造成重要政治、经济中心城市减供负荷达到事故前总负荷的50％以上；

（3）因严重自然灾害引起电力设施大范围破坏，造成省电网大面积停电，减供负荷达到事故前总负荷的40％以上，并且造成重要发电厂停电、重要输变电设备受损，对区域电网、跨区电网安全稳定运行构成严重威胁；

（4）因发电燃料供应短缺等各类原因引起电力供应严重危机，造成省电网60％以上容量机组非计划停机，省电网拉限负荷达到正常值的50％以上，并且对区域电网、跨区电网正常电力供应构成严重影响；

（5）因重要发电厂、重要变电站、重要输变电设备遭受毁灭性破坏或打击，造成区域电网大面积停电，减供负荷达到事故前总负荷的20％以上，对区域电网、跨区电网安全稳定运行构成严重威胁。

3.2 Ⅱ级停电事件

发生下列情况之一，电网进入Ⅱ级停电事件状态：

（1）因电力生产发生重特大事故，造成区域电网减供负荷达到事故前总负荷的10％以上，30％以下；

（2）因电力生产发生重特大事故，造成重要政治、经济中心城市减供负荷达到事故前总负荷的20％以上，50％以下；

（3）因严重自然灾害引起电力设施大范围破坏，造成省电网减供负荷达到事故前总负荷的20％以上，40％以下；

（4）因发电燃料供应短缺等各类原因引起电力供应危机，造成省电网40％以上，60％以下容量机组非计划停机。

4 应急响应

4.1 Ⅰ级停电事件响应

4.1.1 事件报告

（1）发生Ⅰ级停电事件时，电网企业应急指挥机构应将停电范围、停电负荷、发展趋势等有关情况立即报告应急领导小组办公室。

（2）应急领导小组组长主持召开紧急会议，就有关重大应急问题作出决策和部署，并将有关情况向国务院汇报。同时宣布启动预案。

4.1.2 事件通告

（1）发生Ⅰ级停电事件后，应急领导小组办公室负责召集有关部门（单位），就事故影响范围、发展过程、抢险进度、预计恢复时间等内容及时通报，使有关部门（单位）和公众对停电情况有客观的认识和了解。在Ⅰ级停电事件应急状态宣布解除后，及时向有关部门（单位）和公众通报信息。

（2）在大面积停电期间，要加强信息发布和舆论宣传工作，各级政府要积极组织力量，发动群众，坚决打击造谣惑众、散布谣言、哄抬物价、偷盗抢劫等各种违法违纪行为，减少公众恐慌情绪，维护社会稳定。

4.1.3 应急处置

（1）电网与供电恢复：发生Ⅰ级停电事件后，电

力调度机构和有关电力企业要尽快恢复电网运行和电力供应。

——在电网恢复过程中，电力调度机构负责协调电网、电厂、用户之间的电气操作、机组启动、用电恢复，保证电网安全稳定留有必要裕度。在条件具备时，优先恢复重点地区、重要城市、重要用户的电力供应。

——在电网恢复过程中，各发电厂严格按照电力调度命令恢复机组并网运行，调整发电出力。

——在供电恢复过程中，各电力用户严格按照调度计划分时分步地恢复用电。

(2) 社会应急：发生Ⅰ级停电事件后，受影响或受波及的地方各级政府、各有关部门、各类电力用户要按职责分工立即行动，组织开展社会停电应急救援与处置工作。

——对停电后易造成重大影响和生命财产损失的单位、设施等电力用户，按照有关技术要求迅速启动保安电源，避免造成更大影响和损失。

——地铁、机场、高层建筑、商场、影剧院、体育场（馆）等各类人员聚集场所的电力用户，停电后应迅速启用应急照明，组织人员有组织、有秩序地集中或疏散，确保所有人员人身安全。

——公安、武警等部门在发生停电的地区要加强对关系国计民生、国家安全和公共安全的重点单位的安全保卫工作，加强社会巡逻防范工作，严密防范和严厉打击违法犯罪活动，维护社会稳定。

——消防部门做好各项灭火救援应急准备工作，及时扑灭大面积停电期间发生的各类火灾。

——交通管理部门组织力量，加强停电地区道路交通指挥和疏导，缓解交通堵塞，避免出现交通混乱，保障各项应急工作的正常进行。

——物资供应部门要迅速组织有关应急物资的加工、生产、运输和销售，保证居民在停电期间的基本生活资料供给。

——停电地区各类电力用户要及时启动相应停电预案，有效防止各种次生灾害的发生。

——电力企业迅速组织力量开展事故抢险救灾，修复被损电力设施，恢复灾区电力供应工作。

4.1.4 应急结束

在同时满足下列条件下，应急领导小组经研究决定宣布解除Ⅰ级停电事件状态：

(1) 电网主干网架基本恢复正常接线方式，电网运行参数保持在稳定限额之内，主要发电厂机组运行稳定；

(2) 停电负荷恢复80%以上，重点地区、重要城市负荷恢复90%以上；

(3) 发电燃料恢复正常供应、发电机组恢复运行，燃料储备基本达到规定要求；

(4) 无其他对电网安全稳定运行和正常电力供应存在重大影响或严重威胁的事件。

4.2 Ⅱ级停电事件响应

发生Ⅱ级停电事件时，由电网企业应急指挥机构和省级人民政府就有关应急问题作出决策和部署，按本级应急处置预案进行处置，同时立即将有关情况向应急领导小组办公室报告。

对Ⅱ级停电事件，由应急领导小组办公室或经授权的地方政府与电监会区域电监局共同负责通报事故情况，发布事故信息。

5 应急保障

5.1 技术保障

全面加强技术支持部门的应急基础保障工作。电力管理部门应聘请电力生产、管理、科研等各方面专家，组成大面积停电处置专家咨询小组，对应急处置进行技术咨询和决策支持。电力企业应认真分析和研究电网大面积停电可能造成的社会危害和损失，增加技术投入，研究、学习国际先进经验，不断完善电网大面积停电应急技术保障体系。

5.2 装备保障

各相关地区、各有关部门以及电力企业在积极利用现有装备的基础上，根据应急工作需要，建立和完善救援装备数据库和调用制度，配备必要的应急救援装备。各应急指挥机构应掌握各专业的应急救援装备的储备情况，并保证救援装备始终处在随时可正常使用的状态。

5.3 人员保障

加强电力企业的电力调度、运行值班、抢修维护、生产管理、事故救援队伍建设，通过日常技能培训和模拟演练等手段提高各类人员的业务素质、技术水平和应急处置能力。

6 宣传、培训和演习

6.1 宣传

各电力企业和重要电力用户应对全体员工加强防范事故的安全生产教育和应急救援教育，并通过各种新闻媒体向全社会宣传出现大面积停电的紧急情况下如何采取正确措施处置，增强公众的自我保护意识。

6.2 培训

各电力企业和重要电力用户应认真组织员工对应急预案的学习和演练，并通过专业人员的技术交流和研讨，提高应急救援的业务知识水平。

6.3 演习

应急领导小组办公室至少每年协调组织一次应急联合演习，加强和完善各电力企业之间的协调配合工作。各电力企业应根据自身特点，定期组织本企业的应急救援演习。

7　信息发布

应急领导小组办公室负责对事故信息统一对外发布，并负责拟定信息发布方案，及时采用适当方式发布信息，组织报道。

8　后期处置

8.1　事故调查

大面积停电之后，由国务院有关部门组成事故调查组进行事故调查。各相关地区、各有关部门和单位认真配合调查组的工作，客观、公正、准确地查清事故原因、发生过程、恢复情况、事故损失等。

事故调查应与现场应急处置工作有机结合。事故调查组到达现场后应认真听取现场应急处置工作情况介绍，并与现场应急指挥机构协调，参与现场应急处置工作。

事故调查工作包括：调查组的组成，应急救援情况的调查，事故现场调查，技术分析，事故原因的判定，事故性质和责任的查明，编写事故调查报告，提出安全预防措施建议。

8.2　改进措施

(1) 大面积停电之后，电力企业应及时组织生产、运行、科研等部门联合攻关，研究事故发生机理，分析事故发展过程，吸取事故教训，提出具体措施，进一步完善和改进电力应急预案。

(2) 各相关地区、各有关部门应及时总结社会应急救援工作的经验和教训，进一步完善和改进社会停电应急救援、事故抢险与紧急处置体系。

9　附则

9.1　预案管理与更新

随着应急救援相关法律法规的制定和修订，部门职责或应急资源发生变化，以及实施过程中发现存在问题或出现的情况，及时修订完善本预案。

本预案有关数量的表述中，“以上”含本数，“以下”不含本数。

9.2　预案实施时间

本预案自印发之日起实施。

取水许可和水资源费征收管理条例

中华人民共和国国务院令第 460 号

《取水许可和水资源费征收管理条例》已经 2006 年 1 月 24 日国务院第 123 次常务会议通过，现予公布，自 2006 年 4 月 15 日起施行。

总理　温家宝

二〇〇六年二月二十一日

取水许可和水资源费征收管理条例

第一章　总　　则

第一条　为加强水资源管理和保护，促进水资源的节约与合理开发利用，根据《中华人民共和国水法》，制定本条例。

第二条　本条例所称取水，是指利用取水工程或者设施直接从江河、湖泊或者地下取用水资源。取用水资源的单位和个人，除本条例第四条规定的情形外，都应当申请领取取水许可证，并缴纳水资源费。

本条例所称取水工程或者设施，是指闸、坝、渠道、人工河道、虹吸管、水泵、水井以及水电站等。

第三条　县级以上人民政府水行政主管部门按照分级管理权限，负责取水许可制度的组织实施和监督管理。

国务院水行政主管部门在国家确定的重要江河、湖泊设立的流域管理机构（以下简称流域管理机构），依照本条例规定和国务院水行政主管部门授权，负责所管辖范围内取水许可制度的组织实施和监督管理。

县级以上人民政府水行政主管部门、财政部门和价格主管部门依照本条例规定和管理权限，负责水资源费的征收、管理和监督。

第四条　下列情形不需要申请领取取水许可证：

（一）农村集体经济组织及其成员使用本集体经济组织的水塘、水库中的水的；

（二）家庭生活和零星散养、圈养畜禽饮用等少量取水的；

（三）为保障矿井等地下工程施工安全和生产安全必须进行临时应急取（排）水的；

（四）为消除对公共安全或者公共利益的危害临时应急取水的；

（五）为农业抗旱和维护生态与环境必须临时应急取水的。

前款第（二）项规定的少量取水的限额，由省、自治区、直辖市人民政府规定；第（三）项、第（四）项规定的取水，应当及时报县级以上地方人民政府水行政主管部门或者流域管理机构备案；第（五）项规定的取水，应当经县级以上人民政府水行政主管部门或者流域管理机构同意。

第五条　取水许可应当首先满足城乡居民生活用水，并兼顾农业、工业、生态与环境用水以及航运等需要。

省、自治区、直辖市人民政府可以依照本条例规定的职责权限，在同一流域或者区域内，根据实际情况对前款各项用水规定具体的先后顺序。

第六条 实施取水许可必须符合水资源综合规划、流域综合规划、水中长期供求规划和水功能区划，遵守依照《中华人民共和国水法》规定批准的水量分配方案；尚未制定水量分配方案的，应当遵守有关地方人民政府间签订的协议。

第七条 实施取水许可应当坚持地表水与地下水统筹考虑，开源与节流相结合、节流优先的原则，实行总量控制与定额管理相结合。

流域内批准取水的总耗水量不得超过本流域水资源可利用量。

行政区域内批准取水的总水量，不得超过流域管理机构或者上一级水行政主管部门下达的可供本行政区域取用的水量；其中，批准取用地下水的总水量，不得超过本行政区域地下水可开采量，并应当符合地下水开发利用规划的要求。制定地下水开发利用规划应当征求国土资源主管部门的意见。

第八条 取水许可和水资源费征收管理制度的实施应当遵循公开、公平、公正、高效和便民的原则。

第九条 任何单位和个人都有节约和保护水资源的义务。

对节约和保护水资源有突出贡献的单位和个人，由县级以上人民政府给予表彰和奖励。

第二章 取水的申请和受理

第十条 申请取水的单位或者个人（以下简称申请人），应当向具有审批权限的审批机关提出申清。申请利用多种水源，且各种水源的取水许可审批机关不同的，应当向其中最高一级审批机关提出申请。

取水许可权限属于流域管理机构的，应当向取水口所在地的省、自治区、直辖市人民政府水行政主管部门提出申请。省、自治区、直辖市人民政府水行政主管部门，应当自收到申请之日起20个工作日内提出意见，并连同全部申请材料转报流域管理机构；流域管理机构收到后，应当依照本条例第十三条的规定作出处理。

第十一条 申请取水应当提交下列材料：

（一）申请书；

（二）与第三者利害关系的相关说明；

（三）属于备案项目的，提供有关备案材料；

（四）国务院水行政主管部门规定的其他材料。

建设项目需要取水的，申请人还应当提交由具备建设项目水资源论证资质的单位编制的建设项目水资源论证报告书。论证报告书应当包括取水水源、用水合理性以及对生态与环境的影响等内容。

第十二条 申请书应当包括下列事项：

（一）申请人的名称（姓名）、地址；

（二）申请理由；

（三）取水的起始时间及期限；

（四）取水目的、取水量、年内各月的用水量等；

（五）水源及取水地点；

（六）取水方式、计量方式和节水措施；

（七）退水地点和退水中所含主要污染物以及污水处理措施；

（八）国务院水行政主管部门规定的其他事项。

第十三条 县级以上地方人民政府水行政主管部门或者流域管理机构，应当自收到取水申请之日起5个工作日内对申请材料进行审查，并根据下列不同情形分别作出处理：

（一）申请材料齐全、符合法定形式、属于本机关受理范围的，予以受理；

（二）提交的材料不完备或者申请书内容填注不明的，通知申请人补正；

（三）不属于本机关受理范围的，告知申请人向有受理权限的机关提出申请。

第三章 取水许可的审查和决定

第十四条 取水许可实行分级审批。

下列取水由流域管理机构审批：

（一）长江、黄河、淮河、海河、滦河、珠江、松花江、辽河、金沙江、汉江的干流和太湖以及其他跨省、自治区、直辖市河流、湖泊的指定河段限额以上的取水；

（二）国际跨界河流的指定河段和国际边界河流限额以上的取水；

（三）省际边界河流、湖泊限额以上的取水；

（四）跨省、自治区、直辖市行政区域的取水；

（五）由国务院或者国务院投资主管部门审批、核准的大型建设项目的取水；

（六）流域管理机构直接管理的河道（河段）、湖泊内的取水。

前款所称的指定河段和限额以及流域管理机构直接管理的河道（河段）、湖泊，由国务院水行政主管部门规定。

其他取水由县级以上地方人民政府水行政主管部门按照省、自治区、直辖市人民政府规定的审批权限审批。

第十五条 批准的水量分配方案或者签订的协议是确定流域与行政区域取水许可总量控制的依据。

跨省、自治区、直辖市的江河、湖泊，尚未制定水量分配方案或者尚未签订协议的，有关省、自治区、直辖市的取水许可总量控制指标，由流域管理机构根据流域水资源条件，依据水资源综合规划、流域综合规划和水中长期供求规划，结合各省、自治区、直辖市取水现状及供需情况，向有关省、自治区、直辖市人民政府水行政主管部门提出，报国务院水行政主管部门批准；设区的市、县（市）行政区域的取水许可总量控制指标，由省、自治区、直辖市人民政府水行政主管部门依据本省、自治区、直辖市取水许可总量控制指标，结合各地取水现状及供需情况制定，并报流域管理机构备案。

第十六条　按照行业用水定额核定的用水量是取水量审批的主要依据。

省、自治区、直辖市人民政府水行政主管部门和质量监督检验管理部门对本行政区域行业用水定额的制定负责指导并组织实施。

尚未制定本行政区域行业用水定额的，可以参照国务院有关行业主管部门制定的行业用水定额执行。

第十七条　审批机关受理取水申请后，应当对取水申请材料进行全面审查，并综合考虑取水可能对水资源的节约保护和经济社会发展带来的影响，决定是否批准取水申请。

第十八条　审批机关认为取水涉及社会公共利益需要听证的，应当向社会公告，并举行听证。

取水涉及申请人与他人之间重大利害关系的，审批机关在作出是否批准取水申请的决定前，应当告知申请人、利害关系人。申请人、利害关系人要求听证的，审批机关应当组织听证。

因取水申请引起争议或者诉讼的，审批机关应当书面通知申请人中止审批程序；争议解决或者诉讼终止后，恢复审批程序。

第十九条　审批机关应当自受理取水申请之日起45个工作日内决定批准或者不批准。决定批准的，应当同时签发取水申请批准文件。

对取用城市规划区地下水的取水申请，审批机关应当征求城市建设主管部门的意见，城市建设主管部门应当自收到征求意见材料之日起5个工作日内提出意见并转送取水审批机关。

本条第一款规定的审批期限，不包括举行听证和征求有关部门意见所需的时间。

第二十条　有下列情形之一的，审批机关不予批准，并在作出不批准的决定时，书面告知申请人不批准的理由和依据：

（一）在地下水禁采区取用地下水的；

（二）在取水许可总量已经达到取水许可控制总量的地区增加取水量的；

（三）可能对水功能区水域使用功能造成重大损害的；

（四）取水、退水布局不合理的；

（五）城市公共供水管网能够满足用水需要时，建设项目自备取水设施取用地下水的；

（六）可能对第三者或者社会公共利益产生重大损害的；

（七）属于备案项目，未报送备案的；

（八）法律、行政法规规定的其他情形。

审批的取水量不得超过取水工程或者设施设计的取水量。

第二十一条　取水申请经审批机关批准，申请人方可兴建取水工程或者设施。需由国家审批、核准的建设项目，未取得取水申请批准文件的，项目主管部门不得审批、核准该建设项目。

第二十二条　取水申请批准后3年内，取水工程或者设施未开工建设，或者需由国家审批、核准的建设项目未取得国家审批、核准的，取水申请批准文件自行失效。

建设项目中取水事项有较大变更的，建设单位应当重新进行建设项目水资源论证，并重新申请取水。

第二十三条　取水工程或者设施竣工后，申请人应当按照国务院水行政主管部门的规定，向取水审批机关报送取水工程或者设施试运行情况等相关材料；经验收合格的，由审批机关核发取水许可证。

直接利用已有的取水工程或者设施取水的，经审批机关审查合格，发给取水许可证。

审批机关应当将发放取水许可证的情况及时通知取水口所在地县级人民政府水行政主管部门，并定期对取水许可证的发放情况予以公告。

第二十四条　取水许可证应当包括下列内容：

（一）取水单位或者个人的名称（姓名）；

（二）取水期限；

（三）取水量和取水用途；

（四）水源类型；

（五）取水、退水地点及退水方式、退水量。

前款第（三）项规定的取水量是在江河、湖泊、地下水多年平均水量情况下允许的取水单位或者个人的最大取水量。

取水许可证由国务院水行政主管部门统一制作，审批机关核发取水许可证只能收取工本费。

第二十五条　取水许可证有效期限一般为5年，最长不超过10年。有效期届满，需要延续的，取水单位或者个人应当在有效期届满45日前向原审批机关提出申请，原审批机关应当在有效期届满前，作出是否延续的决定。

第二十六条　取水单位或者个人要求变更取水许可证载明的事项的，应当依照本条例的规定向原审批机关申请，经原审批机关批准，办理有关变更手续。

第二十七条　依法获得取水权的单位或者个人，

通过调整产品和产业结构、改革工艺、节水等措施节约水资源的，在取水许可的有效期和取水限额内，经原审批机关批准，可以依法有偿转让其节约的水资源，并到原审批机关办理取水权变更手续。具体办法由国务院水行政主管部门制定。

第四章 水资源费的征收和使用管理

第二十八条 取水单位或者个人应当缴纳水资源费。

取水单位或者个人应当按照经批准的年度取水计划取水。超计划或者超定额取水的，对超计划或者超定额部分累进收取水资源费。

水资源费征收标准由省、自治区、直辖市人民政府价格主管部门会同同级财政部门、水行政主管部门制定，报本级人民政府批准，并报国务院价格主管部门、财政部门和水行政主管部门备案。其中，由流域管理机构审批取水的中央直属和跨省、自治区、直辖市水利工程的水资源费征收标准，由国务院价格主管部门会同国务院财政部门、水行政主管部门制定。

第二十九条 制定水资源费征收标准，应当遵循下列原则：

（一）促进水资源的合理开发、利用、节约和保护；

（二）与当地水资源条件和经济社会发展水平相适应；

（三）统筹地表水和地下水的合理开发利用，防止地下水过量开采；

（四）充分考虑不同产业和行业的差别。

第三十条 各级地方人民政府应当采取措施，提高农业用水效率，发展节水型农业。

农业生产取水的水资源费征收标准应当根据当地水资源条件、农村经济发展状况和促进农业节约用水需要制定。农业生产取水的水资源费征收标准应当低于其他用水的水资源费征收标准，粮食作物的水资源费征收标准应当低于经济作物的水资源费征收标准。农业生产取水的水资源费征收的步骤和范围由省、自治区、直辖市人民政府规定。

第三十一条 水资源费由取水审批机关负责征收；其中，流域管理机构审批的，水资源费由取水口所在地省、自治区、直辖市人民政府水行政主管部门代为征收。

第三十二条 水资源费缴纳数额根据取水口所在地水资源费征收标准和实际取水量确定。水力发电用水和火力发电贯流式冷却用水可以根据取水口所在地水资源费征收标准和实际发电量确定缴纳数额。

第三十三条 取水审批机关确定水资源费缴纳数额后，应当向取水单位或者个人送达水资源费缴纳通知单，取水单位或者个人应当自收到缴纳通知单之日起 7 日内办理缴纳手续。

直接从江河、湖泊或者地下取用水资源从事农业生产的，对超过省、自治区、直辖市规定的农业生产用水限额部分的水资源，由取水单位或者个人根据取水口所在地水资源费征收标准和实际取水量缴纳水资源费；符合规定的农业生产用水限额的取水，不缴纳水资源费。取用供水工程的水从事农业生产的，由用水单位或者个人按照实际用水量向供水工程单位缴纳水费，由供水工程单位统一缴纳水资源费；水资源费计入供水成本。

为了公共利益需要，按照国家批准的跨行政区域水量分配方案实施的临时应急调水，由调入区域的取用水的单位或者个人，根据所在地水资源费征收标准和实际取水量缴纳水资源费。

第三十四条 取水单位或者个人因特殊困难不能按期缴纳水资源费的，可以自收到水资源费缴纳通知单之日起 7 日内向发出缴纳通知单的水行政主管部门申请缓缴；发出缴纳通知单的水行政主管部门应当自收到缓缴申请之日起 5 个工作日内作出书面决定并通知申请人；期满未作决定的，视为同意。水资源费的缓缴期限最长不得超过 90 日。

第三十五条 征收的水资源费应当按照国务院财政部门的规定分别解缴中央和地方国库。因筹集水利工程基金，国务院对水资源费的提取、解缴另有规定的，从其规定。

第三十六条 征收的水资源费应当全额纳入财政预算，由财政部门按照批准的部门财政预算统筹安排，主要用于水资源的节约、保护和管理，也可以用于水资源的合理开发。

第三十七条 任何单位和个人不得截留、侵占或者挪用水资源费。

审计机关应当加强对水资源费使用和管理的审计监督。

第五章 监督管理

第三十八条 县级以上人民政府水行政主管部门或者流域管理机构应当依照本条例规定，加强对取水许可制度实施的监督管理。

县级以上人民政府水行政主管部门、财政部门和价格主管部门应当加强对水资源费征收、使用情况的监督管理。

第三十九条 年度水量分配方案和年度取水计划是年度取水总量控制的依据，应当根据批准的水量分配方案或者签订的协议，结合实际用水状况、行业用水定额、下一年度预测来水量等制定。

国家确定的重要江河、湖泊的流域年度水量分配方案和年度取水计划，由流域管理机构会同有关省、自治区、直辖市人民政府水行政主管部门制定。

县级以上各地方行政区域的年度水量分配方案和年度取水计划，由县级以上地方人民政府水行政主管部门根据上一级地方人民政府水行政主管部门或者流域管理机构下达的年度水量分配方案和年度取水计划制定。

第四十条　取水审批机关依照本地区下一年度取水计划、取水单位或者个人提出的下一年度取水计划建议，按照统筹协调、综合平衡、留有余地的原则，向取水单位或者个人下达下一年度取水计划。

取水单位或者个人因特殊原因需要调整年度取水计划的，应当经原审批机关同意。

第四十一条　有下列情形之一的，审批机关可以对取水单位或者个人的年度取水量予以限制：

（一）因自然原因，水资源不能满足本地区正常供水的；

（二）取水、退水对水功能区水域使用功能、生态与环境造成严重影响的；

（三）地下水严重超采或者因地下水开采引起地面沉降等地质灾害的；

（四）出现需要限制取水量的其他特殊情况的。

发生重大旱情时，审批机关可以对取水单位或者个人的取水量予以紧急限制。

第四十二条　取水单位或者个人应当在每年的12月31日前向审批机关报送本年度的取水情况和下一年度取水计划建议。

审批机关应当按年度将取用地下水的情况抄送同级国土资源主管部门，将取用城市规划区地下水的情况抄送同级城市建设主管部门。

审批机关依照本条例第四十一条第一款的规定，需要对取水单位或者个人的年度取水量予以限制的，应当在采取限制措施前及时书面通知取水单位或者个人。

第四十三条　取水单位或者个人应当依照国家技术标准安装计量设施，保证计量设施正常运行，并按照规定填报取水统计报表。

第四十四条　连续停止取水满2年的，由原审批机关注销取水许可证。由于不可抗力或者进行重大技术改造等原因造成停止取水满2年的，经原审批机关同意，可以保留取水许可证。

第四十五条　县级以上人民政府水行政主管部门或者流域管理机构在进行监督检查时，有权采取下列措施：

（一）要求被检查单位或者个人提供有关文件、证照、资料；

（二）要求被检查单位或者个人就执行本条例的有关问题作出说明；

（三）进入被检查单位或者个人的生产场所进行调查；

（四）责令被检查单位或者个人停止违反本条例的行为，履行法定义务。

监督检查人员在进行监督检查时，应当出示合法有效的行政执法证件。有关单位和个人对监督检查工作应当给予配合，不得拒绝或者阻碍监督检查人员依法执行公务。

第四十六条　县级以上地方人民政府水行政主管部门应当按照国务院水行政主管部门的规定，及时向上一级水行政主管部门或者所在流域的流域管理机构报送本行政区域上一年度取水许可证发放情况。

流域管理机构应当按照国务院水行政主管部门的规定，及时向国务院水行政主管部门报送其上一年度取水许可证发放情况，并同时抄送取水口所在地省、自治区、直辖市人民政府水行政主管部门。

上一级水行政主管部门或者流域管理机构发现越权审批、取水许可证核准的总取水量超过水量分配方案或者协议规定的数量、年度实际取水总量超过下达的年度水量分配方案和年度取水计划的，应当及时要求有关水行政主管部门或者流域管理机构纠正。

第六章　法律责任

第四十七条　县级以上地方人民政府水行政主管部门、流域管理机构或者其他有关部门及其工作人员，有下列行为之一的，由其上级行政机关或者监察机关责令改正；情节严重的，对直接负责的主管人员和其他直接责任人员依法给予行政处分；构成犯罪的，依法追究刑事责任：

（一）对符合法定条件的取水申请不予受理或者不在法定期限内批准的；

（二）对不符合法定条件的申请人签发取水申请批准文件或者发放取水许可证的；

（三）违反审批权限签发取水申请批准文件或者发放取水许可证的；

（四）对未取得取水申请批准文件的建设项目，擅自审批、核准的；

（五）不按照规定征收水资源费，或者对不符合缓缴条件而批准缓缴水资源费的；

（六）侵占、截留、挪用水资源费的；

（七）不履行监督职责，发现违法行为不予查处的；

（八）其他滥用职权、玩忽职守、徇私舞弊的行为。

前款第（六）项规定的被侵占、截留、挪用的水资源费，应当依法予以追缴。

第四十八条 未经批准擅自取水，或者未依照批准的取水许可规定条件取水的，依照《中华人民共和国水法》第六十九条规定处罚；给他人造成妨碍或者损失的，应当排除妨碍、赔偿损失。

第四十九条 未取得取水申请批准文件擅自建设取水工程或者设施的，责令停止违法行为，限期补办有关手续；逾期不补办或者补办未被批准的，责令限期拆除或者封闭其取水工程或者设施；逾期不拆除或者不封闭其取水工程或者设施的，由县级以上地方人民政府水行政主管部门或者流域管理机构组织拆除或者封闭，所需费用由违法行为人承担，可以处5万元以下罚款。

第五十条 申请人隐瞒有关情况或者提供虚假材料骗取取水申请批准文件或者取水许可证的，取水申请批准文件或者取水许可证无效，对申请人给予警告，责令其限期补缴应当缴纳的水资源费，处2万元以上10万元以下罚款；构成犯罪的，依法追究刑事责任。

第五十一条 拒不执行审批机关作出的取水量限制决定，或者未经批准擅自转让取水权的，责令停止违法行为，限期改正，处2万元以上10万元以下罚款；逾期拒不改正或者情节严重的，吊销取水许可证。

第五十二条 有下列行为之一的，责令停止违法行为，限期改正，处5000元以上2万元以下罚款；情节严重的，吊销取水许可证：

（一）不按照规定报送年度取水情况的；

（二）拒绝接受监督检查或者弄虚作假的；

（三）退水水质达不到规定要求的。

第五十三条 未安装计量设施的，责令限期安装，并按照日最大取水能力计算的取水量和水资源费征收标准计征水资源费，处5000元以上2万元以下罚款；情节严重的，吊销取水许可证。

计量设施不合格或者运行不正常的，责令限期更换或者修复；逾期不更换或者不修复的，按照日最大取水能力计算的取水量和水资源费征收标准计征水资源费，可以处1万元以下罚款；情节严重的，吊销取水许可证。

第五十四条 取水单位或者个人拒不缴纳、拖延缴纳或者拖欠水资源费的，依照《中华人民共和国水法》第七十条规定处罚。

第五十五条 对违反规定征收水资源费、取水许可证照费的，由价格主管部门依法予以行政处罚。

第五十六条 伪造、涂改、冒用取水申请批准文件、取水许可证的，责令改正，没收违法所得和非法财物，并处2万元以上10万元以下罚款；构成犯罪的，依法追究刑事责任。

第五十七条 本条例规定的行政处罚，由县级以上人民政府水行政主管部门或者流域管理机构按照规定的权限决定。

第七章 附　　则

第五十八条 本条例自2006年4月15日起施行。1993年8月1日国务院发布的《取水许可制度实施办法》同时废止。

国家发展改革委关于印发《可再生能源发电价格和费用分摊管理试行办法》的通知

（特急　发改价格［2006］7号）

为促进可再生能源的开发利用，根据《中华人民共和国可再生能源法》，我委研究制定了《可再生能源发电价格和费用分摊管理试行办法》，现印发你们，请按照执行。对执行中出现问题，请及时报告我委。

附件：《可再生能源发电价格和费用分摊管理试行办法》

中华人民共和国国家发展和改革委员会

二〇〇六年一月四日

附件：

可再生能源发电价格和费用分摊管理试行办法

第一章　总　　则

第一条 为促进可再生能源发电产业的发展，依据《中华人民共和国可再生能源法》和《价格法》，特制定本办法。

第二条 本办法的适用范围为：风力发电、生物质发电（包括农林废弃物直接燃烧和气化发电、垃圾焚烧和垃圾填埋气发电、沼气发电）、太阳能发电、海洋能发电和地热能发电。水力发电价格暂按现行规定执行。

第三条 中华人民共和国境内的可再生能源发电项目，2006年及以后获得政府主管部门批准或核准建设的，执行本办法；2005年12月31日前获得政府主管部门批准或核准建设的，仍执行现行有关规定。

第四条 可再生能源发电价格和费用分摊标准本

着促进发展、提高效率、规范管理、公平负担的原则制定。

第五条　可再生能源发电价格实行政府定价和政府指导价两种形式。政府指导价即通过招标确定的中标价格。

可再生能源发电价格高于当地脱硫燃煤机组标杆上网电价的差额部分，在全国省级及以上电网销售电量中分摊。

第二章　电价制定

第六条　风力发电项目的上网电价实行政府指导价，电价标准由国务院价格主管部门按照招标形成的价格确定。

第七条　生物质发电项目上网电价实行政府定价的，由国务院价格主管部门分地区制定标杆电价，电价标准由各省（自治区、直辖市）2005年脱硫燃煤机组标杆上网电价加补贴电价组成。补贴电价标准为每千瓦时0.25元。发电项目自投产之日起，15年内享受补贴电价；运行满15年后，取消补贴电价。自2010年起，每年新批准和核准建设的发电项目的补贴电价比上一年新批准和核准建设项目的补贴电价递减2%。发电消耗热量中常规能源超过20%的混燃发电项目，视同常规能源发电项目，执行当地燃煤电厂的标杆电价，不享受补贴电价。

第八条　通过招标确定投资人的生物质发电项目，上网电价实行政府指导价，即按中标确定的价格执行，但不得高于所在地区的标杆电价。

第九条　太阳能发电、海洋能发电和地热能发电项目上网电价实行政府定价，其电价标准由国务院价格主管部门按照合理成本加合理利润的原则制定。

第十条　公共可再生能源独立电力系统，对用户的销售电价执行当地省级电网的分类销售电价。

第十一条　鼓励电力用户自愿购买可再生能源电量，电价按可再生能源发电价格加上电网平均输配电价执行。

第三章　费用支付和分摊

第十二条　可再生能源发电项目上网电价高于当地脱硫燃煤机组标杆上网电价的部分、国家投资或补贴建设的公共可再生能源独立电力系统运行维护费用高于当地省级电网平均销售电价的部分，以及可再生能源发电项目接网费用等，通过向电力用户征收电价附加的方式解决。

第十三条　可再生能源电价附加向省级及以上电网企业服务范围内的电力用户（包括省网公司的趸售对象、自备电厂用户、向发电厂直接购电的大用户）收取。地县自供电网、西藏地区以及从事农业生产的电力用户暂时免收。

第十四条　可再生能源电价附加由国务院价格主管部门核定，按电力用户实际使用的电量计收，全国实行统一标准。

第十五条　可再生能源电价附加计算公式为：可再生能源电价附加＝可再生能源电价附加总额/全国加价销售电量可再生能源电价附加总额＝Σ[（可再生能源发电价格－当地省级电网脱硫燃煤机组标杆电价）×电网购可再生能源电量＋（公共可再生能源独立电力系统运行维护费用－当地省级电网平均销售电价×公共可再生能源独立电力系统售电量）＋可再生能源发电项目接网费用以及其他合理费用]其中：(1)全国加价销售电量＝规划期内全国省级及以上电网企业售电总量－农业生产用电量－西藏电网售电量。(2)电网购可再生能源电量＝规划的可再生能源发电量－厂用电量。(3)公共可再生能源独立电力系统运行维护费用＝公共可再生能源独立电力系统经营成本×(1＋增值税率)。(4)可再生能源发电项目接网费用以及其他合理费用，是指专为可再生能源发电项目接入电网系统而发生的工程投资和运行维护费用，以政府有关部门批准的设计文件为依据。在国家未明确输配电成本前，暂将接入费用纳入可再生能源电价附加中计算。

第十六条　按照省级电网企业加价销售电量占全国电网加价销售电量的比例，确定各省级电网企业应分摊的可再生能源电价附加额。计算公式为：各省级电网企业应分摊的电价附加额＝全国可再生能源电价附加总额×省级电网企业服务范围内的加价售电量/全国加价销售电量

第十七条　可再生能源电价附加计入电网企业销售电价，由电网企业收取，单独记账，专款专用。所涉及的税收优惠政策，按国务院规定的具体办法执行。

第十八条　可再生能源电价附加由国务院价格主管部门根据可再生能源发展的实际情况适时调整，调整周期不少于一年。

第十九条　各省级电网企业实际支付的补贴电费以及发生的可再生能源发电项目接网费用，与其应分摊的可再生能源电价附加额的差额，在全国范围内实行统一调配。具体管理办法由国家电力监管部门根据本办法制定，报国务院价格主管部门核批。

第四章　附　　则

第二十条　可再生能源发电企业和电网企业必须真实、完整地记载和保存可再生能源发电上网交易电量、价格和金额等有关资料，并接受价格主管部门、电力监管机构及审计部门的检查和监督。

第二十一条 不执行本办法的有关规定，对企业和国家利益造成损失的，由国务院价格主管部门、电力监管机构及审计部门进行审查，并追究主要责任人的责任。

第二十二条 本办法自2006年1月1日起执行。

第二十三条 本办法由国家发展和改革委员会负责解释。

关于加快电力工业结构调整促进健康有序发展有关工作的通知

（国家发展和改革委员会等八部委以发改能源［2006］661号印发《关于加快电力工业结构调整促进健康有序发展有关工作的通知》）

2002年6月以来，我国出现了新一轮电力供应紧张局面，为尽快缓解电力供需矛盾，国家采取了一系列措施，加快电力建设，全国电力开工和投产规模快速增加，电力供应能力明显提高，供需矛盾初步得到缓解。但是，在加快电力建设的同时，电站建设无序、电源结构不合理、电力建设质量下降、安全事故增多、电网建设滞后等问题突出，发电设备生产与供应也极不均衡。为贯彻落实，《关于加快推进产能过剩行业结构调整的通知》（国发［2006］11号）文件精神，保持电力工业健康有序发展，针对当前出现的新情况、新问题，需要采取必要措施，加快电力结构调整步伐。经研究，现将有关情况和具体要求通知如下：

一、电力建设快速发展，供需矛盾缓解

（一）电力供应能力保持较高水平。2004年年底，全国发电装机容量4.42亿kW，比上年增长5100万kW，2005年发电装机突破5亿kW。2005年全国发电量24747亿kW·h，同比增长12.3%。截至目前，全国已连续40多个月平均发电量增长速度超过两位数，“十五”期间平均电力弹性系数达1.5，电力增长速度高于GDP的增长。

随着发电装机的快速增长，发电设备平均利用小时有所下降，2005年为5411小时，同比下降29小时。由于2005年全国各主要河流来水好于往年，水电机组利用小时同比增长189小时；水电增发以后，火电增幅较去年同期有所回落，发电小时同比下降109小时。与此同时，全国“西电东送”等跨区跨省送电成效显著，累计交换电量2500亿kW·h，同比增长20.9%。

（二）用电需求快速增长，高耗能用电增速趋缓。2005年全社会用电量24689亿kW·h，同比增长13.45%。用电结构仍以工业为主，且比重略有增加，达73.1%，增幅虽比2004年回落3.9个百分点，但仍高达13.37%。城乡居民生活用电量增幅最快，达2838亿kW·h，同比增长16.2%，比去年同期提高了7.2个百分点。在电价上调和控制高耗能产品措施实施后，高耗能产业盲目发展势头受到遏制，高耗能产业比较集中地区的用电负荷增速趋缓。

（三）电力建设继续得到加强。2005年全国新投产发电装机容量6602万kW，其中水电1128万kW，占17.1%，火电5465万kW，占82.8%，风电8万kW，占0.12%。新增220kV及以上输电线路24000km，变电容量13000万kV·A。灵宝背靠背直流输电工程、西北750kV示范工程和贵广交流输电工程等一批重点电网工程陆续投产，全国六大电网已实现联网，电网输电能力进一步增强，网架结构进一步优化。

2005年国家核准电站项目139个，总规模11800万kW（水电2705万kW，火电8715万kW，核电330万kW，风电50万kW），其中11410万kW已开工建设。

（四）电力供应紧张形势有所缓解。当前全国电力供需紧张形势有较大改善，但部分地区季节性、时段性拉闸限电现象依然存在，主要集中在华北、南方和华中的部分地区，华东紧张局势明显缓解，东北、西北地区电力供需基本可以平衡。2005年全国总体呈现“前紧后松”的状态，一季度共有26个省（区、市）反映有拉闸限电现象，二季度减少到18个，年底减为5个。

预计2006年将是我国电力供需状况的转折点，电力供需矛盾可基本缓解，但季节性电力供需不平衡的矛盾仍将存在。2007年以后，全国电力装机不足的局面将得到根本扭转，除少数地区用电高峰时段外，全国大部分地区可实现电力供需平衡，并略有盈余。

二、存在的主要问题

（一）电站无序建设。按照国务院的统一部署，国家有关部门采取了加强规划、优先安排合规项目、通知或公告停工违规项目等一系列措施，并引入专家集中评议的方式，开展违规项目清理工作。截至目前，已消化（核准）违规项目4283万kW；另有4600万kW暂按缓建处理，纳入2006、2007年建设规划；剩余3400万kW按停建处理。总体上看，电力行业无序建设、盲目布点的势头得到了一定遏制，

违规电站清理工作取得了阶段性成果。

虽然违规建设电站的势头得到遏制，但是部分地区的违规项目仍未按要求缓建或停建。有些地区和企业对国家清理违规电站项目工作不能正确认识，有抵触情绪。一些地方和企业仍在继续建设违规项目。

（二）电源结构不合理。由于电力供应紧张，促使各地燃煤机组大量建设，小机组关停步伐明显放缓，企业自建燃油机组现象增多，造成部分地区燃煤和燃油小机组比重增高，煤电比重进一步增加。另外，还有不少电力项目以供热或综合利用的名义，建设小火电机组。2004年底，全国0.6万～5万kW火电机组有3796台，共计4666万kW，另有不上网的单机容量0.6万kW以下小火电机组近1500万kW，还有燃油机组约2500万kW，均呈上升趋势。

这种状况恶化了电源结构，增加今后结构调整的工作难度，而且也不利于提高能源利用效率，不利于保护生态环境。

（三）电网建设相对滞后。电力供需快速增长，加之违规电源项目盲目建设，电源电网建设不协调的问题再次显现。部分电网网架结构不够坚强，出现了“窝电”和缺电并存的现象。京津唐的冀北地区、辽宁的营口地区、浙江的台州、温州地区、河南的豫北地区、四川的川西地区等均出现了因网架结构原因、输电断面受限而拉闸限电的情况。配电网问题也十分突出，北京、广州、杭州和苏州等大城市，两年前实施的城网改造工程已不能满足用电需求增长的需要，线路、变压器超负荷运行时有发生。中西部地区农村电网建设与改造滞后，尚不能满足社会主义新农村建设的需要。

（四）电力设备生产增长过快，设备订货过于集中。按基本立足国内组织生产计算，当前国内29家大中型发电设备制造企业生产能力约为5000万kW，其中：水电1000万kW左右，火电4000万kW左右。通过扩大电站设备生产外包比例，2005年完成发电主机设备约8700万kW，比去年同期增长30.4%，全国发电设备制造企业已超负荷运转，大部分电站设备锻件靠进口解决。

据统计，2006年合同订货的发电设备多达1.41亿kW，2007年为6700万kW。由于合同订货过于集中，按现有的国内设备制造能力，大量发电设备的铸锻件和配套件仍将靠进口解决。一些违规项目仍在向厂家催交设备，影响了规划内项目的正常交货。随着电站建设高峰过去，很可能出现国内发电设备制造企业制造能力放空、大起大落的问题。

（五）电力建设质量和安全隐患不容忽视。近来电站建设规模很大，项目赶工期、片面追求速度的现象比较普遍。电站设计、建设施工和设备制造企业均超负荷运转，带来的各种隐患不容忽视。2005年电力建设工程发生死亡3人以上的安全事故达12起。特别是一些违规项目为造成既成事实，脱离客观条件压缩工期，不顾国家三令五申，违反质量和安全规程规范，引发了重大安全事故，暴露出不同程度的质量和安全问题。

这些质量和安全隐患形成一批“问题”电站。在现阶段集中反映在工程施工和设备质量等方面，投产后会引发电力设备运行不稳定和可靠性差的问题。加上违规项目布局和结构上的不合理，势必影响电力系统的整体安全稳定水平，引发大面积停电事故的风险增加。

三、采取有力措施，促进电力工业健康发展

按照党的十六届五中全会确定的2010年人均GDP比2000年翻一番的奋斗目标，以及2010年单位国内生产总值能源消耗比“十五”期末下降20%的具体要求，“十一五”期间电力工业在保持稳定有序发展，为经济社会发展提供可靠电力保障的同时，还要把工作重点转到加快电力结构调整步伐，降低能耗水平，保护生态环境，努力提高机组健康状况和安全水平，促进经济社会全面、协调、可持续发展上来。因此，要重点做好以下几方面的工作：

（一）完善电力规划，实现有序发展。结合“十五”后两年电力工业实际和清理违规项目的情况，国家发展改革委将进一步完善“十一五”各区域电力规划，引导电站项目有序发展。2006年和2007年电站项目要按照国家发展改革委明确的规划（备选方案）安排建设，各地发展改革部门要按照规划有序安排项目前期工作，并做好项目申报和项目管理等工作。2008年及以后的具体建设项目将根据规划以及市场发展实际情况进一步研究确定。

随着发电装机的不断增加，要高度重视电网建设，保持电源与电网、输电与配电的协调同步发展。加强区域网架、跨区输电线路和西电东送输电通道的建设，继续推进西电东送、南北互济，努力实现更大范围的资源优化配置，促进区域间协调发展。加强城乡配网建设，抓紧解决大中型城市电网配电能力不足的问题，不断提高供电的可靠性。各电网企业要按照国家发展改革委关于近期电网建设项目前期工作的要求，抓紧开展相关工作，各有关部门要给予必要的支持和配合。各地政府相关部门要组织当地电网企业和主要用户，结合本地区国民经济和社会的发展，提出本地区电网，重点是城乡配电网的发展规划与近期的建设方案。

为提高输电资产利用效率，降低输电成本，针对电网运行中存在的实际情况，电网企业要加强管理，

通过采用先进输电技术，努力提高现有输电设施的输电能力，力争在“十一五”期间将现有各电压等级输电能力的平均水平提高15%～20%。

（二）*继续做好清理工作，规范建设秩序*。为保持电力工业的有序健康发展，最大程度地消除违规项目带来的危害，各地区及有关部门要严格按照《国务院批转发展改革委关于坚决制止电站项目无序建设意见的紧急通知》（国发［2004］32号）及《国务院办公厅关于电站项目清理及近期建设安排有关工作的通知》（国办发［2005］8号）有关要求，各司其职，严格把关，加大执法监督力度，采取有力措施，做好违规电站清理的后续工作，促使违规项目按照清理意见停建、缓建，维护正常电力建设秩序。各地国土、环保、交通和水利有关职能部门及综合经济管理部门，对未纳入规划和不在规划期内的违规项目，不予办理相关手续；电网企业不得为违规项目接入系统；银行及金融机构要停止对其发放贷款；银监会各级派出机构要严格按照国务院的有关要求，继续认真督促银行金融机构认真执行《商业银行授信工作尽职指引》，把国家产业政策以及对电力项目贷款审批和发放的政策切实落实到位，并进一步加强检查力度，做好清理的后续工作。

为保持电力设备生产和供应的稳定，避免出现设备制造企业生产运行的大起大落。电力设备厂家要进一步强化法制观念和提高风险防范意识，按照国家法律法规和有关规定，妥善处理与违规项目签订的无效合同，并按照国家的规划安排生产。

各地政府有关职能部门及相关电力企业要研究具体措施，做好电站清理的善后工作，妥善处理违规电站建设的遗留问题。

（三）*加大关停力度，着力结构调整*。按照国家电力发展规划，要重点实施高效、清洁发电工程，加大工期较长的水电、核电等清洁电力的开发力度，提高水电等清洁能源在电力结构中的比重，积极推进火电机组“上大压小、上煤压油”等工程。

各地要结合本地区电源情况，逐步关停拆除能耗高的火电机组，在逐一落实关停机组的基础上，制订可行的关停实施方案，切实做好小机组关停后的有关工作，加快凝汽式小火电及燃油机组的关停步伐。力争“十一五”期间关停5万kW及以下凝汽式燃煤小机组1500万kW，关停老小燃油机组700万kW的目标。各地发展改革委、国土、环保和水利部门要积极配合，采取必要的措施，推进小机组关停工作的顺利实施，促进电力结构调整。对于已到关停期限的小机组，电网企业及相关单位不得再收购其发电量。

（四）*调整发电调度规则，实施节能、环保、经济调度*。为贯彻落实十六届五中全会提出的“必须加快转变经济增长方式，要把节约能源作为基本国策，努力建设资源节约型、环境友好型社会”的要求，实现“十一五”期间节能降耗的目标，促进电力工业结构调整，需要对电力市场交易模式和现行电力调度规则进行必要的调整。要改变对各类机组平均分配利用小时数的旧调度模式，优先安排可再生、高效、污染排放低的机组发电，限制能耗高、污染大、违反国家政策和有关规定的机组发电。重点对火电机组进行优化调度，鼓励煤耗低、排放少、节水型机组发电；已到关停期限或违反国家有关规定的机组，不得进入电力市场交易，电网调度机构不得调度其发电；大电网覆盖范围内，以“以热定电”名义建设的13.5万kW及以下热电联产机组不带热负荷时，原则上不得调度发电。

依法贯彻落实《可再生能源法》中有关可再生能源发电电价、电量、上网等政策，加大对可再生能源的扶植力度，实现水电全额上网，同网同价。

当前，要根据上述原则抓紧修订体现节能、环保、经济的调度规则和电力市场交易规则，并尽快实施。电力监管机构要按照《电力监管条例》的有关规定，依照《跨地区电能交易指导意见》、《跨区跨省优化调度规则》和本通知的有关要求，监督指导各级电力调度机构执行国家有关规定。

（五）*落实责任，加强电力建设工程质量和安全管理*。电力安全涉及千家万户，事关经济发展、社会稳定和国家安全。为此，各级政府、监管机构和企业，要按照国家发展改革委、建设部、国家安监总局和电监会联合下发的《关于切实加强电力建设工程质量安全监督管理的紧急通知》（发改能源［2005］1690号）要求，通力协作，认真落实各项安全措施，完善安全责任体系，积极排查质量与安全隐患，确保电力建设工程质量。各地有关部门要在国家的统一部署下，抓紧开展检查各地电力工程质量和安全工作的落实情况，强化电力安全管理，确保安全可靠的电力供应。

（编辑部摘编）

国家发展改革委、建设部关于印发《水利、水电、电力建设项目前期工作工程勘察收费暂行规定》的通知

发改价格［2006］1352号

为规范水利、水电、电力等建设项目前期工作工程勘察收费行为，根据《建设项目前期工作咨询收费

暂行规定》（计价格（1999）1283号）和《工程勘察设计收费管理规定》（计价格［2002］10号），我们制定了《水利、水电、电力建设项目前期工作工程勘察收费暂行规定》。现印发给你们，请按照执行：

附：《水利、水电、电力建设项目前期工作工程勘察收费暂行规定》

二〇〇六年七月十日

水利、水电、电力建设项目前期工作工程勘察收费暂行规定

第一条 为规范水利、水电、电力等建设项目（下称“建设项目”）前期工作工程勘察收费行为，根据《建设项目前期工作咨询收费暂行规定》（计价格［1999］1283号）和《工程勘察设计收费管理规定》（计价格［2002］10号）的规定，制定本规定。

第二条 本规定适用于总投资估算额在500万元及以上的水利工程编制项目建议书、可行性研究阶段，电力工程编制初步可行性研究、可行性阶段（含核电工程项目前期工作工程勘察成果综合分析），以及水电工程预可行性研究阶段的工程勘察收费。总投资估算额在500万元以下的建设项目前期工作工程勘察收费实行市场调节价。

第三条 工程勘察的发包与承包应当遵循公开、公平、自愿和诚实信用的原则。发包人依法有权自主选择勘察人，勘察人自主决定是否接受委托。

第四条 建设项目前期工作工程勘察收费是指勘察人根据发包人的委托，提供收集建设场地已有资料、现场踏勘、制订勘察纲要，进行测绘、勘探、取样、试验、测试、检测等勘察作业，以及编制项目前期工作工程勘察文件等服务收取的费用。

第五条 建设项目前期工作工程勘察收费实行政府指导价。其基准价按本规定附件计算，上浮幅度不超过20%，下浮幅度不超过30%。具体收费额由发包人与勘察人按基准价和浮动幅度协商确定。

第六条 建设项目前期工作工程勘察发生以下作业准备的，可按照相应工程勘察收费基准价的10%～20%另行收取。包括办理工程勘察相关许可，以及购买有关资料；拆除障碍物，开挖以及修复地下管线；修通至作业现场道路，接通电源、水源以及平整场地；勘察材料以及加工；勘察作业大型机具搬运；水上作业用船、排、平台以及水监等。

第七条 水利、水电工程项目前期工作可根据需要，由承担项目前期工作的单位加收前期工作工程勘察成果分析和工程方案编制费用。加收的编制费用按相应阶段水利、水电工程勘察收费基准价的30%～40%计收。工作内容按照相应的工程技术质量标准和规程规范的规定执行。主要包括工程建设必要性论证、工程开发任务编制、初选代表性坝（厂）址、初选工程规模、建设征地和移民安置初步规划、估算工程投资以及初步经济评价等，核电工程项目前期工作工程勘察成果综合加工费（含主体勘察协调费），按计价格［2002］10号文件中通用工程勘察收费基准价的22%～25%计收。

第八条 建设项目前期工作工程勘察收费的金额以及支付方式，由发包人和勘察人在工程勘察合同中约定。勘察人提供的勘察文件，应当符合国家规定的工程技术质量标准，满足合同约定的内容、质量等要求。

第九条 因发包人原因造成工程勘察工作量增加的，勘察人可依据约定向发包人另行收取相应费用。工程勘察质量达不到规定和约定的，勘察人应当返工，由于返工增加工作量的，勘察人不得另行向发包人收取费用，发包人还可依据合同扣减其勘察费用。由于勘察人工作失误给发包人造成经济损失的，应当按照合同约定依法承担相应的责任。

第十条 勘察人提供工程勘察文件的标准份数为4份，发包人要求增加勘察文件份数的，由发包人另行支付印制勘察文件工本费。

第十一条 建设项目前期工作工程勘察收费应严格执行国家有关价格法律、法规和规定，违反有关规定的，由政府价格主管部门依法予以处罚。

第十二条 本规定于2006年9月1日起实施。此前已签定合同的，双方可根据勘察工作进展情况和本规定重新协商收费额、协商不一致的按此前双方约定执行。

附件：一、水利、水电工程建设项目前期工作工程勘察收费标准（略）
二、电力工程建设项目前期工作工程勘察收费标准（略）

（摘自水电工程技术信息网）

国家电力监管委员会发布《电力并网互联争议处理规定》

（国家电力监管委员会21号令）

《电力并网互联争议处理规定》已经2006年10月26日国家电力监管委员会主席办公会议通过，现予公布，自2007年1月1日起施行。

主席 柴松岳

二〇〇六年十一月二日

第一条 为了规范电力并网互联争议处理行为，

促进电网公平、无歧视开放，保证电力交易正常进行，保障电力系统安全稳定运行，维护电力企业合法权益和社会公共利益，根据《电力监管条例》，制定本规定。

第二条　本规定所称电力并网互联争议，包括电力并网争议和电力互联争议，电力并网争议是指发电企业与电网企业达不成并网调度协议，影响电力交易正常进行的争议；电力互联争议是指电网企业之间达不成互联调度协议，影响电力交易正常进行的争议。

第三条　国家电力监管委员会及其派出机构（以下简称电力监管机构）处理电力并网互联争议应当遵循合理、合法、公正、高效的原则。

电力并网互联争议可能危及电力系统安全稳定运行或者造成其他重大影响的，电力监管机构应当采取措施防止影响扩大。

第四条　电力监管机构工作人员处理电力并网互联争议，应当忠于职守，依法办事，公正廉洁，不得利用职务便利牟取不正当利益。

第五条　电力并网争议由电网企业所在地的国家电力监管委员会区域监管局城市监管办公室负责处理；未设立城市监管办公室的，由所在区域的国家电力监管委员会区域监管局负责处理。本区域内跨省、自治区、直辖市的电力并网争议由电网企业所在地的国家电力监管委员会区域监管局负责处理。跨区域的或者在全国范围内有重大影响的电力并网争议由国家电力监管委员会负责处理。

电力互联争议由国家电力监管委员会区域监管局负责处理。跨区域的或者在全国范围内有重大影响的电力互联争议由国家电力监管委员会负责处理。

第六条　发电企业与电网企业之间、电网企业与电网企业之间发生电力并网互联争议，双方当事人应当协商解决；协商不成的，任何一方可以申请电力监管机构处理。

第七条　发电企业或者电网企业申请电力监管机构处理电力并网互联争议，应当提交书面申请书，并按照被申请人人数提交申请书副本。

申请书应当载明下列事项：

（一）当事人名称、住所和法定代表人姓名、职务；

（二）争议具体事项；

（三）具体的处理请求、事实及理由；

（四）相关证据材料及其目录。

第八条　电力监管机构收到电力并网互联争议处理申请书后，应当对申请书的内容进行初步审查，按照下列规定办理：

（一）符合本规定第二条、第五条规定的，应当予以受理，并自决定受理之日起 7 日内书面通知当事人，并将申请书副本送达被申请人；

（二）不符合本规定第二条、第五条规定的，不予受理，书面通知申请人，并说明不予受理的理由。

第九条　电力监管机构发现发电企业与电网企业之间、电网企业与电网企业之间发生电力并网互联争议的，应当由有管辖权的电力监管机构进行核查，对符合本规定第二条、第五条规定的，应当受理，并自决定受理之日起 7 日内书面通知当事人。

第十条　被申请人应当自收到受理通知之日起 10 日内向电力监管机构提交答辩书和有关证据材料。

电力监管机构依照本规定第九条受理的，当事人应当自收到受理通知之日起 10 日内向电力监管机构提交书面陈述和有关证据材料。

第十一条　电力监管机构办理电力并网互联争议，可以组成争议处理小组。

争议处理小组具体负责联系双方当事人，促进双方当事人意见交流，组织必要的调查研究和论证会，提出协调意见和裁决意见以及处理有关事项。

第十二条　电力监管机构办理电力并网互联争议，应当查明事实，充分听取双方的意见，审查当事人提供的书面材料和有关证据。必要时，电力监管机构可以组织当事人相互质证和辩论，也可以依法进行调查、检查或者核查。

电力监管机构办理电力并网互联争议，应当研究确定双方当事人的主要分歧，促使双方当事人围绕主要分歧交换意见。

第十三条　电力监管机构办理电力并网互联争议应当进行协调，在查明事实的基础上，依据法律、法规和规章，提出电力并网互联争议协调意见。

第十四条　当事人接受电力并网互联争议协调意见的，电力监管机构应当制作电力并网互联争议协调意见书，争议处理终止。

当事人应当根据电力并网互联争议协调意见书签署并网调度协议或者互联调度协议。

协调应当自争议受理之日起 60 日内终结。

第十五条　当事人一方或者双方不接受电力并网互联争议协调意见的，协调终结。电力监管机构应当自协调终结之日起 15 日内作出裁决。

第十六条　电力监管机构作出裁决，应当制作电力并网互联争议裁决书。电力并网互联争议裁决书应当包括下列内容：

（一）当事人的名称、住所、法定代表人的姓名和职务；

（二）争议的事项、理由和请求；

（三）裁决认定的事实和适用的法律、行政法规和规章等；

（四）裁决结果；

（五）不服裁决结果的救济途径和法定期限；

（六）作出裁决的机构名称、印章和日期。

第十七条　电力并网互联争议裁决书应当自电力监管机构作出裁决后10日内送达当事人。

第十八条　电力并网互联争议情况复杂的，经当事人申请或者电力监管机构认为必要，可以根据争议的不同类型，邀请与当事人无利害关系的电力技术、经济、法律方面的专家，举行专家论证会。每次论证会邀请的专家不得少于5人。

专家论证会作出的结论或者争议解决方案，应当作为电力并网互联争议协调意见或者裁决决定的依据。

第十九条　当事人在电力监管机构作出裁决前，可以自行依法达成协议，并报电力监管机构备案。

当事人自行达成协议的，视为撤销申请，争议处理终止。

第二十条　电力并网互联争议裁决依法作出后，当事人应当在裁决规定的时限内履行。逾期不履行的，由电力监管机构责令履行，并向社会公布；拒不履行的，电力监管机构依法申请人民法院强制执行。

第二十一条　当事人对电力监管机构作出的裁决不服的，可以依法提起行政复议或者行政诉讼。

第二十二条　当事人不遵守有关规章、规则的，根据《电力监管条例》第三十一条的规定依法予以处理。

第二十三条　当事人拒绝或者阻碍电力监管机构及其从事监管工作的人员依法履行监管职责，或者提供虚假或者隐瞒重要事实的文件、资料的，根据《电力监管条例》第三十四条的规定依法予以处理。

第二十四条　电力监管机构工作人员处理电力并网互联争议滥用职权、徇私舞弊、玩忽职守的，依法给予行政处分；构成犯罪的，依法追究刑事责任。

第二十五条　本规定自2007年1月1日起施行。

国家电力监管委员会发布《电网运行规则（试行）》

（国家电力监管委员会22号令）

《电网运行规则（试行）》已经2006年10月26日国家电力监管委员会主席办公会议通过，现予公布，自2007年1月1日起施行。

主席　柴松岳

二〇〇六年十一月三日

第一章　总　　则

第一条　为了保障电力系统安全、优质、经济运行，维护社会公共利益和电力投资者、经营者、使用者的合法权益，根据《中华人民共和国电力法》、《电力监管条例》和《电网调度管理条例》，制定本规则。

第二条　电网运行坚持安全第一、预防为主的方针。电网企业及其电力调度机构、电网使用者和相关单位应当共同维护电网的安全稳定运行。

第三条　电网运行实行统一调度、分级管理。

电力调度应当公开、公平、公正。

本规则所称电力调度，是指电力调度机构（以下简称调度机构）对电网运行进行的组织、指挥、指导和协调。

第四条　国家电力监管委员会及其派出机构（以下简称电力监管机构）依法对电网运行实施监管。

第五条　本规划适用于省级以上调度机构及其调度管辖范围内的电网企业、电网使用者和相关规划设计、施工建设、安装调试、研究开发等单位。

第二章　规划、设计与建设

第六条　电力系统的规划、设计和建设应当遵守国家有关规定和有关国家标准、行业标准。

第七条　电网与电源建设应当统筹考虑，合理布局，协调发展。

电网结构应当安全可靠、经济合理、技术先进、运行灵活，符合《电力系统安全稳定导则》和《电力系统技术导则》的要求。

第八条　经政府有关部门依法批准或者核准的拟并网机组，电网企业应当按期完成相应的电网一次设备、二次设备的建设、调试、验收和投入使用，保证并网机组电力送出的必要网络条件。

第九条　电力二次系统应当统一规划、统一设计，并与电力一次系统的规划、设计和建设同步进行。电网使用者的二次设备和系统应当符合电网二次系统技术规范。

第十条　涉及电网运行的接口技术规范，由调度机构组织制定，并报电力监管机构备案后施行。拟并网设备应当符合接口技术规范。

第十一条　电网企业和电网使用者应当采用符合国家标准、行业标准和相关国际标准，并经政府有关部门核准资质的检验机构检验合格的产品。

第十二条　在采购与电网运行相关或者可能影响电网运行特性的设备前，业主方应当组织包括调度机构在内的有关机构和专家对技术规范书进行评审。

第十三条　电网企业、电网使用者和受业主委托工作的相关单位，应当交换规划设计、施工调试等工作所需资料。

第三章　并网与互联

第十四条　新建、改建、扩建的发电工程、输电工程和变电工程投入运行前，拟并网方应当按照要求向调度机构提交并网调度所必需的资料。资料齐备的，调度机构应当按照规定程序向拟并网方提供继电保护、安全自动装置的定值和调度自动化、电力通信等设备的技术参数。

第十五条　新建、改建、扩建的发电工程、输电工程和变电工程投入运行前，调度机构应当对拟并网方的新设备启动并网提供有关技术指导和服务，适时编制新设备启动并网调度方案和有关技术要求，并协调组织实施。拟并网方应当按照新设备启动并网调度方案完成启动准备工作。

第十六条　新建、改建、扩建的发电工程、输电工程和变电工程投入运行前，拟并网方的二次系统应当完成与调度机构的联合调试、定值和数据核对等工作，并交换并网调试和运行所必需的数据资料。

第十七条　新建、改建、扩建的发电工程、输电工程和变电工程投入运行前，调度机构应当根据国家有关规定、技术标准和规程，组织认定拟并网方的并网基本条件。拟并网方不符合并网基本条件的，调度机构应当向拟并网方提出改进意见。

第十八条　发电厂需要并网运行的，并网双方应当在并网前签订并网调度协议。

电网与电网需要互联运行的，互联双方应当在互联前签订互联调度协议。

并网双方或者互联双方应当根据平等互利、协商一致和确保电力系统安全运行的原则签订协议并严格执行。

第十九条　发电厂、电网不得擅自并网或者互联，不得擅自解网。

第二十条　新建、改建、扩建的发电机组并网应当具备下列基本条件：

（一）新投产的电气一次设备的交接试验项目完整，符合有关标准和规程；

（二）发电机组装设符合国家标准或者行业标准的连续式自动电压调节器；100兆瓦以上火电机组、核电机组，50兆瓦以上水电机组的励磁系统原则上配备电力系统稳定器或者具备电力系统稳定器功能；

（三）发电机组参与一次调频；

（四）参与二次调频的100兆瓦以上的火电机组，40兆瓦以上非灯泡贯流式水电机组和抽水蓄能机组原则上具备自动发电控制功能，参与电网闭环自动发电控制；特殊机组根据其特性确定调频要求；

（五）发电机组具备进相运行的能力，机组实际进相运行能力根据机组参数和进相试验结果确定；

（六）拟并网方在调度机构的统一协调下完成发电机励磁系统、调速系统、电力系统稳定器、发电机进相能力、自动发电控制、自动电压控制、一次调频等调试，其性能和参数符合电网安全稳定运行需要；调试由具有资质的机构进行，调试报告应当提交调度机构，调度机构应当为完成调试提供必要的条件；

（七）发电厂至调度机构具备两个以上可用的独立路由的通信通道；

（八）发电机组具备电量采集装置并能够通过调度数据专网将关口数据传送至调度机构；

（九）发电厂调度自动化设备能够通过专线或者网络方式将实时数据传送至调度机构。

新建、改建、扩建的发电机组并网前应当进行并网安全性评价。并网安全性评价工作由电力监管机构组织实施。

第二十一条　发电厂与电网连接处应当装设断路器。断路器的遮断容量、故障清除时间和继电保护配置应当符合所在电网的技术要求。

分、合操作频繁的抽水蓄能电厂的主断路器，其开断容量和开断次数应当具有比常规电厂的主断路器更大的设计裕量。

第二十二条　主网直供用户并网应当具备下列基本条件：

（一）主网直供用户向电网企业及其调度机构提供必要的数据，并能够向调度机构传送必要的实时信息；

（二）主网直供用户的电能量计量点设在并网线路的产权分界处，电能量计量点处安装计量上网电量和受网电量的具有双向、分时功能的有功、无功电能表，并能将电能量信息传输至调度机构；

（三）主网直供用户合理装设无功补偿装置、谐波抑制装置、自动电压控制装置、自动低频低压减负荷装置和负荷控制装置，并根据调度机构的要求整定参数和投入运行；主网直供用户的生产负荷与生活负荷在配电上分开，以满足负荷控制需要。

第二十三条　继电保护、安全自动装置、调度自动化、电力通信等电力二次系统设备应当符合调度机构组织制定的技术体制和接口规范。电力二次系统设备的技术体制和接口规范报电力监管机构备案后施行。

第二十四条　接入电网运行的电力二次系统应当符合《电力二次系统安全防护规定》和其他有关规定。

第二十五条　电网互联双方应当联合进行频率控制、联络线控制、无功电压控制；根据联网后的变化，制定或者修正黑启动方案，修正本网的自动低频、低压减负荷方案；按照电网稳定运行需要协商确定安全自动装置配置方案。

第二十六条　除发生事故或者实行特殊运行方式外，电力系统频率、并网点电压的运行偏差应当符合国家标准和电力行业标准。

在发生事故的情况下，发电机组和其他相关设备运行特性对频率变化的适应能力仍应当符合国家标准。

第二十七条　电网使用者向电网注入的谐波应当不超过国家标准和电力行业标准。并入电网运行的电气设备应当能够承受国家标准允许的因谐波和三相不平衡导致的电压波形畸变。

第二十八条　电网企业与电网使用者的设备产权和维护分界点应当根据有关电力法律、法规确定，并在有关协议中详细划分并网或者互联设备的所有权和安全责任。

第二十九条　接入电网运行的设备调度管辖权，不受设备所有权或者资产管理权等的限制。

第四章　电 网 运 行

第三十条　电网企业及其调度机构有责任保障电网频率电压稳定和可靠供电；调度机构应当合理安排运行方式，优化调度，维持电力平衡，保障电力系统的安全、优质、经济运行。

调度机构应当向电力监管机构报送年度运行方式。

第三十一条　调度机构依照国家有关规定组织制定电力调度管理规程，并报电力监管机构备案。电网企业及其调度机构、电网使用者和相关单位应当执行电力调度管理规程。

第三十二条　电网企业及其调度机构应当加强负荷预测，做好长期、中期、短期和超短期负荷预测工作，提高负荷预测准确率。

第三十三条　主网直供用户应当根据有关规定，按时向所属调度机构报送其主要接装容量和年用电量预测，按时申报年度、月度用电计划。

第三十四条　调度机构应当编制和下达发电调度计划、供（用）电调度计划和检修计划。

第三十五条　编制发电调度计划、供（用）电调度计划应当依据省级人民政府下达的调控目标和市场形成的电力交易计划，综合考虑社会用电需求、检修计划和电力系统设备能力等因素，并保留必要、合理的备用容量。调度计划应当经过安全校核。

第三十六条　水电调度运行应当充分利用水能资源，严格执行经审批的水库综合利用方案，确保大坝安全，防止发生洪水漫坝、水淹厂房事故。

水电厂应当及时、准确、可靠地向调度机构传输水库运行相关信息。

实施联合运行的梯级水库群，发电企业应当向调度机构提出优化调度方案。

第三十七条　发电企业应当按照发电调度计划和调度指令发电；主网直供用户应当按照供（用）电调度计划和调度指令用电。

对于不按照调度计划和调度指令发电的，调度机构应当予以警告；经警告拒不改正的，调度机构可以暂时停止其并网运行。

对于不按照调度计划和调度指令用电的，调度机构应当予以警告；经警告拒不改正的，调度机构可以暂时部分或者全部停止向其供电。

第三十八条　电网企业、电网使用者应当根据本单位电力设备的健康状况，向调度机构提出年度、月度检修预安排申请；调度机构应当在检修预安排申请的基础上根据电力系统设备的健康水平和运行能力，与申请单位协商，统筹兼顾，编制年度、月度检修计划。

第三十九条　电网企业、电网使用者应当按照检修计划安排检修工作，加强设备运行维护，减少非计划停运和事故。

电网企业、电网使用者可以提出临时检修申请，调度机构应当及时答复，并在电网运行允许的情况下予以安排。

第四十条　电网企业和电网使用者应当提供用于维护电压、频率稳定和电网故障后恢复等方面的辅助服务。辅助服务的调度由调度机构负责。

第四十一条　电网的无功补偿实行分层分区、就地平衡的原则。调度机构负责电网无功的平衡和调整，必要时制定改进措施，由电网企业和电网使用者组织实施。调度机构按照调度管辖范围分级负责电网各级电压的调整、控制和管理。接入电网运行的发电厂、变电站等应当按照调度机构确定的电压运行范围进行调节。

第四十二条　调度机构在电网出现有功功率不能满足需求、超稳定极限、电力系统故障、持续的频率降低或者电压超下限、备用容量不足等情况时，可以按照有关地方人民政府批准的事故限电序位表和保障电力系统安全的限电序位表进行限电操作。电网使用者应当按照负荷控制方案在电网企业及其调度机构的指导下实施负荷控制。

第四十三条　发生威胁电力系统安全运行的紧急情况时，调度机构值班人员应当立即采取措施，避免事故发生和防止事故扩大。必要时，可以根据电力市场运营规则，通过调整系统运行方式等手段对电力市场实施干预，并按照规定向电力监管机构报告。

第四十四条　调度机构负责电网的高频切机、低频自启动机组容量的管理，统一编制自动低频、低压减负荷方案并组织实施，定期进行系统实测。

第四十五条 继电保护、安全自动装置、调度自动化、电力通信等二次系统设备的运行维护、统计分析、整定配合，按照所在电网的调度管理规程和现场运行管理规程进行。

第四十六条 电网企业及其调度机构应当根据国家有关规定和有关国家标准、行业标准，制订和完善电网反事故措施、系统黑启动方案、系统应急机制和反事故预案。

电网使用者应当按照电网稳定运行要求编制反事故预案，并网发电厂应当制订全厂停电事故处理预案，并报调度机构备案。

电网企业、电网使用者应当按照设备产权和运行维护责任划分，落实反事故措施。

调度机构应当定期组织联合反事故演习，电网企业和电网使用者应当按照要求参加联合反事故演习。

第四十七条 电网企业和电网使用者应当开展电力可靠性管理工作、安全性评价工作和技术监督工作，提高安全运行水平。

第五章 附 则

第四十八条 地（市）级以下调度机构及其调度管辖范围内的电网企业、电网使用者和相关单位参照本规则执行。

第四十九条 本规则所称电网使用者是指通过电网完成电力生产和消费的单位，包括发电企业（含自备发电厂）、主网直供用户等。

本规则所称主网直供用户是指与省（直辖市、自治区）级以上电网企业签订购售电合同的用户或者通过电网直接向发电企业购电的用户。

第五十条 本规则自2007年1月1日起施行。

国家电力监管委员会发布《水电站大坝运行安全信息报送办法》

（国家电力监管委员会以电监安全［2006］38号文发布）

第一章 总 则

第一条 为了加强水电站大坝（以下简称大坝）安全监督和管理，规范大坝运行安全信息的管理与报送，根据《电力监管条例》、《水电站大坝运行安全管理规定》和《电力企业信息报送规定》，制定本办法。

第二条 大坝运行安全信息的报送应当及时、准确、完整。信息的报送、管理和应用应当遵守国家有关保密规定。

第三条 国家电力监管委员会大坝安全监察中心（以下简称大坝中心）负责对电力系统大坝运行安全信息进行综合管理，并建立电力系统大坝运行安全信息管理系统（以下简称大坝安全信息系统）。

第四条 水电站运行单位应当及时收集，整理和保存大坝运行安全信息，按本规定第二章的内容和要求向大坝业主单位（或主管单位，下同）和大坝中心报送大坝运行安全信息，并逐步实现大坝运行安全监测信息的自动化采集、管理及报送。

水电站运行单位或者大坝业主单位应当建立本单位大坝运行安全信息管理系统（以下简称大坝安全信息子系统），并将大坝安全信息子系统接入大坝安全信息系统。

第五条 国家电力监管委员会派出机构（以下简称电监会派出机构）负责对所辖范围内大坝业主单位和水电站运行单位的大坝运行安全信息报送，大坝安全信息子系统建设及运行工作进行监管。

第六条 本办法适用于对电力系统投入运行的水电站大坝进行运行、管理和监督的单位。

第二章 信息报送的内容和要求

第七条 日常信息类

（一）信息内容：

1. 大坝安全监测信息（报送项目和测次表见附1）。

2. 大坝异常情况。

3. 大坝运行事故。

（二）报送方式和时间要求：

1. 对于大型水电站大坝、坝高70m以上的高坝或者工程安全特别重要和安全问题较突出的中小型水电站大坝的安全监测信息，应当在数据采集一周内通过大坝安全信息子系统报送；

对于其他中小型水电站大坝的安全监测信息，应当于下月15日前用专用计算机程序以电子邮件方式报送。

2. 大坝出现异常情况，应当立即将有关信息报送大坝业主单位和大坝中心。

3. 大坝发生运行事故或者预测将要发生运行事故，应当立即将有关信息报送地方政府有关部门、电监会派出机构、大坝中心以及大坝业主单位。

第八条 年度报告类

（一）信息内容：

1. 大坝安全年度详查报告（报告格式见附2）。

2. 大坝安全工作年报表（报表格式见附3）。

（二）报送方式和时间要求：

1. 应当在次年 3 月底前报送。

2. 应当同时报送书面材料和电子文档。其中，书面材料应加盖报告编制单位公章。

3. 大坝业主单位应当对大坝安全工作年报表进行审查并加盖公章。

第九条　专题报告类

（一）信息内容：

1. 大坝安全监测系统更新改造的设计、验收、运行专题报告。

2. 大坝险情预测分析报告。

（二）报送方式和时间要求：

1. 应当在专题报告完成后一月内报送。

2. 应当同时报送书面材料和电子文档。其中，书面材料应加盖报告编制单位公章。

第三章　附　　则

第十条　本办法下列用语的含义：

（一）大型水电站大坝，是指水库总库容 1 亿立方米以上或者电站装机容量 300MW 以上工程规模的大坝。

（二）中型水电站大坝，是指水库总库容 1000 万 m^3 以上，不满 1 亿 m^3 或者电站装机容量 50MW 以上，不满 300MW 工程规模的大坝。

（三）小型水电站大坝，是指水库总库容不满 1000 万 m^3 或者电站装机容量不满 50MW 工程规模的大坝。

（四）大坝运行事故，是指大坝运行过程中发生的，并导致严重后果的情况，如：大坝溃决，结构物严重断裂、倒塌；洪水漫顶、淹没；泄洪建筑物严重破坏；坝坡大体积塌滑；近坝库岸及边坡大体积滑塌等。

（五）大坝异常情况，是指大坝运行过程中出现偏离于正常变化趋势的现象，如：坝体发生裂缝或者原有裂缝出现发展；建筑物出现冻融、冻胀、溶蚀或者过流部分出现空蚀、磨损、冲刷；坝体表面错动；坝体或者边坡变形突变；基础或者坝体扬压力、渗漏量突变，渗漏水质发生变化；应力、应变、温度等监测项目测值发生突变或者监测系统部分项目不能正常监测等。

第十一条　大坝安全监测信息分为一般项目和重要项目两类。

一般项目是监测技术规范规定的大坝运行过程中应具备的基本监测项目。

重要项目是针对大坝重要部位和薄弱环节，根据大坝实际运行特性和工作性态而确定的监测项目。对于重要项目，应当实施自动化监测，并保证相关设施全天候连续正常工作，使大坝业主单位和大坝中心能够随时远程采集到数据；不能采用自动化监测的，应当按测次要求及时将人工测值录入数据库，使大坝业主单位和大坝中心能够及时远程获取到数据。

第十二条　本办法自印发之日起施行。

附：

1. 大坝安全监测信息报送项目和测次表（略）

2. 大坝安全年度详查报告（格式）（略）

3. 大坝安全工作年报表（格式）（略）

关于印发《农村水电安全生产监察管理工作指导意见》的通知

（水利部以水电［2006］210 号文发布）

为进一步贯彻《中华人民共和国安全生产法》、《电力安全生产监管办法》等有关法律法规，落实国务院和水利部关于安全生产的有关会议精神，做好农村水电安全生产工作，提高农村水电行业安全生产水平，特制订《农村水电安全生产监察管理工作指导意见》。现印发你们，请遵照执行。

在执行过程中有何问题和建议，请与水利部农村水电及电气化发展局联系。

附件：

农村水电安全生产监察管理工作指导意见

为了进一步贯彻《中华人民共和国安全生产法》、《中华人民共和国电力法》、《电力安全生产监管办法》等有关法律法规，落实国务院和水利部关于安全生产的有关会议精神，做好农村水电安全生产工作，提高农村水电安全生产水平，现对农村水电安全生产监察和管理工作提出如下意见。

一、提高对安全监察和管理工作重要性的认识

我国农村水电点多面广，截止到 2005 年底，农村水电站达到 4 万多座，装机容量 4380 万千瓦，全国二分之一的国土面积、三分之一的县市、四分之一的人口主要由农村水电供电，做好农村水电的安全生产工作，对于保证全国电力安全，维护全国安全生产大局具有十分重要的作用。当前农村水电安全生产形

势总体上是好的，但是，一些地方和企业对安全生产工作重视不够，安全措施不落实、安全生产管理和监察机构不健全、人员不到位，人身和设备安全事故时有发生，造成了一定的经济损失和社会不良影响。各级水行政主管部门和各农村水电企业必须以对人民高度负责的精神，进一步加强安全生产管理与监察工作，提高安全生产工作水平。

二、建立健全安全监察与管理体系

安全监察实行分级管理和属地管理的原则。各级水行政主管部门负责所在地区农村水电安全监察和管理工作。农村水电安全监察任务较重的省、市、县设立安全监察机构，配备安全监察人员，其他地区设立专职或兼职安全监察员。各地可以从农村水电企业聘请经过培训、有安全管理实际经验的人员担任兼职安全监察员，协助开展安全监察工作。

农村水电企业和单位根据规模大小设定安全生产管理机构和人员配置。农村水电供电公司和总装机容量 2000kW 及以上的发电企业必须设置安全生产管理机构，配置专门的安全管理人员。其他企业必须设置安全生产管理岗位，配置专职安全管理员，或由单位负责安全生产的负责人兼任。

三、严格履行安全监察管理职责与要求

（一）行业安全监察工作主要职责

1. 制定有关电力安全生产和安全监察工作的政策和规章制度等。

2. 制定本部门管辖范围内的年度安全监察工作计划，并组织实施。

3. 对所管辖范围内的生产单位，就安全生产法规、规程的执行情况及有关安全规章制度的完善和执行情况进行监督检查。

4. 组织并参加所管辖范围内的电力安全生产大检查。

5. 严格执行事故报告制度，做好电力生产事故统计和上报工作，参与事故的调查和处理。

6. 做好安全宣传和教育工作。依照有关规定对在安全生产中做出显著成绩的单位和个人进行表彰；对违反安全管理的单位和个人进行批评和处理。

（二）企业安全生产管理工作职责

1. 宣传、贯彻国家有关安全生产方针、法规和政策。

2. 制定本单位安全生产管理工作计划，并组织实施。

3. 检查作业现场的安全状况及设备的安全运行情况，及时提出加强和改进安全生产的意见和建议。及时制止违章指挥、违章作业等行为；发现不安全隐患，要求限期消除。

4. 发生事故后，协助保护事故现场，进行必要的调查，了解与事故有关的情况，对事故的调查分析处理等有不同意见时，有权直接向上级主管部门反映。

5. 对安全生产中存在和发生的重大问题隐瞒不报的，有权向上级或越级直接反映。

6. 做好电力生产事故的统计分析和上报工作。

四、加强安全监察和管理人员的管理

（一）严格安全监察员和管理员的任职条件

安全监察员和管理员应符合下列条件：

1. 作风正派，坚持原则，责任心强，身体健康，接受群众监督。

2. 了解国家有关电力安全生产的方针政策、法律法规，熟悉电力生产有关规程。

3. 熟悉安全生产技术业务，了解本管辖范围内的电力生产企业的安全生产特点和状况，对可能发生的事故或存在的重大隐患应有一定的预见和处理能力。

4. 安全监察员和农村水电供电企业、5000kW 以上发电企业和单位的安全管理员应具有助理工程师、助理技师以上职称。其余企业和单位的安全管理员应具有相当于技术员以上的技术职称。

（二）加强对安全监察员和管理员的管理

1. 各地必须按照规定条件和要求选配安全监察员。

2. 建立安全监察员登记制度，调离本岗位的要及时补充合格人员，并向上级主管部门备案。

3. 安全监察员深入企业现场监察工作时必须出示监察员证。

4. 对在安全监察工作中玩忽职守、徇私舞弊或打击报复的，要严肃处理。

企业安全管理员由各企业按照规定条件配置，报本地区水行政主管部门备案。

五、抓好安全监察员和管理员的培训

（一）完善农村水电安全监察员培训考核和监察员证制度。由水利部统一教学大纲和教材，建立合格任职教师信息库和考核试题库，实行分级考核，考核合格取得证书的安全监察员每 5 年进行一次换证考试。初次考核和换证考核的考试题目均从试题库中抽取。拟任安全监察员由所在单位和地区水行政主管部门推荐，参加上岗培训，经考试合格后由水利部颁发《电力安全监察员监察证》。

农村水电安全生产管理任务重的省份，安全监察员可以由省级水行政主管部门委托有条件的机构按照

全国统一的教学大纲、教材，聘任合格教师组织培训。

（二）安全管理员的培训由所在企业或地区负责，也可以参加安全监察员培训班，对培训合格者颁发水利部《水利行业培训证书》。

六、关心、支持安全监察员和管理员的工作

（一）各有关水行政主管部门要为农村水电安全监察机构或安全监察员岗位配置必要的安全监察、管理工具和仪器仪表，保证必需的业务经费。各生产企业对安全监察和管理工作应给予支持和配合，不得阻拦或影响安全监察员和管理员的工作。

（二）各地区对在工作中做出贡献的安全监察员和管理员要进行表彰。

（三）支持安全监察员和管理员参加业务和管理培训，不断提高业务能力和工作水平。

（编辑部摘编）

关于印发《农村水电建设项目环境保护管理办法》的通知

（水利部以水电［2006］274号文发布）

为贯彻《国务院关于落实科学发展观加强环境保护的决定》和“十一五”规划纲要，加强农村水电建设项目环境保护和管理，坚持在保护生态的基础上有序开发水电，促进农村水电建设与环境的协调发展，我部制定了《农村水电建设项目环境保护管理办法》，现印发给你们，请遵照执行。

附件：

农村水电建设项目环境保护管理办法

第一章 总 则

第一条 为加强农村水电建设项目环境保护管理，坚持在保护生态基础上有序开发水电，促进农村水电建设与环境的协调发展，根据《中华人民共和国水法》、《中华人民共和国环境影响评价法》和《建设项目环境保护管理条例》，制定本办法。

第二条 本办法所称环境影响评价，是指对农村水电项目建设实施后可能造成的环境影响进行分析、预测和评估，提出预防或者减轻不良环境影响的对策和措施，跟踪监测的方法与制度。

报环境保护行政主管部门审批的农村水电建设项目的环境影响报告书（表），必须事先经同级水行政主管部门预审。

第三条 国务院水行政主管部门负责指导全国农村水电建设项目的环境影响评价预审和相关的环境保护监管工作。

各流域管理机构，各省、自治区、直辖市水行政主管部门按照河道管理权限，负责相关农村水电建设项目环境影响评价预审工作。并依据有关法律、行政法规和本办法对辖区内农村水电建设环境保护实施监督管理。

第二章 环境影响评价预审

第四条 农村水电站建设项目在审批或核准前应编制并报批环境影响报告书，单独审批或核准的农村水电站配套电网工程应编制并报批环境影响评价报告表。

对处于非环境敏感区的单机容量小于1000kW的农村水电站建设项目，可只编制环境影响报告表。

第五条 实行审批制的农村水电建设项目，建设单位应当在报送可行性研究报告前完成环境影响评价文件的预审。

实行核准制的农村水电建设项目，建设单位应当在提交项目核准申请报告前完成环境影响评价文件预审。

第六条 农村水电站工程建设环境影响报告书应按照《农村水电站工程环境影响评价规程》（SL 315—2005）、《环境影响评价技术导则 水利水电工程》（HJ/T 88—2003）及其他有关规程规范要求编制。单项环境影响评价工作等级，可参照《环境影响评价技术导则》有关内容确定。

农村水电建设项目环境影响报告书应当包括下列内容：

（一）工程项目概况；

（二）项目区周围环境现状调查与评价；

（三）项目对环境可能造成影响的分析；

（四）环境影响识别和筛选；

（五）环境影响预测和评估；

（六）环境保护对策措施及其技术、经济论证；

（七）环境监测和管理的建议；

（八）环境保护投资估算；

（九）环境影响的经济损益分析；

（十）对有关单位、专家和公众意见采纳或不采纳的说明；

（十一）环境影响评价的结论。

环境影响报告表编制程序和内容根据工程实际可适当简化。

第七条 农村水电建设项目环境影响评价文件中的环境影响报告书（表），必须由依法取得相应环境影响评价资质的机构编制。该机构应按照资质证书规定的等级、评价范围，开展农村水电建设项目环境影响评价工作，并对评价结论负责。

第八条 水行政主管部门应当自收到农村水电建设项目环境影响报告书之日起20个工作日内，收到农村水电建设项目环境影响报告表之日起15个工作日内，提出同意或者不同意的预审意见，由建设单位按有关规定报有审批权的环境保护行政主管部门审批。

第九条 农村水电建设项目的环境影响评价预审原则上采取预审会的形式，聘请包括环保专家在内的5名以上的专家组成专家组，对环境影响报告书（表）进行评审并形成专家组评审意见。根据专家组评审意见，形成水行政主管部门预审意见。

建设单位在取得农村水电建设项目环境影响评价预审意见书后，即可按有关规定报环境保护行政主管部门审批。

第十条 农村水电建设项目环境影响报告书（表）经批准后，建设项目的性质、规模、地点、采用的施工工艺发生重大变动或者超过五年后开工建设的，应当重新办理预审手续。原预审部门应当自收到新报送的环境影响评价文件之日起10个工作日内，将预审意见书面通知建设单位。

第十一条 水行政主管部门对农村水电建设项目环境影响评价预审不收取任何费用。

第十二条 农村水电建设项目环境影响评价文件未经规定的水行政主管部门预审和环境保护主管部门审批，任何项目不得申报审批和核准，更不得擅自开工建设。

第三章 环境保护设施与管理

第十三条 农村水电建设项目需要配套建设的环境保护设施，必须执行与主体工程同时设计、同时施工、同时投入使用的“三同时”制度。

第十四条 农村水电建设项目的初步设计，应当按照现行水利水电工程环境保护设计规范及其他有关技术规范要求，编制环境保护篇章。

对于农村水电站建设项目，依据经批准的建设项目环境影响报告书（表），在环境保护篇章中不仅要落实防治环境污染和生态破坏的措施，还要明确工程投产运行后确保河流健康生态的运行调度方式，以及环境保护工程设施的投资概算。

第十五条 水行政主管部门按规定组织农村水电建设项目的初步设计审查，环境保护篇章不符合规定要求不得通过审查。

第十六条 农村水电建设项目环境保护设施施工图设计按批准的初步设计文件及其环境保护篇章所确定的措施和要求进行。

第十七条 农村水电建设项目施工环境保护，应落实环境影响评价和初步设计中对废水、废气、固体废物和噪声控制、生态保护、人群健康保护、施工环境管理与监测等方面的环境保护措施。

第十八条 农村水电建设项目竣工后，建设单位应向审批建设项目环境影响报告书（表）的环境行政主管部门、参加预审和主持初步设计审批的水行政主管部门，申请环境保护设施竣工验收。验收合格后方可正式投入运行。

第十九条 分期建设、分期投入生产或者使用的农村水电建设项目，其相应的环境保护设施可分期验收。

第二十条 各级水行政主管部门按照相应的管理权限，依法对建设和运行的农村水电项目环境管理和保护情况进行监督检查。

第四章 附 则

第二十一条 本办法由水利部负责解释。

第二十二条 本办法自发布之日起施行。

关于加强农村水电建设管理的意见

（水利部以水电［2006］338号文发布）

在党中央、国务院的高度重视下，我国农村水电事业蓬勃发展，不仅成为农村经济社会发展的重要基础和强大推动力，而且对增加能源供应，改善能源结构，保障能源安全，保护生态环境都发挥了不可或缺的作用。农村水电在快速发展和体制转轨过程中，也出现了一些无序开发和影响公共安全及社会稳定的问题。对此，我部从2003年开始对“四无”水电站进行了拉网式的全面清查和整治。各地做了大量工作，取得了积极成效。但一些地方在管理上仍存在职责不清、违反规划、越权审批、以批代审、违规建设、无证从业等问题。为全面落实科学发展观，落实中央关于加强农村水电开发规划和管理的指示，建立科学有序的农村水电开发建设秩序，维护公共安全和公共利益，维护河流健康，现提出以下意见：

一、切实加强河流水能资源开发规划工作

水能资源开发规划是河流水能开发利用的依据。要树立和落实科学发展观，按照《水法》要求和人与自然

和谐相处的理念，切实加强规划工作。在流域综合规划指导下，抓紧编制或修编水能资源开发规划。统筹考虑河流水能资源开发与防洪、用水、生态和环境保护等关系，科学有序开发水能资源，维护河流健康。

对不符合规划要求的项目，一律不得审批或核准；对违反规划擅自建设的项目，要责令立即停工并予以处罚。

二、严格项目技术审查和行政审批

各种所有制投资建设的农村水电建设项目，必须严格执行水工程规划同意书制度、工程建设方案审批制度、建设项目水资源论证及取水许可制度、水土保持方案审批制度和前期技术文件审查审批制度。

对于政府投资的农村水电项目实行审批制。省级水行政主管部门要合理划分分级审批权限，根据不同阶段要求，对项目建议书、可行性研究报告进行技术审查，对初步设计报告及概算严格进行审批。

对不使用政府投资建设的农村水电项目，实行核准制。核准制取消项目建议书、可行性研究报告的编报程序，水行政主管部门只审批项目初步设计。初步设计审查主要从维护公共安全、合理开发利用资源、保护生态环境、保障公共利益等方面进行把关。一些地方法规明确要求开发项目核准必须达到初步设计深度，其技术审查由水行政主管部门负责，项目核准报告由政府投资主管部门核准，水行政主管部门必须在核准前严格进行技术审查。

农村水电项目初步设计由项目法人按规定向县级以上人民政府水行政主管部门申报审批。各地水行政主管部门要明确初步设计分级审批权限和具体要求。对不符合规定要求和达不到初步设计深度的，一律不得审批。

经批准的初步设计和符合防洪要求的规划同意书、工程建设方案审批文件、水资源论证报告书批复意见、取水许可批准文件、水土保持方案审批文件，是农村水电项目核准前在水行政主管部门必须办理的许可手续。

已经审查或审批的农村水电项目，任何个人和单位不得擅自变更建设规模和内容。凡涉及工程布置、建设规模、水电站大坝及溢洪设施、主要设备等重大设计的变更，由原设计单位提出变更设计文件，经原审查审批部门复审同意后，方可实施。

为制止边设计、边施工，杜绝无序开发，凡未经水行政主管部门技术审查的农村水电项目，不得申报审批或核准，更不得开工建设。对违反规定造成严重后果的，要追究责任。

三、建立和落实环境影响评价预审制度

为促进农村水电建设与环境的协调发展，坚持在保护生态基础上有序开发水电，根据《环境影响评价法》和《建设项目环境保护管理条例》，县级以上人民政府水行政主管部门要按照河道管理权限，建立和落实农村水电建设项目环境影响评价预审制度。

农村水电建设项目应按规定编制并报批环境影响报告书。对处于非环境敏感区和单机装机容量小于1000kW的农村水电建设项目，可只编制环境影响报告表。

项目法人向水行政主管部门申请环境影响评价预审，应当按规定提交建设项目环境影响报告书（表）。水行政主管部门自收到环境影响报告书之日起20个工作日内，收到环境影响报告表15个工作日内，提出同意或者不同意的预审意见。

项目法人在取得环境影响评价预审意见后，即可按有关规定报环境保护行政主管部门审批。

农村水电建设项目环境影响报告书（表）经批准后，项目的性质、规模、地点、采用的施工工艺发生重大变动或者超过5年后开工建设的，应当重新办理预审手续。

四、贯彻落实取水许可制度和水资源论证制度

根据《取水许可和水资源费征收管理条例》（国务院460号令）要求，农村水电建设项目的项目法人，应当向有审批权的水行政主管部门提出取水申请，并提交经审定的由具备建设项目水资源论证资质的单位编制的建设项目水资源论证报告书。论证报告书应当包括取水水源、用水合理性以及对生态与环境的影响等内容。

对已建、在建的农村水电建设项目要进行全面清理。对未进行水资源论证和未办理取水许可相关手续的农村水电建设项目，限期补办；逾期未办理的，按有关规定严肃处理。

1. 已建成农村水电建设项目：对于2002年5月1日前批准并开工建设的农村水电建设项目，限期补办取水许可手续。2002年5月1日建设项目水资源论证制度实施以后，批准并开工建设的农村水电建设项目应补充进行水资源论证和办理取水许可相关手续。经论证发现对水环境、上下游用水等产生重大影响的农村水电建设项目，由业主提出整改措施，限期整改；经整改仍不能消除重大不利影响的，应对利益相关者进行补偿。

2. 在建农村水电建设项目：应限期补充进行水资源论证，补办取水许可手续。经论证发现对生态环境、上下游用水产生重大影响的，由项目法人提出整改措施，限期整改，消除不利影响；经整改仍不能消除重大不利影响的，应责令其停止建设，由此带来的

损失由相关责任方承担。

3. 拟建农村水电建设项目：一律按照规定进行水资源论证。经论证不符合要求的，一律不得审批取水许可申请，不得开工建设。

五、坚持项目开工报告审批制度

农村水电建设项目是江河开发治理工程，直接关系到人民生命财产安全。根据《国务院对确需保留的行政审批项目设定行政许可的决定》（国务院令第412号），农村水电建设项目具备开工条件后，由项目法人提出开工申请报告，经有审批权的水行政主管部门审批后，方可正式开工。

对不具备条件的项目，一律不准开工建设。对违反规定擅自开工，或“边建边报”、“未报先建”等违规项目，要立即责令停工，并限期整顿或拆除。

六、强化施工过程监管

各地水行政主管部门应监督落实农村水电建设项目法人、参建单位严格执行国家有关法律法规，严格执行项目法人制、招标投标制、建设监理制和合同管理制。

农村水电建设项目施工，要认真落实环境影响评价和初步设计中对废水、废气、固体废物和噪声控制、生态保护、人群健康保护、施工环境管理与监测等方面的环境保护措施。

对非季节性河流因水电开发造成河段断流的，要按维护河流健康的原则，提出解决方案，采取工程措施和非工程措施（包括合理的运行调度方案）予以解决。严格落实水资源论证、取水许可和环境影响评价审批意见的各项措施，确保生态环境需要的下泄流量，保证下游生产、生活、生态用水需求。

工程建设、设计、监理和施工单位应自觉接受水利工程质量监督机构的监督。各级水行政主管部门要对批复的初步设计、水土保持方案、环境保护方案、防汛度汛预案等执行情况实施跟踪监管。

七、认真执行工程验收制度

按照水利部《关于加强农村水电站工程验收管理的通知》（水电［2004］308号），农村水电站工程验收实行分类验收制度。截流前验收、重要隐蔽工程及基础处理工程验收和单位工程验收由项目法人负责，水行政主管部门参加；环境保护设施竣工验收，由环境保护行政主管部门和水行政主管部门负责；工程蓄水验收由水行政主管部门组织；机组启动验收由项目法人与接入电网的经营管理单位共同组织，水行政主管部门参加；竣工初验由水行政主管部门负责。竣工验收合格，由水行政主管部门发给使用证，由取水许可审批机关核发取水许可证后，电站才能正式投入运行。

未取得验收使用证和取水许可证的农村水电建设工程，水行政主管部门要限制其蓄水或令其空库运行，并与电网企业协商，不允其上网。对工程未经验收擅自投运发电造成安全事故的要依法追究责任。

八、预防为主，严格安全监管

各地水行政主管部门负责本行政区域内所管辖的农村水电工程建设安全生产的监督管理工作。参加农村水电项目建设的项目法人、勘察单位、设计单位、施工单位、工程监理单位及其他有关单位，必须遵守国家安全生产法律法规，确保建设工程安全生产，依法承担建设工程安全生产责任。要积极采取有效措施，建立健全安全生产责任制度和安全生产教育培训制度，制定安全生产规章制度和操作规程，对所承担的建设工程进行定期和专项安全检查。

农村水电建设项目防洪安全实行安全生产行政首长负责制和安全事故一票否决制。水行政主管部门要切实加强项目建设现场的安全监管。项目法人应组织协调建设、设计、监理、施工等参建单位，在设计单位编制的工程度汛方案基础上，提前提出年度度汛预案并报防汛指挥机构。要建立汛情预警、信息传输和反馈、防汛措施计划、设备物资储备等应急机制。一旦出现险情，防汛责任人要第一时间到达现场，组织抢险。

九、加强建设市场监管

要依法贯彻和执行建筑市场准入和清出制度。所有勘察、设计、环评、监理、施工、设备制造、招标代理单位，都必须在其资质等级许可范围内从事相应的经营活动，不得超越资质权限和任意扩大经营范围。禁止无相应资质的单位和无执业资格的人员进入农村水电工程建设市场。

要依法规范农村水电设备市场准入。对有设备制假、恶性竞争等违法违规行为的参建企业，水行政主管部门应会同工商等有关部门，终止其在农村水电设备市场的任何供货行为，将其清出市场，并按照有关法律法规分别给予罚款、停业整顿、降低资质等级，直至吊销执照和资质证书的处罚。

要积极推广新技术、新材料、新产品，鼓励优先采用符合国家有关产业政策和质量标准的设备及产品，全面提高农村水电行业的科技含量和现代化水平。

要充分发挥行业协会的作用，发挥新闻媒体和人民群众的舆论监督作用，形成法律规范、政府监管、行业自律、舆论监督、群众参与的农村水电市场监管体系。

各级水行政主管部门要全面落实科学发展观，认真落实中央关于加强农村水电开发规划和管理的指示。要根据本意见精神，研究制定适合本地实际的农村水电建设管理办法，进一步健全机构，明确职能，充实骨干，提高管理水平，开创农村水电管理工作的新局面。

建设部工程造价咨询企业管理办法

（建设部2006年3月22日以第149号令发布，2006年7月1日起施行）

第一章　总　　则

第一条　为了加强对工程造价咨询企业的管理，提高工程造价咨询工作质量，维护建设市场秩序和社会公共利益，根据《中华人民共和国行政许可法》、《国务院对确需保留的行政审批项目设定行政许可的决定》，制定本办法。

第二条　在中华人民共和国境内从事工程造价咨询活动，实施对工程造价咨询企业的监督管理，应当遵守本办法。

第三条　本办法所称工程造价咨询企业，是指接受委托，对建设项目投资、工程造价的确定与控制提供专业咨询服务的企业。

第四条　工程造价咨询企业应当依法取得工程造价咨询企业资质，并在其资质等级许可的范围内从事工程造价咨询活动。

第五条　工程造价咨询企业从事工程造价咨询活动，应当遵循独立、客观、公正、诚实信用的原则，不得损害社会公共利益和他人的合法权益。

任何单位和个人不得非法干预依法进行的工程造价咨询活动。

第六条　国务院建设主管部门负责全国工程造价咨询企业的统一监督管理工作。

省、自治区、直辖市人民政府建设主管部门负责本行政区域内工程造价咨询企业的监督管理工作。

有关专业部门负责对本专业工程造价咨询企业实施监督管理。

第七条　工程造价咨询行业组织应当加强行业自律管理。

鼓励工程造价咨询企业加入工程造价咨询行业组织。

第二章　资质等级与标准

第八条　工程造价咨询企业资质等级分为甲级、乙级。

第九条　甲级工程造价咨询企业资质标准如下：

（一）已取得乙级工程造价咨询企业资质证书满3年；

（二）企业出资人中，注册造价工程师人数不低于出资人总人数的60%，且其出资额不低于企业注册资本总额的60%；

（三）技术负责人已取得造价工程师注册证书，并具有工程或工程经济类高级专业技术职称，且从事工程造价专业工作15年以上；

（四）专职从事工程造价专业工作的人员（以下简称专职专业人员）不少于20人，其中，具有工程或者工程经济类中级以上专业技术职称的人员不少于16人；取得造价工程师注册证书的人员不少于10人，其他人员具有从事工程造价专业工作的经历；

（五）企业与专职专业人员签订劳动合同，且专职专业人员符合国家规定的职业年龄（出资人除外）；

（六）专职专业人员人事档案关系由国家认可的人事代理机构代为管理；

（七）企业注册资本不少于人民币100万元；

（八）企业近3年工程造价咨询营业收入累计不低于人民币500万元；

（九）具有固定的办公场所，人均办公建筑面积不少于10平方米；

（十）技术档案管理制度、质量控制制度、财务管理制度齐全；

（十一）企业为本单位专职专业人员办理的社会基本养老保险手续齐全；

（十二）在申请核定资质等级之日前3年内无本办法第二十七条禁止的行为。

第十条　乙级工程造价咨询企业资质标准如下：

（一）企业出资人中，注册造价工程师人数不低于出资人总人数的60%，且其出资额不低于注册资本总额的60%；

（二）技术负责人已取得造价工程师注册证书，并具有工程或工程经济类高级专业技术职称，且从事工程造价专业工作10年以上；

（三）专职专业人员不少于12人，其中，具有工程或者工程经济类中级以上专业技术职称的人员不少于8人；取得造价工程师注册证书的人员不少于6人，其他人员具有从事工程造价专业工作的经历；

（四）企业与专职专业人员签订劳动合同，且专职专业人员符合国家规定的职业年龄（出资人除外）；

（五）专职专业人员人事档案关系由国家认可的人事代理机构代为管理；

（六）企业注册资本不少于人民币50万元；

（七）具有固定的办公场所，人均办公建筑面积不少于10平方米；

（八）技术档案管理制度、质量控制制度、财务管理制度齐全；

（九）企业为本单位专职专业人员办理的社会基本养老保险手续齐全；

（十）暂定期内工程造价咨询营业收入累计不低于人民币50万元；

（十一）申请核定资质等级之日前无本办法第二十七条禁止的行为。

第三章 资质许可

第十一条 申请甲级工程造价咨询企业资质的，应当向申请人工商注册所在地省、自治区、直辖市人民政府建设主管部门或者国务院有关专业部门提出申请。

省、自治区、直辖市人民政府建设主管部门、国务院有关专业部门应当自受理申请材料之日起20日内审查完毕，并将初审意见和全部申请材料报国务院建设主管部门；国务院建设主管部门应当自受理之日起20日内作出决定。

第十二条 申请乙级工程造价咨询企业资质的，由省、自治区、直辖市人民政府建设主管部门审查决定。其中，申请有关专业乙级工程造价咨询企业资质的，由省、自治区、直辖市人民政府建设主管部门商同级有关专业部门审查决定。

乙级工程造价咨询企业资质许可的实施程序由省、自治区、直辖市人民政府建设主管部门依法确定。

省、自治区、直辖市人民政府建设主管部门应当自作出决定之日起30日内，将准予资质许可的决定报国务院建设主管部门备案。

第十三条 申请工程造价咨询企业资质，应当提交下列材料并同时在网上申报：

（一）《工程造价咨询企业资质等级申请书》；

（二）专职专业人员（含技术负责人）的造价工程师注册证书、造价员资格证书、专业技术职称证书和身份证；

（三）专职专业人员（含技术负责人）的人事代理合同和企业为其交纳的本年度社会基本养老保险费用的凭证；

（四）企业章程、股东出资协议并附工商部门出具的股东出资情况证明；

（五）企业缴纳营业收入的营业税发票或税务部门出具的缴纳工程造价咨询营业收入的营业税完税证明；企业营业收入含其他业务收入的，还需出具工程造价咨询营业收入的财务审计报告；

（六）工程造价咨询企业资质证书；

（七）企业营业执照；

（八）固定办公场所的租赁合同或产权证明；

（九）有关企业技术档案管理、质量控制、财务管理等制度的文件；

（十）法律、法规规定的其他材料。

新申请工程造价咨询企业资质的，不需要提交前款第（五）项、第（六）项所列材料。

第十四条 新申请工程造价咨询企业资质的，其资质等级按照本办法第十条第（一）项至第（九）项所列资质标准核定为乙级，设暂定期一年。

暂定期届满需继续从事工程造价咨询活动的，应当在暂定期届满30日前，向资质许可机关申请换发资质证书。符合乙级资质条件的，由资质许可机关换发资质证书。

第十五条 准予资质许可的，资质许可机关应当向申请人颁发工程造价咨询企业资质证书。

工程造价咨询企业资质证书由国务院建设主管部门统一印制，分正本和副本。正本和副本具有同等法律效力。

工程造价咨询企业遗失资质证书的，应当在公众媒体上声明作废后，向资质许可机关申请补办。

第十六条 工程造价咨询企业资质有效期为3年。

资质有效期届满，需要继续从事工程造价咨询活动的，应当在资质有效期届满30日前向资质许可机关提出资质延续申请。资质许可机关应当根据申请作出是否准予延续的决定。准予延续的，资质有效期延续3年。

第十七条 工程造价咨询企业的名称、住所、组织形式、法定代表人、技术负责人、注册资本等事项发生变更的，应当自变更确立之日起30日内，到资质许可机关办理资质证书变更手续。

第十八条 工程造价咨询企业合并的，合并后存续或者新设立的工程造价咨询企业可以承继合并前各方中较高的资质等级，但应当符合相应的资质等级条件。

工程造价咨询企业分立的，只能由分立后的一方承继原工程造价咨询企业资质，但应当符合原工程造价咨询企业资质等级条件。

第四章 工程造价咨询管理

第十九条 工程造价咨询企业依法从事工程造价咨询活动，不受行政区域限制。

甲级工程造价咨询企业可以从事各类建设项目的工程造价咨询业务。

乙级工程造价咨询企业可以从事工程造价5000万元人民币以下的各类建设项目的工程造价咨询

业务。

第二十条 工程造价咨询业务范围包括：

（一）建设项目建议书及可行性研究投资估算、项目经济评价报告的编制和审核；

（二）建设项目概预算的编制与审核，并配合设计方案比选、优化设计、限额设计等工作进行工程造价分析与控制；

（三）建设项目合同价款的确定（包括招标工程工程量清单和标底、投标报价的编制和审核）；合同价款的签订与调整（包括工程变更、工程洽商和索赔费用的计算）及工程款支付，工程结算及竣工结（决）算报告的编制与审核等；

（四）工程造价经济纠纷的鉴定和仲裁的咨询；

（五）提供工程造价信息服务等。

工程造价咨询企业可以对建设项目的组织实施进行全过程或者若干阶段的管理和服务。

第二十一条 工程造价咨询企业在承接各类建设项目的工程造价咨询业务时，应当与委托人订立书面工程造价咨询合同。

工程造价咨询企业与委托人可以参照《建设工程造价咨询合同》（示范文本）订立合同。

第二十二条 工程造价咨询企业从事工程造价咨询业务，应当按照有关规定的要求出具工程造价成果文件。

工程造价成果文件应当由工程造价咨询企业加盖有企业名称、资质等级及证书编号的执业印章，并由执行咨询业务的注册造价工程师签字、加盖执业印章。

第二十三条 工程造价咨询企业设立分支机构的，应当自领取分支机构营业执照之日起 30 日内，持下列材料到分支机构工商注册所在地省、自治区、直辖市人民政府建设主管部门备案：

（一）分支机构营业执照复印件；

（二）工程造价咨询企业资质证书复印件；

（三）拟在分支机构执业的不少于 3 名注册造价工程师的注册证书复印件；

（四）分支机构固定办公场所的租赁合同或产权证明。

省、自治区、直辖市人民政府建设主管部门应当在接受备案之日起 20 日内，报国务院建设主管部门备案。

第二十四条 分支机构从事工程造价咨询业务，应当由设立该分支机构的工程造价咨询企业负责承接工程造价咨询业务、订立工程造价咨询合同、出具工程造价成果文件。

分支机构不得以自己名义承接工程造价咨询业务、订立工程造价咨询合同、出具工程造价成果文件。

第二十五条 工程造价咨询企业跨省、自治区、直辖市承接工程造价咨询业务的，应当自承接业务之日起 30 日内到建设工程所在地省、自治区、直辖市人民政府建设主管部门备案。

第二十六条 工程造价咨询收费应当按照有关规定，由当事人在建设工程造价咨询合同中约定。

第二十七条 工程造价咨询企业不得有下列行为：

（一）涂改、倒卖、出租、出借资质证书，或者以其他形式非法转让资质证书；

（二）超越资质等级业务范围承接工程造价咨询业务；

（三）同时接受招标人和投标人或两个以上投标人对同一工程项目的工程造价咨询业务；

（四）以给予回扣、恶意压低收费等方式进行不正当竞争；

（五）转包承接的工程造价咨询业务；

（六）法律、法规禁止的其他行为。

第二十八条 除法律、法规另有规定外，未经委托人书面同意，工程造价咨询企业不得对外提供工程造价咨询服务过程中获知的当事人的商业秘密和业务资料。

第二十九条 县级以上地方人民政府建设主管部门、有关专业部门应当依照有关法律、法规和本办法的规定，对工程造价咨询企业从事工程造价咨询业务的活动实施监督检查。

第三十条 监督检查机关履行监督检查职责时，有权采取下列措施：

（一）要求被检查单位提供工程造价咨询企业资质证书、造价工程师注册证书，有关工程造价咨询业务的文档，有关技术档案管理制度、质量控制制度、财务管理制度的文件；

（二）进入被检查单位进行检查，查阅工程造价咨询成果文件以及工程造价咨询合同等相关资料；

（三）纠正违反有关法律、法规和本办法及执业规程规定的行为。

监督检查机关应当将监督检查的处理结果向社会公布。

第三十一条 监督检查机关进行监督检查时，应当有两名以上监督检查人员参加，并出示执法证件，不得妨碍被检查单位的正常经营活动，不得索取或者收受财物、谋取其他利益。

有关单位和个人对依法进行的监督检查应当协助与配合，不得拒绝或者阻挠。

第三十二条 有下列情形之一的，资质许可机关或者其上级机关，根据利害关系人的请求或者依据职权，可以撤销工程造价咨询企业资质：

（一）资质许可机关工作人员滥用职权、玩忽职守作出准予工程造价咨询企业资质许可的；

（二）超越法定职权作出准予工程造价咨询企业资质许可的；

（三）违反法定程序作出准予工程造价咨询企业资质许可的；

（四）对不具备行政许可条件的申请人作出准予工程造价咨询企业资质许可的；

（五）依法可以撤销工程造价咨询企业资质的其他情形。

工程造价咨询企业以欺骗、贿赂等不正当手段取得工程造价咨询企业资质的，应当予以撤销。

第三十三条 工程造价咨询企业取得工程造价咨询企业资质后，不再符合相应资质条件的，资质许可机关根据利害关系人的请求或者依据职权，可以责令其限期改正；逾期不改的，可以撤回其资质。

第三十四条 有下列情形之一的，资质许可机关应当依法注销工程造价咨询企业资质：

（一）工程造价咨询企业资质有效期满，未申请延续的；

（二）工程造价咨询企业资质被撤销、撤回的；

（三）工程造价咨询企业依法终止的；

（四）法律、法规规定的应当注销工程造价咨询企业资质的其他情形。

第三十五条 工程造价咨询企业应当按照有关规定，向资质许可机关提供真实、准确、完整的工程造价咨询企业信用档案信息。

工程造价咨询企业信用档案应当包括工程造价咨询企业的基本情况、业绩、良好行为、不良行为等内容。违法行为、被投诉举报处理、行政处罚等情况应当作为工程造价咨询企业的不良记录记入其信用档案。

任何单位和个人有权查阅信用档案。

第五章 法律责任

第三十六条 申请人隐瞒有关情况或者提供虚假材料申请工程造价咨询企业资质的，不予受理或者不予资质许可，并给予警告，申请人在1年内不得再次申请工程造价咨询企业资质。

第三十七条 以欺骗、贿赂等不正当手段取得工程造价咨询企业资质的，由县级以上地方人民政府建设主管部门或者有关专业部门给予警告，并处以1万元以上3万元以下的罚款，申请人3年内不得再次申请工程造价咨询企业资质。

第三十八条 未取得工程造价咨询企业资质从事工程造价咨询活动或者超越资质等级承接工程造价咨询业务的，出具的工程造价成果文件无效，由县级以上地方人民政府建设主管部门或者有关专业部门给予警告，责令限期改正，并处以1万元以上3万元以下的罚款。

第三十九条 违反本办法第十七条规定，工程造价咨询企业不及时办理资质证书变更手续的，由资质许可机关责令限期办理；逾期不办理的，可处以1万元以下的罚款。

第四十条 有下列行为之一的，由县级以上地方人民政府建设主管部门或者有关专业部门给予警告，责令限期改正；逾期未改正的，可处以5000元以上2万元以下的罚款：

（一）违反本办法第二十三条规定，新设立分支机构不备案的；

（二）违反本办法第二十五条规定，跨省、自治区、直辖市承接业务不备案的。

第四十一条 工程造价咨询企业有本办法第二十七条行为之一的，由县级以上地方人民政府建设主管部门或者有关专业部门给予警告，责令限期改正，并处以1万元以上3万元以下的罚款。

第四十二条 资质许可机关有下列情形之一的，由其上级行政主管部门或者监察机关责令改正，对直接负责的主管人员和其他直接责任人员依法给予处分；构成犯罪的，依法追究刑事责任：

（一）对不符合法定条件的申请人准予工程造价咨询企业资质许可或者超越职权作出准予工程造价咨询企业资质许可决定的；

（二）对符合法定条件的申请人不予工程造价咨询企业资质许可或者不在法定期限内作出准予工程造价咨询企业资质许可决定的；

（三）利用职务上的便利，收受他人财物或者其他利益的；

（四）不履行监督管理职责，或者发现违法行为不予查处的。

第六章 附 则

第四十三条 本办法自2006年7月1日起施行。2000年1月25日建设部发布的《工程造价咨询单位管理办法》（建设部令第74号）同时废止。

本办法施行前建设部发布的规章与本办法的规定不一致的，以本办法为准。

第四十四条 本办法第九条第（二）项、第（六）项和第十条第（一）项、第（五）项的规定，暂不适用于本办法施行前已取得工程造价咨询资质且尚未进行改制的单位。

高 层 论 坛

加强电力监管 促进科学发展

国家电力监管委员会主席 柴松岳

电力工业是国民经济的基础产业，也是重要的公用事业，在经济社会发展中具有举足轻重的地位。电力监管是我国电力市场化改革的产物，是建立适应社会主义市场经济要求的电力管理体制的重大举措。2006年是实施“十一五”规划的开局之年。电力监管工作必须认真贯彻党的十六届五中全会和中央经济工作会议精神，以科学发展观统领全局，为促进电力工业发展、构建和谐社会作出积极贡献。

电力监管在促进科学发展中的重要作用

电力监管是把电力工业发展转入科学发展轨道的重要举措。改革开放以来，我国电力工业发展很快，成就巨大。目前，我国发电装机容量和发电量均居世界第二位，基本满足了经济发展和人民生活的用电需要。但也要看到，电力工业在发展中还存在一些问题，主要是增长方式比较粗放、运行效率普遍不高、电网建设相对滞后、电源建设与环境保护的矛盾日益突出、电力发展大起大落问题还没有根本解决等。这些问题已成为制约电力工业发展的主要障碍，进而影响国民经济持续快速协调健康发展。要从根本上解决目前电力工业发展中存在的问题，就必须全面贯彻落实科学发展观，改革传统的电力行政管理体制，建立有效的电力监管制度，按照市场经济规律依法依规监管，切实促进电力工业全面协调可持续发展。

电力监管是促进电力工业发展的重要力量。按照构建社会主义和谐社会的总体要求，电力监管应努力促进电力工业的和谐发展，将电力工业建设成为规划科学、发展协调的电力工业，安全可靠、高效低耗的电力工业，竞争有序、公平公正的电力工业，人人有电用、人人用得起电的电力工业。应通过加强电力安全监管，促进电力安全可靠运行；通过实行准入监管，深化电力改革，打破电力垄断，促进电力有序竞争；通过加强市场监管，维护“三公”调度，促进电力市场的公平公正；通过建立电力争议协调机制和行政执法，有效化解网厂之间的矛盾，协调不同利益主体之间的关系，依法保护电力投资者和经营者的合法权益；通过加强供电服务监管，规范供电企业的服务行为，不断提高供电服务质量，维护电力用户的合法权益，使电力发展惠及千家万户，使全体人民共享电力发展的成果。

电力监管是推进电力市场体系建设的重要保障。电力市场体系是现代市场体系的重要组成部分，构建政府监管下政企分开、公平竞争、开放有序、健康发展的电力市场体系是电力体制改革的基本目标。推进电力市场体系建设，监管机构有两方面不可替代的作用：一是建设市场的作用。电力市场建设有其特殊规律。一般市场，只要放开准入，市场机制就会自发地发挥作用。但电力市场不同，市场结构如何形成、建设步骤怎样安排、交易如何实现、安全如何保证等等问题，都需要监管机构根据监管的实际需要和市场发展的客观规律，不断进行研究和探索。二是管理市场的作用。电力市场是不完全的市场。监管机构要通过制定市场运行规则，规范市场主体行为，弥补市场失灵，维护公平公正，保护市场参与各方的合法权益，保证市场正常运行。电监会成立3年来，在区域电力市场建设上做了大量工作。目前，东北区域电力市场开始试运行，华东、南方区域电力市场开始模拟运行，市场配置电力资源的基础性作用开始发挥，新的电价机制开始形成。

做好新时期电力监管工作的基本思路

走适合我国国情的电力监管道路。电力监管是一项全新的事业。我国电力监管在发挥市场配置资源的基础性作用、克服市场失灵等方面，与西方国家有共同之处。但另一方面，同发达国家相比，我国电力监管又面临着许多特殊的挑战：一是电力工业的发展阶段不同。我国电力工业发展水平较低，电力需求增长较快，促进电力工业发展、保证电力有效供应在较长时间内始终是我国电力工业最主要的任务。二是监管对象不同。我国电力监管对象以国有企业为主，其法人治理结构尚未真正建立起来，还不是真正意义上的市场竞争主体。三是电力市场还很不完善。虽然经过几年的努力，我国区域电力市场建设取得了很大的进展，但总体上讲我国电力市场刚刚起步，仍处在培育和建设阶段，还是一个不成熟的市场。这些特点，决定了我国电力监管不能简单照搬国外的电力监管模式、套用国外的监管方法和手段，而必须在认真学习、大胆借鉴的基础上，从我国国情出发，把国外的成功经验与我国的具体实际相结合，探索既符合市场经济规律又适合我国国情的电力监管体制模式和方法手段。

跳出传统电力行政管理模式。电力监管是社会主义市场经济条件下政府管理电力工业的主要方式，管理的理念、重点和方式都与传统电力行政管理有着根本区别。因此，必须切实转变思想观念，按照监管理念来制定工作的目标和任务。一是转变监管思路。确立“凡是市场能够解决的问题都由市场解决”的观念和依法监管、文明监管的理念。二是转变监管着力点。将电力监管的着力点放在市场准入、市场建设、市场运行、市场交易的各种行为和各个环节上，不干预企业正当和正常的生产经营活动，不代替企业决策和经营。三是转变监管重点和方式。把电力监管的重点放在市场失灵的领域和方面，做到事前、事中和事后监管的有机结合，学会更多地运用现代规则监管和许可证监管等方式手段。

坚持做到不越位、不错位、不缺位。不越位，就是在监管工作中做到进取不急躁、主动不盲动。电力体制改革是一个长期过程，涉及方方面面利益的调整，不可能一蹴而就。电监会本身就是改革的产物，一方面要利用各种机会建言献策，积极推动改革；另一方面，在目前改革还不到位的情况下，要不急不躁，扎扎实实地做好现有工作。不错位、不缺位，就是要明确界限，分清职责。法律法规和国务院授予监管机构的职责必须责无旁贷地承担起来，并且全力以赴地做好。属于企业自主经营的范畴，不随意干预，不给企业增加不必要的负担。市场能解决的事情，毫不犹豫地交给市场；市场中介机构能做的事情，充分发挥中介机构的作用。

积极探索新时期电力监管工作的规律

全面落实科学发展观，把促进发展、确保安全作为根本要求。电力供应直接影响工农业生产和人民群众生活，电力安全直接关系人民群众生命安全和国家财产安全。对于我国这样一个人均发电量还很低的发展中大国而言，发展始终是电力工业的第一要务，安全始终是电力工业的头等大事。电力监管工作必须以科学发展观统领全局，把促进电力事业健康发展作为根本目标，把保障电力系统安全稳定作为重要任务，通过实施有效监管，确保电力工业安全生产、有序发展。

准确把握自身定位，把依法依规、公平公正、高效透明作为基本原则。依照法律法规实施监管是电力体制改革后政府管理电力的主要方式。依法依规监管、公平公正监管、高效透明监管，是实施电力监管必须坚持的基本原则，也是监管区别于传统行政管理的主要特点。电力监管必须跳出传统电力行政管理模式，转变监管观念，找准监管定位，严格按照法律法规的规定和国务院的授权开展监管工作，做到规则公开、程序透明、办事公正。

毫不动摇地推进电力体制改革，把不断深化改革作为强大动力。改革是我国电力工业发展的根本出路。电力监管是电力体制改革的产物，其今后的发展，包括监管职能的充实、监管领域的拓展、监管方式的丰富等，也都有赖于改革的不断深化。因此，必须加快电力体制改革的步伐，毫不动摇地推动电力市场化改革进程。同时，在改革过程中应把握好发展、改革、监管的关系，把发展的速度、改革的力度、监管的程度有机地统一起来，努力实现科学发展、稳步改革、有效监管。

不断加强监管能力建设，把健全体系、完善制度作为重要保障。监管能力是决定监管工作成效和质量的重要因素。必须把提高监管能力放到电力监管自身建设的重要位置。开展电力监管工作，必须有一个相对健全的组织体系、一个相对完备的法规体系和一套相对完善的管理制度。通过加强组织体系建设，落实监管职能，壮大监管力量；通过加强监管制度建设，规范监管行为，提高监管效率；通过加强队伍建设，提高人员素质，改善工作质量。

全力推进市场建设，把培育市场和监管市场作为电力监管的主要内容。市场化是我国电力体制改革的基本方向，建设区域电力市场是电力体制改革的主要内容。现阶段，培育市场是电力监管工作的一项主要任务，也是履行监管职能的一个主要抓手。应通过培育市场，搭建起电力监管的工作平台。对那些能由市场支配的经济行为，应充分发挥市场的作用，合理调整利益关系，优化电力资源配置；对市场中的违法违规行为，应通过加强监管进行规范和约束，维护公平公正的市场秩序。

正确协调和处理各方关系，把营造和谐监管环境作为电力监管的基础工作。一是认真处理好监管者与被监管者的关系。一方面，要敢于管理，对电力企业的违规行为依法处理，切实维护电力消费者的利益和社会公共利益；另一方面，又要积极服务，努力为电力企业发展创造好的外部环境。二是认真处理好监管机构与其他政府部门的关系。法律法规和国务院授权的职能，要责无旁贷地担当起来；对与其他部门共同开展的工作，要相互尊重，加强协作，主动做事；对以其他部门为主的工作，要积极配合，共同促进电力工业全面协调可持续发展。

（摘自《中国电力报》）

推进可持续发展水利为构建和谐社会提供保障（摘要）

水利部部长 汪恕诚

一、2006年水利工作全面推进，“十一五”开局良好

2006年是“十一五”开局之年。水利工作主要有四个突出特点：一是党中央、国务院高度重视水利工作，全社会广泛关注水利。中央政治局常委会议、国务院常务会议多次专题研究水利工作，中央领导同志作出一系列重要指示，国务院对防灾抗灾、饮水安全、病险水库改造、人民治理黄河、治淮建设、农田水利、水库移民等作出重大部署。中央水利建设投资在连续两年下降后有所增加，投资298.71亿元，比2005年增加27.13亿元，中央投资向农村和中西部地区倾斜，重点工程和面上工程同步推进，水利发展的协调性增强。二是2006年我国极端气候事件和由此带来的灾害频繁发生，虽然影响范围是局部性的，但造成的损失非常大，这是对防灾预警预报和应急处置能力的严峻考验。总的来看，我们沉着应对、科学调度、措施得力，防汛抗旱取得胜利，为粮食增产和经济社会发展提供了安全保障。三是依法治水进程加快，取水许可与水资源费征收、水库移民安置与后期扶持、黄河水量调度、蓄滞洪区建设与管理等政策法规相继出台，地方水法规建设步伐加快，为水利改革与发展提供了制度保障。四是各流域、各地区按照科学发展观的要求，结合实际贯彻落实可持续发展水利的思路，创造性地开展工作，南方北方、东中西部以及各个流域的水利实践特色突出，成效明显。

（一）最大程度地减轻了水旱灾害损失

2006年，我国气候异常、极端天气频繁。据统计，全国农作物洪涝受灾面积1.51亿亩，受灾人口1.45亿人，因灾死亡1841人，失踪475人，倒塌房屋87.6万间，直接经济损失1273亿元。全国耕地受旱面积一度达2.96亿亩，成灾2.19亿亩，有3651万人、2814万头大牲畜因旱发生临时性饮水困难。据综合分析，2006年8月底水旱灾害统计的6项主要指标中，除农作物洪涝受灾面积外，农作物受旱面积、因旱饮水困难人数、大牲畜饮水困难数、洪涝灾害死亡人数和直接经济损失等5项指标部是1998年以来同期最大的。

党中央、国务院高度重视，中央政治局常委会议、国务院常务会议专题研究部署抗灾救灾和灾后水利建设，胡锦涛总书记、温家宝总理、回良玉副总理等中央领导多次作出重要批示。温家宝总理和回良玉副总理多次亲赴抗灾抢险第一线，察看灾情，指导抗洪抢险和抗旱救灾工作，据不完全统计，2006年抗旱高峰期，全国日投入抗旱劳力8974万人，开动机电井414.8万眼、泵站12.1万处、机动抗旱设备1091万件，全年累计投入抗旱资金89亿元，完成抗旱浇地4.11亿亩，挽回粮食损失5638万t、经济作物损失412亿元，通过修建临时水源工程、拉水送水累计解决了3419万人和2777万头大牲畜的临时饮水困难。在防汛防台风期间，各地紧急转移群众1254.5万人次，组织船只回港避风10万艘次，有效减少了人员伤亡和灾害损失。

（二）水利建设协调推进

重点工程建设有新的进展。治淮骨干工程全面加快实施，淮河临淮岗洪水控制工程建成，结束了淮河中游无防洪控制工程的历史。三峡工程蓄水至156m，开始全面发挥防洪、发电、航运等综合效益。南水北调东、中线一期工程顺利开展，西线一期工程项目建议书阶段工作稳步推进。水利血防得到加强。重点水利工程移民搬迁工作进展较为顺利。

农村水利出现新气象。中央投资60亿元解决农村饮水安全问题，比2005年增加40亿元，地方和群众配套55亿元，农村饮水安全工程建设明显提速。

全国农田水利基本建设连续下滑的势头得到初步遏制，小型农田水利“民办公助”项目中央投资6亿元，引导粮食主产区开展农田水利建设并取得良好效果。

水土保持取得新成绩。治理水土流失面积4.17万km^2，封育保护6.15万km^2。中国水土流失与生态安全综合科学考察取得一批重要成果。

农村水电迈上新台阶。全年新增装机容量突破600万kW，总装机容量达到5000万kW，约占全国水电总装机容量的37%，年发电量1500多亿kW·h，成为国家电力供应的重要组成部分。“十一五”规划的400个水电农村电气化县建设全面启动，新一轮电气化建设高潮正在各地兴起。小水电代燃料试点范围扩大到22个省（区、市）的81个项目区、63.6万人，可有效保护森林203万亩，其中58个项目开始建设。县城电网改造和农网完善工程进展顺利。一些地区理顺了水能资源管理体制，农村水电建设管理秩序逐步好转。

（三）水资源节约和保护得到加强

节水型社会建设普遍展开。全面推进总量控制与定额管理相结合的水资源管理体系建设，促进社会各行各业节约用水。新增30个节水型社会建设全国试点，内蒙古、宁夏两区水权转换试点进展顺利，推动节水产品论证工作，启动了“节水中国行”宣传活动，全社会的节水意识进一步提高。水资源统一调度

成效显著。全面启动黄河干、支流调度，实现连续7年不断流。组织山西、河北两省向北京市集中输水4600万m^3，保障首都供水安全。珠江压咸补淡应急调水保障了澳门、珠海等地区的供水安全。

水资源保护迈出新步伐。全国已有27个省（区、市）批准实施了水功能区划。核准公布了第一批全国重要城市饮用水水源地名录，加强饮用水水源安全保护。新增国家级水利风景区42家，促进了水生态与环境的保护。

（四）水利管理水平继续提高

规划和前期工作扎实推进。水利发展“十一五”规划印发施行，新一轮流域综合规划修编工作全面启动。山洪灾害防治规划、农村饮水安全工程“十一五”规划经国务院批复实施。

水利科技取得较好成绩。贯彻落实《国家中长期科学和技术发展规划纲要（2006—2020）》，加强指导，加大投入，提高水利科技创新能力。7个项目获国家科技进步二等奖，34个项目获大禹水利科学技术奖。长江防洪模型投入使用，部级工程技术研究中心和重点实验室等科技基础平台建设得到加强。水资源优化配置、长江黄河等大江大河治理、跨流域调水等13个项目列入“十一五”国家级科技计划。国家防汛抗旱指挥系统工程顺利推进 。

国际交流与合作成果丰硕。组织参加了第四届世界水论坛及部长级会议、联合国秘书长水与卫生顾问委员会会议、第二十二届国际大坝会议等重要国际涉水会议，外资项目以及智力引进顺利开展。双边和多边水利交流日趋活跃。

（五）水利改革取得成效

全国已有29个省（区、市）出台了水利工程管理体制改革实施意见，省级直属工程的水管体制改革稳步推进，基层水管单位的人员待遇得到一定提高。实行涉水行政事务统一管理的县级以上行政区域已达1429个，占总数的58.7%。逐步完善水务管理体制，加强了对城市水利工作的指导。近半数的省（区、市）出台了水价管理办法或实施细则，十多个省（区、市）开始实行超定额累进加价制度和两部制水价。水利国有资产管理体制改革取得新突破。水利系统基建财务管理进一步加强，财政“三项制度”改革不断深化，水利事业发展的经费保障水平明显提高，认真做好“十一五”重点水利项目前期工作。

依法行政取得重要进展。出台了《取水许可和水资源费征收管理条例》、《大中型水利水电工程建设征地补偿和移民安置条例》和《黄河水量调度条例》3件行政法规。发布了《水行政许可听证规定》、《水利工程建设监理规定》等4件部规章。《水土保持法》修订取得实质性进展。公告了水利部第一批政务公开内容目录。全面推行行政执法责任制，推进水利综合执法工作。“五五”普法全面启动，全社会水法制意识不断加强。

河道管理力度加大。开展了长江河道采砂专项检查，继续保持对非法采砂高压严打，采砂管理秩序进一步好转。加大河道管理执法力度，查处了一批违法违规建设项目。启动了水域、岸线利用规划编制工作。

各级财政用于农田水利基本建设的投资增长8%。大力推进农民用水户参与灌溉管理改革。全国农民用水户协会达到2万多个。

（六）精神文明建设和干部队伍建设进一步加强

以“三个代表”重要思想为指导，深入贯彻落实科学发展观，加强党章和学习，学习《江泽民文选》，党的执政能力建设和先进性建设不断加强。干部人事制度改革积极推进，人才评价、选拔任用和激励保障机制逐步完善。党风廉政建设深入开展，着力加强行风政风建设，在水利工程建设、政府采购、资源开发等重点领域开展治理商业贿赂专项工作，构建水利惩防腐败体系工作取得较好进展。深入开展精神文明创建活动，新增43家全国水利文明单位。广泛开展社会主义荣辱观的学习实践活动，大力弘扬“献身、负责、求实”的水利行业精神，涌现出一批先进集体和先进个人。扎实搞好水利宣传，营造良好的舆论氛围。

总结2006年的工作，结合近几年的经验，我们的体会是：

(1) 必须始终深刻认识人与自然和谐相处是全面落实科学发展观的内在要求。

(2) 必须始终把解决人民群众的切身利益问题放在水利工作的首要位置。

(3) 必须始终坚持推进城乡水利、区域水利的协调发展。

(4) 必须始终用改革的办法解决水利发展中的困难。目前，制约水利发展的体制性机制性障碍依然存在，水权制度、水资源管理体制、水价形成机制、水利投融资机制、水资源开发和生态补偿机制等方面的问题较为突出，涉水涉河事务的社会管理比较薄弱，这些问题直接制约水利事业的发展。必须坚持不懈地推进改革，创新体制机制，通过改革促进水利走上良性发展的道路。

二、贯彻落实十六届六中全会精神，为构建社会主义和谐社会提供水利保障（略）

三、扎实做好2007年水利工作，迎接十七大的胜利召开（略）

（本文系汪恕诚部长在全国水利厅局长会议上的报告摘要）

充分发挥科学技术在南水北调工程建设中的作用

国务院南水北调办主任 张基尧

在全国科学技术大会刚刚闭幕不久，国务院南水北调办在这里组织召开南水北调工程科技管理工作会议。这是国务院南水北调办成立以来在全系统召开的第一次科技管理工作会议。

这次会议的主要任务是：学习领会全国科学技术大会精神，按照加强自主创新、建设创新型国家的要求，贯彻落实《国务院南水北调办关于加强南水北调工程科技项目管理工作的意见》，总结交流南水北调工程科技管理工作经验，研究部署科技管理工作任务，为工程建设提供强大的科技支撑。

一、认真学习领会全国科学技术大会精神

为贯彻落实全国科学技术大会精神，国务院南水北调办党组进行了认真的学习和研究，提出“一个中心、五项措施”。“一个中心”：就是以加强前期工作及工程建设阶段的科研和开发促进南水北调工程建设为中心，努力提高工程质量，降低工程成本，提高工程建设和运行效益。“五项措施”：一是组建有项目法人参加的南水北调工程科技领导小组；二是制定科技专项工作计划；三是畅通科技开发资金渠道，落实科研经费；四是建立科技信息网络，实行科技成果共享；五是充分利用市场配置科技资源，开展群众性的技改活动。

二、南水北调工程建设情况

1. 前期工作有新进展 中线总体可研报告已经报发展改革委，东线总体可研报告正由水利部组织审查；国务院南水北调工程建设委员会第二次全体会议确定的7个续建项目已全部开工建设，4个2005年拟新开工项目有3项可研报告已报国家发展改革委，其中中线黄河北—漳河项目已经批复；初步设计工作已按国务院南水北调工程建设委员会决定移交项目法人负责，各单项工程初步设计正抓紧进行。丹江口库区移民规划已编制完成并纳入中线总体可研。山东、江苏两省治污控制单元实施方案已通过发展改革委组织的专家审查，截污导流部分单项工程可研报告已报水利部备审。

2. 管理体制机制不断完善 通过两年来的探索和实践，适合南水北调工程特点的建设管理体制和机制已基本形成，建管模式已经确立。项目法人主导的，直接管理与委托管理相结合，大力推进代建制管理的建设管理新模式，在工程实践中已逐步显现出优势和活力。

3. 管理制度体系不断健全 南水北调工程建设管理的制度体系基本形成，工程建设步入制度化的良性轨道。《南水北调工程建设管理若干意见》、《南水北调工程建设基金筹集和使用管理办法》、《南水北调工程建设征地补偿和移民安置暂行办法》等重要的规章制度已经国务院同意颁布实施。南水北调工程建设管理的制度体系基本满足工程建设的需要。

4. 在建工程建设进展顺利 自2002年12月27日南水北调工程开工建设以来，至今已有9个单项工程相继开工，其中东线6个，中线3个，涉及工程投资规模近300亿元。以丹江口大坝加高、中线穿黄和北京西四环暗涵等控制性工程开工为标志，南水北调工程已形成东、中线重点点、段开工建设的局面。目前，南水北调工程质量良好，安全生产处于受控状态。

5. 专题研究工作有新突破 国务院南水北调办成立以来，先后组织完成了小浪底水利枢纽引水供北京应急方案研究论证，南水北调静态控制动态管理等方面的专题研究，组织开展了涉及项目管理，长距离调水水力调配与运行控制，低扬程、大流量水泵机组，高性能混凝土抗裂，大型渡槽结构优化设计及动力分析，膨胀土地基处理，穿黄隧洞工程抗震安全及施工，丹江口大坝加高工程新、老混凝土结合等8个方面的重大关键技术研究，取得了阶段性成果。明确了南水北调工程“十一五”重大科技需求和重大科技项目。

三、科技管理是南水北调工程建设管理的重要内涵

（一）充分认识做好科技管理工作的重要性

南水北调工程规模巨大，技术条件复杂，工程建设的快速、优质、低耗、高效在一定程度上取决于科技应用水平。做好南水北调科技管理工作，充分发挥科学技术在南水北调工程建设中的作用，意义十分重大。

1. 做好科技管理工作是工程建设的需要 南水北调工程建设遇到的技术难题多，涉及的面广，且部分问题国内外均缺乏成熟经验，需要依靠科研单位、大专院校和各方面专家，形成技术创新的合力，攻坚克难。要运用高科技手段，确保工程质量和安全。

2. 做好科技管理工作是保证项目实施目标的需要 南水北调工程建设工期紧、任务重、外部环境复杂，控制性项目多，需要做好科技管理的各项工作，

研究加快工程建设进度的技术措施和施工工艺，全面提高技术研发和推广应用水平，确保工程建设目标如期实现。

3. 做好科技管理工作是降低工程成本的需要 南水北调工程投资巨大，严格控制工程成本，既是保证工程投资效益的关键，也符合国家的要求，人民的愿望，是全体南水北调工程建设者的责任。要通过南水北调科技管理工作，利用先进的设计理论和科技创新的最新成果，优化设计方案，提高技术水平，降低成本，提高管理效率和生产效率。

（二）南水北调工程科技管理工作的挑战性和复杂性

1. 科技管理工作的挑战性 南水北调工程在科技管理上有着自身的特殊要求。在工程技术上，面临着一些新的挑战，譬如丹江口大坝加高工程中新、老混凝土结合，中线穿黄工程中大断面开挖盾构技术应用；西线高海拔、高寒地区复杂地质条件下大断面、长隧洞的施工；东线低扬程大流量水泵选型和制造；北方地区冬季冰期输水安全以及长距离调水的自动化管理，等等。在社会管理上，东线治污，中线水源区保护，受水区地下水控采，输水过程中供水安全控制，社会节水措施的落实等，需要同步抓紧工作。南水北调是一个非常复杂的巨型系统水利工程，不仅涉及勘察、设计、施工、运行中的许多复杂工程技术问题，还涉及政治、经济、社会、环境、人文、法律等诸多领域。妥善解决工程技术问题，统筹协调好各方面的关系，面临着诸多挑战。

2. 科技管理工作的复杂性 南水北调工程建设既有一般水利工程的共性问题，也有其自身的特殊性。

第一，从前期工作看：一是设计任务重，时间紧；二是设计单位多，管理难度大；三是前期工作中，科技项目的安排受前期工作深度及经费的影响，科研专题研究总体滞后，在勘测设计中科技成果应用困难。

第二，从建设阶段看：一是管理主体多元化；二是施工组织难度大。南水北调工程是一个庞大的项目集群，工程类型多，建设周期各异，涉及技术范围广。要在东、中线一期工程近3000km的战线上统筹安排几百个单位工程的建设，其复杂程度是过去没有遇到过的。三是东、中线一期工程建设涉及七省、直辖市100多个县，建设环境复杂，协调任务十分繁重。

第三，从运行管理看：一是受气候、降雨等自然条件的变化影响大。二是用水户的需求变化大。三是实现全线统一调度，需要监控所有类型的工程建设项目和分水口门。四是水量、水质两个目标，全方位管理，工程效益，环境移民多风险组合。

四、科技管理的主要内容

在工程技术管理方面主要有：

（1）发挥技术领先作用，认真进行设计方案的优化。要将方案优化贯穿到工程设计的各个环节。一是在初步设计中实现方案优化。相关设计单位在进行初步设计时要注重科技成果的应用，项目法人在组织初步设计工作时要有明确要求和措施。二是在设备选型及招标设计中优化。三是根据在施工过程中遇到的新的地质及环境条件，及时对设计方案进行补充和优化。

（2）加强施工组织，降低工程建设成本。

（3）吸收、开发先进技术，保证工程质量、安全。第一是严格执行现行技术标准。第二是鼓励技术创新。要充分利用新材料、新技术、新工艺，不断丰富工程质量、安全控制手段。第三是开展重大关键技术研究，加强科技成果转化。第四是及时研究施工中的新问题，丰富工程技术管理实践。

五、正确处理好科技管理中的几个关系

1. 国务院南水北调办与相关部门、项目法人的关系 国务院南水北调办要与有关部门做好前期工作中科技项目的衔接，与国家科技主管部门建立国家项目的立项渠道，协调、落实项目经费，指导项目法人开展科技管理工作。国务院南水北调办负责组织协调工程建设中的重大科技问题，在综合平衡有关方面提出的科技项目建议的基础上，以综合项目及重大专题为重点，提出申请国家项目的清单，并组织实施。

2. 科研项目与工程建设的关系 南水北调工程建设中安排科研项目必须服从工程建设的需要。一方面必须与工程建设的进展相适应，另一方面要适当超前于工程建设，完成相关课题研究。

3. 科技管理与行政管理的关系 科技管理和行政管理是南水北调实现建设一流工程目标的两个重要方面的工作。二者分工合作，相互支持。

4. 科技投入与工程效益的关系 要坚持以科学技术进步推动工程建设，向科技要质量，向科技要安全，向科技要效益，向科技要速度，向科技要生产力，不断加大科技投入，积极引进新材料、新技术、新工艺，提高效率和质量。

5. 科技管理与工程施工的关系 科技管理是工程建设管理的一项重要内容，是保证施工质量的关键环节。

6. 自主研发与国内、国际合作的关系 南水北调科技工作要立足于自主研发，同时，要广泛开展国内、国际合作与交流，充分利用和借鉴国内外已有成

果、科技资源和成功经验。要坚持走自主研发与开展国内、国际合作并举的发展道路。

7. 设计、建设、运行中科技工作的相互关系 设计、建设、运行是南水北调工程从规划到发挥效益的三个不同阶段，三个不同阶段的科技工作在时间上相对独立，在内容上息息相关。不同阶段的科技工作要统一在同一个工程项目中。

（本文系国务院南水北调办主任张基尧在南水北调工程建设科技管理工作会议上的讲话摘要）

工程建设与生态环境和谐发展

国家发展和改革委员会副主任 张国宝

一、向家坝水电站开工的重要意义

金沙江是我国水力资源蕴藏量最丰富的一条江，下游地段规划了四个电站，即溪洛渡、向家坝、乌东德、白鹤滩，总装机容量可以达到3850万kW，投产发电后每年的发电量是1800亿kW·h。如果把1800亿kW·h的发电量折算成标准煤，相当于燃烧6000万t标准煤。所以这四个水电站的发电效益相当可观。这次向家坝水电站开工，金沙江下游就会有两个水电站在建了，另外乌东德、白鹤滩的前期工作我们也在进行。

向家坝水电站的开工对我国水电开发事业有着重要意义。金沙江上溪洛渡和向家坝水电站是继三峡工程之后我国在建和即将开工的最大水电站。三峡水电站总装机容量1820万kW，溪洛渡、向家坝是一组水电站，两个水电站总装机容量是1860万kW，这两个水电站的总装机容量比三峡水电站还要大，但是水库移民人数比三峡少，所占比例不到三峡工程移民人数的1/10；另外，长江的水源，有1/3是来自金沙江，长江江水携带的泥沙，大约有1/2是金沙江产生的。因此，在金沙江上修建这两个大水电站，对于拦截进入长江的泥沙，有很大的作用。这样可以保证长江三峡工程更好地运行，减少长江三峡枢纽工程的泥沙淤积。所以说，向家坝水电站的开工对我国水电开发事业具有极其重要的意义。

二、我国水力资源开发状况

我国水力资源比较丰富，这是我们国家能源方面的一个优势。但是我们国家水力资源的开发要比发达国家滞后得多。比如美国早在罗斯福新政的时候，也就是20世纪30、40年代，就已经开发完70%的水力资源。前两天我刚刚接待了美国华盛顿州的参议员，他告诉我，华盛顿州75%的能源供给是水力发电。

我们国家水力资源的蕴藏量占世界首位。不久以前，国家对全国分散分布的水力资源进行了普查。新的统计资料显示，我们国家现在可开发的水力资源有5亿kW，这个蕴藏量应该是相当丰富的，只是开发的程度还比较浅。目前全国只有1/3的水力资源得到开发，还有2/3的水力资源尚未开发。到2005年年底，我国的水电装机总容量达到了1.17亿kW，这个数量还是不小的，但是在整个电力装机容量里面它只占到24%，如果按照发电量来讲的话，它也只占18%，这个比重还有待于进一步的提高。还有一个问题是，我们国家的水力资源分布不均衡，水力资源主要分布在西部地区，而且是多山峡谷地带，和我们国家经济发达的东部地区距离也比较远。同时，我国的水力发电开发也面临着许多具体的困难，比如说移民要妥善安置、生态环境保护要跟上等。但是不管怎么说，水力资源是一种清洁能源，水力发电不向大气排放二氧化碳等物质；水力资源又是一种可再生、可持续发展的能源，人们不会担心它像石油等资源一样会枯竭。因此开发水力资源对我们国家能源战略来说非常重要。

关于水电开发的未来发展方向，国家已经制定了新的能源发展政策。国家能源发展政策明确了优先开发水电是今后电力发展的方向。我们在进行水力资源规划中，以科学发展观为指导，逐步有序地来开发我国的水力资源。在水力资源开发中还要解决移民问题、环保问题等。

地区开发也要看本身水力资源的禀赋，没有水力资源的地区让它来开发显然不切实际。比如，让河南省去开发水力资源，它没有多少可以开发的河流。所以水力资源开发项目主要集中在水力资源丰富的西部地区，包括西南和西北地区，其中，西北地区开发重点主要集中在黄河中上游，目前已经建成的有龙羊峡水电站，正在开发的是拉西瓦水电站；西南地区主要集中在四川、云南两个省，当然西南地区贵州省的水力资源也比较丰富，只不过贵州省大的水力资源已经开发得差不多了。西南地区其余的水力资源主要集中在四川、云南两省，主要的河流是金沙江、澜沧江等。所以，中国未来建设大型的水电站主要集中在西南地区，这里将成为我国水力资源开发的重要基地。

在水力资源开发中，我们国家允许民营资本和外国资本的进入。对于外资，以前进入我国水力资源开发领域的不多。因为水力资源开发有一个很重要的特点，初期资本需要投入很大，回报时间久，建设周期也比火力发电长。一个火力发电项目，可能在2～3年内建成投产，水力资源开发项目包括前期准备时间要长达十多年，回报时间也比较长，财务压力也比较大。但是水力资源开发项目一旦完成还本付息，它的生产运营成本要比火电项目小得多。正是这些原因，在过去我国的水力资源开发项目外商介入的比较少。同时，外资进入我国水力资源开发项目，还会涉及到许多方面的情况比如处理移民问题、环境保护问题等等，因此投资者多持慎重的态度。

三、能源工程建设必须和生态环境和谐发展

贯彻发展观很重要的一个内容就是发展要和环境相和谐。随着人们环保意识的不断增强，我们国家在进行重大工程建设特别是进行重大水利工程建设的时候，对环境的保护越来越深入，环境保护问题也越来越受到社会各界的关注。我们国家对金沙江上游溪洛渡、向家坝水电站这两个工程的生态环保工作作了很大的投入，去解决当地环保有关问题，包括鱼类问题、水文问题等等。拿向家坝水电站来说，国家在生态环保方面的资金投入已经超过了 8 个亿。

水力资源如果不加以利用，就会白白地浪费掉。“一江春水向东流，流的都是煤和油”说的就是这个意思。对水力资源好好加以利用，就会少用一些煤炭和石油，少向大气中排放二氧化碳等物质。在水力资源开发过程中，也会产生一些其他的影响。部分地区的贫困山区开发的小水电就是这样。四川和云南是我们国家水力资源最丰富的省份，也是我们国家小水电开发比较多的省份。当然，其他省份如湖北、湖南也有相当多的小水电开发项目。四川和云南这两个省的小水电开发，对解决当地特别是偏远农村地区的能源和环境问题来讲，还是起到了一些好的作用。一方面，开发小水电对贫困地区的脱贫致富、改善生活环境是有好处的。没有开发小水电之前，当地的农民把山上的薪柴作为基本的生活能源，用柴火来烧饭，满足生活需要的同时也破坏了当地的植被。有些地区开发小水电，鼓励当地“以电代柴”，这样对保护当地的植被还是起到了积极的作用。另一方面，在开发小水电过程中，确实也存在对生态环境保护不周的一些问题。最多的就是蓄水引流发电，它把自然的河流通过隧道或者隧洞引流到另外一个地方蓄水发电，影响到了正常的生活生态用水，造成了原有河床的干枯，河底裸露，影响了当地的生态环境。这些都是应该避免的。我们也一再提醒各个地方在开发小水电的同时，一定要注重环境保护，减少环境影响，尽量少用那种引流发电的方式来开发水电。

四、中国能源问题：电力紧张局面缓解、中国也是石油生产大国

能源问题是当进社会普遍关注的问题，也是我们国家一直比较重视的课题。在党中央、国务院的关怀和重视下，这几年中国的能源有了较大的发展。

2006 年，我国的电力问题有了较大的缓解。可以这么说，2006 年是我国电力事业发展史上新的里程碑。怎么讲呢？就是经过了 2002 年 6 月份以来新的电力紧张后，在 2006 年我国的电力紧张局面基本上处于平衡，绝大部分地区那种拉闸限电的现象得到了缓解，当然，个别地方也还存在拉闸限电的现象，比如南方电网电力供应就还比较紧张。还有少数地区没有得到彻底解决。不过，我个人认为，这只是我国的电力问题由紧张到缓解的一个过程。

2006 年也是我国电力紧张局面的一个转折点。为什么这么讲呢？我可以向大家提供一些数据：2006 年 1 月～10 月，我国火力发电小时数已经比去年的平均数降低了 200h。从宏观数字来看，它已经能充分说明今年的电力紧张局面至少比去年有所缓解。

石油方面，由于近几年人们生活水平的逐步提高，私家车量的增加，用油量也在不断增加。中国也是一个原油生产大国，不要光把中国看成是一个原油消费大国。我国去年总共生产了 1.8 亿 t 油，在世界排名第六位。当然我国也进口了不少油，去年总共进口了 1.3 亿 t 油，进口油的总绝对量在世界排名第三位，这个数量相当于世界原油量的 6%，占我们国家原油量的 40%，也就是说去年我们国家的石油有 40%是依赖于进口的。从今年的趋势来看，我们的石油进口量还在增长，国际油价也曾经达到每桶 78 美元。最近两个月的油价呈现下降的趋势，两个月当中几乎下降了 20%。这个跌幅是比较大的，现在大体上停留在每桶 60 美元左右的价格。

对于石油的价格趋势，国际上关注的也很多，对它的涨跌原因、将来的价格走向等说法不一。不过有一点是可以肯定的，总体上讲，国际石油的供应是充足的。石油的供应如果不充足，就不会出现上述这些现象。那么，石油的价格为什么会下跌呢？分析的原因很多，过去国际油价经常有国际游资参与炒作的因素在里面，这些游资在某些特定的条件下可以进入或者退出，从而引起油价的变化。这段时间油价的变化就是游资退出的表现，它的价格就有所下降。需要指出的是，油价是一个复杂的问题，它还受到国际政治、经济等因素的影响。比如说，伊拉克的形势、伊朗的核问题等等，都可以影响到国际油价的上涨或者下跌。

关于全球石油的总体状况，我认为是处于供需平衡状态的，并不存在石油短缺。因此，石油价格总的趋势处于下降阶段。

五、中国主要依靠自己的力量解决了能源问题

中国能源的自给率是 94%，对外的依赖程度是

6%。这个数据不是凭空杜撰的，是有事实根据的。我们国家的能源结构以煤炭为主，2005年进口石油1.3亿t，今年进口石油数量说不准还要高于这个数。但是我们每年还出口几千万吨煤，最多的超过9000万t，最低的也在6000万t左右。2006年的出口数位于7000万t左右。我们的石油是进口的，煤炭是出口的，如果都折算成标准煤或者标准油来计算的话，那么就可以算出我们对外国能源的依赖程度是6%。实际上，我们国家依赖进口的只是石油和少量的天然气。这就是我们国家能源自给率为94%的来源。这个数据远远高于一些先进发达工业国家的平均自给率水平。从这个数据可以看出，我们国家绝大多数能源都是依靠自己解决的，对外依存的比例很小。我们不仅保证了自己的煤炭需求，而且还对外提供出口，包括焦炭，我们也是世界上出口数量最多的国家。

从事实看，中国主要依靠自己的力量解决了能源问题。

改革开放以来，中国经济快速增长，社会事业全面进步，人民生活水平持续提高，对能源的需求也不断增长。面对这种形势，中国政府坚持“立足国内，开源与节约结合、节约优先”的能源方针，一方面千方百计增加能源生产，一方面千方百计降低能源消耗，较好地满足了经济社会发展和人民生活水平提高对能源日益增长的需求。1978～2005年中国一次能源消费年均增长5.16%，支撑了GDP年均9.6%的增长速度。中国能源自给率一直保持在90%以上，比经合组织（OECD）国家平均水平高20多个百分点，比美国高30个百分点左右。

中国之所以能够主要依靠自己的力量解决能源问题，首先是由中国不仅是能源消费大国，更是能源生产大国并具有特殊的能源结构所决定的。从能源生产总量看，我国是世界第二大能源生产国。2005年，一次能源生产总量达到20.6亿t标准煤，是1949年的87倍，是改革开放初的3.29倍，约占全球能源总产量的13.6%。其中，煤炭产量已多年位居世界第一，2005年达21.9亿t，占世界总产量的37.4%；原油产量达1.81亿t，居世界第6位；天然气产量达500亿m^3。2005年底，发电装机容量突破5亿kW，发电量达到24747亿kW·h，从1996年起稳居世界第二。近年来，可再生能源发展迅速。目前，水电装机容量达到1.17亿kW，居世界第一；太阳能热水器总集热面积8000万m^2，占世界的一半以上；核电从无到有，装机容量近700万kW；年产沼气约80亿m^3，已拥有户用沼气池1700多万口。从能源结构看，我国具有以煤为主的显著特征，2005年煤炭在一次能源生产总量和消费总量中的比重，分别为76.3%和68.7%，远远高于全球平均27%和27.8%的水平。丰富的煤炭资源和以煤炭为主的能源结构，有力地保障了国内的能源供给。只讲中国是能源消费大国，而看不到中国首先是能源生产大国，是片面的。

中国虽然是能源消费大国，但人均能源消费水平和进口水平低于世界平均水平，更远低于一些发达国家的水平。2005年，人均一次能源消费，世界平均为1.65t油当量，日本、美国分别为4.13t和7.97t油当量，而中国仅为1.18t油当量，约为世界平均水平的3/4、日本的1/4、美国的1/7。在能源消费中，中国短缺而需要适度进口作为补充的只是石油和天然气。2005年，中国人均石油消费量为0.242t，约为世界平均水平的1/2、美国的1/13、日本的1/8；天然气人均消费量仅为世界平均水平的8.5%、美国的1.6%、日本的5.6%。2005年，中国石油净进口1.36亿t，人均仅0.1t，只相当于世界平均水平的1/4，而同期美国石油净进口达6.13亿t，人均为2.09t，分别为中国的4.5倍和20倍。日、德、韩等国家几乎不生产原油，年进口量合计达4亿t以上。令人匪夷所思的是，没有人说那些消费水平和进口水平高的国家对世界能源安全构成威胁，反而称消费水平和进口水平低的中国构成了威胁，这显然是不公正的。

我们反对国际上借中国能源需求的增加来炒作能源威胁论。国家主席胡锦涛宣布的新能源方针中，首先就提到要立足自给，而且要节约优先。

中国能源节约的空间和余地还是比较大的，这些年，我国节能提效工作取得积极成效，一些行业的能耗持续下降。但与世界先进水平相比，我国能源利用效率仍然较低。比如，我国水泥行业综合能耗高出1/5，钢铁行业大中型企业每吨钢可比能耗高出1/6，电力行业火电供电煤耗高出1/5。能源效率低既是我国能源发展中的突出问题，也是节约能源的潜力所在。从宏观层面看，经济结构调整、增长方式转变，将会极大地减少能源消耗。目前我国的经济增长过于依赖第二产业，低能耗的第三产业发展滞后、比重偏低。按照有关方面的测算，如果我国第三产业增加值比重提高一个百分点，第二产业中工业增加值比重相应地降低一个百分点，每年能源消费总量可减少约2500万t标准煤，相当于万元GDP能耗降低约1个百分点。如果高技术产业增加值比重提高一个百分点，而冶金、建材、化工等高耗能行业比重相应地下降一个百分点，每年能源消费总量可减少近2800万t标准煤，相当于万元GDP能耗降低1.3个百分点。从微观层面看，企业用能、居民消费都还有很大的节约潜力。就企业而言，通过技术改造和完善管理等措施，仅燃煤锅炉一项的节约潜力就有7000万t标准煤。中国这么一个大国，能源问题就好比粮食一样，怎么能够把这个宝押在外国人身上，所以必须坚持能源自给。

中国自身有能源自给的条件。有丰富的能源储藏，包括石油、天然气。煤炭储藏量居于世界前列，水力资源蕴藏量位于世界首位等等。这些都为中国有这么高的能源自给率奠定了很好的物质基础。

（本文系根据张国宝 2006 年 11 月 18 日在北京接受中国三峡工程报以及人民日报、新华社、经济日报、中央电视台等记者的专访报道摘编）

特高压输电是中国电力发展的必由之路

国家电网公司总经理　刘振亚

能源是人类生存和发展的物质基础。能源问题日益成为国际社会关注的焦点，成为国际交流与合作的重点。我们召开这次国际会议，深入研讨能源领域的重大前沿技术——特高压输电技术，将有力促进中国电力工业和能源工业的可持续发展，对世界电力科技创新和能源保障体系建设也将产生积极而深远的影响。

中国政府高度重视电力工业发展。改革开放以来，伴随着中国经济的持续快速发展，电力工业取得了举世瞩目的成就。到 2006 年 10 月底，中国发电装机容量达到 5.8 亿 kW，比去年同期增长 18.4%；拥有 110kV 及以上输电线路 62.6 万 km、变电容量 15.1 亿 kVA，分别比去年同期增长 22.7% 和 20.8%。中国已成为世界电力生产和消费大国。

中国国家电网公司以投资、建设、运营电网为核心业务，是中国主要的能源供应企业之一。我们坚持以奉献清洁电能、促进经济发展、服务社会和谐为己任，以建设世界一流电网、国际一流企业为目标，努力建设电网坚强、资产优良、服务优质、业绩优秀的现代公司。我们根据电力发展的客观规律，从中国国情出发，借鉴国际经验，提出了建设特高压电网，促进大煤电、大水电、大核电基地的集约化开发，实施全国范围能源资源优化配置的发展战略，得到了中国政府和社会各界的高度重视和支持。2006 年 8 月，中国首个特高压交流试验示范工程启动建设。在世界范围内，特高压输电技术得到了越来越多的机构和专家的关注，为本次会议的成功召开奠定了良好基础。

一、特高压输电是中国电力发展的必由之路

从 20 世纪 60 年代开始，美国、前苏联、日本、意大利等国家先后开展了特高压输电技术的研究和开发。前苏联建成了长达 2362km 的 1150kV 特高压交流输电线路，意大利和日本也先后建成了特高压试验工程。国际经验表明，发展特高压输电，在技术上没有难以克服的障碍，在工程上已具备实际应用的条件。

中国对特高压输电技术的研究始于 20 世纪 80 年代，经过 20 多年的努力，取得了一批重要科研成果。研究表明，发展特高压输电是中国电力工业发展的必然选择。

第一，中国构筑稳定、经济、清洁、安全的能源供应体系必须发展特高压输电。

中国正处于全面建设小康社会和构建社会主义和谐社会新的历史时期，工业化、城镇化进程不断加快，电力需求持续增长。根据国民经济和社会发展规划，预计 2010 年全社会用电量将达到 3.8 万亿 kW·h，2020 年达到 6.1 万亿 kW·h，保障电力安全、可靠供应的任务十分艰巨。

中国能源状况的基本特点是，油气资源较为贫乏，煤炭和水能资源丰富，能源生产和消费分布不均衡。煤炭资源的探明保有储量超过 1 万亿 t，三分之二以上分布在北部和西北部地区。水能资源的经济可开发容量超过 4 亿 kW，四分之三以上分布在西南部地区。而中国三分之二以上的能源需求集中在中部和东部经济相对发达的地区。重要能源基地与负荷中心的距离一般都在 800～3000km。东部地区由于环保压力大、运输成本高、土地资源紧张，已经不适宜再大规模建设燃煤电厂。要满足不断增长的用电需求，必须建设坚强的电网，实施跨大区、跨流域、长距离、大规模输电，在全国范围优化能源资源配置。现有 500kV 电网由于输送能力不足、短路电流超标等问题，难以适应未来发展的需要，亟需发展资源配置能力更强的特高压电网，建设电力“高速公路”。

第二，实现电力工业协调发展必须发展特高压输电。

由于长期投入不足，中国电网发展严重滞后，网架结构薄弱，电网优化配置资源的作用难以充分发挥，抵御事故风险的能力不强，发生大面积停电事故的风险始终存在。近年来，中国电源建设速度进一步加快，电网发展滞后的问题更加突出。预计 2020 年底全国发电装机将超过 12 亿 kW，比 2005 年底新增约 7 亿 kW。实现如此大规模的电源送出，对电网发展提出了巨大挑战。建设由 1000kV 交流和 ±800kV 直流构成的特高压电网，能够适应电网、电源协调发展的需要，优化电力布局，有效解决 500kV 电网因输送能力不足带来的安全稳定问题，显著提高电网运行的安全性和可靠性。

第三，发展特高压输电具有显著的优越性。

同500kV电网相比，特高压输电能够提高输送容量，增加经济输电距离，在减少输电损耗、节约线路走廊占地、节省工程投资等方面也具有明显优势。1000kV交流线路自然输送功率约为500kV线路的5倍；同等条件下，1000kV交流线路的电阻损耗仅为500kV线路的四分之一，单位输送容量走廊宽度仅为500kV线路的二分之一，单位输送容量综合造价不足500kV输电方案的四分之三。

中国地域辽阔，地区间经济发展不平衡，不同地区电力负荷的互补性很强。发展特高压输电，加强跨大区电网互联，有利于减少系统备用，获得水火互济、跨流域补偿、错峰避峰等综合效益，节省发电装机；有利于促进西部大开发，实现区域经济协调发展。此外，通过发展特高压输电，促进大型煤电基地建设，实现煤电就地转换，既能够为东部地区提供清洁能源，减少煤炭长距离运输造成的污染，又有利于通过集中治理、综合利用，将煤电基地的污染排放控制到最低程度，改善环境质量。

第四，发展特高压输电具有重要的创新意义。

特高压输电技术是世界电力科技领域的前沿技术。发展特高压输电，有利于充分发挥科技的引领作用，促进特高压输电技术的成熟和完善，实现电网技术升级，带动电力和相关领域的技术创新；有利于增强电力企业的自主创新能力，推动电力工业创新体系建设；对于电力发展理论创新、电力企业管理创新也将产生积极的促进作用。

第五，发展特高压输电有利于促进装备制造业发展。

建设特高压电网带动了特高压交、直流设备的巨大市场需求，给中外电工装备制造业创造了新的发展空间，有利于促进设备制造企业把握机遇，加强设备研发和关键技术攻关，实现新的技术跨越，在激烈的市场竞争中发展壮大。

总之，发展特高压输电，具有显著的经济效益和社会效益，符合节约发展、清洁发展、安全发展的要求，是中国电力可持续发展的必由之路。

二、中国发展特高压输电取得重要进展

中国政府高度重视并积极支持特高压工作，将特高压输电技术研究和设备研制纳入2006～2010年国民经济和社会发展规划、国家中长期科技发展规划以及国家振兴装备制造业的重点工作。近年来，在政府支持下，我们组织科研咨询机构、高等院校、设备制造企业等有关方面的2000多名院士、专家和工程技术人员，对100多个特高压输电技术关键问题进行深入研究、反复论证，对关键设备研制联合开展技术攻关，主要在六个方面取得了重要创新和进展。一是系统开展了特高压输电必要性和可行性论证，揭示了中国转变电力发展方式、大规模发展特高压输电的客观必然性。二是全面完成过电压与绝缘配合、电磁环境等重大关键技术研究，为特高压输电技术的工程应用奠定了基础。三是1000kV特高压交流试验示范工程获得国家核准，完成工程设计并进入建设实施阶段。四是特高压设备研制工作全面推进，形成全套技术规范，完成设备基本设计，研制成功瓷柱式断路器、隔离开关等关键设备。五是开工建设特高压交、直流试验基地和国家电网仿真中心，全面提升特高压输电技术的试验研究能力。六是开展特高压电网规划，研究提出构筑华北—华中—华东特高压交流同步电网、通过特高压直流实现超远距离大容量外送的规划方案。

中国发展特高压输电的时机已经成熟。当前，我们正按照建设“安全可靠、先进适用、经济合理、环境友好、世界一流”精品工程的目标，认真做好特高压交流试验示范工程实施工作，计划2009年建成投产。试验示范工程的启动，拉开了特高压电网建设的序幕，是中国电力发展史上一个新的里程碑，标志着中国电网发展进入了一个新阶段。

未来，中国国家电网公司将以试验示范工程为契机，在华北和华中建设贯通南北的1000kV输电通道，并进一步发展到其他地区。在2020年前后，建成覆盖华北—华中—华东的坚强的交流特高压同步电网，同时建设西南大型水电基地±800kV特高压直流送出工程，共同构成联接各大电源基地和主要负荷中心的特高压交直流混合电网。届时，特高压电网传输容量将达到2亿kW以上，中国国家电网将成为结构合理、技术先进、资源配置能力强的现代化大电网。

三、加强国际交流与合作，促进特高压事业更快更好地发展

和平、发展、合作是当今时代的主题。发展特高压输电为中国与世界各国深入开展能源领域的交流与合作创造了难得机遇。我们将按照互利共赢的原则，继续加强国际交流与合作，充分发挥各国的人才和技术优势，共同攻克关键技术难题，同时，广泛听取各方面意见，特别真诚地希望听取参加这次会议的专家们的意见，进一步科学论证，推动特高压输电技术又快又好地发展。特高压事业既属于中国，也属于世界。在此，我提议：建立国际特高压输电技术交流沟通机制，共享经验和知识，推动各国特高压输电技术的研究和应用，共同应对新世纪电力工业可持续发展的挑战。

（摘自《国家电网》杂志）

抓紧建立节能减排的科学长效机制

中国电力企业联合会理事长 赵希正

“十一五”规划纲要实施以来，电力工业认真落实科学发展观，围绕节能减排两大目标开展了大量工作，并取得了令世人瞩目的巨大成就。2000年底烟气脱硫装机约为500万kW，2005年约为5000万kW，2006年底约为1.5亿kW。2006年与2000年底相比，脱硫装机容量增加了约29倍，脱硫装机比例由2%提高到30%，已与美国煤电脱硫装机比例持平。预计到2010年，脱硫装机比例将达60%以上，将大大超过美国。

“十一五”期间，仅经过火电厂烟气脱硫工程的建设运行以及关停小火电的减排作用，就可以完成全社会二氧化硫总量减排10%的目标。

但是，在节能减排的工作中，也存在一些不可忽视的问题，表现在推进节能减排的行政性措施过强，主要是依靠行政命令和计划的作用，有较强的计划经济色彩，如目标的分解和项目安排是政府通过计划下达的，或者是通过政府与企业签订责任书，或者是通过行政审批的方式落实，而监督则是通过媒体的“环保风暴”曝光方式，法律和市场机制的作用发挥得很不够，节能减排这项长期的工作很难持久、稳定、科学。因此，建议切实加强法制建设，以法律和市场机制（包括价格杠杆、企业自律以及发挥行业协会的作用等）来保证节能减排目标的完成。

第一，节能减排绝不是权宜之计，是我们应长期坚持的，既是指导思想，也是一定要达到的社会经济指标。要以法律为准绳，实行法制化管理。相对于发达的市场经济国家，如美国、欧盟、日本，我国在节能减排工作的推进上，法规不少；但原则性和指导性的法规缺少操作性，法规之间还存在不协调、不配套甚至相对立的情况。真正起作用的是各级行政机关的文件。相对于环保、节能方面的法规建设差距更大，特别是当节能由“促进”转为“强制”时，法制建设非常迫切。以政代法虽然在一时、一事、一域上有一定作用，但是由于企业难以依法运行，政府难以依法行政，不仅不利于长期、稳定、科学、实事求是和实现低管理成本的节能减排，甚至会背道而行。因此建议加快法制建设的进程，将现代化减排理念、指标、要求、机制等充实到有关法律中，并强调操作性和协调性。节能方面要加快科学立法。

第二，节能减排目标的制订和分解应注重科学性。一是对于分年度目标的分解，不是五年目标的平均分配，而是应根据设施建设的情况来分解。因为从目标计划到设施建设完成，并达到减排效果应有一个合理的工程过程。“十一五”的前三年主要是设施建设阶段，而减排的效果主要是后两年发生作用。二是对不同行业的分解要考虑对环境质量的影响，不能只看总量。从现在看来，仅通过减少电力工业二氧化硫的排放量就可以做到减排10%的目标，但当总量减少了10%时，是否环境影响就减少了10%？事实并不这样，我国大量的面源污染，大量的工业锅炉、炉窑、土焦等的污染是对环境质量影响更大的污染源。如果污染物的总量下降了，而环境质量得不到改善，有悖于总量控制的真正目的。因此要研究总量目标对不同行业的分解，更要加强对非电力的工业污染源的控制。三是应考虑总量减排与所花费的经济和资源代价的关系，不讲经济代价的减排不是真正的减排。如电力二氧化硫的减排，仅电厂的厂用电就增加约1.3%左右，还不包括其他资源的消耗。

第三，应下大决心，建立合理、科学的电价形成机制，逐步达到合理的电价水平，就是发挥市场机制和价格杠杆的根本作用，达到全社会节约电力、节约能源的目的。这也有利于调整产业结构，有利于经济增长方式的转变。

第四，要进一步发挥行业协会的作用。当行业自律机制真正建立并实施之时，就是政府监督有效发挥、企业自觉依法治企之日。我国的行业协会是由原工业部门转轨而来，具有熟悉行业、聚集专家、有丰富管理经验并具有中介性和自律性等特点，在我国市场经济推进过程中，在促进节能和环境保护工作中能够发挥得天独厚的作用，得到政府的扶持和培育。但是，由于行业协会立法滞后，在节能和环保工作的相关文件中也没有具体的职责，实际上处于弱化、边缘化境地。建议尽快明确行业协会在节能减排工作中的作用和职责，充分发挥自律、监督以及在政府和企业间的桥梁作用。

2006年政府工作报告将如实向人大代表汇报2006年降耗减排情况。2005年，我们虽然做了很大努力，但是没有实现既定目标。今后政府每年都要向人民代表大会报告节能减排完成情况，但不再把5年指标简单平均分配作为年度指标，而是把5年作为一个整体。“十一五”最后一年，如实向人民代表大会做总体报告。国家确定、人大通过的5年目标是严肃的，确定了就不能改，要千方百计完成。这个决心坚定不移！

（本文是赵希正在2006年全国政协联组会上的发言摘要）

以三峡工程为载体坚持技术引进消化吸收再创新

中国长江三峡工程开发总公司总经理 李永安

三峡工程以“高峡出平湖”的宏伟气势令全世界瞩目，不仅工程总量和装机容量位居世界第一，而且是当今世界技术水平最高的水电工程。更为重要的是三峡工程充分发挥国家重大工程对技术创新的带动作用，走出了一条有三峡特色的引进消化吸收再创新的成功路子，实现了我国水电装备技术水平和自主创新能力的新跨越。现将我们的主要做法和体会汇报如下：

一、通过引进消化吸收形成自主创新能力

首先，充分发挥业主统筹协调的主导作用，以市场为导向，搭建了国际化的竞争平台。三峡工程设计安装 26 台 70 万 kW 特大型水轮发电机组，机组尺寸和容量大，水头变幅宽，设计和制造难度居世界之最。当时，我国只有自主设计制造 32 万 kW 水轮发电机组的能力，远远落后于世界先进水平。我们按照国家的部署和安排，在认真分析国际水电市场供求关系的基础上，于 1996 年 6 月宣布三峡左岸电站 14 站台 70 万 kW 机组一次性进行国际招标采购。巨大的市场需求吸引了掌握世界水电装备前沿技术的多家制造商竞相投标，三峡机组国际招标成为世界水电装备技术最高水平的展示和较量，被誉为全球的“水电奥运”，达到了对世界最先进技术和装备比选的目的。

其次，坚持以我为主，把引进技术摆在比引进装备更重要的位置，从引进之初就重视消化吸收再创新。在招标文件中明确提出了“三个必须”：投标者必须同意与中国制造企业联合设计、合作制造，并对供货设备的技术和经济负全部责任；投标者必须向中国制造企业全面转让核心技术，培训中方技术人员；中国制造企业分包份额不低于合同总价的 25%，14 台机组中的最后 2 台必须以中国企业为主制造。三峡总公司支付了 1635 万美元的技术转让费，并在合同执行过程中，通过合同中的经济约束条款，根据技术转让的进程和执行情况分期支付，确保核心技术转让完全到位。

第三，对国内制造企业实现引进技术的消化吸收再创新提出明确要求和具体措施，避免走“引进、落后、再引进、再落后”的老路。瞄准世界一流技术水平，站在更高的技术起点上，全国提升自主创新能力，为未来参与国际市场竞争打下坚实的基础。哈尔滨电机厂有限责任公司和东方电机股份有限公司作为技术受让方，全力做好关键技术、制造工艺、质量管理的引进和消化吸收。三峡左岸 14 台机组合同执行结果为：国内制造份额达到 50%以上，后 4 台机组由哈电和东电为主制造，投产后各项运行指标均达到设计要求。

二、坚持以自主创新提升我国水电产业整体技术水平

在国外先进技术的高起点上，三峡工程相关企业在较短的时间内形成了自主创新能力。哈电和东电紧紧抓住历史发展机遇，把参与三峡左岸机组设计制造作为步入世界一流的契机，向国外合作伙伴派出了最强的技术力量，全过程参加机组的设计、制造、安装和调试，培养和凝聚了一批素质高、业务精的技术骨干；建立了国际一流的高精度水轮机模型试验台；配置了一批配套齐全的国际精尖加工设备，使加工检测达到数控化、精密化和集成化。哈电、东电完全掌握了特大型机组整体设计与制造的核心技术和关键工艺，在此基础上，向更高技术水平冲击，形成了水轮机水力设计、定子绕组绝缘、发电机蒸发冷却等具有自主知识产权的核心技术，在水轮机高水头稳定性上有了较大的技术突破。

2003 年，三峡右岸电站 12 台机组招标给哈电和东电创造了第一次与国际水电巨头同台竞争的机会。哈电、东电凭借自主创新形成的核心竞争能力，各自承担了 4 台（套）水轮发电机组的设计制造任务，用 7 年的时间顺利完成了从左岸机组分包商到右岸机组独立承包商的重大角色转变，标志着我国自主设计、制造、安装特大型水轮发电机组的时代已经开始，水电重大装备实现了 30 年的跨越。

除水轮发电机组外，在直流输电设备、主变压器、电站及梯调计算机监控系统等重大装备的国际招标中，三峡工程同样通过技术转让和引进，使大批国内企业在引进消化吸收的同时提高了自主创新能力。

三、政府的政策引导和企业自主精神是实现三峡自主创新的有效保障

国家作出重大决策并给予政策上保障，从根本上奠定了三峡工程特大型机组走引进技术与自主创新相结合的路子。在三峡工程建设初期，国务院三峡工程建设委员会从全局和战略高度出发，作出了“技贸结合，技术转让，联合设计，合作生产”的重大决策，明确提出依托三峡工程，在引进技术和装备的基础上消化吸收实现自主创新，全面提升我国机电装备制造业自主发展能力和水平。

国家对自主研发的长期支持和技术积累，为引进技术的消化吸收再创新奠定了坚实基础。在研发能力方面，从“六五”到“十五”，国家在重大科技攻关计划、重大技术引进项目中，连续安排了三峡工程的重大装备项目，组织国内制造厂、科研院所和高等院校对三峡机组的关键技术进行科技攻关。在制造能力方面，国家通过技改计划，投入近8亿元资金，支持哈电和东电进行技术改造。

三峡建设者始终抱有振兴民族产业的强烈责任感和跻身世界一流的创新魄力，形成了以企业为主体，科研、设计和制造相结合的技术创新体系；培养和锻炼了一支勇于创新的队伍和一批创新型人才；具备了研究设计制造特大型水轮发电机组的自主创新能力；我国水电建设和产业发展跃居世界先进行列。

三峡工程引进消化吸收再创新的实践表明：国家重大工程是自主创新的载体，也是自主创新的主战场，推进行业科技进步和产业发展是国家重大工程的社会责任；企业是自主创新的主体，企业首先要具有自主创新的意识；必须处理好引进技术和自主创新的关系，坚持在消化吸收中提高自主创新能力和核心竞争能力。我们将认真学习贯彻胡锦涛总书记和温家宝总理的重要讲话精神，按照全国科技大会的统一部署和要求，坚定不移地走自主创新发展道路，为建设创新型国家作贡献。

积极促进全球水电装备制造业的发展与创新

中国水力发电工程学会理事长、
中国国电集团总经理周大兵

中国水力发电工程学会和中国长江三峡工程开发总公司在这里联合主办第一届水力发电技术国际会议，作为本次大会的主席，我谨代表大会的主办方，向前来参加此次会议的国内外的专家和代表表示热烈的欢迎！

水电作为清洁、低成本、开发技术成熟的可再生能源，目前已成为电力工业实现可持续发展的重要手段；优先发展水电，在发展的同时注重环境保护、促进社会和谐已成为许多国家的共识。目前，中国正处于经济快速发展的时期，实现科学发展、节约发展、和谐发展，构建和谐社会是中国经济发展的主题，面对发展对能源需求的持续增长，进一步加大开发利用水能等可再生资源将作为中国保护环境、减少温室气体排放和节约资源的重要能源战略。根据中国电力行业“十一五”和2020年发展规划，到2010年，中国电力总装机容量将达到6.8亿kW，其中水电装机容量将达到1.8亿kW，占27%；到2020年，电力总装机容量将达到10亿kW，其中水电装机容量将达到3亿kW，占29%。2005年，中国已建成投产的水电装机容量为1.17亿kW，要实现上述规划就意味着要在未来10～15年间，中国水电年均新增装机容量要保持在1300万kW左右的速度。可以预期，未来的十几年内将是中国水电大开发的黄金时期。

与此同时，中国电力工业已步入大电站、大机组、高电压、大电网、自动化和信息化的时代。在水电建设方面，在2020年前，中国将投产的单机容量在70万～80万kW的混流机组约150台左右，单机容量30万～40万kW的抽水蓄能机组150台左右；单机容量3万～6万kW的大型贯流机组150台左右。广阔的中国水电装备市场，众多特大机组的设计、制造和生产运行技术，需要借鉴国际先进技术和先进经验，携手发展中国的水电装备制造业，同时也需要创新水电经济运行新理论和新模式，以最大限度地发挥水电可再生、清洁的绿色环保的本土化能源的作用，为保护全球人类绿色家园做出贡献。

发展水电和确保大机组的安全稳定运行，不仅是电站的经济效益所在，更是电网安全、经济运行的重要保证，也是中国能源结构优化和能源更加安全的期盼。20世纪70～80年代末，美国的大古力Ⅲ水电站，巴西的伊泰普水电站的建成投产，积累了丰富的大型水电机组设计制造和生产运行的经验。20世纪90年代，举世瞩目的中国三峡工程开工建设，截至目前，已实现了蓄水、通航、发电三大目标，左岸电厂全部14台70万kW机组已投入商业运行。三峡水轮发电机组设计、制造、安装走出了一条国际合作与自主创新相结合的成功路子，进一步提升了国际大型水电机组设计制造安装以及运行管理的水平。三峡机组的投产运行，为世界各国的水电专家、同行提供了难得的相互交流的契机和宝贵的技术资料。

中国水力发电工程学会和中国长江三峡工程开发总公司联合举办这次国际研讨会，旨在交流特大型水电站、特大型水电机组的设计、制造和生产技术经验，促进全球水电装备制造业的发展和创新，进而为促进全球能源的可持续发展做一些积极的努力。衷心希望能在本次会议上分享莅临会议的各位专家、各位代表带来的最新水电技术成果和最宝贵的水电工程经验，通过大家的共同努力，把本次大会办成一届相互交流、增进友谊、共同推动全球水力发电技术发展的国际盛会！

（本文是周大兵作为第一届水力发电技术国际会议主席在第一届水力发电技术国际会议上的开幕词摘要）

略论金沙江中游水能资源的开发

中国华电集团公司总经理 贺 恭

金沙江位于长江的上游，分上、中、下三段，其中游河段从云南省石鼓县境内开始至四川省攀枝花市滇川两省交界处。按照国家已批准的规划，金沙江中游水能资源分为“一库八级”开发，其顺序为龙盘（即原虎跳峡）、两家人、梨园、阿海、金安桥、龙开口、鲁地拉、观音岩八个梯级电站，总装机容量为2058万kW。现今金沙江中游的水电开发仍总体处于前期工作阶段。云南金沙江中游水电开发有限公司（以下简称“金中公司”）成立一年多来，在原有的基础上，做了大量卓有成效的工作，使前期工作深度向前迈进了一大步。随着国家能源发展战略的实施和“西电东送”战略的进一步推进，必将加大金沙江中游水能资源开发的力度。

1. 金沙江中游水能资源的基本特点及其在水能资源开发中的地位　金沙江中游区域主要处于云南省西北部高原的崇山峻岭之中，其上游从青藏高原发源后沿横断山峡谷南下，至云南省丽江市石鼓突然转向，向东北方向流去，形成著名的“长江第一湾”，然后至滇川两省交界处又折弯向南偏西方向流动，至涛源折向东偏北至四川省攀枝花市一直向东，形成川滇两省的界河。这一近似“W”形的流向，从“长江第一湾”至攀枝花，全长563.5km，即为金沙江的中游河段。它流经云南、四川两省的7个市（州）20个县，区域面积为26万km^2，总人口约850万，河流落差为837.9m，其多年平均流量按第一级龙盘计为1410m^3/s。金沙江中游水能资源基本特点是区域十分集中、流量特别充沛、产能量极高、梯级分布和匹配相对合理。此其一。

其二，流域梯级开发的原则是水能资源的充分利用和梯级间水能的合理补偿以及流域的防洪度汛功能。金沙江本身的含沙量较高，加上川江的进入，极大地威胁着下游水库，特别是三峡水库泥沙的淤积。金沙江水能资源的开发，特别是中游“一库八级”的布局中，“一库”即龙盘水库，由于其巨大的调蓄功能，可以在很大程度上使前述的补偿、防洪及拦沙三大功能得以较好的解决。中南勘测设计研究院龙盘水电站预可研报告中，有几个数字可充分说明这一点：正常蓄水位2010m时，其本身装机容量420万kW，对下游13个梯级补偿后可增加保证出力1146万kW；水库调节库容215亿m^3，具有多年调节性能和防洪作用，水库7月底的多年平均自然滞洪库容可达60亿m^3。可见，金沙江中游水能资源第二个基本特点即对流域的补偿、防洪、拦沙的效果十分突出，是整个长江中上游开发体系的不可或缺的组成部分。

其三，水能资源的开发，历来重视环境保护和社会效益，在贯彻落实科学发展观的今天，开发与环境并重，水能开发的效益与带动地方经济发展并重，以及开发与民生并重这三条是必须要努力做到的。

金沙江流域的生态环境比较脆弱，任何一个新的工程项目，特别是基础设施项目的建设，其首要任务是保护植被和促进其逐步恢复。另一个重要任务是保护其特有的景观或称旅游资源。经过数年来，特别是金中公司成立一年多来的努力，水电工作者对保护环境、保护景观做了大量的研究工作，并与地方政府、各方面专家达成了不少共识。如龙盘水电站附近的虎跳峡谷的景观能否保护好，一直为有关方面担心，也确有一些怀有各种动机的人在渲染和炒作。现在的预可研设计已将电站建筑物布局、景观保护和环境保护按“三位一体”进行设计，可以说很好地解决了这个问题。当然，这也是我们水电工作者设计理念的一个极大的进步。

充分考虑社会效益与带动地方经济社会发展是金沙江中游水能资源开发的重要任务。一方面，中游梯级电站的建设将极大推动当地经济和社会的发展。另一方面，随着金沙江中游龙盘水电站高坝大库的建设，采用有坝取水方式从金沙江引水，可使滇中地区缺水的问题得到有效解决。

经过计算，引用的水量大体上只占年总径流量的5.7%，完全不影响水库蓄水和流域主体用水量。自古有“滇中兴则云南兴”之说，此一课题的研究和下一步项目的实施，将为云南省经济社会发展作出难以估价的贡献。

从上述可见，金沙江中游水能资源开发不仅是长江中上游水能资源开发体系不可或缺的部分，更可以在保护环境、保护景观，特别是在推动云南省经济社会发展，尤其在解决“滇中调水”重大课题方面发挥巨大的作用。

2. 如何解决好移民安置问题　移民安置是金沙江中游水电开发的难点。一是任务繁重，需要搬迁安置移民约15万人，占规划至2020年云南省大中型水电移民安置总数的1/3。二是土地资源匮乏，如仅靠“以土安置”方式安置移民，环境容量难以承载。三是少数民族区域性强，水库淹没区70%以上是少数民族聚居地，要将他们迁出库区进行安置，难度较大。

金中公司经过近一年的调研，特别是《大中型水利水电工程建设征地补偿和移民安置条例》（国务院

2006年471号令发布）和《国务院关于完善大中型水库移民后期扶持政策的意见》（国发［2006］17号文印发）出台后，初步拿出了一个符合金沙江中游库区实际的移民安置方案，并得到了库区地方政府和移民群众的积极支持和拥护。主要内容是：

（1）立足一个长效补偿机制。按照“淹多少、补多少”的原则，以被淹法定承包耕地前三年的农作物平均年产值为基础，以货币形式对移民实行逐年长效补偿，让移民每月领到一份“报酬”，移民去世后，其农村家庭主要成员可以继续享受。

（2）实行四种安置方式并举：①城市（县城）安置；②集镇（街场）安置；③后靠安置；④自行安置。按照“户主申请、逐级审查、依法公证、张榜公布、货币兑现”的程序办理手续。

（3）建立一项库区产业发展资金。贯彻落实胡锦涛总书记关于“支持库区特色产业发展，千方百计扩大移民就业，实现库区经济社会协调发展，人民生活逐步改善目标”的重要批示精神，是做好移民后期扶持工作的根本。金沙江中游“一库八级”电站发电后，按每度电增加5厘钱作为库区特色产业发展资金，从水电项目法人的发电收益中列支。地方人民政府将利用这笔资金，组织移民开发库区优势产业，实现移民的可持续发展，逐步使移民走向富裕，使库区成为长治久安的和谐社会。

（4）享受统一后期扶持政策。对采取不同方式安置的移民，都将享受国家规定的移民后期扶持费，人均600元/年，直接发放到移民户。

（5）采取八条移民安置措施：①认真做好实物指标调查认定工作；②规划建设特色小镇安置移民；③因地制宜，实行开发性移民；④盘活农村集体财产补偿费，利用库周剩余土地资源，让移民得到实惠；⑤加快移民剩余劳动力转移；⑥重视移民安置区社会事业发展；⑦切实解决贫困户的温饱问题；⑧认真抓好库区生态环境保护。

经调研分析，该方案一是建立了以不降低移民原有生活标准为前提的长期生活保障制度，为移民安居乐业打下了坚实的基础；二是缓解了高度紧张的“人地矛盾”，把移民劳动力从耕种土地中解放出来，从事其他产业，为致富奔小康开辟了新途径；三是走以小集镇安置为主的多渠道安置方式，加快了城镇化建设步伐，较好地解决了“三农”问题；四是库区电站建设、电站运行和库区生态保护与移民长期切身利益融为一体，调动了移民群众拥护和支持国家重点建设的积极性；五是民族文化、民族特色得以保护和发扬光大；六是移民老有所赡、小有所养、学有费用等问题得到了根本解决，促进了社会主义和谐社会建设。此方案在制定过程中通过问卷形式征求了部分库区和施工区移民的意见，得到了一致的认可。

此外，金中公司还组织云南省内部分知名专家、学者，组成课题组，将编制完成《金沙江中游水电开发库区优势产业与移民可持续发展规划报告》。这项工作是金中公司继研究创新移民安置思路后的又一重要工作，将成为金沙江中游完善移民补偿机制、创新移民安置思路的重要组成部分。因此，通过进一步的工作，金沙江中游“一库八级”电站建设的移民安置是能够妥善解决的。

移民问题是一个复杂的社会、经济和技术问题。可以相信，只要我们在开发中坚持“以人为本”，充分调研，创新思路，落实政策，惠及移民，资源开发和移民安置就能做到“双赢”，水能资源的开发利用就可走上一条科学发展之路。

3. 如何构建流域开发模式和运行机制　金沙江中游水能资源开发从普查、规划至项目设计历经半个多世纪。在国家发改委的协调下，经有关各方面反复研商，于2005年发起组建股份合作形式的金中公司，明确了中国华电集团公司33%，中国华能集团公司、中国大唐集团公司各23%，华睿投资集团有限公司11%，云南省投资公司10%的出资比例。为充分调动各集团公司积极性，确定金沙江中游上段4个电站由金中公司全资建设，下段4个电站由几个集团公司分别控股、金中公司和云南省投资公司参股建设的“一河两制”开发模式。如何评价这一开发模式，我以为，可从以下几个方面来看。

第一，金中公司实行混合经济体制符合党的十六届三中全会所确定的经济体制改革的重要战略方针。从参股企业所有制看，既有国有企业，又有民营企业；从企业归属看，既有中央企业，又有地方企业，能够形成一个有志于开发水能资源的利益共同体。它既可将国有企业的科学严谨同民营企业的灵活有效结合起来，也可将中央企业的雄厚实力同地方企业的环境支持结合起来，扬长避短，优势互补，充分调动各方面的积极性，把事情办得更好；还可将公司组建运作过程中的经验教训予以提炼，对国家基本经济制度的实施和企业的改制以启示，意义深远。

第二，金沙江中游的水能资源是国家重要的国土资源，资源开发涉及国家能源战略和“西电东送”的全国电力布局，其资源的控制和开发经由主管生产力布局和发展改革的国家主管部门——国家发改委进行总体平衡和协调。因此，在金沙江中游规划、前期工作阶段，国家发改委既投入大量资金，又主持审查工作。当由前期工作转入开发阶段，国家发改委既从国家能源战略考虑，又引导经济体制改革，在金沙江中游开发体制中，明确由中央国有重要骨干企业控股，民营企业和地方企业参股的格局，实为创新之举。

第三，金沙江中游八个梯级开发，围绕着既发挥金中公司的作用，又充分调动各方主观能动性的基本原则，进行了若干方案的比较，“一河两制”方案得到了各方的认可。金中公司统一规划、统一协调、统一调度的“三统一”原则可以得到贯彻，也可集中精力将上段4个较复杂的项目抓实，又可以最大限度地调动各主要股东的积极性，努力推进各个控股项目的前期和开发工作。

事实也将说明，“一河两制”开发模式是流域公司组建和运行的一种创新的、有效的模式。

第四，金中公司是按《中华人民共和国公司法》组建的，一年多来，金中公司力求按现代企业制度规范行为，充分发挥法人治理结构的功能和作用。实践已经说明，完善现代企业制度，是金中公司取得成效的基本保证。

4. 金沙江中游水能资源开发的基本思路 综合以上三个方面的讨论，可以对金沙江中游水能资源开发的基本思路得出以下结论：

（1）应将金沙江中游水能资源的开发纳入到国家能源战略、“西电东送”战略及长江中上游开发的体系中。直接从事金沙江中游水能资源开发工作的同志要自觉树立这样的观念和指导思想，同时，建议国家有关部门也能这样来看待金沙江中游水能资源的开发。只有这样，国家的总体布局，综合部门的宏观协调才能同流域及项目的开发有机地结合在一起。

（2）坚持水能资源开发与保护环境相结合，与地方经济社会发展相结合，与移民的妥善安置和走上富裕之路相结合的“三结合”方针。从金沙江中游水能资源的特点出发，在规划、设计和项目实施中要把建设布局、移民安置、环境保护、景观维护及地方经济社会配套项目等，进行“五位一体”的综合规划和设计，并在实施中统筹落实。

（3）完善金中公司的管理体制和“一河两制”的开发模式。既充分发挥金中公司统一规划、统一协调（特别是移民和环保）、统一调度的职责，又充分调动各股东方的积极性，使流域梯级开发协调有序运作。

（4）坚持有序开发和“有水快流”的方针，在一个相对集中的时段加快金沙江中游水能资源开发。特别是龙头水库——龙盘水电站，其巨大的流域补偿和防洪功能，对云南省经济社会发展的特殊作用，以及解决好环保，协调好旅游，妥善解决好多民族地区的移民安置的示范作用等，宜在进一步完善综合性前期工作的基础上，加速前期工作阶段成果的论证和审查，以促其在“十一五”期间启动建设。与此同时，其他各个梯级亦要在总体加快前期工作的基础上，陆续启动，力求在两个五年计划内全部启动完毕，在三至四个五年计划内基本建成。

加快建设具有较强国际竞争力的质量效益型跨国企业集团（摘要）

中国水利水电建设集团公司总经理 范集湘

一、2006年集团公司改革发展主要情况

2006年，是中国水利水电建设集团公司开创新的工作局面的开局之年，取得了可喜的成绩。

（一）经营规模和经营质量效益全面协调增长，创历史新高

全年实现营业总收入410.54亿元，同比增长27.98%；实现利润9.01亿元，同比增长128.68%；上缴税金13.67亿元，同比增长7.64%；资产总额达到434.84亿元，比上年增长26，56%；全员劳动生产率32.01万元/（人·年），增长24.75%；在岗人员人均工资24427元，同比增长13.54%；实现市场营销合同额464.9亿元，集团合同存量总额达到849.2亿元；国有资产保值增值率114.98%，同比增长5.17个百分点；净资产收益率为13.65%，同比增长6.69个百分点；总资产报酬率为3.60%，增长1.13个百分点。

初步测算，2003～2006年集团主营业务收入增长为119.62%，实现利润增长16.71倍，净资产收益率7.11%，国有资产保值增值率110.77%。

（二）发展观念更加科学，战略定位更趋准确

集团公司新的领导班子组建后，确立了全面建设“行业领先，管理一流，品牌影响力明显，具有持续成长性和较强国际竞争力的质量效益型跨国企业集团”的发展目标，明确了“优先发展国际业务，培育、巩固国内水利水电建筑产业，大力拓展国内非水电建筑产业，积极稳健投资开发有持续盈利能力的经营性产业”的统筹协调发展框架，集团的战略发展思路更加理性，更加符合科学发展观的要求。在此基础上，制定了集团公司2006～2010年发展规划，明确了“十一五”期间的战略发展目标和任务。

（三）大力推行国际业务优先发展战略，国际经营取得新的突破

集团公司在深刻分析经济全球化趋势的基础上，从提高可持续发展能力，应对“后水电时代”的战略高度出发，作出了优先发展国际业务的战略决策，明确了今后一个时期国际经营的指导思想、发展目标、支持体系、母子公司关系、管控模式、组织结构等一

系列重大措施，对加快国际化发展进程，将起到强有力的推进作用。

2006年，国际经营实现营业收人8.85亿美元，同比增长89.51%；新签约项目31个，合同额14亿美元；市场领域进一步拓展，涉及77个国家。甘再水电站等几个重点融投资项目进入实施阶段；经营层次继续提升，经济效益逐步提高，实现国际经营利润0.39亿美元。

集团公司作为水电建设行业“走出去”的排头兵，在全球最大225家国际承包商及国内外经企业中的排名不断提升，2005年排名位列第68位；在2006年中国对外承包工程企业中以营业额排名位列第4位。“中国水电”在国际上已成为中国水电建设行业的一流品牌和行业代表。

（四）集团产业发展模式基本确立，产业结构调整稳步推进

集团公司把增强主业核心竞争力作为持续发展的重要支柱，确立了“建筑工程，相关工程技术研究、勘察、设计、服务与专用设备制造，水电投资建设与经营，房地产开发经营”四大主业协同发展；“建筑工程承包、投融资形成的相应的服务性经营和资产经营”两条主线稳健延伸；“国际、国内”两大市场双向拓展、良性发展的产业发展模式。

产业结构调整取得新进展。集团公司整合了四川水电投资产业，控股组建四川电力开发有限公司，为水电投资开发搭建了新的更高的开发经营平台。截至2006年底，集团公司控股、参股电力项目18个，总装机容量约351.5万kW，权益装机容量约174万kW，年度新增权益装机容量31.27万kW。电力项目建设进展顺利，2006年，包括华亭电厂1号机组在内的7台机组投产发电，机组容量为77.8万kW。房地产开发新开工项目面积22万m^2，新增土地储备338亩，完成投资额10.6亿元。

（五）企业改革取得初步的阶段性成果，体制机制进一步创新

集团公司把子企业内部组织结构及资源重组整合改革作为深化改革的阶段性重点，强力推动子企业内部整合。

（六）增强集团公司控制力，集团化经营战略初见成效

集团公司坚决打造提升集团整体实力，坚决维护集团整体利益，着力强化统一战略管理，加强对重大事项的集中战略管理和控制，保证了集团发展战略的实施。

（七）建立科技创新长效机制，科技及信息化建设工作取得新成果

确立了建设行业科技领先型企业的“科技兴企”发展战略，加强科技创新体系建设，制订中长期科技发展规划，加强创新科技管理体制和机制，增加科技研发转化投入，科技创新能力增强，培育了一批优势明显的技术品牌，开发了一批具有自主知识产权的独有技术，提高了集团核心竞争力。2006年度集团公司企业获国家鲁班奖2项、国家优质工程奖2项、中国水利工程优质（大禹）奖2项、中国电力科学技术奖11项；中国电力优质工程奖7项。

集团公司信息化建设工作有明显进步，利用信息技术服务企业经营管理工作的意识和效用不断提高，集团网络视频会议系统的开通运行，对加强集团系统信息交流与沟通将起到重要作用。

二、深入贯彻落实科学发展观，加快建设具有较强国际竞争力的质量效益型跨国企业集团

集团公司正面临着严峻挑战和新的发展机遇。坚持以科学发展观统领全局，实现又好又快的发展，建设具有较强国际竞争力的质量效益型跨国集团，已成为摆在我们面前的一项关乎集团生存与发展的重大而紧迫的战略任务。

（一）加快建设具有较强国际竞争力的质量效益型跨国企业集团是关乎中国水电建设集团生存发展的客观需要（略）

（二）加快建设具有较强国际竞争力的质量效益型集团是水利水电建设行业发展的使命使然

水利水电建设行业在国民经济发展中具有特殊的地位和作用。水利水电工程关系国计民生，在防洪减灾、供水、灌溉、发电、环境保护上具有巨大的社会效益和经济效益，一直以来属于国家重点投资的基础设施建设领域。大型水利水电工程的建造往往是企业乃至国家经济技术实力的标志，这是因为这些工程规模巨大、资金投入高，同时技术构成复杂，浓缩和集中了多个门类的专业技术，包括勘察设计、土木、机电、金属结构、制造、控制、生态保护等，是庞大的系统性工程。水利水电工程建设是世界公认的高难度、高强度、高时效、高风险行业，进入门槛较高。因此，水利水电建设行业相对于大建筑业，水利水电建设企业相对于其他建筑企业，具有明显的独特性、不可替代性，还因其在艰苦环境、复杂条件下的长期磨砺、积淀而有着强劲的大土木工程建设的延伸能力。近三十年全球大型、特大型水利水电项目建设主要集中在中国，我国是当之无愧的世界水电大国，取得了举世瞩目的水电建设成就，中国水利水电建设技术及建设能力居于世界领先水平。

（三）加快建设具有较强国际竞争力的质量效益型跨国企业集团是可持续发展的必然选择

一方面，参与国际竞争是企业集团发展的历史必

然。随着经济全球化趋势深入发展和我国加入世界贸易组织过渡期的结束，国内市场全面开放，我国经济与全球经济的关系进入“深度依存期”，国际国内市场融合加深，国内企业所面临的国际竞争日趋激烈，也更加直接。基于对形势的基本判断和国家发展的需要，中央继续大力实施“走出去”战略，将企业境外承包工程投资与合作作为主要形式之一，支持有条件、适应国际惯例的中国企业到境外做强做大。在这一形势下，无论是从贯彻中央“走出去”战略、抓住机遇拓展生存发展空间的角度考虑，还是从应对挑战、在强手如林的国际竞争中立于不败之地的角度考虑，都必须切实增强国际竞争力，不断提高驾驭国际市场的能力。

另一方面，要未雨绸缪，应对国内阶段性的“后水电时代”的系统性风险。集团公司的核心能力和核心业务是水利水电工程建设，但根据国家的能源战略和经济发展需要以及水电资源状况，从国内非水电建筑市场分析，要坚决贯彻科学发展观，推进组织结构及现有资源的重组整合，推进发展模式的变革，走质量效益型发展之路，在新的起点上启动新的发展“引擎”，开掘新的财富源泉，这是各级组织必须担负起的历史重任。

（四）加快建设具有较强国际竞争力的质量效益型跨国企业集团要准确把握战略定位

今后几年，我们要坚持以科学发展观统揽全局，着力推进战略转型，着力创新发展模式，着力推进改革重组整合创新，着力推进国际业务优先发展，着力调整产业结构，着力提高发展质量效益，力争在2010年，将集团建成“行业领先、管理一流、品牌影响力明显、具有持续成长性”和具有较强国际竞争力的质量效益型跨国企业集团。

（本文系范集湘总经理在中国水利水电建设集团公司2007年工作会议上的报告摘要）

中国升船机技术的重大进展

中国科学院、中国工程院院士　潘家铮

水口升船机是2×500t级湿运全平衡钢丝绳卷扬提升式垂直升船机，是我国投产运行的最大升船机，在国际上也名列前茅。水口升船机是一项技术复杂、难度很大的工程，牵涉到很多专业和部门。有许多同志对我们能否设计、制造、建成这样的升船机并安全运行，深表怀疑，甚至反对。设计、科研、制造、安装、施工、运行部门知难而上，紧密合作，在上级的正确领导和水口公司的高水平组织管理下，经过十多年的艰苦努力，攻克重重难关，胜利建成，通过验收，安全运行至今。创新之多、质量之优、各项测试指标之好出乎意外，取得巨大成就。以事实回答了持否定态度的同志，以事实说明了中国工程界有创新、集成、协作的能力，中国制造的质量是一流的、可靠的，这一意义远远超出升船机本身。

这些年来我国交通事业有了大发展，高速公路、铁路、航空比翼齐飞，但水运没有相应发展，有的地方甚至萎缩。有人说，时代进步了，社会发展了，现在人们都愿意走高速公路，坐飞机了。我认为话不能这么说。水运的基础建设费用低，运量大，运价、成本也低，水运还可结合旅游、观光、休假。水运建设还可以和其他水利建设结合。水运应该在货运、客运上都占有一席之地。如果说发展，美国比我们更发展吧，她的水运仍很发达，一条田纳西河的运量超过长江。我们还很穷，广大人民还穷，坐不起飞机，燃料问题也很严重，有什么理由轻视水运。

全国水利水电工程建设高潮迭起，建坝一方面拦截河流，影响过船，一方面又改善航道，为水运大发展创造了条件，关键在于解决过坝问题，尤其是高坝通航问题。人们谈到过坝，往往先想到船闸，但升船机是另一重要措施，特别是它能快速过坝，最适用于客轮。它不耗水，成本低，经济效益好。特别在高坝通航中，升船机优点尤其突出，几乎是唯一可行之道。所以对于升船机的研究、建设和发展，至少应和船闸一样重视。

尽管水运和升船机不受重视，但我们的升船机建设仍在曲折的道路上艰难前进，而且取得很大进展。岩滩、隔河岩、高坝洲和水口升船机先后建成，还有三峡郑大迪同志发明的自动平衡的浮筒式平衡重升船机，更是具有独创精神的发明。我曾为它呼吁多年，最近听说也得到落实，将在一些工程中付诸实施。几年后，三峡工程升船机的建成，更是一个里程碑。有这许多实践经验，更有利于总结、比较、发展。这也说明升船机技术不是那么高不可攀，风险不是那么大。

水口升船机的成就值得珍视。因为它是当前中国建成投产的最大的一座升船机，在世界上也列第二位；因为它是真正发挥了通航作用的升船机；因为它采用的是典型的全平衡卷扬提升式升船机，最便于推广。对这种升船机很多同志总有无穷担心，担心不安全。安全当然是第一位的，但不能绝对化了。绝对化后，你就不能出门上马路去了。譬如核电站，为了安全，加了许多设施，又怕这些设施也出问题，再加保险，结果越弄越复杂，越弄越昂贵，自己否定自己。现在好像有些改弦更辙了，在提高安全度的同时简化了设计。水口的升船机，不是照抄别人经验，而是在设计上创新，制作安装上确保质量，就很好地解决了“简单”和“安全”这对矛盾。

总之，我认为通过水口的实践，可以消除一些同志对于钢丝绳卷扬提升的升船机的担心。水口升船机的成就，说明这种类型的升船机是可以做到安全的，说明“中国制造”的质量是世界一流的，说明中国人的“集成能力”是强的，总之，它既体现了中国的科技水平，也体现了中国的组织管理水平。

水口升船机今后工作中，要加强维护检修，努力寻找和消除一切隐患和不安全因子，精益求精，更上层楼。因为毕竟运行时间不长，这么复杂的系统工程，要将这么多的硬件、软件集成在一起，总会存在或出现些失误。在安装、调试、测定中，已经发现和解决了很多问题，今后还得一丝不苟极端负责地搞好运行、维护、检修、调查和升级工作，使升船机的技术水平更有提高，把安全记录长期保持下去。

水口升船机虽然已初步发挥了通航作用，但其潜力还很大。要使升船机得到充分利用，牵涉到许多领域，希望省领导、省综合部门和交通部门能做些研究，组织货源、畅通航道、规范船型并制定一些相应的政策。希望今后能看到升船机上下游船舶如织，穿梭过坝，兴旺发达！愿中国的升船机事业和通航事业突飞猛进！

（本文是潘家铮院士在水口水电站升船机鉴定会上的讲话摘编）

节能和减排眼光要放长远些

中国宏观经济学会会长　房维中

一、没有完成节能和减排指标意味着什么

按照2006年国家计划测算，全国GDP增长8%，由上年的18.4万亿元增长为19.9万亿元；万元GDP能源消耗降低4%，由上年的1.22t（标准煤，下同）降低为1.17 t，由此计算出全国的能源消费总量为23.3亿t，比上年增长近4%；二氧化硫排放总量减少2%，由上年的2549万t减少为2498万t，减少51万t；化学需氧量排放总量减少2%，由上年约1414万t减少为1386万t，减少28万t。计划执行结果，按不变价格计算GDP为20.4万亿元，比上年增长10.7%；能源消费总量增加到24.6亿t，比上年增长9.3%；万元GDP能源消耗为1.21t；二氧化硫排放总量达到2594万t，化学需氧量排放总量达到1431万t。这就是说，全国GDP增长超过国家计划2.7个百分点，多增产值5000亿元，是以多消耗能源1.3亿t、多排放二氧化硫96万t、多排放化学需氧量45万t为代价的，致使全国的能源供应压力继续增大，环境污染进一步加剧。这个代价显然是过大了。

即使按照统计数字的实际增长10.7%的速度测算，如果实现节能4%的要求，能源消费总量也应当为23.9亿t，实际消耗比这多出将近7000万t。按照1.21t标准煤换取万元GDP，即多产生了5700亿元GDP，相当于GDP的近3%。扣除这个因素，2006年GDP的增速也就是8%。

2006年节能和减排计划落空给了我们什么启示？

第一，在我国当前的能源和环境约束的情况下，GDP增长速度超过8%就是危险的。继续追求过高的速度，主要又是靠加快发展高耗能、高污染的重化工业，这与国家加快转变增长方式的指导方针相悖，与国家“十一五”规划和2006年国家计划的宏观导向相悖。

2006年全国火电发电量增长了15.1%，钢材产量增长了25.3%，电解铝产量增长了20.1%，氧化铝产量增长了59.4%，规模以上重工业增加值增长17.9%，增长速度比上年更高。该淘汰的高消耗、高污染的落后设备和工艺没有淘汰，又新增加了一大批高耗能、高污染的重化工业，那过高的能源消耗怎么能降低下来，过大的污染物排放总量怎么能减少下来。

如果各地掀起的发展重化工热刹不住车，不把过快的增长速度降下来，追求一时的高盈利，必然造成更大的产能过剩，一旦崩溃，将给我国经济带来沉重的打击。对此，必须保持清醒的头脑。

第二，加快转变增长方式和加快建设资源节约型、环境友好型社会，就意味着要加快淘汰落后的工业生产技术和工艺，严格限制新的高耗能、高污染工业项目的建设，这就会触及一些企业和地方政府的利益，遭到企业和地方政府的抵制。现在，许多地方政府加快发展的观念是牢固的、坚定不移的，加快转变增长方式的观念并不牢固甚至犹豫徘徊，而我们现行的一些政策也不利于鼓励地方和企业转变增长方式。

第三，我们已经建立了一系列的节约资源和环境保护的法令和制度，虽然还不健全，但根本的问题是没有严格执法；主管部门没有严格执行新建项目的环评和新建项目“三同时”的规定，没有及时建立科学的节能和减排指标体系、准确的节能和减排监测体系和严格的节能和减排考核体系，以致浪费资源和破坏环境违法现象横行无阻。2005年以来，国家环保部门采取的几次大的环保行动，受到人民的赞扬，说明人们是寄希望于主管部门有所作为的。

第四，2006年国家计划GDP的增长预期是8%，而大多数地方的增长预期都在10%以上，使全国的预期落空，地方的经济增长失去了控制。现行的体制，在很大程度上依然是地方政府配置资源，以地方计划为主。地方政府又多是以GDP为基准，追求“跨越式”的政绩，追求在全国中的排序，追逐工业强省、工业强市。这就造成了地区之间画地为牢，盲目攀比，强调自己特殊，而且强制推行指标分解、责任到人，全员招商，以致低水平的重复建设、重复生产愈演愈烈。一些地方政府为了追求过高的速度，对中央的宏观调控阳奉阴违，对环保部门的环评和环保执法消极抵制。

二、节能和减排不能走一步看一步

“十一五”规划提出的节能减耗两个约束性指标是一件十分严肃的事情，不能改变，必须坚定不移地去实现。

2006年计划落空了，后四年的路子怎么走，应当有一个总体设想和整体布局。不能走一步看一步，走到哪算到哪。为了做到心中有数，不妨对今后四年实现节能减排指标的进度作一些测算。拿节能来说，五年降低单位产值能耗20%，从1.22t降为0.98t，五年大约节约能源6亿t。第一年只降下来1.2%，节约能源3000万t，第二年如果降低2%，节约5000万t，那后3年的节约总量还有5.2亿t，3年的降幅就得达到5%、6%、7%，每年节能1.4亿t、1.7亿t、2.1亿t，或者是4%、6%、8%，每年节能1.2亿t、1.8亿t、2.2亿t，后两年降这么大的比率可以说完全没有把握。如果第二年能降下来4%，节约能源1.1亿t，那后三年的节能总量还有4.6亿t，三年的降幅还必须达到4%、5%、6%或略高一点，仍然不轻松。这说明，五年降耗决不能前松后紧，2007年降多少是五年成败的关键，当年降耗4%应当作为理想的追求。

污染减排是同样道理。五年减排10%，第一年上升了1%～2%，第二年维持不再增加，后3年的减幅就得达到3%、4%、5%，难度大，完成的可能性小。如果第二年减下来2%，那后三年的减幅还必须达到3%、3%、4%，仍然极不轻松。这也说明，五年减排同样不能前松后紧，2007年减多少是五年成败的关键，当年减排2%应当作为理想的追求。

有鉴于此，尽管国家2006年没有定出年度节能减排指标，不等于说每个地区都不制定自己的年度要求。实际上，除个别地区外，都已经过当地人大审议，确定了2007年节能和减排指标，有22个省区市的节能要求在4%以上。这已在当地立了法，应当坚持，并且寸步不让。

第一，2007年国家计划把GDP增长预期定为8%，如果多数地区仍然坚持增长10%以上，而且是加快发展不动摇，毫不让步，指望2007年节能减排取得更大的成绩是不可能的，指望2010年能完成两项约束性指标也是不可能的。2006年实践就是最好的证明，GDP增长速度是否恰当要用节能和减排的实绩来衡量。

第二，把实现节能减排指标放在第一位，把实现GDP增长指标放在第二位，不仅是对工业发达的地区说的，对工业不发达的地区同样如此。有些地区属于禁止开发区域，应当禁止发展高耗能、高污染的工业。即使属于重点开发区域，也必须把环境放在优先地位。县域经济的发展，更应当加以引导和控制。在节能和环保的事情上，绝不能向工业落后的地区让步。否则，工业发达的地区污染治理未了，工业不发达的地区又处处冒起烟来，那将是一场灾难来临。

第三，对高耗能、高污染的企业，必须逐个规定出减少能耗和减少污染的指标，超过这一指标的，有的必须立即停产限产，有的必须进行技术改造。

必须采取一系列有效的行政办法、经济办法和法律手段，促使企业节能和减排。改变传统的发电调度方式，对现有火电厂取消按行政计划分配发电量指标的做法，以节能、环保为标准优化发电排序，就是一个好办法。应当让价格真实反映要素的稀缺程度，谁多消耗资源谁就得不到应得的利润。现行的排污标准太低，排污收费和罚款额度过低，应当尽快修订。据报道，一个地区大型火电厂脱硫成本大约为1.2元/kg，按现行的排污费征收标准，企业将这1kg二氧化硫直接外排，只需缴纳排污费0.63元；一个城市处理1kg污水的成本价格为3元，如果企业对污水不作任何处理直接外排，1kg只需缴纳排污费0.7元。可见，这种违法成本低、守法成本高的收费标准和处罚额度只能放纵企业违法排污。

中国水力发电年鉴

2

水能及风能开发

流域规划及开发

云南水电开发及外送规划

（一）云南省能源资源

1. 水力资源　云南省境内有长江、澜沧江、怒江、红河、珠江和伊洛瓦底江等六大流域。根据水力资源复查成果（2003年），云南省水力资源理论蕴藏量平均功率104390MW，年电量9144亿kW·h；技术可开发量101940MW，年发电量4919亿kW·h；经济可开发量97950MW，年发电量4713亿kW·h。经济可开发的水电站中，大型水电站42座，装机容量85440MW，年发电量4086.5亿kW·h；中型水电站79座，装机容量7910MW，年发电量388.6亿kW·h；小型水电站633座，装机容量4600MW，年发电量237.7亿kW·h。云南省92%的水力资源位于滇西北、滇东北和滇西南地区，主要集中在金沙江、澜沧江和怒江三江流域（经济可开发量89534MW，占全省的91%），且又主要集中在干流上（经济可开发量为84065MW，占全省的86%）。近年来，云南水电开发力度加大，水电前期工作推进较快，三江干流电站的装机容量有所调整，中小水电的技术可开发量和经济可开发量有所增加，经初步复核，云南省经济可开发量达102167MW。

根据水电前期工作情况、各河流开发公司的开发计划及各梯级的建设条件、合理工期，初拟了云南水电开发进程（见表1），云南水电2010年、2020年和2030年的开发率可能达到21.8%、91.4%和95%。

表1　云南水电初拟开发进程表

水平年	2005年	2010年	2015年	2020年	2025年	2030年
中小型(MW)	5300.1	12568.5	17059.3	17972.0	17972.0	17972.0
大型(MW)	3305.0	9955.0	35655.0	75695.0	79395.0	79395.0
合计(MW)	8605.1	22523.5	52714.3	93667.0	97367.0	97367.0
开发率(%)	8.1	21.8	51.3	91.4	95.0	95.0

注　开发率按经济可开发量102167MW计算，大型电站中包括界河电站鲁布革600MW。

2. 煤炭资源　云南省煤炭资源较丰富，煤类齐全，全省煤炭资源总量683.35亿t。截至2000年底，累计探明储量252.87亿t，保有储量246.49亿t，居全国第八位，在南方14个省（区）中仅次于贵州，居第二位。预测2020年云南省煤炭生产能力约为7890万t/a，可供发电的煤炭约5770万t/a（合4000万t/a标准煤），相应装机容量约22000MW。

3. 新能源资源　云南省风能资源储量为28320MW，初步规划共选择了13个风电场，总装机规模约1340MW；太阳能资源丰富，地热资源也较丰富。

4. 云南省能源资源在我国能源资源中的地位　我国常规能源资源（煤炭、石油、天然气和水力资源，其中水力资源为可再生能源，按使用100年计算）探明总储量（技术可开发）8450亿t标准煤，探明剩余可采（经济可开发）总储量为1590亿t标准煤。能源剩余可采总储量的构成为：煤炭51.4%、水力资源44.6%、原油2.9%、天然气1.1%。

按云南省水力资源经济可开发量97950MW、使用100年计算，水力资源相当于标准煤约150亿t，占我国能源剩余可开采总储量的9.5%。煤炭资源保有储量246.49亿t，折合标准煤约140亿t，占我国能源剩余可开采总储量的8.8%。

（二）云南省供需平衡

1. 电力需求预测　按已有规划，云南省电力需求预测结果见表2。

表2　云南省电力需求预测表

项目	2005年	2010年		2015年		2020年	
		基本方案	低方案	基本方案	低方案	基本方案	低方案
全省需电量(亿kW·h)	557	880	850	1270	1170	1750	1540

续表

项目	2005年	2010年		2015年		2020年	
		基本方案	低方案	基本方案	低方案	基本方案	低方案
电量递增率（%）		9.6	8.8	7.6	6.6	6.6	5.6
最大负荷（MW）		15100		22100		30800	

按2021～2030年电量增长率4%，2030年全省需发电量2590亿kW·h，最大负荷46400MW。

2. 云南省供需平衡分析　在研究云南省火电建设规划、水电开发进程和云南电力需求的基础上，选择参与云南系统平衡的电源点。遵循的原则为：①火电装机均参与云南系统平衡。②中小型水电的调节性能相对较差，与云南负荷需求特性不相吻合，在条件具备的情况下，优先考虑与外送汇集点“打捆”外送。③优先考虑上游调节性能好的龙头水库、而本身消落深度不大的电源点。④尽量减少云南电网建设的投入，并尽可能使电源建设进度与云南负荷发展相协调。经计算，为满足云南省自身负荷发展的需要和“云电送粤”协议5800MW的要求，2010年系统需装机容量26920MW，其中火电装机容量9700MW，水电装机容量17220MW；2015年系统需装机容量35710MW，其中火电装机容量12400MW，水电装机容量23310MW；2020年系统需装机容量46230MW，其中火电装机容量17200MW，水电装机容量29030MW。

（三）云电外送可能供电区及电力市场空间

1. 云电外送可能供电区　云南水电的主要供电范围为南方电网的广东和华中四省（湖南、湖北、江西、河南）及华东地区，广西是云南电力潜在的电力市场。

2. 云电外送可能供电区电力市场空间　分析结果表明，广东省在2010年、2015年、2020年电力市场空间分别为2000MW、25000MW、49000MW。广西2010年、2015年分别盈余2500MW、1500MW电力，“十三五”末期电力逐步由盈余转为亏缺，到2020年具有约3000MW的市场空间。华中四省2010年装机容量盈余约5200MW，2015年有约14100MW市场空间，2020年有约47300MW市场空间。华东电网在2010年存在电力盈余，2015年有27000MW左右的市场空间，2020年有67000MW左右的市场空间。

（四）云电外送规划

1. 电力流展望　从我国能源资源布局和经济发展水平看，云南是我国“西电东送”战略中的主要电力外送基地，又地处“西电东送”中通道和南通道结合部位，电力经南通道送往华南地区和经中通道送往华中（华东）地区均可。随着云南省境内澜沧江上游古水梯级、怒江的马吉和松塔梯级的开发，云南也是远景年藏电外送的首选通道。

云南是我国连接东南亚国家的桥梁和纽带。从东南亚各国能源资源和经济发展分析，泰国、越南能源资源短缺、经济发展较快，是云南电力可能的供电区；缅甸、老挝能源资源丰富、经济发展水平低，可向我国送电。

2. 外送目标规模　按照云南水电初拟开发进程，至2020年，云南水电装机容量为93667MW，可实现外送的目标规模达70000MW。但2030年云南系统需要59000MW左右，计入“云电送粤”协议5800MW后，需要装机容量约65000MW，在2020年基础上需增加装机容量约18600MW。火电装机容量可在2020年基础上增加4800MW，水电装机容量则需增13800MW。水电按开发率达到经济可开发量的95%（未考虑金沙江上游河段云南份额和怒江的丙中洛电站）为97367MW，在2020年基础上只能增加3700MW，约有10000MW缺额。因此，为使云南外送目标规模持续到2030年，外送目标规模应在60000MW左右。2030年以后考虑西藏、缅甸、老挝等电力的送入，以及火电的进一步发展和新能源的必要补充，60000MW的外送规模维持可持续时间至少在20年以上。综合我国和东南亚地区能源资源和经济发展水平，云南省水电开发进程、电力需求及其他能源资源利用的情况和持续外送能力，云电外送的目标规模为60000MW。

3. 外送方式　云南外送目标规模60000MW中，“三江”干流电源点外送容量为49100MW，占82%。从地区分布看，滇西北地区外送规模为27800MW，占46%，滇西南地区外送规模为8700MW，占14%，滇东北地区外送规模为15300MW，占25%。滇西北的“三江”干流（怒江、金沙江中游、澜沧江上游）、金沙江下游和澜沧江中下游河段，电源点相对集中，具有单独或梯级汇集后直接外送的便利条件，外送东部的输电距离在1000km以上，而云南省用电负荷主要分布于滇中地区和邻近滇中的曲靖市，从简化送出端网络、减少对送出端电网影响，结合国家特高压输电网络规划，应采用建立大型水电汇集平台，特（超）高压交、直流联合运行的送出方式。

4. 外送电源点组合　根据外送电站点的地理位置、装机规模、投产进度，结合有关外送协议和电网规划、输电线路的送电容量，确定云南省外送电站点组合，见表3。

表 3 云南省主要外送电源点组合表

项 目	外送容量（MW）	拟送出方式	水平年
昆西北直流通道	5000（小湾 2100，电网 2900）	±800kV 直流	2010 年
糯扎渡＋大盈江四级＋中小水电	5700（糯扎渡 3000，其他 2700）	±800kV 直流	2010 年
观音岩＋鲁地拉＋龙开口	5400（云南份额）	特高压交、直流	2015 年
溪洛渡＋向家坝	9300（云南份额）	±800kV 直流	2015 年
白鹤滩	6000（云南份额）	±800kV 直流	2020 年
龙盘＋阿海＋梨园	6000（总装机容量 8600，2600 留云南）	特高压交、直流	2020 年
马吉＋乌弄龙＋托巴	6300	特高压交、直流	2020 年
赛格＋亚碧罗＋苗尾＋黄登＋泸水	8000	特高压交、直流	2015 年
糯扎渡＋景洪	3000	±500kV 直流	2015 年

5. 云电外送方向及各方向送电规模　按资源优化配置、降低配置成本、尊重已定外送方向及有关协议和云南电网隶属南方电网的原则，分别对 2010 年、2015 年和 2020 年各组电源在可能供电区进行了替代率研究，确定云南电力外送的方向和规模，见表 4。

表 4 云南省水电各水平年分区外送规模表 MW

水平年	外送容量合计	华南	华中（华东）	泰国	越南
2010 年	11100	10600			500
2015 年	34600	23300	5800	3000	2500
2020 年	60100	33300	21300	3000	2500

（五）云南水电开发进程

为满足云南自身负荷需求和外送目标规模，相应的云南水电开发进程见表 5。

表 5 云南水电开发进程表

水平年		2005 年	2010 年	2015 年	2020 年	2030 年
中小型	装机容量（MW）	5300.0	12388.5	16879.3	17792.0	17792.0
	开发率（%）	29.8	69.6	94.9	100.0	100.0
金沙江干流	装机容量（MW）	0	1800	13600	31700	38400
	开发率（%）	0	4.3	32.5	75.7	91.6
澜沧江干流	装机容量（MW）	2705	6855	17355	22955	24355
	开发率（%）	11.1	28.1	71.3	94.3	100.0
怒江干流	装机容量（MW）		180	2980	9580	15520
	开发率（%）		1.0	17.4	56.0	90.7
其他大型电站（MW）		600.0	1300.0	1300.0	1300.0	1300.0
合计	装机容量（MW）	8605.0	22523.5	52114.3	83327.0	97367.0
	开发率（%）	8.1	21.8	50.7	81.3	95.0

注　经济可开发量按 102167MW 计，其他大型电站中计入了界河鲁布革全部装机容量。

（六）云电外送电价竞争力水平分析

根据各组电源的建设时序、投资估算及送出工程设想，按资本金占总投资的 20%，银行贷款利率 6.84%，全部投资财务内部收益率 8%分别测算了到网电价，见表 6。

表 6 云南水电电价测算成果表

项 目	到网电价 [元/(kW·h)]
“观音岩＋鲁地拉＋龙开口”送电广东电网	0.2925
“马吉＋乌弄龙＋托巴”送电广东电网	0.2958
“赛格＋亚碧罗＋泸水＋苗尾＋黄登”送电广东电网	0.2569
“溪洛渡＋向家坝”送电华中电网	0.2411
“白鹤滩”送电华中电网	0.2530
“龙盘＋阿海＋梨园”送电华中电网	0.3460

国家发展改革委 2006 年核定的广东省新投产燃煤机组标杆上网电价为 0.3874 元/(kW·h)(不含税)，云南水电送电广东的到网电价为 0.2569～

0.2958元/(kW·h),远低于燃煤机组标杆上网电价,电价竞争力强。国家发展改革委2006年核定的湖北、湖南、河南、江西省新投产燃煤机组标杆上网电价为0.2985～0.3440元/(kW·h)(不含税);“溪洛渡＋向家坝”与“白鹤滩”二组电源送电华中,到网电价分别为0.2411元/(kW·h)、0.2530元/(kW·h),低于燃煤机组标杆上网电价,电价竞争力强。“龙盘＋梨园＋阿海”电源组合的到网电价为0.3460元/(kW·h),与燃煤机组标杆上网电价相当。

（中国水电顾问集团昆明勘测设计研究院
张　平　卢　敏）

力丘河水电开发规划简介

（一）流域概况

力丘河发源于四川省康定县境西北与道孚县交界处的柯哲德沼泽地带，河源海拔高程4472m，为雅砻江左岸一级支流，是大雪山中段折多山以西塔公、营官、沙德三个区的主要河流。河流自西南向东北流经道孚县，在八美镇南约6km折转向南流入康定县，经塔公乡、新都桥镇、瓦泽乡、呷巴乡、甲根坝乡、朋布西乡、沙德乡、普沙绒乡，在普沙绒乡折向西流，于楞古村注入雅砻江。沿途有大小河沟60余条注入，主要支流右岸有塔拉沟，左岸有瓦泽沟及色乌绒沟，其中以色乌绒沟最大。流域面积5928km^2，河口多年平均流量83.4m^3/s，自河源至河口，河道全长203.5km，落差2078m，平均比降10.21‰。

力丘河流域新都桥以北为丘状高原区，海拔4300～4600m，地势平坦，河谷宽阔，河漫滩发育，最宽处可达2km；新都桥以下至沙德乡为浅丘高原地带，河流也较平缓，河谷较宽阔；从普沙绒乡至河口，为高山峡谷地带，河谷狭窄，谷壁陡峭，比降达26%左右。流域内森林资源丰富，主要为森林植被、灌丛植被和草甸植被。

力丘河流域径流以雨水补给为主，融雪水补给为辅，具有年际变化不大，年内分配不均的特点。根据生古桥水文站（控制流域内河长154km，集水面积3992km^2，占全流域的67.3%）43个水文年资料统计，多年平均流量59.1m^3/s，最丰水年平均流量为96.2m^3/s，最枯水年为31.3m^3/s，分别为多年平均流量的1.63及0.53倍；5～10月水量约占全年水量的85.3%，其中7～9月占全年水量的55%。本流域6～9月为汛期，大洪水多发生在6、7两月。洪水过程多呈单峰或双峰型，一般单峰过程3～5天，双峰过程5～7天；洪峰流量相对不高，但洪量相对较大，过程线历时较长。

（二）综合利用与开发任务

1. 规划河段范围　力丘河干流具有“上游平、中游缓、下游陡”的特点。上游的塔公区为高原沼泽地带，地势平坦；中游的呷巴、甲根坝、朋布西、沙德乡为浅丘高原地带；进入普沙绒乡后为高山峡谷地带，河流深切。力丘河甲根坝乡以上河段河道开阔，比降小，两岸为草原、村庄，海拔高，水力资源不丰富，开发条件差，因此为了既保护上游地区生态环境和人文景观，又充分利用下游丰富的水能资源，干流水电开发河段范围确定为甲根坝乡以下至力丘河河口河段，河段长约94km（自卓地铺子至河口），落差973m（高程3367～2394m），平均比降10.3‰。

2. 河流开发任务　力丘河干流主要河段自松林口桥至力丘河河口，沿河两岸山高、坡陡，人烟稀少，无重要的农村集镇及大片农田。根据开发与保护并重的原则，综合考虑力丘河规划河段的特点、社会经济发展、环境保护要求等因素，确定力丘河规划河段的开发任务为：以发电为主，兼顾生态环境保护等要求。

（三）开发方式

干流规划河段从卓地铺子至松林河段平均比降为4.5‰，松林至决洛河段平均比降为7.1‰，决洛至拉沃河段平均比降为5.8‰，拉沃至塔坑河段平均比降为9.2‰，塔坑至金顶河段平均比降为14.6‰，金顶至河口河段平均比降为24.0‰。河道比降拉沃以上河段相对较平缓，拉沃以下河段则相对较陡，仍具有“上段平、中段缓、下段陡”的特点。力丘河径流丰沛，但年内分配不均，5～10月水量约占全年水量的85.3%，必需设置龙头水库调节径流。为尽量减少土地淹没和人口迁移，节省工程投资，根据规划河段河道比降较大的特点，除在上游段布置较好调节性能的龙头水库，并按混合式进行开发，其余梯级电站均按引水式开发。

（四）梯级开发方案

1. 龙头水库方案拟定　在规划设计中，寻找一个龙头水库是河段规划中的重中之重。经多次现场查勘，朋布西乡以下有两个可能的龙头水库坝址，即松林坝址和决洛坝址。松林坝址区河谷呈“V”字形，两岸山坡较陡，坡度35°～60°，两侧山体雄厚，主峰高程在3450m以上；坝址区内无区域性断层通过，具备建设高坝大库的地形地质条件；库腹地形开阔，成库条件得天独厚。决洛坝址位于松林坝址下游约10km的决洛村附近，工程区为高原浅丘与下游高山峡谷交汇地带，地势较平坦，坝址部位河床宽约120m，两岸山坡坡角一般小于35°，左岸为迷务道台地，高出河水面约122～174m，右岸为决洛阶地，高出河水面 84～109m；坝址区左岸有一条区域断层（大海子断层）通过，不具备建设高坝龙头水库的地形地质条件。因此推荐松林水库方案为龙头水库。

2. *河段开发方案拟定* 干流规划河段由于有主要支流色乌绒沟汇入和受地形条件的限制，故分成上、下相对独立的两河段。①上段，松林水库至色乌绒沟沟口，天然落差 321m，考虑两个开发方案，即：二级开发方案（松林＋决洛长洞）与三级开发方案（松林＋决洛短洞＋拉沃）。② 下段，色乌绒沟沟口至河口河段，天然落差 625m，河道比降较陡，是本流域水电资源最富集河段，因必须服从于雅砻江干流开发和有断层从普沙绒沟口附近穿越，也分二级和三级两个开发方案比选，即：二级开发方案（塔坑＋金顶长洞）与三级开发方案（塔坑＋金顶短洞＋班纳）。

3. *梯级开发方案拟定* 拟三个梯级开发方案和龙头水库三个正常蓄水位方案进行初步比选。方案一为“1 库 6 级”布置：松林（正常蓄水位 3340m/装机容量 80MW）—决洛（短洞，3197m/44MW）—拉沃（3115m/56MW）—塔坑（3019m/ 180MW）—金顶（短洞，2743m/170MW）—班纳（2515m/30MW），总装机容量 560MW。方案二为“1 库 5 级”布置：与方案一的主要区别是将决洛短洞、拉沃二个梯级方案合并为决洛长洞一级开发，即松林（3340m/80MW）—决洛（长洞，3197m/100MW）—塔坑（3019m/180MW）—金顶（短洞，2743m/170MW）—班纳（2515m/30MW），总装机容量 560MW。方案三为“1 库 4 级”布置：与方案二的主要区别是将金顶与班纳二个梯级电站合并为金顶长洞一级开发，其他开发方式相同，即松林（3340m/80MW）—决洛（长洞，3197m/100MW）—塔坑（3019m/180MW）—金顶（长洞，2743m/200MW），总装机容量 560MW。龙头水库水位比较，方案 A：松林水库正常蓄水位从 3340m 抬高 20m 至 3360m，各梯级电站装机容量相应增加，总装机容量 655MW；方案 B：松林水库正常蓄水位从 3340m 降低 20m 至 3320m，各梯级电站装机容量相应减少，梯级总装机容量 486MW。

4. *梯级开发方案选择* 经综合，力丘河干流水电规划推荐“1 库 4 级”开发方案。松林水库是一个比较理想的龙头水库，从水能资源利用、电能质量及提高经济效益等方面考虑，松林水库正常蓄水位以 3360m 为宜，但考虑到水位的抬高，水库淹没损失也明显增加，为减少水库淹没，减轻移民安置难度，其正常蓄水位宜适当降低。因此，推荐松林水库正常蓄水位 3340m，库容系数为 10.7%，具备年调节性能。力丘河干流梯级电站自上而下依次为松林、决洛、塔坑、金顶，总装机容量 560MW，各梯级电站工程特性见表 1。

表 1　　力丘河梯级开发方案技术经济指标表

项　目	单位	松林	决洛	塔坑	金顶	合计
建设地点	县	康定	康定	康定	康定	
距河口距离	km	65.4	55.8	32.1	13.8	
流域面积	万 km^2	3294	3831	5291	5710	
多年平均流量	m^3/s	49.8	57.0	75.4	80.3	
多年平均水量	亿 m^3	15.7	18.0	23.8	25.3	
多年平均悬沙量	万 t	49.41	57.46	79.36	85.65	
校核洪水流量	m^3/s	1430	1390	1730	1810	
设计洪水流量	m^3/s	1020	960	1190	1250	
校核洪水位	m	3344.22	3200.41	3022.86	2747.18	
水库总库容	万 m^3	24681	949	635	39	
正常蓄水位	m	3340	3197	3019	2743	
死水位	m	3300	3193	3012	2742	
正常蓄水位库容	万 m^3	20440	743	479	17	
调节库容	万 m^3	16780	225	214		
库容系数	%	10.7				
调节性能		年	日	日	无	
利用落差	m	143	178	276	261	858

续表

项目		单位	松林	决洛	塔坑	金顶	合计
建设地点		县	康定	康定	康定	康定	
装机容量		MW	80	100	180	200	560
保证出力	联合运行	MW	17.73	23.22	43.35	43.16	127.46
	单独运行	MW	17.73	8.43	18.40	18.80	63.36
年均发电量	联合运行	亿 kW·h	3.36	4.58	8.93	9.45	26.32
	单独运行	亿 kW·h	3.36	4.03	7.95	8.52	23.87
年均枯期电量	联合运行	亿 kW·h	1.13	1.56	3.07	3.10	8.86
	单独运行	亿 kW·h	1.13	0.95	2.08	2.14	6.30
年利用小时数	联合运行	h	4198	4584	4959	4727	4700
	单独运行	h	4198	4034	4419	4261	4262
水库淹没	耕地	亩	4013	31			4044
	林地	亩	1579	26	121	8	1734
	迁移人口	人	593	30			623
坝型			面板堆石坝	面板堆石坝	面板堆石坝	混凝土重力坝	
最大坝高		m	122	37	34	29	
坝顶长度		m	323	203	131	100	
引水隧洞长度		m	3326	15194	12792	8859	
引水隧洞直径		m	5.8	6.0	6.5	6.5	
坝（闸）址地质			粉细砂岩	粉细砂岩	粉细砂岩	粉细砂岩	
河床覆盖层最大厚度		m	16.7	19.5	38	7	
地震基本烈度		度	Ⅶ	Ⅶ	Ⅶ	Ⅶ	
主要工程量	土石方明挖	万 m^3	104.19	49.25	39.83	11.79	205.06
	石方洞挖	万 m^3	23.86	85.02	84.91	71.42	265.21
	土石方填筑	万 m^3	386.57	45.75	29.08	0	461.4
	混凝土	万 m^3	20.02	21.2	19.56	20.23	81.01
	钢筋钢材	t	8654	9395	9023	9010	36082
工程静态总投资		万元	153291	99242	108276	96350	457159
单位 kW 投资		元/kW	19161	9924	6015	4818	8164
单位 kW·h 投资		元/（kW·h）	4.56	2.17	1.21	1.02	1.74
建设工期	第一台机组发电	年/月	3/6	3	3	3	
	总工期	年/月	3/9	3/3	3/3	3/3	

（中国水电顾问集团华东勘测设计研究院　杨立峰）

新疆开都河流域梯级开发概况

开都河位于新疆维吾尔自治区巴音郭楞蒙古自治州境内，发源于天山南麓中部的伊连哈比尔尕山，流经巴音郭楞蒙古自治州和静、焉耆、博湖三县，最终流入全国最大的内陆淡水湖——博斯腾湖。河流全长525km，多年平均径流量32.89亿 m^3，天然落差1843m，水能资源理论蕴藏量1420MW。开都河上游山间盆地段，长242km，河道比降0.74‰，穿越大、小尤尔都斯盆地，有全国著名的巴音布鲁克草原和世界著名的大天鹅繁殖地——天鹅湖；自大山口以下为下游平原段，长139km，河道平均比降2.2‰，两岸土地肥沃，人口相对稠密，气候条件较好，是新疆的主要粮、棉、甜菜基地之一；中游峡谷段，自呼斯台西里至大山口，长 144km，河道平均比降 7.19‰，落差 1036m，是开都河水能资源最集中的区域，其水能理论蕴藏量约 910MW，占全流域的 61%。开都河中游河段是新疆最早规划的第三大水电开发基地之一，也是新疆巴音郭楞蒙古自治州人民政府授权中国国电集团公司水电开发建设及经营的“富矿区”，其梯级地理位置见图 1。

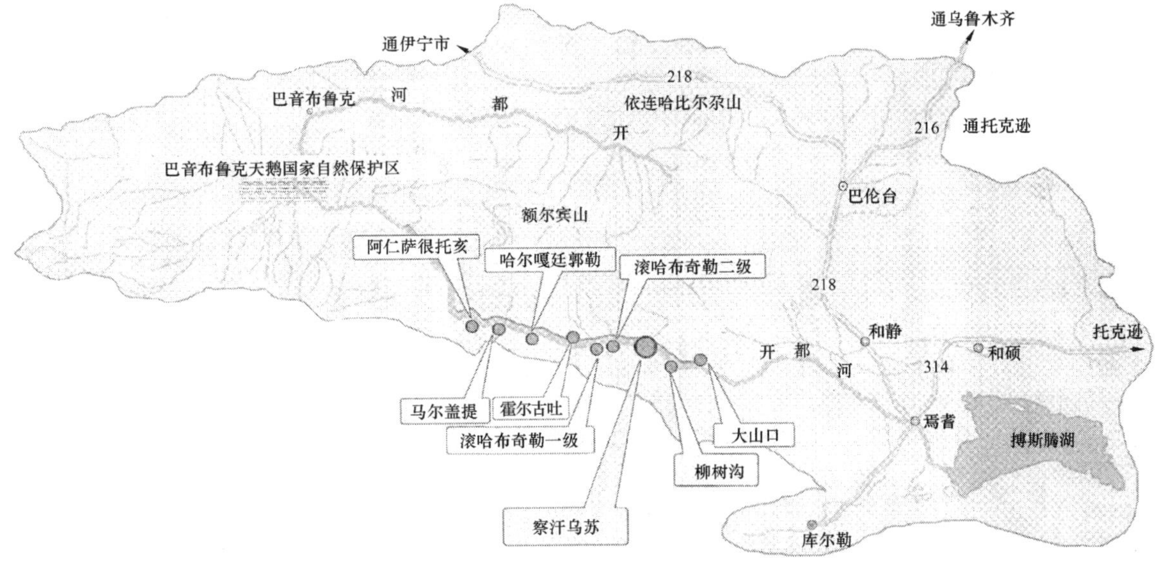

图 1 开都河中游河段梯级地理位置示意图

根据规划，开都河梯级开发方案为二库九级，自上而下为阿仁萨很托亥、马尔盖提、哈尔嘎廷郭勒、霍尔古吐、滚哈布齐勒、滚哈布齐勒二级、察汗乌苏、柳树沟和大山口；将阿仁萨很托亥作为龙头水库和察汗乌苏作为调蓄水库，其他梯级采用不同形式进行水电开发；总装机容量 1510MW，联合运行梯级总保证出力 639MW，多年平均年发电量总计 65.7 亿 kW·h。

目前，大山口水电站已于 1992 年建成；国电新疆开都河流域水电开发有限公司将先期开发建设开都河察汗乌苏水电站（装机容量 30.9 万 kW）和开都河柳树沟水电站项目。

（中国国电集团公司）

大渡河干流规划及调整方案

大渡河干流规划是大渡河开发的基础。自 20 世纪 50 年代以来，为开发利用大渡河丰富的水能资源，中国水电顾问集团成都勘测设计研究院（以下简称成都院）和四川省有关单位，相继进行了大量的普查、复勘、勘测、规划和设计工作，编有《大渡河普查报告》、《大渡河干流及主要支流复勘报告》、《大渡河流域的水利资源及利用》等文件，特别是调整后的大渡河干流规划方案，为加快大渡河流域水力资源开发利用提供了全面的基础资料。

一、原大渡河干流规划情况

1977 年水利电力部以“［急件］（77）水电规字第 38 号文”指令成都院对大渡河干流进行河流水电开发规划。成都院于 1977 年下半年正式开展大渡河干流（双江口—铜街子）规划工作，对主要梯级独松、马奈、长河坝、大岗山、龙头石、瀑布沟等进行了相应的勘测和设计工作，于 1983 年 6 月提出了《大渡河干流规划报告》，1984 年 6 月提出了《大渡河干流规划报告近期开发工程补充论证报告》。1989 年 11 月，水利部、能源部会同四川省人民政府在成都共同主持召开了《大渡河干流规划报告》审查会，审查通过该规划报告。在审查意见的基础上，成都院根据当时新公布的水法要求和新增勘测设计资料，对原规划报告（1983 年 6 月版）进行了适当的补充和修编，于 1990 年完成了正式规划成果。1992 年四川省人民政府批准了大渡河水电规划。

原规划报告提出大渡河干流开发任务是以发电为主，兼顾漂木、防洪、航运、灌溉等；以独松、大岗山、瀑布沟、龚嘴等主要梯级为格局的 17 级开发方案，规划干流总装机容量 1772 万 kW。梯级电站自上而下依次为：独松、马奈、丹巴、季家河坝、猴子岩、长河坝、冷竹关、泸定、硬梁包、大岗山、龙头石、老鹰岩、瀑布沟、深溪沟、枕头坝、龚嘴（高）和铜街子。

二、规划调整情况

原规划方案（1990年版）根据当时地区社会经济条件及电力市场需要确定，对指导大渡河水电开发起到了一定作用。但限于历史条件，存在对水电开发适应社会经济发展、水库淹没及工程占地造成的移民安置难度、环境影响问题等需要研究的深度不够，有的梯级存在着坝高、库小、淹没大的缺点，有的区域构造稳定性问题有待进一步查明，规划范围不完整等不足。

为加快大渡河水电开发的前期工作及开发进程，合理利用大渡河水力资源，适应环境保护、征地移民政策的变化，满足新的要求，结合流域经济、社会发展状况，水电水利规划设计总院、四川省计划委员会、大渡河流域水电开发有限公司于2001年委托成都院对大渡河干流进行水电规划复核、调整工作。在原规划工作的基础上，成都院开展了测量、地质、勘探、试验及大量规划设计工作，于2003年7月完成《大渡河干流水电规划调整报告》。2003年11月，水电水利规划设计总院、四川省发展和改革委员会在成都共同主持召开了《大渡河干流水电规划调整报告》评审会议，2004年9月，四川省人民政府以川办函（2004）196号文批准印发了《大渡河干流水电规划调整报告的评审意见》。

经调整后的水电规划，推荐以下尔呷、双江口、猴子岩、长河坝、大岗山、瀑布沟等形成主要梯级格局的22级开发方案。干流梯级电站自上而下依次为：下尔呷、巴拉、达维、卜寺沟、双江口、金川、巴底、丹巴、猴子岩、长河坝、黄金坪、泸定、硬梁包（引水式）、大岗山、龙头石、老鹰岩、瀑布沟、深溪沟、枕头坝、沙坪、龚嘴(低)、铜街子。规划干流总装机容量2340万kW，年发电量1123.6亿kW·h。在22个梯级中，以下尔呷为干流"龙头"水库，以双江口为上游控制性水库，以瀑布沟为中游控制水库。

三、规划调整后的意义

调整后的规划方案将原来17级1772万kW的规划优化为22级2340万kW，避免了对金川、峨边两座县城和姑咱、金口河等重要城镇的淹没，减少淹没耕地近3万亩，减少移民8.5万人，减少淹没铁路（成昆铁路）39km，减少了对丹巴藏碉群的影响。同时，按照调整后的规划方案，在国家环境影响评价法规出台之前，就率先制定了全流域环保、水保方案，通过了专家和国家有关部门的评审，使大渡河成为全国第一条开展流域环境评价的河流。调整后的规划方案更有利于促进流域地区经济和社会发展，促进流域生态环境的改善。

（中国国电集团公司）

雅砻江流域水电开发2006年进展情况

一、雅砻江流域水力资源及开发概况

雅砻江发源于青海省巴颜喀拉山南麓，干流由北向南流经四川甘孜藏族自治州、凉山彝族自治州，在攀枝花市汇入金沙江。从河源至河口，干流全长1571km，流域面积约13.6万km^2，天然落差3830m。河口多年平均流量1910m^3/s，年径流量602亿m^3。雅砻江水量丰沛、落差大，干支流蕴藏了丰富的水力资源。干流初拟21级开发，装机容量约3000万kW。

雅砻江下游河段5个梯级电站，总装机容量1470万kW，其中，二滩水电站已经建成，锦屏一级水电站已经正式开工建设，锦屏二级水电站已获得国家核准，官地、桐子林积极开展前期准备项目的建设；中游河段水电规划已经通过审查，该河段总共6个梯级电站，总装机容量1152万kW，其中两河口电站预可行性研究已经通过审查，正在抓紧可行性研究设计和前期筹建工作，其余牙根、楞古、孟底沟、杨房沟、卡拉等5个梯级电站正在积极开展预可行性研究工作。

二、2006年开发进展情况

（一）规划进展

2006年8月，雅砻江中游水电规划通过了四川省发展改革委会同水电水利规划设计总院组织的审查；同月，雅砻江中游水电规划环境影响报告通过四川省环保局会同省发展改革委的审查。

（二）建设进展

1. 锦屏一级水电站　电站总装机容量360万kW，总投资约245亿元。继2005年9月获得国家核准并于11月开工后，2006年全面开展主体工程建设，于2006年12月4日实现大江截流。全年完成投资26.66亿元，累计完成投资55.6亿元。

2. 锦屏二级水电站　电站总装机容量480万kW，总投资约298亿元。2006年全面完成前期工程建设，同时积极开展项目核准工作并于12月15日通过国家核准。全年完成投资9.28亿元，累计完成投资约18.4亿元。

3. 官地水电站　电站总装机容量 240 万 kW，总投资约 150 亿元。2006 年积极开展项目核准各项准备工作，并按照国家新颁布的移民安置条令启动移民安置规划设计大纲和移民安置规划设计报告的编制，同时全面开展“三通一平”等前期准备项目的建设。全年完成投资 8.13 亿元，累计完成投资 12.7 亿元。

4. 桐子林水电站　电站总装机容量 60 万 kW，总投资约 53 亿元。2006 年进行核准有关的准备工作，完成右岸改线公路工程等前期准备项目的建设。全年完成投资 1.12 亿元，累计完成投资 2.7 亿元。

5. 两河口水电站　电站总装机容量 300 万 kW，总投资约 270 亿元。继 2005 年 9 月完成预可行性研究后，2006 年全面开展可行性研究工作，取得了正常蓄水位、坝型选择和枢纽布置等阶段性成果。同时积极开展对外交通等前期筹建工作。全年完成投资 2.51 亿元，累计完成投资约 3.1 亿元。

6. 牙根、卡拉、杨房沟、楞古、孟底沟水电站在 2006 年全面启动或开展了预可行性研究工作。

（二滩水电开发有限责任公司　吴世勇　周　永）

抽水蓄能电站规划

关于我国抽水蓄能电站发展的几个问题

中国水力发电工程学会抽水蓄能专委会和国网新源控股有限公司联合举办的“积极推进抽水蓄能发展高层论坛暨 2006 年抽水蓄能专委会年会”，于 2006 年 11 月 30 日～12 月 1 日在北京召开。会议的主要议题有：抽水蓄能电站发展的合理布局及规模，抽水蓄能电站的投资体制、运营模式和回收机制，以及环保效应等。来自国家发展改革委，国家电网公司，抽水蓄能电站设计、施工、制造企业，高等院校等 63 个单位 146 名代表参加了会议。

目前全国在建的抽水蓄能电站 12 座，在建规模 1250 万 kW，预计到 2020 年仅国家电网公司经营区域内的抽水蓄能规模将达到 2700 万 kW，全国范围将可能接近 5000 万 kW。我国抽水蓄能电站建设现正处于黄金时期，发展前景很好。但在电力体制改革后抽水蓄能电站建设面临一些新问题。如不及时解决，有可能影响抽水蓄能电站的发展。在这次论坛上，从政府官员到专家学者各抒己见，展开了热烈的讨论。现将讨论意见归纳如下。

一、抽水蓄能电站的投资体制问题

电力体制实行“厂网分开”改革后，抽水蓄能电站建设和管理的环境发生了很大的变化。为了规范抽水蓄能电站的建设和管理，促进抽水蓄能电站建设健康有序地发展，提高电力系统的安全性、经济性和可靠性，国家发展改革委就抽水蓄能电站建设管理有关问题发出过通知（发改能源［2004］71 号文，以下简称“71 号文”）。通知中指出：考虑到抽水蓄能电站主要服务于电网，为了充分发挥其作用和效益，“抽水蓄能电站原则上由电网经营企业建设和管理”，实际上已明确抽水蓄能电站的开发应以电网公司为主。由于抽水蓄能电站的特殊性，它不仅作为调峰填谷的电源，更重要的是作为电网的管理工具，担任事故备用、调频、调相等，服务于整个电网，因此，以电网公司为主开发建设抽水蓄能电站是适宜的。但是，电网公司是否为唯一的开发主体，讨论中有不同的意见。

一种意见认为，电网企业根据电网规划制定出抽水蓄能电站规划，统一建设、统一管理、统一调度，有利于抽水蓄能电站各项效益的充分发挥。但也有专家认为，我国未来要建设的抽水蓄能电站规模很大，如果集中由一个公司来承建，投资规模巨大，建设管理和经营的工作量很大，由一个公司承担，可能会影响建设速度，不利于事业的顺利发展。我国电力建设包括抽水蓄能电站建设的实践已证明，发挥多家办电的积极性比一家办电为优。进入 21 世纪以来，我国抽水蓄能电站建设之所以能遍地开花，形成第二波建设高潮，与发挥了多方面的积极性有关。实践证明，这样不仅可更好地利用各方面的资金和人力资源，也有利于协调解决电站建设的外部环境问题。71 号文明确抽水蓄能电站建设以电网公司为主，但并不排斥发电企业参与建设。抽水蓄能电站的开发主体应以电网公司为主，多种投资主体并存为宜。除五大发电公司外，不妨扩大范围，允许核电公司、已建成的抽水蓄能电站，甚至民营企业等投资建设抽水蓄能电站；条件适宜时，也可允许蓄能电站与其他电站联合运行，这样对抽水蓄能电站的可持续发展是有利的。

从有利于抽水蓄能电站可持续发展出发，我们建议，国家主管部门结合近几年所遇到的实际问题，在

71号文的基础上，对蓄能电站建设投资体制问题作出进一步的规定。

二、应重视电价机制研究

抽水蓄能电站的效益与所采用的电价机制密切相关，而电价机制又与投资体制、电站经营管理模式有关。在市场经济条件下，不论采用怎样的投资体制和经营管理模式，没有一个合理的电价制度，没有适当的投资回报，电厂没有维持正常运转的费用来源，抽水蓄能电站便不可能持续发展。电价机制是这些年来人们所关注，但又是未能很好地解决的关键问题之一。从论坛上专家的发言来看，大家对影响电价机制的因素认识越来越清晰，有人从经济学理论结合抽水蓄能电站特点提出了“多元价值观视角下的多维联动电价设计原则”，显示出研究工作正在深化。

从我国目前已建抽水蓄能电站的投资和建设体制来看，主要包括：多方参股投资方式，电网公司（一般指省电网公司）独资方式，电网公司控股建设方式等。经营模式主要包括：电网统一经营模式、电站独立经营、租赁经营和委托经营四种。显然，由于抽水蓄能电站的动态效益不易量化，采用统一经营模式可以避开这一问题。租赁模式事实上也可看作是电网统一经营的一种方式。论坛会上，有人赞成租赁方式，有人赞成两部制电价。但无论采用何种方式，核心问题是承认抽水蓄能电站的动态效益，以容量电价为主，从这个意义上来说，两部制电价和租赁方式，在内涵上有共同之处。

上网电价中的两部制电价或租赁方式，目前人们还比较容易达成共识。另一个层次的问题是抽水蓄能的上网电价是否全部转化为销售电价的加价？这也是抽水蓄能电站电价机制的一个症结，以往对此问题研究不多。

一种看法认为，抽水蓄能电站的效益，体现在用户，也体现在电网和其他电源（火电厂或核电厂）上。抽水蓄能电站提供的各种辅助服务有利于提高电网供电质量与安全，更好地为电力用户服务，纳入电网运行费用是合理的。但这部分费用不应该全部转化为销售电价，因为在抽水蓄能电站投入运行前，这些服务也是必不可少的，只是由其他电站来分担，这部分费用已在原来销售电价中反映了。当然，增加的服务费用是可以计入销售电价的。电价机制的实质是成本分摊机制。本着“谁受益、谁承担”的原则，受益者中的电网、发电厂也应分担部分费用。

另一种看法认为，在合理确定价格的基础上，蓄能电站的上网电费应作为电网企业收购费，从销售电价中回收，并相应调整电网的销售电价，才是抽水蓄能电站电价政策能否落到实处的关键。

综上，建议在我国现行由政府定价的条件下，国家主管部门组织电网、设计、高校、科研单位进行研究，在未来两年一批在建电站投产之前提出可行的政策，尽快提出抽水蓄能电站上网电价及费用回收办法。

三、抽水蓄能电站在电网中的合理比重和布局

为了发挥多种投资主体的积极性，又不导致盲目上项目，应研究抽水蓄能电站的合理比重与布局。抽水蓄能电站在本质上并非是一种电源，而是电网管理工具之一，只能作为其他电源的一种补充，不是越多越好，抽水蓄能电站在电网中应该有一个合理的比重。应从电力市场的需求出发，制定抽水蓄能电站的发展规划，对抽水蓄能电站的数量与布局作出规划。

我国地域广大，各地区、各省（区）电网所在地区经济发达程度不同，由此影响到负荷特性有较大差别，电源结构有较大差异（如水火电比重，有无核电、风电等），抽水蓄能资源条件不同，抽水蓄能电站建没的经济性也有明显差异。因此，对抽水蓄能电站的合理比重应当是因网而异，因时而异。

以往对火电为主的电网抽水蓄能电站合理比重研究较多，对水电比重较大的电网中抽水蓄能电站合理比重研究才开始，而对与核电、风电相配套的抽水蓄能电站合理比重问题几乎还未开始研究。

目前的电源结构优化分析程序主要根据电网的电源构成、负荷特性、各类电站的技术经济特性指标等因素，以电力系统总费用最小为目标，通过全网或分网的电力电量平衡及优化分析，确定系统的最佳电源构成，合理选择配置抽水蓄能电站容量。优化分析主要考虑抽水蓄能电站调峰填谷的经济效益，对其动态效益反映不够。将来，抽水蓄能电站的动态效益很可能成为确定抽水蓄能电站是否合理的主要因素，电源优化分析程序也有待改进。

除了研究抽水蓄能电站合理规模之外，还需研究抽水蓄能电站合理布局，即空间分布。以往大多以省电网为主进行抽水蓄能电站选点，在目前全国联网和西电东送的背景下，有必要结合西电东送、西气东输、全国电网规划、核电与风电发展规划和各地区抽水蓄能资源点规划等，开展全国抽水蓄能电站合理布局的研究。

这种全国性的抽水蓄能电站合理布局研究，事关电力建设的大局，我们建议由政府主管部门主持，由水电勘测设计主管部门和电网公司来完成。同时，应积极组织研究与风电、核电配套的抽水蓄能电站的合理规模问题。

四、抓紧抽水蓄能电站选点规划

明确了对抽水蓄能电站的需求之后，还需要掌握

抽水蓄能电站的资源条件，以求得最优的组合。抽水蓄能电站的规划选点是关键，它将基本决定抽水蓄能电站的经济性。一旦确定选点方案，随后的勘测设计工作只可能作有限度的优化。

目前抽水蓄能电站发展势头喜人，但抽水蓄能电站选点规划工作远远滞后。全国只有少数省、市，对本省的抽水蓄能电站站址作了较全面的选点规划工作，而大多数省、市还没有抽水蓄能选点规划或做得很粗。此外，由于各地方政府上项目积极性都很高，纷纷在各市县局部区域内选择抽水蓄能电站站点开展前期勘测设计工作，缺乏总体规划，容易遗漏真正优越的站址。因此，全面开展抽水蓄能选点规划已迫在眉睫，否则有可能延误抽水蓄能电站建设的发展，或造成不必要的资源浪费。

其次，由于我国抽水蓄能电站建设历时不长，缺乏实践经验，现在回顾早期完成的抽水蓄能选点规划，尚有不少可以改进之处。因此，即使已完成抽水蓄能选点规划的地区，也有必要根据积累的经验教训，以新的认识对选点规划进行复核和补充。

第三，从某种意义上说，抽水蓄能选点规划工作较常规水电规划更复杂。影响抽水蓄能电站选址的因素较多，除地形地质、水文泥沙、淹没、环境等条件外，尚要考虑与负荷中心和抽水电源点的距离、网架结构、补水等条件；其次，常规水电规划是沿着一条“线”进行，抽水蓄能选点规划则不受河川径流限制，是在“面”上进行，可选范围比较广，很容易有所疏漏；最后，抽水蓄能电站往往选取在地形高差大、地势陡峻的地方，交通不便，现场勘察难度也更大。要完成一个全面完整的抽水蓄能选点规划，需要投入较大的人力、资金及相当的时间。

综上，建议：

(1) 根据我国抽水蓄能电站选点和建设经验，总结出抽水蓄能电站站址选择指导原则，用以指导站址规划工作。

(2) 由于选点工作带有资源普查性质，建议政府主管部门主持，由水电勘测设计主管部门和电网公司联合组织力量进行。

（中国水力发电工程学会抽水蓄能专委会）

建设抽水蓄能电站对构建和谐社会能发挥重要作用

一、满足社会合理用电需求

电力行业的突出特点就是发、送、供、用同步完成。面对瞬息万变的电力负荷，电网必需实现实时平衡，否则就出大事。今后经济愈发展，电网愈扩大，峰谷差也愈来愈大，要依靠各类调蓄手段和实行DSM来解决。在各种调蓄措施中，抽水蓄能以其多种有利条件，特别是其“填谷”和“灵活、快速”的特性，在许多情况下成为首选措施。只有这样，各种发电设备才能在各自最优的位置上稳定运行，从而为全系统带来最佳、最经济的效果。这已经为大量理论研究和实践经验所证实。至于DSM，在加强调研的基础上和在用户的理解配合下，实施有效管理，确可做到错峰、避峰、压峰，这是非常科学合理的做法，须要坚持和深化；但在实施中，我们还依靠拉开峰谷差价，用经济杠杆来解决问题。必须注意的是，依靠经济杠杆，社会和用户是要付出某种代价的，例如，峰谷电价差距如太大，就会迫使职工不得不昼夜颠倒地工作，经济困难的人不得不在酷暑、高峰时关闭空调等大耗电设备……难道人们就没有苦痛和怨言？单纯依靠经济杠杆来解决问题，虽然简单和有效，并不完全符合“和谐精神”。严格地讲，是电力行业没能最大限度地满足人民正常合理的用电需求，难道不应改进吗？大量建设经济高效的抽水蓄能电站，增强电网调蓄能力，不使峰谷电价过分悬殊，保持负荷因素在合理范围内，就能弥补这一缺陷，使社会更加和谐。

二、保证电网安全优质供电，是电网和国家利益的忠实捍卫者

在当今社会，保证电网安全和提高电能质量是头等重大的事，是构建和谐社会的基本前提之一。美国、俄国和欧洲都发生过大电网解体事故，造成重大损失和影响。我国电网单薄，结构不合理，技术落后，但频率保持在高标准，一直没有发生大事故。这主要依靠电网职工的精心调度和维护，功不可没，而抽水蓄能的调频调相和在紧急情况下所起作用尤其是重要保障。应清醒看到，目前在许多事故情况下还是依靠切负荷、解列等手段来避免全网解体，“舍车保帅”，相应的损失和影响其实还是很大，还须改进。应充分认识抽水蓄能在调频、调相、备用、应急、黑起动等方面的重大作用，兴建更多的这类电站，进一步保证电网的安全性和提高电能质量。电网遭遇意外事故是难免的，我们要逐步使电网具有更强大的应急能力，改变在出现紧急情况时被迫做出较大牺牲的局面。

三、集腋成裘，化废为宝

能源是制约我国全面建设小康社会的主要因素之一，为此，中央和国务院制订各种方针、政策、办法，加快开发核电和各种可再生能源。但像风能、太

阳能、小水电、弃水水电、潮汐能等的开发利用，不仅受到技术和经济上的制约，而且不稳定和难预计的电能在吸纳上难度极大。要解决它，只有做大电网而且使电网具有足够的调蓄能力才行。统筹规划、因地制宜，建设以抽水蓄能为主角的大量调蓄性工程（不仅是日调节，还要有周调节、月调节、季调节功能），就能把各种难以吸收的能量，包括低谷期被压的火电电能都转化为优质电能，这将对构建和谐的、循环的、可持续发展的社会起到很大作用！

四、不需资源搞开发、为落后地区脱贫作贡献

我国经济、社会发展不平衡，即使在东部地区，也有落后的“第三世界”。特别对缺乏土地、矿产、水等资源和特色产品的地区，要开发谈何容易。建设抽水蓄能工程几乎不需要什么资源，只要地理位置合适，有地形条件和一点点少量的水，就可建起大型甚至巨型电厂，也没有大量淹地移民，对生态环境又有很好影响，不仅可为国家作出大贡献，还可以通过建设，发展地区经济，搞成风景区，脱贫致富，走向共同富裕。

过去，对抽水蓄能的规划，大体上只考虑了调峰的要求，定了个极低的比例，这是不合理的。而且在很多同志的心目中，抽水蓄能属于锦上添花、可有可无，远没有兴建常规电站那么重要。在新形势下，必须重新全面认识抽水蓄能的作用和意义。中国人民不能永远低头吞声，凑合着过日子，应该加快步伐走向文明与和谐社会。对抽水蓄能应该合理规划，提高比例，更要深入研究，提出措施，扫除阻碍抽水蓄能建设的拦路虎——包括如何吸收投资、如何获得合理回报（对电网和整个电力工业、全社会作出如此巨大贡献的抽水蓄能工程不能只依赖峰谷差价来取得回报）、采取什么建设和运行机制与模式等这些人为的障碍，使各方面的利益能够协调，在为全电网、全社会作出贡献的同时，能做到多赢。目前，大型抽水蓄能设备依赖进口的局面更应改变。要为解决这些问题建言献策，为促进抽水蓄能的合理发展起到推动作用。

（国家电网公司　潘家铮）

推动抽水蓄能电站的健康有序发展

党的十六大明确了构建社会主义和谐社会的新要求，发展循环经济，建设资源节约型、环境友好型社会是我国今后一个时期的重大战略任务。这对我国电力工业的可持续发展和电力的安全可靠供应提出了更高的要求。抽水蓄能电站作为一种特殊的电源，具有运行方式灵活和反应快速的特点，在电力系统中具有调峰、填谷、调频、调相、紧急事故备用和黑起动等多种功能，与常规电源相比，抽水蓄能电站能够适应复合的快速变化，对提高电力系统安全稳定运行水平，电网供电质量和可靠性，起到重要作用。同时抽水蓄能电站还可以优化电源结构，实现绿色环保，达到电力系统的总体节能降耗，提高总体经济效益，在促进经济协调发展、环境保护和资源节约利用等方面，也能发挥巨大作用。近年来我国抽水蓄能电站建设取得了很大成绩，到2005年底全国抽水蓄能电站投产规模达到624.5万kW，约占全国总发电装机容量的1.2%。抽水蓄能电站的快速发展和稳定运行，对于确保电力系统安全、稳定和经济运行发挥了重要作用。电力体制改革后，电网经营企业承担着优化配置资源和保障电网安全运行的重大责任。国家电网公司为此积极推动我国抽水蓄能电站的发展：一是非常重视抽水蓄能电站的规划和建设工作，为贯彻国家发展改革委《关于抽水蓄能电站建设管理有关问题的通知》的精神，2004年国家电网公司印发了《关于加强抽水蓄能电站等调峰，调频电源规划研究及前期工作的通知》，要求各网省公司做好抽水蓄能电站等调峰调频电源研究论证及发展规划；2006年组织各区域电网公司编制“十一五”计划及2020年抽水蓄能电站的发展规划。二是积极开展抽水蓄能电站项目的前期工作，组织完成了多项抽水蓄能电站项目的必要性论证，积极协调抽水蓄能电站与地方政府的关系，落实抽水蓄能电站的投资方。三是加强抽水蓄能的宣传工作，以使社会广泛认同抽水蓄能作为绿色电力发展的必要性、经济性，为发展抽水蓄能电站营造更为有利的发展环境。

预计到2020年，我国全社会用电量将达到5.6万亿kW·h，全国发电装机容量据此测算将要超过12亿kW。为满足电网安全、稳定和经济运行的需要，建设适当比例的抽水蓄能电站是非常必要的。根据国家电网公司的抽水蓄能规划，2020年国家电网公司经营区域内的抽水蓄能的规模将达到2700万kW。为了促进抽水蓄能电站的健康有序发展，规范抽水蓄能电站的建设与管理，提高电力系统的安全性和可靠性，以及获取更大的经济效益，需要重点研究几个方面的工作。

一、准确认识抽水蓄能电站在电力系统中的定位和作用

一是抽水蓄能电站可以通过调峰能力提高电网负荷运行的平稳性，推动经济社会的协调发展。二是抽

水蓄能电站在电力系统中，通过调峰填谷运行，使火电和核电机组能够更多地承担系统的基荷和腰荷，减少机组参与调峰起停或升降出力的次数，降低火电机组污染物的排放，减轻对环境的污染，实现系统的总体节能降耗，提高电源运行的经济性。三是抽水蓄能电站承担紧急事故备用和黑启动等任务的良好动态性能，可有效提高电力系统安全稳定运行水平，更好地满足广大电力用户对供电质量和可靠性的更高的要求。

二、加强抽水蓄能电站的统一规划

随着我国电力工业的发展，抽水蓄能电站已不再只是局部电网发挥作用，在区域电网及跨区互联电网中也将发挥重要作用，所以必须在全国电网范围内对抽水蓄能电站发展进行统一规划、合理布局。抽水蓄能电站的规划必须结合目前及未来电源的结构变化、电网发展、电源与电网布局、负荷变化、负荷曲线的变化等诸多因素，以合理利用资源为目标，确定抽水蓄能电站的合理布局和规模。

三、建立抽水蓄能电站健康有序发展的投资和电价模式

抽水蓄能电站的建设和运行，需要地方政府和社会各界的大力支持，为调动地方政府和社会各界的积极性，降低项目移民征地、环境保护方面的工作难度，合理控制工程造价，保证抽水蓄能屯站建设工作的顺利进行，需要创新抽水蓄能电站的投资管理模式；同时，从抽水蓄能担站在电力系统中的作用来看，其具有的调峰填谷、调频调相、紧急事故备用等功能，是为电力系统服务的，主要的受益者是发电企业、广大电力用户和全社会，应本着“谁受益、谁出钱”的原则，尽快健全完善抽水蓄能电站的电价机制，保证抽水蓄能电站的健康发展。

四、努力提高国产化抽水蓄能机组的制造水平

随着抽水蓄能电站的发展，抽水蓄能机组的需求量会不断增加。但目前国内制造企业在大型抽水蓄能机组的设计、制造方面，与国外先进厂家还有很大差距。已建设的七个抽水蓄能电站，20 台机组全部进口，国内虽然参与了一些分包制造，但在关键技术的开发和重要部件的设计、制造方面，还有差距，特别是在高水头 25 万 kW 级以上大型机组研制方面，能力差距更大。必须加快抽水蓄能机组的国产化研发工作，提高国产化抽水蓄能机组的制造水平，降低抽水蓄能电站的建设造价。

（国家电网公司副总经理　舒印彪）

促进抽水蓄能电站良性发展，构建电力系统安全节能的坚强基石

目前全国在建抽水蓄能电站 12 座，在建规模为 1250 万 kW。预计到 2010 年，国家电网公司经营区域内投产的抽水蓄能电站装机容量将达到 1322 万 kW，在建设资源节约型、环境友好型社会主义和谐社会的大环境下，抽水蓄能电站已成为我国电力工业节能、安全运行及可持续发展不可或缺的组成部分，并将成为提供优质电力的最佳保障。下面就抽水蓄能电站在我国电力系统中的作用、地位、规划、发展、运营机制及存在的问题，和大家一起探讨，以期达到共识，共同促进我国抽水蓄能电站的良性发展，构筑电力系统安全节能的坚固基石，为我国经济发展作出更大的贡献。

一、优化抽水蓄能电站发展具有广泛的经济环保效益

我国是一个以煤电为主的国家，到 2005 年底，火电约占总装机容量的 75.7%，多数地区需要燃煤机组进行深度调峰，甚至起停调峰，增加了燃煤机组的煤耗率，给资源和环境带来很大的压力。在清洁能源短缺的资源条件和现实煤电技术水平条件下，适度建设抽水蓄能电站，优化电源结构，促进节能降耗、环境保护及可再生能源发展，就成为我国的必然选择。

抽水蓄能电站还具有显著的环保效益，它能减少硫化物、氮氧化物、粉尘及一氧化碳的排放。对于我国日益严峻的生态环境来说，抽水蓄能电站具有至关重要的作用。

我国具有数量巨大的风能等间歇性可再生能源，这些能源是我国未来能源利用的发展方向。由于风能发电的不可调节性，大规模直接并网，不利于电网的安全调度，增加了供电系统的不稳定性，但系统中配置一定容量的抽水蓄能电站，可以充分发挥其蓄能作用，电网的安全稳定运行才有保障。

随着我国核电的持续发展，考虑其经济性和安全特性，也需要建设配套的抽水蓄能电站。

二、优化抽水蓄能电站发展，准确把握其在电力系统中的定位

抽水蓄能电站用系统的低谷电抽水，高峰时发电，它本身不能利用一次能源产生电力，使其在电力系统中无法成为一种独立的发电方式。

抽水蓄能电站是为包括发电、电网、电力用户的整个电力系统及广大用户服务的一种发电方式，它以一定的能源消耗为代价，实现整个系统的节能降耗、电网的安全稳定、用户供电质量和效益的提高。抽水蓄能电站在系统中服务型的定位，明确了它与其他发电方式相辅相成的关系，理顺了其与各种发电机组、电网及用户的关系，有助于确定其在电网结构中的适度规模，有助于确定其合理的运营机制和回报机制，从而促进抽水蓄能电站的进一步良性发展。

三、优化抽水蓄能电站发展，要从全局出发，对其进行合理规划、优化选取

由于抽水蓄能电站是用系统中的电能生产电能，是对短时富余电能的储存，其节能效益是在系统中的其他类型机组配合中产生的，所以抽水蓄能在系统中有一个适度的容量，过量与不足均不能产生最佳的效益。

根据电力系统的用电结构、负荷特性及水电调节能力，分析电力系统对抽水蓄能电站调整性能的要求，根据电力系统负荷特性和电源组成，从安全、稳定、经济运行等方面，分析电网对抽水蓄能电站的需求。根据地区条件，分析电力系统可能采取的其他调控措施，通过初步的技术经济比较，论证建设抽水蓄能电站的必要性及经济性，并提出规划设计水平年电力系统对抽水蓄能电站的需求和规模。社会或电力系统对抽水蓄能电站有静态需求和动态需求。静态需求，是系统内火电机组集中消耗的需要，动态需求是保证电网安全稳定运行、提高用户供电质量的需求。这两种需求，随社会发展的阶段不同，是变化的。社会经济发展的初级阶段对供电质量要求不高，对抽水蓄能电站建设更多的是考虑其静态需求；当社会经济发展到一定程度后，对供电质量的要求将不断提高，对抽水蓄能电站的动态需求将不断增加。

四、集约化管理为抽水蓄能电站提供良好的发展空间

抽水蓄能电站具有广泛的动静态效益，它是为发、供电的整个电力系统服务的，在电力系统中，必须与其他电源进行有机结合，发挥作用。目前，从国内外正在运行的抽水蓄能电站的情况来看，抽水蓄能电站的主要功能，已从调峰填谷逐渐向调频、调相、事故备用以及黑启动等职能，即向电网动态管理工具转换。随着角色的转换，由电网企业建设和经营抽水蓄能电站的方式，已被国际和国内普遍认同，它有利于抽水蓄能电站各项效益作用的充分发挥。应该看到，我国抽水蓄能电站目前在投资建设与经营管理上，还存在以下问题。一是缺乏统一规划，不利于社会资源的优化配置和抽水蓄能电站综合效益的发挥。由于抽水蓄能电站建设对当地经济的拉动和 GDP 增长是显而易见的，使得当前国内一些地区抽水蓄能项目前期开发存在无序状态，有的一个省选点就多达几十个，投入了大量的前期费用，造成浪费。二是缺乏统一管理，导致抽水蓄能电站的投资、造价、资金、成本等控制不严，影响了抽水蓄能电站的经济效益。三是抽水蓄能电站设备国产化能力不足，设备和技术依靠进口，使电站投资及运行成本都比较高。抽水蓄能电站建设的健康、有序和良性发展的要求迫在眉睫。国家电网公司 2005 年 3 月成立了以发展抽水蓄能为核心业务的国网新源控股有限公司；南方电网公司最近也成立了调峰调频电源公司。这标志着我国抽水蓄能开始步入规范化、集约化、专业化发展的轨道。

新源公司成立后，对抽水蓄能电站实行集约化、专业化规划建设和运营管理，体现在：①通过科学规划，更好地集中有限的社会资源，真正使项目的优劣秩序与资源投入的优先秩序基本一致，有效提高抽水蓄能电站的开发效率；②有利于降低融资成本和工程造价，保证工程质量，发挥集约化管理优势和规模效益；③有利于抽水蓄能电站群在布点、检修、生产调度方面的统一规划和管理；④有利于建立加快抽水蓄能电站建设的合理经营机制。

五、解决抽水蓄能电站发展中面临的问题，研究安全、节能、和谐的电力系统

抽水蓄能电站在我国发展的时间短，存在着各种各样的问题和困扰，包括认识、技术、运营模式、回报机制、政策机制等方方面面。

要实现抽水蓄能电站的良性发展，建设安全、节能、和谐的电力系统，必须正视这些问题，解决这些问题，增进对抽水蓄能电站节能等动静态效益的认识；在规划中增加对抽水蓄能电站动态容量的考虑，形成更加完善合理的规划方法，使抽水蓄能容量的规划与实际应用相一致；进一步统一抽水蓄能电站的运营模式及回报机制，实现抽水蓄能电站在系统中的责权利相统一，实现抽水蓄能电站的适度发展，使其充分发挥各项效益。

（国网新源控股有限公司总经理　崔继纯）

抽水蓄能电站的动能设计和经济评价问题

抽水蓄能电站的建设、运行及其经济效益的评价在经济发达国家已有成熟的经验，它在电网中的静态

效益、动态效益，以及在技术经济上的优越性，已为世界各国所公认。

抽水蓄能电站的动能设计源于常规水电站，也有一些特殊性。因为抽水蓄能电站既是电网的电源，又是电网的用户；其机组兼有水轮机和水泵的功能，因而机组设计和制造的难度高于常规水电站的机组；体现在水工建筑物上，有两个水库，引水系统建筑物和相应的进出水口均要满足发电、抽水双向功能的要求。鉴于这些特点，动能专业作为连结各专业的纽带，对抽水蓄能电站动能设计和经济评价问题，要很好地总结和探讨。

（一）建设必要性的论证

抽水蓄能电站的设计首先应弄清所在电网的负荷水平、负荷特性和电源结构，调峰电源的缺口，以及调频、调相、紧急事故备用等动态功能的需求，建设必要性的论证是整个前期工作阶段的主题。

第一阶段，火电为主电网建设抽水蓄能电站必要性论证。在十三陵、广州、天荒坪等抽水蓄能电站开展前期工作论证建设必要性的过程中，主要争论的问题是“四度电换三度电是否合算”和“抽水蓄能在电网中运行是否能省煤”。经过设计单位大量的分析论证，以及有关专家、学者的研究、讨论，大家统一了认识。通过这一阶段的分析论证工作，加深了社会各界对于抽水蓄能电站在以火电为主的电网中所起作用的认识。后来河北张河湾、山东泰安、江苏宜兴、安徽琅琊山、山西西龙池、河南宝泉等抽水蓄能电站建设必要性的论证是火电为主的电网论证工作的继续面深入。

第二阶段，水电比重较大但调蓄性能较差的电网建设抽水蓄能电站必要性论证。

第三阶段，“西电东送”实施过程中建设抽水蓄能电站的必要性论证。

（二）装机容量和其他水能参数的选择

抽水蓄能电站装机容量和其他水能参数的选择是一个比较复杂的系统工程问题，涉及因素甚多，相互之间又有密切的联系；往往先假定一些条件或拟定一些参数进行，然后修正假定条件或对拟定参数本身进行方案比较。在此基础上反复进行，不断修改，逐步逼近，最终合理选定装机容量和其他水能参数。

1. 装机容量　抽水蓄能电站装机容量的选择需要经过反复论证和技术经济比较，才能得出结论。抽水蓄能电站的建设不属于能源资源的开发，而是为了满足电力系统调峰填谷的需要并提高电力系统供电的可靠性。因而，选择装机容量，一方面应深入研究电网的负荷水平、负荷特性、电源组成、火电机组的煤耗和调峰能力，以及电网的燃料（煤、油）总消耗量；另一方面，应分析工程的特性、施工难度、工程量和投资，进行投入产出分析，以较少的投资获得较大的效益。也就是说，抽水蓄能电站装机容量的选择，既要从电力系统调峰填谷和安全稳定运行的需要出发，也要考虑工程建设的经济性和允许程度，包括周边环境的制约条件。

2. 上、下水库库容　抽水蓄能电站上、下水库的库容包括发电所需库容，紧急事故备用库容和死库容，应和装机容量同时选定。发电所需库容可根据设计水平年抽水蓄能电站在负荷图上的工作位置计算，并在上、下两库调节能力范围内进行水量平衡。紧急事故备用库容一般按电站全部装机运行1h需水量的容积大小设置，有的电站则按发电所需库容的0.15～0.2倍确定。总之，要给电网留有余地。紧急事故备用的含义在于系统出现事故后短时应急之用，然后由其他类型机组的旋转备用容量顶上来。从这个意义上讲，紧急事故备用库容的大小至少应满足顶替电网中单机容量最大的火电机组（或其他机组）热态备用至满发所需的时间。

3. 上、下水库水位　抽水蓄能电站上、下水库水位的选择涉及因素较多，应根据电站在电力系统内的运行方式、日水位变幅、机组运行条件等因素进行分析，必要时可采取库容开挖、边坡开挖和库区防渗等工程措施，综合起来进行技术经济比较后选定。

4. 管道直径　抽水蓄能电站管道直径的选择类似于常规电站的做法，根据经验公式初步估算管道直径，拟定几个方案进行综合技术经济比较后选定。

5. 额定水头和机组参数　额定水头应根据系统调峰要求、水位变幅、水头损失及机组特性等因素综合考虑分析，可拟定不同比较方案，通过技术经济比较后选定。选择中应重点研究额定水头降低对机组稳定的影响，以及额定水头抬高对电力平衡的影响，选择一个兼顾两方面的方案。单机容量、转速和安装高程等机组参数的选择，规划专业应与机电专业密切配合，分析不同方案工程投资和在电力系统中效益的差别，在此基础上选择较优的方案。

（三）利用已建水库作为下水库（或上水库）值得注意的问题

进行抽水蓄能电站站址选择时，可根据地形地质条件选择新的上、下水库，也可利用已建水库作为下（上）水库，应视具体情况而定。

（四）泥沙问题对抽水蓄能电站设计的影响

由于抽水蓄能电站水泵水轮机组水头（扬程）高，造价大，水泵工况下泥沙磨损严重等原因，即使含沙量较小，在常规水电站可不设防的情况，抽水蓄能电站也应采取相应措施，包括进出水口的工程措施、机组制造材料的选择和运行方式的优化。因而在抽水蓄能电站的设计中，要十分重视上、下水库的来沙情况和过机泥沙问题。为了减少泥沙对水泵水轮机的磨损，使其能长期正常运行，抽水蓄能电站选择上、下水库时，应尽量选择入库泥沙量较小的库址位置。当泥沙来量较大时，上、下水库要采取工程措施。

（五）抽水蓄能电站的经济评价

经济评价分为国民经济评价和财务评价。在国民经济评价中，应按照资源合理分配原则，从电站所在电力系统整体出发，进行系统电源结构优化分析，计算抽水蓄能电站所发生的全部效益和费用，及给国民经济带来的净效益，以评价其建设的经济合理性。

在财务评价中，由于我国大部分电网峰谷电价没有拉开，根据现行的财务制度和税收政策，用发电量指标和峰谷电价差值来衡量抽水蓄能电站的效益，很可能会得到亏损的结论。由于财务评价就是按现行的财税制度对项目的财务可行性进行客观的评价，因而在进行评价时，可按电网准备实施的租赁制，或按电网实际的峰、谷电价结合容量租赁，摸索出一套适用于抽水蓄能电站财务评价的方法。为了改变不合理地评价抽水蓄能电站经济效益的局面，原国家电力公司1999年3月颁发了《抽水蓄能电站经济评价暂行办法实施细则》。细则按照边际成本理论推荐的两部制电价，是按抽水蓄能电站等效最优替代方案的机会成本进行测算的，是电力系统电价制度改革的方向。只有这样，才能使我国抽水蓄能电站得到更大的发展，并使电网的安全、稳定、经济运行得到有力保证。

（水电水利规划设计总院　赵士和）

水电站群中建设抽水蓄能必要性探讨及规划

华中电力系统东部的河南、湖北、湖南和江西四省水电比重达到30%，与四川省和重庆市联网后，水电比重更大。湖北省西南部分布有水布垭（装机容量1840MW，以下同）、隔河岩（1200MW）、高坝洲（252MW）和三峡（22400MW）、葛洲坝（2714MW）等常规水电站。此地区沿江河谷地形陡峭，最大相对高差达1300m，两侧山巅有多处天然洼池，具备建设抽水蓄能电站上库的优越条件。以下进行建设抽水蓄能电站必要性探讨和规划情况介绍。

（一）常规水电站群中建设抽水蓄能电站的必要性

从理论上分析，火电站的技术最小出力和水电站的全部出力都可以调峰，只要略大于电力系统峰谷差就不需要其他调峰电源。但实际上，解决电力系统调峰问题的最优方案必须通过经济比较，并考虑环保、利用可再生能源的可持续发展战略等因素才能最终确定。因此，在常规水电比重大的电力系统中，比如华中电网中，必须把抽水蓄能电站建设必要性的论证与经济性紧密结合，在满足电力电量及调峰容量平衡条件下，以经济条件论证抽水蓄能电站建设的必要性及最优的装机容量比重，其理由有以下5个。

(1) 在水电站比重较大的电力系统中，弃水调峰，未能充分利用可再生的水能资源，而多消耗煤炭等不可再生的资源，在经济上往往也是不利的，相应配置适量的抽水蓄能电站是适宜的。

(2) 在水电站比重较大的电力系统中是否需要建设抽水蓄能电站，规模多大，最终应由经济条件来决定，造价低的抽水蓄能电站具有很强的竞争力，在电力市场化后更是如此。

(3) 在水电站比重较大的电力系统中抽水蓄能电站的合理比重，不能仅从一个电力系统的范围来讨论，要考虑联网的影响。如具有建设抽水蓄能电站的优越条件，即使本电力系统不需要向附近电力系统出售高价峰荷电能也应考虑。

(4) 对于水电比重较大但调节性能差的电力系统，常规水电在丰水年或平水年一般全年都带腰荷或基荷运行，枯水年的汛期有相当长的时间需带基荷或腰荷运行，为减少常规水电站低谷弃水损失，节约宝贵的一次能源，在电力系统规划中宜配置一定的调峰电源，经济指标优越的抽水蓄能电站具有较强的竞争能力。

(5) 合理的电价结构是充分发挥抽水蓄能电站经济价值的基础，华中电网目前的峰谷电价政策逐步向有利于调峰电站倾斜，有利于抽水蓄能电站的建设。

虽有常规水电，但调节性能不好的电网，或者综合利用任务要求较重的水电站，无论从安全还是经济角度来考虑，配置一定数量的抽水蓄能电站，不但能解决随机电量对系统的冲击，而且能使其变为高质量的调峰电量。

目前华中地区水电比重达30%，开发利用程度已超过70%，但调节能力好的水电站装机容量不足水电总装机容量的30%，且大多数水电站受季节性来水和防洪、航运、灌溉等综合利用要求的影响，调节性能不能充分发挥。随着时间的推移，华中地区水电比重会不断下降，为缓解电力系统调峰能力不足的状况，不得不发展大量的高调节煤电机组。这只是在技术上能满足电网调峰需要的方案之一，但并不经济。

实践证明，抽水蓄能电站是解决电网调峰问题最经济的手段之一，加之我国面临着越来越大的环保、电煤运输等压力，大力推进利用可再生能源的可持续发展战略是大势所趋，因此华中电网建设适量抽水蓄能电站是必要的。据有关单位的研究成果，2015 年、2020 年华中电网抽水蓄能电站的需求规模分别为 4500 MW、6000MW。清江流域及三峡水电站一带，在华中电网 500kV 电力环网主网架之内，无论是从网上下载抽水电能还是向电网输送峰荷电能都十分方便。

华中电力系统将来成为跨区域输电的常规水电受电区，缺少调峰容量是必然的，这是电源结构性矛盾造成的，不是装机容量不够，而是好的调峰电源太少，抽水蓄能电站具有调峰填谷双重作用，是其他任何电源不可比拟的。

我国正在实施的“西电东送”和“全国联网”工程，三峡水电站将成为全国电网的电力集散中心和潮流调节（分配）中心，华中电网在“全国联网”中处于枢纽中心地位，其安全稳定运行对全国电网而言有重要意义。清江流域及三峡水电站一带，若能建设适量的抽水蓄能电站配合三峡水电站参与全国联网将更有利于电网安全、经济运行。

从安全上看，全国联网后远距离大容量输电，线路故障在所难免。华中电网与川渝电网联网后就曾多次发生故障，说明电网规模越大，保证电网的稳定和安全运行就越重要，也越困难。因此，在电力联络点配置一定规模的启动、爬坡速度快的抽水蓄能电站作为保安电源，对电能输送过程中的故障作出快速反应，有利于电网的安全稳定运行。

从经济上看，“西电东送”输电距离远，送基荷电要比送峰荷电经济性好。清江流域及三峡水电站一带建设适量的抽水蓄能电站，可以利用其地理位置优势对“西电东送”中的低谷电或季节性电能进行“来料加工”，将其转化为优质的峰荷电能供给华中地区；另外还可以与三峡、葛洲坝、水布垭、隔河岩等常规水电站配合运行，取得一定的补偿效益。

综上所述，在清江流域及三峡水电站一带配置一定容量的、经济指标好的抽水蓄能电站是必要的，不仅符合华中电网的需要，也符合我国“西电东送”与“全国联网”战略的需要。

（二）清江流域抽水蓄能电站选点规划简介

按照《抽水蓄能电站选点规划编制规范》的要求，结合清江流域的实际条件，长江勘测规划设计研究院分阶段进行了站址普查，从中筛选出可开发站址、比选站址、规划站址和近期开发工程。从输电距离、目前抽水蓄能大机组的适宜水头、经济控制性指标等方面出发，分析拟定的站址普查原则为：①利用现有水库做下水库，在中下游干流和主要支流两岸水平距离 5km 范围内寻找上水库，并控制距高比（H/L）在 7.0 以内；②平均发电水头范围为 400～600m；③充分利用现有的地形、地质、水文、泥沙等技术资料；④选择上水库时尽可能避开岩溶发育的地层；⑤封闭上水库的坝高以 100m 为限；⑥上水库的蓄能库容一般应能满足 1000MW 以上装机容量的要求；⑦上水库的水位变幅不宜过大，兼顾最小扬程与最大扬程之比大于 0.75 要求。

经全面查找，清江流域大约有 40 个条件符合上述原则的抽水蓄能电站站址。根据普查站址的上水库及引水线路地质情况、交通条件、输电距离、估算指标、工程量大小等因素，经分析比选，从普查站址中选择了 16 个可开发站址。经过实地查勘，了解各个可开发站址的自然地形、交通、施工条件，上水库库盆、坝址、输水线路的地质条件，移民及环境影响情况，收集地质、水文、移民、环境、施工条件等基础资料，制定了比选站址的推荐原则，从可开发站址中选择了 8 个比选站址。

对比选站址的水文泥沙、地形地质条件、环境状况等基本资料进行分析，通过初步的水利和动能计算、枢纽初布置、机组机型初选、施工条件分析、工程量与投资估算，提出比选站址的初步特性指标，经技术经济比较，从中选择了 4 个规划站址。对规划站址开展水文、地质、动能指标、工程布置及工程量、上水库移民淹没、施工条件、环境影响和机电等方面的勘测设计工作，进行经济净现值、单位千瓦静态投资及总费用现值等指标计算，提出各规划站址的特征指标，按技术经济各方面进行比较，选出了长阳抽水蓄能站址、隔河岩混合式抽水蓄能站址为近期开发工程，完成了《清江抽水蓄能电站规划报告》。

（长江勘测规划设计研究院　安有贵
杨启贵　陈永生）

云南省抽水蓄能电站资源及其开发前景

（一）云南省抽水蓄能电站资源

1. 优越的自然条件

（1）云南省有丰富的水资源。抽水蓄能电站需要水作载体，但重复循环使用，基本上不消耗水，只需补充上、下水库少量蒸发损失。从总量和地理分布分析，云南省具备修建抽水蓄能电站所需的水资源条件。

（2）有集中高差和建上、下水库的地形条件。云南省东部为滇东喀斯特高原，干流或较大支流深切于高原，形成干流与两岸大而集中的高差，可以干流或较大支流的梯级为下水库，以高原溶蚀洼地、支流河谷、高山宽谷、高海拔盆地及高原湖泊等修建上水库作为修建电站的主要形式。云南省西部为滇西横断山脉，南部逐渐转为中山峡谷和宽谷，可利用支流与干流、支流与支流的集中高差和适宜地形，也可利用局部出现的喀斯特溶蚀洼地、高山宽谷、高海拔盆地及高原湖泊等修建上水库建设抽水蓄能电站。

2. 抽水蓄能电站资源及其特点　根据内业分析，第一批可能修建抽水蓄能电站总装机容量超过 1 亿 kW。如表 1 所列，电站的特性指标表明，云南省是我国抽水蓄能电站资源最丰富、开发条件最好的地区之一。

表 1　云南省抽水蓄能电站资源特性表

指标名称	数量及性能	占电站总数（%）
容量（万 kW）	小于 100	10.4
	100～200	44.8
	200～300	36.2
	300～500	8.6
	大于 500	6.9
平均水头（m）	500～1000	31.3
	1000～1500	22.4
	1500～2000	29.4
距高比	1～2	6.9
	2～3	32.8
	3～4	15.5
	4～5	19.0
	5～6	5.2
	6～7	13.7
	7～10	6.9
调节性能	季调节	2.8
	周调节	67.5
	日调节	29.7

云南抽水蓄能电站资源指标特点：①装机容量齐全，最小为 30 万 kW，最大约为 500 万 kW，其中容量为 200 万 kW 以下的占总电站数的 55%；②平均水头涵盖范围较广，最小 252m，最大高达 2629m，平均值为 1340m，小于 1000m 的电站占 38.2%，可作近期重点研究对象；③距高比很小，最小的仅为 1.7，距高比 5 以下的占 74.2%；④有难能可贵的季调节（汛期蓄水，枯期发电）抽水蓄能电站，周调节（日装机容量利用小时 14h）占 67.5%，对电网运行有良好的适应性。

云南省抽水蓄能电站的水头以高水头和特高水头为主，距高比很小，要求库容较小，淹没损失也小，因而投资少，效益好。

（二）抽水蓄能电站的功能

（1）静态功能——填谷调峰（略）。

（2）动态功能——调峰、调频、调相、备用（略）。

（3）未来的功能——蓄电池。抽水蓄能电站的传统功能，已为实践所证明。重要的是预测和合理利用它的未来功能。由于常规能源资源逐渐枯竭，以及环保对常规能源开发的要求越来越严格，发展新能源已成为解决能源问题的重要途径。目前我国新能源开发规模较大的有风力发电、潮汐发电和太阳能光伏电池等。这些新能源的发电过程和电网用电过程存在日内时间差异和年内的季节性差异，即发电高峰与用电高峰不重合，甚至出现发电低谷遭遇用电高峰，或发电高峰遭遇用电低谷的局面，需要通过抽水蓄能电站的蓄电池功能使之弥合。抽水蓄能电站蓄电池功能是“填谷调峰”功能在新历史条件下的发展。

总之，抽水蓄能电站是目前电能大规模储存和在时间上灵活、迅速转换的主要工具，是太阳能、风能和潮汐能等新能源成为未来真正的替代能源的得力助手。

（三）云南修建抽水蓄能电站的前景

1. 抽水电源　抽水蓄能电站通常利用电网中某些时候的剩余容量，主要是日负荷曲线晚上低谷剩余容量，作为抽水电源。低谷剩余容量的大小与电网的最小负荷率、火电装机容量、中型水电基荷出力及航运要求水电基荷出力等因素有关。

云南省最小负荷率 β 指标见表 2，全国主要电网 β 值见表 3。

表 2　云南省最小负荷率 β 指标表

年　份	最小负荷率 β	
	统调电网	全　省
1991～1995	0.64	
1996～2000	0.58	
2001～2005	0.64	0.59～0.60
2006～2010	0.62	0.61～0.62
2011～2020	0.60	0.59～0.60

表 3　我国主要电网最小负荷率 β 指标表

电网名称	2001 年	2005 年
东北	0.65	0.62
华北	0.67	0.62
西北	0.77	0.70
华东	0.63	0.59
华中	0.62	0.57
南方	0.60	0.58

由表 2、表 3 可知，最小负荷率将在一个较长的时期内出现下降趋势，云南省 1991～2020 年间每 5 年平均下降约 2%～6%，下降趋势逐渐减缓。我国主要电网 2001～2005 年，最小负荷率预测下降约 4.3%，下降最大的为西北电网 7%，最小的为南方电网 2%。最小负荷率下降，拉大峰谷差，降低了晚

上的低谷负荷，从而增加了电网的剩余容量。

据广东电网有关分析资料，最小负荷率是影响抽水蓄能电站装机容量的最主要、最敏感因素：β下降0.1，广东电网要增加抽水蓄能电站装机容量约230万kW。

火电容量。据有关方面的电力发展规划，云南省将有显著增长：2003年为360万kW，预测2010年增长至1390万kW，2020年1500万kW。另据煤炭部门资料，云南省煤矿可支撑的最大火电容量为1800万kW。火电增长既满足了用电要求，也为抽水蓄能电站提供更多抽水电源。

中型水电的基荷出力。目前云南省装机容量为100万kW，预测2010年到450万kW，2020年达550万kW，占中型水电技术可开发容量983万kW的56%。

澜沧江梯级的航运基荷出力。为了满足景洪以下澜沧江及湄公河的航运要求，需要下泄最小流量以维持航运要求的最小航道水深。按不建反调节水库计算，小湾—景洪5级电站航运基荷出力约为200万kW。此外，金沙江观音岩电站也要承担航运基荷出力。

综合上述4方面因素，结合负荷预测，至2020年云南省低谷剩余电量，可满足500万～600万kW抽水蓄能电站的抽水用电要求。

2. 作为可再生新能源储能手段的前景

(1) 光伏电池发电。云南省平均海拔高，空气清洁，光质好，日照时间长，多数地区年日照时间2100～2300h，全年日照天数为200d以上。部分地区年太阳能量总辐射达5000MJ/m^2。在地域分布上是西多东少，尤其是楚雄以北、大理以西、丽江以南合围地区和德宏州，属太阳能丰富区。为了确保建光伏电池发电系统不占用农田，应充利用未利用的土地。据统计资料，云南省未利用土地中，裸土地2200km^2，裸岩石砾地8400km^2，合计10600km^2。按利用上述土地的1%，每平方千米可建设光伏电池容量5万kW计，可获得光伏电池发电容量约为500万kW。按1/3光伏电池容量用于抽水，以解决日负荷曲线的晚峰和阴、雨天供电，则与光伏电池相配合的抽水蓄能电站容量约需要150万kW。

(2) 风力发电。云南省是我国风能资源较丰富的南方省份之一。据悉，云南省2010年前打算建风电50万kW。风力发电在年内具有季节性，一般冬、春季风力较大，一日之内午后风力较大，与用电特征的适应性更差。大规模风电与抽水蓄能电站联合运行具有较好的前景。

3. 受端网络需要发展抽水蓄能电站　受端网络是以外来电源远距离输电为主要电源的负荷中心的电网，例如昆明电网负荷占云南省网的45%，本地电源容量只占全省总容量的5%。受端网络集中了大量有功负荷和无功负荷，有调相、调压、调频的要求；且要求供电可靠性高的负荷比重大。在失去外来电源时要有一定数量的本地的电源作支撑，否则将造成巨大经济损失。重要用电户的停电还可能给社会带来不稳定因素。以上两方面因素说明受端网络建抽水蓄能电站对保证电网安全、可靠运行是十分必要的。云南省昆明等受端网络附近分布有不少容量大、开发条件好的抽水蓄能电站站址，为受端网络建抽水蓄能电站创造良好条件。

建于受端网络的抽水蓄能电站与常规水电站相比，其优势如下：

(1) 常规大水电站通常距负荷中心较远，不如位于负荷中心附近的抽水蓄能电站实行调频、调峰，更为经济和机动灵活。

(2) 为了满足无功负荷，从电网运行角度出发，在负荷中心设置调相设备（包括电容器和抽水蓄能电站等），通常作为首选方案。常规水电站远距离担任调相、调压，增加了线路无功和有功损耗，给电网运行带来技术上和经济上的不利因素。

(3) 在调相运行中，通常包括发出无功的调相运行和吸收无功的进相运行。常规水电站通常只能调相运行而不能进相运行，而抽水蓄能电站无论发电方式或者抽水方式均能进行调相或进相运行，显然抽水蓄能电站的适应性远胜常规水电站。

(4) 常规水电站担任事故备用，需要输变电设施容量上的配合，否则水电备用功能并不能实现或只能部分实现。如长距离输电线一旦出了事故，水电站备用功能就不能兑现。因抽水蓄能靠近负荷中心，输电线较短，是可靠性较高的备用电源。

(5) 抽水蓄能电站通常水头较高，担任同样的事故备用需要的库容较小；事故后库容比常规水电更容易恢复，有利于电网的运行调度。

总之，对受端网络而言，常规水电站不能替代抽水蓄能电站的优势。

（四）建议

(1) 进行云南省抽水蓄能电站资源内业普查、选点，在此基础上选择靠近负荷中心，建设条件比较好，适宜近期开发的点进行综合查勘，编写选点报告，尽快开展前期工作。

(2) 选点规划中应根据抽水蓄能电站机组目前的制造水平，机组的水头一般以不超过1000m为宜，运行水头变幅不宜过大，以免采用变速机组而增加工程投资。

(3) 选择近期开发工程应以能独立建上、下水库的电站，或可利用已建、将建电站水库作下水库，其外部关系比较容易协调的电站为主要研究对象。

(4) 对能将季节性电能转化为枯期保证电能，水库无淹没或少淹没的、具有季调节性能的抽水蓄能电站优先安排前期工作，以此大幅度提高水电站群枯期出力。

(5) 研究云南省抽水蓄能电站与火电站组成联营体的经济合理性，从而实现联营双方的最佳效益。

(6) 研究将金沙江、澜沧江部分梯级的航运基荷出力，供建于库区河段抽水蓄能电站抽水，高峰时放水发电，使基荷出力转变为峰荷出力的经济合理性。

(7) 研究云南省较大规模风电和太阳能光伏电池与抽水蓄能电站联合运行的技术经济问题，为云南省开发可再生能源进行有益的探索。

(中国水电顾问集团昆明勘测设计研究院　洪祖兰)

抽水蓄能与风电的互补（摘要）

(一) 我国能源发展形势

我国清洁可再生能源种类很多，但近期可以规模开发的，仅有常规水电、抽水蓄能和风电。根据有关规划研究成果：水电装机容量2010年要达到1.94亿kW，占全国装机容量的26%，占其技术可开发量的35%，2015年装机容量达到2.7亿kW、2020年达到3.28亿kW，均占全国电力总装机的28.6%，达到其技术可开发量的50%～60%；抽水蓄能2005年装机容量达到627万kW，2010年达到1800万kW，2015年装机规模达到3400万kW，2020年达到5000万kW；风电装机容量2005年100万kW，2010年达到500万kW，2015年1500万kW，2020年达到3000万kW。

(二) 抽水蓄能电站特点及开发现状

抽水蓄能电站是一种特殊形式的水电站，它既是电源点，又是负荷。抽水蓄能电站是世界公认的可靠调峰电源，启动迅速，爬坡卸荷速度快、运行灵活可靠，既能调峰又可填谷，可以说，抽水蓄能与风电互补运行是构建绿色电力体系有效的手段之一。

作为特殊形式的水电站——抽水蓄能电站，不改变河水的流向，不改变下游的生态环境，基本不破坏自然景观，除了坝和水库外，所有设施都尽可能设置在地下。此外，为了减少破坏地面植被，筑坝材料尽可能在库内淹没区开挖，并尽可能做到挖填平衡。

我国目前已、在建的抽水蓄能电站总装机容量为1557万kW。福建、重庆、四川、西北等电网尚无已、在建的抽水蓄能电站。

(三) 风电特点及开发现状

风是空气流动的现象，是一种天然的用之不尽的清洁可再生能源。

我国濒临太平洋，季风强盛，海岸线长超过18000km，内陆的许多山系改变了气压的分布，形成了分布很广的风能资源。根据全国气象台风能资料估算，我国陆地可开发装机容量约2.5亿kW，海上可开发装机容量7.5亿kW，总共可开发装机容量10亿kW。

近年来，随着人们环保意识的增强和国家政策的扶持，风电场的建设数量和规模快速扩大。据中国可再生能源发展预测，2010年、2020年、2030年风电装机容量分别为500万kW、3000万kW、5000万kW。

(四) 抽水蓄能与风电互补运行可行性、经济合理性分析

可再生能源和抽水蓄能电站的发展研究，从运行特性看，宜注重蓄能电站与风力发电的互补研究。风电间隙性的运行特性，导致其对电网的不稳定影响客观存在。但风电对电网影响到底有多大，尤其是大型风电场对电网的影响程度如何，风力发电在整个电力系统的装机容量比例占多少合理，都有待研究论证，并在实践中检验。

从电力市场需求角度看，风蓄互补对优化电源结构，适应电力市场用户需求，改善电网运行环境，提高供电质量、安全保证率、经济效益等方面的作用是显著的。

(中国水电顾问集团西北勘测设计研究院　张乐平　宋　臻)

风　能　开　发

2006年中国风能开发情况

(一) 中国风能资源及开发潜力

1. 储量　现有风能资源储量是中国气象局组织的第二次和第三次全国风能资源普查得出的结果。全国陆地上（不含青藏高原）离地10m高度层上风能资源总储量约40亿kW，可开发和利用的陆地上风能储量有2.9亿kW；近海可开发和利用的风能储量约7亿kW，共计约10亿kW。陆上风电年上网电量按每年等效满负荷小时数2000计，为5000亿

kW·h，近海风电年上网电量按等效满负荷小时数2500计，每年可提供1.8万亿kW·h的电量，陆上与近海合计的年电量2.3万亿kW·h，相当于2005年全国用电量。

2. 分布 风能资源丰富的地区主要分布在东南沿海及附近岛屿，以及北部（东北、华北、西北）地区。另外，内陆也有个别风能丰富点，近海风能资源也非常丰富。辽宁、山东、江苏、上海、浙江、福建、广东和海南等省（市）沿海近5公里宽的地带，以及东北三省，河北、内蒙古、甘肃、宁夏和新疆等省（区）近200公里宽的地带属风能丰富带；东部沿海水深5m到20m的海域，属风能丰富区，但开发相对困难。

3. 特点 ①与水能资源互补。中国风能资源一般春、秋和冬季丰富；而水能资源则冬枯夏丰，风能资源与水能资源季节分布刚好互补。大规模发展风力发电可以一定程度上弥补中国水电冬春两季枯水期发电电力和电量之不足。②与电力负荷不匹配。中国沿海地区电力负荷大，但是风能资源丰富的陆地面积小，而北部地区风能资源很丰富，电力负荷却很小，给风电的经济开发带来困难。要做出分阶段的风能资源经济可开发储量评估，风电发展规划才有切实可靠的依据。

（二）中国风电发展现状

1. 离网型风电 主要用户是电网未覆盖地区的居民。中国从事离网风电机组的生产企业约30家，如江苏神州风力发电有限公司、内蒙古龙信博风电设备制造有限公司（原内蒙古商都牧机厂）、内蒙古天力机械有限公司、广州红鹰能源科技有限公司等。根据中国农村能源协会小电源专业委员会的统计，2006年当年共生产30kW以下的机组5万台，比2005年的3.3万台增长52%，其中200W机组1万台、300W机组1.5万台、500W机组9000台，占全年总产量的68%。

经过20多年自主研发和制造，离网型风电机组的技术水平和产品质量有了很大提高，出口20多个国家，包括发展中国家如菲律宾、巴基斯坦和阿根廷等，以及发达国家如英国、美国和澳大利亚等。

2. 并网型风电

（1）中国风电场发展可分为三个阶段：①1986～1993年为初期示范阶段，主要是建设小型示范风电场，启动风力发电机组研制。②1994～2003年为产业化建立阶段，1994年规定应允许风电场就近上网，上网电价高出电网平均电价，形成的价差采取均摊方式，由全网共同负担，电力公司统一收购处理。后来国家计委规定发电项目按照经营期核算平均上网电价，银行还款期延长到15年，风电项目增值税减半为8.5%。但是随着电力体制向竞争性市场改革，风电由于成本高，发展缓慢。③2003年至今为规模化及国产化阶段，国家发展改革委从2003年起推行风电特许权项目，每年一期，通过招标选择投资商和开发商，主要目的是扩大开发规模，提高国产设备制造能力，约束发电成本，降低电价。

（2）风电特许权项目。风电特许权概念是指：①政府通过公开招标选择投资商，承诺最低上网电价者中标（2005年改为电价权重占40%）；②特许期为25年；③省电网公司要按照与中标人签订的购电合同收购风电项目全部电量；④风电与常规电源的电价差在省电网内分摊（2006年起在全国分摊）；⑤项目执行两段制电价政策，第一段电价执行期为风电场累计上网电量在等效满负荷小时数30000以内，执行中标人的投标电价；第二段电价执行当时电力市场中的平均上网电价。至2006年，经过四期招标，明确风电不参与电力市场竞争，要求风电机组制造商与开发商捆绑投标，因此在推动风电规模化发展和促进风电机组设备国产化方面起了重要作用。2003～2006年共有11个风电特许权项目招标，中标上网电价最高0.5190元/（kW·h），最低0.3820元/（kW·h）。招标项目规模165万kW，中标项目规模合计245万kW。招标形成的价格与同一项目多个可行性研究测算价格平均值对比见表1。

表1 风电特许权项目中标电价与平均值的比较 元/（kW·h）

项目	招标规模（MW）	中标规模（MW）	可行性研究上网电量（等效满负荷小时数）	可行性研究电价平均值	中标电价	中标与可行性研究电价平均值差别	中标与最低投标电价差别	最低投标电价	最高投标电价
2003 如东1期	100	100	2180	0.6374	0.4365	−0.2009	0	0.4365	0.7191
2003 惠来	100	100	1990	0.5740	0.5013	−0.0727	0	0.5013	0.7179
2004 如东2期	100	150	2273	0.5425	0.5190	−0.0235	0	0.5190	0.5660

续表

项　目	招标规模（MW）	中标规模（MW）	可行性研究上网电量（等效满负荷小时数）	可行性研究电价平均值	中标电价	中标与可行性研究电价平均值差别	中标与最低投标电价差别	最低投标电价	最高投标电价
2004 辉腾锡勒	100	100	2588	0.4091	0.3820	−0.0271	0	0.3820	0.4260
2004 通榆	100	2×200	2309	0.5093	0.5090	−0.0003	0	0.5090	0.5096
2005 东台（大丰）	200	2×200	2126	0.5042	0.4877	−0.0165	0.0277	0.4600	0.5460
2005 安西	100	100	2358	0.514	0.4616	−0.0524	0	0.4616	0.5560
2005 即墨	150	100	1686	0.7261	0.6000	−0.1260	−0.126	0.7261	0.7261
2006 巴音	200	200	2383	0.5143	0.4656	−0.0487	0.009	0.4566	0.5550
2006 单晶河	200	200	2369	0.5361	0.5006	−0.0355	0	0.5006	0.6010
2006 灰腾梁	300	2×300	2726	0.4803	0.4200	−0.0603	0.0142	0.4058	0.5651

（3）2006 年新增风电机组 1454 台、装机容量 133.7 万 kW，比过去累计 20 年的数量还多，与 2005 年当年新增装机容量 50.3 万 kW 相比，增长率为 166%，并首次安装了单机容量最大的 2MW 进口机组。至 2006 年底，全国累计风电机组 3311 台、装机容量 259.9 万 kW，风电场 91 个（分布在 16 个省、市、区），与 2005 年累计装机容量 126.6 万 kW 相比，增长率为 105%，占全国电力总装机容量 6.2 亿 kW 的 0.4%。全年风电上网电量估计约 25.3 亿 kW·h，占全国总电量 2.8 万亿 kW·h 的 0.09%。2006 年部分省（区、市）累计风电装机容量见表 2。

表 2　　2006 年部分省（区、市）累计风电装机容量

序　号	省（区、市）	台　数	装机容量（kW）	序　号	省（区、市）	台　数	装机容量（kW）
1	河北	343	325750	9	福建	90	88750
2	内蒙古	668	508890	10	山东	161	144600
3	辽宁	334	232260	11	广东	377	211140
4	吉林	303	252710	12	海南	18	8700
5	黑龙江	186	165750	13	甘肃	163	127750
6	上海	18	24400	14	宁夏	195	159450
7	江苏	68	108000	15	新疆	329	206610
8	浙江	57	33250	16	香港	1	800
合　计						3311	2598810

（4）在设备制造方面，2006 年内资企业产品约 54 万 kW，市场份额占 40%，比 2005 年提高 11%；外资与合资企业的产品约 60%。国内企业通过引进消化吸收和国家发展改革委安排的产业化项目，已经研制出风电机组的关键部件，如永济电机厂、兰州电机厂和株洲电机厂等的发电机，南京高精齿轮集团、重庆齿轮箱公司和杭州齿轮箱厂等的齿轮箱，中航（保定）惠腾公司、中复连众复合材料集团和上海玻璃钢研究院等的叶片，已基本掌握兆瓦级以下风电机组的制造技术。目前 600kW 和 750kW 机组的本地化率可以达到 90%，1.5MW 机组的本地化率也达到了 70%。

2006 年，在中国的主要风电机组制造商情况见表 3。

表 3　主要的风电机组制造商情况

制造商	机　　型	机型代号	技术来源	机组成熟性
北京北重汽轮电机有限责任公司（国企）	80/D8-2000-80	ϕ80-P2000-VV	英国 EU 集团 DeWind 许可证生产	国外批量生产，国内样机试制
保定惠德风电工程有限公司（国企）	55/FL1000	ϕ55-P1000-SR	德国 Führländer 许可证生产	国外批量生产，国内样机生产
东方汽轮机厂（国企）	FD70B/1500kW	ϕ70-P1500-VV	德国 REpower 许可证生产	国外批量生产，国内样机生产
	FD77B/1500	ϕ77-P1500-VV	德国 REpower 许可证生产	国外批量生产，国内样机生产
恩德（银川）风电设备制造有限公司（合资）	S70/1500kW	ϕ70-P1500-VV	德国 REpower 许可证生产	国外批量生产，国内样机试制
歌美飒风电（天津）有限公司（西班牙独资）	G52-850kW	ϕ52-P850-VV	西班牙 Gamesa	国外批量生产，国内样机生产
	G58-850kW	ϕ58-P850-VV	西班牙 Gamesa	国外批量生产，国内样机生产
广东明阳风电技术有限公司（民营）	83/MY1. 5se	ϕ83-P1500-VV	明阳与德国 Aerodyn 设计公司联合开发	样机试制
华锐风电科技有限公司（国企）	70/FL1500	ϕ70-P1500-VV	德国 Führländer 许可证生产	国外批量生产，国内样机生产
	77/FL1500	ϕ77-P1500-VV	德国 Führländer 许可证生产	国外批量生产，国内样机生产
湖南湘电风能有限公司（合资）	Z72-2000KW	ϕ72-2000-DD	日本原弘产公司拥有荷兰 Lagerway 技术与湘电合资	国外批量生产，国内样机试制
南通航天万源安迅能风电设备制造有限公司（合资）	AW77/1500	ϕ77-P1500-VV	西班牙 Acciona 与航天万源合资	批量生产
上海电气风电设备有限公司（国企）	SEC64-1250	ϕ64-1250-VV	英国 EU 集团 DeWind 许可证生产	国外批量生产，国内样机试制
	SEC82-2000KW	ϕ82-2000-VV	上海电气与德国 Aerodyn 设计公司联合开发	设计
苏司兰能源（天津）有限公司（印度独资）	S64/1250kW	ϕ64-1250-VF	印度 Suzlon	批量生产
新疆金风科技股份有限公司（股份制）	金风 50/750	ϕ50-P750-SR	德国 REpower 许可证生产	批量生产
	金风 70/1500	ϕ70-P1500-DD	金风与德国 Vensys 公司联合开发	国外批量生产，国内样机生产
	金风 77/1500	ϕ77-P1500-DD	金风与德国 Vensys 公司联合开发	国外批量生产，国内样机生产
浙江运达风力发电工程有限公司（国企）	WD49/750	ϕ49 P750 SR	德国 REpower 许可证生产	批量生产
	WD54/800	ϕ54-P800-AS	运达公司开发	样机试制
	WD77/1500	ϕ77-P1500-VV	运达公司开发	设计

注　机型代号参数中，ϕ—风轮直径，m；P—额定功率，kW；AS—主动失速；DD—直接驱动；SR—失速调节；VV—变桨变速；VF—变桨定速。

（三）风电发展存在的主要问题

（1）上网电价由政策决定，项目不盈利。对于风电特许权项目来说，要同时满足：①中标上网电价每千瓦时0.382～0.519元；②项目总规模达到245万kW；③设备国产化率达到70%；④在三到四年内建成 。不合理的低价必然影响风电设备和工程质量，当地政府引进亏损项目更不利于地方经济发展。

（2）目前的风能资源评估和风电机组微观选址难以准确估算出未来20年寿命期内风电场的上网电量。

（3）风电机组在非常恶劣的气候条件下全天候运行，可靠性难以保证。

（4）风力发电是一种间歇性电源，直接上网风电容量大时，电网调度会有困难，从而影响电网稳定和供电质量，增大运行和管理成本，因此，要求电网公司“无条件全额收购风电”实际上不可行。

（四）风电发展前景展望

2006年风电上网电量约25亿kW·h，年底全国风电累计装机容量260万kW；2007～2010年，设备制造业初步建立，产品经过运行实践不断改进，质量提高，机型成熟，2010年底累计装机容量将超过500万kW，年上网电量应达到80亿kW·h，当年新增机组国产化率超过70%。

2011年到2020年的十年，设备制造业成长壮大，每年平均新增装机容量250万kW，2020年底累计装机容量约3000万kW，年上网电量应达到550亿kW·h，届时在全国电力产业中风电装机容量约占3%，风电电量约占1.1%。

（中国水电工程顾问集团公司　施鹏飞）

内蒙古灰腾梁300MW风电场工程设计

（一）工程概况

内蒙古灰腾梁300MW风电场为国家第四批风电特许权项目。风电场位于内蒙古自治区中部的锡林郭勒盟境内，锡林浩特市南部和阿巴嘎旗东南部的草原上，距离锡林郭勒盟行政公署所在地锡林浩特市直线距离约50km；地面海拔高度1410～1699m。

灰腾梁风电场风能资源丰富，风电场区域10m高度平均风速大于6.0m/s，30m高度平均风速大于7.0m/s，70m高度平均风速大于8.0m/s。风电场65m高度代表年年平均风速为8.01m/s，风功率密度为454.1W/m²；场址区域地质构造稳定，具有大规模开发的施工场地；场址对外交通便利，紧邻207国道，场址边缘有220kV和500kV输电线路通过，有利于并网运行。

项目场址位于规划的D区范围内，总面积为102.7km²。根据风电场布置和风电机组选型，灰腾梁风电场共安装200台单机1500kW的FL1500/70机组，装机规模300MW；年上网电量为86280万kW·h，年等效满负荷小时数2876h，单台机组平均发电量431.4万kW·h。

风电场内拟新建1座220kV升压变电站，出线1回，导线型号为LGJ－2×240，接至灰腾梁220kV变电所，线路长度17km。

该工程静态总投资为25.54亿元，其中机电设备及安装工程投资22.09亿元，建筑工程投资1.45亿元，工程静态投资8513元/kW。

（二）工程的主要特点

1. 一次性建成规模大　内蒙古灰腾梁300MW风电场为我国目前最大的一次建设的风电场工程，其建设对我国今后风电场的范围选择、建设规模、运行管理和投资运行具有一定的参考和借鉴意义。

2. 风电场风能资源丰富

（1）灰腾梁风电场70m、50m高度处代表年平均风速为8.11m/s、7.68m/s，风功率密度为470.8W/m²、436.7W/m²，拟选风机轮毂高度65m处平均风速和风功率密度为8.01m/s、454.1W/m²，风功率密度等级为4级。春季3～5月份风速较大，秋冬季次之，夏季的6～8月份风速和风功率密度相对较小。最大风速和风功率密度均出现在白天，下午12：00～16：00风速和风功率密度较大，可以较好的适应电力系统的需求。

（2）风电场有效风速利用小时高。灰腾梁风电场65m高度年有效风速小时数为7863（3～25m/s），占全年的89.8%。

（3）风向稳定，风能分布集中。风电场65m高度处代表年风向主要集中在SSW～NNW，约占67%，相应风能约占总风能的78%，对风电机组的布置较为有利，是一个理想的风电场场址，具有良好的开发前景。

3. 与风机厂家打捆联合招标　按照国家第四批特许权招标要求，该风电场在进行勘测设计时，需考虑与风力发电机组设备制造厂家联合投标，因此开发灰腾梁风电场对带动我国风机制造产业，特别是促进机械加工业的发展也具有重要的意义。

（三）设计中主要考虑问题

1. 风电场范围选择　由于灰腾梁风电场规划的D区范围中3号区域在本次特许权招标前已确定由北京永盛公司进行开发建设，根据原规划灰腾梁风电场300MW风电特许权项目场址范围的区域构成采用D区内的4号区域（面积为26.7km²）与1号、2号区域（面积分别为38.3km²和37.9km²），风电场中间间隔了一个3号区域（隔开距离约4km）。同时在工程招标时，当地政府已在1号、2号区域的东侧、南侧计划了预留地，投标人如果放弃4号区域，可在充分利用1号、2号区域的基础上，将风电场区域适度向东侧或南侧扩展。据此，为保持风电场的完整性，降低工程投资，有利于项目的运营管理，风电场范围的选择是设计中考虑的首要问题，并着重解决以下2个问题：①如果项目利用4号与1号、2号区域，在项目装机规模为300MW前提下，是否宜将4号区域范围适当缩小；②如果放弃4号区域，改为向紧邻1号、2号区域的南侧或东侧扩展一块新区域，则在项目装机规模仍为300MW条件下，扩展面积以多大为宜。为此，在项目装机规模仍为300MW，且项目场址范围面积条件不超过原规划面积的条件下，共拟定了以下5个方案进行分析比较。

方案1：项目原规划方案，即项目场址范围为原规划的1号、2号、4号区域，且机组布置按原规划的1号、2号区域装机容量200MW，4号区域装机容量100MW。

方案2：项目场址范围仍为4号与1号、2号区域，但适当加大1号、2号区域装机规模到225MW，减小4号区域装机规模到75MW，同时适当缩小4号区域使用面积（去除4号区域最北边的约6.2km²），使项目布置更紧凑，以降低工程投资。

方案3：放弃4号区域，在充分利用1号、2号区域的基础上，向东南侧扩展7.9km²。

方案4：放弃4号区域，在充分利用1号、2号区域的基础上，向东南侧扩展17.7km²。

方案5：放弃4号区域，在充分利用1号、2号区域的基础上，向东南侧扩展26.5km²。

各方案项目场址范围区域构成见图1。

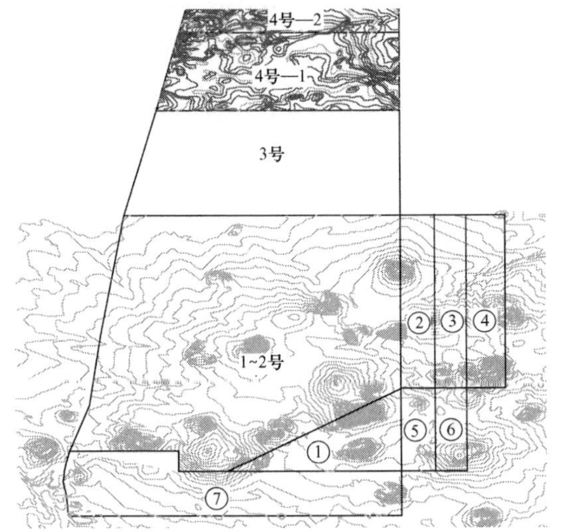

图1 风电场D区各方案项目场址范围示意图

经对灰腾梁风电场区域构成、区域大小及扩展方式进行综合分析，灰腾梁风电场300MW风电特许权项目场址范围选择为：放弃原4号区域，在紧邻1号、2号区域的东南侧扩展26.5km²（即1号+2号+①+②+⑤），项目场址范围总面积为102.7km²。

2. 代表年风速修正 距灰腾梁风电场较近的气象站有锡林浩特气象站和阿旗气象站。锡林浩特气象站为国家基本气象站，原观测点位于地处锡林浩特市区，考虑到城市建设力度的加大，周围建筑物增多，为缓解建筑物的影响，观测点位置未搬迁时，测风高度调整了3次，随着周围建筑物的影响不断加剧，气象站观测点于2002年1月1日迁移至锡林浩特市郊外。阿旗气象站建于1952年6月，位于汗贝庙以东约400m，于1966年2月由汗贝庙搬迁至现站址——别力古台镇，海拔高度1126m，距灰腾梁风电场场址约150km。由于距风电场较近的参证气象站历经几次搬迁，而较远的参证站受周围环境影响，风况条件变化较大，因此风资源评价中，代表年风速修正是设计中的关键问题。设计中采用了一系列的数理统计参数进行分析。

对阿旗气象站1961～2005年观测资料进行分析表明，该站1961～1980年测风数据每10年滑动平均值在3.5～3.7m/s之间，20年平均值为3.6m/s，可见，1980年以前阿旗气象站风速比较稳定，1980年以后，随着经济的发展，气象站受周边环境影响加剧，实测的年平均风速呈逐步下降的趋势，10年滑动平均风速从1980年3.5m/s逐步下降到2005年的2.9m/s，下降0.6m/s，20年滑动平均风速从1980年的3.6m/s下降到2005年的3.0m/s，风速亦下降0.6m/s，据此，需首先对阿旗气象站的风速数据进行修正，利用修正后的系列来分析2004年风速的代表性。

根据前述分析，阿旗气象站实测风速数据1980年以后呈逐年下降趋势，近20年（1986～2005年）平均风速为3.0m/s，由于灰腾梁风电场地处大漠草原，受周围环境影响小，其多年平均风速应较稳定。据此，将阿旗气象站近20年平均风速值修正至与修正后系列多年平均风速值相等，经计算，需将1980年以后每年的风速值加上0.035m/s，相当于阿旗气象站由于周围环境变化，使其年平均风速每年下降了0.035m/s，修正后1986～2005年系列平均风速值与1961～2005年系列平均风速值相等，均为3.5m/s，修正后2004年平均为3.8m/s，阿旗气象站2004年平均风速较多年平均风速偏大0.3m/s。

尽管锡林浩特气象站经历了3次测风高度调整，并于2002年对观测点进行了搬迁，根据现场查勘和从气象站了解的情况，这些变动是为了消除周围环境变化对测风资料的影响，维持气象站测风资料的一致性，从锡林浩特气象站1984～2004年风速资料也验证了这一点，因此，可以直接采用锡林浩特气象站多年平均风速资料分析其2004年风速的代表性，锡林浩特气象站1984～2004年平均风速为3.3m/s，2004年平均风速为3.6m/s，较多年平均风速值大0.3m/s。

综合上述分析，根据锡林浩特气象站和阿旗气象站资料得出的结论一致，测风数据修正时按2004年锡林浩特气象站平均风速较多年平均风速偏大0.3m/s考虑。

3. 风机选型　根据风电场的实际情况，即平均风速较大，拟选风机轮毂高度65m处平均风速为8.01m/s、风功率密度454.1W/m^2，风功率密度等级为4级。50年一遇最大风速为39.2m/s。I_{15} = 0.0676～0.0554，强度属于中等偏弱，选择IECII类及以上风电机组。根据特许权招标要求，项目投标前已捆绑华锐风电科技发展有限公司机组，根据该公司生产的机型，风电场选择了FL1500/70机组。

4. 升压变电站位置和集电线路电压等级选择　灰腾梁风电场范围较大，面积超过了100km^2。在变电站位置选择上除考虑地形、地质、防风、防雪等要求外，还应尽可能减少电压降损失，在有条件的情况下尽可能选择在风电场的中部地区，同时集电线路尽可能采用较高的电压等级。

5. 风机基础　灰腾梁风电场区域地质区域整体稳定、工程地质条件良好，但是还是有以下几个问题：①冻土较深、平均冻土深达2.8m，最大冻深达3.0m；②局部地区存在软弱夹层；③地基整体承载能力不高，除少部分站点地基标准承载力超过了400MPa，大部分在250～300MPa之间，少部分机位还低于200MPa。据此在设计中，为适应不同的地质条件，灰腾梁风电场设计采用不同的基础处理方案，主要包括扩大基础方案、挖孔桩基方案、碎石桩基方案和置换土层方案，该种基础组合方式在我国风电场设计中也是少见的。

（中国水电顾问集团中南勘测设计研究院　糜又晚）

内蒙古辉腾锡勒121.5MW风电场工程

（一）概况

辉腾锡勒风电场121.5MW特许权项目场址位于内蒙古自治区乌兰察布市察哈尔右翼中旗德胜乡南部。风电场中心地理坐标约为东经112°35′，北纬41°11′，总面积约32.34km^2，海拔高度在2000～2178m之间，西距内蒙古自治区呼和浩特市120km，东距集宁市60km。

该风电场风能资源非常丰富，具有规模开发建设风力发电场的良好前景。

该风电场受蒙古冷高压的气候影响最大，为冷空气南下的主要通道。夏季该地区地面为热低压，高空为西风带，风速大，地面热使动量下传，地面风速加大。此外，该地区海拔高，南下气流通过较高地形时形成增速效应，而地域开阔、平坦，植被低矮，建筑物及树木稀少的地形特点，又使气流通过时的摩擦阻力很小。这些特点使得该地区常年有风。冬季和春季多西北风和西风，瞬时风速大于17m/s的天数约为70～80天。

辉腾锡勒风电场采用30台大连重工的FL1500型风力发电机组，单机容量1500kW，共45MW；90台Gamesa的G58型风力发电机组，单机容量850kW，共76.5MW，两种风力发电机组合计容量为121.5MW。该风电场风力发电机组出口电压均为0.69kV，采用一机一变的单元接线方式。箱式变电站为美式箱式变电站。风力发电机组—箱式变电站分为9组，接入场内220kV升压变电所的35kV母线侧。

风电场升压站的主接线为：35kV/230kV有载调压变压器一台，容量为120MVA，35kV为单母线接线，220kV出线一回，与主变压器组成线路—变压器单元接线，直接接入蒙西电网的220kV德胜变。

风电场监控系统分为就地控制和远方控制。

该风场220kV升压站占地面积12150m^2，总建筑面积2330.27m^2。站内布置有综合楼、高低压配电房、车库、库房、变电工区及简易仓储区。建筑物均采用砖混结构，变电工区内设备基础均采用钢筋混凝土结构。

风电机组基础混凝土为C30F300现浇钢筋混凝土独立基础，35kV箱式变电站基础采用天然地基上的浅基础。

按2004年上半年的价格水平计列，该工程静态投资为100173.79万元，动态总投资为103688.21万元。

（二）进展情况

该项目开发商为内蒙古华电辉腾锡勒风力发电有限公司。

2004年4月，中国华电集团公司委托北京国电水利电力工程有限公司（中国水电顾问集团北京勘测设计研究院），编制该项目风电场工程的可行性研究报告。2004年11月，编制完成了《内蒙古辉腾锡勒风电特许权建设后续项目风能资源评估及风场规划报告》；2005年1月，编制完成了《华电内蒙古辉腾锡勒风电场建设项目环境影响报告表》；2005年2月，编制完成了《华电内蒙古辉腾锡勒100兆瓦风电场工程可行性研究报告》；2006年11月编制完成了《华电内蒙古辉腾锡勒风电场20MW扩建工程可行性研究报告》。2005年机组等设备招标完成，2006年4月开始施工图设计，2006年底首批机组上网发电。

（中国水电顾问集团北京勘测设计研究院　胡　静）

吉林长岭49.5MW风电场工程

（一）概况

吉林长岭49.5MW风电场工程场址位于长岭县城西南部，面积约16km²。风电场中心地理位置约为北纬44°09′01″，东经123°52′57″，海拔高度在172.8～178.0m。风电场距省会长春市120km，距长岭县城12km。

风能资源评价成果表明：现场测风塔50m高度的年平均风速数值6.244m/s，代表年年平均风速6.21m/s，代表年年平均风功率密度274W/m²，代表年有效风速小时7538h。该地区风能资源较为丰富，风电场盛行风向稳定，有效风速小时数高，破坏性风速较少，具有一定规模的开发潜力。

吉林长岭风电场一期工程场址地貌属松辽平原西缘，为冲积湖积平原，场区地势基本平坦，地势总体呈自东南向西北方向微倾之势，局部有低矮的风成丘陵存在。

场址所处区域构造稳定性较好，场址区及附近无活动断裂，无火山及岩浆活动，无大的地震发生，无压矿问题，无不良地质作用。场地工程地质条件较好。

该风电场内升压站，安装一台电压等级为35kV/220kV，容量为63MVA的主变压器，35kV侧为单母线接线，以一回220kV线路接入220kV长岭变电站，与主变压器组成线路—变压器单元接线。

风电场采用33台大连重工FL1500型风力发电机组，单机容量1500kW，总装机容量为49.5MW。风力发电机组出口电压为0.69kV，采用一机一变的单元接线方式。箱式变电站采用美式箱式变电站。33台风力发电机组分为4组，接入风电场35kV/220kV升压站。

该工程中心变电所总占地面积为10205.4m²，主要建筑物有中控楼、宿舍楼、高低压配电房、进线架塔、主变压器基础、车库、库房及检修车间、供暖锅炉房，4座40m高的避雷针等。

按照长岭地区2005年上半年价格水平计列，工程静态投资为51211.46万元，动态总投资为52457.48万元。

（二）进展情况

吉林长岭风电场工程是中国水电建设集团投资有限责任公司投资开发建设的。2005年1月与北京国电水利电力工程有限公司（中国水电顾问集团北京勘测设计研究院）签订《中国水电建设集团投资有限责任公司吉林长岭二期49.5MW风电项目可行性研究设计及施工图设计合同》，2005年5月编制完成《吉林长岭风电场一期项目可行性研究报告》，2005年下半年完成设备招标，2005年底开始施工详图设计，2006年完成竣工图设计，计划2007年3月首批机组发电。

（中国水电顾问集团北京勘测设计研究院　胡　静）

中國水力發電年鉴

3

大中型水电工程

三　峡　工　程

2006年三峡工程建设情况

（一）固定资产投资完成情况

2006年，三峡工程建设完成固定资产投资838061.29万元，占计划991552.88万元的84.52%。截至2006年12月31日，三峡工程累计完成投资13041174.97万元。其中：建安工程完成78617.48万元，占计划88374.23万元的88.96%；机电设备费完成99095.35万元，占计划128870.01万元的76.90%；金属结构设备费完成10305.37万元，占计划15411.22万元的66.87%；其他费用完成13570.44万元，占计划19201.06万元的70.68%；基本预备费完成8413.27万元，占计划27346.10万元的30.77%；贷款利息35169.15万元，占计划57607.60万元的61.05%；水库淹没处理补偿费完成107265.26万元，占计划180000.00万元的138.17%；库区移民包干外补偿费完成297114.18万元，占计划251100.00万元的118.33%。

三峡工程固定资产投资完成情况详见表1。

表1　三峡工程固定资产投资完成情况表　万元

项　目	本年计划	本年完成	完成占计划百分比	自开工累计完成
三峡工程总投资	991552.88	838061.29	84.52%	13041174.97
建安工程	88374.23	78617.48	88.96%	3055050.52
机电设备费	128870.01	99095.35	76.90%	766035.54
金属结构设备费	15411.22	10305.37	66.87%	184817.51
其他费用	19201.06	13570.44	70.68%	396984.96
基本预备费	27346.10	8413.27	30.77%	65629.80
价差预备费	223642.67	188510.80	84.29%	2723114.60
水库淹没处理补偿费	180000.00	107265.26	59.59%	3718367.60
贷款利息	57607.60	35169.15	61.05%	1485476.31
库区移民包干外补偿费	251100.00	297114.18	118.33%	645698.15

（二）主体工程工程量完成情况

全年三峡主体工程完成土石方开挖47.14万m^3，占计划53.64万m^3的87.88%；完成混凝土浇筑58.85万m^3，占计划58.38万m^3的100.81%；完成固结灌浆0.76万m，占计划0.65万m的116.88%；完成帷幕灌浆0.42万m，占计划0.77万m的54.42%；完成接缝灌浆4.00万m^2，占计划4.47万m^2的89.40%；完成钢筋制造安装2.96万t，占计划2.73万t的108.54%；完成机电安装1.51万t，占计划1.69万t的89.44%；完成金属结构安装2.13万t，占计划2.27万t的93.87%。

三峡主体工程工程量完成情况详见表2。

表2　三峡主体工程工程量完成情况表

项　目	单位	本年计划	本年完成	完成占计划百分比	自开工累计完成
土石方开挖	万m^3	53.64	47.14	87.88%	13847.67
土石方填筑	万m^3	0.00	−2.41		5372.08
混凝土浇筑	万m^3	58.38	58.85	100.81%	2801.72
固结灌浆	万m	0.65	0.76	116.88%	48.38
帷幕灌浆	万m	0.77	0.42	54.42%	33.23
接缝灌浆	万m^2	4.47	4.00	89.40%	49.72
钢筋制造安装	万t	2.73	2.96	108.54%	58.10
锚杆	万根	0.00	0.46		54.36
混凝土防渗墙	万m^2	0.00	0.00		28.35
机电安装	万t	1.69	1.51	89.44%	12.88
金属结构安装	万t	2.27	2.13	93.87%	21.09

（三）主要工程项目完成情况

1. 右岸大坝工程　主要项目已基本完工，剩余右厂15号机组、19号机组、20号机组背管混凝土及快速门联门调试等少量尾工。

2. 右岸电站厂房工程　主厂房高程75.3m楼板层16号机组以右全部浇筑完成。15号机组完成支墩混凝土浇筑，16号机组混凝土浇筑达到高程67m。尾水闸门已完成9个机组段下门，其余机组段尾水门槽具备下门条件。Ⅳ区已达设计顶高程45.3m，尾水护坦混凝土浇筑正在进行。

3. 右岸电站机组安装工程　26号机组完成定子下线、导水机构预装；25号机组开始定子组装；18号机组完成定子叠片，开始基础环加工及转子磁轭叠装；22号机组完成导水机构预装、转轮吊装，定子下线完成2/3；21号机组完成基础环加工，开始底环安装、定子叠片、转子组焊。GIS主体设备安装完成，公用系统满足电站机组投产进度安排。

4. 右岸地下电站工程　岩锚梁混凝土浇筑于9月22日完成，主厂房第Ⅳ层全断面开挖进尺150m。引水洞除3号洞下平段及5号洞上平段岩塞外，其余已完成开挖。尾水洞除1号、2号、5号阻尼井外其他完成开挖；3号洞完成下圆弧混凝土浇筑，2号洞下圆弧混凝土浇筑正在进行。10月24日母线竖井明挖开始施工，年底母线竖井明挖完成过半。

5. 导流底孔封堵　9月20日开始对剩余14孔进行封堵，底孔工作弧门拆除已全部完成，除14号底孔外全部开始封堵施工，已完成6孔底孔封堵，混凝土累计完成量过半，门槽回填完成11孔。12月7日泄1号坝段120m栈桥开始进行拆除。

6. 电源电站工程　6月底土建工程基本结束，10月土建完工并验收。9月电源电站机组安装完成并进入调试，12月底开始尾水提门。

7. 船闸完建工程　南线船闸完建工程土建、金属结构机电埋件及安装基本结束，开始调试。开始北线完建工程前期准备。

8. 临时船闸改建冲沙闸下游消能建筑物工程　土石方开挖和混凝土拆除已全部完成，混凝土浇筑完成3.9万m^3。

9. 三峡三期下游土石围堰拆除　12月8日开工，按经济断面拆除。

（四）工程建设重大进展事件

1. 三峡大坝全线到顶　5月20日，三峡大坝全线达到185m设计高程，三峡大坝基本建成，比初步设计工期提前10个月。三峡大坝的建成标志着中国坝工技术达到世界领先水平，意味着三峡工程提前两年发挥防洪能力。

2. 三峡三期RCC围堰成功拆除　6月6日，三峡三期RCC围堰成功爆破拆除。此次围堰爆破拆除总工程量18.63万m^3，总装药量近192t。三期围堰成功拆除，为三峡水库2006年汛后蓄水至156m提供条件，三峡工程由围堰挡水发电期进入大坝挡水发电期。

3. 三峡水库蓄水至156m　三峡水库从9月20日22时开始蓄水，到10月27日达到156m蓄水目标。三峡工程由围堰发电期转入初期运行期，三峡工程防洪、发电和航运效益将得到进一步发挥。三峡工程蓄水后防洪库容达到110亿m^3，长江中下游防洪体系初步建立。

（五）工程质量与安全管理

中国长江三峡工程开发总公司（以下简称三峡总公司）紧紧围绕实现三期工程创一流的管理目标，贯彻落实2006年工作会议精神，进一步完善质量管理体系，加大质量管理制度落实力度，认真安排全年的生产任务。全面总结一、二期工程建设的管理经验和教训，结合三期工程的实际，抓住“双零”目标不动摇，着力实施“以零质量缺陷保证零质量事故，以零违章操作保证零安全事故”，注重管理理念和管理艺术的创新，强化现场施工精细化管理，狠抓落实，持续改进，确保工程建设质量不断提高。2006年未发生一起质量事故，实现质量零事故目标。全年三峡工程共评定5974个单元工程，合格率100%，其中优良个数5613个，优良率93.96%。安全生产总体受控，全年三峡工地共发生一起施工死亡事故，死亡1人，施工事故死亡率为0.04‰，未发生重伤事故。安全工作取得明显的进步，优于同行业的先进标准。

（六）翻坝转运

三峡总公司通过制定并督促落实各项工作预案及管理制度，大力完善翻坝转运设施和道路通行条件，重点加强翻坝转运通道交通秩序管理，制作并严格控制发放翻坝车辆专用通行证件，做到安全、畅通、有序组织翻坝转运。2006年坝上运行滚装船舶6844艘；两坝间转运滚装汽车315938辆，其中上行转运151375辆，下行转运164559辆，共计11057830t，转运旅客705560人次。

（七）电力生产经营

2006年，面对百年不遇枯水的严峻形势，通过优化调度，精益运行，三峡、葛洲坝梯级电站共发电638.8亿kW·h，其中，节水增发电量32亿kW·h。三峡总公司科学安排、精心组织机组冬修，完成葛洲坝电站2台机组的增容改造。成功应对华中电网的突发低频振荡。与国家电网公司签订“十一五”电能消纳合同，为占据市场份额、有效规避风险打下基础。

（八）其他

1. 科技创新企业试点工作启动　2006年，三峡总公司被科技部、国资委、全国总工会联合确定为首批国家科技创新企业试点单位。结合水电行业技术发展水平和企业自身发展需求，研究编制了三峡总公司科学技术发展中长期（2006～2020年）规划（草案），初步明确科技发展的指导方针、发展目标、总体部署、重点领域及重大专项。加强与科研院所和高等院校的战略合作，三峡总公司的科技创新体系初步形成。

2. 国家审计署完成对三峡工程的审计　2006年3～10月，国家审计署派出审计组，对三峡工程自开工以来的建设管理、工程造价、综合效益以及三峡总公司经营管理情况进行全面审计。审计报告充分肯定三峡工程建设取得的成绩，同时也指出建设管理中存在的问题。对此，三峡总公司认真对照检查，制定全面、具体的整改措施，进一步规范工程建设管理和企业内部管理。

（中国长江三峡工程开发总公司　时香丽　乔仁贵）

三峡大坝全线达到 185m 设计高程

2006 年 5 月 20 日 14 时，随着最后一仓混凝土收仓完毕，长达 2309m 的三峡大坝全线达到 185m 设计高程。至此，举世瞩目的三峡大坝提前 10 个月建成，提前两年发挥防洪效益。

三峡大坝施工跨越 10 个年头。三峡建设者历经 3080 个日日夜夜，精心浇筑了 1635 万 m^3 混凝土，曾连续三年创下混凝土浇筑世界纪录，其混凝土快速施工技术成为三峡工程集成创新的典范。

5 月 20 日上午，国务院三峡工程建设委员会副主任、三峡总公司总经理李永安在三峡工地主持召开庆祝大会。国务院三峡工程建设委员会副主任、三峡工程建设委员会办公室主任蒲海清，水利部副部长矫勇，国家发展改革委党组成员、纪检组长彭森，国务院三峡枢纽工程验收专家组组长、质量检查专家组组长、两院院士潘家铮，湖北省人大副主任韩忠学，重庆市政府副市长谭栖伟，三峡工程建设委员会办公室副主任高金榜，全国政协副秘书长索丽生，国务院办公厅、中组部、水利部、交通部、财政部、国土资源部、国务院三峡枢纽工程验收组等部委、单位的领导和专家，湖北省、重庆市、三峡工程参建单位等有关部门的领导、专家和代表，三峡总公司副总经理杨清、曹广晶、毕亚雄、樊启祥等出席了庆祝大会。

蒲海清在庆祝大会上作了重要讲话。他说，举世瞩目的三峡大坝全线达到 185m 设计高程，是一个具有历史意义的重要时刻，是一个值得纪念的好日子。党中央、国务院对此高度重视，受国务院副总理曾培炎委派，他代表国务院三峡工程建设委员会，对大坝到顶表示热烈的祝贺！向三峡大坝的设计者们、建设者们表示亲切的慰问和崇高的敬意！向所有关心和支持三峡工程建设的海内外人士表示衷心的感谢！

蒲海清说，三峡大坝全线达到 185m 设计高程，是三峡工程建设的重大阶段性成就，是三峡工程建设史上的又一个里程碑。三峡大坝的施工规模之大、进度之快、质量之高是当之无愧的世界第一。三峡工程百年梦想成为现实，充分显示了中华民族生生不息的精神和百折不挠的品格；充分显示了中国共产党领导中国人民走强国之路的坚强意志和决心；充分显示了中国人民坚持科学发展观、实现人与自然和谐共处的发展理念和生存智慧。

蒲海清说，三峡大坝建成是一个重大的成果，但其他各项任务还非常艰巨，任重道远。一定要再接再厉，乘势而上，大力弘扬在工程建设和移民安置中逐渐形成的以“科学严谨、拼搏创新、团结奉献”为核心内容的三峡精神，继续推进各项工作的开展，确保今年汛后实现 156m 水位蓄水的目标。

蒲海清强调，要全面贯彻落实科学发展观，同心协力，开拓创新，扎实工作。站得更高一些，看得更远一些，抓得更紧一些，为把三峡工程建设成为党中央和全国人民的“放心工程”“满意工程”而不懈奋斗。

潘家铮在发言中说，三峡大坝不仅是世界上最宏伟的一座混凝土重力坝，也是一座质量优良、安全可靠的大坝。请中央领导和全国人民放心，三峡工程是一个优质工程、安全工程和争气工程，达到了“千年大计，国运所系”的要求，将千秋万代为人民造福！

曹广晶在发言中介绍了三峡工程的建设和管理情况，并表示将再接再厉，慎终如始，继续做好三峡工程今后的各项工作。

根据国家防汛抗旱总指挥部批准的 2006 年防洪调度方案，三峡大坝 2006 年汛期全线挡水，增加的防洪库容相当于目前荆江分洪区的分洪能力。这意味着如果再发生 1998 年那样的大洪水，通过发挥三峡水库的调蓄功能，可以保证长江中下游安全度汛。

目前，库区地震次（级）均在设计范围内；干流水质总体情况良好；水库排沙比在 40%左右，好于预计值。据坝体内 10000 多只精密仪器监测数据显示，大坝安全性态正常。随着汛后水库蓄水到 156m，三峡工程将会发挥更大的航运和发电效益。

（本年鉴编辑部摘自《中国三峡工程报》）

三峡三期碾压混凝土围堰成功拆除

三峡三期上游碾压混凝土围堰（以下简称 RCC 围堰）是三期工程的重要组成部分，为 1 级临时建筑物，结构型式为重力式。围堰顶宽 8m，最大底宽 107m，最大堰高 115m。围堰平行于大坝布置，轴线位于大坝轴线上游 114m，围堰轴线总长 580m。其右侧与右岸白岩尖山体相接，左侧与混凝土纵向围堰上纵堰内段相连，堰体共分 14 个堰块，从右至左依次为右岸坡段（2～5 号堰块，长 106.5m）、河床段（6～15 号堰块，长 380m）和左接头段（长 60m）。其功能包括施工期挡水、防洪并提供初期发电水头。

根据国务院三峡工程建设委员会批准的“三期导流、明渠通航、围堰挡水发电”施工方案，按照总的施工组织设计，整个围堰分两期施工。一期修建了右岸坡段 2～5 号堰块及左接头段，长度 200m，于

1999年完建；二期施工围堰河床部位6～15号堰块，长度380m，在2002年11月导流明渠截流后开始施工，2003年4月完建。2003年6月RCC围堰全线挡水，水库开始蓄水，三峡水利枢纽初步具备防洪效益，围堰的建成同时为三期主体工程安全施工条件下左岸电厂开始运行发电奠定了基础。

根据三峡三期工程总进度计划，2006年5月右岸大坝浇筑至坝顶高程185m，整个大坝已具备汛期挡水防洪条件，三峡水利枢纽将结束围堰挡水发电期，向初期运行期过渡。因此，2006年汛前必须对围堰高程110m以上影响右岸电站机组过流部分进行拆除。

(一) RCC围堰拆除方案的拟定和实施过程

鉴于三峡RCC围堰拆除工程的重要性和技术复杂性，三峡总公司早在RCC围堰二期工程（河床部位6～15号堰块）建设之前，即着手组织研究围堰拆除方案。一方面，将围堰拆除方案的布置与围堰施工结合起来；另一方面，确保拆除方案安全可靠和经济合理。

为此，三峡总公司先后委托中国科学院力学研究所、长江水利委员会长江科学院（以下简称长江科学院）等单位，对三期RCC围堰爆破拆除工程就钻孔爆破方案、爆破倾倒方案两个方案进行研究论证和比选；在对倾倒爆破方案的可靠性进行科学论证后推荐“爆破倾倒加钻爆炸碎”方案，即采用爆破倾倒拆除河床段、采用爆破破碎拆除右岸坡段及纵向围堰接头段；并同意长江科学院推荐的三个集中药室与断裂孔相结合的爆破倾倒方案。

三峡三期RCC围堰拆除的爆破装药量、总网络段数、爆破水深和综合防护难度等指标均超过国内外水工围堰拆除纪录。为了确保所选拆除方案的可靠实施，三峡总公司组织有关设计、科研和施工单位针对围堰拆除爆破施工关键技术问题进行了全方位的协同技术攻关。主要过程如下：

2002年，按照拟定爆破倾倒方案，在三期RCC围堰碾压施工过程中调整了排水廊道位置，埋设了围堰爆破拆除所需的爆破药室和断裂孔。

2004年，为进一步论证倾倒爆破方案可靠性，长江科学院针对三峡RCC横向围堰倾倒爆破拆除方案中涉及的爆破器材、起爆网络、爆破地震效应及触地震动等问题进行了试验研究。

2005年，长江科学院、长江水利委员会长江勘测规划设计研究院（以下简称长江设计院）及中国葛洲坝集团公司（以下简称葛洲坝集团）做了火工材料选型、安全控制标准研究，爆破振动及水击波、爆破涌浪影响研究，安全防护研究，数字仿真试验研究，以及1：100和1：10围堰模型倾倒爆破试验等。

2006年1月，在前期大量理论研究和试验成果基础上，由长江科学院和长江设计院编制的《长江三峡水利枢纽三期RCC横向围堰爆破拆除试验研究总报告》和由长江设计院编制的《长江三峡水利枢纽三期上游围堰拆除爆破设计专题报告》报送三峡总公司。

2006年2～4月，爆破设计分阶段通过了专家评审。

2006年4月开始RCC围堰拆除施工，6月6日成功实施爆破拆除。

三峡RCC围堰拆除工程从方案拟定到成功实施全过程，充分发挥了参与各方的科学技术优势，通过统筹策划、协同攻关、集成创新，取得了一系列开创性成果。

三峡RCC围堰爆破拆除项目主要参与方包括：业主单位——三峡总公司；科研设计单位——长江设计院、长江科学院；施工单位——葛洲坝集团；监理单位——长江三峡技术经济发展有限公司。

(二) RCC围堰爆破拆除工程特点

相对于国内外其他水利水电工程围堰拆除，三峡三期RCC围堰爆破拆除具有以下主要特点：

1. 爆破规模大　三峡三期RCC围堰爆破拆除混凝土总量达18.67万m^3，爆破孔钻孔进尺1.5万m，装药量191.5t，雷管2506发，起爆弹1295发，导爆索22087m，分959段起爆，经检索查新，上述各项指标均超过目前国内外水工围堰爆破拆除纪录。

2. 爆破在深水条件下进行　三峡三期RCC围堰爆破时堰内水位充至139.5m，药室最大水深38m，钻孔爆破最大水深45.3m，而此前国内外成功爆破的围堰最大水深22m。

3. 爆破控制要求严格　围堰轴线与三期厂房坝段轴线距离仅114m，断裂孔口距大坝上游面最近处只有86.5m，与左岸电厂距离650m。围堰爆破必须保证三峡大坝与各种建构物及设施的安全，同时确保三峡左岸电厂正常发电不受影响。因此，必须采取控制爆破和安全防护措施。

4. 爆破方案新颖　采用“爆破倾倒加钻爆炸碎”在国内外围堰拆除史中尚无先例。其中倾倒可靠性，爆破药室布置、药量计算，影响区域安全防护、生态环境保护等方面都需要通过创新性研究解决。

(三) RCC围堰爆破拆除关键技术难题

1. 围堰定向爆破倾倒的可靠性　保证围堰定向爆破倾倒的关键在于缺口形式的确定、水深30～40m条件下缺口的形成以及倾倒爆破的安全控制。

2. 爆破安全控制标准的确定　如何确定安全控制标准，关系到三峡大坝、厂房及其他设施的安全，是围堰爆破成功的关键。

3. 深水爆破火工材料的研制与优选　研制适合本工程装药特点的高威力抗水混装乳化炸药，以及优选具有很好的抗水、抗压性能的火工器材，成为深水条件下确保爆破效果的关键技术。

4. 长距离炸药输送及深水堵塞工艺　本工程混装乳化炸药输送最远距离75m，输送过程中炸药的质量与施工安全是决定爆破成功的关键因素；另外，如何保证深水条件下药室堵塞的质量和效果也是一项关键性的施工工艺。

（四）主要创新点

（1）在围堰施工时就考虑如何拆除，把将来的围堰爆破拆除施工方案融入到围堰的施工建设，调整排水廊道位置使其与缺口的位置相适合，围绕廊道预埋了爆破所需的药室和断裂孔，减少了围堰爆破拆除的施工难度和工作量，这种建、拆有机结合的围堰建设理念是一大创新。

（2）充分利用三期RCC围堰堰前的临空条件，采用预埋药室爆破倾倒方案，是围堰拆除设计方案的创新。

（3）在国内首次成功研制应用了高威力、高抗水混装乳化炸药，并解决了长距离炸药输送的难题。

（五）爆破效果及技术成果评价

1. 爆破效果　2006年6月6日16时，RCC围堰拆除准时起爆。在12.888s以内完成了设计设定的爆破过程（除15号堰块以外）。6月9日对15号堰块进行了定向倾倒爆破拆除。根据水下地形测量成果和安全监测成果分析，RCC围堰爆破达到预期效果，具体体现在以下几个方面：

（1）拆除部分轮廓符合设计要求。通过水下地形测量和水下录像反映：①围堰倾倒缺口形成轮廓与设计预期缺口体形一致；②剩余堰体顶部高程平均在110m左右，局部有小块度残渣。

（2）爆破影响控制在设计允许范围之内。碾压混凝土围堰拆除爆破对周围建（构）筑物产生的有害效应得到了有效控制，各监测部位的实测值均控制在安全控制标准以内。通过测点附近宏观调查区爆破前后宏观调查，没有发现新生爆破裂隙（缝）和变形或原有裂缝张开的现象；静态观测成果显示测值变化量均较小，在安全范围内变化；数值仿真计算表明，在爆破荷载作用下坝体动静应力叠加在安全范围内。综上所述，拆除爆破对周围建（构）筑物影响较小，周围建（构）筑物及设备均是安全的，大坝及左岸电站均正常运行。

（3）施工管理先进。三期围堰爆破具有相当大的难度，其重要性不言而喻。为满足施工强度要求，确保施工质量符合设计标准，施工过程中实行以下三种管理模式，成功实现各项管理目标。

1）垂直式指挥：每一个爆破工程施工都是系统而复杂的，RCC围堰爆破由参建四方各主要责任人直接领导，建立和完善了自上而下、责权分明的质量管理体系，从而促进了施工工期和质量两大目标的顺利实现。

2）联动式管理：爆破施工过程中实行联合办公制度及日碰头会制度，及时协调和解决了现场出现的各类设计和施工难题。同时，施工技术人员与现场监理对施工实施全方位、全过程的跟踪检验和监督，保证了工程质量满足设计要求。

3）流水化作业：制定操作明白卡，按施工特点合理划分片区，科学组织分工，促使各项工艺实现无缝交接和流水化作业，为保证施工效率和高强度下施工质量创造了有利条件。

2. 技术评价

（1）根据RCC围堰结构特性，对于在拆除方案研究前已建设的左连接段和右岸5号堰块，采用深水钻孔爆破方案；河床段6～15号堰块的浇筑，运用建设与拆除相结合理念，采取廊道移位并预埋了药室和断裂孔，使该段堰块的倾倒爆破方案得以实现。因此，三峡三期RCC围堰拆除采用深水集中药室与深水钻孔爆破相结合的方案，既符合实际又科学先进，这在国内外围堰拆除中尚属首次，是围堰爆破设计方案的一大创新。

（2）在超过30m深的水中进行集中药室爆破和钻孔爆破，在国内外没有经验可循，通过理论研究和科学试验，揭示了水下固体介质中爆炸作用各个过程的基本规律，提出了爆破药量计算的原则及计算公式。实践证明，这一理论研究成功地解决了三峡三期RCC围堰拆除深水爆破装药量的计算问题。

（3）采用以重力相似为准则的物理模型试验和数值仿真计算方法，模拟和分析了爆破后堰块的倾倒运动过程及其效应；三峡三期RCC围堰拆除爆破后的效果证明，所采用物理模型试验和数值仿真技术是行之有效的，具有科学性、先进性和实用性。

（4）首次研制了具有高威力和高抗水性能的混装乳化炸药，确保了爆破效果；首次采用大型数码雷管起爆网路，有效解决了爆破振动影响问题。

（5）在科学试验和理论研究的基础上，提出了增加切割孔、提高堰内水位、堰后削脚、合理组织施工等技术措施，确保了爆破方案的可靠性。

（6）以理论分析为基础，科学系统地建立了适合本工程特点的爆破安全监测网，并通过监测为爆破安全评价提供了可靠依据。

（7）通过数值计算、工程类比等方法，提出了适合本工程特点的爆破安全允许标准，实践证明其是科学、安全、合理的。

上述三期RCC围堰爆破技术成果将对我国水下工程爆破技术的发展起到重要的促进作用。

（本年鉴编辑部摘编自《三峡工程三期RCC围堰拆除总结报告》）

三峡三期枢纽工程蓄水（156m水位）验收

（一）概况

三峡三期枢纽工程分3个阶段进行验收：初期蓄水验收、右岸电站机组启动验收和正常蓄水（175m水位）验收。其中，初期蓄水验收阶段中的上游基坑进水前验收，蓄水（156m水位）验收及船闸第二线一、二闸首完建单项工程验收，右岸电站机组启动验收阶段中的首批机组启动验收和正常蓄水（175m水位）验收，由国务院验收委员会枢纽工程验收组（以下简称验收组）负责验收。其余由国务院验收委员会授权三峡总公司负责验收。验收组根据枢纽工程的特点，报经国务院验收委员会办公室同意，设立专家组，在验收前首先由专家组进行技术预验收。

2006年5月23日，验收组完成了上游基坑进水前验收，通过了《长江三峡三期工程枢纽工程上游基坑进水前验收鉴定书》，为此次验收奠定了基础。

2006年8月26日至9月2日，专家组在三峡坝区进行了蓄水（156m水位）技术预验收，提交了《长江三峡三期工程枢纽工程蓄水（156m水位）技术预验收意见》。

2006年9月2日至5日，验收组在三峡坝区召开了蓄水（156m水位）验收会议，在察看现场、听取汇报、查阅资料和认真讨论的基础上，通过了《长江三峡三期工程枢纽工程蓄水（156m水位）验收鉴定书》。

（二）验收范围

1. 验收项目

（1）右岸大坝高程160～185m土建工程和相应的金属结构工程及机电设备。

（2）右岸电站进水口金属结构及机电设备。

（3）右岸排沙孔、排漂孔金属结构及机电设备。

（4）右纵坝段高程160m以上土建工程和相应的金属结构及机电设备。

（5）碾压混凝土围堰拆除工程。

（6）三期上游基坑进水前验收遗留工程。

2. 检查项目

（1）蓄水（156m水位）实施方案及葛洲坝下游供水措施落实情况。

（2）2007年枢纽工程度汛措施落实情况。

（3）枢纽工程投入运行的各建筑物运行情况。

（4）泄洪坝段尚待封堵的导流底孔封堵施工准备情况。

（5）船闸一、二闸首完建施工方案及相关准备工作。

（三）安全鉴定意见

2006年7月26日至8月15日，安全鉴定单位水电水利规划设计总院对三峡三期工程蓄水（156m水位）验收范围内的工程项目进行了安全鉴定，提出了《长江三峡三期工程枢纽工程蓄水（156m水位）安全鉴定报告》。其综合结论为：

三峡工程枢纽工程三期右岸挡水坝段的建设形象面貌已经达到设计要求，相应部位的基础工程、水工结构工程、安全监测工程、金属结构工程的设计、施工和制作安装质量符合国家和行业有关技术标准以及合同文件的规定；2003年6月三峡水库蓄水和双线五级船闸试通航以来，安全监测和反馈分析成果表明，二期、三期枢纽工程挡水建筑物和双线五级船闸135m水位运行状况正常，各项指标均在设计安全范围之内；近坝库岸稳定性和水库诱发地震活动状况未出现异常；三峡工程156m水位蓄水方案和2007年度汛措施可行。鉴于此，三峡工程枢纽工程具备2006年9月下旬蓄水（156m水位）并安全运行的条件，可根据初期蓄水运行情况，在船闸完建工程验收后，逐步抬高库水位至正常蓄水位175m。

验收组原则同意此安全鉴定结论。

（四）建议

（1）鉴于长江2006年入汛以来来水偏枯，建议蓄水方案充分考虑蓄水对下游用水的影响；遇特枯来水时，应采取加大下泄流量、延长水库蓄水时间等措施，尽量减少对下游用水的影响。若汛末蓄水并遭遇设计或校核洪水，应根据短、中期洪水预报，采用适时控制蓄水位等措施，满足枢纽安全度汛和下游荆江河段防洪安全要求。蓄水过程中要避免因水位骤降危及库区岸坡稳定。

（2）水库蓄水至156m水位后，在2007年汛前将长期维持在156m水位运行，并在此期间内完成14个导流底孔的封堵工作。鉴于封堵门按挡水156m水位设计，建议在上游封堵门挡水期间，严密监测来水情况及封堵门的工作性态，必要时应适当调整水库运行水位，以确保封堵门正常挡水和大坝安全。

（3）鉴于大坝土建工程已基本完成，建议抓紧实施监测系统的自动化。在已有监测资料的基础上，研究制定各重要建筑物的变形、渗流等监测预警值。在蓄水至156m水位前后，强化三峡工程专用数字无线遥测地震台网的各项监测分析工作。

（4）建议进一步分析左岸1～3号排沙孔钢衬及

侧轨表面出现的蚀坑和裂纹的原因，并对4～8号排沙孔（洞）的运行加强观测，发现问题尽早处理；对于泄洪深孔弧形工作闸门少数支铰铸钢件存在的表面裂纹，应抓紧处理。

（5）2006年8月16日，左岸电站3号机定子汇流环发生事故，三峡总公司正在组织有关单位分析事故原因。建议抓紧落实技术处理方案，并对其他机组进行认真检查，采取有效措施，保证初期运行水位下的机组安全。

（五）验收结论

（1）此次验收范围内工程项目的形象面貌，满足《长江三峡三期工程枢纽工程验收工作大纲》中蓄水（156m水位）验收的有关规定和要求。少量未完工程项目可在蓄水后继续施工，不影响蓄水。

（2）此次验收项目的水工建筑物、金属结构、机电设备、碾压混凝土围堰拆除及安全监测工程的设计、施工和制作安装质量，符合国家和行业有关技术标准以及合同文件的规定。施工和安装过程中出现的少量质量缺陷，经处理后工程质量满足设计要求。三期上游基坑进水前验收遗留工程项目已处理完毕或做了妥善安排。

（3）各项检查项目满足2006年汛后蓄水至156m水位的要求。监测成果表明，枢纽工程已投入运行的各建筑物工作性态正常。枢纽工程蓄水（156m水位）的各项准备工作已全面展开，船闸完建和剩余导流底孔封堵工程已做了周密安排，2007年度汛方案可行。

国务院验收委员会枢纽工程验收组认为，长江三峡三期工程枢纽工程蓄水（156m水位）的条件已经具备，予以验收，可于2006年汛后（末）开始蓄水。

（本年鉴编辑部摘自《长江三峡三期工程枢纽工程蓄水（156m水位）验收鉴定书》）

金沙江水电工程

溪洛渡工程2006年建设情况

（一）工程完成情况

2006年，溪洛渡工程完成工程投资27.78亿元，占年计划28.26亿元的98.3%，其中建安工程完成22.96亿元，占年计划22.57亿元的101.73%。

完成土石方明挖865.39万m^3，占年计划730.68万m^3的118.44%；完成洞挖316.26万m^3，占年计划320.17万m^3的98.78%；完成回填61.98万m^3，占年计划59.19万m^3的104.71%；完成混凝土浇筑139.46万m^3，占年计划121.93万m^3的114.37%；完成喷混凝土22.64万m^3，占年计划18.53万m^3的122.17%；完成锚杆75.39万根；占年计划72.42万根的104.1%；完成钢筋8.63万t，占年计划8.52万t的101.27%；完成锚索1135根，占年计划1159根的97.93%.

主要工程项目形象进度：

（1）场内交通工程实现年计划目标。23号路明路于10月通车，隧道开工建设，豆沙溪沟大桥开始招标工作。

（2）对外交通工程实现年计划目标。对外交通专用公路D、E、F、G标及辅助道路Ⅰ、Ⅱ标于2006年5月30日全线通车；辅助道路Ⅲ～Ⅶ标及专用公路H标明路路基成型，隧道完成14.74km，占年计划13.16km的112%；桥梁按年计划要求完成基础施工目标；普洱渡转运站11月17日开工建设。

（3）导流洞工程基本实现年计划目标。围堰于5月底完成并在初汛期完成了加高任务；主洞洞挖全部完成，厂房进水口洞挖未完成；明挖除右岸厂房进水口因设计变更增加的60万m^3开挖量及右岸导流洞进口明挖未完成外，其余部位均完成；导流洞混凝土完成年计划，占混凝土总量60%，其中底板混凝土浇筑完成7700m^3（计划8566m^3），边顶拱混凝土浇筑4960m^3（计划4714m^3），进口闸室全面进入竖井段混凝土浇筑；出口闸室全面开始混凝土浇筑。进口闸室闸门埋件具备安装条件，闸门安装未开始。

（4）大坝工程实现年计划目标。坝肩开挖至高程520m，支护至高程535m，锚索施工至高程550m；1号缆机安装6月底完成，7月份投运；泄洪洞进水口开挖至高程542m，支护至高程570～590m；大坝招标任务完成。

（5）地下厂房工程实现年计划目标。主厂房Ⅱ层开挖至高程392m，顶拱支护完成，尾水调压室Ⅱ层开挖至高程410.5m，顶拱支护结束；主变压器室Ⅰ层开挖至高程401m。

（6）泄洪洞实现年计划目标，开始闸室、主洞施工支洞及出口明挖的施工。

（二）工程资金使用情况

2006年，溪洛渡工程资金支出共计390375.02万元，其中枢纽工程支出310473.93万元，移民支出58016.63万元，利息支出11334.27万元，周转性资金占用31382.61万元，其他往来－20832.42万元。

截至2006年底，溪洛渡工程资金支出共计989586.61万元，其中枢纽工程支出849787.63万元，移民支出120056.39万元，利息支出19742.59万元，周转性资金占用47441.29万元，其他往来－19793.74万元。

上年货币资金结存2240.65万元，本年资金到位389200.38万元，资金支出390375.02万元，年底货币资金结存1066.01万元。

具体明细见表1。

表1 溪洛渡工程资金使用明细表 万元

项 目	2006年财务数	财务累计数
上年资金结存	2240.65	
一、工程投资支出	379824.83	989586.61
1. 施工辅助工程	106558.26	293418.79
2. 建筑工程	148682.83	372117.57
3. 环境保护工程	3768.31	8061.94
4. 独立费用	51464.51	176189.29
5. 建设征地和移民安置	58016.63	120056.39
6. 贷款利息	11334.27	19742.59
二、周转性资金占用	31382.61	47441.29
1. 预付款	45262.27	75493.71
2. 保留金	－20477.67	－36286.72
3. 工程尾款及未付款	0.00	－12.54
4. 材料款	6598.01	8246.84
三、其他往来	－20832.42	－19793.74
小 计	390375.02	1017234.16
本年资金结存	1066.01	1066.01
资金到位合计	389200.38	1018300.17

（三）工程质量、安全管理

1. 质量管理 2006年溪洛渡工程质量管理的重点是坝肩开挖、导流洞混凝土浇筑、地下厂房三大洞室揭顶和辅助道路施工四个方面。坝肩开挖通过各种综合措施的采取，已达到溪洛渡工程明挖的一个新水平，半孔率达95%以上，超挖控制在10.8cm以内，欠挖控制在3.8cm以内，声波衰减深度控制在1m以内，衰减值小于10%。导流洞混凝土浇筑有效应对了混凝土开裂问题，混凝土浇筑的均质性不断提高，表面缺陷正逐步消除。地下厂房三大洞室成功揭顶，洞挖和支护质量基本处于受控状态。辅助道路施工质量在总结对外交通经验后全面提升。质量管理向精细化管理迈进，补充制定了11项专项施工质量管理办法。质量专家组开展了二次质量检查，根据检查意见，建设部组织各方逐一进行了整改。全年单元工程验收12530个，合格率100%，优良率为大坝93%，导流洞90%，地下厂房93%。

2. 安全管理 2006年，参建各方进一步重视安全管理，加大了安全投入，强化了过程控制，更深入地推进农民工的“五统一”管理和机械协作队伍的“三统一”“一强制”管理。安全事故高发势头得到了遏制，与2005年相比：死亡人数由18人降至5人，下降了72.2%，重伤人数由14人降至4人，下降了71.4%。

（四）环境管理

为了加强对溪洛渡工程施工区环境保护和水土保持工作的组织领导，切实做好溪洛渡工程各项环境管理工作，经溪洛渡工程建设部研究，报三峡总公司同意，2006年1月成立了溪洛渡环境与水土保持管理中心。管理中心实行项目管理和监理管理一体化工作方式。

利用监测手段强化环境和水土保持的管理工作，按照“流域机构联合地方部门，按照属地分区监测”的协议原则，建立了较为完善的水土保持监测体系，成立了昭通市环境监测站和凉山州环境监测站。

2006年针对石渣下江、明挖扬尘、地下工程空气粉尘和污水排放等环境保护难题，采取了积极的应对措施，并督促监理单位加强工程环境保护措施实施状况统计资料的报送工作。

（五）监理工作

为推行监理管理工作的制度化、规范化，理顺工程建设部与监理单位之间的关系，提高双方工作效率和效果，不断提高溪洛渡工程建设的管理水平，溪洛渡工程建设部组织编制了《监理管理手册》并付诸实施；建立监理协调月例会制度，及时发现和协调解决工作中存在的问题；建立了监理管理的检查和激励机制，对监理组织机构、人员设备配置、业务工作进行日常检查和季度考核，并在年底对年度考核为优秀且排名前两位的监理单位进行奖励。

2006年溪洛渡工程共有四家监理单位，分别是长江三峡经济技术发展有限责任公司（负责左岸地下工程，导流洞工程，筹建期工程，对外交通A、B、C标，辅助道路Ⅰ、Ⅱ标，金属结构设备制造监理），二滩国际工程咨询有限责任公司（负责大坝工程施工监理），中南勘测设计研究院（负责右岸地下工程施工监理），铁道部第二设计院（负责对外交通D、E、F、H、G标，辅助道路Ⅲ～Ⅶ标，普洱转运站监理），共有监理人员478人，其中本科及以上学历人数占23.6%，大专学历人数占42.1%，中专及以下学历人数占34.3%。

（六）设备物资供应管理

1. 设备管理　2006年是溪洛渡水电站截流前设备供应管理的关键一年，主要完成了民工营地设备、固定式布料机、对外交通公路起重运输专用设备、2～4号缆机、大坝35kV施工变电所设备及对外交通专用公路电力照明设备、导流洞金属结构设备安装专用门机的招标采购工作，1号缆机安装调试完成并于2006年8月投入运行，导流洞金属结构及启闭机设备制造合同基本完成。

2. 物资管理　2006年全年向电站建设的93个项目供应袋装水泥94133.31t，散装中热水泥211593.7t、粉煤灰73908.24t、钢材69797.587t、炸药4471.54t、外加剂1784.35t、油料6995.7228t。

加强物资采购和供应环节的规范化管理，完善制度建设，修订了《溪洛渡水电站业主统供物资供应管理办法》和《溪洛渡水电站业主统供物资核销管理办法》，制订了《溪洛渡工程民爆器材供应管理暂行办法》和《溪洛渡水电站工程业主统供柴油供应管理办法》。

加强原材料质量管理，对原材料实行从生产到使用的全过程质量控制和管理。在原三峡总公司试验中心溪洛渡试验室对业主供材进行现场质量验收的基础上，2006年5月份引入国家建筑钢材质量监督检验中心进驻工地对业主统供钢筋进行质量验收和检验，委托国家水泥质量监督检验中心进驻主要中热水泥生产厂家进行监理。

（中国长江三峡工程开发总公司　尤筱茹　李光新　李炳峰　李小春）

溪洛渡工程2006年设计与科研工作

（一）设计工作

1. 施工图设计　2006年共提供设计详图944（25套）份、设计通知303（19套）份、便函60份、招标文件10套、专题报告25套、地质预报102期、工程竣工验收报告30份。设计供图完成情况良好，设计资料质量较高，较好地保证了2006年溪洛渡工程建设计划的完成。

2. 深化设计　为了做好大坝工程的招标设计工作，溪洛渡工程建设部在招标设计之前安排开展了拱坝泄洪孔口及消能建筑物深化设计专题研究。2006年7月6～8日，三峡总公司在溪洛渡工地召开溪洛渡水电站拱坝泄洪孔口及消能建筑物深化设计专题报告审查会，会议原则同意对坝身孔口体形的调整，建议对表孔齿坎体形及通气设施作进一步优化，必要时安排大比尺模型试验。原则同意水垫塘的结构设计，为更好地形成底板的整体性，建议底板分缝处设置键槽。同意水垫塘底板表层采用抗冲磨硅粉混凝土，并与下部常规混凝土连续浇筑。鉴于硅粉混凝土施工中易出现裂缝的问题，应提出其温控防裂技术要求。原则同意深化设计报告提出的二道坝加高4m，坝顶高程为382m的方案。

3. 专题研究　2006年围绕大坝工程招标工作，设计开展了一系列的专题研究。主要提交了《溪洛渡水电站大坝基础处理河床部位置换处理及坝基灌浆专题报告》《溪洛渡水电站围堰专题研究报告》《溪洛渡水电站截流规划设计报告》《大坝混凝土温度控制设计专题报告》。

4. 专家咨询　为慎重解决现场施工中存在的问题和重大技术方案的确定，溪洛渡工程建设部不定期组织开展专家咨询工作，主要有：

（1）溪洛渡水电站大坝拱肩槽与地下厂房开挖支护专家咨询会于2006年3月4～6日在溪洛渡工地召开。会议认为设计单位提出的溪洛渡大坝拱肩槽地质缺陷处理预案及技术要求和两家施工单位提出的拱肩槽开挖施工组织设计总体是可行的；左右岸地下厂房施工及其支洞的布置总体可行，但不同意新增的右上1－1施工支洞。同意设计提出的主厂房拱顶支护的方案，建议系统砂浆锚杆调整为6m，主厂房顶拱采用喷钢纤维混凝土。

（2）溪洛渡水电站导流洞工程衬砌混凝土裂缝原因分析及控制措施专家咨询会于2006年7月8～9日在溪洛渡工地召开。专家建议采取以下措施：①适当调整混凝土配合比，C_{90}30标号混凝土粉煤灰掺量可由原来的25%提高到30%；②加强混凝土生产控制措施，确保混凝土生产质量的均匀性，降低拌制混凝土的标准差，同时尽最大努力，降低混凝土出机口温度；③边墙底部1.5m高度范围内仍采用C_{90}40标号混凝土，但应加强混凝土浇筑过程中的控制，确保混凝土振捣质量，并加强对岩面渗水的引排工作；④冷却水管埋设高度应适当提高，通水时间尽量延长到10天左右；⑤平直段环向施工缝钢筋不过缝，以减小侧向约束；⑥加强对混凝土施工全程的精细化管理，提高混凝土的施工质量，建议成立通水温控小组，加强对混凝土的温度和应力监测，建立监测数据库；⑦继续开展相关的试验研究工作，确定最佳混凝土养护方式，并重视和落实冬季混凝土保温问题。

（二）科研工作

为解决现场施工和配合大坝工程的招标工作，

2006年开展了两岸高边坡稳定分析计算、导流洞裂缝处理研究、混凝土原材料和大坝混凝土的配合比及性能试验研究工作。

1. 混凝土原材料和大坝混凝土的配合比及性能试验 为保证溪洛渡工程大坝混凝土的质量，三峡总公司早在2003年就安排开展混凝土原材料和大坝混凝土的配合比及性能试验，2006年根据混凝土试验研究进展情况，对阶段成果进行了审查。

(1) 2006年3月19～20日，三峡总公司在成都召开了“溪洛渡水电站混凝土试验研究阶段成果审查会”。会议认为三峡总公司试验中心和成都勘测设计研究院科研所平行开展的溪洛渡工程混凝土原材料和大坝、地下厂房、抗冲磨混凝土试验研究，所取得的阶段成果内容详实，达到试验大纲的要求，其成果可作为下阶段混凝土施工配合比设计和性能试验研究的依据。

(2) 2006年9月10～13日，三峡总公司在成都召开了溪洛渡水电站大坝工程招标文件混凝土配合比审查会。会议认为报告提出的参考混凝土配合比经适当调整可以作为招标文件混凝土配合比；大坝招标文件水垫塘抗冲耐磨混凝土可采用硅粉混凝土，其他抗冲磨部位，当单掺粉煤灰混凝土能满足设计要求时，可不采用硅粉混凝土。会议提出了大坝工程招标采用的水泥指标和混凝土参考配合比，并要求进一步做好水泥、粉煤灰和外加剂厂家的比选，开展相应的混凝土性能试验。对极限拉伸值、绝热温升、自生体积变形等参数，建议选几家权威单位做并行校核试验。建议开展大坝混凝土在长期荷载作用下有关性能试验研究，请试验承担单位抓紧试验工作，力争在2006年12月底提交混凝土热学、力学性能试验成果。

(3) 2006年12月8日，三峡总公司在成都召开了溪洛渡水电站大坝工程原材料和混凝土配合比补充试验研究大纲审查会。对工程原材料和混凝土配合比后续研究工作提出了具体要求。

2. 溪洛渡水电站左（右）岸谷肩堆积体、雾化区边坡、左岸引水发电进水口边坡稳定性及支护设计专题研究 2006年8月，溪洛渡工程建设部分别与中国水利水电科学研究院及成都理工大学签订了施工科研合同，委托这两家单位进行溪洛渡水电站左（右）岸谷肩堆积体、雾化区边坡、左岸引水发电进水口边坡稳定性及支护设计专题研究。两家单位于9～10月到工地进行了补充地质勘察，并于12月份提交了中间成果。该项专题研究计划于2007年7月份完成。

（中国长江三峡工程开发总公司）

向家坝水电站正式开工建设

2006年11月26日，我国第三大水电站——向家坝水电站正式开工建设。中共中央政治局委员、国务院副总理曾培炎出席开工仪式并宣布正式开工。

曾培炎强调，向家坝水电站建设要按照全面协调可持续发展的要求，有序开发水能资源，做好移民搬迁安置、地质灾害防治和生态环境保护各项工作，始终坚持质量第一、安全第一的方针，严格遵循进度服从质量安全的原则，确保工程建设质量和移民工程质量，努力提高水电建设现代化水平，造福于广大人民群众。

向家坝水电站是我国“十一五”期间开工的第一座特大型水电站，坝址位于四川省宜宾县与云南省水富县交界的金沙江下游河段，是金沙江下游水电梯级开发最末一个电站。电站设计总装机容量600万kW，建成后年发电量将超过300亿kW·h，是我国西电东送骨干电源点，并兼具防洪、航运、灌溉等经济社会效益。

四川省委书记张学忠、省长张中伟，云南省委书记白恩培、代省长秦光荣，国土资源部部长孙文盛，国务院副秘书长张平，国家环保总局局长周生贤，国家发展改革委副主任张国宝，国务院三峡工程建设委员会副主任、三峡总公司总经理李永安等出席了开工仪式。向家坝工程参建单位代表，新华社、人民日报、中央电视台等中央与地方媒体的记者，以及部分移民代表也参加了开工仪式。

张国宝在开工仪式上发表讲话。他说，当前我国正处于全面建设小康社会的重要战略机遇期，水电开发迎来了前所未有的发展机遇，我们要以科学发展观统领全局，正确认识和处理水电开发的新形势、新问题，切实转变水电开发观念，创新水电开发模式，提高水电开发质量，协调处理好水电开发与环境保护、移民安置和地方经济发展的关系，走可持续发展的新型水电开发道路。金沙江流域水电开发，要服务于全国能源发展战略大局，按照“流域、梯级、滚动、综合”的开发方针，有序推进金沙江下游河段水能开发，将向家坝水电站建设成为西部开发的典范工程。

张中伟、秦光荣在开工典礼上分别代表四川、云南两省向向家坝水电站正式开工表示祝贺。张中伟说，向家坝水电站这一工程的建设，对加快金沙江流域开发，变西部地区资源优势为经济优势，促进西电东送和西部大开发，实现能源资源的优化配置，改善生态环境质量，都具有重要意义。秦光荣说，向家坝电站的开工建设，预示着金沙江干流水电开发掀起了新的高潮。同时，建设向家坝电站对于促进云南、四川两省经济社会发展，加快沿江人民脱贫致富步伐具有重要意义。他们表示，将进一步加大对工程建设的支持力度，扎实做好移民安置工作，积极搞好全方位的协调服务，着力营造良好的建设环境，确保工程建设顺利进行，努力促进工程早日建成投产。

李永安在开工仪式上说，向家坝电站开工建设是三峡总公司实施“建设三峡，开发长江”战略的又一重要举措，将坚持“建好一座电站，带动一方经济，改善一片环境，造福一批移民”的水电开发理念，努力把向家坝水电站建设成为西部水电开发的精品工程、富民工程。

在热烈的气氛中，曾培炎为向家坝电站开工纪念石揭幕。开工仪式结束后，曾培炎等领导和嘉宾视察了向家坝工程建设工地。

根据施工进度计划，向家坝工程将于2008年截流；2010年二期工程大坝混凝土开始浇筑；2012年坝体具备挡水条件，水库蓄水；2015年机组全部投入运行，工程竣工。

（摘自《中国三峡工程报》）

向家坝工程2006年建设情况

（一）概况

向家坝水电站是金沙江下游河段规划的最末一个梯级，开发任务以发电为主，同时改善航运条件，兼顾防洪、灌溉，并具有拦沙和对溪洛渡水电站进行反调节等作用。可研阶段审定电站装机容量6000MW，工程开工后对增大装机容量进行了研究，单机容量增大到800 MW，总装机容量增大到6400MW。

工程枢纽主要由挡水建筑物、泄洪消能建筑物、冲排沙建筑物、左岸坝后引水发电系统、右岸地下引水发电系统、通航建筑物及灌溉取水口等组成。拦河大坝最大坝高162.00m，坝顶长度896.26m；两岸厂房各安装4台800MW机组，右岸地下厂房长245.0m，宽31.0m，高85.5m，坝后厂房主厂房长226.94m，宽39.5m，高79.15m；一级垂直升船机最大提升高度114.20m，设计年货运量112万t。

主要工程量为：土石方明挖3959万m^3，石方洞挖217万m^3，混凝土浇筑1369万m^3，钢筋钢材28.46万t，帷幕灌浆43.11万m，固接灌浆67.55万m。

工程前期筹建工程项目于2004年7月开始施工，2006年11月26日正式开工，计划2012年10月右岸地下厂房第1台机组投产发电，2014年3月底左岸坝后厂房第1台机组投产发电，2015年6月底工程竣工。

（二）主要工程量完成情况

2006年完成工程量：土石方明挖1130.22万m^3，石方洞挖51.94万m^3，土石方回填437.29万m^3，混凝土浇筑41.67万m^3，喷混凝土7.47万m^3，锚杆191037根，钢筋制造安装15398t。

（三）主要工程项目施工形象

截至2006年底，工程项目施工形象如下：

1.“四通一平”工程项目

（1）交通工程：左岸对外交通专用公路全长11.7km，其中场内至团山堡6km混凝土路面上半年已建成通车；Ⅰ标除团山堡立交桥外，其余工程基本完成；Ⅱ标岩门溪2号隧道洞挖完成，衬砌完成300m，江坳口3号隧道进口上导洞进尺550m，下导洞进尺300m，衬砌完成40m；Ⅲ标江坳口3号隧道出口上导洞进尺850m，下导洞进尺750m，衬砌完成350m。太平料场进场道路改建工程，全长9.7km，2006年11月份修筑完成。场内交通网络基本形成，左岸道路全长约11km，全部建成通车；右岸道路全长约12.7km，除云天化小学占压段和重件道路沿江段约1.6km外，也已建成通车。金沙江大桥所有桩基础施工于9月底全部完成；N2、N3号主墩年底完成8号块施工。

（2）供水工程，总供水量按18万t/d规划，其中生活水1.6万t/d，生产水16.4万t/d。左岸4万t/d水厂已建成投产，供水管网基本形成；右岸临时供水管网已经形成（从左岸引水）；右岸5万t/d水厂土建施工基本完成，进行设备和管道安装，年底具备调试条件。

（3）供电工程，包括右岸马延坡110kV中心变电站1座、35kV变电站4座，以及相应电压等级的供电线路。截至2006年底，施工区供电网络全部形成；110kV中心变电站、左右岸场内2座35kV变电站、茶林沟35kV变电站已建成投入使用；太平料场35kV变电站基本建成；110kV普向线、屏向线和35kV马太线全部建成。

（4）通信工程，左右岸光缆敷设工作完成，电力调度通信全部形成，施工区形成了以变电站为中心的复合光缆传输网络；完成了长距离皮带洞无线电网络覆盖、永久营地的通信规划设计工作。

（5）场平工程包括施工营地、仓储系统、辅助企业场地平整以及渣场准备工程。左岸办公及生活区营地场平工程、田坝场平工程全部完成。监理和施工单位用房年底全部建成，部分投入使用。永久营地12月底开工建设，合同工期10个月。前期设备物资仓库完成招标文件审查，年底完成招标工作。

（6）重件码头已委托开展专项设计；水文气象站

房建项目基本完成，正在进行室内外装修，水文站正在建设中；污水处理厂10月份开始施工，场平工程全部完成；场内道路和边坡绿化基本完成，营地绿化准备开展施工。

2. 准备期辅助工程项目

（1）太平料场及马延坡砂石加工系统由太平料场、长距离（31km）骨料输送线及马延坡砂石加工系统组成。太平料场区道路基本形成，各车间混凝土浇筑接近尾声，采场道路已经修筑到顶，正在进行剥离层开挖；进场公路连接段（3km）开始施工。马延坡区土建工程已接近尾声，金属结构制作安装已完成60%。尾渣坝12月底填筑至高程550m（设计高程565m）。长距离（31km）骨料输送线土建工程全部完成，已交面部位皮带洞通风、照明安装、电缆敷设基本完成，胶带机正在顺利安装。

（2）凉水井砂石加工系统上半年已投入生产（设计能力800t/h）。

（3）凉水井混凝土系统，于10月15日正式建成投产。

（4）右岸高程380m混凝土生产系统，设计布置两座4×3.0m^3自落式混凝土拌和楼，场地土石方开挖10月份全部完成，12月份系统开始进行制冷楼、骨料罐设备基础施工。

（5）右岸高程310m混凝土生产系统，12月下旬开始基础处理施工。

（6）向家坝工程布置3台30t平移式缆机，跨度分别为1363m、1355m、1347m，是目前国内同类型跨度最大的缆机。左岸缆机平台轨道混凝土浇筑全部完成，11月底完成轨道安装，年底完成32束锚索施工和二期混凝土浇筑，具备缆机副塔安装条件。右岸缆机平台开挖全部完成，正在浇筑轨道混凝土。拉索平台12月上旬开始上游侧轨道基础混凝土浇筑，下游框架结构基础开挖年底完成。取料平台挖孔桩已于12月上旬开始施工。缆机到货情况满足安装进度要求，其中桅杆吊基础地锚、临时承载索地锚已开始施工。

3. 主体工程项目

（1）左岸高程300m以上边坡开挖工程，2006年完成土石方明挖268万m^3，累计完成明挖968万m^3。左岸上围堰支洞，洞挖全部完成，混凝土衬砌完成50%（75m），路面混凝土浇筑全部完成。左岸进厂交通洞，洞挖全部完成，混凝土衬砌完成14仓（126m），中间两幅混凝土路面浇筑完成；上坝公路、进厂公路、磨刀溪排水系统全部形成。

（2）左岸主体及导流工程，年底完成土石方开挖400万m^3。一期围堰5月底填筑至设计高程，满足度汛和汛期基坑施工要求。所有沉井都进入第五节施工，最快的10号沉井已下沉36.6m。坝肩C1区完成高程270m以上开挖，坝肩C2区完成高程280m以上开挖，基坑C3区完成高程257.8m以上开挖，泄水渠D区完成高程259m以上开挖，泄水渠E区高程274m以上边坡开挖结束。11月中旬完成沉井影响区外全部碎石振冲桩施工（影响区内剩约223根）。12月下旬完成一期围堰下横段占压段边坡及底板、二期纵向围堰下游段基础开挖，并开始部分仓位垫层混凝土浇筑。

（3）左岸山体排水洞工程，洞挖施工全部完成，混凝土衬砌、排水孔、底板混凝土浇筑年底完成60%。

（4）右岸地下引水发电系统工程，主厂房顶拱第一层中导洞开挖进尺195m，两侧扩挖60m。主变压器室于12月6日开始施工，年底完成第一层中导洞开挖进尺60m。电梯排烟及排风竖井完成ϕ1.4m导井40m开挖。右岸进水口12月底基本完成高程450m以上边坡开挖。开关站完成施工道路修建。尾水出口完成高程340m以上边坡开挖。进厂交通洞，上半洞开挖至K0+145m，累计进尺323m；下半洞挖至K0+321m，累计进尺147m。上坝交通洞，出洞口混凝土衬砌剩36m未完成，至380m Ⅰ区临时道路基本形成。灌排廊道，第一层排水廊道开挖全部完成，正在进行第二层灌排廊道施工。1号施工支洞4月中旬洞挖完成，3号施工支洞10月份开挖完成，4号施工支洞进尺100m。地下电站主厂房开挖以前，主要安全监测仪器已安装到位，并已获得初始观测值。

（中国水电顾问集团中南勘测设计研究院　潘江洋）

把向家坝工程建设得更科学、更合理、更和谐

中国科学院、中国工程院院士　潘家铮

从某种意义上讲，一个工程上马愈晚愈有利。因为上马愈晚，积累的经验愈多，科学技术愈进步和完善，愈能被充分地利用，为设计创造了很多好的条件。过去在计划经济年代，工程建设太多地考虑政治因素，其次强调技术上的可行和经济上的合理，其他因素较少考虑。改革开放后工程建设理念不断进步发展，这种变化意义重大。所以，在几个大的水电工程中，向家坝工程开工排在后面一点可说是好事，相信向家坝工程建设能够比其他工程建设得更科学、更合理、更和谐。“科学”是指不断采用新的科技；“合理”是说各方面的意见和利益都能充分地吸取和协调，大家都满意；“和谐”是希望工程的建设能够为

构建和谐社会作出贡献。

向家坝工程总体布局和三峡工程有些相似。三峡工程走在前面，为向家坝工程提供了很有利的条件，施工单位要充分吸收三峡工程成功的经验。三峡工程质量很好，到后期更好。三峡工程的经验教训是一面镜子。向家坝工程建设不是要照搬三峡工程的做法，更重要的是能够创新，在过去的水平上再上一个台阶，工程质量要一开始就好，越来越好。

质量问题还要站在高一层次看待。过去每谈到质量问题想到的就是土建方面，例如混凝土浇筑方面的疏松、渗水、开裂、表面不平等质量问题。这类性质的质量问题当然应重视，应解决，同时还要强调混凝土工程的耐久性、工程寿命、工程使用期问题。混凝土浇筑中的问题尚有补救，耐久性问题属于高一层次质量问题，难以补救。今后工程质量问题要从更高层次来认识，真正做到千年大计。

水利工程特别是高坝大库，与其他建筑物相比性质有所不同。大楼、桥梁、公路等这些工程有寿命、有设计使用期（几十年或百年），使用期满了，如能够和需要继续用的，维修后继续用，不能用的可以拆掉重建，再高的楼都可以拆掉，桥梁也可以重建。大坝设计虽然也有寿命和使用期，但你能把高坝大库拆掉吗？向家坝工程这样的高坝大库在设计中要考虑使用年限，并不意味着到了这个年限就可以不再负责任，因为不可能把大坝和水库报废。设计、施工都要保证工程长期使用。长期使用虽不等于永久使用，但长期起码要有二三百年。二三百年后怎么办？科学技术发展如此快，后人会解决问题的。所以高坝大库一定先要保证达到长期使用的要求。

向家坝工程的设计、施工、监理要采取各种措施全力以赴保证不出事故，小的质量事故力争不出，出了要及时很好地处理，要保证不留隐患，主要是要保证工程的耐久性。混凝土坝和钢结构、木结构不同，钢结构要生锈，木结构要腐烂，确实较难做到长期使用，混凝土结构则有条件可以做到。只要先保证原材料和拌和物的稳定性，再严密保护表面，然后妥善防止和解决渗漏问题，加上正常维护、检修，就能够达到长期使用的标准。

建筑物的寿命和工程使用期是两码事。例如，大坝结构没问题，但水库泥沙淤积满了，工程也就不能发挥作用了。向家坝这样的高坝水库，要做到能长期使用，就需要既要保证建筑物的寿命，也要保证水库的寿命，使水库运行若干年冲淤平衡后，还是有水库，还可以长期发挥效益。现在很多桥和大楼没多少年就拆掉重建，有的是规划失误，有的是结构寿命太短，这是最大的浪费。水电工程相对来讲好一些，但要吸取这方面教训，工程从一开始就应注意。

向家坝工程移民量大，工程建设要始终把移民当做一件大事来抓，负责到底。不要有这样的概念，以为对移民已付了钱了就可以了。我们要把自己的心和移民的心连在一起。工程建设初期要妥善安置，运行后大力扶持库区和移民新区的发展，为移民创造更好的条件，使他们通过自己的勤劳能真正富起来。在这方面要多动脑筋，使工程建设能够给移民带来幸福，为构建和谐社会作出巨大贡献。

向家坝工程的生态环境问题，影响最大的还是位于原自然保护区的问题。我们不能因保护就不建设，但也不能简单地在保护区迁走后就不再关心渔业和水生生物问题。要千方百计把这些问题弄清楚：建了坝后对渔业究竟有什么影响？有哪些正面影响，哪些负面影响？使负面影响能尽量减免和得到补偿。对施工期环保，要抓文明施工，尽可能减免对生态的破坏，并随工程进展做好补偿恢复工作，使施工区生态比原来更好。国外施工工地，保护规划制定得非常细。向家坝工程应该也一定会做得很好。现在有些人反对水电开发，事实上，对贫困落后地区不开发，也保护不了生态环境。我们要利用开发的有利时机，切实在保护的前提下开发，以开发促保护，做到开发与保护的双赢。

（本年鉴编辑部根据《中国三峡工程报》潘家铮院士访谈录摘要整理）

又好又快地建设向家坝工程

中国工程院院士　谭靖夷

向家坝水电站重力式大坝高 161m，装机 8 台，总容量 600 万 kW，是继溪洛渡之后在金沙江最下游开工兴建的又一巨型工程，其规模仅次于长江三峡水电站和溪洛渡水电站，目前位居全国水电站第三。

经过多年勘测和比较研究，选定的坝址紧靠水富县城上游。尽管该坝址在地形、地质等方面相对较优，但左岸坝肩附近有煤层，河床左侧仍有较厚的砂砾石覆盖层，靠近右岸河床有破碎的宽断裂带。坝址下游右岸为云南天然气化工厂的生活区，且金沙江洪水流量巨大，给泄洪消能带来很大的难度。此外，为满足航运要求，还要设置通航建筑物，如果发电厂房全部置于坝后，将使枢纽布置十分拥挤。

为优化枢纽布置，相关单位对选定坝址又进一步作了更详细的勘测，并作了多方案的比较，最终确定的枢纽布置设计为：左岸避开了煤层，通航建筑物位于左岸，溢洪道偏左岸并采用底流消能，以最大限度地减轻雾化水流对水富县城区的影响；并巧妙地将发电厂房一分为二，4台机组置于坝后，另4台机组利用右岸仅有的较为完整的岩体，移置地下。这使枢纽各建筑物互相协调，既很好地适应了坝址的地形地质条件，又解决了大坝前沿长度十分紧张的问题，堪称因地制宜的佳作。

该工程另一难题是砂石骨料料源选择。坝址区上游虽有可用作骨料的砂岩，但剥离量很大，且有硅酸盐碱活性；曾在工程区附近约15km处找到开采条件较好的灰岩料场，但因有公认为骨料中的“癌症”——碱碳酸盐反应，为确保工程长期安全，只好弃而不用。最终选定的灰岩料场距坝址上游约50km（公路里程），设计采用总长达31km的胶带机，将经过粗碎后的毛料运至坝区进一步加工为砂石骨料成品。这是我国水电建设迄今运距最长的胶带机输送系统。

大坝工程施工采用河床分期分流。一期基坑靠近左岸，进行航运建筑物等施工，纵向围堰采用沉井通过砂砾石覆盖层直达基岩。二期基坑内为大坝溢洪道及坝后厂房等。右岸地下厂房不受分期导流限制，可先行独立施工并先投入运行，这也是现行枢纽布置的又一优点。

向家坝工程土石方开挖及混凝土浇筑等工程量巨大，工程质量及地基处理要求高。希望参建单位吸取三峡等工程经验，精心组织，实行科学管理和精细化管理，使工程质量达到更高的水平。

大坝工程处于施工关键路线。鉴于我国碾压混凝土筑坝技术已经成熟，总体上处于国际领先地位，不论在工程质量、施工速度和工程规模等方面都积累了十分宝贵和丰富的经验，且向家坝工程砂石骨料等原材料供应条件很有利于采用碾压混凝土。衷心希望各单位在认真总结国内成功经验的基础上，下决心最大限度地将碾压混凝土用于向家坝工程二期基坑内的大坝。只要精心施工，必将取得优质、高速和降低工程造价的成果。

（本年鉴编辑部根据《中国三峡工程报》谭靖夷院士访谈录摘要整理）

向家坝工程的综合效益

向家坝水电站的开发任务以发电为主，兼顾防洪、改善通航条件、灌溉，同时具有拦沙和为溪洛渡水电站进行反调节等作用。其综合效益情况如下：

1. 发电效益　向家坝水电站作为金沙江干流首批开发的电源点之一，主要供电华中、华东地区，并兼顾四川、云南的用电需要。电站总装机容量600万kW，在近期上游有锦屏一级、溪洛渡水电站调节时，保证出力200.9万kW，年发电量307.47亿kW·h；远期上游干支流规划的虎跳峡、两河口、白鹤滩等梯级大型调蓄水库相继建成后，保证出力将增加到350万kW以上，发电量和电能质量将稳定提高，发电效益巨大。巨大的电能通过直流特高压送往华中、华东地区，送出的±800kV、640万kW直流特高压是国产化示范工程。

2. 防洪效益　向家坝水电站汛期预留防洪库容9.03亿m^3，具有控制洪水比重大，距离防洪对象近的特点。目前川江沿岸的宜宾、泸州、重庆等城市的防洪标准仅达到5～20年一遇，远远低于国家规定的50～100年一遇的标准。因此兴建向家坝水电站与溪洛渡水电站联合运用是解决川江防洪问题的主要工程措施之一，配合其他措施，可使宜宾、泸州、重庆等城市的防洪能力逐步达到国家规定的标准。同时，配合三峡水库进一步提高荆江河段的防洪能力，减少长江中下游地区的分洪损失。

3. 航运效益　金沙江属山区型河流，因河道狭窄，滩多流急，给航运事业的发展造成较大的困难。目前金沙江营运通航河段仅宜宾至新市镇105km航道为五级航道。向家坝通航建筑物按四级航道标准设计，可通行2×500t级船队。水库形成后，将淹没需要整治的84处碍航滩险，库区将成为行船安全的深水航区，航运条件得以根本改善。同时与溪洛渡水库联合调度运行，可改善下游枯水期的航运条件。

4. 灌溉效益　紧靠向家坝坝址下游的长江两岸均系丘陵农业区。该地区土地肥沃，气候适宜，但缺乏大型骨干水利设施，田高水低，旱灾频繁发生，水源成为该地区农业发展的制约因素之一。向家坝水库建成后，可引水灌溉下游14个县市农田370余万亩。并可解决灌渠沿线部分城镇工业和生活用水问题，对于改善当地人民生活水平，促进经济发展和社会稳定均将起到积极的作用。

5. 环境效益　向家坝水电站总装机容量600万kW，年平均发电量307.47亿kW·h。可替代同等规模的燃煤火电厂，相当于每年减少原煤消耗约1400万t，每年减少二氧化碳排放约2500万t、二氧化氮约17万t、二氧化硫约30万t，不仅可以大大节约煤炭资源，而且可减少燃煤污染，改善生态环境质量。

6. 社会效益　向家坝库区分别隶属于四川、云南两省的边远贫困山区。由于受历史、地理等诸多条件的限制，库区周边各县仍处于以传统农业经济为主的生产、生活状态，工业基础薄弱，交通发展缓慢，商品经济欠发达。而库区所在的攀西—六盘水地区又是我国资源最富集的地区之一，当地丰富的资源没有得到开发利用，资源优势未能转化为经济优势。其人均国内生产总值远低于两省和全国平均水平。开发向家坝水电站符合国家实施西部大开发战略和东西部共同发展方针。随着向家坝水电站的建设和移民资金的投入，库区对外、对内水陆交通条件的改善，必将带动周边地区的能源、矿产和农业资源的开发，为贫困山区的脱贫致富创造一个难得机遇，对当地经济发展起到积极的推动作用。

（本年鉴编辑部摘自《中国三峡工程报》）

向家坝工程的地质问题

向家坝水电站坝址地质条件因具有诸多特殊性而显得十分复杂。从 1957 年开始，历经数十年艰苦、细致、深入的地质勘察，从长达 7.5km 坝段中的 7 个比较坝址中，选定目前的坝址，经过坝址选择、预可研报告、可研报告等阶段多次国家审查和专家评估咨询，向家坝水电站的关键技术问题已基本解决，没有制约工程建设的重大技术问题。

（一）主要问题

1. 地形条件不利　坝址位于峡谷出口，河谷宽阔，河床普遍堆积厚度 10～40m，最厚有近 80m 的河流冲积的砂卵砾石层，而且该河段常年通航。这些条件极大地增加了勘探的难度，也给了解掌握坝址地质条件增加了很大难度。

2. 坝址的岩石条件相当复杂　坝址分布的基岩是在两亿至两亿五千万年前形成的，沉积环境是河流、湖泊以及沼泽。随水流条件的变化，沉积物质的颗粒大小发生变化，形成了砂岩夹泥岩或者泥岩夹砂岩二者交替分布的这样一套地层。突出特点就是软弱层多，岩层厚度不稳定，多数呈透镜状，这样的地层通常还含有煤层。向家坝坝址地层中不规则的煤线或鸡窝煤较普遍，其中 T_3^3 岩组含 7 个薄煤层，并且当地老百姓在 20 世纪 50 年代末期乱采乱挖较严重，进一步增加了地质条件的复杂性。

3. 坝址构造条件极端复杂　坝址处在穹窿状的糖房湾短轴背斜的东倾伏端，并且发育了一条北西向的立煤湾膝状挠曲带，使得背斜两翼地层不对称，右岸及河床右侧的岩层平缓，倾向右岸偏下游，左岸及河床左侧的岩层稍陡，倾向左岸偏下游，分布在河床的挠曲带核部岩层急剧陡倾。因而坝址岩层向三面倾斜，倾角变化从 15°到 90°，空间形态很不规则。岩层发生挠曲变形的同时，还伴生或派生出 2～3 组小型断层和节理裂隙，而且形成了较多的层间错动破碎带。这些派生的结构面的发育程度又与岩层产生挠曲变形的强烈程度密切相关，使本来已很复杂的地质条件更趋复杂。

4. 坝址的水文地质条件比较复杂　坝址区有两层基岩地下水。上层水水量少，水位起伏大；下层水的排泄条件好，水位低缓，与河水联系紧密，二者基本同涨同落。而且浅部基岩、河床岩体的透水性较好。

5. 坝址岩石的风化、卸荷比较特殊　砂泥岩地层中不常见的囊状风化在向家坝坝址较多。卸荷裂隙也不完全随深度增加均匀地逐渐变少和变窄，常常是浅部较明显，中间一段不发育，之后又集中出现。

（二）对施工的影响

向家坝水电站复杂的地质条件使工程施工难度大大增加，主要是：

（1）由于河床覆盖层厚，层次结构复杂，不仅有砂卵砾石层、砂层，底部的砂卵砾石层中还含较多崩块石，形成局部架空结构，使得围堰的基础处理难度很大，如一期围堰防渗墙成槽时容易出现护壁泥浆漏失、塌孔等；沉井施工时容易产生流沙，出现偏斜，遇崩块石更可能出现被挟持、下沉速度慢等问题。

（2）由于泥质岩石含量多，岩石强度低，易风化崩解，遇水软化。边坡开挖后泥岩坡面很快风化成碎石状，产生剥落，坡脚形成碎石堆。下大雨时，容易被冲进排水沟，形成堵塞。

（3）乱采乱挖形成的煤洞采空区大多仅有 30～50cm 高，并且有弃渣、空洞，不仅给勘探调查带来很大困难，而且增加了回填处理难度。尽管在坝线选择和地下厂房的布置时尽力回避煤层采空区，但对两岸高边坡的影响是无法回避的，边坡揭露煤洞的回填加固成为了边坡工程的最大难题。

（4）由于岩层平缓、软弱夹层多，不仅对重力坝的抗滑稳定不利，也容易引起地下洞室的顶拱岩层的拉裂与塌方。因此坝基深层抗滑稳定和超大跨度地下厂房的开挖与支护方案，成为重点研究的技术课题。

（5）由于岩体透水性好，不仅使沉井降水和基坑排水的难度增加，而且大大增加了厂坝防渗帷幕和排水的工程量。

（本年鉴编辑部摘自《中国三峡工程报》）

向家坝工程的主要技术难题

向家坝水电站装机规模 6000MW，是继三峡、溪洛渡之后我国开工建设的第三大水电工程，具有工程规模大、地质条件复杂、河床覆盖层深厚、环保要求高等特点。工程建设要解决的工程重大技术难题主要情况如下：

1. 坝基深浅层抗滑处理　坝址处于立煤湾短轴背斜处，地质条件复杂，右侧溢流坝地处短轴背斜核部的挠曲部位，其中泄③～泄⑥坝段浅层抗滑稳定安全系数偏低，泄⑧～泄⑬坝段深层抗滑稳定安全系数偏低。经众多方案论证决定采用扩大坝基、坝踵加齿槽、坝基深孔固结灌浆和部分破碎带采用混凝土洞塞置换的处理方案，以确保大坝的稳定安全。

2. 高水头大单宽高含沙底流消能 向家坝水电站最大泄洪功率约 40000MW，消力池内最大单宽流量为 225m³/（s·m），为世界之最，消力池入池流速达 35m/s 左右，而且枢纽紧邻水富县城和云南天然气化工厂，下游泄洪消能难度较大。通过国内多家知名院所的联合攻关、平行实验验证，并借鉴国外已建工程成功经验，设计采用跌坎式的底流消能方式，为国内首创，其技术难度达到国际先进水平。

3. 变顶高尾水洞 右岸地下厂房发电引水系统长 302.8m，尾水系统长 384.3m，由于 T_3^3 含煤地层的影响，开挖大规模调压井不仅难以保证调压井本身的稳定，而且对整个地下厂房洞室群的围岩稳定将产生较大的不利影响，设置尾水调压室工程风险较大，代价较高。根据地下厂房运行特点，并借鉴越南和平水电站变顶高尾水洞替代调压井的成功经验，通过模型实验及水力过渡过程的大量验算，获得满意的结果。经研究决定采用变顶高尾水洞结构型式。

4. 大跨度地下厂房 右岸地下厂房厂区内洞室多，尺寸大，布置密集、立体交叉。由于机组单机容量为 750NW，是目前国内采用的最大单机容量机组，主厂房岩锚梁以上开挖宽度达 33.40m，洞室高度达 85.50m，其跨度和规模均属世界前列。通过厂区布置、围岩稳定与加固支护措施等关键技术问题的专题研究，落实和解决了超大型地下洞室群围岩稳定与支护的技术问题。

5. 一级垂直升船机 向家坝水电站通航建筑物设计为一级垂直升船机，其提升高度达 114.2m，是三峡工程升船机之后又一过坝升船机的世界之最。经多年的调研和科学论证，并借鉴国内外成功经验，决定采用全平衡齿轮爬升螺母保安式升船机结构，其规模和技术条件的复杂程度已超出国内外已建工程的水平。

6. 大尺寸沉井群 向家坝水电站采用分期导流施工方案，由于覆盖层深厚，为保证坝基及二期纵向围堰大坝上游段堰基开挖时一期围堰的稳定，并后期作为二期纵向围堰的一部分，承担二期工程的挡水任务，设计上采用了 10 个大尺寸的沉井组，其规模是世界最大的沉井群。沉井最大下沉深度达 60m，最小下沉深度 43m。沉井地处复杂的含细砂层、崩块石层基岩，沉井群距一期围堰脚最小距离仅 12.1m，其设计和施工没有类似的经验，难度国内外罕见。

7. 长距离带式输送机 向家坝水电站主体工程砂石加工系统采取分散布置方式，半成品与成品加工区之间直线距离约 30km。经多种运输方案综合比较后，决定采用长距离带式输送机输送半成品骨料方案，具有输送能力大、运行可靠度高、对环境影响小、项目投资省等特性。设计方案具有长距离（5 条输送机总长约 31.3km，最大单机长约 8.3km）、变倾角（其中 1 条输送机两端高中间低）、高带速（带速 4m/s）、大运量（3000t/h）、主要布置在隧洞内（29.3km）等技术特点，属国内最长的带式输送机输送线。

（中国水电顾问集团中南勘测设计研究院）

金安桥水电站主坝工程建设情况

金安桥水电站位于云南省丽江市境内，是金沙江中游“一库八级”水电开发方案的第五个梯级。电站总装机容量 2400MW，单机容量 600MW，年发电量 110.43 亿 kW·h，由碾压混凝土重力坝、坝后式厂房、右岸表孔溢洪道、右岸泄洪冲沙底孔及左岸冲沙底孔组成。最大坝高为 160m。水库正常蓄水位 1418m，相应库容 8.47 亿 m³，调节库容 3.46 亿 m³。工程总投资约 139 亿元，总工期为 87 个月。

金安桥水电站工程主坝工程由中国水利水电第四工程局承担施工。电站工程 2005 年 12 月 27 号截流成功；2006 年 5 月 26 日 2 号导流洞过水，5 月 31 日上游围堰、6 月 4 日下游围堰施工分别达到设计高程具备挡水条件；10 月 18 日右岸 2 号拌和楼联动成功，10 月 30 日左岸坝区供水系统建成；11 月 20 日右岸 1 号拌和楼联动成功，11 月 30 日右岸 1 号拌和楼成功试生产混凝土，右岸混凝土拌和系统投产生产混凝土；2006 年 12 月 5 日坝基开挖提前完成（原定工期 12 月 10 日）；12 月 20 日厂房基础按照工期要求钻爆完成；2006 年 12 月 25 日大坝第一块混凝土开盘浇筑。

截至 2006 年年底，工程进展顺利，各项指标圆满完成或超额完成计划要求：

（1）累计完成投资 4.9 亿元，占合计投标金额的 20.8%。

（2）累计完成主要工程量：土石方挖填 938.6 万 m³；混凝土浇筑 23 万 m³；金属结构制作安装 4800t；基础灌浆 6000m。

（3）工程主要形象

1）大坝左岸 1340m 高程以下坝肩、坝基开挖全部完成，厂房基础边坡 1375m 高程以下开挖全部完成；1320m 高程以上坝肩、厂房边坡支护完成。

2）大坝右岸1360m高程以下坝肩、坝基开挖全部完成，溢洪道边坡坝横0＋338m上游1380～1310m高程开挖完成，溢洪道边坡坝横0＋338m下游1350m高程以上开挖完成；坝肩边坡、溢洪道坝横0＋338m上游边坡1320m高程以上支护完成。

3）围堰工程施工全部按时完成。

4）右岸混凝土拌和系统（除制冷系统外）施工完成并投入运行，左岸混凝土拌和系统土建施工基本完成，金属结构及设备安装完成部分。

5）2号缆机安装完成并投入运行，1号缆机安装基本完成，进行完善、调试。

（中国水利水电建设集团公司　楚跃先）

在建常规水电工程

龙滩水电工程2006年建设情况

（一）工程量和投资完成情况

2006年，龙滩水电站主体工程完成：土石方开挖26.5万m^3，为年计划23万m^3的115.2%；混凝土浇筑263.2万m^3，为年计划253.6万m^3的103.8%；钢筋制安37025t，为年计划30124t的122.9%；固结灌浆9.75万m，为年计划7.87万m的123.9%；帷幕灌浆8.8万m，为年计划7.5万m的117.3%。

全年共完成建安投资147218万元。

（二）主要工程形象面貌

2006年，龙滩水电站主体工程进度均较计划进度提前，主体工程形象面貌如下：

1. 大坝工程　左岸大坝，22～32号坝段坝体混凝土于8月25日全线浇筑至坝顶382m高程；坝后明管外包混凝土全部完成；固结灌浆全部完成，1～9号机压力钢管钢衬接触灌浆全部完成。右岸大坝，通航坝段（5号坝段）以右全部浇筑到坝顶382m高程，右底孔坝段（12号坝段）浇筑至340m高程，河床溢流坝段浇筑至319.8m高程以上，左底孔坝段（19号坝段）浇筑至340m高程；21号坝段浇筑至高程330.5m，其他挡水坝段均浇筑至高程340m以上。左、右岸导流洞第一节堵头混凝土浇筑完成。上游靠船墩、联系墩施工完成，下游河道整治工程围堰内235m高程以下护坡混凝土基本完成。

2. 地下引水发电系统工程　除4～9号引水下平洞与2号施工支洞交叉段封堵和灌浆外，其余引水隧洞压力钢管安装和混凝土浇筑施工基本结束；1～5号机一期、二期混凝土浇筑结束，基础环、座环、蜗壳及机坑里衬安装完成；主厂房吊顶施工完成；母线洞浇筑、装修基本完成；主变压器室衬砌施工完成；1、2号尾水调压井混凝土浇筑完毕，3号尾水调压井浇筑至251m高程；尾水出口二期围堰形成，护坦混凝土浇筑完成。中控楼、开关站土建及装修施工完成。

3. 机电设备及金属结构安装工程　1号水轮机埋件安装完毕，导水机构、顶盖、接力器等水轮机部件和发电机定子、转子等部件吊入到位，进入总装调试；2号水轮机埋件安装完毕，座环加工、导水机构预装完成，发电机定子开始下线，转子圆盘支架焊接完成；3号水轮机埋件安装完毕，座环加工完成，正进行发电机定子组装；4、5、6号水轮机埋件安装完毕；7号水轮机尾水管、座环完成，蜗壳挂装完成90%；8、9号机尾水管及附件安装完成。1～7号机压力钢管安装完成；3台尾水管台车投入使用，尾水管闸门已在组装；尾水洞出口闸门安装完毕。2套底孔弧门及启闭机投入使用。1～9号机进水口闸门及埋件、拦污栅及埋件安装完成；进水口坝顶门机投入使用。

（三）工程下闸蓄水

龙滩水电工程自2001年7月1日正式开工建设以来，通过各参建单位团结协作、努力奋斗，于2006年9月20日达到工程下闸的形象面貌，比工程总进度提前了整整2个月。9月21日，广西库区330m以下移民工作通过验收，9月28日又通过了工程蓄水安全鉴定、枢纽工程蓄水阶段验收和贵州库区330m以下移民工作验收。9月30日工程下闸蓄水。龙滩水电开发有限公司在现场举办简朴而热烈的下闸蓄水庆典仪式，上午9时35分，中国大唐集团公司副总经理、龙滩水电开发有限公司董事长、龙滩水电工程下闸蓄水总指挥钟俊发出了下闸蓄水令，10时许下闸成功。龙滩水电工程成功下闸蓄水，标志着工程建设取得重要的阶段性成果。

（四）安全文明生产情况

2006年的安全生产形势总体平稳，安全生产基础不断夯实，没有发生任何安全责任事故，全面实现了安全文明生产年度目标，再次（连续4年）荣获中国大唐集团公司安全文明施工样板工地称号。

（五）工程质量情况

2006年，质量保证体系不断完善和改进，质量督导和考核奖惩成效明显，过程控制得到了加强，混凝土施工工艺技术水平有了很大提高，混凝土质量通病得到了有效控制，观感质量有较大提升，全面实现工程质量管理年度目标。右岸大坝陆续取得了长达13m、15m的碾压混凝土芯样，创造了芯样长度的新纪录。

2006年，主体土建工程累计完成5099个单元工程评定，单元工程合格率100%，优良率96.3%；分部工程验收79个，优良率97.5%，金属结构及机电设备安装质量优良率达到95%以上。全年未发生质量事故，整个工程质量始终处于受控状态，为实现"建一流精品工程、样板工程、获鲁班奖"目标打下坚实基础。9月8～12日，电力建设工程质量监督总站专家巡视组进行了第七次现场巡视，经过认真的检查提出了质量巡视报告，认为龙滩工程安全质量在全国同行中保持领先水平。

（六）快速优质施工情况

1. 大坝碾压混凝土施工创造单日浇筑新纪录 龙滩大坝为碾压混凝土重力坝，设计最大坝高216.5m，坝顶轴线长849.44m，为目前世界上在建的高度最高、碾压混凝土方量最大的全断面碾压混凝土重力坝。375m方案下大坝混凝土总量660万m^3，其中碾压混凝土457万m^3，为总量的69%。针对工期紧、施工干扰大、浇筑强度高及龙滩工地所处高温多雨自然环境等特点，精心组织，科学管理，协调好混凝土浇筑与坝基固结灌浆施工等的关系，实现了高温多雨季节连续施工、质量全程受控的目标。2006年完成大坝混凝土浇筑241万m^3，在3月3日、3月5日连续实现单日浇筑碾压混凝土量超过2万m^3，最大浇筑量20636m^3，创造了水电行业大坝主体工程单日浇筑碾压混凝土的世界新纪录。同时，施工质量优良，大坝碾压混凝土温升控制在设计标准以内，各项性能指标符合设计及规范要求，坝体迎水面无裂缝，坝体无危害性裂缝。取芯检查，芯样获得率95%以上，芯样气孔少、密实度好，性能试验满足设计要求，达到了中国碾压混凝土筑坝技术的最高水平。

2. 基础帷幕灌浆施工创造单月18475m纪录 龙滩大坝坝基防渗帷幕，轴线总长度约1100m，82%的帷幕深度在70～100m，最大深度110m，最大灌浆压力为5MPa。其中高程308.00m以下约为71865m，占帷幕总工程量的69%，要求2006年8月底完成。经精心组织、合理安排，全线全面有序展开施工，顺利实现了工期目标，并在2006年3月份（2月21日～3月20日，共28天）的施工中，创造单月完成帷幕灌浆18475m的国内最新纪录。从压水检查等检查结果看，全部检查孔段透水率均小于1Lu，岩芯获得率95%，附着水泥结石胶结良好。

（龙滩水电开发有限公司 程纲为
中国水电顾问集团中南勘测设计研究院 周 峰 肖 峰
中国水利水电建设集团公司 楚跃先）

拉西瓦水电站2006年建设情况

（一）投资及工程量完成情况

2006年，拉西瓦工程完成投资145038.64万元，为年计划的101.56%。其中建筑工程完成70093.83万元，金属结构、机电设备完成32521.27万元，安装工程完成454.49万元，其他费用完成41969.06万元。截至2006年底，工程累计完成投资426473.12万元。

2006年完成主要工程量：土方明挖5.89万m^3，石方明挖62.07万m^3，石方洞挖52.79万m^3，基坑出渣80.76万m^3，混凝土浇筑51.52万m^3，钢筋制安12358.77t。

（二）主要工程形象面貌

1. 挡水、泄水工程

（1）坝基开挖全部完成。

（2）水垫塘坝下0+55.4m以上开挖完成。

（3）大坝于4月15日开盘浇筑，共完成混凝土浇筑27.3万m^3，钢筋制安780t；大坝浇筑最大高度57m，达到高程分别为：9号坝段2238.5m，10号坝段2248号，11号坝段2256.5m，12号坝段2266m，13号坝段2250.5m，14号坝段2254m，15号坝段2244m。

（4）完成河床10～13号坝段的有盖重固结灌浆，边坡坝段7、8、9、14、15、16、17号坝段的无盖重固结灌浆。

2. 引水发电工程

（1）1～4号、6号压力管道上、下平段开挖全部完成；1、2号拦污栅混凝土浇筑完成，进水塔混凝土浇筑共完成62349.3m^3，最高浇筑高程为2415m。

（2）厂房及主变压器开关室开挖完成，6号机肘管、锥管安装完成，混凝土浇筑至2215.80m；5号机肘管安装完成，混凝土浇筑至2207.2m；1～4号机、主变压器开关室、尾水扩散段及母线洞混凝土浇筑和机电安装全面展开。

（3）尾水洞出口开挖和1、2号尾水洞开挖支护全部完成；1号尾水调压室开挖支护全部完成；2号尾水调压室新增下室开挖支护完成。1～6号尾水闸门井及门库开挖支护全部完成。

3. 机电工程

(1) 6号机座环、基础环组焊接完成。

(2) 厂房800t/50t桥机安装完成并投入运行。

(3) 4、5、6号机座环，第一、二套转轮叶片，6号机定子基座制造完成。

(三) 工程质量管理情况

根据人员变动情况，适时调整了电站质量管理委员会成员，制定了《拉西瓦水电站质量检测频次的规定》《拉西瓦水电站承建单位试验室工作考核细则》《拉西瓦水电站合同工程竣工验收程序》，进一步完善了质量管理体系。

在抓好混凝土实体质量的同时，加大了混凝土外观质量的现场检查考核力度，加强了模板选型、仓面工艺设计、浇筑过程控制等关键环节，确保了混凝土外观质量良好。进水口混凝土和尾水洞衬砌混凝土内实外光，整体质量处于国内混凝土浇筑先进水平，成为拉西瓦混凝土施工质量控制的亮点。

对重要原材料质量控制关口前移，向青海大通水泥厂、甘肃永登水泥厂、甘肃平凉粉煤灰厂和甘肃连成粉煤灰厂派驻监造人员，及时掌握水泥和粉煤灰的质量动态，并与拉西瓦电站施工现场试验检验资料相比较，发现问题及时反馈、沟通，使混凝土原材料质量从源头上得到了有效控制。

全年共验收单元工程3640个，合格率达100%，优良率达93.41%。

(四) 招投标管理

根据有关规定，招标方式由邀请招标改为公开招标，对评标打分办法进行细化，严格执行开标、评标、决标程序，按照年度招标计划认真做好招标及合同签订工作。全年共完成招标项目40个，累计金额72871.4万元。共签订合同153项，总金额80890.6万元。

(五) 科研及设计优化

(1) 原设计两岸坝基20m左右固结灌浆要待混凝土盖重满足规范要求后进行，与坝基浇筑上升速度产生明显冲突。经现场实验研究，对一期固结灌浆采取无混凝土盖重，二期固结灌浆采用引管法，接触灌浆预埋专用出浆器，排气系统采用溶蚀排气通道新工艺，解决了两岸边坡坝块上升与基础固结灌浆的矛盾。

(2) 通过对700MW水轮机钢蜗壳埋入方式选择及相关技术问题研究，确定了水轮机蜗壳采用外包弹性垫层方式，达到国内外先进水平。

(3) 在长期试验研究的基础上，拉西瓦水电站在国内首次采用坝后反拱水垫塘，这一结构型式既适应了拉西瓦窄河谷、高地应力地形地质条件，又减少了工程量，加快了施工进度。

(4) 左低线延伸段公路工程调整进口明线段轴线，减少进口洞脸明挖和支护工程量，取消了出口10m明拱混凝土衬砌段，进口段全段混凝土衬砌，确保了进口段施工安全，共节约投资1020.34万元。

(六) 工程事故

2006年3月27日上午9时20分，拉西瓦水电站主厂房施工现场6号机坑段发生塌方，造成葛洲坝集团公司拉西瓦水电站工程施工项目部3人死亡、2人轻伤的重大人身伤亡事故。这起事故的原因是由地质问题引起的，是在进行危险源的加固处理过程中发生的，具有不可预见性和突发性。

(黄河上游水电开发有限责任公司　胡耀斌　张文俊
中国水利水电建设集团公司　楚跃先)

锦屏水电工程进展情况

锦屏一级水电站是雅砻江干流下游卡拉至江口河段规划的五个梯级电站的龙头梯级，位于四川省凉山州木里县和盐源县境内，装机容量360万kW；混凝土双曲拱坝坝高305m，水库可调节库容达49.1亿m^3，具有不完全年调节性能。锦屏二级水电工程位于锦屏一级下游著名的雅砻江锦屏大河湾上，利用150km长锦屏大河湾的天然落差，通过长约17km的隧洞裁弯取直、引水发电，电站装机容量480万kW，是雅砻江上规划的最大的梯级电站。锦屏二级水电站与锦屏一级水电站联合运行，具有不完全年调节能力，被称为“水电双子星座”，总装机容量达840万kW，是国内大型水电站中少有的优质电源点。

由于锦屏一、二级电站地理位置接近，准备工程和建设工期基本搭接，同期实现投产发电，二滩水电开发有限责任公司（以下简称二滩公司）将锦屏一级、二级电站按照一个项目两个点来进行建设管理。2006年，锦屏工程的建设取得巨大进展。

(一) 总体情况

1. 年度投资计划完成情况　锦屏水电工程2006年全年实际完成投资359388万元，为年度计划的107.54%，实际完成建安工程投资277775万元，为年度计划的114.84%。

2. 锦屏一级水电站顺利实现大江截流　锦屏一级水电站左右岸导流洞经二滩公司组织验收后，分别于2006年6月6日和11月22日过流。2006年11月下旬，四川省发改委牵头组织对锦屏一级水电站进行了工程截流前截流验收。2006年12月4日顺利实现了锦屏一级水电站大江截流，为锦屏一级水电站主体工程大坝标施工奠定了基础。

3. 锦屏二级水电站通过国家核准　2006年12月15日，锦屏二级水电工程通过了国家正式核准。目前，锦屏二级场内和临时对外交通全部贯通，工程施工电源和场内施工网络基本形成，移动和固定通信系统全部形成，施工营地已建成并陆续投入使用。前期准备工程的全面完成，为主体工程全面开工创造了条件。

（二）锦屏一级主要工程形象面貌

1. 导截流及围堰工程　右岸导流洞于2006年6月6日破堰分流；左岸导流洞于2006年11月22日破堰过流。12月4日截流，至2006年底上下游围堰防渗平台以下填筑完成。

2. 主体工程

(1) 缆机平台及1885m高程以上坝肩开挖工程（CⅡ标）：右岸缆机平台（1975m高程以上）开挖支护完成；坝肩1885m以上开挖基本完成，1917m以上支护完成。左岸Ⅰ区开挖至1930m；Ⅱ区开挖至1930m；Ⅲ区外侧开挖至1930m，内侧开挖至1945m。

(2) 引水发电系统及泄洪洞工程（CⅣ标）：提前实施的地下厂房辅助洞室工程，已完成主变压器室排风洞、主厂房排风洞、主变压器室斜导洞开挖施工。

(3) 左岸基础处理工程（CⅤ标）：提前实施的左岸基础处理工程1670m、1730m和1829m施工通道开挖工程全部结束。

3. 场内交通　场内公路，除4号路外已全部完工。桥梁工程全部完成并投入使用。

4. 场外交通　对外交通专用公路除局部地段外基本贯通。

5. 施工供电工程　已建成：110kV变电站1座，35kV变电站2座，10kV施工开关站5座；110kV输电线路2回，35kV输电线路8回，10kV输电线路5回。

6. 营地工程　1号营地：房建一、二期工程已完成并投入使用；3号营地：34栋房屋已全部完工，已于2006年10月开始投入使用。

7. 其他准备工程　印把子沟砂石系统工程：于2006年9月28日开工，正在进行料场开采道路施工、营地建设和系统场地回填。坝区供水工程：道班沟取水工程已全部完工，高位水厂、低位水厂、雅砻江取水工程地下洞室开挖已全部完成。漫水湾铁路转运站：路基工程已基本完工，累计挖填方80.8万m^3；轨道工程：已完成车站2条新增到发线和除32m桥外专用线的铺轨工作。

（三）锦屏二级主要工程形象面貌

1. 主体工程　1560m高程平台开挖工程已基本完成。

2. 场内交通工程　辅助洞工程，2006年进尺：A洞3817.7m，B洞4059.8m；累计进尺：A洞11233.5m，B洞11673.1m。场内东端接线公路一标段、低线大楠公路、高线楠辅公路总长约24km，大部分已建成通车。

3. 施工供电　已建成：110kV变电站1座，35kV变电站1座；110kV输电线路2回，35kV输电线路4回，10kV输电线路5回。

4. 营地工程　二滩实业楼、设计监理楼全部完工，业主办公楼1～4楼、业主宿舍楼具备安装家具的条件。4号营地场平开挖、挡墙施工、室外管网及道路等已经基本完成，共23栋楼主体结构已经封顶。

5. 其他准备工程　东端加油站及模萨沟民爆器材库已建成投运。

（二滩水电开发有限责任公司　陆　山）

锦屏二级水电站通过国家核准

2006年12月15日，国家发展改革委以发改能源［2006］2850号文，正式核准雅砻江锦屏二级水电站建设项目。

锦屏二级水电站为雅砻江干流下游河段（卡拉至江口）水电规划自下而上的第四级，位于凉山彝族自治州木里、盐源、冕宁三县交界处的锦屏大河湾上，是雅砻江干流规划建设的21座梯级电站中装机规模最大的水电站，也是四川省境内除界河外装机规模最大的水电站。锦屏二级水电站上游紧接具有年调节水库的锦屏一级水电站，下游依次为官地、二滩（已建成）和桐子林水电站。闸址控制流域面积10.27万km^2，约占雅砻江全流域面积的75.5%，闸址处多年平均流量1220m^3/s，年径流量384.7亿m^3。

锦屏二级水电站利用雅砻江150km长的大河湾，截弯取直，开挖隧洞引水发电。工程枢纽主要由首部拦河闸、引水发电系统、尾部地下厂房三大部分组成，为一低闸、长隧洞、大容量引水式电站。拦河闸坝位于雅砻江大河湾西端的猫猫滩，最大坝高34m，水库正常蓄水位1646.0m，死水位1640.0m，日调节库容为496万m^3，与一级联合运行具有年调节功能。电站进水口位于新景峰桥下游约400m，上距锦屏一级坝址4.6km，下距猫猫滩闸址2.9km。引水洞线自景峰桥至大水沟，采用“4洞8机”布置，共4条，平均长度16.67km，开挖直径13m，一般埋深1500～2000m，最大埋深2525m。地下厂房位于雅砻江大河湾东端的大水沟，引水洞末端设直径为26m的调压井，主厂房、主变压器室呈二大洞室平行布置，主厂房尺寸352.4m×25.8m×71.2m。电站总装机容量4800MW，单机容量600MW，额定水头

288m，多年平均发电量242.3亿kW·h，保证出力1972MW，年利用小时5048h，项目总投资298亿元。

锦屏二级水电站的前期勘测设计工作开始于20世纪60年代。二滩水电开发有限责任公司响应国家“西部大开发”战略部署，基于锦屏一级和锦屏二级水电站作为开发条件十分优越的一组电源点，统筹考虑，按照“一级先行、二级继上”的开发顺序，加速前期工作。2003年6月中国水电顾问集团华东勘测设计研究院编制完成《雅砻江锦屏二级水电站预可行性研究报告》，并于2003年9月通过了由水电水利规划设计总院会同四川省发展计划委员会组织的审查。2004年3月，锦屏二级水电站项目建议书通过国家发展改革委委托中国国际工程咨询公司组织的评估。在此基础上，二滩水电开发有限责任公司随后立即组织进行锦屏二级水电站可行性研究工作，于2005年11月完成了《雅砻江锦屏二级水电站可行性研究报告》，同年12月通过了水电水利规划设计总院会同四川省发展和改革委员会组织的审查。2006年3月项目申请报告通过中国国际工程咨询公司的评估。2006年12月15日，国家发展改革委以发改能源［2006］2850号文正式核准锦屏二级水电站。

锦屏二级水电站于2003年7月开始筹建。至2006年底，对外交通及场内交通工程已基本完成，场内施工供电工程、业主营地、承包商营地、爆破器材库、加油站、弃渣场等已陆续投入使用，东、西端工区已为主体工程承包商进点创造了良好的条件。计划2012年实现首台机组发电，2015年工程竣工。

（二滩水电开发有限责任公司　王　坚）

澜沧江上水电工程2006年建设情况

（一）小湾水电站

小湾水电站位于云南省西部南涧县与凤庆县交界的澜沧江中游河段，系澜沧江中下游河段梯级开发的第二级，为澜沧江中下游河段的龙头电站，是以发电为主，兼具防洪、灌溉、拦沙及库区航运等综合利用效益的工程。电站装机容量6×700MW，水库正常蓄水位1240m，坝顶高程1245m，总库容149亿m^3，具有多年不完全调节能力。

小湾水电站属一等大（1）型工程，主要由电站枢纽工程和水库工程两部分构成。电站枢纽工程包括坝高295m的混凝土双曲拱坝、右岸地下厂房、左岸泄洪洞、坝后水垫塘及二道坝、升压站等永久性建筑工程和导流洞、上下游围堰、施工道路及辅助设施等临时建筑工程。水库工程包括水库淹没专项设施恢复重建工程和移民生产、生活设施建设工程等。

工程于2002年1月20日开工，2004年10月25日大江截流，2005年12月大坝第一仓混凝土开始浇筑；计划2009年10月底首台机组发电，2011年底工程竣工。

截止到2006年底，工程进展顺利，主要的工程形象面貌如下：

1. 大坝工程　已浇筑坝段为14～31号坝段，最低坝段（20号坝段）浇筑至1020m高程，最高坝段（28号坝段）浇筑至1038m高程，平均累计上升了75.05m，累计完成拱坝混凝土浇筑154万m^3，并完成989m高程以下的接缝灌浆。

2. 引水发电工程　已完成的工程包括主副厂房开挖支护，主厂房100t/32t小桥机安装，1号800t/160t主桥机安装，1、6号机组锥管安装及混凝土浇筑，主变压器室开挖及支护，1、2号尾水调压室与尾水隧洞开挖支护，电梯井混凝土衬砌，1、2号出线洞开挖支护。进水塔平均浇筑至1206.5m高程，4、5、6号引水竖井滑模混凝土浇筑完成。

3. 水垫塘工程　水0+175m以前开挖3月份完成，水0+175m以后开挖9月份完成。二道坝混凝土浇筑至969m高程。

4. 左、右岸抗力体工程　开挖支护施工年底全部完成，开始一期回填混凝土浇筑。

5. 泄洪洞工程　10月份开工，出口开挖至1040m高程。进口有压段导洞开挖完成150m，交通运输洞开挖支护完成。

（二）景洪水电站

景洪水电站位于云南省西双版纳傣族自治州首府景洪市北郊约5km处，为澜沧江中下游河段梯级开发的第六级。电站的开发任务是以发电为主，兼有航运、防洪、旅游等综合利用效益。电站装机容量5×350MW，水库正常蓄水位602m，坝顶高程612m，总库容11.39亿m^3，具有周调节能力。枢纽由108m高的碾压混凝土拦河坝、泄洪冲沙建筑物、引水发电系统、垂直升船机、变电站等组成。工程于2003年7月开始筹建，2006年12月获得国家正式核准，计划2008年5月底首台机组发电，2009年12月底完工。

截止到2006年底，主体工程形象面貌如下：

1. 土建工程　右岸坝体（除预留30m导流缺口外）混凝土浇筑已达到坝顶高程，3～7号溢流表孔551m高程以上溢流面浇筑完成；左岸厂房坝段混凝土浇筑至572m高程，非溢流坝段混凝土浇筑575～612m高程。

2. 金结结构　右冲沙孔工作门启闭机、右冲沙孔弧门安装完成；3～7号溢流表孔工作门槽、检修门槽、门槽底坎全部安装完成，6～7号溢流表孔门工作门安装完成；压力钢管安装全部完成。

3. 机电安装　1号机基础环、座环、蜗壳、机坑里衬安装完成；2号机基础环安装完成；3号机基础环安装完成；4号机基础环、座环安装完成，蜗壳除三个凑合节外，其余管节均吊装就位，开始环缝焊接；5号机基础环、座环、蜗壳、机坑里衬安装完成；桥机轨道安装间段安装完成。

（三）漫湾水电站二期工程

漫湾水电站二期工程作为漫湾水电站续建工程，安装一台300MW水轮发电机组，由引水建筑物、地下厂房、尾水建筑物及辅助洞室等组成。工程于2004年3月30日正式开工建设，计划于2007年6月30日投产。工程进展顺利，截止到2006年底主要工程形象面貌如下：

1. 引水建筑物　开挖支护、压力钢管安装全部完成，钢衬混凝土回填完成；混凝土浇筑除上平段引0＋148.5m～0＋192m顶拱混凝土外全部完成。

2. 机电安装　9月份完成发电机层混凝土浇筑；肘管、锥管、基础环、座环、蜗壳、支持环、机坑里衬及接力器坑衬等水轮发电机组埋件、水力辅助设备埋件及电气设备埋件安装完成，定子、底环已吊装就位，定子下线及转子磁轭叠片正在进行。

3. 尾水建筑物　尾水调压井开挖、支护及混凝土衬砌全部完成，固结灌浆基本完成；尾水隧洞开挖支护及混凝土浇筑全部完成，灌浆完成1/3；尾水闸门于2006年5月下闸；尾水渠除围堰及堰外水下开挖外，开挖、支护及混凝土浇筑全部完成。

（华能小湾水电工程建设管理局　华能景洪水电工程建设管理局　漫湾水电站二期工程建设处）

瀑布沟水电站

瀑布沟水电站位于四川省汉源县和甘洛县境内，采用坝式开发，是一座以发电为主，兼有防洪、拦沙等综合利用效益的大型水电工程，为大渡河中游的控制性水库工程。

电站拦河坝采用砾石土心墙堆石坝，最大坝高186m。水库正常蓄水位850.00m，死水位790.00m，总库容53.90亿m^3，具不完全年调节能力，选用6台单机容量550MW的混流式水轮发电机组，保证出力926 MW，多年平均年发电量145.8亿kW·h。

枢纽工程由拦河大坝、泄洪、放空、引水发电、尼日河引水等主要建筑物组成。

（一）拦河大坝

瀑布沟坝址区河谷狭窄，两岸地形和出露基岩相差较大，河床覆盖层深厚，且大坝的地震设防烈度为Ⅷ度，经比较论证，采用砾石土直心墙堆石坝。

坝顶高程856.00m，最大坝高186m，坝顶长540.50m，上游坝坡1∶2和1∶2.25，下游坝坡1∶1.8，坝顶宽度14m。水库正常蓄水位850.00m，设计洪水位848.31m，校核洪水位853.78m。坝体断面主要分为四个区，即砾石土心墙、反滤层、过渡层和堆石区。上游围堰包含在上游坝壳之中，作为坝体堆石的一部分。

心墙顶高程854.00m，顶宽6m，上、下游侧坡度均为1∶0.25，底高程670.00m，底宽98.0m。为减少坝肩绕渗，在最大横剖面的基础上，心墙底宽在同左右岸岸坡接触部位上、下游各增加5m，沿高度方向从底部至高程854.00m按三角形递减，沿水平方向从坝肩至河床60m范围内按三角形递减。心墙坝肩部位，开挖面形成后，浇筑50cm厚的垫层混凝土，并进行固结灌浆，以避免心墙与基岩接触面产生接触冲蚀。

心墙上、下游侧各设两层反滤层，层厚上游均为4.0m，下游均为6.0m。第一层反滤料最大粒径20mm，第二层反滤料最大粒径80mm。心墙底部在坝基防渗墙下游亦设厚度各1m两层反滤料与心墙下游反滤层连接。反滤层与坝壳堆石间设过渡层，与坝壳堆石接触面坡度为1∶0.5。

坝基覆盖层最大厚度75.36m，采用两道混凝土防渗墙全封闭防渗，墙厚1.2m，中心间距14m。上游侧防渗墙顶部直接插入大坝心墙，插入深度10m；下游侧防渗墙顶部设3.5m×4m的灌浆和观测廊道。为了增加下游坝基中砂层抗液化能力，在下游坝脚处增设110m长的弃渣压重（下游围堰也作为下游压重的一部分），压重顶高程725.00m。

为了减少不均匀沉降，防止坝体开裂，在心墙与两岸基岩接触面上铺设3m厚的高塑性黏土，在防渗墙顶、廊道周围和心墙底部也铺设高塑性黏土。

（二）泄洪、放空建筑物

（1）溢洪道紧靠左坝肩布置，进口闸轴线与坝轴线一致。设3孔12m×17m的开敞式进水闸，堰顶高程833.00m，堰底长度40m，堰后接两段底坡$i=0.05$和$i=0.21$的泄水陡槽，泄槽断面为矩形，进口宽度48m，在桩号溢0＋090.00m～0＋240.00m段槽宽由48m渐变为34m，出口采用挑流消能。溢洪道总长约575m，最大泄量6831m^3/s，最大单宽流量201$m^3/s/m$，最大流速约38m/s。

（2）泄洪洞为深孔无压式，布置在左岸地下厂房靠山侧的花岗岩岩体内，由进口、洞身（含通气井）、出口三个部分组成。其进水口为岸塔式，塔顶高程为856.00m，塔体尺寸52.0m×22.0m×67.0m（长×宽×高），置于弱风化、弱卸荷的花岗岩岩体上，最大开挖边坡高度为117m。进口底板顶高程为795.0m，进口采用有压短管。进口岸塔内设事故检修闸门和工作闸门各一道，事故检修闸门尺寸为11.0m×14.0m（宽×高），工作闸门为弧形闸门，孔口尺寸11.0m×11.5m（宽×高）。洞身段长约2022.32m，采用同一底坡 $i=0.058$，最大泄量3412m^3/s，最大流速约40m/s。为了防止空蚀，隧洞沿途设有掺气槽，掺气槽间距200m。泄洪洞断面型式为圆拱直墙式，宽度12.0m，洞高为15.0～16.5m，衬砌厚度0.5～2.0m。在桩号（泄）0+931.00m处设置一通气井，与地表相通。泄洪洞出口位于瀑布沟沟口上游，隧洞出口接挑流消能工，挑坎型式为舌形鼻坎，长度43.0m，反弧半径80.0m，挑角30°，坎顶高程688.36m。对鼻坎基岩基础进行固结灌浆及排水处理，挑流水舌冲坑靠河床左岸。

（3）放空洞布置于右岸，最大泄量1431m^3/s，进水口布置在距离坝轴线上游300m处，自然坡高450m左右。进水口为深式有压进口与竖井式闸门井结合的布置型式，进口底板顶高程为730.00m。事故检修闸门为平板门，孔口尺寸7.0m×9.0m（宽×高）。进口至事故检修闸门井段为有压盲肠洞段，洞长约117.36m，设计隧洞断面直径10.0m，衬厚1.0m，底坡为平坡。圆形有压洞段由直段和两弯段组成。两弯段洞长约457.15m，底坡0.0062878，洞径9.0m，衬厚0.8～1.0m，最大流速约22.5m/s。工作闸室设在右岸防渗帷幕线的下游，Ⅱ类围岩，尺寸31.95m×9.00m×49.20m（长×宽×高）；工作闸门尺寸6.5m×8.0m（宽×高），闸室底高程727.50m，在757.50m高程设操作平台和对外交通洞。为满足闸门止水要求，工作门后两侧各突扩0.6m，底坎突跌1.5m，坎后40m范围底坡为 $i=0.2$，并在工作闸室后边墙上部加防波板。工作闸室后接圆拱直墙式无压洞，直线布置，长556.54m，平均底坡0.056575，衬厚0.8～1.0m，洞内最大流速达30m/s，采用C40的抗冲磨混凝土衬砌。根据模型试验成果，除工作闸室设掺气跌坎外，在距出口200m处设一掺气坎，挑坎采用U形坎，坎高0.6m，两侧贴0.3m高的贴块，其后40m范围内的底坡 $i=0.15$。出口底板高程679.00m，采用挑流消能，水流泄入大渡河与尼日河的汇口段。放空洞承担施工期导流洞下闸封堵后向下游供水，保证下游龚嘴和铜街子水电站发保证出力的用水需要。

（三）引水发电建筑物

（1）进水口的进水前沿总宽175.1m，总高度96m。由于岸塔基础置于不均一的地基上，在每两台机组进水口间设一沉陷缝，使每台机组进水口自成独立单元结构，每台机组进水口宽28.86m，顺水流长28.3m，结构顶高程856.00m，底高程760.0m左右，每个进水单元都相同地以进水口中心线对称布置，6个进水单元组成进水口岸塔，总体对称。进水口岸塔顺水流方向分为引渠段、拦污栅段及进水段。拦污栅段长9m，栅墩长5.6m，宽1.8m，高91m，与底板连成整体。栅墩间设厚1.0m的胸墙，胸墙顶高程856.0m，底高程795.0m，与栅墩整体浇筑。胸墙前后各设一道宽3.7m的拦污栅，过栅流速0.7m/s。栅墩和进水段体间留3.4m间距，使流经拦污栅的水流均匀、平稳地进入进水孔口。进水段长19.3m，进水孔断面7.5m×9.5m（宽×高），底高程765.0m，顶高程774.5m，最小淹没水深15.5m。塔体段设有检修门、工作门各一道，检修门井断面2.3m×10.5m，工作门井断面4.2m×10.0m。工作门后通气孔断面4m×1.5m，兼作进人孔。启闭设备选用轨距14m的门机，6个进水单元共用一台。塔体之后设20m长的渐变段，将矩形孔口变成直径9.5m的圆形孔口接压力管道。

（2）引水隧洞共6条，内径9.5m，最大引用流量435m^3/s，相应流速6.14m/s。受进水口布置条件以及地下厂房轴线条件限制，压力管道平面上采用前段方位角N81°E、后段方位角N77°W、中间设平面转弯的方式布置，后段与厂房纵轴线N42°E交角61°。6台机组的压力管道采用平行布置，管道中心间距28.86m，压力管道长533.69～398.73m，其中下平段长193.28～83.70m，上下弯段各长26.40m，斜井段长86.52m，与水平面夹角55°，6条压力管道总长2797.27m。

（3）地下厂房系统由主副厂房、主变压器室、尾闸室、尾水管及连接洞、母线洞和2条无压尾水洞及其他附属洞室等组成，深埋于左岸山体内，埋深220～360m，距河边约400m，厂区围岩多数为Ⅱ、Ⅲ类岩体，厂房纵轴线方向N42°E；主厂房内安装6台单机容量550MW的水轮发电机组，主厂房尺寸294.1m×26.8m×70.1m（长×宽×高）。在主厂房的下游平行布置主变压器室和尾闸室。无压尾水洞断面尺寸20m×24.2m（宽×高），布置为两条。

开关站布置在地下厂房顶部，地面高程910.00m。

（四）尼日河引水工程

尼日河系大渡河的一条支流，全长140km，流域面积4090km^2，多年平均流量128m^3/s，年径流量40.4亿m^3，在坝址下游右岸约700m处汇入大渡河。为利用尼日河水量，在尼日河上游建低闸，引尼日河水入瀑布沟水库，枯期引用流量80m^3/s，可增加瀑布沟水电站保证出力60MW，年发电量5.4亿kW·h。

尼日河引水工程属三等工程，主要水工建筑物为3级；设计洪水频率 $P=2\%$，相应流量 $2560m^3/s$；校核洪水频率 $P=0.2\%$，相应流量 $3520m^3/s$。

工程由首部枢纽和引水隧洞两部分组成。首部枢纽在距尼日河河口15km的开建桥建低闸挡水；引水隧洞沿尼日河左岸布置，沿线山体雄厚、地势陡峻，隧洞断面尺寸5.2m×6.2m（宽×高），总长约13.1km，出口距坝轴线约900m。

（中国水电顾问集团成都勘测设计研究院　苏鹏云）

瀑布沟工程2006年建设情况

（一）概况

瀑布沟水电站是国家“十五”计划开工建设项目，也是国家西部开发的重点项目之一。电站位于大渡河中游四川省汉源县和甘洛县境内，是一座以发电为主，兼有防洪、拦沙等综合效益的特大型水利水电枢纽工程。电站总装机容量330万kW，安装6台单机容量55万kW的混流式水轮发电机组，保证出力92.6万kW，多年平均发电量145.85亿kW·h。电站正常蓄水位850m，水库总库容53.9亿 m^3，调节库容38.8亿 m^3，干流回水长72km，库水面积 $84km^2$，具有季调节能力，是大渡河流域中游控制性水库之一。电站采用堤坝式开发，枢纽工程由高186m的心墙堆石坝、溢洪道、泄洪洞、引水发电系统等组成。规划主要送电区为成都、川西北和川南地区。工程静态投资166.51亿元，动态总投资199.33亿元，移民10.183万人。筹建工期12个月，施工总工期103个月。其经济技术指标优越，地理位置适中，交通条件便利，综合效益显著，是四川腹地的重要电源点。工程于2003年1月16日批准立项，2004年3月30日正式开工建设，2005年11月22日成功截流。计划2009年首台机组发电，2011年工程完工。

（二）2006年工程建设情况

1. 大坝工程　大坝上游填筑至709.0m高程，下游填筑至705.0m高程，累计完成填筑约130.8万 m^3，占总量的6.5%。大坝心墙基础覆盖层固结灌浆完成12547t，大坝补坡混凝土（含心墙区）完成1.91万 m^3。

2. 地下厂房工程　主厂房Ⅴ层开挖基本完成，Ⅵ层开挖完成108.4m（总长208.6m），4～6号集水井中部导洞开挖完成。主变压器室Ⅲ1层开挖全部完成（总长249.1m）。尾闸室Ⅳ层开挖完成67.9%（完成135.53m，总长199.65m），1～6号尾水管及其连接洞①区开挖累计完成533.65m，②区开挖累计完成8.15m。1～6号引水隧洞上平段/上弯段Ⅰ、Ⅱ层开挖及支护完成，下平段Ⅰ层开挖及支护基本完成，渐变段累计完成混凝土浇筑 $4447m^3$。进水塔混凝土浇筑累计完成5.156万 m^3，完成总量的11.67%（总量44.18万 m^3），基础灌浆完成。

3. 大坝防渗墙工程　大坝防渗墙于2006年2月19日正式开工，11月30日竣工。累计完成造孔 $19478.24m^2$，成墙浇筑完成 $15728.5m^2$。

4. 溢洪道工程　引渠段内侧边墙浇筑至832.7m，闸室段填塘浇筑到814.0m高程，泄槽段出口开挖至790m高程。

5. 放空洞工程　完成竖井反井钻机扩孔施工，上半洞开挖及支护累计完成1067.5m，完成87.0%（总长1226.95m）。

（中国国电集团公司）

彭水水电站建设情况

彭水水电站位于重庆市彭水县，是乌江干流水电规划第10个梯级，总库容14.65亿 m^3，装机容量1750MW，安装5台350MW混流式机组，多年平均年发电量63.51亿kW·h。枢纽为一等大（1）型工程，由碾压混凝土重力坝、右岸地下电站和左岸通航建筑物等组成。重力坝坝高113m。通航建筑物由单线船闸、升船机两级过坝建筑物组成，通航船舶为500t级。

前期工程于2003年4月开始，2005年9月工程正式开工建设，计划于2007年10月首台机组投产发电。

工程静态总投资107.7945亿元，动态总投资121.7166亿元。投资六方出资比例分别为：大唐国际发电股份有限公司40%、重庆市建设投资公司12%、重庆市鼎泰能源集团有限公司12%、重庆市振源实业有限公司12%、贵州省建设投资公司12%、贵州乌江水电开发有限公司12%。

工程勘测和设计任务由长江勘测规划设计研究院承担；主要施工单位有中国水利水电第七、第八、第十一、第十四工程局等；水轮发电机组由天津阿尔斯通公司制造。

截至2006年底，工程建设进展情况如下：

（一）大坝、进水塔与通航建筑物

（1）大坝工程自2005年12月19日开始第一仓混凝土浇筑以来，至2006年12月20日，共计浇筑混凝土56.7万 m^3，完成总量63.5%（其中碾压混凝土46.6万 m^3，完成92.3%）。已完成固结灌浆89%；已完成帷幕灌浆24%。

(2) 进水塔主体混凝土施工全部浇至塔顶 306m 高程。5 条引水隧洞开挖全部完成，现正进行混凝土衬砌施工；上平段混凝土衬砌已完成约 94%，弯管段混凝土衬砌已完成约 94%。

(3) 通航建筑物混凝土浇筑完成设计总量的 46.86%。

(二) 地下主厂房及附属工程

(1) 地下厂房全面转入混凝土施工阶段：1 号机肘管层已浇至 196.2m；2 号机工作面 2006 年 11 月 20 日已移交机电安装；3 号机蜗壳层扎筋，第一层Ⅰ、Ⅲ象限备仓完成；4 号机混凝土浇筑至 209m；5 号机蜗壳支墩混凝土浇筑完成，于 2006 年 11 月 28 日工作面移交机电安装。

(2) 5 条母线竖井、1 条交通竖井开挖支护全部结束，其中 2、3、4 号母线竖井混凝土衬砌全部完成。

(3) 500kV 开关站中控楼底板及柱基、GIS 室底板、事故油池及 1 号变压器储油坑混凝土浇筑结束，中控楼第一层梁板立模完成。

(4) 5 条尾水管混凝土完成 28.8%。尾水隧洞除岩塞段外，开挖支护、底板锚杆全部结束；其中底板及边墙混凝土累计完成约 60%。

(三) 机电设备安装工程

(1) 1 号机 191m 以下尾水肘管及其附件、排水管等机电埋件全部安装完毕，锥管安装完成，机坑混凝土浇筑到 196m；2 号机正在进行蜗壳安装，完成挂装 80%；3 号机蜗壳层以下机电埋件安装全部完成，蜗壳安装工作完成，机坑里衬及接力器坑衬在安装中；4 号机机坑里衬及接力器坑衬安装完成，机坑混凝土浇至 209m；5 号机基础环、座环安装间组拼焊接完成。

(2) 压力钢管厂内制作部分自 2005 年 6 月 15 日开始施工，于 2006 年 3 月 20 日基本完工。钢管安装至 2006 年底已完成 95 节，还余 48 节，完成总量的 66.4%。

(3) 进水塔 3、4、5 号机组检修闸门、事故闸门门槽埋件安装已完成；进水塔双向门机安装基本完成，正在进行调试并试运行；检修门已开始拼装；机组检修闸门廊道启闭机安装基本完成，正在进行调试并试运行。

(中国大唐集团公司)

水布垭工程 2006 年建设情况

2006 年，水布垭工程重大节点目标如期实现：10 月 19 日，成功下闸蓄水，水布垭水力发电厂挂牌成立；11 月 26 日，1 号机发电机定子吊装成功；全面完成库区 361m 水位线以下移民搬迁及库底清理工作，水布垭工程由以土建为主转入建设和发电准备并重的新阶段。

(一) 投资与工程量完成情况

2006 年实际完成投资 18 亿元，其中：建安 5.34 亿元，设备 3.58 亿元，移民 2.95 亿，其他费用 9.15 亿元，分别占年计划的 96%、77%和 101%。完成土石方开挖 120 万 m^3，填筑 150 万 m^3，混凝土浇筑 37 万 m^3，钢筋制作安装 1.7 万 t，帷幕灌浆 6.9 万 m，分别为年度调整计划的 61%、92%、90%、89%和 111%。工程质量合格率 100%，优良率 91.4%。

(二) 工程施工进度

水布垭大坝是世界最高的面板堆石坝，于 2006 年 10 月 12 日全线封顶；三期面板混凝土浇筑准备工作基本就绪。

溢洪道引水渠高程 350m 以上开挖和支护完成，控制段混凝土浇筑至高程 407m，坝顶公路已形成。

放空洞工程通过竣工验收并已正式过流。

引水发电系统进水塔混凝土浇筑基本完成；厂房 1 号机混凝土浇筑完成，2 号机浇筑到高程 200m 水轮机层；尾水塔混凝土浇筑平均高程 209m。

左岸高程 300m 以下平洞固结灌浆和帷幕灌浆已经完成，高程 350m 平洞帷幕灌浆完成 53%；右岸高程 350m 以下平洞固结灌浆和帷幕已经完成，高程 405m 平洞帷幕灌浆完成 63%。左、右岸防淘墙墙体混凝土浇筑全线达到 200m 设计高程，转入泄洪消能冲刷区护岸施工。

1 号机组已完成定子吊装；封闭母线垂直段安装完成；2 号机准备进行基础环座环加工；3 号机蜗壳安装完毕；4 号机座环已到货。

(三) 移民工作

全年共计拨付移民资金 3.18 亿元。水布垭工程库区 361m 水位线以下移民搬迁及库底清理工作全面完成，为工程按期下闸蓄水创造了条件。其中，库区完成农村移民搬迁 1535 人；等级公路应复建 8 条共 36.72km，现已全部完成；景阳河大桥已完成下部结构，浑水河大桥已完成所有桥墩承台，金鸡口 1 号桥已完成桥墩工程和辅助工程。库区集镇迁建：景阳河集镇于 5 月上旬恢复施工，2006 年底新集镇移民安置场地平整工作已完成，基础设施建设已完成 50%，镇直属迁建单位建房用地已划定到单位，镇政府、国税分局和小学已进场动工兴建。金鸡口集镇迁建工作于 11 月 14 日全面动工，计划 2007 年 7 月前完成搬迁任务。

(四) 工程管理

针对长期以来水布垭工程建设存在的前方与后方

脱节、技术与商务脱节、相互推诿扯皮等问题，2006年改革了水布垭工程管理模式，推行项目部管理。成立大坝及溢洪道、厂房、基础及防淘墙、机电金属结构安装等四个项目部，全面负责分管项目的进度、质量、安全、投资控制及现场文明施工管理；优化人力资源配置，完善经济考核方案，向关键岗位倾斜，调动了生产一线业务骨干的积极性，为打造水布垭低成本精品工程创造了良好条件。

（清江水电开发公司　王　文）

三板溪水电站工程建设情况

（一）工程概况

三板溪水电站是沅水干流具有多年调节性能的龙头电站，位于贵州省锦屏县境内，下游距锦屏县城25km。坝址控制流域面积11051km^2。水库总库容40.94亿m^3，调节库容26.16亿m^3。工程以发电为主，兼具防洪、养殖等综合效益。电站安装4台25万kW混流式机组，总装机容量100万kW，保证出力23.49万kW，多年平均发电量24.28亿kW·h，以500kV一级电压接入湖南电网。

三板溪水电站为一等大（1）型工程，枢纽布置为：河床布置主坝（最大坝高185.5m，是国内已建、在建第二高面板堆石坝），左岸布置副坝，坝型均为混凝土面板堆石坝；溢洪道和泄洪洞、驳运码头布置在左岸；右岸布置地下引水发电系统。

工程动态总投资61.15亿元（其中水库淹没补偿总投资约20亿元）。

2002年7月前期准备工程开工，2003年9月实现大江截流，2006年4台机组全部投产发电。

（二）项目前期情况

1954年开始进行清水江流域的查勘和规划工作，1955年编制了《清水江查勘报告》。1989年3月，贵州省计委会同能源部审查通过了《清水江河流规划报告（施洞至托口段）》，确立了三板溪水电站作为沅水的龙头水电站的地位。1989年6月12日，贵州省人民政府以（89）黔府通109号文审查批复了《清水江（施洞至托口段）规划报告》。1990年10月，湖南省计委会同能源部审查通过了《沅水河流规划报告》。1993年7月电力工业部以电办［1993］190号审查批复了《三板溪水电站可行性研究报告》（相当于现在的预可行性研究报告）。1996年3月19日，电力工业部以电水规［1996］131号审查批复了《三板溪水电站可行性研究报告》（等同于原初步设计）。2000年1月11日，国家电力公司、五凌电力有限公司、贵州省基本建设投资公司在北京共同签订了《沅水三板溪水电开发有限责任公司发起人协议书》。2001年2月对三板溪水电站项目建议书进行了评估。2001年12月，国家电力公司明确三板溪项目开发方式调整，由五凌电力有限公司一家开发建设。2002年11月6日，国家计委批复《沅水三板溪水电站可行性研究报告》。2003年1月15日，国家计委批准三板溪水电站工程开工建设。

（三）工程枢纽布置

三板溪工程枢纽由挡水建筑物、泄水建筑物及引水发电系统等建筑物组成，从左至右依次分布为副坝、泄洪洞、溢洪道、主坝、引水发电系统。

挡水建筑物分主坝和副坝，均为面板堆石坝。主坝最大坝高185.5m，坝顶高程482.50m（防浪墙底高程478.00m，顶高程483.90m），坝顶长423.34m，宽度10.0m，上下游坡比均为1∶1.4，河床趾板建基面高程为297.00m，最大坝底宽度约为498 m，总填筑量828.31万m^3。副坝建于左岸条形山脊，最大坝高50.5 m，坝顶高程482.50m（防浪墙底高程478.00m，顶高程483.90m），坝顶长233.723m，宽度10.0m，上下游坡比均为1∶1.4，趾板建基面高程为432.00m，总填筑量33.58万m^3。主坝坝前盖重分为黏土铺盖及石渣盖重，填筑高程370.00m。

溢洪道布置在左岸，位于主坝和副坝之间，由进水渠、溢流堰、泄槽和挑流鼻坎组成，堰首至挑流鼻坎末端总长686m，进水渠底板高程445.00m。控制段长度为47m；溢流堰采用WES实用堰，堰顶高程456.00m；设3孔溢流表孔，孔口宽20m，中墩厚5m，每孔设20m×19m（宽×高）弧形工作闸门。泄槽总长527m，总宽70m，共设6道掺气槽，底部设有横向排水沟。溢洪道采用等挑角的斜鼻坎挑流消能，鼻坎顶高程344.50m，总长116m。三板溪工程溢洪道为大流量、高流速泄水建筑物，在设计洪水位时，最大下泄流量10306m^3/s；校核洪水位时，最大下泄流量13100m^3/s，最大流速45.6m/s。

泄洪洞位于溢洪道左侧，穿过副坝坝基以下约30m深处的地基岩体，总长816.189m，其中隧洞长745m，出口明槽和挑流鼻坎长度71.189m。采用塔式进水口，闸墩为预应力混凝土结构，底板高程400.00m，顶部高程482.50m；设2扇平面事故检修闸门和2扇弧形工作门，孔口尺寸为5m×9m，接城门洞形无压隧洞。洞身段顶部纵坡$i=0.08$，设4道掺气槽、3道掺气竖井。出口采用等挑角的斜鼻坎挑流消能，挑坎顶部高程351.62m。泄洪洞在设计洪水位时下泄流量2880m^3/s，校核洪水位时下泄流量2940m^3/s，最大流速达42.1m/s。

引水发电系统由三大系统组成：引水系统、厂房系统、尾水系统。主要由引水洞、主副厂房（含安装场)、母线洞、主变压器开关洞、尾水调压井、尾水(管)洞、电缆竖井(平洞)、尾水闸门竖井、施工支洞、进厂交通洞、主排风洞、母线排风洞及竖井、排水廊道等地下建筑物和进水口、尾水出口、出线平台等地面建筑物组成。电站进水口布置在右岸，引水洞间距 21.5m，进水口底板高程 407.00m，上平洞中心线高程 411.50m。引水隧洞采用单机单管的引水方式，包含有上平段、上弯段、竖井段、下弯段及下平段，引水洞为开挖直径 8.2m 的圆形断面，衬砌后直径为 7m。

主厂房区依次布置有副厂房、主厂房、安装间，主厂房尺寸为 147.2m×22.7m×60.1m(长×宽×高，下同)，主厂房设置岩锚吊车梁，其上部厂房开挖跨度为 22.7m，下部开挖跨度 21m；拱顶开挖高程 350.65m，底部布置有检修排水廊道，其最低开挖高程 290.64m，岩锚吊车梁轨顶高程 340.20m。主厂房共分 6 层布置，由上往下依次为：发电机层(328.20m)、母线层(323.20m)、水轮机层(318.20m)、蜗壳层(315.00～311.00m)、锥管层(311.00m～306.10m)及检修排水廊道层(291.24m)。

主变压器开关洞布置于厂房下游侧，两洞室之间岩墙厚 31.5m，洞轴线与主厂房平行，开挖尺寸为 111m×23m×31.8m。主厂房与主变压器开关站之间布置有 4 条母线洞。母线洞长 31.5m，靠主厂房侧长 26.5m 段顶拱开挖高程为 330.45m，母线洞主变压器开关洞侧长 5m 段顶拱开挖高程为 335.95m。母线洞开挖宽度 8m，开挖高度 7.55～13.05m。

尾水支洞闸门竖井布置在主变压器开关洞下游边墙，孔口尺寸为 8.9m×3m (长×宽)。

尾水系统由 4 条尾水支洞、2 个圆形阻抗式调压井、2 个“二合一”的岔管、2 条圆形尾水隧洞及尾水出口等建筑物组成。调压井采用“2 机 1 井”方案，开挖直径为 26m，衬砌直径为 24m。4 条尾水支洞的开挖尺寸为 10.9m×13.5m(宽×高)，衬砌尺寸为 8.9m×11.5m；2 条尾水隧洞开挖直径为 13.6m，局部开挖直径为 14m，衬砌后过水断面直径均为 12m。

出线平台地面高程为 480.00m，通过电缆竖井(平洞)与主变压器开关洞连通。

(四) 工程建设形象进度

2002 年 7 月 1 日，导流洞工程开工；2003 年 9 月 17 日，顺利实现了大江截流；2003 年 11 月 10 日，开始进行大坝填筑；2003 年 12 月 18 日，地下厂房主体开挖完成；2004 年 6 月开始水轮发电机组安装工作；2005 年 8 月 31 日，主坝填筑至 478.00m；2005 年 10 月 30 日，主坝二期面板浇筑完成；2006 年 1 月 7 日工程下闸蓄水；2006 年 4 月 17 日导流洞封堵堵头混凝土浇筑完成；2006 年 7 月首台 4 号机组并网发电；2006 年 8 月、10 月和 12 月，3～1 号机组依次分别投产发电。整体工程较计划提前 1 年 8 个月完工。

(五凌电力有限公司　胡晓中)

紫坪铺电站全部机组投产发电

紫坪铺水利枢纽工程位于岷江上游映秀至都江堰市沙金坝河段，是西部大开发国家重点标志性工程。该工程以灌溉和城市供水为主，兼发电、防洪、环境保护、旅游综合利用。大坝为面板堆石坝，最大坝高 156m，正常蓄水位 887.0m，总库容 11.12 亿 m^3。电站总装机容量 760MW，多年平均发电量 34.17 亿 kW·h。工程于 2001 年 3 月正式开工，2004 年 10 月下库蓄水。

紫坪铺电站安装 4 台单机容量 180 MW 混流式水轮发电机组。中国水利水电第五工程局承担该电站机组安装工程，成立了机电项目部，精心组织，精心施工。4 号机组于 2003 年 10 月 4 日开始安装，2005 年 10 月 8 日首次启动成功，2005 年 11 月 5 日正式投入商业运行；3 号机组于 2003 年 12 月 6 日开始安装，2005 年 10 月 9 日启动成功，2005 年 11 月 9 日正式投入商业运行；2 号机组于 2004 年 11 月 7 日开始安装，2006 年 3 月 15 日启动成功，2006 年 3 月 25 日正式投入商业运行；1 号机组于 2005 年 3 月 30 日开始安装，2006 年 5 月 19 日首次启动成功，2006 年 5 月 29 日正式投入商业运行。至此，紫坪铺电站 4 台机组全部投产发电，比合同工期提前半年。

中国水利水电第五工程局机电项目部在安装中，采取新工艺、新材料、新技术。4 号机组座环采用土法吊装，为项目部节省资金约 40 万元，比计划工期提前 20 天完工。500kV GIS 的安装，选择从中间间隔开始延伸，两边同时开始施工，大大提高安装质量，加快施工进度，为首台机组按期发电奠定了良好基础。为加强质量、安全管理，实行文明环保施工，项目部制定了《项目部管理办法》《劳财管理办法》《机物管理办法》《质量、安全、文明、环保施工》《项目内部安全、质量、经营责任书》等管理规定，从一开始就加强监督与控制，规范工序程序和检测要求，并适时有效地开展劳动竞赛，增强了员工凝聚力和团队力，有效地保证了质量、安全和节点目标。机电安装工程共计 14 个分部工程，全部优良，优良率 100%。

(中国水利水电第五工程局)

积石峡水电站建设情况

（一）工程建设完成情况

2006年，积石峡水电站工程全年完成投资58799.96万元，为调整计划的102.7%。导流洞、中孔泄洪洞、排沙底孔按计划稳步推进；对外公路、供水、供电、通信、生活营地建设初具规模；砂石料加工系统和混凝土生产系统已经投产。各项工程总体进度满足2007年3月底黄河截流条件，具备主体工程开工条件。

（二）工程质量管理情况

2006年土建开挖优良率达到85%以上，混凝土优良率达到90%以上，机电安装和金属结构优良率达到95%以上，实现了年初制定的目标。黄河上游水电开发有限责任公司建设分公司把精细化管理理念落实在质量管理中。在招标文件的编审中，制定了质量控制的新标准，对特殊施工方案单独报价，体现了优质优价；针对设备制造工期紧、制造质量问题突出的情况，派专人常驻生产厂家，严格监督、控制设备质量；混凝土浇筑中，在“清水免装修”的基础上，又提出了“无修补混凝土”的质量要求，针对混凝土施工的特点、难点，从施工工艺、工序、质量标准、实施过程及控制管理等方面细化了混凝土质量管理措施，并在导流洞、中孔泄洪洞实施中取得了成效。针对积石峡边坡开挖中岩石软硬不一、马道太高、钻孔极易漂钻的难题，从设计上采取措施，马道间高差由20m改为10m，预裂孔间距控制在0.8m以内，增设钻孔和装药过程中的质检点。同时对设计、监理和施工单位的质量管理工作进行严格考核，增强了参建各方的责任心，保证工程质量管理的各个环节可控、在控。一年来，用于工程的各种原材料的质量抽检合格率达100%，混凝土强度、抗冻及抗渗性能均满足设计和规范要求。

（三）优化设计方面

吸取了公伯峡、苏只水电站的成功经验，贯彻落实业主提前介入设计工作的思路，积极主动地与设计单位和施工、监理单位协商沟通，把自己的开发理念和施工要求对设计单位和施工单位进行交流交底，共同研究工程设计和施工组织设计的优化方案，取得了显著的成果。在积石峡工程前期，先后组织召开了13次设计联络会议，优化泄水建筑物布局、取消右岸泄洪洞等7项优化项目及参建单位采用的取消排沙底孔闸室公路等5项优化方案，共节约投资超过1亿多元，并可以使机组投运后每年节约运行费用1000多万元。

（四）环境保护

根据国家对建设项目环境保护的最新要求，统筹规划，制定措施，认真落实，努力做到环保工作的“三同时”。调整了积石峡枢纽布置方案，减少在保护区边缘的施工，取消了右岸泄洪洞和库区采石场；将弃渣场和倒渣场调整到库区，减少了环境保护工程的处理量。招标文件中明确规定环保的具体要求，实行环境保护及水土保持专业监理和监测。环境保护工作力度大、效果好，得到了主管部门的好评。

（黄河上游水电开发有限责任公司　胡耀斌　张文俊）

董箐水电站

董箐水电站是北盘江干流（茅口以下）规划梯级的第三级水电站，位于贵州省贞丰县与镇宁县交界处，距贵阳市221km，距贞丰县城38km，距镇宁县城101km；是以发电为主，航运次之的二等大（2）型工程。500年一遇设计洪水流量11478m³/s，5000年一遇校核洪水流量13330m³/s。水库总库容9.55亿m³，正常蓄水位490m，死水位483m。电站装机容量880MW（4×220MW），保证出力172MW，多年平均发电量30.26亿kW·h。

该电站是西电东送工程第二批电源点之一，工程于2006年11月截流，计划于2009年竣工。

工程枢纽由钢筋混凝土面板堆石坝、左岸开敞式溢洪道、右岸放空洞、右岸引水隧洞及坝后地面厂房等建筑物组成，枢纽布置见图1。

坝址位于北盘江坝坪沟—洗鸭沟河段。该处河谷呈较开阔的V形，两岸坡度28°～35°，坝基及两坝肩以灰色厚层砂岩、粉砂岩夹钙质泥岩为主，地基承载力不高。河道天然高程355～360m，河床覆盖层厚度为8～13.8m，趾板建基面高程为340～345m。由于坝址处于下游红水河龙滩库区，而龙滩水库最高水位高程为400m，电站厂房及大坝的尾水变幅约60m。该工程中砂泥岩面板堆石坝、大泄量高流速溢洪道、高尾水变幅厂房设计具有显著的技术特点。

混凝土面板堆石坝坝顶高程494.5m，坝顶宽10m，最大坝高149.5m，坝顶长678.63m，宽高比约4.54，上游坝坡1∶1.4，下游综合坝坡1∶1.5。由于成熟使用的坝料运距较远，而坝址两岸砂泥岩储量丰富（砂岩含量约70%～85%，泥岩含量约15%～30%），经室内试验、现场爆破与碾压试验及分析计算，决定面板堆石坝堆石区采用这种砂泥岩混合材料。坝体共分六个区，填筑总量约891万m³，其中砂泥岩料填筑量约606万m³，占坝体总填筑量的2/3。董箐面板坝用砂泥岩主堆石料比例较高，有较高

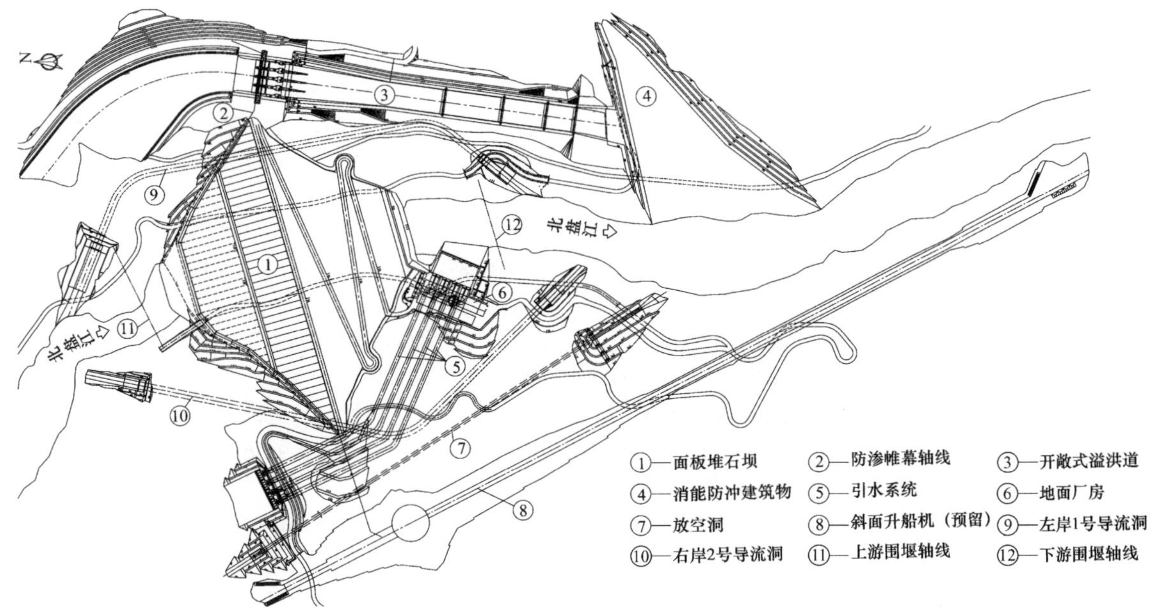

图1 董箐水电站枢纽布置图

的技术含量。

溢洪道为岸边开敞式，其布置充分利用下游坝坪沟消能防冲。考虑砂泥岩地区开挖边坡应尽量低，孔口选择窄而高的型式，同时尽量外移，减小右侧顺向坡高度；由于开挖的砂泥岩料能直接上坝，故在满足结构要求的同时，加大进口开挖范围。溢洪道总长约1300m，由引水明渠段、控制段、泄槽段、消能工及消能防冲区组成，最大泄流量为13347m^3/s，单宽流量266.6m^3/(s·m)，最大流速37.64m/s，最大挑距约135m。引渠底板高程460m，堰顶高程为468m，设4孔闸门，共用一道平板事故门及一道弧形工作门，孔口尺寸为13m×22m(宽×高)。泄槽段为矩形断面，宽50m，底板纵坡i=7.5%。出口消能采用扭面连续鼻坎挑流消能工体形，消能防冲区位于坝坪沟内。针对溢洪道高流速水力学问题，采用了以下措施：①严格控制过流面的不平整度；②掺气减蚀，在泄槽上设置了四道掺气槽；③在水流空化数较大、水力条件复杂和初生空化数小的部位，采用HF抗冲耐磨混凝土进行衬护。

放空洞布置于右岸，为一条多用途隧洞，在水库初蓄期向下游放生态流量和通航流量，参与施工期后期度汛，完建后作水库放空之用，并在必要时向下游放通航流量。放空洞布置时，主要考虑水流条件影响，平面上洞身段尽量不转弯。放空洞由进口段、无压洞身段、出口明渠段及消能工段组成，总长约951m。塔式进水口底板高程为430m，设一道事故检修门，孔口尺寸为5m×6.5m（宽×高），一道弧形工作门，孔口尺寸为5m×5m（宽×高）。无压洞断面为城门洞形，尺寸6m×9m（宽×高），底板纵坡i=0.0358。出口明渠采用抛物线与挑流消能工连接。

引水系统布置于右岸，采用一洞一机单元供水方式，由塔式进水口、引水隧洞、压力钢管等建筑物组成，线路均长582m。进水口底板高程455m，闸门井内设一道平板事故检修闸门，孔口尺寸为7m×9.25m（宽×高）。4条引水隧洞平行布置，纵坡i=7.5%，轴线间距22m，引水隧洞均长272m，圆形断面内径9.0m。压力钢管均长310m，圆形断面内径7.0m。

发电厂房为地面式厂房。主厂房长137.0m，宽25.5m，高67.62m，厂房净跨度19.5m，安装4台单机容量220MW的混流式水轮发电机组。开关站为户内式GIS开关站，布置在主机间上游侧副厂房顶部。由于校核洪水尾水位为402.53m，厂房承受的最大水头超过60m。为满足高尾水位变幅的要求，厂房采用主、副厂房全封闭整体结构型式，主机间下游墙与尾水挡墙、闸墩联合受力，周边结构设计成墙、墙肋、厚底板共同承受外水压力的框架结构，安装间采用台阶式布置（分为主安装间和装卸场），机组分缝采用两台机组间隔设一条永久缝，墙体采用三级配防渗防裂混凝土。

根据枢纽布置和河谷地形特点，在左右岸各布置一条导流洞。1号导流洞进出口高程分别为366.0、364.5m，洞长为933.42m。2号导流洞进出口高程分别为368.0、366.5m，洞长为938.5m。

施工初期导流采用低土石围堰抵御十年一遇枯水期（时段11月6日～次年5月15日）设计洪水，相应洪峰流量1650m^3/s。在围堰保护下，截流后第一个枯水期期间抢筑大坝拦洪临时断面度汛。下游则采取全年挡水围堰以形成大坝和厂房全年施工基坑。中、后期导流采用坝体挡水，导流洞、放空洞导流，汛期溢洪道泄洪的导流方式。

（中国水电顾问集团贵阳勘测设计研究院 湛正刚 蔡大咏 刘 雯）

深溪沟水电站开工建设

深溪沟水电站是大渡河干流规划的第十八级电站，位于四川省雅安市汉源县和凉山州甘洛县境内，其上一梯级为正在建设的瀑布沟水电站，是瀑布沟水库的反调节电站。工程于2006年3月核准开工，预计2007年11月截流，2011年7月第一台机组发电，2012年7月工程竣工。

（一）工程主要特性指标

深溪沟水电站主要特性指标见表1。

表1 深溪沟水电站主要特性指标

项 目	备 注
流域控制面积	72900km^2
综合利用情况	发电为主，兼顾下游814厂用水需求
坝址多年平均流量	1350m^3/s
坝址多年平均径流量	425.7亿m^3
坝顶高程	662.50m
最大坝高	100m（包括混凝土回填）
水库正常蓄水位	660m
水库死水位	655m
水库总库容	0.3227亿m^3
水库调节库容	0.0787亿m^3
水库死库容	0.2440m^3
水库调节性能	日调节
厂房形式	河床式坝后
装机容量	66万kW
单机容量	16.5万kW
年发电量（梯级联合/单独运行）	33.27/31.49亿kW·h
保证出力（梯级联合/单独运行）	29.4/24.8万kW
设计水头	30m
最大水头	38.6m
单机最大引用容量	654.8m^3/s

（二）枢纽布置及工程量

电站大坝坝顶长226m，坝顶高程662.50m，最大坝高100m，自左至右依次布置1孔排污闸、3孔泄洪闸和厂坝段。厂房安装4台轴流转浆式水轮发电机组，单机容量16.5万kW；靠右岸布置窑洞式安装间，长71m。山体内布置2条泄洪冲沙洞，由导流洞改建而成，洞线分别长1.4km和1.5km。考虑交通运输需要，同时也受水库淹没影响，省道S306线的部分路段将由左岸明路改建为右岸隧洞，总长5.5km，其中包括两座公路桥。改建后，公路等级由三级提高为二级，路面宽度和行车安全性都将大为增加。

主要工程量包括：土石方开挖628万m^3，混凝土160万m^3，钢材7.7万t。电站总投资57.9亿元，其中静态总投资49.9亿元。工程施工总工期6.5年，其中准备工期29个月，主体工程工期37个月，工程完建期12个月。

（三）2006年工程完成情况

截至2006年底，深溪沟水电站工程导流洞洞身开挖基本结束，施工重点已由洞挖向混凝土衬砌转移，进口明挖已至630m高程，进口土石方明挖已累计完成12.7万m^3，出口土石方明挖已累计完成107.7万m^3。改线公路工程公路隧洞开挖已全部完成，洞身混凝土衬砌累计完成1264m，上、下游永久桥正在进行钢管拱吊装系统的安装、调试。深溪沟沟水处理工程的排水洞累计完成进尺1739m。厂坝枢纽工程的监理、施工主要管理人员已进场，苏古村施工营地二期完工并交付使用。骨料加工系统投产运行，奶姆沟炸药库已通过验收并投入使用，110kV变电站工程主体结构和砌体工程已经基本完成。

（中国国电集团公司）

察汗乌苏水电站建设情况

（一）工程概况

察汗乌苏水电站工程位于新疆维吾尔自治区巴音郭愣蒙古自治州（以下简称巴州）和静县和焉耆回族自治县境内，是开都河中游河段水电规划中的第七个电站，距已经建成的第九级电站——大山口水电站河道距离25km；以发电为主，兼有防洪、灌溉等综合效益，建成后可将开都河下游的防洪能力由20年一遇提高到50年一遇。

察汗乌苏水电站工程规模为大（2）型工程；水库大坝为混凝土面板砂砾石坝，坝高110m，坝顶长337.6m，坝底最大宽度约400m；水库总库容1.25亿m^3，调节库容0.724亿m^3，为不完全年调节水库；电站总装机容量 30.9 万 kW；工程总投资为 19.55 亿元。

该项目由国电新疆开都河流域水电开发有限公司建设，于 2005 年 3 月通过国家发展和改革委员会核准（发改能源［2005］478 号），2005 年 11 月 22 日成功实现河道截流；计划 2007 年 11 月下闸蓄水，2007 年 12 月首台机组发电，2008 年 10 月工程竣工。

（二）工程建设情况

截至 2006 年年底，工程形象进度为：导流洞已建成过水；坝肩及右岸各进水口开挖和支护完成；大坝填筑到 1625m 高程，趾板浇筑 39 块，防渗墙造孔 2960 m^2；泄洪洞、引水发电洞已贯通，溢洪洞累计掘进 189m，发电洞进口、泄洪洞进口、溢洪洞进口浇筑到 1654m 高程；厂房排架浇筑到 1518.9m 高程（达到封顶高程）；岔管、支管安装完成，3 号机蜗壳安装完成；调压井导井完成。

（三）环境保护措施

察汗乌苏水电站工程环境保护措施，主要包括施工期与运行期的水环境保护措施与生态环境保护措施。

1. 水环境保护措施　工程施工期生产废水，结合施工场地实际情况，尽量做到处理后回用，或用于撒泼路面、灌溉植被等，各种施工废水经处理后均不排入河道。施工期骨料冲洗废水采用沉砂池和沉淀池进行处理；施工机械设备清洗水采用隔油沉淀池进行处理；隧洞施工废水采用蒸发沉淀池进行处理；生活污水采用 WSH-A-20 型地埋式污水处理系统进行处理，并按照规范的要求进行彻底清库。运行期生活污水，采用 WSH-A-0.5 型地埋式污水处理系统进行处理。

2. 生态保护措施

（1）在水生生态及鱼类保护方面：

1）建立土著鱼类增殖放流站，站址在电站厂房下游约 700m 的平坦坡地上，占地 4.5 亩，主要增殖对象为新疆裸重唇鱼和塔里木裂腹鱼，初步确定年放流量各为 10 万尾，电站下闸蓄水前建成并开始试运行。

2）电站初期蓄水期间进行导流建筑物封堵时预留生态基流取水口，保证下泄基流不小于 5.2 m^3/s；取水口位置在 1610～1620m 高程之间，并根据增殖站运行情况优化位置，减轻水库下泄水温度变化对下游水生生态及鱼类的影响。

3）优化调整电站运行方式，减轻下游河道水文情势的日变化幅度对鱼类带来的不利影响。

4）加强渔政管理，实施禁渔区和禁渔期制度，切实保护产卵群体。

（2）在水土保持方面，采取防护措施与补偿恢复措施，总体布置做到重点治理与面上防治相结合，生物措施与工程措施相结合。防护措施采取临时措施与永久措施相结合的原则进行布置。补偿恢复包括料场区、弃渣场、临时生产生活区，措施要做到与现状自然生态环境相协调，后期管护费用少。

（中国国电集团公司）

喜河水电站并网发电

喜河水电站于 2001 年 10 月完成可行性研究设计，2002 年 5 月通过水电水利规划设计总院审查，2002 年 6 月临建工程开工，2003 年 11 月主体工程开工。在业主的精心组织和协调下，经过全体参建单位的共同努力，喜河电站首台机组于 2006 年 6 月底投产发电，比原计划提前了 6 个月；第二台和第三台机组也分别于 2006 年 10 月 14 日和 12 月 19 日相继投产发电。

喜河水电站位于汉江上游陕西省安康市石泉县与汉阴县交界处，上、下游分别为已建成的石泉水电站和安康水电站，河道距离分别为 40km 和 145km。电站总装机容量为 180MW（3×60MW 轴流转桨式水轮发电机组），最大坝高 62.8m，是一座以发电为主、兼有航运等综合效益的水电工程。水库正常蓄水位 362m，死水位 360m，汛期排沙运行水位 357m，坝址以上流域面积 25207km^2，水库天然总库容 2.29 亿 m^3，调节库容为 0.22 亿 m^3，电站为日调节电站，多年平均发电量为 4.92 亿 kW·h。

喜河水电站为二等工程，主要建筑物按 2 级建筑物设计，设计洪水标准为 100 年一遇，相应洪峰流量为 21200m^3/s；校核洪水标准为 1000 年一遇，相应洪峰流量为 27300m^3/s；泄洪消能防冲建筑物按 50 年一遇洪水标准设计，相应洪峰流量为 18900m^3/s。枢纽建筑物由碾压混凝土拦河坝、河床式厂房、泄洪消能建筑物及 GIS 开关楼等建筑物组成。

喜河水电站工程采用碾压混凝土重力坝河床式厂房枢纽布置格局，泄水建筑物布置在主河床上，厂房布置在右岸。坝顶高程为 367.8m，坝顶总长度为 346.0m，共分 16 个坝段，最大坝高 62.8m（厂房坝段），布置格局沿坝轴线从右岸至左岸依次如下：

1 号坝段为右岸非溢流挡水坝段，坝段轴线长为 12.5m，右端与上坝公路连接。

2、3 号坝段为安装间坝段，两坝段轴线长度分别为 22.5m 和 23.5m，总长为 46m。坝内布置有拦污栅库，下游侧为厂房安装间。

4～6号坝段为厂房坝段，三个坝段轴线长度均为22.5m，总长为67.5m，厂房本身为挡水建筑物。拦污栅设置于进水口前沿，与检修闸门共用一组门槽，进水口设置了一道事故闸门。主厂房内装有3台轴流转桨式水轮发电机组，单机容量为60MW。厂房尾水平台顶部高程为359.1m，采用一台单向门机负责吊放尾水检修门和进厂防洪门。

7号坝段为右导墙坝段，根据施工期侧向稳定要求确定坝段宽度为21m，坝顶布置有中孔事故门库及排沙中孔固定式启闭机排架。坝段上游接施工围堰（兼作导沙坎），堰顶高程为345.0m；坝段下游与施工围堰相连，该围堰后期作为永久泄流分区隔墙。

8号坝段为泄洪排沙中孔坝段，施工期作为导流明渠。坝段宽度为35.5m，共设有三个泄洪排沙中孔，堰面曲线采用WES实用曲线，堰顶高程为335.0m。每个孔口设有平板事故门和工作门各一道，事故门的吊运启闭由坝顶双向门机完成。为使工作门运用灵活方便，坝顶设有工作门启闭机室。

9号坝段为左导墙坝段，该坝段宽度为10m。上下游分别接导流墙作为永久性隔墙。

10～13号坝段为表孔坝段，共设5个表孔，轴线长度为86m。表孔堰顶高程为340.0m，孔口净宽14m，中墩厚度为4m，每个表孔设有弧形工作闸门和平板检修门各一道。由于表孔弧门推力较大，闸墩支承结构采用预应力结构。弧形工作门的启闭采用油压启闭机，启闭机室位于闸墩顶部的下游侧；表孔检修门由坝顶双向门机启闭。

14号坝段为泄洪中孔与垂直升船机相结合的坝段，长21.5m。堰面曲线采用WES实用曲线，堰顶高程为335.0m，孔口尺寸为8.5m×15.0m（宽×高）。设有平板事故门和工作门各一道，二者均由坝顶双向门机启闭。垂直升船机结构型式采用“两排三跨”的钢筋混凝土排架，坝体上游有一组排架柱，坝体下游有两组排架柱，排架柱的截面尺寸为3m×6m。

15、16号坝段为左岸非溢流坝段，坝段轴线长度分别为26m、20m。15号坝段由于坝顶门机的布置要求，其下游侧设置有一悬臂长为4m的牛腿，坝顶宽度为18m；坝体内设有表孔检修门库，其尺寸为15.5 m×2.5 m×23m（长×宽×深）。16号坝段坝顶宽14m，上游与上游码头连接，下游连接左岸上坝公路。

在右岸非溢流坝段和安装间坝段下游厂顶公路上，布置有GIS开关楼，出线塔架布置在开关楼的房顶上，以330kV一级电压接入系统，出线共两回，即π形接入安康至汉中330kV线路。

坝顶布置一台双向门机（3600kN/2×500kN/200kN），负责电站厂房上游进水口事故门、检修门以及拦污栅的吊放，同时负责吊放升船机中孔平板工作门、左右中孔的事故门以及表孔检修门。

（中国水电顾问集团北京勘测设计研究院　陈　晴）

西霞院工程建设情况

（一）工程概况

西霞院反调节水库（以下简称西霞院工程）是黄河小浪底水利枢纽的配套工程，位于河南省洛阳市以北的黄河干流上，上距小浪底水利枢纽16km。工程开发任务以反调节为主，结合发电，兼顾灌溉、供水等综合利用。通过反调节，从根本上消除小浪底下泄的不稳定流对下游河道的不利影响，同时也可以使小浪底水库发挥最大的社会、经济效益。

工程规模为大（2）型，属二等工程。主要建筑物有左右岸土石坝、河床式电站、泄洪闸、排沙洞、王庄引水闸、灌溉引水闸等。坝轴线总长3122.00m，土石坝最大坝高20.20m，混凝土坝段最大坝高51.20m。水库正常蓄水位134.00m，总库容1.62亿m^3。电站安装4台单机容量35MW的轴流转桨式水轮发电机组，总装机容量140MW，多年平均发电量5.83亿kW·h。利用西霞院工程，每年可以增加下游供水1亿m^3，可以发展灌区113.8万亩。

西霞院工程施工区影响总人口2951人（搬迁320人），占地面积8120.6亩。库区淹没影响总人口6127人（搬迁2889人），淹没影响土地面积30755.4亩。

工程设计主要工程量为：土石方开挖730.13万m^3，土石方填筑274.10万m^3，混凝土防渗墙9.8万m^2，基础强夯15.69万m^2，土工膜铺设13.61万m^2，混凝土浇筑85.33万m^3，金属结构安装8777.50t。工程总投资21.96亿元，总工期5.5年，其中前期准备1年，主体工程4.5年。

工程建设采用项目业主负责制、招标投标制、建设监理制。主体工程划分为5个标，分别是基础开挖工程（Ⅰ标）、基础处理工程（Ⅱ标）、土石坝填筑工程（Ⅲ标）、混凝土浇筑工程（Ⅳ标）和机电安装工程（Ⅴ标）。

（二）工程特点与技术创新

（1）大坝长度堪称黄河上之最。工程大坝由土石坝段和混凝土坝段组成，其中土石坝段长2609m，为复合土工膜斜墙砂砾石坝，坝顶高程138.20m，最大坝高20.2m，共填筑砂砾石料220万m^3，铺设复合土工膜12万m^2。混凝土坝段长513m，坝顶高程为

139.00m，依次分布着引水、泄洪、排沙、电站等混凝土建筑物。坝址处宽阔的河床条件使坝轴线长达3122m，成为黄河上最长的大坝。

（2）电站厂房基础为上第三系软岩和极软岩，处理极具挑战性。电站厂房工程地质条件极为复杂，基础地层结构是土、岩、砂交合，岩、土不分，开挖揭示的地层经专家鉴定为："电站坝段地基主要为上第三系黏土岩、中细砂层、钙质砂岩和第四系砂砾石层，其中上第三系地层成岩作用差，胶结弱，强度极低，在水平和垂直方向上相变大，具有土～极软岩的性质。加之坝基地层中断层构造发育，致使地层产状变化大，接触关系复杂。"以现场多类型大型原位试验、室内实验、专家咨询和多方案论证比选，基础处理方案为：在电站厂房基础周围增设"Ⅱ"型混凝土防渗墙，即深30m、厚0.6m素混凝土防渗墙，混凝土强度等级C15W6；对基础承载力薄弱区域，采用直径0.8m，长度分别为15m、20m、25m和30m的后压浆素混凝土桩进行加固。

（3）大坝采用土工膜防渗技术。复合土工膜是一种新型防渗材料，一般应用于公路、堤防、环保、建筑领域，水工建筑物虽也有批量运用，但主要用在工程不太重要的附属工程和病险库加固处理中。西霞院工程等级为大（2）型，在其大坝上采用土工膜防渗技术，在国内尚属首次，并已突破了碾压土石坝现行规范的规定。

（4）成功实践了"建管结合，无缝接机"的管理创新。为了便于枢纽运行管理，借鉴小浪底电厂"双达标"经验，小浪底水利枢纽建设管理局提出了"建管结合，无缝接机"的管理新模式，即以枢纽运行单位为主组建监理机电部，负责机电和金属结构设备安装监理工作。这种管理新模式有利于在工程建设中优化设计，既方便了今后运行管理，又减少了消缺改造工程量，降低了运行管理成本。

（三）建设进度

2003年前期准备，2004年1月10日主体工程正式开工建设。工程自开工以来，进展整体顺利，2006年11月6日按期截流。

截至2006年12月底，西霞院工程累计完成土石方开挖655.56万m^3，土石方填筑183.94万m^3，混凝土浇筑85.48万m^3，混凝土防渗墙9.65万m^2，金属结构8720.7t。累计完成投资18.33亿元。其中，枢纽工程完成投资15.15亿元，征地和移民完成3.18亿元。

截至2006年年底，基础开挖工程（Ⅰ标）早已完成；基础处理工程（Ⅱ标）仅剩下河床段1.1万m^2混凝土防渗墙，比合同规定有所提前；土石填筑工程（Ⅲ标），左岸土石坝和右岸土石坝（王庄渠段除外）全部填筑到规定高程137.40m，进度满足合同要求；混凝土浇筑工程（Ⅳ标）已全部完工，按期完成合同任务；机电安装工程（Ⅴ标）进度满足进度要求。

计划2007年上半年下闸蓄水和首台机组投产发电。

（小浪底水利枢纽建设管理局西霞院项目部　袁全义　赵永涛）

广西乐滩与平班水电工程达标投产

（一）乐滩水电站工程

广西乐滩水电站工程，装机容量60万kW（4×15万kW），工程总投资40.24亿元，其中静态投资为36.32亿元。工程于2001年3月进场，2003年4月2日正式开工建设。2004年12月20日首台机组投产发电，至2005年12月24日，乐滩水电站四台机组全部投产发电，工程主体基本完工。工程建设单位——广西桂冠开投电力有限责任公司十分重视乐滩工程项目的达标投产工作，于2002年提出"开展达标投产，全面提升公司实力"的达标投产目标，并进行了总体布置和安排。按照原国家电力公司颁发的2001年版《水电工程达标投产考核标准》的相应阶段的要求，加强建设过程对标管理，机组全部投产后立即组织开展工程达标投产考核工作。为了实现2006年底工程达标投产的目标，广西桂冠开投电力有限责任公司依据达标投产规划和实施细则，建立了专门的组织机构，加强组织协调，组织开展争创亮点工程活动，严格对照考核标准逐项逐条对比自查，反复整改完善。经过全体参建人员的艰苦努力，2006年12月26日，乐滩工程以综合平均得分93.11分的成绩，通过中国大唐集团公司组织的达标投产复检验收。乐滩工程如期通过达标投产，实现了从基建期到生产期的无缝衔接。

（二）平班水电站工程

广西平班水电站工程是国家"西电东送"的重点建设项目之一，装机容量40.5万kW（3×13.5万kW），总投资20.73亿元，其中静态投资18.81亿元。工程于2001年10月23日开工，2004年12月4日首台机组提前一年投产发电，至2005年8月23日，平班水电站三台机组全部投产，工程主体基本完工。工程从筹建到最后一台机组发电仅用46个月，9个月内实现三台机全部投产，创造了良好的工程建设业绩。广西平班水电开发有限公司自工程开工建设就同时着手做好达标投产的策划和组织工作，并与工程建设同步实施。建设过程中按照原国家电力公司颁发的2001年版《水电工程达标投产考核标准》相应阶段中的要求，加强过程对标管理，机组全部投产后立即组织开展工程达标投产考核和进一步做好工程消缺、系统完善工作，确保工程技术经济指标达到规定要求。2005年9月成立“平班水电站工程达标投产考核工作领导小组”，层层分解达标投产考核任务及落实责任，充分发挥各参建单位达标投产工作的主体作用。2006年10月15日，平班水电站工程以综合平均得分92.5分的成绩，顺利通过了中国大唐集团公司组织的达标投产复检验收。

（广西桂冠电力股份有限公司）

云南几个中型水电站的建设情况

（一）戈兰滩水电站

戈兰滩水电站位于云南省绿春县和江城县境内，是李仙江流域的第六个梯级。水库总库容4.09亿m^3，一期工程装机容量240MW，扩建后总装机容量为450MW，多年平均年发电量20.18亿kW·h。该电站为二等大（2）型工程；枢纽由碾压混凝土重力坝、左岸引水系统和左岸岸边厂房等组成，最大坝高113m。大唐国际发电股份有限公司、北京国电安融能源投资有限公司、思茅市国有资产经营有限责任公司投资比例分别为70%、25%和5%。前期工程主要由中国水利水电第四、第六、第十四工程局与中国水利水电闽江工程局承建，水轮发电机组由哈尔滨电机厂制造。

截至2006年底，工程建设进展情况如下：

（1）大坝基坑开挖完成。混凝土浇筑，6号坝段至391m，7号坝段至369.5m，8、9、10、11、12号坝段至352m，16号坝段至456.5m。消力池混凝土浇筑至348.5m。

（2）厂房基坑开挖全部完成。混凝土浇筑高程分别如下：安装间360m，1号机357m，2号机354m，3号机351m。尾水顶板混凝土浇筑完成。引水洞下平洞开挖支护完成，1号及3号洞上平段开挖支护完成。

（3）上游围堰填筑至414m，满足全年20年一遇的度汛标准要求。对外交通道路及场内主要施工干线公路和施工便道形成，坝下交通桥建成通车。

（二）居甫渡水电站

居甫渡水电站位于云南省江城县和墨江县境内，是李仙江流域七个梯级电站中的第五个梯级。水库总库容1.74亿m^3，总装机容量240MW，扩建后总装机容量285MW，多年平均发电量13.07亿kW·h。该电站为二等大（2）型工程；枢纽由碾压混凝土重力坝、冲沙洞及左岸引水式地面厂房等组成，最大坝高95m。

云南省计委2004年9月批复了可行性研究报告。大唐国际发电股份有限公司、北京国电安融能源投资有限公司、思茅市国有资产经营有限责任公司投资比例分别为70%、25%和5%。工程静态总投资21.4793亿元，动态总投资22.8749亿元。工程主要由中国葛洲坝集团公司等单位承建，水轮发电机组由哈尔滨电机厂制造。

截至2006年底，工程建设进展情况如下：

（1）大坝混凝土浇筑平均高程到437.5m，河床坝段固结灌浆完成，消力池常态混凝土施工基本完成。引水洞混凝土完成20%，压力钢管安装完成。

（2）厂房尾水混凝土浇筑至477.5m，安装间卸货平台具备桥机安装条件，完成1、3号机的肘管、锥管安装，1、3号副厂房浇筑至468.1m。

（三）龙马水电站

龙马水电站位于云南省江城县和墨江县境内，是李仙江流域七个梯级电站中的第四个梯级。水库总库容5.904亿m^3，总装机容量240MW，扩建后总装机容量285MW，多年平均年发电量11.85亿kW·h。该电站为二等大（2）型工程；枢纽由混凝土面板堆石坝、右岸开敞式溢洪道、冲沙洞及左岸引水式地面厂房等组成，面板堆石坝坝高135m。

云南省计委2004年9月批复了可行性研究报告。大唐国际发电股份有限公司、北京国电安融能源投资有限公司、思茅市国有资产经营有限责任公司投资比例分别为70%、25%和5%。工程静态总投资19.73亿元，动态总投资21.2035亿元。工程主要由中国水利水电第五、第十四工程局等单位承建，水轮发电机组由重庆水轮机厂制造。导流洞于2003年12月底开工建设，2004年底导流洞土建基本完成；大坝坝肩及厂房后边坡开挖开始进行。

截至2006年底，工程建设进展情况如下：

（1）面板堆石坝填筑完成80%。大坝前部已经填筑至625m，坝下游已经填筑至611m；一期面板已经完成，二期面板已基本完成。趾板固结灌浆已经完成，帷幕灌浆剩余灌浆平洞部分。溢洪道混凝土完成36%。

（2）厂房混凝土完成89%；安装间和中控楼结构混凝土已经封顶，正在进行建筑装修；3号机组主机间已经完成，正在进行机组安装；2、3号副厂房GIS顶板已经封顶；1号机组段已经浇筑至水轮机层，正在进行蜗壳安装，副厂房浇筑至主变压器层；2号机组蜗壳混凝土浇筑完成，基坑里衬安装完成；3号机导水机构安装完成，定子开始下线，辅机设备安装就位。

(3) 引水洞底板混凝土浇筑基本完成，边顶拱已经浇筑至230m；进水塔拦污栅体已经浇筑至613m，闸体部位已经浇筑至628m；压力钢管制作完成，安装完成64%。排沙洞洞身混凝土完成58%，工作闸室浇筑已经完成。

(四) 那兰水电站

那兰水电站位于云南省红河州金平县境内，是藤条江最后一级电站。水库总库容2.86亿m^3，总装机容量150MW，安装3台单机50MW的混流式机组，多年平均发电量6.46亿kW·h。该电站为二等大(2)型工程；枢纽由混凝土面板堆石坝、左岸开敞式溢洪道、冲沙洞及右岸引水式地面厂房等组成，面板堆石坝坝高108.7m。

云南省计委2002年12月批复了可行性研究报告。大唐国际发电股份有限公司、红河州开发投资有限公司、金平电力有限责任总公司及北京华科电力工程技术有限公司四方投资比例分别为51%、20%、15%、14%。工程静态总投资8.1376亿元，动态总投资8.6683亿元。工程主要由中国水利水电第十一工程局等单位承建，水轮发电机组由四川东风电机厂制造。导流洞于2002年12月18日开工建设，工程于2003年11月截流。

2005年10月通过大坝蓄水安全鉴定，2005年12月1日通过蓄水阶段验收，并于当日下闸蓄水。三台机组分别于2005年12月31日、2006年1月19日、2006年6月1日完成72h试运行并正式投入商业运行。

(中国大唐集团公司)

白水江流域梯级电站建设情况

一、黑河塘水电站

(一) 工程概况

黑河塘水电站位于四川省九寨沟县白水江流域一级支流黑河下游河段，属黑河—白水江水电规划一库七级方案中的第四级梯级电站，引水式开发。水库正常蓄水位1782.00m，死水位1775.00m，正常蓄水位以下库容59.3万m^3，具有日调节性能。电站装机容量86MW，主要由首部枢纽、引水系统、厂区枢纽三部分组成。首部枢纽由3孔泄洪闸、冲沙闸、左右岸挡水坝及进水口组成；引水系统沿黑河左岸布置，水流经过长约6422m的引水隧洞到达调压室，再经过长约430m、高差158m的压力管道进入位于白水江左岸的地面厂房，发电尾水经引渠流入白水江。电站工程特性见表1。

表1 黑河塘水电站工程特性表

序号	名称	单位	数量	备注
一	水文			
1	流域面积			
	全流域	km^2	8316	白水江干流
	坝址以上	km^2	2501	
2	坝址多年平均流量	m^3/s	32.0	
	设计洪水流量(P=1%)	m^3/s	342	
	校核洪水流量(P=0.2%)	m^3/s	418	
3	多年平均悬移质输沙量	万t	45.7	
	多年平均含沙量	kg/m^3	0.509	
	多年平均推移质输沙量	万t	3.7	
二	水库			
1	水库水位			
	正常蓄水位	m	1782.0	
	汛期限制水位	m	1775.0	
	死水位	m	1775.0	
2	调节库容	万m^3	52.9	
3	调节特性		日调节	

续表

序号	名　　称		单位	数量	备　　注
三	工程效益指标				
	装机容量		MW	86	
	设计引用流量		m^3/s	54.26	
	设计枯水年平均出力		万 kW	2.02/2.55	近期值/增多诺电站
	多年平均年发电量		亿 kW	3.98/4.16	
	其中	枯水期电量（12 月～次年 4 月）	亿 kW·h	0.87/1.08	
		平水期电量（5 月，11 月）	亿 kW·h	0.64/0.65	
		丰水期电量（6 月～10 月）	亿 kW·h	2.47/2.43	
	年利用小时数		h	4628/4837	

（二）工程建设情况

工程勘测设计工作由业主（四川省九寨沟水电开发公司）委托中国水电顾问集团成都勘测设计研究院（以下简称成都院）实施。2003 年 7 月完成了《四川省阿坝州白水江干流（大录—青龙）水电规划报告》，推荐一库七级开发方案。该规划报告已于 2003 年 8 月由四川省计委、省水利厅联合审查通过。七级电站共利用落差 1157.0m，总库容 7097.4 万 m^3，总调节库容 5736.6 万 m^3，总装机容量 490MW，其中黑河塘水电站装机容量 80MW。根据有利于滚动开发和送电工程的布局，将黑河塘电站推荐为近期建设项目。

2003 年 8 月，四川省九寨沟水电开发公司委托成都院开展“四川省白水江黑河塘电站可行性研究”工作，该院随即组织进行了可行性研究阶段的勘测设计工作，于当年 10 月完成，并于 2003 年 10 月通过了四川省计委的审查。2003 年 12 月，完成了《四川省白水江黑河塘水电站初步设计报告》的编制工作，并于 2003 年 12 月通过了四川省发展改革委的审查。

2004 年 1 月《四川省白水江黑河塘水电站环境影响报告书》通过四川省环境保护局的审查；2004 年 4 月《四川省白水江黑河塘水电站水土保持方案报告书》通过四川省水利厅的审查。

业主委托成都院采取以设计、采购、施工为一体的工程建设总承包的形式承担了黑河塘水电站的建设工作。这是成都院第一批实施这种性质的总承包项目。为此，该院组建了黑河塘项目部。2004 年 1 月完成隧洞标的施工分包招标文件，2004 年 4 月完成土建首部闸坝和厂区枢纽标的招标文件。首部枢纽于 2004 年 6 月 20 日开工，2004 年 9 月 5 日完成一期截流，2005 年 10 月完成二期截流，2006 年 8 月土建工程基本完成。引水隧洞标于 2006 年 11 月完成。厂房土建标于 2004 年 6 月 20 日开工，主体工程 2006 年 6 月基本完成。机电安装标于 2005 年 6 月开工，第一台机组安装于 2006 年 12 月初完成调试，12 月中旬开始运行发电，第二台机组于 2006 年 12 月底投入商业运行。至此，整个电站的建设基本完成。

二、双河水电站

（一）工程概况

双河水电站位于白水江流域上游河段，属黑河—白水江水电规划一库七级方案中的第六级梯级电站，为引水式开发。首部枢纽位于九寨沟县城下游约 3km 处，引水隧洞布置于左岸，长约 6.28km；左岸地面厂房位于双河乡下游约 0.5km 处，距九寨沟县城约 11km。

双河水电站的开发任务以发电为主，同时兼顾九寨沟城市规划建设和下游环保生态及景观用水。电站引用流量 102m^3/s，电站装机容量 81MW，多年平均发电量 3.615 亿 kW·h。电站水库正常蓄水位 1377.50m，相应库容 18.7 万 m^3，调节库容 7.8 万 m^3，具有日调节能力。该工程为单一发电工程，无防洪、航运、供水等综合利用要求。

首部枢纽由 2 孔泄洪闸、1 孔冲沙闸、左右岸挡水坝及取水口等建筑物组成。在主河床布置 2 孔泄洪闸，左岸紧靠进水口布置一孔冲沙闸，构成“正向泄洪、冲沙，侧向取水”的引水防沙和泄洪的枢纽体系。闸坝顶高程为 1379m，最大闸高 14.5m；基础防渗采用全封闭的混凝土防渗墙，防渗墙位于闸前铺盖及挡水坝下，墙厚 0.8m，最大墙深约 37m。引水发电系统由取水口、引水隧洞、调压室、压力管道等建筑物组成。引水隧洞全长约 6.28km，隧洞过水断面为平底马蹄形，进口底高程 1364.4m，调压井中心线底高程 1346.84m。调压室为阻抗式，采用埋藏式布置，井筒高 54.16m，内径 16.0m，阻抗孔 3.2m。压力管道为地下埋藏式，由上平段、斜段、下平段组成，采用一条主管经“卜”形岔管分为3条支管向3台机组供水的联合供水布置方式。主管总长326.17m，钢板衬砌，主管内径5.2m。厂房为地面厂房，位于双河乡下游约0.5km白水江左岸的高漫滩上，由主厂房、副厂房、GIS楼、尾水渠、回车场及进厂公路桥等组成。回车场、安装间、主机间、GIS楼呈“一”字形排列，副厂房布置在主厂房的上游侧，GIS楼布置在主厂房的左侧。尾水渠正向出水，轴线方向与河道呈约60°夹角相接。厂房尺寸为67.62 m×21.71 m×37.80m（长×宽×高），共装3台水轮发电机组，单机容量27MW。

（二）建设情况

按照《四川省阿坝州白水江干流（九寨沟县段）水电规划报告》推荐的一库七级开发方案，将双河水电站列为继黑河塘电站后近期优先开发的建设项目。

九寨沟县水电开发有限责任公司委托成都院承担双河电站的勘测设计工作，双方于2004年1月5日签订“白水江流域双河水电站可行性研究、初步设计阶段勘察设计合同”。成都院于2004年10月编制完成《四川省白水江双河水电站可行性研究报告》。2005年1月受四川省发改委委托，四川省工程咨询研究院组织专家对可行性研究报告进行了审查。审查意见认为报告达到了可研阶段的工作深度，同意该报告。

依据可行性研究报告审查、咨询意见及初步设计报告编制规程，成都院随即开展双河水电站初步设计报告编制工作。通过大量的勘测设计以及试验和研究工作，于2005年4月底编制完成了《四川省白水江双河水电站初步设计报告》，2005年6月19～21日按四川省发展改革委要求，四川省工程咨询研究院组织专家，对该报告进行了审查。根据评审意见，成都院进行了进一步的补充论证工作，最终审查意见认为报告通过补充工作后达到了初步设计阶段的工作深度。

九寨沟县水电开发有限责任公司委托成都院开展以设计、采购、施工一体的工程建设总承包的形式承担了黑河塘水电站的建设工作，为此组建了白水江总承包项目部负责对该工程的实施。在完成初步设计工作后，立即开展双河水电站的土建主体工程和机电设备的施工分包招标设计，招标设计工作已于2005年10月完成。同时技施设计工作也在同步进行，为该电站主体工程的按时开工提供了有力保障。

2005年12月20日首部枢纽和厂区枢纽工程开工，2006年2月12日一期河床截流，2006年10月10日压力管道开挖完成，2006年11月10日二期截流，预计2008年5月第一台机组并网发电。

三、青龙水电站

（一）工程概况

青龙水电站位于四川省阿坝藏族羌族自治州九寨沟县境内，是白水江干流（九寨沟县段）水电规划一库七级开发方案的第7级电站。首部枢纽距九寨沟县县城约11.5km，厂区距九寨沟县县城约28km，工程区内有甘肃文县—九寨沟县公路从河流右岸通过，在汤珠河口与九环线旅游公路相连，对外交通方便。电站采用引水式开发，开发任务主要为发电，兼顾九寨沟县城市建设、景观用水和下游环境生态用水。

水库正常蓄水位1272.00m，正常蓄水位以下库容为23.4万m^3，调节库容7.8万m^3。电站引用流量132.66m^3/s，引水隧洞长约13.6km，电站利用落差约110m，装机容量102MW（3×34MW），多年平均年发电量（联合运行）为4.183亿kW·h，年利用小时数（联合运行）为4101h。

青龙水电站枢纽工程主要由首部枢纽、引水系统、厂区枢纽等建筑物组成。首部枢纽建筑物从右至左依次布置右岸挡水坝段、2孔泄洪闸、1孔冲沙闸、左岸挡水坝段及进水口。拦河闸坝轴线总长约102m，坝顶高程1274.00m，最大闸坝高16.50m。引水隧洞进水口侧向布置在左岸，在主河床布置两孔泄洪闸，单孔尺寸8.00m×7.00m（宽×高），左岸紧靠进水口布置1孔冲沙闸，孔口尺寸2.50m×4.00m（宽×高），构成“正向泄洪、冲沙，侧向取水”的引水防沙和泄洪的枢纽体系。闸坝覆盖层基础防渗均采用悬挂式混凝土防渗墙。泄洪闸和冲沙闸的工作闸门由固定式启闭机操作，平板检修闸门共用一台门式启闭机。

引水系统由有压引水隧洞、调压室、压力管道组成。引水隧洞从进水口至调压室全长约13.6km，隧洞断面型式为马蹄形，底宽6.5m，高8.5m。调压室断面为长条形，宽9.0m，长30.0m，高74.6m，与引水隧洞正交。压力管道布置为地下埋藏式，采用一条主管经两个“卜”形岔管分为3条支埋管分别向厂房内3台机组供水的联合供水布置方式。压力管道由上平段、斜井段、下平段和岔支管段、碟阀室及其交通洞组成。压力主管总长245.323m，内径5.8m。岔管为“卜”形，采用月牙肋岔管型式，分岔角为60°。支管内径3.2m，支管最长为48.023m。

厂区建筑物由主厂房、副厂房、母线道、主变压器室、GIS楼、尾水渠、及进厂公路等组成。安装间、主机间、副厂房、主变压器室及GIS楼呈“一”字形排列，母线道分地面、地下两层布置在主厂房的上游侧，副厂房布置在主厂房的右侧，安装间布置在主机间左侧，主变压器室布置在主机间右侧，GIS楼在主变压器室上层，尾水渠布置在主机间正前方与白水江斜接。主厂房总长度 64.32m（包括缝），其中主机间长 44.30m，安装间长 20.00m，主变压器室与副厂房总长 32.00m。主机间上部宽度 18.00m，上部高度 16.20m；下部宽度 22.00m，下部高度 19.50m。安装间宽度同主机间，最大高度 24.90m。

（二）建设情况

成都院受九寨沟水电开发有限责任公司委托，承担青龙电站的勘测设计工作，双方于 2004 年 1 月 5 日签订“白水江流域青龙水电站可行性研究、初步设计阶段勘察设计合同”。随后，组织勘测设计人员进入现场进行现场踏勘工作，并陆续开展了现场勘探和相应的设计、试验等工作。

2005 年 3 月编制完成了《四川省阿坝州白水江青龙水电站可行性研究报告》。2005 年 6 月 19～21 日该报告通过四川省发展改革委审查，并根据专家组要求及时提交了《青龙可行性研究报告修改补充材料》。2005 年 12 月编制完成了《四川省阿坝州白水江青龙水电站初步设计报告》，并于 2006 年 1 月 23～24 日通过四川省发展改革委审查。

2006 年，青龙水电站进入主体施工前的前期施工准备期，九寨沟县水电开发有限责任公司委托成都院负责前期工程的建设，由白水江总承包项目部负责实施，主要包括施工道路、桥梁和引水隧洞施工支洞等工程。

2006 年 12 月青龙水电站项目通过核准，场内道路开工。

四、多诺水电站

（一）工程概况

多诺水电站位于四川省阿坝藏族羌族自治州九寨沟县境内，是白水江河干流水电规划一库七级开发方案的龙头水库梯级电站。首部枢纽距九寨沟县县城约 74km，厂区距九寨沟县县城约 54km，若尔盖—九寨沟公路从工程区通过，对外交通方便。

工程开发任务以发电为主，并兼顾下游环保生态用水。电站采用混合式开发，装机容量 100MW，多年平均发电量 3.947 亿 kW・h。电站水库正常蓄水位 2370.00m，相应库容 5622 万 m^3，调节库容 4915 万 m^3，具有不完全年调节性能。

拦河大坝采用趾板建在覆盖层上的面板堆石坝，坝顶高程 2373.50，最大坝高 108.50m，坝顶宽 10m，河床覆盖层采用混凝土防渗墙进行防渗，并对防渗墙下部基岩进行帷幕灌浆处理，防渗墙上部通过 3m 宽的连接板与趾板相接。岸坡段趾板坐落于弱风化基岩上，岸坡段基础采用灌浆帷幕防渗，两岸坝肩设帷幕灌浆平洞，防止绕坝渗漏。泄洪建筑物采用开敞式进口的旋流竖井消能泄洪洞。大坝泄水建筑物导流洞、泄洪洞、放空洞均布置于右岸，采用导流洞、放空洞全结合的布置方案，即导流洞先期导流，后期用作水库放空洞。引水系统由进水口、引水隧洞、调压室和压力管道等建筑物组成。进水口采用竖井式，进口底板高程为 2310.00m。引水隧洞沿黑河右岸布置，全长约 14.8km，最大引用流量为 37.72m^3/s。调压室为双室式，压力管道采用地下斜井式布置，采用一根主管经一个“卜”形岔管分为两条支管向机组供水。厂房为地面式厂房，厂区枢纽建筑物主要包括：主副厂房、安装间、尾水渠、开关站等，布置在距八郎沟口上游约 200m 的黑河右岸Ⅱ阶地上，基础为含漂（块）砂卵石层。厂内安装 2 台混流式水轮发电机组。开关站布置在主副厂房的左侧，尾水渠顺接入黑河。

（二）建设情况

九寨沟县水电开发有限责任公司委托成都院承担多诺电站的勘测设计工作，双方于 2004 年 1 月 5 日签订“白水江流域多诺水电站可行性研究、初步设计阶段勘察设计合同”。成都院于 2004 年 12 月编制完成了《多诺水电站可行性研究报告》。2005 年 1 月四川省发展改革委、省水电厅共同主持对可行性研究报告进行了审查，审查意见认为报告达到了可行性研究阶段的工作深度，同意该报告。

在可行性研究报告审查通过的基础上，成都院继续开展了大量的勘测、试验和设计、研究工作，并于 2006 年 3 月底编制完成《四川阿坝州白水江多诺水电站初步设计报告》，2006 年 5 月 18～19 日四川省工程咨询研究院组织专家对该报告进行了审查，之后进行了进一步的补充论证工作，最终审查意见认为报告通过补充工作后达到了初步设计阶段的工作深度。

2006 年 4 月库区若——九改线公路开工建设，预计将于 2007 年底完成全部路基工程施工，主体工程部位的补充勘探工作和招标阶段的设计工作已全面展开。2006 年 12 月多诺水电站施工已通过项目建设核准，主体工程将于 2008 年开工。

（中国水电顾问集团成都勘测设计研究院　刘刚强）

草街航电枢纽工程

（一）工程概况

草街航电枢纽工程位于重庆合川市境内嘉陵江干流河段上，是嘉陵江自下而上规划的第二个梯级，是以航运建设为主，兼顾发电，并具有拦沙减淤、改善灌溉条件等效益的水资源综合利用工程。

坝址控制流域面积 15.98 万 km^2，多年平均流量

2120m³/s，多年平均含沙量1.75kg/m³。枢纽河谷开阔，地形完整，基岩多为裸露，为砂质黏土岩和砂岩互层，局部夹黏土岩。

该工程正常蓄水位以下库容7.54亿m³，建成后渠化航道里程180km。建设Ⅲ级船闸和装机容量为500MW的电站各一座，电站多年平均年发电量19.96亿kW·h。该工程为一等工程，枢纽主要建筑物按2级建筑物设计，次要建筑物按3级建筑物设计，临时建筑物为4级建筑物。该工程洪水具有峰高量大、陡涨陡落的特点，拦河水工建筑物按500年一遇洪水设计（对应流量59700m³/s），1000年一遇洪水校核（对应流量63400m³/s）；厂房尾水平台按200年一遇洪水设计（对应流量54700m³/s），500年一遇洪水校核。该工程泄水建筑规模在目前国内仅次于葛洲坝和三峡水电站。工程总投资53.9亿元。

工程建设方为重庆航运建设发展有限公司。中国水电顾问集团成都勘测设计研究院为该工程主体设计单位，承担除船闸部分以外的水工枢纽设计；船闸部分由四川省交通厅交通勘察设计研究院设计。工程监理单位和施工图审查单位均为中水珠江规划勘测设计有限公司。中国安能建设总公司承担纵向围堰184.00m高程以下和右岸河道扩挖工程施工，中交第一航务局承担船闸工程施工，中国水利水电第八工程局承担厂房和冲沙闸工程施工，葛洲坝水电工程局承担厂房水轮发电机组的安装工作。

（二）枢纽布置及主要建筑物

枢纽建筑物从左到右由船闸、厂区枢纽建筑物、5孔开敞式泄洪冲沙闸、1孔施工纵向围堰改建闸、15孔开敞式泄洪闸、右岸挡水坝和坝上游交通桥组成，拦河建筑物顶高程为221.50m，坝顶长度665m。

船闸为Ⅲ级航道上的非溢流船闸，设计船型为2×1000t梭形顶推船队，一次最大过船吨位为4000t，船闸有效尺度200.00m×23.00m×3.50m，由上游引航道、下游引航道、上下闸首及闸室组成，全长约1095m。

厂区枢纽建筑物主要由河床式厂房坝段、导沙坎、引水渠、尾水渠及尾水导墙组成。厂房坝段布置在船闸和冲沙闸之间，分为主机间段和安装间段，设有冲沙底孔、副厂房、主变压器及GIS室等。厂内装4台单机容量125MW的轴流转桨式水轮发电机组，设计水头20.00m，采用混凝土蜗壳。主机间坝段沿坝轴线方向总长度为145.15m，安装间坝段沿坝轴线长度为61.00m。厂房进水口布置有拦污栅、检修闸门和事故门各一道，由坝顶移动门机操作；厂房尾水闸门和冲沙底孔工作闸门由布置于尾水平台上的移动门机操作。重大件运输用坝顶门机通过吊物孔垂直进入厂房安装间。

5孔泄洪冲沙闸单孔净宽14.80m，采用宽顶堰堰型、底流消能方式，堰顶高程178.00m，用弧形闸门挡水和容量为5000kN的液压启闭机操作，其行程达13.50m，处于国内领先水平；弧形闸门上游布置一道平面检修闸门，由坝顶移动门机操作。

与施工纵向围堰结合的泄洪闸（施工纵向围堰改建闸），沿坝轴线方向长度孔口净宽13.00m，采用宽顶堰堰型，堰顶高程183.00m，该闸只在特大洪水情况下最后启用。

15孔泄洪闸单孔净宽13.00m，采用实用堰堰型、底流消能方式，堰顶高程为180.00m，。泄洪闸采用平面检修闸门和平面工作闸门各一道，工作闸门用固定启闭机操作，检修闸门和冲沙闸检修闸门共用1台门机操作。

（三）工程特点

1. 水库运行方式　当入库流量小于6000m³/s时，电站维持正常蓄水位203.00m运行；当入库流量大于等于6000m³/s、小于15000m³/s时，水库水位降至汛期排沙运用水位200.00m运行；当入库流量大于等于15000m³/s时，电站停机，水库敞泄冲沙。

2. 施工导流设计　主体工程分两期施工，一期施工时段为全年，导流标准采用20年一遇，相应流量为41100m³/s；二期施工时段为11月至次年4月，导流标准采用10年一遇，相应流量为5440m³/s。导流方案为临时施工围堰围右岸，利用原河床过流，施工184.00m以下的纵向围堰和右岸岸坡扩挖工程；一期全年围堰围左岸，利用右岸扩挖河道泄流、通航，在挡全年洪水的高围堰保护下，经三枯三汛完成船闸、厂房、5孔冲沙闸的施工；二期枯期围堰围右岸，施工右岸15孔泄洪闸，由一期完成的5孔冲沙闸宣泄导流设计流量和利用航闸通航。

3. 一期上、下游土石围堰设计　围堰为黏土心墙前敷复合土工膜堆石坝，主要采用基坑开挖料及坝区附近部分开采土料及堆石料。

4. 厂房混凝土温控设计　温控以加冰和骨料预冷方法为主，设计混凝土入仓温度：6～8月为19℃，9月为18℃，10月为15℃，其他季节自然入仓浇筑。混凝土分层分块原则：基础强约束区为1.5m，弱约束区为2.0m，非约束区为2.5～3.0m。

5. 电站引水防沙设计　在进水渠前设有导沙坎，每台机进水口下方有1个冲沙底孔进口，每两台机组的冲沙底孔在坝段内合并为一孔，冲沙底孔出口设有工作闸门，内壁四周有抗冲磨混凝土。

6. 施工图审查　草街航电枢纽工程同时归口水电和交通行业，在水电水利工程中率先引入了施工图审查制度，采用委托具有甲级设计资质的第三方单位进驻审查的形式。

（四）施工进展

工程于2004年12月28日正式开工建设，计划于2009年8月底第一台机组发电，2011年5月竣工。目前工程已完成右岸河道扩挖、一期上下游围堰占压的部分船闸、纵向围堰184.00m以下混凝土浇筑和U形槽内填渣施工，开始一期上下游土石围堰填筑和一期基坑开挖工程。

（中国水电顾问集团成都勘测设计研究院　张　勇）

株洲航电枢纽工程建成投产

2006年，株洲航电枢纽工程建成投产。

该工程是“十五”期间国家重点建设项目，也是我国第三批利用世界银行贷款的内河航运建设项目。枢纽由船闸、电站、泄水闸及坝顶公路桥等主要建筑物组成：船闸布置在右岸台地，为Ⅲ级船闸，闸室有效尺度为180m×23m×3.5m（长×宽×门槛水深），能通行千吨级船队，设计年通过能力1260万t；发电厂房布置在左汊左岸，安装5台灯泡贯流式发电机组，单机容量为28MW，总装机容量为140MW，多年平均发电量为6.636亿kW·h；泄水闸共布置24孔，孔口宽度20 m，采用弧形闸门挡水，液压启闭机启闭，其中左汊布置11孔，右汊布置13孔。

2001年11月28日，交通部以交水发［2001］682号文批复项目的初步设计。批准总工期5年，工程概算总投资为19.47亿元，其中利用世行贷款1亿美元（折合人民币8.27亿元），交通部拨款3.182亿元，湖南省自筹8.02亿元。2002年7月11日，国家计委以计投资［2002］1105号文批准项目开工。

株洲航电枢纽工程于2002年8月1日正式开工，同年11月实现了一期围堰截流；2004年12月船闸正式通航；2005年8月电站首台机组投产发电，至2005年底3台机组相继投产发电；2006年工程建成投产。

（一）投资与工程量完成情况

2006年完成投资2.3亿元，占项目总投资的12%；共完成土石方开挖48.4万m^3，土石方填筑18.1万m^3，混凝土浇筑4.44万m^3，金属结构安装2500t。枢纽开工以来累计完成土石方挖填946万m^3，混凝土浇筑77万m^3，金属结构安装1.5万t。

（二）工程形象进度情况

1. 二期闸坝施工　2006年，重点和难点是风化深槽基础处理，有4个位于风化深槽的闸墩，采用了全挖换填、刻槽挖除回填混凝土塞、人工挖孔灌注桩基础、钢筋混凝土承台、混凝土板跨越、固结灌浆等多种综合处理措施。闸坝于4月混凝土全部浇筑到顶；8月13日，13孔弧形闸门安装全部完成；8月31日，液压启闭设备调试完成，具备了挡水条件。坝顶公路桥，6月22日完成全部130片空心板吊装；8月19日，桥面铺装全部完成，8月底具备了通车条件；9月19日，通过了湖南省交通厅组织的蓄水前阶段验收；11月，完成下游围堰拆除；12月，二期围堰全部拆除完成。

2. 机组安装调试　2006年，在认真总结前三台机组安装调试经验和教训的基础上，对设计不断进行完善和优化，及时协商处理安装、调试过程中出现的问题，使机组安装更快捷，调试更顺利，质量更优良。3号机组于2006年1月开始安装，2月25日导水机构安装完成；3月4日转轮吊装完成；3月11日转子吊装完成；3月28日定子吊装完成；4月3日灯泡头吊装就位；4月15日，开始无水调试；4月27日完成了72h试运行，通过启动验收后，正式并网发电。4号机组于5月开始安装，5月11日导水机构安装完成；5月13日转轮吊装完成；5月26日转子吊装完成；5月30日定子吊装完成；6月5日灯泡头吊装就位；6月19日开始无水调试；7月14日完成72h试运行。8月2日，湖南省交通厅主持对第五台机组进行了启动验收，株洲航电枢纽实现了5台机组全部并网发电的目标。

（三）工程质量管理

二期闸坝工程阶段验收评定：单元工程795个，全部合格，合格率100%，其中优良单元工程758个，优良率95.3%；分部工程20个，全部评定为优良。

机电安装，单机单元工程60个。经检查评定：3号机组全部合格，其中优良单元工程57个，优良率95%；4号机组全部合格，其中优良单元工程57个，优良率95%。

（四）新工艺、新材料、新技术应用

（1）在泄水闸堰面及消力池表面采用了HF高强耐磨混凝土，以提高其抗冲耐磨强度等级，延长使用寿命，确保水工建筑物安全。

（2）由于右汊泄水闸消力池及护坦的上下游为黏土砾石充填的风化深槽，出池水流流速又高达4.6m/s，为防止泄流对风化深槽内土体的淘刷，确保主体建筑物的安全，对大面积的风化深槽进行处理。参照国外成功经验，结合工程实际情况，采用的格宾石笼护底较好地解决了风化槽既要刚性防护抗冲，又要适应不均匀沉降、防止开裂的技术难题，施工简便，造价低。

（3）二期闸坝有4个闸墩位于风化深槽，为了防止在基础强约束区混凝土易出现裂缝的问题，采取掺加抗裂型混凝土防水剂的方法，提高了混凝土的施工质量和防渗效果。

(4)《湘江株洲航电枢纽通航工程关键技术研究》科研课题荣获2006年度“中国航海学会科学技术奖”二等奖;《微弯分汊河道水利特性对株洲航电枢纽布置影响模拟试验研究》科研课题荣获湖南省2006年度自然科学优秀成果奖二等奖。

(湖南湘江航运建设开发公司 尹剑平)

栗子坪水电站

(一)概况

栗子坪水电站位于四川省石棉县境内,是南桠河六个梯级开发中的第五级,为引水式电站,主要由首部枢纽、引水隧洞、调压室、压力管道、地面厂房系统等建筑物组成。厂区距石棉县城32km,距西昌155km,距成都394km。首部枢纽,闸址位于南桠村沟口上游约740m,调节池接冶勒电站尾水,建底格栏栅坝。引水发电系统布置在左岸,隧洞全长6263m,埋藏式调压室,厂房建在一级台阶地上。

电站设计水头308m,引用流量48.8m^3/s;装机容量132MW(2×66MW),保证出力58.5MW,多年平均发电量为3.912亿kW·h,年利用小时数2960h。

(二)工程进展情况

栗子坪水电站于2004年2月7日开工,截至2006年12月底,工程进展如下:

1. 首部枢纽 底格栏栅坝,除右岸坝肩裹头混凝土尚未完工外,其余工作已全部完成。调节池,除下游侧边墙(含底板)混凝土、分水闸及进水口上部混凝土外,其余工作已全部完成。

2. 引水隧洞 引水隧洞全长6263m,基本完成,尚余150m钢筋混凝土衬砌、支洞封堵和部分灌浆工作。

3. 调压室及压力管道 调压上室及交通洞混凝土衬砌已完成,斜井全长145m,反向导井开挖至80m时塌方并堵塞下井口后转入正向导井开挖,正井开挖已至61m并与塌腔连通,已初步探明斜井塌腔高度超过100m,长度和宽度尚不清楚。压力管道,175m长的斜井开挖已完成135m,尚有40m需扩挖。

4. 厂房 主厂房于2006年5月31日前实现封顶目标,上、下游及左山墙砖砌体已完工,并完成粗装修工作;1号机和2号机土建工作面已移交机电。一次副厂房已完成粗装修并交面,二次副厂房进行精装修准备。开关站正进行排水沟和电缆沟施工。

5. 机电及金属结构安装 压力钢管制作已完成,并完成了明管133m和2号上游508m钢管安装。1号机定子叠片及铁损试验已完成,并吊入机坑,开始下线工作。开关站已开始构架及主变压器施工。

(中国国电集团公司)

洛古水电站

洛古水电站位于四川省凉山州境内的西溪河中游,为西溪河流域5个梯级电站中的第2级,上接库依水电站,下邻联补水电站,是一座以发电为主的高水头混合式电站。电站坝址位于昭觉县洛古乡附近的西溪河峡谷段,距昭觉县城18km,距西昌市118km;厂址位于布拖县联补乡,距布拖县城57.5km,距西昌市176.5km。水库正常蓄水位2043m,相应库容3730万m^3,调节库容2770万m^3。电站共安装2台55MW水轮发电机组,总装机容量110MW,电站联合运行保证出力16.304MW,多年平均发电量4.662亿kW·h。电站建成后以220kV电压等级一回线路接入昭觉变电站,一回线路与联补相连。

电站水库为西溪河流域水电梯级近期开发的龙头水库,开发任务为以发电为主,兼顾少量沿河灌溉用水,并有库区航运、旅游等综合利用效益。

坝址以上控制流域面积1850km^2,多年平均降水量1035.7~1119.2mm。多年平均流量40.9m^3/s。设计洪水流量($P=1\%$)为2110m^3/s,校核洪水流量($P=0.1\%$)为3590 m^3/s。坝址多年平均总输沙量336.2万t,多年平均悬移质含沙量为2.42kg/m^3。

电站枢纽由大坝、引水隧洞和厂房等水工建筑物组成。根据电站规模,确定该工程为三等工程,挡水坝、引水系统、发电厂房按3级建筑物设计,其相应的挡水、溢流坝、引水系统建筑物设计标准为100年一遇,校核标准为1000年一遇;发电厂房设计标准为50年一遇,校核标准为200年一遇。

坝址区属峡谷地形,河谷深切呈V形,两岸地形基本对称,山体雄厚,边坡陡峻,出露地层为二叠系上统峨眉山玄武岩组(P_2e)中下部,岩体卸荷较强烈,卸荷裂隙较发育。拦河坝为碾压混凝土重力坝,主要建筑物包括溢流坝、左右岸重力式挡水坝、下游消力池。溢流坝布置在河床中部靠左岸的原主河道上,为碾压混凝土重力坝,坝顶高程2046.0m,最大坝高85m,坝顶长221m,由3个溢流表孔及2个泄洪冲沙孔组成,泄洪冲沙孔布置在溢流表孔两侧。左、右岸均采用碾压混凝土重力坝与岸坡相接。校核洪水最大下泄流量2416m^3/s。

引水系统位于西溪河右岸,采用一洞两机布置,由进水口、引水隧洞、调压井和高压管道四部分组成。进水口采用洞内竖井式,事故检修门布置在洞内。引水隧洞按一坡布置，全长15868.7m（从进口至调压室中心），纵坡0.508%，开挖断面尺寸为5m×5.1m。调压室位于厂房后山坡，采用阻抗＋扩大上室式调压室，开敞式布置。大井及小井均采用钢筋混凝土衬砌，周边进行固结灌浆，上室采用钢筋混凝土结构。压力管道采用地面明管布置型式，由上平洞钢管、斜坡段钢管、下平段钢岔管及钢支管组成，压力管道全长1004.67m，钢管直径2.8m。

厂房采用地面式，位于联补乡附近的西溪河右岸一级阶地上，基础可置于下伏基岩上。主厂房长55m，宽19.4m，高37.4m。厂内安装2台单机容量为55MW的混流式水轮发电机组，额定水头328m，单机引用流量18.95 m^3/s。

主体工程初步设计主要工程量：土石方明挖197.97万m^3，石方洞挖51.92万m^3，碾压混凝土30.05万m^3，混凝土23.59万m^3，喷混凝土3.95万m^3，钢筋、钢材12218t。大坝施工采用枯水期一次断流、隧洞导流，汛期由坝体临时断面挡水，导流隧洞加排沙底孔联合泄洪的导流方式。工程筹建期2个月，第一台机组发电工期为39个月，施工总工期为46个月。

初步估算电站静态总投资121946万元，单位千瓦投资11086元/kW，单位电度投资2.62元/(kW·h)。

库区移民涉及昭觉县和布拖县的8乡（镇）18个村，总计移民人数计1432人，需拆除各类房屋33750.04m^2，征用各类土地9340.25亩。

电站建设对生态环境的影响主要是工程施工造成的水土流失，以及运行期大坝至厂房河段水量减少。在采取相应的措施后，各种不利影响均可减轻，不会对区域生态环境造成较大影响，不存在制约工程建设的重大环境因素。

洛古水电站工程由中国华电集团公司和西昌电力股份有限公司共同投资建设，四川华电西溪河水电开发有限公司负责工程建设管理和电站运营工作，中国水电顾问集团华东勘测设计研究院承担工程全阶段设计工作。2006年8月，工程通过四川省发展和改革委员会的项目核准，同年12月25日实现了大江截流。电站计划于2009年5月实现第一台机组发电，2009年12月底工程竣工。

（中国水电顾问集团华东勘测设计研究院　冯仕能）

硗碛水电站

（一）工程概况

宝兴河流域水电梯级规划为“一库八级”水电站，自上而下依次为：硗碛（240MW，在建）、民治（120MW，待建）、宝兴（195MW，在建）、小关子（160MW，已建）、灵关（36MW，待建）、铜头（80MW，已建）、飞仙关（104MW，待建）、雨城（60MW，已建）。

硗碛水电站位于四川省雅安市宝兴县境内的青衣江主源宝兴河上游，为流域梯级规划“一库八级”的第八级龙头水库电站，工程主要任务以单一发电为主，无航运、漂木、防洪、灌溉等综合利用要求。坝址多年平均流量24.4m^3/s，坝前正常蓄水位2140.00m，死水位2060.00m，水库总库容为2.12亿m^3，调节库容为1.87亿m^3，具有年调节性能。额定水头490m，最大引用流量56.2m^3/s，安装3台80MW混流式水力发电机组，总装机容量240MW，年发电量9.11亿kW·h，枯水年枯水期平均出力87.9MW。电站建成后，可增加下游民治、宝兴、小关子、灵关、铜头、飞仙关、雨城梯级多年平均年发电量2.38亿kW·h、枯水期电量3.39亿kW·h、枯水年枯水期平均出力79MW。

按照可行性研究审查确认的施工组织设计，工程准备工期18个月（占主体直线工期1个月），施工总工期66个月，其中准备工程占直线工期1个月，主体工程直线工期为51个月，工程完建工期14个月，从准备工程开始到第一台机组投产工期52个月。按2001年3季度价格水平及国内施工队伍进行概算重编，硗碛水电站设计概算静态总投资179801.23万元，总投资202510.63万元，单位千瓦静态总投资7492元，单位千瓦动态总投资8438元，单位电度投资2.22元。

（二）工程总布置

工程采用混合式开发，枢纽工程由首部枢纽、引水系统和地下厂房三大部分组成。

1. 首部枢纽　由拦河大坝、泄洪洞、放空洞和导流洞等组成。拦河大坝为砾石土直心墙堆石坝，坝顶高程为2143.00m，最大坝高125.5m，坝轴线长433.8m，上游坝坡为1∶2，下游坝坡为1∶1.8。坝体上游与围堰结合布置，基础为深厚覆盖层，采用一道厚度为1.2m的混凝土垂直防渗墙。防渗墙最大深度70.5m，墙顶采用灌浆廊道与心墙连接，廊道净尺寸为3m×4m（宽×高），廊道上、下游两侧及顶部设高塑性黏土区，黏土区宽11.0m、高12.5m。泄洪洞布置在河道右岸，全长1150.896m，为无压隧洞，由开敞式进水口、上平段、龙抬头段和下平段及出口挑流段组成，采用钢筋混凝土衬砌。泄洪洞进口底板高程为2130.5m，出口采用挑流消能，底板高程为2019.45m；在校核洪水位2140.84m时下泄流量为397.80m^3/s。放空洞布置在河道左岸，全长

710.934m，由进口明涵、进口段、闸门井、交通洞、斜段和出口段、出口明渠及消力池等组成；进口段为直径 3m 的圆形断面，底板高程 2045m；闸门井断面为 6.00m×5.3m，高 99m，井后段为无压流；出口段与导流洞相结合，结合段长 189.339m。出口暗涵结构由出口直线段、圆弧段、扩散段和消力池段组成，全长 148.313m，出口暗涵上部回填渣料至 2032m 高程。导流洞布置在坝址左岸，穿越地层为炭质千枚岩与变质砂岩，洞身断面为底宽 5m、高 7.5m 的圆拱直墙型，长 606.06m，在桩号（导）0＋416.717m 处与放空洞结合，结合长度为 189.339m。

2. 引水系统　由引水隧洞、调压室和压力管道组成。引水隧洞沿河右岸布置，全长约 18.728km，引用流量 56.2m³/s；进水口底高程为 2050m，调压井中心线处底高程为 1995m，隧洞平均底坡 $i=0.295665\%$；隧洞开挖断面为底宽 3.97～4.4m、高 5.1～5.9m 的马蹄形，沿线采用喷锚支护或钢筋混凝土衬砌，衬砌厚度为 0.3～0.6m。调压室为地下双室式调压室，由上室交通洞、上室、下室及竖井组成；上室交通洞及上室为直墙圆拱型断面，上室交通洞长 116m，上室长 220m；下室断面为城门断面，宽 5.00m，高 5.975～6.50m，长 60m；竖井为直径 5.0m 的圆型断面，开挖高度为 157.5m。压力管道为埋管，全长 959.375m，由上平段、上斜段、中平段、下斜段、下平段组成；桩号（管）0＋053.804m 以前为钢筋混凝土衬砌，管径为 3.6m，衬砌厚度为 0.5m；其后采用钢板衬砌，主管直径为 3.4m，主管开挖直径为 4.6m。

3. 地下厂房系统　由主副厂房、主变压器室、尾水调压室、母线洞、尾水系统、交通洞、排水廊道、1 号通风洞、2 号通风洞、出线洞等组成。主副厂房及安装间开挖尺寸为 69.6m×19.8m×37.21m（长×宽×高），主变压器室开挖尺寸为 48.5m×16.6m×14.75m（长×宽×高），尾水调压室开挖尺寸为 33.4m×7.2m×25.0m（长×宽×高）。

（三）工程主要特点

（1）工程区海拔较高，具有冬冷、春干、夏凉、秋润的特点。降水多集中在 5～10 月，占全年的 85%～90%，有昼晴夜雨的特点，汛期砾石土心墙堆石坝施工条件较差。

（2）坝址左右岸及谷底由志留系下统（S_1）灰黑色炭质千枚岩与变质砂岩组成，变质砂岩含水性相对较好；炭质千枚岩含水透水性较弱，可行性研究勘探揭示未找到透水率小于 5Lu 的相对不透水层。灌浆帷幕深度及范围是根据三维渗流计算确定的，为悬挂式帷幕。

（3）工程左、右两岸心墙下部坝基的强风化、强卸荷炭质千枚岩较深，左岸最深约 20m，右岸最深约 35m。根据规范要求，高坝宜开挖到弱风化层上部。对于硗碛工程，若全部将强风化、强卸荷岩体挖除，开挖坡高和工程量较大，因此，采用表层开挖和深部强风化层固结灌浆处理，处理后基本上能够达到弱风化层上限指标，满足规范要求。

（4）坝址区炭质千枚岩遇水易软化，软化后力学指标较低，因此在岸坡及洞室开挖后，为了避免雨水或地下水侵蚀，应进行即时支护或保护，否则易造成边坡和洞室塌方失稳。此种情况在硗碛工程施工过程中表现尤为突出。

（5）坝基河床防渗墙深度较深，最深达 70.5m，防渗墙采用廊道型式与心墙连接，此种连接型式在国内属于首创，在接头部位应力大，易产生裂缝，防渗措施要求较高。

（6）拦河大坝为砾石土心墙堆石坝，最大坝高 125.5m，在硗碛工程开工初期，属于国内当时在建的最高的砾石土心墙堆石坝。

（7）隧洞洞线较长，为 18.728km，隧洞沿线跨 3 条大沟、7 条断层，洞线前 10km 为软岩，地质条件复杂。

（8）压力管道采用地下埋钢管，水头高，设计最大水头约 6.9MPa，采用高强度等级的钢板和微膨胀混凝土回填，技术难度较高。

（9）厂房采用混流式水轮发电机组，单机容量为 120MW，承担的最高水头为 5.55MPa，属国内第一，其设计、制造、安装等技术难度均较高。

（四）建设情况

1998 年 7 月～1999 年 5 月进行可行性研究；1998 年 8 月，可行性研究报告通过审查；2001 年 10～11 月，按 2001 年 3 季度价格水平重编概算；2002 年 3 月，中国国际工程咨询公司对可行性研究报告进行评估，工程正式立项；2002 年 10 月 29 日工程正式开工；2003 年 12 月 27 日河床截流成功；2004 年 2 月 21 日大坝块石料填筑开始施工；2004 年 12 月 31 日厂房主机间开挖完成，2005 年 3 月 9 日机组开始安装；2005 年 7 月 15 日引水洞全线贯通；2006 年 4 月 30 日，放空洞土建施工完成；2006 年 5 月 25 日，大坝砾石土心墙填筑至 2070m 高程，达到 100 年一遇的防洪度汛高程；2006 年 9 月 5 日，通过大坝蓄水安全鉴定；2006 年 9 月 30 日，引水隧洞永久支护衬砌施工完成；2006 年 10 月 18 日，大坝填筑至 2090m 高程，满足水库初期蓄水要求；2006 年 11 月 8 日，引水系统充水试验完成；2006 年 12 月 2 日，通过蓄水验收；2006 年 12 月 5 日，导流洞下闸，水库蓄水；2006 年 12 月 26 日，1 号、2 号机相继进入 72 小时试运行；2006 年 12 月 29 日，1 号、2 号机相继投产发电。计划2007年4月3号机组投产发电。

（中国水电顾问集团成都勘测设计研究院　王　平）

西藏直孔水电站首台机组并网发电

直孔水电站位于西藏自治区拉萨河中下游墨竹工卡县境内的直孔乡，电站距下游墨竹工卡县城22km，距下游拉萨市约96km；开发任务以发电为主，兼顾灌溉、防洪等综合利用，装机容量10万kW。水库正常蓄水位3888.00m，死水位3878.00m，总库容2.24亿m^3，具有季调节能力。工程枢纽由首部挡（泄）水系统、引水系统、厂区系统等建筑物组成；静态总投资为133695.13万元，单位千瓦投资13370元/kW。2006年11月首台（4号）机组并网发电。

（一）工程布置

1. 首部枢纽　首部挡（泄）水建筑物由坝址处出露的基岩河心岛分为左、右岸两部分：左岸布置砾石土心墙土石坝段，右岸布置混凝土坝段（包括取水口、连接坝段、底孔坝段、溢流坝段、导墙、消力池和海漫等混凝土建筑物）。土石坝段坝顶高程3892.60m，坝轴线全长1330.00m，坝顶宽6.0m，上游坝坡1∶2.1，下游坝坡1∶1.9，最大坝高44.60m。坝体防渗为砾石土心墙，坝基防渗为封闭式或悬挂式混凝土防渗墙以及砾石土心墙截水槽，防渗墙厚度80cm，最大深度79m。溢流坝段共布置三孔开敞式表孔，每孔净宽12m，堰顶高程3876.10m，闸墩顶高程3892.60m，最大坝高57.60m；冲沙底孔坝段长13m，孔口宽度5m，孔口底高程3851.00m，坝顶高程3892.6m，最大坝高57.6m；连接坝段长26.18m，最大坝高51.60m，坝顶高程3892.6m，其左端与底孔坝段相连，右端与坝肩和取水口相连。在溢流坝段和底孔坝段的下游布置消力池，消力池长88m，宽60～66m，沿程呈扩散形布置。消力池两边为左右导墙。取水口进水闸顺河右岸布置，紧接连接坝段，与大坝成L形状，布置2孔压力墙式进水口。进水口底板高程3861.0m，闸室顶高程3892.6m。

2. 引水系统　直孔水电站引水发电系统布置于河道右岸，主要由进水口、两条有压引水隧洞及末端Y形岔管分成的4条压力支管组成。最大发电引用流量380m^3/s（4×95m^3/s）。隧洞为圆形断面，内径8.2m，衬厚0.5m，采用钢筋混凝土衬砌。压力钢管为地下埋管，采用联合供水。岔管采用月牙肋内加强Y形岔管，钢管最大壁厚22mm，岔管月牙肋板厚54mm。

3. 厂区系统　厂区枢纽建筑物由主厂房、副厂房、GIS楼和屋顶出线场、尾水系统及进厂公路等组成。主机间布置在厂房左侧，右侧为安装间。GIS楼、副厂房布置在主机间靠山一侧，110kV出线场布置于GIS楼顶。安装间下游侧布置回车场、进厂公路，GIS楼靠山侧预留变压器运输通道。整个主副厂房基础均为基岩。尾水渠全长约182m，大部分基础均置于漂卵石基础上，主断面为梯形，反坡段边墙为衡重式结构，其后为贴坡式混凝土结构。

（二）建设情况

直孔电站项目法人及建设管理单位为西藏电力公司，中国水电顾问集团成都勘测设计研究院负责勘测设计工作，中国水利水电建设工程咨询西北公司为监理单位，中国安能建设总公司承担CⅠ标段混凝土坝及引水发电系统土建（含金属结构）工程施工，中国水利水电第七工程局和中国水电基础局有限公司联营体为CⅡ标段土建及金属结构工程施工单位，中国水电武警第二总队负责电站机电设备安装，南京南瑞集团公司承担自动化监测工程施工项目。

直孔水电站主体工程于2003年5月18日开工，9月30日一期围堰河床截流；2004年3月28日1号引水隧洞贯通，4月24日闸坝段混凝土开始浇筑，4月28日2号引水隧洞贯通，6月6日压力钢管开始进洞安装，7月30日电站土石坝碎石土心墙开始填筑，7月31日厂房混凝土开始浇筑；2005年7月20日引水隧洞混凝土浇筑完成，10月20日二期工程导、截流顺利完成；2006年2月12日土石坝基础防渗墙施工完毕，3月23日开始机电设备安装，10月9～10日通过了工程蓄水安全鉴定，10月21日下闸蓄水，11月21日4号机组顺利完成72小时试运行。

（中国水电顾问集团成都勘测设计研究院　蒲晓峰）

广西大化与百龙滩水电站船闸工程建设情况

（一）大化水电站船闸工程通过竣工验收

广西大化水电站是红水河的第六个梯级电站，位于广西大化县境内，于1975年10月开工建设，1985年建成投产发电。原装机容量4×10万kW，2001年完成增容技术改造后，装机容量为4×11.4万kW。由于受国家宏观调控政策的影响，作为大化水电站通航配套设施的船闸工程项目于1989年10月暂停缓建。国家实施西部大开发战略后，在贵州、广西两省交通部门以及当地政府的强烈要求下，通航设施恢复建设的工作于1998年再次被提上议事日程。近几年，全国人大代表、政协委员多次提出“关于加快红水河通航建设的建议”的提案。2003年2月，经国家计委同意，大化水电站通航设施恢复建设，并同意将原设计升船机方案改为船闸方案。大化水电站船闸工程于2003年12月1日开工建设，2006年12月17日完工。工程主要建筑物有上游引航道、挡水坝段、中间通航渠道、上闸首、闸室、下闸首和下游引航道，全长1242m。船闸为单线单级船闸，船闸尺度120m×12m×3.0m，最大工作水头29m，设计近期一次通过2×250t级船舶，货物年通过能力180万t，远期一次通过2×500t级船舶。

2006年12月27～29日，广西壮族自治区发展改革委组织有关单位召开红水河大化水电站船闸工程竣工验收会议，验收组认为大化水电站船闸工程已达到竣工验收条件，工程质量优良，同意通过验收。

（二）百龙滩水电站船闸工程建设概况

广西百龙滩水电站船闸工程为百龙滩水电站通航配套设施项目，位于广西马山县百龙滩镇，上、下游分别与已建的大化水电站尾水和乐滩水电站衔接，是一座单级船闸，布置于电站枢纽右岸滩地，纵轴线与坝轴线正交，设计通航规模近期为2×250t，航道等级为5级，设计年货运量180万t，设计船闸中心线全长1106.50m，包括上游引航道、船闸本体段（上闸首、闸室、下闸室）和下游引航道等。船闸有效尺寸为120m×12m×3m（长×宽×门槛水深），设计最大水头12.70m，主体结构为钢筋混凝土整体结构。百龙滩水电站船闸工程是百龙滩水电站的二期工程，包括船闸上闸首的剩余混凝土、闸室和下闸首混凝土、上游导航墙插板、下游引航道、其他附属工程及金属结构、启闭设备和机电设备。

2003年2月24日，国家计委经过多方协调后以计基础［2003］265号文正式批复大化水电站通航设施建设方案的同时，也提出了“请广西自治区计委抓紧组织百龙滩水电站二期工程建设，争取与本项目（大化船闸）同步建成”的要求。2004年7月，广西电力工业勘察设计研究院完成了《百龙滩水电站船闸工程补充设计报告》。2004年8月17～19日，由水电水利规划设计总院会同广西壮族自治区发展改革委主持审查并通过了该报告，审查意见确定船闸工程按两个枯水季施工的总进度安排，总工期22个月，计划于2004年11月开工，实际于2005年1月开工建设，计划2006年8月竣工。工程由广西水电工程局负责施工，广西电力工业勘察设计研究院负责设计，广西桂能咨询工程公司负责监理。船闸主要设备闸门由葛洲坝船舶设备有限公司提供。截至2006年12月底，主体建筑物已达到设计标高，并进入闸门、机电及启闭机设备的安装阶段，预计2007年5月工程竣工。

百龙滩水电站船闸工程由广西桂冠电力股份有限公司出资，工程总投资为18472万元，其中静态投资17468万元，建设期贷款利息1004万元。

（广西桂冠电力股份有限公司）

周公宅水库工程

周公宅水库坝址位于宁波市鄞州区章水镇周公宅村附近，所处流域为甬江奉化江上的支流樟溪，距宁波市约51km；是一座具有供水、防洪并结合发电等综合利用的大型水利工程。坝址以上流域面积132km^2，多年平均流量4.70m^3/s，年径流量14838万m^3。水库供水调节库容9340万m^3，正常蓄水位233.0m，发电死水位176m，供水死水位147m。电站装机容量为12.6MW，安装2台混流式水轮机，多年平均年发电量3587万kW·h。2003年2月18日，主体工程正式开工，同年12月3日，大坝第一罐混凝土顺利入仓；2006年4月26日，水库顺利下闸蓄水，同年7月电站机组投入运行。

（一）枢纽布置及主要建筑物

枢纽建筑物主要由拦河坝、泄洪及放空（水）建筑物、引水隧洞、地面发电厂房及开关站等组成，其中拦河坝、泄水及放空（水）建筑物、发电引水系统进水口等主要建筑物为2级建筑物，按500年一遇洪水设计，2000年一遇洪水校核。

拦河坝为抛物线变厚双曲拱坝，坝顶高程240.00m，最大坝高125.5m；拱冠梁顶宽6.72m，底宽26.25m，厚高比0.21；坝顶中心线弧长457.3m，弧高比3.644，最大中心角96.02°。大坝共分为23个坝段，横缝间距20m（中心线弧长）；坝体采用90天龄期C25和C20四级配混凝土，共59万m^3。

在坝顶设开敞式溢洪道，布置在11～13号河床坝段；堰顶高程为226.0m，每孔净宽10m，共3孔，设3扇10m×13.5m弧形闸门，挑流消能。校核洪水位下溢洪道最大下泄流量3106m^3/s。

坝内设2根ϕ1.2m放水管，以满足下游区间河段放水要求和提供水库检查维护条件。放水管进口中心高程147.0m，最高工作水位226.0m，最大放水流量2×20.0m^3/s。

拱坝下游设长160m水垫塘，两岸高程145m以下由厚1.5m的钢筋混凝土护坡保护。

二道坝设于大坝下游约380m处，为混凝土单心圆单曲等厚拱坝方案，总长为81.92m。二道坝坝顶高程138.5m，河床建基面高程112.0m，最大底宽8.625m，中部为跌流式溢流堰，宽50m，堰顶高程131.50m。

引水系统由岸坡竖井式进水口、引水隧洞、压力钢管主管、钢岔管、高压钢支管组成。引水隧洞长1407m，采用一坡到底的布置型式，纵向坡比4.791%。开挖断面采用平底马蹄形，洞径为3.6～4.0m，底宽2.5m；根据埋深及地质条件的不同，分别采用不衬砌、喷锚衬砌和钢筋混凝土衬砌等型式，混凝土衬砌段衬厚40cm。压力钢管段采用1洞2机的布置型式，主管段长度为168.4m，大部分为地下埋管，开挖直径3.4m，钢衬内径2.2m，其外回填60cm厚素混凝土；钢岔管置于洞外，支管内径1.3m，每根长约6.6m，经副厂房底部与机组前蝶阀相接。

水库电站为引水式地面厂房。主厂房高22.8m，长29.5m，宽13.0m；内装2台6.3MW立轴混流式水轮发电机组，水轮机额定水头108m，发电机为悬式。

（二）主要设计特点

1. 宽河谷大水位变幅拱坝设计　坝址河床宽一般40～50m，正常蓄水位233m处河谷宽340m。由于天然河谷宽高比为2.92，为典型的宽河谷地形，拱坝弧高比达3.644。坝址多年平均气温为16.3℃，月平均最高温度为28℃，月平均最低温度为4.8℃，气温年变幅较大。水库主要功能为供水，正常蓄水位233.0m，供水死水位147.0m，正常运用时水位最大消落深度达86m，占坝高的68.5%，运行工况十分不利。鉴于上游高水位时拱坝上游坝踵易出现拉应力，采用了略为前倾的拱坝体形使拱坝自重抵消部分上游拉应力，并采取了增加中上部坝厚、利用坝址坝肩稳定条件好的特点加大中上部拱圈中心角、中上部拱圈适当超冷等强化中上部拱圈作用的措施，削弱梁的作用，以减小上游坝踵拉应力。鉴于高温低水位时拱坝下游坝趾易出现拉应力，因而拱坝体形前倾要适度，严格控制下游拉应力量值和范围。

2. 引水发电系统取消引水调压室　按规范要求，当水道水力惯性时间常数大于2～4s时应设置调压室，周公宅水库工程在初步设计阶段设置了引水调压室。由于调压室高度高，直径小，施工有一定的难度，加之业主征地以及环保方面的问题，招标、技施阶段通过对发电引水系统布置及调保参数优化，取消了引水调压室，引水隧洞纵向一坡到底。经过渡过程分析，取消调压室后的所有工况中，电站大波动特性在可接受的范围内，并网运行时小波动稳定性满足运行要求。

3. 根据水库运行特点选择水垫塘型式　周公宅水库库容系数63.6%，为完全年调节水库，要求供水保证率高。与下游皎口水库联调后，20年一遇以下洪水下泄流量为280m³/s，超过20年一遇洪水后仍分级控制下泄流量，校核洪水位下最大泄流量为3106m³/s，因而周公宅大坝溢洪道泄洪的机会和规模均较小。冲刷坑部位基岩岩性为熔结凝灰岩，致密坚硬，岩石风化浅，抗冲刷能力强，在下游消能防冲设计流量下冲坑底基本与河床段坝基高程相同，故水垫塘仅设两岸混凝土护坡，不设混凝土底板，待多次泄洪水垫塘冲坑发展稳定后加以处理。

（中国水电顾问集团华东勘测设计研究院　徐建荣）

在建抽水蓄能电站工程

桐柏抽水蓄能电站4台机组全部投产

2006年12月27日，桐柏抽水蓄能电站4号机组顺利通过30天的考核试运行，正式投入商业运行。至此，该电站4台抽水蓄能机组安装工程全部完成，实现了“一年四投”的优异成绩，突破“三投一发”的预定工期目标，相比国家批准的计划工期提前6个月投产。

桐柏抽水蓄能电站位于浙江省东部的天台县境内，由华东电力集团公司、上海市电力公司、浙江省电力公司等6家投资单位合资建设。电站共安装4台立轴单级混流可逆式水泵水轮机组，机组单机容量300MW，总装机容量达1200MW，属于日调节纯抽水蓄能电站，在华东电网中承担调峰、填谷、调频、调相及紧急事故备用等多种任务。

电站1号机组于2005年12月20日实现首次并网发电，于2006年4月25日完成30天试运行；试运行考核期发电成功率为98%，抽水成功率为95%，均优于规范要求；2006年5月25日正式投入商业运行。2号机组于2006年6月29日首次成功启动，10月26日正式投入商业运行；3号机组于2006年9月20日首次成功启动，12月5日正式投入商业运行。4号机组于2006年10月29日实现首次启动，到2006

年12月26日完成30天考核试运行；考核试运行期间创下了发电、抽水成功率100%的优异成绩。桐柏电站是我国第一个按抽水蓄能机组启动试运行规范要求进行30天无故障运行考核的电站。4台机组严格按规范要求组织试运行和进行验收，全部一次成功通过30天试运行。

桐柏电站4台机组均由奥地利VA公司供货。由于配套厂家多，设备又有较多缺陷，安装调试难度大。为确保目标的顺利实现，项目施工精心组织、科学管理，不断优化方案，着力技术培训，严格质量控制。4台机组运行的振动、瓦温、噪声等各项技术指标均优于国内已建的各抽水蓄能机组，安装、调试质量优良。

（中国水利水电建设集团公司　宗敦峰
中国水利水电第五工程局　王生瓒）

宝泉抽水蓄能电站工程2006年建设情况

宝泉抽水蓄能电站工程（以下简称宝泉工程）为国家重点建设项目，总装机容量4×30万kW，静态投资37.32亿元，动态投资43.27亿元。计划2008年12月第一台机组发电，2010年全部完工。

宝泉工程由国网新源控股有限公司（以下简称新源公司）控股建设。河南国网宝泉抽水蓄能有限公司作为业主单位，负责宝泉工程的建设管理工作。

宝泉抽水蓄能电站位于电网负荷中心，处在西电东送、南北互供、全国联网的交叉点和支撑点上，在电网中承担调峰、填谷、调频、调相以及事故备用等任务。宝泉工程建设，对优化河南电网、华中电网乃至华北电网电力结构，促进全国联网，为电网安全稳定运行提供保障具有深远的战略意义，并对促进当地经济和社会的可持续发展具有重要作用。

截至2006年12月底，宝泉工程累计完成投资164853万元。其中2006年计划投资57106万元，实际完成投资57725万元，超额完成投资619万元。2006年主要建设情况如下：

（一）工程形象进度

（1）上水库开挖及填筑工程：主坝右端填筑到设计高程791.6m，左端填筑到784m高程，计划2007年1月底全线填筑到顶，库盆开挖全部完成。

（2）引水系统工程：斜井全部扩挖完成，其中1号下斜井滑模混凝土衬砌于2006年12月9日完成。

（3）地下厂房及尾水系统工程：地下厂房开挖全部完成；下水库进/出水口于2006年6月10日顺利实现下闸挡水；500kV出线洞土建施工结束。

（4）下水库工程：坝体砌石累计完成总量的89.8%；上游防渗面板混凝土累计完成总量的85.5%。

（5）机电设备安装工程：1号、2号机组蜗壳、座环拼装焊接完成，1号机组蜗壳压水试验完成。

（6）工程环境保护监理进场，各施工区域环境保护监理工作进展顺利。

（二）下水库初期蓄水

经过工程建设各方共同努力，按工程里程碑计划，2006年6月15～26日，宝泉工程下水库初期蓄水安全鉴定会议在宝泉工地顺利召开。水电水利规划设计总院专家组认真进行了宝泉工程下水库初期蓄水安全鉴定工作。专家组认为：宝泉电站建设管理模式先进，质量管理措施高效，工程设计符合规程规范，土建及金属结构工程施工质量合格，同意下水库工程按计划初期蓄水。

（三）质量管理情况

2006年8月9～12日，电力建设工程质量监督总站和河南省电力建设工程质量监督中心站组织巡视组，对宝泉抽水蓄能电站进行了质量监督第一次现场巡视工作。电力建设工程质量监督总站印发了《河南国网宝泉抽水蓄能电站工程质量监督第一次现场巡视报告》，对宝泉工程质量管理工作给予了高度评价：宝泉抽水蓄能电站工程质量管理体系健全，体系运行正常，工程质量处于受控状态。

（四）安全工作情况

截至2006年12月31日，宝泉工程实现了“连续安全生产1375天”的优良成绩。

2006年9月15日，河南国网宝泉抽水蓄能有限公司获得新源公司“关爱员工、珍惜生命”安全知识大赛抽水蓄能组冠军。

（河南国网宝泉抽水蓄能有限公司　王志刚）

惠州抽水蓄能电站工程建设情况

在建的惠州抽水蓄能电站位于广东省惠州市博罗县城郊，距广州市112km，距惠州市20km，是“西电东送”的配套工程。电站枢纽工程由上水库、下水库、水道系统、地下厂房系统、地面开关站、永久公路及附属建筑物组成；总装机容量2400MW（8×300MW），分A、B两厂布置，年发电量45.62亿kW·h，年抽水蓄能电量60.03亿kW·h；计划总投资约80亿元。工程于2003年9月开始前期准备，2004年12月经国家发展改革委核准，正式开工建设；预计2008年首台机组投入运行，2011年8台机组全部投入商业运行。

该工程由广东蓄能发电有限公司负责建设管理，广东省水利电力勘测设计研究院负责工程设计，中南勘测设计研究院负责工程监理。主体工程施工单位分别为：中国水利水电第十四工程局承建水道和厂房系统工程，中国水利水电第八工程局承建上库大坝系统工程，广东省水电二局股份有限公司承建下库大坝系统工程。主机机电设备由法国 ALSTOM 公司供货。

2006 年，惠州抽水蓄能电站土建主体工程进入施工高峰期。通过强化管理、开拓创新，克服了台风、暴雨等不利因素的影响，工程建设按计划有序推进。A 厂地下厂房系统开挖已全部完成，累计完成开挖量 38.6 万 m^3。B 厂地下厂房系统开挖，除主厂房、主变压器洞和高压电缆洞外，其他均已基本完成。水道系统方面，上库进出水口的开挖已全部完成，开挖总量 57.3 万 m^3，下库进出水口开挖已全部完成，开挖总量 47.9 万 m^3。上、下库大坝施工已全面展开。

以 2006 年 3 月 31 日 A 厂 1 号机肘管吊入机坑为标志，机电安装工程正式开工。截至 2006 年底，完成了主厂房 200t 和 50t 桥机、尾闸室 32t 桥机，A 厂 1～4 号机肘管，1、2 号机组座环、蜗壳、球阀基础、机坑里衬，下库主坝接地网、交通洞接地网，上库闸门井部分设备等的安装。

惠州抽水蓄能电站在工程建设中率先推行 NOSA 五星安健环管理系统并通过一星认证，工程建设在质量、进度、投资、安全等方面均处于良好的受控状态，已验收单元工程优良率达到 90.74%。

惠州抽水蓄能电站建设十分重视环境与生态保护工作，投入了大量的资金迁徙珍稀动植物，至今没有发生环境污染事件，使工程建设与自然和谐发展。2006 年，持续推行“NOSA 五星安健环管理系统”，进一步创新安全工作新思路，完善安全管理机制，强化员工安全培训，切实抓好班组的安全建设，落实各项组织措施和技术措施，加强现场施工安全高风险管理，确保安全生产，成为全国水电基建工程第一家获得“NOSA 一星”的项目。

（中国南方电网有限责任公司）

黑麋峰抽水蓄能电站建设与进展情况

（一）概况

黑麋峰抽水蓄能电站位于湖南省长沙市望城县桥驿镇境内，南距长沙市区仅 25km，距湘潭、株洲不足 60km。电站为日调节纯抽水蓄能电站，规划装机容量为 1200MW，安装 4 台单机容量为 300MW 的水泵水轮发电机组；发电额定水头 295m；设计年发电利用小时数 1338h、发峰荷电量 16.06 亿 kW·h，年抽水利用小时数 1732h、耗用低谷电量 21.41 亿 kW·h；建成后将担负湖南及华中电网的调峰、填谷、调频、调相及事故备用等任务。

该电站为一等大（1）型工程，上下水库挡水及泄水建筑物和地下厂房、输水系统等主要建筑物为 1 级，其他次要建筑物为 3 级；1 级挡水建筑物洪水标准按 200 年一遇设计，1000 年一遇校核。经优化设计，工程静态总投资约 31 亿元，单位千瓦投资约 2600 元。

工程于 2005 年 5 月经国家发展改革委核准，计划 2008 年首台机组投产发电，2009 年工程竣工。

（二）工程建设管理情况

黑麋峰抽水蓄能电站业主单位为五凌电力有限公司；设计单位为中国水电顾问集团中南勘测设计研究院；监理单位为中国水利水电建设咨询中南公司。

工程主要施工承包单位为：中国水利水电第十二工程局，承担主体土建Ⅰ标即输水发电系统施工；中国葛洲坝集团公司，承担主体土建Ⅱ标即上下水库工程施工；中国水利水电第八工程局，承担机电与金属结构设备安装工程；中国水利水电第九工程局，承担交通洞、1 号施工支洞、上下库连接公路等辅助工程的施工。

黑麋峰工程采用了“小业主、大监理、招投标、总价承包、建管结合”的管理模式。2003 年 8 月，五凌电力有限公司成立黑麋峰项目筹备组，同年 10 月组建新电源项目部，负责黑麋峰抽水蓄能电站前期各项工作；2005 年 7 月，新电源项目部更名为黑麋峰项目部，2006 年 7 月又更名为抽水蓄能项目部，并在工地设业主代表，全面负责履行业主现场管理职能。在工程管理上充分授权监理，发挥监理的作用。移民工作与地方政府签订总价包干协议，全权由政府处理。

按照“高标准、严要求、创一流”和“创建精品工程、生态工程、效益工程，争创鲁班奖”的建设总目标，强化宣贯，统一认识，在工程合同文件中明确了安全、质量、进度、文明施工等各项标准和要求；建立了职责明确、层次清晰的安全、质量、文明施工保证体系。施工区经统一规划、统一建设，整齐清洁，秩序井然，环境和谐。

（三）完成投资及工程量

2006 年，主体土建工程实际完成投资 24250.66 万元。全年完成的主要工程量：土石方明挖 3240225m^3；石方洞挖 293608.11m^3；锚杆支护 42088 根；喷混凝土 15065.2m^3；混凝土浇筑 40320m^3；大坝填筑 2565589.6m^3。

(四) 工程建设形象面貌

1. 主体土建工程Ⅰ标　截至2006年12月31日：①主厂房开挖完成，机组一期混凝土于11月5日开始浇筑；②主变压器室、送风洞及送风机房开挖基本完成；③1号引水隧洞，上平洞闸门井开挖完成，斜井正导井完成开挖进尺151.433m，反导井完成开挖205.64m；④2号引水隧洞，上平洞闸门井完成开挖进尺30m，斜井正导井完成开挖进尺121.433m，反导井完成开挖80.53m；⑤联系交通洞完成混凝土衬砌，4条母线洞开挖支护全部完成，进厂交通洞开挖支护及路面浇筑全部完成；⑥4条尾水隧洞石方开挖完成51961.2m^3，锚杆支护完成7193根，混凝土喷护完成504.6m^3，4个尾水闸门井导井均已贯通；⑦下库出/进水口开挖支护全部完成，完成混凝土浇筑6861.8m^3；⑧上库进/出水口开挖支护全部完成，完成混凝土浇筑6544.409m^3。

2. 主体土建工程Ⅱ标　截至2006年12月31日：①上库主坝1和主坝2高程401m以下填筑完成；②上库进/出水口土石方开挖完成，工作面移交；③上库副坝1主体混凝土基本浇筑完成，副坝2高程401m以下填筑基本完成；④下库大坝高程104.2m以下填筑完成，泄洪洞边坡明挖、石方洞挖、系统锚杆支护、混凝土喷护已全部完成，泄洪洞混凝土衬砌完成2444.43m^3；⑤上水库库岸防渗帷幕完成40%；下水库右岸防渗帷幕完成20%。

3. 金属结构与启闭机设备安装　2006年5月8日首批施工人员进驻工地，9月份正式投入设备安装。截至2006年年底已完成：①主厂房桥机安装；②1、2号尾水肘管及扩散段安装；③机电设备仓库。

4. 辅助工程　截至2006年12月31日，常家冲渣场干砌石、排水沟施工完成；左岸环库公路边坡支护完成，路面混凝土浇筑完成400m；常家冲料场开挖完成；副厂房、开关站土石方开挖及喷锚支护基本完成；下水库出/进水口边坡开挖与支护基本完成；拦污栅平台边坡支护完成，公路浇筑完成60%；排水廊道开挖支护全部完成；厂区已完公路的绿化、水土保护及安全防护项目施工基本完成。

(五凌电力有限公司　胡晓中
中国水电顾问集团中南勘测设计研究院　胡　勇)

呼和浩特抽水蓄能电站正式开工

呼和浩特抽水蓄能电站于2006年12月正式开工建设。工程建设情况如下：

(一) 工程概况

1. 工程任务和规模　呼和浩特抽水蓄能电站位于内蒙古自治区呼和浩特市东北部的大青山区，距离呼和浩特市中心约20km。电站总装机容量为1200MW (4×300 MW)，采用立轴单级混流可逆式水泵水轮机和三相立轴可逆式空冷半伞式同步发电电动机，额定水头521m，设计年发电量20.075亿kW·h、年抽水电量26.767亿kW·h，设计年发电利用小时数1673h、年抽水利用小时数2174h。电站建成后，以500kV一回出线接入蒙西电网，在电网中担任调峰、填谷、调频、调相以及事故备用任务。

2. 枢纽布置和建筑物　电站为一等大(1)型工程，枢纽由上水库、水道系统、地下厂房系统、下水库工程组成。

(1) 上水库位于大青山主峰料木山东北侧，通过开挖和填筑堆石坝的方式围筑成库，主要有钢筋混凝土面板堆石坝、库盆和排水系统。正常蓄水位1940m，死水位1903m，总库容678万m^3，调节库容637万m^3。库(坝)顶高程1943m，顶宽10m，库底高程1900m。堆石坝上、下游坝坡均为1：1.6，最大坝高43m。库顶轴线长1795.5m，其中坝轴线长1248.5m。全库盆采用钢筋混凝土面板防渗，防渗面积24.6万m^2。库底设置了长2552m的排水廊道。

(2) 引水系统采用一管两机布置，尾水系统采用一洞一机布置。水道系统由上/下水库进/出水口(侧式)、引水隧洞(洞径6.2m)、引水调压井(阻抗上室式，大井直径9m)、高压管道(洞径5.4m—4.6m—3.2m)、尾水隧洞(洞径5m)组成，长约2310m，其中高压管道长约1162m。高压管道和高压岔管、尾水隧洞(尾水管—下水库防渗帷幕)采用钢板衬砌，其余建筑物采用钢筋混凝土衬砌。

(3) 地下厂房采用尾部开发方式。地下厂房系统由主副厂房、安装场、母线洞、主变压器洞(含主变压器副厂房)、主变压器运输洞、排水廊道、出线洞及出线场、排风洞及排风竖井、交通洞、通风洞、地面副厂房等组成。主、副厂房和安装场开挖尺寸为长152m、宽23.5m、高50m，机组间距22m，安装高程1280m。主变压器洞布置在厂房下游46m处，开挖尺寸为长121m、宽17m、高33.5m。

(4) 下水库位于大青山主峰西坡下的哈拉沁沟峡谷中部、哈拉沁沟与大西沟交汇处上游，主要由拦河坝、拦沙坝及泄洪排沙洞组成，拦河坝、拦沙坝围筑成库。正常蓄水位1400m，死水位1355m，总库容717万m^3，调节库容637万m^3。两坝均为非溢流碾压混凝土重力坝，坝顶高程1401m，坝顶宽6m。拦河坝最大坝高64m，上游坝坡上部直立、下部1：0.1，下游坝坡1：0.7，坝顶长237m。拦沙坝最大坝高51.5m，上、下游坝坡均为1：0.5，坝顶长200m。泄洪排沙洞(兼作导流洞)布置在左岸，采用有压短管进口接明流泄洪隧洞的型式，总长575.8m，断面7.0m×9.5（8.5）m，最大下泄流量737m³/s。

3. 施工工期　总工期为5年8个月。准备工程工期5个月，第一台机组发电工期4年8个月，完建期1年。

4. 主要建筑材料　钢筋2.7万t，钢材1.39万t，水泥22.66万t，粉煤灰5.89万t，炸药5721t，油料3.32万t，木材6722m³。

（二）工程进展

1. 勘测设计历程　20世纪80年代初期进行规划选点，1993年7月《蒙西电网抽水蓄能电站规划补充报告》审查通过；1996年9月审查通过预可行性研究报告。2004年3月勘测设计工作重新启动，2004年6月《呼和浩特抽水蓄能电站预可行性研究报告（修改版）》审查通过；2005年9月审查通过可行性研究报告。2006年1月《项目申请报告》核准评估通过；2006年8月国家发展改革委以"发改能源［2006］1744号"文核准批复。

2. 工程施工进展　2006年12月23日举行了开工典礼。截至2006年底，工程进展情况如下：

（1）土建方面，业主营地建成，业主、监理、设计代表已入驻；场内外公路的施工全面展开，其中1、5、7、9号公路路基形成，具备通车条件；上水库供水工程5级泵站基础、中心变电站基础土石方开挖基本完成；上水库施工生活区、下水库施工生活区、中心试验室场地平整完成；通风洞开挖进尺410m，洞口段进行了支护；交通洞开挖进尺850m，支护至770m。

（2）主机设备合同于2006年11月8日签订，东方电机股份有限公司为总包单位，法国阿尔斯通公司为技术支持合作方。合同主要内容包括：水泵水轮机及附属设备、调速系统、进水阀；发电电动机及其附属设备、励磁系统、继电保护、变频启动装置。

（中国水电顾问集团北京勘测设计研究院　李振中）

泰安抽水蓄能电站建设情况

（一）工程概况

泰安抽水蓄能电站位于山东省泰山西南麓的泰安市西郊，以2回220 kV出线接入山东省电网。电站地理位置优越，地形、地质条件良好，技术经济指标优越。建成后在电网中主要担负调峰、填谷作用，并兼有调频、调相和紧急事故备用等功能。

泰安抽水蓄能电站为日调节纯抽水蓄能电站，工程规模为一等大（1）型工程，由上水库、高压输水系统、地下厂房、尾水系统、下水库、中控楼、地面开关站等建筑物组成，电站装有4台单机容量250MW的单级立轴混流可逆式水泵水轮发电电动机组，总装机容量为1000 MW，年发电量13.382亿kW·h,年抽水用电量17.843亿kW·h。

上水库库容1107.6万m³，为樱桃园沟口筑坝形成；下水库为大河水库加固改建，相应库容2234.7万m³。上水库由混凝土面板堆石坝和库盆防渗工程等组成，电站地下厂房及输水系统布置于埋深220m的山梁及山前丘陵区内。输水系统总长度为2065.6m，上游引水系统及尾水系统均采用2洞4机布置，长度分别为572.6 m及1493.0m，设尾水调压室。电站发电额定水头225m，输水道总长与平均发电水头的比值约为8.8。地下厂房采用首部开发方案，主副厂房洞、主变压器洞、尾水闸门洞三大洞室平行布置，220kV干式电缆通过230m竖井到地面开关站。

（二）工程建设进展情况

泰安抽水蓄能电站工程于2000年2月前期工程开工，2001年7月土建主体工程施工进点，2002年2月国家计委批复开工。主体土建工程分上水库、上游输水系统、地下厂房、尾水系统及下水库加固改建等5个标。地下厂房开挖支护工程历时25个月，上水库库盆开挖及大坝填筑历时35个月，库底土工膜施工历时6个月，1号引水系统施工及充排水试验历时40个月。首台机组从安装到投入商业运行（2006年6月）工期为30个月，提前6个月投产，其中24个月完成以SFC方式并网。2006年实现三台机组投产、一台机组并网的发电任务，计划于2007年4月底四台机组完成消缺均投入商业运行。

（三）完成主要工程量及工程质量

泰安抽水蓄能工程主要工程量为土石方明挖781.96万m³，土石方填筑619.7万m³（大坝和库盆），石方洞挖91.8万m³，混凝土浇筑35.763万m³，钢筋制安1.5万t，帷幕灌浆5.41万m³，固结灌浆7.41万m³，回填灌浆4.45万m³。

在工程开工之际，建设方泰山抽水蓄能电站有限责任公司就制定了"工程达标投产，争创鲁班奖，创建生态型精品工程"的质量目标及要求，设计、监理、施工单位严格按质量标准及要求认真履行职责，使工程质量始终在控、可控。设计产品质量优良率达到95%以上。土建及机电安装工程质量好，其中已完成的9725个单元工程，合格率为100%，优良率达到93.17%；90个分部工程优良率为98.9%，已完成的上下水库单位工程均为优良工程。

2002～2006年，国家电网公司电力工程质量监督总站巡视检查组在对泰安抽水蓄能工程的多次巡视中，均给予了较高的评价。2006年底上水库已蓄水至正常蓄水位，电站上下水库、地下厂房、输水道系统水工建筑运行安全、检测参数稳定。上水库库底及坝后渗漏水量分别为3L/s及20～30L/s，防渗效果好，引水系统渗漏量小，厂房振动指标较好，机组运行稳定，达到设计要求，满足电网调度需求。

（四）设计优化及新技术新材料的应用

工程建设过程中大力推进科技创新、优化设计及关键技术问题研究，采用新技术，促进了工期，节约了投资。

上水库首创采用库底土工膜水平防渗设计，对土工膜选材、结构、性能、周边连接、施工工艺及检测方法进行研究，铺设了15.8万m^2的土工膜，节省投资3000万元以上，缩短施工工期4～6个月，防渗效果优越；土工膜防渗设计和研究于2005年6月通过国家电网公司验收，获2006年国家电力科技进步二等奖。

上水库坝轴线后库底填筑高程优化，右坝头位置下移46m，增加天然库容20万m^3，减少土石方开挖59万m^3，降低了工程强度，节省投资2500万元；优化上水库土石方挖填平衡，库盆开挖弃渣料180万m^3回填于死库容，极大地减少了倒运。简化和优化上水库库底F1区域性大断层的处理，仅断层处理混凝土就节省了2万m^3。

通过微调厂房位置和优化地下工程支护设计，仅地下厂房预应力锚索支护一项就节省投资1600万元。通过机组蜗壳结构静力及动力有限元分析，优化机墩配筋设计，防止外包混凝土裂缝，保证了机组基础结构的安全。

机组参数及结构选型等优化设计研究，降低了机组造价，保障了机组稳定运行，并实现了调试中的灵活性。

设置地面控制中心、地下调试室及山东省调度端的专用控制系统，采用光纤通信大幅度减少控制电缆，降低了造价，改善了电站运行管理条件且方便调试运行巡视，可实现远方控制、电站无人值班。

泰安抽水蓄能电站首机启动采用SFC方式启动获得成功，填补了国内技术空白，该项目获国网新源公司科技进步一等奖。

泰安电站建设中采用新技术及优化设计达18项之多，节约工程投资1亿元以上。

由于泰安抽水蓄能工程区地处泰山风景名胜二级保护区和外围保护区内的特殊性，将上水库至开关站地面公路改为地下隧道，率先在堆石面板坝上推行坝坡环境绿化，将上水库渣场移至下水库坝后，并结合城市旅游建设公园等，把环境影响放在首位进行优化设计工作，减少了对工程区生态景观的影响，极大限度地保护了泰山环境。

在地面建筑外观设计与建造上，融合泰山民居和风景建筑的风格，较好地体现了工程功能与泰山文化、自然景观、环境的和谐，使工程建成后成为泰山之麓一道新的风景线。

（中国水电顾问集团华东勘测设计研究院　傅新芬）

宜兴抽水蓄能电站建设情况

（一）工程概况

宜兴抽水蓄能电站位于江苏省宜兴市西南郊约10km的铜官山区，距上海、无锡、常州分别为200km、75km和71km。电站装机容量4×250MW，电站建成后，以2回500kV出线接入岷珠变电站，在电网中承担调峰、填谷、调频、调相和事故备用等任务。电站主要由上水库、下水库、输水系统、地下厂房洞室群和地面开关站等组成。

上水库位于铜官山主峰东北侧，利用沟源坳地挖填形成，集水面积0.21km^2。上水库库盆采用全库盆钢筋混凝土面板防渗，主坝采用钢筋混凝土面板混合堆石坝，最大坝高75m，坝顶长494.9m，坝顶高程474.2m；副坝采用碾压混凝土重力坝，最大坝高34.9m，坝顶长216m，坝顶高程474.2m；总库容535.70万m^3，有效库容510.75万m^3，正常蓄水位471.5m，死水位428.6m。

下水库位于铜官山东北山麓，利用原会坞水库所在冲沟，在原大坝基础上加高改建而成；集水面积1.87km^2，来水量不足，另设有下水库补水工程。下水库大坝采用黏土心墙堆石坝，最大坝高50.4m，坝顶长483m，坝顶高程83.4m；总库容577.35万m^3，有效库容526.70万m^3，正常蓄水位78.9m，死水位57.0m。

输水系统设置在上下水库之间的山体内，输水系统总长度（包括上、下水库进/出水口）为3082.33～3061.0m，由上游引水系统和下游尾水系统组成。引水隧洞（包括上水库进/出水口）长1242.12～1153.47m，洞径为6.0～2.4m；除上水库进/出水口段采用钢筋混凝土衬砌外，其余均采用钢板衬砌；引水岔管采用对称Y形月牙肋钢岔管。尾水隧洞（包括下水库进/出水口）长1840.21～1907.68m，洞径为5.0～7.2m；其中机组尾水管下游至尾水闸门井中心线下游28.5m段采用钢板衬砌，其余采用钢筋混凝土衬砌；尾水岔管采用“卜”形钢筋混凝土岔管。尾水调压室布置在尾水岔管下游，采用阻抗式带上室结构型式，调压室大井直径为10.0m。

地下厂房洞室群位于输水系统中部，埋深310～370m。主副厂房洞（包括安装场）开挖尺寸为

155.3m×22.0m×52.4m（长×宽×高），岩梁以上开挖跨度为23.5m；主变压器洞开挖尺寸为134.65m×17.5m×20.7m（27.5m）（长×宽×高）；尾水闸门洞开挖尺寸为111.0m×8.0m×19.05m（长×宽×高）。开关站位于地下厂房洞室北部约500m的山坡上，建基面高程195m，开挖平面尺寸130m×37m（长×宽），500kV高压电缆通过出线斜井引至地面开关站GIS室。

2005年12月，概算重编审定的工程总投资为46.39亿元（其中内资34.39亿元，外资1.45亿美元），静态总投资为39.79亿元（其中内资29.48亿元，外资1.25亿美元）。

宜兴抽水蓄能电站由华东宜兴抽水蓄能有限公司负责建设及运行管理工作；由华东勘测设计研究院和上海勘测设计研究院负责勘测设计（华东勘测设计研究院为设计单位牵头方，负责电站勘测和地下工程及机电工程设计；上海勘测设计研究院负责上水库及进/出水口和下水库及进/出水口的设计工作）。电站主体工程分为五个标段，其中上水库工程由中国葛洲坝集团公司承建；引水系统及地下厂房工程由中国水利水电第六工程局承建；尾水系统及下水库工程由中国水利水电第五工程局承建；安全监测系统由北京国电—西安联能联合体中标；机电安装工程由中国葛洲坝集团公司承担。工程监理除上水库工程由华东水电工程咨询公司承担外，其他标段均由中国水利水电建设工程咨询公司北京公司负责。

（二）工程建设进展情况

宜兴抽水蓄能电站前期工程于2002年4月开工，主体工程于2003年8月正式开工。工程建设主要形象面貌如下：

1. 上水库工程　2006年9月主坝填筑到防浪墙底部471.8m高程，累计方量为267万m^3；11月底库盆开挖全部结束，包括进/出水口共完成土石开挖653.2万m^3；到12月底，副坝混凝土已浇至472.2m高程（顶高程474.2m）；进/出水口混凝土浇筑除前池少量面板外全部完成；库盆、主坝面板混凝土亦开始施工。

2. 引水系统及地下厂房工程　地下厂房开挖支护历时24个月，于2005年7月31日完成，其余部位开挖支护在2005年内也陆续结束。引水系统钢管安装与混凝土回填，至2006年底，1号引水系统已累计完成总量的97%，2号引水系统完成82%，共安装钢管1.01万t；同时完成了1、2号钢岔管的现场组装工作（每个钢岔管总重60t，采取车间组装并经水压试验后整体运至现场吊装的施工方法）。2005年10月完成安装间混凝土浇筑。2006年1月4台机组肘管安装全部完成，9、10月1、2号机组段发电机层混凝土浇筑相继完成，2006年底1号机定子、转子均组装完毕。

3. 尾水系统及下水库工程　1号尾水洞混凝土全部浇筑完成，2号完成衬砌总量的70%。下水库主坝在2005年10月填筑完成后，2006年上半年经安全鉴定、蓄水验收后，于7月8日正式蓄水。

计划上水库于2007年6月蓄水，1号机于2007年四季度投产，电站于2008年全部建成。

（三）工程技术特点

1. 上水库　主坝选用钢筋混凝土面板混合堆石坝坝型，即坝轴线下游135.5m处为混凝土衡重式重力挡墙断面，重力挡墙以上至上游坝面为混凝土面板堆石坝断面。挡墙最大高度45.9m，悬臂段最大高度25.0m，顶长347.75m，基础布置钢筋混凝土抗剪桩和预应力锚索。副坝采用碾压混凝土重力坝。上水库采用钢筋混凝土面板全库盆防渗。

根据世界银行特别咨询团第三次咨询报告建议，鉴于上水库主坝下游陡倾斜坝基特殊性，设置了“增模区”，即将主堆石填筑明确分为高程426.5m以下和以上两部分，高程426.5m以下的主堆石Ⅱ区为增模区，设计干容重≥21kN/m^3，设计孔隙率≤20%，最大粒径为60cm。这是减少下游坝坡不均匀沉降、防止面板结构性开裂的重要措施。

上水库主坝筑坝材料全部采用库盆开挖料，取消了垫层料，外购灰岩料和过渡层料，主堆石料从下库西南的西梅园砂石料加工厂运送上山，经济效益十分显著，施工质量还超过了设计的各项控制指标，完全能确保主坝安全。

2. 下水库　大坝采用黏土心墙堆石坝，平面上呈折线形，左坝头折向上游，最大坝高50.4m。根据三维有限元应力应变分析成果，大坝黏土心墙存在拱效应。施工过程中将黏土料含砾量放宽到平均不大于30%，个别点不大于40%，并把平均含砾量大于30%但最大含砾量不大于50%的含砾黏土填筑在正常蓄水位以上。另外，使用砂石料加工厂生产的砂料作为黏土心墙反滤料，节省了可观的工程投资。

3. 地下厂房　地下厂房围岩为中～厚层岩屑砂岩夹薄层泥质粉砂岩，节理较为发育，顶拱与边墙部位Ⅲ类围岩分别占59%与75%，其余为Ⅳ类围岩，地下水丰富，断层构造带发育。为保证地下洞室的稳定，支护设计采用了喷钢纤维混凝土、锚杆、钢筋拱肋、预应力锚索等多种支护手段，开创了国内复杂工程地质条件和水文地质条件下兴建大型地下工程的成功范例，得到世界银行特别咨询团的高度评价。

地下厂房内两台250t桥机的吊车梁，安装场段由于围岩较差（Ⅳ～Ⅴ类），结合边墙支护，设计采用壁式牛腿结构；主机段采用常规岩壁式结构，但考虑岩石条件较差，为保证岩梁安全裕度及耐久性，岩梁下部结合防潮墙构造柱布置设置支撑柱，支撑在主厂房上下游实体混凝土边墙上。

地下洞室群位于地下水位以下，为减少施工和运行期厂房主要洞室的渗水量，保证工程安全，设置了4层厂区排水廊道：厂顶灌浆兼排水廊道，上层、中层及下层排水廊道，所有渗水汇入渗漏集水井内，最后采用泵抽排至PD6探洞内自流排至下水库。

4. 输水系统 输水系统采用2洞4机布置。引水洞全部采用钢板衬砌，岔管采用对称Y形月牙肋钢岔管。尾水支管在靠近厂房处的113m段，也采用钢板衬砌，尾水岔管采用“卜”形钢筋混凝土岔管。尾水调压室采用阻抗式带上室结构型式。

可行性研究阶段下进/出水口曾布置在舌形山脊中部，洞脸开挖出125m的高边坡。招标设计阶段进行了高边坡方案与外移200m方案的比较，最终采用外移200m方案，外移后下进/出水口正面边坡高度约50m，边坡高度降低了75m，地质条件也有所改善，避开了较大断层F_{110}。

5. 机电设备 电站机组主变压器组合方式为联合单元接线，500kV侧的电气主接线为内桥接线。主机设备由原GE Canada Hydro供货，主变压器由Siemens供货，500kV GIS由ABB供货，500kV电缆由JPS供货。

经过对变频调速蓄能机组和定速机组的技术经济比较，最终确定采用定速机组，主变压器采用无载调压方式。

从提高机组运行稳定性及水泵水轮机水力设计合理性角度出发，机组额定水头由353m提高到363m，使机组的运行稳定性有所改善，且电动机的最大输入功率降低了8%左右，从而可减小发电电动机造价约1000万元人民币。

（中国水电顾问集团华东勘测设计研究院 陈顺义 姜长飞
华东宜兴抽水蓄能有限公司 郭惠民）

琅琊山抽水蓄能电站工程进展情况

2006年是琅琊山抽水蓄能电站建设具有里程碑意义的一年。在这一年里，工程实现了验收（包括上水库安全鉴定、移民验收、蓄水验收、消防验收）、泵工况调试、机组发电等三大目标。

1. 上水库工程 上水库土建及水土保持工程到2006年底全面完成。上水库自2005年7月具备试蓄水以来，经过了半年多的试蓄水检查，2006年2月29日通过了初期蓄水安全鉴定，9月9日通过了初期蓄水验收，9月23日开始采用泵工况首次向上水库充水，10月27日水位到达死水位（150.00m），11月26日到达正常蓄水位（171.80m）。

2. 水道系统工程 上水库进/出水口土建及闸门安装于2005年6月全部完成，下水库进/出水口土建、闸门安装及下水库出口明渠土建工程于2006年初全部完成，在2006年2月29日通过了初期蓄水安全鉴定，9月9日通过了初期蓄水验收。1号、2号压力管道分别在2005年底、2006年5月份完工，3号、4号压力管道计划在2007年3月底全部完工；1号尾水隧洞和1号尾水调压井土建、闸门和启闭机安装调试在2006年6月完工，2号尾水隧洞和尾水调压井计划在2007年2月中旬完工。2006年6月12日开始下水库围堰的拆除，至10月21日完成了围堰的拆除，8月26日开始尾水隧洞充水，9月20日完成了压力管道的充水，具备泵工况启动的条件。

3. 地下厂房工程 2004年12月5日地下厂房完成了开挖和支护工程，开始进行机电设备的安装准备阶段；2005年11月底1号机组段混凝土浇筑到发电机层。2006年2月、6月和9月，2、3、4号机组段混凝土也分别浇筑到发电机层，相应机电设备埋件、埋管、接地等工作也相继完成；厂房排水系统也在2006年6月全部建成，吊顶及装修工程8月份完成，1号通风系统在5月底开始运行。

4. 机电设备安装工程 为保证2006年底第一台机组按期发电，通过业主、监理、设备厂家和施工单位的共同努力，2005年一年内在安装场完成了4台机组蜗壳整体焊接和吊装（其中4号机组与蝶阀的连接段在基坑内焊接）。2006年，1号机组于3月完成定子吊装，4月完成转子吊装；9月16日进行了220kV高压侧倒送电系统的试验工作；9月23日进行水泵工况启动调试，9月27日进行首台机组的启动仪式，10月24日水泵工况并网抽水，11月7日发电工况并网调试；计划全部调试工作于2007年1月15日结束，并开始30天试运行。至2006年年底，2号机组已开始进行无水调试，4号机组安装基本完成，3号机组水轮机开始正式安装。

琅琊山抽水蓄能电站是国内抽水蓄能电站首次在首台机组采用水泵工况调试的电站。计划2007年12月底琅琊山电站全部建成投产。

（中国水电顾问集团北京勘测设计研究院 吴 奎）

安徽响水涧抽水蓄能电站动工建设

安徽响水涧抽水蓄能电站前期工程于2006年12月8日开工。该电站位于安徽省芜湖市三山区峨桥镇，装机容量1000MW，安装4台单机容量为250MW的可逆式水轮水泵发电电动机组。电站临近华东电网负荷中心，与芜湖（市区）、合肥、南京、上海、杭州的直线距离分别为30km、130km、120km、300km、200km，与华东电网500kV西干线的繁昌枢纽变电站距离仅13km，便于接入电网。电站所处地理位置适中，交通方便，地形、地质、水源条件好，建设条件优越。

上水库建于响水涧沟源坳地，集水面积1.12km²；下水库位于响水涧山麓东侧的洼地，集水面积1.11km²。泊口河是长江支流漳河的一小支流，在电站下水库处穿过洼地，至峨桥镇通过泊口闸汇入漳河。泊口河全长约9.7km，流域面积28.71km²。由于下水库是一个封闭水库，并不拦断泊口河，故下水库集水面积只是水库库盆本身。漳河源于南陵县绿岭荷化塘和戴家汇的水涟洞，于芜湖附近的澛港汇入长江，全程84km。响水涧站址多年平均年降水量为1215.5mm，泊口河小庄多年平均流量为0.275m³/s，多年平均年径流量866万m³，电站初期蓄水水源主要来自漳河。

上水库出露的岩性较为单一，均为燕山晚期侵入的中性及酸性岩类，地质构造形迹主要表现为一些规模不大的断层破碎带和节理裂隙。F1断层为库盆内最大的断层破碎带，自南副坝经库盆向北贯穿北副坝垭口。库周岩体多为微～极微透水层，地下水位高于正常蓄水位，库周渗漏量甚小。下水库位于浮山东侧的湖荡洼地，库区内洼地、水网、水塘、堤坝等遍布。下水库库区地层主要为第四系全新统河湖相沉积物（Q_4）和上更新统河流相冲积物（Q_3）。Q_3地层主要为粉质黏土夹壤土，压缩模量值为10MPa，属中等压缩性土，强度较高，承载力特征值为290～320kPa，是良好的堤基持力层。输水系统位于响水涧主冲沟右岸上、下库之间，水平长约700m，呈东西向布置，地形高差约210m；沿线覆盖层薄，基岩风化浅，无不良物理地质现象；隧洞围岩均为微风化～新鲜花岗岩，类别为Ⅱ～Ⅲ类；靠近进出水口侧，围岩整体完整性较差，类别多属Ⅲ类。在尾水出口分布有花岗岩与黄马青组（T_{3h}）地层接触带，岩体完整性相对较差。地下厂房纵轴线方向选定为N30°E，厂房区发育的断层破碎带规模较小，且已完全避开了F14断层，F13断层在厂房位置也已消失。厂房地段为均质、新鲜坚硬的中粗粒花岗岩体，岩体完整性较好，弹性波速大于5000m/s，围岩按水电地下工程分类为Ⅱ类。三维应力最大主应力值平均为9.79MPa，中间主应力值平均为6.24MPa，最小主应力值平均为3.86MPa。地下水活动程度低。本工程区的地震基本烈度为Ⅵ度，建筑物按Ⅵ度设防。

响水涧抽水蓄能电站为日调节纯抽水蓄能电站，为系统承担调峰、填谷和提供事故备用，同时担任系统调频、调相等任务，改善系统火电、核电机组运行状况，提高系统供电质量，为电网安全运行提供保证。电站年发电量17.62亿kW·h，年抽水耗电量22.74亿kW·h，综合效率77.5%。

枢纽建筑物主要由上水库、下水库、输水系统、地下厂房和开关站等组成，地下工程布置为一机一洞竖井首部厂房方案。上水库由主坝、南副坝、北副坝及库周的山岭围成，坝顶高程为225.5m，正常蓄水位为222m，有效库容1282万m³，运行最大水位变幅32m。上水库主坝位于水库东岸，横跨响水涧主冲沟，采用混凝土面板堆石坝，最大坝高89.5m，坝顶长为520.00m，宽8m。南、北副坝位于水库南岸、北岸的两个地形垭口，亦采用混凝土面板堆石坝；最大坝高分别为65.5m和54.5m，坝顶长分别为353.00m、174.00m，宽8m，防浪墙与主坝相同。下水库由围堤圈围而成，主要建筑物有均质土围堤和充水闸等。下水库正常蓄水位14.60m，有效库容1282万m³，运行最大水位变幅12.65m。围堤基础落在粉质黏土层（Q_3）上，堤基范围的夹泥炭层淤泥质黏土（Q_4）全部挖除。堤身全部用粉质黏土（Q_3）填筑而成，堤长3787m，最大堤高21.5m，堤顶宽7.5m，堤顶高程16.5m，防浪墙顶高程17.7m。在库岸坡面和堤脚库底设置黏土铺盖防渗，其余地段均不需要做防渗处理。下水库充水闸位于下库北堤中部，通过引渠与上龟山西侧的泊口河相连，用于下水库的初期蓄水和运行期补水以及必要时将库水排放至新开河。输水系统采用单机单洞布置，主要由上库进/出水口、引水隧洞上平段、事故闸门井、竖井、引水洞下平段、尾水隧洞、事故闸门井和下库进/出水口组成。上进/出水口后为内径6.4m的上平段隧洞，并设有内径为7.4m的事故闸门井，隧洞钢筋混凝土衬砌厚0.5m。尾水隧洞内径6.8m。引水道与尾水道上不单独设调压井，其中引水道的上游事故闸门井兼有调压井功能。地下厂房布置在上水库主坝右岸的山体内，采用首部式地下厂房布置方案，主要洞室有主副厂房洞、主变压器洞、母线洞、电缆出线洞、通风洞、进厂交通洞等。开关站为地面GIS布置。主副厂房洞长175m，宽25m，高55.7m，水泵水轮机安装高程为−52.05m。主变压器洞在厂房洞的下游，与厂房洞平行布置，净间距35.0m。主变压器洞总长167m，宽18m，高20.5m。在厂房洞与主变压器洞间有4条互相平行的母线洞和1条交通兼电缆通道，主变压器洞北端上游侧有主变压器运输洞与主厂房安装间连接。

安徽响水涧抽水蓄能电站项目法人为安徽响水涧

抽水蓄能有限公司，设计单位为中国水电顾问集团华东勘测设计研究院和上海勘测设计研究院，监理单位为中国水利水电建设工程咨询北京公司。主体工程计划于2007年11月1日开工，总工期为4年。

（中国水电顾问集团华东勘测设计研究院　郑齐峰）

南 水 北 调 工 程

南水北调中线工程建设情况

一、概况

2006年是南水北调中线工程建设全面推动的关键一年。

在前期工作方面，国家发展改革委以发改农经［2006］759号文批复了《南水北调中线一期工程总干渠漳河北至古运河南渠段可行性研究报告》；中国国际工程咨询公司对《南水北调中线一期工程可行性研究总报告》进行了评估；水利部以水总［2006］206号文批复了《南水北调中线一期工程总干渠安阳段初步设计报告》，以水总［2006］557号文批复了《南水北调中线京石段应急供水工程（北京段）总干渠下穿铁路立交工程初步设计》，以水总［2006］586号文批复了《南水北调中线一期工程总干渠膨胀岩（土）试验段工程（潞王坟段）初步设计报告》，以水总［2006］622号文批复了《南水北调中线京石段应急供水工程（北京段）西四环暗涵穿越五棵松地铁站初步设计报告》。

在工程建设方面，中线以安阳段为标志的南水北调河南段工程开工建设，京石段应急供水工程已形成全线建设高潮，西四环暗涵工程（除铁路交叉段外）全线贯通并开始二衬施工，PCCP管道工程克服诸多技术难点已开始安装，漕河渡槽、惠南庄泵站工程进展顺利，丹江口大坝加高工程超额完成年度计划，中线穿黄工程北岸的安装竖井施工按计划进行。截至12月底，南水北调中线一期工程累计完成投资87.06亿元，占在建设计单元项目总投资的34%。

另外，建设管理方面，招投标程序、市场管理和项目管理进一步规范，监督和稽察工作严格到位，工程质量和安全管理不断加强，中线一期单元工程质量评定合格率达100%；征地移民工作稳步推进，京石段工程永久征地全部交付，安阳段工程开工项目征地已得到批复，丹江口大坝加高坝区移民安置业已完成；中线水源保护工作成效明显，《丹江口库区及上游水污染防治和水土保持规划》已由国务院批复，中线丹江口水源地保护联席会议制度已经建立并明确了水污染治理及水土保持项目的责任主体、申报程序、资金来源及监督检查办法；文物保护工作得到加强，文物保护专题报告通过专家审查，并纳入中线一期工程总体可行性研究报告。

二、干线工程

（一）前期工作

南水北调中线干线工程包括古运河南至北京段工程、古运河南至漳河北段工程、穿漳河工程、漳河南至黄河北段工程、穿黄工程、黄河南至沙河南段工程、沙河南至陶岔段工程、渠首陶岔闸工程、天津干渠工程和专题专项研究10个单项工程。上述工程按照程序调整划分为73个初步设计单元工程。

初步设计的组织工作及审批体制调整后，强化了项目法人的责任，已经形成了设计单位招标、初步设计编制、咨询、预审、上报的完整工作流程。南水北调中线干线工程建设管理局积极推行设计招标，对陶岔渠首枢纽工程、陶岔至沙河南段工程、沙河南至黄河南段工程、天津干渠工程和专题专项工程共27个设计单元，全部采用公开招标方式，最终选择了初步设计及技术实施阶段勘测设计承担单位，签订了22份勘察设计合同，其余设计单元采取委托管理方式选择设计单位，初步设计工作总体满足工程建设的需要。

截至2006年底，已批复的初步设计单元16个。对于尚未批复的初步设计单元，南水北调中线干线工程建设管理局正在抓紧进行。2006年，上报了京石段工程和穿黄工程的工程管理专项、南水北调中线干线工程调度中心土建项目、石家庄市区段、漳河北至石家庄段、膨胀土（潞王坟）试验段、黄河北至羑河北段等26个初步设计单元的初步设计报告。同时，开展技术咨询和初审，统一标准，注重过程，严格控制设计质量和投资，积极鼓励设计优化。

（二）招标投标

2006年度，南水北调中线干线工程共完成各类招标项目119个（包括机电设备国内外招标11项）。

京石河北段委托管理项目完成了19个施工标，古运河枢纽、滹沱河倒虹吸、唐河倒虹吸及釜山隧洞工程机电设备采购与安装共计8个标段，建筑材料采购17个标段。

（三）投资计划

2006年度，南水北调中线干线工程共下达投资701913万元，完成投资676614万元。其中，续建工程中：惠南庄泵站工程下达投资10000万元，完成投资15108万元；西四环暗涵工程下达投资63000万元，完成投资44626万元；永定河倒虹吸工程完成投资507万元；惠南庄泵站至大宁段、卢沟桥暗涵、团城湖明渠工程等项目下达投资193000万元，完成投资79379万元；滹沱河倒虹吸工程下达投资3758万元，完成投资5578万元；唐河倒虹吸工程下达投资6752万元，完成投资4411万元；釜山隧洞工程下达投资6403万元，完成投资5582万元；古运河枢纽工程下达投资10000万元，完成投资5718万元；漕河渡槽段工程下达投资25000万元，完成投资27496万元；穿黄工程下达投资50000万元，完成投资56087万元。新开工工程中：黄河北漳河南工程的河南安阳段工程，下达投资30000万元，完成投资43935万元；京石段应急工程河北省境内其他工程（含北拒马河暗渠工程、沙河北倒虹吸工程等直接管理、代建管理及委托管理项目）下达投资300000万元，完成投资386047万元。

（四）工程进展

2006年度，南水北调中线干线工程建设坚持以确保京石段工程全面开工为中心，以掀起京石段工程建设高潮为重点，大力开展各项管理工作。除在建的8个设计单元工程外，促使北京段其他工程、河北段其他工程等设计单元工程项目相继开工。截至2006年底，上述新开工项目的临建工程已全部完成，主体工程建设全面铺开，取得了京石段工程建设全线展开施工的重大突破。

与此同时，坚持以京石段促全线建设，以重点带动一般，继穿黄工程之后，将中线工程开工建设向石家庄以南、黄河以北地区推进，实现了河南境内安阳段工程的开工，进一步拓展了建设战线，打开了新的建设局面。安阳段主体工程完成土方开挖11万m^3，占总量的1.79%，洪河倒虹吸、张北河暗渠、文明大道公路桥、安阳河倒虹吸4个主要建筑物已开工建设。

全年完成各类招标项目119个，其中机电设备国内外招标11项，签订各类合同100项，落实年度投资计划71.49亿元，合理安排、及时筹措资金，保证了工程建设的资金需要。截至2006年12月31日，南水北调中线干线各在建工程累计完成投资79.21亿元，占概算投资的34%；累计完成土石方工程8008万m^3，占合同总量35.17%；完成混凝土浇筑124.76万m^3，占合同总量20.99%。工程自开工以来，全线工程总计评定单元工程25120个，合格率100%，优良率93.1%；评定分部工程99个，合格率100%，优良率98.1%。工程质量和进度、安全、资金总体处于受控状态。

（五）科学技术

2006年度，南水北调中线干线工程建设管理局编制完成了13项科技项目立项工作，其中国家“十一五”重大科技项目7项，穿黄隧洞仿真模型试验等3项。在中线干线工程施工中，穿黄工程施工开展科研攻关和技术咨询成效显著，较好解决了地下连续墙及竖井始发加固、竖井施工、内衬预应力张拉及混凝土浇筑、碱含量控制等工程施工的技术难题。2座深地下连续墙施工采用目前国内外最先进的成槽设备液压铣槽机及新工艺，北岸竖井地基加固引进国外先进高喷施工工艺“双高压三重管法”，建造灰浆防渗墙，在国内首次改为泵送置换法成墙工艺，都取得了良好效果，促进了工程建设。

（六）征地移民、环保水保及文物保护

截至2006年12月底，中线干线工程共累计完成永久征地5.35万亩，临时征地3.95万亩，搬迁人口0.44万人，拆迁房屋26.3万m^2，生产安置人口5.1万人，拆迁企事业单位540个，拆迁专项设施1800处，完成征迁安置投资28亿元。

国家有关部委对中线干线沿线有关地区进行现场调研，开展了中线干线水源保护区划定工作。项目法人对在建工程施工期的环境保护、水土保持工作提出了明确的要求，各建管单位不断加强检查督促，并通过招标选择了京石段和穿黄工程的环保监理、环保监测、水保监理、水保监测队伍，并已进场开展工作。

三、水源工程

（一）工程进展

南水北调中线水源工程包括丹江口大坝加高工程、陶岔渠首枢纽工程及库区征地移民工作。其中，丹江口大坝加高工程于2005年9月26日正式开始施工，陶岔渠首枢纽工程和库区征地移民工作处于前期总体可行性研究批复阶段。

1.丹江口大坝加高工程　2006年度，南水北调中线水源有限责任公司按照国务院南水北调工程建设委员会办公室、水利部的总体部署，全年完成混凝土浇筑44.01万m^3，土石坝填筑55.52万m^3，完成投资3.60亿元，施工进度、工程质量、施工安全和投资计划均实现了年初制定的目标，较好地完成了2006年各项工作任务。

截至2006年12月底，主体工程累计完成土石方开挖46.30万m^3，土石坝填筑56.12万m^3，混凝土浇筑44.50万m^3，混凝土拆除2.65万m^3，混凝土结合面凿毛7.41万m^2，键槽切割5303.8m，锚筋8839根，裂缝处理9681.2m，固结灌浆9446m，帷幕灌浆13472m。

2. 陶岔渠首枢纽工程　陶岔渠首枢纽工程既是丹江口水利枢纽工程的副坝，也是南水北调工程向中线供水的控制口，是南水北调中线水源工程的重要组成部分。

3. 库区征地移民　丹江口大坝加高工程涉及库区规划搬迁人口32.8万人，计划从2006年开始至2009年迁安完毕。

（二）投资计划

按照国务院南水北调工程建设委员会办公室的统一部署及要求，编制了2006年进度实施计划、2007年进度建议计划和2007年进度实施计划。2006年丹江口大坝加高计划投资3.59亿元，实际完成3.60亿元，较好地完成了2006年投资计划。截至2006年底，累计完成投资7.9亿元，占初步设计概算投资的32%。

（三）招标投标

2006年度，南水北调中线水源有限责任公司严格按照国务院南水北调工程建设委员会办公室有关招标投标文件的规定组织招标工作，完成了丹江口大坝加高电厂改造项目水轮发电机、水轮机及其附属设备采购、丹江口大坝加高电厂机组设备改造和安装工程建设监理、丹江口大坝加高闸门及埋件采购、启闭设备采购、液压启闭机采购等6个标段的招标工作，合同金额约3.08亿元。

（摘自《中国南水北调工程建设年鉴2007》）

南水北调西线工程工作情况

一、概述

根据水利部办公厅《关于在南水北调西线工程项目建议书阶段开展一、二期水源结合方案论证工作的函》（办调水函［2005］296号文）的要求，2006年南水北调西线工程主要开展一、二期水源结合方案的论证工作。同时，根据水利部的部署，在2005年工作的基础上，进一步深入开展引江济渭入黄方案的研究工作。

黄河水利委员会报送了《南水北调西线第一期工程项目建议书阶段设计大纲》和《南水北调西线第一期工程项目建议书阶段勘测大纲》。2006年8月28日，水利部以《关于报送南水北调西线一期工程项目建议书阶段勘测设计任务书及审查意见的函》（水规计［2006］345号文）报国家发展和改革委员会。

根据任务书提出的总体计划安排，3月3日召开2006年南水北调西线项目工作会议，对2006年西线项目工作进行动员和全面部署。

针对《工程建设必要性及调入水量配置初步成果》《可调水量及调水影响》《工程总布置及主要建筑物》等成果，分别召开了科技委专家咨询会、沿黄省（区）座谈会、四川调出区座谈会，以及北京高层专家咨询会。针对调水对生态环境影响分析专题，水利部水利水电规划设计总院专家进行了现场考察和成果咨询。

截至2006年底，西线项目的勘测外业工作基本结束；规划、设计、环评等专业成果报告陆续完成，部分成果进行了咨询；对协作单位承担的部分研究课题进行了验收；14个专题56个附件大部分已完成，总报告除个别章节外，已完成初稿。

二、前期工作进展

（一）阶段成果咨询

2006年7月，水利部和黄河水利委员会在北京组织专家对黄河设计公司完成的《南水北调西线第一期工程建设必要性及调入水量配置》初步成果进行讨论咨询。2006年8月，水利部调水局、黄河水利委员会在成都组织专家对黄河设计公司完成的《南水北调西线第一期工程项目建议书可调水量及调水影响研究（阶段成果）》进行咨询。

（二）规划设计工作

按照西线一、二期工程水源结合方案研究的要求，进行有关规划设计工作。2006年7月召开专家咨询会，对工程建设必要性、调水量配置及工程规模进行专题咨询，编制完成《工程建设必要性及开发任务》报告初稿，提出专家咨询基本认可调水80亿m^3的调水规模。8月在四川省成都市召开座谈会，编制完成了《工程规模及调水量》报告初稿。8月底至9月初组织水利部水利水电规划设计总院专家进行现场查勘及成果咨询，编制完成《环境影响分析》、《工程建设征地移民》报告初稿。《工程地质》《工程总布置及主要建筑物》《机电及金属结构》《工程施工》《投资估算》都已完成报告初稿。

（三）勘测工作

2006年完成的外业工作主要包括：雅砻江热巴坝址区、玛柯河霍纳坝址区、定柯渡槽区等1：10000比例尺地质测绘56km^2，霍纳库区、霍那线路区、热巴—阿安线路区1：50000比例尺地质测绘

2100km²；热巴坝址、霍纳坝址、热巴—阿安引水线路地质钻孔8个，其中500m以上深孔2个，各类钻孔总进尺约1900m；热巴坝址、霍纳坝址、达曲阿安坝址、泥曲仁达坝址开挖平洞250m；热巴坝址、霍纳坝址、定柯渡槽、热巴—阿安引水线路、结柯沟引水线路覆盖层地震法探测21km，钻孔综合测井1880m，平硐弹性波测试110m；雅砻江阿达坝址右岸、阿安坝址、仁达坝址岩体现场试验，岩、土、水样品室内试验，混凝土骨料现场破碎试验。

（四）专题研究

水利部调水局委托水利部四川水利水电勘测设计研究院开展“西线调水与四川水资源配置协调研究”，中国社科院数量经济与技术经济研究所开展“调水对四川经济社会影响”，长江水利委员会水文局开展“西线调水对调水河流水文情势影响”，国家发展改革委经济体制与管理研究所开展“调水影响补偿措施研究”等课题。黄河设计公司委托石家庄铁道学院开展“深埋长隧洞施工通风系统研究”，中国科学院武汉岩土力学研究所开展“雅砻江、达曲用水坝址地应力测试”“不同倾角板岩各向异性研究”，四川大学西线调水影响课题组开展“西线第一期工程调水对调水河流梯级发电的影响”等课题。

三、重点研究项目

（一）工程建设必要性及开发任务论证

针对第一、二期水源结合方案研究的新要求，黄河设计公司完成了《南水北调西线第一期工程建设必要性及调入水量配置》初步成果，对工程建设必要性及开发任务进行进一步论证。

对黄河流域及邻近地区水资源供需形势分析认为，即使在充分考虑黄河流域节水潜力的情况下，2030年水平流域多年平均缺水总量仍达145.6亿m³，其中河道外国民经济缺水106.9亿m³，枯水年份缺口更大，缺水形势十分严峻。提出供水对象主要包括重要城市、重要能源基地、生态农牧业区、河西内陆河和黄河干流河道。重点分析了调水80亿m³，河道内分别配置30亿m³、35亿m³、40亿m³等不同方案的供水、发电及减轻河道淤积等方面的作用和效果。分析了中、东线调水对黄河的补水作用及可能置换的黄河向流域外的供水量，认为中东线调水向黄河补水量十分有限，补水的作用较小；对引汉济渭的供水范围和作用效果进行了分析，未发现可以替代西线工程作用的外流域调水方案；对各调水方案对黄河流域水资源配置格局进行了初步分析。

（二）调水量及工程规模论证

根据国务院对总体规划批复中关于“在立项阶段进一步核实工程调水规模”的要求，黄河设计公司完成了《南水北调西线第一期工程项目建议书可调水量及调水影响研究（阶段成果）》，进一步分析了受水区经济社会发展和生态环境保护对调水量的需求，以及调出区可调水量。根据最新的水资源调查评价成果，黄河流域水资源总量近20年减少约10%。目前西北地区经济社会快速发展，尤其是重点能源和重化工产业发展迅速，西北各省区水资源短缺状况进一步加剧；同时，四川省明确提出了从大渡河调水接济岷江的设想。在充分考虑受水区和调出区用水需求的基础上，对西线工程分期建设规模做了进一步论证，研究了将原规划的一、二期工程水源结合，调水规模80亿m³左右的方案，力求南水北调西线一期工程调水规模的科学性、合理性和可操作性。

雅砻江、大渡河多年平均径流量分别为604亿m³和475亿m³。预测2030年水平，两流域需水分别占总水量的5.1%和2.5%，且70%～80%集中在中下游地区。调水断面处年径流总量为118亿m³，2030年水平6条引水河流坝下临近河段用水量也仅占区间来水量的1.1%～2.0%，即使在长系列中来水最枯的年份，仅区间径流即可满足河道外用水需求。

为全面分析河道内生态环境需水量，对调水河道地区进行了大范围的生物本底调查，研究了区内陆生动植物、水生生物的种类、分布及生态环境。结合西线调水河流生态系统特点，采用数十种方法分析了河道内用水需求，提出了调水后引水断面需维持的最小下泄流量过程2～40m³/s，调水后下泄水量占调水前径流量的31%～42%。根据分析，在考虑调水河流河道内外用水需求后，确定西线第一期工程引水坝址最大可能调出的水量98.2亿m³。

在最大可调水量范围内，拟定不同的调水规模方案，进行分析比较，主要包括多年平均调水40亿m³、75亿m³、80亿m³、90亿m³等方案。综合考虑受水区需求、调水区可调出水量、社会环境影响，以及工程本身的经济技术条件等因素后，倾向80亿m³方案。

（三）工程布置与施工方案研究

针对第一、二期水源结合方案研究的新要求，2005年开展了一、二期结合方案雅砻江干流坝址研究、玛柯河引水方式研究等工作。2006年在2005年研究成果的基础上，开展了大规模的坝址初选和输水线路总布置的初选研究工作，研究了不同调水规模各条河的适宜调水量，地质条件，施工条件，水库移民及占地，各引水枢纽、各段输水隧洞的布置和规模，提出了相对较优的工程总布置和主要建筑物布置方案。工程布置有7座水库和总长320km的输水隧洞，最大坝高近200m，隧洞最长段达73km，最大埋深达

1150m，最大开挖洞径达12m。

为了进一步优化工程方案、减小工程规模及投资，对输水线路库、洞之间联合调度方案进行了重点研究，分析论证了明流洞引水、压力洞均匀流和非均匀流引水、库洞并联及串联等运用方式，开展了引水枢纽坝型比较、隧洞衬砌形式研究等专题研究。工程总体布置方案研究的初步成果倾向于并联、明流均匀输水、杜柯河以前采用单洞，以后采用双洞方案。

在方案比选阶段，研究了各种工程总体布置方案的施工方案，提出施工专业初步比较意见，并对各总体布置方案工程投资进行初步估算。针对倾向性方案，初步选择了天然建筑材料料场、导流、大坝枢纽及输水隧洞等主体工程的施工方案，进行了施工总布置，提出施工工程控制性进度和主要工程项目的施工强度，初步确定施工总进度计划，估算了总投资。

对西线深埋长隧洞进行了专题研究，采用以TBM掘进为主、钻爆法为辅的施工方案。根据线路的综合地质条件并结合隧洞工程施工方法，确定掘进机和钻爆法施工区段，共布置24台双护盾式掘进机，钻爆施工区段28个。TBM单工作面掘进长度一般控制在20km之内，最大掘进长度25km，钻爆法单工作面掘进长度一般在5km之内。TBM掘进施工通风，单洞段采用竖井辅助通风，双洞段采用横通道通风，沿线共布置施工斜支洞13条，施工用通风竖井11座。通风竖井直径5m，竖井最深达500m。一般控制通风距离不超过10km，最长通风距离达14km。洞内出渣运输采用皮带机出渣运输方式。

（四）水库淹没及移民调查研究

西线工程位于藏、羌等少数民族聚居区，宗教文化和生产生活方式独特，水库库区人烟稀少，经济社会发展基础薄弱，民族宗教问题敏感复杂。本着既要满足工程调水需要，又要充分尊重当地宗教信仰和风俗习惯、促进地方经济社会发展的原则，对工程建设方案进行了合理调整。方案调整后减少库区淹没移民1.08万、寺院10座，其中包括在当地有重要影响的寺院2座，避免了班玛县城的淹没。

按照初拟的工程布置方案，7座水库淹没面积共124km^2，其中耕地3.6万亩、林地2.2万亩、草场10.5万亩。水库淹没线以下涉及人口1.2万人、房屋8.3万m^2，乡镇政府4个，一般寺庙8座。

（五）调水影响分析

按照国务院提出的南水北调工程“三先三后”原则，从建设资源节约型和环境友好型社会的要求出发，围绕工程调出区生态环境问题及对策措施开展了调查和专题研究。

对调出区近6万km^{2}范围内的生态环境本底进行了现场调查和遥感解译，初步掌握了生态环境现状。区内生态系统类型多样，主要包括山地森林和灌丛、高寒草甸与沼泽湿地、河流等生态系统，有高等植物680种、鸟类192种、兽类56种、两栖爬行类26种、鱼类33种等。重点开展了调水对水文情势、水生生物、陆生动植物、干旱河谷、水环境质量、局地气候的影响等专题研究，分析了工程建设期和运用期的环境影响。采用多种方法分析了调水河流的生态环境需水量，初拟水库运用方式及相应措施，以避免对环境产生不可逆转的影响。目前各有关专题正在深入研究之中。

（六）补偿措施研究

西线调水工程位于青藏高原少数民族聚居区，也是西部欠发达地区。本着带动地区经济社会的可持续发展和生态环境的良性维持，以及调出区和受水区共同发展的原则进行补偿及帮助措施的研究，提出多层次补偿和扶持的思路与框架，近期补偿措施与长效帮扶相结合的机制。

执行国家政策和有关法规文件，以淹没、损失和安置的实物指标为基础，进行补偿。水库淹没宗教文化设施，严格按照宗教事务管理的有关政策，稳妥进行；科学合理制定移民安置规划，以西线工程建设为契机，促使藏区农牧民的生活条件的改善；对调水影响的已在建梯级电站，采取经济补偿、功能补偿和其他措施。

在工程设计、施工过程中，贯彻环保理念，尽量减少调水影响。在工程建成后，尽可能采取工程与非工程措施，减缓调水影响。对近坝河段水生生物建立保护区或保护河段，进行栖息地保护；实施环境综合治理、水源地保护措施，建设水环境和水生生物监测站，建立鱼类孵化场，进行人工增殖放流；研究适当的过鱼措施，减少大坝的阻隔效益；在坝下临近径流量减少较多的河段布置滚水坝壅高水位，减缓调水影响。

利用西线引水水库的水电站和工程建设形成的电网，为地方经济社会发展、群众生活水平提高和环境保护服务。国家对调水地区水利等基础设施建设实行先期扶持，为西线工程建设创造有利条件。考虑适当增加四川省新增土地用地指标，土地出让金先用于调水工程区经济社会的发展；西线工程建设需要技术装备及配套设施以调出区为主要制造和建设基地，并在资金和税费上给予支持和优惠。建议整合西线的水源地和当地的天然林保护工程、湿地保护区，设立生态环境补偿试验区；打造包括西线工程在内的旅游板块；实施全国对口支援的政策措施。

（七）前方保障基地建设

水利部以水规计［2005］442号文《关于南水北调西线一期工程前期工作前方保障基地建设初步设计

的批复》同意建四座西线工程前方保障基地。在西线一、二期工程首、中、末端附近的四川省甘孜县、壤塘县、阿坝县各建设一处前方保障基地；同意在松潘县城郊建设总保障基地。

目前，甘孜、壤塘和阿坝基地主体和配套工程已基本建成，添置必要的设施之后便可使用。松潘基地由于地方城区规划变更，造成建设进程推迟，截至2006年年底两层框架已完成浇注，预计2007年可完成主体工程和配套设施的建设。为规范该项目基本建设行为，加强财务管理和监督，黄河设计公司制定了《南水北调西线一期工程前期工作前方保障基地建设项目财务管理暂行办法》。

（八）引江济渭入黄方案研究

根据水利部的部署，由黄河水利委员会牵头，长江水利委员会配合，开展引江济谓入黄方案研究工作。2005年完成了《引江济渭入黄方案研究（初稿）》，分析研究了渭河及黄河流域缺水情况、导致的主要问题和缓解缺水的对策措施；从维持黄河健康生命、促进流域经济社会可持续发展的高度，进行了工程建设必要性论证；认为引江济渭入黄是解决黄河流域缺水的措施之一。

2006年，对引江济谓入黄方案进行了深入的研究，完成了《水源区可调水量分析研究》《受水区需求与供水目标分析》《调水对黄河及其支流渭河治理作用分析》《引江济渭入黄工程比较方案研究》《调水工程关键技术经济问题研究》等附件报告；开展“深埋长隧道施工方法研究”“跨越汉江建筑物型式比选”“抽水蓄能与抽水泵站相结合研究”“小江调水调蓄水库方案研究”等专题研究，并完成了评审咨询。在各附件和专题研究报告的基础上，项目组编写完成了《引江济渭入黄方案研究》总报告及简要报告。

研究报告通过对渭河流域供需形势、输沙水量分析和黄河下游生态环境用水分析，提出了引江济渭入黄的供水目标。根据渭河及长江干支流之间的平面位置、高差关系，结合缺水地点及用水要求，分析了可能的调水河流、调水河段及受水河段；从宏观上研究了可能成立的引水线路，提出了可能的引水线路组成。根据引水坝址径流系列，考虑调水河流国民经济发展及下游河道生态用水要求，提出了各引水坝址的可调水量及工程规模，分析了调水对调水河流可能产生的不利影响。分析了小江调水、引汉济渭及补汉方案、引嘉入汉济渭等三类调水线路的15个比较方案，提出了各类调水线路的代表性方案；对代表性方案进行了工程布置、地质、施工、水库淹没、工程量计算及投资估算等方面的工作。开展了不同调水方案对渭河及黄河的作用分析工作，提出了不同调水方案的水量配置意见，分析了调水对渭河及黄河下游在防洪减淤、国民经济供水、梯级发电及补充河道生态基流等方面的作用，初步分析了调水的经济效益。研究了调水工程中存在的主要问题，对深埋长隧道施工方法、跨越汉江结构型式、抽水蓄能与抽水泵站相结合问题、小江调水调蓄水库方案、调水工程资金筹措及运行管理问题进行了深入研究，并提出了解决方案。

2006年11月9日，黄河水利委员会召开主任办公会，专题研究引江济渭入黄方案研究工作，与会领导及专家对受水区的用水需求、调水的作用与效果分析等方面提出了修改的意见和建议。会议提出研究工作在战略上要把握目的性、系统性、可操作性三个方面的内容：做好从黄河的整体性来论证跨流域调水工程之间的关系，论证提出塑造和维持渭河中水河槽的临界流量、水量和过程，研究调水对小浪底水库运用的影响等三方面的工作。

（摘自《中国南水北调工程建设年鉴2007》）

4

工程勘测

工程地质勘察与评价

锦屏二级水电站工程地质勘察与评价

（一）工程概况

锦屏二级水电站位于四川省凉山彝族自治州木里、盐源、冕宁三县交界处的雅砻江干流锦屏大河湾上，其上游紧接具有年调节水库的龙头梯级锦屏一级水电站，下游为官地水电站。锦屏二级水电站利用雅砻江150km长大河湾的天然落差，通过长约17.5km（含尾水隧洞）的引水隧洞，截弯取直，获得水头约310m。电站总装机容量4800MW，单机容量600MW，额定水头288m，多年平均发电量242.3亿kW·h，保证出力1972MW，年利用小时5048h。它是雅砻江上水头最高、装机规模最大的水电站。

工程枢纽主要由首部低闸、引水系统、尾部地下厂房等永久性建筑物组成，为一低闸、长隧洞、大容量引水式电站。电站地处深山峡谷地区，地质条件复杂，工程规模巨大，技术难度高，尤其是四条长约17km、最大深埋2525m、开挖直径13m的引水隧洞，其技术水平处于世界前列。主要技术问题是复杂工程地质、水文地质条件的勘探评价和高压岩溶地下水的预测预报、深埋长隧洞的围岩稳定分析及衬砌支护结构设计，以及高山峡谷复杂地形中间无法布置支洞条件的施工组织。

锦屏二级水电站前期工作开始于20世纪60年代，通过几十年来几代人，特别是近十几年来大量的勘测、试验和科研工作，基本查明了电站建设所面临的一些关键技术问题。

（二）工程地质条件与评价

1. 区域构造稳定性　雅砻江锦屏大河湾地区在大地构造部位上处于松潘—甘孜地槽褶皱带的东南部，处于“川滇菱形断块”之内。场区外围有较强的现代活动断裂和强震分布，但工程场地位于地震活动相对较弱的地段，区内历史上未发生4.7级以上地震；区内断裂多为不活动断层，微震活动较弱，工程区所在断块属于整体抬升为主的相对稳定地区，工程区地震基本烈度为Ⅶ度。

2. 水库区工程地质　水库位于猫猫滩闸址至一级普斯罗沟高坝坝址之间，长7.5km，库容为1428万m^3，为日调节水库。库区为高山峡谷区，山体雄厚；地层为三迭系碳酸盐岩和碎屑岩、第四系覆盖层等，岩层走向大多与河道平行或斜交。库区内无Ⅰ级区域性结构面通过，Ⅱ级结构面总体不发育，且多与河道斜交。

电站首部闸前壅水高度约20m，蓄水对天然环境改变不大，因库段处于高山峡谷区，主要为岩质边坡，大理岩岩溶不发育，无农田村落和矿产资源，不存在渗漏、浸没、大型谷坡失稳等问题；其主要工程地质问题是库区落水洞、沟等个别支沟的泥石流和岸坡局部地段造成水库淤积问题。

3. 闸址区工程地质　猫猫滩闸区河道顺直，河谷呈“V”形，纵向谷，两岸无阶地及漫滩分布，枯水期的水面宽度为108～145m。地层为三迭系上统变质砂板岩及第四系覆盖层。闸址区河床覆盖层厚度一般在35～40m，最厚达42.08m。区内无区域性断层通过，亦无较大的顺河断层分布。闸坝基础主要持力层为Ⅱ含砂壤土碎砾石层、Ⅲ－1卵砾石层和Ⅲ－2块碎石夹砾卵石层，总体性状较好、强度较高，具备在覆盖层上建闸的工程地质条件。闸基内存在砂层透镜体，但分布不连续，不构成连续的软弱滑动面，闸基的抗滑稳定受控于地基内主要土层的强度。闸坝基础存在的主要工程地质问题有闸基压缩变形及不均匀沉降、闸基及闸肩渗漏、闸基渗透稳定、砂层液化等，需进行相应的处理。

4. 进水口工程地质　引水隧洞进口布置于景峰桥右岸凹槽之中，自然边坡高达600m以上。边坡岩石为绿泥石片岩、变质砂岩、大理岩，为斜向坡，岩层倾角70°～85°，倾坡外。坡体无大的区域性断层通过，小断层和裂隙较发育，自然岸坡整体稳定。进水口开挖边坡高28～167m，中—陡倾坡外偏上游的结构面较发育，延伸长，边坡开挖时可能造成滑动失稳，应加强支护、及时对危岩进行处理。

5. 引水隧洞工程地质条件　引水隧洞由西向东以SE76°方向横穿锦屏山体，全长17.5km，开挖洞径13m，埋深多在1500m以上，最大埋深达2525m。隧洞围岩主要为大理岩、灰岩、砂板岩、绿片岩等，其中碳酸盐岩约占90%。岩层挤压紧密、陡倾。岩体中除F_6（Ⅰ级结构面）及数条Ⅱ级结构面外，大多为Ⅲ级或Ⅲ级以下结构面，洞线与主要结构面近直交。根据前期勘察及辅助洞（已开挖14km）验证，引水隧洞线路区岩溶发育程度总体微弱（以溶蚀裂隙为主）。围岩类别以Ⅲ、Ⅱ类为主，总体成洞条件较好。

前期大量的勘察、试验结果表明，引水隧洞的岩溶地下水具有流量大、压力高、突发性的特点，并具有较高的外水压力，施工应采取“先探后掘”、“以堵为主、堵排结合”的原则，以减少对周边水文地质影响并有利于施工。

引水隧洞位于高地应力区，实测最大主应力值达44.18MPa，据回归分析，隧洞线高程的最大和最小主应力值分别为70.1MPa和31MPa。因此，高地应力引起的岩爆是引水隧洞施工中的主要工程地质问题之一。预测岩爆的强烈程度以轻微—中等程度为主，部分地段可能发生强烈—极强岩爆。需根据岩爆的特征，采取应力释放孔、喷锚、挂网喷锚或喷钢纤维混凝土、格栅钢筋拱架等工程措施。

引水隧洞线路区的地温场受控于低温地下水渗流场，预测今后隧洞中最高地温值约为30℃，不会成为影响隧洞施工的制约因素，不需设置特殊的降温措施。

隧洞围岩中产生的有害气体储存于臭大理岩中，主要为H_2S气体，需加强独头段的通风，以满足安全生产要求。

6. 上游调压井和压力管道工程地质条件　上游调压井共布置4个，位于地下，上覆岩体厚度为121～162m。地层为微风化花斑状大理岩，岩溶不发育，以Ⅱ、Ⅲ类围岩为主，部分为Ⅳ类，无大的不利结构面组合，成洞条件总体较好。地下水位位于调压井的中—下部，施工过程将出现股状涌水、线状流水及渗滴水，应加强防渗及排水措施。

压力管道共布置8条，埋深227～506m。围岩均为微风化—新鲜大理岩，围岩以Ⅱ、Ⅲ类为主，局部为Ⅳ类，成洞条件较好。该区地应力较高，具备发生岩爆的地质条件，需加强支护。8条高压管道均处于Ⅲ水文地质单元第一出水段，大多位于地下水位以下，且T_{2y}^{5}大理岩具有强富水性，应加强排水。

7. 地下厂房工程地质条件　地下厂房位于东雅砻江右岸，为二洞室布置方案，主厂房轴线方向N35°E，两洞室间岩墙厚45m。厂房岩性为条带状云母大理岩和中厚层细晶大理岩，岩体呈弱—微风化，岩溶不发育。厂址区无大断层通过，厂房轴线方向可适应主要结构面的要求，围岩以Ⅲ为主，具有修建大跨度地下洞室群的地质条件。F_{16}与F_{24}等断层与主变室轴线呈小角度相交，裂隙发育，以N15°W～N30°E走向的高倾角顺层裂隙和N60°～80°W倾SW陡缓倾裂隙为主，对洞室稳定不利，需加强支护处理。

地下厂房属中等地应力区，岩溶裂隙水相对较少。预测开挖过程中，局部将发生轻微量级岩爆，并遭遇网状导水裂隙，有不同程度涌水，预测地下厂房总涌水量可达0.15m^3/s左右，汛期时可达0.2m^3/s。需做好排水和防渗工作。

尾水出口边坡总体稳定。尾水洞段岩性均为大理岩，围岩以Ⅲ类为主，成洞条件较好。

8. 天然建筑材料　雅砻江河湾段缺乏天然砂砾料源，闸址、厂址及引水隧洞混凝土骨料均采用工程开挖料，岩性主要为大理岩，其储量和主要质量指标能满足要求。

（中国水电顾问集团华东勘测设计研究院　单治钢）

锦屏二级深埋长隧洞岩溶涌水及岩爆等工程地质问题评价

（一）概况

锦屏二级水电站地下洞室建筑群庞大，以四条单条长约17.5km的水工隧洞为主体，开挖洞径13m，主洞南侧平行布置二条长也为17.5km的交通辅助洞和一条排水洞，共七条长隧洞，累计长度达120km。长隧洞群由西向东以SE76°方向横穿锦屏山体，埋深多在1500m以上，最大埋深达2525m。隧洞围岩主要为大理岩、灰岩、砂板岩、绿片岩等，其中碳酸盐岩约占90%。其主要工程地质问题为深埋和碳酸盐岩所带来的高地应力、岩爆、岩溶涌水、有害气体、地温等，具有埋深大、洞线长、洞径大、地质条件复杂的特点，综合规模和技术难度都处于当今世界的前列。

由于锦屏工程区为高山峡谷地区，最高山峰4488m，最大相对高差达3150m，常规的勘察方法难以适应，必须采用多层次的综合勘探方法，主要有：①宏观地质勘察，通过航卫片解译、大面积地质调查、频率测深等勘探手段了解工程区总体地质条件；②5km长探洞：为查清深埋隧洞的地质问题，1990年开始5km探洞施工，在掘进过程中，进行了大量的科学研究工作，包括高压变模（最大压力60MPa）、高压压水、高压灌浆、有害气体测试、地质超前预报等非常规试验；③岩溶水文地质勘察，采用在综合岩溶调查的基础上，结合岩溶水动态观测、岩溶水示踪、水化学、水同位素研究和三维渗流场分析、水均衡研究等手段，论证工程区的岩溶水文地质特征；④室内试验研究，除常规岩石试验外，还进行了高压三轴、可溶蚀性、AE（爆后岩块应力）、岩爆指数、岩石超声波等试验研究。经过长期的，特别是近十几年的地质勘察、试验研究，基本查清了长隧洞一系列重大的工程地质问题，并在辅助洞（已开挖

14km）施工中得到了验证。

（二）长隧洞主要工程地质问题评价

1. 岩溶发育程度 根据地表岩溶形态、水化学、溶蚀速率、水同位素、泉水衰减分析和示踪试验等成果综合分析，工程区岩溶发育总体微弱，不存在层状的岩溶系统。在高程2000m以下，岩溶发育较弱并以垂直系统为主，深部岩溶以NEE、NWW向的构造节理及其交汇带被溶蚀扩大了的溶蚀裂隙为主，认为在长隧洞高程（1600m）附近的岩溶形态以溶蚀裂隙为主，溶洞少，且规模不大，最大溶蚀直径1～2m。

2. 岩溶涌水

（1）稳定涌水量：采用水文地质比拟、水均衡、三维渗流场分析三种方法对涌水进行综合预测，在不设防渗条件下，单条隧洞的稳定涌水量为6.91～8.48m^3/s（枯季—雨季），年平均为7.52m^3/s，建议隧洞设计时选用雨季时的稳定流量8.48m^3/s。

（2）突发性最大涌水量：隧洞施工中的突发性最大涌水量是涉及施工安全和进度的重要水文地质问题，而对其预测又十分困难，考虑到长探洞和辅助洞施工中已经出现了瞬时涌水量为4.91～7.3m^3/s的涌水实例，建议设计和施工中按5～7m^3/s作为单点最大涌水量的量级。

（3）外水压力：长探洞封堵后的水压力观测和工程区三维渗流场研究分析表明，在天然状态下隧洞有较高的外水压力，Ⅰ单元白山组大理岩分布区地下水位埋藏较深且地下水位变化平缓，近似水平，衬砌外缘压力水头最大为1100m左右。长探洞内水压力观测最大值为10.22MPa，且丰水期与枯水期最大水压力差值为252m，故需考虑雨季的影响。

（4）周边水文地质影响：拟建隧洞洞线位于干海子附近穿越两泉之间的分水岭地带，预测隧洞施工在不设防渗的条件下，可能造成磨房沟泉、老庄子泉的季节性断流。隧洞施工应采取相应的工程措施以避免对邻近沟谷流域范围内水文地质的影响。

3. 高地应力与岩爆 长隧洞线路区为高地应力区，实测最大主应力值达44.18MPa，据回归分析，隧洞线高程的最大和最小主应力值分别为70.1MPa和31MPa。因此，由高地应力引起的岩爆是今后隧洞施工中的主要工程地质问题之一。锦屏长隧洞采用σ_θ/R_b应力强度比、R_b/σ_m强度应力比、层次分析法—模糊数学、人工智能BP神经网络等综合分析方法，研究长隧洞围岩岩爆的模式、分级、预测预报、防治措施。预测隧洞开挖将产生岩爆，其强烈程度以轻微—中等岩爆为主，部分洞段将发生强烈—极强岩爆。发生轻微量级岩爆长度约3076m，中等量级岩爆长度约2971m，强烈量级岩爆长度约1834m，极强量级岩爆长度约286m。需根据岩爆的特征，采取应力释放孔、喷锚、挂网喷锚或喷钢纤维混凝土、格栅钢筋拱架等工程措施。

4. 围岩分类 在锦屏二级水电站深埋隧洞的围岩分类中发现，常用的围岩分类方法（水电围岩分类法、Q系统、RMR）在该地区存在不适应性，其主要原因是这些方法在高地应力、高外水压力方面考虑不足。通过分析研究表明，在常用的围岩分类方法的基础上，经高地应力、高外水压力等方面的修正，建立的锦屏深埋隧洞围岩分类体系（JPF），能较好地适用于高地应力、高外水压力的地质环境。JPF分类表明，洞线所穿越的主要围岩类别以Ⅲ、Ⅱ类围岩为主，分别占53.6%和29.1%，Ⅳ、Ⅴ类围岩占17.2%；其中因岩爆引起围岩类别降级Ⅱb、Ⅲb、Ⅳb、Ⅴb所占的的比例分别为18.5%、17.8%、11.0%和1.7%，说明长隧洞的总体成洞条件较好。

5. 有害气体 隧洞围岩中产生的有害气体主要储存于臭大理岩中，用锤击能逸出H_2S气体。T_{2y}^5中H_2S气体含量低于标准值，不会构成对人员的伤害；T_2b层中岩石的最大H_2S气体含量为0.0267ml/g，在该层中产生的有害气体，需加强独头段的施工通风，以满足安全生产要求。

6. 地温 长隧洞线区的地温场受控于低温地下水渗流场，预测今后隧洞中最高地温值约为30℃，不会成为影响隧洞施工的制约因素，不需设置特殊的降温措施，一般的通风设置即能满足正常的施工要求。

7. 辐射环境质量 根据实测，在辅助洞（B洞）东、西端硐内接受的年有效剂量当量为0.41～0.85mSv，低于剂量限值，隧洞的辐射环境可符合GB 18871—2002《电离辐射防护与辐射源安全基本标准》的要求，不会影响作业人员的健康。

8. 地质超前预报 鉴于锦屏长隧洞线路区的地质条件复杂，施工时应遵循"先探后掘"的原则，采用多种预报方法相结合的综合预报方法，并建立宏观超前预报（工程地质法）、长距离超前预报（工程地质法及TSP声波探测技术）、短距离超前预报（地面雷达、孔内雷达、超前钻探、超前导洞及经验法等）三级预报预警机制，提高信息解译精度，确保隧洞的安全施工。

（中国水电顾问集团华东勘测设计研究院 单治钢）

景洪水电站坝基工程地质条件评价

（一）工程概况

景洪水电站位于云南省澜沧江下游，为澜沧江中下游河段两库八级开发方案中的第六级，坝址位于西双版纳傣族自治州景洪市北郊。大坝为碾压混凝土重力坝，左岸坝后（河床部位）布置地面厂房，右岸滩地部位布置泄洪及升船机建筑物，最大坝高 110m，正常蓄水位为 602m，总库容 11.39×10^8m^3，总装机容量 1750MW。景洪水电站可行性研究阶段的地质勘察工作始于 1995 年 9 月，于 1999 年 3 月通过审查。

（二）基本地质条件

景洪水电站处于临沧—孟帕亚隆起和兰坪—思茅褶皱带两个二级构造单元相邻部位，区域性断裂构造发育，外围地震活动强烈，历史地震对枢纽区的最大影响烈度小于Ⅶ度。根据国家地震局对枢纽区地震危险性分析评价：枢纽区 50 年超越概率 10%的地震基本烈度为 Ⅶ 度，相应的基岩水平加速度峰值为 109cm/s^2。

坝址部位河流流向 N55°E，其右岸江边为一沿江长 500～600m、宽 100～180m 的平缓基岩滩地。河谷两岸地形基本对称，右岸地形坡度 25°～35°、左岸 25°～30°，两岸坡顶均高出坝顶约 100m。两岸山坡均为坡积层覆盖，仅在岸边洪水位以下有强风化基岩出露。主要水工建筑物布置范围内分布的基岩均为燕山早期闪长岩（σ_5^2），属坚硬岩类。坝址区地质构造由于受澜沧江褶断束控制，断层（F）及挤压带（G）发育。在坝基范围内分布的主要断层和挤压带有 12 条，小断层（f）和挤压面（g）平均发育间距约 15m，断层和挤压带的走向主要为 NNW～NW 向，且以陡倾角为主，倾角小于 30°的 f、g 仅 6 条。节理发育，主要节理有以下四组：①NNE 组：优势产状 N10°～30°E/NW（SE）∠70°～90°；② NE 组：优势产状 N30°～50°E/NW（SE）∠80°～90°；③NW 组：优势产状 N40°～50°W/NE∠40°～60°；④近 EW 组：优势产状 EW/S（N）上 65°～80°。

两岸岩体风化强烈，坝轴线上，左岸坝肩部位全—强风化层铅直厚度为 40m，右岸为 35m，在滩地部位为 5～10m。卸荷裂隙发育的深度一般至弱风带的上部，少量可达弱风化带底部或微风化带顶部。两岸地下水埋深大，左岸为 65～80m，右岸 35～55m。

（三）坝基主要工程地质条件评价

枢纽区弱、微风化且受构造影响较轻微的闪长岩体，岩块湿抗压强度＞70MPa，弹性模量＞5×10^4MPa，纵波波速＞5000m/s，岩体质量指标多属Ⅲ类岩体，其物理力学指标满足百米级混凝土重力坝要求。但在建基面上分布的断层、挤压带及全、强风化的Ⅳ类和Ⅴ类岩体以及缓倾结构面，需进行专门处理以满足工程要求。

1. 坝基抗滑稳定条件　在坝基范围内分布的主要断层和挤压带有 12 条，其中 G_{23}、G_{48}、G_2、G_3、G_{16}、G_{27}、F_{20}、F_{22} 等 8 条破碎带宽度较大。由于这些断层和挤压带均为陡倾角，对大坝的整体深层抗滑稳定不起控制作用，但以上结构面破碎带宽度大，性状较差，例如 G_{23} 破碎带宽达 12m，贯穿左岸坝基；G_{27} 破碎带宽达 6m，贯穿右岸 3 号～10 号坝段，这类破碎岩体在开挖暴露后极易松弛、崩解及泥化，需进行加深开挖、快速覆盖和置换混凝土处理。

坝基范围内分布有 6 条缓倾角Ⅳ级结构面，根据设计开挖深度，右岸建基面开挖后对坝基抗滑稳定仍有影响的主要有三条，其中 g_{10}～g_{22} 影响最大。其产状为 N15°～35°W，NE∠10°～14°，与坝轴线近于平行，缓倾下游，面起伏、稍粗，破碎带宽度 2～10cm，最宽达 15cm，延伸长约 80m，属缓倾结构面卸荷回弹所致，并分布于 10 号、11 号、12 号坝段。因此，坝基中部分坝块地基存在沿建基面并追踪坝基浅表部位的缓倾结构面而发生滑动的可能性，需对 $g_{8\sim10}$ 等特定结构面进行专门处理。

2. 坝基变形稳定条件　坝基中分布的Ⅲ类岩体的变形模量能满足工程要求；Ⅳ类和Ⅴ类岩体（泥化构造岩）变形模量低，不能满足要求。挤压带 G_{23}，纵贯右冲砂底孔以左坝基，破碎带宽 12m，以Ⅳ类岩体为主，开挖暴露后，岩体极易松弛崩解，承压板法测得竖向变形模量 M=0.2GPa。这表明坝基开挖后，G_{23} 浅表部位变形模量很低（向深部逐渐提高），不能满足坝基质量要求。为防止坝体不均匀沉陷，应结合改善坝基抗滑稳定条件一并进行处理。

3. 边坡稳定条件　坝区右岸边坡（包括右岸上坝公路以上边坡、引航道边坡）分布的岩层为燕山早期闪长岩（δ_5^2），左岸上坝公路以上边坡为三叠系上统小定西组下段（T_{3x}^1）砾岩。两岸边坡虽分布有Ⅱ级结构面 G_1、G_8、G_{23} 等 3 条，Ⅲ级结构面 G_{27}、F_{48} 等 10 条，Ⅵ级（f、g）、Ⅴ级结构面（J）也十分发育，但Ⅱ级、Ⅲ级结构面倾角均大于 70°，且结构面走向与开挖坡面接近垂直，对边坡稳定性不起控制作用。在左、右岸上坝公路以上边坡主要为全、强风化岩体，仅局部为弱风化岩体。全风化岩体呈土状，散体结构，强风化岩体呈碎块状，碎裂结构，边坡稳定性差，边坡稳定性总体受控于岩土体强度及开挖坡比。对全、强风化边坡应及时进行坡面保护及增设排水措施；在两坝肩上、下游侧边坡及右岸引航道边坡主要为强、弱风化岩体，并发育较多不规则节理，尤其是顺坡向节理或不利结构面相互切割可能形成小规模的不稳定块体，但不会形成大规模坍滑。对于局部不稳定块体及断层破碎带仍需及时进行喷锚支护。

4. 坝基渗透稳定　坝基岩体中节理发育，地下水主要在风化岩体的节理裂隙中活动。根据压水试验资料，微风化岩体一般具微透水性；弱风化下段具中等—弱透水性；弱风化上段—强风化岩体具较强透水性。厂房坝段和溢流坝段坝基的浅表部位岩体，绝大部分属微—弱风化下段岩体，这类岩体虽具一定的透水性，但由于裂隙连续性差，无软弱充填物，不存在渗透稳定问题。左、右两岸坝肩地段，坝基浅部有弱风化上部岩体分布，局部出露强风化岩体。弱风化上段和强风化岩体因结构松弛、裂隙大部分张开，且裂隙沟通延伸，其间有软弱充填物，易产生渗透变形问题。

G_{16}、G_2 是斜穿坝基并沟通上、下游的主要构造破碎带。G_{16} 破碎带宽度约 2m，其两侧影响带宽约 3～4m。破碎带中构造岩由片状岩、构造透镜体、碎裂岩组成，并有少量泥化糜棱岩分布。根据钻孔资料，在高程 493m 以上部位，构造岩结构松散，压水试验 $\omega=(0.29\sim0.345)$ L/(min·m·m) 即 29～34.5Lu，属中等透水岩体；高程 493m 以下部位的构造岩结构紧密，$\omega=(0.012\sim0.027)$ L/(min·m·m) 即 1.2～2.7Lu，属弱透水岩体。G_2 破碎带宽约 10m，由碎裂岩、片状岩、少量糜棱岩、构造透镜体组成。在高程 509.80m 以上部位，破碎岩体结构松散，钻孔压水试验 $\omega=(0.136\sim0.286)$ L/(min·m·m) 即 13.6～28.6Lu，属中等透水带。因此对坝基需进行防渗处理。防渗帷幕的设置深度，原则上应与微透水层相接，在两坝肩微透水层埋深较大部位，也可与地下水位相衔接。

（中国水电顾问集团昆明勘测设计研究院　魏植生）

宜兴抽水蓄能电站地下厂房围岩稳定性评价

（一）工程概况

江苏宜兴抽水蓄能电站地下厂房和主变压器洞位于输水系统中部偏上游，洞轴线方向为 N30°E。其中厂房洞开挖尺寸为 155.3m×22m×52.4m（长×宽×高），拱顶高程 37.0m，底板高程 11.8～－15.4m 不等；主变压器洞位于厂房洞下游，开挖尺寸为 134.65m×17.5m×20.7m（长×宽×高），拱顶高程 36.5～32.5m，底板高程 11.8～9.0m 不等；两洞之间岩墙厚 40m，上覆岩体厚为 283～353m。

（二）工程地质条件

1. 地质概况　地下厂房区围岩为泥盆系中下统茅山组中段（$D_{1-2}ms^2$）微风化—新鲜，中—中厚层状岩屑砂岩夹中薄层状泥质粉砂岩及少量粉砂质泥岩，局部二者互层，岩层产状 N50°～70°W，NE∠20°～35°，与厂房洞轴线近垂直，并缓倾于副厂房。钻孔揭示厂房区泥质粉砂岩厚度约占 12%～23%，泥质粉砂岩及粉砂质泥岩（软弱岩层）多呈灰绿、灰紫、灰黄等色，其力学强度相对较低（属中软岩），单层厚度多为 10～40cm，局部达 60cm；岩屑砂岩为青灰色，单层厚度相对较厚，力学强度相对较高（属中硬岩）。接触面常见层间错动，形成厚数毫米—数厘米的岩屑夹泥型的软弱夹层，并偶见厚 0.2～1.0cm 的泥化夹层，泥质粉砂岩或粉砂质泥岩岩层面自北向南有变薄、变多的趋势。前期钻孔统计软弱夹层所占厚度约为 0.1%～0.4%。厂房区断裂构造发育，主要有 F_{204}、F_{220}、F_{15}、f_2、f_{597}、f_{87} 等，其中 F_{15} 断层与厂房轴线交角小，斜贯厂房上、下游边墙。其余断层延伸短，宽度多在 10cm 之内，走向以 NEE 向、NWW 向或近 EW 向居多，倾角以中、陡倾角为主，与厂房轴线间的夹角绝大部分在 30°以上。厂房部位除层面节理外，主要有：①近 SN，E～W∠75°～90°；②NWW～近 EW，SW～S∠60°～90°；③NEE，SE∠60°～80°。

2. 水文地质条件　厂房部位断层、节理较发育—发育，裂隙连通性较好，岩体较破碎，构成地下水渗流网络，赋水性好。ZK205、ZK206、ZK210、ZK207 等钻孔在不同孔深（高程）均有不同程度的涌水现象，ZK205 孔最大涌水点位于高程－8.37～－12.50m（涌水量为 28.5L/min，涌水压力为 0.06MPa），该孔终孔总涌水量为 50L/min，涌水压力为 0.09MPa；ZK206 孔总涌水量为 150L/min，最大涌水压力为 0.27MPa。

3. 围岩分类　厂房部位围岩以微风化—新鲜岩屑砂岩夹泥质粉砂岩为主，岩层走向及主要构造线与厂房轴线近正交（垂直），对洞室稳定影响较小。F_{220} 断层从厂房南端墙顶拱通过，并在厂房、主变洞南端墙外侧形成宽约 30m 的节理密集带，F_{204} 断层从北端墙底部通过，这是造成自北向南岩体完整性变差的重要因素。钻孔资料表明：厂房北端墙一带岩石质量指标 RQD 加权平均值为 34.4%～60.3%，南端墙岩石质量指标 RQD 加权平均值为 8.8%～32.6%。

为评价厂房围岩的稳定性，对 PD6-2、PD6-3 勘探平洞及模拟洞围岩进行多种方法的工程地质分类，并据此推测厂房区围岩的类别：南端墙及其顶拱以Ⅳ类为主，局部为Ⅴ类，Q 值在 0.5～2.0 之间；北端墙及顶拱以Ⅲ类为主，边墙则以Ⅲ类为主，Q 值在 4.0～6.5 之间。

地下厂房洞首层开挖后，对顶拱围岩进行了分类及评价。其成果与前期资料结果基本一致，顶拱Ⅲ类围岩占 59%，Ⅳ类占 41%，上、下游边墙Ⅲ类围岩约 75%，Ⅳ类约 25%。

据 PD6 平洞大量岩石（体）测试成果，并结合工程经验，地下厂房围岩地质参数建议值，见表1。

表1 地下厂房区围岩地质参数建议表

参数 岩性	湿重度	泊松比	变形模量		抗剪强度	
			水平	垂直		
	kN/m³	μ	E_0(GPa)		f'	c'(MPa)
Ⅳ类(局部Ⅴ类)	25.0	0.35	1～1.5	0.5～1	0.5～0.6	0.2～0.4
Ⅳ～Ⅲ类	25.7	0.31	4.5～6.0	2.0～2.5	0.6～0.8	0.4～0.6
Ⅲ～Ⅳ类	25.7	0.30	5.0～7.0	2.0～3.0	0.8～0.9	0.7～0.8
软岩层面					0.45～0.55	0.1～0.15
软弱夹层(岩屑夹泥型)		0.4	0.15～0.2		0.3～0.35	0.035～0.04
F_{204}、F_{220}断层		0.45	0.1～0.15		0.20～0.25	0.015～0.02
断层(f_{87}、F_{15}、F_{16}等)		0.4	0.2～0.5		0.3～0.4	0.03～0.04

（三）厂房区主要的工程地质问题

1. 围岩的稳定性

(1) 顶拱（主副厂房）存在的不稳定块体主要有以下三种类型：

1) 缓倾角软弱夹层与断层或高倾角节理切割组成的楔形体。在4号机轴线处出露的CJ26软弱夹层，与f_{85}、f_{88}与f_{89}等断层及近SN向陡倾角裂隙的切割，纵剖面上形成三角形，近南端岩体破碎，产生掉块；ZK212孔处软弱夹层CJ28分布高程为41.57～41.56m，顶拱处出露于近北端墙，与F_{15}断层及近SN、EW向陡倾角节理之间的组合，纵剖面上也形成了较大的三角形，产生掉块。另外，顶拱尚见多条软弱岩层，在断层及裂隙切割后，也产生掉块，并造成顶拱超挖，这种类型在4号机轴线的顶拱附近尤为突出。

2) 断层组合构成的不稳定楔体。由F_{15}、f_{83}与f_{84}断层构成的斜四面锥体及由f_{83}、f_{84}与f_{87}断层构成的直四面锥体，位于3号、4号机轴线之间偏下游顶拱处，构成的不稳定楔体需锚索加固。

3) 岩层面与其他结构面的切割组合形成小的不稳定块体。厂房区的岩层面相对薄弱，顶拱岩体沿层面与其他结构面切割组合，形成小的不稳定块体。另外，随着弧形顶拱的开挖，将切穿“层叠梁”的部分梁板，形成掉块等。

(2) 边墙上出现不稳定块体主要有以下三种情况：① 由于F_{15}等断层与厂房轴线交角仅25°～40°，断层与边墙相交部位（上游边墙北端、下游边墙南端）岩体，其厚度小，开挖后岩体极易松动，造成边墙的超挖。② 断层、节理与层理切割，均可在上、下游边墙构成里小外大的（组合交线倾向厂房临空面）的楔形体。③ 下游边墙与4条尾水隧洞、4条母线道相交的洞口部位岩体稳定性差。

(3) 端墙，侧重于南端墙F_{220}断层下盘的影响带内岩体不稳定。

2. 厂区洞室涌水观测 前期根据厂房部位地下水位降深与PD6洞口出水量变化关系，采用水文地质比拟法估算：当水位降至厂房底板高程时，厂房涌水量约为260m³/d；若厂房开挖一次成形，无先期排水措施，则涌水量可达3667m³/d。

受PD6长探洞地下水长期排泄的影响(2000年10月已形成)，已使该洞(底板高程90m左右)成为厂房区地下水排泄的基准面(该洞出水量为1.4m³/min，约合2016m³/d)。2003年4月厂顶施工支洞在开挖接近厂房北端墙时，掌子面排水量最大达3.8m³/min(约合5472m³/d)。厂房洞、主变压器洞(包括尾闸洞等)四周布置有完整的地下水排泄系统，与洞群相应高程布置的环形排水廊道及不同高程的排水廊道(C_0、C_1、C_2、C_3四级排水廊道)均先于相应桩号的厂房洞、主变压器洞开挖(两洞均从北向南、自上而下分层开挖)，使地下厂房区地下水得到先期排放，地下水位在动态中逐步降低(出露点少、流量变小)，故在厂房洞、主变压器洞等开挖施工中未见涌水，偶有股流、少见线流，掌子面及开挖壁面以点滴—潮湿状为主。

（四）支护处理

1. 系统支护 根据厂房地质条件自北向南逐渐变差的情况，设计采用分区支护的形式。主厂房共分三个区，ZF1区、ZF2区和ZF3区，主要支护参数为：

1) 顶拱ZF1区、ZF2区采用系统锚杆、混凝土钢纤维喷层，并设钢拱肋，其中ZF2区（F_{15}、f_2断层构成的楔形体专门支护）增加随机锚索；ZF3区（安装场顶拱）除布置系统锚杆外，在拱脚还布设了预应力锚杆、钢纤维混凝土喷层、拱顶设拱肋、系统锚索，局部顶拱塌落或掉块处以随机锚杆加喷混凝土处理。

2) 厂房上、下游及南、北端墙均采用了系统锚杆支护。ZF3区（安装场）布置了预应力锚索和对穿锚索。

2. 专项支护 除上述系统支护外，对断层破碎带及断层组合体等进行了专项支护处理：

1) 顶拱楔形体处理：F_{15}断层与f_2断层相交，并与层面节理组合，在厂房顶拱形成不稳定楔形体，块体体积约1311m³，重3540t。按照最不利的块体组合情况考虑，沿断层增加锁边锚杆，同时在上、下游拱脚部位增加加长锚杆，楔形体内增加预应力锚索等，并增设多点变位计，以加强对楔形体的变形监测。

2）下游边墙 F_{15} 断层混凝土置换处理：下游边墙开挖至高程约16m时，发现受 F_{15} 断层及密集的节理影响，沿断层带岩体较破碎，围岩稳定性差，为提高该范围边墙岩体的自稳能力，改善岩壁梁附近岩体承压能力，在桩号厂右0+74～厂右0+82m范围（高程16.5～24.0m）进行混凝土置换处理。

3）F_{15} 断层上、下游边墙增加锁边锚杆支护：根据主厂房观测资料，厂房上、下游边墙锚杆应力计由于受Ⅵ、Ⅴ两层开挖及断层 F_{15} 等影响，数值有所增加，为控制边墙的稳定，减小边墙的变形量，在上游边墙（高程15.0～－6.0m）沿 F_{15} 断层下盘增加锁边锚杆，下游边墙（高程5.8m附近）则沿 F_{15} 断层上盘布置锁边锚杆。

4）厂房下游边墙尾水洞洞周及下部岩埂的加强支护：第Ⅶ层开挖将完成时，岩壁吊车梁局部因母线洞及尾水洞的开挖围岩尚未趋于收敛；考虑到母线洞衬砌、灌浆尚未完成，为减小下游边墙变位，保证岩壁吊车梁的安全，对1～4号尾水洞洞周及下部岩埂作增加锚杆支护。

5）F_{204} 断层处理：该断层由碎裂岩、角砾岩、糜棱岩及断层泥构成，潮湿，局部渗滴水，倾向厂房，与北端墙的最小距离约6.4～9.6m（高程－7.1m），对断层带采取了钢筋混凝土置换方案。

6）南端墙加强支护处理：受断层 F_{220} 及节理的影响，南端墙附近岩体多呈较破碎—破碎状，高程29.0m处岩体弹性纵波波速仅2000m/s，围岩稳定性之差，南端墙除采用喷层、锚杆、预应力锚索支护外，另增加混凝土衬砌作为永久支护，以保证端墙围岩的稳定。

（五）结语

江苏宜兴抽水蓄能电站地下厂房区工程地质条件复杂，围岩为中—中厚层状结构岩屑砂岩夹泥质粉砂岩，岩层缓倾，断裂构造发育，地下水丰富，围岩稳定性差，且厂房区布置受断层 F_{204} 和 F_{220} 的限制，可调整的余地非常小。由于前期勘探工作扎实，较详实地反映了地下厂房区的工程地质和水文地质条件，为设计方案调整及支护处理提供了可靠的地质资料。已有的观测数据表明，地下厂房区围岩稳定。

（中国水电顾问集团华东勘测设计研究院　施建敏　王恕林）

宜兴抽水蓄能电站上水库工程地质勘察与评价

宜兴抽水蓄能电站装机容量1000MW。上水库位于江苏省宜兴市铜官山主峰北侧冲沟内，库盆由主坝、副坝和库周山岭开挖围成，正常蓄水位471.5m，有效库容530.3万 m^3。

（一）基本工程地质条件

库周山脊高程498～527m，西北侧为垭口，需筑副坝，地面高程453.6m。主坝区呈“两沟一梁”的地貌特征，坝轴线以下山坡地形陡峻，坡度40°～55°。主沟沟底高程420～440m，流向由西向东。

库（坝）区主要出露泥盆系茅山组上段中厚层岩屑石英砂岩和五通组下段中厚—厚层石英岩状砂岩，层间夹薄层粉砂质泥岩或泥质粉砂岩软岩，延续性较差。五通组内主要有软弱岩层St1、St6～St9等，占1.8%～41.4%；茅山组内主要有软弱岩层St3、St10～St21等，占3.0%～37.8%。岩层产状N40°～80°W/NE∠5°～20°，缓倾左岸偏下游。燕山晚期的花岗斑岩多呈NWW向脉状或枝状产出，风化强烈。第四系残坡积层厚度一般0.5～1.0m，花岗斑岩分布的冲沟内厚度达6.0～8.5m。

主要断层有 F_2、F_3、F_4、F_{51} 等13条，以近EW向、陡倾角、正断层为主，F_4 断层宽3.0～5.0m，其余断层多在0.5m左右。节理发育，除层面节理外，N30°～45°W、N60°～80°W、N50°～80°E向三组均为陡倾角节理。

软弱夹层按性质和成因分为三类（包括层面裂隙），第①类为次生型，工程区内少见，包括面附泥膜型、岩屑夹泥型和泥夹岩屑型；第②类为构造型，多由岩片、岩屑构成，局部泥化，受断层、节理切错，延伸性差，包括岩屑型、岩屑夹泥型；第③类为闭合无充填或铁锰渲染的层面裂隙。

石英砂岩类以弱风化为主，粉砂质泥岩类多为强风化，花岗斑岩则风化强烈，接触带多呈囊状全风化，局部深达110余米。

岩体弱—微透水性为主，近地表18m左右多为中等透水性，断层及岩脉接触带为中等—强透水性，相对隔水层（$q \leqslant 1Lu$）埋深一般15～50m，局部达130余米。山体地下水位均低于正常蓄水位，但多高于库底高程427m。

（二）库岸稳定性评价

上水库位于近EW向冲沟的沟源，除北库岸及西南库岸外，南库岸—西库岸一带均单薄，库内山坡较缓，库外山坡较陡，自然边坡整体稳定。

天然库盆库容较小，需扩容开挖，库盆开挖坡比1∶1.4。根据开挖坡走向、桩号及类型，将边坡分为8段进行分析评价。岩质坡为层状同向或斜向结构，岩体以弱风化为主，较破碎，局部为全强风化，陡倾角断层较发育，节理多短小、闭合，缓倾角结构面以层面裂隙为主，软弱夹层不发育，且受断层、节理切错，延伸性差。由于断层、岩脉与边坡多为大角度相交，构成底滑面的缓倾角一般在10°左右，以层面裂隙为主，边坡整体稳定性较好，局部沿软弱夹层、层面裂隙形成小的不稳定块体，需采取随机喷锚支护处理。土质坡为全风化岩脉段，结构松散，强度低，稳定性差，需采取挡护处理。

（三）水库渗漏评价

库盆开挖后，除北库岸外，其余库岸均单薄，正常蓄水位处库岸宽20～70m不等，库周沟谷深切。库岸多由较破碎的弱风化层状岩体构成，相对隔水层顶板以上岩体弱—中等透水性，透水率一般2～6Lu，最大达12.8Lu，近地表18m左右多为中等透水性。岩脉、断层近EW向贯穿库盆，岩脉与围岩接触带多呈囊状风化，断层带主要由碎裂岩、角砾岩、糜棱岩及断层泥组成，其中F_3、F_4断层间的破碎带宽度达20～25m，岩脉接触带、断层破碎带连通性好、透水性强，为中等—强透水性，是库水向外集中渗漏的通道。库周地下水位、相对隔水层顶板埋深远低于正常蓄水位。水库存在渗漏问题，估算天然状态下的总渗漏量为9102～10372m^3/d。

库水外渗将恶化缓倾角软弱岩（夹）层、断层破碎带及岩脉接触带的性状，并产生渗透变形问题，影响库岸及坝基的稳定，经比较，全库盆采取了钢筋混凝土面板防渗方案。

（四）主坝坝基稳定性评价

主坝由面板堆石坝和下游混凝土重力挡墙两部分组成。坝基主要由层状弱风化石英砂岩夹粉砂质泥岩构成，发育St9、St20、St21等软弱岩层，其上、下界面由岩片、岩屑构成，局部泥化，厚度一般1.0～2.0cm，是坝基抗滑稳定的控制性软弱夹层，根据平洞、竖井估计的连通率为32.1%～41.9%。近EW向断层、岩脉及NNE向陡倾角小断层、节理，分别构成侧向、后缘切割面；坝址下游地形陡峻，形成天然临空面；与缓倾角结构面切割组合，坝基具备浅层、深层滑动的边界条件。坝基中部山梁自然山坡稳定，地形坡度达40°～55°，大于堆石料和基岩面间的抗剪强度试验值（31.5°～37.5°），堆石体具备沿建基面滑移的条件。

虽然软弱夹层缓倾左岸偏下游，与坝轴线夹角较大，以岩屑夹泥型、岩屑型和无充填型为主，但考虑到空间分布的复杂性、可能产生滑移块体的随机性及坝基不利的地形条件，将坝基划分为6个地质单元，采用地质建议参数及多种方法进行抗滑稳定性分析计算，结果表明：部分建基面及深层抗滑稳定的安全系数不满足要求。建议建基面开挖成倾向上游的台阶状，并加大基岩面的起伏差和粗糙度；重力挡墙采取抗滑桩、锚索加固处理；坝基下设置多层排水洞，以降低地下水位，减少地下水对抗滑稳定的影响。

坝基地下水位及相对隔水层均较低，断层破碎带及岩脉与围岩接触带连通性好，中等—强透水性，岩脉多呈全强风化状，尤其接触带的囊状全风化带，一旦产生集中渗漏，脉体内风化物质将被带走，造成地基渗透破坏问题，因此，在采取全库盆防渗措施的同时，建议对全—强风化岩脉及规模较大的断层破碎带进行槽挖、回填混凝土和铺设土工布及反滤料处理，防止坝基岩体产生渗透破坏。

（五）副坝坝基稳定性评价

副坝为碾压混凝土重力坝，坝基岩体以弱风化为主，局部为强风化断层破碎带，岩体完整性差—较破碎。软弱岩层有St7、St9等，其中St7已泥化，性状差，抗剪强度低。坝基岩体质量以$A_{Ⅲ2}$类为主，局部为$A_{Ⅳ1}$、$A_{Ⅳ2}$类，软弱岩层部位为$C_{Ⅲ}$类。坝基在部分挖除St7、St9后，下部残存的St7及近水平、缓倾库内的软弱夹层仍可构成底滑面；横切坝基的断层为侧向切割面；坝基下游地形陡峻，抗力体小，可构成天然临空面，因此，坝基存在深层滑移和沿建基面形成浅层滑移的边界条件。根据可能滑移的模式及地质建议参数，进行坝基稳定性分析计算，沿St7构成底滑面，坝基抗滑稳定不满足要求，需通过设置抗剪桩、排水洞、固结灌浆等措施来提高的抗滑稳定性。

（中国水电顾问集团华东勘测设计研究院 李孙权）

滩坑水电站勘察与评价

（一）概况

滩坑水电站位于浙江省青田县瓯江支流小溪，由拦河大坝、发电引水洞、厂房、开关站、溢洪道等组成，具综合效益。电站混凝土面板堆石坝高162m，库容41.90亿m^3，装机容量600MW，年发电量10.23亿kW·h；2003年3月开工，计划2008年第一台机组发电。

滩坑水电站勘测设计工作始于20世纪70年代。结合建筑物特点和要求，对主要工程问题做了专题勘探、试验研究，如河床Q_3、Q_4卵石层植物胶钻探、井探、现场和室内大型压缩及抗剪等专题试验研究，集块岩胶结物性状专题研究，含胶结物堆石料大型压缩、剪切试验、湿化试验等。施工开挖表明，前期勘察资料较准确合理，符合实际情况。

（二）枢纽区地质概况

河谷两岸地形陡峻，基本对称，山体雄厚，大片基岩裸露，覆盖层薄。山顶高程左岸300～350m，右岸在350m以上，岸坡一般为40°～45°，局部地段有陡壁悬崖分布。河床地面高程32～35m，分布Q_4、

Q_3 卵石层，属上叠式阶地。左岸溢洪道利用门前山天然垭口和角湾冲沟，沟谷较开阔，沟底坡度 10°～30°，冲沟两侧地形陡峻，山体雄厚，坡度 35°～45°为主，地形条件较好。

枢纽区山坡第四系残坡积土零星分布，厚度较薄，河床分布 Q_4、Q_3 卵石层一般厚度 20～25m，最厚达 30m；Q_4 层卵石占 66.27%，新鲜坚硬，中粗砂占 15%～25%；Q_3 层卵石占 61.57%，弱风化为主较坚硬，少量强—全风化，砾石占 15.0%，砂占 22.83%。枢纽区基岩为侏罗系上统西山头组（J_{3x}）火山岩，并有后期岩脉侵入，除左岸坝轴线上游分布有力学强度较高的晶屑熔结凝灰岩外，枢纽区绝大部分为火山集块岩，火山集块岩主要由约占 80%的集块体与约占 17%的硬质胶结物和约占 3%的软质胶结物组成，集块体为致密坚硬的熔结凝灰岩，硬质胶结物为灰绿色熔结凝灰岩者强度较高，但较易风化；软质胶结物为灰绿色凝灰岩者强度较低，易风化，受构造影响形成软弱破碎带。

枢纽区地质构造较简单，小断层较发育，主要为近南北向，倾角以 65°～85°，一般宽度 0.3～1.5m，延伸长度 80～450m 居多，局部发育缓倾角小断层，对建筑物影响小。仅有 F_1 断层贯穿整个溢洪道底板中心，挤压破碎宽度 1～3m，影响带宽度 15～20m，有灰绿岩脉侵入，对工程有一定影响。

枢纽区内节理裂隙密集带、劈理带、挤压破碎带或软弱凝灰岩条带等形式出现的构造破碎带较发育，一般宽 0.2～0.6m，最宽 1.5～2m，坝肩、左岸坝基发育多，破碎带产状变化大，延伸短。

枢纽区降雨是地下水的主要补给来源。主要为裂隙性含水层，基岩透水性弱，受断层和裂隙发育程度控制，局部见承压水，趾板线相对隔水层顶板埋藏较浅：左岸一般 5～30m，左河床 3～5m；右河床局部深达 70m，右岸一般 20～35m，局部深达 50～60m，枢纽区地震动峰值加速度小于 0.05g（相当于地震基本烈度小于Ⅵ度）。

（三）工程地质评价

（1）区域构造相对稳定。水库区无永久渗漏、浸没和大规模库岸失稳问题。水库区金钟—外舍库段存在发生 3～4 级诱发地震的可能，引起坝址地震动峰值加速度不会超过 0.05g，建议水库蓄水前设地震台监测。

（2）大坝河床坝段建于河床卵石层上，卵石层中密，低压缩性，无厚度大的和连续成层的软弱夹层，变形模量、抗剪强度、承载力均较高，属强—中等透水，总体工程性能较好，可作为堆石坝体地基，但存在渗漏和沉降变形问题，需采取必要的工程处理，表部需碾压密实处理。两岸坡多为基岩裸露，清除残坡积土即可作为堆石体坝基。河床趾板挖除卵石层后多为弱风化基岩，两岸趾板山坡多弱—强风化基岩裸露，趾板以弱风化岩体为地基。

（3）大坝堆石料主要利用溢洪道、厂房系统和导流洞等开挖的石料，岩性主要为火山集块岩，约占 97%的集块体和硬质胶结物强度高，作为大坝堆石料工程性能好，但是，硬质胶结物和约占 3%的软质胶结物属软岩，暴露在地表易风化崩解，对大坝稳定不利。建议将胶结物含量多的石料放在次堆石区，且填埋深度≥3.5m，过渡料和垫层料不含胶结物。另外，对边坡面、建基面、洞室围岩面的胶结物尽快开挖完成，及时采用混凝土封闭严实，避免暴露久风化崩解。

（4）厂房、左岸溢洪道两侧开挖边坡高度 80～160m，左岸导流隧洞、泄洪放空隧洞、右岸引水隧洞进、出口开挖边坡高度 50～100m，为弱、微风化，较完整的岩质边坡，总体稳定性较好。

（5）厂房建基面为微风化—新鲜、较完整的火山集块岩，引水隧洞、泄洪放空隧洞埋深均较大，以微风化—新鲜的Ⅱ～Ⅲ围岩为主，地质构造较简单，工程地质条件良好。F_1 断层顺冲沟底部纵向贯穿整个溢洪道地基，需做工程处理。

（中国水电顾问集团华东勘测设计研究院
林　健　张忠松）

那兰水电站枢纽区工程地质条件

那兰水电站位于云南省红河州金平县勐拉乡，是藤条江规划最末的梯级。水库正常蓄水位高程为 425.0m，总库容量 2.86 亿 m^3，坝型为混凝土面板砂砾石坝，坝高为 109.0m，电站装机容量约 150MW。电站于 2002 年 12 月 28 日开工，2005 年 12 月 1 日下闸蓄水，2005 年 12 月 28 日首台机组发电。

（一）基本工程地质条件

1. 地层岩性　坝址区主要分布的地层为上第三系上段（N_1^3），根据岩性组合特征在坝址区分为三大层：第一层（N_1^{3-1}）为厚—巨厚层状含砾粗砂岩、细砂岩夹粉砂质泥岩与泥质粉砂岩；第二层（N_1^{3-2}）为薄—中厚层状粉砂质泥岩、泥质粉砂岩及细砂岩互层；第三层（N_1^{3-3}）为厚—巨厚层状粗砂岩、含砾细砂岩夹粉砂质泥岩。坝址河床冲积层厚 5.1～24.3m，主要为卵砾石夹中细砂；两岸覆盖层（坡积层），厚 0.5～5m。

2. 地质构造　坝址区为一背斜构造，属牛场箱式向斜的次一级褶皱，背斜轴近东西向延伸，左（翼）岸岩层产状为近 EW，N∠50°～90°，右（翼）岸岩层产状为近 EW，S∠50°～70°；背斜轴走向近 EW，向下游倾伏，于溢洪道闸室段附近交于 F_2。受断层牵引，坝址下游背斜轴向 NE 偏转，两翼岩层产状为 N40°～70°E，NW（SE）∠42°～63°。由于构造运动强烈，层间挤压错动普遍，不同方向的结构面均较发育，Ⅰ级结构面牛场断层（F_1）发育于枢纽区右岸，断层破碎带宽 70～90m，带内岩体破碎，挤压紧密，但胶结松散，碎块岩镜面具不同方向擦痕，显示压扭性质。从导流洞出口明渠及厂房尾水渠段通过。Ⅱ级结构面发育 5 条，其中 F_2 产状 N5°～10°W，NE∠52°～72°，延伸长约 4km，碎带宽 40～50m，由角砾岩、糜棱岩、碎块岩及断层泥组成，胶结差。从溢洪道泄槽段通过，于厂房部位交于 F 断层上。Ⅲ级结构面发育 5 条，破碎带宽度 0.2～0.8m。Ⅳ级结构面小断层（f）破碎带宽度一般为 5～30cm，挤压面（gm）破碎带宽度一般为 1～15cm，主要由片状岩、压碎岩、糜棱岩及断层泥组成，部分充填方解石脉，延伸长度一般数十米。坝址区中缓倾角小断层及挤压面较为发育，现共发现 60 多条，倾角 15°～45°，延伸长度一般数米至数十米。工程区Ⅴ级结构面发育，主要为节理、裂隙，按优势产状可分为 4 组，均为中陡倾角。

3. 物理地质作用　坝址区强风化带底界埋深一般为 5～28m，弱风化带底界埋深一般为 20～60m；河床部位基岩一般为微风化—新鲜岩体。构造发育部位，因地下水活动强烈，常形成带状风化。坝址区两岸相对高差较小，岸边卸荷裂隙不发育，仅在局部出现于强风化带内，发育深度一般小于 10m，主要表现为结构面张开 0.1～5.0cm，充填岩屑及黏土。坝址区较大的崩塌堆积体有 4 个，滑坡堆积体有 3 个，两岸均有分布，规模一般大于 10 万 m^3，天然状态下均处于稳定状态。右岸松动体位于趾板线上游侧，分布高程 345～500m，地形坡度 385m 高程以下约 50°，385～480m 高程之间约 40°，480m 高程以上约 20°～30°；沿河流方向长约 190m，其体积约 60 万 m^3。通过对松动体自然工况下的工程地质类比及刚体极限平衡分析表明，松动体天然状态下处于相对稳定状态，但安全储备较小，在施工期受到扰动或运行期在库水作用下可能产生滑动，对工程有不利影响。施工期进行了削坡减载、喷锚支护和系统排水等工程处理，经监测，边坡经受了库水位升降的考验，目前处于稳定状态。

4. 水文地质条件　根据河中 8 个钻孔冲积层抽水试验成果，河床冲积层渗透系数为一般 15～60m/d，最大达 393.0m/d（45×10^{-2} cm/s）～410.0m/d（47×10^{-2} cm/s），属强透水。左岸地下水位埋深一般为 15.0～50.0m，右岸一般为 20.0～45.0m。根据坝址区 35 个钻孔 342 段压水试验成果，不同地层的微风化—新鲜岩体透水性均较微弱，85%以上的段次透水率小于 3Lu；随着风化的加深，透水性明显增强。

（二）主要建筑物工程地质条件

1. 坝基地质条件　混凝土面板砂砾石坝坝轴线上游坝基部位岩性主要为厚—巨厚层含砾粗砂岩、细砂岩、夹泥质粉砂岩。坝轴线下游坝基部位主要分布极薄—薄层状、中厚层状粉砂质泥岩、泥质粉砂岩及细砂岩互层。河床冲积层厚 8～26m，主要为砂、卵砾石及块石夹中细砂，透水性强，具有一定的地基承载能力，钻孔均重（2 型）动力（N63.5）触探试验，承载力（f_k）平均 360kPa，变形模量 E_0 平均 23MPa，内摩擦角 ϕ 平均 33°，无连续和稍厚的夹泥，清除表层 1～2m 杂物及较集中的粉细砂层后，满足堆石坝坝基设计要求。

河床趾板置于冲积层上，用混凝土防渗墙及连接板进行了处理，左右岸高部位岩体风化较深，基础置于强风化岩体上，右岸上部趾板地基置于泥岩带上。

在趾板基础范围内的断层破碎带，强度低、岩体质量差，一般按其宽度的两倍挖深后，冲洗干净，用 C15 混凝土进行了回填。位于趾板基础范围内的探洞，未能挖除的，均用 C15 混凝土进行了回填。经上述地质缺陷处理，趾板地基满足要求。

帷幕深度按透水率 $q<3$Lu 及不小于坝高的 0.4 倍控制。坝基相对隔水岩体（$q<3$Lu）顶板埋深一般为 15～50m，防渗帷幕下部与相对隔水岩体（$q<3$Lu）顶板相接，河床部位深 50m，两岸深 35～40m，两岸与地下水位线或相对隔水岩体顶界与正常高蓄水位等高处相接。左岸沿趾板延到坝轴线后与溢洪道闸门防渗线相连，并沿山谷方向延伸至与相对隔水岩体（F_2 断层）相接。固结灌浆高程 386m 以下深 10m，以上深 7m，孔间距均为 1.5m。河床冲积层末做固结灌浆处理。

2. 引水发电系统工程地质条件　右岸引水发电系统进水口地基岩体均为弱、微风化含砾粗砂岩，岩体中裂隙发育，断层较少，地质条件较好。引水隧洞全长约 195m，开挖洞径 9.1m，地下钢管道长约 183m，除 1 号冲沟处为明管外，其余大部分为埋管，开挖洞径 7.5m。沿线通过岩性主要为厚—巨厚层含砾粗砂岩、细砂岩及薄层泥质粉砂岩、粉砂质泥岩，微风化—新鲜岩体，Ⅲ类围岩占 22%，Ⅳ类围岩占 68%，Ⅴ类围岩占 10%。

地面厂房位于右岸峡谷出口处，后边坡高 39.3m。经分析，边坡整体稳定性较好。

厂房地基岩性为微风化—新鲜的厚至巨厚层粗砂岩、含砾砂岩夹细砂岩夹粉砂质泥岩，属块状、次块状岩体，岩体质量Ⅱ～$Ⅲ_1$ 级，少量弱风化岩体，属镶嵌碎裂结构岩体，岩体质量Ⅲ$_2$级，地基承载力（f_0）为2～3MPa。地基强度和抗变形能力均能满足设计要求。尾水渠通过F_2与F_1断层交汇带，岩体挤压紧密，但胶结松散。

3. *右岸导流洞及冲砂洞围岩稳定条件* 导流洞长约681m，开挖洞径8m×10m，为方圆型隧洞。沿线主要为厚—巨厚层状含砾粗砂岩、细砂岩及薄层泥质粉砂岩、粉砂质泥岩，微风化—新鲜岩体，Ⅱ类围岩占12.2%，Ⅲ类围岩占55.8%，Ⅳ类围岩占28.4%，Ⅴ类围岩占3.6%，围岩稳定性较好。冲沙洞为圆形隧洞，开挖洞径4.6～4.8m；后段利用导流洞，开挖洞径8m×10m，为方圆型隧洞，隧洞总长409.499m。沿线岩性主要为厚—巨厚层状含砾粗砂岩、细砂岩及薄层泥质粉砂岩、粉砂质泥岩，微风化—新鲜岩体，Ⅲ类围岩占83%，Ⅳ类围岩占11%，Ⅴ类围岩占6%，成洞条件好，围岩稳定性较好。

4. *左岸溢洪道工程地质条件* 左岸溢洪道布置于斜坡地带，引渠段地基置于强、弱风化厚—巨厚层含砾粗砂岩、细砂岩岩体中，无较大断层发育，工程地质条件好。溢洪道引渠段及闸门段左侧边坡高，岩（土）体结构复杂，局部形成楔形体，稳定性差，开挖过程中需进行支护处理。泄槽段及消力池段通过F_2断层破碎带，地质条件差。泄槽段左、右侧边坡较低，稳定性相对较好。消力池段边坡稳定性较差，施工期多次出现变形与破坏，采取了专门的工程处理措施。

（中国水电顾问集团昆明勘测设计研究院 王自高）

地 质 问 题 处 理

向家坝水电站左岸堰基覆盖层地质特点与处理

向家坝水电站是金沙江河段规划的最末一个梯级，坝型为混凝土重力坝，最大坝高162.00m，总装机容量6000MW，年平均发电量307.47亿kW·h。工程采用分期导流的方式：一期先围左岸，采用土石围堰；二期再围右岸，上、下游横向为土石围堰，纵向为碾压混凝土围堰。

（一）覆盖层的主要地质特点

坝址左岸河床覆盖层一般厚度30～40m，最大厚度近80m。覆盖层按物质组成大致可分为砂卵砾石层、砂层和含崩（块）石的砂卵砾石层3层。

1. *砂卵砾石层* 分布于上部，厚8～26m。卵砾石含量占70%～80%，中间粒径少，细粒砂含量约为20%～30%。不均匀系数大，级配不良，曲率系数（C_c）一般大于3.0。卵砾石粒径2～15cm，以玄武岩、砂岩、石英砂岩为主。相对密度2.82～2.83，密度1.76～2.21g/cm^3。具有较小的压缩系数和较大的压缩模量，渗透系数一般为$A\times10^{-1}$～$A\times10^{-2}$cm/s，属强透水层，渗透破坏形式为管涌，破坏坡降小于1.0。

2. *砂层* 属中间层，一般厚度2～15m，最大厚度31.60m。以中细砂为主，局部含淤泥质土，含有5%～10%黏粒及少量砾石，级配不良。一般呈透镜状分布。砂层的平均天然干密度1.54g/cm^3，孔隙比0.42～0.97，属中密状态；压缩系数为0.02～0.11MPa^{-1}，压缩模量15.63～86.02MPa；渗透系数为$A\times10^{-2}$～$A\times10^{-4}$cm/s，属中等透水层，渗透变形为流土破坏，在平均密度和高密度情况下破坏坡降为1.07～1.58，低密度时略小于1。

3. *含崩（块）石的砂卵砾石层* 分布在底部，最大厚度29m。该层的突出特点是普遍含有崩（块）石，平均直径1.26m，大的可达10m左右。块石的母岩主要为灰白色中细砂岩和少量石英砂岩，系两岸崩塌堆积形成，多呈微风化到新鲜状态。该层因含较多块石，孔隙率较第一层大，渗透性更强。

（二）主要工程地质问题

（1）覆盖层较松散，易被冲刷。

（2）覆盖层厚度大，中间普遍分布透镜状的砂层，砂层的压缩系数大、压缩模量低，将导致地基压缩变形，产生不均匀沉降。

（3）覆盖层透水性大，顶、底部属强透水，易产生管涌；砂层为中等透水，易发生流土破坏。

（4）覆盖层底部随机分布大量的崩（块）石，并且块石直径较大，会增加高喷等基础处理的难度。

（三）工程处理措施与效果

经过深入研究，覆盖层不能作为高度较大的二期混凝土纵向围堰的地基，通过防渗和加固处理后可以作为土石围堰的基础。

1. *一期土石围堰的地基防渗处理* 采用塑性混凝土防渗墙方案。防渗墙布置在围堰轴线靠迎水面一侧，距围堰轴线 15.00m。防渗墙轴线与围堰轴线平行，长度 1168.78m，墙底嵌入基岩 0.5～1.0m，高度 10.0～81.6m，厚度 0.8m，总计 51849.96m^2。2004 年 12 月 20 日～2005 年 6 月 7 日和 2005 年 10 月 28 日～2006 年 1 月 17 日进行混凝土防渗墙的施工。经检测，防渗墙质量满足要求。目前一期基坑开挖正在施工中，排水量 2000m^3/h 左右，内外水位差已达 40m。

2. 基坑覆盖层边坡的加固处理　在一期基坑开挖过程中，坝 0－019.500～坝 0＋260.000 段将形成覆盖层开挖边坡，坡顶是一期土石围堰。边坡由 10 多米厚的砂层和其顶部的卵砾石层组成。为防止渗流条件下产生流土破坏，在开挖前选用了碎石振冲桩方案对砂层进行加固处理。目前基坑开挖还没有进入砂层，边坡加固效果尚待检验。坝 0－019.500～坝 0－169.900 段由于二期纵向围堰离一期土石围堰太近，只有对一期土石围堰堰脚采取支挡措施后，二期纵向碾压混凝土围堰才具备基础开挖的条件，而且支挡构筑物还必须作为二期围堰堰体的一部分。经过反复比较，最终选择了沉井方案。即采用 10 个 17m×23m 的沉井群，间隔 2m，最大下沉深度 58.4m。沉井正在施工，下沉深度均已达到 40m，有多个沉井下沉到位，准备井内混凝土回填。

3. 二期纵向混凝土围堰上游接头段的地基处理　接头段就是与上游横向围堰连接段。地基处理的重点要解决覆盖层承载能力不足和挡土稳定问题。选用钻孔灌注桩方案，桩径 1.2～1.5m，间距 2.0～3.0m，桩端嵌入较完整基岩不小于 0.5m。

4. 一期土石围堰防冲保护　一期围堰形成后设计平均流速达 6.08m/s。经动床试验研究，同时参考同类工程经验，围堰迎水面采用双铰铅丝石笼防护，厚度 1～2m；挡水侧堰脚河床的防冲采用平抛块石护底，块石粒径 0.5～1.2m，宽度 8～20m，厚度1.0～3.0m。已经历了两个汛期的洪水检验，防冲保护效果较好。

（中国水电顾问集团中南勘测设计研究院　曾祥喜）

金安桥水电站裂面绿泥石化岩体利用研究

（一）地质概况

金安桥水电站坝基分布地层为二叠系上统玄武岩组上段（$P_2\beta_3$），岩性为玄武岩、杏仁状玄武岩夹火山角砾熔岩及凝灰岩，河床坝基及两岸低高程部位广泛分布有裂面绿泥石化岩体。由于裂面绿泥石化普遍、岩体完整性较差，工程特性能否满足高混凝土坝的建基要求，是金安桥水电站建设的主要工程地质问题之一。

（二）裂面绿泥石化岩体的地质特征

裂面绿泥石化岩体主要分布于二叠系上统玄武岩组上段坝区第Ⅰ大层 t_{1c} 凝灰岩与 t_{1b} 凝灰岩之间靠近 t_{1b} 凝灰岩的致密玄武岩中，河床部位厚度 30～40m，向两岸山里逐渐变薄。

在强风化及弱风化上带岩体中，绿泥石矿物多氧化为铁锈膜，肉眼难以确认；在弱风化下带及微、新岩体中，绿泥石矿物特征明显，裂面呈墨绿—黑绿色，手感光滑，岩体较破碎，其性状与非裂面绿泥石化岩体有较明显差别。充填绿泥石的裂面具有如下典型特征：①绿泥石主要富集于柱状节理面；②多呈陡倾角（50°～80°）；③大部分迹长小于 1m，近 50%的全迹长小于 50cm。

根据裂面充填绿泥石情况及岩体中节理及隐微裂隙发育程度将裂面绿泥石化岩体分为两种类型：a 型：碎裂裂面绿泥石化岩体。岩体中节理发育，多隐微裂隙，块度一般小于 10cm，裂面全部充填绿泥石，岩块间咬合紧密，岩体呈原位碎裂结构。b 型：块裂裂面绿泥石化岩体。岩体中节理发育但隐微裂隙不发育，岩石块度一般 10～30cm，节理面普遍充填绿泥石膜，岩块间咬合紧密，岩体呈原位镶嵌碎裂结构。

（三）坝基裂面绿泥石化岩石的成因机制

裂面绿泥石是玄武岩后期热液作用的产物。坝址裂面绿泥石化玄武岩为致密块状，柱状节理发育，是后期热液流动的主要通道。

早期绿泥石属蚀变型，即热液进入玄武岩裂隙中，沿裂面蚀变形成绿泥石；晚期属沉淀结晶型，即晚期进入致密玄武岩中的热液介质，因其温度已降低，主要沿裂隙形成绿泥石沉淀结晶。

（四）坝基裂面绿泥石化岩体的工程特性

弱风化下带及微风化以及新鲜状态下的坝基裂面绿泥石化岩体具有以下工程地质特性：

（1）岩块湿抗压强度高。据岩石室内试验成果，玄武岩、杏仁状玄武岩的平均湿抗压强度达 87.28MPa，最高达 145MPa，属坚硬岩类。

（2）具低的 RQD 值。坝基裂面绿泥石化岩体，块度一般小于 30cm。钻孔 RQD 值较低，碎裂裂面绿泥石化岩体 RQD 值一般小于 20%，块裂裂面绿泥石化岩体 RQD 值一般为 30%～50%。

（3）原位条件下具有似完整性特征。裂面系成岩期形成，未发生错位的岩石就像“有裂纹的玻璃杯、瓷碗”一样，仍呈“似完好状”，整个岩体结构呈现一种“似完整”状况。

（4）原位条件下具有高波速及高完整性系数。根据表面锤击法声波测试成果，裂面绿泥石化岩体纵波速度为 3000～5000m/s；根据 20 个钻孔声波测试成果，裂面绿泥石化岩体纵波速度除个别孔在 3000～

5000m/s外，一般都达4000～6000m/s。按完整性系数划分应属Ⅱ、Ⅲ类岩体。

(5) 微弱透水性。根据枢纽区41个钻孔，共计1582m段长的裂面绿泥石化岩体压水试验资料统计结果，透水率$q<1$Lu的微一极微透水岩体占58%，$q=1\sim10$Lu的弱透水岩体占32%。

(6) 岩体具一定抗剪强度及抗变形能力。金安桥水电站坝基分布的原位碎裂裂面绿泥石化岩体波速达4700～5500m/s；该类岩体具有较高的抗剪强度，其峰值强度$f'=1.74\sim2.25$，$c'=1.58\sim1.80$MPa；室内岩块的超高压试验结果表明，当密度压缩达到2.56g/cm^{3}以上时，试样的变形模量已经上升到8GPa以上，达到2.7g/cm^{3}密度时变形模量已经上升到10GPa以上。如果取具有初始原位状态的裂面绿泥石化岩体的密度28kN/m^3，则变形模量应在10GPa以上。

(7) 岩体结构与岩体质量类别和现行规范出现不对应现象。现行水电规范将碎裂结构岩体划为Ⅳ类，力学指标较低，适用于一般岩体，而裂面绿泥石化岩体的碎裂结构是成岩作用造成的，在原位状态下可达到Ⅲ类岩体的力学强度。

(8) 开挖易受扰动并导致强度降低。碎裂裂面绿泥石化岩体，由于岩体块度小，在埋藏条件下具有似完整性特征，一旦被揭露并受到振动，这些黏结弱的裂面碎裂，引起岩体结构松弛、变形模量和强度参数降低。前期简易爆破试验表明将波速达4700～5000m/s的岩体表部爆破挖除2m后，新的地表部位的波速降低为2705m/s，施工开挖过程中同样反映了这一现象，爆前声波达4500m/s以上的岩体，在爆除上覆10～30m后，波速降到2000～3000m/s。

(五) 坝基裂面绿泥石化岩体质量类别的划分

金安桥电站坝基裂面绿泥石化岩体具有一定的特殊性，主要表现为原位状态下具有较高完整性系数、力学强度及抗变形能力，该工程将其定名为“原位碎裂结构、原位镶嵌碎裂结构岩体”。根据岩体力学指标，按国标GB 50287—99中列出的岩体质量分类与力学参数之间的相互关系，坝基裂面绿泥石化岩体总体属于Ⅲ类岩体，并将块裂裂面绿泥石化岩体划为Ⅲb类，并将碎裂裂面绿泥石化岩体划为Ⅲc类，见表1。

表1　坝基裂面绿泥石化岩体质量类别划分表

岩体质量	结构类型	岩体特征
Ⅲb	原位镶嵌碎裂结构	弱风化下带及微、新岩体，岩石坚硬、裂面绿泥石化裂隙发育，间距0.1～0.3m，延伸短，一般小于1.0m，呈镶嵌碎裂状，原位条件下裂面多为绿泥石、石英脉黏结，岩体纵波速度4000m/s以上
Ⅲc	原位碎裂结构	弱风化下带及微、新岩体，岩石坚硬，裂面绿泥石化裂隙发育，间距小于0.1m，长度大多小于1m，碎裂状，保持较紧密的结构，岩体纵波速度3000m/s以上

(六) 坝基裂面绿泥石化岩体对工程的影响及处理措施

金安桥坝基裂面绿泥石化岩体，在原位条件下具有较好的性状，微弱的渗透性，高的波速、高的完整性系数，总体为Ⅲ类岩体，经适当处理是可以做高混凝土重力坝坝基的。但由于裂面绿泥石化岩体在开挖中极易受扰动、松弛，导致岩体工程性状、力学特性的降低、变化，给大坝及厂房基础带来不利影响。为此，施工中需采取科学合理的开挖、保护措施，并采取灌浆措施及上部结构措施，以提高裂面绿泥石化岩体的整体强度，保证大坝的安全与稳定。具体工程措施为：①禁止大药量爆破。大面开挖到建基面附近，先采用2.5m厚保护性预裂爆破开挖，同时预留0.5～1.0m保护层，保护层的开挖采用小型机械和人工撬挖为主；尽可能减少开挖后暴露时间，及时浇筑垫层混凝土，如不能及时浇筑垫层混凝土则需采用喷混凝土进行封闭。②对建基面以下松弛岩体进行固结灌浆，以提高岩体完整性和抗变能力。

(中国水电顾问集团昆明勘测设计研究院　王文远)

琅琊山抽水蓄能电站上水库岩溶防渗处理

(一) 工程概况

琅琊山抽水蓄能电站位于安徽滁州市西南3km，装机容量600MW。利用琅琊山主峰西北侧的龙华寺、大狼洼和小狼洼等冲沟低洼地形作为库盆，分别在库盆东侧三沟汇合口，北侧垭口修筑主、副坝各一座而形成电站上水库，正常蓄水位171.8m，校核洪水位172.6m，总库容1804万m^3，调节库容1238万m^3。

(二) 岩溶发育特征

库区位于岩溶地区，岩性为寒武系琅琊山组薄层状条带灰岩和车水桶组中厚层条带灰岩，受轴向约NE45°的褶皱构造作用，岩层倾角70°～80°，层间挤压紧密；断裂构造以走向NW、倾向NE的中等倾角断层为主，多呈张扭性，沿断层有花岗闪长斑岩岩脉侵入，一定厚度的岩脉有阻水作用；裂隙以顺层NE向为主，NW向次之。岩溶主要沿岩层面与NW向裂隙发育，空间上呈“之”或“井”字串珠状分布，洞体狭长，受地层岩性、地质构造及地下水排泄方向等因素控制，琅琊山组灰岩中可溶性方解石含量低，岩溶不甚发育，而副坝垭口—龙华寺一线②号向斜两侧车水桶组灰岩中，岩溶较为发育，特别是副坝垭口段岩溶发育尤为强烈，揭露地表溶洞、地下溶洞、落水洞共 113 个，一般在高程 120m 以下为黏土以及土石混合物充填，120m 以上为半充填或无充填。

岩体本身不透水或微透水，库区渗漏主要为岩溶渗漏。副坝垭口最低高程 157m，有两个地下水低洼槽，天然地下水位 110～120m；龙华寺分水岭高程 175～205m，岩性与副坝垭口地段相同，受 F_{10}、F_{11} 等断层内岩脉墙阻水作用的影响，岩溶发育较副坝垭口相对较弱，地质勘探揭露有两个宽约 30m、110m 地下水凹槽，最低水位为 171.28m、147.8m，也存在岩溶渗漏问题；小狼洼分水岭最低高程 201m，为琅琊山组灰岩，岩溶不甚发育，最低地下水位 155m，为岩溶裂缝性渗漏问题。

（三）岩溶渗漏防渗处理措施

根据工程地质条件，库区防渗采用以垂直灌浆帷幕为主，库区、防渗线上溶洞掏挖回填混凝土、库区局部水平黏土铺盖为辅的综合处理措施。

1. 垂直帷幕　帷幕防渗标准为 1Lu，帷幕线从龙华寺分水岭，经主坝趾板、进/出水口岸边、副坝至小狼洼沟顶岩脉墙，竖向深入岩溶发育带以下的相对不透水层内，两端与高于库水位的地下水位相接，在库区东南、西、北及东北岸形成完整封闭的帷幕防渗圈。已实施帷幕总长 2290.9m、灌浆孔总深 12.49 万 m，防渗面积约 15.49 万 m^2，各段帷幕设计参数见表 1。帷幕灌浆采用孔口封闭、孔内循环、自上而下分段高压灌浆法，最大灌浆压力 4～6MPa，灌浆孔分段及灌浆压力见表 2。副坝段帷幕最大深度 140m，为便于灌浆施工和防渗线上溶洞掏挖处理，在 140m、115m 和 90m 高程设置三层灌浆平洞。上、下层帷幕采用“迭瓦式”连接，帷幕中心线相距 5m，上、下搭接不小于 5m，并采用浅孔灌浆、连接补强，浅孔灌浆压力采用 2MPa。

表 1　　不同地段防渗帷幕的设计参数

部位		帷幕线长（m）	幕底控制高程（m）	排数	排距（m）	孔距（m）	单孔深（m）	备注
龙华寺一期—主坝左坝头段		622.1	80-140	2	1.0	2.5	94.5/34.5	琅琊山组段为主、副双排孔
主坝趾板段		666	140-70-96-115	2	1.0	2.5	33～58.7	主、副双排孔，副孔为 0.5 倍主孔深
主—副坝间段	地表施灌	321	115-85-54.8	2	1.5	2.5	58.7～89.5	115m 高程灌浆洞向进水口方向延伸约 213m；幕底穿过 F_{15} 断层
	115m 高程平洞施灌						34～84.4	
副坝基段	副坝廊道施灌	327	54.8-30-44	2/3	1.5/0.75	2.5	19～36.4	岩溶强烈发育的车水桶组中段 $\in_{3}C^{2}$ 地层三排孔，其余地段为双排孔
	140m 高程平洞施灌			2/3	1.5/0.75	2.5	30～31.7	
	115m 高程平洞施灌			2/3	1.5/0.75	2.5	30～85	
	90m 高程平洞施灌			2/3	1.5/0.75	2.5	60	试验Ⅴ区加密 1 排孔
小狼洼分水岭段	地表施灌	354.9	44-85-120	2	1.5	2.5	88.3～54	115m 高程灌浆洞向小狼洼延伸 70m。琅琊山组段为主、副双排孔
	115m 高程平洞施灌						84.4～32	

表 2　　灌浆孔段及灌浆压力

部位	孔段长/最大灌浆压力（m/MPa）				
	孔口管段	第二段	第三段	第四段	以下各段
主坝趾板、副坝基帷幕	2.0/1.0	1.0/1.5	2.0/2.0	5.0/3.0	5.0/4.0
龙华寺灌浆洞内施灌帷幕	2.0/0.5	3.0/1.5	5.0/2.5	5.0/3.5	5.0/5.0
龙华寺灌浆洞口—主坝、主坝—副坝地表施灌帷幕	2.0/0.5	3.0/1.0	5.0/2.0	5.0/3.0	5.0/4.0
140m、115m 高程灌浆洞内施灌帷幕	2.0/1.0	1.0/2.0	2.0/3.0	5.0/4.0	5.0/5.0
90m 高程灌浆洞内施灌帷幕	2.0/1.0	1.0/2.0	2.0/3.0	5.0/4.0	5.0/6.0
副坝—小狼洼初期施工孔段	2.0/1.0	1.0/2.0	2.0/3.0	5.0/4.0	5.0/6.0

2. 溶洞掏挖封堵处理　对主坝趾板基础、副坝基、灌浆平洞内和黏土铺盖区揭露的溶洞，进行逐个掏挖，并将洞壁溶蚀杂物清理干净，采用C15混凝土回填封堵。帷幕线上溶洞封堵后经高压帷幕灌浆，使洞壁回填密实；黏土铺填区溶洞封堵后，在洞口结合黏土铺盖回填黏土，对距帷幕线较近的溶洞预埋回填灌浆管进行回填灌浆处理，防止混凝土与溶洞壁间缝隙渗漏。

3. 黏土铺盖辅助防渗　副坝至F_1断层之间车水桶组中段灰岩中岩溶发育强烈，F_1断层充填岩脉墙厚度1～3m，其透水率小于1Lu，具有阻水作用，可用为黏土铺盖的边界。为降低渗透比降，避免库水直接作用在帷幕上，除在溶洞井缩口采用混凝土塞封堵外，还在岩溶强烈发育区设置黏土铺盖防渗层，范围为F_1断层上盘车水桶组中、上段$\in_{3C}^{2}$、$\in_{3C}^{3}$地层，考虑搭接，东、西两侧延伸至车水桶组下段$\in_{3C}^{1}$地层内，北侧延伸铺盖过F_1断层，铺盖面积55500m^2。铺盖厚度最小为60cm，溶洞口铺填厚度增加到1～3m以上，并铺填50cm厚石渣层保护。为防止溶洞地下水位波动产生气爆，在溶洞内预埋通气钢管，汇总后引至副坝上游正常蓄水位以上。

4. 防渗处理效果　琅琊山抽水蓄能电站上水库于2005年7月1日开始初期蓄水，到2006年11月26日蓄至正常蓄水位171.8m，目前在高水位运行已长达5个多月，库周地下水位和泉水流量未因水库蓄水而发生变化，灌浆洞壁仅有局部洇水现象，证明库区岩溶渗漏部位采用以垂直帷幕为主的综合措施处理后，防渗效果良好。

（中国水电顾问集团北京勘测设计研究院
吴吉才　赵　轶）

江坪河水电站岩溶问题与防渗处理

江坪河水电站位于湖北省鹤峰县境内，为溇水上游的一座大型电站，大坝为混凝土面板堆石坝，最大坝高219m，设计正常蓄水位470.00m，相应库容13.66亿m^3，总装机容量450MW。

（一）岩溶地质特征

1. 岩溶地貌　坝址附近河流多次转向，呈“S”形展布，右岸下游为河间（湾）地块。河湾上下游为深切峡谷，山顶与河床高差800～980m，河床宽55～160m，天然河水位差约45m，坝址与河湾下游黑洞泉S_{252}相距4.5km。右岸与澧水北源邻谷的河间地块内岩溶槽谷、管道发育，发现160个垂直溶洞和26个水平溶洞及83个泉点。地块北面的白日垭S_{120}泉（高程397m）、西侧邻谷魏家河S_{247}泉（高程415m）、东部的黑洞泉S_{252}（高程272m）、白洞泉S_{205}（高程313m）和南端的大神口S_{253}泉（高程300m）为区内几个大排泄中心，亦是可能的岩溶渗漏地段。

2. 可溶岩面积　右岸河间（湾）地块内分布寒武系至志留系地层，整体表现为倾向SW的单斜构造，可溶岩分布面积约为85%，无隔水地层封闭。其中龙王庙组上段灰岩、三游洞群灰岩、白云岩均为强岩溶发育地层，是工程防渗的重点。

3. 断裂构造　右库岸与邻谷魏家河及溇水下游河湾分水岭单薄，构造上处于东山峰复背斜SW倾伏端，NE、NW或NWW向断裂构造发育，有区域性大断裂F_{263}在白日垭附近通过溇水。

4. 顺层溶蚀　在坝址两岸山体深部，高台组与上下地层接触带、孔王溪地层中顺层岩溶发育强烈，部分已发生整体溶蚀、溶滤，形成白云岩粉，存在顺层深风化岩体和大量粘粒含量与液限高的红色夹泥。

5. 渗漏通道　该地块内，库水最有可能沿岩溶槽谷向邻谷魏家河或河湾渗漏的主要通道有3条：①向邻谷渗漏：库水经九洞坪向七男坪—魏家河或向梅坪—魏家河S_{247}泉渗漏。②向大河湾渗漏：库水经白日垭—宋家冲、红鱼坪等地往大神口S_{253}泉渗漏。③向小河湾顺层渗漏：库水经右坝肩或绕坝向白洞泉S_{205}或黑洞泉S_{252}渗漏。

（二）关键技术问题

1. 地下水大型示踪试验　针对上述可疑的渗漏通道，分别进行了地下水大型示踪试验，已证明：七男坪与魏家河S_{247}泉间岩溶管道长5250m，彼此连通，与水库无联系，受地形与地下分水岭阻隔；红鱼坪与大神口S_{253}泉间管道长7200m，直接连通，受地下分水岭控制，与白日垭S_{120}泉无水力联系；小河湾东部白岩尖与东南部黑洞泉S_{252}间顺层岩溶管道长2200m；地下水在管道中的运移速度为4.76～59.50m/h，最快的为红鱼坪至大神口。

2. 地下水三场研究　地下水化学场研究表明，黑洞泉水处于欠饱和状态，洪枯季矿化度的变化规律与河水基本相似。地下水温度场研究表明，钻孔中地下水水温随孔深变高，孔底（高程134～170m）水温比河水高3.19～4.21℃。黑洞泉S_{252}水量均衡分析表明，除泉域系统龙王庙地层外，存在其他地下水的补给。

经上述研究、分析证实：河间地块内存在地下分水岭，与地表分水岭基本一致；岩溶地下水各行其道，与库水无直接联系。因此，水库在正常蓄水位以下，不存在通过上述主要管道向邻谷或下游河湾渗漏。

3. 地表分水岭钻探　钻孔勘探查证了小河湾地

块内存在两层岩溶水系统；高台组及其以上地层中存在高于470m的地下水位；龙王庙组上段地层中深部发育岩溶裂隙，距溇水河边800m处的ZK_{50}钻孔长期观测地下水位为303m，比河水位仅高13m，测算该地层地下水分水岭低于350m，库水可通过深部裂隙或顺层，直接向黑洞泉S_{252}及其附近河床产生岩溶渗漏。由此，右岸小河湾渗漏为该水电站的关键问题。

（三）防渗处理

据地层出露情况，右岸溢洪道以北防渗线路按趾板走向接相对隔水的$\in_{1L}^{1}$岩层，形成全封闭式防渗帷幕；溢洪道以南防渗帷幕上部底板接$\in_{2K}$地层中高于470m地下水位，在ZK_{46}处防渗帷幕垂直岩层走向往上游转弯，底板按高程170m控制延伸至$\in_{2G}$。

目前该水电站尚处施工初期阶段，随着施工开挖的不断揭露，将对以上岩溶工程地质条件的分析判断和防渗处理措施的可靠性进行检验。

（中国水电顾问集团中南勘测设计研究院 李孟德）

江坪河水电站防渗设计

江坪河水电站位于溇水上游河段，水库正常蓄水位472.5m，总库容14.24亿m^3，具有多年调节性能；电站装机容量450MW，保证出力70.3MW，多年平均发电量9.775亿kW·h，以发电为主，兼顾防洪，并有灌溉和改善库区航运等综合利用效益。大坝采用混凝土面板堆石坝，最大坝高219m。右岸布置两孔隧洞式溢洪道和一孔泄洪放空洞。左岸布置引水发电系统，采用地面厂房。

1. 水库水文地质条件　江坪河水库属中山峡谷型水库，库段内平面上呈“S”形；左岸分水岭宽厚，右岸于近坝库岸构成河间（湾）地块，可溶岩分布面积大，构造发育，岩溶水文地质条件复杂。坝址区可溶岩和非可溶岩相间分布，属多层含水结构，地层由下游至上游为下寒武系$\in_{1L}^{1-2}$粉砂岩、板岩、$\in_{1L}^{2-1}$厚层条带状白云质碎屑灰岩、$\in_{1L}^{2-2}$层灰质白云岩、白云质灰岩、$\in_{2K}^{1-1}$～$\in_{2K}^{1-6}$层薄层泥质白云质灰岩、灰质白云岩夹灰岩，其中$\in_{1L}^{2-1}$为强富水，$\in_{1L}^{2-2}$、$\in_{2G}$、$\in_{2K}^{1-1}$、$\in_{2K}^{1-3}$为强至中等富水，$\in_{2K}^{1-2}$、$\in_{2K}^{1-4}$、$\in_{2K}^{1-6}$为弱富水地层，$\in_{1L}^{1-2}$为相对隔水层。岩层倾向上游偏右岸，产状N30°～40°W，SW∠10°～18°。与右岸河间（湾）地块防渗关系密切的是$\in_{2G}$以上地层中多层地下水和$\in_{1L}^{2}$灰岩的地下水两层地下水系统。$\in_{2G}$以上地层有一定的隔水性能，地下水水力坡降为15%～25%，有高于正常蓄水位的地下水位分水岭；下部$\in_{1L}^{2}$地层中水力坡降为0.23%，从坝址区到下游存在一条地下水位低槽带，$\in_{1L}^{2}$含水层地下分水岭水位不高于350m。

2. 防渗线路确定　根据整体枢纽布置、相对隔水地层出露高程、地下水系统的分布等水文地质条件，防渗线路的选择经历了两个阶段。第一阶段采取接相对隔水层方案，即：防渗线路在河床沿混凝土面板堆石坝趾板布置，再自左、右坝肩视建筑物布置位置延伸，左岸穿过发电引水洞接至左岸端点，左岸端点为$\in_{1L}^{1-2}$岩层出露高程高于472.5m处；右岸穿导流洞和泄洪放空洞后延伸接溢洪道，过溢洪道折向下游接至右端点，右岸端点接$\in_{1L}^{1-2}$岩层出露高程高于正常蓄水位472.5m处。

根据进一步的水文地质勘探和右岸河间（湾）地块水动力场、温度场、水化学场及地下水连通试验等研究成果，发现了右岸河间（湾）地块的地下水位低槽带，采取接相对隔水层方案只能解决绕坝渗漏的问题，不能解决河间（湾）地块岩溶渗漏问题。因此，第二阶段采取接地下水方案。同样在河床沿混凝土面板堆石坝趾板布置，再自左、右坝肩视建筑物布置位置延伸，左岸穿过引水洞接至左岸端点，左岸端点为$\in_{1L}^{1-2}$岩层出露高程高于472.5m处；右岸穿导流洞、泄洪放空洞后延伸接溢洪道，过溢洪道接右岸高于正常蓄水位472.5m的地下水水位，再从$\in_{2K}$地层中高于470.0m地下水位处将防渗线路往上游转弯，垂直岩层走向方向延伸来封闭$\in_{1L}^{2-1}$中地下水位低槽带，防渗线路端点按高程170m控制延伸至$\in_{1L}^{2}$/$\in_{2G}$分层处。

3. 防渗帷幕设计　防渗设计标准采用坝基及近岸地段$q\leqslant 1Lu$，远岸地段$q\leqslant 5Lu$。综合地层岩性、构造、岩溶发育程度、水文地质条件等因素，坝基河床防渗帷幕灌浆深度接$\in_{1L}^{1-2}$层粉砂岩、板岩，并伸入该岩层3.0m～5.0m，最低防渗帷幕底板高程为162m，形成全封闭式防渗帷幕；左坝肩及山体向下游接$\in_{1L}^{1-2}$地层，并伸入该岩层3.0m左右，最大防渗帷幕深度为148m，防渗帷幕灌浆深度约为坝高的36%～132%，形成全封闭式防渗帷幕。

右岸在溢洪道靠河床侧，防渗帷幕深入$\in_{1L}^{1-2}$层内5m左右，防渗帷幕底板高程为170～190m。过溢洪道后防渗帷幕往南延伸接地下水位，由两部分组成，上部底板按照$\in_{2K}$地层中高于472.5m地下水位控制，下部按高程170m控制至$\in_{1L}^{2}$/$\in_{2G}$分层处。

防渗帷幕主要技术参数：为保证防渗可靠，幕体能承受高水头作用，防止软弱夹层发生渗流破坏，减小渗漏量，帷幕体必须有足够的厚度和密实性。帷幕灌浆孔排数，坝基及向两岸坝肩延伸100～150m范围布置两排，左、右岸山体布置单排灌浆孔。孔距2.5m，排距1.5m。帷幕灌浆孔为铅直孔，各层灌浆间的防渗帷幕均采用水平帷幕衔接，水平防渗帷幕深度采用5m。帷幕灌浆采用按排分序加密、自上而下分段，小口径钻孔、孔口封闭高压灌浆法施工，灌浆压力采用4～5MPa，灌浆材料一般采用普通硅酸盐水泥。

由于防渗线路长，帷幕深度大，最深达200余米，施工难度大，为保证帷幕的连续性和完整性，在左右坝肩及山体段设置灌浆平洞和通风、吊物竖井。灌浆平洞左、右岸各布置四层，高程为476.0m、425.0m、365.0m和310m，断面形式采用城门洞型，尺寸采用2.5m×3.5m。在各层平洞，靠近坝肩部位各设置一条交通支洞，形式也为城门洞形，断面尺寸采用2.5m×3.5m。左右岸山体段各设置一个通风、吊物圆形竖井，井径3.0m，竖井与各层平洞之间采用支洞连接，采用钢筋混凝土衬砌。

结语：江坪河水电站坝址水文地质条件复杂，经过勘探和试验分析，基本查清坝址水文地质条件及建坝条件下可能的渗漏途径及通道性质，并采取了相对较为经济可靠的防渗措施，但防渗线路长，帷幕深度大，防渗工程量较大。

（中国水电顾问集团中南勘测设计研究院　殷彦高）

勘测技术与设备

工程勘察新技术应用

近年来，中国水电顾问集团昆明勘测设计研究院（以下简称昆明院）勘察各专业注重引进、改善技术装备，推广、应用新技术和新工艺，勘察技术水平得到了较大提高。

（一）勘察专业新技术应用

1. 工程地质　随着水电工程建设的发展，面临的工程地质问题越来越艰巨、复杂，如：高地震烈度地区高坝大库场地安全评价、高边坡稳定性分析及大型地下洞室群围岩稳定性评价、喀斯特地区水文地质勘察、水库诱发地震监测预警系统研究等，因而地质分析的手段和方法也不断发展。这包括边坡稳定计算程序用于滑坡、塌岸稳定分析；开发了勘探图件、地质剖面制作程序及三维成像技术，开发并完善了“工程地质软件包程序（EGS2000）”，较好地解决了钻孔成图中的很多难题；与相关单位合作，开发边坡斜面摄影成像技术，提高了地质编录工作效率，获得了大量的工程地质数字信息；采用院校合作方式开发小湾水电站枢纽区工程地质三维可视化建模与分析研究系统，应用于生产实践；在糯扎渡水电站右岸构造软弱岩带稳定性分析、左岸地下洞室围岩稳定性分析及溢洪道边坡稳定性分析均采用了较先进的三维弹塑性有限法分析和三维流形元（FLAC）分析方法，为稳定性评价和工程施工设计提供了可靠的基础资料和参考依据。另外，岩（土）体物理力学性试验方法的发展应用、网络技术与工程地质软件包的开发应用、勘测手段及钻进取芯技术的提高、物探各种测试手段的广泛应用缩短了工程地质勘察中获取工程地质资料的周期，加快了工程地质条件快速分析评价，进一步提高地质专业劳动生产率。

2. 工程勘探　先后采用了新设备（各型钻机、夯管机、锚杆机、拉拔试验机等），使用新材料（新型地质钻杆、高压钢扁管），引进新技术新工艺（大口径钻孔测斜技术、500m深钻孔地温测量技术、勘探竖井开挖技术），并进行了研发技改（套管脚止水器、钻具防磨装置、金刚石钻具双管接头的改造、自卡式丝锥、稳压罐、旋转式孔口封闭器、ϕ500mm大口径金刚石钻头等）。近几年，又从生产需要出发，推广应用新技术新工艺，如选取适合各类地层（覆盖层、松软地层、严重坍塌漏失层）的金刚石钻头，提高钻进效率，降低生产成本；针对特殊地层取芯困难，与相关院校、公司合作，研制出适合复杂地层钻进的薄金刚石钻头，解决了软硬相间岩石钻进取芯困难的问题；继续完善大坝灌浆变形观测和抬动观测技术，确保坝体安全和工程质量满足要求；在河床冲积层勘探中，采用了SM胶取芯技术，保证了试验样品的原始状态，为冲积层特性研究提供了真实可靠的材料。

3. 水文勘测　开发了电波流速仪，在班达水电站、马鹿塘水电站简易测流中投入使用，并达到预期的效果。近年，又开发出水情自动测报系统，现已逐步应用于小湾等大型水电站的测报中。目前水文水情测报的发展趋势是自动化、信息化和系统化，为改变以往采用的点测量及测流时间过长等问题，水文勘测技术人员正着手对声学“多普勒剖面流速仪（简称ADCD）”技术进行论证和调研，并逐步将此技术运用在对云南山区性河流的水情预报中。经过不断实践和探索，实现水情的“瞬时”测量预报。

4. 工程测绘　近十年来，测绘专业的新技术、新仪器发展较快。目前，已使用红外测距仪、GPS全球定位系统仪，采用全数字摄影测量系统进行地形测绘；并采用GPS、RTK技术进行水下地形和线路测量；采用测量机器人（TCA2003全站仪）对小湾水电站高边坡、大朝山水电站变形监测控制网及其他电站施工测量控制网进行自动化观测。在测绘监测新技术应用中，采用了“GPS一机多天线监测系统新技术”对小湾水电站的边坡安全进行了监测。目前，该系统运行良好，在提高工效的同时，还节约了成本。在古水水电站、黄登水电站枢纽及库区地形图中还采用了全数字摄影测量系统成图；新开发的横剖面调制及记录程序，也在测量横剖面制作中得到广泛应用。

5. 工程物探　近年来，桩机检测、工程CT、管结探测、高密度电法、浅层地震波法（反射、折射、投射、瑞雷波）、地质雷达、综合测井、钻孔电视（孔壁成像）、钻孔弹模、弹性波测试、锚杆质量检测等传统技术及新技术都得到发展和应用。在天生桥水电站应用了声波垂直反射波法、声波CT法及红外线热成像三种方法，较准确地探测到坝体面板脱空等工程质量问题；在多项水利工程和水电站勘察中，应用高密度电法勘探，结合地质分析，较好解决了水库漏水问题和断层构造发育范围及深厚覆盖层地质问题；采用了“EH4深厚堆积体厚度探测技术”，对规模巨大的“两家人堆积体”进行探测；在金安桥、小湾、糯扎渡、景洪水电站还采用了“钻孔弹性模量测试新技术”，并与弹性波速测试成果结合进行动静对比，给出了坝基的三维变模分区。另外研究并应用“隧洞施工监控量测一体化”、“坝基岩体质量测试的空间分析”、“数字式全景钻孔摄像系统”、“堆积体的综合物理探测技术”、“大坝面板脱空综合物理探测技术”、“小波变换在水电工程地球物理中的应用”等新方法新技术，拓展了物探的应用领域，提高了物探的探测精度。

6. 科研试验　开展了小湾水电站、金安桥水电站及糯扎渡水电站坝基高压压水试验、高压灌浆试验、断层破碎带现场渗透变形与化学灌浆试验，并进行了断层破碎岩体引进灌浆处理的科学研究工作；参与了西部交通科技攻关项目—红层软岩工程地质特性研究。

（二）勘察专题研究成果应用

1. 大型水库库岸稳定工程地质勘察成果应用　采用了航空遥感技术与实地验证相结合的方法，相继对一批大型水电站进行了库岸稳定性研究，为快速、高质量地评价库岸稳定性及其他水库工程地质问题发挥了重要的作用。随着高坝大库不断建设，环境地质问题逐渐突出，库岸再造对移（居）民点的影响、移民集中安置场地稳定性评价及水库诱发地震分析成为水库工程地质工作的重点。昆明院自1997年开始，对天生桥一级水电站大型库区（蓄水102亿m^3）开展了库岸专项调查及移民安置规划勘察研究工作。经过近四年的调查分析与研究，对水库区天然状况和蓄水运行条件下的库岸稳定性问题，形成了一套较完整的勘察、研究、评价、预测的思路和工作方法：包括岸坡类型划分及其变形破坏机制、库岸再造及滑坡稳定性分析评价及预测、岸坡失稳及水库诱发地震灾害调查与分析预测、移民安置选点与处理措施建议等。该项目成果在后来开工建设的大、中型水电工程水库库岸稳定性地质调查中得到广泛应用。

2. 大坝面板脱空无损探测研究与应用　《大坝面板脱空无损探测研究与应用》是通过试验比较论证提出了采用三种物探方法进行综合评价的方法，即采用声波垂直反射、远红外热成像、地质雷达三种方法综合探测。研究成果成功地用于天生桥一级水电站大坝面板脱空无损探测中，总探测面积27798m^2，实测点位准确率达100%，脱空体积准确率达89%。这为消除大坝病害，采取相应的处理措施，提高大坝的安全性提供了重要的依据。本项研究成果具有多种方法互为验证、探测成果准确可靠的优点，填补了我国大坝面板脱空无损探测的空白。

3. 软弱岩带的工程地质特性研究成果应用　糯扎渡水电站可研阶段右岸构造软弱岩带工程地质特性及处理措施专题研究工作从2000年5月开始，于2002年6月完成。对坝址右岸构造软弱岩带的分布范围和工程地质特性进行了大量有针对性的勘探和试验工作，并完成了现场高压固结灌浆试验和现场渗透变形试验，针对软弱岩带的工程特性、成因进行了系统的分析论证，对工程适宜性进行了分析评价，并提出了切实可行的基础处理措施。该专题成果对可行性研究的经济技术分析论证提供了基础，可供国内外同类工程的地质勘察和设计工作参考。

4. 斜面摄影成像技术成果应用　国家“八五”、“九五”攻关项目“深挖高边坡快速地质编录成图技术”在高陡边坡地质资料收集应用中取得了较好的效果。该技术在小湾主体工程边坡及坝基开挖中均有应用，可实现安全、高效、准确地进行地质编录，还可在图像上对地质现象进行较精确的定位。该技术运用摄影测量的原理，通过计算机软件技术，完成高陡边坡影像的正射、线画图的生成，从而完成地质编录工作，减少现场工作量；高边坡计算机快速编录成图还可以不断地积累边坡数字化的编录数据，为建立工程地质数据库提供良好的数据源。

5. 红层软岩工程地质特性研究成果应用　云南省内红层软岩分布广泛，在此区域的公路和水电工程，修建过程或运行阶段都多发地质灾害，为此，进行了《红层软岩地区筑路技术研究》。该课题研究包括地质勘测、边坡设计、岩土施工及试验监测等，对云南红层软岩工程地质特性进行了全面分析总结，在高边坡系统排水、锚索加固、复合支护、变形监测、标准化与动态设计方面均有所创新，形成了多项目施工技术指南。

（中国水电顾问集团昆明勘测设计研究院　王自高）

饱和砂土地震液化及治理措施

在场地和地基的抗震勘察设计和研究中，饱和砂土的地震液化是最为突出的问题。实际工程中，抗液化措施的选择具有很强的综合性，因此深刻理解液化的机理、效应，掌握场地、地基和建筑物的特点，采取有效、经济合理的处理措施，是十分必要的。

（一）饱和砂土振动液化机理

当振动荷载作用在饱和沙土上时，砂土骨架因振动受到一定的惯性力和干扰。由于砂土质量和排列状况不同，加之各点的起始应力和传递的动荷强度不同，使各个砂土颗粒的作用力在大小、方向上有明显的差异，从而在颗粒间的接触点产生新的应力。当新的应力超过一定数值后就会破坏砂土颗粒间原有黏结与结构，造成颗粒彼此脱离接触。此时，原先由砂粒间的接触点传递的有效压力就转为由孔隙水来承担，从而引起孔隙水压力的骤然升高。一方面，孔隙水在一定超静水压力作用下力图向上排出；另一方面，砂土颗粒在重力作用下向下沉落。砂土颗粒的向下沉落受到孔隙水向上排出的阻碍，在结构破坏的瞬间或一定时间内使砂土颗粒处于局部或全部悬浮（当孔隙水压力等于有效覆盖压力时）状态，砂土的抗剪强度部分或全部丧失，砂土即出现不同程度的变形或完全液化。

（二）影响饱和砂土液化的主要因素

1. 土的性质　试验及实测资料表明：粉砂、细砂及粉土较中、粗砂容易液化；级配均匀的砂土比级配良好的砂土容易液化。砂土的密实度是影响液化的重要因素。震害资料证实，烈度为Ⅻ度的地震，相对密度小于50%的砂土不会液化，若相对密度大于80%，即使是Ⅶ度的地震烈度，也容易发生液化。砂土颗粒的排列、土粒间的胶结物质等，对砂土液化有一定的影响。扰动土比原状土容易液化，新沉积的砂土比古老砂层容易液化。

2. 土的初始应力状态　砂土液化室内振动三轴试验说明：同样条件的土样，发生液化所需的动应力将随着固结应力的增加而增大。地震前地基土的固结应力，可以用有效覆盖压力和侧压力系数来表示，所以地震时砂土的埋藏深度将直接影响砂土的液化。

3. 振动的特性　各种条件相同的砂土是否发生液化，还决定于地震的强度和地震持续的时间。土的液化与该处地震烈度有关，不大时，不产生液化。据统计，发生液化的最低地震烈度为Ⅵ度。试验表明：对于同一性质的土、施加同样大小的动应力时试样是否液化，还取决于振动的次数或振动持续的时间。若地震历时长，即使地震的烈度较低，砂土也可能发生液化。

（三）饱和砂土的地震液化效应

地震液化引起的地基失效，可以从强度、喷水和冒砂、滑移等多方面进行论述。

1. 强度失效　地基的承载能力实质上取决于土的抗剪强度。无黏性土的抗剪强度全部来自颗粒间的内摩擦抵抗，它与下列因素有关：①颗粒的大小、形状和矿物组成；② 砂土的密实度；③外载或自重压力。根据库仑定律，在动力作用下的无黏性土，其强度为

$$\tau = (\sigma - \mu)\ \mathrm{tg}\phi$$

式中　σ——总应力；

μ——孔隙水压力；

ϕ——土在动力作用下的内摩擦角。

土层液化时，孔隙水压力μ急剧上升，来不及消散，当$\mu=\sigma$时，$\tau=0$，地基完全丧失强度，产生大幅度的沉陷。直接位于基础下的土，由于附加应力的抑制而较难液化，位于基础外侧的浅层土最易液化，因此，液化地基的破坏是由于基础外侧土首先软化和液化，中间土失去侧向支承力而导致的结果。因此，可以得出如下结论：①最大孔隙比达到液化前，地基即已产生可观测的沉陷，故孔隙比不宜大于0.6～0.7；②基础外侧比自由场地更易于液化；③宽度大的基础有利于抗震；④地震时可液化的土不应直接作为基础的持力层。

2. 喷水和冒砂　研究表明，喷冒是由于地震作用首先产生振动液化，随后由于孔隙水的自下而上的渗流而产生的渗流液化，与震后滑坡、泥石流类似，本质上是地震的一种次生灾害。这种渗流液化具有以下几个特点：①渗流水的来源为震后砂土增密排除的孔隙水，属于非稳定流动；②喷冒现象是由浅至深发展的，初期冒出的砂是浅部的砂，后期是深部的砂；③地震烈度越高，液化层越厚，土越松，喷冒越猛烈，渗流时间越长。

宏观震害调查表明，喷冒的主要危害是：

(1) 造成大量水土流失，地面和建筑物大幅度沉陷。

(2) 使土变得极不均匀，喷冒孔周围土结构完全

改变，极为松散，标贯击数甚至为零。据实测资料，砂层深部变密，浅部变松；震后初期较松，后期因再固结而变密。

(3) 由于地形、地层、工程特点影响，喷冒的分布极不均匀，加剧了地基的不均匀性。

(4) 模型试验发现，喷冒前地基中若有水加层，其强度为零，此时考虑液化土的残余强度无意义。

3. 滑移（地震液化诱发的地面大位移）　地震液化诱发地面大位移主要发生在一定坡度的松散饱和砂土地基中，在地震产生的循环荷载作用下，土体中的超孔隙水压力迅速上升，土体的抗剪强度逐渐降低，当已液化土的抗剪能力很小时，上覆非液化土层在沿液化界面的自重分力和土层的水平地震力的作用下产生滑移，且流动方向总是向着河心和海面。这种大位移的量级一般以米计，并伴随着系列地面裂缝与台阶式错动。由于液化后的水土混和液的黏滞阻尼很小，当下层土液化时，坡度仅为1°或更小土体就有可能向下移动数米。地面大位移造成的地裂缝长度由数十米至数千米，地裂的宽度可达到距河心100～500m的范围，形成一系列地裂缝与竖向落差。

地面大位移造成的破坏多表现为：地基、基础工程在液化与非液化土层的水平方向或竖向交界处，容易遭到下沉、侧移，拉压等形式的震害，使其丧失功能；桩基础发生倾斜导致修建于其上的各种结构发生倾斜。

(四) 饱和砂土地震液化的治理

1. 防止液化处理措施　通过改变地基状态、性质来防止液化，该处理措施可用表1概括。

表1　　　　预防液化的原理及方法

原理和目的		具体方法
改良砂土性质	土粒改良或硬化	土层置换
	加　密	搅拌处理
	降低饱和度	压实
改善应力变应条件	提高有效应力	填土或降低地下水位
	消散孔隙水压力	排渗法或其他
	阻止孔压的发展	地下连续墙
	抑制剪切变形	

表1的各项处理措施，是根据地震液化发生的机理对应制定的。工程实践证明是有效的。其中应用最多的是增加地基密实度法。

2. 减缓液化危害的处理措施　该措施不是对地基作处理，而是通过加强、改善对基础的设计，来减除、缓解地震液化的危害。采用这些治理液化危害的代表性措施多是采取预制桩基础，将桩身通过液化层，桩端深入到非液化层一定深度，当液化层不厚时，也可采用灌注桩。

（西北电力设计院　王　卫）

中国地震灾害的严峻性及其相应对策

(一) 引言

地震是地球上经常发生的一种自然现象。高强度的地震会造成建筑物破坏、倒塌，造成生命财产的损失。若发生在经济发达、人口稠密的地区，会造成灾难性的后果。1976年中国唐山7.8级地震使24.2万余人丧生，16.4万余人重伤，直接经济损失达100亿元人民币；1994年美国洛杉矶6.7级地震，死1340人，伤15000人，直接经济损失达200亿美元；1995年日本阪神7.2级地震，死6420人，伤45000人，直接经济损失达1213亿美元。据统计，20世纪全世界死于地震的人数达170万人，占各类自然灾害死亡人数的54%，直接经济损失达4100亿美元。因此，如何最大限度地减轻地震灾害已成为各国政府及工程技术人员十分关心并致力解决的问题。

(二) 中国的地震形势

中国地处世界上两条大地震带（环太平洋地震带及欧亚地震带）之间，是一个多地震国家。近四千年来，除浙江外的绝大部分地区都曾发生过较大震级的破坏性地震。由于我国幅员辽阔、人口众多，在20世纪全球所发生的1248次造成人员死亡的地震中，中国的死亡人数就占全球死亡人数170万人的40%。在20世纪全球造成人员死亡最多的10次大地震中，中国发生了3次。

无论从20世纪地震造成的人员死亡数目来看，还是从20世纪毁灭性地震发生的次数来看，中国的地震形势都是很严峻的。因此，采取有效的防震减灾对策来减轻地震灾害就显得尤为重要。

(三) 强烈地震引起城市破坏的主要原因

20世纪90年代以来，全球城市化进程加快，城市的数量、规模和人口剧增，同时，强震也经常直接发生在城市，造成了严重的伤亡与破坏。根据对大量地震震害的调查研究，地震引起城市破坏的主要原因有以下几个方面。

(1) 构筑物（建筑物）未按照抗震设防的要求设计建造。譬如，唐山地震之前，唐山市被划分为Ⅵ度区，按照当时的抗震规范，Ⅵ度区不设防。因此，当时唐山的构筑物（建筑物）不具有抵抗6级地震的能力。当1976年7月28日发生7.8级特大地震时，震中烈度达Ⅺ度，整个城市被摧毁，几乎所有建筑物全部倒塌。相反，在1995年1月17日日本阪神地区发生7.2级的强烈地震，按照1981年新的规范修建的建筑物95%以上完好无损，而没有按照新的规范建造的建筑物全部倒塌。

(2) 构筑物（建筑物）坐落在地震断裂带上。1999年台湾集集地震震后调查表明：断裂带上的建筑物被彻底摧毁，离开断层50m左右的建筑物就保持基本完好。

(3) 构筑物（建筑物）位于软弱地基（包括古河道、古湖相的沉积物、流沙层以及人工填土等）上。如1989年10月17日发生在美国加州洛玛普里艾塔的7.1级地震，由于震区建筑物普遍抗震性能较好，建筑物破坏并不严重。但是，在靠近旧金山湾附近，由于多是人工填土，地震时，地基失效建筑物多遭破坏。

(4) 构筑物（建筑物）结构不合理。有些建筑物的底层跨度过大，没有剪力墙等防护措施。地震发生时往往导致底层首先破坏，然后整个建筑物破坏。

认真总结经验，从上述四个方面改善建筑物的抗震性能，提高建筑物的抗震能力，将能有效地预防和减轻地震灾害。

(四) 中国的防震减灾对策

我国历史悠久，在社会文明发展的数千年中，与地震灾害斗争了数千年，积累了宝贵的经验和教训。建国以来，我国党和政府非常重视防震减灾工作。1998年3月实施了《中华人民共和国防震减灾法》，总结已有的经验教训，借鉴国外的防震减灾做法，结合我国的地震灾害实际情况，提出了具体的抗震设防措施，对做好防震减灾工作起到指导、促进作用。为减轻我国地震灾害必须：

(1) 严格按照国家颁布的最新抗震设计规范修建新的建筑物，并满足抗震设计标准要求。据统计，世界上130次伤亡巨大的地震中，95%以上的人员伤亡是因为建筑物无抗震能力而倒塌造成的。如果工程设计上采取抗震措施，相当多的建筑物是能够抵御地震灾害袭击的。如1923年日本关东8.2级特大地震中，700栋经过抗震设计的大楼的75%完好，23%有不同程度的破坏，只有2%全部震毁。再如1981年，中国河北邢台6级地震中，既没有一间房屋倒塌，也没有一人死亡，主要原因就是该地区吸取了1966年地震中119万间房屋倒塌的惨痛教训，在重建家园和村镇规划中，采取了抗震措施。由此可见，根据抗震规范设计，施工，建造建筑物是减轻地震灾害的有效措施。

(2) 加强对已有建筑物的抗震能力评价和强固工作。由于地震是极其复杂的一种自然现象，目前人们对于地震还不能完全认识。随着科学技术进步和经济水平的不断提高，建筑物的设防标准也在不断提高，世界上各国的建筑抗震规范也在不断的更新。所以，必须对已有建筑物进行抗震能力评价。对于不符合现有规范要求，不具备必要抗震能力的已有建筑物进行加强加固，运用我们最新的成熟的抗震技术来最大限度地减轻地震灾害。

(3) 提高人民的防震减灾意识。人们防震减灾意识不足，就不能正确对待地震。同时，缺乏地震知识，经常会造成许多不应有的伤亡和损失。如1990年青海发生7.0级地震，震后发现一幼儿园的房顶塌下压死了一位教师和她身旁的6个孩子。显然，地震时，这位教师并没有自己逃跑，她把孩子聚到了一起，可惜这位教师缺乏避震知识。因为，桌面虽然受损，但桌子依然站立。如果当时能够让孩子迅速躲在桌子下面，惨剧完全可以避免。另外，缺乏防震减灾意识，使人们在修建房屋时，不采取任何抗震措施，更是造成严重人员伤亡的重要原因。加大防震减灾宣传教育，提高人民的防震减灾意识是减轻地震灾害不可忽视的举措。

(4) 加强地震预报研究工作。如果一次破坏性地震的时间、地点和震级能事先及时预测出来，就可以非常有效地减轻地震灾害。人们可以从危险的建筑物中撤离，贵重设施和物品可以事先转移到安全地带，运转中的冶炼、化工设施可以事先停下，水库中的蓄水可以事先泄洪等等。我国在过去30年中，已有过10多次地震短临预报的初步成功，今后仍将不断探索发展。但地震预报是相当复杂的。目前，地震预报仍然是个世界难题，各国都在不懈的努力，期望早日解决地震预报这个难题。

（西安理工大学　蔺明河　谢定义
西安市水利建筑规划设计院　吴先维）

5

水工设计

坝 工 设 计

龙滩水电站高碾压混凝土重力坝设计

（一）工程概况

龙滩水电站位于红水河上游，下距广西天峨县县城15km。工程开发的任务是以发电为主，兼顾防洪、航运等综合利用。水电站分两期开发，即正常蓄水位远景按400m设计，前期按375m建设。前期正常蓄水位375m时，坝顶高程382m，最大坝高192m；远景正常蓄水位400m时，坝顶高程406.5m，最大坝高216.5m。

大坝、泄水建筑物、水电站进水口及通航坝段均按500年一遇（$P=0.2\%$）洪水设计，下游消能防冲建筑物按100年一遇（$P=1\%$）洪水设计。由于龙滩工程规模巨大，考虑到大坝安全及下游防洪的重要性，大坝及泄洪建筑物校核洪水标准提高到10000年一遇（$P=0.01\%$）。龙滩坝址地震基本烈度和水库可能诱发地震影响烈度均为Ⅶ度，大坝按Ⅷ度地震设防。

（二）大坝结构布置

龙滩水电站枢纽由挡水建筑物、泄水建筑物、引水发电系统及通航建筑物组成。拦河大坝为碾压混凝土重力坝，坝轴线为折线型。主河床段坝轴线与河流向接近垂直，方位角NE11.42°；为便于大坝与两岸岸坡相接，右岸通航坝段右侧坝轴线向上游折转30°角，左岸进水口坝段坝轴线向上游折转27°，9号机左侧挡水坝段坝轴线再向下游回转36°。前期坝顶长761.26m，后期坝顶长849.44m。

大坝共分为35个坝段（前期建设只包括2～32号坝段），其中5号坝段为通航坝段，河床12号和19号坝段为底孔坝段，13～18号坝段为表孔溢流坝段，22～30号坝段为发电进水口坝段。龙滩碾压混凝土坝最大坝底宽168.58m，不设纵缝。横缝间距按照结构布置要求和温度控制要求综合确定，溢流坝段横缝间距为20m，孔口跨横缝布置；进水口坝段横缝间距25m；底孔坝段宽度为30m；右岸3号、4号坝段及河床挡水坝段、电梯井坝段横缝间距为22m；河床拐弯坝段横缝间距在坝轴线处为12.485m；两岸接头和坝轴线转折处横缝按布置要求及坝基开挖型式确定。

表孔溢流坝段布置在河床中部，采用开敞式孔口，共7孔，承担全部泄洪任务。溢洪道单孔宽15m，前期堰顶高程355m（后期380m），中墩宽5m，边墩宽4m。溢流堰采用WES堰面曲线，溢流堰上游面铅直，悬出上游坝面8m，闸墩上游墩头悬出溢流堰面6m。下游消能采用高低挑坎相间布置的大差动式挑流消能，4个低挑流鼻坎和3个高挑流鼻坎相间布置。低坎挑角25°，高坎挑角13°。溢流面高坎设置1道掺气槽，低坎设置2道掺气槽。表孔闸墩的弧形闸门支撑采用预应力结构型式，主锚索的设计张拉吨位为4000kN，次锚索的设计张拉吨位为1000kN。

2个坝身底孔对称布置于表孔溢洪道两侧，用于水库放空和后期导流。底孔进口底槛高程290m，孔身段为5m×10m（宽×高）矩形断面，出口断面尺寸为5m×8m，底孔出口下游明渠采用转向挑坎体型并设置一道掺气槽。底孔上游进口段设有平面检修闸门和事故闸门，下游出口处设有弧形工作闸门，底孔不运行时由事故闸门挡水。在上游平板事故门与下游弧形工作门之间的有压孔身段采用钢板衬护，钢衬结构采用“锚筋—加劲环—钢衬”联合受力结构。底孔弧形工作闸门的闸墩采用预应力结构型式，主锚索的设计张拉吨位为4000kN，次锚索的设计张拉吨位为2000kN。

引水系统由坝式进水口和9条引水洞组成，单机单管引水，1～7号机进水口底板高程305m，8～9号机进水口底板高程315m，引水洞过水断面洞径为10m。除1号、2号机进水口坝段设有结构缝与坝后边坡分隔外，其余进水口坝段与坝后边坡整体连接。

坝基布置有帷幕灌浆廊道和排水廊道，坝内布置排水兼作交通及观测的廊道。上、下游帷幕灌浆廊道分别处于坝踵和坝趾部位，排水廊道在坝基抽排范围内由纵向和横向网格状廊道组成，纵横向间距均约40m。排水廊道在坝体内布置于坝的上、下游迎水面附近，上、下游排水廊道水平布置共4层，各廊道间高差约40m。坝内竖向交通主要由电梯井（含楼梯）、两岸坝段灌浆廊道，以及布置在通航坝段和31号坝段内的三道竖井连接形成。

（三）大坝体型设计

龙滩碾压混凝土重力坝采用富胶凝材料碾压混凝

土筑坝技术，全高度全断面薄层碾压施工。大坝按设横缝的混凝土重力坝设计坝体断面。碾压混凝土分为4个区，沿高度分为3个区，上游二级配碾压混凝土作为坝体防渗区。

坝体断面设计按照SDJ 21—1978和DL 5108—1999《混凝土重力坝设计规范》，考虑坝基抽排降压效果，运用优化设计理论确定；采用材料力学方法核算坝基面和坝体的应力，抗剪断强度公式核算坝基面和碾压混凝土层面的抗滑稳定，同时采用有限元数学模型方法进行了坝体稳定应力分析研究。

为了兼顾400m方案一次建成和减少后期加高施工难度的需要，挡水坝段全部采用“砍平头式”加高，溢流坝段高程290m以下采用后期堰面曲线，高程290m以上通过调整堰面形态满足正常蓄水位375m运行要求。

（四）坝体和坝基防渗排水系统设计

坝基采用帷幕防渗，防渗帷幕按正常蓄水位400m要求设计，在前期建设时高程382m以下帷幕一次性完成。防渗帷幕由上游、下游防渗帷幕及河床坝段两侧的横向帷幕组成，在河床坝段形成封闭抽排区。上游帷幕按封闭式帷幕设计，下游帷幕按悬挂式帷幕设计。

碾压混凝土重力坝坝体采用0.5～1.0m厚变态混凝土与二级配碾压混凝土组合防渗结构型式。二级配碾压混凝土厚度根据作用水头不同采用3～15m，并在其层面范围内逐层铺洒水泥粉煤灰净浆。高程342m以下坝面还增设了一道水泥基渗透结晶材料涂层作为辅助防渗并在变态混凝土内设置一道坝面限裂钢筋网。下游最高水位以下的下游面采用厚度为0.5m变态混凝土与厚度为3.5m的二级配碾压混凝土组合防渗。为提高坝体下部环境温度和辅助坝基及坝体防渗的需要，在高程250m以下的坝前进行了土石回填，紧贴上游坝面的部位用黏土填筑，黏土外侧用石渣填筑，顶部设置了2道土工膜防渗。

河床坝段坝基采用抽排减压，上游主排水孔孔深约为上游防渗帷幕深度的0.4～0.6倍，且入岩不小于20m；下游主排水孔孔深约为下游防渗帷幕深度的0.4倍，且入岩不小于15m；坝基内辅助排水孔孔深15m。上、下游主排水孔间距2m，坝基内辅助排水孔间距3m；排水孔孔径均为150mm。

坝体上、下游面各廊道之间以及基础纵向排水廊道内均设置坝体排水孔幕，排水孔间距为2m（上游面高程270m以下及下游面）、3m（上游高程270m以上）和4m（坝基辅助排水廊道内），上、下游面坝体排水孔幕均布置在防渗层下游约1m处的三级配碾压混凝土内。沿基础纵向排水廊道朝上设置坝内层面排水孔，孔顶高程为230～250m。坝体排水孔幕直径为150mm，均采用钻孔成孔。

坝体高程270m以上的渗水通过高程270m廊道自流排出坝体，高程270m以下的渗水通过基础廊道进入坝基集水井，通过抽排系统排出坝体。抽排泵房内布置3台深井泵，其中2台为工作泵，1台为备用泵。

坝体横缝上游侧高程342m以上和以下分别设2道和3道铜片止水片；止水片后接ϕ300mm的排水管。坝体下游侧高程265m以下的横缝内布置2道铜片止水和ϕ300mm的排水管。溢流面面层混凝土内布置2道铜片止水。

（五）结语

经过十多年的科技攻关和大量的试验、研究工作，龙滩水电站碾压混凝土重力坝关键技术问题得到解决，在工程参建各方的共同努力下，工程实现了提前下闸蓄水的目标，作为当前世界上最高的碾压混凝土重力坝正经受着工程蓄水的检验。

（中国水电顾问集团中南勘测设计研究院　王红斌）

小湾水电站拱坝设计

（一）工程概况

小湾水电站系澜沧江中下游河段规划八个梯级中的第二级；采用拦河坝式集中开发，为一等大（1）型工程。其拱坝为1级建筑物，按500年一遇洪水设计，相应洪峰流量16700m^3/s；按10000年一遇洪水校核，相应洪峰流量23600m^3/s。坝址区地震基本烈度为Ⅷ度；拱坝按600年超越概率10%的基岩峰值水平加速度0.308g进行抗震设计。

国家“九五”科技攻关项目“高坝工程技术研究”，结合小湾工程分别就高拱坝抗震技术、高拱坝结构问题、高拱坝枢纽设计等关键技术进行了深入研究。鉴于小湾工程地形地质条件的复杂性和工程的重要性，2000年原国家电力公司将“小湾高拱坝关键技术研究”列为部级科技攻关项目，分别就小湾高拱坝结构及工程措施、坝肩（基）稳定、泄洪消能与雾化、拱坝安全监测系统进行深化研究。

小湾水电站工程于2002年1月正式开工，2004年10月实现大江截流，2005年12月拱坝第一仓混凝土浇筑。预计2009年10月第一台机组发电。2011年工程全部完工。

（二）工程地质条件

枢纽区分布岩石为致密坚硬的黑云花岗片麻岩、角闪斜长片麻岩和片岩，片岩夹层呈薄层透镜状分布，在新鲜完整状态下仍属坚硬类岩石。枢纽区岩层呈单斜构造，横河分布，陡倾上游。破裂结构面较发育，分布有一条Ⅱ级断层（F_7）和 20 条Ⅲ级断层。除 F_{20} 走向为 NNE 外，其余均为 NWW 走向，它们均为陡倾角。Ⅳ级结构面以走向近 SN 和 NWW 陡倾角的小断层、挤压面为主。节理发育，主要有三组，近 SN 和近 EW 向陡倾角及顺坡倾斜的中缓倾角节理，顺坡中缓倾角节理在微风化—新鲜岩体内延伸短小。岸坡卸荷作用较强烈，卸荷裂隙可分为两组，一组是陡倾角的拉张裂隙，第二组是顺坡向中缓倾角剪切裂隙，二者在剖面上常呈阶梯状组合。在山梁部位岩体卸荷深度大，如左岸 4 号山梁部位卸荷岩体最大厚度（水平）可达 160m。在黑云花岗片麻岩中高岭石化蚀变现象较普遍，主要蚀变带有 10 条，除 E_2 呈近 EW 向陡倾延伸外，其余均呈近南北向陡倾延伸，在与近 EW 向陡倾结构面相交处，有沿近 EW 向陡倾结构面蚀变现象。

（三）拱坝体型优化与设计

1. 应力控制标准　基本荷载组合上游面允许主拉应力为 1.2MPa，允许主压应力仍按规范取混凝土极限抗压强度的1/4。拱坝最大主压应力按 10MPa 设计，故拱坝混凝土最高强度为 40MPa。

2. 拱坝体型优化　小湾拱坝体型研究历经可行性研究阶段、专题研究阶段（结合“九五”国家科技攻关）、招标设计和施工详图设计，各设计阶段都对拱坝体型进行了优化。可行性研究阶段，在Ⅱ坝线上研究了七种线形的拱坝体型：抛物线、椭圆曲线、对数螺旋线、双曲线、三心圆、混合曲线、统一二次曲线，可行性研究阶段审查同意拱坝体型为Ⅱ—20 抛物线双曲拱坝。在专题研究中，结合国家“九五”科技攻关，对拱坝体型作了更加深入地研究。研究了抛物线、对数线、统一二次曲线、混合型 4 种线型，共计 11 个方案。在保持可行性研究阶段选定的坝轴线位置和维持坝肩稳定条件（拱端嵌入深度、拱端推力角等）基本不变的前提下，推荐Ⅰ—9 抛物线体型方案为小湾专题研究阶段拱坝体型。该体型坝踵区的拉应力得到较大程度降低，厚高比由 0.238 提高到了 0.25，柔度系数由 13.19 下降到 12.72。2001 年在招标设计阶段的深入研究中，结合坝肩岩体稳定分析及加固处理措施的研究，从加强坝体抗震性能及降低坝踵区的拉应力出发，对拱坝体型又作了局部优化调整。增加了 1170m 高程以上拱端的厚度，在左拱端 1210m 拱圈以上设置推力墩，形成新的 ZBTX（招标）体型。ZBTX 体型与Ⅰ—9 体型相比，体型对称性更好，柔度系数由 12.72 又降至 12.42，拱坝整体安全度有所提高，应力水平也略有降低；坝体一阶频率由 1.2606 提高到 1.282，拱坝刚度进一步得到加强。

3. 拱坝体型布置　拱坝坝型为抛物线型变厚度双曲拱坝。坝顶高程 1245m，最低建基面高程 953m，最大坝高 292m，坝顶中心线弧长 892.786m。拱坝共分 43 个坝段，泄洪坝段宽 22～26m，其余坝段宽 20m。坝顶宽度从中心到拱端由 12m 渐变到 16m。拱坝最大中心角 93.146°，拱冠梁底宽 72.91m，弧高比 3.058，厚高比 0.25，坝体基本剖面体积 756.6 万 m^3，拱坝混凝土总体积 860 万 m^3。拱坝上游总水推力 1660 万 t。拱坝左岸设有推力墩，推力墩底部高程 1230m，推力墩高 35m，底长 40m。2005 年 8 月坝基开挖到原设计最低建基高程后，坝基岩体产生了较严重的卸荷松弛，对高程 975m 以下进行了二次开挖，并对拱坝拱圈参数进行了局部调整。根据拱坝应力分布，拱坝混凝土设计分 3 个区，强度等级分别为 $C_{180}40W_{90}14F_{90}250$、$C_{180}35W_{90}12F_{90}250$ 和 $C_{180}30W_{90}10F_{90}250$。混凝土设计龄期采用 180d，突破了现行设计标准。

4. 拱坝运行期坝踵防裂与防渗措施　综合考虑各种分析方法得出的坝体可能出现的开裂状况，并借鉴国内外已建拱坝的实践经验，小湾拱坝采取了一系列防止或降低坝踵开裂程度的工程措施，主要有：

（1）在坝体底部高程沿建基面附近拉、压应力较大的区域内采用 $C_{180}40$ 高强混凝土。

（2）按各种分析方法给出的坝踵可能出现的最大开裂深度控制，将底部高程的帷幕和排水位置后移，953m 高程帷幕与上游面的距离为 20m。

（3）在 17～28 号坝段上游沿建基面附近设置人工诱导缝，缝深 10m，缝端设 2m×2m 的近似椭圆并缝廊道，诱导缝上游设 3 道止水与拱坝横缝相连接。

（4）在拱坝上游计算受拉区坝面粘贴防渗柔性塑料板，坝前基岩上回填粉煤灰自愈材料。

（四）拱坝抗震工程措施

根据各种数值分析结果和模型试验成果，在借鉴国外已建拱坝采取的抗震措施的基础上，小湾拱坝除在地震动应力大的部位采用 $C_{180}40$ 高强混凝土、横缝设置能适应较大变形的新型止水外，还采取如下抗震工程措施：

（1）梁向布设抗震钢筋：根据混凝土的抗拉强度和动应力水平，梁向抗震钢筋主要布设在拉应力大于 1.5MPa 的区域内。综合各种情况，上下游面拱坝梁向抗震钢筋最低点布置在高程 1100m 以上。

（2）跨横缝布设阻尼器：设置抗震阻尼器的目的在于限制横缝的张开。结合坝体廊道布置，考虑在高程 1190m 高程和坝顶 1245m 高程设置过缝阻尼器。

（五）拱坝泄洪消能及防护建筑物

1. 坝身泄洪建筑物　坝身泄洪按照“纵向分层拉开，横向单体扩散，总体入水归槽，表中孔联合运行空中碰撞消能”的原则进行设计。坝身 5 个溢流表孔为开敞式。孔口堰顶高程 1225m，孔口尺寸 11m×15m（宽×高，下同）。表孔边墙扩散角 4°30′～7°42′，出口挑角或俯角 10°～－20°，以达到水舌入水前横向扩散、纵向拉开的目的。5 个溢流表孔最大泄流量 8625m³/s。坝身 6 个泄洪中孔为有压深式泄水孔，出口工作门孔口尺寸 6m×6.5m，孔身全部用钢板衬护。进口底坎高程，1 号、6 号孔为 1165m，2 号、5 号孔为 1152.5m，3 号、4 号孔为 1140m。出口段采用平面扩散立面上翘形式。出口底坎高程，1 号、6 号孔为 1164.249m，2 号、5 号孔为 1156.147m，3 号、4 号孔为 1149.58m。为了克服中孔泄流水舌径向集中问题，中孔孔身采用 1°～2.5°的平面偏转角。由于进出口高程分三层布置，出口翘角搭配合理，使泄流水舌横向扩散、纵向拉开充分，水舌分三层入水，从而达到了分散冲击能力的目的。坝身 6 个泄洪中孔最大泄流量 8264m³/s。为施工后期度汛和拱坝建成后运行期放空水库进行检修，坝身在高程 1080m 设置了 2 个放空底孔。出口工作弧门孔口尺寸 5m×7m。放空底孔不参加枢纽泄洪。

2. 水垫塘及二道坝　水垫塘紧接大坝坝后，前段方位角 SE178°，与表孔溢流中心线重合，后段方位角 SE168°。水垫塘全长 349.5m，采用复式梯形断面，底板高程 965m，底宽 70m。采用全断面钢筋混凝土衬护，底板厚 3m，表面设 0.5m 厚 $C_{90}60$ 抗冲磨硅粉混凝土，并对底板施以锚筋桩锚固。水垫塘后设二道坝，坝顶高程 1004m，建基面高程 960m，最大坝高 44m。二道坝后设有 32m 长的护坦。水垫塘二道坝设封闭排水系统，二道坝下游设 20m 深帷幕灌浆，水垫塘四周不设帷幕，只设 30m 深排水孔，浇筑块之间设三角形排水沟、沟内设 5m 深浅排水孔。

（六）坝基及坝肩抗力体处理

1. 坝基基础处理

（1）坝基地质缺陷置换处理。对右岸坝趾附近的 F_{11} 断层、E_1 蚀变带、E_4+E_5 蚀变带均进行槽挖回填混凝土处理。对于左右岸坝基低高程分部的卸荷岩体也进行开挖置换混凝土处理。坝基总的置换混凝土约 14.5 万 m³。

（2）坝基帷幕灌浆。坝基设置完善的灌浆帷幕，根据作用水头大小设置 1～3 排，主帷幕最大孔深 120m。两岸按 40～50m 设置灌浆洞，灌浆洞内除洞口段设置与相应坝基相同排数的帷幕灌浆孔外，一般都设单排帷幕孔。帷幕灌浆标准要求，水头大于 200m 坝段的 0～15m 范围内透水率 $q\leqslant 0.5$Lu，15m 以下及水头小于 200m 的坝段和灌浆洞内帷幕要求透水率 $q\leqslant 1.0$Lu。

（3）坝基固结灌浆。坝基全面布置固结灌浆，灌浆均在有混凝土盖重情况下进行，固结灌浆共分 6 个区域。A 区位于坝基中部，孔深 10m；B 区、C 区位于坝基上游，孔深 15m；D 区位于坝基下游包括贴角上的固结灌浆，孔深 15m，E 区位于右岸断层蚀变带分部区域，孔深 25～30m；F 区位于两岸坝肩附近，孔深 45m。固结灌浆验收按灌后单孔法测试声波为主，0～2m 段单孔声波不小于 4750m/s，2～5m 段单孔声波不小于 5000m/s，5m 以上单孔声波不小于5000m/s。

（4）坝基排水。坝基设两排排水廊道，廊道内设排水孔，并按封闭抽排水系统设计。两岸与帷幕灌浆廊道相同高程设排水洞，洞内设反向排水孔。小湾坝基顺河向陡倾角和顺坡向节理发育，因此高程 975m 以下向下的排水孔均倾向山里，高程 975m 以上向上的排水孔均倾向山外，以穿过更多节理，增强排水效果。

（5）坝基开挖卸荷松弛处理。对高程 975m 以下坝基进行了二次开挖，河床部位加深开挖 2.5m。严格坝基浇筑混凝土之前的清基，一般清基深度 1m 左右，局部达 2m 多深。坝基表层 2m 范围单独固结灌浆。在 12～32 号坝段坝基固结灌浆孔中下 3ϕ32 长 12m 的锚筋桩约 5400 根。坝趾贴角部位施加 3000kN 级和 6000kN 级预应力锚固。

2. 坝肩抗力体地质缺陷处理　右坝肩抗力体地质缺陷主要有断层 F_{11}、F_{10}、f_{10}、f_9，蚀变岩带 E_1、E_4+E_5、E_9 及卸荷岩体；左坝肩抗力体地质缺陷主要有断层 F_{11}、F_{20}、f_{34}、f_{12}，蚀变岩带 E_8、4 号山梁卸荷岩体及底部高程坝趾处的龙潭干沟。针对以上地质缺陷进行了以下综合处理。

（1）地表削坡减载。对左岸 4 号山梁山脊部位表层强卸荷岩体进行削坡，削坡深度约 15m 左右。

（2）地下混凝土置换。左岸坝肩在高程 1160～1220m 之间设置 4 层置换洞。右岸坝肩按高差 20m 共设置 10 层置换洞。根据不同部位、不同高程、不同断层蚀变带的宽度、形状，置换洞断面有 4m×5m、5m×5m、5m×8m、6m×10m、10m×10m 几种尺寸。

置换洞混凝土分两期施工。一期衬砌内留 3.5m×3.5m 的灌浆洞，待固结灌浆完成后在进行二期回填。一期混凝土不预冷，但埋设有冷却水管进行通水冷却。二期回填混凝土采用外掺 MgO 的微膨胀混凝土回填。

（3）高压固结灌浆。所有置换洞均设置固结灌浆，固结灌浆兼混凝土和基岩之间的接触灌浆。灌浆压力分高压区和低压区，洞口部位和左岸 4 号山梁卸荷岩体外侧使用最大压力为 2MPa 的低压灌浆，为高压灌浆区形成封闭区域，其余部位使用 6MPa 高压灌浆。

（4）地下、地表排水系统。置换洞固结灌浆完成后，按要求将部分固结灌浆孔打开并加深作为排水孔。为了降低坝肩抗力体和水垫塘边坡地下水位，在高程 1245m 以下，从坝基排水洞至二道坝护坦出口，左、右岸分别布置 7 排顺河向地下排水洞，平均间距约 40m。排水洞内均设置反向向上排水孔。

(5) 地表预应力锚固。由于右岸坝肩 3 号山梁和左岸坝肩 4 号山梁卸荷较深又处于抗力体受力关键部位，结合卸荷松弛岩体边坡和抗力体综合治理，在两岸抗力体关键部位布置预应力锚索加固。预应力锚索布置以 3000kN 级为主，近坝部位特别是 1050m 高程以下设置了少量 6000kN 级锚索，远坝部位预应力锚索布置以 1800kN 级为主，锚索总数约 1400 束。

(6) 坝后凹槽混凝土补缺。左岸高程 1130m 以下龙潭干沟的存在，使该高程以下坝趾部位岩体嵌深不足，采用混凝土回填补缺。右岸高程 1070m 以下接近坝趾也存在一条冲沟，也进行了混凝土回填补缺。凹槽回填混凝土总量约 11 万 m^3。

（中国水电顾问集团昆明勘测设计研究院 喻建清）

光照水电站 200m 级高碾压混凝土坝

（一）工程概况

光照水电站位于贵州省关岭县和晴隆县交界的北盘江中游，是北盘江干流的龙头梯级电站。工程以发电为主，结合航运，兼顾其他综合效益，在电力系统中主要承担调峰、调频、事故及负荷备用。

坝址控制流域面积 13548km^2，多年平均流量 258m^3/s。水库正常蓄水位 745m，总库容32.45 亿 m^3，为不完全多年调节水库。电站装机 4 台，总装机容量 1040MW，年发电量 27.54 亿 kW·h。工程枢纽由碾压混凝土重力坝、坝身泄洪系统、右岸引水系统及地面厂房等组成，为一等大 (1) 型工程，主要建筑物大坝、泄洪及引水发电系统按 1 级建筑物设计。大坝设计洪水标准为 1000 年一遇，相应入库洪峰流量 10400m^3/s；校核洪水标准为 5000 年一遇，相应入库洪峰流量 11900m^3/s。

光照水电站是贵州省“西电东送”第二批建设项目的又一大型水电工程。可行性研究报告于 2003 年 8 月通过审查，2005 年 3 月《光照碾压混凝土重力坝设计专题报告》经审查批准，大坝由常态混凝土重力坝改为碾压混凝土重力坝。大坝坐落在永宁镇组 T^1_{1yn} 岩层上，坝址区构造简单，为单斜地层，岩层倾向下游偏左岸，倾角 50°～60°，岩体完整，力学强度较高，坝基除有 F_1、F_2 两条规模不大的断层外，不存在大的地质缺陷。坝址区地震基本烈度为Ⅵ度。工程于 2003 年 5 月开始筹建，2004 年 10 月 22 日实现大江截流，2006 年 12 月 8 日通过国家发展和改革委员会核准。按审查批准的工期安排，总工期 5 年 6 个月，2008 年 6 月首台机组投产发电。

（二）碾压混凝土重力坝布置

大坝为全断面碾压混凝土重力坝，坝顶高程 750.5m，最大坝高 200.5m，坝体上、下游坝坡分别为 1：0.25 和 1：0.75，非溢流坝段坝顶宽度 12m，坝体最大底宽 159.05m，坝顶全长 410m，共分 20 个坝段。左、右岸非溢流坝段分别长 163m 和 156m，河床溢流坝和底孔坝段长 91m。

泄水建筑物由坝身 3 个溢流表孔和 1 个放空底孔组成(可行性研究阶段底孔为 2 个，施工阶段优化为 1 个)，表孔承担宣泄洪水，底孔承担水库放空任务。表孔每孔净宽 16m，堰顶高程 725m，每孔设有 16m×20m(宽×高)的弧形工作闸门和平板检修门。采用窄缝挑流消能方式，挑流鼻坎出口高程 640m，窄缝收缩比为 0.3，反弧半径 45m，挑角－10°，设计最大泄量 9857m^3/s。底孔位于溢流表孔的右侧，底板高程 640m，进口段孔口尺寸为 4m×6.5m(宽×高)，设有检修门和事故门，出口控制尺寸为 4m×6m，设置充压式弧形工作闸门。出口采用转折导墙和斜鼻坎挑流消能方式，使水流导入河床以内，斜鼻坎反弧半径为 45m，最大挑角 27°，最大泄量 799m^3/s。

光照大坝坝体混凝土总量约 280 万 m^3，其中碾压混凝 242 万 m^3，常态混凝土约 38 万 m^3，碾压混凝土约占坝体总量的 86%。

（三）坝体稳定及应力

坝体断面设计的主要依据是 DL 5108—1999《混凝土重力坝设计规范》。大坝抗滑稳定以坝基滑动为主，抗滑稳定及强度承载能力极限状态主要采用刚体极限平衡和材料力学法计算。典型挡水坝段坝基抗剪断综合参数标准值 $f_k=0.86$、$C_k=0.76$MPa，溢流坝段 $f_k=0.83$、$C_k=0.67$MPa，底孔坝段 $f_k=0.83$、$C_k=0.66$MPa。坝基抗滑稳定承载能力极限状态计算结果见表 1。

表 1 坝基抗滑稳定承载力极限状态计算结果 单位：t

作用组合	典型挡水坝段		溢流坝段		底孔坝段	
	$\gamma_0\psi S(\cdot)$	$R(\cdot)/\gamma_{d1}$	$\gamma_0\psi S(\cdot)$	$R(\cdot)/\gamma_{d1}$	$\gamma_0\psi S(\cdot)$	$R(\cdot)/\gamma_{d1}$
基本组合（正常水位）	12647.15	13913.58	20299.55	24812.64	17158.93	22872.11
偶然组合（校核水位）	10937.79	13464.30	16657.73	23659.20	14318.37	21789.45

从计算结果可知，大坝坝基的抗滑稳定承载能力满足要求。另外，在坝体强度极限状态计算方面，坝体在各种作用组合下坝踵垂直应力均未出现拉应力，

而短期组合（施工期库空情况）下游坝面的垂直应力均为压应力，坝基垂直正应力最大值为 5.16MPa，小于基岩的允许承载力和混凝土的允许抗压强度承载力，满足规范要求。

（四）坝体结构设计

1. 坝体混凝土分区及防渗　坝体按全断面碾压混凝土设计，坝体混凝土材料分为常态混凝土、碾压混凝土和变态混凝土三大部分。根据材料强度要求，碾压混凝土以高程 600m 和高程 680m 为界分为 $R_Ⅰ$、$R_Ⅱ$、$R_Ⅲ$ 三个区。大坝高程 710m 以下上游面均采用变态混凝土与二级配碾压混凝土组合防渗，二级配碾压混凝土水平宽度根据作用水头不同采用 3～13m 不等；大坝高程 710m 以上上游面均采用变态混凝土与三级配碾压混凝土组合的三级配碾压混凝土自身防渗。变态混凝土厚度根据大坝作用水头大小，确定高程 615m 以上变态混凝土厚度为 0.8m；高程 615m 以下变态混凝土的厚度为 1m。河床部位建基面设置了 1.5～2m 厚的 $C_{90}25$ 常态混凝土垫层。溢流面及底孔过流时水流流速较大，在底孔进出口、溢流面、闸墩与导墙的过流侧表面设置了高强度的抗冲耐磨混凝土，厚度不小于 0.50m。

坝体混凝土分区及主要性能指标要求见表 2。

表 2　坝体混凝土分区及主要性能指标表

种类	编号	强度等级	级配	抗渗等级	抗冻等级	工程部位
碾压混凝土	$R_Ⅰ$	$C_{90}25$	三	W8	F100	600m 以下坝体内部碾压混凝土
	$R_Ⅱ$	$C_{90}20$	三	W6	F100	600～680m 坝体内部碾压混凝土
	$R_Ⅲ$	$C_{90}15$	三	W6	F50	680m 以上坝体内部碾压混凝土
	$R_Ⅳ$	$C_{90}25$	二	W12	F150	上、下游面 660m 以下防渗混凝土
	$R_Ⅴ$	$C_{90}20$	二	W10	F100	上游面 660～710m 防渗混凝土
常态混凝土	$C_Ⅰ$	$C_{90}25$	三	W10	F100	坝基垫层常态混凝土
	$C_Ⅱ$	$C_{90}20$	三	W8	F50	坝顶常态混凝土
	$C_Ⅲ$	$C_{28}20$	三	W8	F100	堰顶及底孔闸门井门槽常态混凝土
	$C_Ⅳ$	$C_{28}25$	三	W8	F100	溢流面及导墙内部、底孔周边常态混凝土

续表

种类	编号	强度等级	级配	抗渗等级	抗冻等级	工程部位
常态混凝土	$C_Ⅴ$	$C_{28}30$	三	W8	F100	底孔及表孔闸墩混凝土
	$C_Ⅵ$	$C_{28}40$	二	W8	F150	底孔进出口及底孔表面混凝土、溢流面及导墙表面混凝土

2. 坝体排水及廊道布置　坝体排水管布置在上游二级配碾压混凝土的下游侧，自左岸到右岸形成一坝体排水幕。坝体排水孔采用预埋盲沟管和钻孔相结合的形式，竖向孔之间的水平管采用埋设方形盲沟管方式形成水平排水孔。竖向孔管径 ϕ110～150mm，间距为 3～4m，其中，612m 高程以下全部采用预埋盲沟管方式，612m 高程以上则采用预埋管与钻孔相结合，以钻孔为主；水平方形管断面尺寸 100mm×100mm，间距 3.6m。水平管和竖向管之间按“井”字形连接形成相互贯通的排水管网。盲沟管在混凝土碾压过程中预埋在坝内，排水孔钻孔后期在廊道内钻孔形成，各层坝体排水管在不同高程位置均引至相应高程的坝体廊道内。

为了充分发挥碾压混凝土筑坝大仓面碾压和快速施工的特点和优势，坝内廊道布置以尽可能简化和减少施工干扰为原则，结合两岸灌浆廊道及两岸坝基较陡而分层布置灌浆、交通及观测廊道，分别在 560m、612m、658m、702m、750.5m 高程布置五层水平廊道，竖向交通布置在 13 号坝段电梯井及楼梯井，612m 高程以上的各层廊道与电梯井连通，并通过交通廊道与坝后交通平台连通。

3. 坝体分缝及止水　大坝共分 20 个坝段，最大坝段宽度为 25m，最小坝段宽度为 16.6m，大部分坝段宽度为 20m。坝体横缝采用切缝机间隔切缝形成，切缝面积为缝面面积的2/3，坝体不设纵缝。

坝体上游侧横缝 658m 高程以下设三道 1.8mm 厚的“W”形紫铜片止水，658m 高程以上设两道 1.6mm 厚的“W”形紫铜片止水。下游侧 610m 高程以下设两道 1.2mm 厚的“W”形紫铜片止水；溢流坝段横缝下游侧设两道 1.2mm 厚的“W”形紫铜片止水。止水部位横缝周边采用变态混凝土，缝间用沥青杉板分隔。

4. 筑坝材料及设计配合比　光照工程进行了多种水泥、粉煤灰的比选，最后选用贵州六枝畅达水泥有限责任公司生产的 P.O 42.5 普通硅酸盐水泥，粉煤灰以安顺火电厂生产的Ⅱ级粉煤灰为主，盘县火电厂生产的Ⅱ级粉煤灰作为备用和补充。大坝碾压混凝土设计配合比见表 3。

表 3 大坝碾压混凝土设计推荐配合比

混凝土种类	水胶比	砂率（%）	石子级配（大：中：小）	胶凝材料用量（kg/m³）							减水剂（%）	引气剂	V_c 值（s）	含气量（%）
				水	水泥	粉煤灰	砂	大石	中石	小石				
$R_{Ⅰ}$ $C_{90}25W_8F_{100}$	0.45	32	35：35：30	76	84.5	84.5	703	530	530	455	JG—3 0.7	AIR202 20/万	3.7	4.4
$R_{Ⅱ}$ $C_{90}20W_6F_{100}$	0.48	32	35：35：30	76	71.2	87.1	705	532	532	456	JG—3 0.7	AIR202 20/万	4.1	4.2
$R_{Ⅲ}$ $C_{90}15W_6F_{50}$	0.50	33	35：35：30	76	60.8	91.2	738	529	529	453	JG—3 0.7	AIR202 15/万	3.8	3.6
$R_{Ⅳ}$ $C_{90}25W_{12}F_{150}$	0.45	38	55：45	86	105.1	86.0	817	—	744	609	JG—3 0.7	AIR202 25/万	3.9	4.7
$R_{Ⅴ}$ $C_{90}20W_{10}F_{100}$	0.48	38	55：45	86	80.6	98.6	819	—	746	611	JG—3 0.7	AIR202 20/万	4.2	4.6

（中国水电顾问集团贵阳勘测设计研究院
龙起煌　雷声军）

思林水电站碾压混凝土坝体设计

（一）概述

思林水电站位于贵州省东北部，乌江干流中游。电站枢纽由碾压混凝土坝、左岸通航建筑物、右岸引水发电系统组成。电站正常蓄水位 440m，相应库容 12.05 亿 m³，装机容量为 1000MW（4×250MW）；保证出力 345.3MW，年发电量 40.51 亿 kW·h。思林水电站枢纽属一等大（1）型工程，主要建筑物如大坝、泄洪系统、引水系统、发电厂房及开关站为 1 级建筑物，通航建筑物中参与挡水部分以及设置主要机电设备的部分为 1 级建筑物，上、下游引航道及中间渠道为 3 级建筑物。

大坝（混凝土坝）和泄洪系统按 500 年一遇（$P=0.2\%$）洪水设计，按 5000 年一遇（$P=0.02\%$）洪水校核。发电厂房按 200 年一遇（$P=0.5\%$）洪水设计，按 500 年一遇（$P=0.2\%$）洪水校核。消能防冲按 100 年一遇（$P=1\%$）洪水设计。

大坝位于 F_4 断层上游 650m 处的顺直河段，坝线河谷断面为“V”形，左岸岸坡地形较完整，坡度为 45°；右岸 385m 高程以下岸坡直立，385m 高程以上岸坡坡度 40°。枯期河水位 364.10m 高程，水面宽 80m，水深 25m。正常蓄水位时河谷宽 263m。

坝基处在塘头向斜的倒转翼，主要为三叠系下统夜郎组第二段中厚、厚层灰岩，岩层陡倾上游。坝轴线方向 N27°E，大致与河流正交。坝基岩层产状 N40°E，倾向 NW，倾角 70°。基岩裸露，岩体完整性好，无规模较大的断层，仅有一些断距 0.2～2m、破碎带宽 0.1～0.35m、钙质胶结良好的小断层。坝基地层陡倾上游略偏左岸，岩体不存在控制深层抗滑稳定的大型软弱结构面；沿坝基接触面向下游滑动的方向垂直于岩层走向并切层，有利于大坝的浅层抗滑稳定。坝址区地震基本烈度为Ⅵ度。

工程于 2004 年 11 月正式开工，2005 年 11 月截流。2006 年上半年，大坝碾压至 375m 高程以上，地下厂房正在进行肘管段开挖，工程计划于 2008 年底投产发电。

（二）碾压混凝土重力坝布置

思林水电站碾压混凝土重力坝位于 T_{1y}^{2-2} 灰岩岩层上，坝轴线方位为 N27°E。坝顶高程 452m。最大坝高 117m，坝顶宽 20m，最大坝底宽 80.61m，坝顶全长 310m，共分 19 个坝段。坝段编号由左向右排列，各坝段布置分述如下：

1～5 号坝段为左岸非溢流坝段，12～16 号坝段为右岸非溢流坝段。坝体断面上游坝面垂直，下游坝坡为 1：0.70。挡水坝最低坝底高程 360m，最大坝高 92m，相应坝底宽 64.4m。在 4 号、5 号坝段之间，由于通航要求，布置了宽 12m、渠底高程为 428m 的通航渠道，渠道顶部设有与坝顶同高、同宽的交通桥。

6～11 号坝段为溢流坝段，布置了七个溢流表孔，每孔净宽 13m，堰顶高程 418.5m。坝体断面上游坝面垂直，堰面采用 WES 曲线，曲线方程 $Y=0.03241X^{1.85}$，下游坝坡为 1：0.70，最低坝底高程 335m，最大坝高 117m，坝底宽 80.61m。闸墩中墩厚 4m，边墩厚 3m，采用预应力混凝土闸墩。下游消能采用戽式消力池，消力池长 64.28m，底宽 115m，戽池高程为 353m，鼻坎高程为 360.5m。

10 号坝段中部布置有临时底孔，在水库初蓄期向下放生态流量。临时底孔底板高程 370m，采用两孔进水，在坝纵 0+5.4 桩号以后合为一孔，进口孔口尺寸为 2—2.5m×3.5m（宽×高），中部孔口尺寸为 1—3.0m×3.5m（宽×高）。在底孔尾部顶面设置 5m 长的压坡段，坡度为 1∶10，出口孔口尺寸为 3.0m×3.0m（宽×高）。出口采用舌形挑流消能工，利用戽池水垫消能。

基础灌浆排水廊道布置于 5～12 号坝段，按三横三纵布置，使河床坝段形成了封闭的防渗排水系统。上游帷幕灌浆廊道底板高程为 348m，中下游灌浆及排水廊道底板高程为 351.5m。在坝体上游侧 390m 高程处，沿纵向布置了一条观测交通廊道。

在左右两岸山体内，分别布置了底高程为 348m、392m 高程的两层灌浆平洞，并分别与基础灌浆廊道、观测交通廊道相连接。

坝体混凝土总量约 $95.2\times10^4 m^3$，其中碾压混凝土 $75.8\times10^4 m^3$，占坝体总量的 80%，常态混凝土 $19.4\times10^4 m^3$，占坝体总量的 20%。

（三）坝体结构设计

1. 坝体防渗结构　坝体上游采用富胶凝材料二级配碾压混凝土防渗形式，防渗层厚度自上而下为 2.5～5.2m。上游坝面为 0.5m 厚的二级配变态混凝土，下游坝面为 0.5m 厚的三级配变态混凝土，防渗结构碾压混凝土层间施工缝先作冲毛处理并铺水泥粉煤灰砂浆。

2. 坝体材料分区　根据坝体混凝土的不同部位、不同工作条件、不同特性，坝体混凝土分为下列几区：

Ⅰ区：坝体内部碾压混凝土。

Ⅱ区：坝体上游防渗层二级配碾压混凝土。

Ⅲ区：坝体基础找平层、坝顶面层、坝体下游防渗层、廊道周边等部位常态混凝土。

Ⅳ区：溢流面、戽池过水面、闸墩部位常态混凝土。

为方便施工，采用 C20 常态混凝土找平，然后进行混凝土施工，下部 371m 高程以下的强约束区和过渡区中的各分区混凝土采用中热水泥，371m 高程以上的各分区混凝土采用普通硅酸盐水泥。

3. 分缝及止水　大坝混凝土分缝是根据坝基条件、结构布置、施工浇筑条件以及温度控制等因素确定的。

横缝间距根据各坝体结构布置确定，间距 17～26m。由于两岸坝基的岸坡较陡，考虑岸坡坝段的横向稳定，岸坡坝段全部为切缝，仅在溢流坝段中部设一条结构变形缝。

由于坝体混凝土为碾压混凝土，最大坝底宽为 81.9m，故不设置纵缝。仅在基础找平层、溢流面等常态混凝土部位根据具体要求设置部分纵缝。

4. 坝体排水　坝体排水采用埋管和钻孔方式形成，以 392m 高程廊道分上下两部分，同时按坝段形成单独的排水系统。下部坝体排水间排距为 3m×3m，上部为 5m×3m，每一坝段的水平排水均与坝段两端的竖向排水相接，坝段中部排水在后期采用钻孔成形，以保证层间排水通畅。

（四）基础处理

1. 基础及岸坡开挖　河床部分建基面放在微风化岩体上部，开挖至 335m 高程；两岸坝肩建基面置于弱风化岩体中下部，水平挖深 20～35m。坝基开挖至 350m 高程后，通过大功率声波 CT 测试、电磁波 CT 测试和地质雷达成果揭示，除 fj1 断层影响带岩体破碎和局部存在溶蚀外，坝基岩体较为完整。坝基地表岩体地震波速为 3190～5460m/s，除局部低速外，一般为 3800～5200m/s。根据坝基岩体检测成果及出露的缓倾角裂隙对建基面和深层抗滑稳定复核，大坝左右岸建基面及消力池底板高程由 345m 抬高至 350m，节省了坝基开挖及坝体混凝土工程量，也为 2007 年大坝度汛赢得了时间。

2. 断层及软弱夹层处理　对于建基面上出露的溶洞、小断层，均作梯形混凝土塞处理，并加强固结灌浆。

3. 坝基固结灌浆　为了改善坝基的均匀性，增强整体性，提高基础承载能力，减小基础压缩变形、不均匀沉陷及浅层渗漏，需对坝基进行全面固结灌浆。固结灌浆孔间、排距均为 3m，呈梅花形布置，孔深 5～8m。对在坝基面上出露的溶洞、小断层、卸荷裂隙等的影响范围内，需加密、加深钻灌。坝基固结灌浆采用建基面找平混凝土的无盖重固结灌浆工艺。

（五）坝基防渗帷幕

上游坝基防渗帷幕深度是以单位吸水量 $\omega\leqslant0.01$ L/(min·m·m)的相对隔水层作为控制标准，帷幕深入相对隔水层线以下 5m。河床坝段最大幕深 50m，左岸坝段最大幕深 105m，右岸坝段最大幕深 120m。两岸帷幕终点接 T_{1y}^{1} 隔水层，帷幕分三层布置，灌浆隧洞高程分别为 348m、392m、452m。为双排帷幕，排距为 1.2m，孔距为 2.5m。

由于尾水位较高，河床坝段设计中考虑了基础抽排降低扬压力的措施。在溢流坝下游及底孔坝段内沿横向布置了一排“凵”形帷幕，与上游帷幕连接，使河床坝段坝基形成封闭式帷幕。下游坝址帷幕最大幕深为 50m，两侧横向帷幕最大幕深为 55m，孔深垂直达防渗帷幕底线，为单排帷幕，孔距为 2m。

坝基排水：除在上游灌浆廊道内布置一排主排水孔幕外，还在坝内三横两纵廊道内布置辅助排水孔。

（六）高陡边坡开挖与支护

左岸升船机本体段及下游引航道边坡高边坡均为横向坡，岩层产状为：N40°E，倾向 NW，倾角 70°。升船机本体段为 T_{1y}^{2-2-1} 中厚、厚层白云质灰岩，卸荷裂隙发育，边坡高约 160m，采用垂直开挖，每 15m 设一级 3～3.5m 宽的马道。下游引航道 T_{1y}^{3} 黏土岩夹中厚层、薄层灰岩边坡高约 60m，边坡位于下游水位以下或水位变幅区，采用斜坡开挖坡比为 1∶0.5，每 15m 设一级 3m 宽的马道。根据有限元及块体刚体极限平衡计算采取的支护措施如下：

(1) 升船机本体段边坡系统锚喷支护，并在边坡顶部布置两排 150t 级预应力锁口锚索。

(2) 下游引航道九级滩边坡：一期采用系统锚喷支护，二期采用 50cm 厚的钢筋混凝土护坡。

（中国水电顾问集团贵阳勘测设计研究院
罗光其　赵德材）

公伯峡混凝土面板堆石坝分区设计

（一）坝址区地形地址条件

公伯峡坝址区黄河流向 NE30°～50°，河道平直，平水期河水位 1900m，水面宽 40～60m，水深 12～13m，河床覆盖层厚一般 5～13m。河谷不对称，右岸 1980m 高程以下为岩质边坡，高程 1940m 以上，坡度 40°～50°，以下岸坡陡立；1980m 高程以上为Ⅲ级阶地的砂壤土和砂卵砾石层。左岸除 1930m 至 1950m 高程为坡积碎石覆盖的Ⅱ级阶地外，其余皆为岩边坡，平均坡度 30°左右，临河段有高约 10m 的陡立坡。坝址区主要岩性为：前震旦系片麻岩、云母石英片岩及石英岩；加里东期花岗岩；白垩系紫红色砂岩；第三系红色砾砂岩，第四系砂壤土及砂卵砾石等。

（二）混凝土面板堆石坝设计

公伯峡大坝为钢筋混凝土堆石坝，布置在主河床，坝轴线方位 NW316°35′13.2″。坝顶高程 2010m，主河床槽处趾板最低建基高程 1877.8m，最大坝高 132.20m，坝顶长度 429m，顶宽 10m。混凝土面板上游坝坡 1∶1.4；下游坝坡 1∶1.5～1∶1.3，为干砌石护坡，并设有 10m 宽的“之”字形上坝公路，综合坝坡为 1∶1.79；坝顶设有高度为 5.8m 的“L”墙与面板相接。由于河谷狭窄水电站进水口紧挨右坝头，溢洪道紧挨左坝头布置，为此面板坝与水电站进水口衔接处及左坝头溢洪道衔接处分别设有 38m 和 50m 的高趾墙与大坝面板相连接。

（三）坝体分区设计

1. 坝体分区原则

(1) 坝体中应有畅通的排水通道且坝料之间应满足水力过渡的要求。

(2) 坝轴线上游侧坝料应具有较大的变形模量且从上游到下游坝料变形模量可递减，以保证蓄水后坝体变形协调，尽可能减小对面板变形的影响，从而减小面板和止水系统遭到破坏的可能性。

(3) 根据枢纽工程的各种不同质量开挖料的数量，来确定坝体材料分区，以尽可能多地利用枢纽工程开挖料，达到经济的目的。

2. 发包阶段坝体分区设计　根据上述分区原则，坝体从上游向下游依次分为：面板上游面下部土质斜铺盖（1A）及其盖重区（1B）、混凝土面板、垫层区（2A）、垫层小区（2B）、过渡区（3A）、主堆石Ⅰ区、主堆石Ⅱ区及下游次堆石区（3C）。

3. 施工阶段坝体分区设计　由于公伯峡坝址地质条件复杂，主体工程开挖后发现岩性变化规律性差，枢纽工程开挖的可作为筑坝料的数量、质量与发包设计均有很大变化，特别是作为主堆石的花岗岩岩石。对实际开挖堆存在开关站及左岸桥头的可利用的上坝料（弱风化、强风化花岗岩和弱风化片岩）进行现场碾压试验表明，主堆石（3BⅠ）小于 5mm 的颗粒含量远大于 8%，大多在 20%左右（最大达 26%）。同时，渗透系数 K 小于设计值 10^{-1}，且等于或小于垫层区（2A）、过渡区（3A）的渗透系数，与混凝土面板堆石坝坝体渗透系数从垫层区（2A）、过渡区（3A）、主堆石区逐级加大的设计思路不符。原因主要是工程开挖料中的花岗岩（弱、强风化花岗岩）岩石颗粒较粗，剪切时易破坏，碾压时易碎。设计上既要充分利用枢纽工程开挖料又要遵循混凝土面板堆石坝设计原则，为确保工程安全，对坝体分区进行优化。经分析研究在主堆石区增设一个强透水区，即将主堆石区(3BⅠ)分为两个区 3BⅠ—1 区和 3BⅠ—2 区两个区，具体分区为：

(1) 垫层料（2A）：要求垫层具有半透水性且对上游粉质壤土起反滤作用。由微、弱风化花岗岩和片麻岩加工而成。最大粒径 100mm，小于 5mm 的颗粒含量为 35%～45%，小于 0.1mm 的颗粒含量为 4%～7%。设计干密度 2.23g/cm³，孔隙率 16%，渗透系数 $K=1\times10^{-3}\sim10^{-2}$ cm/s，允许渗透坡降 $J>70$。

(2) 过渡料（3A）：位于垫层与主堆石区之间，为微、弱风化花岗岩。最大粒径 300mm，小于 5mm 的颗粒含量为 3%～17%，小于 0.1mm 的颗粒含量小于 7%。设计干密度 2.17g/cm³，孔隙率 18%，渗透系数 $K=1\times10^{-3}$ cm/s，允许渗透坡降 $J>30$。水平宽度 3.0m。

（3）主堆石料Ⅰ区：3BⅠ—1（强透水区）填筑料为微、弱风化及强风化下部花岗岩和微、弱风化片岩，其中片岩含量不超过30%。最大粒径800mm，小于5mm的颗粒含量小于8%，小于0.1mm的颗粒含量小于5%。设计干密度2.15g/cm³，孔隙率20%，渗透系数K大于10^{-1}；3BⅠ—2区利用枢纽开挖的微、弱风化及强风化下部花岗岩和微、弱风化片岩，其中片岩含量不超过30%。最大粒径800mm，小于5mm的颗粒含量小于20%，小于0.1mm的颗粒含量小于5%。设计干密度2.15g/cm³，孔隙率20%。

（4）主堆石料Ⅱ区（3BⅡ）：为大坝主要支撑体的一部分，材料为砂砾石。最大粒径450mm，小于5mm的颗粒含量为15%～40%，小于0.1mm的颗粒含量小于7%。设计相对密度0.8，铺料厚度60.0cm。

（5）次堆石料（3C）：位于坝体下游干燥部位，为强风化花岗岩和弱风化片岩（试验表明强风化片岩不宜作为上坝料）。级配连续，最大粒径1000mm，小于5mm的颗粒含量小于35%，小于0.1mm的颗粒含量小于8%。

（6）垫层小区料（2B）：位于面板周边缝下游，该部位狭窄，应加强人工夯实或采用平板震动器进行碾压。材料为微、弱风化花岗岩和片麻岩。最大粒径40mm，小于5mm的颗粒含量45%，小于0.1mm的颗粒含量小于7%。设计干密度2.2g/cm³，孔隙率17%。

（7）上游粉砂质壤土压坡（1A）：为封堵面板裂缝和周边缝裂缝，在上游1940m高程以下面板上游侧设置粉砂质壤土压坡，顶宽5m，上游坡度1∶1.65，其上游侧设置碎石盖重体加以保护。

（中国水电顾问集团西北勘测设计研究院　陈念水）

西霞院复合土工膜斜墙砂砾石坝设计

（一）坝型选择

西霞院工程坝型选择经历了各阶段的研究工作，对砂砾石坝壳壤土斜墙坝、砂砾石坝壳壤土心墙坝、壤土均质坝、混凝土面板砂砾石坝、复合土工膜心墙砂砾石坝和复合土工膜斜墙砂砾石坝等多种坝型进行了深入的论证比选，最终通过专家咨询、水利部主管审查选定复合土工膜斜墙砂砾石坝垂直防渗方案。该大坝的防渗形式已超出了SL 274—2001《碾压式土石坝设计规范》中土工膜防渗用于3级以下低坝的规定。

（二）坝体结构

土石坝共分三个典型坝段，即左岸滩地段、河槽段和右岸滩地段，坝体为碾压砂砾石坝，复合土工膜斜墙防渗，坝基采用混凝土防渗墙垂直防渗；坝段总长2609m，土石坝坝顶宽度为8.0m，坝顶高程138.20m，上游坝坡1∶2.75，下游坝坡1∶2.25。

复合土工膜斜墙由垫层料、复合土工膜、保护层料组成。复合土工膜采用两布一膜聚酯长丝复合土工膜，其规格为：左岸和河床段400g/0.8mm/400g，右岸为400g/0.6mm/400g。复合土工膜下设0.15m厚垫层料，上铺0.20m厚保护层料，其保护层上铺设0.17m厚的预制混凝土连锁板块护坡，大坝断面见图1。

（三）复合土工膜主要设计控制指标

1. 规格

（1）左岸和河槽坝段：采用长丝复合土工膜，规格400g/0.8mm/400g，幅宽≥4.5m。

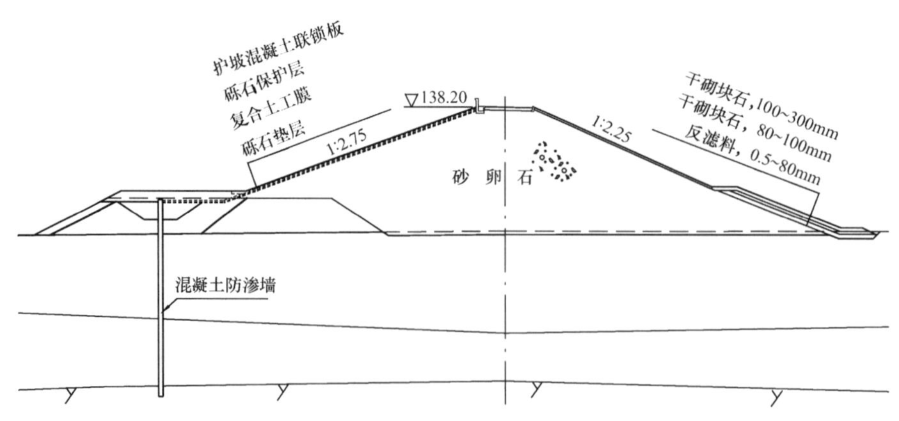

图1　河床段土石坝典型断面

（2）右岸坝段：采用长丝复合土工膜，规格400g/0.6mm/400g，幅宽≥4.5m。

（3）王庄渠道：采用短丝复合土工膜，规格200g/0.3mm/200g，幅宽8m。

2. 力学指标　采用的复合土工膜力学指标见表1。

表1　复合土工膜力学指标表

项目		单位	长丝	短丝	短丝
			400g/0.8mm/400g	400g/0.6mm/400g	200g/0.3mm/200g
极限抗拉强度	纵向	kN/m	≥55.0	≥27.5	≥8
	横向	kN/m	≥45.0	≥25.0	≥8
极限延伸率	纵向	%	≥50.0	≥60.0	≥60.0
	横向	%	≥50.0	≥60.0	≥60.0
撕裂强度	纵向	kN	≥1.5	≥0.9	≥0.3
	横向	kN	≥1.3	≥0.8	≥0.3
CBR顶破强度		kN	≥10.0	≥5.0	≥2.0
刺破强度		kN	≥1.4	≥0.7	
渗透系数		m/s	$\leqslant 10^{-13}$	$\leqslant 10^{-13}$	$\leqslant 10^{-13}$

3. 原材料技术指标和质量控制

（1）土工膜的原材料为聚乙烯（PE），拉伸强度不小于17MPa，断裂伸长率不小于400%；土工织物不论长丝、短丝，原材料均采用聚酯（涤纶）。

（2）生产土工织物的原材料——聚酯切片，必须是由大型化工厂生产的名牌优质原生材料，原生材料要有出厂合格证明。

（3）生产土工织物的原材料——聚酯切片不允许使用无合格证或检验不合格、劣质或再生材料生产的聚酯切片作土工织物原料。

（4）用于生产本工程土工织物的原料（聚酯切片），除生产厂要出具合格证、检验报告等资料外，还应提交由相应资质的第三方检测机构出具的检测报告。

（5）对外购的聚乙烯土工膜，要求土工膜的生产用料必须是由大型化工厂生产的名牌优质原生材料，原生材料要有出厂合格证明，检验报告等资料。

（6）对聚乙烯土工膜生产过程，厂家要派专人到聚乙烯膜生产厂去进行监理，重点检查生产用料是否有合格证，检验报告等资料，是否符合要求等。

（7）对生产的聚乙烯膜，生产厂要出具合格证、检验报告等资料外，应提交由国家化学建筑材料测试中心出具的测试报告。

（8）在进行土工织物与土工膜复合前，生产厂要提前7天通知买方，买方将派技术人员到生产厂进行全过程生产监理。同时生产厂要准备好土工织物和土工膜等材料的合格证、检验报告等买方要求的资料，以备买方查验。

4. 应力应变安全系数

（1）厂家生产的产品，应满足表2所列的应力、应变安全系数要求。

表2　应力、应变安全系数表

分区	工况	工作应变（%）	纵向安全系数 F_s	横向安全系数 F_s
右岸坝段	正常工况	5.24	5.0	5.0
	设计工况	4.53	5.0	5.0
	校核工况	5.50	4.5	4.5
左岸和河槽坝段	正常工况	5.82	5.0	5.0
	设计工况	6.22	5.0	5.0
	校核工况	6.86	4.5	4.5

（2）厂家材料的拉伸应力应变曲线不应出现折点，即材料要均匀。

（3）复合土工膜的工作应力由不同批次的纵横向拉伸试验成果求得。

（四）施工要点

1. 坝体填筑施工要点

（1）应严格控制上坝砂砾石料的颗粒级配，要求最大粒径小于400mm，小于5mm颗粒含量为10%～35%，小于0.1mm颗粒含量小于8%。

（2）反滤料、垫层料的颗粒级配，应符合施工图纸的要求，超径颗粒含量应小于3%，逊径颗粒含量应小于5%，针片状颗粒含量应小于10%。加工好的反滤料中小于0.1mm的颗粒含量应小于5%。

（3）坝体填筑每层虚铺厚度最大为80cm，接头处错开，搭接不少于1.0m，摊铺平整，18t振动碾碾压8遍。

2. 土工膜铺设施工要点

（1）垫层料由65%小石和35%的人工砂混合而成，顺坡摊铺整平后碾实，相对密度不小于0.7，铺筑厚度为0.15m。

（2）土工膜在坝坡上展开后，要立即用遮阳布进行覆盖，防止紫外线照射和尖锐东西刺破土工膜；同时，要尽快进行施工，一般覆盖时间不允许超过24h，特殊情况下最长不能超过48h。

（3）保护层分为两层，每层厚0.10m，第一层由65%小石和35%的人工砂混合而成，第二层由90%小石和10%人工砂混合而成。

（4）焊接温度一般不超过350℃，焊接速度一般为1.5m/min。但因其受外界温度、风速等因素的影响较大，在每班焊接前，必须进行焊接实验，调整施工参数，确保焊接质量。

（5）土工膜焊接完成后，立即对焊缝进行目测法、充气法和压力水法检查验收；同时对焊缝抗拉强度每2000 m^2 进行一次抽样检验，其抗拉强度不小于母材强度的85%为合格，否则，则应重新进行工艺试验，直至满足设计要求。

(6) 充气法检验合格标准为：对 400g/0.8mm/400g 规格的复合土工膜，检测压力为 0.20MPa，静观 5min 气压不小于 0.15MPa；对 400g/0.6mm/400g 规格的复合土工膜，检测压力为 0.16MPa，静观 5min 气压不小于 0.13MPa。

(7) 采用充气法发现接缝漏气时，用水针在双焊缝间注入彩色水（红色或蓝色水）进行检查，找到漏气部位用热风枪进行补焊。

(8) 土工膜与防渗墙、左右导墙、防浪墙、左右坝肩等处的连接，必须严格按施工图、技术要求和批准的施工工艺文件进行施工，确保施工质量。

(9) 下雨时应停止土工膜施工，重新施工时应将焊缝位置的雨水擦干净，并经监理工程师确认后方可进行焊接施工。

(10) 冬季，土工膜室外施工宜在气温 5℃以上、风力 4 级以下，并无雨、无雪的天气下进行。当气温低于 5℃时，应停止焊接施工；若继续施工应进行焊接试验，并经监理工程师批准。当气温低于 0℃时，必须停止焊接施工。

（小浪底水利枢纽建设管理局西霞院项目部 袁全义 赵永涛）

董箐水电站混凝土面板堆石坝设计

董箐水电站位于贵州省贞丰县与镇宁县交界处，是北盘江干流(茅口以下)规划梯级的第三级水电站。工程枢纽由钢筋混凝土面板堆石坝、左岸开敞式溢洪道、右岸放空洞、右岸引水隧洞及坝后地面厂房等建筑物组成；装机 4 台，总装机容量 880MW；水库总库容 9.55 亿 m^3，正常蓄水位 490m；为二等大(2)型工程。坝址位于北盘江坝坪沟到洗鸭沟河段。该处河谷呈较开阔的"V"形，两岸坡度 28°～35°，坝基及两坝肩以灰色厚层砂岩、粉砂岩夹钙质泥岩为主。本工程中砂泥岩面板堆石坝设计具有显著的技术特点。

（一）坝体轮廓与坝体

混凝土面板堆石坝充分利用坝址有利的地形、地质条件，避开不利因素，同时为上、下游围堰留出足够的位置。坝体上游为洗鸭沟，下游为坝坪沟，坝轴线上距洗鸭沟约 380m，下距坝坪沟约 850m。面板堆石坝坝顶高程 494.5m，坝顶宽 10m，最大坝高 149.5m，坝顶长 678.63m，宽高比约 4.54，上游坝坡 1∶1.4，下游综合坝坡 1∶1.5。

坝址区用作面板堆石坝成熟坝料的灰岩料场运距较远，而坝址两岸砂泥岩储量丰富（砂岩含量约 70%～85%，泥岩含量约 15%～30%），通过对砂泥岩料室内试验、现场爆破与碾压试验及分析计算，论证了该种混合材料用于面板堆石坝堆石区是可行的。坝体分区时主要考虑了以下几个方面：砂泥岩料作为主堆石区，其渗数系数仅为 10^{-2}cm/s 级别，排水性能稍差，应专门设置灰岩排水堆石区；尽可能多地利用溢洪道开挖砂泥岩料，使大坝工程造价降低；从上游到下游的坝料变形模量基本相当，以保证蓄水后坝体变形尽可能小；分区应尽可能简单，以利于施工。根据以上分区原则，将坝体共分六个区，分别为垫层区、过渡区、砂泥岩主堆石区、灰岩排水堆石区、块石护坡区及上游防渗补强区，填筑总量约 891 万 m^3，其中砂泥岩料填筑量约 606 万 m^3，占坝体总填筑量的 2/3。董箐面板坝用砂泥岩主堆石料比例较高，有较高的技术含量。坝基及两岸地层岩性均为砂岩夹泥岩组成，岩体在较新鲜完整时，基岩透水率很小，属隔水层。坝基防渗沿趾板，左岸延伸通过溢洪道控制段，右岸延伸通过引水系统进口，与地下水位相接，形成封闭的防渗系统。面板堆石坝最大断面及分区设计如图 1 所示。

（二）筑坝材料

董箐水电站面板堆石坝筑坝材料级配特性见表 1，筑坝材料碾压参数见表 2。

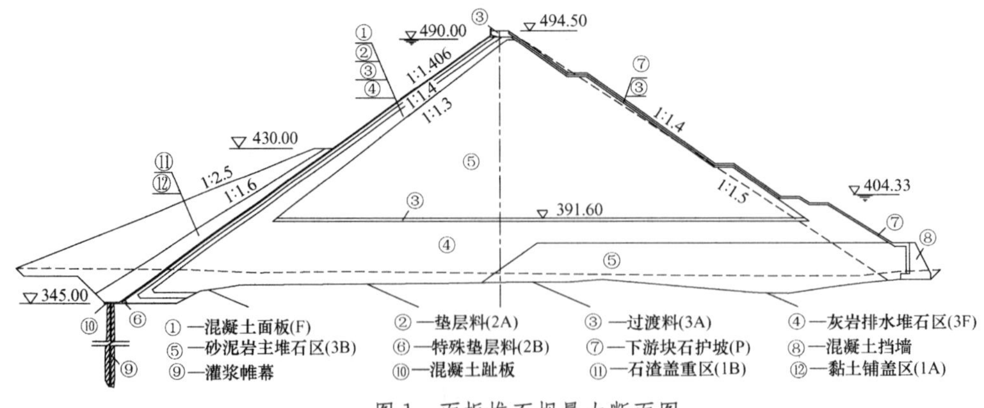

图 1 面板堆石坝最大断面图

表1　筑坝材料级配特性表

分区	材料名称	D_{max} (mm)	$D_{<5mm}$ P（%）	$D_{<0.075mm}$ P（%）	Cc	Cu
Ⅰ	垫层料	40～80	30～50	3～8	2.0	77.0
	特殊垫层料	<40	30～50	3～8	2.6	41.1
Ⅱ	过渡料	200～300	5～20	0～4	1.9	23.6
Ⅲ	排水堆石料	500～800	5～20	0～4	2.0	29.3
Ⅳ	砂泥岩堆石料	400～800	4～20	0～4	2.0	43.1

表2　筑坝材料碾压参数表

料物名称	材　　料	干密度（t/m^3）	孔隙率（%）	加水量（%）	铺料厚（m）		碾压遍数（遍）	
					振碾	冲碾	振碾	冲碾
垫层料	人工加工灰岩料	2.250	17.34	15	0.4		6	
过渡料	料场爆破灰岩料	2.200	19.16	20	0.4		6	
堆石料	溢洪道开挖砂泥岩料	2.192	19.41	15	0.8	1.2	10	22
排水堆石料	料场爆破灰岩料	2.192	19.46	15	0.8	1.2	10	22

（三）坝体分期与变形控制

坝体填筑分期按“一枯抢拦洪”，尽量使坝体按平起、均衡上升的原则进行，面板分期按低温季节施工的原则进行，坝体填筑共分五期，面板施工分三期见表3。

针对砂泥岩堆石料筑坝的特点，在坝体变形控制方面采取了以下措施：①不分主、次堆石区，堆石区采用同一干密度控制；②采用较高的堆石体干密度和低孔隙率碾压控制参数，干密度不小于2.192g/cm^3，孔隙率不大于19.41%；③施工分期总体平行上升；④每期面板施工前，采用预沉降时间和预沉降收敛两指标进行控制，预沉降时间不少于3～6个月，月沉降量不大于5～10mm。

表3　坝体填筑分期特性表

分　期		施工时段	填筑时间	填筑量（万m^3）	平均填筑强度（万m^3/月）	高峰填筑强度（万m^3/月）	日平均上升高度（m）
Ⅰ	Ⅰ－1	2007年（1月16日～5月31日）	4.5个月	304	67.6	94.6	0.54
	Ⅰ－2	2007年（6月1日～6月10日）	10天	9	27		
Ⅱ		2007年（6月11日～11月30日）	5个月20天	357	63	88.2	0.40
Ⅲ	Ⅲ－1	2008年（2月1日～3月31日）	2个月	88	44	61.6	0.31
	Ⅲ－2	2008年（4月1日～6月30日）	3个月	124.5	41.5	58.1	
Ⅳ		2008年（3月1日～5月15日）	2.5个月	134	53.6	75.0	1.13
Ⅴ		2009年	1个月	4			

（中国水电顾问集团贵阳勘测设计研究院
湛正刚　蔡大咏　刘　雯）

马鹿塘水电站二期工程面板坝设计

（一）工程概况

马鹿塘水电站位于云南省文山州麻栗坡县境，为盘龙河梯级规划中的第八个梯级，工程分两期开发建设。一期工程最大坝高40m，库容415万m^3，装机容量2×50MW，于2002年2月10日开工，2004年底建成发电。二期工程大坝位于一期大坝下游约400m，为混凝土面板堆石坝，最大坝高154m；水库正常蓄水位627m，总库容5.46亿m^3，具有年调节能力；水电站装机容量300MW；属二等大（2）型工程，于 2005 年 8 月开工，2006 年 11 月实现大江截流。

枢纽区岩性单一，由花岗片麻岩和白岗岩组成，岩质坚硬构造简单，物理地质现象不发育。河床冲积层较薄（约 6～8m），无全、强风化岩体，坝址工程地质条件较好。

（二）坝体分区及坝料设计

混凝土面板堆石坝坝顶高程 634m，趾板最低开挖高程 480m，最大坝高 154m，坝顶长度约 493.4m，坝顶宽度 10m。上游坝坡 1∶1.4，下游坝坡设“之”字形马道，综合坡比 1∶1.4。大坝上游 532m 高程以下设坝前覆盖料。坝体总填筑方量约 601 万 m^3（包括坝前强风化抛填料 197 万 m^3），面板混凝土量 3.178 万 m^3，趾板混凝土量 0.622 万 m^3。

1. 坝体分区设计　大坝堆石料主要为花山石料场的花岗片麻岩，为硬岩料。原岩的物理力学试验成果表明，弱风化及其以下岩石的干、湿抗压强度均较高，宜用于对石料要求较高的部位；强风化花岗岩强度稍低，可用于对石料强度要求不高的部位。为尽可能多地利用建筑物开挖料，结合物料平衡成果，确定分区设计的原则为：坝顶轴线上游为主堆石料Ⅲ$_B$区，采用具有强度指标较高、透水性好的弱风化以下花岗岩开挖料，均由花山石料场采取；坝体下游为次堆石料Ⅲ$_C$区，采用强度指标稍低的料场强风化花岗岩料及溢洪道开挖料。大坝坝体分区见图 1。

2. 坝料设计　根据坝料试验成果，参考已、在建类似工程坝料设计指标，确定本工程各类筑坝材料设计指标表见表 1。

（三）面板结构设计

1. 面板分缝及结构设计　面板混凝土标号 C25，抗渗标号 W12，抗冻标号 F100，水灰比不大于 0.5，塌落度 3～7cm；水泥采用普通硅酸盐水泥，二级配混凝土，掺 15%～25%的Ⅰ级粉煤灰。混凝土粗细骨料为灰岩骨料，经试验灰岩石料满足设计要求。混凝土面板设置 25 条垂直张性缝和中部 4 条压性缝。面板采用聚丙烯纤维混凝土，提高面板抗裂性能。受拉区混凝土面板采用双层双向配筋，每向配筋率 0.4%，其他区域按单层配筋，配筋率 0.35%。顶层钢筋保护层 10cm，下层钢筋保护层 5cm。

2. 趾板及止水系统设计　趾板宽度为 7m 和 9m，

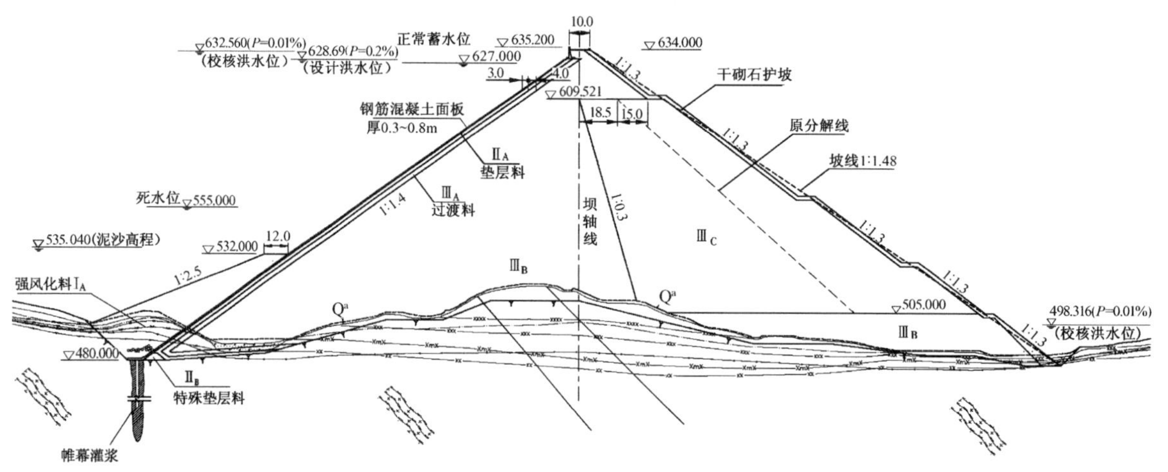

图 1　大坝坝体分区图

表 1　坝料设计指标

坝料分区	层厚(cm)	最大粒径(mm)	级配			干密度(g/cm³)	孔隙率	渗透系数(cm/s)
			25mm	＜5mm	＜0.1mm			
垫层料	40	80		35%～55%	≤5%	2.24	17%	10^{-3}～10^{-4}
过渡料	40	400		5%～20%	＜5%	2.18	20%	10^{-1}～10^{-2}
主堆石料	80	800	＜40%	＜15%	＜5%	2.16	21%	10^0
次堆石料	80	1200～1600		＜20%	＜5%	2.13	23%	＞1

相应厚度为0.7m、1m，两种平趾板，与溢洪道引渠右导墙结合部位为高趾墙，趾板为混凝土连续趾板。面板表部止水采用粉煤灰，底部止水为F形铜片止水，缝间采用12mm聚乙烯泡沫板填缝。

3. 坝基开挖及基础处理　趾板地基，高程580m以下开挖至弱上风化岩体，高程580m以上可置于强风化岩体中部。由于河床冲积层厚度较浅，开挖工程量较小，因此，趾板区冲积层全部挖除，基础开挖至微新岩体。趾板下游0.3H范围地基要求具有低压缩性，开挖至强风化岩体，其他区域要求清除覆盖层和部分全风化层，原则上不需爆破，但需清除局部倒悬岩体。灌浆帷幕深入相对不透水层以下5m，河床部位依据水头、地质条件及渗透特性加深至高程420m。帷幕的孔距一般均为2m，但对于局部地质条件较差的部位设置2排帷幕。帷幕灌浆压力初拟0.3～3MPa，最终由试验确定。固结灌浆孔深一般为8m，局部地质条件较差部位加深至12m，孔距中间为1.5m，两侧2m，排距同帷幕灌浆均为1.5m。初拟灌浆压力0.4～0.7MPa，最终由试验确定。

（中国水电顾问集团昆明勘测设计研究院　刘项民）

巴山水电站折线面板坝设计

（一）工程概况

巴山水电站工程位于重庆市城口县境内的任河干流上。坝址位于巴山镇上游约1km的冉家坝处，厂址位于巴山下游雷打石任河左岸山坡处，厂房距坝址区5～6km。水电站装机容量140MW，属二等工程。大坝为混凝土面板堆石坝，坝高155m，为1级建筑物，按500年一遇洪水设计，5000年一遇洪水校核。水库正常蓄水位680m，死水位650m，总库容(校核洪水位以下)3.165亿m^3。坝址以上控制集水面积1712km^2。工程区地震基本烈度为Ⅵ度。

巴山面板坝于2005年12月1日开工，2006年10月18日截流，2006年12月18日开始填筑，计划2009年竣工。

（二）折线面板坝

1. 坝轴线选择　巴山水电站坝址区河道顺直，河谷狭窄，水面宽30～40m。坝区两岸山体雄厚，河谷呈“V”形，两岸无阶地分布，地形基本对称，右岸略缓于左岸，山坡较顺直。左岸在650m高程以下自然边坡较陡，坡度约45°～60°、局部75°，650m高程以上略缓，坡度35°～45°；右岸在640m高程以下自然边坡较陡，坡度45°～55°，640m高程以上较缓，坡度35°～40°；680m高程处河谷宽约359m。

两岸覆盖层分布不对称。右岸分布于上游Ⅰ－Ⅰ′勘线附近，厚1.3～25.5m；左岸分布于下游Ⅲ－Ⅲ″线～Ⅱ－Ⅱ′线附近，厚5～33.7m。崩坡积体主要成分为碎块石、大块石及少量壤土，结构松散，大块石之间多架空，块石直径最大可达2～5m。为避免覆盖层开挖带来的边坡稳定问题，将面板坝坝轴线选为折线，即：右岸位于Ⅲ－Ⅲ′线处，左岸以Ⅲ－Ⅲ′线为端点向上游旋转21.56°至Ⅱ－Ⅱ′下游侧，然后再沿岸坡折线至Ⅱ－Ⅱ′线上游冲沟处，使趾板基础坐落在基岩上。

2. 坝体结构设计　混凝土面板堆石坝坝顶高程685m，建基面最低高程530m，最大坝高155m，坝顶长477m。为减少坝体填筑方量，降低工程投资，设计坝顶宽10m，坝顶下游侧设挡墙，下游坝坡不设“之”字形上坝公路，而是沿高度方向每隔30m设2m宽的马道，上面两级坡度为1∶1.3，下面两级坡度为1∶1.4，下游平均坝坡度为1∶1.4。上游面坝坡度为1∶1.4。坝线转弯处混凝土面板设连接板，宽12m。沿冲沟布置的趾板局部由于面板坡度缓于原地形，面板与原地形间有高差，趾板用高趾墙连接。

坝体共分垫层区（水平厚3m)、过渡层区（水平厚5m)、主堆石区、砂砾石区、次堆石区、周边缝下设小区料，面板上游595m高程以下设粉土铺盖和盖重区，下游面干砌石护坡和坝脚下游回填超径石压坡。

趾板设置为“4.5＋x”的窄趾板布置形式，即趾板水平段长4.5m，其余顺着岸坡为斜坡趾板，以节省开挖和工程投资。斜坡段趾板按不同作用水头，宽度分别为4m、7m、10m，厚均为0.3m。水平段趾板的厚度分别为0.6m、0.7m、0.8m。在工程施工过程中，为实现一枯拦水，加快施工进度，确保度汛断面的按期完成，将斜坡内置混凝土板优化为挂网喷混凝土，厚20cm。趾板纵向除转折处设永久结构缝外，其余采取连续、不设永久缝的布置方式，施工过程中若出现裂缝，则将临时施工缝改为永久结构缝。

混凝土面板顶部厚0.3m，底部随高度按计算式$d=0.3+0.0035H$（H为计算断面至面板顶部的垂直距离）变化。面板垂直缝间距12m，左岸面板转折处设12m宽的连接板，连接板与两侧面板设置周边缝，以适应变形。不设永久水平缝，面板分期浇筑形成的水平缝按施工缝处理。面板中部设单层双向配筋，纵向配筋率0.4%，横向配筋率0.35%。在周边缝及垂直缝侧面设置抗挤压钢筋，以提高面板边缘的抗挤压能力，防止面板边缘局部挤压破坏。

（三）坝基覆盖层处理

巴山河床冲洪积层由砂卵砾石、漂石组成，厚度

5～10m，下伏基岩为含砾凝灰质岩屑砂岩；左岸为崩坡积碎块石夹壤土，厚 1.5～30m。施工过程中开挖测河床冲洪积层干密度等各项指标满足堆石体要求，要求挖除趾板下游 2/3 坝高（约 110m）及下游坝脚处 20m 范围内的河床砂卵砾石，其余保留作为坝体的一部分，只清除表层松散层，在坝体堆石填筑前用 22t 拖式振动碾在清基面上碾压 10～12 遍，并铺过渡料后填堆石料。

左岸覆盖层经三维有限元计算，可只清除表层 2～3m松散体，保留下部碎块石层作为坝体的一部分。边填筑边开挖，以保证崩坡基体的稳定。

（四）设计特点

（1）巴山坝高 155m，这种量级的面板坝采用折线坝布置，目前国际、国内还没有，需充分了解折线坝坝体、面板的工作性态，研究合适的坝体分区和填筑参数，减少折线处坝体两侧的不均匀变形。

（2）岸坡覆盖层深厚，直接作为坝体的一部分压覆在堆石体下，左岸折线处以上面板基本沿岸坡贴坡布置，折线处两侧坝体模量、变形量不一致，对折线处面板的连接型式、止水结构需作专门研究，以适应不同变形，确保大坝安全。

（3）巴山河床沙砾料、料场开采料均具有碱活性反应，周围较大范围均无合适的料场，需采用掺外加剂等进行抑制，减少面板、趾板等的膨胀变形。

（中国水电顾问集团华东勘测设计研究院 齐立景）

周公宅双曲拱坝体形优化设计

（一）拱坝体形设计条件的特点

周公宅水库坝址位于浙江省宁波市，所处流域为甬江奉化江上的支流樟溪。拦河坝采用混凝土双曲拱坝，最大坝高 125.5m，坝址地震基本烈度为Ⅵ度。拱坝体形设计条件的主要特点为：

地形地质条件：周公宅坝址为深切“V”字形河谷，两岸地形基本对称，地形坡度 35°～45°，天然河谷宽高比达 2.92，为典型的宽河谷地形。坝址出露主要地层为侏罗系晶屑玻屑熔结凝灰岩、蚀变岩。熔结凝灰岩致密坚硬，风化浅薄。

气温：坝址多年平均气温为 16.3℃，月平均最高温度为 28℃，出现在 7 月，月平均最低温度为 4.8℃，出现在 1 月，气温年变幅较大。水温年变幅稍小于气温。

水库运行条件：周公宅水库正常蓄水位 233m，设计洪水位（$P=0.2\%$）239.57m，校核洪水位（$P=0.05\%$）239.76m，由于水库主要功能为供水，供水死水位很低，为 147m，水位最大消落深度占坝高的 75%，运行工况十分不利。

（二）拱坝体形优化设计

设计根据周公宅水库工程河谷宽、温差大、水位变幅大的特点，进行了以下几个方面的设计优化工作：

（1）拱冠梁前倾度分析。采用前倾的体形对上游坝踵有压紧的趋势，明显减小了上游坝踵拉应力；但由于水库供水死水位非常低，在死水位＋温升工况下，大坝下游低高程部位产生了较大的拉应力。因此拱坝体形也不宜过于前倾，通过多个方案的比较，采用了适度前倾的拱冠梁剖面。

（2）拱冠梁剖面厚度优化。由于坝址河谷较宽，通过拱冠梁型式比较，减小底部厚度，增加中上部坝厚，以增加中上部拱圈的作用。采用优化后的拱冠梁的拱坝总体应力分布更均衡，较充分地发挥了各高程拱圈整体的作用。

（3）优化拱圈中心角。坝址河谷很宽，需要增加中上部拱圈的拱作用力，因此充分利用两坝肩稳定条件好的特点，加大了中上部拱圈的中心角，拱坝 160～240m（近 2/3 坝高）拱圈中心角均保持在 90°～96°的范围内。

（4）拱端变厚。周公宅双曲拱坝较薄，拱端加厚有利于改善靠近基础部位的坝体的应力状态，并改善坝肩的受力条件。其中拱坝中部拱圈的荷载和应力均较大，作为拱端加厚主要部位，加厚比例约 20%～30%。

经拱梁分载法和三维线弹性有限元法优化，确定周公宅拱坝的最终体形。拱坝为抛物线型双曲拱坝，大坝坝顶高程 240m，实际开挖后坝底高程 114.5m，最大坝高 125.5m。拱冠梁顶宽 6.72m，拱冠梁底宽 26.25m，拱冠梁厚高比 0.21，坝顶中心线弧长 457.3m，弧高比 3.66，最大中心角 96.02°，坝体方量 57.91 万 m^3，拱坝柔度系数为 18.5。优化后的拱坝混凝土体积比初步设计阶段减少约 3.3 万 m^3，开挖量减少 2500m^3，按可行性研究单价计算，节约投资约 1230 万元。

（三）拱梁分载法拱坝应力分析

拱梁分载法拱坝应力分析采用浙江大学 ADAO 程序进行计算。在正常蓄水位＋温升工况时，上游面最大拉应力为 1.08MPa，下游面最大压应力为 5.73MPa；在死水位＋温升工况时，下游面最大拉应力为 1.17MPa。在各种工况下坝体上、下游面的最大主应力值均小于应力控制标准，坝体应力分布均匀。

（四）线弹性有限元拱坝应力分析

采用三维线弹性有限元法，考虑分期封拱的施工过程，分析了不同工况下拱坝的变形和应力分布。经计算，在正常蓄水位+温降工况时，坝体最大主拉应力出现在拱冠梁底上游面，为3.18MPa；坝体最大主压应力出现在拱冠梁底下游面，为-7.69MPa。在死水位+温升工况时，坝体主拉应力量值较小，最大主拉应力出现于中低高程拱圈下游面拱端，量值为1.02MPa；坝体主压应力量值总体不大，仅在拱冠梁底上游面产生了较大主压应力，量值为-6.55MPa。各工况下坝体的应力与应变符合拱坝一般规律，高应力区主要集中在坝基附近1/20坝高范围内，应力分布连续，坝体处于弹性工作状态。

（五）结论

周公宅水库工程根据河谷宽、温差大、水位变幅大的特点，设计了适度前倾的拱冠梁剖面，增加拱坝中上部坝厚、减小底部厚度、并利用拱肩稳定条件好的特点，增加了中上部拱圈中心角，拱端适当加厚，采用拱梁分载法和线弹性有限元法对混凝土双曲拱坝进行了全面的体形优化和分析，取得了适应周公宅坝址的优良拱坝体形，节省了投资。

（中国水电顾问集团华东勘测设计研究院　徐建军）

龙马水电站混凝土面板堆石坝设计

龙马水电站位于云南省普洱市墨江县与江城县的界河把边江河段上，水库总库容5.904亿m^3，装机容量240MW（3×80MW）。

（一）坝体结构设计

龙马水电站面板堆石坝，最大坝高135m，坝顶长315m，坝顶宽10m，坝顶高程643m。上游坝坡1∶1.4，下游坝坡1∶1.35，分别在603m、565m高程设两台2.5m宽马道。上坝料为坝址下游左岸的旧家箐料场、右岸清水河料场和溢洪道开挖料，其主要成分为石英砂岩。

面板厚度采用顶部向底部增厚的型式，顶部厚度取0.3m，渐变至面板底部，厚度为0.7m。面板垂直缝间距为12m，共有面板27块。面板混凝土，强度等级采用C25，抗渗等级不低于W12，抗冻等级不低于F100，混凝土极限拉伸值不小于1×10^{-4}；水泥为42.5级普通硅酸盐水泥，二级配骨料，水灰比不大于0.45，溜槽入口处的坍落度控制在3～7cm，混凝土的含气量控制在4%～6%；为改善混凝土性能，混凝土中掺20%Ⅰ级粉煤灰和0.9kg/m^3的聚丙烯纤维。面板配筋，采用双层双向配筋，单层单向配筋率控制在0.3%；上层、下层钢筋在周边缝、垂直缝处均弯折伸入另一侧150cm，作为抵抗挤压的构造钢筋。面板分三期施工，分期浇筑水平施工缝凿毛、铺M30水泥砂浆并设膨胀止水条，上下层顺坡向设ϕ18@167mm，长1.2m加强筋。

趾板采用两种型式，A型宽度6m，厚度0.6m；B型宽度8m，厚度0.8m。趾板配筋，采用顶部单层双向筋，钢筋直径ϕ20，间距150mm，并设置ϕ20@1.5m×1.5m，L=4.5m锚筋与地基相连，锚筋入岩3.5m。趾板混凝土，强度等级采用C25，二级配骨料；抗渗等级不低于W12，抗冻等级不低于F100；水泥为42.5级普通硅酸盐水泥。

面板周边缝：按照规范要求，底部设铜止水片，中部设12mm厚沥青木板，顶部设半圆形柔性填料并用三复合橡胶板覆盖、膨胀螺栓固定，其上再设无黏性填料（粉煤灰）并用不锈钢罩保护，各层止水自成封闭系统。

面板垂直缝：面板每隔12m设一道垂直缝。垂直缝均按张性缝设计，底部设铜止水片，中部设12mm厚橡胶板，顶部设半圆形柔性填料并用三复合橡胶板覆盖、膨胀螺栓固定。铜止水片底部设置土工织物和砂浆垫层。

坝顶宽度主要从施工要求及抗震角度考虑，选用10m。坝顶上游设防浪墙，下游设栏杆，坝顶面做成单侧排水坡，坡度为2%，在下游侧设置排水沟、并设电缆沟、照明电杆及人行道。防浪墙采用钢筋混凝土结构，为L形，墙底高程640.2m，高于正常蓄水位和设计洪水位；墙顶高程644.2m，墙高4m，与面板相接处设伸缩缝；按挡土墙进行结构设计，在满足稳定和强度条件下确定体形及配筋。

（二）坝体分区设计

根据运行期间对坝体各部位的要求，进行坝体材料分区。分区的原则是：对料场开挖料的特性认真研究，在保证工程安全、经济的前提下，充分利用溢洪道开挖的有用料；各区坝料从上游到下游满足水力过渡要求，相邻区下游坝料对其上游区有反滤保护作用；蓄水后坝体变形尽可能小。坝体从上游到下游分为垫层区、过渡区、主堆石区、下游次堆石区，并在面板上游设坝前覆盖料。

2A区为面板下的垫层区，考虑施工机械设备施工需要的最小宽度，确定垫层水平宽度为3m；3A区为垫层下的过渡区，亦考虑施工要求，水平宽度为4m；3B区为主堆石区，为级配良好的紫红色石英砂岩堆石料；3C区为次堆石区，位于坝体下游部位，为料场及溢洪道开挖料中稍差一些的料。下游坝面块石护坡，厚度1m。1A区为上游坝脚黏土铺盖区，宽度3.0m；1B区为上游坝脚回填石渣盖重区。

1. 垫层料　工程区天然砂砾料储量小，不能满足垫层料用量需求，采用料场弱风化以下岩体轧制而成。垫层料应有较高的变形模量及抗剪强度，能维持自身的稳定，对面板起到良好的支撑作用；应具有半透水性质，在面板及接缝开裂破坏时，可以起到限制坝体的渗漏量并保持自身抗渗稳定，对细粒料起到反滤作用，渗漏发生时通过细粒料堵塞渗流通道自愈，起到一定的挡水作用；施工中不易分离，便于平整坡面，使面板受力均匀。根据工程经验和试验结果，确定垫层料级配：最大粒径 80mm，小于 5mm 含量 30%～50%，小于 0.075mm 含量不大于 8%。

2. 过渡料　在垫层料与主堆石料间设过渡料区，料源为料场开挖的弱风化以下岩石，具有低压缩性、高抗剪强度，对垫层料能起到反滤保护作用。过渡料最大粒径为 300mm，小于 100mm 颗粒含量大于 15%，小于 1mm 含量不大于 3%。

3. 堆石料　上游主堆石料区为水压力的主要承载区，为避免面板产生较大的变形，要求有较高的压缩模量及良好的透水性，筑坝石料应有较高的干、湿抗压强度，在面板浇筑后，即使水库蓄水坝体的变形增量也不大。下游堆石料区位于上游堆石区下游，坝料要求较主堆石区低。堆石料最大粒径 800mm，小于 5mm 的颗粒含量不超过 20%，主堆石料小于 0.075mm 的颗粒含量不超过 5%。次堆石料小于 0.075mm 的颗粒含量不超过 8%。

4. 坝前覆盖料区　面板上游的坝前覆盖料区由堵缝材料和保护料组成，当面板较低部位出现裂缝、周边缝止水破坏等原因产生大的渗漏水时，堵缝材料随水流进入渗漏通道堵缝自愈。堵缝材料采用水平宽 0.5m 粉细砂和 2.5m 黏土，顶部高程由水库放空的最低水位 560m 确定，顶宽确定为 10m；保护料采用开挖弃渣料，坡度为 1∶2.5。

（三）坝料填筑参数

坝体填筑标准根据坝料室内试验及现场碾压试验结果，并参考类似已建工程最终确定如表 1。

表 1　坝料填筑参数表

序号	坝料种类	干密度 (g/cm³)	孔隙率 (%)	最大粒径 (mm)	渗透系数 (cm/s)	铺料厚度 (mm)	最少碾压遍数
1	垫层料 (2A)	2.24	≤18	80	1×10^{-3}～1×10^{-4}	≤400	6
2	特殊垫层区料 (2B)	2.24	≤18	30	1×10^{-3}～1×10^{-4}	≤400	6
3	过渡料 (3A)	2.18	≤20	300	$>2.36\times10^{-1}$	≤400	8
4	主堆石区 (3B)	2.16	≤21	800	$>1\times100$	≤800	8
5	次堆石区 (3C)	2.15	≤23	800	$>1\times10^{-1}$	≤1200	8

（四）坝基处理

坝基河床冲积层厚度在 9m 左右，其下部为弱风化基岩，因冲积层厚度不大，趾板及坝轴线前基础部位冲积层均全部清除。趾板基础均开挖至弱风化基岩，坝壳基础开挖以清除坡积层为原则。

趾板固结灌浆孔，排距 1.5m，孔距 1.5m，A 型趾板下固结灌浆深 9.5m、B 型趾板下固结灌浆深 10m，灌浆压力 0.3～0.5MPa。

沿整个趾板中部布置一排帷幕灌浆孔，孔距 1.5m，帷幕灌浆深入岩体透水率 3Lu 线以下 5m，帷幕深度一般为 70m、最大约为 100m；坝顶高程两岸帷幕与地下水位线连接，左岸灌浆洞水平向深 115m，右岸 150.4m。

（中国水电顾问集团昆明勘测设计研究院　杨再宏）

那兰水电站面板砂砾石坝设计

（一）工程概况

那兰水电站位于云南省红河州金平县境内的红河支流藤条江上，是藤条江规划最末的梯级，距中越国界 24.8km；为二等大（2）型工程，主要建筑物拦河坝为 2 级。水库总库容 2.86 亿 m³，调节库容 1.85 亿 m³，为不完全年调节水库；水电站装机容量 3×50MW，年发电量 6.73 亿 kW·h。

面板堆石坝河床趾板置于覆盖层上，趾板下设置混凝土防渗墙，趾板基础以上最大坝高 109m，坝顶长 333m，坝体填筑量 $231.2\times10^4m^3$，其中采用砂砾料约 $140\times10^4m^3$，上游坝坡 1∶1.5；下游坡面设施工上坝公路，路面宽 8.5m，公路之间坝坡为 1∶1.27。

（二）设计特点

1. 河床趾板置于覆盖层上　那兰水电站面板堆石坝为我国第一座将趾板置于河床覆盖层上的百米级高坝。坝基覆盖层厚 5.1m～24.3m，冲积层下伏岩体一般为微风化—新鲜砂泥岩，覆盖层主要为卵砾石夹中细砂。河床趾板设计如下：

（1）趾板与地基的连接形式，经多方案分析比较研究，采用分段趾板（趾板和连接板），通过缝来吸收覆盖层变形较大而可能出现的防渗系统不同结构间的位移差；趾板上游通过连接板与防渗墙按墙后式平接，下游通过周边缝与面板相连，趾板两端均能适应变形，连接形式见图1。

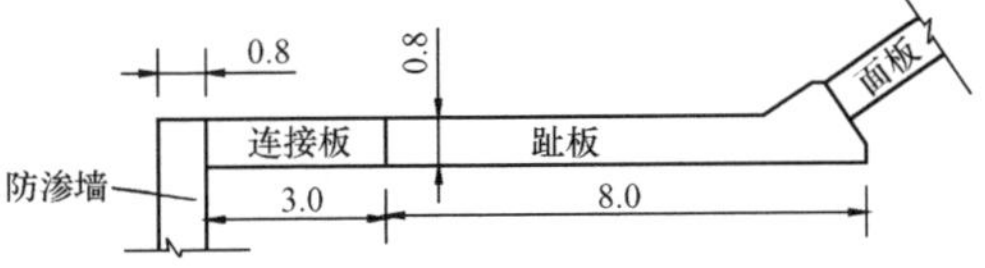

图1 河床段面板、趾板、防渗墙连接示意图

（2）河床面板、趾板、连接板、防渗墙之间的结构缝设可靠的能自愈的止水系统，除顶部柔性止水、底部铜片止水外，并于顶部覆盖无黏性填料（粉煤灰和粉细砂）、底部设反滤料和土工织物形成自愈止水系统。周边缝均于底部设铜片止水，中部设PVC止水、顶部设柔性止水，缝内填12mm的沥青木板；坝前覆盖以下周边缝顶部还覆盖有粉煤灰和粉细沙（厚度50cm）、黏土料（厚度150cm），死水位至坝前覆盖高程之间的周边缝覆盖厚度150cm的黏土料。防渗墙和连接板、连接板和趾板之间的接缝为柔性变形缝，见图2。缝底设铜止水片，缝中部设PVC止水，缝顶设柔性止水，缝内填沥青木板，顶部覆盖粉煤灰、粉细沙和黏土料，连接板和趾板下铺一层50cm厚的特殊垫层料作为反滤料，再在其上铺一层400g/m^{2}的土工织物增加反滤效果。

（3）为防止河床冲积层的不均匀沉降引起面板开裂，为增强面板的抗拉性能并保持面板的柔性，对面板配置双层双向钢筋。根据不同部位对面板分区配筋，顺坡向配筋直径16～22mm，间距16cm；水平向配筋直径14～20mm，间距16cm，接缝部位采用主筋弯折的方式设置抗挤压钢筋。防渗墙厚度为0.8m，深度深入基岩0.5m；采用C25混凝土，配置双层钢筋，320m高程以下竖向钢筋直径20mm，钢筋间距20cm，水平向分布钢筋直径16mm，钢筋间距30cm；320m高程以上水平向和竖向钢筋直径均为20mm，钢筋间距20cm。

2. 砂砾料筑坝

（1）运用了不良级配砂砾料。本工程砂砾石料有如下特点：料场的颗粒级配差别很大，含砂量（小于5mm的颗粒含量）为20%～75%；级配不连续，在0.5～5mm颗粒含量较少，级配曲线在此有个平台。与国内外已建工程使用的砂砾石料级配比较，含砂量是最高的，而且中细砂偏多。根据试验研究，为加强渗流作用下的抗冲蚀性能，设计干密度不小于2.25g/cm^3（相对密度0.89），并要求含砂量不得超过40%，以避免管涌型渗流破坏。

（2）坝料分区设计，根据坝体各部位的特点及功能，结合料源情况及施工进度，重点对砂砾料的使用数量及位置进行研究，以满足坝体变形控制和渗流控制的要求。采用将砂砾料置于上游坝壳，充分利用砂砾料易压实、密度高、变形量小的特点，对坝体提供坚实的支撑；下游坝体采用堆石料，既满足坝坡稳定要求，又满足坝体排水要求。因筑坝砂砾料含砂量高，中细砂多，压密后渗透系数较小，故沿砂砾料坝体周边设置过渡排水料，截断渗水进入砂砾料坝体的通道。

（3）过渡排水料级配设计，在满足其对垫层了的反滤保护前提下，尽可能减少细颗粒含量，使其具有较好的排水性。过渡排水料最大粒径300mm，小于5mm的颗粒含量小于10%，基本不含小于0.1mm的颗粒；通过直接利用过渡料区作为排水通道，简化了常规砂砾石料筑坝而需设置烟囱式排水的复杂施工分区，便于坝体填筑的快速施工。

（三）工程实施及运行

那兰水电站工程于2003年11月18日截流，2004年1月底开始大坝填筑，2005年2月开始一期面板浇筑，2005年8月大坝填筑至防浪墙底高程；2005年9月进行二期面板浇筑，2005年12月1日下闸蓄水，2005年12月28日首台机组发电，2006年7

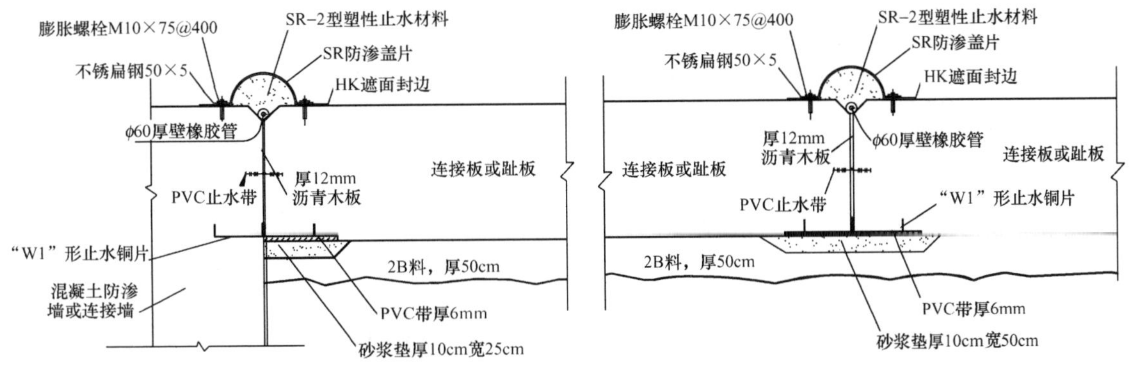

图2 连接板与防渗墙、趾板接缝示意图

月4日库水位达到正常蓄水位425m高程，主要建筑物基本完建投入运行，且经过了2006年汛期洪水的考验。实测大坝渗漏量一般为70L/s左右，周边缝最大开合度为0.36mm、最大剪切位移3mm、最大沉降4.07mm，张性垂直缝区实测开合度最大值为3.28mm，工程运行情况良好，效益显著。

面板坝趾板置于覆盖层上，在那兰坝之前国内仅有坝高40m左右的工程实例。那兰坝高109m，是我国趾板置于覆盖层上的100级高混凝土面板坝的首个成功范例，为我国面板坝筑坝技术的进步及发展起到了积极作用。

（中国水电顾问集团昆明勘测设计研究院　冯业林）

崖羊山水电站面板堆石坝设计

崖羊山水电站装机容量2×60MW。其大坝为2级建筑物，按200年一遇洪水设计，2000年一遇洪水校核。水库总库容2.47亿m^3，正常蓄水位835m，设计洪水位835m，校核洪水位835.97m，死水位818m。地震设防烈度为Ⅶ度。

崖羊山水电站面板堆石坝，坝顶长度236m，坝顶宽度8m，坝顶高程840m，最大坝高88m，上、下游坝坡均为1∶1.4，下游坝坡在818m高程设置一道4m宽的马道。面板厚度0.3～0.6m，上游面790m高程以下采用弃渣覆盖，下游坝脚785m高程以下采用弃渣压脚，弃渣平台宽40m。坝体总填筑方量约130万m^3。

堆石坝体主要分为5区：2A——垫层料，3A——过渡料，3B——主堆石料，3C——爆破开挖料，3E——强排水料。其他填筑分区为：1A——上游铺盖区，1B——盖重料区，2B——特殊垫层料区，3D——块石料护坡区，F——混凝土面板。

垫层料（2A区）：位于面板后侧，水平宽3m，坡度为1∶1.4，承受最大水力比降为36。

过渡料（3A区）：位于垫层料后侧，水平宽度为4m，坡度为1∶1.4；粒径小于100mm的颗粒含量必须大于15%，颗粒粒径$d<1$mm的含量≤3%。

主堆石料（3B区）：采用通天箐石料场及溢洪道和厂房后边坡开挖的弱风化、微风化及新鲜的砂岩料填筑，控制最大粒径800mm，小于5mm的颗粒含量不大于15%，小于0.074mm的颗粒含量不大于5%。

爆破开挖料（3C区）：设置于坝轴线下游部位，底面宽59m，顶宽10m，最大粒径800mm。

强排水料（3E区）：布置在坝体中部、773.6～780m高程之间，沿坝轴线宽度为30m，上游与主堆石区相接，下游延伸至坡外。

坝料填筑参数见表1。

崖羊山水电站上坝料含泥量及细颗粒较多，每层铺料碾压后均在表面形成一层泥浆层，坝面存在积水现象，影响了坝体的排水性。鉴于坝料的实际情况，设计上对坝体分区进行了适应性调整，重点保护面板后20～60m的区域，严格控制该区域坝料岩石的风化度、级配及含泥量，选择质量较好主堆石料铺筑。为此，首先在料场选择装车，编号拉至填筑区，按序卸料，碾压前再行检查，如发现还存在不合格料，用推土机推至坝后爆破开挖料区，如该料不满足开挖料区的要求，则拉离坝面作弃渣处理。并在坝体中间773.6～780m高程间铺填一道宽30m的强排水带，上游与主堆石区相接，下游延伸至坡外，利用面板后的主堆石区及排水带良好的排水性能，以形成良好的“L”形排水通道，及时将面板后的渗水排至坝后，降低堆石体的浸润线，确保大坝安全。强排水带由剔除5mm以下的主堆石料构成。排水带顶面铺筑1.2m厚的反滤过渡料，以防开挖料区的细颗粒下渗堵塞排水体。

有了坝体的排水措施保证，施工中决定对爆破开挖料的级配放宽要求，基本合理即可，强风化料也可以上坝，并允许局部夹有弱风化及以下泥岩，控制含量不大于15%。

表1　坝料设计技术指标表

料　物	最大粒径（mm）	铺层厚（m）	干密度（t/m^3）	孔隙率（%）	渗透系数（cm/s）	碾压遍数	加水量体积比
垫层料	80	0.4	2.24	<18	$A\times10^{-3}\sim A\times10^{-4}$	8～12	10%
特殊垫层料	40～20	0.2	2.27	17	$\leqslant A\times10^{-4}$	8～12	10%
过渡料	300	0.4	2.20	<20	$1.7\times10^{-1}\sim3.3\times10^{-2}$	8～12	20%
主堆石料	800	0.8	2.15	21	$A\times10^{0}\sim A\times10^{-1}$	8～12	15%
强排水料	800	0.8	2.15	21	$\geqslant A\times10^{0}$	8～12	20%
爆破开挖料	800	0.8	2.16	20		8～12	12%

崖羊山面板堆石坝坝基河床冲积层厚 17～27m，交错混杂沉积，成分复杂，在河底近基岩面附近有一层厚 1.4～2.8m 连续分布的粉质土砂或黏土质砂层。该地层承载力较低，存在地震液化的可能，但埋藏较深，且厚度不大，属中密以上砂土，上部持力层性状较好。因此，根据坝体受力特点，采用填土压重的处理方式，挖除坝轴上游的冲积层，将趾板及主堆石区基础置于弱风化岩基上；坝轴线下游清除冲积层表面松散体，碾压密实，沿地基铺设一层反滤过渡料，对河床冲积层进行反滤保护，防止发生渗透变形，从而影响坝基稳定；同时在下游坝脚可能滑出区采用开挖弃渣料回填压脚，形成宽 40m、高 11m 的压脚平台，消除坝体基础震动液化的可能，并阻断坝坡滑移通道。

对趾板基础揭露的断层破碎带、挤压破碎带及泥岩夹层，采用加深扩挖、做混凝土塞处理，并在趾板下游铺设一定长度的反滤料，延长渗径，避免坝基内的细颗粒流失。在趾板上进行帷幕灌浆及固结灌浆，并采用锚筋与基岸拉结。

坝基岩体渗透性较弱，3Lu 线埋藏较浅，经帷幕灌浆处理后可满足防渗的要求，趾板上进行帷幕灌浆和固结灌浆，帷幕灌浆布置在趾板中部，与固结灌浆孔结合。帷幕灌浆深入基岩 3Lu 以下 5m，防渗帷幕的最大深度为 30m，固结灌浆深度 8m，分 4 排布置。

（中国水电顾问集团昆明勘测设计研究院 覃建附）

云鹏水电站心墙堆石坝设计

云鹏水电站土质心墙堆石坝，坝顶长度 456.8m、宽度 10m，坝顶高程 904m，坝基开挖最低高程为 807.5m，最大坝高 96.5m；心墙顶高程 903m，上游设防浪墙，墙顶高程 905.2m；上游坝坡 1∶2；下游坡面设有上坝公路，路面宽 5m，下游平均坝坡为 1∶1.8。为节省工程量，坝体采用与上游围堰结合的方式。总填筑量约为 323 万 m^3，主要采用溢洪道、水电站进水口开挖料筑坝。

大坝渗流汇流系统截水墙位于距下游坝脚约 33m 处，墙断面为矩形，厚 1m，底部为放大基础，两侧回填石渣至同一高度，墙长约 100m。截水墙缺口处设有量水堰，测量大坝渗流量。

根据已建高坝的经验和实践，结合本阶段料场勘察情况，如图 1 所示，坝料分区如下：土质心墙料区，利用溢洪道及水电站进水口开挖的坡积层及全风化砂、泥岩；上、下游反滤料，利用洞挖料及石料场灰岩加工制成；⑤区为大坝下游 834m 高程以下主堆石料，采用石料场开挖料，要求透水性能良好；③区为上游围堰高程以下堆石料区，采用开挖料中弱风化的砂、泥岩；②区上游围堰以上部位，采用石料场开挖料；④区为下游次堆石料区，采用任意开挖料与灰岩料交替填筑。

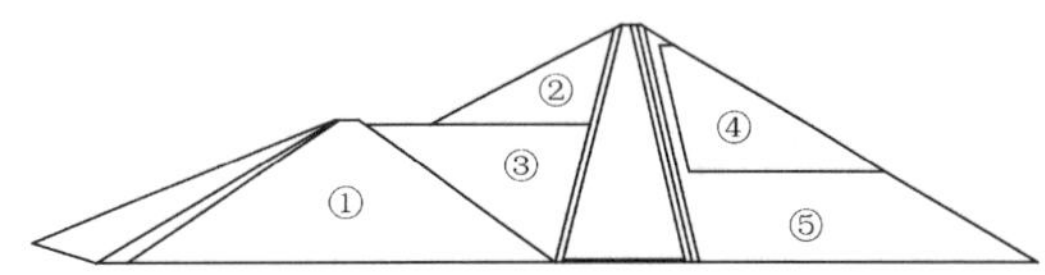

图 1 坝体堆石材料分区示意图

大坝计算主要就下面几个方面进行研究：

(1) 通过二维和三维非线性弹性及弹塑性有限元计算，分析云鹏堆石坝的应力应变分布规律，尤其是心墙中的规律；非线性弹性模型采用的是邓肯－张 E－B 模型，弹塑性模型为河海大学的椭圆－抛物双屈服面模型。

(2) 变化主要的模型参数，进行参数敏感性分析，合理确定云鹏堆石坝应采用的计算参数。

(3) 对水力劈裂发生的可能性、影响水力劈裂发生的因素及相应规律进行分析研究。

(4) 进行平面有限元及坝坡稳定计算，进行坝剖面的优化分析，提出合理的心墙坡度、坝料分区方案。

(5) 进行心墙堆石坝的平面有限元地震反应分析，研究地震荷载下坝体的沉降、水平位移、动剪应力规律。

(6) 进行坝坡稳定性分析；作坝料的线性和非线性强度参数的敏感性计算分析。

云鹏水电站大坝坝基主要岩性为长石石英砂岩，泥质粉砂岩，灰质、粉砂质泥岩，岩性偏软，坝基断层破碎带、层间挤压带较为发育，不利组合结构面发育，因此，施工中严格控制施工质量。

根据 SL 274—2001《碾压式土石坝设计规范》的要求，以及两岸风化较深的实际情况，心墙基础：高坝部位开挖到弱风化层上部，中坝开挖到强风化的下部，低坝适当放宽，开挖至强风化上部，开挖后，需进行喷锚支护，喷混凝土厚 10cm，锚杆采用 ϕ25，L=4.5m，间、排距均为 3m。河床部位将冲积层挖除，设计建基面高程为 807.5m。

两岸坝壳基础，要求清除坡积层表部的耕作层，厚约 1.0m，基本建基于坡积层中部。河床部位基础置于冲积层上，要求清除淤泥和大孤石，使基础面大致保持平整，填筑前需碾压密实。

坝基防渗采用灌浆帷幕。考虑到坝高达 100m 级，故防渗帷幕深度深入岩体透水率 q=5Lu 以下 5m 并向两岸延伸一定范围。帷幕为一排，但与帷幕相邻的上、下游各设一排加深的固结灌浆孔，孔深 10m，起副帷幕的作用，帷幕孔距 2m。

由于坝基卸荷裂隙较发育，不可能全部挖除，同时在坝基开挖过程中还可能造成次生裂隙，为封堵这些裂隙，防止坝基浅层渗透破坏，在心墙坝基范围内设计了一层厚 0.5m 的钢筋混凝土垫层，并对坝基进行固结灌浆。固结灌浆孔深为 5m，孔、排距均为 3m，呈梅花形布置。

云鹏水电站心墙堆石坝为 100 米级高坝，国内虽有成熟的设计经验，但在设计中还是进行了大量的试验及研究工作。通过勘探及室内外试验查明了坝基岩石特性，在大坝运行荷载作用下，具备作为堆石坝体及心墙基础的条件；对坝体防渗土料进行了不同设计阶段、多部位的试验研究；对反滤料有严格的设计级配要求，整个坝体设计有完善、可靠的防渗、排水系统；坝基开挖揭露后出现的地质缺陷问题，设计均有相应的处理要求。坝壳部分采用大量开挖料筑坝，节省了投资。云鹏水电站首台机组已建成投产，各建筑物运行良好。

（中国水电顾问集团昆明勘测设计研究院　余跃华）

厂 房 设 计

向家坝水电站地下厂房设计

（一）工程概况

向家坝水电站是金沙江河流规划中最下游一级巨型电站。水电站装机容量 6400MW，以发电为主，兼顾防洪、灌溉和拦沙，同时改善上、下游通航条件，并具有为上游梯级电站进行反调节的作用。枢纽建筑物主要有混凝土重力坝、左岸坝后厂房、右岸地下厂房、左岸通航建筑物和两岸灌溉取水口等。

向家坝地下厂房装机 4 台，单机容量均为 800MW，主要洞室包括主厂房和主变压器洞两大洞室，主厂房主要尺寸为 255m×31m×85.5m（长×宽×高）。主变压器洞主要尺寸为 192m×26m×23m（长×宽×高）。其中主厂房为目前国内开挖跨度最大的地下厂房。

（二）基本地质条件

向家坝水电站区域构造上位于立煤湾膝状挠曲带 SW 翼，岩层产状较平缓，一般为 60°～80°/SE∠15°～20°。岩体受褶皱变形破坏的程度轻微，岩体构造破坏程度较低，无较大断层分布，主要结构面为层间错动带、层面和节理裂隙。强风化水平深度 0～16m，中等风化水平深度 16～80m。强卸荷带水平深度 0～78m，弱卸荷带水平深度 0～120m。

厂房洞室主要由 T_3^{2-6-1}～T_3^{2-6-3}、主变压器室由 T_3^{2-6-2} 和 T_3^{2-6-3} 地层组成，以厚至巨厚层砂岩为主。岩体呈微风化—新鲜，主要节理裂隙有 NEE、NWW 和 NW 向 3 组，岩石饱和抗压强度平均值超过 60MPa，属坚硬岩；岩体完整性好，纵波速度大于 4300m/s，完整性系数大于 0.61，*RQD* 值一般在 85%以上。岩体透水性总体上为微透水至中等透水，渗透性具有明显的非均质性，但局部地段仍存在中等透水岩带。右岸山体有二级软弱夹层四条，其中软弱夹层 JC_{2-1} 在主厂房和主变压器洞顶拱以上，距主厂房和主变压器洞顶拱最小距离分别 6m 和 10m 左右，软弱夹层 JC_{2-2}、JC_{2-3} 在主厂房和主变压器洞顶拱、边墙出露，部分洞段分布在岩锚梁附近，JC_{2-4} 在主厂房洞底部出露。主厂房和主变压器洞围岩以Ⅱ～Ⅲ类为主，Ⅱ～Ⅲ类围岩所占比例超过 85%，局部泥质类软岩为Ⅳ类围岩。

厂区场地地震基本烈度为Ⅶ度，地应力属中低量级，最大主应力值 8.2～12.2MPa，方位角 25°～30°。

（三）地下厂房布置

综合考虑地质构造、地应力场和右岸引水发电系统布置，确定地下厂房纵轴线方位角为 NE30°。这个轴线与洞室围岩优势节理裂隙夹角为 50°、85°、45°，与岩层走向夹角为 30°～50°，与地应力夹角为 0～5°，同时有利于右岸引水发电系统布置。

地下厂房位置的选择还考虑：① T^{2-6} 岩组以上 T_3^3 岩组含薄煤层且有民间采煤历史，存在煤层采空区，岩层破碎，不具备开挖大型地下洞室的成洞条件；而 T_3^{2-6} 亚组以下的 T_3^{2-5}、T_3^{2-3} 岩组厚度小，泥质岩石含量相对较高，多呈薄至中厚层状结构，软弱夹层亦较发育，其成洞条件亦较差；T_3^{2-6} 岩组为厚至巨厚层砂岩，总厚度 130～178m，岩性为坚硬砂岩，因此地下厂房主要洞室宜布置在 T_3^{2-6} 亚组岩层，且洞室顶拱距 T_3^3 岩组之间以 1.0～1.5 倍洞跨为宜，尽量避开下部的 T_3^{2-5}、T_3^{2-3} 岩组。②右岸山体中等风化下限 65～80m；弱卸荷带水平深度为 100～120m，因此水平埋深不宜小于 120m。③尽量避免在引水隧洞和尾水隧洞设置调压室，引水隧洞和尾水隧洞均不宜太长，因此水平埋深不宜太大。④地下厂房临近水库，主厂房位于坝轴线上游侧，因此地下厂房与水库之间山体应有一定厚度，以减少地下厂房围岩渗透压力，有利于地下厂房防渗和围岩稳定。

综合上述各种因素选定的地下厂房，主厂房洞顶垂直埋深最大240m，最小为120m，其中洞顶距T_3^3岩组垂直埋深最大90m左右，最小为50m左右，仅3号、4号机组肘管下部局部涉及到T_3^{2-5}岩组。主厂房水平埋深为130m，距边坡最小山体厚度为94m。引水隧洞和尾水洞的长度适宜，经水力过渡过程计算，引水隧洞可以不设置调压室，尾水隧洞采用变顶高的结构型式后也可以不设置调压室。

（四）洞室支护设计和围岩稳定分析

1. 洞室支护　右岸地下厂房洞室群洞室密集，规模巨大，尤其是主厂房和主变压器洞两大洞室。主厂房最大开挖跨度，岩锚梁以上为33.4m，岩锚梁以下为31.4m，为目前国内最大；最大开挖高度为85.5m，开挖跨度和高度居世界前列，属超大型洞室。主变压器洞最大开挖跨度26.3m，最大开挖高度为24.5m。两洞室间距40m。

根据围岩分析成果和本工程地质特点，影响洞室围岩稳定性主要因素有缓倾角层状围岩、陡倾角节理裂隙、软弱夹层和高边墙等，针对上述问题，并参考其他工程支护设计经验，采取如下处理措施：

(1) 洞室围岩支护以系统锚喷支护为主，并与随机支护相结合。主厂房洞室系统锚杆间排距1.5m，锚杆长度6～9m；主变压器洞系统锚杆间排距1.5m，锚杆长度5～7m。有夹层出露的下盘围岩局部采用预应力锚杆加固。

(2) 针对层状缓倾角围岩不利于洞室顶拱围岩稳定、而且顶拱以上存在多层软弱夹层的地质特点，在主厂房顶拱和主变压器洞顶拱布置一定数量的预应力锚索加固。主厂房锚索吨位2000kN，长度30m左右，横剖面间距9m；主变洞锚索吨位1000kN，长度20m左右，横剖面间距9m，锚索纵向间距根据围岩分类和软弱夹层分布进行调整。利用主厂房和主变压器洞上部纵向排水廊道，两洞室顶拱采用预应力对穿锚索（主变压器洞局部采用预应力端锚）。为避免在从排水廊道施工锚索孔时造成主厂房、主变压器洞洞室顶拱掉块现象，要求在主厂房和主变压器洞开挖前先施工洞室上部纵向排水廊道，并利用排水廊道对洞室对穿锚索提前钻孔。

(3) 针对主厂房洞室陡倾角节理裂隙和高边墙的特点，为减小边墙变形和塑性区范围，改善边墙应力状况，在主厂房上游边墙布置30m长预应力锚索，下游边墙与主变压器洞之间布置40m长预应力对穿锚索，锚索吨位2000kN，间排距7.5m×6m。

(4) 对在主厂房边墙，尤其是岩锚梁附近出露的软弱夹层，采用局部刻槽扩挖回填混凝土并进行固结灌浆处理，并采用随机锚索进行加固。

2. 围岩稳定分析　采取上述锚固支护后，通过三维有限元计算分析，主厂房顶拱位移在10.1mm左右，边墙位移在10～41.5mm之间，局部在软弱夹层出露部位最大达61.8mm，主变压器洞顶拱位移最大值为12mm，边墙位移在3.3～12.9mm之间，各洞室位移值不大、位移变化规律正常；锚杆应力小于屈服强度，锚索应力为屈服应力值的51.5%～60.9%，而且锚杆、锚索应力留有一定的余地；塑性破坏区范围较小，除软弱夹层附近外，主要洞室塑性破坏区均限制在2～3m范围内；块体稳定分析表明，洞室顶拱个别部位容易发生塌落、掉块，但范围小，塌方方量不大。因此地下厂房洞室群的围岩稳定是有保证的，采用的锚固支护参数是合理可行的。

（五）帷幕排水设计

右岸山体内存在两层地下水，上层地下水位于洞室顶拱以上，大体分布在T_3^3岩层底部；下层地下水与河水联系紧密，地下水位与河水位接近且与河水位基本同步变化。地下厂房区岩体渗透性具有明显的非均质性，总体上为微透水至中等透水，但在厂房中下部（高程280～220m）的T_3^{2-6-2}与T_3^{2-6-1}分界面附近存在中等透水岩带，形成地下厂房的主要渗流带。

帷幕、排水布置需考虑：①洞室距水库最小山体厚度为94m；②洞室顶拱以上T_3^3岩层为含煤地层，煤层有民间开采历史，洞周岩体质量变差，采空区无分布规律，也无法详细查清，帷幕需避免通过T_3^3岩层；③上、下游帷幕在竖直方向宜穿过主要渗流带；④永久帷幕与施工期帷幕应结合考虑，减少工程量和投资；⑤主厂房、主变压器洞顶拱上部布置排水廊道以减小上层地下水向主厂房和主变压器洞的渗透排水量。

地下厂房厂区帷幕和排水沿主厂房和主变压器洞四周布置。帷幕廊道与洞室距离为30m，排水廊道与洞室距离为15m，上游帷幕（坝轴线上游）左端与大坝帷幕相连，右端在1号机组附近顺时针转动45°并向山体内延伸350m，下游帷幕（坝轴线下游）左端与大坝帷幕相连，右端与上游帷幕相通。上游帷幕深度为210m，帷幕廊道分四层布置。下游帷幕深度为100m，帷幕廊道分三层布置（局部两层）。

帷幕灌浆根据不同静水头、位置确定帷幕排数、孔距和压力。静水头小于60m左右布置单排帷幕，大于60m左右布置双排帷幕；由于河床侧节理裂隙发育，卸荷裂隙平行岸坡向高陡倾角构造节理发育，因此靠近河床帷幕孔距为1.5m，其他位置帷幕孔距2m；根据帷幕前静水头分层确定帷幕灌浆最大压力；对上下游帷幕提出不同的透水率要求。

排水廊道位于洞室与帷幕廊道之间，分三层布置，主厂房和主变压器洞顶拱上方布置一条纵向排水廊道，各层排水廊道内有排水孔连通。

地下厂房三维渗流计算结果分析表明：厂区布置防渗帷幕和排水系统后，上游侧防渗帷幕后地下水位高程为 267.1m，上游排水廊道地下水位为 250.3m，低于主机间内水轮机层高程 263.24m。上游排水廊道的单宽排水量是 12.15m^3/d，主厂房和主变压器洞单宽排水量分别为 0.61m^3/d 和 0.12m^3/d，远小于排水廊道内排水量，说明排水系统可以有效降低洞室周围地下水位和减小地下厂房围岩渗漏。

（中国水电顾问集团中南勘测设计研究院 郭云强）

小湾水电站地下厂房设计

（一）厂房布置概况

小湾水电站厂房位于枢纽右岸下游山体内，主要建筑物有地下厂房、主变压器室、尾水调压井三大洞室及其他相关辅助洞室。

地下厂房长 298.4m，宽 30.6m，最大高度 79.38m，安装 6 台单机容量为 700MW 的机组。分盘形阀排水设备层、机组供水设备层、蜗壳层、水轮机层、中间层及发电机层 6 层布置，机组安装高程为 980m，发电机层高程为 990.95m。主厂房起重机梁形式为岩壁吊车梁，吊车梁高 3.63m，宽 2.8m，设计竖向轮压为 840kN。主厂房防水吊顶采用支承于小岩锚梁上的网架结构。主变压器室长 230.6m，宽 19m，高 24.05m。尾水调压井为圆筒阻抗式，井筒最大高度为 89.497m，直径为 32m。

（二）基本地质条件

地下洞室群布置地段分布的地层为时代不明的中～深变质岩系（M），岩性主要为黑云花岗片麻岩和角闪斜长片麻岩，两者均夹少量薄层透镜状片岩。变质岩层呈单斜构造，产状一般 N75°～85°W，NE∠75°～90°。

地下洞室群布置地段出露岩体主要为微风化至新鲜、未卸荷岩体。该地段未发育较大规模的蚀变岩体，局部发育规模较小的、呈团块状的中等至强烈高岭石化蚀变岩体。

工程区域构造挤压强烈，在部分钻孔中出现饼状岩心，少数平洞在开挖过程中有轻微岩爆现象，地下洞室群部分洞段在施工过程中产生轻微—中等岩爆现象，主要表现为岩块的剥落、岩体长时间暴露后的松弛，局部出现响声及岩屑、岩块的弹射，一般出现在开挖面底部。地下厂房部位实测地应力值、方位的规律性较好，σ_1 量值为 16.4～26.7MPa，方位角为 296°～311°，倾角为 49°～53°；σ_2 量值为 10.8～19.7MPa，方位角为 219°～221°，倾角为－10°～0°；σ_3 量值为 6.9～10.1MPa，方位角为 129°～137°，倾角为 35°～40°。

（三）引水发电系统布置设计

在引水发电系统布置时，综合考虑了总体枢纽布置的协调、使用功能、三大洞室的布置空间、围岩稳定及应力条件等，确定主要洞室集中布置在拱坝右端山体中，位于断层 F_7 与 F_5 之间的约 400m×500m 范围内，洞室的围岩覆盖层厚度 300～500m，水平埋深 350～550m，厂房纵轴线方位为 SE140°。从有利于机电设备布置、运输和水电站运行维护及围岩稳定角度出发，三大洞室采用“一”字形平行布置。

由于引用流量大，水道短，引水系统采用单机单管供水方式；受进水口至地下厂房间距离的限制，压力管道采用竖井式布置。为方便机组停机检修，尾水系统调压室前采用单机单洞，并设有机组尾水检修闸门；调压室后采用三台机共用一座调压室、一条尾水洞的布置方式。

经对岸塔式直栅方案及竖井式斜栅方案比较，直栅方案检修和清污方式比斜栅方案更可靠，且有成熟的运行经验，并可常年清污，故拦污栅结构形式采用岸塔式直栅方案。考虑到圆筒调压室相对于长廊式调压室能较好地解决高边墙稳定问题和调压室内水流流态问题，确定采用圆筒阻抗式调压室。在平面布置上将 2 号调压室向下游移动 10m，两井略有错开，尽可能避开 F_5 断层的影响。为避开泄洪雾化影响，确保 GIS 安全运行，将出线场布置于修山大沟上游侧、坝顶高程 1245m 以上，出线洞采用斜井方式布置。

（四）主要洞室支护设计

1. 支护设计原则　根据科研成果、设计规范的有关规定和其他类似工程支护措施经验，并考虑到信息化设计的需要，确定了小湾水电站地下厂房支护设计原则如下。

（1）采用锚索/锚杆与喷混凝土进行系统支护；顶拱部位采用挂钢筋网或采用钢纤维混凝土进行加强支护；断层及其影响带采用挂钢筋网、预应力锚杆等进行加强支护。

（2）除在高边墙关键部位使用系统预应力锚索外，其余部位考虑随机锚索。

（3）支护参数应根据开挖揭露的地质条件和监测资料，进行及时调整。

2. 支护措施　在地下洞室开工之初，根据三维有限元分析计算研究成果并参考类似地下洞室支护经验，确定了基本支护参数。在地下洞室开挖支护施工过程中，特别是确定提前一年发电工期后，为在确保安全的前提下达到节约投资、方便施工、加快施工进度等目的，根据开挖揭示的地质条件和监测分析成果，采用动态设计方法，分阶段、部位进行支护参数的适时优化调整。最终完成的主要支护措施如下：

（1）地下厂房：①顶拱，采用砂浆锚杆 $\phi32/\phi28$ @2m×2m、L=9m/4.5m，喷 C30 钢纤维混凝土厚 0.2m；不良地质部位采用双/单层钢筋拱、125kN 预应力锚杆加强支护，锚杆间距加密为@1m×1m。②上游边墙，锚索，900m 高程以上的为 1000kN 级、L=20m/30m、间距 5m、五排，900m 高程以下的为 1800kN 级、L=20m/30m、间距 5m、三排，5 号、6 号机 F_{10}、F_{11} 共同影响区岩锚梁以下、980m 高程以上部位间插加密；砂浆锚杆 $\phi32/\phi25$ @2.5m×2.5m、L=9m/4.5m；喷 C20 微纤维混凝土厚 0.15m。③下游边墙，锚索，1000m 高程以上为 1000kN 级、L=25m/35m、间距 5m、四排，1000m 高程以下为 1800kN 级、L=25m/35m、间距 5m、六排，5 号、6 号机 F_{10}、F_{11} 共同影响区岩锚梁以下、980m 高程以上部位锚索间插加密；砂浆锚杆、喷混凝土同上游边墙。④端墙，锚索为 1000kN 级、L=20m/30m、间排距 6m×6m；砂浆锚杆、喷混凝土同上下游边墙。

（2）主变压器室：①顶拱，砂浆锚杆 $\phi32/\phi28$@2.0m×2m、L=9m/4.5m；喷 C30 钢纤维混凝土厚 0.2m；不良地质部位采用单层钢筋拱、125kN 预应力锚杆加强支护，锚杆间距加密为@1m×1m。②上游边墙，锚索 1000kN 级、L=25m/35m、间排距 5m×5m；砂浆锚杆 $\phi28$@2.5m×2.5m、L=6m/4.5m；喷 C20 微纤维混凝土厚 0.15m。③下游边墙，锚索 1000kN 级、L=20m/30m、间排距 5m×5m；砂浆锚杆、喷混凝土同上游边墙。④端墙，锚索 1000kN 级、L=20m/30m、间排距 5m×5m；砂浆锚杆、喷混凝土同上游边墙。

（3）尾水调压井：①顶拱，砂浆锚杆 $\phi32/\phi25$@2m×2m、L=6m/4.5m，喷 C30 钢纤维混凝土厚 0.2m。②井筒，砂浆锚杆，1012.9m 高程以上为 $\phi25/\phi32$@2m×2m、L=4.5m/9m；1006～1012.9m 高程为 $\phi25/\phi28$@1.5m×1.5m、L=4.5m/6m；1006m 高程以下为 $\phi25/\phi28$@2m×2m、L=4.5m/6m；喷 C20 混凝土厚 0.15m；990～1012m 高程不利结构面组合部位及尾水支洞/尾水隧洞顶部“五岔口”部位采用 1000kN 级、L=20m/25m、间排距 5m×5m 锚索加强支护。

3. 监测信息反馈　地下厂房开挖支护已于 2006 年 4 月全部完成，从近一年的监测资料可知：

（1）厂房边墙变形已稳定，上游边墙围岩最大变形位移值为 115.3mm，下游边墙围岩最大变形位移值为 101.5mm；顶拱围岩最大变形位移值为 4.1mm。

（2）主变压器室位移总体较小，其位移绝大部分在 30mm 以内，上游边墙围岩最大变形位移值为 76.4mm，下游边墙围岩最大变形位移值为 24.7mm。上游边墙位移明显大于下游边墙，说明主变压器室局部位移除了自身开挖卸荷的影响外，还受上游主厂房开挖的影响。顶拱围岩最大变形位移值为 13.9mm。主变压器室边墙变形已稳定。

（3）尾水调压井总变形量较小，1 号尾调井围岩最大变形位移值为 23.2mm；2 号尾调井围岩最大变形位移值为 48.3mm。尾调井围岩处于稳定状态，但由于开挖尚未结束，尤其是其下部“五岔口”尚未形成，后期变形情况有待进一步观察。

（五）地下厂房设计特点

（1）通过水力学过渡过程试验研究和三维有限元围岩稳定分析，明确在满足厂房水力学要求的前提下，对地下洞室群围岩稳定进行了方案研究，提出了符合小湾实际的带连通上室的双圆筒调压井型式，较大程度地改善了地下洞室群围岩稳定条件。

（2）为了改善电站运行环境，体现“以人为本”的设计理念，控制楼布置于右坝肩地面，通过电梯井与地下主副厂房联系，地下厂房内仅设安装调试期使用的简易控制室。

（3）顶拱开挖体形采用三心圆，降低矢高，改善围岩应力条件，减小开挖工程量。

（4）厂房防水吊顶采用支承于小岩锚梁上的网架结构，以方便吊顶施工和运行维护，避免悬吊式防水吊顶锚杆与岩体接触面锈蚀问题。

（5）在主厂房的两端均设置副厂房，以方便机电设备的布置。

（6）主厂房吊车梁形式为岩壁梁，桥式起重机最大轮压 840kN，位于国内前列。

（7）蜗壳混凝土采用保压控温浇筑，以利于解决厂房运行时蜗壳与外围混凝土联合受力，减小厂房振动。

（8）设置了由防渗帷幕、排水幕罩、防水吊顶以及防潮墙组成的完善的防、排水系统。

（9）为满足通风布置风道的要求，机组供水设备层以上未设置混凝土边墙。

（10）为体现“以人为本”的理念，方便运行、管理和检修，主厂房各层均设置纵向通道。

（中国水电顾问集团昆明勘测设计研究院
杨宜文　杨世界）

景洪水电站厂房设计

（一）概况

景洪水电站为云南省澜沧江中下游河段两库八级

水电规划的第六级，位于西双版纳州景洪市北约5km处；以发电为主，兼顾航运，并具有防洪、旅游等综合利用效益；装机5台，单机容量350 MW，总装机容量1750 MW，保证出力771.9 MW（与小湾和糯扎渡水电站联合运行，下同），多年平均年发电量78.58亿kW·h。水电站厂房部分于2005年8月开始浇筑混凝土，计划2008年5月底第一台机组投产发电，2009年6月底最后一台机组投产发电。

景洪水电站引水发电系统位于枢纽左岸。发电厂房为坝后式；基础主要为燕山早期闪长岩；主要建筑物有：主厂房、上游副厂房、GIS室及主变压器平台、中控楼、下游副厂房及挡水结构等。永久建筑物为1级建筑物，按200年一遇洪水设计、1000年一遇洪水校核。电站下游设计洪水位566.8m，校核洪水位574m，正常尾水位540.23m，最低尾水位535.73m。

（二）厂房布置设计

1. 主厂房　沿纵轴线从右至左为1～5号机组段及1号、2号安装间。长度分别为40.622m、34.3m×4、37.75m、30.25m，总长245.822m，其中主机段长度177.78m，机组间距34.3m，跨度37.5m，建基面高程501m。5台水轮发电机组，采用立轴混流式水轮机，水轮机型号HL279-LJ-830，安装高程531.2m，单机引用流量665.56 m^3/s，额定出力357.2MW。发电机为三相立轴半伞式同步发电机，型号为SF350-80/18000。水轮机层高程539.2m，中间层高程543.7m，发电机层高程549m。在565.5m高程设置两台660/160t单小车桥式起重机，575.6m以上布置网架结构屋面。安装间平台与发电机层同高程布置，设备及人员由左岸进厂公路经防洪门进入安装间。

2. 上游副厂房　上游副厂房为电气副厂房，在543.7～565m高程内，分五层，自下而上分为通风设备层、机旁柜层、电缆层、厂用电设备层、母线层。

3. GIS楼与主变平台　GIS楼在上游副厂房顶部，与主厂房等长，宽18m；分为两层，底层（571m）作为设备电缆层，地面层（575.15m）布置500 kV及220 kV GIS设备；楼顶（590.65m）为出线场，布置2回500kV和2回220kV出线设备（主要是避雷器、电压互感器、阻波器等）。主变压器布置于GIS楼上游侧，厂房排风道上方。主变平台高程575m。主变压器高压侧与GIS间采用SF_6气管连接。

4. 中控楼　在GIS楼左端部、安装间上游侧，分三层布置。571m为电缆层，中控室布置在575.15m层，581m为通信层。

5. 下游副厂房　下游副厂房为水机副厂房，分六层布置。526m为供水设备层，机组检修排水泵布置在533m层，调速器油压装置布置在水轮机层的下游副厂房，机组自用盘室布置在中间层的下游副厂房，高低压气机室、油库及油处理室布置在发电机层的下游副厂房，558m为通风设备层，屋顶高程为564.9m。

6. 尾水建筑物　尾水建筑物包括尾水管、挡水结构、尾水闸门操作、检修平台等。尾水管长23.07m，出口宽度26.86m，设中墩。尾水闸门孔口尺寸7.22m×9.68m(宽×高，下同)。挡水胸墙厚度，水轮机层以下6.5m，发电机层以下为5.5m，发电机层以上为3.5m。尾水闸门操作、检修平台高程为575m，设2×800 kN尾水单向门机1台，用于启闭操作尾水检修闸门及进厂公路防洪闸门(闸门孔口尺寸为10m×7.1m)。

（三）厂房设计特点

（1）由于水电站厂房下游尾水位较高(校核洪水位高于发电机层地面约25m)，厂、坝之间采用“上分下联”的连接形式，使厂、坝联合受力。在高程541.7m以上设置永久缝，将厂房与坝体分开；以下设施工缝，通过接缝灌浆将厂、坝联成整体，确保电站安全运行。

（2）引水钢管直径为11.2m，蜗壳与引水钢管联接不设置伸缩节，不设置止推环，蜗壳采用完全联合承载的结构形式。

（3）主厂房上、下游墙轨顶高程以下采用墙式结构，下游副厂房各层采用厚板结构，有利于加快施工进度。

（4）主厂房屋顶采用正放四角锥空间网架结构，屋面采用复合型金属彩钢屋面板，进一步加快厂房施工进度。

（中国水电顾问集团昆明勘测设计研究院　杨建强）

光照水电站厂房设计

（一）厂区建筑物布置

光照水电站装机4台，总装机容量1040MW，保证出力180.2MW，多年平均年发电量27.54亿kW·h。发电厂房为岸边引水式地面厂房，布置于坝轴线下游600余米的右岸Ⅱ号冲沟口。厂区建筑物主要由主厂房，上、下游副厂房，中控楼、500kV GIS开关站等建筑物组成。厂房为Ⅰ级建筑物，洪水标准按200年一遇设计，1000年一遇校核。下游设计尾水位606.35m，校核尾水位607.53m，正常尾水位585.81m，一台机满发尾水位583.33m。厂房坐落于T_{1yn}^{3-2}薄至中厚层灰岩及

T^4_{1yn}角砾状白云岩上。

为防止厂房右侧Ⅱ号冲沟山洪暴发对厂房运行的影响，在Ⅱ号冲沟内修建了截水坝和排水洞，将冲沟来水截断并将水沿排水洞排入北盘江。截水坝为混凝土坝，坝顶高程 615.5m，坝顶长 44.2m，最大坝高 15m。排水洞断面形式为城门形，宽 3.2m、高 4m。

进厂公路可直接进入厂房装卸场和厂后 608.65m 高程的开关站和中控楼。

（二）厂房布置设计

（1）主厂房全长 146.8m、宽 28.1m、高 66.55m，安装 4 台单机容量 260MW 的水轮发电机组，主机间、安装间、装卸场呈“一”字排列，沿纵轴线从左至右分别为 1～4 号机组段、安装间及装卸场。其中主机间长 93.8m，安装间长 33.5m，装卸场 19.5m；机组间距 22m，主厂房净跨 22.5m。水轮机型号为 HLA855a-LJ-505，安装高程为 577m，额定出力 265.3MW，由哈尔滨电机厂有限责任公司制造；半伞式结构发电机型号为 SF260-36/10540，由天津阿尔斯通水电设备有限公司制造。主机间自下而上分别布置蜗壳层、水轮机层、出线层、发电机层，蜗壳层高程 571.3m，蜗壳与外包混凝土之间上部 180°范围设高强聚乙烯闭孔泡膜板弹性垫层；水轮机层高程 581.5m，布置调速器和油压装置；出线层高程 586m，布置封闭母线和中性点设备；发电机层高程 591.5m，大桥机为 2×350/80t，布置于 608.75m 高程，用于起吊发电机转子等重型设备；小桥机为 100/20t，布置于 618.15m 高程，用于起吊日常小型设备和装卸货物。

安装间高程与发电机层同高，主要用于机组检修，放置拆卸后的上机架、下机架、顶盖、转子、转轮等机组部件。装卸场高程为 608.65m 与进厂公路同高，便于运输汽车直接进入厂房装卸设备。

（2）主厂房上、下游两侧均布置有副厂房，上游副厂房长 127.3m、宽 18m，共分 5 层，自下而上分别为油、气管路管道；励磁变压器、污水泵房；发电机断路器、机旁盘；电缆层；10kV 开关柜、高压厂用变压器、公用变压器等。下游副厂房长 127.3m、净宽 5.7m，共分 6 层，自下而上分别布置盘形阀操作室和检修排水泵，筒形阀油压装置、技术供水系统，下游管道层，空压机室，组合空调机层。4 台主变压器布置在上游副厂房 608.65m 高程平台。

（3）500kV GIS 开关站布置在上游副厂房上游侧，地面高程为 608.75m，平面尺寸 97.6m×19m×16.25m（长×宽×高）。避雷器、电流互感器和人字出线杆布置于开关站屋顶，开关站内布置一台 10t 桥机，用于设备安装和检修吊装。

（4）尾水建筑物包括尾水管、尾水闸门、尾水渠等。尾水管长 16.2m，出口宽 15.4m；尾水检修闸门共设 4 扇，尺寸为 7.54m×7.13m；尾水平台高程为 608.65m，布置一台 2×630kN 单向可移动的门机，用于起吊尾水闸门。尾水渠为弧形布置，底宽 76m，尾水闸墩下游采用 1∶3.5 的斜坡与 580m 水平尾水渠底板相连。

（5）中控楼布置于开关站右侧，楼底高程 608.95m，楼顶高程 626.25m，布置 4 层，自下而上为蓄电池室和电缆层、继电保护及直流屏室、中控室和计算机室、通信机房和水情测报室等。

（三）厂房边坡及基础处理

1. 厂房边坡　厂后边坡出露地层主要为 T^{3-2}_{1yn} 薄至中厚层夹厚层灰岩，倾向下游，产状 N60°～75°W、SW∠54°～68°，边坡地质构造简单，边坡为顺向坡，自然坡角 35°左右。厂后开挖边坡为 1∶0.7。608.75m 高程以上为永久边坡，最大坡高度约 62m，分别在 630m、650m 高程设置宽 3m 宽的马道。边坡采用常规喷锚支护处理，系统锚杆 ϕ25，L=4m 或 6m，间排距为 2m，梅花型布置，局部不稳定块体采用随机锚杆进行加固。

2. 厂房基础　厂房基础坐落在 T^{3-2}_{1yn} 和 T^4_{1yn} 地层上，T^{3-2}_{1yn} 地层为硬岩，T^4_{1yn} 地层为软岩。T^4_{1yn} 岩溶较发育，岩体破碎，岩体的承载力仅 1～1.5MPa；另外 P_1 挤压破碎带斜穿厂房 1 号、2 号机组段。除 1 号机基础置于 T^{3-2}_{1yn} 岩体外，其余基础均置于 T^4_{1yn} 岩体上。厂基存在不均匀变形问题，但通过对厂房基础采用固结灌浆等加固处理后，基础能满足厂基承载力要求。固结灌浆孔深为 6m、8m、12m 三种类型，间距 2m×2m，呈梅花型布置；对于 P_1 挤压破碎带及局部岩溶发育部位进行混凝土置换回填，回填宽度为挤压破碎带宽度的 1.5 倍，深度为 2m。

（中国水电顾问集团贵阳勘测设计研究院
梁锐锋　熊　军）

思林水电站地下厂房设计

（一）厂区建筑物布置

思林水电站装机 4 台，单机容量 262.5MW。地下厂房洞室群布置在右岸，主要洞室有主厂房、主变压器洞、母线洞、尾水洞等，还有交通、通风、出线、排水等辅助洞室和竖井、各层施工支洞。

主厂房、主变压器洞两大洞室选择平行布置。主变压器洞布置在主厂房下游侧，位置在满足洞室群整体围岩稳定的条件下尽量靠近主厂房。主厂房最大轮廓尺寸为 177.8m×28.4m×73.5m（长×宽×高），主变压器洞的最大轮廓尺寸为120m×16.3m×25.4m（长×宽×高），主厂房与主变压器洞的净距为35.9m。主厂房轴线为正N向，与岩层夹角约40°，与最大地应力水平夹角约60°。

主变压器洞、尾水洞平行错位布置，两洞室垂直向最小净矩17m，水平向洞轴线矩9.4m。主变压器洞断面为8m×11.2m(宽×高)，尾水管断面由17.77m×10.5m(宽×高)渐变为15.30m×21.15m(宽×高)。

（二）厂房洞室稳定和支护设计

地下厂房上履岩层厚度80～155m，距河岸最短距离约80m。厂房三大洞室所处围岩均为T_{1y}^{2-2}，岩层产状为NE36°～45°/NW∠74°～83°，围岩整体稳定性良好。厂房顶拱附近，溶蚀裂隙发育，局部围岩稳定性差，以Ⅲ类围岩为主；边墙岩溶及裂隙发育相对较弱，以Ⅱ类围岩为主。

有限元计算表明，主厂房上、下游边墙大部分区域的位移值在20～30mm，最大值出现在下游墙肘管顶部突出岩体上，位移值为51mm；洞周围岩最大拉应力在2MPa以内，主压应力在35MPa以内，均小于岩体强度指标；围岩塑性区主要发生在主厂房和主变压器洞中下部、尾水洞之间的岩墙，主厂房上、下游墙的塑性区深度在6m左右，局部达9m。从收敛性准则来分析，洞室群的稳定安全系数为2.1。

局部块体稳定分析表明，厂房周边块体规模有限，控制围岩稳定性的软弱面主要是层面与一组NW46°、SW86°陡倾角裂隙，其失稳模式以滑动为主，安全系数均大于2。

根据洞室稳定分析结果，对厂房不同部位选择相应的支护方式：主厂房、主变压器洞顶拱和高边墙采用长、短相间锚杆支护，主厂房、主变压器洞顶拱挂网喷聚丙烯混凝土，其余部位和其他洞室喷素混凝土。在主厂房腰墙布设四排一次注浆的无黏结预应力锚索，在肘管顶部突出岩体布两排有黏结锚索，在三大洞室下部的尾水洞区域布置对穿锚索，洞室交叉部位超前锁口支护。通过以上措施，确保了厂房洞室群的稳定。

（三）岩锚梁起重机梁设计

岩锚吊车梁沿安装间、主机间全长布置。厂内采用两台500t/125t桥式起重机，最大轮压850kN。经结构分析，选定起重机梁断面尺寸1.85m×2.6m（宽×高），壁座与垂直方向夹角27.5°。

（四）厂区截排水设计

思林水电站处于强可溶灰岩地区，厂房紧靠水库，需采取有效的防渗、排水措施，以防止洞室围岩在地下水的作用下稳定性恶化，保证电气设备正常运行。

厂区河段为横向谷，地下厂房主要建筑物位于强可溶的T_{1y}^{2}灰岩中，上、下游由T_{1y}^{1}、T_{1y}^{3}相对隔水层阻隔。无顺河向上、下游相通的岩溶系统；岩层陡倾，有沿层面和层面裂隙垂直于河流方向的落水洞系统。厂区地下水活动的主要通道是Sj-2、S-64两个岩溶管道。雨季地表降水，地下水活动加剧，在厂区发育的K-90、K-29等落水洞系统和地表溶槽，是主要的补给通道。

为保证水电站安全施工和运行，地下厂房采用地面与地下相结合的堵、截、防、排综合处理措施。结合砂石系统的修建对K-90、K-29等落水洞、溶沟、溶槽实施封堵，地表作防渗处理。在厂区410m高程，布置“日”字形排水廊道系统，以排除地表渗水，集水由排水廊道自流排出。在主厂房和主变压器洞周围368m高程，布置“口”形环状排水廊道系统，截排S-64、Sj-2等地下水管道，其集水汇入厂房集水井。在围绕主厂房和主变压器洞的两层排水廊道外侧进行帷幕灌浆，形成一道封闭的410m高程至330m高程的防渗帷幕线。通过以上措施，减少厂区的渗水流量和外水压力，确保地下洞室围岩稳定和厂房运行安全。

（中国水电顾问集团贵阳勘测设计研究院　后开祥）

琅琊山抽水蓄能电站“两机一变”地下厂房布置特点

琅琊山抽水蓄能电站位于安徽省滁州市西南郊，装机容量为4×150MW，水电站建成后承担电网的调峰填谷、调相、调频和事故备用任务。

水电站厂房区地质条件复杂，围岩稳定性差，不利于修建复杂的大型洞室群。地下厂房以Ⅲ类围岩为主，且发育有宽20m左右从厂房顶拱到基础的大规模花岗闪长斑岩蚀变带。本工程经过设计优化，采用“两机一变”厂房布置形式（如图1所示），减少了地下洞室数量，利于洞室围岩稳定，并且减小施工困难，方便电厂运行管理，投资又较省。具体布置如下：

发电电动机与变压器之间采用扩大单元接线，设置发电电动机断路器和换相开关，主变压器采用三相式无励磁调压双分裂电力变压器。地下厂房洞室内除布置四台机组和两台变压器外，还布置了大量电气设备和水力机械设备。发电机层主要布置有四台套发电电动机的主回路离相封闭母线、发电机断路器、五极式换相开关、启动隔离开关、保护和监控系统现地控制单元设备、励磁盘柜、机旁动力盘等。母线层布置有发电电动机中性点引出线和接地变压器柜、电气制动开关和限流电抗器、励磁变压器柜、分支回路封闭

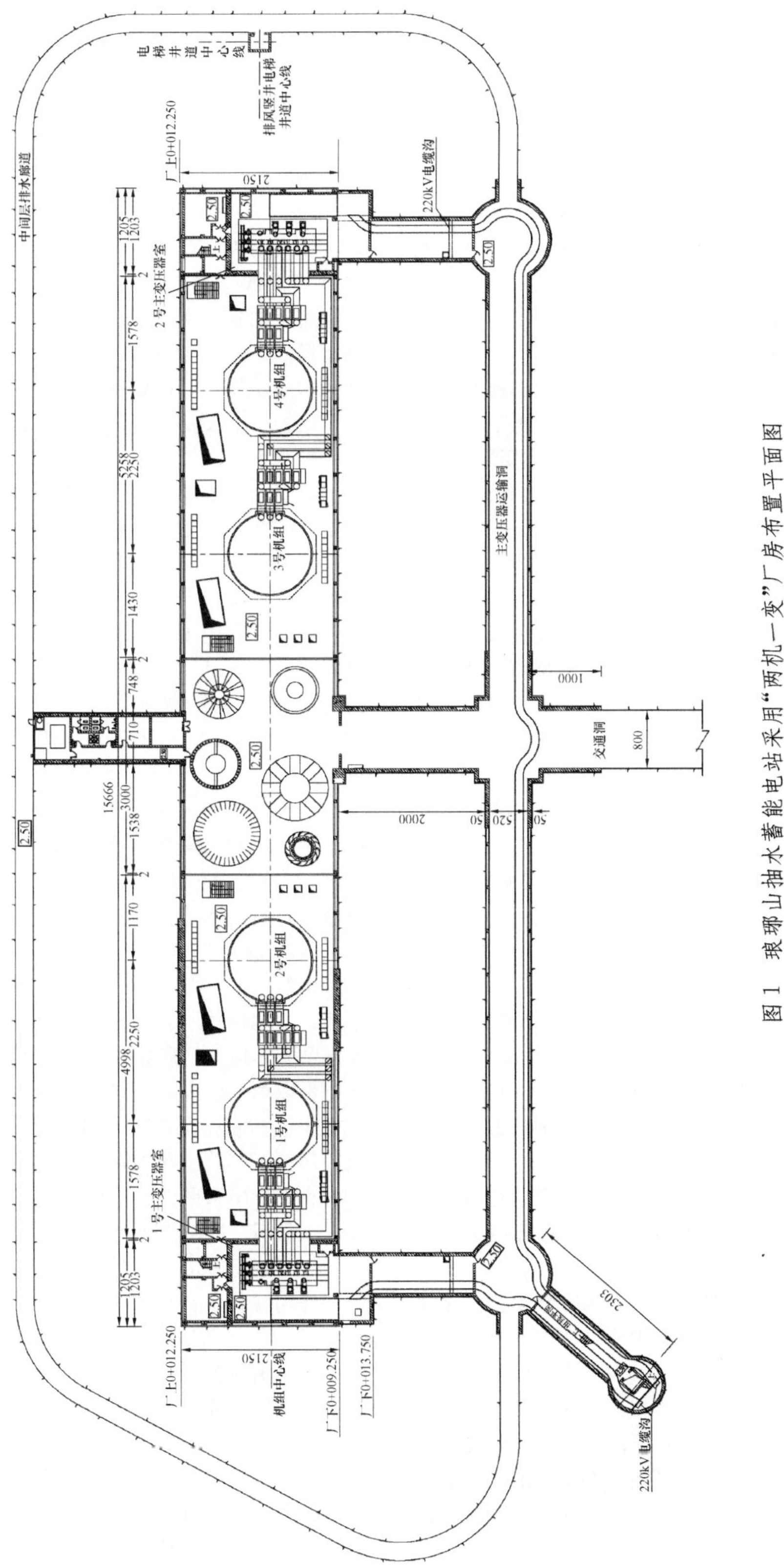

图1 琅琊山抽水蓄能电站采用"两机一变"厂房布置平面图

母线、高压厂用变压器、机组自用变压器等设备，还布置了通风管道和空调管路，同时也是全厂电力电缆和控制电缆的主要通道。水轮机层主要布置推力轴承外冷却装置、调速器机械柜及其油压装置和深井泵等水力机械附属设备，进水阀油压装置与调速器油压装置共用。蜗壳层布置有蝶阀、技术供水设备以及供排水管路等。在厂房中部的安装场下面分两层，布置SFC整流逆变装置及其电源的输入输出20kV开关柜、输入输出变压器，全厂10kV高压开关柜、0.4kV厂内公用开关柜和公用变压器、直流盘、蓄电池、通风机等设备。

结合地质条件和机电设备的布置特点，地下厂房内自右至左依次布置1号主变压器室，1号、2号主机间，安装场，3号、4号主机间和2号主变压器室。主厂房开挖尺寸为132.56m×21.5m×46.17m(长×宽×高)，机组间距为22.5m，主机间长102.56m，安装场长30m。主机间共布置五层，分别为发电机层、母线层、水轮机层、蜗壳层和尾水管层。1号、2号主变压器室开挖尺寸均为12.05m×21.5m×20.17m，分两层布置，下层与发电机层高程相同，为主变压器室和冷却器室，上层为副厂房，顶部分别和通风洞、排风竖井连接。在主厂房洞室下游平行布置的主变压器运输洞开挖尺寸为188.6m ×5.2m×6.5m(长×宽×高)，用作运输主变压器、敷设出线电缆以及厂区中层排水廊道。出线竖井布置在1号主变压器室下游，直径7m，高度140m，与地面开关站、出线场相接。

琅琊山抽水蓄能电站采用“两机一变”厂房布置，具有以下特点：

(1) 地下洞室布置简单，与厂房交叉的洞室少，利于围岩稳定。

(2) 土建工程量较常规布置方案节省，并且围岩稳定性较好，可以降低施工难度，有利于施工组织和加快施工进度。

(3) 全部机电设备集中布置在主厂房洞室内，运行巡视比较方便，益于无人值班，少人值守的水电站运行管理。

琅琊山抽水蓄能电站通过地下洞室群布置优化和电气主接线等机电设备的布置优化，在国内抽水蓄能电站首次采用两台机组共用一台变压器的布置方式，取消了主变压器洞和母线洞等相关洞室，将主变压器布置在主厂房两端，简化了地下洞室群的布置，有效地解决了不良地质条件下大型地下洞室因围岩稳定而布置困难的问题，为国内类似工程设计提供了新思路。

（中国水电顾问集团北京勘测设计研究院
万凤霞　王阳雪）

董箐水电站引水建筑物与厂房设计

董箐水电站位于贵州省贞丰县与镇宁县交界处，是北盘江干流（茅口以下）规划梯级的第三级水电站，以发电为主，装机容量880MW（4×220），保证出力172MW，多年平均电量30.26亿kW·h。厂房为坝后地面式。由于坝址处于下游红水河龙滩库区，水库最高水位达400m，厂房尾水变幅大（约60m）。其引水建筑物与厂房设计具有显著的技术特点。

（一）引水建筑物

引水系统布置时，主要对洞径进行了经济比较，在满足引水发电要求的情况下，采用常规布置方式。引水系统布置于右岸，采用一洞一机单元供水方式，由塔式进水口、引水隧洞、压力钢管等建筑物组成，引水系统线路长582m。

进水口底板高程455m，闸门井内设一道平板事故检修闸门，孔口尺寸为7m×9.25m（宽×高）。4条引水隧洞平行布置，纵坡 $i=7.5\%$，轴线间距22m，引水隧洞均长272m，圆形断面内径9m。压力钢管均长310m，圆形断面内径7m。

压力钢管回填混凝土采用补偿收缩混凝土，不做接缝灌浆，回填灌浆在顶部排水洞中钻孔埋管进行，做到压力管不开孔或少开孔。压力钢管洞壁和管壁采用塑料盲材排水。

（二）发电厂房

董箐水电站发电厂房布置在面板坝下游右岸坝脚附近，为地面式厂房。厂房要避开泄洪水流的冲击，并结合实际地形地质条件，选择平缓地带，尽量减少开挖量以利于厂房后顺向边坡稳定。厂区枢纽主要由主机间、右端安装间(包括主安装间及装卸场)、上游副厂房、上游升压开关站、右端上游中控楼、下游副厂房、下游尾水平台、尾水渠及进厂交通等建筑物组成。主厂房由主机间、安装间组成，长137m，宽25.5m，高67.62m，净跨度19.5m，机组间距22m。主厂房内安装4台单机容量220MW的混流式水轮发电机组，机组安装高程为359.6m，发电机层高程374.7m。开关站为户内式GIS开关站，布置在主机间上游侧副厂房顶部。进厂交通有两条，一条从右岸下游公路进厂，另一条从坝后公路接厂房尾水平台进厂。

厂房校核洪水尾水位为402.53m，承受的最大水头超过60m。为使厂房结构能满足高尾水位变幅的要求，采用了以下措施：①采用主、副厂房全封闭整体结构型式；②下游挡水结构设计成主机间下游墙与尾水挡墙、闸墩联合受力的框架结构；③为使厂房周边墙、底板能承受较大的渗透水压力，将厂房周边结构设计成厚墙、板结构，并沿墙长度方向及结构缝两侧设混凝土剪力墙肋，形成墙、墙肋、厚底板共同承受外水压力的框架结构；④厂房校核尾水位高于发电机层，为解决厂房防洪与大件运输、吊装等问题，安装间采用台阶式布置，分为主安装间和装卸场；⑤机组分缝采用两台机组间隔设一条永久缝，以满足厂房横向稳定和应力要求；⑥厂房墙体采用三级配防渗防裂混凝土。

（中国水电顾问集团贵阳勘测设计研究院
湛正刚　蔡大咏　刘　雯）

漫湾水电站二期工程地下厂房设计

（一）工程概况

漫湾水电站位于云南省云县和景东县交界的澜沧江中游河段上，距昆明公路里程455km，是澜沧江中下游河段梯级规划两库八级开发方案中的第三个梯级。漫湾水库回水与上游正在施工的小湾水电站衔接，电站下游与已发电的大朝山水电站库尾相连。

漫湾水电站总装机容量为1550MW，其中一期工程装机容量5×250MW，二期工程装机容量1×300MW。一期工程于1995年6月全部建成投产。二期为二等大(2)型工程。

（二）地下厂房结构布置

漫湾水电站二期工程厂房型式为地下厂房，总长114.5m，从左至右依次布置有主变压器室、主厂房(包括安装场、主机间、副安装场)及电梯间。二期工程不再新建中控室，电站的运行由一期工程控制室统一控制。

主厂房长74m，宽26.6m，高69.4m，内装1台300MW水轮发电机组，机组安装高程891m。主机间及副安装场有4层，其中发电机层地坪高程906.5m、中间层地坪高程900.59m、水轮机层地坪高程896.5m/894.09m、蜗壳层地坪高程889m。主安装场上游侧布置母线道，其地坪高程与中间层同高。母线道长32.3m，宽7.5m/8.5m，高5.91m。副安装间侧设检修集水井及渗漏集水井，检修集水井顶板高程为894.09m，渗漏集水井顶板高程为889m，底板高程均为866.02m。

漫湾水电站二期工程吊车梁采用岩壁吊车梁，装有一台500t＋500t/10t双小车桥式起重机，桥式起重机最大轮压850kN。蜗壳采用金属蜗壳，斜向进水，进口段直径为7.7m；上半部表面设20～50mm厚的自熄型聚苯乙烯泡沫塑料弹性垫层。机墩及风罩结构形式为上游侧方形，下游侧圆形。机墩内径为9.5m，厚度为4.8m，顶高程901.32m，底高程896.5m；风罩内径17.5m，厚度为0.8m，顶部高程为906.5m。

主变压器室长33.5m，宽24m，高28.0m，里面设有3台500kV单相变压器。各主变压器间设置混凝土防爆墙，墙厚0.6m。主变压器室共分3层，其中主变压器间及主变压器搬运道地坪高程906.5m，通风空调机室地坪高程913.5m，500kV电缆及GIS室地坪高程919m。主变压器室左端部设置公共集油井，其底板高程为894.5m，平面尺寸为5.8m×2.5m，高度为12m。

地下厂房外围设有三层排水洞及相应的排水孔等排水系统，厂房内顶部设有网架结构防水吊顶，发电机层以上设有防潮墙，发电机层以下边墙为钢筋混凝土结构。发电机层至岩壁吊车梁防潮墙采用0.24m厚的砖墙；岩壁吊车梁以上防潮墙采用轻钢龙骨结构，面层为0.5mm厚镀铝锌压型钢板。防潮墙与厂房岩壁间有0.6～0.8m的空间。防潮墙内设有构造柱，柱截面尺寸为0.4m×0.8m。

在主厂房下游侧第二层排水洞内，利用扩挖的施工支洞布置有透平油室及油处理室，总长33.2m，宽7.5m。

（三）地下厂房围岩稳定及支护三维有限元分析

为全面准确地了解和评价地下洞室群的围岩稳定性，验证地下洞室群施工开挖程序的合理性，并合理选择地下厂房洞室围岩支护参数，昆明勘测设计研究院联合武汉大学采用三维弹塑性损伤有限元对地下厂房洞室群围岩稳定、开挖和支护情况进行了研究。研究的主要内容为：地下厂房枢纽三维初始的应力场反演与拟合；地下厂房洞室群毛洞开挖和分期锚固支护开挖方式下的洞室围岩稳定比较分析；地下厂房渗流控制计算分析；渗流对围岩稳定的影响分析；岩壁吊车梁结构计算分析及其对围岩稳定的影响分析等。通过分析研究对拟订的锚固支护方案进行了评述，对地下厂房洞室围岩稳定提出了合理的建议；对考虑渗流引起的围岩稳定不利因素作了评价并提出合理的应对措施；对岩壁吊车梁的安全性进行了分析。

（四）地下厂房围岩支护设计

根据三维有限元计算结果、设计规范的有关规定和其他类似工程支护措施和经验，确定漫湾水电站二期工程主厂房支护参数如表1所示。过断层及Ⅱb＋Ⅳ类岩体地段的边墙部位采用125kN级预应力锚杆及挂钢筋网进行加强支护，顶拱处采用钢肋拱进行加强支护。

表1 主厂房基本支护参数表

工程部位	支 护 参 数
顶 拱	(1) 砂浆锚杆 ϕ32@1.5m×1.5m、L=9m，矩形布置，挂 ϕ6.5@0.2m×0.2m 钢筋网，喷 C25 微纤维混凝土厚 0.2m；断层带及Ⅱb类岩体地段采用 ϕ28/ϕ20@0.2m×0.2m 钢筋拱、预应力锚杆 ϕ32@1.5m×1.5m、L=9.0m 进行加强支护，其中预应力锚杆和砂浆锚杆梅花形交错布置 (2) 在上下游侧 932.439m 高程各布置一排 1000kN 级预应力对穿锚索，间距 4.5m，锚索另一端布置在一层排水洞；在断层和Ⅱb类岩体分布地段上下游侧 934.845m 高程各增设一排 1000kN 级预应力锚索，长 20～30m，间距 4.5m
上游边墙	(1) 主机间侧边墙(厂纵 0－027.000～厂纵 0＋023.000)：砂浆锚杆 ϕ32/ϕ25@1.5m×1.5m、L=9.0m/4.5m，矩形长短交错布置，喷 C20 微纤维混凝土厚 0.15m；安装间侧边墙(厂纵 0＋023.000～厂纵 0＋047.000)：砂浆锚杆 ϕ28/ϕ25@1.5m×1.5m、L=6.0m/4.5m，矩形长短交错布置，喷 C20 微纤维混凝土厚 0.15m (2) 主机间侧边墙：在吊顶岩锚梁下部布置一排 1800kN 级预应力锚索，在岩锚梁下部布置三排 1800kN 级预应力锚索，长 20～30m，间距 4.5m；安装间侧边墙：在吊顶岩锚梁下部布置一排 1000kN 级预应力锚索，在岩锚梁下部布置三排 1000kN 级的预应力锚索，长 20～30m，间距 4.5m
下游边墙	(1) 砂浆锚杆、喷 C20 微纤维混凝土参数同上游边墙 (2) 除在尾水管上方增设一排 1000kN 级、长 20m、间距 4.5m 预应力锚索外，其余锚索参数同上游边墙
电梯间侧端墙(厂纵 0－027.000)	(1) 砂浆锚杆 ϕ28/ϕ25@1.5m×1.5m、L=6m/4.5m，矩形长短交错布置，喷 C20 微纤维混凝土厚 0.15m (2) 在电梯间两侧和底部部位布置 1000kN 级预应力锚索，长 20～30m，间距 4.5m

为在确保安全的前提下达到节约投资、方便施工、加快施工进度等目的，在施工中，根据开挖揭示的地质情况、监测成果分析和施工实际情况，采用动态设计方法，对地下厂房部分部位的支护参数进行了局部优化调整。

(五) 岩壁吊车梁设计

吊车设备为 500t＋500t/10t－22m 双小车桥式吊车，额定负荷 1000t，最大设计竖向轮压为 850kN。吊车梁结构形式为岩壁吊车梁，高 3.8m，宽 2.8m，长 74m，其设计尺寸及吨位均位于国内前列。吊车梁体形和锚固力的设计是岩壁吊车梁设计的重点，但目前国内尚无规范可循。本工程采用刚体力系平衡法和有限元法计算并借鉴类似工程岩壁吊车梁设计的成功经验进行设计。

在刚体力系平衡法计算过程中，作了如下假定：①假定梁体为刚体，不产生变形；②受拉锚杆仅产生拉应力，不产生压应力；③假定吊车梁岩壁开挖时超挖 20cm；④假定岩壁反力支点位于至吊车梁下沿点距离 0.5m 处。

为验证刚体力系平衡法计算结果的合理性，建立了包括主厂房洞室和岩壁吊车梁在内的三维模型进行三维有限元计算。计算结果表明，Ⅰ＋Ⅱa 类和Ⅱa 类岩体地段吊车梁加载后围岩的应力和破坏区变化很小，吊车梁的位移和锚杆应力不大，接触面的滑动安全系数在 2.64 以上，吊车梁本身的应力值在 1.33MPa 以下。而对于断层及影响带等Ⅱb＋Ⅳ类岩体地段，围岩的破坏区明显增加，吊车梁的应力、位移、锚杆受力都有较大增加，安全系数有所降低，对吊车梁的整体稳定有一定影响。

根据刚体力系平衡法及有限元法两种方法的计算结果并参考类似工程经验，确定岩壁吊车梁结构尺寸为高 3.8m、宽 2.8m，岩壁吊车梁的基本锚固措施为两排受拉锚杆和一排受压锚杆，受拉锚杆为高强Ⅲ级精轧螺纹钢，受压锚杆为Ⅱ级螺纹钢。基本锚固参数为：上排受拉锚杆 ϕ36@0.5m、上倾 25°、长 9m、入岩 6.5m；下排受拉锚杆上倾 20°，其余同上排受拉锚杆；受压锚杆 ϕ36@0.5m、下倾 45°、长 8m、入岩 6m。为均化锚杆变形及应力，受拉锚杆孔口段 1.5m 范围内涂抹沥青。

对于过Ⅱb＋Ⅳ类岩体地段及运输洞口处等部位采用混凝土置换法及加长锚杆进行加强锚固。具体加强锚固措施为：混凝土置换深度 0.8m，置换范围为岩壁吊车梁上下各 2m，并在置换混凝土上部打设一排 ϕ32@1.5m、上倾 25°、长 6m 的砂浆锚杆；受拉锚杆长度加长为 12m，入岩 8.6m，受压锚杆长度加长为 9m，入岩 6.2m。

在岩壁吊车梁施工中，根据开挖揭露的实际地质情况，对岩壁吊车梁局部部位的锚固进行了优化调整。

岩壁吊车梁一期混凝土采用 C30 二级配常态混凝土，二期混凝土采用 C35 细石混凝土。根据吊车梁结构形式及地质条件，在上下游段各设一道结构缝，施工缝间距为13.5m。吊车梁梁体配筋计算按壁式连续牛腿取单宽进行计算。配筋形式为：受力钢筋ϕ32@200mm；箍筋直径为ϕ20，沿吊车梁断面竖向间距为300mm，沿吊车梁纵向水平间距为400mm；纵向构造钢筋沿受力钢筋周边布置，为ϕ25@250mm。

（六）围岩监测主要成果

根据监测成果，厂房围岩拱座处最大位移9.13mm，锚杆最大应力180.3MPa；边墙实测最大变形为33.4mm，边墙锚杆应力计实测最大应力值为198.7MPa，锚索荷载最大实测值为1889.76kN，比锁定荷载增大10.4%。目前，监测仪器测值变化已趋收敛，反映了围岩变形已趋于稳定。

监测成果表明：地下厂房所采用的支护措施是合理的，既充分利用了围岩的自稳能力，又根据各部位具体的地质条件，对薄弱部位采取了不同的加固措施，使围岩变形得到了有效控制，确保了工程的安全。

（中国水电顾问集团昆明勘测设计研究院　邓加林　杨世界）

居甫渡水电站厂房设计

（一）概况

居甫渡水电站装机3台，单机容量95MW，总装机容量285MW，保证出力67.1MW，年发电量13.07亿kW·h。厂房为岸边地面式，位于大坝下游河道左岸山坡上，距坝轴线约为500m，由主厂房、下游副厂房、GIS开关楼、中控楼及尾水建筑等建筑物组成。厂房为2级建筑物，校核水位为475.37m，防洪高程设为477.5m。厂房基础主要为弱风化及以下灰岩和泥岩，建基面高程441m。进厂公路由原墨江—江城公路改建而成，厂区回车场布置在安装场卸货间左侧，地坪高程为477.5m。

（二）厂房布置

厂房顺河布置，靠山侧布置厂房主机间和安装场，副厂房、GIS开关楼和中控楼布置在主厂房下游侧。主厂房上游侧设有可直达大坝冲沙底孔工作门启闭机操作平台的公路，中控楼下游侧设置主变压器搬运道与尾水闸门操作平台相连。

1. 主厂房　由主机间和安装场组成，长124.6m、宽25.1m、高51.3m；其中主机间总长为76m，机组间距为22.5m，1号机组中心线距厂房右端墙为18m，3号机组中心线距安装间伸缩缝为13m。各机组段成独立单元布置，彼此间设伸缩缝分开。主机间从上至下共分四层布置：发电机层高程468.1m，机组中心线上游净宽9.5m，下游净宽12m，桥机跨度为21.5m；中间层高程463.3m，布置有发电机引出线和中性点设备等；水轮机层高程459.3m，布置有调速器机械柜和渗漏及检修排水泵等；蜗壳层高程452.6m，布置有中间油箱和漏油装置等。主机间各层均与下游副厂房相通，从发电机层通往水轮机层设有两部楼梯。安装场布置在主厂房左端，与主机间设伸缩缝分开，长35m、宽25.1m、高26.2m，地面高程与主机间发电机层相同。由于室外地坪高程为477.5m，比安装场地面高9.4m，在安装场左端设有长13.6m的卸货间。卸货间地面高程477.5m，设有进厂大门及通往安装场的楼梯。

2. 下游副厂房及GIS开关楼　紧靠主机间下游侧高程477.5m以上布置GIS开关楼，以下布置下游副厂房。在主厂房与下游副厂房及GIS开关楼之间设伸缩缝分开，下游副厂房及GIS开关楼与中控楼之间设伸缩缝分开，下游副厂房和GIS开关楼内伸缩缝设置同主机间。

副厂房长76m，宽14m。从下至上共分四层，高程分别为：452.6m、457.8m、463.3m和468.1m。各层主要布置有厂用变压器及电气保护设备、尾水管盘形阀、供水设备、机组检修排水深井泵、与水机设备有关的电气配电装置、压气机室及组合空调机室等。

GIS开关楼长76m，宽14m，由主变压器室、GIS设备室及屋顶出线平台组成。主变压器室地面高程477.5m，与室外地坪高程相同。主变压器室内并列布置三组组合变压器，每组组合变压器设有一道防爆卷帘门，各组合变压器之间及组合变压器四周均设有防爆墙。GIS设备室地面高程487.5m，布置GIS设备及1台10t桥吊。屋顶出线平台高程500m，布置出线构架。

副厂房和GIS开关楼两端各设有一部楼梯供上、下交通之用，往上可通至屋顶出线平台，往下可通至下游副厂房最底层。

3. 中控楼　中控楼长35m、宽14m。从下至上共分高压开关柜室、电缆层、中央控制室及通信设备室四层，高程分别为：468.1m、473.1m、477.7m和483.7m。各层主要布置有高压配电装置、电缆、中央控制设备、计算机及通信设备等。

中央控制室左端设有进厂大门，大门下游设有一部楼梯供上、下交通之用，可由468.1m高程通至屋顶488.7m高程。高压开关柜室与安装间及下游副厂房设有通道相通，互相联系较为方便。

4. 尾水建筑物　尾水闸门操作平台高程477.5m，平台宽度为10m。每台机组尾水管出口设置两孔检修闸门门槽；共配置两扇平面滑动闸门，供三台机组共用。闸孔底部高程为442.417m，孔口尺寸（宽×高）6.42m×6.36m。

尾水管底板高程442.417m，比河床底部低，为使尾水顺畅归入河道，布置了尾水渠。尾水渠宽74m，底板采用1m厚钢筋混凝土衬砌，以1∶1.2的反坡与河道相接。

（三）厂房设计特点

（1）将主变压器布置于下游副厂房室内，地面高程与厂区回车场地坪相同，主变压器搬运道置于下游副厂房与尾水闸之间的进排风竖井顶部，既降低了厂房边坡开挖高度，又节省了混凝土工程量。

（2）将安装场与发电机层设置在同一高程上，卸货间分两层设计，底层与安装场高程相同，布置透平油库及油处理室，顶层与厂区回车场地坪高程相同，机组设备可直接运输至此起吊，有利于机组设备的安装和检修。

（3）主副厂房和中控楼在回车场地坪高程以下均采用墙式，有利于梁系布置；主厂房屋盖采用预制预应力雁形板，副厂房发电机层以下采用厚板，既方便施工又可加快施工进度。

（中国水电顾问集团昆明勘测设计研究院　李荣辉）

龙马水电站地面厂房设计

（一）概况

龙马水电站位于云南省普洱市墨江哈尼族自治县（左岸）与江城哈尼族彝族自治县（右岸）的界河把边江河段上。坝址距昆明公路里程425km，距墨江县城公路里程173km。水库总库容$5.904\times10^8m^3$，装机容量240MW（3×80MW）。单机引用流量$104m^3/s$，额定水头102m。

发电厂房为岸边式地面厂房，位于左岸河边，右端紧靠大坝下游坡脚，左端回车场旁为旧家箐冲沟；由主厂房、副厂房（包括GIS楼、出线构架）、中控楼、尾水闸体、尾水渠等组成。发电厂房为2级建筑物；按100年一遇（$P=1\%$）洪水设计，500年一遇（$P=0.2\%$）洪水校核，相应尾水位分别为532.86m、534.33m；正常尾水位523.63m，最低尾水位522m。

厂房基础全部置于弱风化石英砂岩上，地基承载力满足要求。厂房后边坡为岩质边坡，自然山坡稳定，边坡不存在不利结构面组合，但受卸荷裂隙控制，采取系统锚杆、挂网、喷混凝土支护，并采用锚索加固处理。

（二）结构布置

按校核洪水位534.33m加超高1.67m确定厂房室外地坪高程及尾水平台高程为536m。

1. 主厂房　由主机间和安装间组成，长92.31m、宽22.3m、最大高度50.2m；安装3台单机容量80MW的水轮发电机组；水轮机安装高程根据最低尾水位522m和吸出高度－3m确定为519m。

主机间内在1号机和2号机之间设一道宽2cm伸缩缝，机组间距16m。1号机组中心线距厂房右端墙内侧为12.9m，3号机组中心线距主机间与安装间连接处为13m，主机间总长为60.4m。主机间从上至下共分四层布置：①发电机层：高程533.2m，机组中心线上游净宽10.5m，下游净宽8.5m，桥机跨度为19m，轨顶高程547.2m；除布置主机外，在每台机组下游侧布置机组控制盘。②中间层：高程526.9m，布置有发电机引出线和中性点设备等。③水轮机层：高程522.4m，布置有调速器机械柜和渗漏及检修排水泵等。④蜗壳层：高程514.1m，布置有蝶阀、渗漏集水井等。主机间设有两部楼梯从发电机层通至蜗壳层，主机间各层均与下游副厂房相通。

安装间布置在主厂房左端，与主机间设伸缩缝分开，长32.99m、宽22.3m、高17.6m。地面高程536.2m，比主机间发电机层高3m。在安装与检修时可放置发电机上机架、定子、转子及水轮机转轮、顶盖等设备。

2. 副厂房及中控楼　副厂房紧靠主机间下游侧，与其连为一体，高程547m以上布置GIS开关楼，以下布置主变压器等；中控楼布置在安装间下游侧，与其连为一体。副厂房与中控楼之间设伸缩缝分开，副厂房和GIS开关楼内伸缩缝设置同主机间。

副厂房长60.4m，同主机间，宽14m。从下至上共分四层，高程分别为516m、522.4m、526.9m和536m。各层主要布置有厂用变压器及电气保护设备、尾水管盘形阀、供水设备、机组检修排水深井泵、与水机设备有关的电气配电装置、压气机室、油库、油处理室、组合空调机室及主变压器等。主变压器室地面高程536m，与室外地坪高程相同。主变压器室内并列布置三组组合变压器，各组合变压器之间及组合变压器四周均设有30cm厚混凝土防爆墙。主变压器搬运道设置在主变压器室下游墙与尾水闸之间的平台上，其宽度大于5m。副厂房两端各设有一部楼梯供上、下交通之用。

GIS开关楼在副厂房顶上，长宽同副厂房，由GIS设备室及屋顶出线平台组成。GIS设备室地面高程547m，布置GIS设备及一台10t桥吊。屋顶出线平台高程559.5m，布置一回220kV出线构架。GIS开关楼两端各设有一部楼梯供上、下交通之用，往上可通至屋顶出线平台，往下可通至副厂房最底层。

中控楼长 32.99m，宽 14m。从下至上共分四层，分别为 10kV 高压柜室、电缆室、中控室及计算机室、通信室。各层主要布置有电缆、中央控制设备、计算机及通信设备等。中央控制室左端设有进厂大门，大门下游设有一部楼梯供上、下交通之用。

3. 尾水建筑物　电站尾水闸门操作平台高程 536m，平台宽度根据主变压器搬运及尾水闸门启闭设备的运行要求确定。厂房每台机组尾水管出口设置两孔检修闸门门槽；配置 2 扇平面滑动闸门，采用移动门机，供三台机组尾水闸门共用。闸孔孔口尺寸（宽×高）4.37m×5.12m，底部高程为 508.873m。尾水管底板高程比河床底部低，为使尾水顺畅归入河道，尾水闸出口布置尾水渠，底板以 1∶1.5 的反坡与河道相接，出口坎顶高程 520.7m，比原始河床面高 2.7m，可防止泥沙进入尾水渠。尾水渠为钢筋混凝土结构，宽 46.27m、长 18m（水流向），底板厚 60cm，两侧为衡重式挡墙。

（三）结构设计

厂房、尾水闸、尾水渠均为钢筋混凝土结构。

厂房主机间、安装间、副厂房、中控楼、尾水闸均置于弱风化以下基岩上，整体稳定，地基承载力大于 5MPa，地基应力小于地基承载力。经计算，在校核洪水工况下，厂房主机间、副厂房、尾水闸抗浮稳定安全系数为 1.48，中控楼抗浮稳定安全系数为 1.75，均大于 1.1，满足规范要求。

厂房水下墙、尾水闸体根据外水压力进行稳定及配筋计算。

厂房板、梁、柱用 PK、PM 软件进行配筋计算。

（中国水电顾问集团昆明勘测设计研究院　杨再宏）

引水及泄水建筑物设计

向家坝水电站泄水建筑物设计

（一）规模及特点

向家坝水电站是金沙江下游河段规划的最末 1 个梯级，水库总库容 51.63 亿 m^3，拦河大坝为混凝土重力坝，最大坝高 162m。坝址处多年平均悬移质输沙量为 2.47 亿 t，多年平均含沙量为 1.72kg/m^3；设计洪水（$P=0.2\%$）入库流量 41200m^3/s，校核洪水（$P=0.02\%$）入库流量 49800m^3/s；校核洪水情况上下游水位差约 85m，最大下泄总功率约 40000MW，消力池内最大单宽流量为 225m^3/（s·m），消力池入池流速达 35m/s 左右。

向家坝水电站泄水建筑物设计的主要特点是：高水头、大单宽流量、多泥沙，下游消能建筑物紧邻县城和大型天然气化工厂，需尽可能减轻泄洪消能对环境带来的影响。

（二）设计原则

（1）泄洪建筑物型式：为满足泄洪、排沙要求，泄洪建筑物以表孔、中孔泄洪为主。

（2）泄洪建筑物布置格局：从均化单宽流量、利于泄洪排沙、减小闸门尺寸、降低金属结构制造难度等方面综合考虑，确定采用中表孔间隔布置方案作为泄洪消能建筑物的推荐方案。

（3）消能建筑物型式：为尽量减轻泄洪消能对下游城镇、企业带来的影响，采用底流消能型式。

（4）泄量分配原则：结合汛期采用降低库水位运行的方式，为达到保护有效库容、保证枢纽建筑物“门前清”的目的，要求在汛期限制水位下，枢纽能宣泄 20 年一遇洪水（$Q=28200m^3/s$）不超高。

（三）设计思路

向家坝水电站下游城镇及企业对环境要求较高，为减轻泄洪雾化对周边城镇的影响，消能建筑物采用底流消能型式。

由于泄水坝段存在构成坝基深层滑动的地质背景，而消力池底板正好位于坝基深层滑动抗力体顶部，消力池底板板块的稳定问题直接关系到大坝的安全。为此，消能建筑物体型设计，必须兼顾“水力与结构”的要求，在满足泄洪消能水力学要求的前提下，同时提高消能建筑物的结构安全度，保证枢纽的安全运行。

借鉴前苏联萨扬舒申斯克电站消力池的底板修复经验，明确了“在流态稳定的前提下，将下泄水流高流速区脱离底板，以降低脉动压力、减轻冲磨影响，提高消力池底板的结构安全度”的体型设计研究思路，提出了在溢流反弧末端采用跌坎的底流消能体型方案。

（四）体型方案的研究与确定

跌坎底流消能型式的水力特性与跌坎的体型尺寸（如坎高、坎角等）等紧密相关。有关此类消能方式的工程实践，在国内尚无投入运行的先例，在国外也没有完全成熟的经验可供借鉴。对于该体型的设计研究，主要通过多次模型试验的验证来探索合理的跌坎高度和坎角，探索具有工程实践意义的既能保持消力池内流态稳定，又能显著降低消力池内临底流速和脉动压力的消能型式。

1. 单体水工模型试验成果　针对中、表孔跌坎高度的不同，开展了连续跌坎与差动跌坎方案的比较。连续跌坎方案是在溢流堰面反弧末端设置一定高度的与坝轴线方向平行的跌坎；而差动跌坎方案是在上述基础上，针对中孔和表孔分别设置不同高度的跌坎，将中孔与表孔的入池水流在竖向分开，旨在采用多股水平淹没射流分层集中射入消力池中，形成空间三维流态，有效地耗散下泄水体的能量，减小消力池底板处的临底流速和脉动压强。对“连续跌坎方案”及“差动跌坎方案”，分别在不同的科研院所进行了不同体型参数（跌坎高度、俯角角度等）的一系列水工单体模型试验的对比验证研究。试验成果表明：通过合理地调整跌坎高度、角度等体型参数，能够初步探索出既能保持消力池内流态稳定，又能显著降低消力池内临底流速和脉动压力的合理的体型参数的大致范围；而且无论是连续跌坎还是差动跌坎方案，都已经将消力池底板处临底流速降低到 10m/s 左右，实测底板处的脉动压强均方根值也都在 1×9.8～3×9.8kPa 附近，从量值上来看，这些指标在工程中都是可以接受的。但由于上述研究成果是基于水工单体模型试验提出的，必须开展水工整体模型试验进行进一步的论证工作。

2. 水工整体模型试验成果

（1）高低坎方案是在差动跌坎方案的基础上，从稳定流态及避免中、表孔下泄水流横向交汇而带来复杂水力问题的角度出发，将中、表孔的间隔导墙延伸至跌坎末端。根据前述体型方案及参数选择的初步成果，确定高低坎方案体型参数为：①跌坎末端 0＋132m 桩号处中孔出口高程 260m（坎高 15m），顶面水平；表孔出口高程 270m（坎高 25m），顶面水平；②消力池底板高程 245m，消力池末端采用连续型尾坎，顶部高程 270m，尾坎上游面桩号 0＋360m；③中表孔泄槽沿程均为等宽矩形断面。

（2）连续跌坎方案主要体型参数如下：①连续跌坎末端 0＋132m，桩号处高度为 12m，顶面水平；②消力池底板高程 245m，消力池末端采用连续型尾坎，顶部高程 270m，尾坎上游面桩号 0＋360m；③中孔从桩号 0＋44.232m 开始以 2° 的扩散角平面扩散至桩号 0＋101.505m，宽度由 6m 扩散至 10m。

（3）对高低坎与连续坎方案，综合对比分析见表 1。

表 1　　连续跌坎与高低坎方案水力学指标综合比较表

<table>
<tr><th>项　目</th><th colspan="2">连续跌坎方案</th><th colspan="2">高低坎方案</th><th>备　注</th></tr>
<tr><td>上下游水流流态</td><td colspan="4">库区流态总体上来说是平顺、稳定的，下游存在强度不高的回流</td><td></td></tr>
<tr><td rowspan="2">电站尾水处水面波动</td><td colspan="2">坝后厂房尾水渠内 1/10 大波最大峰谷差为 2.31m
地下厂房尾水渠内 1/10 大波最大峰谷差为 2.72m</td><td colspan="2">坝后厂房尾水平台最大峰谷差为 1.5m
地下厂房尾水平台最大峰谷差为 2.3m</td><td>相应工况
$P=5\%$</td></tr>
<tr><td colspan="2">坝后厂房尾水渠内 1/10 大波最大峰谷差为 2.57m
地下厂房尾水渠内 1/10 大波最大峰谷差为 3.6m</td><td colspan="2">坝后厂房尾水平台最大峰谷差为 1.2m
地下厂房尾水平台最大峰谷差为 1.5m</td><td>相应工况
$P=1\%$</td></tr>
<tr><td>泄流能力</td><td colspan="4">试验结果与设计值基本一致，且实测值略大于设计值</td><td></td></tr>
<tr><td rowspan="2">消力池内流态及水面线</td><td rowspan="2">消力池前段水面线呈波峰状，前段波动较大</td><td>桩号 0＋200m 处为 7.9m</td><td rowspan="2">沿程水面线分布平缓，水面波动较小</td><td>桩号 0＋200m 处为 2m</td><td>相应工况
$P=5\%$</td></tr>
<tr><td>桩号 0＋200m 处为 5.9m</td><td>桩号 0＋200m 处为 3m</td><td>相应工况
$P=1\%$</td></tr>
</table>

续表

项　目	连续跌坎方案	高低坎方案	备　注
消力池内流速分布	最大临底流速约 11.5m/s，出现在桩号 0+200m附近（P=1%时，最大临底流速约 10m/s）	最大临底流速约 13.8m/s，出现在桩号 0+185.00m（P=1%时，最大临底流速 11.32m/s）	
消力池底板时均压强与脉动压强分布	时均压强的沿程分布均匀 脉动压强均方根值一般在 2×9.8kPa 以下（P=1%时，最大脉动压强均方根值 1.22×9.8kPa）	时均压强的沿程分布均匀 脉动压强均方根值一般在 2×9.8kPa 以下（P=1%时，最大脉动压强均方根值 2.66×9.8kPa）	
下游冲刷	常遇洪水（仅开 5 个中孔）时冲坑深度 12m，P=1%、0.2%时，分别约为 6m、8m（未模拟海漫）	实测宣泄 20 年一遇以下洪水时无冲刷，泄 20 年和 100 年一遇洪水时有轻微冲刷，泄 500 年一遇以上洪水时才有明显冲刷（相应冲坑深度 11.7m）（模拟了海漫）	

从表中可知：①无论是连续跌坎还是高低坎，通过合理地调整跌坎高度、角度等体型参数，均能显著降低消力池内临底流速和脉动压力，均是可行的；②高低坎方案由于其池内流态相对稳定，池内、水电站尾水及下游河道的水面波动相对较小，能更好地保证各枢纽建筑物的正常运行，对下游河道及两岸的影响也较小；③连续跌坎方案的结构体型比高低坎方案简单。

经综合考虑，认为高低坎方案各项水力学指标相对较优，可以作为向家坝水电站泄洪消能的推荐方案。

（五）结构布置

泄水坝段位于河床主河槽中部略靠右侧，共设有 12 个表孔，10 个中孔，采用溢流表孔与泄水中孔间隔布置型式，高低坎底流消能，其下游接消力池。

1. 泄洪表孔与中孔　溢流表孔堰顶高程 354m，孔口宽 8m，闸墩宽 12m，坝段横缝布置在表孔中心线上。溢流堰顶上游面堰面曲线采用椭圆曲线，堰顶下游面采用幂曲线，幂曲线后再通过 1∶0.8 的直线坝坡段与下游反弧段相连，反弧半径 60m，反弧段后设置水平跌坎，坎顶高程 270m，相应高度为 25m。在溢流面直线段高程 310m 附近设置掺气槽及掺气孔。掺气槽槽深 1m，宽 1.2m，在掺气槽上游侧设一小挑坎，坎高 1.33m，以 1∶6 的坡比与溢流堰面衔接。掺气槽两端的掺气孔直径 1.5m，两端出口位于中表孔堰面之间的隔墙顶部。溢流表孔布置 2 道闸门控制，一道为弧形工作门，另一道为其上游布置的平面检修门。

泄洪中孔布置在表孔闸墩下部，采用短有压进口型式，进口顶板为椭圆曲线，其后接 1∶6.5（相对于 20°底坡而言）的直线段至事故门槽，门槽后为 1∶6 的直线压坡段至出口，出口控制断面孔口尺寸 6m×9.6m（宽×高）。中孔进口底板高程 305m，通过半径为 16.34m 的圆弧与底坡为 20°的直线底板段相连，并在中孔出口下游的掺气跌坎后通过底坡为 22.5°的直线段与半径为 60m 的反弧段相连，反弧段后设置水平跌坎，跌坎顶面高程 260m，相应高度为 15m。中孔弧门出口设有掺气跌坎，坎高 1.5m，在跌坎两端的边墙内各布置一个直径为 1.4m 的通气孔，为高速出射水舌下的空腔内补气。泄洪中孔布置 3 道闸门控制，出口布置弧形工作门，弧形上游布置平面事故门，沿上游坝面设置反钩检修门。

中表孔出口段均为等宽矩形断面泄槽，其间采用隔墙分别形成各自单独的泄流通道。隔墙厚度 3m，溢流面反弧段末端以后的隔墙顶面高程 280m。

2. 消力池　经模型试验并综合分析确定，向家坝水电站消力池由中导墙均分为 2 个对称的泄洪消能分区，单个消力池宽 108m，深度 15m，相应消力池底板顶面高程 245m，消力池长 228m，相应消力池末端桩号0+360m。

消力池底板厚度 5m，板块长度（顺水流方向）15.55～17m，宽度（垂直于水流方向）13～16m；在板块底部设置封闭抽排系统，并布设锚筋将板块与基础锚固在一起，以满足底板抗浮稳定需要。

消力池左、右导墙墙顶高程 296m，高出消力池底板 51m，中导墙顶高程 289m，高出消力池底板 44m，各导墙段顺水流方向的分缝间距为 15.55～17m。

消力池尾坎为混凝土重力式，坎顶高程 270m，最大坎高 25m，坎顶宽度 3m，上游面铅直，下游面坡度 1∶1。

（中国水电顾问集团中南勘测设计研究院　张永涛）

光照水电站引水系统设计

（一）引水系统总体布置

光照水电站位于贵州省关岭县和晴隆县交界的北盘江中游，是北盘江干流的龙头梯级电站。水电站枢纽由碾压混凝土重力坝（最大坝高 200.5m）、坝身泄洪表孔、放空底孔、右岸引水系统及地面厂房等组成。水电站装机容量 1040MW（4×260MW），保证出力 180.2MW，多年平均年发电量 27.54 亿 kW·h。水库正常蓄水位 745m，死水位 691m，正常蓄水位相应库容 31.35 亿 m^3，死库容 10.98 亿 m^3，为不完全多年调节水库。

光照水电站引水系统布置于右岸山体内，采用二洞四机分组供水方式，设计最大引用流量 866m^3/s。由岸塔式进水口、两条有压引水隧洞、两座调压井和四条压力钢管组成。按 200 年一遇（P=0.5%）洪水设计，1000 年一遇（P=0.1%）洪水校核。

（二）引水系统设计

1. 分层取水口　由于光照水电站为高坝大库，水库建成投入运行后，通过发电下泄的低温水会使下游河道的水温下降，改变原河道的天然水温，对周围环境特别是水生生物如鱼类等产生一定的不利影响。为了减轻因工程建设后对大坝下游河段鱼类的影响，国家环境保护总局在《关于北盘江光照水电站环境影响报告书审查意见的复函》（环审［2004］107 号文）中，提出了采用分层取水的要求。为此工程专门就进水口分层取水方案进行了研究，最终采取了叠梁门的分层取水方式。这是我国第一座实施分层取水的在建大型工程。

进水口基础坐落于 T_{1f}^{2-3} 和 T_{1yn}^{1-1} 弱风化下部至微风化的岩石上，岩体较完整，基础允许承载力3.5～4.5MPa，基础稳定性较好。

进水口前缘总宽度为 75m，顺水流向长度为 34m，进水口底板高程 670m，进水口顶部平台高程 750.5m。进水口前沿设一道直立式拦污栅，分为 14 孔，每孔宽度 3.5m；每条隧洞进口布置一道检修闸门，闸门孔口尺寸为 8m×10.4m（宽×高）。

通过结构设计及水力学模型试验研究，分层取水采用叠梁门形式。在拦污栅与检修闸门之间设置四个钢筋混凝土隔墩，隔墩底部高程 670m，顶部高程 750.5m，隔墩与拦污栅墩净距 3m，与进水室胸墙净距 8m。为方便控制水流，两条隧洞中间设钢筋混凝土隔墙至顶部，形成两个独立的进水通道；四个隔墩与进水口两侧的边墙及中间的隔墙分成 6 个入水口，每个入水口宽度为 7.5m；入水口内布置叠梁钢闸门以挡住水库中下层低温水，叠梁门设计最大门顶高程为 730m。另外，在进水口与大坝之间接合处设一个叠梁门库，门库底高程 685m。

2. 引水隧洞　两条引水隧洞平行布置于右岸。隧洞在平面上有两个转弯，轴线方位由 N74°E 转至正北向。1 号引水隧洞长度为 457.1m，纵坡 i=1.04%；2 号引水隧洞长度为 519.5m，纵坡 i=0.91%。隧洞沿线依次穿越 T_{1yn}^{1-1} 薄至中厚层、少量厚层灰岩夹泥质灰岩，T_{1yn}^{1-2}、T_{1yn}^{1-3} 薄至中厚层灰岩夹泥质条带灰岩，T_{1yn}^{2} 上部薄至中厚层泥质灰岩、泥灰岩，下部泥页岩夹泥质灰岩，T_{1yn}^{3-1} 中厚至厚层泥质灰岩、泥灰岩、少量灰岩及泥页岩。

引水隧洞洞径 11m，钢筋混凝土衬砌厚度0.5～1.1m。

3. 调压井布置　调压井共设置两座，采用阻抗式，井筒直径为 21m，高度 106.5m，阻抗孔直径 6m。每座调压井内设置两个事故检修闸门槽，闸门孔口尺寸为 4.5m×6.7m（宽×高），每个门槽后部设置两个直径为 ϕ100cm 的通气孔。调压井底部隧洞中心线高程 670.25m，顶部平台高程为 780.3m。调压井整体位于 T_{1yn}^{3-2} 薄至中厚层、厚层灰岩中，除井身有 J_1 夹层穿越，需对 J_1 夹层作扩挖置换处理外，其余调压井围岩完整，成洞条件较好。

调压井井筒钢筋混凝土衬砌厚度 1.5m。

4. 压力钢管　压力钢管为四条，平行布置，轴线间距 22m，轴线方位 N15°W，沿线均位于 T_{1yn}^{3-2} 薄至中厚层、厚层灰岩中。1 号、2 号、3 号、4 号压力钢管的长度分别为 284.041m、286.415m、289.844m、292.156m。压力钢管由上平段、倾角为 60°的斜井段和下平段组成；上平段中心线高程 670.25m，下平段中心线高程 577m。每条压力钢管在下平段距厂房 61.5m 处布置波纹管伸缩节。

压力钢管直径 6.7m（其中进厂接蜗壳段变为 6.05m），采用钢板与混凝土组合衬砌，回填混凝土厚度 0.65～0.675m，钢管壁厚 20～36mm，材质沿线有 15MnNbR 和 WDB620 钢板。

压力钢管下平段采用 WDB620 高强度钢板，板厚 28～36mm，为减少在高强钢板上开孔灌浆的难度，设计采用了埋设灌浆管技术进行回填及接触灌浆。

（中国水电顾问集团贵阳勘测设计研究院　刘　欣）

思林水电站引水及尾水建筑物设计

（一）工程概况

思林水电站位于贵州省乌江中游河段，是乌江干流水电开发的第 8 级梯级电站，以发电为主，兼顾航运、防洪和灌溉综合效益。水库正常蓄水位 440m，相应库容 12.05 亿 m^3，水电站装机容量 1000MW（4×250MW），保证出力 345.1MW，多年平均发电量 40.64 亿 kW·h。工程为一等大(1)型工程，枢纽建筑物由碾压混凝土重力坝、右岸引水发电系统、左岸垂直升船机组成。

水电站厂房布置在右岸，为地下式厂房，引水及尾水建筑物由进水口、引水隧洞、压力钢管、尾水隧洞及尾水出口组成。其中进水口属挡水建筑物，为 1 级建筑物，按 500 年一遇洪水设计，5000 年一遇洪水校核；其他引水及尾水建筑物为 2 级建筑物，按 200 年一遇洪水设计，500 年一遇洪水校核。水电站死水位 431m，额定水头 64m，单机引用流量 443.2m^3/s。

（二）工程地质条件

引水及尾水系统自上而下穿越 P_{2c}（中厚层、厚层含燧石结核生物碎屑灰岩）、T_{1y}^{1}（薄层方解石化黏土岩夹泥灰岩）、T_{1y}^{2-1}（薄层、中厚层含泥质灰）、T_{1y}^{2-2}（厚层、巨厚层白云质灰岩、白云岩、中厚层、厚层鸟眼状灰岩）、T_{1y}^{2-3}（薄层、中厚层灰岩、含泥质灰岩）、T_{1y}^{3}（钙质页岩夹中厚层泥灰岩）、T_{1yn}^{1}（薄层中厚层含泥质灰岩、白云质灰岩）岩层，岩层产状 N35°～42°E/NW∠70°，在 P_{2c} 岩层发育有 S-65、T_{1y}^{2} 岩层发育有 Sj-2、S-64 岩溶管道。引水线路大部分处于地下水位以下，主要以Ⅱ～Ⅲ类围岩为主，Ⅳ类围岩约占洞长 20%左右，其中 T_{1y}^{2-2} 层为Ⅱ类围岩，P_{2c}、T_{1y}^{2-1}、T_{1y}^{2-3}、T_{1yn}^{1} 为Ⅲ类围岩，成洞条件相对较好；T_{1y}^{1}、T_{1y}^{3} 层为Ⅳ类围岩，岩质软弱，泥化夹层发育，易遇水软化、风化崩解，成洞条件较差。

（三）引水线路布置

结合整体枢纽布置及地质条件，右岸地下厂房采用中部式布置。由于水电站单机引用流量较大，引水隧洞洞径为满足经济流速及机组运行的要求就已较大，但洞长相对较短，故四台机组采用单洞单机的供水方式。机组设计水头较低，调节保证性能要求高，为满足机组运行的稳定性，引水线路布置在考虑引水发电系统布置紧凑合理、运行检修方便的基础上采取了灵活多变的布置方式。

(1) 结合坝址右岸的地质条件，进水口紧靠右坝肩布置，距坝轴线上游约 60m，进水口前沿宽度 120m。

(2) 四条引水隧洞呈平行布置，中心线间距 30m，在下平段后接压力钢管垂直进入厂房。为满足机组运行要求，1 号、2 号、3 号引水隧洞在平面布置上采取了空间交叉的布置形式。

(3) 四条尾水隧洞呈平行布置，中心线间距 30m，由于 1 号、2 号机组尾水隧洞相对较长，为满足尾水管进口真空度要求，避免产生较大负压，加大了 1 号、2 号尾水隧洞的断面尺寸。同时由于 4 条尾水隧洞顶部有右岸导流洞相交通过，尾水隧洞采取先降缓坡后抬陡坡的布置形式与尾水出口连接。

(4) 受机组尾水管真空度要求的限制，尾水隧洞不宜太长，鉴于大坝戽式消力池消能较充分，池后水流即趋稳定，尾水出口紧靠戽式消力池出口外侧布置，距坝轴线下游约 150m，出水口前沿宽度 110m。

（四）结构布置设计

1. 进水口　采用岸塔式进水口，四个独立运行的单元进水口中心线间距 30m，左右对称布置。进水口顺水流方向长 30m，由拦污栅段、进水喇叭口和闸门井段组成，进口底板高程 400m，顶部高程 452m，与坝顶高程相同。

拦污栅段顺水流方向长 10m，在进水口前沿呈直立连通式布置，采用机械清污。垂直于水流方向共设置 20 孔拦污栅，每道拦污栅孔口尺寸为 4m×31m（宽×高），拦污栅墩采用排架结构与进水塔连接，在高程 431m 处设置拦污盖板以阻挡污物进入进水口。

进水塔顺水流方向长 20m，进水喇叭口顶板轮廓采用 1/4 椭圆曲线，两侧边墙轮廓采用 1/4 圆弧线连接。每个单元进水口在喇叭口段各设一道检修闸门，门槽孔口尺寸 8m×11m（宽×高）；在闸门井段各设一道快速事故门，门槽孔口尺寸 8m×10m（宽×高），闸门槽后设一断面尺寸为 4m×1m（长×宽）的通气孔，闸门检修平台高程为 440m。

2. 引水隧洞　四条引水隧洞长度分别为 234m、242m、250m 和 95m，其中 1 号、2 号、3 号引水隧洞内径 12.6m，4 号引水隧洞内径 10m。

引水隧洞采用全断面钢筋混凝土衬砌，根据隧洞围岩分类，衬砌厚度 0.6～1m。在隧洞顶拱 120°范围内进行回填灌浆，灌浆压力 0.3MPa；进行全断面固结灌浆，灌浆孔深 6～8m，排间距 2.5～3m、梅花型布设，灌浆压力 0.5～1.5MPa。

由于大坝右岸防渗帷幕灌浆廊道从 1 号、2 号、4 号引水隧洞底部通过，该段隧洞采用管梁的结构型式；为使隧洞固结灌浆和大坝帷幕灌浆很好搭接，形成防渗帷幕，该段隧洞采用高压固结灌浆，灌浆压力 3.5MPa。

3. 压力钢管　压力钢管直径 8.8m，其中 1 号、2 号、3 号压力钢管长度 43.36m，4 号压力钢管长度 56.92m。钢管壁厚 25～36mm，材质采用 16MnR 钢板；加劲环的厚度为 20mm，高度为 15cm，间距 80～125cm，其材料与钢管相同；为满足施工要求，压力钢管外的回填混凝土厚度 80cm。

为避免在钢管管壁上开孔，在压力钢管安装之前先对围岩进行无盖重固结灌浆，灌浆孔深 5m，排间距 3m、梅花型布设，灌浆压力 0.5MPa；在隧洞顶拱 120°范围内进行回填灌浆，灌浆压力 0.3MPa；钢管底部 90°范围接缝灌浆采用预埋 FUKO 管的方式进行，灌浆压力 0.2MPa。

除设置加劲环抵抗外压外，还考虑了管身外敷设排水管系统和底部两侧设置纵向排水盲管的排水措施。

4. 尾水隧洞　四条尾水隧洞长度分别为 235m、208m、181m 和 155m，其中 1 号、2 号尾水隧洞断面尺寸 13m×19m(宽×高、城门洞型)，3 号、4 号尾水隧洞断面尺寸 11m×17m(宽×高、城门洞型)。

尾水隧洞采用全断面钢筋混凝土衬砌，根据隧洞围岩分类，衬砌厚度 0.8～1.2m。在隧洞顶拱 120°范围内进行回填灌浆，灌浆压力 0.3MPa；进行全断面固结灌浆，灌浆孔深 6～8m，排间距 2～2.5m、梅花型布设，灌浆压力 1MPa，其中右岸导流洞穿越范围内顶部灌浆压力控制在 0.5MPa 左右。

5. 尾水出口　采用塔式布置，有四个独立运行的单元出水口，中心线间距 30m，左右对称布置。顺水流方向长 15m，塔体底部高程 350m，顶部高程 402m。每个单元出水口各设一扇检修闸门，门槽孔口尺寸为 10m×12m(宽×高)。每个尾水出口塔体左右两端用混凝土回填至 370m 高程，以上闸墩采用排架结构，塔底板末端与河床间以 1∶4 反坡相连。在出水口顶部平台右侧有交通桥与边坡公路连接。

（五）进、出水口边坡开挖支护及基础处理

(1) 进水口边坡以斜向坡为主，弱至微新岩体，边坡整体稳定性良好。开挖边坡每间隔 15m 高程设置一道 3m 宽的马道，开挖坡度 1∶0.2～1∶0.3，根据边坡分区进行喷锚及挂网喷锚的支护型式，对 T^1_{1y} 岩层通过的后边坡采用贴坡混凝土支护加强，进水口后边坡在高程 420m 以下与进水塔之间采用混凝土回填，以增加进水塔的整体稳定性。

进水口底板基础岩溶管道发育并相互串通，采用高流态混凝土回填后进行基础固结灌浆处理，灌浆孔深 8m、排间距 3m、灌浆压力 1MPa。

(2) 出水口边坡为斜—横向坡，边坡整体稳定，开挖支护型式与进水口边坡相同。其中 T^3_{1y} 岩层通过的后边坡范围开挖坡度 1∶0.5～1∶1，前期采用挂网喷锚封闭，后期采用贴坡混凝土支护加强；左侧两扇岩横向陡壁，因岩层反向陡倾，形成倒悬边坡，受裂隙切割岩体较为破碎，采用混凝土挡墙支撑。

出水口底板基础采用孔深 6m、排间距 2m 固结灌浆加强处理，灌浆压力 1MPa。对尾水渠底板的溶蚀裂隙采用回填灌浆封闭，防止施工期河水倒灌进入尾水隧洞。

（六）隧洞开挖支护及岩溶处理

根据隧洞围岩分类，隧洞开挖支护Ⅱ～Ⅲ类围岩洞段采用喷锚支护，Ⅳ类围岩洞段采用喷锚挂网支护，对于引水隧洞进口、尾水隧洞出口、右岸导流洞底部洞段及 T^1_{1y} 和 T^3_{1y} 岩层洞段同时还采用钢支撑加强处理。对开挖过程中揭露的岩溶管道，采取回填混凝土封堵及回填灌浆封闭的方法，防止施工期地下水涌出造成对地下厂房施工的不利影响。

（中国水电顾问集团贵阳勘测设计研究院　金　城）

思林水电站泄洪消能建筑物设计

（一）概况

思林水电站位于贵州省思南县境内的乌江上，是乌江干流的第八级梯级电站。坝址控制流域面积 48558km^2，占全流域的 55%。工程为一等大(1)型。

思林水电站泄洪建筑物为 1 级建筑物，由碾压混凝土重力坝坝身表、底孔泄洪，戽式消力池消能防护。碾压混凝土重力坝坝顶高程 452m，最大坝高 117m。河床中部布置七个坝身表孔，每孔净宽 13m，溢流前缘宽度 119m，堰顶高程 418.5m，每孔设 13m×21.5m(宽×高)的弧形工作闸门，弧形闸门前设置一道检修闸门门槽。溢流坝段右侧设置一个泄洪底孔，孔口尺寸 4m×6.5m(宽×高)，底板高程 380m，下游采用扭曲鼻坎将水流挑入戽池内消能。消力池底板高程定为 348m，长 40.333m，末端为一半径 34.142m、转角 45°的尾坎。

（二）地质条件

坝址河谷为“V”形谷，枯期河水位 364.1m 高程，水面宽 80m，水深 25m。正常蓄水位时河谷宽 263m。坝址出露地层从上游至下游，展布二叠系下统至三叠系下统之灰岩和泥页岩层，其中，二叠系上、下统(P_{2C}、P_{2W}、P_{1m}、P_{1q}、P_{1l})主要为中厚、厚层灰岩，三叠系下统(T_{1y}、T_{1yn})主要为灰岩、白云质灰岩、白云岩。

坝基和消力戽坐落在夜郎组玉龙山段第二大层(T^2_{1y})中厚、厚层泥晶灰岩和白云质灰岩，岩体坚硬、完整、饱和抗压强度达 70～90MPa，变形模量为 15～

17GPa。岩层产状 NE40°，NW∠70°，倾向上游。

（三）泄洪消能建筑物洪水标准和布置原则

1. 洪水标准　大坝设计洪水标准为 500 年一遇，相应下泄流量为 25737m³/s，校核洪水标准为 5000 年一遇，相应下泄流量为 32922m³/s，消能防冲建筑物采用 100 年一遇洪水标准设计，相应下泄流量为 20998m³/s。

2. 布置原则

（1）大坝为碾压混凝土坝，施工速度快，应尽量减少底孔布置，避免施工干扰。

（2）由于工程地处狭窄河谷，两岸山高坡陡，通航建筑物应尽量靠河床布置，以减少边坡开挖高度，同时要求在各种水位条件下宣泄不同的流量并有一定的安全裕度，运用应安全可靠。

（3）为保证通航保证率，要求泄洪建筑物在下泄 4420m³/s 流量时满足通航建筑物口门区的纵、横向流速要求。

（4）地下厂房尾水出口位于消力戽尾坎末端，要求该区域水面平稳，避免影响机组出力。

（四）泄洪消能建筑物的水力设计

1. 泄洪建筑物设计　根据上述要求，在泄洪建筑物选择时优先考虑设置具有较大超泄能力的表孔以降低汛期校核洪水位，减小坝顶超高，减少库区在汛期的淹没损失。根据多方案比选后，选定 7 表孔＋1 底孔联合泄洪方案。表孔堰顶高程 418.5m，孔口尺寸为 13m×21.5m，溢流前缘宽度 119m，堰面设计为 WES 实用堰面曲线；底孔进口高程 380m，孔口尺寸为 4m×6.5m。

2. 消能建筑物设计　由于本工程堰上水头与单宽泄量均比较大，设计水位堰上水头 $H=26.33$m，单宽泄量 $q=283$m³/(s·m)；校核水位堰上水头 $H=30.77$m，单宽泄量 $q=362$m³/(s·m)，两项指标远远超过已建同类工程，而且最大泄洪总水头在百米左右，消力池需消杀的能量非常大。针对枢纽大流量低佛氏数泄流的特点，根据国内已有工程的经验，消能建筑物重点研究了宽尾墩＋台阶坝面＋戽式消力池的联合消能形式。通过模型试验验证，表孔中间五孔宽尾墩采用收缩比为 0.423 的对称型 X 宽尾墩，边孔采用收缩比为 0.423 的非对称 X 宽尾墩，台阶面与消力池底板利用半径为 10m 的反弧进行连接，尾坎采用坡比 1∶2.5、高度 6m 的斜坡尾坎。台阶面第一级台阶高度为 1.915m，宽为 0.84m，第二级台阶高度为 1.5m，宽为 0.84m，其他台阶的宽高均为 0.84m×1.2m。泄洪表孔断面图见图 1。

（五）水力学模型试验论证

1. 泄流能力　表、底孔的泄洪能力试验值比设计计算值略小，校核洪水位时泄量比设计下泄量小 0.1%，设计洪水位时泄量比设计下泄量小 0.85%，

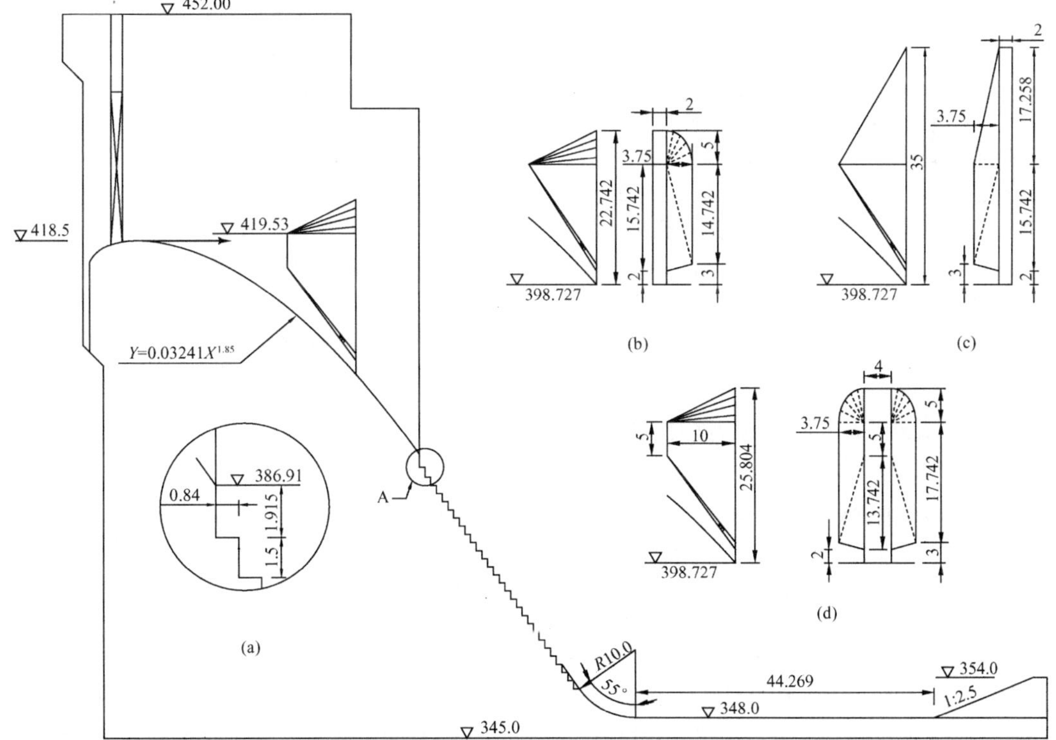

图 1　泄洪表孔断面图

(a) A 大样图；(b) 边中宽尾墩详图；(c) 边边宽尾墩详图；(d) 中间宽尾墩详图

均小于1%，泄洪能力可以满足设计要求。

2. 压力特性　泄洪建筑物过流面压力值：表孔溢流面均为正值(最小值45kPa)；宽尾墩底部压强分布规律比较正常，越靠近角点处压强越小，宽尾墩底部不可能出现空蚀破坏问题。台阶垂直面无负压出现，总体趋势符合静压分布规律。中低水位时，消力池初始反弧段水流的冲击压强比较大，而校核、设计高水位时水流冲击压强减小。宽尾墩顶部水舌冲击点基本位于消力池中部，且从冲击压强幅值大小来看，校核水位时，由于顶部泄量比较大，幅值也最大，约40kPa。

3. 流态、流速及波浪　由于表孔采用X形宽尾墩，在正常蓄水位以下，堰上水头小于21m，水舌形态分为两部分：底层是沿坝面不足2m厚的薄层台阶面流，上部为宽尾墩收缩以后产生的纵向拉开水舌，进入消力池后形成完全三元水跃，消能比较充分。消力池及池后电站尾水渠的水面比较平稳。堰顶水头超过22～23m，出闸水流形成比较完整的三部分，三部分水舌分别以不同形式入池，底部以台阶面底流形式进入消力池，中间以宽尾墩纵向拉开水舌形式进入消力池，顶部以空中挑流形式进入消力池，由于入池方式的不同，使消力池水流形成充分漩滚紊动的多元水流，池后水面比较平稳，无较大波浪出现。最大涌浪出现在校核水位7孔全开时，尾水渠水面涌浪大约5m，而设计洪水与正常蓄水位时，最大涌浪不超过4m，平均在1～3m之间。

（六）结语

(1) 思林水电站采用表、底孔联合泄洪，满足设计要求，保证了枢纽运行安全可靠。

(2) 表孔采用X型宽尾墩＋台阶坝面＋戽式消力池联合消能的消能工，适应大流量低佛氏系数泄流消能的特点，利用宽尾墩三元漩滚水跃消能特性，提高了消力池的消能率，缩短了池长，节省了工程量。

（中国水电顾问集团贵阳勘测设计研究院　吕　军）

滩坑水电站进水口分层取水设计

滩坑水电站位于浙江省青田县境内的瓯江支流小溪中游河段，装机容量为3×200MW；水库正常蓄水位160m，相应库容35.2亿m^3；死水位120m，调节库容21.16亿m^3，具有多年调节性能。

滩坑水电站进水口在工程可行性研究设计阶段，选择了岸坡竖井式进水口，将拦污栅沿斜坡面布置，进口事故检修闸门井布置在山体内。由于水库调节库容大、库水深，建成后将使原有天然河道水温的时空分布发生改变：库内水温有可能形成稳定的水温垂直分层结构，库底常年处于低温水状态；水电站进水口取水高程为95m，与水库运行期的蓄水位有一定高差，下泄水温低于天然河道水温。这可能影响国家一级保护动物——鼋自然保护区内鼋的栖息环境，同时也可能会对下游其他鱼类的生存、繁殖以及对下游环境产生一系列的影响，破坏天然河流生态。因此，在工程施工图设计阶段，将进水口改为分层取水布置型式。

（一）进水口分层取水结构型式比选

1. 国内水电站进水口分层取水现状　滩坑水电站单机引用流量213m^3/s，如此大流量进水口采用分层取水，国内尚无建成工程实例，国外也少见。目前国内水电站大流量的分层取水进水口均处于研究阶段，如三板溪水电站、糯扎渡水电站、江坪河水电站、锦屏一级水电站、光照水电站等，均在进行分层取水的设计研究工作。

2. 进水口分层取水型式的选择　进水口分层取水的结构布置型式较多，根据国内外已建成的分层取水建筑物，按外形分，有斜卧式分层、塔(井)式分层、套筒形、管状形等；按水力学特性，分为堰流和孔流两种流态；按启闭方式和动作原理，分为人工启闭、电气自动、浮式和自动翻板等；按设置方式又分为活动式、固定式和复式(活动式与固定式的结合)三种。一个分层取水建筑物往往由上述几种型式结合而成。

根据滩坑水电站进水口地形地质条件、进水口取水流量、事故检修闸门启闭操作、启闭机容量、运行可靠性、清污检修条件以及国内外类似工程经验来看，滩坑水电站分层取水进水口宜采用岸塔式布置，电动启闭机操作。由于进水口开挖施工已按可研审定的岸坡竖井式进行，为尽量减少或避免对施工的影响，分层取水进水口位置与原岸坡竖井式进水口相同，并保留原事故检修闸门竖井及其所有辅助设备。

3. 进水口分层取水方案比较　根据进水口分层取水的堰流和孔流两种流态，进水口分别设计了分层取水叠梁门控制和三孔闸门控制两个方案，提出两个方案进水口建筑物的结构布置，并分析比较了两个方案的技术可行性和经济合理性。

(1) 叠梁门控制方案，仅取消原进水口斜坡式拦污栅槽并在进口位置增设通仓式进水塔，具体结构布置见图1。三个进水口并排布置在通仓进水塔内，进水塔顺水流方向长17.7m，垂直水流方向宽77m，从建基面起算，进水塔高79m。拦污栅和叠梁门均布置在通仓流道的上游侧，且拦污栅置于叠梁门之前。

叠梁门直立式布置，每个进水口各两孔，高程范围95～135m；相邻取水口间再布置四孔叠梁门门库，高程范围140～171m。叠梁门槽孔口宽5.5m，门槽闸墩厚2m，与拦污栅共用，相邻进水口间布置缝墩，

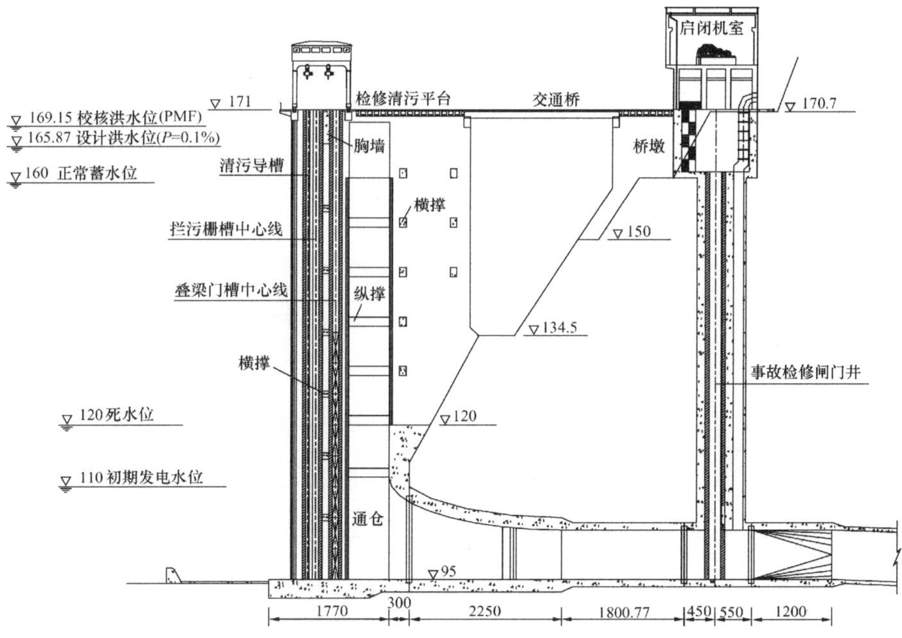

图1 分层取水进水口叠梁门控制方案剖面图

设结构缝。叠梁门由171m平台上的共用门机进行关闭、开启以及搬运。拦污栅直立式布置，由边墩及中墩支撑。每个进水口分两孔，每个孔口净尺寸为5.5m×76m(宽×高)，与叠梁门共用的栅槽闸墩厚2m，拦污栅槽前设清污导槽，高程171m设置清污平台，清污、检修由171m平台上的共用门机启吊。

叠梁门后为通仓流道，宽6m，长73m。通仓流道在120m高程以上为开敞式，与事故闸门井前的水库水面连通，利用两侧边墩延伸至进水口洞脸边坡形成封闭水域，仅靠正面叠梁门门顶取水，从而达到获取表层水的目的。

进水塔120m高程以下两侧及后侧均与岸坡连接，以增加塔体稳定性。为增加进水塔结构刚度，同时考虑尽量减小对原通仓流道水流流态的扰动，在进水塔叠梁门闸墩之间、交通桥墩体之间及叠梁门闸墩与交通桥墩体之间等部位采用横向、纵向支撑连接。

进水塔171m平台下游侧留有16m宽的交通平台，并在左右侧也布置交通桥通往进水口事故闸门井平台，形成闭环交通。

(2) 三孔闸门控制方案，也需取消原进水口斜坡式拦污栅槽，在进口位置增设三个岸塔式塔体，各部分的布置见图2。三个进水口并排布置，间距30m，相互独立，仅在171m高程布置连接桥。每个进水口分三层取水，根据每层取水口的取水深度和淹没水深，确定底层取水口底板高程95m，中层取水口底板高程115m，顶层取水口底板高程130m。每层取水口都设一扇事故检修闸门控制，沿进水方向依次布置，取水口水流由布置在塔内的主流道汇合后引入引水隧洞。每个进水塔长34.4m，宽18m，高78m，顶部布置启闭机排架和启闭机房。

进水口前缘布置直立式拦污栅，拦污栅由闸墩、前缘横向联系梁以及后侧胸墙支撑。拦污栅总高47m，分两孔，每个取水口处孔口净尺寸为6m×12m(宽×高)，中隔墩、边墩厚2m。在高程161m处设置清淤检修平台，检修由布置在171m平台上的移动式卷扬机启吊。

每层取水口拦污栅后为喇叭段，后接事故检修闸门。每层取水口的门槽在平面上错开布置，相邻门槽共用二期混凝土埋设轨道和止水，以缩小进水塔的结构尺寸。闸门启闭和检修由布置在171m平台上的门机通过自动抓梁启吊，可在枯水期检修或更换闸门。三层取水口事故检修闸门井后接主流道，主流道洞外段呈竖直布置，在底层取水口后接主流道洞内段，洞内段进口高程95m。

(3) 经对分层取水叠梁门布置和三孔闸门布置两方案在改善下游河道水温效果、水流流态、结构布置、工程投资、工期影响以及运行管理等方面的分析比较，认为两方案在进口水流流态及水头损失、结构稳定、工期影响方面差别不是很大，叠梁门布置方案在运行期管理、操作程序上稍显繁复，但相对三孔闸门布置方案而言，叠梁门布置方案在提高下泄低温水、改善下游河道水温效果及工程投资方面较三孔闸门布置方案具有优势。综合以上各因素，并结合国内目前对分层取水结构的研究成果来看，分层取水进水口最终选用叠梁门布置方案。

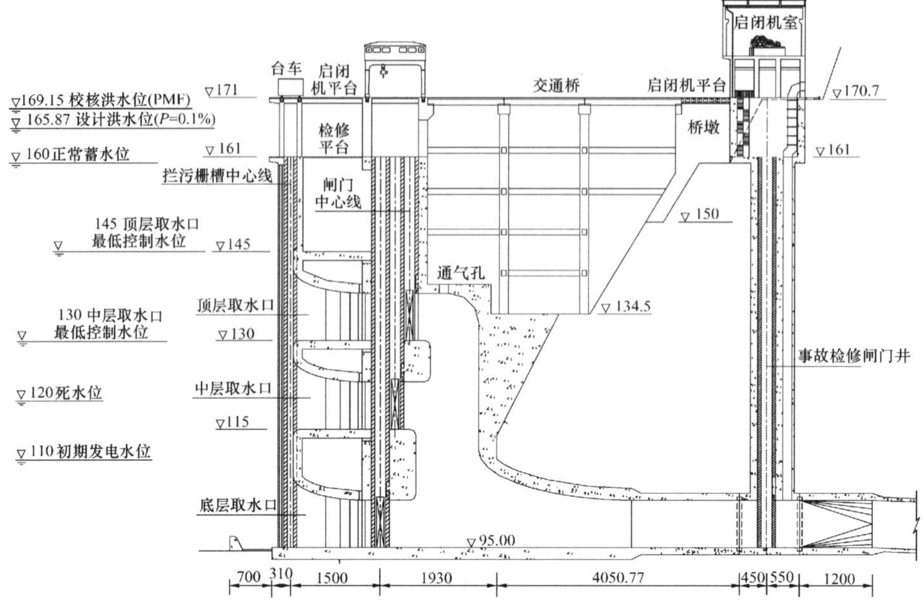

图2 分层取水进水口三孔闸门控制方案剖面图

（二）水温计算

水库水温以及下游河道水温计算是进水口分层取水设计的重要组成部分，它是叠梁门运行管理模式的关键因素。下泄水温计算采用的数学模型包括一维纵向水温数学模型、垂向一维水温模型、剖面二维水温模型、三维水温模型。其中一维纵向水温数学模型用于模拟水库下游河道水温，垂向一维水温模型和剖面二维水温模型用于模拟库区水温，三维水温模型主要用于实现对坝前水温立体分布的精细模拟。

水温计算结果表明，滩坑水库水温结构为典型水温分层型，表层及中层水温受气象条件的影响较大，底层水温变化不显著。水库下泄水温年内变化范围比天然河道水温的变化范围小，冬季水库下泄水温比天然河道高，夏季则低。通过调整叠梁门高度，取用水库表层水，可使5～10月的下泄水温与天然水温较为接近，满足鼋繁殖和栖息季节所需水温不低于18℃的要求；而在11月～次年4月，取水水位应有所降低，以满足鼋冬眠水温要求。因此滩坑水电站进水口分层取水调度原则为水库下泄水温尽可能与天然水温相接近，以减少对鼋等水生生物的影响；水电站运行期，应通过进水口上下游侧的水温监测成果和水库水位，进行进水口叠梁门的操作，以满足下泄水温要求和进水口水力学要求。

（三）进水口分层取水叠梁门方案设计

1. 进水口过水能力计算　进水口分层取水采用叠梁门控制，必须保证其过流能力能够满足机组流量要求，因此对进水口以矩形薄壁堰淹没出流的流量公式进行过流能力计算。经计算，在各库水位不同门顶水深下，叠梁门的过流能力均能满足单机额定流量的要求；叠梁门上下游侧水头差较小，不会产生较大的水头损失和流态的紊乱。

2. 进水塔整体稳定分析

（1）抗滑稳定：进水塔与开挖边坡相依，塔体内外水位基本保持平压状态，而且基坑下嵌并布置锚筋，因此不可能出现进水塔沿塔基整体向水库方向滑移的情况。根据实际开挖揭露的地质情况，进水塔基础仅局部存在顺坡中缓倾角节理，充填有岩屑、泥质，但结构面起伏粗糙，规模较小且不连续，因此塔体也不会沿中缓倾角节理面向冲沟内发生深层滑动。为了保证进水塔整体稳定具有一定的安全裕度，对基础进行综合处理，采用基础软弱层清除并置换混凝土、系统锚筋、固结灌浆等加固处理措施，同时对顺坡中缓倾角节理面进行加强处理，在节理面上盘布设一排锚筋桩，确保进水塔的抗滑稳定。

（2）抗浮稳定：根据相关规范要求对进水塔在正常蓄水位及校核洪水位工况下分别进行抗浮稳定计算。正常蓄水位时抗浮稳定安全系数 $K_f=2.13>1.1$，校核洪水位时抗浮稳定安全系数 $K_f=1.88>1.05$，计算结果均满足规范要求。

（3）抗倾覆稳定：根据相关规范要求对进水塔在正常蓄水位和校核洪水位工况下分别计算绕塔底板前趾点的抗倾覆稳定安全系数。正常蓄水位时抗倾覆安全系数 $K_0=4.2>1.35$，校核洪水位时抗倾覆安全系数 $K_0=3.7>1.2$，计算结果均满足规范要求。

（4）地基承载力：分层取水进水塔基础岩体以微风化、较完整为主，胶结物泡水后强度降低，地基容许承载力为 2～3MPa。经计算，进水塔在完建工况下地基应力最大，应力值为 0.67MPa，小于地基岩体的允许承载力，满足要求。

3. 进水塔结构有限元静动力分析　考虑进水塔的结构自重、塔顶荷载、静水压力、脉动水压力、地震惯性力、地震动水压力等各种荷载，采用拟静力分析法，经三维有限元计算，表明塔体结构应力最大部位发生在横、纵梁与墩墙连接处，且最大位移与应力值都发生在进水塔顶部，通过加大联系梁断面尺寸及调整间距，增设纵、横向隔墙，可以将应力值控制在允许范围内；进水塔主体应力很小，在 1MPa 以下，进水塔主体结构是安全的。

（四）进水口水工模型试验

由于进水口分层取水结构复杂，叠梁门进水塔通仓流道类似引水系统上游调压室，机组导叶开启或关闭时，流道内将产生高频的脉动水压力和低频的涌浪水位波，会对进水口取水效果和进水塔结构产生影响。因此在进水口水力学数值模型计算的同时，还进行了水工模型试验，观察进水口各工况下的水流流态及各种水力现象，量测进水口水头损失、机组导叶启闭时产生的脉动水压力，验证数值模型计算成果，并优化进水口结构布置。

进水口水工模型试验结果与数值模拟计算结果基本吻合，分层取水叠梁门结构布置是可行的。由于通仓内不可避免的存在绕流和横向水流，存在局部涡流现象，但进水口总体水流流态较好，且只要控制好叠梁门门顶水深，进水口流道内不会出现严重的漩涡，可满足工程要求。

（五）结语

滩坑水电站分层取水进水口单机引用流量较大，国内尚无建成工程实例，国外也少见，因此在整个设计过程中没有成熟的范例可供参考。但通过水温计算、水工模型试验、数值模拟计算以及结构静动力分析等大量的研究工作，并结合国内类似工程的研究成果，最终设计完成了满足分层取水要求、水流流态较优、结构安全稳定的进水口型式。由于该型式进水口首次在大型水电工程中应用，其合理性、经济性、可靠性以及安全性有待电站运行的实践考验。

（中国水电顾问集团华东勘测设计研究院
吴旭敏　王东锋）

公伯峡水电站右岸漩流消能泄洪洞设计

公伯峡水电站工程泄水建筑物由左右岸泄洪洞及左岸溢洪道组成，经过上游龙羊峡水库的调节，其入库洪水流量为 500 年一遇洪峰流量 5440m^3/s，10000 年一遇洪峰流量 7860m^3/s。公伯峡水电站右岸泄洪洞是利用右岸导流洞改建而成，要求的最大下泄流量 1060m^3/s，上下游水位差为 102m；与导流洞非结合段在初步设计阶段采用龙抬头型式，施工阶段提出采用漩流竖井型式代替龙抬头型式。

（一）水平旋流消能和竖井旋流消能的比选

1. 水平旋流消能泄洪洞　由单孔溢流堰进水口、竖井、旋流段（含起旋段）、水垫塘和退水洞（原导流洞）组成。溢流堰进水口的宽度 9m，堰顶高程为 1990m；竖井直径为 9m，旋流洞直径取 10.5m。为便于产生旋转流，竖井的底部的一侧采用椭圆曲线同旋流洞（旋流洞由 12×15m^2 导流洞套衬而成，套衬后旋流洞径取 10.5m）相切连接，另一侧逐渐收缩为 5.49m×11m 矩形后同起旋洞偏心相交。旋流段后接长 40m、宽 11m 的水垫塘段。为保证洞内旋流中心出现稳定的空腔，在洞的上游端设通气孔，通气孔向上伸入堰闸段顶部与大气相通，通气孔直径 2.5m，孔内最大风速小于 60m/s。

2. 竖井旋流消能泄洪洞　由有压短进口、引水道、涡室、竖井、连接段和退水洞组成。有压短进口底板高程 1980m，孔口尺寸为 7m×9m；引水道长 38.4m，采用明流涵管城门洞断面，底坡采用 1∶10；竖井顶部设置了直线切圆的简单涡室，涡室直径为 15.21m，高度 19m，顶部布置直径 2m 的通气孔通至水库最高水位以上；竖井直径为 11.7m，采用全高程等断面设计，竖井底部设置深 3m 的消力井和出口断面收缩的措施以增加消力井内的水垫厚度。

3. 旋流消能方案比选　水平旋流和竖井旋流两种方式从水工模型试验成果看，消能率均能满足要求。水平旋流消能方案的消能区位于泄洪洞的下平段，起旋流速受上游水位变化影响小，在各种工况下均能形成旋转流；竖井旋流泄洪洞消能区为竖井，由于竖井偏短，在竖井内水流环向旋流流态不稳定，基本形不成旋转流，水流直接跌入消力井，竖井振动较强烈。经综合比较右岸泄洪洞选用水平旋流消能。

（二）水平旋流消能泄洪洞溢流堰流态选择

公伯峡水电站工程泄水建筑物设计的特点是：水库的调洪水位等于水电站的正常蓄水位（2005m），右岸泄洪洞仅在大于设计洪水下投入运行，水平旋流消能泄洪洞进口溢流堰闸门设计采用了平板闸门，仅具备全开运行的条件。

从水工模型试验得知溢流堰流态为淹没流（库水位高于或等于 2008m 时），溢流堰上水面和库水面接近，无波动，竖井为管流，竖井井壁基本无振动感；自由流时竖井水面低于库水面，竖井顶部水面波动较大，竖井有振动感。基于右岸地质条件差，因此溢流堰流态采用淹没流比较合理。

（三）提供抗空蚀性能的研究

1. 竖井设置掺气设施的研究　试验表明旋流洞内旋流水平层平均流速为19.5m/s，但边壁流速达33m/s。为增加起旋室及水平旋流段的掺气量，经研究分析和多次水工模型试验，在竖井1962.9m高程设置坎高0.8m、坡比1∶3的环形掺气坎，坎下设5个直径为630mm通气管通至坝顶。

2. 提高起旋室与旋流洞连接处（升坎）的边壁压力　竖井加掺气坎后，起旋室升坎处边壁压力仍较低，为提高边壁压力，通过试验研究了起旋室导流坎的不同体型、设置盲洞和收缩环等多种方案，最终采用起旋室导流坎削坡和升坎加收缩环的方案。该方案较大地提高了起旋室升坎处边壁压力，同时，全断面水流掺气充分，达到保护边壁的作用。

3. 改善水垫塘出口收缩断面的流态　经多方案研究并结合试验，将水垫塘出口收缩段采用底面、侧面为三面圆弧型。该体型经减压试验表明突体高度小于6～7mm时，收缩段无空化云产生，水流不空化。

（四）水平旋流消能泄洪洞选定的体型

右岸旋流泄洪洞由开敞式进水口、竖井段、水平旋流发生装置（起旋室）、水平旋流洞段、通气孔、水垫塘段、退水洞（导流洞）及其出口挑流鼻坎等部分组成。进水口采用顶部设闸门控制的圆弧型实用堰型式，下游堰面曲线采用半径$R=17$m的1/4圆弧曲线，上游堰面采用半径$R=10$m的圆弧曲线；堰顶高程1989m，堰高4m，孔口宽度12m。竖井直径为9m，高程1980～1915.385m之间总高度为64.615m；竖井1962.9m高程设置坎高0.8m、坡比1∶3的环形掺气坎，1933.385m高程以下与水平洞切向进流段之间的竖直段为水平旋流发生装置，其断面从进口1933.385m高程的直径$D=9$m圆形断面渐变为1915.385m高程的9m×5.13m的矩形收缩断面。水平旋流消洞的上游端设有直径3.3m的通气孔，向上伸入堰闸段顶部与大气相通。旋流消能段长50m（从竖井中心线算起），断面为直径$D=10.5$m的圆形断面，为由导流洞12m×15m（宽×高）断面改建而成。水垫塘段长50m，为由导流洞断面套衬0.5m钢筋混凝土衬砌改建而成，断面型式为11m×14m（宽×高）的方圆洞型断面。

（五）原型过水试验

水力学原型观测的过水试验共进行了3次，3次过水试验后，均对泄水建筑物过流表明进行了检查，检查表明泄洪建筑物运行是安全的，设计是合理的。经模型与原型试验表明，旋流消能泄洪洞消能率高达85%以上，洞内30m/s以上的流速经旋流消能后可控制在20m/s以内。

（中国水电顾问集团西北勘测设计研究院　陈念水）

喜河水电站泄水建筑物设计

（一）工程概况

喜河水电站位于汉江上游陕西省石泉县喜河镇下游10km处，是汉江上游干流河段规划中的第三个梯级电站。水电站总装机容量为180MW（3×60MW），最大坝高62.8m，是一座以发电为主，兼有航运等综合效益的水利枢纽。喜河水电站属二等大（2）型工程，泄水建筑物为2级建筑物。根据防洪标准，本工程的泄水建筑物正常运用洪水标准为100年一遇，入库洪峰流量为21800m³/s；非常运用洪水标准为1000年一遇，入库洪峰流量为28200m³/s；消能防冲建筑按50年一遇洪水设计，入库洪峰流量为18900m³/s。

坝址区岩性较均一，主要分布有浅变质凝灰岩和辉绿岩脉等。岩石强度较高；断裂发育，但一般规模不大；缓倾角构造以裂隙为主，深部呈闭合状态；左岸强风化深度约为7m，弱风化深度约12.5m；右岸强风化深度约16.5m，弱风化深度约为20m。河床抗冲刷能力低，设计抗冲流速4～6m/s。

喜河水电站泄洪消能的特点是：低水头、低佛汝德数、大单宽流量、高尾水且变幅大，河床基岩抗冲能力差。

（二）泄流能力计算

喜河水电站5个表孔和4个中孔的泄流能力计算结果及试验结果见表1，从表中数据可知，泄水建筑物的布置和孔口尺寸完全满足泄放洪水的要求。

表1　表、中孔总泄流能力计算成果表

洪水标准		库水位（m）	下游水位（m）	总　泄　量	
频率（%）	要求泄量（m³/s）			计算泄流量（m³/s）	试验泄流量（m³/s）
0.1	27300	367.00	357.90	27852	27607
1.0	21200	362.20	353.40	21530	22279
2.0	18500	360.10	351.30	18886	19800
5.0	16300	358.20	349.50	16537	17560

（三）泄洪建筑物布置设计

泄洪消能方案的选定前后历经十余年，在消能形式和辅助消能工的选择方面进行了广泛和深入地研究。表孔先后采用了宽尾墩加戽式消力池方案、消力梁加戽式消力池方案、趾墩加戽式消力池方案、差动齿坎方案；中孔先后采用了一级消力池、二级消力池（同时对消力坎形式进行组合）等方案。在研究过程中，三次调整表孔、中孔的消力池底板高程，以选择合适的消能效果和流态。

在长期的研究过程中，泄洪消能设计方案几经演变，主要方案变化经过4个阶段，如表2所示。

经过仔细计算和研究，确定主要泄水建筑物型式如下：

喜河水电站泄水建筑物布置在厂房左侧，泄水建筑物自右至左依次由三个泄洪排沙中孔、五个表孔和与垂直升船机重叠布置的左中孔组成，全部采用底流消能方式。

表2 泄洪消能设计方案的演变过程

方案＼部位	三个冲沙孔	左中孔（升船机中孔）	左三表孔	右二表孔
第一阶段方案	梯形差动齿坎消力池。池底高程327m，池长85m	无池坎消力池。池底高程326m，池长42m	趾墩加戽式消力池	趾墩加无池坎消力池
第二阶段方案	梯形差动齿坎消力池。池底高程327m，池长85m	同上	梯形差动齿坎消力池。池底高程318m，池长54m	梯形差动齿坎消力池。池底高程325m，池长61m
第三阶段方案	二级消力池。池底高程327m，池长130m	同上	梯形差动齿坎消力池。池底高程319m，池长54m	梯形差动齿坎消力池。池底高程325m，池长61m
第四阶段方案（最终采用并且实施建设）	二级消力池。池底高程325m，池长133m	同上，池长44.5m	梯形差动齿坎消力池。池底高程317m，池长50m	同上，池长57.5m

中孔包括紧靠右导墙坝段左侧布置的三个中孔（以下简称右三中孔）和同垂直升船机重叠布置在14号坝段的左中孔，孔口尺寸8.5m×15m，堰顶高程均为335m。右三中孔和左中孔堰面采用抛物线，右三中孔中墩墩头曲线为1/2椭圆，闸墩厚度为5m。左边墩墩头曲线为1/4椭圆，右边墩墩头曲线为1/4圆。右三中孔设置二级消力池，从堰面反弧段末端至消力池二级坎末端消力池总长133m，底板厚2m。一级消力池坎为4m高的连续实体坎。二级消力池设置差动齿坎，高坎高4m，低坎高2m，每齿间隔4m，错开均匀布置。下游为厚度为1m的混凝土护坦，护坦长度为27m。左中孔设置平底消力池，池长44.5m。

五个表孔布置于左导墙坝段左侧，依据消力池底板高程的不同，分为左侧三个表孔（以下简称左三表孔）和右侧两个表孔（以下简称右二表孔），孔口尺寸14m×22.5m（宽×高），堰顶高程均为340m。五个表孔堰面采用WES曲线，闸墩迎水侧墩头采用椭圆曲线，闸墩厚度为4m。

右二表孔消力池底板厚3m。在消力池末端设置差动齿坎。高坎高5m，上游面直立，下游侧坡比1∶1，坎顶宽6m；低坎高3m，上游侧坡比为1∶2.5、下游侧坡比为1∶1，坎顶宽1.5m。每齿间隔4m，错开均匀布置。下游为厚度为1m的混凝土护坦，护坦长度为25m。由反弧段末端至消力坎末端的消力池池长为57.5m。

左三表孔消力池底板厚4m。在消力池末端设置差动齿坎。高坎高5m，上游面直立，下游侧坡比1∶1，坎顶宽6m；低坎高3m，上游侧坡比为1∶2.5、下游侧坡比为1∶1，坎顶宽1.5m。每齿间隔4m，错开均匀布置。下游为厚度为1m的混凝土护坦，护坦长度为25m。由反弧段末端至消力坎末端的消力池池长为50m。

（四）消力池混凝土底板抗浮稳定计算

喜河水电站工程泄洪消能防冲建筑物按50年一遇（2%）洪水标准设计，按500年一遇洪水（0.2%）校核。经过计算，右三中孔消力池采用深6m、间距1.5m、直径为28mm的锚筋，右二表孔消力池采用深4m、间距1.5m、直径为28mm的锚筋，左三表孔消力池采用深5m、间距1.5m、直径为28mm的锚筋，左中孔消力池可不采用锚筋，消力池混凝土底板满足抗浮稳定要求。

（五）消力池设计

右三中孔消力池在顺水流方向设置一条结构缝；在横水流方向设置六条结构缝。消力池底板混凝土厚度为2m，表层1m为大坝常态混凝土C_{90}30三级配W6 F100，底层1m为大坝常态混凝土C_{90}20三级配W6 F100。结构缝间止水采用一道“U”形铜止水片。右三中孔消力池底板下面沿顺水流方向布置1条排水涵管，横水流方向布置8条排水涵管，排水涵管采用半圆形预制无砂混凝土管铺设，内直径为1.2m。左中孔消力池在顺水流方向不设置结构缝；在横水流方向设置1条结构缝。消力池底板混凝土厚度为6m，表层2m为大坝常态混凝土C_{90}25三级配W6 F100，下部4m为大坝常态混凝土C_{90}20三级配 W6 F100。结构缝间止水采用两道止水，一道“U”形铜止水片，一道橡胶止水带，铜止水片距离结构表面70cm，铜止水片和橡胶止水带间距为40cm。

右二表孔消力池在顺水流方向设置2条结构缝；在横水流方向设置2条结构缝。左三表孔消力池在顺水流方向设置3条结构缝；在横水流方向设置2条结构缝。表孔消力池底板混凝土厚度为3～12m，表层2m为大坝常态混凝土C_{90}25三级配 W6 F100，下部为大坝常态混凝土C_{90}20三级配 W6 F100。表孔消力池结构缝间止水的设置与左中孔消力池相同。

表孔和左中孔消力池底板下面沿顺水流方向布置5条排水涵管，横水流方向布置3条排水涵管，排水涵管采用半圆形预制无砂混凝土管铺设，内直径为1.2m。沿排水涵管中心线布置排水口，孔径50mm，间距3m，排水孔深入岩石10m。

（六）消力池护坦设计

根据水工模型试验的冲坑深度和位置结合经验公式，确定了在右三中孔和5个表孔的消力池末端设置混凝土护坦，以保护消力池末端混凝土齿坎基础。护坦的长度为25m左右，右三中孔消力池后的护坦厚度为1m，5个表孔消力池后的护坦厚度为1～3m。左中孔消力池后不设护坦，原因是：①在校核洪水以下，左中孔消力池末端为静水或回水区；②左中孔只在校核洪水情况下其他8个泄洪孔口全部开启后才开启，这时下游水位很高。

（七）结语

喜河水电站泄水建筑物设计的特点主要有以下几点：

(1) 喜河水电站泄洪消能的特点是“低水头、低佛汝德数、大单宽流量、高尾水且变幅大，河床基岩抗冲能力差”，客观上造成泄水建筑物设计在水头、流速、流量、消能等方面很难具备普遍合理的适应性。

(2) 研究历时长，方案多。前后研究时长超过20多年，许多设计者都参加并且贡献出了自己的研究成果，实施阶段的设计方案是在仔细分析研究前人的成果和他人的经验，紧紧依托模型试验，加强理论分析和反复计算比较，逐步优化产生的。

(3) 由于利用了高尾水位和淹没的关系，喜河水电站表孔的消力池长度相对于常规底流消能的消力池长度设计要短20m左右，减少了开挖和混凝土工程量分别为20000m^3和6000m^3。

(4) 喜河水电站泄水建筑物孔口较多，孔口运用关系复杂。经过研究，在满足汉江水流规律的条件下，确定了孔口开启顺序。

经过2005年10月1日下泄13700m^3/s流量和2006年的水库初期蓄水和泄放常遇洪水，喜河水电站的泄水建筑物经受了初步的检验，满足设计目的和要求。

（北京国电水利电力工程有限公司　乔明秋　梅传胜）

崖羊山水电站大断面地下调压室设计

崖羊山水电站装机容量120MW，设计引用流量254m^3/s，额定水头57m，最大工作水头80m，最小水头52m；采用压力引水方式，引水线路总长1880.8m，引水隧洞直径8.5m，压力钢管直径7.3m。电站具低水头大流量的特点，上游调压室所需稳定断面大，达643m^2。

崖羊山大断面调压室为地下调压室。所处位置岩性为K_{1m}^{1-2}灰紫色厚层至巨厚层状石英砂岩、钙质砂岩、细砂岩及中厚层状钙质砂泥岩，以微风化为主，局部为弱风化。岩石节理裂隙发育，对调压室布置影响较大的Ⅲ级结构面断层一条，产状N75°～87°W，NE∠78°～85°，破碎带宽0.3～0.5m，由片状岩、糜棱岩、角砾岩组成，胶结中等，影响带宽1～1.5m；发育Ⅳ级结构面31条，主要以层间发育为主，其产状为：N75°～80°W，NE∠70°～80°，间距一般为8～20m，局部密集发育；属Ⅴ级结构面的节理每米发育有1～3条。岩体呈厚层状结构，局部中厚层状结构，围岩类别以Ⅲ类为主，其次为Ⅱ类、Ⅳ类。

根据调压室所处位置的地质条件，调压室采用矩形结构，以减小地下洞室开挖跨度，利于洞室稳定。调压室长边近垂直岩层走向布置，长边净长43.5m，短边净宽15m。井壁采用C25钢筋混凝土薄壁结构，衬砌厚度为0.8m；纵横方向均不设撑梁，利用锚杆、锚索形成整体受力结构。井筒四角采用贴角型式，贴角长宽均为2m。调压室采用阻抗式，引水道与井筒采用三通管连接，以减少水头损失。调压室底板顶面高程为806m，底板最小衬砌厚度为2m。阻抗孔为圆形，内径6m，衬砌顶面高程为803.5m，孔周最小衬砌厚度1.5m。调压室下部水道为圆形，内径与引水隧洞相同，$D=8.5$m，出口10m洞段水道内径由8.5m收缩为7.3m，与压力钢管道相接。调压室顶拱高程为860m，总开挖高度69.234m，顶拱采用喷锚支护的方式，不设混凝土衬砌，顶拱半径为9.41m，中心角123.77°，利用调压室施工上支洞作为调压室的通气洞。

鉴于调压室井壁衬砌较薄，为减小外水压力对衬砌的影响，井壁外侧设置了纵横排水系统，横向在820m和803.5m处设置两道闭合的水平排水盲沟管，竖直向均匀设置了10道纵向排水盲沟管，并汇总引至施工支洞堵头外。

为有效降低外水压力，在调压井长边两侧底板高程附近各布置一个排水洞，水平净距18.1m，1号排水洞长约70m，2号排水洞长约106m，排水洞断面为方圆形，断面为2.5m×3m。沿排水洞顶拱及内侧向调压井方向打设排水孔，孔深分别为25.4m和17m，孔径100mm。

混凝土衬砌完成后，在水力变幅区的830m及834m高程打设两排100t级预应力锚索，共48根，以确保运行期安全。

调压室正常运行水位831.925m，最高涌波水位为850.147m，最低涌波水位为808.576m；调压井底板高程为806m，相应余压水深2.576m；调压室井壁顶面高程854m，相应安全超高3.853m。

围岩支护：顶拱支护采用挂双层钢筋网喷20cm厚混凝土加系统锚杆的支护型式，系统锚杆采用$\phi25$（长4.5m）、$\phi32$（长9m）@2m×2m，梅花形长短交替布置，并打设排水孔，孔深8m，间排距4m×4m；在拱脚处布置两排锚筋桩，规格为$3\phi32$，长9m，间排距@2m×1.5m，以保证顶拱稳定。854m高程以下井壁采80cm厚钢筋混凝土衬砌，内外侧均布置一层钢筋，水平筋为$\phi28$@20cm，竖向筋为$\phi32$@20cm，一次支护喷15cm混凝土，局部挂钢筋网，布置$\phi25$（长4.5m）、$\phi32$（长9m）@1.5m×1.5m，梅花形长短交替布置，并与面层钢筋牢固焊接；在817.5m和822m高程分别布置18根100t级预应力锚索，长20m和25m，长短交替布置，以控制施工期围岩变形，确保施工期工程安全；混凝土衬砌浇筑完成后在830m及834m高程打设两排100t级预应力锚索，共48根，以确保运行期安全。调压井混凝土衬砌后布置有纵横向排水盲沟管，形成一个排水系统，排除调压井的渗水，降低外水压力，以防水位变化时，外压过大造成混凝土衬砌破坏。

该工程首次采用无撑梁大断面浅埋式矩形调压室结构，采用由围岩和一次支护为主承担山岩压力和内外水压力的设计思路，并合理设置了排水系统，较好地解决了围岩稳定和结构稳定问题。

崖羊山水电站工程于2003年4月开工建设，2006年9月全部机组投产发电。

（中国水电顾问集团昆明勘测设计研究院　覃建附）

居甫渡水电站泄洪消能设计

居甫渡水电站泄洪建筑物包括5个溢流表孔和1个冲沙底孔，均为2级建筑物。设计下泄流量为$8234m^3/s$，校核下泄流量为$12377m^3/s$，泄洪以溢流表孔为主，冲沙底孔的主要功能是排沙，常年洪水时可兼作泄洪。

（一）结构布置

河床溢流表孔是枢纽主要泄洪建筑物，共设5个表孔，孔口尺寸为13m×20m（宽×高），堰顶高程502m，堰上设置平板检修闸门及弧形工作闸门各一道。表孔闸墩采用预应力结构，中墩厚4m，边墩厚3m。溢流堰采用WES堰型，最大堰上水头20.7m，堰面曲线为$Y=0.0419X^{1.85}$，曲线末端接坡比为1∶0.8的直线段，直线段后用半径为30m的反弧段与消力池底板衔接。堰顶上游堰面采用三圆弧曲线与上游垂直坝面衔接。

溢流表孔泄洪采用宽尾墩—消力池联合消能。根据工作闸门设置情况，在堰顶下游坝横0+021.8m～坝横0+035m处收缩溢流孔宽度，宽尾墩收缩比为0.577，尾墩扩散角为15.86°。消力池底板高程443m，池长137m，池底宽93m，底板厚度为4m。在消力池末端设尾坎，坎顶高程459m，坎顶宽3m，上游端用1∶1.5反坡与消力池底板连接。水电站3台机满发尾水位为458.52m，低于消力池末端尾坎高程，消力池在枯水期具有检修条件。

（二）水力计算和水工模型试验

溢流表孔的水力特性及泄流能力经过整体水工模型试验验证，从流速分布和流态观察看，除必须冲沙时，尽量少开冲沙底孔，在条件许可时宜将闸孔多开几孔，通过每孔局部开启控制泄量。试验观察表明，当冲沙底孔开启时，溢流表孔不宜对称开启，而应适当偏右开启。总之，通过整体水工模型试验验证：居甫渡水电站泄洪建筑物的体型设计、孔口尺寸选择合理，泄洪能力满足设计要求；表孔泄洪采用“宽尾墩—消力池”联合消能是可行的；下泄水流的流态和流速分布，满足下游消能防冲的要求。

（三）结构设计

由于弧门推力较大，而墩体较薄，常规的钢筋混凝土结构难以满足在正常持续工作荷载作用下的限裂要求，故设计采用预应力混凝土支承结构。其结构型式采用新型预应力混凝土闸墩，即在锚块中设置空腔（空腔宽0.3m），通过传力梁的支座将锚索的预应力传给闸墩，使主锚索的作用点接近弧门推力作用线方向，同时也减少了锚块与闸墩的接触面积；待施工锚索张拉完成后，再将空腔回填，使锚块仍成为一体。对于闸墩颈部而言，由于锚索预应力和弧门推力在一条直线上和减少了锚块与闸墩的接触面积，可使预应力总吨位与弧门推力之比接近或略大于1，从而达到节省锚索的工程量。闸墩的混凝土标号为C25，锚块混凝土标号为C40，闸墩和锚块均布置有常规钢筋，其拉应力均在所允许的范围之内。

消力池布置在溢流坝段下游。根据模型实验，为了将最大动压区域包含在坝体内，避免消力池底板被掀起，将坝体向下游延长了15m后设置分缝，再接消力池。消力池底板钢筋混凝土厚度为4m。由于消力池基础主要为泥岩夹砂岩，岩性软弱，岩体完整性较差，为了减小底板浮托力，消力池采用封闭抽排系统以排除底板及边坡地下水，排水孔内均设置反滤透水管。为避免消力池底板及护坡混凝土开裂，同时方便施工，消力池底板设置了一定数量的纵缝、横缝，两岸护坡设纵缝。在纵、横缝间设置键槽及两道紫铜止水片以保证消力池整体受力及防止缝面渗水。为确保消力池底板及护坡抗浮稳定，其基础及边坡均设置系统锚筋桩进行支护。两岸均沿开挖面设钢筋混凝土护坡，厚度463m高程以下为2m，以上为1.5m；475m高程以上边坡采用喷锚支护。

根据消力池功能及工作状况，以及对混凝土的强度、抗渗、抗冲磨等要求，消力池底板及护坡混凝土设计抗渗等级均为W8，抗冻等级均为F100，强度等级分C20、C25和C30及硅粉混凝土四种，分别用于不同的部位。其中硅粉混凝土用于消力池底板面层及两岸450m高程以下的过流面，厚度均为0.5m。硅粉混凝土是采用强度等级为C30的基准混凝土掺入8%硅粉，其强度等级为C45以上。

（中国水电顾问集团昆明勘测设计研究院　张琼芝）

围堰及导流建筑物设计

小湾水电站围堰及导流建筑物布置结构及特点

（一）概况

小湾水电站导流建筑物主要有上、下游围堰、左岸两条导流隧洞和坝身导流底孔、中孔。上、下游围堰为土工膜心墙堆石围堰，堰顶高程分别为1040m和1012m，最大堰高分别为60.59m和38m；1号、2号导流隧洞全断面衬砌标准过水断面为16m×19m（宽×高），顶拱不衬砌段标准过水断面为16m×19.5m，进口底板高程均为988m，隧洞长度分别为861.592m、980.922m；坝身导流底孔、中孔分别为2个和3个，进口底板高程分别为1020m和1050m，出口孔口尺寸均为6m×7m。

导流隧洞于2004年10月12日成功分流，2004年10月25日成功实现大江截流，围堰于2005年汛前建成挡水，围堰和导流隧洞运行良好。

（二）围堰工程

1. 围堰堰型及基础防渗型式　通过对黏土心墙围堰、黏土斜墙围堰、土工膜心墙围堰、土工膜斜墙土石围堰和碾压混凝土围堰等方案的综合技术经济比较，结合小湾导流工程具体情况，鉴于黏土心墙围堰方案存在黏土料场运距远，施工较困难及与堰体堆石料填筑施工干扰较大等问题，而土工膜心墙土石围堰，具有地基适应性强，布置紧凑，技术经济指标优，施工技术较成熟、可简化施工等优点，确定上、下游围堰均采用土工膜心墙土石围堰。

上游围堰河床部位堆渣层厚10～14m，冲积层厚16～22m。由于地层结构复杂，河床堆渣层较厚及大块石较多等原因，堰基防渗结构无论是采用混凝土防渗墙或喷灌防渗墙，其施工难度均较大。考虑到上游围堰防渗的重要性，以及混凝土防渗墙具有施工工艺成熟、防渗效果好等特点，并结合在上游围堰左堰头进行的混凝土防渗墙生产性试验成果，选定上游围堰堰基防渗采用混凝土防渗墙方案。在施工过程中，通过先导孔勘探发现，在上游围堰右侧河床约40m宽范围内河谷深切，最大深度超过50m，而且含大量直径大的孤石、块石，加之工作面滞后，此部位如果继续采用混凝土防渗方案则无法按合同工期完成防渗工程。经研究，此段采用了墙、幕结合的防渗方案，即河岸左侧沿围堰轴线桩号0+26～0+132m段的堰基防渗仍采用混凝土防渗墙方案，在河床右侧沿围堰轴线桩号0+132～0+172m段的堰基防渗采用灌浆帷幕防渗方案。

下游围堰河床部位堆渣层厚14～20m，冲积层厚16～22m。因堆渣层较厚，含大量直径大的孤石、块石，如果采用混凝土防渗墙方案则无法保证合同工期。前期在下游河岸进行了下部高喷、上部可控灌浆试验，试验成果表明可控灌浆可满足设计防渗要求，而下部冲积层高喷灌浆不能达到防渗设计要求，因此确定下游围堰采用可控帷幕灌浆方案。

2. 围堰断面及结构　上游围堰堰顶高程为1040m，堰顶宽8m，最大堰高60.59m，上、下游坡比分别为1∶1.7和1∶1.2（加钢筋网）；基础混凝土防渗墙最大深度48.5m，灌浆帷幕最大孔深53.5m。下游围堰堰顶高程为1012m，堰顶宽10m，最大堰高为38m，上、下游坡比分别为1：1.6和1：1.7，基础可控帷幕灌浆最大孔深45.4m。

上游围堰背水坡采用土石加筋技术，解决了在狭小空间内布置围堰与大坝基坑的矛盾。上游围堰下游侧堆石料每填筑三层铺一层钢筋网，钢筋网沿整个围堰轴线方向全长布设，垂直围堰轴线方向主筋为ϕ20@50cm，沿围堰轴向分布筋为ϕ16@100cm，分布钢筋上下游端头各布置一根ϕ36加强钢筋。钢筋网距围堰下游侧坡面0.5m，每层钢筋网沿围堰轴线隔20m布设一根ϕ36的钢筋，同时应上下层对齐，并伸出围堰外1m，作为坝前接地网的连接筋。

上游围堰迎水面坡脚与1号导流隧洞进口保持约30m的防冲安全距离；为防止不稳定(游离型立轴漩涡)水流对迎水面坡及坡脚与左、右岸坡衔接部位的冲淘刷，在1020m高程以下采用块石和钢筋石笼进行保护。为防止导流隧洞出口回流对下游围堰迎水面坡及坡脚与左、右岸坡衔接部位的冲淘刷，在998m高程以下采用钢筋石笼进行保护。

围堰基坑开挖完成后，经测试，上游围堰渗流量约为10m^3/h，下游围堰渗流量约为100m^3/h，满足设计防渗要求，防渗效果好。

（三）导流隧洞

1. 导流隧洞布置方案　根据地形、地质及水工枢纽布置，导流隧洞布置选择了左岸两条短洞、左岸两条长洞、左岸一长一短洞、左右岸各一条洞四个方案进行对比。经比较，左岸布置方案明显优于右岸布置及左、右岸布置的方案，尤以左岸两条短洞方案优点较为突出，故选定左岸两条导流隧洞布置方案。结合小湾工程坝基边坡开挖、场内施工道路布置，截流工期优化等实际情况，为减小截流难度、方便导流隧洞施工，选定两条导流隧洞同高程平行布置。两导流隧洞进、出口底板高程分别为988m、984.984m，洞长分别为861.592m、980.922m，洞轴线间距48m；采用一次喷锚支护与二次现浇薄钢筋混凝土复合衬砌，全断面衬砌后标准过水断面为16m×19m(宽×高)，顶拱不衬砌段(顶拱仅喷15cm钢纤维混凝土)，标准过水断面为16m×19.5m，导流隧洞设计为有压流态。

2. 导流隧洞支护措施　导流隧洞结构设计充分利用围岩的自身承载力，除进、出口、洞身地质条件较差等部位加强一次支护和衬砌外，其余洞段二次薄钢筋混凝土衬砌主要是为了满足水力学的要求，降低洞身糙率。

结合小湾导流隧洞工程实际情况，对Ⅰ、Ⅱ类围岩顶拱不衬砌钢筋混凝土进行设计优化技术攻关，对多方案水力学和结构计算综合比较，确定取消围岩良好洞段顶拱钢筋混凝土衬砌长达898m，占隧洞总长的49%。

导流隧洞洞身通过F_7断层(Ⅱ级断层，破碎带宽约40m)，开挖断面20m×23m。首先布置了F_7断层施工监测洞并埋设了观测仪器，根据揭示地质情况做出超前地质测报，对监测成果、地质测报进行分析研究，复核设计成果的合理性，并综合考虑施工安全、进度及施工方法等因素，采用自进式锚杆和超前固结灌浆、喷钢纤维混凝土及钢支撑等及时支护方式、保证了隧洞开挖顺利通过F_7断层。

（四）坝身导流底、中孔

结合导流程序、坝体混凝土施工进度安排，为减少坝身孔口数量、降低对坝身结构的削弱、方便施工，经综合比较，选定坝身2个导流底孔，3个导流中孔，进口底板高程分别为1020m和1050m，过流断面为矩形，出口工作弧门孔口尺寸均为6m×7m，与水工放空底孔、泄洪中孔等联合泄流，可满足中后期导流、向下游供水和水库初期蓄水的要求。

坝身导流底、中孔动水下闸水头高达110余米，工作闸门挡水水头高达140余米，闸门承受总水推力达近1万t，单孔出口闸墩分别采用了4000kN的主锚索30根(单边15根)和1800kN的次锚索9根进行锚固和改善闸墩应力分布。主锚索锚固在坝体内，为方便施工和减小对坝体结构的削弱，在内锚固段创新地采用了预埋锥形钢套管成孔方式，内锚固段长度为9m。

（五）结语

小湾水电站导流建筑物规模大、运行期长、坝址段河床堆积渣严重、地质条件较复杂、围堰基础防渗处理困难及布置空间狭小。结合小湾水电站导流工程实施的具体情况进行了一系列的设计优化和一些创新研究。在导流隧洞施工过程中，进、出口最大开挖边坡高度经优化分别降低了35m和72m；围岩良好洞段顶拱取消钢筋混凝土衬砌长度898m，占隧洞总长度的49%，在目前国内外已建成的顶拱不衬砌大型导流隧洞中位列前茅。上游围堰背水坡在围堰设计中创新地采用土石加筋技术，这一技术解决了在狭小空间内布置围堰与大坝基坑的矛盾，减少了基坑边坡开挖支护和实施时间，简化了施工条件，妥善解决了河床深厚堆渣及复杂基础情况下的围堰基础防渗及导、截流难度增加等问题。目前导流建筑物已经历了两个汛期的考验，运行良好。可为即将修建的大、中型水电工程提供一定的经验。

（中国水电顾问集团昆明勘测设计研究院　罗孝明）

景洪水电站施工导流设计

（一）概况

景洪水电站位于云南省澜沧江下游河段，是澜沧江中下游河段规划的两库八级开发方案的第六级。拦河坝为碾压混凝土重力坝，坝高109m，坝顶总长704.6m，水库正常蓄水位602m，总库容11.39亿m^3，电站总装机容量1750MW。枢纽工程等别为一等，水库为大⑴型。枢纽工程由挡水建筑物、泄水建筑物、引水建筑物、厂房及通航建筑物等组成。总体布置型式为：水电站厂房布置在左侧主河槽位置，泄水建筑物和通航建筑物布置在河床右侧，采用一字排列布置。

（二）导流方式

景洪水电站施工导流，因坝址处河槽较宽，河谷形状系数5.63，两岸围岩地质条件差，不宜采用隧洞导流方式。而分期导流方案具有水力条件较清楚，坝体施工强度较均衡、施工干扰小及第一台机组发电工期保证率高等优点，在后期导流升船机坝段缺口封堵，导流底孔下闸及第一台机组发电工期保证率等方面具有较明显的优势。因此，经综合比较论证，采取分期导流方案。

（三）导流标准及程序

枢纽工程为一等工程，主要永久水工建筑物级别为1级。导流建筑物的级别按其保护对象、失事后果、使用年限和工程规模4项指标确定：一期全年导流建筑物级别定为4级建筑物；二期全年导流建筑物级别定为3级建筑物。结合工程合理工期的安排及导流设计的具体情况，各导流时段划分及标准、流量如下：①2003年12月～2005年1月由一期围堰挡水，导流标准为10年一遇全年洪水，相应流量$Q=12700m^3/s$，束窄后河床过流，施工右岸一期基坑；②2005年1月底截流，2005年1月～2007年11月由二期围堰挡水，导流标准为20年一遇全年洪水，相应流量$Q=15100m^3/s$，5个导流底孔预留导流缺口过流，进行左岸坝体及厂房土建施工；③2007年12月～2008年4月坝体临时挡水，5个导流底孔过流，进行导流缺口加高及通航建筑物施工；④2008年3月上旬导流底孔下闸，2008年3月～2008年11月坝体临时挡水，左、右冲沙底孔和7个溢流表孔联合泄流，进行左岸坝体及厂房机电安装施工；⑤2008年12月～2009年5月坝体临时挡水，在满足1台机组发电引用流量665.56m^3/s后，由左、右冲沙底孔和2号溢流表孔控制泄流，进行导流底孔封堵施工。

（四）围堰设计

1. 一期围堰　一期围堰分为一期枯期临时围堰、一期纵向围堰及一期上、下游横向围堰。

枯期临时围堰导流时段为2003年12月～2004年5月，设计标准为$P=10\%$，$Q=3050m^3/s$，最大堰高为14m，堰顶宽度为5m，为土石混合料填筑。

一期全年围堰导流时段为2004年6月～2005年1月，设计洪水标准为$P=10\%$，$Q=12700m^3/s$。此时，河床缩窄度为44.68%；经水力学计算，设计流量下的上、下游堰前水位分别为553.79m和552.37m。横向围堰为土石混合料填筑围堰，堰顶高程考虑波浪爬高和安全超高后，定为上游555m，下游554m，堰顶宽度8m，上、下游边坡1∶1.5，因堰基大部分位于基岩滩地，不再作堰基防渗处理。一期上、下游纵向围堰堰顶高程分别为555m和554m；上游堰底高程526m，迎水侧(左侧)坡比1∶0.55，背水侧(右侧)坡比1∶0.15；下游堰底高程从528m按1∶7.5的坡度降至518m，两侧坡度均为1∶0.35。

2. 二期围堰　二期围堰分为二期纵向碾压混凝土围堰及二期横向土石围堰，为3级临时建筑物。

二期纵向碾压混凝土围堰在一期的基础上加高。原设计2005年11月中旬截流，升船机坝段预留缺口底高程为550m，宽度为30m，堰前挡水水位574.37m，故二期围堰堰顶高程设计为575.5m。

横向土石围堰经堰型比较选用土工膜心墙围堰，上、下游堰顶高程为575.5m和558.5m，堰顶宽度分别为12m和10m，上、下游边坡1∶1.9。堰体防渗采用土工膜心墙，堰基防渗采用高压旋喷防渗墙，上游围堰三排，下游围堰在处理深度超过20m以下时采用三排，不超过20m的部位采用两排。

上游横向围堰最大堰高为60.5m，进行了边坡稳定分析计算，安全系数为1.336，下游横向围堰最大堰高42.5，安全系数为1.338，满足设计规范要求。

二期上游纵向围堰上游端桩号为0－280m，下游端桩号为0－4m，长276m，堰顶宽为6m。其中0－4～0－172.815m段，堰顶高程575.5m；0－172.815～0－209.329m段，堰顶高程从575.5m降至555m；0－209.329～0－280m段，堰顶高程为555m。

二期下游纵向围堰与右冲沙底孔（顶高程564.5m）相接，故围堰顶高程由0＋256.108m处564.5m降至0＋383.647m处554m，堰顶宽4m。

为防止水流进入右冲沙底孔，下游纵向围堰前端5m长范围内高程555.93～564.5m段设计为垂直面。围堰上游端桩号为0＋256.108m，下游端桩号为0＋420m，长163.892m。

3. 纵向围堰混凝土分区　根据混凝土浇筑强度及温控要求，上游围堰分为10块，下游围堰分为5

块，块长一般为30m，缝间设置654型橡胶止水带。

1m厚垫层混凝土采用二级配C_{90}20、W8、F100常态混凝土，围堰两侧设置50cm厚三级配C_{90}15、W6、F60变态混凝土防渗层，主体部分采用三级配C_{90}15、W6、F60碾压混凝土。

4. 主要设计变更　根据围堰基础开挖所揭露的地质情况和施工情况，在施工阶段对一期上下游围堰建基面高程、基础处理方案及围堰体型，进行了调整和优化。

(1) 上游纵向围堰上游端桩号调整为0－277m，围堰长度缩短3m；下游纵向围堰下游端桩号调整为0＋410m，围堰长度缩短10m。

(2) 上、下游纵向围堰建基面高程，平均分别提高3.9m和9.6m，开挖量和混凝土量减少约8.7万m^3。

(3) 取消堰基大部分固结灌浆，在二期过水侧围堰坡脚位置增设529m高程帷幕灌浆平台，在灌浆平台进行帷幕灌浆，固结灌浆量减少约1.3万m，减少了施工干扰。

(4) 上游纵向围堰第8～10号块右侧(二期过水侧)坡比，由1∶0.15调整为1∶0.10；下游纵向围堰第2～5号块左侧(一期过水侧)坡比由1∶0.35调整为1∶0.20。

(5) 在堰顶569.4～575.5m高程，因混凝土进料困难，部分调整为M10浆砌石结构。

(四) 泄水建筑物设计

1. 导流底孔

(1) 为满足导流设计要求，结合水工枢纽布置，导流底孔布置在溢流坝段，其优点有：底孔设置的位置基础条件较好，可利用消力池作消能防冲设施，底孔轴线与坝轴线正交，其进水、出流较顺畅。

(2) 导流底孔进口底板高程的设置，与上游围堰的高度及填筑强度有关，经初、后期导流水力学计算及模型试验验证等技术经济指标综合比选，并结合水工灌浆廊道布置及兼顾各方面的要求，选定导流底孔进口底板高程为534m。

(3) 按《水利水电工程施工组织设计规范》有关规定，坝内导流底孔宽度以不超过该坝段宽度的一半为宜。为改善孔口应力，宜骑缝布置孔口。底孔的高宽比一般为1∶1～2∶1。导流底孔设计流态为有压流，其过水面积依据设计流量及围堰高度确定。根据水力学计算并结合水工枢纽布置，在溢流坝段对应3～7号溢流表孔中心线处骑缝设置5个导流底孔，其洞身断面尺寸为8m×14m，高宽比为1.75。为减少负压，改善出口孔口应力，出口处断面尺寸设计为8m×12.5m。底孔中心线长52m，底坡为零，体型为矩形断面。

导流底孔体型设计经模型试验验证，满足各期泄流能力要求。

2. 导流缺口　为加快坝体施工进度，减少导流与施工间的干扰，选择在升船机坝段设置导流缺口。升船机坝段缺口底槛高程及过流宽度选择，主要考虑满足二期泄流能力及后期缺口封堵升高的进度要求，设计导流缺口宽度为30m，高程为550m。为确保提前截流，降低2005年度汛的风险，施工中预留缺口宽度为55m，高程为547m，2006年汛后导流缺口恢复为设计断面。

(中国水电顾问集团昆明勘测设计研究院　李　敏)

光照水电站施工导流设计

(一) 导流方式及标准

光照水电站位于贵州省西南部，是北盘江干流的龙头梯级电站；装机容量4×260MW；由碾压混凝土重力坝、右岸引水系统、右岸地面厂房和左岸预留远景通航建筑物组成。大坝坝高200.5m，正常蓄水位745m，总库容32.45亿m^3，调节库容20.37亿m^3，为不完全多年调节水库。坝址控制流域面积为13548km^2，多年平均流量257m^3/s；为高山峡谷地貌，河谷呈对称的“V”形谷，两岸地形较完整，坡角40°～50°，岩石裸露。

由于河床狭窄，两岸较陡，河谷宽高比为2.24，洪枯流量变幅较大，同时考虑到混凝土坝的施工特点，选用枯期围堰挡水，隧洞过流，汛期导流洞和坝体缺口或底孔联合泄流的导流方式。经比较分析，选定11月6日～次年5月15日六个月一旬作为枯期导流时段。光照水电站导流建筑物为4级，导流流量为枯期10年一遇洪水1120m^3/s。

(二) 导流建筑物设计

1. 导流洞设计　导流洞布置在右岸，进口布置在Ⅵ号冲沟口，进口段地层岩性为三叠系飞仙关组薄至中厚层砂岩与泥岩互层、泥灰岩与粉砂岩互层为主，洞身和出口段地层岩性为永宁镇组薄至厚层灰岩。由于坝址所在的河段较直，导流洞在平面上两次转弯，转弯半径分别为100m、200m，进、出口围岩厚度均大于1.65倍洞宽，洞身埋深大于2.5倍洞宽。进出口明渠长分别为51.5m、25.9m，进出口高程分别为583m、581.5m，洞长804.863m，底坡为1.864‰，过流断面为11.5m×16m的城门洞型。

导流洞进口设计成喇叭口，其进口曲线选用椭圆曲线，顶板曲线为：$X^2/15^2+Y^2/5^2=1$，边墙曲线为：$X^2/9^2+Y^2/3^2=1$。进口设一道平板钢闸门，闸门井顶高程627m，高23m。导流洞断面为11.5m×16m(宽×高)的城门洞型，顶拱中心角为124°24′35″，顶拱半径为6.5m，直墙高12.53m。出口采用明渠扩算加挑流消能。

洞身Ⅱ类围岩长 162m，占整个洞段 20.13%；Ⅲ类围岩长 520.934m，占整个洞段 64.73%；Ⅳ类围岩长 98.486m，占整个洞段 2.24%；Ⅴ类围岩长 23.352m，占整个洞段 2.9%。根据洞身地质条件，分别采用不同的一期支护措施，其中Ⅱ类围岩段喷混凝土 10cm，随机锚杆 $\phi 25L=3$m；Ⅲ类围岩段喷混凝土 10cm，系统锚杆 $\phi 25L=3$m，间排距 1.2m；Ⅳ类围岩段喷混凝土 15cm，系统锚杆 $\phi 25L=4.5$m，间排距 1.2m；Ⅴ类围岩及进出口锁口段喷混凝土 15cm，系统锚杆 $\phi 25L=4.5$m，间排距 1m，挂网钢筋 $\phi 8$@20cm×20cm。

根据隧洞穿越的地层条件、堵头位置、施工工况等，经过衬砌结构内力计算，导流洞二期支护按如下：Ⅱ、Ⅲ类围岩段混凝土衬砌厚度 60cm；Ⅳ类围岩段混凝土衬砌厚度 80cm；堵头段前后 10m 范围混凝土衬砌厚度 100cm；Ⅴ类围岩和进出口锁口段混凝土衬砌厚度 150cm。

导流洞洞身全断面钢筋衬砌顶拱中心角 120°范围内，应进行回填灌浆，回填灌浆压力 0.2MPa，间、排距 4m，梅花型布置，孔深入岩 5cm。固结灌浆根据围岩条件和该部位承受的荷载分别确定，固结灌浆压力 0.5～0.8MPa，间、排距 4m，梅花型布置，孔深 3～8m。洞身边、顶拱布设 $\phi 50$ 排水孔，入岩 4m，间、排距 3m。

2. 导流洞堵头设计　导流洞堵头位于桩号 0+270～0+300m，采用双棱台型结构，位于大坝帷幕线上。堵头部位岩性为永宁镇组灰岩 T_{1yn}^{1-1}，分别按抗剪断公式和纯剪公式计算，确定堵头长度 30m。堵头施工期在堵头上下游分别布置一道土石围堰，预埋一根排水管，并在桩号 k0+275m 预留阀门井，便于以后封堵排水管。在堵头中部桩号 k0+275～0+300m 预留一个灌浆廊道，便于后期固结灌浆。

3. 围堰结构设计　上游围堰堰顶高程 596.5m，宽度 17m，上游面坡度 1∶2.5，下游面坡度 1∶5.5，最大高度 16.3m，加自溃堰后 21.8m，最大底宽 121.2m。堰顶平台为钢筋混凝土板，斜坡段为楔形体，起防护和稳定水流作用，堰后平台为钢筋混凝土板，起楔形体镇脚和堰后防护作用，堰前设有大块石护坡，堰后设有钢筋笼护脚。堰顶钢筋混凝土面板厚度 1m，下游斜坡面为混凝土楔形体，平均厚度 0.7m，楔形体四周设置插筋与周边连接成整体；堰后平台 590m 高程，钢筋混凝土面板厚度 1m，平台宽 15m；堰脚为叠塔式钢筋笼护脚，理论坡度 1∶1.5，钢筋笼间采用短钢筋焊接连接成整体。混凝土护面板和钢筋笼与堰肩结合采用现浇压边混凝土衔接。上游围堰 588m 高程以下采用高喷板墙防渗，588m 以上采用土工膜防渗。

上游围堰自溃堰堰顶高程 602m，围堰轴线长度 142.4m，堰顶设计为不过车，考虑到度汛抢险的要求，堰顶顶宽 4m，上下游边坡分别为 1∶1、1∶1.2。自溃堰采用黏土心墙防渗。

下游围堰堰顶高程 592m，宽度 15m，上游面坡度 1∶2.5，下游面坡度 1∶5，堰后平台 585m 高程，钢筋混凝土面板厚度 1m，平台宽 8m；堰脚为叠塔式钢筋笼护脚，理论坡度 1∶1.5，钢筋笼间采用短钢筋焊接连接成整体。下游围堰 584m 高程以下采用高喷板墙防渗，584m 以上采用土工膜防渗。

（三）施工期度汛设计

（1）2003 年 5 月～2004 年 10 月下旬，施工场内公路、供电系统、供水系统、导流洞及两岸坝肩开挖，为 2004 年 10 月底截流创造条件。导流洞施工期间利用原河床导流，导流洞全年施工，导流标准为全年 10 年一遇，相应导流流量为 5470m^3/s，对应水位为 598.86m。

（2）2005 年 5 月 16 日～10 月底，围堰过水，基坑淹没，导流洞与基坑联合度汛，大坝混凝土浇筑至 558m 高程，汛期停止施工。度汛标准为全年 10 年一遇洪水，相应流量 $Q_{10\%}=5470$m^3/s，基坑和导流洞联合过流，上游水位为 603.25m。

（3）2006 年 5 月 16 日～10 月底，大坝超过上游围堰，坝体度汛设防标准为全年 20 年一遇洪水，相应流量 $Q_{5\%}=6260$m^3/s。在大坝 600m 高程预留 41m 缺口，缺口和导流洞联合度汛，上游水位为 619.5m，下游水位 601m。

（4）2007 年 5 月 16 日～10 月底，汛前大坝全线达到 660m 高程，库容大于 1 亿 m^3，汛期大坝度汛标准为全年 50 年一遇洪水，洪峰流量为 $Q_{2\%}=7270$m^3/s。汛期利用导流洞和底孔下泄洪水，经调洪计算，坝前最高库水位为 665m，下游水位 595.2m。

（5）2007 年 11 月下闸蓄水，2008 年 5 月首台机发电，2008 年 12 月大坝完建。

（中国水电顾问集团贵阳勘测设计研究院　王洪军　刘　雯）

董箐水电站施工的导截流设计

董箐水电站是北盘江干流（茅口以下）规划梯级的第三级水电站，位于贵州省贞丰县与镇宁县交界处，装机容量 880MW。水电站由钢筋混凝土面板堆石坝、左岸开敞式溢洪道、右岸放空洞、右岸引水隧洞及坝后地面厂房等建筑物组成。坝址位于北盘江坝坪沟—洗鸭沟河段，河谷呈较开阔的“V”形，两岸坡度

28°～35°。董箐水电站导截流设计如下：

（一）施工导流

工程初期导流采用低土石围堰抵御10年一遇枯期(时段11月6日～次年5月15日)设计洪水，相应洪峰流量1650m³/s。在围堰保护下，一枯期间抢筑大坝拦洪临时断面度汛。下游则采取全年挡水围堰以形成大坝和厂房全年施工基坑。中、后期导流采用坝体挡水，导流洞、放空洞导流，汛期溢洪道泄洪的导流方式。

根据枢纽布置和河谷地形特点，在左右岸各布置一条导流洞。1号导流洞进口明渠长146.8m，出口明渠长97.8m，进出口高程分别为366m、364.5m，导流洞洞长为933.42m，底坡为1.67‰。2号导流洞进口明渠长111m，出口明渠长119.5m，进出口高程分别为368m、366.5m，导流洞洞长为938.5m，底坡为1.62‰。

（二）围堰设计

上游围堰按10年一遇枯期流量设计，挡水时段11月6日～次年5月15日，设计流量1650m³/s，上游设计水位为385m。上游围堰堰顶高程385.5m，最大堰高23.5m，堰顶宽5m，堰顶长度181.5m，堰体为砂泥岩料。堰基(373m高程以下)防渗采用高压旋喷灌浆。373m高程以上采用碾压砂浆，其上喷涂乳化沥青联合防渗。

下游围堰按20年一遇洪水标准设计，洪峰流量为7920m³/s，下游水位382.1m。围堰顶高程382.6m，最大堰高21.6m，堰顶宽15m，堰顶长度214.6m，堰体为土石料，围堰下游坡设置铅丝笼和护坡块石。堰基(368m高程以下)防渗采用高压旋喷灌浆。368m高程以上堰体采用黏土心墙防渗。

（三）导流程序

(1) 2005年8月～2006年10月底，进行右岸2号导流洞施工及两岸坝肩开挖，为2006年11月截流创造条件。左岸1号导流洞的施工安排在2005年3月初至2007年4月底进行，在2007年汛期投入运行。

导流洞施工期间利用原河床过流，导流洞全年施工，导流标准为全年$P=10\%$频率洪水，

相应洪峰流量为6950m³/s，对应河水位为380.6m。

(2) 2006年11月上旬～2007年5月30日(一枯)，主河道截流、围堰堆筑及防渗灌浆施工、基坑排水、1号导流洞施工、坝基开挖及坝体Ⅰ期填筑、趾板施工及厂房基坑开挖。

该时段右岸2号导流洞过流，上下游围堰挡水。导流时段为11月6日～次年5月30日，导流流量为1650m³/s，基坑上下游水位分别为385m、371.2m。

(3) 2007年汛期5月30日～11月5日，岸坡趾板施工、坝体Ⅱ期填筑、厂房基坑开挖。

该汛期坝体临时断面度汛标准为全年$P=1\%$频率洪水，洪峰流量为10100m³/s，由坝体及下游围堰挡水、1号和2号导流洞联合泄洪度汛。经调洪计算，坝体上下游水位分别为423.73m、385.02m。

(4) 2007年11月6日～2008年5月15日(二枯)：完成一期面板施工、坝体Ⅲ、Ⅳ期填筑、厂房混凝土浇筑。

该时段导流标准为枯期$P=10\%$，相应导流流量为1650m³/s，上游水位为378.1m，下游水位为371.2m。由1号、2号导流洞联合导流，上、下游围堰挡水。

(5) 2008年汛期(5月15日～11月5日)，坝体Ⅲ期填筑完成、厂房混凝土浇筑。

该汛期坝体度汛标准为全年$P=1\%$频率洪水，洪峰流量为10100m³/s，由坝体及下游围堰挡水、1号和2号导流洞联合泄洪度汛。经调洪计算，坝体上下游水位分别为423.73m、385.02m。

(6) 2008年11月6日～2009年5月15日(三枯)：二、三期面板完成，溢洪道、放空洞、引水系统及厂房土建完建，机组安装，右岸2号导流洞封堵、左岸1号导流洞下闸(2008年11月底)，水库开始蓄水。

2号导流洞封堵期间由1号导流洞导流，1号导流洞下闸后由放空洞泄流，此时按封堵时段5年一遇洪水，流量960m³/s设计。

(7) 2009年汛期，机组安装完成，泄洪建筑物正常运行。

该汛期坝体度汛标准为全年$P=0.2\%$频率洪水，洪峰流量为12100m³/s，由坝体挡水，溢洪道泄洪度汛。

（四）截流设计

按照SDJ 338—1989《水利水电工程施工组织设计规范》，截流标准可采用截流时段重现期5～10年的月或旬平均流量，本工程截流标准采用5年一遇旬平均流量。

截流时间选择在2006年11月上旬，相应的截流设计流量选定为$Q_{20\%}=369$m³/s。该工程采用立堵法截流，根据现场实际情况，龙口设在河道中间偏左岸。戗堤顶宽15m，上下游边坡分别为1∶1.25及1∶1.5，戗堤顶高程为374.5m，戗堤总长126m，预留龙口顶宽度45m，戗堤堤头设计边坡为1∶1.25。经水力学计算成果分析，截流控制条件最大落差为5.4m，最大平均流速为6.86m/s，最大单宽流量为19.68m³/(s·m)，最大单宽功率为85.02t·m/(s·m)。

针对各进占抛投材料的特性，把截流龙口分成预进占区、Ⅰ区、Ⅱ区和Ⅲ区，截流时的最困难区为龙口过水断面从梯形过渡到三角形时，即龙口宽度为12～25m时，此段抛投材料需要以钢筋石笼及混凝土四面体为主进行抛投。

（中国水电顾问集团贵阳勘测设计研究院
湛正刚 蔡大咏 刘 雯）

喜河水电站围堰及导流建筑物设计

喜河水电站是汉江上游陕西段规划七级梯级开发中的第三级，装机容量180MW，水库总库容2.29亿m^3，为二等大(2)型。电站施工导流充分结合汉江洪水特点和工程实际条件，因地制宜地选择围堰及导流建筑物，型式达十余种，类型较多。经过工程实际检验，在施工期洪水流量多次接近或达到设计标准时，运行良好。工程于2004年10月大江截流，2006年12月3台机组全部投产。

（一）施工导流规划

根据汉江洪水峰高量大、陡涨陡落，洪枯流量相差悬殊的特点，结合坝址处左陡右缓，右岸有基岩漫滩地形条件，经分析比较，选定工程施工导流采用共分三期导流的方式。第一期围右岸导流明渠和河床式厂房基坑，由左岸束窄后的原河床泄流；第二期围左岸主河床五孔表孔和升船机坝段，枯水期导流明渠泄流、汛期导流明渠和左岸二期主河床过水基坑泄流；第三期下闸封堵导流明渠，由已建成的左岸闸孔泄流。

施工规划结合挡、泄水建筑物的不同又细分为一期Ⅰ枯第一时段、第二时段、Ⅰ洪、二期Ⅱ枯、Ⅱ洪、Ⅲ枯、Ⅲ洪、三期Ⅳ枯8个导流时段。具体施工导流规划程序见表1。

表1 施工导流程序表

导流分期	施工时段（年．月．日）		导流标准（时段、频率）（月．日）	石泉控泄/喜河设计流量(m^3/s)	水位(m)		挡水建筑物高程(m)		挡水建筑物	泄水建筑物
					上游	下游	上游	下游		
一期	Ⅰ枯	2003.11.1～2004.3.31	11.1～3.31 $P=10\%$	750/880	333.5	333.1	335.0	335.0	一期土石及草土围堰	左岸束窄后原河床
		2004.4.1～2004.5.15	11.1～5.15 $P=10\%$	2000/2160	336.5	336.0	338.0	338.0	一期围堰横向加高段，左导墙	
	Ⅰ汛	2004.5.16～2004.10.31	全年 $P=10\%$	13900/15000	349.6	348.5	355.0	349.0	厂房上、下游混凝土围堰，右导墙	左岸束窄后原河床与导流明渠联合泄流
二期	Ⅱ枯	2004.11.1～2005.5.31	11.1～5.31 $P=10\%$	3100/3380	345.3	337.8	347.0	340.0	二期上、下游土石围堰及左导墙	导流明渠
	Ⅱ汛	2005.6.1～2005.10.31	全年10%	13900/15000	354.5	348.5	355.0	349.0	厂房上、下游混凝土围堰、右导墙	导流明渠及左岸二期基坑联合泄流
	Ⅲ枯	2005.11.1～2006.5.31	11.1～5.31 $P=10\%$	3100/3380	345.3	337.8	347.0	340.0	上游土石围堰、下游土石过水围堰及左导墙	导流明渠
	Ⅲ汛	2006.6.1～2006.10.31	全年 $P=2\%$ $P=1\%$	16500/18900 19000/21800	365 367.1	351.3 354	367.8 362.6	359.4 尾水平台	厂房进水口事故门、下游尾水检修门及坝体	5表孔与左中孔
三期	Ⅳ枯	2006.11.1～2007.5.15	11.1～5.15 $P=10\%$	3150/3310	362	337.7	362.6	340	导流明渠封堵闸门和明渠下游围堰	机组+表孔

（二）围堰及主要导流建筑物设计

喜河水电站围堰及导流建筑物包括：①一期纵向草土围堰，厂房上、下游碾压混凝土围堰，导流明渠左、右碾压混凝土导墙；②二期上游土石围堰，下游土石过水围堰；③三期导流明渠封堵平板钢闸门，导流明渠下游土石围堰等。（注：二期Ⅲ枯利用坝体溢流堰体及上游5表孔、左中孔和Ⅳ枯厂房尾水钢筋混凝土叠梁门挡水方案，分别被恢复上游土石围堰和增加4扇厂房尾水事故门方案所取代）。

1. 一期纵向草土围堰　在可行性研究阶段通过对戗堤石渣料草土围堰、全断面草土围堰、土石堰体不同堰型比较。当地稻草资源丰富；全断面草土围堰断面最小，河床束窄度由土石堰体的45%降低到30%，束窄河道流速由4.3～5m/s降低到2.9m/s，可满足草土围堰抗冲能力的因素。虽然全断面草土围堰施工工艺复杂、不利于大规模机械化施工，但围堰大部分位于基岩上，防渗量小，闭气较早，工期保证率较高。综合分析，采用全断面草土围堰，纵向段最大堰高8.5m，挡水高度7.5m。根据围堰稳定条件和堰体防渗要求，堰顶宽度定为14m，草土体上、下游坡比1∶0.25。上、下游横向段在Ⅰ枯后期加高后与左导墙连接共同挡11月1日～次年5月15日枯水时段内洪水。围堰纵向段基本布置在基岩漫滩上，上、下游横向段基础为砂砾石覆盖层，覆盖层采用水泥黏土灌浆防渗。

由于2003年降雨较多，稻草收集困难，收集量不足，实际施工时，一期围堰除纵向段中间部分采用草土围堰外，其余堰段修改为用石渣填筑堰体，用高喷灌浆防渗的型式。从实际效果看，草土围堰渗水量很小；石渣堰体由于粒径较大、级配较差，高喷灌浆耗灰量较大，防渗闭气工期约2个月，工期较长，抽水后渗水量较大，但经堵漏处理并加大抽水能力后，仍满足基坑施工要求。

2. 导流明渠左右导墙　导流明渠与右三中孔结合布置，按3孔8.5m宽孔口和两个5m宽中墩，上、下游渠底宽35.5m；底板高程326m；根据二期基坑围堰布置需要，总长度367m。左、右导墙分别与左、右导墙坝段相联；左导墙上、下游段顶高程347m、340m，墙身最大高度分别为22m和17m；右导墙顶高程349m，墙身最大高度26m。左、右导墙下游段按永久建筑物设计，断面主要采用“金包银”式碾压混凝土结构，墙体混凝土分区内部为碾压混凝土$C_{180}15$，左导墙两侧迎水面及右导墙明渠侧迎水面各设置1m厚$C_{90}30$常态混凝土，并布置了防冲限裂钢筋。为方便碾压混凝土施工，墙顶宽度取7m。左导墙上游段采用全断面碾压混凝土，混凝土等级为$C_{180}15$。左、右导墙下游段布置灌浆排水廊道，断面为城门洞型，断面尺寸2.5m×3.0m（宽×高）。

右导墙部分墙段及右导墙坝体段施工期设计挡水水位348.5m，建基面高程为323m，底宽16.8m，紧邻厂房基坑和尾水渠，厂房最低开挖高程306m，开挖边坡1∶0.21，施工期设计水位与基坑底部高差为42.5m。由于在基础内分布有倾向基坑的f_{K11}缓倾角断层以及缓倾角裂隙，施工期存在侧向稳定问题，采用了包括部分挖除断层上盘、基础边坡布置预应力锚索加固、墙踵处设置排水孔和帷幕灌浆降低基础扬压力的工程措施。

3. 厂房上下游围堰　设计标准采用全年$P=10\%$，洪峰流量$Q=15000m^3/s$。以第Ⅱ汛期期间导流明渠与二期基坑联合泄流工况控制，上、下游水位分别为354.5m、348.5m，堰顶高程分别取355m、349m。均采用重力式碾压混凝土围堰。根据布置条件，上游围堰平面呈圆拱形布置，下游围堰平面呈折线形布置，下部为13m高的预留岩埂。

4. 二期上游土石围堰　原设计只使用一个枯水期，第Ⅱ汛期前拆除至336m高程，汛期基坑过流，挡水标准采用枯水期10年一遇洪水，挡水流量为$3380m^3/s$。相应上游水位345.3m，最大挡水高度约19m，围堰顶宽7m，上下游坡比1∶1.5，堰顶长142.5m，堰顶高程347m，最大堰高21m。堰体水下部分用黏土心墙防渗，水上部分采用土工膜防渗，基础覆盖层采用双排水泥黏土灌浆防渗，灌浆孔孔距3m，排距2m，最大钻孔深度23m。二期第二个枯水期原设计利用5表孔和左中孔钢筋混凝土叠梁挡水，但实际施工中，考虑到为加快施工进度，避免混凝土叠梁对大坝施工的干扰，改为恢复上游土石围堰挡水，并利用堰后填渣又形成了一个坝前施工平台，为加快施工进度创造了条件。

5. 二期下游土石过水围堰　挡水标准采用11月1日～次年5月31日时段内10年一遇洪水，设计流量为$3380m^3/s$，相应下游水位337.9m。汛期过水标准采用全年$P=10\%$流量$15000m^3/s$，堰体选择高挡水，低过水方案。上部设4m高土石子堰。下部过水围堰堰顶高程336.2m，下游平台高程335m，顶宽7.5m。过水堰面原设计采用碾压混凝土护面，设计最大单宽流量为$68m^3/s$，上、下游水头差1.3m，堰顶平均流速5m/s。上游坡采用铅丝石笼全面防护。挑流平台下游采用抛大石防护。实际施工时，堰面保护措施改为浆砌石；2005年7月上旬、8月下旬和10月上旬发生了三次较大洪水，流量分别约$4400m^3/s$、$5000m^3/s$和$13700m^3/s$；在7月上旬的第一次洪水时，浆砌石堰面部分被冲毁；经三次过流后，围堰被冲至约334m高程，汛后进行了恢复。

6. 三期导流明渠上游封堵平面钢闸门与下游土

石围堰 三期导流主要形成导流明渠内基坑，明渠上游采用临时封堵平面滑动式钢闸门下闸挡水。该闸门尺寸为国内同类闸门最大，孔口宽度 8.5m，共三孔，闸门高度 36.6m，底板高程 326.0m。闸门沿高度方向分为两节，分节高度考虑后期回收作为泄洪排沙中孔和泄洪中孔事故闸门再利用的要求，高度为 19.2m 和 17.4m。三期下游土石围堰采用土石围堰，围堰高度 14m，在静水中填筑。

（中国水电顾问集团北京勘测设计研究院 贯富生 王建文）

泗南江水电站施工导流设计

（一）概况

泗南江水电站位于云南省思茅地区墨江哈尼族自治县境内。水电站采用跨流域、混合式开发。主要建筑物有面板堆石坝、左岸泄洪（冲沙）洞、右岸导流洞、右岸溢洪洞和引水发电系统。其中面板堆石坝高 115m，引水隧洞长度约 10.3km。

泗南江水电站首部枢纽施工导流采用河床一次断流、隧洞导流的方式。水电站于 2003 年 10 月开工，原设计规划于 2004 年 11 月截流，2005 年枯水期采用枯水围堰，汛期采用坝体临时度汛断面挡水度汛；因导流洞施工进度滞后，截流时间推迟到 2005 年 2 月，为保证汛期大坝施工安全，调整为全年围堰挡水度汛。

（二）导流程序

工程于 2005 年 2 月截流，2005 年汛期采用全年土石围堰挡水，导流洞与泄洪冲沙洞联合泄流。导流标准为全年 10 年一遇洪水标准，$Q=1260m^3/s$。

2006 年汛期由坝体临时度汛断面挡水，导流洞下闸前由导流洞与泄洪冲沙洞联合泄流，拦洪库容约 0.1146 亿 m^3，采用全年 50 年一遇洪水标准，$Q=1950m^3/s$。

2007 年 12 月导流洞下闸，进行导流洞封堵及溢洪洞反弧段改建，由基本完建的大坝挡水，泄洪冲沙洞单独泄流，采用全年 100 年一遇洪水标准设计，$Q=2250m^3/s$；全年 500 年一遇洪水标准校核，$Q=2950m^3/s$。

溢洪洞改建完成后由大坝挡水，泄洪冲沙洞和溢洪洞泄流，水库进入正常运行期。

（三）布置结构及特点

1. 围堰 上、下游围堰采用黏土斜墙土石围堰，导流设计标准采用 10 年一遇洪水。上游围堰堰顶高程 833.2m，最大堰高约 33.5m。围堰上游坡面，814m 高程以上的边坡为 1：2.5，814m 以下边坡为 1：6.5；围堰下游边坡为 1：1.6。堰体采用黏土斜墙防渗，斜墙顶宽 4m，底部坡度 1：2.0。斜墙基础设置截水槽至冲积层底部，深度 3～5m。黏土斜墙后设置反滤层，顶宽 2m，下部坡度 1：1.8。考虑 20 年一遇的超标洪水防洪措施，围堰顶部堆填 3m 高的黏土麻袋。因防渗斜墙靠近左岸泄洪冲沙洞，为防止水流破坏斜墙体，在斜墙上设置厚 50cm 的干砌块石护坡。围堰填筑充分利用了工程开挖渣料，上游坡面稳定安全系数最小 1.10，下游坡面稳定安全系数最小 1.06，围堰抗滑稳定满足规范要求的 1.05。经实践验证，上游围堰防渗效果良好，稳定安全。下游围堰体型小、水头小，无技术难度。

2. 导流隧洞 布置在右岸，方圆形，断面尺寸 7.5m×9.0m。隧洞进口设进水塔，并设一扇平板封堵闸门，闸门尺寸 7.5m×9.0m。导流隧洞全长 701.968m，桩号导0＋320.340～导 0＋701.968 与永久溢洪洞无压隧洞段（溢 0＋124.039～溢 0＋505.667m）结合，断面尺寸 8.0m×10.0m。溢洪洞结合段以前采用龙抬头形式，由引渠、闸室、无压明流斜井段、无压明流反弧段组成。导流洞封堵后，需进行溢洪洞反弧段改建，并将出口临时明渠改建为二期挑流鼻坎。导流洞所处地段大部分为Ⅲ类、Ⅳ类围岩，局部地段有Ⅴ类围岩，隧洞地质条件总体较差。原设计一次支护采用喷锚结构，Ⅳ类、Ⅴ类围岩地段采用钢筋拱架支撑，并要求进行固结灌浆；二次支护采用钢筋混凝土衬砌，衬砌厚度 60～80cm。为满足施工进度的要求，在开挖和一次支护完成后，根据不同地质地段对导流洞衬砌进行了以下优化调整：①为保证边坡稳定，进口明渠改为明洞，洞顶回填石渣，过流断面尺寸同洞身段，长度 52m，厚度 1m；②进口渐变段调整为方圆型断面，过流断面同洞身段；③溢洪洞结合段以前Ⅱ、Ⅲ类围岩底板衬砌 C20 混凝土 30cm，边顶拱挂网喷锚；④溢洪洞结合段Ⅱ、Ⅲ类围岩底板、边墙衬砌 C30 混凝土 60cm，Ⅳ类围岩底板和边墙下部衬厚 60cm，边墙上部衬厚 80cm，顶拱挂网喷锚。导流洞于 2005 年 2 月 6 日过水，2006 年 12 月 25 日下闸。运行近 2 年，无结构破坏。

3. 厂区围堰 厂区地形平缓、开阔，自然坡度 5°～15°；地表为厚 13～18m 的冲、洪积混泥石流堆积物覆盖，为砂卵砾石夹砂、粉质土砂，孤石多，成分差别较大。厂区围堰采用悬臂式混凝土围堰，导流设计标准采用 10 年一遇洪水。围堰高度 9～10m，其中基础部分深 1m；堰顶宽 1m，底宽 2.87m，基础宽度 6.87m。围堰基础防渗采用高喷防渗墙。经多次洪水考验，厂区围堰结构安全，防渗效果良好。

（中国水电顾问集团昆明勘测设计研究院 杨宏斌）

洛古水电站施工导流隧洞设计

（一）工程概况

西溪河洛古水电站位于四川省凉山彝族自治州境内的金沙江支流西溪河上，工程以发电为主，其水库为西溪河流域水电梯级近期开发的龙头水库，总库容3730万m^3，水电站总装机容量110MW(2×55MW)。洛古水电站为三等工程，永久性主要建筑物有挡水大坝、引水系统和发电厂房，均为3级建筑物。

洛古水电站导流隧洞是制约截流和主体工程开工的关键项目。

（二）导流设计条件

1. 水文条件　工程施工区地处高海拔山区，属川西高原雅江温带气候区和典型的山地气候。多年平均年降水量1035.7～1119.2mm，最大日降水量74.9～84.1mm。多年平均气温10.1～10.9℃，多年平均相对湿度75%～77%。坝址处6～9月为汛期，但由于冬季降雪和冰冻，到第二年5月气温的猛升，可形成5月的雨雪洪峰，有的年份汛期可延至10月上旬，大洪水多发生在6月、7月。洪水过程多呈单峰或双峰型，一般过程为3天。

2. 地形地质条件　该工程坝址区河谷深切，呈“V”形，两岸地形坡度为35°～45°，坝址处基岩为峨眉山玄武岩组第二段(P_2e^2)微～隐晶质玄武岩、杏仁状玄武岩、角砾熔岩。坝址右岸2060m高程以下为崩坡积层碎石土层，覆盖层较厚，结构松散，在进、出口洞脸开挖时，极易产生塌落，其支护工程量大，工期保证性差。坝址区左岸属区域Ⅱ级剥夷面残存山脊，局部较陡，呈陡崖状，岩石完整性较好，从地质条件分析，导流隧洞宜布置在坝址左岸。导流隧洞进、出口边坡坡度约为50°，覆盖层较薄，基岩多裸露，岩性为玄武岩，流面产状N15°W，NE∠25～30°倾向坡内，与洞口斜交。进口处受节理的切割影响，易成不稳定结构体。出口处自然边坡基本稳定。导流隧洞洞身段围岩岩性均为峨眉山微晶质—隐晶质致密块状玄武岩，洞线无较大规模断层分布，仅有F_{105}、F_{101}、F_{103}等小断层通过，节理短小，发育较密集，导流隧洞沿线主要有L26卸荷裂隙，产状N40°W，SW∠63°，面平直，张开5～10mm，带内裂隙发育间距5～10cm，总宽40cm。导流隧洞洞身段Ⅱ类围岩占19%，Ⅲ类围岩占76%，Ⅳ类围岩占5%。

（三）导流方式及导流标准

1. 导流方式　根据坝址区地形、地质条件、水文气象条件和枢纽布置特点，初步设计阶段进行了明渠导流和隧洞导流方式的比较。明渠导流程序较复杂，明渠开挖边坡较高，土石方开挖及支护工程量大，另外，各坝段混凝土月浇筑强度不均衡，施工期干扰大；而隧洞导流程序较简单，明挖工程量较小，隧洞围岩条件好，容易成洞。另外，隧洞导流适合碾压混凝土坝施工特点，大坝碾压混凝土可通仓浇筑，施工期干扰较小，可均匀上升。对全年导流和枯水期导流进行了工期、技术和经济比较后，确定采用枯水期断流围堰挡水，隧洞导流的导流方式，第一个汛期采用基坑和导流隧洞过流，第二个汛期采用坝体挡水，导流隧洞与冲砂闸联合泄流的导流方式。

2. 导流程序与导流标准　工程施工导流程序分为四个阶段，各阶段的导流设计标准为：第一阶段(初期导流)，自2006年11月(河床截流)～2007年5月，为围堰挡水阶段，围堰挡枯水期洪水，挡水时段为11月～次年5月，来水由导流隧洞下泄。导流建筑物挡水标准为5年一遇洪水，相应设计洪水流量$Q=320m^3/s$。本阶段在围堰保护下，进行坝基开挖、坝基常态混凝土浇筑、坝基固结灌浆及坝体碾压混凝土浇筑，2007年5月坝体浇筑至1989.5m高程。第二阶段，自2007年6月～2007年11月，为围堰、坝体过水阶段，设计标准为全年10年一遇洪水，来水由导流隧洞和坝体联合下泄。第三阶段，自2007年12月～2009年2月初导流隧洞下闸封堵前，为坝体挡水度汛阶段，其中，在2008年汛前来水仍由导流隧洞下泄，2008年汛期～2009年2月来水由导流隧洞和冲沙底孔联合下泄。本阶段进行坝体碾压混凝土、溢流面变态混凝土、闸墩混凝土浇筑及闸门安装。2008年坝体临时度汛洪水标准为全年10年一遇洪水，相应洪峰流量$Q=1240m^3/s$。2008年汛前要求大坝浇筑至2025.00m高程，满足坝体度汛需要。2009年2月,大坝混凝土基本浇筑完成。第四阶段，自2009月2月初导流隧洞下闸封堵，水库开始蓄水，至2009年5月底工程完工，2009年汛前，坝体溢流坝段已具备泄洪条件。导流隧洞下闸标准为2月，10年一遇月平均流量$Q=8.24m^3/s$。导流隧洞封堵闸门的设计水头按75%频率的来水量蓄水过程中，遭遇10年重现期洪水的相应水位确定，经计算，封堵闸门的设计水头为48.5m。

（四）导流建筑物设计

2006年初，随着导流隧洞技施设计工作的展开，根据现场施工放样的实际情况和进、出口的地形、地质条件，对初步设计阶段导流隧洞的进口、出口位置进行了调整，出口结构改为明洞方案。导流隧洞设计全长为553.47m(包括进、出口明洞段43.16m)，其中，直线段长434.18m，转弯段长119.29m。进口底板衬后高程为1986.5m，出口底板高程1976.5m，平均纵坡1.691%和2.051%。进口明渠段长12m，闸门段长 11.35m，进口设置喇叭口渐变段，喇叭口顶拱曲线采用 1/4 椭圆曲线，以改善进水口水力条件；洞身段平面上呈折线布置，中间设 2 个转弯段，出口明洞段长 31.81m，其中弯曲段长 13.48m。

导流隧洞进口边坡弱、强风化岩层开挖坡比为 1∶0.25～1∶0.5，洞脸 1997m 高程以下采用直立边坡，岩质边坡采用 $\phi25$ 系统锚杆＋挂网喷混凝土支护，全坡面设系统排水孔。

隧洞进口段、出口段及洞身局部地质条件较差的Ⅳ类围岩地段，初期支护采用钢格栅＋系统锚喷，永久支护采用钢筋混凝土全衬，衬砌厚度 65～75cm，顶拱进行回填灌浆和固结灌浆；Ⅲ类围岩洞段初期支护采用系统锚喷，永久支护采用单层钢筋混凝土衬砌，衬砌厚度 45cm，顶拱进行回填灌浆；其他Ⅱ类围岩洞段初期支护采用随机锚杆，为减少糙率，永久支护采用底部回填 35cm 素混凝土。

土层边坡支护采用土层锚杆型式，如土层锚杆施工存在困难，采用自进式锚杆形式；岩质边坡采用 $\phi22$($\phi25$)系统锚杆＋喷混凝土支护，局部破碎岩体采用挂网喷混凝土支护。由于导流隧洞出口左侧有部分崩坡积体，设置 M7.5 浆砌石护坡，导流隧洞出口洞脸右侧卸荷裂隙较为发育的岩石须在进洞前采用 $\phi25$，$L=6$m 的随机锚杆支护。

出口段采用 C25 钢筋混凝土明洞结构，厚度为 75～85cm，在导流隧洞明洞转弯段以后的底板设置 $\phi22$ 锚筋，锚筋的一端需与底板的内层主筋焊接，在基础为土层的部位，锚筋需入土层 3m，进入土层的锚筋采用自进式锚杆。在明洞段与山体间回填 C10 混凝土，混凝土内设置 $\phi22$ 锚筋，入岩深 3m，钢筋外露 50cm 与导流隧洞明洞钢筋连接。

（五）主要技术问题

(1)导流隧洞进、出口位置的选择与确定，以确保尽快进洞和安全施工。

(2)导流隧洞出口段河床右岸为崩坡积碎石土层，覆盖层较厚，结构松散，在导流隧洞出口设计时，应合理布置出口的位置和导流隧洞轴线，优化消能方式，减少对河床右岸的冲刷。

(3)导流隧洞出口左岸覆盖层的边坡加固与处理。

(4)洞内根据围岩的情况和施工单位的施工能力，在确保导流隧洞安全的前提下，适当调整永久支护方式，实现确保按期截流、节约工程造价的目标。

（六）施工阶段导流隧洞技术问题的解决、设计调整与优化

1. 进出口位置的选定　初步设计确定的进出口位置，在实施阶段，进行了局部的调整和优化，调整的主要原因有：①地质、地形的原因；②进出口的水力学条件和导流隧洞围堰布置；③洛哈沟冲沟位置；④建设方和施工单位的要求。进口位置放样后，现场设计人员和地质人员根据地形和地质条件，对进口位置进行了适当调整，调整后进洞点上移约 10m，该进洞位置的地形和地质条件均较好，明挖量很少，围堰布置合理，调整后的进洞位置较好，开工后很快实现了进洞施工。

2. 出口位置的调整　初步设计确定的出口位置基本合适，但洞线较长。从本工程整体考虑，该出洞口位置有利于大坝、消力池等单项工程的施工布置，有利于减少对右岸崩坡积碎石土层的冲刷。由于工期较紧，在施工方和建设方的强烈要求下，设计方在与地质专家多次现场踏勘后同意将导流隧洞出口位置调整到勘探索桥上游约 100m 处，调整后的洞线长度减少约 145m。导流隧洞洞线调整后存在的主要问题有：①大坝基坑施工干扰较大，大坝土建标承包人进场施工后意见较大，但由于坝轴线上移，该问题得到一定的缓解；②导流隧洞出口水流对右岸崩坡积碎石土层的冲刷问题。由于导流隧洞出口位置的调整，出口水流对右岸冲刷不利，出口采用明拱圆弧布置形式，解决了出口水流方向与原河床水流方向交角较大的问题，调整后的出口水流水力条件较好。

3. 导流隧洞出口左岸边坡加固与处理　导流隧洞出口位置调整后，出洞口位置较为合适，但出口明洞段位于左岸边坡覆盖层区域，覆盖层较厚，如处理不好，对导流明渠段的安全运行、上部公路通行安全将造成较大的影响。主要解决的办法有：采用明拱加基础锚杆、边墙锚杆加固边坡。

4. 导流隧洞结构设计的调整与优化　根据进洞段开挖揭露的实际地质情况，对进洞段临时支护进行优化。在进洞段顶拱及侧墙布置一排系统锚杆和钢格栅(排距 0.8m)，洞边墙底部布置锁脚锚杆；左边墙布置一排锁口锚杆，右边墙两排锁口锚杆。导流隧洞开挖贯通后，根据建设方的要求，在确保工程安全，节约导流隧洞工程的投资、加快工程进度的前提下，结合开挖揭露的地质条件，经过多次设计方案的比较，导流隧洞出口采用明渠方案代替明洞方案。调整后的出口明渠段长 31.79m，其中明渠转弯段长 13.48m，转弯角 15°，转弯半径 51.5m。明渠采用 C25 钢筋混凝土衡重式挡土墙结构。明渠段底板设置 $\phi22$ 锚筋，间排距为 1.0m，锚筋的一端需与底板的内层主筋焊接，在基础为土层的部位，锚筋需入土层 3m，进入土层的锚筋采用自进式锚杆。在明渠段边墙与山体、已有的出口围堰间回填石渣。

（中国水电顾问集团华东勘测设计研究院
蒲亚君　江金章）

其　他

思林通航建筑物设计研究

(一) 通航标准

思林水电站位于贵州省思南县，是乌江干流上的第八个梯级，工程以发电为主，其次航运兼防洪灌溉。思林上游为构皮滩电站；下游为沙沱水电站。乌江上各梯级电站建成后，乌江航道得到渠化，可以大大改善乌江的航运条件。

1998年10月，交通部、水利部和国家经贸委联合下达了(交水发[1998]659号文)《关于内河航道内河技术等级的批复》，规定了乌江漩塘至河口547km河段远景达Ⅳ级航道标准，要求“在进行枢纽建设时，通航建筑物的型式、规模、尺度等应本着经济可行的原则，结合国家有关技术规定通过论证后确定”。思林水电站位于乌江漩塘以下，按照上述批复意见，航道等级远景应按Ⅳ级航道标准设计。根据GB 50139—2004《内河通航标准》，Ⅳ级航道通行最大船舶载重为500t。思林的通航建筑物按通过500t级机动单船的标准进行设计。

思林水电站通航建筑物采用垂直升船机型式，现已完成可行性研究阶段专题研究工作。

(二) 通航建筑物简介

思林水电站垂直升船机布置于枢纽左岸，位于溢流坝段左侧的非溢流坝段上；由上游引航道、过坝渠道(含上闸首)、升船机本体段、下闸首、下游引航道等建筑物组成。

1. 上、下游引航道布置　上、下游引航道按不对称型式布置。上游引航道位于水库左侧，为向左侧单向扩宽型式，由导航段、调顺段和停泊段等组成。自主航道进口至上闸首航线总长约200m。下游引航道紧靠左岸布置，为向左侧单向扩宽型式，由下闸首开始依次布置导航段、调顺段及停泊段。该三段直线布置，总长约为220m。停泊段后接半径220m，中心角为15°的圆弧转弯段，转弯段后为直线段口门区，与主航道相接。

2. 过坝渠道　过坝渠道(上闸首)位于大坝的非溢流坝段，既是大坝挡水前沿一部分，又是船舶进出升船机本体段的上游口门。在正常运行工况下，能适应上游最高与最低通航水位之间的变幅。航槽上游端设检修闸门一道，在其中部设有放空渠道内水体的半球阀。渠道下游端设上闸首工作闸门。该工作闸门为下沉门。工作闸门上设有一个供船舶进出承船厢的卧倒小门。过坝渠道顶设有排架，用于闸门的起吊和储存。

3. 本体段

升船机本体段为垂直升船机的核心部分，其内布置有主提升设备、平衡重系统、承船厢、抽排系统、拖动及控制系统等。

垂直升船机型式分别比较了全平衡钢丝绳卷扬式、水力浮动式转矩平衡重式、全平衡齿轮爬升短螺杆长螺母柱保安式三种型式。经综合比较，思林水电站采用全平衡钢丝绳卷扬式垂直升降船机。

4. 下闸首

下闸首上接本体段，下接下游引航道。其内分别设有一下沉工作闸门和叠梁检修门。下闸首顶部设有闸门启闭系统。

(三) 模型试验

思林水电站通航建筑物做了模型试验。下游引航道的隔流堤采用适当的体型和偏转角度，在水库下泄最大通航流量时，合理运行泄洪闸门，能够满足引航道及口门区的流速和波浪要求，保证船舶安全出入下游引航道。

(中国水电顾问集团贵阳勘测设计研究院　何敝勇)

株洲航电枢纽施工导流及水流控制

(一) 导流方案

株洲航电枢纽位于湖南株洲境内湘江干流；工程所在地雨量充沛，一般4～9月为汛期，最大洪峰流量达20200m^3/s。坝址处在微弯分汊河段，地势平缓，河面宽阔；有一江心洲(空洲岛)，岛长1800～2000m，宽200～290m，高出枯水位10～12m，可以作为分期导流的纵向围堰。此江段通航，年货运量为308万～509万t，施工期有通航要求。上游两岸为堤防，必须严格控制水位。

根据上述特点，并考虑利用围堰挡水发电，工程宜采用分期导流方式。一期先围左汊，利用疏浚后的右汊河床泄流和通航，进行水电站厂房及11孔泄水闸施工，同时在右岸台地进行船闸施工；二期围右汊，由已建成的左汊11孔泄流，右岸船闸通航，进行13孔泄水闸施工，同时利用二期围堰临时挡水发电。

（二）一期施工导流布置及试验研究

一期导流设计原采用5年一遇挡水标准，相应流量为14900m^3/s，但为确保一期围堰安全，将围堰挡水标准提高到16000m^3/s，并在来水流量达到17100m^3/s时，先行对基坑充水，再将上游围堰的子堰拆除，围堰过水。一期上游横向围堰高程45.5m，挡水位43.58m，最大堰高18m，轴线长461m；下游横向围堰高程42.6m，挡水位42.06m，最大堰高14.6m，轴线长515m；纵向围堰在空洲岛原地形上填筑加固而成，高程为45～42.6m，最大堰高13m，轴线长779m。

鉴于坝址水流条件复杂，为确保安全，对施工导流进行了水工模型试验研究：

(1) 当流量为400m^3/s时，在洲头和洲尾的右汊河流的进口区段，已不能满足1.5m的通航水深要求，需对右汊进行疏挖。按最小通航流量300m^3/s、保证率95%的原航道通航标准考虑，上游临时航道应疏挖至28.5m，疏挖长度为1285m，宽40m；下游临时航道疏挖至高程28m，长1330m，宽40m。

(2) 当流量为2350m^3/s时，坝前200～800m的局部范围纵向流速开始大于2.5m/s，尤其是坝前600～700m附近，最大纵向流速达3.2m/s；当流量增大至4380m^3/s，在坝前、后较大范围内，流速会超过2.5m/s，因此，需考虑必要的助航措施。

(3) 在坝前400～700m范围内，底部流速较大，14900m^3/s流量时，最大流速接近4.9m/s；坝上700m至坝下1300m范围主流区的底流流速普遍超过3m/s。以岩基允许流速为4m/s分析，在坝前500～600m范围，即右汊入口处，可能有少量冲刷。河岸方面，靠船闸导航墙一侧，当流量为17100m^3/s时，最大近岸面流速达4.9m/s，最大近岸底流速达4.34m/s。

(4) 在流量为17100m^3/s时，上游围堰前水位达到44.2m，上游围堰进水；在流量为14900m^3/s时，上游横向围堰水位为43.2m，与设计推算的上游横向围堰挡水水位43.58m相差不大，以此确定上游横向围堰高程为44.5m是合理的。同样，确定下游横向围堰的高程为42.6m。纵向围堰上、下游起点高程分别与上、下游横向围堰高程一致，有一定坡降。

(5) 坝址位于微弯河段的顶端部位，水流的动力轴线偏左岸，当修建一期围堰后，左岸水位壅高，水流受围堰阻碍后由左汊向右汊扩散，横向穿过江心洲洲头，引起洲头处产生较大的跌水，同时还有较大的横向流速，对洲头的稳定十分不利。左汊急流横向穿过洲头后在局部范围内产生回流，使右汊进口河段的过流断面缩窄，局部流速过大，这不仅会导致局部冲刷，也会影响到通航水流条件。对空洲岛洲头前300m的范围进行疏挖，可减小左汊的水位壅高和较大的横向流速，同时，缩短洲头长度也可改善水流流态。

（三）一期围堰设计

根据模型试验结果、湘江水文资料及坝址附近料场的情况，参照类似围堰施工的经验，对围堰的斜墙和心墙方案进行了对比分析。

(1) 黏土斜墙是在戗堤的上游水中抛填，斜墙方案存在：①所需稳定边坡较大，上游斜墙断面将很大，施工质量难于控制；②水下施工，黏土坡体防护不易达到设计要求，有较大的安全隐患；③上游横向围堰处靠空洲一侧，由于水流的挑流作用，黏土斜墙坡脚易受冲刷而损坏；④施工中黏土易流失，影响坝下的水环境。

(2) 与斜墙方案相比，心墙方案有如下优点：①堰体断面尺寸较斜墙小，可大大减小总填筑工程量，符合坝址料源较紧的实际情况；②双堆石戗堤作为围堰的支承，使围堰的整体安全性，特别是过水保护有较大的安全储备；③黏土心墙的水下填筑均在静水中施工，能较好保证填筑质量，可以较好的防止下游水体污染；④心墙的防渗形式，可使纵、横向防渗体良好结合，减少基坑经常性排水量；⑤在上、下游横向围堰与空洲相连处，心墙方案有利于防止回水区对坡脚的淘刷。

经综合比较，一期围堰采用心墙防渗方案较合理。

（四）一期围堰截流计算

截流时，可利用上游已建的大源渡航电枢纽进行流量调节，以区间汇流流量70m^3/s作为预进占的设计计算标准，以区间汇流流量542.1m^3/s作为龙口合龙的设计计算标准。按来水流量1958.4m^3/s作为进占设计流量，进占中最大流速为1.76m/s，对应单宽流量1.8$m^3/(s·m)$，落差0.16m。经计算，采用直径0.4m护底抛石；抛石护底后，可直接用土石混合料进行戗堤进占。

在一期围堰施工同时，对右汊河道进行了疏挖，2002年10月初，正式改由右汊通航，并配备了相应的助航船只，较好地解决了施工期临时通航问题。一期围堰施工期间，先后出现三次较大洪水，但通过合理组织均较好地化解了风险。2003年5月，湘江出现17500m^3/s的洪水，项目单位及时组织拆除子堰，基坑充水过流，实现了安全度汛。

（五）二期施工导流布置及试验研究

1. 二期施工导流方案比选　二期施工由已建成的左汊泄水闸泄流。由于受上游库区淹没控制条件的约束，二期围堰只能采用过水围堰。对二期过水围堰的方案比选见表1。

表1　　施工导流方案比较表

项　　目	单位	方案一	方案二	方案三
设计过水流量	m^3/s	17100		
上游堰顶高程	m	40.50	39.50	38.89
上游过水水位	m	44.26	44.12	44.07
挡水流量	m^3/s	11300	10000	9170
上游挡水水位	m	41.35	40.35	39.74
挡水子堰顶高程	m	42.00	41.00	40.39
年平均过水次数	次/年	0.60	0.98	1.19
围堰工程总造价	万元	2165.46	2060.35	1989.20
风险值(决策树法)	万元	3739.16	3540.17	3658.33

由表1可知，方案一、方案二和方案三的上游挡水水位均能满足水电站发电要求，且围堰工程总造价相差不大；设计过水流量为17100m^3/s时上游水位分别为44.26m、44.12m和44.07m，相差也不大。但综合考虑导流建筑物的费用、围堰溃堰损失、厂房发电损失及基坑抽水费用等风险费用，经决策树法分析计算，采用方案二。

2. 二期围堰堰顶高程校核　一期完工闸坝共计12孔，其中单宽20m的为11孔，堰顶高程28.5m；漂污槽1孔，单宽5m，堰顶高程37m。当上游来水量小于等于17100m^3/s时，上游围堰堰前水位不超过44.2m。经计算：① 左汊11个闸孔$Q=13304m^3/s$，漂污槽$Q=155.1m^3/s$，泄流总量$Q_左=13459.1m^3/s$；② 右汊分流$Q_右=17100-Q_左=3640.9m^3/s$；③ 设计围堰过水能力，$Q=3798.3m^3/s \geqslant Q_右=3640.9m^3/s$。

因此，二期上游围堰主堰顶高程设计为40.5m，下游围堰主堰顶高程设为39.5m，能满足过水要求。考虑上游库区人民群众的生命财产安全，应留有一定裕度，上游围堰主堰顶高程由原设计40.5m降至39.5m，下游围堰主堰顶高程由原设计39.5m降至38.5m，并在堰顶设2m高自溃式子堰。

二期围堰施工期间，曾多次出现超过10000m^3/s洪水，通过大源渡枢纽的合理调度，以及抢险加高子堰等措施，没有过水，基坑平安度汛。2006年7月，受4号台风碧利斯影响，出现特大洪水，洪峰流量18200m^3/s，主动拆除子堰，使围堰充水过流。洪水退后，固定堰虽有不同程度的损坏，但未危及围堰的安全。

在二期基础施工的同时，水电站机组同时安装，2005年8月首台机组并网发电，2006年8月5台机组全部投产。水电站利用二期上游围堰挡水发电，超过6亿kW·h。

（湖南湘江航运建设开发公司　李　军）

琅琊山抽水蓄能电站尾水事故闸门布置

琅琊山抽水蓄能电站位于安徽省滁州市西南郊，安装4台单机容量为150MW可逆式机组；地下厂房为中部布置，尾水隧洞较长，设有尾水调压室。每2台机组的尾水支洞汇于1个调压室，之后由1条尾水隧洞通向下水库。

这种长尾水系统抽水蓄能电站的尾水事故闸门，通常布置在单独的廊道中，采用高压闸阀式闸门和液压启闭机，并将其电气控制回路与机组上库侧的工作阀和机组导叶电气控制回路相闭锁，以保证地下厂房和机组设备的安全。国内已建和在建的类似工程大部分是这种布置，国外类似工程的也基本一样（据不完全资料统计，该种布置约占46%）。

琅琊山抽水蓄能电站，由于能够布置尾水事故闸门专用廊道的地方有F_{209}断层，破碎带宽2～5m，斜切廊道，影响洞段长度约20m，地下开挖极为困难，而且如开挖尾水事故闸门廊道对厂房下库侧边墙稳定也极为不利，经过方案比选，最终确定将尾水事故闸门布置在尾水调压室中。

将尾水闸门布置在尾水调压室，这在国外抽水蓄能电站中相对较少（据不完全资料统计，约占20%），在国内尚属首例。究其原因，主要是担心尾水闸门的安全问题。一方面，尾水调压室（井）有涌浪，水位比正常尾水位高出很多，启闭机的安装平台需高于最高涌浪水位，这就加大了启闭机与孔口之间的高差；另一方面，电站的安全保护又要求尾水闸门能够在较短的时间内关闭孔口，一般都是采用拉杆将闸门悬挂在孔口上方0.5～1m处，以便在出现事故时快速落门。这样，门体只能处于调压室（井）的水体中，难免遭受涌浪冲击。国外某抽水蓄能电站尾水调压井内的闸门因遭受涌浪冲击，曾出现闸门浮起和充水阀螺栓被剪断的事故。万一闸门受到冲击并降落封闭了尾水支管出口，若此时正处于发电工况，将造成厂房内技术供水设备破坏或者造成“抬机”事故，水淹厂房很难避免。因此，要想将尾水事故闸门布置在尾水调压室（井）内，就必须解决好闸门的闭门时间及其安全稳定两个问题。

经计算，琅琊山抽水蓄能电站尾水调压室内最高涌浪水位距闸门底坎71.86m，厂房免遭水淹的极限时间为 15min。为了解决好上述两个问题，设计上采取了下列四个方面的技术措施：

(1) 事故闸门平时悬挂在最高涌浪水位以上作为事故备用，闸门底缘距闸门底坎高度为 73m，避免涌浪冲击门体。

(2) 启闭机采用高扬程固定卷扬式启闭机，工作扬程 73m，最大扬程 75m，容量 2500kN。为了适应尾水调压室内潮湿的环境，机械传动系统采用安全可靠、性能优良、封闭式并且免于维护的星轮减速器，实现变速运行。在孔口以上的 66.8m 扬程范围为闸门自重荷载工况下快速落门运行，速度为 6.68m/min，时间约 10min；当闸门进入孔口 6.2m 扬程范围，载荷逐渐增大的工况下进行慢速运行，落门速度为 1.6m/min，时间约 3.88min。这样，全行程落门时间约 14min，能满足厂房免遭水淹不大于 15min 的时间要求。

(3) 启闭机的电控系统与机组上库侧蝴蝶阀和机组导叶的电控系统闭锁，并设置闸门非正常下降的回升和报警电气控制装置。

(4) 启闭机除设置常规的工作制动器外，还在卷筒端部设置安全制动器。该安全制动器采用具有国际先进水平的盘式制动器，确保闸门在涌浪水位之上悬挂时的安全可靠。

琅琊山抽水蓄能电站尾水事故闸门及其启闭机于 2002 年 11 月完成招标设计，2004 年 9 月完成施工图设计。1 号、2 号尾水调压室各 2 个孔口事故闸门及其启闭机分别于 2006 年 8 月和 2007 年 5 月完成安装调试工作并正式投入运行。琅琊山抽水蓄能电站将尾水事故闸门布置在尾水调压室中，减少地下洞室开挖工程量，简化地下洞室群结构布置，节省工程投资约 643 万元；金属结构设备制造、安装简单，运行管理、检修维护也方便。该项设计技术在国内类似的抽水蓄能电站具有明显的经济效益和推广价值。

（中国水电顾问集团北京勘测设计研究院 胡霜天 吴全本）

6

土建施工

大　坝　施　工

龙滩大坝碾压混凝土施工

（一）概况

龙滩水电站大坝为碾压混凝土重力坝，设计最大坝高216.5m。大坝分两期建设，初期建设时最大坝高192m，最大坝底宽约169m，共分为31个坝段，其中5号为通航坝段，12号和19号为底孔坝段，13～18号为溢流坝段，22～30号为发电进水口坝段，其他均为非溢流坝段。初期建设时坝顶高程以下全部按最终断面建成，大坝混凝土总量约674万m^3，其中碾压混凝土约490万m^3，占混凝土总量的72.7%。龙滩水电站大坝为目前世界上在建的坝高最高、碾压混凝土方量最大的碾压混凝土坝。

（二）大坝施工

1. 骨料生产及运输　混凝土骨料采用人工骨料，由石灰岩轧制而成，系统设计处理能力2500t/h，生产能力2000t/h，以生产三级配碾压混凝土骨料为主，同时也能生产四级配常态混凝土骨料；砂石成品骨料通过一条4.2km高速皮带机运输至右岸混凝土拌和系统，设计运输能力3000t/h。

2. 混凝土拌和系统　大坝混凝土生产系统分左、右岸布置。右岸系统主要供应河床及右岸大坝，系统分308.5m高程及360.0m高程两层布置，共配备3座2×6.0m^3双卧轴强制式搅拌楼和1座4×3.0m^3的自落式搅拌楼。

3. 浇筑方案　根据龙滩地形条件及枢纽布置特点，研究了高速皮带机、塔带机、真空溜槽、高速缆机等多种组合方案，最终选定22号以右碾压混凝土为主的坝段采用2条高速皮带机配2台塔带机（顶带机）为主，1条高速皮带机配真空溜槽、2台20t中速缆机、自卸汽车等为辅的浇筑方案；22号以左以常态混凝土为主的坝段采用3台门塔机进行浇筑。右岸3条高速皮带机直接与强制式拌和系统相连，塔带机及顶带机分别布置于河床的12号及19号底孔坝段。2条塔式布料机最高日产量达13050.5m^3，当天单机平均强度为326.3m^3/h（以20h运行时间计），并创造了双条供料线月输送27万m^3碾压混凝土的纪录。河床及右岸坝段日最高浇筑碾压混凝土20078m^3、月最高浇筑碾压混凝土31.6万m^3。

4. 仓面施工工艺　采取大仓面薄层铺料及碾压，连续上升的施工方法。高温季节1～2个坝段为一个浇筑仓，仓面面积4000～7500m^2；低温季节3～4个坝段为一个浇筑仓，仓面面积10000～15000m^2。采用平层法浇筑，层厚0.3m，连续上升5～10层（夏季浇筑时连续上升4～5层）后进行层间间歇；在连续上升时每层须在允许时间内完成，夏季允许浇筑时间4h，其他季节控制在6h以内。

5. 布料及平仓　碾压混凝土运输主要采用自卸汽车直接入仓和“高速供料线＋塔（顶）带机”两种方式，要求铺料方向尽可能垂直水流方向，布料后及时用平仓机进行平仓。

6. 碾压　碾压方向垂直于水流方向，平仓后由一台振动碾及时跟进无振碾压2遍，其后数台振动碾按要求的有振碾压遍数（一般6～8遍）平行错距碾压，最后由一台振动碾无振碾压1～2遍，碾压混凝土压实度的质量控制标准为相对压实度不得小于98.5%。仓面V_c值进行动态控制，一般控制在3～5s，以碾压完毕时混凝土层面达到全面泛浆，人在上面行走微有弹性，仓面没有骨料集中作为标准。

7. 成缝　采用液压振动切缝机成缝，填缝材料为4层彩条布。

8. 变态混凝土施工　采用平仓机辅以人工一次铺料，顶面“容器法”人工定量加浆，然后使用大功率振动器进行振捣。

9. 上游防渗层施工　坝体上游面8m范围内为防渗层混凝土，由二级配碾压混凝土及上游面1m厚的变态混凝土构成，该部位在覆盖每一碾压层之前均需铺洒2mm厚水泥粉煤灰净浆。

10. 施工缝面处理　施工缝面处理采用冲毛等方法清除表面的乳皮及松动骨料，清洗干净后均匀摊铺1.5～2cm厚的砂浆，然后摊铺二级配碾压混凝土。

（三）温控措施

（1）控制浇筑温度。采取二次风冷骨料、加冰拌和、运输线遮阳隔热、快速入仓及时覆盖、仓面喷雾等措施，控制混凝土的浇筑温度。根据基础温差及内外温差提出的最高温度控制标准，对常态及碾压混凝土在基础强约束区范围要求允许浇筑温度T_p≤17℃，弱约束区允许浇筑温度T_p≤20℃，脱离基础约束区允许浇筑温度T_p≤22℃。

（2）降低混凝土的水化热温升。在满足常态混凝土和碾压混凝土技术要求的前提下，采用发热量低的水泥，优化配合比设计，施工中应采用合理层厚、间歇期，合理安排施工进度，预埋水管通水冷却，加强养护和表面保护等措施来降低混凝土的水化热温升，控制最高温度不超过温控标准。

龙滩碾压混凝土坝在施工过程中采用上述温控措施，顺利实现了高气温条件下全年施工，未出现危害性裂缝。

（中国水电顾问集团中南勘测设计研究院 石青春）

龙滩大坝大仓面高气温条件下碾压混凝土施工技术

（一）工程概况

龙滩水电工程位于红水河上游的广西天峨县境内，总装机容量630万kW，安装9台70万kW的水轮发电机组。工程主要由大坝、地下发电厂房和通航建筑物三大部分组成。大坝为碾压混凝土坝，高216.5m，混凝土总量为740万m^3，其中碾压混凝土480万m^3，由中国水利水电第七工程局、中国水利水电第八工程局、葛洲坝集团组成的联营体承建。

（二）高气温条件下的施工技术

1. 碾压混凝土生产和运输 生产系统主要由混凝土搅拌楼、骨料储运系统、水泥和粉煤灰储运系统、二次筛分系统、混凝土预冷系统、废水处理设施以及其他辅助设施组成。碾压混凝土生产系统配备3座2×6.0m^3双卧轴强制式搅拌楼和1座4×3.0m^3的自落式搅拌楼，系统设计生产能力3×300m^3/h+180m^3/h=1080m^3/h。运输系统主要由三条高速皮带机供料线和自卸汽车组成，混凝土运输平均最大强度达790m^3/h。

2. 优化的施工配合比 龙滩水电采用掺用ZB-1或JM-Ⅱ高效复合外加剂，经多次现场碾压工艺试验，最终确定的配合比，解决了碾压混凝土在高温干燥条件下现场施工中有关可碾性、包裹性、凝结时间等碾压混凝土工作性方面的问题。同时胶凝材料比原设计配合比少了5kg。龙滩工程混凝土施工配合比见表1。

表1 大坝碾压混凝土施工配合比

强度等级	级配	每方材料用量（kg/m^3）									
		W	C	F	砂	小石	中石	大石	ZB-1Rcc15粉剂	JM-Ⅱ粉剂	ZB-1G粉剂
RⅠC_{90}25	三	79	86	104	723	446	594	446	1.14	—	0.0152
									—	1.14	0.0380
RⅡC_{90}20	三	76	68	102	731	450	600	450	1.02	—	0.0138
									—	1.02	0.0340
RⅢC_{90}15	三	77	56	104	755	445	593	445	0.960	—	0.0128
									—	0.960	0.0320
RⅣC_{90}25	二	87	99	121	812	670	670	—	1.32	—	0.0176
									—	1.32	0.0440
CbⅠC_{90}25	浆液	497	621	621	—	—	—	—	4.97	—	—
									—	4.97	—

注 变态混凝土浆液掺加量为每方混凝土掺加浆液60L。

3. 碾压混凝土温度控制

（1）出机口温度控制主要采取以下措施：①成品料堆高大于6m，出料皮带及骨料罐上方搭设凉棚防雨防晒；②采用了一、二次风冷骨料的方式，一般骨料一次风冷后温度平均值为4.1～7.6℃，骨料经二次风冷后温度平均值在3.8～6.0℃范围内；③采用加冷水和片冰拌和，水温度一般为7.6～11.4℃；④适当降低拌和强度，碾压混凝土出机口温度控制在12℃以内(经过现场试验，碾压混凝土生产强度为192m^3/h时，出机口温度12℃；生产强度为258m^3/h时，出机口温度14℃)；⑤采用在拌和楼周围喷雾的方式，以降低拌和楼周围气温，对混凝土出机口温度有利。

（2）运输过程中温度控制主要采用两种办法：①加快运输速度，尽量减少太阳的直射时间，使混凝土从加水拌和到碾压完毕控制在1.5h内，混凝土运输平均最大强度达790m^3/h；②采用汽车运输时，为防止太阳曝晒造成混凝土温度回灌，车顶安装遮阳棚；采用供料线运输时，在供料线顶部安装遮阳板，同时在供料线上用冲毛枪进行喷雾，以降低环境温度，或沿供料线全线喷冷气。根据统计数据，碾压混凝土采用汽车运输的方式时，混凝土温度回升值比较小，变化范围在0.8～2.0℃之间；供料线运输采用喷雾时温度回升3.5～5.0℃，采用喷冷气时温度回升1～2℃。

（3）仓面温度控制主要采取以下一些措施以减少温度回升：①及时平仓碾压，未碾压的混凝土面不能超过10m，同时，混凝土成堆卸料，集中一次平仓，平仓后及时碾压，绝对不允许平仓后不碾压；②及时用2cm厚保温被覆盖已碾压完成的层面；③采用仓面喷雾，仓面喷雾可降温保湿，采用固定喷雾器和手持式喷雾枪组合喷雾。在实际工作中，日高温时段所有喷雾均被完全蒸发，能把仓面环境温度降低5～7℃，其降温幅度随阳光及气温的不同而有所变化，最高时达到11℃。

（4）混凝土后冷措施为埋设冷却水管通水冷却。按技术要求对坝体通水冷却，可有效减小坝体混凝土温升，明显降低坝体最高温度。龙滩大坝碾压混凝土大规模成系统的埋设冷却水管，在碾压混凝土施工领域，还是第一次。

4. 仓面规划及组织管理体系

（1）高温季节碾压混凝土施工1～2个坝段为一个浇筑仓，仓面面积4000～6500m²。每一个浇筑仓均进行仓面设计，将该浇筑仓的仓面特性、技术要求、施工方法、质量要点、资源配置等简洁地汇集到仓面工艺设计之中，指导作业队严格按仓面工艺设计的要求进行有序、高效施工。

（2）为了保证碾压混凝土浇筑“一条龙”正常、连续、快速进行，建立了一个组织严密、运行高效、信息反馈及时的仓面组织管理体系，同时于现场指挥中心设置现场监视系统，以便及时了解、掌握、处理现场问题。

（三）结束语

（1）实践证明，及时摊铺、及时碾压、及时覆盖，缩短碾压混凝土层间间隔时间是提高碾压混凝土层间结合质量的有效措施。

（2）“供料线+塔（顶）带机”碾压混凝土输送系统是方便快捷的运输手段，可直接从拌和楼将混凝土运至仓面，适用于大型碾压混凝土坝快速施工，但自卸汽车直接入仓仍是碾压混凝土施工的重要入仓手段。

（3）为了保证碾压混凝十高温季节的施工质量，应采取制冷措施降低混凝土出机口温度；采取遮阳喷雾、保温保湿和及时摊铺碾压、及时覆盖、仓面喷雾等措施减少混凝土运输、浇筑过程中温度回升；采取通水冷却措施控制坝体最高温度。

（中国水利水电第八工程局）

构皮滩水电站混凝土高拱坝施工技术

（一）工程概况

构皮滩水电站位于贵州省境内乌江干流中游，大坝为抛物线型双曲拱坝，建在V形对称峡谷中，最大坝高232.5m，坝顶上游面弧长552.55m，拱冠顶厚10.25m，底厚50.28m，厚高比0.216，混凝土总量279万m³。坝身泄水设施由6个表孔、7个中孔、2个放空底孔及4个临时导流底孔组成。

工程于2004年11月16日实现截流，2005年8月3日完成大坝基础开挖，2005年10月17日开浇坝体混凝土。

（二）主要施工辅助企业

构皮滩坝址区两岸山坡陡峻，选择右岸坝轴线以上三叉口冲沟布置混凝土拌和系统，缆机系统横跨两岸，骨料加工系统布置在紧临三叉口冲沟的烂泥沟。

1. 砂石料加工系统　烂泥沟人工砂石加工系统主要承担576.81万m³粗、细骨料的生产任务，其中粗骨料409.38万m³、人工砂167.43万m³，系统设计处理能力为1450t/h，生产能力可满足混凝土高峰月浇筑强度15万m³所需的砂石骨料。

2. 混凝土拌和系统　混凝土生产系统布置在大坝上游右岸的三叉口。拌和楼、制冷楼位于高程640.5m平台，系统配置国产4×3.3m³全自动化自落式混凝土搅拌楼和3×1.5m³自落式混凝土搅拌楼各一座。在拌和楼后侧高程670m平台布置2个1500t水泥罐和3个1500t粉煤灰罐、外加剂车间、砂调节仓、一次风冷车间及风冷系统、骨料调节料仓和空气压缩机房。

3. 缆机和混凝土出料线布置　构皮滩工地布置了3台国产无塔架30t平移式中速缆机，缆索跨距700.0m，平台轨道长180.0m。3台缆机主机房位于右岸，副塔设置在左岸山坡上。缆机小车水平运输速度450m/min，垂直运输速度180m/min。

拌和楼出料采用国产的9m³混凝土侧卸车运输。高程640.5m平台场内布置混凝土出料循环线，混凝土运输线长860m，回车线主要为混凝土运输洞，混凝十运输线洞外宽为19m；缆机取料9m³吊罐平台宽为4m，长298m，高程为636.0m。

（三）拱坝基础处理施工

1. 大坝建基面开挖施工　拱坝左、右岸坝肩，边坡开挖梯度高度为15m，上、下游侧高边坡采用预裂（或光面）爆破技术和马道建基面垂直保护层一次开挖成型相结合的技术方案，拱肩槽基础面先采用施工预留保护层、再采用手风钻自上而下逐层光爆剥挖方案施工，拱坝水平建基面5m厚保护层采用大孔径垂直主爆孔加手风钻水平光爆孔开挖技术方案，基坑中部抽槽部分底部保护层采用手风钻垂直孔孔底加柔性垫层方案施工。

2. 拱座地质缺陷深层处理施工 拱坝坝肩的主要地质缺陷有：Fb112、Fb113层间错动和K280溶槽。处理方法主要采取开挖置换。置换洞、井开挖时采用中间掏槽，周边光面爆破，对结构面泥化部位进行掏挖，并用高压水冲洗干净，然后泵送回填C20微膨胀混凝土，微膨胀量应达到60～80$\mu\varepsilon$。混凝土回填后应进行顶拱回填灌浆。K280溶槽开挖同大坝右岸固结灌浆及混凝土施工呈上下立体交叉作业，安全要求高，采用爆破同掏挖相结合的施工方案。混凝土回填采用$C_{180}35$混凝土。

3. 固结灌浆 大坝基础固结灌浆根据各坝段地质情况，以无盖重固结灌浆为主，有盖重固结灌浆为辅进行施工。固结灌浆孔间排距为2.5m×2.5m矩形布置，分两个次序施工，先施工Ⅰ序孔，后施工Ⅱ序孔。

（四）拱坝混凝土施工

1. 混凝土浇筑分层分块 拱坝采用常规混凝土柱状浇筑方法，设置横向施工缝将拱坝分为27个坝段，坝段平均宽度20m，最大浇筑仓面积1200m^2；河床坝段基础强约束区（基岩以上9m）采用1.5m分层，强约束区以上按3.0m分层，岸坡坝段从基岩面向上按3.0m分层浇筑，最高坝段共分80层。

2. 模板 拱坝上、下游面采用定型悬臂大模板，悬臂结构采用外撑式模板、悬臂模板和混凝土预制模板。定型悬臂大模板规格为3.15m×3.6m、3.15m×0.6m两种，每块钢模板由钢木组合面板、2个钢立柱、2根可调斜撑杆、2个三角支撑架、2个锚固装置及3个操作平台等6部分组成。横缝面采用固定式悬臂大模板，规格为3.0m×3.1m，分别由钢面板、桁架（钢立柱）支撑结构、锚锥及操作平台组成。横缝面上设置梯形键槽，梯形键槽模板加工成半边键槽型和全键槽型两种。模板安装拆移，采用汽车吊在仓面作业。操作简单，安全可靠。拱坝高峰期用5台16t吊车立模。

3. 施工缝处理 水平施工缝采用高压水冲毛工艺，枪口水压力4～6MPa，混凝土浇筑完成24h开始冲毛处理，使其表面达到粗砂外露，横缝面亦采用高压水冲毛。每2～3个坝段共用一套供水设施。

4. 混凝土浇筑 混凝土采用平铺法浇筑。由2台缆机分别从上游和中间起平行向下游推进浇筑1个仓。混凝土由9m^{3}侧卸罐车在640m高程平台从拌和楼转运至缆机起吊线上，卸入9m^{3}立罐，由缆机吊运入仓，卸料至指定位置。每个仓面配置2台平仓机和2台带5个振捣棒振捣车，同时配备一定数量的手持式振捣器用于边角、止水、止浆、廊道附近及钢筋密集部位的振捣。

（五）混凝土温度控制

施工技术要求：主体建筑物基础约束区四级配混凝土浇筑温度，冬季12月至次年2月采用自然入仓，其他季节采用缆机浇筑时，混凝土浇筑温度不得超过12～14℃；脱离基础约束区四级配混凝土11月至次年3月自然入仓，其他季节混凝土浇筑温度不得超过16～18℃。对于二、三级配混凝土浇筑温度应相应从严。

1. 混凝土浇筑温度控制

（1）骨料在风冷骨料仓中一次风冷后，由胶带机送到拌和楼料仓，进行二次风冷，将骨料冷却到设计温度。骨料两次风冷后，温度可降至－2～4℃。

（2）由紧邻拌和楼的制冷楼提供冷水和片冰，可以拌制出出机温度为7～13℃的混凝土。制冷设备总容量为929×10^{4}kcal/h，在制冷高峰期能生产5℃的冷水85t/h，－10℃的片冰300t/d。

（3）加快混凝土浇筑速度，喷雾降低仓面环境温度。

2. 混凝土后期冷却 为了削减混凝土内部水化热温升，在大坝右坝肩下游侧布置四级移动式冷水车间，在坝体内埋设循环管道通水冷却。

（1）前期移动式冷水车间布置在大坝右坝肩下游侧高程465m、495m，距坝下游40m，安装荷兰产冷水机组6台，总制冷量720×10^{4}kcal/h。

（2）坝内预埋冷却水管采用高密度聚乙烯塑料管，导热系数1.66kJ/(m·h·℃)，其垂直和水平间距均为1.5m，每个回路管长不超过250m，按S形布置。

（3）初期通水冷却从混凝土浇筑完成开始，历时约15～20d，当混凝土温度达25～27℃后即进入间歇期或转入中期通水。初期通水水温控制在6～10℃，冬季采用天然河水，水温约为10～16℃。当浇筑的混凝土温度降至22℃后结束中期通水。

（4）在开始接缝灌浆前2个月，通6～8℃冷水进行后期冷却，40～60d后，坝体温度达到12℃、13℃或15℃结束冷却。

（六）接缝灌浆

拱坝共分为27个坝段，接缝灌浆分25个区，每区高度12m、9m或6m。

采用每个灌区顶部设水平V形排气槽，底部设置进回浆系统，以及自下而上的梯形键槽线、面出浆系统。接缝灌浆采用水灰比2∶1、1∶1、0.6∶1

(0.5∶1)三个比级的水泥浆灌注，出浆压力为0.20～0.3MPa。目前已经完成大坝高程488m以下9个灌区的接缝灌浆施工，经检查充填率达98%以上。

（七）钢衬施工

拱坝泄洪中孔采用全断面钢衬保护，钢衬断面形状为矩形，洞身段尺寸均为9m×6m(高×宽)，出口段顶部1∶6坡度渐变为6m×7m(高×宽)，7条中孔钢衬平均长度34.81m，钢衬面板采用22mm厚Q345C钢板和纵横肋板采用16mm厚Q235B钢板。

钢衬采用分节制作，制作时每节重量不超过30t，缆机吊运上坝，安装就位后焊接成整体。

（八）结语

(1) 充分利用地形和地质条件，采取地下、地面、空间布置相结合，布置了骨料加工、混凝土拌和、制冷三大系统，生产工艺简单，自动化程度高，达到并超过了设计生产能力。

(2) 通过采用预冷和后冷相结合的混凝土温控技术、无混凝土压重固结灌浆技术、线面出浆接缝灌浆技术以及悬臂大模板，实现了高拱坝施工从基岩面开始按3m标准层连续浇筑。

（中国水利水电第八工程局）

光照水电站碾压混凝土大坝施工

（一）工程概况

光照水电站大坝为重力坝，由河床溢流坝段和两岸挡水坝段组成，坝顶总长410m，坝顶高程750.50m，最大坝高200.50m，共分20个坝段，即4个溢流坝及底孔坝段和16个岸坡挡水坝段。坝体混凝土工程量总计274.04万m^3，其中碾压混凝土240.02万m^3，常态混凝土34.02万m^3；除结构和布置上要求采用常态混凝土的部位外，坝体内凡具备碾压条件的部位均采用碾压混凝土。坝体上游坝面防渗层采用水泥基渗透结晶防渗材料。

大坝施工总工期34.5个月。总体程序为河床坝段垫层混凝土施工→大坝558～600m高程碾压混凝土施工→缺口两侧坝段600～660m高程碾压混凝土施工→缺口坝段600～660m高程碾压混凝土施工→大坝全线660～693m高程碾压混凝土施工→缺口两侧坝段693～坝顶碾压混凝土施工。混凝土高峰月强度：23.25万m^3/月，其中碾压混凝土高峰月强度：209481m^3/月。

（二）原材料和配合比

1. 原材料　骨料为灰岩人工骨料，最大粒径80mm。小石饱和面干密度2.71g/cm^3，中石和大石饱和面干密度2.72g/cm^3，碾压人工砂饱和面干密度2.65g/cm^3，天然砂饱和面干密度2.59g/cm^3。细骨料的细度模数控制在2.2～2.9，人工砂中石粉(d≤0.16mm)含量控制在16%～20%；水泥为畅达牌42.5普通硅酸盐水泥，密度3.1g/cm^3；粉煤灰为安顺Ⅱ级灰，密度2.43g/cm^3；外加剂为南京瑞迪高新技术公司生产的HLC-NAF型缓凝高效减水剂和山西黄河新型化工有限公司生产HJAE-A型引气剂。

2. 碾压混凝土配合比　施工时采用的配合比见表1。

表1　光照大坝碾压混凝土施工配合比

设计强度等级	级配	水胶比	灰掺量(%)	粉煤灰代砂(%)	砂率(%)	单位体积材料用量(kg/m^3)								外加剂(%)		V_c值(s)
						c	FL	灰替砂(FL)	s	G_s	G_m	G_L	W	南京HLC-NAF	山西HJAE-A	
C_{90}25W12F150	二	0.45	50	3	38	89	89	23	796	548	823	—	80	0.5	0.03	3～5
C_{90}25W8F100	三	0.45	50	3	34	80	80	21	729	448	598	448	72	0.5	0.03	3～5
M_{90}25W12F150(砂浆)	二	0.43	50	—	100	279	279	0	1404	—	—	—	240	0.5	0.03	9～11
C_{90}25W12F150(水泥净浆)		0.45	50	0	—	581	581	0				—	523	0.5	—	

（三）工程施工的重点和难点问题

(1) 大坝碾压混凝土施工要经历3个汛期，坝体有过流要求，做好过流缺口坝面的保护、制定预防超标洪水预案以安全度汛，是本工程施工的重点问题。

(2) 碾压混凝土浇筑在下闸蓄水前始终处于持续高强度施工状态，对施工系统各个环节生产能力和效率要求很高，保证整个系统的正常高效运行是本工程施工的重点和难点问题。

(3) 做好统筹安排，采取温控措施，保证高温季节施工的混凝土质量，防止大坝出现裂缝，是本工程施工的另一个重点和难点。

(4) 坝址区山高坡陡、峡谷险峻，施工道路布置困难，大部分碾压混凝土不能采用汽车直接入仓，做好各部位混凝土高强度运输入仓设施的设计、布置及维护管理是本工程的又一个难点问题。

(5) 大坝工程规模大，工期紧，浇筑强度高，从施工管理、资源投入、资金保障等方面保证施工系统顺畅有序运行，是确保施工安全、工程质量、建设进度的关键问题。

(四) 大坝碾压混凝土浇筑主要临时设施布置

1. 入仓道路布置(略)

2. 拌和及制冷系统布置

(1) 拌和系统，分左、右岸布置，左岸两座 $2\times4.5m^3$ 搅拌楼和一座 $2\times3m^3$ 强制式搅拌楼(主要拌制碾压混凝土)，右岸布置一座 $4\times3m^3$ 搅拌楼(主要拌制常态混凝土)。左岸拌和楼拌制碾压混凝土能力为 $660m^3/h$，右岸拌和楼拌制常态混凝土能力为 $240m^3/h$。

(2) 制冷系统，按夏季生产的混凝土出机口温度为15℃，高峰强度17.78万 m^3/月安排。左岸设一座制冷厂，选用6台LG25ⅢTA型螺杆式氨制冷压缩机组及配套设备，总制冷容量为39000MJ/h。右岸配备一套制冷系统，总制冷容量为15000MJ/h。

(3) 坝体冷却系统，采用2台移动式制冷机组(MCWPWC300C闭式系统)，由左、右岸施工供水主管供水，根据需要随时生产冷却水。

3. 缆机布置　布置两台20t辐射式缆索起重机，缆机平台布置在左岸800m高程上，供料线布置于左岸上坝公路外侧，机房布置于右岸760m高程平台上。

4. 皮带机供料线布置　共布置2条混凝土皮带供料线，分两个高程进行供料，其中1号皮带供料线为左岸坝头748.5m高程负压溜槽供料，2号高速皮带供料线为左岸5号坝段680.0m高程负压溜槽供料。

5. 负压溜槽布置　分五个位置布置：①左岸坝头1号坝段748.5m高程设四条负压溜槽；②4号坝段680.0m高程设四条负压溜槽；③缺口位置左岸8号坝段660.0m高程设三条负压溜槽；④右岸坝头1号坝段750.5m高程设两条负压溜槽；⑤17号坝段674.0m高程设两条负压溜槽。

6. 大溜槽布置　大溜槽布置于左岸坝头1号坝750.5m进料平台的外侧，采用10mm钢板制作，形状如箕斗，上宽下狭，具有约束碾压混凝土分离作用。

7. 制浆站布置　两座制浆站，生产能力各为 $5m^3/h$；分别设在左、右岸下游600.0m道路外侧(后期都移至坝头750.5m下游公路外侧)。

(五) 混凝土施工方法

1. 模板　直立面模板拟采用悬臂翻升钢模板；尺寸为 $3m\times3m$，面板为 $\delta=5mm$ 钢板，后肋板内可充填塑料泡沫板保温，单块模板重约1.22t；拆除与安装均采用8t或16t汽车吊和仓面吊。斜面模板亦采用悬臂翻升模板，结构与直立面模板类似。考虑到大坝下游坡度及表面变态混凝土不宜过厚，模板尺寸拟定为 $1.875m\times3m$，可浇筑高度为1.5m，单块重约0.73t。

2. 浇筑分层分块　坝体横缝采用切缝机切缝成型，采用平层铺筑碾压工艺，仓面最大面积控制在 $7000m^2$ 以内，超过 $7000m^2$ 采用斜层铺筑碾压工艺；坝体原则上分为3m一层浇筑，为加快施工进度，低温季节浇筑6m一层或连续浇筑上升。

3. 碾压混凝土施工工艺

(1) 碾压混凝土水平运输，主要采用T32和T20自卸汽车运输和深槽高速皮带机运输。仓内也采用自卸汽车运输，坝内水平廊道采用铺设钢桁架桥过仓。设两个过仓口，随碾压层交替上升。碾压混凝土垂直运输：主要采用负压溜槽、缆机和大溜槽输送。

(2) 卸料摊铺平仓条带原则上垂直于水流方向，受横向廊道切割及孔底侧边的窄条形部位，摊铺平仓条带可平行水流方向，但迎水面8～15m范围内碾压方向应垂直水流方向。平仓厚度每层34cm，每次摊铺厚度为17cm左右，按设计铺洒水泥粉煤灰净浆。

(3) 碾压混凝土应在出机后的2h内碾压完毕。碾压条带平行于平仓条带，模板边采用变态混凝土，其余区域用大型振动碾碾压。碾压按照无振—有振—无振的程序进行，直至核子密度仪检测的碾压密实度达到98.5%以上，混凝土容重达到设计要求为止。振动碾行走速度为1～1.5km/h，碾压遍数经试验确定。碾压条带之间重叠20cm，同一碾压条带的各碾压段之间重叠1～2m。

(4) 层间结合，根据已建碾压混凝土大坝经验，只要配合比设计合理，施工速度、施工工艺、施工质量控制得到保证，完全能达到设计要求。配合比设计时，采用有缓凝作用的减水剂，使混凝土初凝时间在常温下延长，保证碾压混凝土能在初凝之前完成上一层施工。V_c 值控制在5～10s，高温日照射VC值取下限，低温阴天时 V_c 值取上限。

(5) 缝面处理主要采用高压冲毛机冲毛，标准是露砂微露石。对于已初凝的施工层面，必须摊铺水泥砂浆后方可继续碾压混凝土施工。对于坝体上游二级配碾压混凝土和坝体下游面50cm范围内的碾压混凝土施工层面，每一碾压层(30cm)均喷洒水泥粉煤灰净浆，保证层面结合良好。

(6) 伸缩缝的位置及缝内填充材料均应满足设计要求，通仓浇筑坝段的伸缩缝采用 NPFQ—1 型切缝机切缝成型，缝宽为 10～12mm。根据以往施工经验，采用先碾压后切缝再骑缝补碾压的顺序成缝。

4. 变态混凝土施工　采用集中制浆、平铺法加浆，或采用造孔法加浆，高频振捣器振动密实。

5. 大坝混凝土温控措施

(1) 降低混凝土入仓温度和浇筑温度的措施：①合理利用施工时段，严格控制浇筑层厚，尽量利用每年 11 月至次年 3 月低温季节多浇、快浇，高温季节利用夜间浇筑；②拌和楼在 5～9 月份须采取制冷措施，降低混凝土出机口温度；③混凝土运输机具搭设遮阳防雨棚，防止温度倒灌，控制混凝土从出料至仓面碾压密实，其温度回升不大于 5℃；④缩短混凝土运输及等待卸料时间，入仓后及时摊铺、碾压；⑤高温时段在浇筑仓号周边配置 2 台移动式喷雾机喷水雾。

(2) 通水冷却措施：①冷却水管采用内径 28mm、外径 32mm 的 HDPE 塑料水管，垂直水流方向布置，水平、垂直间距均为 1.5m；②对高温期和次高温期所有浇筑的混凝土，均通制冷水或天然河水进行一期冷却，降低混凝土早期温度。通过每条冷却水管的冷却水总量不低于 $1.2m^3/h$，一期通水温度与混凝土最高温度之差控制在 25.0℃以内，入口处的冷却水温度保持在 10℃；从混凝土下料浇筑开始时通水，时间控制在 20d 左右。冷却水采用闭路循环方式，冷却水供水方向 24h 调换一次。

(3) 高温期还采取：①中期通水，对于当年浇筑的混凝土入冬前不能进行接缝灌浆，且自由悬臂高度较大的坝块，10 月初开始采用天然河水通水冷却，时间控制在 2 个月，以坝体混凝土最高温度降到设计允许范围为准；②表面漫水养护，使混凝土表面温度高于气温的差值减小；③保持设计要求的合理的层间间歇时间，利用较多的散热面进行自然散热。

(中国水利水电闽江工程局　郑昌莹　董国泰)

丹江口大坝加高施工

(一) 工程概况

南水北调中线工程从汉江丹江口水库陶岔枢纽取水，通过输水渠道自流到北京、天津。陶岔渠首闸至北京团城湖，输水总干线全长 1267km，天津干线长 154km，受水区范围 15 万 km^2。工程规划项目包括水源工程、输水工程、调蓄工程和汉江中下游治理工程；其中水源工程包括丹江口大坝加高、陶岔枢纽、水库移民三大项目。

丹江口大坝加高工程是在丹江口水利枢纽初期工程的基础上进行。该枢纽位于湖北省丹江口市境内，汉江干流与其支流丹江汇合口下游约 800m 处，控制流域面积 9.52 万 km^2，坝址以上年均径流量 388 亿 m^3，由两岸土石坝、混凝土坝、升船机、电站及陶岔、清泉沟两处引水闸等建筑物组成。初期工程于 1958 年 9 月开工，1973 年建成。初期工程建设已考虑到后期大坝加高的要求，预先采取了混凝土坝下游面设置键槽，河床坝段 100m 高程以下按正常蓄水位 170m 方案进行建设等必要的工程措施。

丹江口大坝加高是国内目前最大的大坝加高工程，技术复杂、施工难度大、工艺要求高。大坝加高至 176.6m 后，正常蓄水位提高至 170m，通过优化调度，可提高汉江中下游防洪能力，扩大防洪效益；满足近期调水量 95 亿 m^3，后期调水量 120 亿～130 亿 m^3 的需求。工程主要包括：混凝土坝培厚加高；左岸土石坝培厚加高及延长；新建右岸土石坝、左坝头副坝和董营副坝；改扩建升船机；金属结构、机电设备更新改造等。主要工程量为：土石方开挖 77.31 万 m^3，土石坝填筑 542.39 万 m^3，混凝土浇筑 125.45 万 m^3，混凝土拆除 4.53 万 m^3，混凝土结合面凿毛 13.15 万 m^2，钢筋制作安装 0.91 万 t，金结制作安装及钢材 1.32 万 t。工程施工总工期 5.5 年，其中施工准备期 9 个月，2005 年 9 月 26 日正式开工，2010 年 10 月完工，具备向北方供水的条件。工程概算总投资为 24.25 亿元。

(二) 工程施工进展情况

工程施工是在原枢纽正常运行的条件下进行，必须满足原枢纽防洪度汛及发电要求，大部分施工都要在枯水期实施。据此，将工程总工期划分为五个阶段。第一阶段(即“一枯”，2005 年 10 月 1 日～2006 年 4 月 30 日)，各参建单位按照工程建设计划，克服了水库遭遇超 20 年一遇洪水、降雨偏多、工程施工与运行管理相互干扰等不利因素影响，实现“一枯”混凝土浇筑目标。共完成土方开挖 19.67 万 m^3，石方开挖 20.39 万 m^3，土方填筑 17.67 万 m^3，混凝土浇筑 24.71 万 m^3，混凝土拆除 1.62 万 m^3，混凝土结合面凿毛 4.0 万 m^2，键槽混凝土切割 4262.9m，锚筋埋设 4805 根，裂缝处理 6821m，超额完成计划任务；主体工程各坝段均达到度汛形象高程和脱离基础约束区的要求。

经过第一个汛期的施工准备，丹江口大坝加高工程施工第二阶段(即“二枯”，2006 年 10 月 1 日～2007 年 4 月 30 日)，恢复浇筑主体混凝土，截至 2006 年 12 月 31 日，累计浇筑混凝土 44.5 万 m^3，施工质量及施工进度均满足要求，工程进展顺利。

（三）施工新技术、新工艺

丹江口大坝加高工程规模大，难度高，工序复杂，环境影响大、特殊技术难题多，例如：新老混凝土结合、老坝体裂缝处理、水下金属结构检测、老坝建筑物拆除等都是一般新建工程遇不到的难题。中国水利水电第三工程局在施工中采用新工艺、新技术，对解决上述技术难题起到了重要作用。

(1) 新老混凝土结合面新增键槽施工采用大功率液压圆盘踞切割加钻孔静力膨胀分离相结合的新工艺。为解决大坝新老混凝土结合面的黏结问题，通过大量仿真计算和三次现场试验结果，均表明在老混凝土面设置键槽是保证良好传力的措施之一，因此对初期工程下游坝面没有预留键槽的部位需要人工补设键槽即键槽切割施工。由于加高施工期大坝还在正常运行，设计要求在新增人工键槽施工时不得对大坝产生振动冲击和对结构造成损伤，只能采用人工或机械静力切割法形成键槽。中国水利水电第三工程局经过现场试验研究，采用了大功率液压圆盘踞切割加钻孔静力膨胀分离相结合的新工艺，取得良好效果，既保证了键槽切割的施工质量和施工进度又降低了施工成本，得到了业主、设计及监理的好评。

(2) 采用金刚石绳锯机对右联坝段横缝进行大面积切割施工，混凝土重力坝横缝大面积切割施工在国内尚属首次。丹江口水利枢纽右岸混凝土坝转弯坝段在平面上呈凸向下游的反弧形，初期工程中横缝进行了灌浆。在气温影响下，夏季坝体被挤压向下游变形，坝基上游端部受拉，加上库水位作用，拉区已发展到帷幕线附近，扬压力增大；冬季挤压消失、变形恢复常态。为消除转弯坝段长期因受温度周期性变化而产生的坝体稳定及应力不利的变形，并确保帷幕防渗质量，根据施工实际情况和三维有限元仿真计算成果，确定采用消除横缝间连接的“锯缝”方案。三维有限元初步计算成果表明：切割转弯坝段灌浆横缝可基本恢复各坝段独立变形，并随着切缝条数增加，转弯坝段反向变形依次减小，坝踵压应力增大，拉应力范围减小明显；切缝随着深度增加，坝顶反向位移越小；“锯缝”方案可基本解决转弯坝段反向变形问题。“锯缝”施工方法主要为采用金刚石绳锯机对混凝土进行切割，混凝土切割面积为700m^2，2006年11月开始现场工艺试验，2007年1月顺利完工验收。

(3) 对老坝体裂缝进行全面检查、处理。丹江口水利枢纽初期工程于1958年开工建设，1973年初期工程完工，开工至今已近半个世纪。由于初期工程运行了30多年，老坝体的一般性裂缝较多，所以丹江口大坝加高工程须对老坝体裂缝进行全面检查和处理，检查部位分为水上和水下检查；从结构上分坝体上游迎水面检查、坝后立面及斜坡面检查、廊道内裂缝检查、老坝顶裂缝检查等，检查和处理的工程量都很大。裂缝检查除了常规的方法外，还采用了钻孔注水试验、孔内电视录像、声波检测、水下电视录像等新方法全方位的对老坝体裂缝进行普查，并且在处理前留下影像资料存档。这对今后国内其他水工建筑物加固改造施工具有指导和借鉴意义。

(4) 老坝体混凝土及建筑物控制爆破拆除。根据大坝加高施工需要，初期工程局部老坝体混凝土及建筑物需要拆除，且不能影响原枢纽的正常运行、不能损伤保留的坝体结构，因此混凝土拆除施工比一般的土石方开挖施工难度大得多。施工中，2×800kW小水电站拆除施工难度最大。该电站位于右联5号、6号坝段坝后，高程105.37～127.38m，为四层框架结构体。小水电站周边环境复杂，上游距坝体0.8m、距抗冲沙试验室仅13.7m、到武警岗哨亭的距离为44.0m、下游距2×2万kW水电站70m，爆破安全要求很高。2006年2月18日，中国水利水电第三工程局采用了不同炸高差和时间差的控制爆破方法，对该厂房实施一次性安全爆破，相关部位振动监测符合设计要求，爆破后的厂房，实现了原地倒塌，保护了周边建筑物的安全。

(5) 水下金属结构检测。水下金属结构埋件检测工作是丹江口大坝加高工程的重要组成部分，其要求为：对门槽轨道、门楣、底坎埋件等分别进行全面的检测，检查埋件的焊缝裂纹情况，埋件受损、锈蚀、涂装状况、连接处错台及埋件周围混凝土情况。根据检测的记录，为下一步的修复施工提供依据。主要方法为：潜水员携带水下摄像机、测厚仪等设备对水下金结埋件进行检测，检测施工于2006年11月开始，2007年1月顺利结束。

（中国水利水电第三工程局 李东锋）

大花水水电站碾压混凝土高拱坝快速施工技术

（一）工程概况

大花水水电站位于贵州省清水河中游，装机容量为2×90MW，工程由碾压混凝土拱坝、左岸重力墩、坝顶开敞式溢流表孔、泄洪兼冲沙中孔、左岸引水系统及地面厂房、开关站等组成，碾压混凝土拱坝坝高134.50m，为目前世界在建最高碾压混凝土拱坝。坝址位于高山峡谷，两岸山壁陡峭，混凝土入仓难度大。

（二）碾压混凝土高拱坝快速施工技术

1. 碾压混凝土施工工艺

(1) 仓面面积小于2000m^2，碾压层厚度为30cm；

当仓面面积大于 2000m²，碾压层厚度为 25cm。

(2) 混凝土料在仓面上采用自卸车两点叠压式卸料串联摊铺作业法，铺料条带从下游向上游平行于坝轴线方向摊铺，每 4m 一条。特殊地段人工铺料，及时分散粗骨料，协助做到条带平整、层厚均匀，并使平仓后的整个坝面略向上游倾斜。

(3) 采用大碾振动碾压时，碾压遍数为：先无振 1 遍，再有振 6～8 遍，最后无振 1 遍。碾压机作业行走速度为 1～1.5km/h，平均为 1.25km/h。小碾压机 BW75S 的碾压遍数为：先无振 2 遍，再有振 25～30 遍，最后无振 1～2 遍，碾压机作业行走速度为 1.6km/h。碾压混凝土从拌和至碾压完毕，要求在 2h 内完成。

(4) 根据试验资料，本工程碾压混凝土仓面 V_c 值 4～6s 最佳，遇雨天和夏天阳光照射，V_c 值分别向规定范围的上限或下限靠近，经过碾压后，混凝土表面为一层薄薄的浆体(微泛浆)，又略有些弹性，同时在初凝前摊铺碾压上一层，使上层混凝土碾压振动时，上下层浆体、骨料能相互渗透交错，形成整体。

(5) 设计要求，大坝与岩基面接触部为 1m 厚的部位，廊道周边为 50cm 厚的部位，诱导缝的上游均为常态混凝土塞。在施工中，对上述部位的常态混凝土，均采用改性混凝土。其施工方法是碾压混凝土摊铺平仓后，人工抽槽后再注入适量的水泥煤灰净浆(加浆量为混凝土体积的 4%～6%)，并用插入式振捣器从改性混凝土的边缘附近向碾压混凝土方向振捣。

(6) 对于连续上升的层间缝，层间间隔不超过初凝时间的不做处理；对迎水面二级配防渗区，在每一条带摊铺碾压混凝土前，先喷洒 2～3mm 厚的水泥煤灰净浆，以增加层间结合的效果。在每一大升层停碾的施工缝面，均需充分打毛，并用压力水冲洗；升层时，全仓面铺一层 2～3cm 厚的水泥砂浆，以增强新老碾压混凝土的结合。

2. 模板技术研究　大花水拱坝为抛物线双曲拱坝，呈不对称布置，模板须满足大坝体型要求，做到标准化、系列化，支撑系统必须具有足够的稳定性、刚度和强度。

(1) 综合多方面因素，确定单块模板的外形尺寸为 3.0m×1.8m(宽×高)，模板面板按两部分设计，模板面板中部 150cm 宽的面板设计为不可调面板，模板两侧 75cm 宽的面板设计侧向伸缩装置来调整水平曲率。在竖直方向单块模板间设计了竖向调节杆来调整倒悬度。整套模板通过侧向伸缩装置和竖向调节杆来调整模板的水平曲率和倒悬度。

(2) 模板主要由面板、支撑桁架、可调式松紧螺栓、锥头螺栓、工作平台五部分组成，单套模板由三块模板组成。大花水大坝模板的设计充分考虑了大坝体型结构和施工操作性能，保证了大坝的体型控制和连续、快速施工的要求，使该大坝碾压混凝土施工创造了连续一个月上升 33.5m 的新纪录，大坝体型最大误差±40mm，混凝土外观质量良好。

3. 水平运输工艺研究

(1)对采用汽车输送与采用高速胶带机输送混凝土方式进行了比较。坝趾河床狭窄，山坡陡峭，左右岸上坝公路路面较窄，采用汽车运输至拱坝的运距为 4.6km，需 25min，运输途中 V_c 值和含气量损失较大，给碾压混凝土质量带来不利影响。两种运输方式的碾压混凝土质量检测情况见表 1。根根实际情况，采用高速胶带机输送混凝土方式。

表 1　汽车运输与高速胶带机技术比较

运输方式	至拱坝时间(min)	至重力墩时间(min)	至拱坝 V_c 值损失		至重力墩 V_c 值损失		含气量损失(%)	至仓面抗压强度(MPa)		
			冬季	夏季	冬季	夏季		R7	R28	R90
汽车运输	25	10	1～2	2～3	−1～3	2～3	1	14.5	21.9	32.1
高速胶带机	4	3	0	0	−0.5	0.5	0	13.9	23.0	32.9

(2) 高速胶带机输送系统布置了两条。第一条供料线为 845 混凝土供料线，主要供应 820m 高程以下重力墩及拱坝 766m 高程混凝土输送，845 供料线皮带宽 800mm，带速 3m/s，设计生产率为 280m³/h，总长 312m。第二条为供料线为 873 混凝土供料线，主要供应重力墩 820m 高程以上及拱坝 766m 高程以上混凝土输送，873 供料线皮带宽 1000mm，带速 3.5m/s，设计生产率为 400m³/h，总长 327m。

4. 入仓工艺研究　大花水水电站通过试验考察缓降溜管和真空溜槽对碾压混凝土质量的影响，分别对其容重及密实度进行了检测试验，其成果见表 2。试验结果表明，采用缓降溜管的混凝土密实度平均比采用真空溜槽的混凝土高 1%～2%，主要是因为缓降溜管输送的碾压混凝土经过缓降器再次拌和使其均匀性更好。

大部分碾压混凝土采用缓降溜管进行垂直运输，通过最终检测，混凝土施工质量均为优良，满足设计要求。

(三) 结束语

该工程大坝结构复杂，大坝高达 134.5m，通过采用高速胶带机、缓降溜管、多向可调式悬臂模板的创新和运用，既加快了工程施工速度，又降低了工程成本，并创造了拱坝碾压混凝土在一个月连续浇筑上升 33.5m 的新纪录。

表 2　　碾压混凝土碾压遍数与容重关系对比表

运输方式	V_c 值 (s)	有振 2 遍		有振 4 遍		有振 6 遍		有振 8 遍	
		容重 (kg/m³)	密实度 (%)	容重 (kg/m³)	密实度 (%)	容重 (kg/m³)	密实度 (%)	容重 (kg/m³)	密实度 (%)
真空溜槽	3～7	2290～2325	91.9～93.4	2310～2400	92.8～96.4	2390～2450	95.6～97.9	2420～2480	97.2～99.5
缓降溜管	2～6	2380～2400	95.6～96.4	2390～2415	95.6～97	2400～2465	96.4～98.9	2440～2500	98.0～100.4

（中国水利水电第八工程局）

戈兰滩水电站大坝混凝土施工

（一）工程概况

戈兰滩水电站碾压混凝土重力式挡水坝，最大坝高 113m，坝顶全长 466m，坝上设置 5 孔单孔宽 13.0m，高 18.0m，由弧形闸门控制的表孔，2 孔单孔宽 4.0m，高 7.0m，由弧形闸门控制的泄水底孔，一个有闸门控制的冲沙洞，以及 3 个电站取水口。

大坝工程主要工程量为：土方开挖约 22 万 m³，石方开挖约 71 万 m³，常态混凝土 46.2 万 m³，碾压混凝土 93.8 万 m³，钢筋制作安装 6295t，各类钻孔(取芯)15 万延 m；帷幕灌浆 2.1 万 m，固结灌浆 7.8 万 m，回填灌浆 2751m²，接触灌浆 2891m²。

（二）砂石加工和混凝土拌和系统

1. 人工砂石加工系统　总处理能力为 25.2 万 t/月，初碎处理能力为 850t/h，本成品骨料最大粒径为 80mm；采用三段破碎，一段制砂，并配备石粉回收装置。

2. 混凝土拌和系统　设于坝顶右岸下游 20km，520.0 台地上，安装 2×4.0m³、2×4.5m³ 强制式拌和楼各一座，综合生产能力为常态混凝土 480m³/h，碾压混凝土 360m³/h；实际混凝土供应能力为 10 万 m³/月。承担主体工程混凝土量 155 万 m³，临建混凝土 13 万 m³ 的浇筑任务，总量为 168 万 m³，其中碾压混凝土 94 万 m³，常态混凝土 74 万 m³。

（三）原材料和配合比

原材料和配合比见表 1 和表 2。

表 1　　常态混凝土参考配合比

设计标号	水泥品种	水灰比	掺和料掺量 (%)	骨料种类	骨料最大粒径 (mm)	砂率 (%)	减水剂 HA-JC (%)	引气剂 JM-2000 (‰)	材料用量 (kg/m³)							
									水	水泥	矿渣	石粉	砂	小石	中石	大石
$C_{90}20$ W8 F50	景谷 P.O32.5	0.60	30	灰岩	80	33	0.8	0.08	123	144	31	31	692	560	420	420
	景谷 P.O42.5	0.55	40	灰岩	80	32	0.8	0.04	128	140	47	47	657	557	417	417
	建峰 P.O42.5	0.60	30	灰岩	80	32	0.8	0.04	124	145	31	31	689	558	418	418
$C_{28}35$ W6 F100	景谷 P.O42.5	0.40	—	灰岩	40	33	0.8	0.01	142	355	—	—	631	638	638	—
	建峰 P.O42.5	0.35	10	灰岩	40	32	0.8	0.015	143	368	20	20	595	630	630	—
$C_{28}25$ W6 F100	景谷 P.O42.5	0.50	20	灰岩	80	31	0.8	0.02	126	202	25	25	634	562	422	422
	建峰 P.O42.5	0.45	20	灰岩	80	30	0.8	0.02	127	226	28	28	604	562	421	421
	建峰 P.O42.5	0.50	20		80	31	0.8	0.015	118	189	24	24	668	446	298	744

表2　碾压混凝土参考配合比

设计标号	水泥品种	水灰比	掺和料掺量（%）	骨料种类	骨料最大粒径（mm）	砂率（%）	减水剂HA-JC（%）	引气剂JM-2000（‰）	材料用量（kg/m³）							
									水	水泥	矿渣	石粉	砂	小石	中石	大石
$C_{90}15$ W8 F50	景谷 P. O32.5	0.55	50	灰岩	80	34	0.8	0.40	92	84	42	42	752	582	436	436
	建峰 P. O42.5	0.55	50	灰岩	80	34	0.8	0.35	89	81	40	40	756	585	439	439
$C_{90}20$ W8 F100	景谷 P. O32.5	0.50	50	灰岩	40	37	0.8	0.40	104	104	52	52	793	672	672	—
	景谷 P. O42.5	0.50	50	灰岩	40	37	0.8	0.40	103	103	52	52	794	673	673	—
	建峰 P. O42.5	0.50	50	灰岩	40	37	0.8	0.35	101	101	51	51	797	676	676	—
	建峰 P. O42.5	0.50	20		80	31	0.8	0.015	118	189	24	24	668	446	298	744

（四）施工工期和强度

(1) 施工工期：2006年1月5日进场开工，2006年1月10日主河床截流、2007年5月底大坝浇筑至420m高程、2007年11月30日导流洞下闸蓄水、2008年8月底全部工程完工，施工总工期32个月。

(2) 施工强度指标：土石方开挖高峰强度为25万m³；混凝土高峰强度为107638m³；基础固结灌浆月高峰强度为35203m/月；帷幕灌浆月高峰强度为1996m/月。

（五）大坝碾压混凝土施工方案和方法

1. 运输及入仓手段　根据工程规模、枢纽布置、地形条件、工程特性、施工进度、施工条件和质量控制等方面要求，结合大坝交通道路、拌和系统位置及坝体结构等特点及拟采用的斜层碾压连续上升的施工工艺，确定大坝碾压混凝土运输选择以右岸入仓为主的方案。大坝碾压混凝土水平运输主要采用汽车和皮带机；垂直运输主要采用负压溜槽、缆机、垂直落料器和大溜槽。碾压混凝土入仓方式采用了自卸汽车直接入仓、“汽车＋皮带机＋负压溜槽”入仓、“汽车＋皮带机＋垂直落料器”入仓、“汽车＋大溜槽”入仓四种综合入仓方法。

2. 施工方法

(1) 分区施工。碾压混凝土浇筑分四个时段施工，根据总进度计划、拌和楼能力、碾压混凝土仓面特性和运输入仓手段等，进行分区施工，共分12个区。

(2) 分层施工。按以上分区施工，每区通仓浇筑，坝体横缝采用切缝机切缝成型，仓面最大面积为11800m²，采用平层或斜层铺筑碾压工艺，当仓面面积小于5000m²时采用平层浇筑，大于5000m²时采用斜层浇筑。根据坝体翻升模板在棉花滩大坝和百色大坝施工中应用的经验，坝体原则上分为3m一层浇筑，可以连续浇筑上升。

（六）大坝常态混凝土施工方案和方法

1. 进水口坝段常态混凝土入仓　采用1号门机吊混凝土罐入仓、混凝土输送泵及手推车平台辅助入仓。门机起重量为10t/30t，起重幅度为18～37m。

2. 溢流坝常态混凝土入仓　采用2号、3号、4号门机吊混凝土罐入仓，混凝土输送泵和手推车平台辅助入仓。门机采用两台高架门机，起重量为10t/30t，起重幅度为16～45m，分两期三个位置布置。

（七）大坝主要模板工程施工

1. 直立面模板　坝体需立模施工的直立面主要包括上、下游直立面和电梯井以及电站取水口、闸墩、导墙直立面。直立面模板采用悬臂翻升钢模板，模板尺寸为3m×3m，面板采用$\delta=5$mm的钢面板，面板后肋板内可充填塑料泡沫板作为保温材料，使之成为保温面板。模板采用由角钢组成的梯形桁架作为支撑体系，上、下块模板之间通过可调式连杆连接，而相邻面板则采用U形卡连接。单块模板重约1.22t。模板的拆除与安装均采用8t或16t汽车起重机和仓面起重机。

2. 坝体下游面台阶模板　坝体下游台阶面采用台阶翻升钢模板，模板尺寸根据不同台阶尺寸定。模板的拆除与安装均采用8t汽车起重机在仓面上完成。大坝下游全部采用台阶形式，非溢流坝段台阶尺寸为0.9m×1.2m(宽×高)，溢流坝段台阶尺寸为0.675m×0.9m(宽×高)。单块模板重约1t。根据碾压混凝土分层高度，下游台阶模板采用四层翻升的方式立模。钢模板采用载重汽车及高架门机转运，模板的拆除与安装均采用8t或16t汽车起重机和仓面起重机。

3. 廊道模板　大坝廊道模板采用现浇和预制两种型式。现浇廊道模板全部采用钢模板。边角部位采用定型木模板。

4. 表孔溢流面模板　溢流面混凝土上部堰头部分采用可变桁架、钢模板立模。下部反圆弧段采用刮轨翻模施工工艺，翻模为定型钢模板。

5. 其他模板　牛腿模板采用牛腿半悬臂整体提升模板；其他各类翼形模板采用定型钢模板或木模板。

（八）雨季施工措施

雨季施工措施主要有：①优化施工进度计划，尽可能降低雨季施工强度；②加强气象观测，避开强降雨天气浇筑，并提前做好防雨设施准备；③混凝土运输设施加盖防雨防晒棚、加快入仓浇筑速度；④采用斜层浇筑方式，以保证仓内排水顺畅，缩小仓面浇筑面积，做到混凝土入仓、摊铺、碾压、覆盖全工序快速完成；⑤仓面配备移动式防雨棚、临时排水设备等降雨应急措施；⑥做好入仓口、两岸边坡排水，拦截雨水入仓；⑦适当加大混凝土的 V_c 值。

（九）大坝混凝土主要温控措施

1. 施工过程方面　主要是：①运输混凝土设施设置隔热遮阳防雨设施，缩短混凝土暴晒时间减少温度回升；②控制浇筑层最大高度和间歇时间；③合理安排施工程序及进度，将浇筑块尺寸大、温控要求严的部位尽量安排在低温季节或夜间施工；④加快施工速度，缩短层间覆盖时间；⑤高温季节仓面喷雾，降低浇筑仓面的环境温度；⑥低温季节或遇温度骤降时，覆盖保温材料，并适当延长拆模时间；⑦加强表面保护，当日平均气温在 2～4d 内连续下降 6℃以上时，对龄期 5～60d 的混凝土暴露面，尤其是基础块、上下游面、廊道孔洞等部位，采用聚氨酯硬质泡沫塑料、气垫薄膜内贴模板面等措施进行早期表面保护；⑧高温季节施工，及时覆盖保湿保温被，减少混凝土的水分损失和温度倒灌；⑨采取表面漫水养护措施，使混凝土早期最高温度降低。

2. 坝体采取通水冷却温控措施　冷却水管采用导热系数≥1.0kJ/(m·h·℃)的 HDPE 塑料水管，内径 28mm、外径 32mm 的，水管平行水流方向布置，水平间距为 1.5m，垂直间距为 1.5m，当浇筑层厚为 3.0m 时，用两层水管按 1.5m 间距布置。

（1）一期通水冷却：通过每条水管的冷却水总量不低于 1.32m³/h，通水温度与混凝土最高温度之差控制在 25℃以内。水管入口处水温度保持在 10℃。冷却时间控制在 25d 左右。冷却水闭路循环，供水方向 24h 调换一次。一期冷却最大冷水流量为 266m³/h。

（2）中期通水冷却：当年浇筑的混凝土入冬前不能进行接缝灌浆，且自由悬臂高度较大的坝块，10 月初开始中期通水冷却，削减混凝土内外温差。经过初期冷却后坝体混凝土最高温度与中期通水冷却温控标准相差不大，同时考虑 10 月份的平均水温较低的因素，中期通水采用天然河水，通水时间控制在 2 个月之内，单根水管通水流量 1.32m³/h，具体通水时间以坝体混凝土最高温度降到设计允许范围为准。

（3）后期通水冷却：后期冷却利用一期冷却时已埋设的水管，采用 10℃制冷水通水 20～40d，以满足大坝不同部位分期分批通水冷却达到灌浆温度。

（中国水利水电闽江工程局　郑昌莹　阮锦发）

巴贡水电站面板堆石坝填筑的质量控制

（一）概况

巴贡水电枢纽位于马来西亚沙捞越州（SARAWAK）中部的 BALUI 河上，枢纽建筑物主要由混凝土面板堆石坝、开敞式溢洪道和装机容量 2400MW 的地面厂房三大部分组成。

巴贡水电站面板堆石坝最大坝高 205m，大坝坝体总填筑量 1680 万 m³，月填筑强度 50 万～60 万 m³，最大高峰月填筑强度达 100 万 m³。填筑质量的好坏直接影响到坝体沉降量及面板混凝土和周边缝的开裂，关系到大坝的安全运行。该工程填筑强度高、坝体分区部位多、施工交叉作业干扰大、技术难题多，做好堆石坝填筑的质量控制是保证优质大坝的关键。

（二）现场施工质量控制

1. 上坝料质量控制　爆破后产生的石料在装载过程中应注意：①经过鉴定的石料应采用不同颜色的旗帜标示属何种上坝料；②装料时不能土石混装；③每车料要保证大小混装，不能全大，也不能全小，以保证较好的级配，防止不连续级配；④在爆破过程中，可能会出现软弱夹层等，装料时如果发现有土，应集中装车，并将这些料运至弃料区；⑤超径石集中堆放，严禁装车。

2. 填筑质量控制　大坝填筑各工序必须严格按施工作业书作业，按大坝控制程序检查验收。必须特别注意以下几点：

（1）大坝分区应严格按照设计图纸控制，做好分区标示牌便于施工人员掌握各个填筑区，防止将堆石料卸错料区。测量人员进行放样时应在边坡上采用打点或小旗标示，质检人员要严格控制各分区的搭接部位的坡度。

（2）卸料方法直接影响到堆石料颗粒是否会分离，必须严格控制。施工中采用了进占法和后退法铺料。进占法铺料容易整平，容易控制堆石的填筑厚度，但也容易使石料分离，并使大块石在填层下部，小石及细料在填层上部。后退法铺料能改善堆石料的分离，但堆石料层面不易整平，层厚不易控制。现场施工采用两者结合的方法铺料。

(3) 碾压过程可分为：推土机(D8)摊铺石料(控制铺料厚度)→洒水车洒水(控制洒水量)→振动碾碾压(控制碾压遍数)。各种填筑区的碾压参数见表1。在碾压过程中搭接长度应为25%的碾轮宽度，即50cm左右；碾压遍数必须达到要求。

表1 经业主批准的碾压施工参数

填筑区	砂岩(%)		新鲜页岩(%)	碾压后厚度(mm)	铺料厚度(mm)	碾压遍数	洒水量(L/m^3)	现场干密度要求值(t/m^3)	振动碾型号	备注
	新鲜—微风化	中风化								
2B	100	—	—	400	420	8	最优含水量±1%	2.26	Dynapac	
3A、3Aa	100	—	—	400	420	6	150	2.23	Dynapac	
3B(80m以上)	50(最低含量)	50	—	800	850	8	150	2.18	Dynapac	
3B(80m以下)	100	—	允许含量≤10	800	850	8	150	2.18	Dynapac	
3C	70	—	允许含量≤5	800	850	8	300	2.18	Dynapac	
3D	50(最低含量)	50(最大含量)	30(最大含量)	1600	1700	8	150	2.12	Bomag	不要求试验

(4) 根据碾压试验结果，要求振动碾在不同填筑区采用不同的振动频率及行走速度，以保证最佳碾压效果。各不同填筑区所采用的振动频率及行走速度见表2。

表2 在各不同填筑区所采用的振动频率及行走速度

填筑区域	振动频率		行走速度(km/h)
	VPM	Hz	
2A	1500～1800	25～30	1.5～2.5
2B	1800～1920	30～32	1.5～2.5
3A	1920～2100	32～35	1.5～2.5
3B	1920～2100	32～35	1.5～2.5
3C	1920～2100	32～35	1.5～2.5
3D	1920～2100	32～35	1.5～2.5

(5) 在台阶搭接处填筑时，应使用反铲将松散的料挖除，形成一个有台阶的坡度，然后，再进行铺料及碾压。对台阶搭接的部位应特别重视，并做好施工记录。为防止漏碾，用大坝填筑施工日志控制各碾压区域的碾压质量，新老碾压区必须有搭结碾压带，并增加碾压遍数以保证质量要求。

(6) 坝肩部位，要求填筑1.6m宽的3Aa料，应按照规范要求厚度进行铺料、碾压，尽量将较大的颗粒移到外面，靠坝肩处采用平板振捣器振捣密实。

(7) 上游坡面采用挤压式混凝土边墙，在每填筑一层垫层料之前，用挤压式边墙机在上游侧制作一个半透水的混凝土边墙。施工中做好定位标志线，控制好挤压机的运行路线和速度。

(三) 填筑质量检测

根据规范和设计的要求，现场填筑质量检测针对不同填筑区，规定了相应的检测频次和检测方法。对2A、2B区的填筑采用灌砂法进行现场试验，2A料的取样频率是1～3层/次，2B料的取样频率是500～1000m^3/次，但每层至少1次；3A、3B、3C区的填筑采用灌水法进行现场试验，3A料的取样频率3000～4000m^3/次，3B料的取样频率在开始填筑的100000m^3内做4次试验，此后每100000m^3进行一次。3C料的取样频率在开始填筑的150000m^3内做5次试验，此后每150000m^3进行一次。通过现场检测结果，可见填筑质量控制良好。各区的检测资料见表3。

表3 现场密度试验统计情况表

填筑区	检测项目	最大值	最小值	平均值	设计值
2A	干密度	2.53	1.97	2.27	2.27
	相对压实率(%)	116.2	90.5	104.6	100
2B	干密度	3.02	1.76	2.31	2.26
	相对压实率(%)	139.4	81.2	104.7	100
3Aa	干密度	2.57	2.13	2.25	2.23
	相对压实率(%)	118.1	87.0	104.7	100
3B	干密度	2.51	1.90	2.24	2.18
	相对压实率(%)	121.3	91.7	121.3	100
3C	干密度	2.48	1.90	2.22	2.18
	相对压实率(%)	119.6	89.0	105.8	100

(中国水利水电第七工程局 潘广宇 张登柱)

面板堆石坝翻模固坡技术在双沟大坝工程的应用

混凝土面板堆石坝垫层料上游坡面施工，几十年来，国内、外一直采用斜坡碾压固坡法，即：在垫层料填筑时须向上游面超填 30cm 左右，在面板施工前，进行修坡、斜坡碾压，人工在斜坡上摊铺砂浆、再斜坡碾压。其缺点是修坡工程量大，斜坡碾压密实度难以保证，与设计线偏差较大，致使面板混凝土大量超填。近几年来，国内、外有些工程采用了混凝土挤压边墙施工技术，比斜坡碾压固坡法有某些改进，但各层接合处极易形成错台，坡面平整度较差，后期坡面修整工作量大，混凝土工程量较大，造价较高。

为了更好地解决面板坝垫层料上游坡面的施工质量和进度，提高经济效益，中国水利水电第一工程局在借鉴冷却塔翻模施工等技术的基础上，通过采用结构力学和土力学的方法进行了理论分析和结构计算，研究出翻模固坡技术；2005 年，在双沟水电站工地进行了四场翻模固坡试验，取得成功。

（一）翻模固坡技术的原理

利用已形成的下层垫层料填筑层和砂浆固坡的承载能力固定模板，在模板与垫层料之间的缝隙（通过预埋楔板形成）中灌注砂浆，利用振动碾碾压时模板对砂浆及垫层料的挤压和振捣作用，使模板下面即上游坡面的垫层料和砂浆达到密实，达到垫层料填筑和砂浆固坡同时完成。

由于模板支立精度较高，固定可靠，施工中变位很小，固坡砂浆的表面平整度易达到设计和规范要求。模板为特别设计、制作的钢模板，上、下层模板之间具有连接机构，承载能力强；并能随意调整模板角度，随垫层料的填筑而翻升，工效高。

（二）翻模固坡技术在双沟大坝工程的应用

1. 概况　双沟水电站位于吉林省抚松县境内松江河上，总装机容量 280MW。大坝为混凝土面板堆石坝，最大坝高 110m，坝顶长 294m，上游坡面坡度为 1∶1.4，坡面总面积约 37000m^2。大坝于 2005 年 1 月份开工，计划于 2007 年年底填筑结束。面板堆石坝翻模固坡技术从 2006 年 5 月 20 日开始应用，至 2006 年 10 月下旬大坝已填筑 55m 高（冬季停止填筑），月平均升高 11m；已完成翻模施工 133 层（每层垂直高度 40cm），月平均上升 27 层，最快每天上升 1.5 层；已完成砂浆固坡施工 14800m^2。经现场检测，大坝上游坡面垫层料密实度达到设计要求，且密实度均匀；固坡砂浆厚度均匀，物理力学性能指标及表面平整度均满足设计要求。

2. 施工方法　施工程序为测量放点→模板支立、挂楔板→垫层料填筑→垫层料初碾→拔楔板→砂浆灌注→垫层料终碾→拆除下层模板，翻至上层，如此循环。

（1）模板安装前进行测量放点，按控制点位挂线支模；现场拼装成型，相邻模板间用 U 形卡连接固定；模板拉筋与锚固在下层垫层料内的锚筋焊接，用拉筋螺栓和模板上部的微调螺栓调整模板坡度。支模后，在模板内侧挂楔板，楔板上口厚 7cm，下口厚 5cm。每层模板支立高度与垫层料填筑层厚度相适应。随填筑层升高共支立三层模板，见图 1。

（2）安装完楔板后，进行垫层料填筑。采用自卸车后退法卸料，人工配合推土机摊平；用 20t 振动碾进行初碾 6 遍；洒水量以填筑层表面不积水为准。

（3）垫层料初碾结束后，拔出楔板，向模板与垫层料之间形成的间隙内灌注砂浆。砂浆采用自行研制的移动式砂浆搅拌机拌和，经溜槽卸料入仓。由 5t 载重汽车牵引砂浆搅拌机，同时装载砂、水泥，人工按设计配比给搅拌机上料。固坡砂浆配合比为：水泥 200kg，水 225kg，砂 1458kg。

（4）砂浆灌注结束后，再对垫层料碾压 2 遍，即终碾，同时对砂浆进行了振捣。

（5）拆下最下层模板，支立到最上层。

3. 施工质量保证措施

（1）振动碾滚筒边缘距离模板内的垫层料上游边缘不大于 15cm。

（2）确保在砂浆初凝前完成终碾作业。

（3）对模板反坡下部的垫层料采用人工回填，防止粗料集中。

（4）振动碾无法到达的部位，采用小型振动机具压实或人工夯实垫层料。

（5）为了避免由于施工期坝体变形造成砂浆固坡面与设计坡面的偏差，在进行模板测量放样时，根据设计单位提供的双沟大坝三维有限元计算结果，对坝体变形值进行预留。

4. 施工质量检查结果　垫层料单元质量评定合格率 100%，优良率 81%，平均干密度 2.30～2.25g/m^3，满足设计要求（2.23g/m^3）。固坡砂浆优良率 100%，强度试验平均值 4.95MPa，实测砂浆渗透系数平均值 $K=1.12\times10^{-4}$ cm/s，均满足设计要求。现场检测（用 2m 直尺检查）砂浆固坡坡面不平整度最大值不超过 20mm，与设计坡面的最大法向偏差值为－6.9～4.6cm。

5. 效益和优越性

（1）施工质量好。翻模固坡技术实现了精细化施工，形成的砂浆防护层表面平整，砂浆厚度薄而且均匀，使面板的受力状况更加简单明确；对面板的约束小于挤压

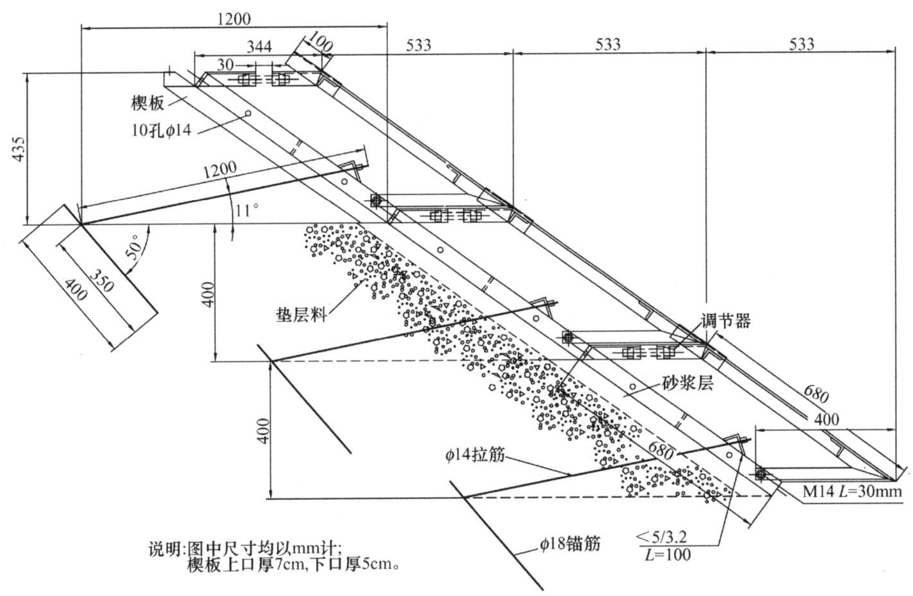

图1　翻模固坡模板结构图

墙，而且能较好地适应坝体的变形，有利于面板防裂。

(2) 施工速度快。该项技术与斜坡碾压固坡法相比，取消了超填、削坡、斜坡碾压等项工序，可缩短工期 2～3 个月。与挤压墙法相比，翻模固坡表面平整，没有错台，不需要处理，可缩短工期 1～2 个月。

(3) 造价省。比挤压墙节省大量混凝土，每平方米上游坡面降低造价 28 元；比斜坡碾压固坡法节省大量超填垫层料和超填混凝土；而且不需要购置挤压机、斜坡振动碾等特殊设备。坡面外露的模板拉筋头可作面板钢筋架立筋锚筋，节省另做锚筋的时间和费用。

(4) 安全性好。翻模固坡施工工艺简单，改善了作业条件，施工干扰少，有利于安全施工。填筑过程中坝体即具备挡水度汛条件，提高了大坝施工期的安全度。

(三) 结束语

面板堆石坝翻模固坡技术属国内外首创，已申请国家发明专利并被受理。该项技术成果已通过鉴定，鉴定意见认为：该项技术属自主创新，在面板堆石坝垫层料和固坡施工领域内达到了国际领先水平，具有良好的应用前景，可在各种高度的面板堆石坝工程中推广。

(中国水利水电第一工程局　常焕生
李　岱　张云山　刘伟艳)

振捣式沥青混凝土心墙施工技术在尼尔基工程的应用

(一) 概况

尼尔基水利枢纽工程沥青混凝土心墙是国内同类工程中目前最长的防渗心墙，原设计为碾压式沥青混凝土心墙和浇筑式沥青混凝土心墙相连接组成。由于浇筑式沥青混凝土心墙采用沥青砂浆砌混凝土预制块作为沥青混凝土心墙的副心墙，中间浇筑自流平自密实沥青混凝土，预制块副墙有一定刚性，与柔性沥青混凝土心墙的变形差异较大，当坝体受到库水压力产生较大变形时，柔性心墙可能受到预制块的挤压或错动而被动拉裂；且与碾压式沥青混凝土心墙性能差异较大，大坝蓄水后比碾压式的变形大，两种心墙连接也有问题。为保证整个沥青混凝土防渗心墙的防渗效果和大坝运行安全，研究提出了振捣式沥青混凝土施工技术，并成功应用在尼尔基主坝导流明渠段防渗心墙施工中。

(二) 振捣式沥青混凝土技术原理

振捣式沥青混凝土的沥青含量介于碾压式和浇筑式之间，比浇筑式沥青混凝土的低；采用立组合模板加设无纺布铺料，提模(留无纺布)后用振捣器振捣使之密实的施工方法。用这一技术筑成的沥青混凝土心墙，密实性好，防渗性能可靠；与碾压式心墙连接，变形协调，整体均匀。

(三) 在尼尔基主坝工程中的应用

尼尔基水利枢纽工程位于内蒙古自治区莫力达瓦达斡尔自治旗与黑龙江省讷河市交界的嫩江上；主坝为沥青混凝土心墙土石坝，全长 1807.31m(含厂房 149m)，坝顶高程 221.0m，最大坝高 40.55m，坝顶宽 8.0m。其中沥青心墙墙顶长度 1656.06m，中心线位于坝轴线上游 2.0m 处，心墙两侧设 3.0m 宽砂砾石过渡带。该防渗墙原设计主坝段为碾压式，明渠段为浇筑式。后经设计更改，明渠段改为振捣式，共施工两层，完成混凝土 500m³；经取芯检测，孔隙率和渗透系数均达到了设计要求。其振捣式沥青混凝土施工技术如下：

1. 碱性骨料的加工　振捣式沥青混凝土配合比为5种级配，室内试验提出配合比主要参数见表1。

表1　现场试验用沥青混凝土配合比

配合比	粗骨料(%)				细骨料(%)	矿粉(%)	沥青(%)
	20～15mm	15～10mm	10～5mm	5～2.5mm	2.5～0.074mm		
	10.3	10.4	16.9	16.0	34.2	12.2	7.5～8.5

施工时，先由鹗式破碎机粗破碎，后由 12m 皮带机送至碎石机(反击式破碎机、锤式破碎机)进行中破，再由 12m 皮带机输送至五层振动筛筛分：大于 20mm 超径料由翻斗车运回超径料仓待循环破碎，成品料由输送带输送至各级别成品料仓内。

2. 沥青混凝土的制备　采用综合式作业，将砂石料的供给、烘干与加热连续进行，砂石料先加热、后筛分、再计量。各种配料的计量、拌和及出料则是按周期间断进行。沥青混凝土拌和装置额定生产能力为 60～80t/h(25～33m³/h)，主要设备有冷骨料初配供料装置、粉尘过滤箱、骨料烘干筒、导热油加热装置、填料储存罐、沥青熔化炉、沥青罐、沥青混凝土拌和楼、沥青混凝土热料储存罐、拌和系统控制室，所有设备都由中央控制室的计算机操纵控制。骨料、填料和沥青拌和时，加料次序先粗后细，干拌 25s，再加入热沥青，湿拌 60s，要求均匀，稀稠一致，无花白料、黄烟及其他异常。拌好后送到热料储存罐，采用电加热方式保温；用时装入 15t 自卸保温车。

3. 沥青混凝土的铺筑　振捣式沥青混凝土心墙采用人工提模方式铺筑，水平分层、全轴线不分段一次性摊铺施工方法，每层厚度控制在 30cm±3cm。其施工工序为：模板支立→过渡料摊铺→沥青混合料摊铺→提模→沥青混合料振捣→混和料达到一定强度→过渡料碾压。

(1) 模板为组合型，每组模板由两块长 2m、高 0.4m、厚 8mm 钢板组成，两侧上部设可调丝杆组成一个整体。支立时相邻钢模接缝应严密；钢模定位经检查合格后，填筑两侧过渡料，经初步压实后，将宽 40cm 的无纺布铺入钢模板内侧，上下层间搭接 10cm。

(2) 铺筑沥青混凝土前，先用红外线加热器将下层沥青混凝土加热到 70℃。用保温车将沥青混凝土倒入模板内，入仓温度为 150℃左右。人工铺平后，拔出模板，倒至前面安装。

(3) 模板提出后，采用振捣器振捣。由于沥青含量较浇筑式沥青混凝土低，自密实性能较差，用振捣棒振捣时，拔出后在内部留下的棒孔难以自流密实，而用平板振捣器振捣又很难使底层沥青混合料密实。因此，采用了一种刀式振捣器，即在平板振捣器下面焊接三个刀片，呈等边三角形布置，每片宽 15cm，高 28cm。沥青混凝土用刀式振捣器振捣一遍＋平板振捣器振捣一遍，振捣器的行进速度小于 2m/min。

4. 过渡料碾压　为保证沥青混凝土心墙宽度达到设计要求，过渡料碾压要在沥青混凝土心墙达到一定强度，表面温度降至 70℃以下再进行；碾压时两侧同时进行，碾轮距心墙边缘不小于 15cm。

(四) 质量控制与检测

尼尔基工程施工过程中，对沥青混凝土原材料、配合比及施工过程中各项主要工艺措施控制及沥青混凝土质量进行了严格控制和检测，施工质量良好。振捣式沥青混凝土单元质量评定合格率为 100%，优良率为 100%，施工质量满足设计要求，分部工程评定为优良。有关检测成果见表2。

表2　振捣式沥青混凝土心墙检测成果统计表

检测	检测项目			技术要求	检测次数(组)	最大值	最小值	合格次数	合格率(%)
恒温罐沥青	针入度(25℃，1/10mm)			70～100	3	91	90	3	100
	软化点(环球法,℃)			42～50		46.1	45.8	3	100
	延度(15℃，cm)			>150		>180	>180	3	100
摊铺现场沥青混合料	抽提配合比(%)	沥　青		8.0±0.5	12	8.2	7.6	7.94	100
		矿质材料	20～15mm	10.3±5		12.0	6.0	8.37	83.3
			15～10mm	10.4±5		12.9	8.6	10.7	100
			10～5mm	16.9±5		21.8	14.0	17.6	100
			5～2.5mm	16.0±5		25.2	15.3	19.3	66.7
			2.5～0.074mm	34.2±5		38.4	32.0	34.8	100
			<0.074mm	12.2±1		10.6	7.0	9.3	0.0

续表

检测	检测项目		技术要求	检测次数(组)	最大值	最小值	合格次数	合格率(%)
沥青混凝土心墙	钻取芯样	密度(g/cm^3)	实测		2.415	2.395	—	—
		视密度(g/cm^3)	>2.35	(1层)19点	2.408	2.351	19点	100
		孔隙率(%)	<2.5		1.991	0.125	19点	100
		渗透系数(cm/s)	$<1\times10^{-9}$	(1层)9点	$<1\times10^{-9}$	$<1\times10^{-9}$	9点	100

(五)结语

1. 施工质量好　采用柔性的布基材料(无纺布)取代刚性的沥青砂浆混凝土预制块副墙，提高了心墙抗变形能力，延长心墙坝的使用寿命；同时，无纺布与沥青混凝土黏结牢固，心墙侧面平整度较好，孔隙率低。

2. 提高施工速度　振捣式沥青混凝土施工省去了固定混凝土预制块工序；模板可采用滑动模板，甚至还可用专用机械摊铺，使施工机械化。

3. 节省造价　振捣式沥青混凝土沥青含量比浇筑式每立方米节约 60kg，施工机械设备简单、操作方便，节省混凝土预制块的费用。

4. 环境适应强　振捣式沥青混凝土在−1.5℃温度下施工模拟试验成果各项技术指标满足设计要求，可以有效地延长寒冷地区沥青混凝土防渗心墙的施工工期。

(中国水利水电第一工程局　王显艳　孟　吉　张俊超　刘艳华)

索风营水电站碾压混凝土重力坝施工技术

(一)工程概况

索风营水电站位于贵州省修文、黔西两县交界的乌江干流，以发电为主。工程枢纽由碾压混凝土重力坝、坝身泄洪表孔、右岸引水系统及地下厂房等建筑物组成。电站总装机容量 600MW。大坝为全断面碾压混凝土重力坝，最大坝高 114.8m，混凝土总量为 55.5 万 m^3，其中碾压混凝土方量为 44.7 万 m^3，常态混凝土方量为 10.8 万 m^3。

(二)连续上升施工技术措施

碾压混凝土连续上升施工不仅要满足碾压混凝土施工强度大，机械化程度高，各工序之间配合紧密的基本要求，还需满足长周期连续上升施工的要求。因此必须从原材料供应、碾压混凝土生产、运输、入仓及施工设备配置、仓面准备等环节作统筹安排，科学布置，才能保证碾压混凝土连续上升施工的顺利进行。

1. 原材料供应　大坝碾压混凝土使用石灰岩轧制的人工砂石骨料，通过皮带机从 C2 标储料场直接输送到拌和系统砂石调节料仓，再转运到预冷料仓预冷后送至拌和楼；工程所用水泥、粉煤灰、外加剂均储存在储料罐，通过储料罐底部的气化泵气送上拌和楼。所有原材料基本上均达到机械化作业，满足碾压混凝土连续上升施工的要求。

2. 拌和系统设备　按仓面最大浇筑强度及楼体检修保养要求，拌和楼选用 HZ300-2S4000L 型双卧轴强制式混凝土拌和楼 1 座，搅拌机为 2 台德国 BHS 公司生产的双卧轴强制变速搅拌机，出料容积为 $2\times4m^3$，生产能力为：碾压混凝土 $250m^3/h$；常态混凝土 $300m^3/h$(最大骨料 150mm)。另选用强制式连续拌和楼 1 座备用，生产能力为：碾压混凝土 $200m^3/h$；常态混凝土 $150m^3/h$。

3. 碾压混凝土运输　采用 20t 自卸汽车运输，最大距离 1.5km(拌和楼出料口至大坝右岸 843.8 平台)。单车运输能力为 $7.8m^3$/车，5 车/h，小时运输能力为 $39m^3/h$。根据仓面最大浇筑强度，配置自卸汽车 8 台(其中 2 台备用)。

4. 碾压混凝土入仓　大坝左右非溢坝段碾压混凝土均采用真空溜槽输送入仓，溜槽槽身做成 6m 长一个标准节，螺栓连接，在使用过程中随着坝体混凝土浇筑上升逐节接除，以满足碾压混凝土入仓需要。真空溜槽出料口悬挂一橡胶溜筒，便于仓内转料汽车接料及减小下料落差。

5. 模板　需要立模的部位有上游迎水面、坝段横缝面及下游台阶面。根据缝面结构特点，上游迎水面及坝段横缝面采用交替式上升大模板，下游台阶面采用连续翻升模板。

6. 主要施工机械设备配置　碾压混凝土浇筑的特点是施工机械化程度高，浇筑过程中主要靠平仓机和碾压机作业。模板周边、靠边坡等变态混凝土采用人工振捣。根据平仓机、碾压机生产效率，结合索风营碾压混凝土施工碾压作业参数，仓面面积在 $2000m^2$ 以内时需要 1 台 BM202、1 台 D301P 平仓机即可满足施工要求；仓面面积在 4000m^2 以内时需要 2 台 BMW、2 台平仓机可满足施工要求。为保证仓面施工的边续性，平仓机、碾压机均增加一台备用，并配置一台手扶式小碾对模板边角等部位进行碾压，配置一定数量的手持式振捣棒振捣变态混凝土，保证其与碾压混凝土浇筑同步进行。

7. 温度控制

(1)拌和系统布置了 150 万 kcal 的制冷系统，对预冷骨料仓内的粗骨料进行风冷及向拌和机内提供拌和用冷水，保证出机口碾压混凝土温度在 17℃以下。

(2)在碾压混凝土运输汽车及皮带机上搭设遮阳棚，防止阳光直晒，车辆在途中不得停留，以减少温度的回升。

(3)配置一定数量的喷枪，混凝土摊铺及碾压过程中，以 45°仰角向仓面上空持续喷雾，保持混凝土表面水分，降低仓面气温(可低 2～3℃)。

(4)埋设冷却水管通水降温。冷却水管埋设为层间距 1.5m，管间距 1.5m，单根管路长度按 200m 左右控制，最大不超过 250m。水管铺设完毕后，即可进行上层碾压混凝土铺料、碾压。通水冷却在铺设水管层混凝土碾压完毕后即开始进行，其进水温度按 10～12℃控制，20d 后，根据进、出水口温差及观测温度再决定是否继续通水；通水流速按 0.6～0.7m/s 控制，为减少通水对初期混凝土不良影响，最初 2 天流速适当降低；进水温与坝体内部温度温差按 17～20℃控制，对出水温度大于 30℃的水管要加大通水流量。通过检测表明：通水冷却部位的温度比未通水冷却部位低 4～6℃，说明通水冷却对坝体降温的效果明显。

(三)结语

索风营水电站碾压混凝土重力坝施工改进了生产、运输及仓面模板等施工工序，成功实现了连续上升浇筑。由于受岸坡固结灌浆的影响，升层高度一般限在 12～18m 左右，仅非溢流坝段部位一次浇筑到坝顶，升层高度达 31.4m。

(中国水利水电第八工程局)

闽江工程局施工的碾压混凝土坝特点

(一)概况

中国水利水电闽江工程局(以下简称闽江局)是我国开展碾压混凝土筑坝技术试验研究较早并在施工实践中不断创新、发展的工程局之一。1983～1984 年在厦门机场场道基层进行碾压混凝土试验，在沙溪口电站一期围堰上作碾压混凝土工艺参数试验。1984～1985 年在沙溪口电站开关站挡墙(永久建筑物)进行碾压混凝土筑坝的工艺及设计试验，共浇筑碾压混凝土 3.0 万 m^3，是当时国内最大的一次工业性试验，取得了宝贵的经验。1985 年负责编写了我国第一稿《水工碾压混凝土施工暂行规定》。1985～1986 年，闽江局作为技术保障单位，参与了“碾压混凝土筑坝”国家重点工业性试验——福建大田坑口大坝碾压混凝土施工，于 1986 年 5 月成功建成了我国第一座碾压混凝土大坝，并获得国家科技进步一等奖。1988～1992 年在水口水电站明渠挡墙、河中导墙、大坝及船闸底部、三期围堰进行大量碾压混凝土施工，共浇筑碾压混凝土 61.0 万 m^3，创造了日浇筑 10183m^3 碾压混凝土的纪录。二十几年来闽江局碾压混凝土施工经历了从试验研究到大坝全断面浇筑；从 63.0m 高的大坝到 200.0m 高的大坝，从重力坝到双曲拱坝的发展历程；至 2006 年已承建和正在承建的碾压混凝土大坝已达 11 座，其中坝高超过 100m 的高坝占 7 座，其中双曲拱坝 1 座，详见表 1。

表 1 闽江局已承建和正在承建的碾压混凝土大坝一览表

序号	大坝名称	类 型	大坝高度(m)	碾压混凝土部 位	碾压混凝土工程量(万 m^3)	承建日期(年.月)	备 注
1	沙溪口开关站挡墙	衡重式混凝土挡墙	24.0	挡墙中部 8.0m 高	3.0	1985.5	工业性试验
2	福建大田坑口	碾压混凝土重力坝	56.8	大坝全断面	4.2(6.06)	1986.5	闽江局为技术保障单位
3	福建水口	混凝土重力坝	101.0	大坝、船闸底部明渠挡墙，三期围堰等	61.0(348.0)	1992.5	闽江局为责任方
4	福建水东	碾压混凝土重力坝	62.5	大坝全断面	8.0(13.6)	1995.10	混凝土预制块面板防渗

续表

序号	大坝名称	类 型	大坝高度(m)	碾压混凝土部 位	碾压混凝土工程量(万 m^3)	承建日期(年．月)	备 注
5	福建棉花滩	碾压混凝土重力坝	115.0	大坝全断面	54.0(64.0)	2001.10	获“鲁班”奖
6	福建周宁	碾压混凝土重力坝	72.4	大坝全断面	16.15(19.23)	2004.10	二级配 RCC 混凝土防渗
7	广西百色	碾压混凝土重力坝	130.0	大坝全断面	210.0(269.0)	2006.6	闽江局为责任方，正建
8	福建白沙	碾压混凝土重力坝	74.9	大坝全断面	21.2(23.8)	2006.4	在建
9	福建洪口	碾压混凝土重力坝	130.0	大坝全断面	70.9(83.2)	2007.10	闽江局为责任方，在建
10	安徽白莲崖	碾压混凝土双曲拱坝	104.6	大坝全断面	56.0(66.9)	2008.3	在建
11	贵州光照	碾压混凝土重力坝	195.5	大坝全断面	240.0(274.0)	2008.5	闽江局为责任方，在建
12	云南戈兰滩	碾压混凝土重力坝	113.0	大坝全断面	94.0(140.0)	2008.8	在建
13	贵州思林	碾压混凝土重力坝	117.0	大坝全断面	77.1(108.24)	2009.4	水电八局为责任方，在建

注 表中括号内数字含常态混凝土。

（二）主要施工特点

1. 砂石料　碾压混凝土所需砂石料，从全天然砂砾石料到全人工砂石料，从干法生产人工砂石料到半干湿法生产人工砂石料，从硬岩（花岗岩、辉绿岩）生产人工砂石料到用中硬岩（灰岩、酸性碎斑熔岩）生产人工砂石料，都有成功经验。天然料生产系统最大生产能力为1000t/h（水口水电站工程），人工生产系统最大生产能力为1300t/h（百色水利工程）。

2. 模板工程　在水口水电站工程使用全悬臂组合钢模板，形式主要有平面模板（用于坝的垂直面和斜面）、弧面模板（用于闸墩墩头）和折面模板（用于门槽）三种，面板尺寸以2m×3.0m为主，在板面上下间距2.0m处分别固定两条角钢装饰条；使用后缩短了立模时间，减轻了工人劳动强度，加快了施工进度，提高了混凝土施工质量。为了更适应全断面碾压混凝土坝施工，在棉花滩工程研制了悬臂翻升组合钢模板，用6mm厚钢板做面板，也设两条装饰条，上游直立面模板采用3m×1.25m四层翻升模板，形成1∶0.75的斜坡面。该模板使用效果良好，混凝土表面平顺美观。在百色工程对悬臂翻升模板进行技改，增加了闸墩圆弧及溢流面反弧段混凝土施工使用的悬臂翻升组合钢模板，形成了系列悬臂翻升组合钢模板，进一步提升了混凝土施工质量和外观感。

3. 入仓方式　主要根据工程地形和施工布置、施工设备配置来决定，主要有以下几种形式：一般大坝底部和能修筑通道到仓面的均优先采用自卸汽车直接入仓，其次采用自卸汽车＋负压溜槽＋自卸汽车入仓，在不便架设负压溜槽的部位采用自卸汽车＋深槽高速胶带机＋自卸汽车入仓或自卸汽车＋深槽高速胶带机＋垂直落料器＋自卸汽车、缆机＋立罐的形式。

4. 碾压施工工艺　采用薄层、连续，通仓施工通则，仓面面积较小或覆盖速度能满足设计要求情况下采用平层平推法，反之则采用斜层平推法。每层摊铺厚度(33±3)cm，碾实后为30.0cm。采用条带式，料堆重叠斜布料，平仓机平仓，一般振动碾碾压遍数为无振2遍，有振8遍，再无振2遍。

5. 变态混凝土的应用　从棉花滩水电站大坝混凝土工程开始，在模板周边、孔洞周边、钢筋网部位应用变态混凝土，并进行了两岸坝肩基础垫层混凝土采用变态混凝土和创造性地采用拌和楼拌制变态混凝土的尝试。变态混凝土采用人工辅助摊铺，一般要求比碾压混凝土摊铺层低6～10cm；浆液采用集中拌制，插孔器造孔，人工提浆液桶定量、垂直加浆，铺洒均匀；采用高频振捣器振捣。

6. 防渗体结构形式 闽江局施工的碾压混凝土坝防渗体结构有以下三种形式：①“金包银”结构形式，即利用常态混凝土防渗（水口水电站大坝）；②防渗面板结构形式，即混凝土预制块采用水泥砂浆座浆、石棉水泥、丙6砂浆深勾缝的刚柔结构防渗（水东水电站大坝），该结构形式施工工艺难以控制，防渗效果欠佳；③二级配碾压混凝土结构形式，即采用2～7m厚的二级配碾压混凝土自身防渗。

7. 层面处理技术 碾压混凝土层面处理主要采用机械刷毛机刷毛和高压水冲毛机冲毛两种方法。前者要在混凝土表面终凝后，立即用机械刷毛机刷毛，辅以高压水冲洗和人工清渣，效果不理想；后者在混凝土表面终凝后，用大于250MPa高压水冲毛机进行冲毛，效率高、效果好。棉花滩大坝及其后的大坝施工，大部分采用高压水冲毛机冲毛方法进行碾压混凝土层面处理。

8. 横缝施工工艺 水口水电站碾压混凝土工程除明渠和河中导墙在边部常态混凝土部位预埋厚2.0cm、宽为40cm松木板而形成诱导缝外（明渠导墙加设止水片），大坝、船闸横缝除上下游常态混凝土部位预埋2.0cm厚沥青松木板连同止水法，沥青井一道固定外，内部则在碾压混凝土平仓后放样定线，人工挖槽，埋设2.0cm厚，宽20.0cm的松木板，然后回填碾压混凝土进行造缝。其施工用人较多，劳动强度大，对仓面施工有干扰。而棉花滩及以后工程的碾压混凝土坝横缝施工，均采用由小型电动夯机加装刀片改制的切缝机造缝。该方法只需三人配合，隔缝材料采用双层彩条布，切缝深度一般不大于20.0cm，成缝面积大于切缝面积的2/3，具有操作灵活、速度快、方便施工的优点。

9. 温控措施 碾压混凝土浇筑一般均安排在低温季节施工，由于采用高掺粉煤灰，水泥用量比常态少得多，一般情况下无需采取专用的温控措施，只有当平均气温高于允许浇筑温度时才须采取适当的降温措施，如对骨料进行预冷，加冷水或片冰拌和，或在低温时段（早，晚）浇筑混凝土，对仓面进行喷雾等综合措施降温。如需要在夏季施工的碾压混凝土坝，除了采取以上措施外，还在坝体埋设冷却水管，利用通冷水进行初、中、后期坝体冷却，有效控制坝体温升和温差。

水口水电站碾压混凝土浇筑温度，导墙按28℃，大坝、船闸按25℃进行控制，在4月下旬和5月份浇筑碾压混凝土时，采取了骨料喷淋冷水（4℃）预冷和加冷水拌和，已能满足温控要求。棉花滩碾压混凝土坝在5月中旬至9月份停浇，在次高温采取料场堆高骨料，从料场底部取料，加低温水（山泉水）拌和混凝土，混凝土运输设备加遮阳板、棚，仓面喷雾，安排在早晚低温时段浇筑等简易的温控措施，已能满足温控要求。百色大坝由于坝址区气温较高，每年平均气温22.1℃，极端实测最高气温42.5℃，且碾压混凝土施工无法避开5～10月气温较高时段，温控措施除设计在坝体埋设冷却水管，进行初、中、后期通冷水进行坝体内部温度控制外，施工中主要采取了加大拌和楼和运输设备的投入，提高11月至次年4月时段的施工强度，降低5月和10月的施工强度，并在此时段对骨料进行风冷和加冷水拌和，对混凝土运输设备加遮阳板、棚，对仓面进行喷雾等温控措施。正在施工的光照、思林、戈兰滩碾压混凝土坝和白莲崖双曲拱坝所采取的温控措施也与百色大坝工程相似。

（中国水利水电闽江工程局 王作通 吴秀荣）

中国水利水电第八工程局几项施工技术

（一）小湾水电站高边坡与堆积体开挖施工技术

小湾水电站位于云南省西部南涧县与凤庆县交界的澜沧江中游，主要以发电为主，总装机容量为4200MW。坝址上游两岸有大规模的崩塌堆积体，主要由块石、碎石层和沙壤土组成，总体相对密实，但局部疏松并有架空，地下水活动频繁，其中2号山脊堆积体一度发生整体滑移。堆积体的稳定对于整个工程施工及运行期的安全至关重要，采取了如下开挖与锚固技术：

（1）在高边坡开挖爆破中，采用预裂爆破、深孔梯段接力延时微差顺序起爆等技术，进行了岩体质点振速、岩体声波、锚杆锚索应力等多项测试，有效地控制了爆破影响，保证了施工质量。

（2）在深厚堆积体锚索施工中，通过研制并采用偏心跟管钻具、变径套管跟管钻进和同心跟管钻进施工工艺，有效地解决了高边坡堆积体深孔钻孔难题。并在堆积体、破碎岩体锚索注浆无法采用常规注浆的施工方法，通过试验研究，采用土工布包裹注浆堵漏防腐技术，有效地解决了锚索注浆施工难题。

（3）左岸2号山梁及饮水沟堆积体在抢险加固综合治理初期，测斜孔监测到的滑面相对位移变化速率为0.2mm/d，通过大量的抢险锚索和抗滑桩加固施工，据目前观测成果资料，测斜孔监测到的滑面相对位移变化速率在逐渐降低，最小者已降至0.003mm/d，趋于收敛，已基本稳定。

通过高边坡开挖和大量的锚固施工，成功解决了小湾工程边坡安全，为小湾工程大坝提前一年浇筑混凝土创造了条件。

（二）小湾高拱坝坝基开挖技术

小湾水电站坝基开挖具有地质条件复杂、爆破振动要求严、建基面开挖质量要求高和长缓坡开挖难的特点。坝基开挖采用三面预裂和深孔梯段爆破施工方案，其建基面质量和开挖速度，明显优于我国水利工程中常用的其他开挖方法，具有保证建筑物基础开挖质量，降低劳动强度，加快施工进度，节省工程投资，适应大型机械化施工等诸多优点，具有较大的推广应用价值。其项目采用 YQ-100B 潜孔钻造孔，样架导向，可有效控制钻孔角度，提高长缓坡预裂面开挖质量。而采用预裂—主爆—缓冲—主爆孔的网络起爆顺序，有效的解决了预裂面“贴膏药”的施工难题，把爆破振动控制在允许范围内，同时减少了预裂面欠挖处理的工作量，从而能提高工效，节约成本。该项目通过对 YQ-100B 潜孔钻在长缓坡预裂面钻孔施工中钻杆漂移量的定量总结，作为钻孔施工中调整开孔角度的依据，使超欠挖得到了很好的控制，提高了小湾左岸坝基开挖质量，对类似工程具有很好的借鉴意义。

（三）小湾水电站人工砂石料系统设计与施工技术

小湾孔雀沟砂石料生产系统布置在小湾 8 号山梁下游侧和瓦斜路沟之间，山体坡度 35°～55°，布置高差 160m。加工系统生产规模为 2050t/h，建在地形地质条件极为恶劣的狭小山凹里，山体断裂构造发育强烈，堆积层厚，是同等规模系统建设场地最小、布置难度最大的。

该砂石料生产系统由中国水利水电第八工程局自行设计、自行建设，系统布置通过利用空中和地下空间等手段解决了系统总体规划场地严重不足的问题，应用竖井方案成功地解决毛料运输问题，毛料采用深溜渣竖井运输并与大型地下洞室破碎厂组合的粗碎加工方案。从溜渣工艺、结构设计及施工措施等方面解决井壁磨损、堵料等问题。成品料仓全部采用地下储仓方式的大型地下成品竖井群方案，可使骨料温度保持稳定，在高温季节低于月平均气温，有利于混凝土温控。其地下成品竖井料仓数量、直径、深度等均为国内水电行业之最。同时在石粉回收生产工艺上，首次采用国外先进的大口径旋流器和高频脱水筛进行石粉回收处理，解决了以往旋流器堵口及石粉脱水效果差的问题。另外该系统同时采用干、湿法生产工艺，综合了两者的优点，确保了成品砂的质量，较好地处理了生产与环保的关系。

（四）特殊地质条件下土石围堰防渗新技术研究

土石围堰防渗是施工导流工程的重要环节，防渗的成功与否对施工工期有决定性的影响，经过几年的探索研究，2006 年特殊地质条件下土石围堰防渗新技术基本成熟起来。

在彭水水电站、构皮滩水电站、思林水电站等土石围堰施工中，根据不同地层的地质特性，研究适应高防渗性能和高施工性能的新材料，并进一步研究其材料的技术性能；同时总结高喷灌浆、塑性灌浆、膏状浆液灌浆、水泥水玻璃双液控制性灌浆、水泥黏土浆、模袋灌浆、混凝土防渗墙、化学灌浆等施工方法的适应地层及优越性；研究各种新材料和工法的施工机械、施工技术和工艺，研究在大块石架空层、大块石堆积层采用膏状浆液灌浆的设计方法和施工规程，包括布置、孔排距、施工程序、浆液配比、灌浆压力、流量控制、浆液变换、灌浆方式和方法、结束标准、特殊情况下采取的技术措施等；研究在高水头、大流量、短渗径、流速大的情况下采用综合防渗处理技术的可行性和施工工艺。通过研究现已初步形成了针对各种不同地层的施工工法，尤其在大块石架空、大流速、大流量、集中漏水部位所采取的工艺。

思林水电站位于贵州思南县的乌江干流，石灰岩地层，碾压混凝土重力坝，装机容量 100 万 kW。其上下游土石围堰防渗面积（灌浆面积）为 5949m^2。由于以前在修建两岸傍山公路时有大块石堆积在河中，块石架空严重；加上是石灰岩层，地质条件十分复杂，倒悬、直坎、大裂隙、浅层溶洞、大幅度锯齿状岩面分布在防渗断面。该电站土石围堰自 2005 年 12 月 17 日正式开始，至 2006 年 2 月 18 日抽水成功，施工总工期为两个月。施工中针对不同的地段采用相应的施工工艺，对块石架空、倒悬、直坎、浅层溶洞、大幅度锯齿状岩面等特殊地质情况采用灌混凝土、清水灌砂、稻草、海带、常规膏浆、速凝膏浆、水泥水玻璃双液控制灌浆等多种工艺、手段，直接有效地截断了围堰渗流。

（五）彭水水电站上下游土石围堰联合度汛技术

彭水水电站位于重庆彭水县境内的乌江上，以发电为主，兼顾航运、防洪及其他综合利用，装机容量 175 万 kW。电站由混凝土重力坝、右岸地下电站、左岸通航建筑物和垂直防渗帷幕等组成。坝基岩石主要为灰岩、白云岩、含灰质串珠体页岩等。坝址位于高山峡谷之中，洪枯流量比高，多年平均流量为 1300m^3/s。

彭水水电站上游围堰为土石过水围堰，该围堰下游斜坡面混凝土面板采用了 5m×5m 的楔形体，楔形体顺水流方向衔接采用“错台盖帽”方式，此种设计形式一方面“错台”有效的改变了水流的流态，削减了水流对堰体的冲刷；另一方面，“盖帽”则解决了堰体过流面板纵缝渗水的问题。彭水上下游过水围堰在经受了 2005 年汛期的流量 5500m^3/s 的洪水考验，汛后检查围堰面板无一处损坏，说明彭水水电站上下游土石围堰联合度汛技术是成功的。

（六）水布垭尾水隧洞开挖支护技术

水布垭水电站是清江干流上最大的梯级电站，总库容 45.80 亿 m^3，安装 4 台 46 万 kW 机组，年平均发电量 39.20 亿 kW·h。电站 4 条尾水隧洞为特大型断面隧洞，平均开挖长度 210 多米。

尾水洞的围岩主要为Ⅲ～Ⅳ级岩体，局部甚至为Ⅴ级岩体。岩体结构完整性差，尤其是黄龙剪切带在围岩中所占的比例较大，岩体破碎，成洞困难；四条尾水洞均穿越不连续煤层，存在安全隐患。施工中克服了种种困难，采取了“弱爆破、短进尺、勤测量、强支护”的技术措施，同时通过健全内部管理制度和完善管理体系，加强安全质量管理，特别是施工技术人员通过不断优化技术措施，精心组织施工，有效地保证了工程安全和施工质量，取得了在复杂地质条件下大型地下洞室施工较成功的技术和经验。

（中国水利水电第八工程局）

地 下 工 程 施 工

龙滩水电站地下主厂房开挖施工

（一）工程概况

龙滩水电站是红水河梯级开发中的骨干工程，属一等工程，工程规模为大（1）型，工程按正常蓄水位 400m 设计，电站装机容量为 6300MW。引水发电系统的主要建筑物引水隧洞、主厂房、母线洞、主变压器室、尾水调压井、尾水支岔洞、尾水隧洞均布置于左岸地下岩体中。左岸洞室纵横交错，上下重叠，主要洞室尺寸庞大，构成复杂的地下洞室群，大小洞室总数 119 条。

地下厂房右端距河岸约 160m，覆岩层最小厚度约 100m，最大厚度约 230m。该地下厂房为目前世界最大的地下厂房，从河床向山体侧依次布置有主安装间、主厂房、副安装间。主厂房结构尺寸为 388.5m×30.7m×77.6m。

主厂房围岩由厚层砂岩、粉砂岩和泥板岩互层夹少量层凝灰岩、硅泥质灰岩组成。其中砂岩、粉砂岩占 68.2%；泥板岩占 30.8%；灰岩、层凝灰岩占 1%。主洞室所在区域绝大部分为Ⅲ类围岩、小部分为Ⅱ类围岩，极少部分属于Ⅳ、Ⅴ类围岩，具有较好的成洞条件。

（二）主厂房开挖施工方法

1. 主要开挖程序　如图 1 所示，分 9 层开挖，主要步骤为：①利用主厂房顶层施工支洞进入厂房Ⅰ层开挖、支护，与此同时开挖母线排风廊道（3 号施工支洞）至厂房另一端，形成两头对挖局面；②在Ⅰ层右端开挖支护完成 100m 后开挖Ⅱ层，并进行岩壁梁施工；③从进厂交通洞和经主变压器室至厂房的另一端（联系洞）对挖Ⅲ层，同样两端头降坡对挖Ⅳ层；④在厂房Ⅲ层开挖的同时，从引水下平洞进入厂房下游侧 8m 处，为加速Ⅳ、Ⅴ层开挖创造条件；⑤在厂房Ⅴ层开挖的同时，从尾水管进入开挖厂房Ⅷ、Ⅸ两层；⑥从引水下平洞进入厂房开挖Ⅴ、Ⅵ两层，最后爆通第Ⅶ层，从尾水支洞出渣，利用垫渣从尾水扩散段进入第Ⅶ、Ⅷ、Ⅸ层，进行喷锚支护工作；⑦每层开挖、锚杆、锚索、挂网、喷混凝土等工序进行平行流水作业。

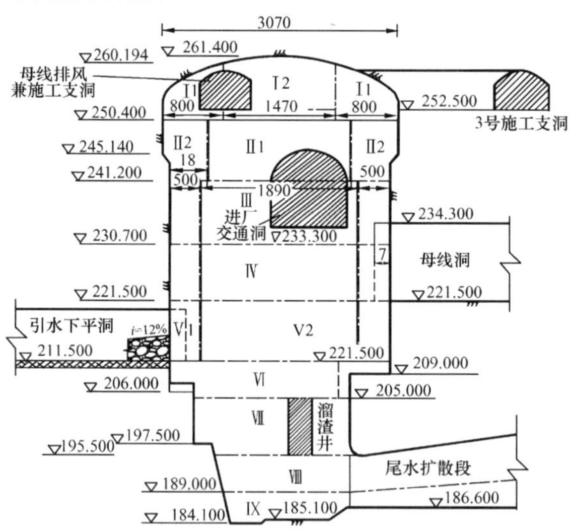

图 1　主厂房开挖分层示意图

2. 顶层开挖方法　分为左端开挖及右端开挖，左端开挖主要通道为 3 号施工支洞，右端开挖主要通道为母线排风洞。先贯通两侧边导洞后进行中间岩柱开挖，周边采用光面爆破。顶拱开挖先进行两侧导洞开挖，支护好后，再进行中间岩柱拆除。开挖过程中，两侧平行导洞交错施工，掌子面相距 30m 以上，以确保施工和工程安全。中间岩柱开始采用全断面开挖，由于断面较大，围岩又为层状岩体，两侧导洞开挖结束后，围岩应力进行了重分布，光面爆破效果较差。因此改用以下方法：①将中间岩柱分为左右半幅进行开挖，相互滞后2～3排炮；②减小爆破进尺，爆破进尺控制在2.5m以内；③调整光面爆破参数，孔距控制在50cm以内，线装药密度为100～120g/m；④在Ⅲ2、Ⅳ类围岩支护滞后15m，Ⅳ类围岩跟进掌子面。通过采取以上方法厂房顶拱开挖成型较好。

3. 岩壁梁开挖　共经历了五个阶段：爆破试验阶段、手风钻开槽阶段、台车全断面开挖阶段、台车预留保护层开挖阶段及手风钻分层分块开挖阶段。通过方案现场试验比选，最终选定了采用手风钻分层分块开挖的方案。采用预留保护层手风钻分层分块、预裂光爆相结合的开挖方式，先将岩台外层保护层挖除，再进行岩台部分岩石开挖，预留岩体采用密孔小药量隔孔装药，用“垂直孔＋斜孔”双向同时光爆的方法进行开挖。为保证钻孔精度，斜孔采用搭设钻孔样架的方式进行钻孔。三臂台车作为锚杆支护的钻孔设备专门负责支护，尽量避免因支护不及时而影响手风钻开挖进度的情况发生。岩锚梁开挖爆破与光爆孔装药结构见图2、图3。

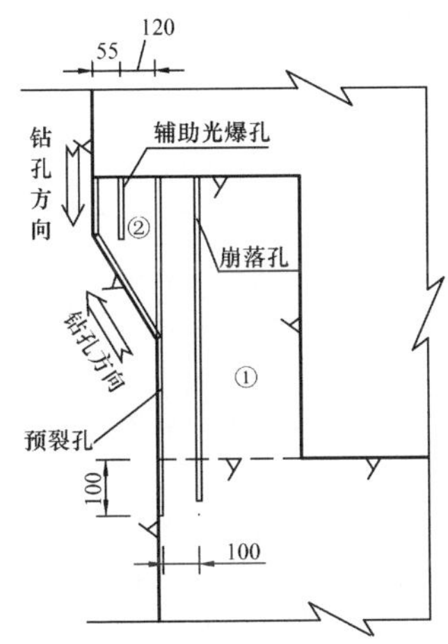

图2　岩锚梁开挖爆破立面图

4. 高边墙施工　采用两道预裂缝（双保险）确保中间拉槽梯段爆破对高边墙的爆破影响。在中间拉槽前，先对边墙轮廓线进行预裂，深度为4～4.5m，孔间距为50cm，线装药密度为180～200g/m；中间潜孔钻拉槽时对预留保护层同样进行预裂，预裂深度与梯段爆破深度相同，孔距60～80cm，线装药密度为300～350g/m。梯段爆破严格控制单响药量，为满足设计高边墙质点振动速度$v_s \leqslant 7$cm/s的要求，采用单孔单响，孔间微差挤压爆破的施工方法。预留保护层采用手风钻开挖，每层开挖高度为4m，周边预裂，小药量弱爆破开挖，最大单响药量小于10kg，尽量

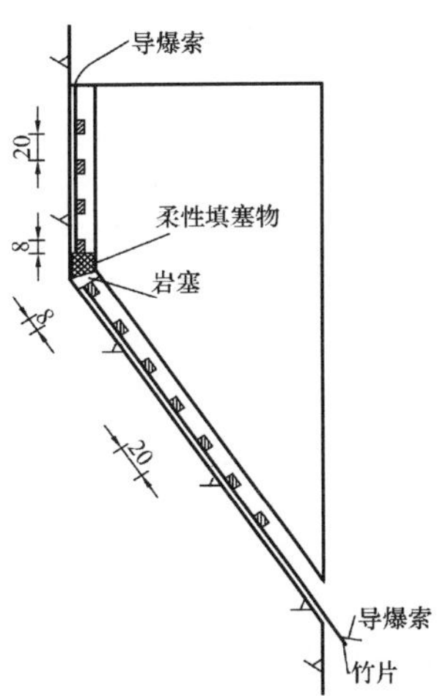

图3　光爆孔装药结构示意图

减小爆破对周边墙围岩的影响。

龙滩水电站地下厂房较长，分层施工需采用层间搭接施工，搭接时间一般为1～2个月，当保护层较薄一侧剥离并支护好100m后，下一层中间拉槽开挖施工。

充分利用新奥法原理适时进行支护，为使围岩即时得到支护抗力，防止围岩卸荷位移，在工程施工中针对层状岩体特点，Ⅱ类围岩支护滞后30～50m，Ⅲ类围岩支护滞后15～30m，Ⅳ类围岩开挖支护紧跟掌子面，并在预拱采用超前锚杆、小导管进行加强支护，在边墙下卧过程中减少层高，将分层高度减少至3～4m。

采用先进的施工设备加快施工进度。针对龙滩地下厂房开挖强度高最高达6.5万m^3/月、支护工程量大，且均为长锚杆、喷射钢纤维混凝土，以及技术指标要求高的特点，在施工中采用了2台353E阿特拉斯三臂凿岩石车（1台全电脑凿岩台车和1台迈斯特喷车）。厂房边墙与相邻洞室交叉段施工。高边墙在不同高程与其他洞室相贯通，高边墙稳定问题突出。在附属洞室与大洞室相通时，采用先洞后墙的施工工艺，在洞口锁口和系统支护后再开挖高边墙，并在洞与洞、洞与井等交叉部位提前做好超前支护和加强支护工作。

（三）施工监测的应用研究

1. 爆破监测

（1）厂房爆破质点控制标准为：高边墙$v_s \leqslant$ 7cm/s；锚杆和喷射混凝土$v_s \leqslant$5cm/s；混凝土3d强度时$v_s \leqslant$(1～2cm/s)；混凝土3～7d强度时$v_s \leqslant$(2～5cm/s)；混凝土28d强度时$v_s \leqslant$(5～7cm/s)。为了有效控制爆破质点振动速度，对每排炮均进行监测，业主、监理、施工单位对监测数据共享，及时优化调整爆破参数，力争做到$v_s \leqslant$7cm/s的设计要求。

在洞与洞、洞与井等交叉部位提前做好超前支护和加强支护工作。

(2) 开挖过程中的控制爆破措施：采用中间拉槽两侧预留保护层的开挖方法，设置周边和拉槽两道预裂缝（双保险），中间拉槽采用单孔单响孔间微差挤压爆破技术；预留保护层（3.5～4m），采用手风钻开挖，多孔小药量，减少最大单响药量，从而控制质点爆破振动速度。在岩锚梁混凝土浇筑前，对岩锚梁下部的Ⅲ层（10m），先进行Ⅲ1层（6m）爆破，爆破后不出渣，待岩锚梁混凝土达到28d强度后进行Ⅲ1层出渣和剩余Ⅲ2层开挖，从而增加了爆破距离，控制了质点爆破振动速度。

2. 围岩监测　龙滩地下厂房围岩监测仪器有多点位移计、锚杆应力计、锚索测力计，其点位按洞室径向分布。通过监测仪器的埋设，达到业主、监理、施工单位对监测数据共享，严密监控厂房各系统围岩变形情况，并作出分析报告，及时调整开挖施工程序、支护参数，使围岩变形、位移处受控状态。

(四) 结束语

主厂房开挖支护从2001年11月23开工至2004年7月24日支护全面结束，历时32个月，比主厂房开挖支护合同工期提前8天。厂房采用控制爆破，成型良好，平均径向超挖小于20cm。

（中国水利水电第七工程局　李庆云　聂光利）

宝泉抽水蓄能电站上斜井开挖施工技术

(一) 工程概况

宝泉抽水蓄能电站的引水系统布置为两洞四机斜井方案，斜井倾角50°，其中1号、2号上斜井全长分别为430.706m、423.366m，开挖直径为7.5～8.9m。

上斜井自上而下穿越三种岩性不同水平分布的岩层。上部以泥灰岩为主，中部以浅变质石英岩状砂岩为主，下部为花岗质片麻岩。三种岩性层间部位风化及构造节理发育，岩体破碎，形成两条古风化壳。这两条古风化壳在上斜井的影响厚度为15～25m，出露高程上部约为655～664m，下部约为514～519m。

古风化壳及其附近富含地下水，且与外界连通，有补给源。正、反导井开挖揭露后，出现持续的大量渗水，导井围岩在渗水的作用下，不断出现坍塌现象。经量测，1号上斜正导井最大出水量达28m^3/h，反导井出水量10～20m^3/h；2号上斜正导井最大出水量达5m^3/h，反导井最大出水量达65m^3/h。1号上斜井导井贯通后采用量水堰测得出水量为85m^3/h。

(二) 施工需要解决的问题

复杂的地质条件给斜井施工造成极大困难，安全问题突出。开挖施工阶段，要解决如下问题：

(1) 采取合适的开挖、支护方法，保证小洞径的正、反导井安全穿越厚度达到10m以上的古风化壳及大量渗水洞段，并且不影响后续扩挖施工。

(2) 反导井通视环境复杂恶劣条件下的施工测量控制。

(3) 解决大量出水问题，保证扩挖、滑模等施工的安全顺利进行。

(4) 为保证全断面扩挖施工安全和进度，对复杂地质地段应采取何种安全支护形式。

关键问题是阻水、导井开挖支护和斜井全断面扩挖支护技术。

(三) 主要的施工方法

1. 导井施工要点　斜井开挖施工采用“钻爆法”施工，首先正、反导井贯通，然后自上而下扩挖。其中正导井采用下山法施工，反导井利用Alimak爬罐进行施工。导井实际施工长度：1号、2号上斜正导井分别为130.618m、129.770m；反导井分别为288.447m、285.833m。导井施工中采取了如下几方面具有针对性的特殊措施和技术创新：

(1) 正导井穿越古风化壳时，采用“短进尺、弱爆破、多循环、强支护”的方法，利用高扬程水泵连续接力排除井内积水，实施控制爆破，采用不长于1.5m短锚杆配合组合式[14槽钢钢支撑支护，在钢支撑外侧用竹片封闭，防止围岩掉块。

(2) 反导井在施工中，采用了设置[14槽钢吊轨进行多吊点加固爬罐轨道，利用膨胀螺栓、短锚杆锚板配合钢筋网片进行支护，保证安全穿越地质不良段。

(3) 在低温地下水直接浇淋下，采用了“多频次、短时间、勤观察”的方法进行钻孔作业，突破了出水带。

(4) 自主研发并应用“激光接力投点导向控制”的办法，克服了长距离斜井内导井通视条件极其恶劣的困难，保证了导井的精确贯通。

2. 阻水施工要点

(1) 阻水方案的选择，按“阻排结合”原则，拟订了两种阻水方案，分别为：①结合开挖、环向全断面布置超前小导管，逐段阻水；②围绕扩挖断面环形布置帷幕灌浆孔，成向外发散的八字形，灌浆孔穿透整个古风化壳和出水部位，孔底延伸至下部稳定的基岩和弱透水层，采用低压、浓浆进行灌注，封闭渗水通道，形成一个相对封闭的阻水外壳，一次性阻水。经试验，前一方案，在泥灰岩等软弱岩体部位，钻孔塌孔，小导管无法插入，改用自进式锚杆替代，钻入过程中钻头孔阻塞，亦无法注浆；在成孔部位安装小导管后，注浆效果不明显，阻水效果也不好。而采用帷幕灌浆方案，通过试验确定适合工艺，可以施工，灌浆后渗水量明显减少。帷幕阻水灌浆方案止水效果较好、可行。

（2）帷幕阻水灌浆实施，以 1 号上斜井上部为例，在 675.4m 高程周边布设 30 个孔，外插角定为 16°，孔深在 23.4～37.3m 之间递增。施工平台布置在 675.4m，脚手架满堂搭设。见图 1。具体施工方法及施工工艺为：①采用自上而下、孔口封闭、孔内循环的方法，分段钻进、灌浆，分两序加密施灌，其中第一段的冲孔、压水、灌浆工作采用栓塞进行；②灌浆段数划分基本为 3m、5m、7m、7m、7m、7m，根据不同孔深划分不同灌浆段数，终孔段段长不超过 9m；③钻孔采用 SGZ-ⅢA 型地质钻机，第一段钻孔孔径为 ϕ110mm，灌浆后埋设 ϕ89mm 孔口管（安设孔口封闭器），采用水泥—水玻璃浆液埋设，待凝 24h，孔口管长均为 3m，入岩 2m 以上；④采用集中制浆、供浆方法，浆液水灰比采用通过帷幕试验确定的 2∶1、1∶1、0.8∶1、0.6∶1、0.5∶1 五个比级，浆液温度控制在 5～40℃之间，灌浆全过程采用 GJY-Ⅳ自动记录仪监控完成；⑤灌浆压力以孔口回浆管压力为准，第一段灌浆压力为 0.8MPa，第二段灌浆压力为 1.5MPa，其余段灌浆压力为 2.5MPa，最后一段灌浆压力为 3MPa；⑥全孔灌浆结束后，用全孔灌浆封孔法封孔，孔内余浆置换成为水灰比 0.5∶1的浓浆，以最后段灌浆压力，纯压式灌浆 30min。该段施工钻孔镶筑孔口管用时 4 天，全部施工完毕历时 20 天。

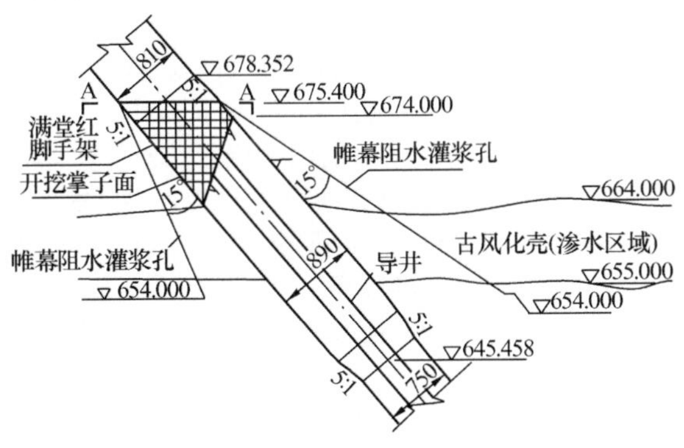

图 1 布置示意图

3. 阻水后扩大段开挖与支护 为控制内水外渗，施工设计要求在古风化壳上下一定的区间进行扩大开挖处理，以便以后在衬砌施工时置换为钢纤维混凝土。处理段最大开挖直径为 8.9m，开挖长度 1 号斜井上部约 43.5m，下部约 34.023m。如此，自上而下，斜井开挖洞径为 8.1m、8.9m、7.5m、8.9m、7.5m 多种形式交替布置。对扩大处理段严格按照“短进尺、弱爆破、强支护”的方法（新奥法）进行开挖施工，爆破钻孔深度为 1.5～2.0m，爆破循环进尺最大不超过 1.5m。每遍炮后必须进行围岩支护。采取了合理的施工程序，保证了开挖支护的安全顺利完成，循环程序为：在爆破后先喷钢纤维混凝土（3～5cm）对施工面进行封闭，然后施工系统锚杆（$\phi25L$=450cm，@100×100cm）、挂钢筋网（ϕ6.5 圆钢，@15×15cm），再施工钢筋肋拱（双支 ϕ28 螺纹钢，全圆或全圆半圆交替布置，排距为 50cm，采用 ϕ25 螺纹钢纵向连接钢筋肋拱，纵向筋间距为 100cm），最后喷钢纤维混凝土全断面封闭（CF30、厚 10cm）。

（四）结束语

2006 年 9 月，1 号、2 号上斜井开挖全部结束。通过施工的进展及过程监控，导井所采取的开挖、支护、阻水措施均较好地满足了施工生产，而且为后续施工提供了较好的施工环境及安全的施工保障，也为以后的类似工程提供了一些可供借鉴的经验。

（中国水利水电第一工程局 王振军 常焕生 李 伟 沈志松）

龙滩水电站地下厂房开挖关键技术

由“1478”联营体承包施工的龙滩地下厂房于 2001 年 11 月开工，2004 年 7 月开挖支护全部结束，厂房上部开挖跨度为 30.7m，岩锚梁以下开挖跨度为 28.9m，长度为 388.5m，开挖高度为 76.4m。龙滩地下厂房采用以下开挖关键技术：

（1）对于龙滩中等岩石应力场的大规模地下厂房顶拱开挖采用先两侧导洞后拆除中间岩柱的施工方法，增加了工作面，减少了开挖与支护之间相互干扰，加快了施工进度。

（2）对于龙滩层状岩体、高边墙的稳定特点，对爆破设计进行优化，选择合理的爆破参数，爆破振动测点设在 15m 以外进行监测，控制质点振动速度要求为 7cm/s，减少爆破对边墙的振动影响，爆破后要及时进行支护，在上一层支护结束后才能进行下一层开挖，以免围岩产生较大的突然变形。

（3）建立围岩变形数学模型，制定围岩位移稳定标准，对照实际监测值，辨别其是否处于稳定状况。

（4）做好与大洞室相交的小型洞室的支护，采用“先洞后墙”原则，在大洞室高边墙开挖前必须做好小洞室的锁口和系统支护，并在相交段加强支护，如增设钢格栅等。

（5）在龙滩工程地下厂房采用两道预裂缝，浅孔小药量开挖预留保护层，且及时进行支护。

（6）充分利用各种监测设备仪器进行数字化、信息化施工、设计，利用每次爆破监测资料成果，复核爆破设计是否合理，对爆破设计进行调整，根据围岩应力应变监测成果及时进行支护或加强支护，确保围岩稳定。

（7）利用厂房较长特点，要充分利用上下层搭接时间，将一个厂房当作2个厂房进行施工，实现“立体多层次”，加速厂房施工进度。

（龙滩水电开发有限公司　贺华林　钟志军）

百色水利枢纽地下厂房尾水洞系施工技术

（一）概况

百色水利枢纽尾水系统由4条尾水管、尾水闸门井、尾水支洞、1条尾水主洞、出口明渠及下游护岸等建筑物组成，4条尾水支洞在出口处合并成1条尾水主洞，全长107.366m，断面为城门洞型，永久衬砌形式为钢筋混凝土衬砌。

尾水支洞位于华力西期微新风化辉绿岩βμ4-1岩体内，属Ⅱ～Ⅲ类围岩，岩质致密坚硬。岩体节理裂隙较发育，走向为NW向的节理与洞室轴线呈大角度相交，对洞室稳定影响不大，但NE向节理与洞轴线夹角小于30°，对于洞室上覆岩体偏薄、洞室之间岩体厚度较小的多交岔尾水洞室的稳定是不利的；尾水主洞出口段经辉绿岩下游蚀变带S_2，其走向为N60°～70°W，与洞轴线夹角15°～25°，在洞口分布的S_2全强风化区对洞室稳定不利；某些局部节理密集，相互交错，结合力弱，爆破时爆破振动波会不均匀传播，使节理、裂隙张开加大，整体稳定性受影响、削弱。

（二）2号施工支洞布置优化

综合考虑洞室群的结构特点，施工支洞的布置既要满足尾水管、尾水支洞及厂房洞室下部开挖出渣、混凝土浇筑及支洞封堵需要，断面尺寸、纵坡能适应施工机械设备的外形尺寸和工作范围；同时，又要合理避开不良地质段（尤其是支洞分岔口部位），减少施工支洞工程量，缩短工期、节约投资。

经过慎重抉择、比较，除取消1号施工支洞自4号引水下平洞至通风洞的延伸段和增设4号施工支洞外（参见图2），重点优化了作为尾水管、尾水支洞及主厂房Ⅵ、Ⅶ层施工通道作用的2号施工支洞。方案是：取消3号施工支洞，把2号施工支洞在1号施工支洞的开洞位置从原设计的1号支0+116.71桩号移到了1号支0+124.753桩号，并在满足12m转弯半径的情况下，按照5.8%的坡度降坡开挖，在2号支0+240.233桩号与1号尾水管0+17.2桩号相交，而后继续降坡至4号尾水管0+17.2桩号，贯通整个尾水支管。这样，仅依靠2号施工支洞就能完成尾水管、尾水支洞及主厂房下部开挖及混凝土施工。布置修改如图1、图2所示。

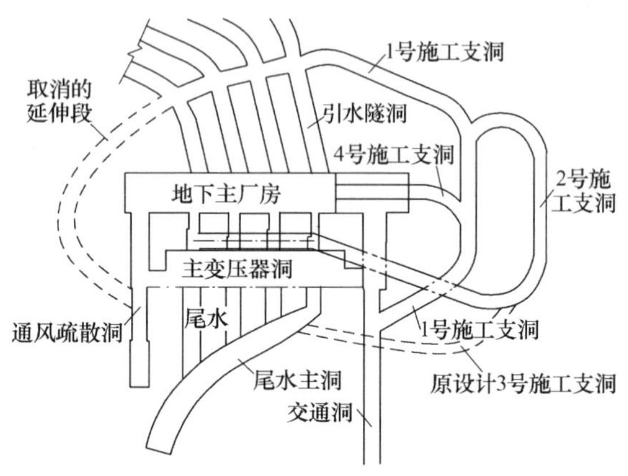

图1　施工支洞平面布置图

在主变压器洞开挖结束、主厂房开挖至Ⅴ层后，优化了的2号施工支洞为整个洞系的开挖及混凝土施工提供了较好的工作条件：

（1）2号施工支洞贯通4条尾水支管中部点，可从上下游两侧共8个工作面进行尾水管、尾水支管上层施工（考虑到尾水支洞之间的岩埂净距仅9.2m，为确保施工安全，采用各尾水支洞间隔开挖的施工方式）。

（2）由于2号施工支洞距离厂房边仅13.5m，尾水支洞可很快与主厂房贯通，形成自然通风的洞、井系统，可大大改善后续施工环境，提高效率。

（3）在尾水管、尾水支洞上层开挖及支护结束后，将2号施工支洞降低至尾水管底板，再分别从其上下游两个方向进行下层的开挖支护，并与尾水主洞的开挖相呼应。分为四层开挖的尾水主洞，Ⅰ～Ⅲ层从尾水明渠进入开挖，Ⅳ层则可从2号施工支洞和尾水明渠双向合拢开挖。

尾水洞系施工，严格按“新奥法”进行，取消3号施工支洞，充分发挥2号施工支洞的多方位作用，高效完成了尾水管、尾水支洞及主厂房下部开挖及混凝土浇筑，节约了开支、加快了施工进度。

（三）尾水洞室施工

尾水系统洞室基本位于辉绿岩体内，但尾水主洞则处于辉绿岩和小部分硅质岩中。由于洞室断面大，分层开挖过程中一次支护工程量大，施工布置和施工组织协调相当困难；出口洞段上覆岩体厚度薄、地质

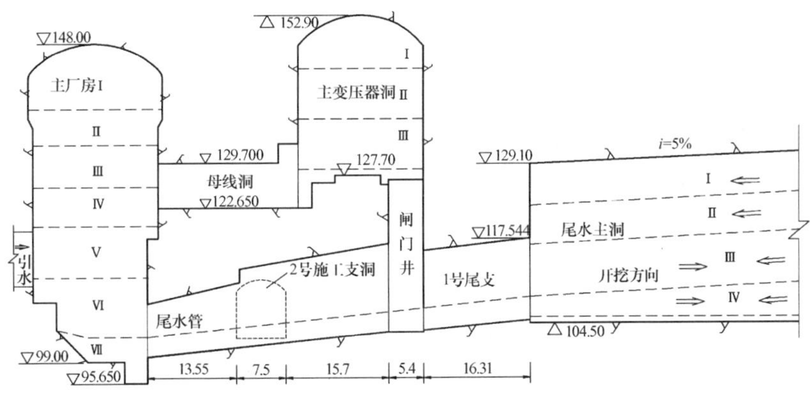

图 2　地下厂房 1 号机纵剖面图

条件差，出露Ⅴ～Ⅲ类的强风化硅质岩、接触蚀变带和微风化辉绿岩；即便是辉绿岩地段，也是节理裂隙发育，多组切割而呈块状—次块状，易发生掉块、塌落。

技施设计时，考虑到施工机械性能及防洪度汛要求，尾水主洞的开挖采用了出口预留岩塞的开挖方法，即：通过 3 号施工支洞利用一枯、一汛时段进行尾水主洞Ⅰ、Ⅱ层的开挖及支护施工；2 号施工支洞作为尾水管、尾水支洞和尾水主洞Ⅲ、Ⅳ层的开挖支护及混凝土施工通道，并在二枯及二汛期间完成尾水支洞、尾水主洞的混凝土衬砌施工，洞外岩塞段则只能安排在三枯期间（2004 年 10 月～2005 年 4 月）利用下游围堰挡水，从洞外往洞内完成开挖及混凝土施工。

出口段地质条件较差，岩塞段是 6 号公路的一部分，为不使交通中断，必须分段分区分层挖除，增大了施工中的难度。同时：①由于岩塞段以Ⅳ、Ⅴ类围岩为主，洞内开挖后岩塞存在高边坡稳定问题，势必大量增加喷锚支护，施工安全问题突出；②3 号施工支洞长达 123m，仅用于尾水主洞内侧Ⅰ、Ⅱ层长 77m 的开挖，其功能与效益显低；③地下洞室及施工支洞工作面多，通风口少，通风散烟问题严重，施工进度受限；④3 号施工支洞出渣也给 2 号和 1 号施工支洞的运输增加困难；⑤岩塞段安排在三枯期间进行施工，对尾水渠护底混凝土施工将造成较大压力。

为此，综合考虑了地质、防汛、施工安全及进度等多种因素的影响，决定对原方案进行优化，即取消岩塞及 3 号施工支洞，以尾水闸门进行防洪度汛。具体方案如下：

（1）一枯、一汛时段（2003 年 2 月～9 月）先开挖尾水渠 137m 以下边坡，在对尾水主洞洞口的浅埋偏压段进行预加固处理后从尾水渠进入尾水主洞对Ⅰ、Ⅱ层进行开挖和支护，与此同时从 2 号施工支洞进行尾水管、尾水支洞的开挖及支护施工。为了不中断 6 号公路的交通，对尾水主洞洞口明管段由全明挖改为明挖到一定深度后加混凝土盖帽，由明挖变成洞挖（参见图 3）。为防止二汛期间洪水倒灌地下厂房，尾水主洞Ⅱ层开挖时将靠近 1 号、2 号尾水支洞出口的顶拱部位预留 3m 厚度的岩体，不与尾水支洞贯通，如图 3 阴影部分所示。

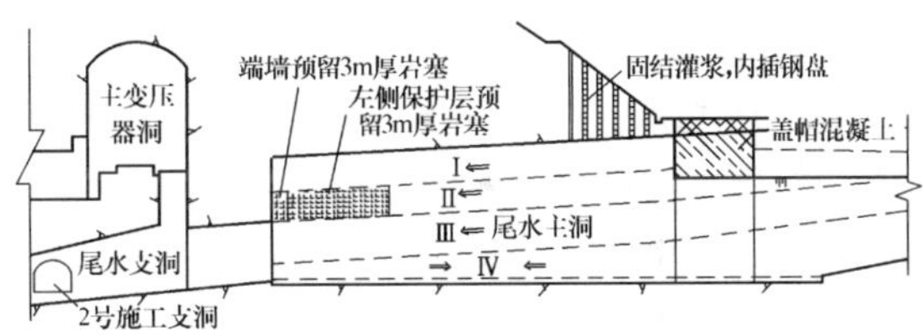

图 3　尾水主洞开挖分层图

（2）二枯时段（2003 年 9 月～12 月）从尾水出口方向进行尾水主洞Ⅲ、Ⅳ层的开挖，同时为加快进度，充分利用已经贯通的 1 号尾水支洞往下游方向进行尾水主洞Ⅲ、Ⅳ层的开挖工作。

（3）在尾水主洞Ⅱ层开挖过程中，优先安排进行尾水支洞及尾水闸门井的开挖及支护工作，并于 2004 年 3 月底完成尾水闸门井的混凝土施工，2004 年 5 月中旬汛期到来之前具备下闸度汛条件，为地下厂房的安全施工提供强有力的保障。

岩塞及 3 号施工支洞的取消，大大减少混凝土施工和开挖的干扰，在确保施工安全的情况下原本工程量较大的临时支护也大幅度减少，使原计划 2005 年 1 月底完成的开挖和 2005 年 4 月底完成的混凝土衬砌大大提前，尾水主洞开挖 2004 年 1 月中旬顺利结束，混凝土也于 2004 年 10 月底基本完成，总体经济效益显著。

（中国水利水电第十四工程局 郭炳新 何少润）

福堂水电站不良地质条件调压井工程施工

（一）概况

福堂水电站位于四川省汶川县境内岷江干流上，其圆筒阻抗式调压井工程开挖直径31.0m，衬砌后直径27.0m，井深117.7m，是目前世界已建水电站工程中，开挖直径最大的开敞式调压井工程。该工程位于北东向龙门山断裂带三大断裂之后山断裂（茂汶断裂）和中央断裂（映秀断裂）两条大断裂夹持的单薄山脊中，距活动性较强的茂汶断裂最近处仅0.5km。建筑物部位岩体为花岗岩，大部分为Ⅳ类和Ⅴ类，岩体内有不同时期和产状的岩株、岩脉，断层、破碎带、强弱卸荷带及裂隙穿插，上部井壁1260.0m高程以上为强卸荷岩体，部分呈松动或松散状态，完整性较差，成井条件很差，施工安全问题比较突出。

（二）施工顺序

调压井开挖施工前，对溜渣井周围1260m高程以上3.5m直径范围进行固结灌浆。之后进行3m直径的溜渣井开挖，同时，浇筑调压井圈梁混凝土，并开始大井开挖。在完成高程1305.5～1298.0m的大井开挖后，80cm全圆整体倒悬挂模板已经具备安装条件。于2002年2月25日完成倒悬挂模板的安装、调试工作。此后，调压井开挖、支护进入了正常循环作业。开挖一循环后，进行喷护，后面紧跟80cm倒挂混凝土支护，开挖面与混凝土支护空间距离控制在10～12m。采取边开挖边支护，边开挖边监测，开挖与爆破试验相结合的办法施工，根据岩石的出露时间、地质条件的变化情况，不断调整支护方案，确保井壁岩石在开挖期间和岩石覆盖之前井筒稳定。

（三）主要施工方法

1. 井周深孔预固结灌浆加固岩体及灌浆孔全孔下锚筋束施工　采取深孔预固结灌浆改善调压井围岩岩体的力学性能、提高围岩的弹性模量和抗压强度以及安全稳定性，是完全有必要的。灌浆压力见表1。通过大井开挖揭示的情况看，岩石裂隙水泥充填较好，超挖得到了控制，开挖过程中没有出现塌方现象。特别是168根锚筋桩在水泥充填强卸荷松散岩体后，产生的强大稳固体对大井开挖井壁形成后的稳定起到了很大的作用。锚筋桩群对弥补固结灌浆不足是有效的措施。

表1　灌浆压力表

孔深(m)	0～1	1～3	3～6	6～10	10～15	15～20
压力(Pa)	0.2	0.4	0.6	0.8	1.0	1.2
孔深(m)	20～25	25～30	30～35	35～40	40～70	
压力(Pa)	1.4	1.6	1.8	2.0	2.5	

在施灌过程中，因地层裂隙发育，灌浆压力不能很快达到规定值，有些孔段甚至开始不能升压，在这种情况下，将压力分为几个阶段，逐级升高到规定的压力值，严格控制升压速度，升压速度要与吸浆率协调。灌浆开始，如果吸浆量很大时，使用最低一级压力或零压力灌注，当吸浆量减少到另一限度时，则将压力升高一级，直到在规定压力下结束灌浆。灌浆压力与吸浆率见表2。

表2　灌浆压力与吸浆率

灌浆吸浆率(L/min)	>30	20	<10	备　注
灌浆使用压力(MPa)	0.4	0.7	1.0	在灌浆过程中，根据具体情况调整

经检查，岩芯获得率较高，水泥固结充填较好；压水试验吕荣值除个别孔段较大以外，都在20Lu以下；根据成都院声波测试结果看，0～10m，V_p值有部分在2000～3000m/s，其余在3000m/s以上，10～40m均在3000m/s以上，40m后，均在4000m/s以上。

2. 溜渣井采用反井钻机成孔与人工扩挖相结合方法　溜渣井直径3m，施工时，先使用反井钻机成孔，当反井钻无法满足扩孔需要时，改为人工扩挖。

3. 大井开挖、甩渣方式与安全支护　调压井开挖施工从圈梁基础开挖，至底部开挖完成，耗时555天。由于利用反铲扒渣和80cm倒悬挂混凝土组合模板施工，比原定计划提前63天完成井挖施工作业。采用30t门机吊运重达23t的反铲，克服了在深井狭小空间内爆破对机械设备安全影响，解决了井深56m范围内的反铲垂直起吊，提高了大断面深井的扒渣效率难题，加快了施工进度，缩短了施工工期。使用门机吊反铲作业，开创了国内水电史上在井下近56m处吊运大型设备作业的先例。

4. 调压井工程施工监测　针对福堂调压井开挖断面大、地形不对称、地质条件复杂，调压井监测布置如下：后边坡变形监测、井筒顶部平台变形监测、井筒净空收敛监测、井筒围岩深部变形监测、井壁岩土压力监测、衬砌应力应变监测。通过对监测资料分析，及时了解井壁围岩、喷混凝土，特别是护壁混凝土的受力状态和下部未裸露岩体变形趋势，及时掌握安全支护工程措施的有效性和施工期井壁岩（土）体的安全稳定性，为安全施工决策提供了实测依据，为岩体允许裸露高度、护壁混凝土总悬挂高度等关键技术参数的确定提供了依据。

5. 倒悬挂模板混凝土支护施工　原投标施工组织设计中，高程1253～1306m倒挂混凝土施工采用大型组合钢模板浇筑。一方面，搭设脚手架、支模等施工工作量大，施工循环时间长，不能及时封闭裸露破碎的围岩；而且组合钢模板浇筑倒挂混凝土对大井开挖工序施工干扰严重，对整个工程的施工进度影响很大。另一方面，前期井壁超前深孔固结灌浆施工因地质条件原因，灌浆工程量增加很多，整个施工期滞后了3.5个月，调压井开挖工期非常紧张。为了解决大井开挖过程中的安全与工期严重滞后问题，采用了全圆整体倒悬挂模板（见图1）进行倒挂混凝土支护。此方案在很大程度上实现了混凝土支护与井挖施工同时作业，避免了倒挂混凝土施工与大井开挖施工的直接干扰，及时支护了裸露围岩。

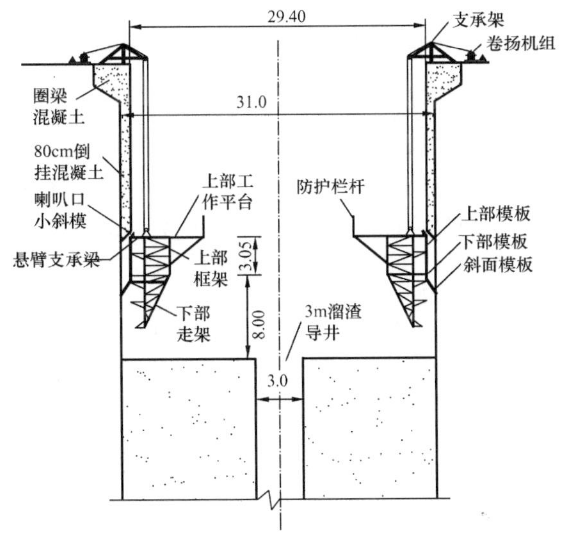

图1　调压井倒悬挂模板示意图

6. 液压滑升模板混凝土衬砌施工　调压井衬砌混凝土施工累计274天。其中底部隧洞混凝土浇筑和调压井底板（阻抗孔板）混凝土浇筑历时99天，调压井液压滑升模板安装和施工准备20天，液压滑升模板混凝土浇筑155天。比原投标施工组织设计滞后1天开始施工，滞后27天完成施工。其主要原因是由于调压井井筒钢筋设计量增大，钢筋绑扎任务及难度增大，从而影响到正常施工工期进度要求。另调压井混凝土衬砌施工过程中，调压井钢衬板施工也在进行，给混凝土施工带来了严重的安全隐患，也间接影响到混凝土衬砌的正常施工。

7. 直径28.2m、高60m超大钢衬板安装　根据固结灌浆后钻孔弹模成果显示，井壁南侧岩体变形模量多数较低，且沿井壁周围变化较大。为此，设计从保证工程安全、节省工程投资出发，部分井身段采用常规钢筋混凝土与钢衬板衬护结构代替对周边岩体的固结灌浆。

钢板型号为WDB620，厚度为12～32mm，总重1292t。衬板内壁、外侧均焊接Q345B加劲环。钢衬卸车及吊装就位采用低架门机。钢衬分节尺寸为2500mm×9866mm，底节单块重7.35t（含加劲环）。60m高钢衬板分为24层（每层高2.5m，分为9块）。在在厂内加工制作为圆弧瓦片，井内组圆对焊。

（四）值得总结的施工经验

在福堂调压井工程施工中，水电五局面对地质条件恶劣、施工难度极大的“亚洲第一井”，积极探索，大胆采用新工艺、新技术，确保了工程的安全、优质，取得了许多好的施工经验。一些施工技术值得总结推广，其中包括：①大井预固结灌浆及锚筋束施工确保调压井开挖安全；②反井钻机进行溜渣井开挖加快施工进度；③门机吊反铲及反铲防护罩方案确保大井开挖进度；④调压井间隔衬砌施工加快施工进度；⑤倒悬挂全圆整体模板解决施工难题；⑥调压井牛腿施工解决钢衬安装难题；⑦坚持实施施工期监测。

（中国水利水电第五工程局　蔡远武　万宝军）

小天都水电站气垫式调压室施工技术

小天都水电站装机容量为240MW，设计水头400m。其调压室采用气垫式调压室，气室长94m，宽16m，高20.17m；气体体积14458m^3，水体体积5955m^3，工作压力4.8MPa。水幕室布置在调压室上部，轴线与调压室相同，水幕室长94m，宽4.8m，高5.85m。水幕室内设置水幕孔，水幕孔压力为5.76MPa。

（一）气垫式调压室开挖

1. 调压室开挖

（1）调压室中导洞，往上游开挖时按12%的坡度向上进行爬坡，往下游开挖时按18.2%的坡度向上进行爬坡；断面按调压室交通洞断面进行开挖；按垂直调压室方向开挖 7.55m，平行调压室进行开挖；底板达到 1713.45m 高程后，按水平方向开挖，上部及端墙预留 2.0m 的保护层。开挖采取自制的操作平台，人工手持 YT-28 手风钻钻孔，非电雷管毫秒微差引爆乳化炸药，周边实施光爆破，LZL120 立爪装载机装渣，5t 东风自卸车运渣。每次钻孔深控制在2～2.5m，周边孔间距 45～50cm，线装药密度控制在 200g/m 左右，爆破单耗药量控制在 1.3kg/m³ 左右，并根据爆破实验及地质情况作相应的调整；每次爆破后，查看残孔壁是否有爆破裂缝，并根据具体情况减少药量或改变装药形式。

（2）中导洞开挖完成后，先进行 1713.45m 高程以上的扩挖，将中导洞底板开挖至调压室底板高程；再自上而下进行调压室周边直墙的开挖；爆破时按“松动爆破”的原则进行，周边实施光面爆破。每次开挖高度控制在 2～2.5m，周边孔间距 40cm 以内，线装密度一般为 80～120g/m，单耗药量为 0.3～0.5kg/m³，并根据实际的地质情况作相应的调整；每次爆破后，查看残孔壁是否有爆破裂缝，视具体情况减少药量或改变装药形式。为保证直墙的钻孔方向，沿直墙布置导向架，对每个孔位进行标示。

（3）调压室连接井开挖采取自引水隧洞开口处往上进行，其施工时间安排在引水隧洞开挖完成后，与压力管道开挖时同步进行，开挖过程中严格控制爆破药量，每次爆破进尺控制在 2m 以内，其他参照以上开挖执行。人工搭设脚手架平台，持 YT-28 手风钻钻孔，非电雷管毫秒微差引爆乳化炸药，周边实施光面爆破，LZL120 立爪装载机装渣，5t 东风自卸车运渣。

2. 水幕洞及其交通洞开挖

（1）水幕交通洞下平段开挖采取自制的操作平台，人工手持 YT-28 手风钻进行钻孔，非电雷管毫秒微差引爆破化炸药，周边实施光面爆破，LZL120 立爪装载机装渣，5t 东风自卸车运渣。斜井段，围岩情况较好部位采取全断面掘进，围岩较差、易出现塌落部位采取上半断面先领进，到达上平段时再自上而下进行扩挖。斜井测量采取先开挖出的斜井下部两边墙腰部及顶拱定点，然后用导线配合圈尺进行开挖结构线的控制。上平段采取人工搭设架管及操作平台，持 YT-28 手风钻钻孔，非电雷管毫秒微差引爆乳化炸药，周边实施光面爆破；爆破后手推车从斜井弃渣，然后 LZL120 立爪装载机装渣，5t 东风自卸车运渣。

（2）水幕洞开挖方式与水幕交通洞上平段相同，但从中部向两端部进行开挖，同时作业。

3. 锁口支护　气室扩挖前，先对调压室交通洞与气室相交部位进行锁口支护 5m，锁口支护采取架立工18 工字钢结合喷混凝土支护，工字钢间距 80cm 一榀，每一拱脚处打 4～5 根锁脚锚杆，并沿工字钢打固定锚杆，锚杆间距 1m，采用 ϕ25 钢筋，长 3m，均布工字钢两边；工字钢之间用 ϕ25 钢筋连接，间距 1m。工字钢架立稳固后喷 15～20cm 厚 C20 混凝土支护。

（二）灌浆工程施工

1. 一般原则　气垫式调压室灌浆施工顺序为：在同一地段内，先进行裂隙灌浆，后进行系统固结灌浆；先进行水泥灌浆，后进行化学灌浆；在有帷幕灌浆的地段，先进行固结灌浆，后进行帷幕灌浆。无盖重高压固结灌浆在现场灌浆生产性试验完成后进行。灌浆应遵循分序加密的原则。无盖重高压固结灌浆采用环间分序、环内加密的方法，逐段逐序进行灌浆，固结灌浆环间分 2 个次序，环内分为 2～3 个次序进行施工。

2. 钻孔　灌浆孔的钻进、布置，必须符合施工需要。钻孔必须按分序加密的原则进行，环间分两个次序，环内分两或三个次序。临近裂隙的固结灌浆孔，应与裂隙成大角度相交。

3. 冲洗及压水试验　灌浆孔（段）在钻进结束后，必须进行钻孔冲洗，孔底沉积厚度不得超过 20cm。灌浆孔（段）在灌浆前采用压力水进行裂隙冲洗，冲洗至回水清净为止，冲洗水压为灌浆压力的 80%，并不大于 1MPa。

4. 无盖重高压固结灌浆

（1）第一段采用常规卡塞法灌注，以下各灌浆段宜采用“孔口封闭、孔内循环、自上而下分段钻灌”工艺。灌浆采用高压注浆泵灌注，自动记录仪进行全监控并记录，并根据需要进行抬动监测。

（2）孔深小于 8m 的浅孔，分两段进行施工，即孔口 2～3m 段的低压固结灌浆和第二段的高压固结灌浆。孔口段 2～3m 钻孔做完洗孔和压水试验后，采用栓塞进行低压固结灌浆；第一段灌浆结束后即进行第二段的钻孔，终孔后埋设孔口管，埋深为 2m，待凝 72h 后，安装特制孔口封闭器，采用孔口封闭、孔内循环法进行第二段的灌浆施工，第二段采用高压固结灌浆，按设计最高压力灌注；也可采用在孔口段灌浆完成后，先埋设孔口管，待凝后再进行第二段的钻灌施工。

（3）孔深大于 8m 的深孔，采取自孔口向孔底分段钻灌施工，第一段灌浆段长 2m，以下各段灌浆段长为 3～5m。孔口段钻孔的孔径 ϕ90～120mm，低压灌浆后埋设 ϕ76～108mm 地质管作为孔口管，埋深为 2m。剩余的段次采用小于孔口管的钻头钻进，以不损坏孔口管为准，安装封闭器进行自上而下孔内循环灌浆。灌浆分为孔口低压灌浆段，中间高压灌浆段，向下为设计最高灌浆压力段进行。

(4) 根据灌前洗孔和压水试验，对岩石表面裂隙发育的部位进行嵌缝处理或喷一层 5cm 素混凝土，然后先按工序采用低压、浓浆、间歇灌浆的方法灌注孔口段，并可根据具体情况采取浅孔加密，形成灌浆盖重后，按工序钻灌以下各段，直至终孔。

(5) 灌浆压力按设计要求执行，浆液配合比、浆液浓度变换、灌浆结束标准、封孔按水工水泥灌浆施工技术规范执行。

5. 灌浆质量检查

(1) 施工情况记录必须如实、准确、详细，不得涂改，对原始资料要及时整理分析，为验收作准备，验收要求按规范执行。

(2) 灌浆效果按钻孔取芯、压水试验、岩体声波测试及灌浆资料等方法进行综合评定。

(3) 灌浆质量检查孔位置根据施工质量、地质情况及现场的工作条件等因素确定。

(4) 固结灌浆质量检查采用压水试验的方法。检查孔的钻进在灌浆施工完成 3～7d 后进行，检查孔的数量不宜少于灌浆孔总数的 5%。压水试验采用单点法或五点法，并按 SL 62—94《水工建筑物水泥灌浆施工技术规范》附录 A 执行。压水试验压力采用 80%灌浆压力。气垫式调压室的固结灌浆合格标准按设计规定执行。检查孔的孔段合格率应在 80%以上，其余孔段的指标值，不应超过设计所规定数值的 50%，且不集中，即可认为合格。如个别孔段的指标值大于设计所规定数值的 50%，经灌浆后是否需要再作处理，由监理工程师确定。

(5) 灌后岩体声波测试在灌浆结束 14d 后进行，其检查孔的布置、测试仪器的选用和合格的标准，按照设计规定执行。

(中国水利水电第十工程局　郑道明　王雪红　赵启强)

伊朗塔里干水利枢纽地下厂房交通竖井多井滑模与施工

(一) 工程概况

伊朗塔里干水利枢纽工程是我国在伊朗以 EPC/T 方式承建的以供水、防洪、灌溉为主，发电为辅的水利水电工程，该工程由大坝及其附属结构和发电厂房工程组成。大坝为黏土心墙堆石坝，坝高 109m，填筑工程总量约 1600 万 m^3。发电厂房为地下厂房，布置在水库库区内。地下厂房与地面副厂房、开关站通过交通竖井连接，见图 1。

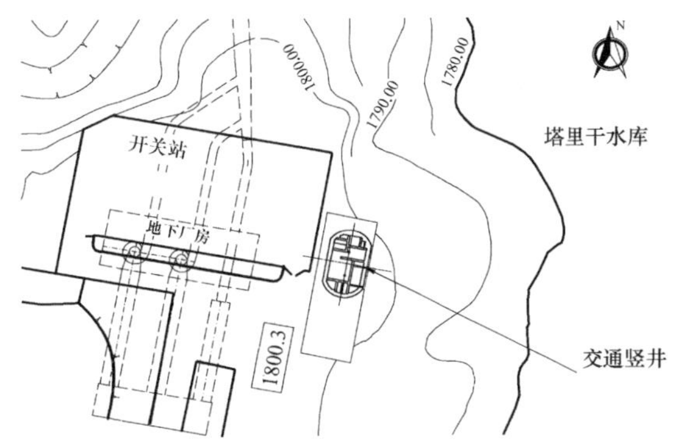

图 1　交通竖井平面布置图

交通竖井设计成型断面尺寸为 13m×7m，井身高度为 89.5m (1711.10～1800.60m)；与水轮机层 (1711.10m)、发电机层 (1716.05m) 和 1734.0m 排水灌浆廊道层水平连接；设置有 12 个井孔，分为排风竖井 2 个、送风竖井 5 个、吊物孔 1 个、电梯井 1 个、楼梯井 1 个、电缆井 1 个、前室及通道井 1 个，见图 2。各井中最大为吊物孔，断面尺寸为 4.5m×4.5m，最小为右下送风竖井，断面尺寸为 0.486m×0.38m。交通竖井井壁混凝土厚度为 0.8m，各井孔间隔墙混凝土厚度为 0.4m，井壁和隔墙均为双层配筋，混凝土标号为 C25，混凝土浇筑总量为 8000m^3，钢筋总量约 500t。

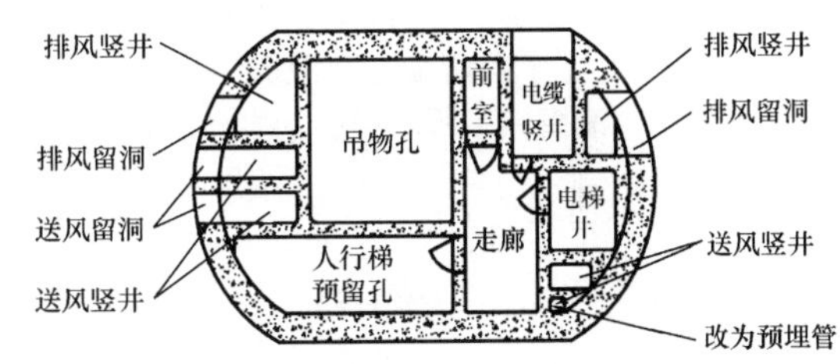

图 2　交通竖井混凝土浇筑断面图

为了保证施工工期及施工质量，塔里干项目部经过分析论证，决定交通竖井混凝土浇筑采用滑模施工。竖井中除右下送风竖井改为预埋钢管外，其余各井均由滑模一次施工完成。为便于滑模施工，将各井二期混凝土预埋钢筋改为预埋铁板和梁窝，各井之间通行门框在滑模施工时安装完成。

(二) 多井滑模施工技术特点

(1) 12 个井除最小井改为预埋钢管外，其余 11 个大小不同的井孔全由滑模一次性滑升浇筑完成。

(2) 滑模施工要在 3 个不同高程上形成 4 个与不同井连通的平洞通道，同时在滑升过程中井壁和隔墙中须埋设各层门框、楼梯楼板梁窝、电器埋管、电缆电梯埋件等大小预埋件约 1500 余件。

(3) 该交通竖井设计布置在水库库区内，三面环水，投运后高程 1780.00m 以下常年淹没在水中，混凝土防渗级别为 W6 级，对井壁防渗要求更高，必须尽量减少滑模施工时停滑次数和处理时间，减少施工缝数量，提高处理质量。

（三）国内外相关技术分析

国内外目前未见 11 个大小不同、形状各异的井孔混凝土全由液压滑模一次性整体滑升浇筑完成的文献报道。1999～2000 年国内大桥水电站调压竖井混凝土衬砌采用了滑模施工。该竖井为调压井、闸门井和通气孔三井孔结构，属结构复杂、难度较高的项目之一，但比塔里干交通竖井还是较为简单，且施工中无横向平洞通道连接，埋设件数量也较少。

（四）多井滑模施工技术难点

(1) 要解决多井同时水平提升的滑模设计制作。

(2) 对于双层钢筋布置的井壁混凝土结构，要解决快速绑扎井壁钢筋的施工方法问题。

(3) 要解决隔墙钢筋绑扎、混凝土分料入仓与施工运输、人员操作的干扰矛盾问题。

(4) 要解决多井多点埋设 1500 多件预埋件的施工方法问题，做到 1500 多件预埋件无差错。

（五）施工布置与滑模

1. 施工布置　滑模施工混凝土在 1738.00m 高程以下采用泵送混凝土经模体分料平台料斗入仓浇筑，在此高程以上采用由井口料斗经井壁溜管到模体的方式入仓。混凝土由现场 90 型混凝土拌和站生产，再由 $6m^3$/次混凝土搅拌运输车送到混凝土泵料斗或井口混凝土料斗，滑模施工所需钢筋、木材等材料由工地库房及加工场供应。井口设置了 2 台 5t 卷扬机、1 台 3t 卷扬机、井口平台和吊装桁架组成的井口吊装系统。井口布置的 3t 卷扬机用以牵引材料吊篮。见图 3。

(1) 在井口吊装系统和井下滑模模体之间设置一移动平台，该移动平台由井口吊装系统的 2 台 5t 卷扬机牵引，可在井中慢速升降，是超前安装井壁钢筋的活动平台，滑模施工混凝土及模体所需材料都通过移动平台中转。

(2) 在 1738.00m 高程以上采用由井口料斗入仓的方式输送混凝土。滑模施工所需混凝土到达井口后，经安装在井壁的 8″溜管到移动平台混凝土料斗，然后通过挂装溜筒到模体分料平台料斗，再由分支溜槽到模体墙体及周边各点下料入仓。移动平台在滑模施工中一直悬挂在分料平台的混凝土料斗上方约 5m 处，模体滑升时，先逐步取掉挂装溜筒，模体滑升 3m 后，将井壁溜管去掉一节（每节 3m），然后将移动平台升高 3m，再挂接溜筒，这样循环施工，滑模就可以不断的向上滑升。

(3) 从井口到模体沿井壁安装人行扶梯，上下人员都从人行扶梯通行。滑模施工时所需钢筋、支承杆和修补材料等均由汽车运到井口，由井口安装好的吊篮吊运到井下移动平台上，再由人工转运到模体。

2. 滑模模体　滑模模体总量约 48t，由平台系统、模板系统、液压千斤顶系统与辅助系统组成。

(1) 平台系统，从上到下为分料平台、主平台、钢筋平台、抹面平台。分料平台为超前绑扎焊接内层

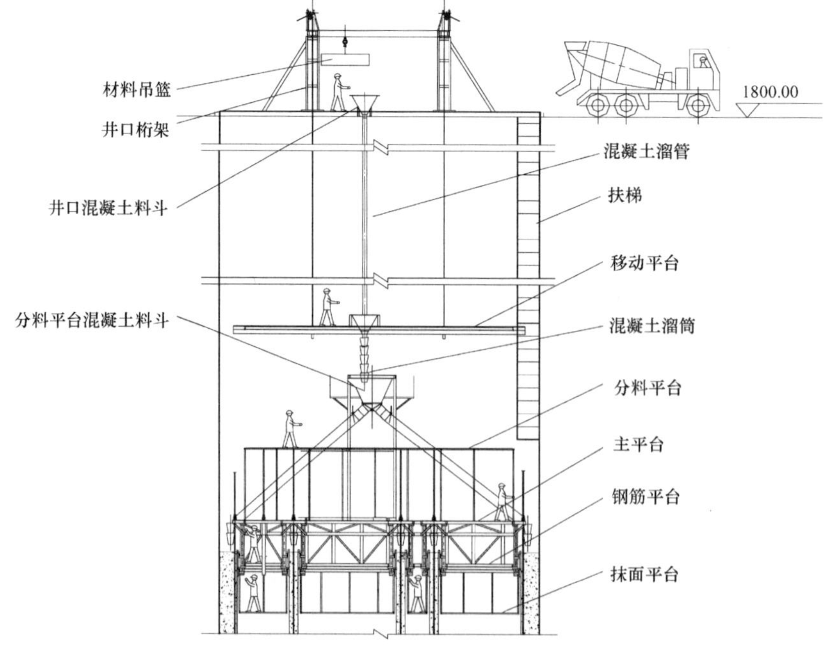

图 3　交通竖井滑模施工布置图

及墙体竖向钢筋、分配混凝土料的平台，模体需用的材料通过它暂存。主平台布置液压系统，千斤顶维护及混凝土平仓振捣在主平台进行，该平台设有通往各井口的通道。各井都有钢筋平台和抹面平台，钢筋平台为水平钢筋绑扎焊接使用，抹面平台是供脱模混凝土修抹及养护使用。

(2) 模板系统，由模板、围圈和提升架组成。模板高度为120cm，宽度按各井特点设计为每块200～500mm左右，模板保持一定的脱模斜度；相邻模板之间用螺栓连接，围圈由[12.6槽钢制作，提升架为"F"形提升架和"开"形提升架，"F"形提升架26组，靠岩壁沿井周布置，"开"形提升架14组，在井中部沿墙体布置，提升架与平台用支托及螺栓连接。

(3) 液压千斤顶系统，共设置40支YCQ-7型液压穿心千斤顶（卡片式，起量为7t)，用一台YJH-WF100C型液压泵站供油。该型液压穿心千斤顶为双回路结构，爬升力大，每次爬升行程5cm，回位也很彻底，对模体在滑升中减少倾斜和调整有利。千斤顶与提升架采用螺栓连接，支承杆选用外径ϕ48mm，壁厚$\delta=3.5\sim4$mm的钢管，杆接头选用$\delta=8$mm钢管采用公母紧扣连接方式，支承杆制作长度$L=3\sim6$m，安装的"F"形提升架支承杆在设计时已替代一根竖向钢筋永久埋入混凝土中。

(4) 辅助系统，模体动力（如液压系统电机、振捣器等）与照明用电均由井口电源用胶套电缆提供。井口与模体通信由手持话机传送，模体施工用风和用水均由井口预留管路供给。

(六) 滑模施工

滑模滑升施工严格按照DL/T 5144—2001《水工混凝土施工规范》和SL 32—92《水工建筑物滑动模板施工技术规范》执行，过平洞通道滑升施工遵照调压井滑模专项技术措施执行。滑模施工采用四点测量的水位差确定模体的水平度，激光指向仪确定模体的垂直度。

1. 与水平洞通道相交岔口的滑升施工方法　先将水平洞通道断面混凝土衬砌完成，预先完成岔口井壁处模板安装，绑扎好钢筋，滑模千斤顶滑升过岔口处沿相贯线后，逐步安装挡头模板浇筑混凝土。岔口混凝土浇筑应缓慢进行，滑模滑过洞顶拱后，岔口浇筑完毕。如水平洞室较大时，须使用工字钢等支撑措施防止滑升模板由于受力不均而发生偏移。

2. 滑模施工预埋件埋设方法　滑模主平台设计制作时已经考虑滑模施工时安装预埋件位置，比如在安装门框处留有门框宽度的空间。在滑模施工前须将所有预埋件的位置编号成册，派专人埋设施工，施工技术人员定时定点检查埋设情况，做到了1500多件预埋件工作无差错。

(七) 多井滑模施工技术创新点

(1) 该滑模采用主平台带多点（多井）悬挂式钢筋平台的创新设计方法，使每个小井滑模为独立单元，在液压系统带动提升架和主平台情况下，各井的钢筋平台和抹面平台、围圈及模板都同时向上运动滑升，达到了多井滑模整体滑升目的。

(2) 创新设计了移动平台，井壁钢筋绑扎由移动平台施工，加快了滑模施工进度，减少了滑模停滑次数和时间，且在井口和滑模之间增加了一道安全屏障。

(3) 创新设计了分料平台，模体采用四层平台施工，比以往竖井滑模设计多一层平台，它使多井滑模施工时隔墙钢筋绑扎及门框等预埋件安装可行且方便，加快了滑模施工进度。

(4) 首创滑模施工在3个不同高程上形成4个与不同井孔连通，特别是较大水平洞通道的施工方法。

(5) 首创多井滑模施工多井多点埋设预埋件的施工方法，做到了1500多件预埋件无差错。

(八) 结束语

该交通竖井滑模安拆25d，滑模滑升施工28d，滑升速度日平均为3.17m/d，最高为3.9m/d。滑模施工时各大部件相互配合协调，功能效果明显，工序流畅，操作方便，安全可靠，达到了设计要求；比常规竖井滑模优越，工期节省4个月以上，直接和间接经济效益近60万美元；滑模施工井壁光滑平整，竖井成形与设计偏差在5cm之内，施工全过程未发生安全事故，是常规模板施工不易达到的。

（中国水利水电第十工程局　林德槐）

平洞滑模在刘河坝水电站引水隧洞混凝土施工中的设计和运用

(一) 工程概况

刘河坝电站位于四川省宝兴县陇东镇，径流式，装机容量12MW，设计水头78.5m，引用流量17.4m^3/s。建筑物由取水口、引水暗涵、压力引水隧洞、调压井、压力钢管、厂区建筑物组成。有压引水隧洞为城门洞型，底宽3.2m，直墙高1.6m，顶部半圆拱。Ⅲ类围岩采用单层钢筋混凝土衬砌，Ⅳ类围岩采用双层钢筋混凝土衬砌，衬砌厚度均为0.4m。本工程隧洞长、工期短，决定采用平洞滑模进行隧洞边顶拱混凝土一次成型施工。

(二) 滑模工艺设计

1. 滑模设计　将模板固定在滑模台车上，HBT60混凝土泵放置在滑模台车前方，与台车形成整体，滑模滑动时，泵机随之滑动，通过台车的不断滑升实现混凝土的连续浇筑。滑模台车按以下要求设计：①能承受衬砌混凝土的荷载、混凝土泵机的荷载、台车自重荷载、牵引荷载；②台车、模板要适于不间断连续浇筑混凝土；③便于滑升。滑模台车主要由桁架系统、模板系统、液压滑升系统和支承滚轮系统等组成。承重桁架底部装有滚轮，隧洞已浇筑好的底板上安装轨道，台车在牵引力的作用下沿轨道向前滑升。滑模台车总长 9.83m，模板按照混凝土自然流淌坡度 1∶1.5 设计，顶拱模板按 5.03m 设计，纵向脱模椎度按 4‰设计，便于减少模板和混凝土的摩阻力。台车具体结构见图 1。

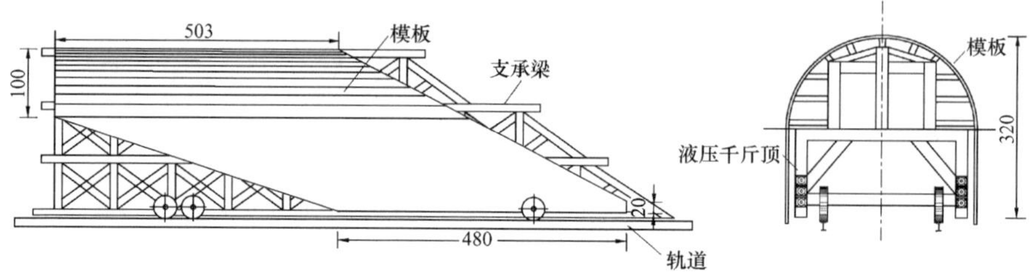

图 1 滑模台车结构示意图

2. 牵引装置设计 平洞滑模目前国内尚无相应的设计规范可以遵循，相应的牵引力设计参考 GB 50113—2005《滑动模板工程技术规范》进行。滑模台车采用液压千斤顶滑升，其荷载由 5 部分组成：模板及台车系统自重 $G_1=7000\times9.8=68.6$ (kN)；混凝土泵机自重 $G_2=4300\times9.8=42.14$ (kN)；施工荷载 $G_3=1000\times9.8=9.8$（kN）；模板内混凝土的重量 $G_4=2400\times4\times4\times9.8=376.32$ (kN)；模体滑动时混凝土与模板之间的摩擦力 $T_1=f_1\times A$，其中 f_1 为模体和混凝土之间摩擦力，取 3.0kN/m²，模板总面积 A 取 32.88m²；则滑模总荷载为 $T=T_1+T_2=f_1A+(G_1+G_2+G_3+G_4)f_2=3\times32.88+(68.6+42.14+9.8+376.32)\times0.05=123.48$(kN)，其中 f_2 为滚轮和轨道之间的变动摩擦系数，取 0.05。

（三）滑模制作与组装

模体共设置 6 个 QYD-6 型滑模液压滚珠千斤顶，工作起重量达 3t，最大起重 6t，千斤顶运行时行程为 3.5cm，选用一台电动机 YJH-WF100 型泵站供油，控制液压回路胶管通径 D=16mm、D=8mm 高压胶管，系统油压运行是为 8～10MPa，千斤顶沿洞壁安置于桁架前方。支承杆选用外径 ϕ48mm，壁厚为 4mm 的钢管，杆接头选用壁厚为 8mm 钢管，采用公母丝扣连接方式。

滑模模体各个部件制作完毕后，先在制作现场场地进行试组装，经组装检查各部件尺寸合格后，分部件编号，从 1 号支洞运入安装。

（四）混凝土配合比设计

顶拱混凝土强度按 0.2～0.6MPa 进行设计，考虑到混凝土入仓顺序是先边墙后顶拱，因此设计边墙混凝土为掺缓凝剂（初凝时间 5～7h）、掺高效减水剂（初凝时间 4～5h），顶拱混凝土为掺早强剂（初凝时间 2～3h），边墙混凝土坍落度为 5～7cm，顶拱混凝土坍落度为 3～5cm。

（五）滑模施工

1. 滑升 滑模启滑前做好准备工作，水平钢筋要超前绑扎焊接一定距离，钢模板上涂脱模剂，模板与底板基础空出部分采用常规异型木模板支护对接，局部空间用木板条封堵不留空隙。之后，进行混凝土入仓浇筑。选用一台 HBT60 混凝土泵放置在滑模前方，形成整体，滑模滑动，泵机随之滑动，泵管尾端架设在顶拱模板上方，伸进模板边沿 0.5m 左右，混凝土靠自身的塌落度流向两边墙。在混凝土浇筑到 60～70 cm 厚时，预测混凝土达到脱模强度即可启动滑模。滑模正常滑升施工，要严格按照 GB 50113—2005《滑动模板工程技术规范》执行。

2. 钢筋安装（略）

3. 混凝土浇筑 混凝土按照配合比设计结合砂石骨料实验提供的配料单称量拌制，用自卸车运输至混凝土泵机，经泵送入仓；采用人工平仓和软轴插入式振捣器（或附壁式振捣器）进行振捣。施工中随时清除模板上、桁架上的混凝土，以免积留。考虑到模板的滑动会拉裂顶拱混凝土，在顶拱上每米设 5 个混凝土预制块，避免混凝土因强度不够而塌落。脱模后的混凝土严格按 DL/T 5144—2001《水工混凝土施工规范》和 GB 50113—2005《滑动模板工程技术规范》要求及时养护；表面如只有少量气泡和细孔采用抹子抹平压光，如有麻面用水泥砂浆抹面修补，如发生塌块时则先将缺陷处松散混凝土块清除掉，用配有速凝剂的 C25 细石混凝土填平后压实，用水泥砂浆抹面修平。

（六）滑升效果

2006 年 11 月 9 日～12 月 5 日模体共滑升 50.1m，平均日滑升 8.35m，最大日滑升 10.3m，混凝土表面光洁，无裂纹、蜂窝麻面，顶拱混凝土无掉块现象，监理评定的混凝土质量为优良。

（中国水利水电第十工程局　吴方明）

广东惠州抽水蓄能电站地下工程施工

广东惠州抽水蓄能电站（以下简称惠蓄电站）地下工程由中国水利水电第十四工程局负责施工。2006年，制约工程进度的上库进出水口的分流墩、防涡梁及闸门井、进出水口小平段等几个关键项目接连实现结点目标，电站工程进度依计划推进。

惠蓄电站分A、B两厂布置，同期施工。两厂调压井结构相同，井深163m。其中大井深63m，开挖直径为17m；小井深100m，直径9.7m。在施工中，采用反井钻机打导孔，然后进行两次扩挖施工。水电十四局制定有效措施，强化现场管理，加强安全监督，施工中未发生任何安全质量事故。2006年12月3日，B厂上游调压井开挖结束。至此，A、B厂调压井开挖全部完成。

电站共有6条斜井，其中4条设计长度均在300m以上，主体段纵向坡度均为50°。开挖难度大，安全问题突出，是水道及厂房系统施工的难点。通过不懈努力，A厂下斜井全断面开挖于2006年11月完工，创下了最高80m的月开挖纪录。在施工中，水电十四局不断总结上斜井、中斜井的施工经验，仅用了118d就完成了下斜井全断面开挖任务，经检测，断面成型良好，残孔率在85%以上。

2006年12月2日，惠蓄电站最长的A厂341m中斜井开挖如期完工，为后续混凝土施工提供了充裕的准备时间。该斜井是影响水道按期充水的关键工程。为确保A厂水道按期实现充水目标，水电十四局强化施工组织、精细施工，克服了长斜井施工通风散烟等困难，按期完成了施工任务。

2006年12月7日，惠蓄电站B厂上斜井滑模混凝土施工圆满结束，为即将开始的中、下斜井混凝土施工奠定坚实基础。施工采用自行研发制作、曾获国家科技二等奖的液压滑模系统技术，平均保持日滑升在6m以上，大大提高滑模整体施工速度。

目前，A厂的主厂房和主变压器室土建施工、机电设备埋件及金属结构安装依计划进行，进度有所提前；B厂的主厂房和主变压器室开挖加紧进行，施工质量受到好评，安全生产在安健环管理体系下得到有效控制。

（中国水利水电建设集团公司）

厂　房　施　工

三峡左岸厂房蜗壳二期混凝土施工方案优化

（一）蜗壳埋入方案的确定

1. 保压浇筑方案　按《招标文件》为蜗壳外包软垫层埋入方案回填，后改用蜗壳水压试验并保压浇筑蜗壳外围混凝土方案，在蜗壳浇筑混凝土时对其内的水温进行控制。

采用保压浇筑方式形成的蜗壳外围混凝土结构其形成过程及工作原理是：在安装好的蜗壳进口焊接上闷头及在座环内侧装上密封环，使蜗壳成为一个密封的压力容器，并充水加压使蜗壳产生一定的变形。这时，在维持一定内水压力的情况下进行外围混凝土浇筑。在浇筑完最后一仓混凝土一个星期后放水卸压，卸压后蜗壳与混凝土之间产生间隙。这个间隙的大小和形状主要随着保压时的内水压力，蜗壳的边界条件、约束条件，保压浇筑混凝土时的水温、环境温度以及气候条件等因素的不同而不同。

三峡水电站保压水头定为70m。由于保压水头偏低，钢蜗壳不能发挥其优良的抗拉性能致使蜗壳外围混凝土的配筋量较招标文件增加了不少，增加了施工难度。保压水温也是影响外围混凝土结构与蜗壳之间间隙大小的一个因素。在蜗壳保压浇筑施工期间，由于要经历4个月的时间，而且大部分在冬季，冬季天然河床平均水温太低而使得蜗壳变形太小，蜗壳与混凝土之间的间隙太小，使得在夏季高水温条件下运行时，蜗壳外围结构承担过大的内水压力，超过其超载能力。因此必须将冬季保压水温提高并维持在20℃左右，在4个月的施工期内，保证蜗壳的变形与三峡河道多年平均水温条件下产生的变形相当，确保混凝土结构的安全，同时也使蜗壳与混凝土结构在绝大多数运行情况下是贴紧的。相反，夏季天然河床平均水温较高，周围环境温度也较高，蜗壳变形较大，此时浇筑的混凝土结构与蜗壳之间的间隙比较大，在冬季运行时仍有可能蜗壳的一些区域与混凝土结构之间的间隙量偏大。对此，有两种方法可以解决：①将夏季保压水温降低并维持在20℃左右；②降低保压水头。降低保压水头对节省成本有利，6号机即采用这种方式。保压水头的确定，根据设计中位理论计算与实验模拟提供。

2. 蜗壳二期回填主要施工工艺流程（略）

3. 施工组织优化　由于设计方案的变更，打压闷头布置在主厂房内，保压、保温设备的安装与调试、闷头的安装与拆除、凑合节的安装都影响了蜗壳回填直线工期，使得混凝土浇筑工期较原工期缩短了近两个多月的时间。因此，为能按期向安装单位交面，必须采取措施，加快蜗壳保温保压混凝土浇筑的施工进度。经向业主申请，设计单位同意，主要采取了以下措施：

（1）缩短支墩顶部混凝土的等强龄期。支墩顶部改用350号混凝土，第一批支墩的等强龄期由15d缩短为7d；第二批支墩顶部混凝土等强龄期由28d缩短为15d。

（2）调整浇筑层厚。按原设计分层施工，层厚较薄加之蜗壳尺寸较大，人为又增加了许多阴角，使浇筑、灌浆困难加大。针对蜗壳底部复杂的形状，对浇筑分层进行了调整，由原来的1～2.5m，增加到2.5～4m。对混凝土温度进行严格控制，浇筑温度低温季节11月至次年3月份采用常态混凝土，4～10月份采用7℃制冷混凝土；主要使用三级配浇筑。由于层厚的加大，混凝土散热困难，为防止混凝土因掺粉煤灰及外加剂后水化速度减缓，浇筑层混凝土向下层混凝土传热较高，下层混凝土难以通过新浇混凝土向顶面散热等原因形成比间歇期内最高温度更高的温度（第二高峰值），在每个仓号内布置1.5m×2.0m或2.0m×1.5m（水平间距×垂直间距）的ϕ25冷却水管。层厚小于2.5m时，底层布置一层；层厚大于2.5m时，底层和中间各布置一层。11月至次年3月采用江水，4～10月份采用6～8℃制冷水，单根流量10～20L/min。从实际测温情况来看，均低于设计最高温度，满足质量要求。

（3）调整灌浆时间。按原设计，蜗壳底部、蜗壳阴角部位（共三层）每浇完一层，灌浆一次，且需等强7d；并层浇筑后，大大节约了工期。

4. 回填施工方案的确定　三峡机组蜗壳尺寸较大，进口直径为12.4m，钢筋网层数多且密集。阴角部位施工空间狭窄（上部顶端宽度仅为40cm，高度150cm）。整个蜗壳回填分为以机组中心为界的4块进行浇筑，经过调整后的施工难点为第一层浇筑，即蜗壳底部一期混凝土面至54.00m高程。经过多次商讨，对蜗壳阴角部位，决定采用泵压送方式。由于布置于蜗壳及座环底部的14～16根马鞍形支墩呈径向布置，加大了入仓、振捣的难度和泵管布设困难，且锥管外壁至支墩内侧钢筋网间空腔较大。为满足施工强度要求，需设两套管路，由两台泵车供料。一套沿支墩向径向布置，主干管浇支墩外侧弧形布置，末端伸至蜗壳阴角部位。另一套沿座环下面环向布置。边浇筑边向后退出。按顺时针方向浇筑。人工无法站立振捣时，可利用座环上预留的ϕ125孔进行振捣。当所有的排气孔全部冒浆时，说明浇筑密实。阴角部位用泵压实，后期灌浆补强。本次所用泵送混凝土采用二级配，坍落度16～28cm，砂率≥40～50%，选用JM—Ⅱ减水剂，DH9s引气剂，施工效果良好。泵车一台布置于主厂房下游两侧的空档处，另一台可布置于相邻机组。蜗壳中心线以外可采用吊罐卸料至溜筒或BOX系统入仓。

5. 灌浆管路的布置及注意事项　由于蜗壳底部第一层回填采用泵送混凝土，塌落度较大，混凝土有一定的收缩性，且蜗壳底部空间很小，在振捣困难的地方易产生空腔。因此在蜗壳底部、阴角部位均布设灌浆管，座环底部利用制造商预留的ϕ125振捣孔进行灌浆。灌浆材料选用525号中热水泥；纯水泥浆采用0.5∶1一个比级；灌浆压力为0.2～0.25MPa；同一高程下的回填灌浆次序从下游端向两边逐渐推进，先灌外侧孔，后灌内侧孔，以相邻的孔作为排气和回浆孔，相邻孔出浓浆（与进浆比重相近）封闭出浆孔；在规定的设计压力下，灌浆孔停止吸浆，延续灌注20min后结束灌浆。

（二）保温、保压系统

1. 加压系统　含空封环、闷头，高位膨胀水箱，补水箱，以及相应的配套管路。三峡工程采用70m保压水头，保压可长达半年之久，经加压泵及高位水箱两种方案比较，采用高位膨胀水箱的方法。这可使水在热膨胀时自动溢流，水渗漏后可自动补压，保持压力稳定，且比较经济，无运动部件，可靠性高。高位膨胀水箱可在120栈桥上搭设支撑架管安装，管路系统沿大坝斜面设置，经压力钢管预留洞进入主厂房，接在加热循环管路上，详见图1。

2. 加温系统　每台机组配置两台承压式1MW电锅炉（一台备用），管道泵两台，温度计及配套阀门等。采用单管循环系统，整个蜗壳内水容量为4000m^3左右，浇筑期间水温加热并维持在16～22℃之间。

保温保压系统为一整套密封系统，所以在密封环的安装，闷头的焊接管路的安装与焊接等方面必须严把质量关，一旦充水加压后漏水将对工期产生较大影响。

（中国水利水电第七工程局　邵珠玉　李庆云）

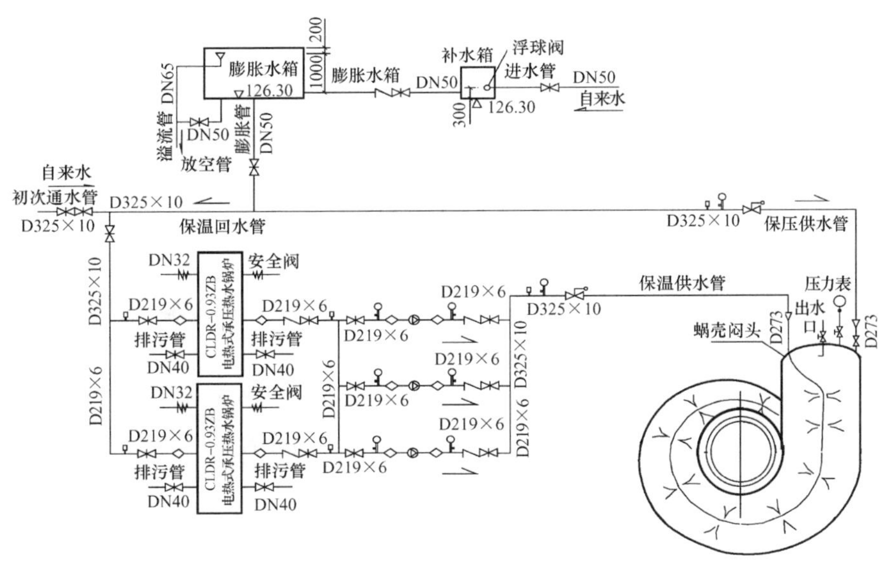

图 1　蜗壳保温保压管路布置示意图

640m 水头保压浇筑蜗壳二期混凝土施工技术

（一）概况

西龙池抽水蓄能电站安装 4 台机组，单机容量 30 万 kW。水泵水轮机最大毛水头 694.5m，最小毛水头 629m，额定水头 640m，额定转速 500 r/min，安装高程为 723.0m，进口直径 4.27m，进水球阀直径为 2.00m，尾水管出口直径为 4.3m。钢蜗壳制造厂商为日本日立公司，外径 5495mm，钢板最厚处达 75mm，总重量约 35t。蜗壳外包二期混凝土最厚 3.0m，最薄处 2.35m，单台外包浇筑混凝土总方量 973.4m^3。蜗壳最大压力试验的压力值 12.43MPa，充水保压值为 5.39MPa，这两个指标目前是国内水电领域最大压力。

根据西龙池工程高水头的特点，设计方和蜗壳制造厂商提出了以下几项要求：①浇筑上升速度每小时不能大于 0.5m；②浇筑共分为五层，层高 0.4～0.6m；③混凝土铺料厚度不大于 30cm；④在座环和泄流环的阴角处应布置 J 形管，便于二次回填混凝土，使之密实；⑤混凝土层间间隔不能少于 72h；⑥混凝土入仓温度不大于 18℃。

（二）施工技术难点

蜗壳二期混凝土施工的技术难点是：①保温、保压系统设计；②浇筑过程中蜗壳稳定保证措施；③蜗壳阴角处混凝土回填施工措施及工艺；④回填灌浆问题。其中，保温保压系统设计可借鉴三峡工程的设计，主要是加压泵的问题，可以由蜗壳制造厂家辅助解决；最大的难点就是蜗壳阴角处混凝土回填问题，虽然制造厂商提出了预埋 J 形管路方案，但混凝土配比及回填工艺尚没有成功案例可以遵循。

（三）施工方案

1. 保温保压系统　保温保压系统的设计是关键环节。西龙池厂房为地下厂房，厂房内温度常年保持在 16℃左右，蜗壳混凝土仓面温度比三峡工程的容易保持；但西龙池设计水头达 640m，不能像三峡工程由于水头只有 70m 采用比较简单的加压水箱。加压设备由制造厂提供，型号为日产 CJP-2017-7.5，系统结构如图 1 所示。为更好地保证水源，在原打压设备中增加一个储备水箱，放置在两台机中间。蜗壳水压试验前直接用外来水将蜗壳充满，试验过程中及混凝土施工保压时水源均来自储备水箱。按照要求，水温自始至终应保持在 15℃以上。由于试验时水温在 7～10℃之间，采取在蜗壳底部铺设履带式电加热板对蜗壳内的水进行加热，用热电耦及红外线测温枪配合检测蜗壳温度及水的温度。整个系统自动化控制程度较高，特别是在保压方面，采用了数字化自动控制仪监控，从而保证了施工过程中蜗壳内压的恒定和稳定。

蜗壳水压试验时，按设计规定的压力时间表分段升降、保持压力；在各压力段停留时，检查各部位是否有漏水等异常情况，检测变形和位移。按合同规定，试验压力为 14.93 MPa，但在加压至设计压力的 1.25 倍即 12.43MPa，保压 30min，检测检查后，考虑到以前没有进行过如此高水头的水压试验，设计方面没有成熟的经验，以及现场放空阀漏水量加剧的现

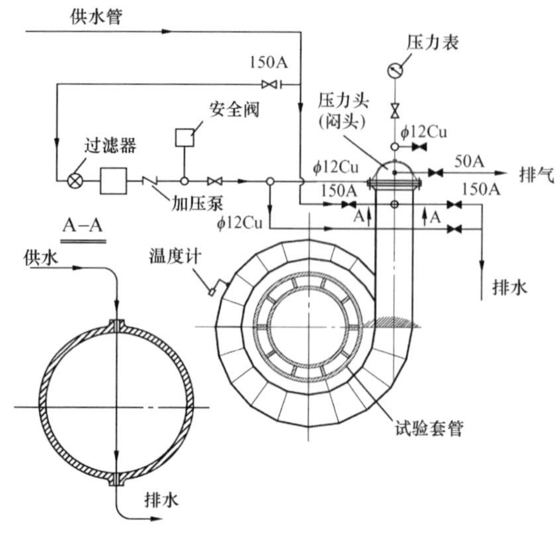

图1　西龙池工程蜗壳保压浇筑二期混凝土保压系统

状，经现场设计、厂家、业主、监理及施工单位联合会议决定不再继续升压。该试验压力虽未达到合同试验压力，但达到规范要求的1.25倍的设计压力，满足施工需要。

二期混凝土浇筑时蜗壳应保持5.39MPa的压力，上下偏差不超过5%。水压试验完成进入保压二期混凝土浇筑期间，安排专人24h值班，负责监测压力变化，进行补压或降压及异常情况处理，按规定时间做记录。实际检测过程中，除有较多的因长时间局部渗漏进行的补压外，降压多在混凝土浇筑初凝时。

2. 蜗壳稳定及监测措施　为确保蜗壳在混凝土浇筑过程中不发生漂移和振动，主要从以下几个方面进行了控制：①蜗壳底部增设拉紧器，并在混凝土中预埋型钢固定架防止漂移；②控制浇筑速度和浇筑层厚，并为防止混凝土出现冷缝，在混凝土中添加缓凝剂，控制混凝土的初凝时间。水压试验时，按要求在蜗壳的外围设置立杆，架设百分表，用于测量蜗壳和座环的位移。

3. 蜗壳阴角处混凝土回填施工措施　施工前做了多种方案的技术比较，采用预埋管路泵送混凝土进行回填，如果泵送压力太大并且无法控制，可能对蜗壳造成损坏或者使蜗壳发生移动；采用同标号水泥砂浆回填，但水泥砂浆的干缩和混凝土的干缩情况不同，质量很难保证；采用无收缩灌浆材料，原材料价格较高；最后决定采用自密实混凝土回填。

自密实混凝土（Self Compacting Concrete）是在日本发展起来的，20世纪80年代后半期冈村甫教授首次开发了“不振捣的高耐久性混凝土”。在我国，20世纪90年代清华大学开始进行自密实混凝土的研究；近年来不少单位对自密实混凝土开展研究并取得了可喜的成果，如福州大学对自密实混凝土的配制、自密实钢筋混凝土配筋结构的力学性能、自密实混凝土在钢筋混凝土结构工程中的应用等进行了系列研究；目前在很多领域成功应用。根据国内其他工程的经验参数，经过多次试验，形成了该工程使用的配合比（见表1）。

表1　选定自密实混凝土配合比技术参数

水胶比	粉煤灰掺量(%)	用水量(kg/m³)	水　泥(kg/m³)	粉煤灰(kg/m³)
037	35	196	345	185
水胶比	砂　率(%)	减水剂掺量(%)	引气剂掺量(/万)	扩展度(mm)
037	48	0.85	0.5	550～750

最终形成施工方案：座环8个支墩之间空档插入ϕ125mm内壁光滑的回填混凝土灌注管，共计16根；一半管通到泄流环空腔部位，出口抵达环上筋板留有的ϕ250孔洞高程处，距阴角最高点20cm；另一半出口抵达座环空腔部位的最高点；所有回填混凝土管的另一端引至蜗壳外围竖直向上至相对高程5m以上；运用吊罐下料进入漏斗，依靠混凝土自重产生的压力回填，环向对称灌注，确保两侧筋板进料的连续性，达到泄流环及蜗壳阴角空腔的密实。

4. 蜗壳底部灌浆　蜗壳底部灌浆也是在保压情况下进行。在蜗壳二期混凝土浇筑前按照设计图纸进行灌浆管路的预埋，并将蜗壳观测的水平位移计和变形观测仪等接引至观测站。灌注过程要全部在监控下进行。

先行试灌，待预埋的回浆管出浓浆后，加压至0.25MPa继续灌注至不再进浆后10min即可结束灌浆工作。再对较高的座环预埋进浆管按泄流环灌浆标准进行灌注。在灌浆过程中泄流环上的预留观察排气孔（座环阴角排气管）和其他预埋进回浆管路排出浓浆后，将出浆的孔（管）堵塞封闭后继续灌注。为避免由于灌浆压力过大对混凝土和金属结构造成危害，采用LH3000灌浆自动记录仪对灌浆全过程进行记录，并根据实际情况随时调整，整个灌注过程顺畅，观测数据表明蜗壳未出现变形。

（中国水利水电第三工程局　赵　刚　刘加华　张永东）

地 基 基 础 处 理

小湾水电站坝基开挖卸荷松弛情况

（一）坝基地质概况

建基面出露的岩层主要是 $M^{Ⅳ-1}$、$M^{Ⅳ-2}$ 和 $M^{Ⅴ-1}$，以后两者为主。$M^{Ⅳ-1}$ 分布于右岸 1120m 高程以上坝基，为黑云花岗片麻岩，其中片岩夹层平均间距 4m，平均厚 0.34m。$M^{Ⅳ-2}$ 岩性为角闪斜长片麻岩，其中片岩夹层平均每间隔 20m 分布一层，平均厚 0.20m。$M^{Ⅴ-1}$ 岩性为黑云花岗片麻岩，其中片岩夹层平均间距 6m，厚度一般 0.2～0.4m。

建基面仅右岸高部出露有 1 条Ⅲ级断层 F_1，其余部位无Ⅲ级及其以上断层出露。属Ⅳ级破裂结构面的小断层（f）、挤压面（g_m）主要为陡倾角，按走向可分为近 EW 向和近 SN 向两组，以顺层挤压性质的近 EW 向组最为发育，近 SN 向组发育程度较差；属Ⅴ级结构面的节理发育，按产状主要可分为“两陡一缓”三组，即近 SN 向陡倾角组、近 EW 向陡倾角组和表浅部的缓倾—近水平组。

浅部的缓倾角节理组在河床中部产状近水平（一般 5°～15°），靠两岸地段走向近 SN，倾向河床，倾角一般 10°～25°。河床部位坝基岩体处于应力集中区，一定范围内岩体产生卸荷“回弹”，岩体产生近水平的裂隙，使岩体呈现“似层状”结构特征。

建基面岩体以微风化岩体为主。岩体质量类别在原位状态下以Ⅰ、Ⅱ类岩体为主，仅局部分布有Ⅲ、Ⅳ岩体。

坝基部位右岸 1090m 以上分布有 E_4+E_5、E_1、E_9 蚀变带，河床部位分布有 E_{10} 蚀变带，上述蚀变带延伸方向均近 SN 向为主。近 EW 向结构面发育，以中等蚀变为主。左岸推力墩部位分布有蚀变带 E_8，近 SN，呈条带状，以中等～强烈蚀变为主。

（二）地应力情况

河床部位前期勘察布置两个深孔平面应力测量孔，成果表明，河床下浅部 σ'_1 的方向变化不定，河床建基面以下水平面地应力方向渐趋稳定在 N50°～70°W 之间，最大主应力 σ'_1 一般为 22～35MPa，局部出现应力集中现象，σ'_1 为 44～57MPa。地应力随深度增加有增大趋势。测孔在 85m 左右深度均出现饼状岩芯，左岸测孔在出现饼状岩芯附近的完整岩体中，实测最大主应力 σ'_1 高达 57.37MPa。

两岸坡实测平面地应力以自重应力为主，实测最大主应力的方向为顺坡向，倾角浅部大致平行于岸坡，向深部倾角逐渐变陡；在深度超过 50m 以上时，一般最大主应力的量级在 10～17MPa 间，最大可达 25MPa。

在左岸近河低高程部位的平洞开挖中，有片帮现象。

（三）坝基开挖卸荷松弛情况

1. 沿已有裂隙张开的现象　一是开挖后卸荷回弹沿中缓倾角节理张开；二是局部沿近 EW 向和近 SN 向节理裂隙与中缓倾角节理组合形成的分离块体开挖后产生蠕滑变形，陡节理拉张现象。张开裂隙在暴露初期均无充填。

2. “葱皮”现象　在两岸坝基较完整的块状岩体表层普遍可以观察到“葱皮”松弛现象或是开挖卸荷裂隙，薄片厚度一般 0.5～5cm，“葱皮”现象一般在开挖较深的上游侧坝基较明显，低高程地段坝基较高高程明显。

3. 卸荷松弛“回弹”现象　此现象在河床部位坝基表现最为明显，开挖后建基面浅部岩体中的缓倾角～水平裂隙卸荷松弛“回弹”张开，在坝基岩体声波检测孔测试过程中孔口段普遍有漏水现象，这说明建基面附近裂隙有明显张开。

4. 岩爆现象　枢纽区属中高地应力区，在河谷底部有高应力集中区，河床部位坝基岩体开挖卸荷后局部可见岩爆现象，如 2005 年 7 月 18 日下午 5：00 左右，右岸坝基 962m 高程中心线上游侧发生了岩爆，发出爆破声响，面积约 2～3m^2，有部分岩块弹出。

（中国水电顾问集团昆明勘测设计研究院　王文远）

瀑布沟水电站大坝防渗墙施工

（一）工程概况

瀑布沟砾石土心墙堆石坝坝基为河床深覆盖层，坝基防渗采用两道防渗墙。由于地质条件复杂：覆盖层深厚（最深处约 80m），孤漂石多（钻孔统计占孔段的 60％～80％）、粒径大（多为 1.0～2.5m，个别可达 3.7～4.0m），岩质坚硬，架空现象普遍（钻孔统计占孔段的 68％～93％）；加之双墙间距小、平行施工，墙体深厚，工期紧，施工潜在风险大。

防渗墙设计为上下游两道厚 1.2m 的混凝土连续墙体，轴线全长约 178m，两墙中心距为 14.0m，上下游墙顶设计高程分别为 670.0m、667.0m，墙体嵌入基岩 1.5～5.0m，墙顶 10m 范围内埋设钢筋笼，墙体内预埋墙下帷幕灌浆管。上下游墙混凝土设计标号 90d 抗压强度分别不小于 40MPa、45MPa，90d 弹性模量分别不大于 30GPa、33GPa，90d 抗渗标号不小于 W12，混凝土坍落度 18～22cm，扩散度 34～40cm。

该工程于 2006 年 2 月底开工，2006 年 12 月初完工，历时 9 个月（较原设计规划工期节约 1.5 个月），共完成造孔面积 19080m²，成墙面积 16420m²，成槽浇筑 59 个，C45 混凝土 25635m³，钢筋制作安装 141.24t，预埋灌浆管 20134.90m，墙体仪器埋设 3 套。最大造孔深度 82.9m，为我国目前同类已建工程中造孔深度之最。

（二）主要施工方法

1. 槽段划分及布置　采用“三主两副”的分孔方式将上下游墙划分为 59 个槽段。Ⅰ期槽槽段长为 7.0～7.4m，Ⅱ期槽槽段长为 7.0～7.2m，其中主孔孔径为 1.2m，副孔长度为 1.7～1.9m。考虑双墙同时施工对地层的振动影响，上下游Ⅰ、Ⅱ期槽段采用错位方式布置。这种槽段划分及布置方式便于 2～3 台钻机同时施工一个槽的主孔（或 2 台钻机同时施工一个槽的副孔），适合副孔劈打与凿眼，同时又降低了施工后期因过水断面减少引起的槽孔坍塌风险。

2. 施工设备　根据前期现场生产试验中各造孔机具的功效及适用性分析成果，并结合工程实际情况，放弃使用国外的“双轮铣”、“液压抓斗”及国内常用的 CZF-1500 冲击反循环钻机，而采用了 50 台套我国河北刚生产的大型 ZZ-5、ZZ-6 冲击钻机（功率为 55kW，钻具配重 4～5.5t），并配备了 90 余个实心平底重型钻头。经测定，该冲击钻机在该种复杂地层中的纯钻工效为 1.06m/台班，平均工效为 0.71m/台班，高于同类防渗墙施工工效（四川冶勒水电站 1.2m 墙厚、70m 左右孔深防渗墙平均工效为 0.60m/台班）。

3. 固壁泥浆　结合现场生产试验，对三种泥浆（管家山黏土泥浆、膨润土泥浆、膨润土与黏土混合泥浆）性能、配比及各自在不同地层条件下的适用性进行了大量试验。根据试验成果，造孔开口上部 30m 左右采用管家山黏土泥浆，并实行孔口回浆，30m 以下采用膨润土与黏土混合泥浆（配置好的黏土泥浆和膨润土泥浆按照一定比例混合而成，混合后黏度为 33s、密度为 1.07g/cm³、含砂率 3％）。各泥浆配合比及性能见表 1、表 2。

表 1　黏土泥浆配合比及性能指标

黏土泥浆	水（kg）	土（kg）	碱（kg）	泥浆性能		
				黏度（s）	密度（g/cm³）	含砂量（％）
配合比	777.44	320	2.56	30	1.1	11

表 2　膨润土泥浆配合比及性能指标

膨润土泥浆	水（kg）	土（kg）	碱（kg）	泥浆性能		
				黏度（s）	密度（g/cm³）	含砂量（％）
配合比	100	80	4.5	37	1.04	0.5

实践证明：不同地层采用不同性能泥浆固壁效果明显，且对孤石和架空结构地层造成的漏浆有很好的防渗堵漏作用。

4. 清孔与浇筑　因预埋件多，一般情况下，60m 左右深的Ⅰ期槽段从清孔结束到具备开浇条件，需 10h 左右（Ⅱ期槽 7h 左右）。为保证 10h 后淤积厚度满足要求（≤10cm），每次槽孔验收后，回填 2～3m³ 黏土，静置 3h 左右，再用钻头在孔底来回扰动，然后用抽筒清孔换浆。该清孔方法简便易操作，清孔质量可靠，验收的 296 个点位中，最大淤积厚度 9.0cm，合格率 100％。混凝土浇筑采用泥浆下直升导管法，使用厚壁钢管，管径 ϕ250mm；接头采用丝口连接；浇筑时槽孔下设2～4套套管（套数根据槽段长度及相关规范确定），混凝土进入储料罐通过分料斗分流进入浇筑套管；浇筑开仓时，先在导管内下设隔离球，将导管下至距孔底小于 25cm 处，待导管及分料斗储满料后，将导管上提适当距离，让混凝土一举将导管底封住，避免混浆；在浇筑过程中，每20～30min 测量一次混凝土面深度及导管埋入混凝土内深度（宜控制在 2～6m），保证混凝土面均匀上升（各处高差应制在 0.5m 以内）。

5. 墙段连接　上部 60m 左右采用拔管工艺，60m 以下采用钻凿法联合施工的墙段连接工艺。为降低墙体混凝土早期强度，减小高标号混凝土的钻凿难度，对大坝防渗墙混凝土所需的水泥、粉煤灰、粗细骨料及外加剂的选择方面做了大量工作，并试验了多种不同的配合比，最终确定了既符合设计要求，又满足施工需要的高强低弹墙体混凝土配合比，见表 3。经工程钻凿施工统计，采用套打法施工这种混凝土，60m 以内平均工效在 8～10m/台日，60～80m 工效在 5～7m/台日（常规 C45 混凝土 60m 以内工效为 3～

表 3 高强低弹混凝土配合比

材 料	水	水 泥	粉煤灰	砂	小 石	中 石	外 加 剂		水灰比（%）	砂 率（%）
					5～20mm	20～40mm				
每 m^3 用量	L	kg	kg	kg	kg	kg	减水剂	引气剂		
	147	252	168	820.4	601.6	401.1	2.86	0.0126	35	45

4m/台日，60～80m 工效为 2.0m/台日），大大提高了施工功效，节约了施工工期。

据统计，该工程有 35 个接头孔下设了接头管，最大下设深度 55m，下设总长 1000m 左右，成孔 923m。拔管后，经测量，接头管成孔深度基本与下设深度接近，起拔后孔形均良好。

（三）特殊情况处理

1. 施工平台加固处理　由于孔深，地质条件复杂，成槽周期较长，要保证成槽顺利，必须预防施工平台失稳，并处理好槽段的稳定。瀑布沟大坝防渗墙地层的塌孔、漏浆主要集中在上部，上部坍塌危及平台安全。为保证施工顺利进行，在开钻之初，对防渗墙轴线上、下游 3～5m 范围内、平台上部 8m 实施预灌浓浆，效果很好，Ⅰ期槽在成槽中很顺利，未发生大的塌孔、塌槽现象。

2. 大孤石、探头石处理　①对上部 30m 以内的大孤石与探头石，采取钻孔爆破。为便于钻孔与装炸药，可先将底部为喇叭口的钢管下放到需爆破的孤石上或探头石上，回填少量黏土将孔底喇叭口固定，然后以此钢管为导管进行钻孔，并在成孔后将炸药通过此管放至岩石内进行爆破。②对埋深超过 30m 的大孤石与探头石，采取聚能爆破与定向爆破。即将炸药装在一个预先做好的聚能爆破筒内（对于探头石还需做定位架），再下放至岩石上进行爆破。③当聚能爆破与定向爆破效果不理想时，采取 4.3～5.5t 重型钻头强夯，经施工验证，采用 ZZ-5 配备 4.3t 左右平底“十”字钻头钻进孤石、基岩层，工效明显优于3.5～3.8t 的普通钻头。

3. 陡坡基岩施工　主要采取如下措施将陡坡基岩钻凿成阶梯状，并保证阶梯状“凸”处入岩深度满足设计要求。①当钻孔至陡坡基岩时，在孔底回填岩性与基岩类似的块石（防止取样钻渣混淆）进行施工，保证钻具的稳定从而达到径向嵌岩深度。②选用岩芯钻机在岩石中钻孔，再将普通爆破筒下入孔内爆破，将槽孔范围内的硬岩破碎成粒径小于 30～40cm 的碎块后再进行钻孔施工，以提高工效，保证墙体在陡坡的嵌岩深度。经现场成孔验收，左岸陡坡段槽孔成形良好，嵌岩深度满足要求。

（四）质量分析评价

上、下游共 59 个单元槽段，均一次验收合格。最大孔斜率 6‰，最大淤积小于 10cm，最小墙厚 1.22m，最小套接厚度 110.75cm，均满足设计要求。

为保证防渗墙嵌入基岩，采取超规范标准的要求，在每个Ⅰ期槽内均布置 2 个勘探孔（相当与沿轴线每 6.0m 一个）进行基岩钻孔，同时结合冲击钻钻渣进行基岩面的确定，以确保每个槽段嵌入基岩并满足嵌入深度要求。经验收，墙体嵌入基岩深度均满足设计要求。

防渗墙施工完毕后，上下游墙体共布设 4 个检查孔（包括 1 个骑缝孔）。检查孔取芯良好，芯样完整，表面光滑密实，无气孔；骑缝检查芯样完整（最长为 2.8m），泥皮薄，缝面胶结密实。经强度检测，上游墙芯样平均抗压强度 42.4MPa，为所取芯样槽段机口混凝土强度的 90%；下游芯样平均抗压强度 46.7MPa，为所取芯样槽段机口混凝土强度的 93.4%。检测结果均满足相关规范要求（大于相应机口强度的 70%）。检查孔共做 19 段压力为 0.6MPa 的压水试验（包括骑缝孔压水 5 段），各段压水透水率均小于设计标准（透水率≤3Lu），合格率 100%。墙体跨孔声波测试 2323 点，最大波速 4682m/s，最小波速 3857m/s，平均波速 4269m/s，均大于设计标准的 3850m/s。墙内电视录像结果显示，自孔口至孔底，孔壁混凝土密实、平顺、光滑，且未见任何架空、裂缝、掉块、松散等现象，墙体质量良好。

墙体上部开挖揭示：墙体平均厚度大于 1.2m，墙面致密、平滑，连接完整。

（中国国电集团公司）

西霞院工程土石坝段和闸坝段基础处理

西霞院工程大坝由土石坝段和混凝土坝段组成，其中土石坝段分为左岸坝段、河床坝段和右岸坝段三部分，为复合土工膜斜墙防渗砂砾石坝，全长 2609m。混凝土坝段由引水、泄洪、排沙、发电等建筑物组成，全长 513m。

（一）坝段基础地层特点

土石坝址区包括河床区和坝肩区。河床区地层主要分为河漫滩表部松散层、坝基砂卵石层和基岩层；坝肩区皆为Ⅱ级阶地，主要分为上部黄土层、中部砂卵石层和下部基岩层。

两岸Ⅱ级阶地，上部黄土层厚24～45m，渗透系数一般为1.2×10^{-6}～4.39×10^{-4}cm/s，属微—弱透水层；中部为厚约20m的砂卵石层，渗透系数一般为100～400m/d，为强透水层；下部基岩层与河床段基岩层类同。

河漫滩表层为砂壤土、沙层，厚度为2～7m。其孔隙比为0.736～0.900，干密度1.42～1.55g/cm^3，压缩系数为0.12～0.28MPa^{-1}，标准贯入试验9.3击，属疏松—中等密实状态，承载力在90～110kPa之间。渗透系数为6.92×10^{-4}cm/s，属弱透水层。

坝基砂卵石层分布广泛，厚度20～28m，是坝基的主要持力层，分为Q_4与Q_3^1上、下两层。校正后的动力触探击数平均值每10cm约14击，属中等密实状态，但部分区域存在夹沙层透镜体。上部砂卵石层（Q_4）的允许承载力为600kPa，下部砂卵石（Q_3^1）的允许承载力为700kPa。渗透系数为10～65m/d，属强透水层。

坝基基岩为上第三系砂岩及黏土岩组成，饱和抗压强度平均值为4.3MPa，承载力为500kPa，透水率一般为0.1～7.0Lu，属微—弱透水层。

（二）基础加固处理的必要性

（1）坝址区河漫滩表层为新沉积的砂壤土、壤土及沙层，孔隙度较大、不均匀，结构松散，直接作为土石坝坝基，存在承载力偏低、地震液化、沉陷变形和渗透稳定等问题，需挖除或采取加固措施。

（2）闸坝段基础由表部松散沉积层、中部砂卵石层及下部基岩地层组成，其中表部松散沉积层被开挖剥离，下部基岩为相对隔水层，与嵌入的防渗墙形成防渗体系，中部砂卵石层就是闸基基础。在砂卵石层中，有一分布相对稳定的夹砂层透镜体，顺河向呈条带状展布。该夹沙层分为南、北两个条带，南部条带厚约6～9m，南北宽约100m，界于王庄引水闸和相邻部分泄洪闸范围中，顶面高程105.2～108.5m左右，底面高程98～101.5m左右；北部条带厚约2.4～2.8m，南北宽约40m。夹砂层透镜体以细砂、粉细砂为主，局部为中砂，呈中等密实状态。未经处理前承载力特征值为200kPa，不满足闸基的应力要求。因夹砂层透镜体会导致闸基不均匀沉降，而且由于粒径大于5mm的颗粒含量多小于70%，黏粒含量远小于16%，在Ⅶ度地震时，夹砂层、砾砂层可能有局部液化，故必须对夹砂层透镜体进行加固处理。

（3）河漫滩表部的砂壤土、壤土及砂层结构疏松，属弱透水层，可能会产生流土型渗透变形；下部的砂卵石层，属强透水层，且局部存在含砂率较高和夹砂层透镜体，可能会产生管涌型或流土型渗透变形。因此，大坝基础存在渗透稳定问题，必须进行防渗处理。

（三）施工处理措施

1. 土石坝段地基强夯加固　通过对表部松散层挖除和采用强夯加固地基方案比较，决定采用强夯进行大坝基础加固。为使坝基在Ⅶ度地震条件下不产生液化，施工控制质量标准为：①坝基砂壤土干密度≥1.65g/cm^3，砂层相对密度＞0.7；②标准贯入击数，砂壤土≥12击，砂层≥18击；③强夯处理深度为2.5～7m。通过强夯试验，采用的施工参数为：夯点梅花形布置，行距3.5m，点距4.0m，先两遍点夯，夯击能为2400kN·m，每夯点击数为6～10击，然后满夯，夯击能为1000kN·m，击数2击，夯印搭接在1/3以上。强夯施工从2004年1月31日开始，5月20日全部完工，历时184天，共完成126845.22m^2。经对强夯前后检测数据分析，粉土层强夯后密度提高了17.82%，干密度提高了19.15%，孔隙比降低了28.04%，标准贯入试验实测锤击数提高了183.33%；细砂层强夯后密度提高了5.71%，干密度提高了4.358%，相对密度提高了81.40%，标准贯入试验实测锤击数提高了175%，大坝基础得到有效加固，满足设计要求。

2. 采用振冲碎石桩对砂卵石层中透镜体进行加固　闸基砂卵石夹砂层透镜体埋深大，漂石孤石多，经对换填法、振冲碎石桩法和高压旋喷桩法三种加固方法进行对比分析，最终采用振冲碎石桩对闸基进行加固处理。振冲碎石桩采用正三角形布置，孔径1.0m，孔距2.5m。桩体材料为硬质新鲜无风化碎石、卵石或砂砾石，含泥量不大于5%，填粒径为20～80mm。施工历时两个月，共完成558根桩，总进尺4901.1m，挤密填筑石料5557.92m^3。施工选用的振冲器型号为ZCQ-125B，其功率125kW，转速1480r/min，额定电流246A，激振力220kN，振幅6mm，外形尺寸ϕ402mm×365mm，重量2300kg。施工技术参数见表1。

经开挖后实测，振冲碎石桩桩径为1.01～1.58m，用料量为0.8～1.96m^3/m，大于桩径1.0m和填料量0.785m^3/m的设计要求，平均充盈系数为1.135，大于设计指标1.05，满足设计要求。

为检验闸基加固效果，施工结束14天后，按复合地基承载试验标准分别进行了四组大型原位静载试验。经检测，单桩复合地基承载力为460～506kPa，满足不小于400kPa的设计要求。试验成果见表2。

表 1 施 工 技 术 参 数

技术参数	造孔水压(MPa)	造孔电流(A)	加密水压(MPa)	加密电流(A)	留振时间(s)	提升速度(m/min)	填料粒径(mm)	级配配比
技术指标	0.8～1.2	110～220	0.8	150	5～10	0.5～1.0	20～80	1∶2

表 2 复合地基静载试验成果表

检测桩号	桩 径(m)	桩间距(m)	最大加荷(kN)	最大沉降(mm)	残余沉降(mm)	承载力值(kPa)	设计值(kPa)
6 号试验桩	1.0	2.5	921	7.56	2.70	460	400
16～3 号	1.0	2.5	1013	22.05	9.68	506	
8～7 号	1.0	2.5	1013	15.33	9.88	506	
原始地基	—	—	1114	7.54	3.41	506	

3. 采用混凝土防渗墙对坝基进行防渗处理 坝址区砂卵石分布广泛，河床及Ⅱ级阶地下部砂卵石顶板高程 120～122m，底板高程 96～100m，砂卵石层构成坝基、坝肩渗透的主要通道。为此，沿大坝上游坡角处设置了一道长 3302.74m、厚 0.6m，平均深度为 25.24m 的混凝土防渗墙。墙体设计嵌入黏土岩 1.5m，嵌入粉砂岩 3.0m，采用 C_{90}15 W6 混凝土。在大坝两端，防渗墙沿大坝与坝肩相交线向坝轴线靠拢，在距坝轴线 1.9m 处，以平行于坝轴线向左、右坝肩各延长 100m，防止坝肩绕渗。防渗墙施工主要采用冲击钻机造孔劈槽，部分槽段用抓斗辅助造槽，清孔换浆采用“抽筒法”和“泵吸法”相结合。共历时 1120d，实际完成轴线 3322.54m，共成墙 85875.8m^2。

（小浪底建设管理局西霞院项目部
袁全义 赵永涛）

乌金峡水电站二期下游围堰复杂地质条件防渗施工

（一）概况

乌金峡水电站位于甘肃省白银市境内黄河干流。其大坝及厂房工程的下游围堰采用土石结构，轴线全长 249.3m，平均堰高 6.0m；防渗墙施工期间，下游水位深 3.5m。

下游围堰位于峡谷口偏外，堰址河床覆盖层地质条件复杂：主要为砂卵砾石，最大厚度约 55m，粉细砂及漂石含量较高；岸边局部地段以粉细砂为主，河床部位的粉细砂层在不同高程呈不等厚的透镜状夹层分布，最大厚度 8.4m；漂石随机分布，于河床 8m 以下均布出现；靠近右岸有较多的崩积大块石，分布高程无规律；下部基岩为加里东期花岗岩与白垩系紫红色、灰绿色砂岩及黏土岩，以断层（F_{14}）的形式接触。

（二）施工难点

（1）下游围堰中间段，由于砂砾石层厚度在 40m 以上，大部分的高喷钻孔设备性能无法满足现场施工要求，即使性能满足，遇到粉细砂层时，也无法达到预期的施工效率。

（2）粉细砂层在大范围内分布，且厚度偏大，高喷钻孔设备在钻进过程中经常发生冲击器被细砂堵塞，跟进套管被细砂抱死，套管、钻杆被扭断情况，且部分深孔涌砂严重，高喷过程频繁发生喷嘴堵塞现象，造成部分孔位重复施工。

（3）在粉细砂层较厚部位，高喷钻孔成孔后下 PVC 管时，套管底部被细砂淤死，PVC 管无法穿过管靴。部分下到孔底的 PVC 管会被孔底细砂反涌起，高喷管不能下到孔底，虽经钻机二次或多次扫孔，成效不大，大大降低了钻机的有效利用率。

（4）由于粉细砂层的存在，大部分孔位均有不同程度的沉淀现象，虽然加大入岩深度可削减沉淀厚度，却增加了施工难度。

（5）F_{14} 断层穿过下游围堰 79 号孔以右部位，破碎带宽度 10～80cm，局部宽 40～130cm，主要为压碎岩、碎块岩、断层角砾岩等组成，局部可见不连续的糜棱岩及断层泥，透水性较强。

（三）防渗墙施工设计及变更

下游围堰原设计为双排高喷（旋喷）防渗墙，间距 0.80m、排距 0.70m，单排孔钻孔和高喷灌浆分两序施工。因不能适应现场条件（主要为地质条件），经参建各方工程技术人员及专家共同商讨，确定了新的防渗墙施工方案：

（1）堰轴 0＋000.00～0＋045.60m 段，砂砾石层深度（含堰体）20.10～47.00m，粉细沙平均厚度 0.8m、大漂石较多，仍采用双排高喷（旋喷）防渗墙，间距 0.80m，排距 0.70m。第二排高喷孔喷至孔口 5.0m，孔深入岩 0.8m。

（2）堰轴 0＋045.60～0＋134.40 段，砂砾石层

深度（含堰体）61.20～46.00m，粉细砂、大漂石多，采用混凝土防渗墙防渗。墙体底线应嵌入花岗岩0.8m或嵌入砂岩、黏土岩1.0m，厚度为0.80m，墙体材料C15混凝土，一级配。

（3）堰轴0＋134.40～0＋194.40m段，砂砾石层深度（含堰体）46.00～30.00m，粉细砂、大漂石含量一般，仍采用双排高喷（旋喷）防渗墙，间距0.80m，排距0.70m。第二排高喷孔喷至孔口5.0m，孔深入岩0.8m。

（4）堰轴0＋194.40～0＋249.3m段，砂砾石层深度（含堰体）30.00～13.80m，采用单排高喷（旋喷）防渗墙，间距0.80m，孔深入岩0.8m。

（5）下游围堰防渗墙同左岸出水渠混凝土导墙搭接，主要采用方法是在防渗墙端头下游加密双排6个孔，孔间排距不变。

（6）下游围堰高喷防渗墙与混凝土防渗墙一端搭接主要依靠3个孔：即在混凝土防渗墙端头一侧距防渗墙体0.50m增设一高喷孔，在端头上下游各0.50m增设一高喷孔，以加强高喷防渗墙与混凝土防渗墙的搭连接。

（四）高喷防渗墙施工

按照先下游排后上游排的顺序，同一排钻孔与高喷分四序进行施工，以防止施工过程窜孔现象发生。钻孔采用KLEMM、SM-400和MZ-200型全液压钻机，钻进过程中跟入套管护壁；孔径ϕ146mm，孔距0.8m，孔斜率小于1.0%，深入基岩≥0.8m；终孔后采用强风清孔，下入特制PVC管，拔起套管。灌浆作业自下而上连续进行，将喷管下到终孔位置开始原位喷射灌浆，当孔口返浆达到设计要求后，正常提升喷管。施工参数见表1。因故中断后，复喷搭接长度为50～100cm，并记录中断深度、时间。

表1 高喷灌浆施工参数

名称		高喷注浆技术参数
		双管法
气	压力（MPa）	0.6～0.8
	流量（m^3/min）	0.8～1.2
	气嘴个数	2或1
浆	压力（MPa）	25～40
	流量（m^3/min）	70～100
	进浆密度（g/cm^3）	1.5
	回浆密度（g/cm^3）	≥1.4
	浆嘴直径（mm）及个数	1.9～2.4（2或1）
提升速度（cm/min）		5～10
旋转速度（r/min）		（0.8～1.0）

喷灌过程中孔内严重漏浆时，采取以下处理措施：孔口少量返浆时，降低提升速度、水压、流量，进行原地静喷；同时加大浆液浓度或灌注水泥砂浆、水泥黏土浆；向孔内回填砂、土等堵漏材料。孔口不返浆时，立即停止提升，静喷水泥量应达到5t以上才能缓慢提升，速度控制在5cm/min以内；待返浆后，将喷管下放至不返浆部位复喷，直至返浆正常。高喷灌浆结束后，利用回浆或水泥浆及时回灌，直至孔口液面不再下降为止。

该工程高喷防渗墙钻孔18786m，高喷16061m。

（五）混凝土防渗墙施工

针对混凝土防渗墙施工地段覆盖层地层结构较为松散，为防止塌孔或地层松散导致导向槽断裂等不利情况的出现，采取对堰顶以下15m地层进行预固灌浆。灌浆孔设单排，孔距3.0m。

下游围堰混凝土防渗墙轴线范围按Ⅰ、Ⅱ期槽段共划分为15个槽段，槽段长度分为6.5m或7.4m，每个槽段划分主、副孔5～7个。其主要施工工艺是：采用CZ-30冲击式钻机施工，先施工Ⅰ期槽主孔，用阶梯钻头施工主孔覆盖层至基岩表面后，改用十字钻头施工至终孔；在主孔施工完毕后，采用HS843HD型号钢丝绳抓斗抓取副孔，抓斗抓取到漂石层时，改用十字钻头劈孔，并在两主孔内下设接渣斗出渣。槽段终孔后要及时进行清孔换浆，采用气举法和泵吸法及时用新鲜泥浆补充，达到清除槽内沉淀要求。Ⅱ期槽孔清孔换浆结束前，用钢丝刷钻头洗刷Ⅰ期槽孔端头的泥皮和地层残留物。Ⅰ期槽浇筑后待混凝土达到一定强度后，再施工相邻Ⅱ期槽孔。Ⅰ、Ⅱ期混凝土墙搭接采用接头管法连接方式施工。Ⅰ期槽浇筑前在Ⅰ期槽端孔孔位处下设接头管，待混凝土具有一定强度后，采用拔管机（4000kN）将接头管拔出形成两个Ⅱ期槽端孔。在进行Ⅱ期槽混凝土浇筑前，对两端孔采用钢丝刷进行清洗，以确保Ⅰ、Ⅱ期槽段连接质量。

防渗墙混凝土浇筑采用泥浆下直升导管法，导管管径ϕ250mm。导管采用吊车、钻机相互配合下设、起吊。导管间距：相邻两组之间≤5.0m，Ⅰ期槽距端头1.0～1.5m，Ⅱ期槽距端头1.0m；导管下设深度，底口距槽底15～25cm；混凝土扩散度34～40cm，入槽坍落度18～22cm；混凝土面上升速度不小于2m/h，导管埋深1.0～6.0m，混凝土面高差不大于50cm。

正常浇筑过程中，按3～5h的时间间隔进行一次混凝土和易性指标测试，每30min测量一次混凝土面的深度；终浇高程按不低于导向槽墙顶0.5m进行控制。

该混凝土防渗墙造孔面积4219.0m^2，混凝土浇筑 4149.0m³。

（中国水利水电第三工程局 胡海涛 米振柱 王永刚 刘林元）

弱透水性溶蚀风化深槽地基加固机理分析

（一）概述

株洲航电枢纽工程位于湘江干流下游株洲县境内，上距大源渡航电枢纽 96km，下距株洲市 24km。枢纽布置在株洲渌口镇上游 7km 的空洲岛（江心洲）河段及两岸，主要建筑物有泄水闸、电站厂房、船闸。泄水闸分左右河汊，共 24 孔，中段由空洲岛副坝连接，总长度 1185m。电站装机 5 台，单机容量 28MW。船闸按通行千吨级船队设计，年通航能力 1260 万 t。项目总投资 19.74 亿元人民币。

2000 年 11 月，勘测发现左岸河边有规模较大的溶蚀风化槽，破坏了坝基岩体的完整性。全风化地基的力学强度低，抗滑、抗变形及抗渗性能差，加大了防渗处理深度和施工开挖难度，影响着建筑物的稳定与安全，为此进行了现场灌浆试验，以确定采用灌浆法处理地基的可行性。

（二）压密灌浆

1. 作用 压密灌浆是通过钻孔将极稠的液体强行挤入土体，在注浆点集中形成近似球形的浆泡，通过浆泡挤压邻近土体，使之压密并提高应力，见图 1。浆泡半径随着灌浆压力 P_s 增大而增大，其定性关系如图 2 曲线Ⅰ所示。当浆泡的灌浆压力足以将上覆土层抬起时，压力将不再升高，应停止灌浆。对于给定的上覆土层厚度而言，导致上抬所需之灌浆压力与浆泡半径或水平投影面积有关，两者之间的关系如图 2 曲线Ⅱ所示。上覆土层愈厚，则曲线Ⅱ愈向上移。曲线Ⅰ和Ⅱ的交点 A 所对应的压力 P_a 即为该注浆点的上抬压力。P_a 随上覆土层的厚度和地基刚度的增加而增加，而地基土的刚度与土类、密实度、含水量以及注浆速率有关。实验发现，土的密度在距浆泡 0.3～1.8m 处有挤密作用，距浆泡愈远，则挤密愈少。土体饱和度越低，挤密作用愈明显。压密灌浆另一重要作用就是在不均一土体中，浆液总是挤向地基中薄弱土区，促使土体的变形均一化。

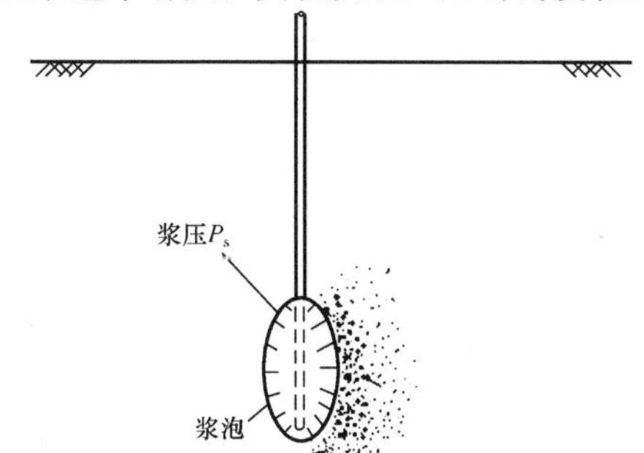

图 1 压密灌浆的加固作用

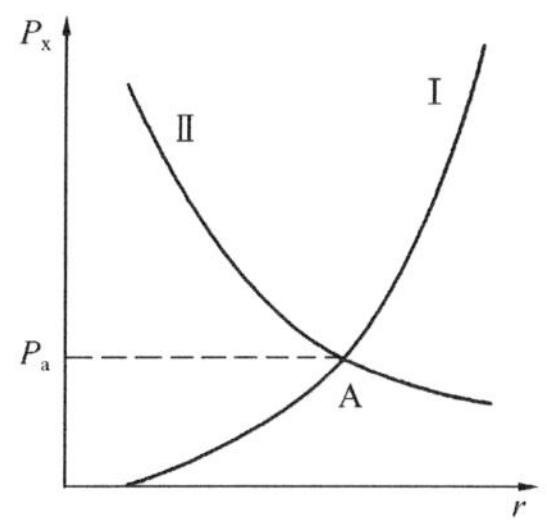

图 2 压密灌浆的应力分析

2. 灌浆工艺 压密灌浆与充填灌浆的最主要的差别之一是：充填灌浆无需控制灌浆压力，只需将预定数量的浆液强行压入土体；而压密灌浆所需压力必然愈来愈大，直至达到上抬压力，且压密灌浆必须采用很稠的浆液。浆液由水泥、粉土和砂土组成。理想的浆液砂粒应是磨圆的，全部通过 8 号筛，但粒径小于 50μ 的颗粒应小于 20%，且不允许含有黏粒。浆液的坍落度一般要求小于 25mm，坍落度太小，则易堵塞管路。当坍落度提高到 37mm，则压密灌浆中途转化为劈裂灌浆的可能性大大增加。注浆必须使用能灌注稠浆的特殊注浆设备，必须能在 4.2MPa 或甚至高达 6.9MPa 的工作压力下连续以 60L/min 的速率注浆，并能够均衡地调整注浆速率。在泵上和进浆口都应装置压力表。输浆管的直径一般为 38mm 或50mm。

（三）劈裂灌浆

1. 作用 通过钻孔施加液体压力于弱透水性地基中，当液体压力超过劈裂压力时土体产生水力劈裂，也就是在土体中突然出现一条劈裂缝。于是，进浆量突然增加，灌浆压力迅速下降。钻孔注水或注稀浆条件下土体的水力劈裂面发生在阻力最小的小主应力面，如图 3 所示，劈裂压力与地基中的小主应力及抗拉强度成正比；液体愈稀，注入愈慢，则劈裂压力愈小；劈裂面突然产生并且迅速扩展。这正是为什么在压密灌浆中防止出现水力劈裂或防止劈裂型灌浆，

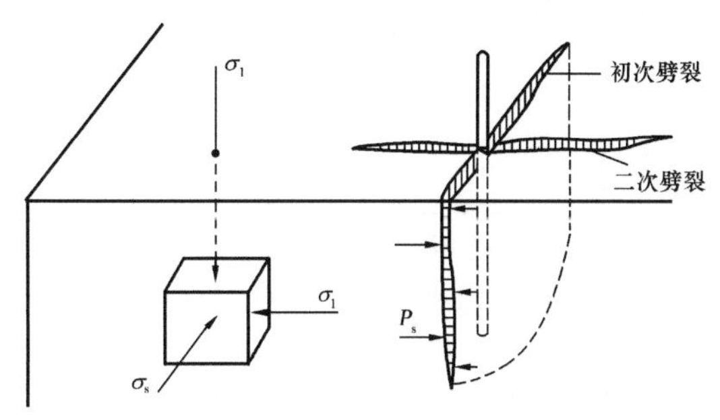

图 3 劈裂灌浆土体中的应力和劈裂面

应采用稠浆和较快注浆的原因。压密灌浆中产生的浆泡与地基土的接触面积远小于劈裂裂缝与地基土的接触面积。

如图 3 所示，当土体初次劈裂后继续灌注大量浆液，则灌浆压力 P_s 会缓慢提高。土体刚度大，则提高愈快。软土地基中，灌浆压力提高得极缓慢。大量注浆后，会使小主应力 σ_s 有所增加。当注浆压力提高到大于土体的中间主应力，就会在中间主应力面产生新的劈裂面，如此继续进行，在钻孔附近形成网状浆脉，特别是在不均匀土体或存在薄弱结构的土体中容易形成浆脉网。当浆液进入接近水平方向的浆脉时，就可能使基础上抬和纠偏。土体中形成的浆脉网不仅可以提高土体内的法向应力之和，还缩小了大、小主应力的差值。前者可提高土体的刚度，后者能提高土体的稳定性。

2. 灌浆工艺　先在所需加固的土体周围钻孔灌浆，提高对该土体的侧向限制应力，便于及早形成浆脉网。钻孔直径为 50mm（若为产生劈裂的目的孔径不需要这样大，只是为了必要时灌注稠浆），孔距控制在 4～5m 范围内，大于压密和充填灌浆的钻孔孔距。第一序孔的孔距可更大。钻孔一次钻进到要求的最大深度，孔内放入马歇管（Tube Manchette），用低强度水泥将马歇管与钻孔胶封住。从土体的下端分 2～3 段开始注浆。开始时使用稀浆或水，使土体及早劈开。一旦土体被劈开后，则要马上改用稠浆，加快提高土体内的应力和形成浆脉网。灌浆过程中，无须控制灌浆压力，只需将给定量的浆液强行挤入土体即可。灌浆期间应记录灌浆压力的增加、突然降落或发生缓慢抬高等现象。劈裂灌浆需控制的是每立方米被加固土体所需的注浆量。它取决于土的刚度、侧限条件和土体的不均匀性。视灌浆压力的变化决定。当灌浆压力随注浆量较快提高或地面有所上抬时，可停止灌浆。

（四）压密和劈裂灌浆的控制

劈裂灌浆只需先注水入钻孔并不断提高水压力，直到压力突然降落，即发生了水力劈裂。当地基为砂质土体时，注水不易形成水力劈裂，应改用稀水泥浆。土体一旦被劈裂，立即改为稠浆也不转化为压密灌浆。相反，为了保持压密灌浆状态，必须始终采用稠浆和快速灌注。在灌浆过程中，当出现灌浆压力提高很快，或发生稠浆堵塞输浆管的现象时，施工人员难免临时改用稀浆。这种情况下压密灌浆经常中途转化为劈裂灌浆，从而出现压力突然下降现象。往往在进行压密灌浆时忌讳产生水力劈裂，但是根据本次灌浆试验来看，产生水力劈裂后仍具有较好的加固效果。

（五）灌浆效果综合分析

1. 标准贯入试验　据各钻孔标准贯入测试结果，标贯值均显示了土体的不均匀性。由灌浆前后的测试结果可见，灌前 $N_{63.5}=10\sim15$ 击，灌后 $N_{63.5}=11\sim17$ 击，排除粗砾的影响因素，地基承载力有所提高。

2. 声波检测　灌浆前后的声波检测结果见表 1，灌浆后地基波速值普遍增高，平均增幅超过 25%，最小增幅 3.4%，最大增幅超过 1.0 倍。灌浆前、后地层波速各向异性明显，S_1-S_3 方向和 S_2-S_3 方向灌前波速相当，但因 S_1-S_3 穿过灌浆中心部位，灌后波速提高幅度较大，这表明灌区中心部位灌浆效果较明显。灌后 S_1-S_2 测试：13.8～15.2m，$v_{平均}=1495$m/s；16.8～19.2m，$v_{平均}=1460$m/s，可见灌浆效果亦较明显。

（六）主要结论

（1）通过灌浆试验，对灌浆工艺提出了合理的建议。

（2）通过灌浆试验，证明了弱透水性溶蚀风化槽中风化土体的可灌性。

（3）通过灌浆在土中形成以灌浆孔群为主干，在不同深度方向形成形状各异、大小不一的水泥结石网，改善土体整体的物理力学性能。

表 1　声波检测成果对照

剖面	S_1-S_2			S_1-S_3				S_2-S_3			
孔深	13.0～19.4	19.6～20.2	20.4～23.4	13.2～14.0	14.2～20.2	20.4～20.8	21.0～23.4	13.8～17.0	17.2～19.2	19.4～20.2	20.4～23.4
灌前 $v_{平均}$ (m/s)	890		800	1190		950		1190		950	
灌后 $v_{平均}$ (m/s)	1100	920	860	1950	2430	2180	2002	1410	1530	1360	1340

注　S_1、S_2、S_3 为声波检查孔。

（4）由于混合体毕竟是由性质不同的两部分组成，不但参数提高受到限制，而且很不均匀，因此对承载和变形要求特别高的建筑物，单靠灌浆处理是难以完全满足要求，应结合其他加固处理方法，以达到节省工程投资的最终目的。

（湖南湘江航运建设开发公司　路莅枫
中南大学　张家生）

施工设备及试验

锦屏二级水电站长隧洞将采用 TBM 施工

锦屏二级水电工程位于雅砻江著名的锦屏大河湾上，可以利用 11.9km 长大河湾的天然落差，通过 4 条隧洞裁弯取直、引水发电，电站装机容量 480 万 kW，是雅砻江上规划的最大的梯级电站，于 2006 年底获得国家核准。锦屏二级水电工程的 4 条引水隧洞长约 16.7km，钢筋混凝土衬砌洞径 11.8m，是世界上规模最大的水工隧洞，最大埋深 2600 多米，具有高地应力、高压地下水发育等特点，引水隧洞的施工是决定锦屏二级工程建设的关键因素。

锦屏二级水电站可行性研究报告于 2005 年 12 月通过审查，审查意见中指出“下阶段应结合辅助洞揭露的地质条件，研究采用全断面 TBM（盾构）和钻爆法结合的施工方案的可行性”。根据审查意见的要求，二滩水电开发有限责任公司（以下简称二滩公司）成立了锦屏二级水电站 TBM 施工方法论证工作小组。

（一）咨询与初步论证

2005 年 12 月，二滩公司邀请瑞士安伯格咨询公司就 TBM 在锦屏二级应用的可行性开展咨询工作，咨询报告认为“最恶劣情形发生可能性很小，使用 TBM 掘进获得成功的机会很大，使用 TBM 的风险可以接受”。12 月底，二滩公司组织了对辽宁省大伙房水库输水隧洞工程进行现场考察，对 TBM 使用决策过程、TBM 主机选型、配套设备功能选择、采购技巧、易损件及消耗件的承包方式、TBM 掘进进度、通风、除尘、除渣、超前预报及风险应对措施等方面进行了充分了解，形成《辽宁省大伙房水库输水工程隧洞 TBM 施工考察报告》。

（二）详细论证阶段

二滩公司于 2006 年 1 月 9 日～2006 年 2 月 28 日组织国内外有经验的施工企业及 TBM 设备厂家进行现场考察及 TBM 在锦屏水电工程中的施工风险专题咨询活动，并完成了《四川省雅砻江锦屏二级水电站 TBM 应用研究报告》。3 月 26 日～4 月 10 日，论证小组有针对性地对加拿大尼亚加拉水电站、冰岛输水隧洞、西班牙北部高速地铁隧道等工程项目进行了考察、交流。6 月，二滩公司邀请国内外有经验的地下工程施工企业、TBM 设备制造商、工程咨询机构等共 25 家召开了“锦屏二级水电站引水隧洞施工专题咨询研讨会”，研讨会意见认为锦屏二级水电站引水隧洞的掘进使用 TBM 法是可行的，也是本工程实现预定发电目标的有效措施。

（三）施工方案审查

2006 年 7 月，《雅砻江锦屏二级水电站引水隧洞施工方案专题》通过了由水电水利规划设计总院组织的审查，审查意见同意在引水隧洞东端采用 TBM 法和钻爆法相结合的施工方案，并要求研究增设排水洞的必要性和合理性，进一步研究落实施工具体布置方案和相应的分标方案。10 月，水电水利规划设计总院对《雅砻江锦屏二级水电站招标设计阶段引水隧洞增设施工排水洞专题报告》进行了审查，同意增设施工排水洞，基本同意施工排水洞采用 TBM 施工。

（四）施工设备招标

通过以上调研、考察、论证、专题审查等工作，锦屏二级水电站应用 TBM 进行高埋深、长大隧洞施工的方案得以明确。二滩公司委托中技国际招标公司组织了锦屏二级 TBM 设备采购招标，经过严格评标和澄清，最终确定意大利海瑞克和美国罗宾斯两家公司中标，成为锦屏二级 TBM 设备的供应商。

（二滩水电开发有限责任公司　徐劲松）

向家坝水电站长距离带式输送机输送线设计

向家坝水电站主体工程混凝土总量约 1221 万 m^3，混凝土骨料由太平灰岩料场提供。技术经济比较表明，采用带式输送机输送方式与自卸汽车输送方式相比，具有运输距离短（输送机运距 31.1km、汽车运距 59km），运输成本低、环境污染小等优势，因此，确定太平料场到坝区马延坡砂石加工系统之间采用长距离带式输送机输送线运送混凝土骨料。为保证输送线长期安全、稳定、可靠运行，按国际先进水平布设了该输送线。

（一）设计方案的技术特点

1. 输送距离长、头尾高差大　输送线总长

31.1km，属国内最长的带式输送机输送线，由5条头尾相接的带式输送机组成，单条最大长度8.3km。输送线头尾高差达458.0m（尾高、头低），平均坡降1.5%。各条带式输送机主要技术参数见表1。

2. 输送能力高、输送总量大　为满足向家坝工程高峰期混凝土浇筑强度需要，输送线设计输送能力3000 t/h，骨料输送总量达3200万t，运行期约7年。

3. 地形地质条件复杂、土建施工困难　输送线沿线穿越高山深谷，形成9段输送隧洞和8段跨沟构筑物。隧洞段总长29.3km（单段最大长度8.3km），穿越灰岩、玄武岩、砂岩、泥岩、页岩、煤层等多类岩层及三大断层，地质条件十分复杂；土建施工战线长，且沿线大部分隧洞洞口不通公路，土建施工十分困难。

4. 线路方案先进、合理　结合输送线沿线地形、地质条件，采用长距离、窄带宽、高带速、多驱动的带式输送机设计方案，应用国际先进的动态分析技术开展输送线设计工作。充分利用输送线头尾高差产生的重力势能，使得输送线的驱动总功率相对较小（与水平布置相比，驱动总功率降低约50%），在保证长期可靠运行的前提下，有效地降低输送线的运行费用。

5. 设备配置先进、可靠　为保证输送线长期稳定、可靠运行，主要设备选用国际先进设备。选用启停平稳、运行可靠的CST可控驱动系统作为驱动装置；选用独资公司生产的低摩阻优质托辊；选用合资公司生产的优质钢绳芯输送带；选用反应速度快的液压自动拉紧装置；选用大型带式输送机制造公司生产的滚筒、头尾架、中间架等钢结构件。

6. 电气控制先进、可靠　电气控制系统采用技术先进的ControlNET控制网络，对输送线沿线的设备实施有效地监控，除具备正常启动、正常停机、事故停机等功能，断路、短路、过载、过流、欠电压、缺相、接地和拉紧、制动信号、测温信号等保护及声、光报警指示外，还具备以下各项保护：防跑偏、防打滑、紧急事故拉绳开关、防纵向撕裂、防漏斗堵塞等。保护装置通过电控设备和线路联接到现地控制室和中央控制室。控制系统还具有通信、程序启动、联锁和集中控制等功能。

（二）主要研究内容及关键技术

（1）长距离带式输送机输送线设计是一项涉及机械、材料、电气、自动化控制、土建、结构等多项专业的工作，且专业性很强，需各专业密切协作。

（2）结合输送线沿线地形、地质条件，考虑国内、外长距离输送带机的设计、制造、安装、运行水平，合理规划带式输送机数量、走向，尽可能减少配套土建工程量，在多方案比选的基础上，提出长距离带式输送机输送线总体布置方案。

（3）带式输送机输送线总体按下行布置，个别带式输送机采用“变倾角”布置，需对每条带式输送机的各种运行工况的各点张力进行静态和动态分析计算，按不同运行工况下的计算成果，开展带式输送机的设计研究工作，使带式输送机在各种运行工况条件均能正常启动、运行及停机。

（4）由于长距离带式输送机的驱动总功率很大，需对多个驱动装置组合布置方案进行分析比较，研究选定相对较优的带式输送机驱动装置组合布置方案，以降低钢绳芯输送带的张力和带强，同时还要研究解决多点驱动的电机同步运行问题及负荷合理分配问题。

（5）大型带式输送机突然启动或停机会在输送带上出现剧烈的应力变化，从而对带式输送机造成严重损害，如跑偏、撒料、输送带断裂、撕裂、托辊组损坏等，因此，大型带式输送机必须实行可控启动和停机。设计选用CST可控驱动装置、CSB可控制动装置和液力盘式制动器，使带式输送机在各种工况下都能在设定的时间段内实现安全、平稳的启动和停机。

（6）为满足骨料大运量运输要求，长距离带式输送机将在较高的速度（4m/s）下运行，一旦发生输送带纵向撕裂事故，后果较为严重。设计采取在输送带内设置高伸长率的抗撕裂钢丝绳网，并考虑输送带撕裂报警与停机等技术措施。

（7）长距离带式输送机的电气自动控制方案设计

表1　长距离带式输送机主要技术参数表

机　号	带　宽 (mm)	带速 (m/s)	输送量 (t/h)	水平长 (m)	提升高 (m)	驱动功率 (kW)	备　注
B1	1200	4.0	3000	6721	−211	900	尾部驱动
B2	1200	4.0	3000	6651	−24	3×900	头、尾驱动
B3	1200	4.0	3000	8298	−104	4×900	头、中、尾驱动
B4	1200	4.0	3000	3927	−45	2×630	头部驱动
B5	1200	4.0	3000	5499	−63	3×630	头部驱动

研究，包括驱动装置的起动与停机，驱动电机电流的监测与报警，输送带带速的监测与调节、打滑的监测与报警、跑偏的监测与调正、张紧行程的监测与调整、撕裂的报警与停机、运行期间的防火监控等。

(8) 输送线一旦发生故障进行维修，则骨料运输将会中断，为保证混凝土骨料供应的可靠性，带式输送机的主要设备均考虑了整机备用，并在输送线头部设置一个储量达 45 万 m^3 的半成品骨料堆场，可满足混凝土浇筑高峰期 15 天的用量。

（中国水电顾问集团中南勘测设计研究院　谭建平）

硅粉、缓凝高效减水剂配制高标号抗冲耐磨混凝土在紫坪铺水电站中的应用

紫坪铺水利枢纽 1 号、2 号泄洪排沙隧洞是由导流隧洞改建而成的压力式短进口接龙抬头的深孔明流泄洪隧洞，其龙抬头段分别长为 206.04m 和 198.27m，混凝土衬砌厚 3.5～4.0m。该隧洞工程地质条件差，最高运用水头超过 130m，最大流速达 45m/s，作为枢纽的主要和常用泄洪排沙建筑物，运用频繁。配制高性能的混凝土，控制好混凝土的施工质量，对泄洪排沙洞后期安全运行具有十分重要的意义。经研究，龙抬头段采用硅粉、丙烯酸类缓凝高效减水剂配制 C50 硅粉混凝土，各项物理力学性能满足设计要求，施工质量优良，得到参建各方和专家的一致好评。

（一）配制高标号抗冲耐磨混凝土的条件

要配制高标号的抗冲耐磨混凝土，必须具备以下条件。

(1) 使用矿物掺合料。硅粉是硅铁或金属硅生产过程由电弧炉中的高纯石英、焦炭和木屑还原产生的副产品。硅粉为高活性、无定性 SiO_2 微小颗粒，粒径是水泥粒径的 1/100，可以充填在水泥颗粒之间，并与水泥发生火山灰反应。硅粉作为混凝土的改性材料掺加少量至混凝土中，能显著提高混凝土的耐磨性能和抗空蚀能力，这一特点使硅粉混凝土从 20 世纪 80 年代开始在水利工程中得到大量应用。粉煤灰活性成分为 SiO_2 和 Al_2O_3，颗粒尺寸与水泥相近，具有物理减水作用和较慢的火山灰反应活性。有关研究表明，在混凝土中双掺粉煤灰和硅粉，早期具有更高的火山灰活性，混凝土的早期和后期强度增高，净浆的大孔体积明显降低，能提高混凝土的密实度或抗渗性，提高混凝土的耐磨性能和抗空蚀能力，在工程中应用越来越广泛。

(2) 低水胶比。只有水胶比低，混凝土的孔隙率或渗透性才可能低，因此实际应用的高标号抗冲耐磨混凝土的水胶比常常介于 0.25～0.40 之间。

(3) 采用高硬度的骨料，以提高混凝土的抗冲磨性能。

(4) 使用高效减水剂，并且高效减水剂与水泥的相容性好。

（二）紫坪铺工程配制硅粉混凝土所采用的原材料

1. 水泥　采用峨眉水泥厂生产的普通硅酸盐 42.5 水泥，其物理力学性能满足国标的技术要求。

2. 硅粉　水利部颁布的《水工混凝土硅粉品质标准暂行规定》，规定用于混凝土的硅粉的主要指标为 SiO_2 含量≥85%（控制非 SiO_2 成分的含量）；烧失量≤6%（控制 C 含量和含水量）；45μm 筛余量≤10%（控制粗颗粒含量和混入的杂质量）。紫坪铺工程使用的硅粉为贵州铁合金厂生产，其化学成分和检测结果见表 1，符合水利部颁布的《水工混凝土硅粉品质标准暂行规定》。

3. 粉煤灰　粉煤灰采用成都三瓦窑Ⅱ级灰，检测结果见表 2，满足Ⅱ级灰标准要求。

表 1　硅粉化学成分及检测结果

SiO_2 (%)	Fe_2O_3 (%)	K_2O (%)	Na_2O (%)	C (%)	烧失量 (%)	含水率 (%)	45μm 筛余量 (%)
91.06	1.60	1.76	0.16	0.48	2.36	2	7%

表 2　粉煤灰检测结果

检测项目		细度 (%)	需水量 (%)	烧失量 (%)	ΣO_3 (%)	含水量 (%)
检测标准（Ⅱ级灰）		≤20	≤105	≤8	≤3	≤1
统计量	最大	19.7	104	7.9	2.8	0.7
	最小	18.2	99	4.5	1.1	0.2
	平均	19.3	101.5	6.04	1.7	0.47

4. 外加剂　龙抬头段C50硅粉混凝土的外加剂，借鉴了三峡工程施工抗冲耐磨混凝土的经验，采用了意大利马贝公司生产的SR3型缓凝高效减水剂。SR3型缓凝高效减水剂是含30%丙烯酸改性聚合物的水溶液，可有效地分散水泥颗粒，并延缓混凝土中水化反应，其主要技术特性为：①保持相同坍落度时，可减少用水量，提高混凝土强度，降低渗透性，提高耐久性；②相同水灰比下，可增大混凝土坍落度，并且坍落度损失较慢；③具有低收缩、低徐变与低水化放热率的技术优势。在相同水灰比与坍落度下，可减少水与水泥用量，可降低混凝土水化温升和降低混凝土的干缩，对防止混凝土出现裂缝有一定作用。同时，由于降低了混凝土的胶材用量，增加了混凝土的骨料分量，提高了混凝土的抗冲耐磨能力。

经试验室检测，意大利马贝公司生产的SR3型缓凝高效减水剂，质量满足DL/T 5100—1999《水工混凝土外加剂技术规程》的技术要求，其性能见表3。

5. 骨料　粗骨料采用岷江漂石加工的人工骨料。砂主要为岷江河中的天然砂和用岷江漂石加工的人工砂，在后期使用了一部分由尖尖山料场的石灰岩生产的人工砂。经检测，骨料的各项性能指标满足设计和施工要求。

（三）施工配合比

对C50硅粉混凝土的混凝土配合比进行试验，并结合生产进行了优化和调整，在实际施工中，采用的配合比见表4。

表3　SR3型高效缓凝减水剂检测结果

检测项目		减水率（%）	泌水率比（%）	含气量（%）	抗压强度比（MPa）		
					3d	7d	28d
检测标准		≥15	≤95	≤3.0	≥130	≥125	≥120
检测结果	最大	23	79	2.6	153	147	141
	最小	22	78	2.4	152	147	139
	平　均	22.5	78.5	2.5	152.5	147	140

表4　C50硅粉混凝土配合比

级配	水胶比	砂率（%）	硅粉（%）	粉煤灰（%）	减水剂（%）	坍落度（cm）	每m^3混凝土材料用量（kg）							总胶材（kg）
							水	水泥	硅粉	粉煤灰	砂	小石	中石	
二	0.29	36.0	8	10	0.9	9～12	138	410	40	50	628	476	714	476
二	0.29	36.5	8	10	0.9	12～14	145	430	42	52	622	463	695	500
二	0.29	35.0	6	10	0.9	9～12	149	406	29	48	621	479	718	483
二	0.29	36.0	6	10	0.9	12～14	147	426	30	51	621	461	691	507

（四）硅粉、SR3型高效缓凝减水剂的掺加工艺

1. 硅粉的掺加　在大坝上游青云坪HZ90站旁设一硅粉浸泡池，使用前，提前配制成硅粉固体含量为25%左右的悬浮颗粒浆体，拌料时用泵输送与计量投料。为防止硅粉沉淀，在浸泡池设有搅拌器不断搅拌浆体。硅粉浆体的浓度不宜太高，太高会使浆体黏稠，泵送困难，也不能太低，太低会使浆体的含水量超过配合比所需的总用水量。

为了保证硅粉掺加的准确性，每次硅粉浸泡完后，由试验室测出硅粉料浆的准确浓度，根据浓度算出需掺加硅粉料浆的数量，交拌和站实施。

2. 马贝SR3型缓凝高效减水剂的掺加　该减水剂为溶剂型外加剂，桶装，每桶1000L，重1090kg，在HZ90拌和站旁设一外加剂池，拌和硅粉混凝土时，按胶凝材料0.9%的掺量泵送与计量。

（五）所配制的C50硅粉混凝土性能测试和评价

（1）具有长坍落度保持的特性。为了能保证硅粉和SR3型缓凝高效减水剂在混凝土中分布均匀，拌和时间为90～120s。从所拌制的C50硅粉混凝土看，SR3型高效缓凝剂减水效果明显，所拌制的C50硅粉混凝土坍落度保持较好。对其坍落度在1h内的损失情况进行了测试和统计，具体见表5。现场施工中，当停电、机械故障等异常情况使混凝土输送泵停止运行时，只要在1.5h内恢复正常，泵管一般不会堵塞。若偶尔堵管，只要在3h内处理好，混凝土搅拌运输车内的C50硅粉混凝土都不会结团、粘罐，泵管接通后可继续使用。

表5 C50硅粉混凝土坍落度测试及损失表

时间(min)	编号									
	1	2	3	4	5	6	7	8	9	10
0	15.5	13.0	18.0	15.0	12.8	14.5	12.5	17.9	14.6	12.2
30	15.0	13.0	18.0	14.5	12.5	14.3	12.0	17.6	14.0	12.0
60	14.0	11.8	16.6	13.0	11.5	12.3	11.5	15.5	12.8	11.0

(2) 硅粉具有一定的助泵性能，使配制的C50硅粉混凝土和易性好，易泵送。

(3) 由于掺加了SR3型高效缓凝剂，减少了水与水泥用量，降低了混凝土水化温升和混凝土的干缩，使配制的C50硅粉混凝土本身具有一定的抗裂性能。同时，在施工时还采取了一些温控措施，如高温季节加冰拌和，仓内埋设冷却水管通水冷却，掺加适量钢纤维抑制混凝土表面裂缝等温控措施，使浇筑的C50硅粉混凝土，除浇筑第一段底板1m厚的硅粉混凝土时，表面出现了少量的龟裂纹外，基本没有出现裂缝。

(4) 各项物理力学性能满足设计要求。取样检测，各项物理力学性能满足设计要求，其抗压强度试验结果见表6。

表6 C50硅粉混凝土抗压强度试验结果

设计强度等级	统计量 v	抗压强度(MPa)			标准差 S (MPa)	离差系数 C_v	合格率(%)	保证率 P (%)
		最大	最小	平均				
C50	149	60.1	51.4	55.4	1.82	0.033	100	99.8

(中国水利水电第五工程局 张平 母中兴 舒向东)

洪口胶凝砂砾石筑坝(堰)技术试验应用研究

CSG是一种筑坝新材料，通称胶凝砂砾石，采用胶凝材料水泥和粉煤灰、水与混合料直接拌和。其骨料直接采用不经筛分的混合砂石料，其配合比中胶凝材料用量约80～100kg，而其中水泥用量仅40～55kg。

洪口电站上游主堰设计挡水标准为10月至次年4月时段10年一遇洪水，相应流量为1350m³/s，过水标准采用全年10年一遇洪水，相应设计流量为4180m³/s。经经济技术比较，决定采用胶凝砂砾石(CSG)浇筑该围堰。采用CSG建造用于挡水及过水的围堰，在国内尚属首次。

(一) CSG材料试验

CSG试验材料采用洪口电站大坝上游河床天然砂砾料，砂率为31%，80～150mm的砾石占砾石总量的39%，含泥量为1.02%，其中所含砂的细度模数为2.6。试验用水泥为福建水泥厂生产的"炼石"32.5R普通硅酸盐水泥，粉煤灰为邵武火电厂生产的"富屯"牌Ⅱ级灰，水泥和粉煤灰符合国家相关标准。初拟的5种配合比见表1。

表1 CSG试验配合比

试验序号	胶凝材料量(kg/m³)	粉煤灰掺量(%)	砂率(%)
1	60	50	31
2	70	50	20
3	70	50	31
4	70	50	40
5	80	50	31

试拌中，拌和物略见骨料分离现象，加压振动成型后的试件表面基本密实，个别试件表面底部有一些孔洞，有连通现象。试测 V_c 值为5s左右，容重变化范围为2250～2410kg/m³。

试验表明，同一龄期下，CSG材料强度不仅仅取决于水灰比，还与砂砾石级配、CSG材料中的可碾性指标浆砂比关系密切。相同胶凝材料用量下，CSG材料强度随砂率增大而降低。当采用骨料最大粒径为150mm时，混合料的砂率在20%～27%范围时，强度随砂率增大而降低的幅度较小；砂率在27%～35%时，可适当增加水泥用量来提高强度；砂率大35%时对强度影响较大，CSG的强度随着砂率的增大而明显降低。

CSG强度随龄期增长而增加，对20%和30%砂率的CSG龄期和强度的关系如图1所示。

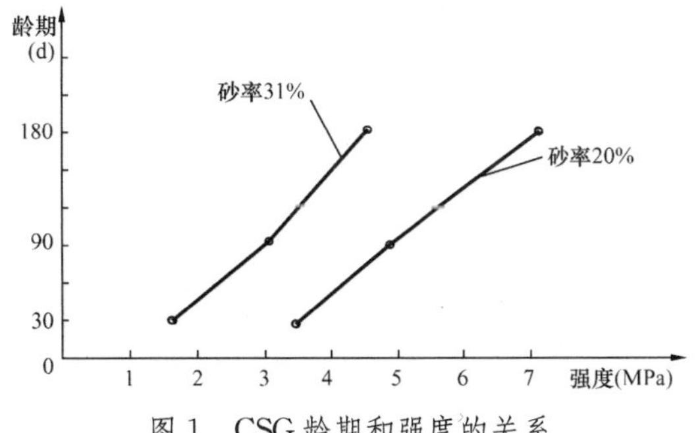

图1 CSG龄期和强度的关系

CSG材料抗拉强度低，变形量小。极限拉伸强度随砂率增加而明显减少，而极限拉伸值变化则不甚明显。180d龄期时，砂率20%、31%和40%时，CSG轴拉强度和极限拉伸值的变化分别为0.78MPa、0.52MPa、0.44MPa，极限拉伸值变化范围为0.70×10^{-4}、0.60×10^{-4}和0.63×10^{-4}（见图2）。

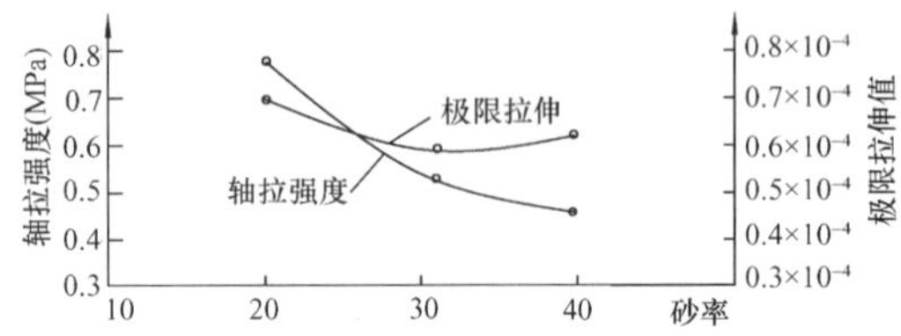

图2 砂率变化和抗拉强度、极限拉伸值关系

抗剪断凝聚力C'随龄期增加而增加，90d龄期时为0.55MPa，180d龄期时为0.89MPa。摩擦系数f'值基本在1.1左右。渗透系数试验结果表明CSG材料的渗透系数在$10^{-4}\sim10^{-6}$数量级间。

（二）围堰设计

堰轴线在平面上呈L形布置，堰顶总长约80m；设计堰高35.5m，堰底宽34.65m；上游坡面1∶0.3，下游坡面1：0.75；不设横缝及纵缝。在堰体上游面0.5～2.5m和基础0.5m厚设富浆区作为防渗层，坝顶50cm厚为C20常态混凝土。

CSG设计物理力学指标，设计压实容重大于2200kg/m³，28d抗压强度大于4MPa，28d抗拉强度大于0.30MPa。胶凝砂砾石混凝土/岩体：$f'=0.7\sim0.8$，$c'=0.4\sim0.5$MPa；胶凝砂砾石混凝土层间：$f'=1.1$，$c'=0.35$MPa。设计要求胶凝材料总量为70～90kg/m³，水泥用量不低于35kg/m³。

（三）围堰施工

1. 碾压CSG混凝土配合比 见表2。

表2 碾压CSG混凝土配合比

配合比编号	水泥(kg)	粉煤灰(kg)	石粉(kg)	混合料(kg)	水(kg)
C40F40	40	40	20	2175	85
C55F45	55	45	30	2105	115
配合比编号	V_c值(s)	砂率(%)	使用部位		
C40F40	5～10	29	57～61.5m高程		
C55F45	5～10	34	61.5～74.5m高程		

根据现场情况，施工中40～57m高程采用C10～C20振捣式CSG混凝土，并埋设块径60cm以上的大块石；57～74.5m高程为碾压式CSG混凝土；74.5～75.5m高程为C20。碾压施工时，混凝土预制块模板边和两岸坡1～2m采用C10～C15振捣式富浆CSG混凝土。碾压式CSG混凝土和两岸坡振捣式CSG混凝土结合部位采用加浆做变态处理。

2. CSG混凝土原材料 水泥采用福建源鑫建材有限公司生产的福源鑫P·O32.5袋装水泥，抽检10次，均合格。粉煤灰采用漳州后石火电厂生产的粉煤灰，抽检6次，均合格。石粉采用罗源石材厂生产的袋装石粉。振捣式CSG混凝土，主要采用河床天然料和进水口开挖料作粗骨料；碾压式CSG混凝土，主要采用导流洞开挖石渣、大坝坝基开挖石渣、进水口开挖弃渣作粗骨料；粗骨料最大粒径达250mm以上。压顶和下游消能坎压顶混凝土采用洪口料场筛分的级配料。砂料主要来源分为洪口1号料场已筛分河砂、天然砂砾料、开挖渣料。

3. 立模工艺 预制混凝土块模板分1m和2m长度两种，高40cm，宽30cm。每块混凝土块用2根ϕ6钢筋作拉条，拉条外露约1m。CSG碾压施工前，为使模板稳定，先在上下游模板边浇筑40～80cm的富浆CSG，待其接近初凝时，再进行碾压施工。

4. CSG混凝土拌制 在现场设立拌和坑，水泥、粉煤灰、粗骨料和砂料采用挖掘机或装载机斗计量并下料，拌和水用水表计量，坑内进行拌和。翻拌次数为6～8遍，以手抓细料能基本黏聚为合格。

5. CSG进仓与碾压 由汽车运送CSG直接进仓、按层厚40～60cm进行摊铺。碾压时按以下参数控制：①V_c值按2～10s控制；②当采用12t双钢轮振动碾进行碾压时，摊铺层厚取40～50cm，无振碾压2遍，有振碾压7～8遍；当采用26t钢轮振动碾进行碾压时，摊铺层厚取50～60cm，无振2遍，有振3～4遍；③层间间隔在10h以内，可直接进行下层铺筑；层间间隔时间在12h以内，可洒净浆后铺筑碾压；层间间隔时间在16h以内，铺砂浆后铺筑碾压；层间间隔时间超过16h，应作施工缝处理。

6. CSG养护 浇筑或分层压实6～18h内专人洒水养护。

（四）质量检测

1. V_c值检测 施工过程V_c值共抽检11次，其值为4.5～9.5s。

2. 容重检测 对松铺层厚40cm、压实层厚约30cm的，采用核子水分密度仪直接打孔检测。对松铺层厚60cm、压实层厚约50cm的，挖深30cm，再采用核子水分密度仪打孔检测。CSG碾压层面下25cm深度容重共测51个点，最大值为2431kg/m³，最小值为2225kg/m³，平均值为2318kg/m³。CSG碾压层面下30cm深度容重共测9个点，最大值为2372kg/m³，最小值为2206kg/m³，平均值为

2291kg/m^3。

3. 抗压强度检测　对现场CSG碾压混凝土共取抗压强度试样63组。3d龄期取样12组，最大值3.8MPa，最小值1.4MPa，平均强度2.3MPa。7d龄期取样20组，最大值5.2MPa，最小值2.5MPa，平均强度3.6MPa。28d龄期取样20组，最大值10.2MPa，最小值4.5MPa，平均强度6.05MPa。28d龄期CSG碾压混凝土强度均超过设计值4MPa，离差系数0.25。模板边富浆混凝土共取28d龄期抗压强度试样3组，最大值17.7MPa，最小值4.9MPa，平均强度10MPa。

4. 抗拉强度检测　28d劈裂抗拉强度试样共取8组，最大值0.95MPa，最小值0.42MPa，平均强度0.65MPa。

5. 抗渗强度检测　28d抗渗强度试样取1组，试压为0.2MPa。

（五）围堰运行情况

1. 围堰渗漏情况　经现场检测，当上游水位为58.5m高程，CSG围堰漏水量约在3L/s左右，上游水位达65.5m高程，CSG围堰漏水量约在10L/s左右，堰前水位达75.5m高程，CSG围堰漏水量约在20L/s左右。漏水区主要集中在左右岸堰端头处，堰基和堰体无明显渗漏。

2. 围堰度汛　2006年6月6日，霍童溪流域因暴雨形成当地的特大洪水，并直接作用于新建好的洪口电站CSG围堰。6月5日16：48，洪水过堰；6日14：00，洪水上涨至83.45m高程，堰顶水头约8m，比设计度汛标准堰顶水头6.5m超高1.5m；6月8日约5：30，洪水退至75.5m高程以下。本次洪水坝址处流量约5400m^3/s，根据设计水文资料和当日下游宁德水文局九都水文站的监测成果，本次洪水为当地接近50年一遇洪水标准。退水后，经检查，堰顶左边1m厚的常态混凝土约40%长度被冲刷，下游面预制块模板局部被冲坏，围堰主体安然无恙，且未发现任何裂缝。围堰漏水量与过水前相应水位时相同。

（中国水利水电闽江工程局　林胜柱　陈振华　王健亮　陈　杰）

景洪电站碾压混凝土取得14.13m长芯

水利水电工程混凝土质量检查的诸多方法中，对混凝土进行钻孔取芯，压水试验，并对所取芯样作物理力学性能检测，是对混凝土质量进行检查的重要方法，也是评定混凝土质量的一项主要指标。在混凝土钻孔取芯过程中，大孔径长芯样的钻取能完全揭示混凝土原状，真实反映混凝土的质量情况，对混凝土密实程度、层面胶结情况等质量的鉴定能提供更为有力的证据。

景洪电站左岸C2标大坝主要采用碾压混凝土浇筑，从2005年8月29日24号、25号坝段并仓开浇以来，景洪建管局、中南监理部及承担施工任务的水电三局景洪施工局，瞄准行业先进水平，根据工程规范、设计技术要求等制定了周全的《大坝碾压混凝土施工组织措施》和详细的《大坝碾压混凝土施工工法》，使入仓、铺料、平仓、碾压、制浆、变态浇筑、冷却管、切缝、养护等工序有章可循，并层层质量把关、检查落实到位。截至2006年9月底，共浇筑碾压混凝土58.7万m^3。

景洪电站碾压混凝土设计强度低，取芯孔径小，工期紧，穿插作业、技术难度大，穿过混凝土层面多。在厂房、大坝碾压混凝土取芯过程中取芯率达98%以上，特别是长芯样的取得证实了景洪电站左岸C2标碾压混凝土工程质量达到了全国同类施工的最好水平。

景洪电站碾压混凝土取芯中采用的是传统施工工艺，钻孔采用Y2-300型地质钻机，钻孔口径219mm。长芯样的取得有两个关键因素，一是取芯部位混凝土浇筑质量好，二是钻工的经验及施工工艺和参数。为此，施工前制定了施工方案和特殊情况处理预案。通常开钻采用低压慢速，确保开孔的垂直度。正常钻进时钻进压力、水量、转速统一调整到最佳状态。采用短岩芯管开孔钻取至一定孔深后，开始取长芯样。长芯样钻取过程中采用了长岩芯管钻进，减少了对芯样的扰动。当芯样长度达到要求后，确认芯样未断，采用整根长岩芯管取芯。取芯时采用合适的卡簧和专用卡簧座，及专用夹具对芯样进行拉断提取。

2006年10月1日8时43分，在景洪电站左岸JH/C2标厂房坝段（19号坝段）碾压混凝土第一孔取芯施工中，使用相应的技术手段强行拉断，获得完整芯样14.13m，芯样共穿过46个层面（其中碾压混凝土热升层39层面，冷升层5个层面，常态混凝土2个层0.7m），层间胶结完整、结构密实、表面光洁、气泡极少、骨料分布均匀，人工、天然骨料清晰可辨，无架空、漏碾等缺陷，打破了2005年9月30日在龙滩电站左岸大坝碾压混凝土保持的长12.67m、直径200mm的全国纪录，是国内目前碾压混凝土最长的芯样。

（中国水利水电第三工程局）

中國水力發電年鑒

7 机电及金属结构

综　合

我国大型水电机组的技术进步

(一) 我国水电建设概况

我国水力资源丰富，居世界第一位。到2006年底，全国水电总装机容量达1.29亿kW，其中80%水电机组是国内设计制造的，水电建设取得重大成就，但仅占技术可开发量的23.8%，远低于世界水电平均开发35%的水平，潜力很大。

我国"十一五"国民经济和社会发展规划中提出积极发展电力，"在保护生态环境基础上有序开发水电，统筹做好移民安置、环境治理、防洪和航运。建设金沙江、雅砻江、澜沧江、黄河上游等水电基地和溪洛渡、向家坝等大型水电站。适当建设抽水蓄能电站。"预计，到2010年水电总装机容量将达到1.80亿kW，按技术可开发量的开发率为33%（这装机容量包括抽水蓄能机组，水资源开发比例应小一些）；到2020年达3.00亿kW，开发率55%，即15年年均水电新装机容量12000MW左右。我国小水电在水电总装机容量中约占三分之一，即大中型水电机组年需量约8000～10000MW。

我国正在建设装机容量1000MW以上的大型水电站19座，总容量约75000MW，其中将安装单机容量550～750MW的大型水电机组近百台，2007年三峡右岸和广西龙滩水电站开始发电，都是单机容量700MW的，这些在建大型水电站将在"十一五"及其后一段时期陆续发电。

为适应电网调峰填谷和改善供电质量的需要，加快发展大型抽水蓄能电站建设是必要的。现在只有广州、浙江天荒坪、北京十三陵等总装机容量5700MW的抽水蓄能电站在运行，只占电网总容量的1.3%，已收到良好的效果。专家认为抽水蓄能电站装机容量应占电网总容量10%左右为宜。在建的抽水蓄能电站有14座共计12750MW，预计到2010年、2020年将分别达到17500MW、35000MW，平均每年需要单机容量300MW抽水蓄能机组6～8台。

(二) 我国水电机组制造技术与生产能力

1951年建立哈尔滨电机厂（现为哈尔滨电机厂有限责任公司，简称哈电），在几位曾在美国Westinghouse和Morgan Smith公司学习回来的工程师带领下，设计制造了中国第一台800kW立式水轮发电机组和3000kW、6000kW水电机组。在苏联专家帮助下，1955年试制完成10MW官厅水电站机组。当时苏联专家来华，中方派人实习和学习，在1959年试制完成72.5MW新安江水电站机组，周恩来总理题词"为我国第一座自己设计和自制设备的大型水力发电站的胜利建设而欢呼"。该机组的试制，为我国培养了一批水电设备制造的技术骨干。1960年以后，中国工厂自行开发设计，1964年制成100MW云峰水电站机组；1968年制成225MW刘家峡水电站机组，1972年制成300MW的5号机组。1958年支援三线建设，建立东方电机厂（现为东方电机股份有限公司，简称东电）。1981年底，我国自主设计制造的170/125MW长江葛洲坝水电机组开始发电，转轮直径11.3/10.2m，至今仍是世界上最大的转桨式水轮机，运行良好。从1978年底，我国政府实行改革开放的政策，我国水电设备制造企业先后与国外企业合作制造了许多大型水电机组，例如，最高水头372m、单机容量150MW、转速333.3r/min鲁布革混流式机组，转轮直径8.3m、单机容量240MW五强溪混流式机组，单机容量200MW水口转桨式机组和单机容量550MW二滩混流式机组等。自主设计了转轮直径8m、单机容量302MW岩滩混流式机组，单机容量400MW李家峡机组（4号发电机采用蒸发冷却技术），转轮直径7.5m、单机容量45MW贯流式机组等。1996年，三峡左岸电站14台700MW水电机组国际招标，要求投标者对经济与技术负全部责任，与中方有资格的制造企业联合设计、合作制造，并向中方转让技术。Alstom与ABB和GE、Voith与Siemens两个联合体中标，分别与哈电和东电合作，进展顺利。2003年、2004年和2005年，分别实现发电6台、5台和3台，运行良好。哈电和东电实现引进、消化、吸收和再创新，掌握了大型水电机组的设计技术，工厂进行了技术改造，建立水轮机水力试验室，已具备良好的开发、设计、制造条件和国际竞争力，在近两年已达3000MW大型水电机组的生产能力。原有中型水电设备制造厂与国外企业合资建设了天津阿尔斯通水电设备有限公司、建在杭州的通用电气亚洲水电设备有限公司、东芝水电设备（杭州）股份有限公司，还有与上海电机厂合资建立的上海福伊特西门子水电设备有限公司，这4家都具有较好的焊接、加工能力，由其母公司提供设计制造技术与管理支持，均能制造大型水电机组。国内还有50多家水电设备制造企业，可以设计制造中小型水电机组。

（三）大型水电机组近年的技术进步

回顾三峡等大型水电机组二十多年的实践，在关键技术上有了显著的进步，简述如下：

1. 提高水轮机的稳定性和可靠性　国内外水头变幅大的大型混流式水轮机，都在某一运行区域内产生较大压力脉动，导致转轮叶片产生裂纹，只好避开振动区运行。三峡左岸水轮机模型试验表明，在高部分负荷区存在压力脉动带，业主和设计院经研究后在三峡右岸机组招标文件中抬高了额定水头，哈电和东电悉心研究、反复试验，消除了高部分负荷区的压力脉动带，减少了各种工况下的压力脉动值，做到运行区内无空蚀、无叶道涡，提高了水力稳定性，其中哈电获得具有自主知识产权的L型叶片转轮创新成果。1996年外商投标三峡左岸水轮机的模型转轮最高效率达94.59%，当时国内要低1～1.5个百分点；消化吸收引进技术再开发后，我们已达到了国外同等水平。哈电最近为贵州构皮滩水电站600MW机组开发的模型转轮，按要求在瑞士洛桑中立水力试验台最终试验结果，模型最高效率达到了95.17%。应用已有的先进加工设备，我国制造的大型混流式水轮机已具有国际竞争力。

2. 提高推力轴承运行的可靠性　1981年，葛洲坝170/125MW转桨式水电机组推力负荷3800/3300t，为自主设计单个弹簧油箱支撑结构、水冷巴氏合金瓦，后改为塑料瓦面材料。1993年，福建水口水电站200MW转桨式机组，哈电与日立联合投标采用平衡梁两点支撑结构、巴氏合金瓦，承载4100t，运行良好。1996年，三峡左岸700MW水电机组引进ABB技术，采用多点圆柱销支撑结构、巴氏合金瓦，承载5520t，曾在哈电3000t推力轴承试验台上做过巴氏合金瓦的真机参数试验，保证真机可靠运行；引进GE技术采用多个小弹簧簇支撑结构、巴氏合金瓦，承载4850t，都已正常运行。二十多年前，从前苏联采购了塑料瓦，替代了国内许多水电站的巴氏合金瓦，运行良好，并取消了启动停机时的高压油系统，受到用户的欢迎。国内供应的水电机组多数已采用塑料瓦，并在研究扩大应用范围。国内已掌握推力轴承的润滑机理与计算，博采众长，选定支撑结构，能够做到可靠运行。

3. 发电机定子线棒绝缘的研究　20世纪60年代，全世界发电机定子线棒主绝缘技术进步到B级。以美国GE公司及其技术流派（英GEC、瑞典ASEA、意大利Asgen、日本日立、东芝、前苏联电力工厂等）采用玻璃丝带与含有固化剂的树脂制成多胶粉云母带，包扎主绝缘后挪在架子上放入罐中，注入沥青为介质加温液压使绝缘固化，清理后外包石棉带涂半导体漆做防晕层。哈电沿用多胶技术在盐锅峡发电机定子上用了1/4做试验（俗称黄绝缘），汽轮发电机也同样多胶液压，后因形状不好，产生端部绝缘磨损而改为模压。水电机组从葛洲坝开始研制成多胶粉云母带与半导体层一次模压成型技术，从线棒制造、下线、工地安装、运行，没有发现绝缘击穿，沿用至今，国内已普遍应用。以美国西屋公司、瑞士BBC、德国西门子公司及其技术流派（日本三菱、富士公司、意大利马列利公司等）采用少胶粉云母带包扎主绝缘后挪在架子上放入罐中，抽真空注入树脂浸渍加压加温固化，即VPI工艺。世界上高压定子线棒主绝缘采取多胶、少胶两种绝缘工艺，具有同等绝缘性能，不存在孰优孰劣的差别，有人认为少胶VPI工艺优于多胶液压工艺是一种误解。国内多胶模压工艺是一项创新，线棒外形优于液压。三峡左岸发电机引进ABB和西门子技术，其定子线棒主绝缘都是少胶VPI工艺Micadur和Micalastic专利，当时哈电、东电都是多胶模压工艺，商得外商和中国长江三峡工程开发总公司同意，经过技术攻关，在额定电压20kV，达到与国外相同的4.6mm单边绝缘厚度，将线棒分别送到外商厂家做电气与寿命试验，完全达到外商技术标准，分别供应三峡左岸电站三台和两台定子线棒，经受了安装下线与运行的考验。由外商担负技术责任的大型发电机采用国产定子线棒是历史上首次。两厂继续攻关，现已完成24kV多胶模压工艺和少胶VPI工艺定子线棒的研制，已经掌握大型水轮发电机的定子线棒的制造。

大型水电机组的自主研发除上述三项关键技术外，还掌握了500t级大型混流式转轮加工焊接热处理和静平衡技术、大部件强度与刚度的计算、轴系稳定性计算、发电机电磁设计、通风冷却计算与试验等关键技术，有老中青相结合强有力的技术队伍，有经过技术改造的先进装备，正在为三峡右岸、龙滩、拉西瓦、瀑布沟、构皮滩等水电站制造550～700MW大型水电机组。哈电开发的具有自主知识产权的全空冷700MW水轮发电机应用在三峡右岸和地下电站及龙滩、小湾等水电站，即将投入运行，东电与中科院电工所合作开发的700MW蒸发冷却水轮发电机将应用于三峡地下电站。有关部门规划在200m水头段的水电站采用单机1000MW的水电机组，依托工程是金沙江下游的白鹤滩和乌东德水电站，正在研究制造的可行性，可以减少装机台数，降低电站造价，将是大型水电机组自主创新的新成果。也为将来开发西藏雅鲁藏布江墨脱水电站、非洲刚果（金）刚果河印加水电站各装机40000MW的水电站、提供大型水电机组做好技术储备。

近几年，国内一重、二重集团、鞍钢重型和大起公司完成了建设大电炉和真空精炼炉的技术改造，装备能力达到国外同等水平，经过科技攻关，在超低碳高纯净度不锈钢冶炼和铸造技术方面，也达到了国外同等水平，制成的大型水轮机转轮铸件已达到国外制造的技术条件。鞍钢轧制的60mm厚的极限强度600MPa的钢板已经用于三峡右岸水轮机蜗壳和压力钢管。国内新投入的大型轧机应用精炼钢水也可提供200mm厚的抗撕裂钢钣。国内已可陆续供应大型水电机组的配套材料。

我国水电设备制造企业要不断学习先进技术和管理经验，实现大型水电机组的技术创新，使大型水电机组制造技术取得更大的进步，为国内外水电建设做出更大的贡献。

（哈尔滨电站设备集团公司　梁维燕）

三峡机电工程设计的技术进步

三峡机电工程设计是整个枢纽设计的重要组成部分，设计范围不仅包括目前世界上最大的水电站，还包括泄水闸、双线连续五级船闸等永久建筑物，梯级调度及与多区域电力系统的连接，规模巨大、涉及面广、技术复杂，很多问题在国内外是首次遇到。要使机电工程设计达到当今世界一流水平，必须把握好机电工程设计的全局，掌握机电设计的特点和难点，在大、新、稳上做文章。国家重视三峡工程重大技术问题的解决和创新，组织国内各方力量进行了二百多项重大科研，其成果已成功地应用在三峡工程机电设计中，现将主要技术进步简述如下：

（一）700MW水轮发电机组

水轮发电机组是三峡发电工程中的关键设备，它的好坏直接影响到发电工程的成败，经历了半个多世纪的开发研究。在初设阶段，随着科学技术的进步并结合规划、枢纽总体布置、国内外机组和电气设备制造的可能性、电力系统运行等方面进行全面论证后，在设计上首先进行了突破，长江勘测规划设计研究院（以下简称长江设计院）提出单机容量由680MW改为700MW，经审查批准。三峡机组具有单机容量大、水头变幅大、过机水流含有一定泥沙和启停频繁等特点，要选择和制造这样的机组，不仅是对工程设计的挑战，也是对世界机电制造业的挑战。

1. 水轮机　进行了二十几项重大科技攻关，确定了机组主要参数、机组主要尺寸和结构、辅助设备的配套、刚强度标准等。在右岸电站，长江设计院会同国内制造厂，又深入研究了额定水头、转速等参数与机组稳定性关系，将额定水头由80.6m提高到85m。这有利于提高机组的稳定性，发电量虽稍有减少，但工程可以接受。通过优化设计，经模型试验验证，成功降低了三峡右岸电站水轮机压力脉动幅值，基本消除了高水头部分负荷区特殊压力脉动峰值带。在国内首次提出了按水头、负荷分区对水轮机尾水管、无叶区等各测量部位压力脉动幅值的量化考核稳定性指标；为拓宽高水头工况机组稳定运行区域，采取强迫补气等措施，发电机设置了8%（额定容量）的最大容量。这些研究成果为国内自主研发700MW级巨型水轮发电机组奠定了基础，促进了行业的技术进步，并被国内其他大型水电站所应用。

2. 水轮发电机　由于发电机设置了最大容量，设计容量从778MVA提高到840MVA，是目前世界上容量最大的水轮发电机。除科学合理选择型式和参数外，设计重点研究解决冷却方式、推力轴承等重大技术问题。

（1）冷却方式。由于机组启、停频繁，从减少铁芯翘曲变形、线棒纵向温度均匀分布及有较成熟运行经验等方面考虑，左岸电站14台水轮发电机全部采用了半水内冷方式。采用半水内冷方式，安装调试和运行维护相对复杂；纯水装置及相应管路系统需占一定空间，坝后式厂房空间较大，布置易解决，但地下厂房空间相对窄小，布置有困难。随着冷却技术的进步，经论证，右岸电站840MVA水轮发电机首次选用了全空冷方式。经过工业性真机局部模拟试验，初步解决了我国具有自主知识产权的蒸发冷却技术应用在700MW级水轮发电机上的关键技术问题，准备在三峡地下电站采用。巨型水轮发电机可能选用的三种冷却方式在三峡水电站都得到了使用和研究，这既是冷却技术的进步，也为今后巨型水轮发电机冷却方式的选择提供了科学依据。

（2）推力轴承。推力轴承是支撑机组转动部件的关键部件，20世纪在国内由于推力轴承烧瓦故障而导致机组不能正常运行的情况时有发生。在经计算并综合研究了国内外各制造厂提出推力负荷值的基础上，从安全出发，推力负荷按6000t等级进行攻关。当时世界上最大推力负荷美国大古力水电站700MW水轮发电机组为4700t，国内最大推力负荷葛洲坝水电站170MW水轮发电机组为3800t。在各设计研究阶段对推力轴承承受的推力负荷、瓦块材料、支撑方式、冷却系统和推力轴承布置等方面进行了长期的设计研究。

3. 机组与厂房结构相关问题的研究　机组靠厂房结构支撑，要安全稳定运行必须研究机组与厂房结构密切相关的问题。

(1) 电站抗震研究。在左岸电站水轮机模型验收试验中发现，在高水头区部分负荷时存在特殊压力脉动带。对其是否会激发厂房结构局部共振问题，长江设计院会同有关院校，在国内首次对厂房结构的动力影响进行了仿真计算；并在 135～139m 水位，在机组运行工况下对厂房结构振动进行了实测。结果表明动力影响的计算结果与监测结果基本一致，振动应力和位移都在设计的安全范围内，一般不会产生共振；当高水头区部分负荷产生特殊压力脉动值过大时，有可能激发发电机层楼板和风罩产生共振，机组避开这个不稳定运行区，也就避免了共振。

(2) 蜗壳埋设方式。三峡水电站蜗壳最大断面直径达 12.4m，*HD* 值达 1730m，蜗壳外径 34.83m，容积约 6000m^3，是世界上混流式水轮机最大的蜗壳。流道和蜗壳外围混凝土结构受力复杂，而钢蜗壳的埋设方式关系到流道、外围混凝土结构和厂房整体结构的动、静力特性，对结构安全、机组稳定运行等有着直接影响。对巨型蜗壳的埋设方式一般有三种，即保压浇筑、垫层浇筑和直接浇筑，究竟采用何种浇筑方式，国内各方专家意见不一。对左岸电站 14 台蜗壳借鉴国外工程实践经验并从有利于减小机组振动出发，采用了保温保压浇筑方式。工程实践表明，这种浇筑方式在施工过程中需增加闷头、密封环、保温保压装置等辅助设施，施工程序多，既延长直线工期又增加费用，在地下厂房中要实施该方案存在较大的困难。为了适应三峡地下电站和金沙江一批大型地下电站建设的需要，需研究巨型蜗壳采用弹性垫层、直埋的埋设方式。长江设计院会同有关高校、研究所和机组制造厂，对保压、垫层、直埋等方案的结构动力特性进行同等深度的对比研究；对垫层方案的敷设范围和弹性垫层主要性能参数进行优化，按线性和非线性对直埋方案的配筋进行了计算，并进行了物理模型试验。通过上述试验研究解决了巨型蜗壳三种存在的关键技术问题，目前这三种埋设方式在三峡右岸电站中都在应用中。

(二) 三峡—葛洲坝梯级联合调度的综合自动化系统

三峡—葛洲坝梯级联合调度的综合自动化系统具有监控对象多、涉及面广、功能齐全、可靠性和实时性要求高、技术复杂而先进等特点，涉及 53 台机组、总容量 2511.5 万 kW 的 5 个电站厂房，4 座 500kV 升压站和 1 座 220kV 开关站，集中控制的各类泄洪、排漂及冲沙闸门共计 75 扇，3 座一级船闸、1 座双线连续五级船闸和 1 座升船机，同时还必须准确、及时收集枢纽控制流域内的雨情、水情、气象等信息。为实现这个目标，对综合自动化的总体方案进行了长期多个方案的研究比选，最后设计采用了以梯级调度为中心，下设左岸电站（含泄水闸控制）、右岸电站、地下电站、西坝三峡总公司、葛洲坝枢纽、双线五级船闸、升船机、消防指挥中心等分系统，根据不同情况在分系统下设相应的现地子系统，具体涉及到计算机监控和监测、枢纽内外通信、继电保护、故障录波、消防报警、工业电视等。经 2003 年三季度投运以来的实践表明，运行情况较好，实现了设计目标。

(三) 电气设计

1. 电气主接线　电气主接线设计除考虑通用设计原则外，还必须遵守如下的设计原则：①为了限制短路电流和有利于电力系统稳定运行，左、右岸电站间在 500kV 电压级无直接电气联系，即左、右岸电站各自运行；②从电力系统安全出发，在严重故障情况下，应尽量减少切机台数或线路数，如发生双重故障时，一般不应切除多于两回线路或二组发电机变压器组合单元；③一台断路器或一条母线检修时，不影响连续供电，在任何情况下，不允许全厂停电；④适应三峡电站担任电网调峰，特别是枯水期一般以调峰运行为主，应有可靠的厂用电源。按上述原则重点对发电机和变压器的组合方式及 500kV 侧接线进行了多种方案比选，从安全可靠、调度灵活、场地布置紧凑、方便运行、设备先进和造价合理等方面考虑，选用了单机单变、两变一线、500kV 母线装设分段断路器的一倍半接线。

2. 主要电气设备的选择　三峡工程所采用电气设备的电压等级有 0.4kV、10kV、20kV、35kV、500kV 等，电气设备种类多且量大。主要电气设备包括发电主回路 26kA 大电流离相封闭母线、三相 500kV 升压变器、500kV GIS 配电装置等设备型式和主要技术参数，从工程综合设计最优运行选配参数如下：

(1) 离相封闭母线。主回路额定电压 20kV，最高电压 24kV，额定电流 26kA，额定频率 50Hz；三相短路电流 160kA；额定峰值耐受电流 440kA，额定短时耐受电流 160kA，额定短路持续时间 2s，外壳采用一点接地方式。

(2) 变压器。额定容量（低压侧电压降低 5%并在各分接头下）840MVA；三相强迫油循环水冷；额定频率 50Hz；高压侧额定电压 550－2×2.3%kV；低压侧额定电压 20kV；联结组别为 Yn，dn；阻抗电压 16%；中心点接地方式为经小电抗接地。

(3) GIS。额定电压 550kV；三相；额定频率 50Hz；额定电流，联合单元回路一倍半接线及出线回路 2000A，主母线及母线分段开关设备 3150A；额定开断电流 63kA；直流分量衰减时间常数 120ms，额定短时耐受电流 63kA，额定短路持续时间 2s，额定峰值耐受电流171A。

（四）双线连续五级船闸电力拖动及控制

双线连续五级船闸一般分别采用单向过闸方式，即一线作上行，另一线作下行；在一线检修时，另一线采用单向成批过闸，定时换向运行，故要求两线均能双向过闸。船只进出相邻两闸室的必要条件是两闸室水位齐平连通并有足够的通航水深，根据上游水位变化采用不同的运行级数时，需进行补水或不补水控制。为了实现单向年货运量5000t目标，船只过闸必须在预定的时间内，一级一级连续不断的进行。要使船闸安全畅通，需解决人字闸门、充泄水阀门的电气传动控制、船闸整体运行监控、船舶探测和水位监测等关键技术问题。

1. 人字门和输水阀门电气传动及控制　船只进、出闸室，是通过闸首人字门的关、开并控制相邻闸室水位的输水阀门的关、开来完成。单扇人字门高为38.5m，宽为22.01m，重850t，最大淹没水深36m。人字门由直连式液压启闭机进行启闭操作，采用合理的运行曲线，并通过可以灵活改变控制程序、性能稳定、控制功能强大、适合于恶劣环境下工作的无触点可编程序控制器（PLC）进行控制。输水阀门也由液压启闭机操作。由于每闸首一侧的一扇人字闸门和一扇输水阀门工作时间的不同，两者共用一个液压泵站，控制合并，减少工程投资。输水阀门的开启和关闭时间直接影响到闸室充、泄水的超灌量，运行时间的控制十分重要。为了将人字门前后正向水位差减少到允许的数值，一般采用提前关闭输水阀的措施，提前时间经调试确定。

2. 船闸整体运行集中自动监控　在设计研究永久船闸整体运行集中自动监控系统时，考虑了双线连续五级船闸级数多、运行方式多变、距离长达1.6km、过闸程序复杂、设备数量多且分散，环境条件较差（湿度和温差大，又是多雾地区）等特点。经多方案论证研究，计算机监控系统采用多层分布式控制结构，整个系统分为现地控制层（设24个现地站）、集中控制层、信息管理层，配备了工业电视、船舶探测、水位监测、通航指挥信号、通航广播指挥、通信、数据采集等系统，以全面监测船闸运行工况。为了监测相临闸室的水位，在每个闸门的上、下侧一线船闸共设置了12个水位计井，采用在40m水头范围内测量误差控制为±1cm的压力式传感器测量水位。在船只过闸过程中，只有正确判断该闸室内的船只已全部上行或全部下行到比邻的闸室后，才能进行关闭或开启相应的人字门。闸室有、无船只的正确判断十分重要，为此对工业电视成像技术、激光探测技术、雷达和微波探测技术、非致冷热像仪探测技术等进行试验研究，工程中采用了工业电视成像技术，在全天候下误判率为万分之一。

三峡工程的机电设计是一项继往开来、开拓创新的工程。2003年三峡工程实现了（135m水位）蓄水、通航、发电三大目标，2005年9月左岸电站14台700MW水轮发电机组全部投产发电，2006年10月坝前水位蓄至156m。几年来运行情况良好，工程巨大的综合效益逐步发挥，实现了三峡机电工程的设计目标，使水电行业机电设计技术向前跨进了一步。

（长江勘测规划设计研究院　袁达夫　邵建雄　刘景旺）

哈电水轮机产品设计先进技术

哈尔滨电机厂有限责任公司（简称哈电）的水轮机设计始于20世纪50年代初，早期主要是模仿美国摩根史密斯公司（SMS）和前苏联列宁格勒金属工厂的设计资料进行设计。水轮机技术的发展从20世纪到今天已经历了四个阶段：60年代填补空白起步阶段；70年代独立自主的实际研究设计阶段；80年代与国际交流开放阶段；90年代以来适应市场研究开发阶段。自20世纪80年代改革开放以来，通过与国外著名公司的技术合作、技术引进和自行科研开发，特别是通过三峡工程项目和抽水蓄能电站项目的技术引进及相应的技术改造，水轮机的科研、设计和制造技术有了高速的发展。

（一）产品设计的技术进步

设计计算方面，通过采用国际通用商业软件、引进转化的国外先进软件、自主研制开发的专用软件等，构筑完善的计算分析功能，全方位支持产品研发设计。与高校合作开发的水轮机方案设计系统，包括了初步设计分系统、结构设计分系统、投标方案图设计支持分系统和投标技术文件自动产生分系统；建立了投标方案工程数据库；与现有的PDM系统及其他相关系统进行集成的投标软件进行前期论证和投标设计，以标准计算和统计分析确定机组性能参数及部件重量。施工设计中，采用IDEAS绘图软件进行二维、三维相结合的结构设计和动作分析。通过对复杂装配部件的三维造型设计，可做到预检装配尺寸、避免动作干涉和装拆受限、精确计算复合曲面面积及相应体积、及时调整运输、吊装方案；采用IDEAS和ANSYS软件，进行大型环形部件刚强度分析和局部应力集中分析；采用引进转化的计算软件进行自平衡静压主轴密封性能计算。轴系稳定计算方面，在考虑支撑刚度、轴承油膜刚度、电磁拉力、陀螺效应和剪切变形等因素的基础上，开发编制了水轮发电机组轴系振动分析程序，不仅可以进行正常工况临界转速计算，而且能进行网机藕合计算，确保电网处于非正常干扰时的轴系稳定。

（二）水轮机选型设计

开发了自动化、智能化的水轮机选型设计专家系统，在归纳和总结已建电站设计经验和设计思想的基础上建立了候选知识库。该系统支持设计知识、设计经验、设计模型的保存、利用以及规范化设计思想的实施，融入了哈电几十年的产品设计方案和设计思想，总结了哈电工程师成功的设计经验。通过人机交互的方式，可以根据每个电站的具体条件，快速的作出多个方案的比选工作，自动生成选型、投标和施工设计各个阶段的水轮机模型和原型的特性曲线、关键尺寸和参数，对各个方案的参数进行比较、分析和修正即可快速的得出理想的方案参数。

在过渡过程计算方面，哈电也进行了深入的研究开发工作，针对近年来建造的一些引水管路系统布置方式比较复杂的电站（如，伊朗KARUNⅢ水电站，每支引水管路系统中包含4台机组，不仅含有异径连接管路、分岔连接管路，还包括2个上游调压室和4个尾水调压室），常规电站的计算系统已不适用于该类引水发电系统的过渡过程分析，为此自行开发并完善了引水发电系统过渡过程计算分析软件。该软件成功地解决了复杂引水发电系统过渡过程计算难题；实现了包含引水隧洞、上下游调压室、异径连接管路、分岔连接管路、水轮发电机组、调速器等在内的整体数学模型及其边界条件的联合计算。通过独立设计白山、回龙抽水蓄能电站机组和抽水蓄能“统一招标”项目的技术引进，解决了抽水蓄能电站水泵水轮机过渡过程、压水调相、工况转换、变频启动等关键技术问题。

（三）混流式水轮机设计

哈电独立设计制造的混流式机组涵盖了高水头（$H\approx330$m）、高转速（$n=1000$r/min）、大尺寸（$D_1=10.4$m）、大容量（$P_r=700$MW）等多种机型，并先后出口美国、日本、土耳其、伊朗、印度、越南、菲律宾、巴基斯坦、缅甸、老挝、柬埔寨、尼泊尔、刚果等近20个国家。通过对外合作、技术引进和自身不懈努力，哈电在混流式水轮机设计技术方面已经跻身世界先进行列。

1. 转轮刚强度分析　拥有成熟的计算和判定标准，处于国内领先地位，达到国际先进水平：①分别对两大商业软件I-DEAS和ANSYS进行了二次开发，在对转轮进行刚强度以及动态特性分析时，可由计算机自动建立模型和施加载荷等边界条件，提高了转轮刚强度和动态特性的计算精度；②运用ANSYS软件，结合流场分析，可以确定转轮动应力幅值和转轮高应力区域（峰值应力）的真实应力水平，为转轮的疲劳分析提供可靠依据；③建立了转轮数据库，掌握了降低转轮应力水平和改善转轮动态特性的方法，可以有效地防止转轮叶片产生裂纹和机组运行过程中产生异常振动。

2. 转轮的主要结构特点　针对当前行业内出现的转轮裂纹问题，叶片材料选用VOD精炼铸件，通过研究转轮子模型应力计算结果，在叶片进出水边与上冠和下环相交处采取优化补强的方法，降低局部静应力和动应力。对于受运输条件限制的大型转轮，为保证优良的水力性能，采用散件运输、工地焊接加工方案，现场制造整体转轮。为减少上冠、下环现场组焊焊接量、降低热应力影响，在构皮滩机组转轮的设计中，依据断裂力学理论，准确计算部分焊透焊缝的连接强度，在有效控制应力和变形的同时又确保强度安全。通过大型CAD软件对叶片进行展开计算，根据不同模具尺寸和不同锻造工艺，模拟金属冲型的效果，利用有限元计算方法和弹性理论，动态模拟热过程中的压力中心和压力吨位等手段，实现转轮叶片用不锈钢钢板热模压成型。

3. 主轴连接　主轴与转轮采用高强度螺栓连接，可选用销钉、销螺栓、套、方键、摩擦力等多种方式传递扭矩。采用液压拉伸器、液压扭矩扳手、电加热器等方式精确控制联轴预紧力。在摩擦力传递扭矩方面，哈电经过近二十年试验研究和实际应用，总结开发出一套成熟的先进技术，并应用于一批大型机组。通过在主轴、转轮连接表面喷涂专门配置的金属摩擦剂，并采用精确预紧力预紧的方式，实现利用摩擦力传递扭矩，从而使转轮与主轴制造摆脱了同钻铰、研配键槽等工艺要求，具备了互换性。

4. 主轴密封　近年来根据水头高低、机组尺寸、运行工况、泥沙含量等因素，设计了多种成熟的密封形式，包括轴向自平衡密封、轴向水压密封、径向间隙密封、径向弹性环水压补偿密封等。掌握了不同密封结构的性能试验数据或理论计算方法，能够对密封间隙、漏水量、补偿力等性能参数之间的关系给出定量数据，从而在设计、制造、安装、运行、维护等各环节保证密封质量。径向间隙密封，维护简便，抗泥沙、寿命长，非常适用于多泥沙电站和高水头机组；径向弹性环水压补偿密封，结构简单，维护、更换方便，成本低廉，广泛应用于中小型机组。轴向自平衡密封应用于大型混流、蓄能等多种机型，与传统常规密封相比，其泄漏量小、补偿量大、使用寿命长，尤其是具有根据被密封水的压力波动自动平衡压差、自动调解密封间隙的独特优点，是其他密封结构所不具备的。哈电通过反复深入的理论分析和试验研究，对此密封结构的关键技术参数，如控制水压力、控制水用量、密封动态间隙、密封泄漏量、弹簧补偿力、节流片孔径等，已可进行精确计算、定量优化，实现了运行中进行密封性能参数的定量控制、调节。

（四）轴流式水轮机设计

经过几十年的努力，已经取得了长足的进步，全面掌握了轴流式水轮机的关键技术并有所发展，继葛洲坝电站水轮发电机组（转轮直径 10.2m，单机出力 125MW）获得国家金奖之后，研制了世界上单机出力最大的水口电站高水头轴流转桨式水轮机（转轮直径 8m，单机出力 200MW）和世界上五叶片转轮直径最大的乐滩轴流转桨式水轮机（转轮直径 10.4m，水轮机功率 156MW）等一批具有代表性的典型产品。

1. 转轮设计

（1）叶片的材料选用具有良好抗空蚀、磨蚀性能的马氏体不锈钢 ZG0Cr13Ni4Mo（相当于 ASTM A743M-88a 中的 CA6NM）。铸件采用 VOD 炉精炼，材料的冲击韧性有明显的提高，可以有效地防止叶片裂纹的发生。叶片采用全数控加工，提高了表面质量和叶片的疲劳强度，并有利于防止疲劳裂纹的萌生。

（2）叶片与枢轴之间采用合理的过渡方式，使应力集中降到尽可能低的程度，从而更好地防止叶片裂纹的发生。对叶片不仅考虑其静强度而且还考虑水下疲劳强度和动态特性，以确保叶片具有足够的刚强度、不致产生裂纹。

（3）转轮室与叶片之间的间隙减小至转轮直径的千分之零点五左右，叶片外缘加裙边，以提高容积效率、改善间隙空化性能，并提高稳定性。

（4）对转轮体内操作机构各部件按照疲劳强度进行设计。轴瓦采用了具有高承载能力的新型材料，解决了传统材料磨损快的问题。

（5）采用特殊的叶片密封结构，具有结构简单、安装方便、密封可靠性高等优点，彻底解决了叶片密封漏损问题。

（6）优化转轮安装方式，叶片上不开孔，以保证叶片的完好性、防止叶片出现局部空化。

2. 主轴密封和受油器

（1）主轴密封采用自行研制的径向密封结构且密封块采用高分子材料，此结构简单、寿命长，安装和维护方便，并有效地解决了轴流式水轮机抬机和尾水位变化大对密封的影响。

（2）受油器采用压力平衡式浮动瓦结构，有效地解决了高油压情况下浮动瓦的浮动问题。

（五）贯流式水轮机设计

哈电自行设计制造的第一台灯泡贯流式机组是广东江口水电站 20MW 灯泡机组（转轮直径 6.4m），于 1998 年投产运行。在此基础上，同日立公司合作承担湖南凌津滩水电站和湖南洪江水电站大型灯泡贯流式机组设计制造合同，其中洪江（5 台，机组出力 45MW）水轮机容量居该机型国内首位；通过与奥地利安德里兹公司合作，共同承担湖南株州航电 5 台（转轮直径 7.5m）大型灯泡贯流式机组的设计制造合同，其转轮直径居国内首位。近年来，自行设计制造了木京、春水、丰海、鸭姆潭、康扬、下福、富金坝、红花、长州、大顶子山、炳灵等水电站的大中型灯泡式机组。2004 年承担了 6 台出口印度竹拉兰电站单机出力 39MW 的大型灯泡贯流式机组设计，标志着哈电的贯流式水轮机设计达到了国际水平。

1. 转轮设计　叶片与枢轴分别铸造然后用螺钉及销连接，这种结构方便了叶片及枢轴本身的铸造和加工，并可减小水流方向水轮机吊物孔的尺寸，有利于提高机组稳定性。在叶片的外缘侧设置一定高度的裙边，对防止叶片与转轮室的空蚀起一定作用，并由于裙边的自调心作用，有利于减小水导摆度。在转轮叶片操作机构方面，江口灯泡式机组采用了利用活塞上、下运动带动传动机构动作而使叶片转动的“充压式”结构，即整个转轮体内腔承受的是高压油；近期基本采用缸动式操作结构，由于接力器布置在转轮体内的下游侧，故可减少转轮至水导轴承间的悬臂距离。在叶片的密封结构方面，通过消化引进技术采用“D”型密封结构，采用耐油耐磨优质橡胶，性能稳定可靠、寿命长；可直模压制，沿直线呈 45°方向切割后模粘成圆，制作简单，装拆更换方便，在密封的径向和轴向给出合适的压紧量后，便可获得优良的密封性能。

2. 主轴密封　有平板密封加 L 形密封、水压浮动环式密封、双 L 形密封、径向弹簧力补偿扇形瓦密封多种密封形式可供选择。平板密封加 L 型密封为哈电在技术引进的基础上进行开发创造的主导密封型式之一，具有性能可靠、漏水量小，并可在多泥沙电站应用的优点。水压浮动环式密封为哈电专为多泥沙电站自行设计开发的密封型式，具有补偿量大，密封可靠的优点，已在多泥沙电站成功应用。哈电自行设计开发的双 L 形密封在日立公司作真机尺寸性能试验后，首次在洪江水电站上成功应用，具有结构简单、安装运行维护方便、密封效果优良的优点。径向弹簧力补偿扇形瓦密封，是哈电的优势密封结构之一，具有随动性好、补偿量大、运行维护简单等突出优点，可针对密封漏水量及润滑冷却水供水量进行定量分析、计算。

3. 强度　灯泡贯流式水轮发电机组在重力和浮力作用下，固定部件将发生倾斜，直接影响到轴承的布置。在设计阶段采用有限元法确定部件的倾斜量，对整机固有频率和固有振型（模态）进行计算，包含水导轴承的前后摆动、发电机进人竖井的前后摆动、发电机进人竖井圆形断面的梅花瓣振动、定子上游侧环板的各阶振动等局部振动模态。

（六）可逆式水泵水轮机

2000年，哈电承担了由日本日立公司作为水力设计技术支持方的2台60MW回龙抽水蓄能电站机组设计制造合同，标志着哈电在水泵水轮机从科研走向了具体实施阶段。2002年哈电签订了2台150MW（转轮直径5.22m）白山抽水蓄能电站机组的供货合同，标志着哈电在水泵水轮机技术方面又从中型向大型方面跨进了一大步。2002年哈电作为GE公司的分包方承接了2台300MW韩国青松水泵水轮机、ϕ2.8m进水球阀及辅助系统机械部分的设计制造任务，两台机组中除转轮和主轴密封外，其余部分均由哈电供货，设计分工方面为GE公司提供概念设计，由哈电完成施工设计。2004年与法国ALSTOM公司签订了宝泉、惠州和白莲河打捆招标项目的技术转让合同和分包合同，ALSTOM公司全面负责水泵水轮机设计技术转让，通过技术转让、人员培训和全套设备的制造及现场调试，哈电将自身的经验和国外先进的技术结合起来，并通过主承包的蒲石河4×300MW水泵水轮机的项目实践，完全能够按国际水平自行设计单机容量300MW级可逆式水泵水轮机。

（七）冲击式水轮机

哈电自1953年首次为东川水电站制造了3台容量为0.8MW的卧轴冲击式水轮机后，经过五十多年的发展，已为国内外几十个电站设计制造了卧式及立式冲击式水轮机，所设计制造的冲击式水轮机最大水头为843m，最大额定功率为123MW。

哈电已开发了先进成熟的内控式直流喷管，此种喷管的接力器布置在顺着水流的壳体内，减少了水力损失、改善了射流组织并减小了水轮机尺寸。对各种喷嘴形式在模型装置上进行了水力试验，结果表明采用85°/55°喷嘴/喷针角度配合比其他角度的喷嘴/喷针角度配合的最优效率高0.3%；另外，采用85°/55°的喷嘴/喷针角度配合有利于直流喷针的布置。对于水头500m以下的清水电站，采用1Cr13锻造不锈钢制作喷针头和喷嘴口、过流表面粗糙度不大于1.6μm，即可做到10～15年不拆换；对于水头高于500m的清水电站及多泥沙电站，采用00Cr13Ni4Mo不锈钢表面渗氮或碳钢表面镀硬铬（镀层厚均1mm），使其表面硬度HRC≥50，可达到5～10年不拆修。

（八）结束语

哈电的水轮机设计制造已经历近五十六年，单机容量从0.8MW到单机容量700MW；转轮直径混流式从ϕ1.2m发展到ϕ10.4m，轴流式达到ϕ10.4m，贯流式达到ϕ7.5m，品种从混流式、轴流式、斜流式、冲击式发展到贯流式、大泵和可逆式水泵水轮机，并创造了诸项国内第一的产品，这些成就的取得过程即是技术进步的飞跃过程。特别是近十多年来，通过技术合作、引进和自主创新开发获得了大量科技成果，水轮机产品设计取得了举世瞩目的成绩，达到了国际同行业先进水平。

（哈尔滨电机厂有限责任公司　王泉龙）

大型水轮发电机组关键核心技术新发展

（一）概况

国内以哈尔滨电机厂有限责任公司（以下简称哈电）和东方电机股份有限公司（以下简称东电）为代表的大型水电设备制造骨干企业曾自主研制了葛洲坝、刘家峡、岩滩、白山等水电站的大型水轮发电机组。20世纪80年代后，通过与国外合作，制造了鲁布革150MW（水头高达372m）、五强溪240MW（转轮直径8.3m）、李家峡400MW、二滩550MW等大型混流式水轮发电机组，使国内的制造水平迅速提高并向国际水平靠近。特别是通过三峡左岸电站的全面技术转让和分包制造，使哈电、东电研制大型混流式水轮发电机组的能力得到进一步的提高。在引进消化吸收国外关键技术的基础上通过不断创新，使核心技术的开发和关键部件的制造达到了国外同等水平，具备了自主研制能力。在产品品种上，已生产了700MW的大型混流式机组，水轮机转轮直径超过10m；单机容量200MW、最大转轮直径11.3m的大型轴流转桨式机组；可制造单机容量50MW以上的大型灯泡贯流式机组，转轮直径超过7m。目前，我国水电机组的制造水平和创新能力已步入世界先进行列。

（二）技术开发装备水平

通过引进技术和自主开发相结合，哈电在大型水轮发电机组核心技术上积累了大量的成果和经验。在三峡工程的技术转让中，又接受了Alstom-ABB-KEN集团的设计分析软件42个，涉及机组设计制造的各项关键技术，如水力设计与试验、电磁通风计算、推力轴承、结构刚强度、绝缘等。

在硬件方面，哈电高Ⅰ台，是我国第1座用于水轮机产品开发的高水头水力机械试验台，最高试验水头100m，最大流量1.2m^3/s，试验转轮直径300～500mm，效率测量综合精度为±0.25%；2000年建成投运的高Ⅱ台，最高试验水头150m，最大流量2.0m^3/s，试验转轮直径300～500mm，效率测量综合精度为±0.20%，具有国际先进水平。哈电在国内首次研制成功高清晰度多画面模型转轮试验实时流态观察成像系统，该系统可将转轮进口、出口、锥管、尾水管等处水流流动状态的视频信号实时地通过光导纤维、内窥镜和摄像机传送到计算机画面上，对流态进行全面地观察和记录，为深入进行水轮机运行性能的研究提供了手段，为开展大型混流式水轮机稳定性研究和准确地观察记录在电站运行范围内叶道涡、正背面脱流空蚀气泡发生发展等提供了一个有效的工具。另外，还配备有2台中型5轴数控联动加工中心，可满足制造高质量、高精确度模型转轮及试验装置的需要。

在大型水轮发电机推力轴承研制上，哈电建设了目前国内乃至世界上正在运行中的试验能力最大的3000t推力轴承试验台。为了更好地验证三峡水电站水轮发电机组推力轴承设计的合理性，与ABB公司合作完成了三峡水电站水轮发电机组6000t级弹性金属塑料瓦和巴氏合金瓦2种材料的推力轴承产品试验，为三峡机组推力轴承设计提供了依据。

为研制大容量全空冷水轮发电机，设计制造了广西龙滩、黄河拉西瓦、澜沧江小湾、三峡右岸共4台与真机比例为1∶5的通风模型，完成了多方面的试验测试工作。在超大容量水轮发电机蒸发冷却技术研究中，与中国科学院电工所合作开发了800MW蒸发冷却试验台。

在绝缘研究方面，有800kV冲击电压发生器、高精度恒温干燥箱和300kVA/300kV工频试验系统等先进设备，可对高压电机绝缘结构击穿、局部放电、介质损耗、电容值、放电量和起晕电压等性能进行试验和评定。

（三）关键核心技术

1. 水轮机模型转轮的水力设计　转轮是水轮机的核心部件，性能直接影响机组运行的经济性和安全稳定性。在20世纪90年代末，在水轮机模型转轮的水力性能上，国内与国外差距较大，大部分项目的转轮均采用由国外引进的技术，自开发转轮的效率最好的在93%左右，而国外转轮的效率在94%以上。通过三峡工程，引入了先进的三维黏性流体计算软件（CFD）和分析方法，以多年积累的转轮数据库为基础，加上试验技术和模型制造水平的提高，很快在模型转轮水力设计上赶上了世界先进水平。近5年开发了一大批性能优良的模型效率超过94%的转轮，另外，为溪洛渡、锦屏Ⅱ级等高水头电站进行的模型转轮开发也取得很好的成果。

在三峡右岸新转轮的开发中，哈电通过引进技术的消化吸收，采用新的设计理念和方法，加大创新力度，开发出了性能全面超过左岸引进技术的新转轮。模型最高效率为94.63%，高于左岸。特别是在稳定性方面有了很大的突破，在整个运行区域内消除了高部分负荷压力脉动，解决了这个一直困扰业内的世界性技术难题。此项成果已被三峡右岸标书规定的由哈电、东电、Alstom、Voith 4家参与在中国水利水电科学研究院同台对比复核试验所验证。成果将代替左岸引进转轮用于哈电中标的4台三峡工程的右岸机组上，成为在大型水电设备研制上具有自主知识产权的关键核心技术，是引进技术消化吸收再创新的典范。该项成果申请了国家发明专利并获批准。

2004年11月，在贵州乌江构皮滩水电站200m水头段单机容量600MW水轮机开发中，哈电完成了有业主和各方面专家参加的初步试验，各项指标全面达到要求。随后全部的模型试验装置运到瑞士的洛桑国际公认的中立试验室由洛桑的试验专家进行试验测试来进行成果的最终验收，试验于2005年7月完成，水轮机性能全部满足合同要求。模型最高效率达95.17%，加权平均效率为93.25%，转轮具有优良的稳定性。

2. 大容量水轮发电机的冷却技术　水内冷冷却方式，目前在大容量机组上应用较多。哈电在与国外著名公司的技术合作中已完整掌握了该方式的设计技术，所生产的三峡700MW机组目前运行良好。空气冷却方式，具有结构简单、运行维护方便、运行可靠性高等特点，深受运行部门的欢迎，从运行维护角度看是最佳冷却方式；但是，随着水轮发电机容量和体积的增大，空冷发电机的设计难度越来越大。哈电在水轮发电机通风冷却技术方面开展了大量的科研工作，在长期的生产设计工作中，开发形成了一套自己的通风设计及分析方法。通过与国际著名制造公司的交流与合作，在大型长铁芯水轮发电机的通风冷却方面进行了发电机极间流场、铁芯表面散热系数、电机径向轴向三维温度场的研究，并针对三峡右岸、龙滩、小湾、拉西瓦等水电站不同转速的700MW水轮发电机的设计，建立了全空冷水轮发电机的通风模型试验台，进行了大型水轮发电机的通风模拟试验。哈电在840MVA水轮发电机产品上率先应用空冷技术，为用户提供最满意的设计产品。蒸发冷却是一种新的方式，哈电研制了800MW蒸发冷却试验台。2005年，哈电研究所采用与三峡左岸真机相同的水冷导线及外型（包括绝缘层）及外形相同但空心导线规格不同的线棒进行了试验，试验等效的发电机容量达到800MW以上。试验研究取得了一批具有实用价值的工程设计成果。针对三峡左岸水冷机组的蒸发冷却改造可行性研究也获得了重要结论。

3. 大型水轮发电机推力轴承技术　为了优化大型水轮发电机组推力轴承的结构和性能参数，提高其运行可靠性，哈电投入大量的人力和物力对推力轴承进行了全面的研究。自主开发水轮发电机组推力轴承热弹性流体动力润滑性能计算分析软件。建造了3000 t推力轴承试验台，此试验台目前是世界上运行中的最大的推力轴承试验台。1992年进行了岩滩水轮发电机组推力轴承试验（2750t）研究；1996～1997年，针对三峡水电站的水轮发电机与ABB公司合作进行了6000t级弹性金属塑料瓦推力轴承试验研究；1999年又与ABB公司合作进行了三峡水电站水轮发电机6000t巴氏合金推力轴承的试验研究；2003年针对抽水蓄能机组进行了1000t级巴氏合金瓦双向推力轴承试验研究。试验室的研究结果在西津、新安江、三门峡、天生桥和水口等水电站的推力轴承运行性能的实测中进行了对照，由此完善和提高了推力轴承的设计、制造及测试技术。这些工作为水轮发电机推力轴承的设计和制造积累了丰富的经验。

哈电推力轴承的代表产品有水口40.2MN（4100t）推力轴承、葛洲坝32.3MN和小浪底35.2MN弹性金属塑料瓦推力轴承，以及目前世界最大推力负荷54.5MN的三峡推力轴承。在大型推力轴承设计和制造上，哈电已积累了丰富的实践经验。总体来说，包括三峡发电机组在内，现有的700MW级水轮发电机组的推力轴承的推力负荷等级和制造难度均在哈电的大型推力轴承设计和制造经验范围内。

4. 大型水轮发电机定子绕组主绝缘技术　哈电的定子绕组对地主绝缘采用F级桐马环氧粉云母多胶模压体系，电机主绝缘结构、防晕结构、绕组槽部和端部固定结构及各种绝缘材料，基本上都实现了国产化，而且国产化的绝缘材料性能都达到了国际先进水平。定子线棒为多胶带连续式包扎并外包防晕带的绝缘结构，应用加热模压固化“一次成型”工艺，线棒尺寸统一并具有良好的互换性。这种F级桐马环氧粉云母主绝缘运行经验丰富、性能优良稳定，广泛应用于天生桥、隔河岩、葛洲坝、二滩、三峡（左岸为定子绕组水内冷结构，右岸为定子绕组空冷结构）等水电站的不同电压等级的大型水轮发电机及出口机组上。

在与加拿大GE公司合作的二滩18kV/550MW水轮发电机项目，及与瑞士Alstom（原ABB）公司合作的三峡20kV/700MW水轮发电机项目中，哈电事先制造电机定子线棒试样，分别发往加拿大GE公司、瑞士Alstom公司，进行如外观质量、尺寸、表面电阻、介质损耗、冷热循环考验及电热老化等试验。试验结果表明，常规性能和老化寿命均达到外方认定的指标。通过全面严格试验评定考核，加拿大GE公司、瑞士Alstom公司认为哈电采用F级桐马环氧粉云母多胶主绝缘体系可以替代少胶（VPI）主绝缘体系制造二滩18kV/550MW及三峡20kV/700MW水轮发电机定子线棒。

实践证明，F级桐马环氧粉云母多胶主绝缘具有优良的电气、机械、耐热和老化特性，运行安全可靠，完全能达到国外少胶（VPI）主绝缘体系的性能要求。

5. 大型水电机组结构刚强度分析技术　近年来，哈电在水电机组主要部件的结构设计中使用了结构的选型优化、转轮的抗疲劳设计、机组机械稳定性评估等先进技术。通过对国内外不同公司所设计的主要部件刚强度性能进行大量的有限元分析与对比，找到了不同公司在同一构件设计上存在的差异；从结构拓扑，几何形状、板厚尺寸3个方面进行了全面系统的分析，找到了影响机组部件刚强度的主要因素，得到了设计这些部件全新而深刻的认识，形成哈电的结构型式，并可应用参数化建模技术实现结构优化分析过程的自动化。应用变量分析技术定量地分析出主参数（主要影响因素），给出设计师们所需要的设计曲线，从而为结构改进提供直接的参考依据。应用尺寸和形状联合优化技术，可以找到板厚配置和几何形状都合理的最佳结构。大量的水电机组结构件的优化设计实例取得了明显的效果。

在水轮机转轮的抗疲劳设计方面，首先编制了转轮叶片应力分析程序，可自动进行从CFD到CAE的转换，实现程序化的转轮应力有限元分析、局部应力的子模型分析、动态特性分析。对影响转轮应力的各种因素，如叶型、叶片数、叶片局部加厚、上冠下环的厚度、补强三角块等进行了详细的分析，总结出改善转轮强度性能的途径，并提出了优化策略。然后对转轮材料的水下疲劳性能和裂纹扩展速率进行了测试，结合转轮静应力分析和动应力实测的统计资料进行了转轮疲劳性能的评估和允许缺陷的评价，总结出转轮抗疲劳设计的主要因素是控制局部应力水平、避免产生共振、控制焊接允许缺陷。

在机组机械稳定性评估方面，一方面对机组轴系临界转速、动力响应进行详细的计算分析，对影响轴系稳定性的支撑刚度、质量、电气不平衡等因素进行系统的定量分析，对轴承油膜进行刚度、阻尼分析，提出了提高支撑刚度、转子平衡精度来控制轴系振动的策略；另一方面采用流固耦合分析技术对机组主要过流部件进行系统的动态特性分析，要求部件的固有频率避开各种激励频率和卡门涡频率，以免产生共振；同时对顶盖、上下机架进行了振动分析，使其垂直和水平方向的振动达到优良等级水平。

（四）结论

国内企业抓住技术引进的机遇，结合企业自主开发的积累，通过不断加大科研开发的投入力度，积极开发满足市场要求的高性能产品，已逐步形成了大型水电机组的开发与创新体系，在关键核心技术，如水力设计与试验、通风冷却、主绝缘、推力轴承、结构刚强度等方面已具有了在市场竞争中与国外公司同台竞技的能力和水平，成功地实现了引进技术消化吸收再创新的目标。

三峡工程地下厂房、溪洛渡、白鹤滩、乌东德、锦屏Ⅱ级等大型水电站机组的科研开发工作正在进行中，高水头超大容量（700MW 以上直到 1000MW 级）机组的研制也在论证之中。开展超大容量水轮机水力稳定性和转轮可靠性及防裂纹研究、24kV 级或更高电压等级的主绝缘研究、蒸发冷却技术在超大容量机组的应用研究、关键电磁问题研究、推力轴承研究、主要部件的刚度和强度设计准则和允许值研究、高强度材料研究等已成为下一个阶段的主要任务。通过自主开发，掌握超大型水轮发电机组设计制造技术，形成又一个跨越式的发展，全面提升我国大型水电设备的研制能力，成为水电设备制造强国是我们企业发展的目标。

（哈尔滨电机厂有限责任公司　陶星明）

我国水电机电安装中的几个经验教训

半个世纪以来，我国水电机电安装在工程实践中取得了显著的技术进步，掌握了如李家峡、龙羊峡、二滩、小浪底、三峡、龙滩、广蓄、天荒坪、泰安、桐柏等电站建设的具有世界先进水平的施工技术和安装工艺。但在 55 年的机电安装过程中，也发生了一些因设计、安装失误或管理失控而引起的工程事故，应从中吸取教训。下列几个事故和失误，曾促使机组结构设计、安装工艺和工艺规程的更新和改进。

（1）1971 年 3 月，刘家峡水电站 360MVA 自耦式联络变压器起吊就位过程中，因起吊钢丝绳卡扣捆绑不到位而导致吊运中的变压器坠落，砸到正在运行中的 225MW 1 号发电机上，造成重大恶性事件。此后变压器外壳吊耳结构和吊装工艺规程及吊具结构有了新的改进。

（2）1974 年，刘家峡 4 号机组蜗壳与座环蝶形边焊缝在施焊后一周内全部产生贯穿性裂缝，蜗壳混凝土无法浇筑。其原因在于座环蝶形边与蜗壳开口段连接的过渡段材质没有经正火处理，导致材料结晶粗大，焊接性能极差。不得已将已浇入混凝土中的座环连同基础一并凿出，只将蜗壳留在机坑内，座环返厂再加工处理后重新运至现场吊入机坑，与在机坑中的整体蜗壳配装焊接（蝶形边）。此事件引起座环结构设计的革新，纯平板型座环结构因此出现，同时带过渡段的平板型座环的厂内选材和热处理亦成为检验座环制造质量的重要项目。

（3）1983 年，白山水电站 2 号机组（300MW）过速试验至 1.34 倍额定转速时（$n_r=125$r/min），发生转子磁轭严重下沉，磁轭片间相对滑移、径向磁轭键扭斜，打键力全部消失，机组不能运行的事故。该事故的教训对转子结构设计和磁轭叠片工艺提出了改进要求，此后，转子结构出现了圆盘式支架和组合磁轭键设计，磁轭叠片采用新的交叉叠装与压紧工艺。

（4）1996 年，莲花水电站首台机组进入 72h 连续试运行过程中，发生国产弹性金属塑料推力轴瓦（共 18 块）严重烧损的重大事故。轴瓦瓦面塑料覆盖层磨掉，漏出的金属铜丝同时磨损了镜板摩擦面。经现场处置研究，更换新加工的塑料轴瓦，对镜板作现场研磨处理，机组恢复正常运行。其技术关键在于设计者对弹性金属塑料推力轴瓦瓦面在动压油膜压力下的弹性变形与其支撑机械变形和热变形的综合叠加关系掌握不到位，油膜压力下的弹性变形大于机械和热变形，导致瓦面负拱度产生，油膜破坏，轴瓦烧损。该事件提醒在安装过程中应重点对塑料瓦瓦面成形进行几何尺寸检查的规定。

（5）1997 年，二滩水电站首台机组定子叠片因加拿大 GE 公司现场安装督导专家技术指导失误，造成铁损试验不合格，整台定子铁芯只好拆开、重新叠片压紧的返工事故。在定子结构、材料和铁芯冲片质量不能改变的条件下，按照中国标准和国内技术专家的意见，修正了 GE 公司的工艺规定，重叠的定子铁芯取得了成功。进一步证实和完善了我国定子现场装配工艺规程的内容。

（6）1998 年底，小浪底水电站第一台机组水轮机蜗壳挂装，由于对 Voith 公司的焊接工艺要求不适应和中外各方在焊接检验方法、检验标准方面的不一致，导致成型焊缝多次铲除重焊、反复修补的不应发生的施工事故，拖延了直线安装工期，此后对蜗壳Ⅰ、Ⅱ类焊缝和蝶形边焊缝的焊接工艺要求和探伤检验标准有了新的认识，修正了我国安装标准中的部分规定。

（7）1998 年，二滩水电站首台机组启动试运行，在做升压试验时发生定子线棒层间 RTD 垫条烧毁引起相应的线棒烧损、定子单相接地。此系加拿大 GE 公司的定子线圈测温电阻垫条表面涂层错误所致。经测试验证，RTD 垫条表面电阻仅 2Ω，相当于导电体，在旋转磁场作用下感应出电压，与定子铁芯多点接地而烧损。此事件导致整台定子 54 个 RTD 垫条和烧损的定子线棒全部更换。对于定子线棒测温电阻 RTD 及层间垫条的涂层出厂检验，已经引起了业内人士的共同关注。

（8）2000 年 12 月，天生桥水电站 5 号机组与 6

号机组作双机试验时，发生5号发电机上引风板下沉脱落，打坏转子励磁引线，撞弯并折断部分磁轭副键引起定转子机械损伤和电气短路的事故。对于密闭自循环空气冷却发电机的上下挡风板、引风板的设计间隙、整体刚度、焊缝质量及现场检查又有了新的认识。对电机转动和固定部分的轴向间隙、径向间隙的安装和检查支撑件中可能的焊缝失效应引起足够的重视。

（中国水利水电建设集团公司　付元初）

琅琊山抽水蓄能电站泵工况并网调试关键技术

我国已建和在建抽水蓄能电站中，其首台机组的调试均是在发电工况下进行的，如十三陵、广州、天荒坪、桐柏、泰山等抽水蓄能电站，但首机首次调试采用发电工况应具备相应条件，即上水库有天然来水或者提前将水充至死水位以上，并有合适的调试库容。琅琊山抽水蓄能电站无天然来水，且上水库死库容较大，若首台机组采用发电工况并网调试，则需要提前投入资金建设临时充水系统，且充水周期长、费用高。因此，通过分析及技术论证后，决定机组首台机组采用泵工况调试。

（一）首台机组启动方式分析

1. 机组首次在水泵工况并网调试　在琅琊山抽水蓄能电站之前，国内所有抽水蓄能电站的机组第一次带水调试、并网都是在发电工况进行的。在上水库水位远远低于死水位的情况下，采用泵工况启动机组虽然国外电站特别是日本有几个电站采用过，但国内尚无经验。

由于不具备发电工况调试的条件，在主机合同中规定，本电站上水库的充水采用水泵水轮机组充水，第一台机组首次启动采用水泵工况启动、并网调试。同时对水泵水轮机在极低扬程工况下的振动和压力脉动保证值做出规定，并要求进行相关的模型试验：机组最大入力不超出160.7MW；顶盖垂直振动不超过0.5mm；水轮机导轴承部位的大轴摆度不超过0.25mm；尾水管压力脉动不超过8%；导叶与转轮间压力脉动不超过20%。

2. 模型转轮极低扬程（上水库充水扬程）启动试验及系统极值　机组在极低扬程下运行时，机组压力脉动和振动较大，空蚀严重。为了确保首台机组泵工况充水的安全，减小机组运行过程中的振动和压力脉动值，使机组的振动和脉动值在导叶小开度下减至最小，在模型试验过程中做了专项的水泵低扬程试验，根据模型试验结果可知，水泵水轮机在极低扬程下启动时，只要合理控制导叶开度，可使机组的压力脉动值控制在合同保证范围之内。

（二）首次泵工况启动关键技术

(1) 根据转轮模型试验，得出机组首次泵工况启动时导叶开度控制范围，将压力脉动控制在保证值以内，确保机组启动安全。

(2) 水道系统设计时，应考虑水泵工况极低扬程启动对水道系统的影响，确保结构的安全。

(3) 当压力管道系统充水稳压后，为检查机组转动部件与固定部件有无摩擦、碰撞等机械性问题，利用压力管道内的水量，导叶开启到小开度，使转轮缓慢旋转，确认机组转动部件是否正常。

(4) 利用SFC（静止变频装置）拖动机组，在空气中运转作动平衡试验，使转轮处在空气中，先在低速下（约5%额定转速）检查机组转动部分有无机械摩擦和撞击声，轴承温度是否正常，机组各部位振动摆度有无异常。之后将机组转速从0升至100%，检查机组的动平衡。

(5) 机组进行热平衡试验运转，由SFC拖动机组并网，使机组在泵工况下做调相运行，做机组各部分轴承的热负荷运行，检查轴承的温度变化。

(6) 使机组在水泵调相工况启动，打开进水阀，排除转轮室压缩空气，手动开启调速器，检查水泵开停机程序。

(7) 确认压力管道内的水位至上水库进出水口底板高程（136.0m）后，即可启动机组，以水泵工况启动并入电网，开始向上水库充水调试，至满足发电工况调试最低水位。

(8) 当上水库充水至机组发电工况调试最低水位后，水轮机及水泵工况各项调试可交替进行。

（三）首台机组调试

2005年6月底，上水库具备充水条件后，由于当年降雨充沛，2006年9月23日上水库水位已蓄至140.00m高程（死水位150.00m，正常蓄水位171.80m），远远优于原设定136.00m最低调试水位，大大改善了机组泵工况并网调试时的振动和压力脉动，同时有利于水道系统的过渡过程。第一台机组（1号机）有水调试、试运行自2006年8月26日开始向1号尾水隧洞充水，9月23日首次泵工况启动，10月24日～11月30日完成向上水库充水及保压试验，11月7日发电工况并网调试，2007年1月15日完成规定的各项调试试验。这期间发电工况调试81次、抽水工况调试95次，2007年1月16日转入30天试运行考核。

琅琊山抽水蓄能电站在设计过程中，对首台机组泵工况启动方案进行了深入的研究，将其中的关键技术问题在设计中深化，将机组极低扬程泵工况启动作为关键节点部位的设计前提，保证了机组泵工况极低扬程启动时对机电设备和水工系统安全，并最终取得了国内抽水蓄能电站首次泵工况启功、并网调试的成功。

（中国水电顾问集团北京勘测设计研究院
周振忠　万凤霞）

二滩水电站的机电设备

二滩水电站装有6台单机容量550MW的混流式机组，多年平均发电量170亿kW·h，年利用小时数5160h，保证出力1000MW，水库具有季调节能力。以5回500kV架空线与四川电力系统联网。电站利用（部分）世界银行贷款，对土建主体工程和主要机电设备按世行采购导则进行国际招标。电站按少人值班设计，所有重要信号进入计算机监控系统，可实现现地及远方监控。

（一）电气主接线

二滩水电站的特点是：装机容量大，2005年占全网负荷约21%，在电力系统中有重要位置；在系统中担任调峰、调频，操作频繁；地形狭窄，设备布置困难；运输困难；5回出线中3回500kV出线的起、终点相同，另2回的起、终点也相同。由于扩大单元组变压器容量将超过1200MVA，即使采用单相变压器其重量也超过铁路运输极限，且扩大单元组的容量已超过2000年前系统事故备用容量，发电机电压级短路电流超过当时世界上断路器的制造水平，故发电机与变压器的组合采用单元接线方式，发变组之间装设断路器以满足频繁起停、调频、调峰的要求。

500kV侧有6回进线，5回出线。由于二滩水电站山坡陡峭、地形狭窄，高压配电装置决定采用GIS。500kV侧对4/3、3/2等接线方式进行了可靠性计算和全面技术经济比较，最终采用的主接线方案是初期2串4/3断路器和2串3/2断路器接线，扩建后将最后1串3/2扩为4/3接线，以增加一回出线间隔。

对500kV GIS开关站的布置，比较过将开关站布置在地下主变室顶部，采用SF_6管道（GIL）引至地面出线场，和将开关站与出线场相结合布置在地面，采用挤包绝缘电缆连接主变压器与GIS设备。根据多次技术交流，在掌握了当时世界上挤包绝缘电缆和GIL实际使用情况和制造水平后，最终选定将GIS设备布置在地面，用挤包绝缘电缆通过垂直高差180m的斜井引至地面开关站。

（二）水力机械

1. 水轮发电机组　二滩水电站单机容量550MW，额定水头165m，水头范围189～135m，额定转速142.9r/min，飞逸转速282r/min。6台机组采用国际招标方式采购，由加拿大GE公司中标，与中国东方和哈尔滨厂联合制造（中方两厂各负责制造一台整机）。水轮机型号HLF497-LJ-625.7，额定出力582MW，额定流量367m^3/s，安装高程1002.5m。转轮直径（D_1）6.257m，高3131mm，13个叶片；分半运输，现场焊接。蜗壳采用钢衬与混凝土（部分）联合承载，在正常运行工况时，钢衬承受全部压力，甩负荷时，与混凝土共同承受水锤压力。进口直径7200mm，钢材为日本产WEL-TEN62CF，厚度从63mm渐变到20mm，最高试验压力3.46MPa，为最大设计压力的1.5倍。水轮机导轴承采用分块筒型巴氏合金轴承材料。水轮机与发电机共用一根轴。水轮机的补气通过主轴中心直接向转轮底部补气，不用压缩空气补气来平衡工况。导叶19片，设置有两台油压操作、双作用、液压活塞式接力器，通过导叶操作机构来操作导叶。

2. 调速器　调速器随机组供货，选用HYDRO VEVEY公司生产的MIPREG 600型双微机调速器，两个调速柜互为备用，PID控制。设有机械式分段关闭装置，主配压阀直径150mm，油压装置共三台大油泵及一台增压油泵，额定油压6.0MPa，压力油罐容积8.274m^3。该调速器多次发生机组负荷大幅度波动、传感器抗干扰能力差、存在因调速器电源故障引起全厂事故停机等重大问题。2001年起，二滩水电站将6台机的电气控制系统均更换为武汉事达电气公司生产的WT-SPLC-STARS双PLC调速器。改造后，与原调速器机械部分结合良好，主要性能达到或优于国家标准的规定和原调速器的相应数据，电源、测速装置及控制模块实现了冗余配置，功率响应给定值快速、单调，动态稳定性高，保障了电站安全可靠运行。同时，维护难度降低、工作量减少，技术支持及售后服务及时，备品备件采购方便。

（三）主要电气设备及布置

1. 发电机及励磁系统　发电机为半伞式，下导与推力轴承结合位于下机架上。推力轴承有24块巴氏合金瓦，下导轴承有34块巴氏合金瓦，所有轴承润滑系统为内循环自给泵式。发电机额定电压18kV，额定容量612MVA，功率因数0.9（滞后），额定转速142.9 r/min。发电机每相6并联支路，每支路27个线圈，线圈由2个罗贝尔线棒组成，接头用银焊。定子机座分4瓣运输，现场组焊、叠片，定子线圈F级绝缘。转子为圆盘支架，中心体和4块扇型块运至工地后组焊。转子为F级绝缘。制动和顶起系统位于下机架上，由24个汽缸组合体构成，每个组合体有2个制动器，并有粉尘除尘装置。通风冷却系统为无风扇密闭式自循环，通过转子的风扇作用产生空气循环，发电机有8个空气冷却器分布在定子机座外，上下机架及气隙上下侧有挡风板。

励磁系统随机组供货，采用晶闸管自并励，交流起励，配有两套独立的SILCO-5型双通道微机调节器，可手动、自动调节，调节器具有电力系统稳定器（PSS）功能。机组正常停机时采用逆变灭磁，事故时则由灭磁开关与非线性电阻灭磁。投运以来，励磁系统存在励磁调节器抗干扰能力较差、人机界面差、软件功能不全、电压和无功调节波动大、灭磁电阻能容量和通流容量偏小等问题。2001年二滩电厂将励磁系统整体更换为广州电器科学研究院引进ABB技术制造的UNITROL5000型数字式调节器。改造后的励磁系统运行情况良好，能满足电网、机组安全稳定运行，及电站“无人值班（少人值守）”的技术要求。

2. 主变压器　19台单相变压器由日本三菱生产，其中一相为备用。额定电压高压侧$550/\sqrt{3}$kV，低压侧18kV，额定容量214MVA，中性点全部采用直接接地方式，紧密配合型壳式结构。高压侧通过GIL短管与500kV电缆相连，低压侧直接接离相封闭母线。接线组别YNd11，阻抗电压15%。主变压器布置在地下主变洞内，与安装间和进厂交通洞同一高程。冷却方式为强迫导向油循环强迫水冷（ODWF），每组变压器有2台主变供水泵，互为备用。6组变压器运行至今情况良好。

3. GIS设备　500kV GIS设备由日本三菱生产，布置在地面开关站内。额定电压550kV，断路器额定电流2500A，开断容量50kA，额定短路关合电流125kA。操作机构为弹簧合闸、气动分闸，单相操作。断路器、隔离开关、电压互感器、避雷器外壳为钢，母线、电流互感器、电缆终端外壳为铝合金。外壳能承受全电流50kA 300ms不烧穿。所有设备运行至今情况良好。后来扩建的间隔经招标采购新东方公司提供的500kV GIS设备。

4. 500kV电缆　18根500kV单相铜芯低密度聚乙烯挤包绝缘电缆由法国雪力克公司生产。标称截面800mm^2，外径128mm，电缆最小弯曲半径1.9m。电缆最大持续工作电流985A，最大允许短路电流62.3kA、2s，导体最高运行温度70℃，金属护套最大允许短路电流40.1kA、2s。电缆布置在高差180m的斜井中，斜井倾角37.58°，斜井两侧各布置三回高压电缆，每回有一根两端接地的均压铜电缆。运行期间曾有两根电缆分别发生因电缆绝缘杂质和凸起偏多、偏大而引起的击穿事故，现已将此两根电缆换成雪力克公司提供的交联聚乙烯挤包绝缘电缆（XLPE）。

5. 发电机电压设备　发电机引出线为离相封闭母线，由北京良乡封闭母线厂生产。额定电压20kV，运行电压18kV，额定电流21622A，动稳定电流336kA，热稳定电流120kA、4s。相间距1800mm，主母线外径1.45m，主变压器分支母线外径1.15m。单相18kV厂用变压器和励磁变压器直接与其相连，分支母线外径0.80m。在发电机和断路器之间装有供试验用的短路接头，机端电压互感器和避雷器柜随封闭母线供货。发电机断路器由瑞士ABB提供，HEK6型，带有空气/水冷却器，SF_6绝缘，单相金属外壳卧式结构；额定电压24kV，额定电流22kA，短路开断能力120kA，额定短路关合电流336kA；气动操作，为当时世界上首台短路容量最大的SF_6发电机断路器。离相封闭母线及断路器均布置在各机组的母线洞内，主变压器三角形连接位于主变压器运输道上部。

6. 厂用电系统　连接在每台发电机出口封闭母线上的高压厂用变压器为单相干式带外壳型，由北京变压器厂生产。高压厂用变压器的低压侧接入6段6kV母线，正常运行时6段母线分别供电，相邻母线互为备用，每台高压厂用变压器容量可带2段6kV母线负荷。另从附近永久保留的施工变电站2段6kV母线上分别用电缆各引一回接入厂用6kV母线，作为首台机启动电源和今后的厂用备用电源。地下厂房6kV及400V设备布置在主厂房两端，各有2台有载调压照明变压器和2台公用变压器，由两端向地下厂房供电。各机组自用变压器及机旁盘布置在电气夹层发电机旁，机组用电由本机及相邻机组的自用变压器供电，互为备用，并从公用400V母线引一电源作为后备。地面副厂房与坝顶同高程，作为厂外负荷的集中供电点，由地下厂房两端各引一回6kV电源至地面副厂房两段6kV母线，用6kV向各分散的负荷点供电。厂外共有14个负荷点，根据所带负荷的重要性，其中8个配有互为备用的2台干式变压器，另6个配有单台变压器。所有6kV变压器均为三相干式变压器，由广东顺德特种变压器厂生产。6kV高压开关柜为上海华通厂的手车式开关柜。地下厂房400V配电柜为上海华通厂的MNS抽屉式开关柜，地面分散的负荷点采用镇江默勒厂引进德国技术生产的抽屉式开关柜。变压器与低压柜用插接母线连接，地下厂房用天水长城控制电气厂的插接母线，厂外与低压柜配套，用默勒厂引进德国技术的产品。

（四）控制、保护及自动化

二滩水电站按少人值班设计，以计算机监控为主，完成对全厂机电设备的监视与控制。计算机监控系统由德国ABB公司供货，采用ABB公司的HPC-300系列产品，它基于ABB Advant技术，是开放的分层分布式结构。计算机监控系统网络采用三层网络结构，分为电厂级网络、现地层控制网和管理信息系统网络（Office LAN），符合 IEEE802.3 标准的 10M 以太网，采用 TCP/IP 协议，通信介质为双路冗余光缆；在电站级设有 2 台后台计算机（ADVANT 515）、2 台操作员工作站（ADVANT 520）、工程师台、远方接口屏、信息管理系统（MIS）计算机等。总线为 MASTER BUS 300 与现地控制单元连接，并有 TCP/IP 总线网络连接操作员台、后台机、工程师台、报表打印机、MIS 系统和规约转换计算机。现地控制单元（LPU）共 16 个，采用 AC450 系列控制器，自带 UPS 电源。每台机一个 LPU，公用系统、GIS 楼、大坝等各有 LPU，对分散的负荷点采用远方接口屏连接，中控室的模拟屏有专用 LPU 作为驱动器。所有连接采用光缆。与省调之间采用 X.25 规约实现数据通信，通道为 64kbt 微波和 1200bt 载波通道，互为备用。

设备投运后经不断完善、设备升级整治，完成对系统稳定性和安全性改造、硬件和软件的升级；实现一发三收即与国调、四川省调和重庆市调的通信；将计算机监控系统延伸至 25km 外的后方办公楼，实现了在后方办公楼远程监控电站的运行、计算机监控系统与后方办公楼的 MIS 网的互联；完善了特征数据分析系统（DAS）的功能。

500kV 线路主保护有两套，一套为美国 GE 公司 DFP100，另一套是南京自动化研究院的 PLP01-54 和 PLP02-54 微机保护作为后备保护，可通过切换开关将用于第一套的通道切至后备保护，将其作为快速主保护。每段 500kV 母线配有两套差动保护及复合电压闭锁装置，随 GIS 供货，两套差动保护的型号分别为 MBP-A 高阻抗差动继电器和 BDP31-R4S 差动继电器。每段短引线（T 区）配置两套主保护，其中一套为 MBP-A 差动继电器，另一套为 MCTI40 过电流继电器（接于差电流回路），保护动作后除跳开两台线路断路器外，远方跳闸回路将跳开线路对侧的断路器。每台断路器配有一面保护屏，屏内装有断路器失灵保护、断路器非全相运行保护、短引线保护和自动重合闸装置（最后两项仅限于线路断路器）等。每回 500kV 电缆配置了两套电流差动保护，随 GIS 供货，其中之一为 MCD 微机型电流差动保护，另外一套为 LFCB202 微机型电流差动保护。两套差动保护均采用光缆作为通道。还装设了一套零序电流保护。发电机变压器组保护随机组供货，为 ABB 公司生产的 REG 216 型微机保护。6kV 厂用电保护装置为南自厂生产的 GZZB-W980 型微机保护装置。

在电站装有 53 个摄像头，监视各处的设备状况，并兼作消防和保安的辅助手段。中控室内有工业电视操作员台及矩阵切换设备，可调出任一路图像，可手动自动录像等。

（中国水电顾问集团成都勘测设计研究院　刘彦红）

水电机组及辅机

小湾水电站水轮机主要参数和结构型式

（一）概况

小湾水电站位于澜沧江中下游河段，其装机容量大，水库调节性能好，是该河段开发的龙头电站。其水轮机最大水头 251m，额定水头 216m，最小水头 164m，额定功率 714MW，额定转速 150r/min，是当今世界上该水头段单机容量最大，转速最高的水轮机。水轮机经公开招标和模型水轮机在瑞士洛桑中立试验台同台对比试验后确定由东方电机股份公司和福依特西门子水电公司联合体设计生产供货。

（二）水轮机主要参数

1. 比转速 n_s 和比速系数 K　在各设计阶段和水轮机招标过程中对比转速 n_s 和比速系数 K 进行了详细的分析论证。结合小湾水电站工程实际情况、已建电站的经验及国内外水轮机制造业的发展，小湾水电站水轮机选择其比转速 n_s 为 150～160（m-kW 制），相应的比速系数 K 值为 2204～2352 较为合适。

2. 单位转速和单位流量　为了改善小湾水电站水轮机在高水头运行的稳定性，并使水轮机具有良好的防空蚀、磨损和运行稳定性能，小湾水电站模型水轮机单位转速 n_{11} 取值为 64～69r/min，相应的小湾水电站模型水轮机最大（限制工况）单位流量 Q_{11} 为 0.56～0.60m^3/s。

3. 水轮机效率　目前国外已生产的大型混流式水轮机模型最高效率已超过 94%，甚至有的真机最高效率已达到 96%左右。对小湾水电站这样的巨型水轮机，其效率水平的高低对经济效益影响很大，至少应达到或超过当今世界上已具有的水平。但也要充分考虑小湾水电站的具体特定条件，经综合分析，推荐模型转轮最优工况效率不低于94.0%。

4. 空化系数 小湾水电站是地下厂房，水轮机转轮空化系数对厂房土建开挖工程量的影响很小，在水轮机稳定运行的前提下，不应过多地限制空化系数 σ_M 值，以免影响转轮的水力设计。因此，推荐模型转轮额定工况空化系数 σ_M 不大于0.065。

5. 稳定性指标 水轮机尾水管压力脉动值的大小，直接影响机组的安全稳定运行。经对国内外大型电站水轮机压力脉动相对值（$\Delta H/H$）和其实际运行情况的统计分析，结合小湾水电站水轮机运行水头高，水头变幅大的实际运行特点，小湾水电站水轮机尾水管压力脉动值必须要有严格的要求，在电站整个运行范围内水轮机最大压力脉动值不大于5%，在电站主要运行工况范围内水轮机最大压力脉动值不大于2%。

6. 额定转速 经综合分析，当额定转速为150r/min时，水轮机的各项性能和技术指标均较优，参数匹配合理，经济指标也较好，发电机额定电压、并联支路数、槽电流、冷却方式等都较为合理，因此小湾水电站水轮机的额定转速选取为150r/min。

7. 模型试验 水轮机模型目标参数：比转速 n_S 为150～160（m-kW制），相应的比速系数 K 值为2204～2352；最优单位转速为64～67r/min；限制工况单位流量 Q_{11} 为0.56～0.60m^3/s；模型转轮最优工况效率不低于94.0%；模型转轮额定工况空化系数 σ_M 不大于0.065；在电站整个运行范围内，水轮机最大压力脉动值不大于5%，在电站主要运行工况范围内水轮机最大压力脉动值不大于2%。模型验收试验的主要结果是：最优单位转速为69r/min；限制工况单位流量 Q_{11} 为0.56m^3/s；最优工况效率95.06%；额定工况临界空化系数 σ_M 不大于0.064；在电站整个运行范围内水轮机最大压力脉动值没有大于5%，在电站主要运行工况范围内水轮机最大压力脉动值也没有大于2%。小湾水电站水轮机主要技术参数选择是先进合理的。

8. 原型水轮机参数 额定功率714.3MW，额定水头216m，额定转速150r/min；飞逸转速不大于280r/min；吸出高度－11.9m；比转速 n_S 为153.1（m-kW制），相应的比速系数 K 值为2250。

（三）水轮机结构设计特点

1. 转轮结构及其现场加工 水轮机转轮进口直径 D_1 为6.6014m，出口直径 D_2 为5.5206m，15个叶片，最大外径为6.7m，高3.26m，总重146.853t。叶片、上冠、下环均采用ASTMA743CA6NM不锈钢铸造。转轮叶片采用X叶型，上冠不开泄水孔。无单独的泄水锥，泄水锥与上冠铸造为一个整体。转轮上迷宫采用台阶式，下迷宫采用间隙式。上、下转动止漏环均在上冠、下环上直接加工。这样的特殊结构有效地减少轴向水推力并提高水轮机运行稳定性。

由于电站大件运输条件的限制，转轮制造采用现场装配加工的工艺，即转轮上冠、下环、叶片铸造成型后，在制造厂内完成所需的检验与加工，其中叶片（包括焊接坡口）经过数控加工及抛光，上冠下环过流面及上冠与主轴连接的法兰也完成加工。各部件以散件方式运往工地，在工地转轮加工车间完成组焊、退火、铲磨、无损检测、精加工、静平衡等工序。制造厂在转轮加工车间车板交货，然后运往主厂房安装场进行安装。

工地转轮加工车间尺寸为85m×16m×20m，布置了5个工位（分别是工位1退火炉及转轮铲磨工位，工位2、3为转轮装焊工位，工位4为转轮静平衡工位，工位5为转轮车削加工和镗孔加工工位）。转轮采用燃油加热退火。加工设备为7.2m的单柱数控立车。现场加工车间的建设及所有现场焊接、加工所需要的设备均由制造厂负责。

2. 座环结构 座环分四瓣，由上下环板和24个固定导叶组成。上下环板用厚200mm的S550钢板制造。在每间隔一个（共12个）固定导叶及相应位置的座环筋板上设置圆筒阀的导轨。座环设计考虑了在现场进行水压试验（4.35MPa）的受力条件。

分瓣座环在工地用预应力螺栓把合后，进行立面和上下环板焊接。为了校正座环在现场组装焊接、水压试验、浇筑混凝土后的变形，制造厂提供一套现场加工的专用工具。对上下固定止漏环、基础环平面、座环上下环板内圆、圆筒阀导轨以及座环与顶盖连接的平面进行加工。加工余量1～5mm，各部位加工余量不同。座环上下环板与蜗壳之间设有300mm长的过渡板。由于制造厂加工设备的限制，过渡板在工地焊接。

3. 蜗壳的水压试验和保压浇筑混凝土 蜗壳共30节，采用国产ADB610调质钢板，在工地制作；为水压试验和保压浇筑混凝土，电站配置3套蜗壳进口闷头和座环内侧的压力试验环。为能利用主厂房桥式起重机进行闷头的安装和拆卸，蜗壳进口段仅7m参加压力试验，其余3m在其上面设弹性垫层。水压试验的压力为升压压力的1.5倍，即2.9MPa×1.5＝4.35MPa。蜗壳保压浇筑混凝土，保压值为190m水柱，直至混凝土完全凝固。蜗壳水压试验及保压浇筑混凝土的过程主要是：压力从零升至4.35MPa，保压30min；降至2.9MPa，保压30min；再降至1.9MPa，并在此压力下进行混凝土浇筑。

4. 水轮机导轴承及冷却方式 导轴承为稀油自

润滑，12 块 315mm×315mm 巴氏合金，楔子板支承，径向间隙 0.2mm；在各种运行工况下轴瓦温度不超过 65℃，油温不超过 60℃，轴瓦能在 90℃下长期运行。导轴承设置 2 个油冷却器，布置在轴承箱外的顶盖上，互为备用，检修方便。

5. 圆筒阀　圆筒阀外径 8686mm，内径 8326mm，阀体厚 180mm，采用分半结构，分半面用螺栓连接表面封焊。在 12 个固定导叶上设有不锈钢导轨，在筒体相应处设有铜镍合金的不锈钢导向板。筒体与接力器采用 M80 超级螺栓连接。圆筒阀上下密封采用特殊形状的橡胶密封环，密封件用不锈钢压板固定在底环和顶盖上。筒体下部形状由模型试验确定，具有较强的自关闭能力。在圆筒阀开度为 3%时，圆筒阀水力为向上，从而保证圆筒阀关闭时的安全可靠。

圆筒阀采用 6 个直缸接力器操作，额定油压为 6.3MPa，关闭时间 60～90s 可调。接力器采用电液同步装置，位置测量系统由 BALUFF BTA-011 数字处理卡和置于接力器上的 BTL2 传感器组成，具有可靠和调整方便的特点。

（中国水电顾问集团昆明勘测设计研究院　曾镇铃）

锦屏一级水电站水轮发电机组主要特点

（一）电站概况

锦屏一级水电站安装 6 台单机额定功率 600MW 水轮发电机组，年发电量 166.2 亿 kW·h，年利用小时数 4616h，在系统中担负调峰及事故备用，枯水期担负峰腰荷，丰水期主要担负基荷；首台机组计划于 2012 年 8 月投产发电。

电站主要参数为：

正常蓄水位	1880m
死水位	1800m
调节特性	年调节
最大水头	240.0m
加权平均水头	209.5m
额定水头	200.0m
最小水头	153.0m
天然多年平均泥沙含量	0.555kg/m^3

（二）水轮机参数选择与要求

电站水库消落深度大，水头变幅达 87m，最大水头与最小水头之比 1.568，在确定机组参数时应重视下列问题：

1. 水轮机运行稳定性应放在首位　由于单机功率大，水头高且变幅大，水轮机在高水头运行时间长，此时转轮流道承受的单位负荷大，刚、强度问题较突出，而导叶开度较小，容易发生叶道涡等水力不稳定性现象，因此应注重水轮机的稳定性，确保水轮机在 200m 及以上高水头段各个工况具有良好的水力稳定性。

2. 水轮机应具有良好的能量指标　由于水轮机在 210m 水头以上运行机率占 73.4%，在高水头段运行区应有较高的效率，以便提高机组的加权平均效率。

3. 保证水轮机进水边不出现脱流　为了保证转轮叶片进水边正、背面不出现脱流，水轮机最大水头与最小水头的比值不宜超过 1.4，本电站该比值达 1.57，因此尽量消除水轮机叶片进水边正、背面脱流现象并保证水轮机无空蚀运行。

4. 参数选择先进合理　水轮机的水力特性与水轮机的参数密切相关，合理地选择参数，使水轮机具有良好的水力稳定性，是水轮机研发工作的重点。

（三）水轮机主要参数与结构特点

经过公开招标并经过第三方试验台进行水轮机模型复核试验后，最终确定东方电机股份有限公司为水轮机中标单位，水轮机主要参数如下：

水轮机型号	HLD438C-LJ-660
转轮直径	6.6m
水轮机旋转方向	俯视顺时针
额定水头	200m
水轮机设计水头	220.6m
额定转速	142.9r/min
最大飞逸转速	270r/min
额定流量	331.28m^3/s
额定效率	94.29%
最高效率	96.41%
水轮机吸出高度	－9.427m

主要结构特点如下：

转轮叶片数为 15 个，叶片、上冠、下环均为国外铸造，叶片采用先进的 VOD 精炼铸造，五轴数控机床加工。转轮分两半运输至现场，在安装间组焊成整体转轮，转轮上冠为埋入式螺栓连接，下环为焊接结构，供货方负责转轮现场组焊和静平衡工作。

蜗壳为包角 345°的金属蜗壳，采用现场打压试验消除焊接应力，试验压力为 4.65MPa，充水保压浇筑混凝土，充水保压值为 1.95MPa。

尾水管为窄高型的弯肘形尾水管，尾水管底板高程为 1630.70m。

在座环固定导叶与活动导叶之间布置有外径为 8710mm、高度为 1244mm 的圆筒阀，作机组防飞逸保护措施。圆筒阀采用 6 个直缸液压式接力器操作，操作压力为 6.3MPa，接力器采用电液同步控制方式。

（四）发电机主要参数与结构特点

经过公开招标，确定哈尔滨电机厂有限责任公司为发电机中标单位，发电机主要参数如下：

最大容量	700/648MVA/MW
额定功率因素（滞后）	0.925
额定电压	20kV
额定转速	142.9r/min
飞逸转速	270r/min
飞轮力矩 GD^2	120000t·m^2

主要结构特点如下：

发电机为立轴半伞式结构，设有上导轴承和下导轴承。推力轴承和下导轴承分开布置。转子中心体与主轴采用销套传递扭矩，其主要部件结构简述如下。

1. 定子　定子机座高度 5840mm，铁芯内径 12000mm，外径 13130mm；由铁芯、支撑环、14 个垂直的斜元件、垂直筋板以及机座组成。机座采用斜支撑，由轧制钢板焊接而成；机座分 5 瓣运输，现场组圆焊接。下环板与定子铁芯的结合采用大齿压板结构。铁芯高 3250mm，由高导磁率、低损耗、无时效、机械性能优良的进口优质冷轧薄硅钢片（50H250）叠成，采用穿心螺杆加蝶形弹簧压紧以及铁芯两端用环氧胶黏结，用足够数量的双鸽尾形定位筋固定于定子机座上；采用分段冷压及整体热压，以 1/2 的叠片方式交错叠装，以形成一个整体连续的铁芯。定子线棒采用 VPI 制造工艺。

2. 转子　转子采用无轴结构，由中心体、转子支架、磁轭和磁极等部件构成；支臂分成 4 瓣运输；支架在工地进行组圆焊接，采用新型的斜立筋圆盘结构，21 个转子支架的斜立筋（支臂）在中心体的外缘，与径向方向成一定角度分布，并与中心体相连。磁轭与转子支架采用径切向复合键的连接结构。制动瓦 24 块，选用优质、耐热、耐磨非金属无石棉材料，表面加工光滑，不会因热膨胀而变形。

3. 机架　上机架外径为钢板焊接结构，由中心体和 14 个斜支臂组成，在工地组焊成一体。下机架由中心体和 12 个径向“工”字形支臂组成，中心体采用整体运输至工地现场，与支臂在工地焊接成一个刚性整体。

4. 推力轴承　推力轴承采用国外进口的双层瓦，小支柱弹性支撑结构，由巴氏合金薄瓦和承重厚瓦组成。薄瓦通过高度相同、直径不同和弹性不同的弹性垂直销钉支撑在承重厚瓦上。推力轴承 PV 值为 116.0MPa·m/s，推力轴承总负荷 2600t。

5. 通风冷却系统　发电机通风冷却方式为双路径向、密闭自循环、无风扇空气冷却、端部回风结构，端部采用旋转挡风板。在发电机定子机座周围，对称地布置 14 个水冷式空气冷却器。

（二滩水电开发有限责任公司　王承勇）

光照水电站水轮机

（一）工程概况

光照水电站位于贵州省的西部北盘江中游，以发电为主，航运次之，兼顾灌溉，供水及其他。电站正常蓄水位 745m，总装机容量为 1040MW，多年平均年发电量 27.54 亿 kW·h，保证出力 180.2MW，年利用小时数 2648h，水库具有不完全多年调节性能，可对下游马马崖、董箐等电站进行径流调节补偿，电站建成后在系统中承担调峰、调频及事故和负荷备用。其引水系统布置为“两洞两井四管四机”，地面厂房。首台机组计划于 2007 年 10 月投产发电。

经招标确定水轮机由哈尔滨电机厂有限责任公司承包供货。

（二）水轮机主要技术参数及水轮机选择

1. 水轮机主要技术参数

最大净水头	162.42m
最小净水头	102.74m
加权平均水头	150.40m
额定水头	135.00m
水轮机型号	HLA855a-LJ-505
额定转速	166.7r/min
额定水头 135m 时水轮机额定出力	265.3MW
额定水头 135m 发额定出力时过流量	211.45m^3/s
最大飞逸转速	315.0r/min
水轮机设计水头	148.85m
单台水轮机总重量	760t

2. 水轮机的选择　本电站水头变幅较大 $\Delta H/H_r=44.2\%$，水轮机的运行稳定性显得尤为突出，因此水轮机的选择应把水轮机的稳定性与能量指标、空蚀性能作为选择水轮机的三大要素综合考虑。

在可研及招标设计阶段与国内水轮机大型制造厂交流过程中，要求制造厂根据本电站运行情况在流道设计、叶片型线及叶片包角等技术参数上作专门研究，采取有效的措施保证水轮机稳定运行。主要措施包括：

（1）在满足水轮机出力的同时，拉大额定单位流量和最优单位流量的距离，将特殊压力脉动区向小流量方向移动，从而保证最优效率点尽可能偏向部分负荷区以获得水轮机稳定的部分负荷运行性能。

（2）在 CFD（计算机流体设计，Computer Fluid Design）流动分析过程中更多地关注转轮出口环量的变化，选取合理的出水边环量分布规律，使特殊压力脉动区向低水头方向移动，改善高部分负荷（高水头、大流量区）的压力脉动。

（3）在满足刚强度的前提下尽可能减小叶片出水边厚度，选取合理的出水边几何尺寸和形状，以改变叶片出水边的卡门涡振荡频率，从而改善水轮机运行稳定性。

（4）改善转轮空化性能、提高转轮的抗空蚀能力，从而改善对空化敏感的特殊压力脉动，提高水轮机的运行稳定性。

（5）对尾水管进行详细的CFD分析，使得尾水管水力性能良好，对转轮出口能量均作较大程度的回收，尾水管出口动能较低，对水轮机运行稳定性有利。

经招标选择的转轮A855a是哈尔滨电机厂有限责任公司为光照水电站所推荐的一个转轮，A855a是在三板溪水电站模型转轮A855的基础上，利用CFD分析技术，对模型流道和叶片翼型进行优化改进得来。三板溪水电站水头与光照水电站水头接近：$H_{max}=156.5m$，$H_{min}=97m$，$H_r=128m$，$H_p=142.59m$，$n_r=166.7r/min$，$P_r=256.5MW$。三板溪水电站模型转轮A855已于2004年年底通过模型试验验收，水轮机现已投入商业运行，运行情况良好。

A855a转轮叶片的设计融汇了三峡水电站转轮叶片的设计理念，使得该转轮不论从能量指标、空化性能还是稳定性能上，均得到良好的体现。该转轮在能量特性上，拉大了限制工况和最优工况的单位流量，转轮运行的高效区加宽，使得光照水电站能在非满负荷条件下得到较高的效率。通过对转轮的进水边进行改型，增加单位转速，使其高效区处于加权平均水头附近，运行范围更优。

2005年6月10日光照水电站A855a模型验收试验通过，模型转轮主要性能满足合同要求。

（三）水轮机主要结构特点简述

水轮机防飞逸措施采用设置于固定导叶和活动导叶之间筒形阀，水轮机结构是常规结构。下面主要针对转轮和筒形阀的结构特点作说明，其余结构不再赘述。

1. 水轮机转轮　每个转轮有15个叶片，转轮叶片采用抗空蚀、抗磨损和具有良好焊接性能的ZG0Cr13Ni5Mo不锈钢材料制造，叶片毛胚为国外VOD（真空脱碳，Vacuum Oxygen Decarbonation）精铸铸造，转轮叶片采用五轴数控机床加工方式以提高质量和精度，并与上冠、下环全渗透焊接制作。

2. 筒形阀　安装在固定导叶与活动导叶之间，开启后位于水轮机座环与顶盖间空腔室内，不干扰水流流态。筒形阀只处于全开或全关位置，不作流量调节用。筒形阀由阀体、导向机构、密封、接力器、同步控制装置、油压装置、监测系统仪表、自动化元件、盘柜及控制装置、阀门、管道、电缆等组成。筒形阀阀体采用钢板焊接结构，阀体尺寸为ϕ6590/ϕ6330，高1400mm，阀体自重32t，具有足够的强度和刚度，能够抵御最大水头下水轮机飞逸时动水关闭的所有外部作用力。操作控制机构由6个均匀分部于顶盖上的直缸油压接力器完成，操作力均传递到水轮机顶盖上。操作系统的油压来自于筒形阀油压系统，额定压力6.3MPa，接力器行程1180mm，筒形阀全行程时间为最短时间70s，最长90s。

国内已建水电站筒形阀设计大多采用机械同步方式，包括大朝山水电站、漫湾水电站等，小浪底水电站筒形阀设计第一个采用电气同步方式，但筒形阀为国外进口。光照水电站是国内第一个筒形阀采用电气同步方式的电站，设置电液同步装置和失步保护信号装置，保证各接力器同步工作，启、闭筒形阀时不产生卡阻现象。

筒形阀厂内预装及试验已于2007年2月底在哈尔滨电机厂有限责任公司完成，结果完全满足合同要求。

（中国水电顾问集团贵阳勘测设计研究院　甘　楠）

黑麋峰抽水蓄能电站发电电动机设计特点

（一）电站概况

黑麋峰抽水蓄能电站地下厂房安装4台单机容量为300MW的可逆式机组，设计年发电量16.06亿kW·h，年抽水耗用低谷电量21.41亿kW·h，年发电利用小时数为1338h，年抽水利用小时数为1732h。

该电站是由国家发展改革委统一部署的抽水蓄能机组技术引进及国产化后续工作的一个项目，东方电机股份有限公司作为机组合同的主体、Alstom作为技术合作方共同完成机组的设计、制造和交货。

（二）主要技术参数

额定容量	发电工况（电气输出）334MVA，电动工况（轴输出）≥320MW
额定电压	18kV，电压调整范围±5%
额定功率因数	发电工况0.9（滞后），电动工况0.975（吸收有功，发送感性无功）
额定转速	300r/min
飞逸转速	465r/min
飞轮力矩	11200t·m^2
纵轴同步电抗 X_d（不饱和值）	1.15

纵轴同步电抗 X_d（饱和值） 1.07
纵轴暂态电抗 X'_d（不饱和值） 0.30
纵轴暂态电抗 X'_d（饱和值） 0.27
纵轴次暂态电抗 X''_d（不饱和值） 0.22
纵轴次暂态电抗 X''_d（饱和值） 0.19
交轴同步电抗 X_q 0.70
交轴与纵轴次暂态电抗比 X''_q/ X''_d 0.91

（三）发电电动机主要部件结构

1. 总体结构　发电电动机采用三相、立轴、半扇伞式、密闭循环空冷结构，轴系由上端轴、转子中心体和主轴构成，上导轴承位于上机架中心体内，推力轴承位于转子下部的下机架中心体内。推力轴承和下导轴承共用一个油槽，采用导瓦自身泵外循环冷却方式。

2. 定子　机座为十六边形，无上、下环结构，由 8 个斜向布置的大立筋与 6 层环板组构成框架结构，斜立筋下端把合在定子基础板上，上端与上机架斜支臂支墩相连。该结构可避免定子机座的翘曲变形。定子机座分成 2 瓣，在工地组焊成整圆。定子铁芯采用高导磁、低损耗、无时效、50M250 型硅钢片叠装而成，轴向均匀设有 48 个宽度为 6mm 的通风沟，通风沟支撑采用非磁性工字钢，压指采用非磁性材料；与定子机座的连接采用双鸽尾、大齿压板结构；采用 150 个 42CrMo4 高强度套管绝缘螺杆拉紧，在其端部设有碟形弹簧。定子铁芯每叠 650mm 预压一次，单位面积压力 1.8MPa，然后进行整体装压，做完铁损试验后再用力矩扳手把紧一次。定子绕组为双层线棒圈式连接，布置在开口槽内。线棒由多股导线按 Roebel 方法编织换位而成。定子线棒进行防电晕保护处理，线圈接头采用银铜焊接。定子线棒绝缘采用 18kV 高场强 F 级 VPI 绝缘系统，线棒采用多点强迫均压措施，并采用绝缘槽衬结构。

3. 转子　转子支架由转子中心体和 10 个斜立筋组成，在厂内整圆加工，整体运输至工地。为了使磁轭在全浮动工况下，轴线仍能与转子支架保持一致，不发生两者轴线的偏差，其每组组合键设有两对周向楔紧的切向键。磁轭采用 DER690 型高强度钢板冲片叠压而成，用 35CrMo 高强度螺杆把合成整体。磁轭与转子支架采用径、切向复合键的连接结构，按 1.05 倍额定转速设计热打键的紧量。分块制动环安装在转子磁轭下端，制动环的拆装不必拆除磁轭。磁极由铁芯、线圈及纵横阻尼绕组等组成，采用 T 尾结构固定在磁轭上。磁极铁芯采用 DER550 型薄钢板冲片叠压而成，磁极线圈由 2 种宽度的四边形铜排交错排布组成，四角采用半自动中频焊机焊接，纵横阻尼绕组布置在磁极压板与磁极铁芯之间，并设有止口固定。

4. 轴承　推力轴承推力负荷 690t，共设有 12 块扇形巴氏合金瓦，配有高压油压入孔，采用带托盘的刚性—弹性球面支柱螺丝支撑结构和自身泵外循环冷却方式，油雾的密封靠双层密封盖和迷宫密封来实现。

上、下导轴承均为分块扇形钨金瓦结构，采用楔形键来调节轴承间隙。上导轴采用冷却器布置在油槽内的内循环方式。下导轴承与推力轴承共用一个油槽和油循环冷却系统。

5. 高压油顶起系统　为解决在机组启动和停机时轴瓦与镜板间干摩擦而引起的烧瓦事故，在轴瓦的支撑中心开有高压进油孔。用高压油泵将油打入轴瓦与镜板间，在钨金瓦面形成油膜，从而保证摩擦面的湿润滑。

6. 上、下机架　上、下机架均为焊接结构。上机架由中心体和 8 个斜支臂组成，能够有效地将径向力转换成切向力。下机架为承重机架，中心体内设置有推力轴承和下导轴承，外设有 8 个辐射形支腿，支腿固定于基础板上，能通过定子内膛整体吊出。

7. 集电环和电刷　集电环布置在转子上方，其支架固定在上端轴上，表面为精加工面，并带有螺纹形沟槽。刷握为可保持恒定压力式。集电环和电刷均采用高抗磨材料制成。

8. 制动和顶起系统　发电电动机设有 1 套机械制动和 1 套电气制动装置，可单独使用，亦可联合使用。制动器设在转子磁轭下方，能在 0.5～0.8MPa 气压下可靠工作。发电电动机设有 1 套液压转子顶起装置和 1 套全厂公用的移动式转子顶起装置。

9. 通风冷却系统和灭火系统　发电电动机采用无风扇的双路径向密闭循环空气冷却系统。在定子线圈上、下端分别设有挡风板，由转子产生的风可直接吹向定子铁芯，并通过定子铁芯通风沟到达定子机座外部均匀布置的 8 个空气冷却器。发电电动机采用固定式水喷雾灭火方式，灭火环管以及水喷雾头分别布置在定子线圈的上、下两端。

（中国水电顾问集团中南勘测设计研究院
吴　胜　王小兵）

株洲航电枢纽水轮发电机

株洲航电枢纽共装 5 台单机容量为 28MW 的灯泡贯流式水轮发电机组，主机设备由哈尔滨电机有限责任公司供货。

（一）发电机主要技术参数

型号　SFG28-92/8150
额定容量　31.11/28 MVA/MW

额定功率因素	0.9
额定电压	10.5 kV
额定电流	1710.7kA
额定转速	65.2r/min
飞逸转速	224r/min
绝缘等级	F级
飞轮力矩 GD^2	5000t·m^2

（二）主要部件结构

机组采用卧轴水平布置，水轮机、发电机共用一根主轴，为两支点双悬臂的支承方式。发电机由定子、转子、组合轴承、灯泡体及其他辅助部分组成。定子下游侧固定在水轮机管形座上，上游侧与灯泡体把合紧固。转子上游侧把合集电环支架，下游侧与主轴法兰连接。发电机轴承集正向推力轴承、反向推力环和径向轴承为一体，为组合式轴承，位于转子下游侧。灯泡体由泡头、冷却套和进人竖井组成，相互之间均为法兰连接。垂直支撑位于灯泡体下部，承受灯泡体自身的重力及流道充水后的浮力。灯泡体两侧各有一个水平支撑，承受水流引起的振动力矩。

1. 定子　定子铁芯外径为8150mm，内径7750mm，铁芯长度1470mm，总重107t。机座采用大齿压板结构，顶环与底环上各加工两道矩形沟槽，用橡皮条和密封胶保证机座与冷却套和管形座的良好密封；环板上开有通风孔，以形成轴向通风道。通过偏心及倾斜加工机座大齿板的工艺，消除由于转子挠度引起的轴线偏差，保证定子、转子之间气隙均匀。定子绕组为双层条式波组，1个支路；端部绑扎固定结构采用玻璃钢端箍环和斜边垫块；槽部固定采用楔形双槽楔，半导体适形材料作为槽底和层间垫条。

2. 转子　转子装配重量146.5t，共挂装92个磁极。转子支架为双圆盘结构，由中心体、上下圆盘、磁轭圈焊接组成。中心体材料为20SiMn锻钢。圆盘开有扇形孔，便于冷风从中通过。磁轭圈采用筒式钢板焊接结构，圆周方向每两个磁极之间开有腰形通风孔。转子支架外径为7288mm，高1802㎜。磁极无T尾，用螺栓固定在磁轭圈上。磁极绕组为铜排四角焊结构，每隔两匝有一散热匝。

3. 轴承　发电机轴承是集正向推力轴承、反向推力环和径向轴承为一体的组合轴承。轴承支架为焊接结构，固定于水轮机管形座上；支架内圆安装径向轴承。反推力环为分瓣结构，采用铸锡青铜材质。通过调整导轴承壳与轴承支架连接处的垫片厚度，来调节反推力环与镜板的间隙（2mm）均匀。正向推力瓦为10块，为扇形钨金瓦，采用支柱螺钉支承，通过调整支柱螺钉下的垫圈厚度，使每块瓦受力均匀。镜板为分两瓣结构，通过平键传递扭矩，有正、反向两个工作面；为减小旋转时对润滑油的搅动，外缘装有围板。

4. 灯泡体　灯泡体由泡头、冷却套和进人竖井组成。灯泡头为球状线型分瓣结构，由模压成型的外壳与支撑环和筋板焊接而成，冷却套为整圆结构。

5. 支撑　发电机组定子、转子及轴承的重力、轴向水推力、偏心磁拉力和短路扭矩均由水轮机管形座承担。此外，在灯泡体下方还设有垂直支撑作为辅助支撑。垂直支撑下部与水泥支撑支墩浇筑固定，水泥支墩外部、水泥支墩上部至灯泡体外部下端、灯泡体外部上端至发电机流道盖板下部之间设有导流板。当流道排水后，垂直支撑承受灯泡体向下的重力，流道充满水时承受灯泡体向上的浮力（浮力大于重力）。该支撑有两个球形接触面，允许灯泡体有轴向微小位移。灯泡体两侧分别设有水平支撑，可防止因水流引起的振动。上述两种支撑结构原理相同，均为浮动支撑方式，可适应机组运行期间因水流及发热产生的变形，保证定、转子之间间隙均匀稳定。

6. 通风冷却系统　发电机采用常压密闭循环强迫通风冷却系统。空气循环的动力由6台安装在空气冷却器下游风道内的斜流风机产生。发电机运行时产生的热量大部分由空气冷却器带走，少部分热量经定子机座壁传递到河水中。空气冷却器产生的热水流入冷却套外壁的夹层内，流道内的河水通过冷却套外层将夹层内的冷却水冷却，冷却后的水再进入空气冷却器，整个冷却系统冷却循环的动力由设置在发电机流道盖板上的冷却水泵提供。

7. 制动装置　发电机采用机械制动和电气制动联合制动方式。6只ϕ220mm制动器安装在冷却套大法兰面上。当机组转速下降到70%额定转速时投入电气制动，当机组转速下降到30%额定转速时投入机械制动；当机组电气制动无法投入的情况下，转速下降到30%额定转速时投入机械制动。在机组正常停机制动的情况下，制动停机的设计时间为1min。制动气压为0.5～0.8MPa。制动器为气压复位结构。

当机组停机检修时，为防止机组因漏水力矩而转动，发电机侧装设有锁锭装置，可将发电机转子锁定。

（湖南湘江航运建设开发公司　邹学颖）

蒸发冷却技术在巨型水轮发电机上的应用

（一）概况

蒸发冷却是电机的一种新型冷却方式。其技术应用于水轮发电机，具有与水内冷相当的冷却效果；工作压力接近零表压，相应循环系统的管路密封较易解决，且在容器和管路中不结垢；若制造工艺和安装调试质量达到要求，水轮发电机可实现免维护运行。因此，近来对它的应用特别是在大型水轮发电机上的应用引起了广泛的重视。

中国科学院电工研究所（下称电工所）自1958年起对蒸发冷却技术应用于水轮发电机开始基础研究，哈尔滨电机厂有限责任公司（下称哈电）早在20世纪60～70年代对蒸发冷却技术做了有益的尝试，东方电机股份有限公司（下称东电）也开展了研究工作。1983年额定容量10MW、额定转速1000r/min的蒸发冷却水轮发电机在云南大寨水电站投入运行；1992年额定容量50MW、额定转速214.3r/min的蒸发冷却水轮发电机在陕西安康水电站投入运行；1999年额定容量400MW、额定转速125r/min的大型蒸发冷却水轮发电机在青海李家峡水电站投入运行。

在三峡工程建设中，为了将我国自主开发的蒸发冷却技术应用于700MW级大型水轮发电机上，开展了更深入的研究，进行了真机模拟试验和仿真计算，解决了水轮发电机蒸发冷却的关键技术。在此基础上，东电和电工所共同提出了三峡地下电站840MVA水轮发电机定子线棒采用蒸发冷却、汇流铜环等采用空冷的方案，已通过专家评审，准备采用。

（二）蒸发冷却系统工作原理

如图1所示，采用绝缘性能好、沸点合适的液体作为冷却介质，充入立式发电机定子线棒的空心股线内部，利用其沸腾吸收潜热来冷却发电机。该介质沸点在60℃左右，蒸汽不必压缩即可由冷凝器在常温条件下经二次冷却又变成液态；在线棒中因吸热成为气液混合二相流体，其密度小于集液管中液态介质的密度，在重力场作用下产生压差；只要设计合适，动力压头大于沿程阻力，不需外加动力，就可构成密闭式自循环系统，实现发电机的自行冷却。

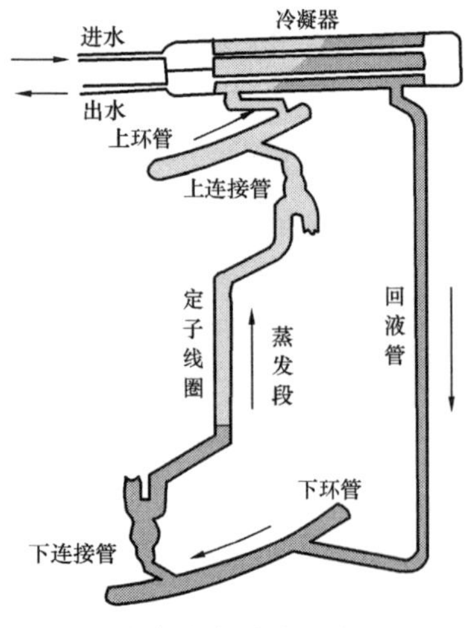

图1 蒸发冷却系统工作原理图

（三）蒸发冷却发电机的设计原则

（1）应按免维护运行进行设计制造，冷却效果至少与发电机定子水内冷效果相当。

（2）在电磁方案、性能参数、结构尺寸等方面的性能不应低于水内冷发电机，至少应具有相当水平。

（3）却应考虑对通风冷却系统的影响，发电机各部分，包括定子绕组（含汇流排）、定子铁芯及转子等的温度、温度分布的均匀性和水内冷发电机水平应基本相同。

（4）应利用冷却介质蒸发所产生的压差进行自循环，无须外加泵，并确保发电机从零到最大容量运行区间能顺利启动和安全稳定运行，能适应各种事故工况而不影响长期连续安全稳定运行。

（5）应采用环保型冷却介质，对环境无污染，不影响人的身体健康，不腐蚀发电机所使用的各种材料，在冷却系统回路中不结垢。

（6）发电机绝缘寿命和可用率等可靠性指标不低于水内冷发电机；应尽量减少冷却介质的渗漏量（不包括排气量）；便于运行维护和检修。

（四）蒸发冷却介质的选用

介质在蒸发冷却系统中既是热交换的载体又利用其二相特性产生压头形成密闭自循环，其性能直接关系到蒸发冷却水轮发电机的性能及造价，对蒸发冷却介质的要求为：①良好的绝缘性能，即具有高电压击穿强度，电击穿后的生成物应无害；②合适的沸点和蒸发潜热值，以与发电机运行温度和热交换相匹配；③介质黏度小，流动性能好，减少流动阻力和增强循环压头；④化学稳定性好，与发电机用材相容；⑤安全、无毒和不燃；⑥符合环境保护标准和相关要求；⑦价格适中。

在20世纪采用氟里昂类物质CFC-113作为蒸发冷却液态介质。由于氟里昂类物质2010年停止使用，电工所经过多方探索，寻找到了不含氯离子的HFC-4310、HFC-3000、Fla三种新型介质可替代CFC-113。这几种冷却介质的性能参数见表1。

经综合比选，推荐选用HFC-4310，但要求对其进行液相、气相和液气二相状态下电气强度试验、混有杂质（至少应考虑长江水）后的电气强度和物理性能试验、热老化试验，特别是在电弧作用下产生分解物后的自恢复能力和生化试验等方面进行补充试验。

（五）蒸发冷却系统的设计

1. 静态液位、许用压力和定子线棒温度限值的选择　静态液位是指与蒸发冷却系统所有部件的温度在低于介质的沸点温度时，第一次充入介质应达到的液位。液位选得过低，将出现低电流过热现象；液位选得过高，将给蒸发冷却系统的结构设计和真机应用带来困难，影响定子线棒的温度。研究表明，静态液

表 1　冷却介质的性能参数表

介质名称 / 参数	CFC-113	HFC-4310	HFC AE-3000	Fla
沸点（℃）	47.6	55	56	69～72
表面张力（dyn/cm）	17.3	14.1	16.4	—
凝固点（℃）	−35	−80	−94	—
液体密度（g/cm³，25℃）	1.57	1.58	1.48	1.74
比热容［cal/（g·℃）］	0.218	0.270	0.300	0.25
黏度	0.70	0.67	0.65	0.50
蒸发潜热（cal/g）	33.9	31.5	39.0	27.7
闪点	无	无	无	无
KB 值（溶剂的溶解性能指数）	31	5	5	4
耐压强度（kV/2.5mm）	37	38	37	40
ODP 值（臭氧破坏潜能值）	0.8	0	0	0
GWP 值（全球变暖潜热值）	5000	1300	870	—
毒性	基本无毒	基本无毒	基本无毒	无　毒
产地	国　产	美国、日本	日　本	国　产

位的高度一般不应低于线棒总高度的 90%。

蒸发冷却系统的运行压力很低，带满负荷运行时，冷凝器压力仅为 0.01～0.06MPa。在事故状态下一定时间内，系统也不会停止运行，只是压力逐渐升高。根据模拟试验台的断水试验情况，真机蒸发冷却系统的许用压力限值为 0.1MPa。

在三峡地下电站发电机定子线棒蒸发冷却方案中，经优化设计，绕组、铁芯及集电环最大温升（或温度）可达到不超过下列值：定子线棒 68℃（RTD）；定子线棒轴向温差 10K（RTD）；汇流铜排 75K（检温计法）；励磁绕组 75K（电阻法）；定子铁芯 60K（RTD）；集电环 80 K（RTD）。

冷却介质年耗液量不大于 1%。

2. 定子线棒　内冷发电机定子线棒的设计一般选用一空带四实的方式，即一根空心股线必须将四根实心股线和自身所产生的热量传至外部。研究表明，采用蒸发冷却方式实心股线与空心股线的截面选择存在着一个最佳的比例配合；空心股线的材料选用不锈钢和铜材都可行，但从增加导电截面、提高导热性能等方面考虑，选用铜材较好。

3. 汇流铜环冷却　在定子采用水冷发电机中，汇流铜环和主引线都采用水冷。考虑到汇流铜环采用蒸发冷却方式需增加循环支路，加大了系统的复杂性；且汇流铜环损耗仅为定子线棒的 5%，可以由空冷来承担，因此，汇流铜环采用空冷方式较好。

4. 冷凝器　考虑蒸发冷却系统的工作压力低于二次冷却水供水系统的压力，推荐采用冷却元件为双层管的双管双板式结构的冷凝器，它具有良好的防漏功能，并带有漏水检测装置，能有效监测到冷却水的泄漏情况。

5. 结构布置　一般，冷凝器沿圆周布置在发电机上盖板下方的混凝土牛腿环形平台上；定子线棒集液环管、定子线棒集气环管、冷凝器排气均压环管、冷凝器二次冷却水供水和排水环管，还有垂直布置的回液管，布置在发电机机坑内。在结构设计和布置上除满足功能、方便安装运行维护外，应特别注意冷凝器万一发生漏水时应采取相应的措施，不允许水泄漏到发电机上，在冷凝器自身检修时应尽量不影响发电机其他部件（如空气冷却器等）；排气环管的布置，应注意有利于冷却介质回收和运行人员的安全。为了减少机坑内的管路布置的拥挤，可考虑将冷凝器冷却水的环管布置在发电机坑外的风罩墙上。

（六）监测、保护系统

监测项目：①静态液位监测；②压力监测（在排气管、冷凝器进出水管、冷却水总管等部位）；③温度监测，定子线棒的 RTD 按常规埋设，应新增冷凝器进出水温、集液管和集气管中介质温度、汇流铜环和主引出线等部位的温度监测；④冷凝器冷却水量和漏水的监测；⑤介质的比重远大于空气的比重，刚停机时发电机机坑内的温度通常高于介质的沸点，泄漏的介质气体通常会沉积在发电机机坑下部，此时将减少含氧量，从确保人身安全和判断介质泄漏程度出发，在发电机风罩内适当的高度设置含氧量监视。

保护一般有排气环管中的压力过高需自动排气、介质液位过低、冷凝器冷却水量不足和漏水、某些部位的温度接近或超过限值等。

（长江勘测规划设计研究院 袁达夫 王树清）

三峡右岸电站座环蜗壳的整体刚强度分析

三峡右岸电站部分机组的水轮机蜗壳将采用垫层埋设方案。鉴于700MW级巨型机组蜗壳采用垫层埋设方式在国内外尚无工程实践，且其蜗壳尺寸大，*HD*值高，受力条件复杂，埋设方式对结构安全性、机组运行稳定性、厂房动态特性等，均有着非常重要的影响，为保证机组的安全可靠运行，国务院三峡工程质量检查专家要求对蜗壳垫层埋设方式作进一步研究。为此，东方电机股份有限公司对三峡右岸电站的蜗壳垫层埋设方式做了以下工作：

（1）按照蜗壳承受全部水压，对蜗壳和座环进行三维有限元结构刚强度复核计算。

（2）对蜗壳进水口设置与不设置推力环两种方案进行三维整体结构有限元刚强度计算。

（3）对蜗壳不同范围设置垫层方案进行三维整体结构有限元刚强度计算。

（一）水轮机主要参数和设计准则

1. 基本参数 额定出力700MW；最大出力852MW；额定水头85.0m；最大水头113m；升压水头143m。

2. 材料机械特性 材料机械特性见表1。

表1 材料机械特性表 （MPa）

部件名称	材料名称	屈服极限 σ_s	强度极限 σ_b	许用应力（正常工况）	许用应力（非正常工况）
座环环板	ASTM-A516	260	485	121	173
固定导叶	ASTM-A516	260	485	121	173
过渡板	NK-HITEN610U2	500	610	166.7	245
蜗　壳	NK-HITEN610U2	500	610	166.7	245

3. 材料物理参数 钢材的弹性模量 $E=2.1\times10^5\text{N/mm}^2$，泊松数 $\mu=0.3$，材料密度 $\rho=7.85\times10^{-6}\text{kg/mm}^3$；混凝土的弹性模量 $E=2.8\times10^4\text{N/mm}^2$，泊松数 $\mu=0.16$，材料密度 $\rho=2.548\times10^{-6}\text{kg/mm}^3$；垫层的弹性模量 $E=2.5\text{N/mm}^2$，泊松数 $\mu=0.001$。

4. 应力设计准则

（1）用户的特殊需要按标书规定：①主要受力部件的碳素钢板，正常工况许用应力为强度极限 $\sigma_b/4$；②高应力部件的高强度钢板，正常工况许用应力为屈服极限 $\sigma_s/3$。

（2）根据ASME标准第8卷第2册给出了一些用有限元法计算应力的限制，并将应力分类：P_m 为一次薄膜应力；P_l 为一次局部应力；P_b 为一次弯曲应力；Q 为一次薄膜应力+不连续的弯曲应力。压力容器设计压力下的参考许用应力为：$S_m=\text{Min}(\sigma_b/3, 2\sigma_s/3)$。不同应力类型的许用应力：$P_m<S_m$；$P_l+P_b<1.5S_m$；$P_l+P_b+Q<3.0S_m$。在特殊工况下（试验压力作用下），压力容器的许用应力：$P_m<0.9\sigma_s$；$P_m+P_b<1.3\sigma_s$。

（二）座环蜗壳的计算模型简化

1. 座环蜗壳计算模型的简化 三峡右岸电站水轮机的座环主要由23个固定导叶、上下环板和与蜗壳连接的过渡板组成。座环上下环板采用200mm厚的钢板将23个固定导叶沿周向焊接成为一个整体，在座环上下环板上分别由过渡板焊接成一个多边形，蜗壳通过过渡板与座环焊接成一个完整的座环、蜗壳结构。蜗壳由钢板弯曲后焊接而成，各断面的几何尺寸不同，钢板厚度也不相同。根据在蜗壳顶部设垫层的方案，在距离座环与蜗壳过渡板2～2.5m到蜗壳的腰线处设垫层。在蜗壳处设垫层区间，钢板与混凝土不接触，单独承受水压力。

2. 有限元模型的建立 根据三峡电站水轮机座环蜗壳的结构特点，座环的固定导叶和座环上下环，垫层，混凝土采用了ANSYS有限元结构分析程序中的三维六面体实体单元，座环的过渡板和整个蜗壳同样采用ANSYS有限元结构分析程序中的四边形和三角形板壳单元，蜗壳与混凝土的接触面采用接触单元。蜗壳尾部和座环上环板的抗扭环的节点与混凝土的交接面的节点应用自由度的位移约束方程处理。

3. 边界条件 水轮机座环蜗壳主要承载荷为：①升压水头压力1.43MPa；②水质量产生的压力载荷；③顶盖对座环的作用力；④通过下机架作用在混凝土上的水推力和机组重力。在进行有限元计算分析时，在座环的下环处给予适当的位移约束。蜗壳的进水口所设的推力环处节点的Y方向自由度进行位移约束（在考虑推力环弹性支撑时，将推力环与混凝土的受力面采用接触单元进行力的传递）。在所取的混凝土区域的边界面的节点自由度进行适当的位移约束。

（三）主要计算结果

1. 蜗壳保压试验时的计算结果 计算表明，蜗壳在保压试验时，最大变形产生在进水口各节，断面呈椭圆变形；各部位最大变形和最大等效应力如表 2 所示。

表 2 蜗壳在保压试验时的最大变形和最大等效应力

试验压力	100m 水柱	143m 水柱
蜗壳径向位移（mm）	8.13	11.62
最大等效应力（MPa）	148.9	211.4

2. 座环蜗壳在垫层埋设时的计算结果 在升压水头情况下，三峡右岸电站座环蜗壳在垫层埋设时的计算结果见表 3。

表 3 垫层埋设时座环蜗壳的最大变形和应力

计算参数	设置推力环	不设置推力环
蜗壳 X 方向位移(mm)	13.23	14.47
蜗壳 Y 方向位移(mm)	−6.80/6.20	−9.10/6.30
蜗壳 Z 方向位移(mm)	10.60	12.09
蜗壳综合位移(mm)	16.15	19.07
蜗壳最大等效应力(MPa)	170.35	266.45
蜗壳进水口中面等效应力(MPa)	138.20	191.80
座环 X 方向位移(mm)	2.28	2.69
座环 Y 方向位移(mm)	1.89	1.90
座环 Z 方向位移(mm)	1.53	1.70
座环综合位移(mm)	2.92	3.07
座环与导叶连接处等效应力(MPa)	178.25	200.40
固定导叶中部等效应力(MPa)	94.50	92.45

从表 3 可以看出：

（1）蜗壳进水口设置推力环，可以减少蜗壳各坐标方向的变形量，其中：X 坐标方向的变形量从 14.47mm 减少到 13.23mm；Y 坐标方向的变形量从 −9.10mm 减少到 −6.80mm；Z 坐标方向的变形量从 12.09mm 减少到 10.60mm。

（2）蜗壳进水口设置推力环，可以降低蜗壳与舌板连接处高应力区域的高应力峰值。其中：蜗壳进水口中面薄膜等效应力从 191.8MPa 降低到 138.2MPa；蜗壳的最大等效应力从 266.45MPa 降低到 170.35MPa。

（3）蜗壳进水口设置推力环，对座环的变形量和应力值的影响较小。

3. 垫层铺至腰线和至腰线以下 1m 方案的主要计算结果 主要计算结果见表 4。从表 4 的两个垫层方案的计算结果比较可看出，在静态刚强度的计算结果方面，座环和蜗壳的变形和等效应力值变化不大。其变形和应力分布规律也基本相同。

表 4 垫层铺至腰线以下 1m 方案和垫层铺至腰线方案的主要计算结果

计算参数	垫层铺至腰线	垫层铺至腰线下 1m
蜗壳 X 方向位移(mm)	13.23	13.13
蜗壳 Y 方向位移(mm)	−6.80/6.20	−6.67/5.08
蜗壳 Z 方向位移(mm)	10.60	10.4
蜗壳综合位移(mm)	16.15	15.61
蜗壳最大等效应力(MPa)	170.35	159.50
蜗壳进水口中面等效应力(MPa)	138.20	137.00
座环 X 方向位移(mm)	2.28	2.28
座环 Y 方向位移(mm)	1.89	1.90
座环 Z 方向位移(mm)	1.53	1.54
座环综合位移(mm)	2.92	2.87
座环与导叶连接处等效应力(MPa)	178.25	178.20
固定导叶中部等效应力(MPa)	94.50	

4. 蜗壳进水口推力环的支撑力计算结果 由于推力环的支撑力大小与蜗壳表面和混凝土接触面的摩擦系数有直接关系，同时与推力环的支撑刚度也有关系，因此，对蜗壳表面和混凝土接触面取不同的摩擦系数，计算蜗壳进水口推力环的支撑力。通过计算，推力环在不同支撑刚度和摩擦系数时蜗壳进水口推力环的支撑力见表 5。

表 5 各种边界条件下推力环的支撑力

	F_Y	F_X
进水口推力环刚性约束	111190.0	18613.0
进水口推力环弹性约束(υ=0.3)	107610.0	16382.0
进水口推力环弹性约束(υ=0.5)	98574.0	17273.0
进水口推力环采用接触边界(υ=0.25)	78670.0	
进水口推力环采用接触边界(υ=0.5)	77117.0	

（四）结论

（1）大型水电机组蜗壳在垫层埋设时蜗壳在水流方向的位移并不大，说明蜗壳在机组运行时水流方向的力大部分同蜗壳与混凝土间所产生的摩擦力平衡，座环也未承受周向巨大的扭矩。

(2) 在蜗壳进水口设置推力环时，可以减少蜗壳各坐标方向的变形量，降低蜗壳与舌板连接处高应力区域的高应力峰值。

(3) 推力环的支撑力大小与蜗壳表面和混凝土接触面的摩擦系数有直接关系，同时与推力环的支撑刚度也有关系。

(4) 垫层铺至腰线以下 1m 方案和垫层铺至腰线方案，从静态刚强度的计算结果看，座环和蜗壳的变形和等效应力值变化不大，其变形和应力分布规律也基本相同。

(5) 三峡右岸电站水轮机的蜗壳采用垫层式埋设方式，座环和蜗壳的刚强度满足机组安全稳定运行的要求。

（东方电机股份有限公司　谭恢村）

防止叶片产生裂纹的转轮开发与制造

水轮机转轮叶片，特别是中、高比速混流式水轮机转轮叶片发生裂纹是常见现象。东方电机股份有限公司分析研究了近年投产的 150MW 以上大型水轮发电机组转轮叶片裂纹的具体现象、处理措施及结果，从中总结应采取的对策，以避免新投产混流式水轮机转轮叶片发生裂纹。

（一）水轮机转轮叶片裂纹原因分析

1. 高频疲劳　对转轮叶片断口检查和金相检查发现，存在明显的疲劳破坏的贝壳纹，叶片裂纹并非是转轮的静强度不够，主要是因高频疲劳而发生。

2. 水力激振引起的动应力　转轮上的动应力由水力激振力引起，能造成水力激振的因素有：蜗壳中流速沿包角分布不均匀；转轮旋转时叶片相对导叶的位置不断变化，引起转轮叶片上的环量改变；导叶和转轮之间的水压脉动；尾水管压力脉动；固定导叶、活动导叶、叶片出口处的卡门涡产生的交变水动力等。

3. 动力响应问题　随着机组容量和尺寸的增加，部件的刚度降低，固有频率下降，且振动模态也更多。以转轮为例，叶片有弯曲、扭转，下环有椭圆变形、扭转等。水轮机本身的水力激振源很多，且大多伴有较宽的频谱。

4. 残余应力的影响　转轮焊接接头在制造或投入运行后检修的修补中，必然有焊接或热处理残余应力存在，有时这种残余应力能达到很大数值，如二滩水电站转轮实测残余应力达 380MPa。

5. 设计因素　对承担系统调峰任务的大型混流式水轮机未进行转轮的疲劳强度和断裂强度计算，对转轮的静应力水平，尤其是由水压力引起的静应力分量估计不足。

6. 制造质量与材料选择　转轮叶片裂纹发生的区域常伴有材料缺陷。有的焊缝存在缩颈现象、收弧处产生的夹渣、弧坑裂纹、焊缝未熔合、条状夹渣，甚至脱焊等缺陷。

7. 运行工况的影响　发生转轮叶片裂纹的机组全部在系统中担任调峰任务，长期在部分负荷区运行，稳定性较差，对转轮叶片裂纹起到诱发作用。

（二）防止混流式水轮机转轮叶片产生裂纹的措施

大多数情况下，转轮叶片裂纹是由疲劳扩展形成，而这种疲劳又被认为与转轮中自激振动诱发的交变应力有关。以稳定性为主要特征之一的水力设计的优劣决定了转轮诱发自激振动的能量的大小，显然，优化水力设计是防止转轮裂纹现象的根本性措施。

转轮的材质，转轮自身、机组轴系及有关部件结构设计上的强度和刚度，转轮的制造质量决定了它抵抗外力（静力和动力）的能力。选好材料，采用优质毛坯，降低静应力，避免各种水力自激振动对转轮和叶片引起的共振，对叶片高应力区进行高频疲劳和低频疲劳校核，把转轮制造成精品，是防止转轮裂纹现象的重要措施。

混流式水轮机只有导叶一个环节可以随水头和负荷的变化而调节，很难完全适应广阔的运行范围要求，在某些工况区必然会出现相对大的动应力。因此，减少水轮机在非保证工况运行对避免发生转轮叶片裂纹大有好处。

在水轮机过渡工况中，水流流态复杂，国内外实测资料表明，机组启动过程中，转轮叶片上有较高幅值的交变应力发生，对于启停频繁的机组，应进行疲劳强度校核。

1. 水力设计　为了进一步降低叶片在各种运行工况下的综合应力，最大限度地提高转轮叶片的机械性能、抗疲劳特性和运行可靠性，在新的水力设计中，采用叶片加厚设计方法。与过去设计相比较，不仅能使叶片整体加厚，还能对通常出现高应力的部位进行局部加厚。

2. 材料　转轮应采用可焊性较好的不锈钢材料，采用真空氧脱碳（Vacuum Oxygen Decarbonation，VOD）方法冶炼，整体铸造或钢板模压成型，保证原材料质量，提高材料的韧性、抗晶间腐蚀和水下疲劳性能。铸件按 CCH-70-3《水力机械铸钢件检验规范》标准进行质量控制，尤其对叶片应采用较高的等级要求，消除因叶片铸件局部缺陷带来应力集中而产生的裂纹源。

3. 结构设计及刚强度　水力设计过程中，应在不明显影响水力性能的前提下适当提高转轮的结构刚强度。在全面满足正常运行工况下，转轮最大应力要严格控制在较小范围内。结构设计过程中，采取调整翼型或增加高应力区厚度及圆角的办法使转轮在最恶劣工况下的静应力，尤其是水压力引起的应力分量处于较低水平。特别重视结构刚强度，注意细节上的设计，如适当考虑叶片出水边根部局部加厚的变化规律，叶片与上冠，叶片与下环的焊缝圆角半径、叶片头部圆弧过渡焊缝的变化过程，为调整卡门涡频率而对叶片出水边局部修整几何型线，以及相应的表面波浪度、表面粗糙度和无损检测的具体规定，将发生过转轮叶片裂纹现象电站的处理经验有选择地应用于新设计的水轮机转轮中。对焊缝提出更严格的无损检测要求，不允许可见的表面和浅层皮下缺陷。

4. 制造工艺　经验表明，转轮叶片发生裂纹的主要原因是应力集中（包括残余应力）和高频疲劳，在确定转轮制造工艺时就要注意减少应力集中和增加受力部件的韧性。过大的残余应力可能形成材料失稳，造成转轮早期裂纹。对于同种钢转轮采用合理的热处理对消除残余应力十分有利。

铲磨是水轮机转轮制造不可或缺的重要环节，有些电站在转轮叶片根部焊缝铲磨过程中，造成“缩颈”，也发生过过渡圆弧处圆角半径不符合设计要求和出水边头部焊缝接头处处理不当产生微小缺陷，带来该处应力偏高，因此应特别注意这一问题。

准确的加工和静平衡，保证止漏环处的设计间隙控制在设计要求的范围内，残余不平衡径向力小于设计值，可以减少运行中的附加摆动值。

5. 规定运行区域　由于混流式水轮机的固有特性，部分负荷下机组运行的稳定性比较差。将运行区划分为稳定运行区、过渡运行区和禁止运行区，对机组的运行安全、经济、合理起到了积极的作用。

（三）在防止转轮叶片发生裂纹方面的实践

1. 改善和提高水轮机水力稳定性的水力设计　研究开发的重点集中在优化水轮机各过流部件尤其是转轮的内部流道、降低水轮机的压力脉动、消除高部分负荷压力脉动带、提高水轮机整体水力稳定性和安全可靠性上。

转轮模型试验要求其能量性能较好地适应电站的运行范围，具有较高的加权平均效率，尤其是在枯水期高水头下具有很高的效率；空化性能优良，在指定的水轮机安装高程和尾水管吸出高度下，转轮出口边空化具有较大的安全裕度，通过光纤内窥镜对叶片进口边初生空化观察，转轮无论高水头叶片进口背面空化初生线还是低水头叶片正面空化初生线均应推离运行区，在整个运行区域内，使水轮机尽量在无空化条件下运行。

全面深入的模型压力脉动试验和内部流态观察，要求转轮具有优良的水力稳定性，具体表现在：水轮机流道各测量部位的压力脉动已降低到最小，在整个运行区域不出现任何幅值异常或频率异常的压力脉动，不出现任何主频为1～4倍转频的压力脉动（包括尾水锥管和无叶区）；各测量部位和各运行区域的压力脉动具有良好规律性，脉动幅值很小；且不出现脉动幅值同步增大或频率相近的情况，即转轮不出现任何水力共振现象；叶道涡初生线和发展线被推离到正常运行区以外。

2. 结构设计与材料选择　大型水轮机转轮的上冠、下环和叶片材料基本上都采用不锈钢材料。为了确保铸件质量，对于叶片的冶炼方法一般规定为采用AOD（氩氧脱碳）或VOD炉外精炼技术。叶片采用五轴联动数控车床加工。上冠、下环与叶片采用焊接结构。转轮设计过程中进行了刚强度的计算，确保关键部位的计算应力值控制在合理的范围内。以三峡右岸水轮机转轮为例，在额定水头发额定出力时的最大静应力不大于100MPa，低于不锈钢屈服强度的1/5。对采用X型叶片的大型转轮，在总结了大朝山等电站因卡门涡引起共振的教训，一般都进行卡门涡频率校核和叶片出口边修型。

3. 转轮焊接工艺、材料与热处理　在装配时着重控制叶片开口尺寸，选择与母材相同强度的同材质马氏体型焊接材料及三相组织的焊接材料。转轮焊接工艺主要为具有三相组织的熔化极混合气体保护焊，进行焊接试验与工艺评定，确定在与真机相同的条件下，抗裂性试验在150℃情况下无裂纹产生，窗型拘束试验没有缺陷，并且焊缝、母材熔合较好。采用ASME标准进行工艺评定，最终确定采用的焊丝型号。

对大型转轮焊接，按要求做好整体预热和保温，翻身控制在两次。待第一次翻身后，对下环正面坡口进行清根探伤和焊平下环坡口，做消氢热处理，冷却后进行超声波和磁粉探伤、缺陷修补和下环正面焊角。完成后进行第二次翻身，焊接上冠焊缝焊角，焊缝最终形成后，用样板检查焊角成型尺寸，加强对咬边等缺陷的控制，防止漏焊。在检查焊接量和外观质量后按照热处理规范进行去应力热处理、检测和尺寸检查，确保符合设计要求。

4. 无损检测与铲磨加工　严格按照CCH70-3标准的规定对转轮毛坯和成品以及制造过程进行无损检测。精加工前对上冠、下环、叶片进行超声波探伤检测和磁粉探伤复检，精加工后还对叶片进行全面积的磁粉探伤检测。对最容易发生裂纹的叶片出水边，增加了超声波双晶检测和渗透探伤检测，将浅层缺陷和表面开口性缺陷彻底检出。

铲磨时，注意根据转轮的材质、磨削部位和磨削要求，对砂轮机的转速、砂轮片的磨料配方、砂轮的硬度粒度等进行综合比较，选定合适的砂轮和砂轮片对转轮的不同部位进行粗磨、精磨和抛光；并注意不能在叶片根部焊缝处产生缩颈等缺陷。在铲磨过程中和完成后，采用磁粉和渗透探伤检查近表面和表面开口性缺陷。

5. 转轮静平衡　对大型混流式水轮机，除采用常规的立式球面静平衡方式外，通过三峡机组的技术引进，消化吸收了测杆应变法转轮静平衡技术，取得了比较好的应用效果。

（东方电机股份有限公司　陶喜群　许　健）

巨型水轮发电机组调速器研制及应用

（一）概况

为了向巨型水轮发电机组提供高可靠性的成套控制设备，东方电机控制设备有限公司承担了“九五”国家重大技术装备研制和国产化项目“6.3MPa 液压装置研究”、“提高调速器制造工艺和可靠性措施研究”。其中为单机容量 600MW、700MW 级别的巨型机组开发研制的双伺服比例阀冗余自动控制系统，在 2003 年 3 月就已经完成了厂内试验，并在 2003 年 10 月以“双伺服比例阀冗余自动控制＋机械手动”的系统方案在装机容量 4×190MW 的四川紫坪铺水电站一举中标。该模式的调速器控制系统，可以实现在自动控制回路故障切换到手动控制回路时，保持机组接力器在当前位置，并在运行人员的监护下进行手动控制操作，避免了纯自动控制（带电手动功能）调速器系统出现伺服故障后只有紧急停机的情况。因此，避免了机组（尤其是巨型机组）因调速器自动控制回路出现故障而突然甩负荷对电网造成的强烈冲击，以及非计划停机给电厂带来的负面影响。该系统方案中液压系统应用于龙滩水电站 700MW 机组上。

（二）双微机电气系统

1. 硬件结构及特点　为满足巨型机组高可靠及高性能的要求，在调速器控制系统结构上采用了双控制器与双伺服比例阀交叉冗余的自动通道结构。控制器采用基于工业控制计算机的可编程控制器，具有处理速度快、运算能力强及可靠性高等特点，能满足巨型机组对调速器系统高可靠及高性能的要求。

调速器控制系统人机接口与显示界面由带触摸屏的彩色液晶平板电脑构成，与双控制器通道采用通信方式实现数据交换。两套独立的数字控制器互为热备用，相互跟踪以实现无扰切换。

频率测量部分采用智能测频模块完成，与控制器间采用通信方式进行数据交换。该模块具有体积小，安装方便，测频精度高，抗干扰能力强等特点，大大提高了调速器测频回路的可靠性。它具有三路测频通道，可对两路机频和一路网频进行测量，不仅可接受来自电压互感器的输入信号，还可接受来自齿盘测速的 24V 脉冲电压输入信号，能自动检测频率信号故障并在两路机频间进行无扰切换。该测频方式已广泛应用到调速器产品中，实践证明了其具有极高的可靠性与抗干扰能力的特点，同时简化了系统硬、软件设计与系统维护。

2. 调节原理　系统控制规律采用适应式模糊变参数的并联 PID 控制结构，即 PID 控制参数随着频率偏差的大小及变化方向实时进行调整，进而提高动态调节品质与稳定性，同时辅以非最小相位补偿和积分钳位（即抗积分饱和）等措施，进一步提高了调速系统小波动的稳定性。

在空载工况下为频率调节模式，而在负载工况下则具有频率、功率和开度三种调节模式，不同的调节模式设有不同的 PID 调节参数，可人为设定为任何一种调节模式。当处于功率调节模式时，如果功率测量故障，则自动切换到开度调节模式；在功率和开度调节模式时，如果机组频率与额定频率之差超过一定范围，则自动切换到频率调节模式。各种调节模式间的切换由于设有状态跟踪，故均为无扰切换。

3. 控制系统软件设计　为了提高调速器的响应速度与调节性能，调速器控制周期不大于 20ms，数字综合周期不大于 10ms。同时针对大波动（如甩负荷）与小波动过程，采用不同的调节算法，满足不同工况下的调节性能要求。

4. 开机规律　在开机规律的选择上采用了模型参考适应式闭环开机规律，其开机过程不受水头变化的影响，即在开机过程和空载工况下，转差系数 $b_p=0$。避免了由于空载开度设定不合适而引起的机组空载稳定转速偏高或偏低的影响，机组空载转速只随其空载频率给定和系统电网频率（当频率跟踪功能投入时）而变化。在机组具备开机条件时，当调速器接到开机令后，将导叶以一定速度开启至某一开度，以便机组转速快速上升，然后开始检查机组频率，当机组频率大于某一值时，则进入转速 PID 调节，同时机组转速给定按软件设定速率上升至额定转速，从而控制机组转速的上升过程，使机组转速快速平稳的达到额定同步转速，实现快速并网，缩短机组的开机时间。由此可见，在机组允许范围内，通过调整开机过程中频率给定的变化速率，即可调整机组的开机时间。

5. 内嵌式调速器性能测试系统 为了便于调速器的现场调试，在软件设计上设计了内嵌式调速器性能测试系统，可用于调速系统静、动态性能指标的自动测试。可测试调速器的转速死区、非线性度等静态指标及空载摆动、甩负荷的超调量、调节次数及调节时间等动态指标，以及各种动态过程如开/停机等的录波；能以表格和曲线的形式自动显示和记录试验结果，并自动计算评价动态过程的指标，同时可测试调速器接力器的开关机时间，便于接力器开关机时间的调整，极大地方便了调速器的现场调试与维护。

6. 机组有功功率限制与电气两段关闭特性 在软件设计上除考虑电气开度限制外，同时增加了机组有功功率限制，具有与水头无关的机组最大出力限制特性，实现了真正意义上的机组功率限制，从而可确保机组在电网出现异常时安全、稳定运行。此外，机组在甩负荷和紧急停机过程中，设置了电气两段关闭规律，可确保机组的安全。

7. 故障检测与诊断 在故障检测方面，为便于设备维护与故障诊断，对控制器的模拟量输入及输出模块、开关量输入输出模块、网络通讯模块、测频模块及接力器位移传感器和随动系统伺服环故障等均进行实时在线检测，并根据检测结果控制相应控制器的输出，实现双机间控制输出的切换。

8. 人机操作接口及监控通信 在人机操作接口设计上，充分考虑了电站运行的需要，采用全中文图形人机界面，可实时显示机组当前状态、运行参数及各种故障信息；可通过菜单修改各种运行参数，进行调速器静态、动态特性试验和动态过程录波；可记录各种故障及状态信息，便于系统故障分析与维护等。友好的人机界面使其操作简单、方便，易于使用。与电站监控通信方面，提供了 RS422/485 接口与 Modbus通信协议，可将调速器各种故障与测量信息送往监控系统，同时能接收监控系统的功率调节目标值，由调速器完成功率的闭环调节。

（三）冗余伺服比例阀控制电液随动系统

1. 液压系统 调速器机械液压随动系统是具有内闭环的相对独立的电液随动系统，它能够与电气柜及自动化系统一起，对机组进行自动控制，也可以单独对机组进行手动控制。

2. 手动控制跟踪自动控制 由于流量反馈技术的使用，主配压阀中间平衡位置的整定是通过调整与辅助接力器活塞一体化设计的换向阀针塞位置来实现的，因此，主配压阀具有液压自动复中功能和中间平衡位置恒久不变的技术特点。无论自动控制运行过程中主配压阀活塞处于何处，与主配压阀活塞连为一体的辅助接力器活塞的位置都会与换向阀针塞的位置形成反馈信号。只是在自动控制运行过程中，该反馈信号才被闭锁。一旦切换到手动控制运行，流量反馈通道保持打开，在流量反馈的作用下，主配压阀立即液压自动复中，从而保持机组接力器的当前开度，实现瞬间的、无扰动的切换，进而可以在运行人员的监护下进行手动控制运行。

（四）双比例阀选择电磁阀的选型

调速器机械液压系统中用于双伺服比例阀切换的电磁换向阀在这里我们称之为“双比例阀选择电磁阀”，选用的是德国 REXROTH 公司的标准电磁阀，考虑它在系统中的工作状态，该阀为阀芯机能为“B”的二位三通电磁阀，满足系统的工作要求，在该系统中避免了将二位四通电磁阀作为二位三通电磁阀使用而出现回油口直接带压或控制口接通被封堵的回油口间接带压导致压力油进入电磁铁操作腔的两种使用状况，不会出现双比例阀选择电磁阀切换不到位的情况。

（五）切换逻辑

切换包括双微机通道间的切换、双比例阀间的切换、自动手动运行方式之间的切换。

双微机间的主备用工作方式切换通过逻辑回路实现；在双微机硬件通道及信号正常，且双机通信正常时，也可通过人为操作方式切换任意一微机通道的主备用工作方式，切换时间为毫秒级，可保证双微机通道间的无扰切换。如果双机通信故障、备用通道硬件或信号有故障，则禁止主备用通道切换。

当主用通道微机系统出现通道硬件故障（如模拟量输入或输出通道、开关量输入或输出通道等）或重要输入信号故障（如导叶反馈故障、机组频率故障等）时，则闭锁该通道的正常输出信号，通过逻辑回路将控制权切换到备用通道；如果备用通道亦产生相同级别的故障，则切换到手动运行方式。

双比例阀间的切换判据由电液随动系统伺服环故障确定，通过检测伺服比例阀的控制输入与导叶接力器位移的变化大小及方向来判断电液随动系统工作是否正常，为了避免误判导致误切，其故障检测时间约 100ms，可保证双比例阀间的切换不会对接力器位移产生明显的变化。当微机系统检测到电液随动系统故障时，则将当前工作比例阀切换到备用比例阀；若切换后故障依旧，则切换到手动运行方式。

（六）应用情况

通过科研课题的验证装置和紫坪铺水电站调速器在厂内进行的大量重复性无扰切换及性能试验，以及紫坪铺水电站 4 台调速器成功的商业运行，其优良的调节性能和高可靠性，不仅检验了系统设计的技术先进性和元件选型的正确性，而且也说明为单机容量 600MW、700MW 这样的巨型机组设计的冗余伺服比例阀型调速器是可靠的和成熟的。因此，同样以自主创新的“双伺服比例阀冗余自动控制＋机械手动”的调速器系统方案，应用拥有自主知识产权的核心技术，该公司先后赢得了广西龙滩（7×700MW）、青海拉西瓦（5×700MW）、云南金安桥（4×600MW）等水电站巨型机组的调速器合同。虽然龙滩和拉西瓦两个项目按业主要求采用了国外公司的控制器和主配压阀，但按系统方案配置的产品集成设计是由该公司独立完成的；尤其是金安桥项目，不仅系统方案是该公司自己的，而且控制器应用软件、主配压阀等关键节点均是该公司自己的技术和产品，对巨型水电机组调速器的国产化工作具有重要意义。

（东方电机控制设备有限公司　罗景华　唐　旭　邬廷军　颜晓斌　曹维福）

大型水轮机调速器国产化中的新技术

随着经济的增长和科学技术的不断进步，我国水轮机调速器技术也得到相应提高。现从二滩水电站、公伯峡水电站、乐滩水电站、洪江水电站的调速器技术特点，来阐述大型水轮机调速器国产化中的新技术。

（一）二滩水电站调速器电气部分国产化改造中技术的新突破

二滩水电站装有6台单机容量为550MW的大型水轮发电机组。由于进口调速器的电气部分存在着抗干扰能力较差、工作电源可靠性不高、部分传感器工作不稳定，以及调速器的可维护性不能得到保证等问题，投运以来出现了多次的故障，影响了二滩水电站的正常工作和安全运行。电站经考察，决定采用国产化设备改造，2号机、5号机改造后的调速器电气柜分别于2003年5月和2004年5月投运，4号机组的也即将投运。该改造的特点如下：

（1）由高性能、高可靠性PLC及部件系统集成的电气柜。控制器A和B采用Quantum系列PLC，具有模块化、可扩展的体系结构，适用于工业过程实时控制，在电力系统中得到广泛的应用；可提供包括CPU、抗干扰电源、I/O等各种丰富的功能模块，同时提供了工业控制网络及冗余热备份解决方案；所有模块均为相互独立可热插拔形式；具有防爆的本质安全型模块和符合美国军标的表面涂敷涂层模板。因此，它具有极高的抗干扰能力，其运行可靠性及稳定性是其它控制设备无法达到的。控制管理机采用工业控制型计算机，通过以太网与控制器进行信息交互，并完成水轮机调节系统故障诊断、故障录波、参数设置、静动态试验和电站计算机监控系统通信及人机联系等功能。

（2）备份方式采用双机交叉冗余热备方式，具有如下特点：①双机的硬件和软件完全相同，且信息共享；②双机正常工作时，任何一台机均能被选作为主机或备份机；③影响调速器基本运行的故障发生时，主备机自动切换；④主备切换无扰动；⑤主备机重复切换闭锁；⑥备份机正常工作时，可实现手动切换；⑦双机均具有独立的工作电源。

（3）适应式变参数功率调节。二滩水电站双可编程微机调速器的机组功率，通过适应式变参数的调节规律进行控制。当功率给定和实际功率的偏差（称为功率偏差）较大时，以较快的速率增加/减小机组功率，使其尽快逼近功率给定值；当功率偏差值小，进入区间Ⅰ工作，减慢机组功率调节速率；在更小的区间（区间Ⅱ）中，使机组功率按指数曲线规律趋近于机组给定功率。这样，使功率的调节快速而平稳，避免超调。机组功率在大功率偏差和小功率偏差（区间Ⅰ）区间的调节速率，能适应机组不同的运行水头。当机组运行水头高，机组功率增加/减小的速率小，当机组运行水头低，机组功率增加/减小的速率大，以实现在不同机组运行水头下机组功率的单调快速调节。

（二）水轮机调速器中的现场总线技术

1．施耐德公司ModBus Plus（简称MB＋）现场总线的应用　MB＋网络的主要性能参数：对等式、令牌循环、通信速率达到1MBPS、采用RS485接口方式、网络最大节点数达到64个、采用双绞线光缆、最大网络通信量20K寄存器/秒；具有综合高速、对等通信和易于安装等特点，可实现简化应用和减少安装费用。它使得主机、控制器和其他数据源通过使用低成本的双绞线电缆或可选的光缆作为同位体进行通讯。作为一个判定性令牌传递网络，MB＋以1Mb/s的速率进行通信，快速存取过程数据。它的实力是他的控制实时控制装置的能力，不会由于加载或通信量的原因而降低性能。

传统的伺服电机控制与PLC的接口方式主要有：①专用脉冲输出模块与伺服电机驱动器相连接，伺服电机编码器与驱动器自身形成反馈系统。②伺服运动模块与电动机驱动器接口，电机编码器信号反馈至运动模块。

洪江水电站调速器微机调节器采用了MB＋网络，如图1所示。

由图1可以看出：微机调节器A机、B机和导叶伺服电动机驱动器、桨叶伺服电动机驱动器全部连接在MB＋现场网络上，安装与电调柜上的A、B机仅需用一根MB＋网线就可以对远在70m外的机械柜进行控制（最远可以达到1400m）。由于采用了现场

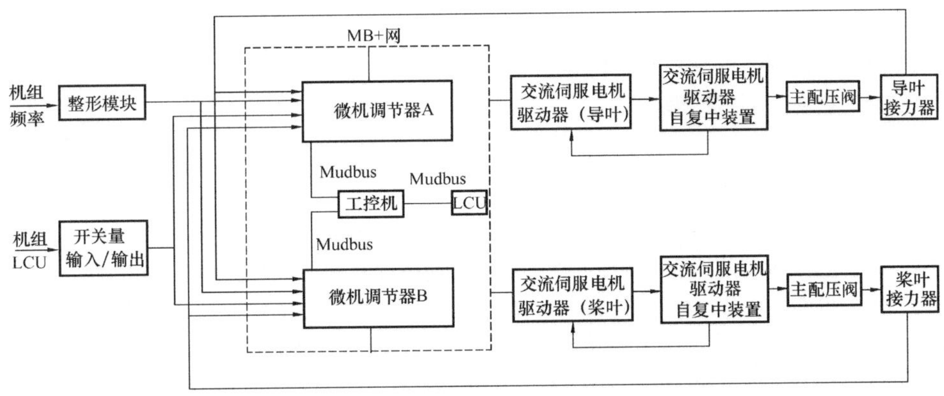

图1　洪江水电站调速器微机调节器原理框图

总线技术，接线简单。可以采用专用指令读取驱动器内部的全部状态和相关数据，对于控制命令全部采用通讯的办法传入驱动器。

2. 三菱公司 CC-Link 现场总线的应用　CC-Link 现场总线拥有在同行业中最快的通信速度，可以支持传感器输入及容许智能化设备进行大容量数据传送，并可以选择系统支持适用的最佳的通信速度和总距离。它可以在主控 PLC 与本地 PLC 之间进行n∶n的循环传送，简易地构成分散的 PC 系统；具备自动在线恢复功能、待机主控功能、切断从站功能、确认链接状态功能及测试和诊断功能，可以构成具有高度可靠性地网络。具体实际应用如下：

调速器的硬件配置主要由两套配置完全相同的 PLC 组成：主基板、电源模块、CPU 模块、I/O 输入模块、I/O 输出模块、A/D 模块、D/A 模块、高速计数模块、CC-Link 通信模块。监控画面采用平板液晶电脑（带触摸屏），与 CC-Link 总线通信采用安装 PCI CC-link 接口卡 A80BDE-J61BT13 构成。可以定义任一 PLC 系统为主站或备用站，PLC 间通信速率为 10Mbps，仅需在 CC-Link 模块上设置站号，0 号站为主站。

由于采用的系统为双机交叉冗余系统，实现的目的为：当 A 机为工作机时，其本机的导叶传感器（或机组频率、功率等信号）发生故障时，则 A 机通过 CC-LINK 读取 B 机采样的数据作为主用，以保证水轮机调速器仍处于正常运行的状态。

乐滩和公伯峡水电站就是采用该种数据交换方式。

（1）公伯峡水电站内设 5 台单机容量 300MW 的水轮发电机组。水轮机数字式电液（微机）调速器在电站安装完成后，进行了严格的充水前和充水后的试验，水轮机调节系统具有很好的静态、动态性能指标，达到并优于水轮机控制系统技术条件和设计的要求。1 号机调速器于 2004 年 9 月 20 日投入运行，2 号机调速器于 2004 年 10 月 21 日投入运行。

（2）乐滩水电站调速器的油压装置是目前国内最大的油压装置，额定油压 6.3MPa，压力油箱总容积 40m^3（20m^3 × 2），回油箱容积 40m^3；油泵型号 3G90X6G，3 台，输油量 15.5L/min。调速器主配压阀直径 200mm，并联 PID 调节；Q 系列 PLC，双机交叉冗余。

（三）交流伺服电机自复中调速器的应用

无油自复中电/机转换器采用了轴向单复中弹簧，主要由伺服电机、联轴套、滚珠丝杆、丝杆螺母、复中弹簧、输出杆组成。由于电/机转换器不需要用油，其静态耗油量等于零。在空载稳定运行时（无起励），其油泵启动间隔时间达到 58min（平均测量结果）。发电工况时（无负荷调整），油泵启动间隔时间达到 8h（平均测量结果）。有效地延长压油泵的启动间隔时间，使油泵寿命得以延长，提高了经济效益。产品的调节品质明显达到或优于国家标准。由此证明：自复中电/机转换器型调速器完全可以用于大型水电机组。目前该类型调速器已在乌江渡水电站（2×250MW）、四川福堂水电站（4×90MW、6.3MPa 工作油压）等大中型电站运行。

综上所述，从目前投运的特大型和大型机组来看，调速器的国产化是完全可行的。国产化的设备不仅供货渠道畅通，而且售后服务方便快捷，最可贵的是技术上可以完全交底，技术资料全部采用中文。只要在产品材料和工艺上严格把关，认真执行 ISO9000 质量体系，中国国产化的调速器设备必当走进世界先进水平的行列。

（武汉事达电气股份有限公司　向家安　胡乙进　李　红）

基于PCC的SAFR-2000H型水轮机调速器

由奥地利贝加莱公司生产的可编程计算机控制器（Programmable Computer Controller，简称PCC）集成了PLC和IPC的优势，既有PLC的高可靠性、易扩展性，又有IPC的分时多任务操作系统功能，具有运算能力强、实时性好、编程方便的特点；同时PCC的CPU模块有独特的时间处理单元（TPU），可以在不增加主CPU负荷的前提下很好地解决水轮机调速器的频率测量问题。因此采用PCC作为核心控制器的SAFR-2000H型调速器将具有高的可靠性和好的实时性。

（一）SAFR-2000H型调速器的系统组成

PCC的硬件采用模块化结构，CPU、输入、输出、通信等都是独立的模块，给安装、调试、扩展、维修带来了方便。根据调速器控制系统的不同要求，SAFR-2000H型调速器可以选用PCC的2003或2005系列模块。图1所示的是选用2003系列PCC的SAFR-2000H型调速器的电气系统结构图。

为了保证可靠性，构成A、B双PCC冗余切换配置系统。选用CP476作为调速器的CPU模块，CP476和PCC的其他CPU模块一样，采用多处理器的结构，同时它还具有一个TPU，可以方便可靠的实现频率测量；高速数字量输入模块DI135作为调速器频率测量的输入模块，它和TPU以及外部的频率调理模块一起完成对机组频率或电网频率的测量；模拟量输入模块AI774、AI354作为水头、有功功率、接力器行程反馈等模拟量信号的输入模块；模拟量输出模块AO352作为控制电压的输出模块；数字量混合模块DM465和数字量输入模块DI435作为调速器开关量输入输出模块，其中开关量输入包括开机、停机、发电、调相、增加、减少等外部开关量命令，开关量输出包括空载、发电、调相、停机的指示灯信号以及一些故障输出信号；通信模块IF321作为下位机PCC和上位机显示界面进行通信的接口模块。

双机之间的可靠切换是由一个智能切换继电器来保证的，该智能切换继电器选用的是欧姆龙公司的ZEN可编程继电器。人机接口面板部分选用10.4英寸高亮度液晶触摸显示屏，作为整个控制系统的监控显示和操作界面。

（二）SAFR-2000H型调速器的特点

1. 无扰切换的双机冗余系统　采用冗余配置系统可以大大提高调速器的可靠性，无扰可靠的切换是保证双机冗余系统可靠性的关键因素。选用的智能切换继电器是一个可编程继电器，它实时监测两套调节器的工作状态，在两套调节器都正常的情况下，按照运行人员的指令把系统的控制权授予相应的调节器；在一套调节器出现故障时，控制权自动授予另一套调节器，保证双机无扰切换。

2. 强大的通信功能　两套调节器利用CPU模块上的CAN接口进行实时通信，保证两套之间的信息冗余；两套调节器利用各自的通信模块IF321和上位

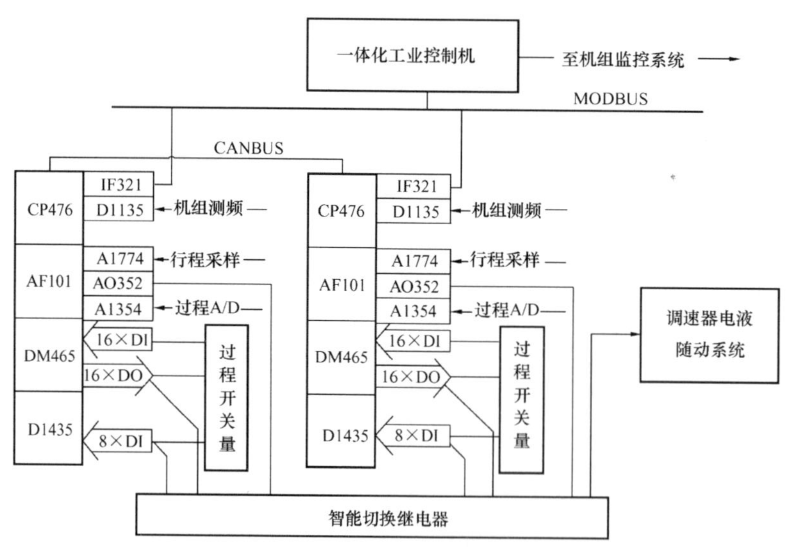

图1　SAFR-2000H型调速器电气系统结构图

机显示屏通过Modbus协议进行通信；监控系统和显示屏通过设计的通信协议进行通信。

3. 方便可靠的频率测量单元　利用高可靠性的测频模块DI135和CPU模块配合专门的测频语句就可以实现对频率的测量，由于CPU具有很高的测频时钟，提高了频率测量的精度。

4. 实时的控制任务调度功能　PCC具有多任务操作系统，通过不同的优先级划分可以为程序段设定不同的循环时间，实现实时多任务。将整个调速器复杂的控制系统分成多个独立的任务来完成，使控制任务模块化、结构化，给每个任务安排最合适的调度周期，这样就可以使整个任务的执行具有更好的实时性。

（三）SAFR-2000H型调速器的主要功能

按照可靠性和模块化的设计原则编制的整个调速器控制软件在调速器上电后，首先运行初始化程序，完成对一些变量的初始化以及判断机组的初始工况，然后采集外部输入的开关量、模拟量数据，并对它们进行数据处理，进入机组工况判别程序，根据机组不同的运行工况通过任务调度功能调用相应的控制程序模块，经过调节计算得到接力器给定，然后将接力器给定和测得的接力器反馈经过PI调节以及输出限幅处理后输出控制信号，控制接力器的行程。

基于上述调节过程的SAFR-2000H型水轮机调速器具有如下主要功能：

（1）调速器具有频率调节、功率调节、开度调节三种调节模式。在机组并网之前调速器运行于频率调节模式下，并网后调速器可以选择功率调节模式或开度调节模式。

（2）机组在空载、并网发电、甩负荷、孤网等不同工况运行时有不同的调节参数。

（3）以最佳方式实现机组开机，开机过程可使机组频率自动跟踪电网频率，实现快速并网；也可以按给定频率启动机组。

（4）功率调节或开度调节时，具有前馈控制功能，可以使负荷快速跟踪给定的变化。

（5）并网以后可自动根据需要实现按频率偏差或功率给定调节机组有功功率。

（6）可以实现A、B双机无扰动冗余切换控制。

（7）手动运行时，自动采集接力器开度，调整调速器的输出值与实际开度相适应，实现手动到自动的无扰动切换。

（8）以最佳过程使机组停机，根据需要可实现分段关闭过程，此外还具有紧急停机功能。

（国网南京自动化研究院　蔡晓峰　邵宜祥）

CVT-××型逻辑插装式数字调速器

（一）系统概况

CVT-××型逻辑插装式数字水轮机调速器由北京中水科水电科技开发有限公司（中国水利水电科学研究院）研制开发，于2000年投入运行。该系统采用快速开关阀（也称数字阀）与逻辑插装阀等标准液压件进行元件-组件-回路的多层次组合与优化设计，进而实现调速器调节与控制的所有功能，是以快速开关阀和逻辑插装控制阀为核心部件的、全新的全容错直接数字控制的水轮机调速器。由逻辑插装阀组件实现主配压阀的功能，无需“中间位置”，而作为先导级的控制元件则由快速开关阀组件实现，实现全容错、直接数字控制，取消了传统的电液转换元件及主配压阀，在可靠性、速动性、可控性、维护性、灵活多变的集成化等方面具有突破性的进展，实现了全数字化调速器，彻底解决了长期困扰水电厂的调速器拒动、发卡、漏油等问题，具有显著的节能、降耗、增寿、环保等特点。

（二）系统组成及主要特点

这种微机调节器输出的是数字量，接收这些数字信号和起电—液转换作用的是快速开关阀组件，即数字阀（无需D/A转换），而起流量和功率放大作用的是主控功率阀组（逻辑插装阀组），该阀组取代了常规微机调速器的主配压阀。即由快速开关阀进行先导控制，以逻辑插装阀作为主级元件。这种调速器的基本结构如图1所示。其基本特征可归纳为调节器数字输出、先导控制、阀座主级、嵌入式联接等各组件之间采用模块化结构有机地组合与叠加在一起。

特别要指出的是，选用快速开关阀（响应时间约

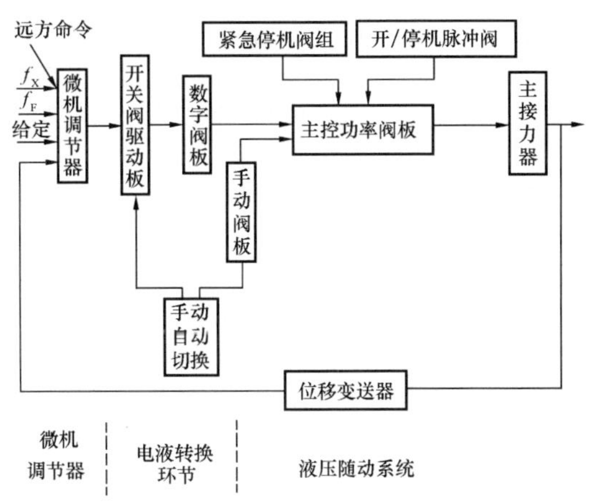

图1　微机调速器结构示意性框图

3ms）作为调节用的先导阀，它具有抗油污能力强、重复性好、工作稳定、功耗低、可直接与计算机接口等优点，只需控制快速开关阀的脉冲频率或数量，就可实现对插装阀控制腔压力/流量的连续控制，其数字化特征简化了微机调节器系统，无需 D/A 转换，使控制简单化，可靠性提高。而普通电磁铁驱动的各类一般用途的电磁换向阀，虽然也具有一定的开关特征，但由于其响应太慢，常在数十毫秒到上百毫秒之间，无法实现对压力/流量的连续平稳控制，因此普通电磁换向阀是不能用作数字阀的。

逻辑插装式数字调速器的几个特点：

（1）扬弃了传统结构模式的调速器结构，兼顾了液压系统动作的可靠性、微机的适用性和阀的简单化。

（2）不用常规主配压阀。一般而言，常规主配压阀在所谓“复中”时，是处在一种相对平衡状态。调速器不溜负荷（接力器不漂移），要求保持严格的压力/流量平衡，这对反馈系统的要求比较高，安装调试都有一定的难度。而插装阀在关闭时处在一种稳定平衡状态，故这种调速器具有较高的稳定性。

（3）系统的调节与控制不是建立在阀的“中间位置”基础上的，运行稳定，调节品质高，调整方便。阀体具有较高的耐油污能力，维修工作量小，可靠性很高。当发生电源中断等故障时，能保持机组继续运行，容错能力强。

（4）速动性好，快速开关阀动作时间约 3ms，调节迅速可靠，对发挥大型机组在电力系统中的调节作用十分有利。

（5）利用标准液压件。数字阀（快速开关阀）与插装阀（逻辑阀或锥阀）的尺寸都是按国际标准生产的标准化液压元件，调速器可从元件到组件到回路进行多层次的组合，可以充分利用液压件制造行业的优势来提高调速器的性能和组织生产。当前，采用常规单件小批量为特征的主配压阀的调速器，工作油压一般不超过 6.3MPa、直径不超过 250mm，若进一步提高压力等级或尺寸，制造难度将很大。由于采用标准化程度高的组件，元器件的互换性好，密封可靠，无任何连接杆件、柜内管路，无泄漏现象，环保、节能十分显著。

（6）实时多任务控制提高调节性能指标。将任务按缓急分类，分别以多次调用子程序、定时中断和正常扫描等不同方式予以处理，例如接力器位置控制、频率测量优先，一般模拟量与开关量采集、控制量计算次之，指令输入、显示输出和自检等任务可在多个等效采样周期内完成。

（7）由控制器本体的 6MHz 计数器，直接对同频方波进行测量，兼顾测频分辨率、实时性及可靠性问题。

（三）推广应用价值

基于该项技术的 CVT-××系列调速器已在国内外上百台机组得到成功应用，在水轮机调速器行业独树一帜，获得用户广泛好评。它拥有自主知识产权（专利号：ZL 00 2 59624.5），于 2004 年 5 月通过水利部主持的鉴定，结论为“技术上达到国际领先水平”，于 2005 年 10 月获得大禹水利科学技术奖二等奖。

（中国水利水电科学研究院　张建明）

三峡右岸电站首台水轮机调速器现场试验

（一）概况

三峡右岸电站 22 号机组的水轮机调速系统是由哈尔滨电机厂有限责任公司（以下简称哈电）引进美国 GE 公司的水轮机控制技术，经过自行消化并吸收后，按照三峡巨型机组的特殊要求设计生产的 PLC 型调速器。HEC 调速器的控制器采用 GE 公司（原 Woodward 公司）的三套 MicroNet TMR 型 PLC，其 CPU 模块以 Motorola 68K 芯片为控制核心，用户程序的最小扫描周期最短可至 5ms，并且有 10ms、20ms、40ms、80ms、160ms 等多个扫描周期可供组合选择，通过对用户程序各模块执行周期和优先级的合理组合与分配，可以有效减少 CPU 时间占用，提高程序执行效率，改善调速器的控制和调节性能。

HEC 调速器的电液转换机构为两套 Bosch 公司的电液比例伺服阀，冗余控制，该比例阀技术成熟，动态响应较好，可靠性较高，而且双比例伺服阀冗余控制进一步提高了产品可靠性。

（二）PID 控制简介

HEC 调速器的调节控制算法采用了 GE 公司的带前馈的参数适应式、并联式 PID 控制，前馈（FeedForward）计算可以有效地提高 PID 控制的动态性能。空载 PID 调节控制原理框图如图 1 所示。

（三）机组无水试验

机组无水试验主要包括各种电源切换试验、开关量输入输出通道检查、模拟量输入输出通道检查、主配压阀位置反馈传感器整定、导叶主接力器位移反馈传感器整定、水头输入信号整定、LCU 有功设定模拟量整定、导叶开机时间调整、导叶三段关闭时间调整、导叶开度与接力器行程对应关系曲线测量、在机组空载或负载工况下的各种故障模拟试验、模拟自动开停机试验、模拟现地或远方增减负荷试验、模拟机组甩负荷试验、三机切换试验、调速器静特性试验等。

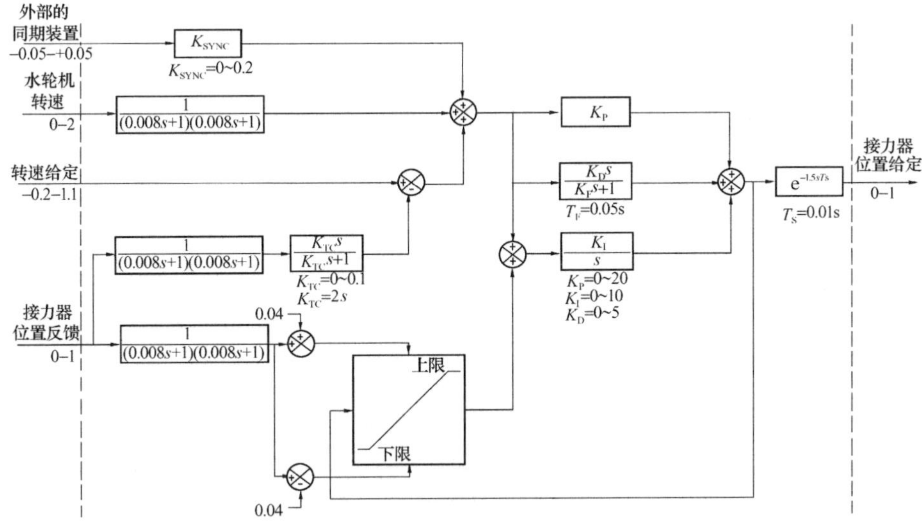

图 1　空载 PID 调节

调速器静特性试验，试验参数为，$b_p=6\%$，$K_P=10$，$K_I=10$，$K_D=0$，导叶开度给定 50%，$Y_{max}=1400mm$；试验结果为，非线性度 0.52%，转速死区 0.02%，永态转差系数 $b_p=6\%$。

（四）机组充水后的试验

机组充水后的试验分为空载试验和负载试验。

空载试验主要包括手动开机试验、机组空载转速摆动试验、机组空载频率扰动试验、机组频率跟踪系统频率试验、自动开停机试验等。

负载试验主要包括负载控制模式无扰动切换试验、手自动无扰切换试验、现地或远方增减负荷试验、机组甩负荷试验等。

1. 机组手动空载转速摆动试验　调速器手动方式、机组空载工况下，测定机组在 3min 内的转速摆动值，重复 3 次，取其平均值，结果见表 1。

表 1　手动空载转速摆动试验试验结果

	第 1 次	第 2 次	第 3 次	平均值
手动空载摆动	±0.102%	±0.072%	±0.092%	±0.089%

2. 机组空载扰动试验与机组自动空载转速摆动试验　试验方法：调速器自动方式、机组空载工况下，退出系统频率跟踪，对调速系统施加±2Hz 的频率阶跃扰动，记录机组转速、接力器行程等的过渡过程，选取转速摆动值和超调量较小、波动次数少、稳定快的一组调节参数，提供空载运行使用。在该组调节参数下，测定机组在 3min 内转速摆动值，重复 3 次，取其平均值。为了确保选取到最优的参数，提高机组的动态调节品质，在厂家提供的默认 PID 参数的基础上多组合了几组参数，通过反复进行空扰和空摆试验来验证优选。试验结果见表 2，试验曲线（其中一次）如图 2 所示。

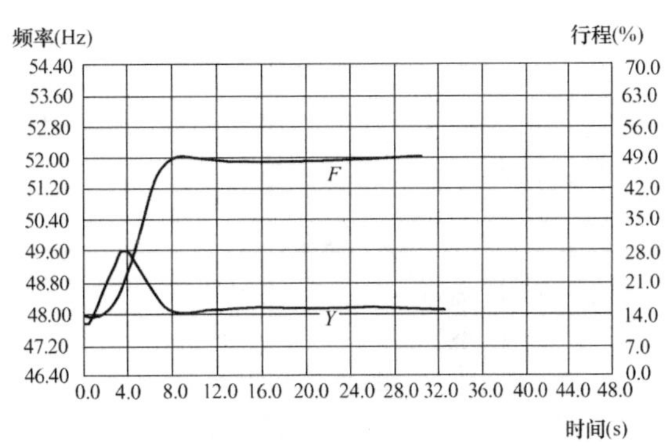

图 2　空载扰动试验
第 4 组参数（上扰 4Hz）

3. 自动开机试验　试验方法：调速器空载参数取空扰和空摆试验的最优值，调速器远方自动方式，由监控系统发自动开机令，调速器将机组开至额定转速。开机过程见图 3。

4. 机组甩负荷试验　试验方法：调速器空载参数取空扰和空摆试验的最优值，调速器远方自动方式，机组依次分别甩掉 25%、50%、75%和 100%的额定负荷，记录机组转速、导叶接力器行程等参数的过渡过程，以此检验机组转速上升率、调节次数、调节时间和接力器不动时间等主要技术性能指标是否满足国标要求。甩负荷试验结果见表 3，其中甩 100%额定负荷试验记录如图 4 所示。

甩25%额定负荷时接力器不动时间为 0.24s。

表 2　　PID 参数组合试验结果

序　号	K_P	K_I	K_D	扰动量 (Hz)	超调量 (%)	调节时间 (s)	摆动值 (%)	调节次数	备　注
1	4.09	0.64	0.3	+4	4.4	15.3	±0.062	1	默认参数
				−4	1.3	15.5		1	
2	4.09	0.4	0.3	+4	4.1	18	±0.054	1	一般
				−4	2.2	20.6		1	
3	3	0.64	0.3	+4	13.2	14.7	±0.078	1	较好
				−4	14.8	16.1		1	
4	3	0.4	0.3	+4	1.4	7.5	±0.065	1	最优参数
				−4	4.2	9.8		1	

表 3　　甩负荷试验结果

负荷比例	有功功率 (MW)	最高频率 (Hz)	稳定频率 (Hz)	转速上升率 (%)	调节次数	调节时间 (s)
25%	175	52.9	50	5.8%	0.5	11.2s
50%	350	57.98	50	15.96%	1	13.1s
75%	525	64.5	50	29%	0.5	14.3s
100%	700	71.5	50	43%	0.5	13.7s

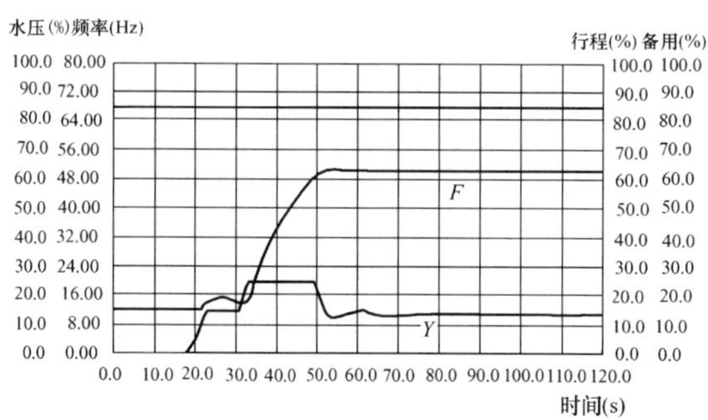

图 3　自动开机试验

（五）其他补充试验项目

因为 HEC 调速器在电源、控制器 CPU 及 I/O 模件、机组转速信号输入、电液转换控制信号输出等

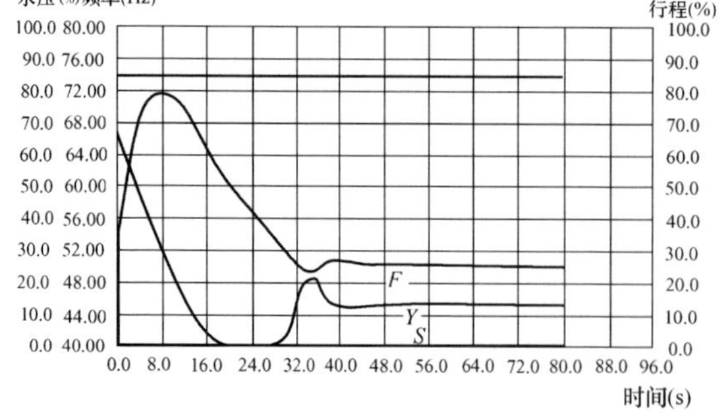

图 4　机组甩 100%额定负荷的试验

方面都设计有两套或三套冗余，前面的试验都是在以比例伺服阀为主用控制、转速信号输入优先的条件下进行的，为了确保各冗余环节的调节性能一致，在空载试验项目中，还补充了以比例阀为主用控制、齿盘转速信号输入优先等不同的输入输出条件组合下，最优空载参数的空扰和空摆试验，试验结果表明，调速器的各个输入输出冗余环节的一致性较好。

（六）存在的问题

由于采用 GE 公司主配压阀无自复中功能，HEC 调速器设计为双比例阀自动/电手动控制+纯手动控制的模式，使得人工切换调速器自动、电手动（检修模式）和纯手动模式的操作过程十分复杂，对操作人员的熟练程度要求很高，无形中加大了日常操作和维护的难度。

HEC 调速器的主配压阀位置传感器反馈信号直接引入到比例伺服阀控制电路去了，未输入 MicroNet TMR PLC，当主配压阀位置传感器反馈信号发生故障时，调速器无法识别，将导致主配压阀和导叶接力器出现频繁抽动，进而引起机组有功负荷波动，对机组的稳定运行产生影响。此问题已经引起了哈电和 GE 公司的重视，待通过详细的讨论和厂内试验后，在以后机组投运时统一解决。

HEC 调速器的机组转速测量共有 3 路，1 路电压互感器测频，2 路齿盘测频，3 路测频互为备用。

当机组转速小于 90%额定值时，以齿盘测速为优先；当机组转速接近额定转速时，如果电压互感器测频信号无故障，则自动切换到精度更高的电压互感器测频。在调试过程中我们发现，调速器电压互感器测频硬件回路的残压信号门槛值较高，达 10V，远高于国内惯用的 0.5V。

（三峡水力发电厂　余志强　李青茂）

水轮机调速器综合测试及仿真装置的开发研制

（一）概况

水轮机调速器综合测试及仿真装置将便携式微机、高速数据采集系统、高精度数字测频、精密信号发生器、高速数据录波及水轮机调节系统实时仿真技术等有机地结合在一起，不但能对水电厂调速系统进行现场实测，还能在调速器投入现场运行之前，在制造厂内或在电厂机组充水前，进行模拟现场真实情况的实时仿真试验，从而及时发现被检设备的固有缺陷并加以处理。该系统以其优越的性能进一步满足本行业在调速器研制、检测及试验中的需求，提高了我国调速器产品质量水平。

（二）系统结构与特点

该系统只需将外围硬件设备（即前置机＋传感器）搭载到便携式微机（或台式机、工控机等各种计算机平台）上，加上必要的实时仿真、测试分析软件，就可实现全数字化的数据采集、仿真测试及分析等功能；其功能的扩展与提高完全可以跟计算机的发展同步。

（三）前置机的结构

新的水轮机调速器综合测试及仿真装置主要是在前置机方面进行了全新开发。其特点如下：

(1) 采用 PC10[4] 主板替换了原来的单片机主板，CPU 采用 INTER80386/486，比原来单片机主板运算能力提高两个数量等级。一些模拟量的运算滤波改在前置机上进行，减小了与上位机的通信量，提高了效率。同时还可以根据用户要求升级 CPU 板以达到更高要求。

(2) 新的 PC10[4] 主板上有电子盘，可以把高速采集的数据先存在电子盘上然后再逐步传往上位机，这样可以大幅度提高采样速度。

(3) 在 AD/DA 通道全面采用隔离放大器，每个模拟输入/输出通道都不共地，基本杜绝了相互干扰。

(4) 为模拟量输入提供的电源也是相互隔离的。

(5) 测频计数器采用 INTER8254，计数频率为 5MHz，共用了 4 片 8254，可以同时测两路频率，发两路频率，还可以根据实际要求模拟大轴信号输出或测量大轴信号输入。

(6) 模拟量采集采用 16 位精度 AD 转换器，转换速度为 1Mb/s。板上带 FIFO，保证采集信号不丢失。

(7) 与主机通信仍为 RS232，速度 1Mb/s，比用单片机通信速度有较大提高；而且现主板提供 10M/100M 网口，以后可以升级成用网口通信。

（四）前置机配置

(1) 模拟量输入接口：6 路，16bit/12bit，最大输入范围－10～10V，最小采样步长 0.5ms。

(2) 模拟量输入电源：5V，10V，－12V/－12V，24V。

(3) 模拟量输出接口：4 路，12bit 最大输出范围0～10V。

(4) 测频范围：0.5～100Hz，测频分辨率 0.002Hz（50Hz 时）。

(5) 测频信号电压范围：0.3～150V。

(6) 输出频率范围：0.5～100Hz，分辨率：0.002Hz（50Hz 时）。

(7) 输出频率信号电平：大于 5V，负载能力大于 100mA。

（五）仿真对象数学模型的处理

在水轮机调节行业，至今仍采用综合特性曲线和由其导出的列表函数（即若干矩阵）来描述水轮机的动态特性。

由于水轮机综合特性曲线是一簇多变量的非线性复杂曲线，水轮机的流量与力矩变化特性为一多输入、多输出系统，该系统以插值法与高阶多项式近似逼近相结合的方法构造水轮机的流量与力矩的特性矩阵，使水轮机的流量与力矩的求取成为连续过程，计算速度快且稳定，同时也能保证较高的精度。

根据实践经验，在确定的实时仿真计算步长内，取 $k=5$（k 为开度函数的幂）就可以取得满意的计算结果。这样，引出水轮机流量与力矩特性矩阵后，水轮机流量与力矩的求解变为连续的过程，只要已知某一时刻的单位转速和开度就可很快求出该时刻的瞬态单位流量与力矩。同时也能保证仿真计算中水锤压力的收敛性，提高运算速度，用此方法建立水轮机特性参数数据库，很便于调节系统实时仿真计算。

（六）软件结构与主要软件模块

上位机软件采用 VB 编制，运行在 Windows 环境下，人机界面友好，操作方便，可以简单的进行发频操作、仿真操作和测试操作。一般对电站熟悉的人经过简单培训都可以很容易的掌握。

该水轮机调速器综合测试及仿真装置可以做以下

试验：调速系统静特性试验，开机过程试验，停机过程试验，调相转换试验，空载扰动试验，空载频率摆动试验，突加负荷试验，突减负荷试验，甩负荷试验，特殊功能试验（包括抗干扰试验、电源切换试验、手/自动切换试验、位移反馈故障试验 、频率信号消失试验、电气故障试验、双机切换试验、操作模拟试验 ），自定义试验（如孤立电网仿真试验中的系统重合闸试验等）。

主要软件模块有：系统主控模块、采集及率定模块 、数据处理模块、数据通信模块、动态仿真模块、图形画面模块、试验测试模块、试验结果处理模块、打印设置及绘图输出模块。

（中国水利水电科学研究院　李　越　张建明　孔昭年）

监控、励磁、电气

三峡右岸电站计算机监控系统

三峡右岸电站装有 12 台机组，单机容量 700MW，单机容量大，机组台数多，在全国联网的电力系统中处于核心地位，重要性十分突出，要求控制系统有非常高的可靠性，确保电站的安全可靠运行。

三峡右岸电站采用北京中水科水电科技开发有限公司研制开发的 H9000 V4.0 系列计算机监控系统。

三峡右岸电站和地下电站按统一的监控系统规模进行设计。考虑右岸电站机组数量多，特别是地下电站分期施工，工程实施时间跨度大，控制系统需分期投运。地下电站控制系统投运时，不应影响右岸电站机组的安全运行。

（一） 系统的结构及配置

三峡右岸电站计算机监控系统采用全冗余分层分布式体系结构，系统规模宏大，结构复杂，包括三网四层，即系统网络分为电站控制网、电站信息网和生产信息发布网三层，系统结构分为现地控制、厂站控制、厂站信息和信息发布四个功能层。

1. 四个功能层次的功能

（1） 现地控制层由各有关设备的现地控制单元构成，完成指定范围设备的现地监控任务，包括 18 套现地控制单元。

（2） 厂站控制层完成全厂设备的实时信息采集处理、监视与控制任务，由数据采集服务器、操作员站、应用服务器、厂内通信服务器及调度网关服务器等构成。

（3） 厂站信息层完成全厂设备运行信息管理和整理任务，由历史数据服务器、培训仿真站、语音报警服务器及报表打印服务器等构成。

（4） 信息发布层完成有关全厂实时和历史信息查询工作，由 WEB 发布服务器、WEB 数据服务器及浏览终端等设备构成。

2. 系统网络　分电站控制网、电站信息网和信息发布网三层：

（1） 电站控制网由连接现地控制层和厂站控制层有关设备组成，与现场实时监控有关的信息主要由电站控制网传输，如实时采集上行信息和控制命令等。

（2） 电站信息网由连接厂站控制层和厂站信息层有关的设备组成，与数据处理特别是历史数据管理有关的信息主要由厂站信息网传输，如后台数据处理信息、历史数据备份操作、报表打印数据等。

（3） 信息发布网由连接信息查询层有关的设备组成，信息发布网通过网络安全设备与厂站信息层网络连接。

采用上述分层结构，使不同性质的信息分类在不同的网络通道上传输，避免相互之间的干扰，确保系统控制的实时性、安全性和可靠性。

（二） 系统的特点

（1） 现地控制层设备按单元分布，厂站层设备按功能分布，冗余的网络结构，不同性质的信息在不同的网络通道上传输，避免相互之间的干扰，确保系统控制的实时性、安全性和可靠性。

（2） 系统采集信息量大，系统的输入、输出点共计六万多个。

（3） 由于三峡右岸电站机组多，系统的数据采集与处理任务十分繁重，系统设置多套数据采集服务器，采用分担负荷的方式，保证数据采集的实时性，同时采集服务器之间可相互备用，提高了可靠性。

（4） LCU 采用双 CPU 热备控制器，双冗余总线、光纤环网结构连接各远程 I/O 站，双网络模块，冗余电源供电，光纤环网现场总线连接各智能设备，提高 LCU 的可靠性。

（5） 厂站级设备采用双机冗余的 GPS 一级时钟

同步，LCU配置二级GPS时钟，所有计算机设备和LCU控制器采用NTP规约对时，SOE模块采用DCF77对时规约。GPS可向厂内其他设备提供多种时钟对时信号。

(6) 系统主要节点采用Unix系统，少量节点采用Windows系统。系统平台采用标准化、模块化设计，完全兼容两个操作系统，具有良好的开放性和互联性。

(7) 与用户联合开发的方式，确保用户的需求得到充分的体现，也为今后的系统设备顺利交接奠定良好基础。

(中国水利水电科学研究院　李建辉)

H9000 V4.0水电厂计算机监控系统

(一) H9000 V4.0开发背景

H9000 V4.0系统是北京中水科水电科技开发有限公司（中国水利水电科学研究院）针对特大型水电站控制而开发的新一代水电站计算机监控系统。该系统在继承H9000系统优点的基础上，通过对三峡右岸等巨型机组特大型电站的需求分析以及关键技术的研究开发，使H9000系统在功能、性能等方面得到全面的升级提高和完善。

(二) 系统结构

系统采用电站控制网与信息网分离的模式，合理分布系统负荷，整个系统采用三网四层的全冗余分层分布开放系统总体结构。

(三) 主要创新点

1. 特大型电站海量数据的高可靠高实时性采集与处理　采用多线程并行网络通信技术，解决了巨型机组信息采集点多、通信数据量大引起的通信实时性瓶颈问题。系统首次采用多服务器负荷平衡管理与互备冗余技术，提高了数据采集的可靠性与实时性。采用冗余优化策略，实现了网络和CPU的快速自动切换。系统在高数据精度、丰富数据属性、数据趋势报警、三态点及智能报警处理等方面的研究开发，显著提高了系统的数据处理功能。

2. 全冗余的网络通信　H9000 V4.0系统通过数据包编号、冗余传输等方法，实现了完全的双网冗余。

3. 可靠的控制操作　系统针对特大型电站控制设备多的特点，开发了控制范围设定、操作对象锁定、命令条件闭锁以及命令超时判断等功能。

4. 新型人机联系　系统采用基于GTK图形标准，可在Unix和Windows两个平台下运行，实现了软件跨平台兼容。OIX软件界面新颖美观大方友好，面向对象操作，全鼠标驱动、多窗口无级缩放、矢量汉字，立体三维、实时动画等多媒体图形功能丰富多彩，具有多种数据跟踪查询及调试手段。

5. WEB信息发布技术　H9000 V4.0的信息发布系统由WEB信息发布服务器软件加WOIX软件构成，客户端采用IE浏览器，管理信息系统不再需要与监控系统进行复杂的数据规约转换及数据通信，也不需要存储和管理这些数据，只需在用户内部信息网上建立一个链接，访问监控系统的WEB服务器即可，简化了系统的开发与维护。

6. 开放的报表定制　H9000 V4.0系统开发了HReport通用报表软件子系统。它根据电力生产企业的需要建立报表数据与周期模型，将报表生成逻辑及数据库访问嵌入到Excel界面，利用Excel完成报表的编辑和生成。

7. HistA历史数据管理系统　HistA子系统完成历史数据存储、查询与维护管理功能，支持不同的关系数据库，与H9000系统实时数据库的运行维护协调一致，具有方便高效的商业关系库数据表结构设计和通用开放的商业历史库接口，通过采用数据组包技术、数据压缩和数据插值技术实现了大容量秒级数据存取。

(四) 结束语

H9000 V4.0系统继承了H9000系统十多年的成功经验，针对三峡等特大型电站的特点，开发形成了一套符合中国国情的安全可靠、性能卓越、功能完善、使用方便的系统。目前，H9000 V4.0系统在三峡右岸电站已投入运行，为右岸首台机组的顺利发电奠定了基础，获得用户的好评。

(中国水利水电科学研究院　张　毅)

龙滩水电站计算机监控系统

(一) 概况

龙滩水电站位于广西天峨县境内，地下式厂房内初期装机7台，后期再装2台，总装机容量6300MW。单机容量为700MW，为目前世界单机容量最大的空冷式水轮发电机组。电站年发电量前期和后期分别为156.7亿kW·h与187.1亿kW·h，以500kV电压等级接入电力系统，在系统中担任调峰、调频和事故备用。电站按无人值班（少人值守）设计，中控室、计算机室、500kV系统继电保护室、地面220V直流系统设备、通信设备均布置在中控楼。

(二) 设计原则

本着安全可靠、经济实用的原则，龙滩水电站采用全计算机监控，选用南瑞自控公司研制的 SSJ-3000 系列水电站计算机监控系统。洞内“无人值班”（少人值守），洞外少人值班，集中控制。系统选用开放式、全分布的系统结构，具有先进性和向后兼容性，能充分保护用户的投资。软件采用模块化、结构化设计，保证系统的可扩性，满足功能增加及规模扩充的需要。各 LCU 能脱离主控级独立运行。系统实时性好，抗干扰能力强，适应电站的现场环境。系统具有冗余容错设计，不会因局部的故障而引起系统误操作或降低系统性能。系统配置和设备选型符合计算机技术发展迅速的特点，充分利用计算机领域的先进技术，达到当前国际先进水平。

（三）系统结构及主要功能

龙滩水电站计算机监控系统采用基于 Unix 操作系统跨平台的全分布开放系统结构，系统分为主站级和现地控制单元级。主站级和现地控制单元级经 100Mb/s 双光纤以太环网相连。

系统的监控对象包括水轮机及其辅助设备 9 套、水轮发电机及其辅助设备 9 套、主变压器 9 台、500kV GIS 设备、18kV 发电机配电装置、10kV 厂用电设备、400V 厂用电设备、220V 直流系统、全厂通风空调系统、进水口闸门、全厂排水系统、全厂技术供水系统、高压和低压气系统、全厂消防系统、大坝泄洪闸门、消防报警系统。

监控系统上位机设备包括历史数据服务器集群 1 套、系统实时服务器 1 套、操作员工作站 3 套、移动操作员工作站 1 套、工程师工作站 1 套、培训工作站 1 套、调度通信工作站 2 套、厂内通信工作站 2 套、报表及电话语音报警工作站 1 套、Web 服务器 1 套、网络激光打印机 6 台、模拟屏驱动装置及模拟屏 1 套、大屏幕 1 套、双机冗余 GPS 系统 1 套、30kVA 双机并联冗余不间断电源系统 1 套。监控系统网络采用双 100M 光纤冗余环网的结构。

监控系统现地 LCU 单元共 13 套，按被控对象设置，分别为每台机组设一个 LCU（LCU1～9），500kV 开关站设一个 LCU（LCU10），洞内公用设备（包括 200V 直流系统）设一个 LCU（LCU11），洞内交流厂用电系统设一个 LCU（LCU12），模拟屏设一个 LCU。LCU 的 PLC 采用 PLC 网卡直接联网的方式，提高了系统的可靠性。LCU 采用 12″TFT 彩色液晶触摸屏作为现地人机接口。

计算机监控系统能实时、准确、有效地完成对电站被控对象的安全监控。其主要功能有数据采集和处理、安全运行监视、事件顺序记录、事故、故障报警及记录、事故追忆和相关量记录、控制操作和负荷调节、运行操作指导、自动发电控制（AGC）、自动电压控制（AVC）、经济运行（EDC）、统计记录与生产管理、人机接口及操作、ON CALL 功能、数据通信、历史数据库、系统自诊断与冗余切换、软件开发与维护、操作培训。

电厂计算机监控系统分为南方电网调度中心控制、广西省中调控制、南宁远方控制中心控制、电站控制及现地控制。

（四）系统特点

采用全分布开放系统结构，系统工作站、操作员工作站、工程师工作站、通信处理站、电话语音报警处理站、报表处理站使用符合 IEEE 和 ISO 开放系统国际标准的 UNIX/Linux/Windows 操作系统。按照开放的接口、服务和支持格式规范而实现的系统，使应用系统能以最少修改，实现在不同系统中的移植；能同本地的或远程系统中的应用实现互操作；能以方便用户迁移的方式实现用户的交互。开放系统的采用将最大限度地保护用户的投资。

网络上接入的每一设备都具有自己特定的功能，实现功能的分布。保证了网络上的节点设备中任一部分故障或不工作，均不影响系统其他功能部分的运行。网络节点设备资源相对独立又可为其他节点共享，为今后功能扩充提供了较大的方便。

系统先进、可靠。冗余化的设计和开放式系统结构，使系统既可靠实用、又便于扩充，整个系统性能价格比高。

（国网南京自动化研究院　王惠民）

黄河上游梯级水电站电调自动化系统

（一）工程概况

黄河上游龙—青段共规划布置 25 座电站，总装机容量约 17000MW，已建成 12 座电站，总装机容量约 7780MW，是我国目前已建成的最大梯级水电站群之一。为了进一步提高梯级电站的自动化水平，提高流域水能综合利用率，实现黄河上游梯级水电站的统一联合优化调度以及电站“无人值班”（少人值守）的目标，黄河上游水电开发公司 2004 年 4 月正式启动黄河上游梯级水电站电调自动化系统工程，采用北京中水科水电科技开发有限公司（中国水利水电科学研究院）研制开发的 H9000CAS 系统。

（二）系统结构及主要功能

系统包括西宁集控中心的主站端和各水电站的电站端设备，通过数据网将梯级各水电站与集控中心设备相连，构成梯级电站电调自动化系统。

厂站端配置通信前置机、交换机、路由器，均为冗余配置，依靠独立冗余链路及动态路由协议实现关键节点间多重路径保护。通信前置机与网调/集控中心通信采用 IEC60870-5-104 规约。

该系统由硬件平台、支撑平台、应用软件三部分构成。支撑平台包括通用支撑平台、数据支撑平台、应用支撑平台。硬件平台主要设备采用 HP Alpha 64 位服务器，辅助工作站选用 HP 32 位服务器或工作站。采用 64 位 Tru64 Unix 及 Windows 2000 系统。采用 Oracle 9i 企业版构建历史数据库。应用软件平台采用 H9000 CAS 系统。

系统包括数据通信/采集、实时数据库管理、历史数据管理、人机联系、安全防护、高级应用（含 AGC/AVC/经济调度等）、WEB 发布、报表、趋势分析等子系统等。作为黄河上游水电开发有限责任公司所辖的水电站日常生产调度的平台，该系统采集梯级有关电站的实时运行信息，实现远方控制操作，同时，将有关实时生产信息上送中电投集团公司总部。

为实现厂站“无人值班”（少人值守）的目标，系统按最大需求设计，设计容量为 40000 模拟量、150000 开关量，已接入的电站均采集厂站所有数据点。

（三）系统主要特点

(1) 该系统采集电站子系统的全部信息，实时性好，可靠性高，实现了 2000 点实时风暴试验，无数据丢失。远方控制成功率 100%。

(2) 该系统功能完善，系统响应速度快，操作控制简单直观，灵活方便，具有操作闭锁、错误指令判断、事故追忆、事故处理指导等功能。

(3) 历史数据存储系统以数据仓库为基础，利用面向对象和分布计算技术，形成了开放统一平台，具有良好的可扩展性。

(4) 通信通道采用 N-1 冗余设计，采用 OSPF 开放最短路径优先动态路由协议，实现基于链路状态的路径自动选择，较好地解决了大型梯级水电站远方监控的通讯可靠性问题。

（四）系统运行情况

2004 年 8 月底，该系统与公伯峡水电站首台机组发电同步投入运行，具备了对公伯峡水电站首台机组的控制能力，并在 2006 年 12 月前先后完成了龙羊峡、李家峡、苏只、八盘峡、盐锅峡水电站及公伯峡水电站后续机组的接入工作。

目前，苏只水电站已转为梯级集控中心为主的运行控制方式。

（中国水利水电科学研究院　王桂平　王峥瀛）

大型抽水蓄能电站国产化计算机监控系统

大规模抽水蓄能电站的建设是现代电网的必然产物，它在电力系统中起“调峰填谷”作用，同时还能在系统中担负起调频、调相、负荷调整、旋转备用，提高电网运行的灵活性和可靠性的作用。

近 30 多年来，我国加快了抽水蓄能电站建设的步伐，并取得飞速的发展。20 世纪 80 年代，我国着手兴建了 1200MW 的广州抽水蓄能电站和 800MW 的十三陵抽水蓄能电站，90 年代兴建了 1800MW 的天荒坪抽水蓄能电站。近些年又着手筹建和兴建桐柏、泰安、宜兴和琅琊山等大中型抽水蓄能电站。

但是，抽水蓄能电站中的主要机电设备，包括计算机监控系统，大多是从国外进口，国产化的大型抽水蓄能电站监控系统还没有应用实例。由于大型抽水蓄能电站的监控系统技术长期被外国公司掌握，国外的产品设计上还没有考虑电网系统的安全且监控系统价格昂贵，系统长期运行后的售后服务和备品、备件得不到保证，系统功能和运行方式都不能完全满足国内电力系统安全运行的要求，给我国电网的安全运行带来了隐患。

国家有关部门对抽水蓄能电站机电设备的国产化高度重视，国家电网公司已将“大、中型抽水蓄能电站监控系统的国产化研究”列入《国家电网公司科技发展规划（2003 年～2010 年）》中，并于 2004 年 8 月份立项，委托华北电网有限公司、国网南京自动化研究院和北京十三陵蓄能电站共同完成针对大型抽水蓄能电站计算机监控系统的国产化研究。

（一）前期调研与专项研究

该项目立项以后，首先于 2004 年 8 月～2005 年 7 月对国内多家引进的抽水蓄能电站计算机监控系统进行了调研和深入分析，包括监控系统体系结构、功能设置、控制策略、现场应用、运行维护、售后服务、经济性分析等，进一步明确了国外系统的优点和先进之处，并分析了引进监控系统的缺点和不适应我国国情的地方。

根据调研以及十三陵抽水蓄能电站的具体情况，国网南京自动化研究院结合自身已有的研究成果——MB80 智能可编程控制器，对国产化研究中的关键技术进行了有针对性地专项研究，包括大型抽水蓄能电站监控系统模式的研究、大型抽水蓄能电站现地控制装置研制、抽水蓄能电站新旧监控系统并列运行关键技术研究和抽水蓄能电站关键控制流程的研究共四个专项。

（二）监控系统关键技术研究与实施

2005年8月，十三陵蓄能电站决定首先在4号机组进行大型抽水蓄能电站计算机监控系统国产化研究，并于9月份，与国网南京自动化研究院签订合作合同。2005年10月，国家电网公司、华北电网有限公司、国网南京自动化研究院和北京十三陵蓄能电站在南京召开了大型抽水蓄能电站计算机监控系统国产化设计联络会，针对抽水蓄能电站的具体情况并结合新研制国产监控系统的具体特点，与会专家对有关技术问题进行了广泛而深入的讨论，尤其对国产监控系统与INFI-90监控系统的通信接口、并列运行、机组流程组态等技术难点，认真研究了解决方案，确定了基于MB80的国产计算机监控系统总体技术方案设计和实施方案设计。2005年11月～12月十三陵蓄能电站的技术人员和国网南京自动化研究院研发人员一起对4号机组进行了国产监控系统的设计和开发，完成了电站层和现地控制层的软、硬件的设计、开发和调试；开发了基于OPC技术的国产监控系统与INFI-90环网接口的接口软件；研制了现地控制单元。2005年12月底，华北电网有限公司和十三陵蓄能电站针对合同要求对新研制的国产监控系统进行了各项功能和性能的测试与验收，证明该系统各项技术指标和性能符合设计要求，顺利通过出厂验收。

（三）现场投运与试运行

2006年1月开始国产监控系统的现场安装和调试，在近一个月的安装与调试过程中，完成了国产系统各项功能的现场调试与实验；完成了国产监控系统与INFI-90系统的接口通信；实现机组监视控制、开停机流程执行等功能。最后，经华北电网有限公司和十三陵蓄能电站对各项功能进行测试并经过72h稳定性考核后，于2006年1月底投入试运行。2006年2月～6月，新研制的国产监控系统投入现场试运行，并针对现场出现的问题作了进一步完善。现场试运行证明新研制的国产监控系统运行稳定、性能优越，完全能满足大型抽水蓄能电站的运行要求，具有良好的应用前景。

（四）项目验收

根据国家电网公司科技项目管理的有关规定，2006年10月30日、31日在北京昌平召开了“大型抽水蓄能电站计算机监控系统国产化技术研究”项目专家验收评审会。与会专家认真听取了项目承担单位所作的项目汇报，对提供的技术资料进行了审查，并对现场实际应用情况进行了测试、讨论。与会专家一致认为，该项目所研制的监控系统适合抽水蓄能电站的技术特点，系统结构先进、功能强大、运行可靠，与进口系统相比具有明显的技术优势，更适合我国电网安全的要求。这标志着我国大型抽水蓄能电站计算机监控系统国产化取得了历史性突破，填补了国内空白，具有较强的推广和应用价值。全面完成了该项目合同所要求的研究内容，达到了预期的目标，同意通过验收。

（国网南京自动化研究院　王善永）

梯级水电站集控中心计算机监控系统软件设计和实现

国网南京自动化研究院自控所（南瑞自控公司）研究开发了跨平台的面向对象的梯级集控中心计算机监控系统软件。它包含了多层分布式对象架构，全面支持异构平台的特性，系统提供了高效安全可靠的监控内核、功能强大的组态工具、实用方便的应用界面、多种标准接口、适用于梯级集控中心实际应用需求的各种常规及高级应用功能。

（一）新型梯级集控中心监控系统软件的特点

1. 面向对象技术　该技术是在计算机软件开发技术的研究中发展起来的，其优越性已得到全世界范围众多领域的广泛认可。在集控软件中，把梯级水电站实际生产管理中运行、维护人员非常熟悉的设备抽象为监控系统中的对象，如水轮发电机组、变压器、输电线路、开关、辅助设备等。集控软件从系统设计、系统实现语言的选择、用户界面定义等一系列过程都依据面向对象的设计理念、原则和技术，其主要优点是：①运行人员面对的是他们平时所熟悉的设备对象，进入相关对象后就可以得到他们所关心的有关对象的各项运行参数，如机组的有功功率、无功功率、机端电压、功率因素等；②执行控制操作时，直接在相关画面上选取欲操作的对象，系统中相应的对象处理软件能自动进行动态校核，给出允许操作或不允许操作的明确提示，减少了误操作的可能性，特别是在紧急情况下由于思想紧张而造成的误操作；③现场信号与相关对象建立了映射关系，不再是作为独立事件出现，一旦有信号动作发生，系统会自动根据关联对象的状态来决定应该启用何种相应的处理对策，如一些信号在机组对象处于开停机过程中时可以不予理会，另一些信号在监视对象处于检修状态时，是要登入专门的记录表中的等；④维护人员在监控系统维护中进行的工作也都是围绕着对象进行的，从集控中心数据库组态、到显示画面组态等都提供了面向对象的具有易学易用、方便快捷特点的组态工具，画面中的对象可以方便地复制、保存、抽取，对象组件放在容器中可自动调整等。

2. 多层次Client/server结构和中间件（Middle-

ware）　Client/server 体系结构在水电厂监控系统中也普遍采用，传统的应用软件模式大多是基于“肥客户机”结构下的两层结构应用软件，客户端软件一般由应用程序及相应的数据库连接程序组成，而服务器端软件一般为数据库（包括集控中心实时数据库和历史数据库）系统及相应程序。随着分布式对象技术的逐渐成熟，三层（或多层）分布式应用体系结构得到了越来越多的应用。这三层包括客户端、中间应用服务、数据服务（各种数据库）。这些层次并不一定与网络上的具体计算机位置相对应，只是概念上的分层，根据系统结构和应用需求，可以是集中式的，也可是分散式的。中间服务层提供包括应用服务在内的各种中间组件，中间件屏蔽了网络系统中硬件平台的差异性和操作系统与网络协议的异构性，使应用软件能够比较平顺地运行于不同平台上。在此应用方式下选用该结构的主要优点是：①中间件为系统提供了强大的扩展性能；②在客户端无需安装连接不同数据库的客户软件；③不会因访问客户的增加而增加数据库的并发连接；④通过功能强大的中间件，可以很方便地在管理系统客户端得到与中控室操作员工作站上完全相同的监视画面（控制功能被安全地屏蔽）；⑤对客户端的硬件要求较低，而且目前流行的浏览器均支持各种操作系统，使用户可以在保留原有的软件和硬件的基础上运行新的应用系统，保护现有投资；⑥无须公开内部数据模式，保证了对其修改的自由度，系统安全、可靠、可扩展；⑦保证系统的开放性、完整性、一致性、灵活性，并支持各种异构的系统环境。

3. 分布对象计算技术　在目前大多数水电厂或梯级集控中心中，除了计算机监控系统外，都还存在着设备状态在线监测系统、水情水调系统、生产管理系统等大大小小的系统，且每个系统中又包括了多个不同的应用。随着时间的推移，这些系统和应用必然会有数据交换和信息共享、增加新的应用和系统的需求。这就要求将这些多个系统从“信息孤岛”状态逐渐整合成统一的集成系统或平台，而一个合适的分布计算架构将为分布式应用带来极大的益处。将面向对象的思想方法运用到分布环境中，就是分布对象计算（DOC——Distributed Object Computing）。目前国际上分布对象计算技术领域主要有三种架构标准：Sun Microsystems 的 EJB（Enterprise Java Beans，企业 Java 组件）/RMI（Remote Method Invocation，远程方法调用）、OMG（Object Management Group）组织的 CORBA（Common Object Architecture，通用对象请求代理体系结构）、Microsoft 的 COM/DCOM（Component Object Model/Distributed COM，组件对象模型/分布组件对象模型）。我们主要采用了企业 Java 组件模型，由于 EJB 是以 Java 语言开发的，因此它所具有的“一次编写，随处可用”特性，使得这些 EJB 组件不但可以在任何平台执行，也能在不同厂商提供的容器内执行。这种全面支持异构平台的特性，非常适合大、中型水电厂及梯级集控中心系统在目前及未来的跨平台的需求。

4. 控制安全性　梯级电站的控制可分三个层次，即各电站现地控制单元就地控制、厂站级计算机监控系统的厂站级控制和梯级集控中心计算机监控系统的远方控制。控制的权限按就地、厂站、梯级集控中心从高到低，通过操作开关和计算机软件切换或闭锁。从梯级集控中心运行人员在操作员工作站发出控制命令到电站现地执行机构动作，中间要经过多个计算机硬件和软件及长短不一的通信通道，它们的物理特性、软件策略各不相同。为保证控制（包括负荷调节）的安全可靠，在集控中心设计和实现时必须对整个梯级系统的控制安全性进行认真仔细的规划和设计。梯级集控中心计算机监控系统的控制操作功能，应包括集控中心运行人员对梯级各电站发电设备、开关站设备等的控制操作，以及梯级集控中心的 AGC、EDC 等功能。所有的控制、调节命令都可以分为集控（梯控）、站控两类模式，监控系统对各种模式都制定了完善的控制策略，以保证整个梯级实时控制的安全性。

5. 组态工具　集控软件提供了一系列功能强大的面向对象的组态工具，用户无需对操作系统命令深入了解，也不需要复杂的编程技巧，不论是在 Unix 系统平台上还是在 Windows 系统平台上，都可通过组态界面十分方便地完成：梯级数据库测点定义、对象定义、电站模型定义、处理算法定义、通信端口、远程通信协义的定义等各种功能的应用定义以及维护，很多功能只需点击鼠标进行选择，既快捷、方便，又避免了使用编辑程序难免产生的输入错误，真正体现了系统服务的面向对象、可靠、开放、友好、可扩展和透明化。

6. 集控中心智能电话报警服务系统　对梯级集控中心而言，其运行管理的功能和职责与电站是有区别和分工的，报警处理与电站监控系统的也有着较大的不同。梯级包括几个甚至十几个形式、规模各不相同的电站，电站内的各种主辅设备、主接线等也是千差万别。各电站的大量报警信息如果不经过滤的提交给集控中心运行人员，那对集控中心运行人员将是灾难性的。各电站的报警信息在电站级经过初步筛选以后上送至梯级，由集控中心智能报警软件根据既定策略进行智能化处理，仅对集控中心运行人员应该关注的信息进行有效报警。它不仅是一个智能的可通过各种通讯工具报警的系统，而且是一个交互式语音信息服务中心，在用户觉得需要的时候就可以拨打电话与系统进行交互，了解他所关心的梯级生产设备的运行数据或进一步地了解相关报警信息。

7. 集控中心经济运行　根据流域的基本水情，各电站水力条件、梯级各电站及机组实时运行工况、按照电气安全运行准则，在满足上级电力调度系统正常调度要求（下达的日负荷曲线、电压曲线以及AGC、AVC命令）前提下，对各电站参与自动联合控制的机组制定运行计划，按最优发电运算确定各电站开机台数，自动分配各电站有功和无功负荷，并据此选择启、停机组和调节机组出力，实现梯级发电优化调度管理。

8. 其他主要特点和功能　集控中心监控系统还提供了很多各具特色的功能，主要有：①功能上丰富多彩，操作上方便适用的图形界面；②支持标准ODBC，JDBC接口的历史数据库功能；③电子表格化的报表子系统；④可靠适用的电厂及梯级高级应用软件（AGC、AVC、EDC…），可有效提高梯级水电站群的综合管理水平，发挥水电站群联合优化调度的优势；⑤发电计划、经济调度决策支持及交易计划评估；⑥智能化报警管理；⑦生产过程信息断面截取和历史回放；⑧网络及电力二次系统的安全防护；⑨集控中心统一数据平台。

（二）集控中心监控系统实现

集控中心计算机监控系统基于分布式对象计算技术，从系统的规划、设计、软件实现到提供给用户的组态工具、应用界面都使用了面向对象和跨平台的技术。遵循TCP/IP、SQL、ODBC、JDBC、Java RMI、OPC等国际标准和被广泛使用的软件工具，具有充分的开放性、可扩展性和异构平台适应性。系统可以适应在集控中心监控系统连续、安全运行受影响最小的情况下，其所属电站分期建设、分期接入、分别调试的特点。由于集控中心与所属电站交换的数据量和实时控制的紧密程度都要远远超过调度中心与电站之间，其接入时的现场调试也更为复杂，所以集控中心在电站分期接入时的安全、可靠和方便性等方面应具有更高的要求。系统采用快速可靠的网络连接，提供可充分利用系统资源的并行工作、负载均衡方式的双网冗余功能。系统可配置成双网络、双主机、双数据服务器、远程冗余通道等多种冗余方式，并支持RAID（Redundant Array of Independent Disks）、SAN（Storage Area Network）大大提高了生产数据的完整性和可靠性。可通过高速以太网、SDH等组成全梯级/流域的完整系统，充分利用监控系统提供的各种功能，不断提高梯级经济运行和安全生产管理水平。据此设计的集控中心计算机系统已成功运行在乌江、澜沧江等大型流域/梯级集控中心，取得了显著的效益。

（三）结束语

面向对象技术、三层（多层）次客户/服务器结构、分布式对象计算等都是发展很快而且在各行各业应用越来越广泛的技术，代表了现代软件发展的方向。把这些新技术结合进梯级集控中心计算机监控系统中来，将给水电行业的广大用户提供一个通过分布技术实现异构平台间对象互通的面向对象的全新的监控系统，它将使我国水电行业综合自动化更上一层楼。

（国网南京自动化研究院　朱　辰）

三峡工程700MW水电机组励磁系统交直流冗余灭磁技术

三峡工程700MW水电机组励磁系统在国内首次采用了一种交直流冗余灭磁技术。其灭磁主回路如图1所示。其中灭磁部分主要包括直流灭磁开关S101、交流灭磁开关S102、辅助短路开关S107、过压保护跨接器U103＋A107、A108和碳化硅灭磁电阻R101等。

发电机组正常自动停机，励磁装置从机组监控装置得到励磁退出命令，此时，励磁调节器工作在逆变状态，输出相对于晶闸管自然换流点移相150°的触发脉冲，励磁装置输出负电压，发电机磁场绕组的储能通过晶闸管整流装置回馈到励磁变及发电机定子，并在励磁变压器以及发电机定子中消耗掉。

正常停机的灭磁过程如下：当励磁装置接收到励磁退出命令后，10ms后逆变开始。当转子电流I_f＝0，脉冲被封锁，逆变过程结束，然后启动S107开关合闸，约75ms后S107开关合上。只有当S107合上后，才断开S102，S102断开时间约65ms。这里，S107和S102不参与灭磁，前者起短接作用，后者起隔离作用。在整个灭磁过程中灭磁电阻和灭磁开关都不承担灭磁任务。

发电机组事故停机，励磁装置从机组保护装置得到励磁跳闸命令，励磁调节器首先逆变，同时启动S101开关和S107开关跳闸，当S101开关断开或者S107闭合后再分S102开关，迫使发电机磁场绕组中的电流迅速由晶闸管整流桥转移到碳化硅灭磁电阻与发电机磁场绕组的并联回路中，并快速衰减至零。

事故停机的灭磁过程如下：当励磁装置接收到励磁跳闸命令后，首先启动S101跳闸线圈，在该线圈两端并联的光隔传感器和中间继电器同时也得到启动。光隔传感器将接收到的跳闸信号，迅速传给励磁调节器，由于S101主触头动作时间为70～100ms，

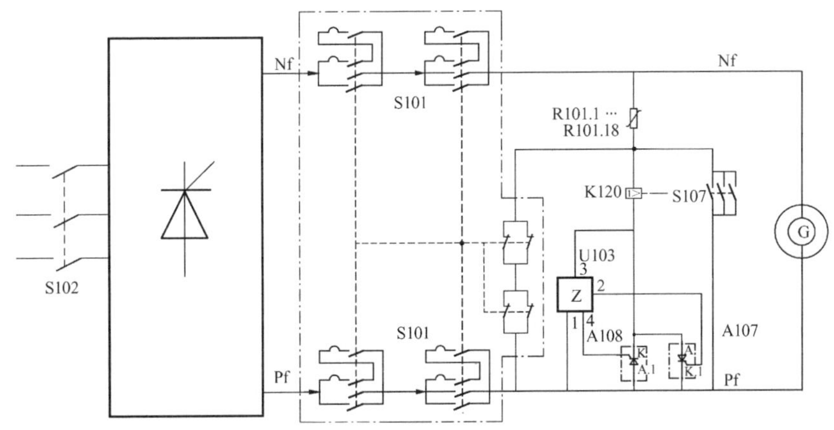

图 1　三峡 700MW 水电机组励磁系统交直流冗余灭磁方案原理图

这样在 S101 分断前励磁调节器先逆变灭磁。S101 动作，首先其放电断口（常闭触头）将碳化硅电阻投入，接着其主触头和弧触头依次断开（前后相差约 1～2ms），弧触头在分断过程中产生足够高的弧压，将流过晶闸管整流桥的电流迅速转移到碳化硅灭磁电阻完成直流灭磁；当 S101 开关拒动时，虽然 S101 不能将碳化硅灭磁电阻接入到灭磁回路中，也不能靠 S101 开关分断中产生的弧压转移电流，但中间继电器（动作时间约 75ms）动作于 S107 合闸回路，通过闭合 S107 开关将碳化硅灭磁电阻接入到灭磁回路中，此时再跳开交流灭磁开关 S102，因通常情况下 S102 开关中只有两相电流流过，当 S102 开关跳开之后，由于同步消失，调节器不再有脉冲输出，晶闸管再也不能换流，此时只要交流电压足够高，则在跳开 S102 后，原先导通的两只晶闸管将继续导通，晶闸管整流桥的输出电压为励磁变压器二次侧某两相交流线电压，则可以利用交流电压负半波的负电压，将发电机磁场绕组中的电流迅速由晶闸管整流桥转移到碳化硅电阻与发电机磁场绕组的并联回路中，从而实现交流灭磁。

需要指出的是，在发电机故障时仍然采用先逆变再跳直流灭磁开关的时序是非常有好处的，当励磁调节器正常时，逆变产生的负电压可以协助直流灭磁开关的分断，特别当灭磁初始电流较小，而晶闸管阳极电压较高时，逆变产生的负电压就可以完全把发电机磁场绕组中的电流迅速由晶闸管整流桥转移到碳化硅电阻与发电机磁场绕组的并联回路中，从而实现直流灭磁开关无负荷分断。

另外，当转子出现过电压时，过电压保护跨接器 U103 动作，晶闸管 A107 或 A108 被触发，碳化硅灭磁电阻 R101 投入。

（国网南京自动化研究院　许其品　吕宏水）

NES5100 型发电机励磁调节器

NES5100 型发电机励磁调节器硬件平台采用主频高达 180MHz 的 32 位高性能微处理器为控制核心，软件采用嵌入式实时多任务操作系统，通道配置上采用积木式多通道冗余结构，并配备网络化的人机交互系统，在计算速度、控制周期、抗电磁干扰、可靠性方面较前两代励磁调节器 SJ800 和 SAVR2000 均有极大的进步，并且设计理念超前、操作简单、维护方便、使用灵活、扩展和兼容性高。

（一）调节控制单元的硬件配置

NES5100 型发电机励磁调节器单个调节控制单元由多块板件构成。调节控制单元以 ARM 芯片为自动通道计算控制核心，FPGA 为 I/O 处理中心、DSP 为纯手动通道计算控制核心，构成了三 CPU 系统。以 ARM 为主，配置 A/D、D/A、FPGA、ETHNET、FLASH、CAN、DSP 构成 CPU 板；加上模拟量板、开关量板、同步板、脉冲放大板、系统电源板和脉冲电源板等构成单个励磁调节控制单元。

系统电源板和脉冲电源板均为双路供电，AC220V、DC220V（或 DC110V）输入。系统电源板输出＋12V、－12V、＋5V 各一路用于芯片工作电源，输出一路＋5V 用于通信电源，输出两路 24V 用于开关量输入输出电源；脉冲电源板输出脉冲触发回路的＋24V 工作电源。

外部电流和电压输入经模拟量板的隔离互感器隔离变换后，由低通滤波器输入至模数变换器，经采样处理后，形成各种采集量；控制信号、现场状态信号由开关量板进入，经光电隔离后形成可读信号；输出状态信号由开关量板继电器输出；整流桥阳极电压经同步板的同步变压器隔离，由低通滤波器输入至同步处理电路形成同步信号；控制脉冲由脉冲板隔离放大后输出；以ARM为中心的CPU板完成励磁调节器的对外通讯功能，包括RS485、RS232、LAN等。自动通道ARM和纯手动通道DSP之间通过串口交换信息；板间通过总线背板交换信息，部分使用SPI通讯。

每块板件外加全金属外壳，加强了防尘、散热，以及抗电磁干扰的性能。NES5100型发电机励磁调节器通过了各项最严酷的电磁兼容试验。

多通道调节控制单元之间通过双CAN网络通讯，双CAN网络互为热备用。

（二）调节控制单元的软件构架

自动通道软件组成包括嵌入式操作系统、人机交互程序和励磁应用程序三个方面。

嵌入式操作系统部分包括操作系统本体，还包括硬件底层驱动软件、系统任务配置、系统中断配置等。底层驱动包括FLASH驱动、以太网驱动等。系统任务配置控制采用了优先级抢占和轮转调度机制，充分保证了可靠的实时性；系统中共划分四个任务，优先级从高到低为主任务、通信报文处理任务、RS232和RS485任务、网络通信任务。中断由硬件产生，操作系统将中断和中断处理程序关联起来；所有ISR都不同于任何一个任务，并且使用同一个栈进行数据存储，中断将不会引起上下文切换，以实现实时高效的中断响应。系统中包括五个中断，优先级从高到低为：同步中断、采样中断、励磁控制中断、通信中断、对时中断。

人机交互程序位于通信报文处理任务中。该任务和网络通信任务、RS232/RS485通信任务一同构成了整个人机交互的下位机系统。网络通信任务、RS232/RS485通信任务接收到上位机发出的指令后，将指令发送到一共同的消息队列中，通信报文处理任务从消息队列中逐条取出并处理。

励磁应用程序包括主流程和控制调节程序两个部分。主流程放置于主任务中，约每160ms运行一次，完成励磁应用程序的初始化以及机组状态的判断等功能；控制调节程序放置于3.3ms中断中，完成所有的励磁控制调节功能，确保了控制调节的快速和精度。

（三）调节控制功能

励磁控制程序包括软件变送器、开入开出模块、给定调节模块、起励模块、闭环调节模块、PSS模块、限制器、保护器、调差、余弦移相等。其中限制器包括V/F限制器、过励限制器、欠励限制器、转子电流限制器、定子电流限制器、最大励磁电流限制、最小励磁电流限制、硅柜故障限制等。自检和自诊断内容有电源电压过低过高或消失的检测、电压互感器断线的检测、晶闸管同步电压相序及发电机机端电压相序的检测、交流采样检测、晶闸管触发脉冲信号及数量的检测、控制角度的检测、双机通信故障的检测、硬件和软件看门狗检测。容错包括机端电压测量容错、定子电流测量容错、转子电流测量容错、发电机频率测量容错、有功功率及无功功率测量容错、起励令及逆变令容错、增减磁信号容错、主断路器信号容错。智能维护和显示系统包括图形化界面显示，可根据现场实际系统拓扑结构定制；传递函数显示，便于系统各项试验和仿真；信息网络化，实现远程监控和诊断；逻辑组态技术；在线帮助系统；录波功能，每组波形记录所有模拟量和所有的开关量20s内的数值及变位信息。

手动通道软件包括转子电流闭环调节，保证在自动通道发生故障时机组可运行。

（国网南京自动化研究院　*石　磊*　朱晓东）

大型抽水蓄能电站励磁装置国产化研制与应用

（一）概况

抽水蓄能机组运行工况多、转换频繁，所使用的励磁装置与常规发电励磁装置相比，具有许多不同的要求和功能，是集发电、电动、电制动等多功能于一身的综合性励磁装置。

目前已建成投产的抽水蓄能电站机电设备绝大部分都采用进口设备，在主机方面，部分小型容量的抽水蓄能电站开始应用国产技术，但励磁国产化的步伐迟迟没能迈出。国内励磁制造商在采用异步启动方式的小型抽水蓄能电站方面，有些业绩；但在主要采用以变频启动方式和背靠背启动方式为主的大中型机组方面，国产励磁装置还处于应用空白。

实际上，随着科技的发展以及国内外励磁控制技术的交流，国产励磁装置的整体制造技术水平较以前有了很大提高，虽与国外先进技术水平相比，仍然存在一定差距（主要体现在工艺及可靠性方面），但已完全具备制造大容量机组及抽水蓄能机组励磁装置的能力。

白山抽水蓄能电站以白山水电站水库为上水库，红石水电站水库为下水库，总装机容量300MW，安装2台可逆机组，单机容量150MW。东北电网公司敢于开拓，大胆创新，在白山抽水蓄能电站采取先引进消化吸收国外先进技术和制造经验，再应用国产机电设备的做法。2003年6月，广州电器科学研究院承接了吉林白山抽水蓄能电站150MW机组励磁装置的供货任务。这是国内励磁厂家中首次独立承接的单机容量最大的抽水蓄能机组励磁装置。

（二）*励磁系统介绍*

1. 相关参数及特点

额定功率：发电工况 145.2MW；电动工况 167.5MW

额定电压：13.8kV

额定电流：发电工况 6903A；电动工况 7818A

额定功率因数：发电工况 0.88（滞后）；电动工况 0.91

额定励磁电流：发电工况 1537A；电动工况 1603A

额定励磁电压：发电工况 232V；电动工况 242V

空载励磁电压：发电工况 94V；电动工况 94V

空载励磁电流：发电工况 909A；电动工况 909A

强励最大电流：3074A

白山抽水蓄能电站安装两台可逆式机组，运行工况多，包括发电、抽水等合计共有 17 种之多。抽水工况下，以 SFC 变频启动为主，低压背靠背方式为辅。两机共用一台 SFC，根据需要启动各个机组。机组停机采用柔性电制动方式，加快发电抽水等多工况的转换。

2. 总体设计方案　励磁系统以 EXC9000 型励磁系统作为平台研制，其主要特点是功能软件化、系统数字化。该系统的数字化不仅体现在调节器，也体现在功率柜和灭磁柜；各个部分均能实现智能检测、智能显示、智能控制、信息智能传输和智能测试；吸收了目前数字控制领域先进的研究成果和工艺，增添了新的精巧的解决方案和手段，如 DSP 数字信号处理技术、晶闸管整流桥智能均流技术、高频脉冲列触发技术、低残压快速起励技术、完善的通信功能和智能化的调试手段等。CAN 现场总线技术也被用于励磁系统的各个部分进行控制和信息交换，使励磁装置成为一个有机的、完整的整体。整套励磁装置由调节柜、功率柜（两面）、灭磁柜、交流进线柜组成，依次从左到右排列。

3. 励磁调节器

（1）励磁调节器由两个完全独立的调节和控制通道（通道 1 和通道 2）组成，两个通道完全一样，通道 1 为主通道，通道 2 为运行通道，备用通道（非运行通道）总是自动的跟踪运行通道；在运行通道中检测到故障，自动切换到第二通道运行。在故障排除之前不能切换到原通道运行。每个通道内包含一个 AVR 自动电压调节单元（自动方式）和一个 FCR 励磁电流调节单元（手动方式）。在自动方式下，励磁系统自动调节机端电压，最大限度的维持机端电压恒定。在手动方式下，励磁系统自动维持发电机恒定励磁电流。备用调节方式总是自动跟踪运行调节方式。根据工况的不同，调节器自动选择手动方式或自动方式，并能根据实际情况进行工况的切换。例如在发电工况下，选择自动方式运行，在电制动或抽水工况启动下选择手动方式运行。

（2）基本调节运行方式为自动方式和手动方式，控制规律为 PID+PSS2A 模式，PSS2A 能有效克服反调问题。

（3）调试软件（Debug）利用 EXC9000 励磁调节器提供的通信接口，为用户提供一个与调节器进行交互的可视化接口，方便用户对调节器进行参数整定和对调节器，励磁系统进行试验。特征为：①软件具备完善的示波器功能；② 参数操纵功能，可以上载、下载 EXC9000 励磁调节器的参数表；③ 命令接口，包括执行各种模式切换、阶跃试验、设置 EXC9000 励磁调节器事件记录和录波功能的触发条件等；④更新程序功能；⑤采用 C++语言编写，使用面向对象的设计方法，提高了程序的可读性和可维护性。

（4）选用带全屏触摸功能的显示器（Proface 触摸屏）作为人机界面，其优点是功能齐全，不仅用于运行操作，也可用于试验和维护，画面丰富，视觉效果良好，操作简便，同时具有数字量、模拟量、通讯状态和系统运行状态显示，设备运行状况一目了然。

（5）对外接口采用常规 I/O 与串行通信相结合的方式。重要的控制接点通过 I/O 硬接点传送；串行通讯采用 MODBUS 规约，实现状态量的上传和无功给定数值的下发。

（6）配备有交流起励、直流起励及残压起励三种方式。

4. 励磁功率柜　功率柜采用进口晶闸管，双整流桥并联运行，实现智能显示与智能控制。在每个功率柜内设计有一套智能控制系统，该系统包括智能检测单元、通信接口、传感器、LCD 显示器，以及相应的输入输出接口电路等。由于引入了智能控制系统，取消了常规表计和指示灯，功率柜的操作、控制、状态监视、信息传递、信息显示等均实现了智能化。

5. 灭磁系统　励磁系统正常停机采用逆变灭磁，事故停机跳磁场断路器，并将磁场能量转移到灭磁电阻，由其耗能灭磁。非线性电阻采用 ZnO；灭磁开关采用 ABB E 系列开关。

6. 电制动　采用柔性电制动技术，不需电制动变压器。整个电制动流程通过单片机实现控制。本系统不操作机端电制动开关。

（三）*励磁控制特点*

（1）涉及的运行工况多，集发电、变频、背靠背、电制动等多功能于一身，是最为复杂的励磁系统。

（2）系统方案的设计与电站主回路紧密相关。在不同的主接线方式下，励磁装置的主接线和逻辑控制则完全不同。例如在白山抽水蓄能项目中，电气主回路设计是励磁变压器位于主变低压侧，在背靠背方式下，机组无励磁电源，必须另外提供，励磁系统必须装设可切换的交流进线开关。

（3）装置 I/O 信号多，既可利用已有的硬件资源，也可通过总线扩展。该项目国产励磁装置实现了对外输出信号组态控制，方便地实现了两套励磁系统对外输出信号保持一致。

（4）各运行工况要求应用不同的运行模式，工况的转换及功能的切换需要有严密的逻辑。

（5）需要调整的参数多，为便于观察调节器内部运行状态，需要操作简单方便、界面友好、功能强大的调试软件。

（四）应用

白山抽水蓄能电站两套励磁系统分别于 2005 年 6 月、2006 年 1 月开始安装。1 号机励磁系统于 2005 年 11 月完成了发电状态的调试工作及试运行，2006 年 6 月份成功完成了 SFC 启动，背靠背发电、背靠背电动、电制动等多工况的试验，交付系统。2 号机励磁系统于 2006 年 7 月份完成了发电、电动、电制动等多工况的试验，投入商业运行，设备运行情况良好，成功实现了国产化励磁设备在 10 万 kW 以上级的抽水蓄能机组上首次投运。

励磁系统现场投运试验包括装置/单元检查试验、电源回路检查、操作回路及信号回路检查、静态开环试验、空载闭环试验、负载闭环试验、SFC 工况试验、背靠背工况试验、电制动试验。

试验结果表明，设备参数理想，两套系统各项技术指标均达到或超过国家和部颁标准的要求，国产励磁装置完全能够满足抽水蓄能电站多工况运行的要求。该项目的成功实施，提升了国产化励磁装置在抽水蓄能领域同进口设备的市场竞争力，具有重要的现实意义。

（广州电器科学研究院　秦汉军　孙君光　熊　巍）

光照水电站的电气一次设计

（一）电站接入系统

光照水电站位于贵州省的西部，北盘江中上游，左岸是关岭县，右岸是晴隆县，地处地区负荷中心，为北盘江梯级电站的龙头电站。电站多年平均流量 $257m^3/s$，水库具有不完全多年调节特性，总库容 32.45 亿 m^3，调节库容 20.37 亿 m^3，装机容量 1040MW，多年平均年发电量 27.54 亿 kW·h，保证出力 180.2MW，年利用小时数 2648h，光照水电站建成后还可对下游马马崖、董箐水电站起调节作用进行径流补偿和大幅度的提高发电效益。

电站开发的任务是以发电为主，考虑航运，兼顾灌溉、供水及其他。在系统中主要承担系统的调峰任务及部分备用。

根据接入系统设计电站的供电范围是贵州主网的东部地区，同时部分电力向广东送电。出线电压等级采用 500kV 一级电压，出线一回接入 500kV 兴仁换流站。

（二）电气主接线

1. 电气主接线　发电机电压侧采用发电机变压器组联合单元接线。由于电站在电力系统中的地位比较重要，其水库具有不完全多年调节性能，在系统中主要承担系统的调峰任务及部分备用。机组开停机频繁，从运行安全可靠性和灵活性出发，发电机出口装设发电机断路器，以减少高压断路器的操作次数，并可使厂用电不受机组启停的影响，从而提高厂用电的供电可靠性。

500kV 电压侧为二进一出，采用三角形接线。该接线成闭合环形，每一回路与双断路器连接，任何一台断路器检修，不影响回路的连续供电；正常运行操作由断路器进行，简单方便。配电装置采用 SF_6 全封闭组合电器，接线可靠性较高、运行灵活，任意一台断路器检修不影响对电力系统的连续供电，可以满足电站调峰和适应电力系统各种运行方式的要求。

2. 厂用电　厂用电源的取得：①从发电机变压器单元分支上引接，且靠主变低压侧；其间装设断路器，正常运行时，由发电机组供电；②机组停运时，可通过主变压器由系统倒送厂用电；③从施工变电站取电源，作为备用电源；④设置柴油发电机组作泄洪系统保安备用电源。

由于水库具有不完全多年调节性能，在系统中主要承担系统的调峰任务及部分备用，开停机频繁，厂用电可靠性要求较高。因此从每台主变压器低压侧引接一组高压厂变压器作为厂用电源。为提高厂用电的供电可靠性，考虑在机端设置发电机断路器，以满足频繁开停机的要求，这样可使厂用电不受机组启停的影响。为减少故障，提高供电可靠性，引接线采用离相封闭母线，高压厂变压器采用单相干式变压器。在高压厂变前设置限流熔断器组合装置柜以作短路保护用，同时采用 SF_6 断路器（装于限流熔断器组合装置柜内）供正常运行投切和检修时用。此外，从施工变电站 10kV 引接一回厂用备用电源，以保证全厂停机时，仍有两个独立电源供电。

电站厂用电系统主要供电范围有发电厂房、高压开关站、中央控制楼、坝区及进水口、电站生活区等，其中发电厂房、高压开关站和中央控制楼为集中布置，可直接采用380/220V电压供电，而电站主厂房与坝区进水口用电设施之间的距离超过800m，与电站生活区之间的距离在1000m以上，为了保证输送容量和备用电设备的电压要求，厂用电系统采用两级电压供电，即高压采用10kV；低压采用380/220V。

10kV母线共分五段，一、二、三、四段分别与机组对应，施工变压器10kV进线接至第五段母线。10kV五段母线之间均有联络断路器连接，以构成环网。正常运行时，联络断路器断开，五段母线各自独立运行，当其中一段母线检修或故障退出时，通过手动或自动装置投入相应的母线联络断路器使之与相邻母线合并运行。

考虑到电站将在系统中主要承担系统的调峰任务及部分备用，为了尽可能减小公用电系统故障对机组正常运行带来的影响，提高机组运行的稳定性和可靠性，设计中考虑把与机组正常运行有直接关系的厂用电负荷归入机组自用电系统，由机组自用变压器组独立供电，即机组自用电和全厂公用电分别采用不同的变压器组供电。厂内设置4台自用变压器，3台公用变压器。机组自用电母线分四段，每段母线分别接一台变压器，两段母线接成单母线二分段接线，二段母线间装设有母线联络断路器及备用电源自动投入装置。全厂公用电母线分三段，每段母线分别接一台变压器，采用单母线三分段接线。每段母线间装设有母线联络断路器及备用电源自动投入装置。机组自用电及公用电自成一体，每段母线均接有两个电源，在事故及检修情况下，均可以保证厂用电供电。为保证照明电源质量，全厂独立设置两台干式有载调压变压器供照明用电。照明母线分两段，每段母线分别接一台变压器，每段母线间装设有母线联络开关及备用电源自动投入装置。

坝区采用两台10/0.4kV干式变压器供电，坝区母线分两段，每段母线分别接一台变压器，母线间装设有母线联络断路器及备用电源自动投入装置。由于本电站为大型调峰电站，开停机频繁，经常全厂停机，有与系统失去联系的可能，而厂用外来电源又不十分可靠，失去厂用电源，机组有可能无法启动，为了确保大坝安全，在洪水期全厂停运及与电力系统失去联系的情况下，保证泄洪闸门的紧急开启及紧急开机，本电站在坝区设置一台柴油发电机作为大坝的防洪保安备用电源。

（三）过电压保护与接地

1. 直击雷保护　防直击雷过电压保护主要采用设置避雷带与避雷线。主厂房为网架钢结构，副厂房为钢筋混凝土结构。500kV出线门架及线路避雷线组成的防雷保护范围可覆盖副厂房屋顶的出线设备。

2. 雷电侵入波保护　500kV线路全线架设避雷线。电站防侵入雷电波过电压保护，主要采用在出线口装设一组敞开式氧化锌避雷器及GIS中靠近主变压器侧装设两组封闭式氧化锌避雷器保护。主变压器采用分级绝缘，为直接接地，对主变压器低压侧的过电压保护，亦采用在该侧装设一组氧化锌避雷器进行保护。

3. 内部过电压　电站的操作过电压、暂时过电压和VFTO均满足电力标准《交流电气装置的过电压保护和绝缘配合》的相关规定，电气设备的绝缘配合亦符合该标准的要求。主要设备绝缘水平如表1所列。

表1　主要设备绝缘水平　(kV)

项　目	主变压器高压侧	主变压器低压侧	主变压器中性点	GIS
雷电冲击（1.2/50μs标准雷电波）绝缘水平（峰值）	1550	125	325	1550
操作冲击绝缘水平（峰值）	1175			1175
工频1min绝缘水平（有效值）	680	55	140	680

4. 接地　全厂接地网主要由主厂房接地网（包括尾水渠接地网），大坝接地网，进水口、调压井、坝区变电所接地网，引水发电系统接地网等几部分组成，各接地网之间相互连接构成整个电站的全厂接地网。

光照水电站主副厂房建设在永宁镇组第四段上部为角砾状白云岩、泥质白云岩，中部角砾状白云岩夹黏土岩，底部为薄至中厚层白云岩。尾水渠建设在关岭组泥质白云岩与薄至中厚层灰岩、泥质白云岩及角砾状白云岩互层，底部为黄绿色玻椆凝灰岩。调压井基岩为永宁镇组第三段薄至中厚层夹厚层及少量泥质条带灰岩。坝区基岩为永宁镇组第一段中厚层夹薄层、厚层灰岩。经现场测量，主副厂房电阻率为102.8～1282.1Ω·m，尾水渠电阻率为124.6～1233.7Ω·m，调压井电阻率为1361～2785Ω·m，坝区电阻率为248.5～1620.9Ω·m，河水电阻率为16.8Ω·m（25℃）。

厂房接地网设计充分利用水工建筑物的自然接地

体，在厂房底板及尾水渠底板中用 50mm×6mm 镀锌扁钢焊接成网格接地网，并与接地带附近 2m 范围内的锚杆用镀锌扁钢电焊连接。主、副厂房为钢筋混凝土结构，在墙和地板中选择 ϕ16 以上的钢筋焊接成网孔不大于 5m×5m 的均压网，各层间用多根垂直接地干线连成一体，并与主接地网连接。

大坝接地网利用迎水面的面板中结构钢筋焊接成网格接地网。引水发电洞、调压井、坝区变电所接地网亦利用结构钢筋与接地扁钢焊接成接地网。

在 500kV 开关站附近，设置多个深孔接地极，孔深 30～50m，垂直电极采用镀锌钢管，孔内压力灌注接地导电混凝土，用以改善开关站的冲击接地电阻。

（中国水电顾问集团贵阳勘测设计研究院　王　勇）

山区水电站主变压器结构型式的综合优化比选

主变压器是水电站仅次于水轮发电机组的主要机电设备。大型水电站主变压器电压等级高、容量大，通常为电站的最重运输件，超宽、超高。云南为内陆省份，无出海口，且为山区，其运输问题成为一个受交通运输制约的关键因素。主变压器降低运输重量和运输尺寸对减少包括变压器运输路面损耗补偿费、桥梁、路基加固费、坡度和弯道改造费等在内的运输费用，降低工程造价具有重要意义。因地制宜地选择主变压器结构型式和冷却方式等，对电站工程安全可靠运行，减少土建开挖回填工程量，减少工程对植被和环境的破坏和改变，综合降低工程造价等，均具有显著的社会和经济效益。

（一）主变压器结构型式的分类

主变压器结构型式，可分为普通三相式、单相式、三相组合式，三相现场组装式等多种。三相变压器为常规结构，制造、运行经验丰富，可靠性高，价格和布置场地与其他结构型式相比，具有明显优势，若无运输条件限制，均采用三相式。受运输条件限制时，可采用其他结构型式的变压器。

电站采用扩大单元接线时，减少了主变压器和高压配电装置间隔，节省了占地面积和设备投资，但变压器容量增加一倍后，变压器仍应没有运输问题。为限制发电机变压器组回路短路电流，降低发电电压设备选择难度，设备价格，此时主变压器可采用分裂绕组。

有两级升高电压的水电站，在主变压器没有运输限制情况下，可采用三绕组变压器或自耦变压器。同容量、同电压的自耦变压器与三绕组变压器相比，具有耗材少、重量轻、价格低的特点，但自耦变压器只适应于两级升高电压均为直接接地系统。漫湾水电站接入系统有 500kV 和 220kV 两个电压等级，采用 ODSPSZ7-150000/500，150/150/30MVA，550/500/220/35kV 150MVA 自耦变压器联络。

在全星形（Y/Y 接线）连接的变压器中，保障主磁通和相电压接近正弦波，保障输出电压质量，通常增加一个三角形连接的附加平衡绕组，使附加第三绕组的三次谐波电流产生的磁通抵消原铁芯中的三次谐波磁通，降低铁轭夹件和油箱等的附加损耗，减少局部过热，提高变压器效率。老挝南梦 3（Nam Mang 3）水电站配套送出 Khok Saad 变电所 $SFSZ_{10}$-22000/115TH，22000/22000/7330kVA，115 ± 8 × 1.5%/22/15kV，YN,yno,d11 就采用了此种变压器，运行效果良好。

根据变压器冷却方式不同，可以分为油浸自冷（ONAN），油浸风冷（ONAF），强油风冷（OFAF），强油水冷（OFWF），强油导向风冷（ODAF），强油导向水冷（ODWF）等。我国国家标准 GB/T17468《电力变压器选用导则》中，对不同电压等级、不同容量变压器冷却方式有详细规定。室内布置的变压器、大容量变压器、热带地区变压器通常采用水冷却。水电站由于水源充足，也大量使用水冷却变压器，且水冷却方式效率高，冷却效果好，但也带来供水系统容量加大，厂用电量上升，一旦供水系统和厂用电系统故障，因水冷却变压器与同容量的自冷及风冷变压器相比，设计裕度较小，负荷送出更困难。云南威远江水电站 110kV/31.5MVA 主变压器，经比较采用了油浸自冷式变压器。云南大盈江三级 220kV/63MVA 主变压器和 220/110/10kV 自耦联络变压器、马鹿塘一期 110kV/63MVA 主变压器采用了室内布置，但有一边墙敞开的油浸风冷主变压器，目前运行情况良好。

（二）选用情况

1. 三相变压器　20 世纪 90 年代后期建成发电的天生桥一级水电站 220kV/360MVA 主变压器采用，运输重量达 180t。由于云南所处的特殊地形条件，水电站通常修建于深山峡谷中，运输路线山高、坡陡、路窄、弯多、桥梁及隧洞多，公路运输成了大型水电站及部分中型水电站采用三相主变压器的制约因素，因此，云南省内的大型水电站能采用三相变压器的情况非常少。

2. 单相式变压器　20 世纪 90 年代初期投产发电的云南漫湾水电站 500kV 主变压器和 500/220/35kV 自耦联络变压器均采用；2003 年投产发电的巴基斯坦巴罗塔（Ghazi-Barotha）水电站，500kV 主变压器也采用。

3．三相组合式变压器　目前，虽然有一定的设计、制造、运行经验，但还没有全国统一的设计、制造、运行标准，连名称都还不统一，还有待进一步总结，上升至理论和标准来指导并规范将来的工程实践。云南大盈江四级500kV主变压器采用组合式变压器，目前正在设计制造过程中。

4．三相现场组装式变压器　目前，虽然有一定的设计、制造、现场再组装及运行经验，但还没有全国统一的设计、制造、现场再组装、现场试验、运行标准。500kV级现场组装式变压器国内有设计、制造经验的生产厂家极少，连名称都还不统一，特别是原在工厂完成的部分型式试验及例行出厂试验问题，更有待进一步实践、总结，上升至理论和标准来指导并规范将来的工程实践。20世纪90年代中期投运的漫湾一期工程220kV变压器采用三相现场组装式。安装过程中采取一定的封闭措施后，运行情况良好，后期局部放电量和油指标部分超标，经现场处理后，目前情况稳定，运行正常。

（三）技术经济综合定性比较

各种变压器的技术经济综合定性比较见表1。

表1　各种变压器的技术经济综合定性比较表

			普通三相式	单相式	组合式	现场组装式
1	设备本体	电　路	三相相通	三相独立	三相相通	三相相通
		磁　路	三相相通	三相独立	三相独立	三相相通
		油　路	三相相通	三相独立	三相相通	三相相通
		冷却器（水冷或风冷）	三相1套	一相1套	三相1套	三相1套
		油　枕	三相1个	一相1个	三相1个	三相1个
		运输重量	大	较　小	较　小	根据需要
		运输尺寸	大	较　小	较　小	根据需要
		同比损耗	稍　小	稍　大	稍　大	稍　小
2	设备布置	低压三角形连接	内　部	外部，占地面积大	内部，占地面积稍大	内　部
		中性点连接	内　部	外部，占地面积和高度	内部，少量占地面积和高度	内　部
		占地面积	小	大	中	小
		布置高度	低	稍　高	稍　高	低
3	制造安装运输	设计制造经验	丰　富	较丰富	较欠缺	较欠缺
		运行经验	丰　富	较丰富	较欠缺	较欠缺
		现场安装周期	短	较　长	较　长	长
		占用临时场地	少	少	稍　多	多
		占用临时安装设备	正　常	正　常	稍　多	多
		现场试验项目/次数	正　常	较　多	较　多	多，冲击耐压等极难完成
4	各项费用定性比较	设备本体	低	高	高	低
		外部连接设备	低	高	低	低
		土建工程	低	高	稍　高	低
		加固运输费用（若需要）	高	中	中	低
		现场安装调试费用	低	中	中	高
		运行费用	低	稍　高	稍　高	低

（四）结语

大型水电站主变压器型式的选择，应根据工程实际地形地质条件，公路运输限制，电网及工程枢纽布置要求等，结合工程实施阶段变压器设计、制造、安装、调试、运行经验和技术发展水平，综合技术经济比较后确定。在运输条件不受限制或对公路桥梁稍微加固后即满足主变压器运输条件的，应优先选用三相变压器。20世纪90年代以前，由于人们认识的局限和经验的限制，大多采用单相式变压器。目前国外工程中也大多采用单相变压器。近年，随着技术的进步和经验的积累，大型工程变压器现场组装工艺的成熟，其材料少、运输重量轻、布置面积小、开挖回填工程量小，现场组装设备可重复利用，运输费用和运行费用低等优点越来越明显，是将来较有可能的一种选择。

目前我国变压器和水电站设计标准及行业标准中，只有三相变压器和单相变压器的有关规定，组合式及现场组装式变压器没有涉及，连此类变压器名称都不统一，有待积累更多设计、制造、安装、调试、运行经验后总结并上升到有关标准中去。

昆明勘测设计研究院所经历的工程中，不同时期、不同工程经综合比选后，选择了各种结构型式的主变压器，满足了工程实际需要，目前已经投产项目，运行情况总体良好。

（中国水电顾问集团昆明勘测设计研究院　陈正标）

抽水蓄能机组变频启动过程的谐波问题

采用静止变频器（Static Frequency Conver, SFC）启动时，有一个值得研究的谐波问题。我国有些已建大型抽水蓄能电站，为了缓解谐波问题，装设了谐波滤过器，但大都设而不用。装设滤波器不仅增加投资，而且需要占用较大的空间，如广州抽水蓄能电站B厂的滤波器就占用70m^2，十三陵抽水蓄能电站占用了110m^2。近年来，我国新建的抽水蓄能电站的SFC虽已很少装设滤波器，但相当广泛地采用12脉冲的SFC；而国外变频启动基本上都采用6脉冲的SFC，且不装设滤波器。究其原因，是对谐波问题在认识上存在误区，使所提的谐波限制指标不恰当地偏高。因此，有必要根据抽水蓄能电站的特点，对抽水蓄能机组变频启动过程的谐波问题作一剖析，提出谐波限制的指标及考核点，并提出简易实用的估算方法；分析蓄能电厂的变频器不同连接方式所产生谐波的影响，供工程实用参考。

（一）变频启动过程谐波现象的特殊性

（1）对于公用电网谐波限制，国内外都制定了相应的标准。一般都以公用电网中各级电压的非线性负荷和其他电力用户的连接处作为考核点，此点即通称为公共连接点PCC（Point of Common Couple）。在PCC建立一些谐波电压和谐波电流的限制指标，使全系统任一点的谐波都能在可承受范围之内。但这些标准仅适用于公用电网的电能质量管理，抽水蓄能电站的接线方式和运行情况与公用电网有着本质的区别，不能盲目套用。

（2）对于电网谐波限制标准的制定，可以我国国家标准GB/T 14549—1993《电能质量　公用电网谐波》（以下简称国标）为例。它是根据国内典型配电系统的分级供电方式：除顶级电压级外，其下共分4级供电网，各级电网有一定的负荷分配比例和相应的短路电抗，并假定各级电网谐波负荷容量占供电容量相同的比例。国标制定的基本出发点，就是保证连接基本用户的0.38kV电网的电压总畸变率（*THDu*）不大于5%。在此基础上，参照国际标准而制定。它是以0.38kV低压电网的要求为基准，然后按一定条件推演出对各级电网的电压总畸变率限制。同时在电压总畸变率确定后，根据一定的假设条件，推导出各级电网谐波用户允许注入该级电网的谐波电流。

（3）抽水蓄能电站的连网方式远不同于制定国标所用的公用电网。

SFC的容量一般为其他厂用电总负荷5、6倍以上。厂内其他非线性负荷的容量比SFC要小得多，因此SFC可以近似看成厂内唯一的谐波源。在发电电动机不运行时，SFC产生的谐波电流，除极少部分流入厂用电系统外，几乎全部流入超高压电力系统。在流入超高压电力系统的过程中，一般仅经一级升压，其间也没有其他的谐波电流流入。此外，SFC为短时工作设备，每启动一台机组，一般加速时间为5min，连续启动全厂机组并留有裕度，一般为0.5h左右。

因此对于抽水蓄能电站，无论在电气连接方式、谐波源的分布、各级电压的非线性负荷比例，还是谐波源的工作方式等，都与常规电网迥然不同。

（二）谐波畸变考核点和谐波限制指标

1. 谐波畸变的考核点　国内外公用电网谐波限制的标准中，谐波畸变的考核点就是公共连接点PCC，对于国内的公用电网就是各级电压母线。对于抽水蓄能电站，则可作如下分析：

（1）抽水蓄能电站与变电站的高压母线的连接点是电站与电力系统的公共连接点，但由于电力系统容量相对于SFC的容量大得多，一般都不会超标；同时由于各种原因，国内外对超高压电网的谐波限制并未有明确的规定，故蓄能电厂变频启动的谐波对高压电力系统的影响可以不予以考虑。

(2) 抽水蓄能电站与SFC相关连接的电站内0.38kV电压级是用户限制电压畸变的基本点，可用高压厂用变压器和SFC的公共连接点来考核。在一般电站接线中，PCC的谐波电压经限流电抗器和两级（例如18/10kV和10/0.38kV）厂用变压器的谐波压降后，才形成厂用电0.38kV母线上的谐波电压，因此0.38kV低压厂用电的电压总畸变率要比PCC处低。在最严重的情况下，即高压厂变压器空载时，0.38kV母线上的电压畸变达最大值，等于PCC的电压畸变。可见，抽水蓄能电厂内的电压总畸变率可用厂内公共连接点PCC作为考核点。

2. 谐波电压的限制　对于公用电网，国标针对长期工作制的设备，按图1的各级电压，给出其电压总畸变率（*THDu*）的的限制值，见表1。

表1　国家标准对公用电网谐波电压限值（相电压）

电网标称电压（kV）		0.38	6(10)	35(66)	110
电压总谐波畸变率(%)		5.0	4.0	3.0	2.0
各次谐波电压含有率(%)	奇次	4.0	3.2	2.4	1.2
	偶次	2.0	1.6	1.2	0.8

IEEE Std 519—1992对电力系统也提出了电压畸变限制值。此标准和国家标准的要求很相近。同时该标准也明确指出，表1中所列的数值适用于连续工作时间大于1h的正常情况，对于时间更短，如启动过程或不经常工作的情况，其限值可放宽50%。

因此，抽水蓄能电站变频启动谐波限制的关键点是PCC，其电压总畸变率*THDu*的限值最小可取5%，放宽要求时可取8%。在实际工程中，我们曾对广蓄A厂的厂内PCC的*THDu*做过验算和现场实测，其值为7.5%左右，电站自1993年运行以来，情况良好。

3. 谐波电流　国内以往工程招标中，除对PCC提出电压畸变限制外，还按该电压等级提出谐波电流的要求。正如前面所分析，对于抽水蓄能电站，SFC可近似看成在电站接线的各级电压中的唯一谐波源，不考虑谐波畸变叠加的问题，故不应按国标要求的指标来对电厂SFC连接点提出谐波电流的限制，只要对电压总畸变率提出要求就足够了。

（三）电压总畸变率的估算及电气接线对电压总畸变率的影响

(1) 从理论分析和物理概念都可以得出，电压畸变检验点的*THDu*与SFC容量成正比，与该点的系统短路容量成反比。即：

$$THDu = HF\frac{S_{SFC}}{S_k}\times 100\%$$

式中　S_{SFC}——SFC容量（MVA）；

S_k——电压畸变检验点的系统最小短路容量（MVA）；

HF——谐波因子，与SFC的整流桥接线方式及工作状态有关；根据经验，对于6脉冲整流桥可取1.93，对于12脉冲可取1.33。

(2) 电厂SFC的引接方式对PCC的*THDu*影响很大。在实际应用中，它们的连接关系有如图1所列的5种常用方式，其PCC也在图中标上。以6脉冲整流桥的SFC为例，对这几种接线PCC的电压总畸变率作定性分析比较如下：

1) 图1 (a) 是目前用得比较多的接线，对谐波影响不太有利，SFC所产生的谐波电压受限流电抗器所阻挡而反映到厂用变压器的电源侧，并传递到厂用电负荷上。

2) 图1 (b) 接线，PCC的短路容量要比接线(a)大得多，有较大的谐波容纳能力，电压总畸变率远小于5%的最小限制标准，一般可以不用校验。

3) 图1 (c) 接线拥有接线 (b) 的优点，而且有较大的改善，对削弱厂用电电压的谐波成分更有利，但要妥善解决两组电抗器的布置问题。

4) 图1 (d) 接线，是减少SFC谐波对厂用电影响的最好接线。但在电厂首台机组投产时，要解决二者都得到供电电源的问题。

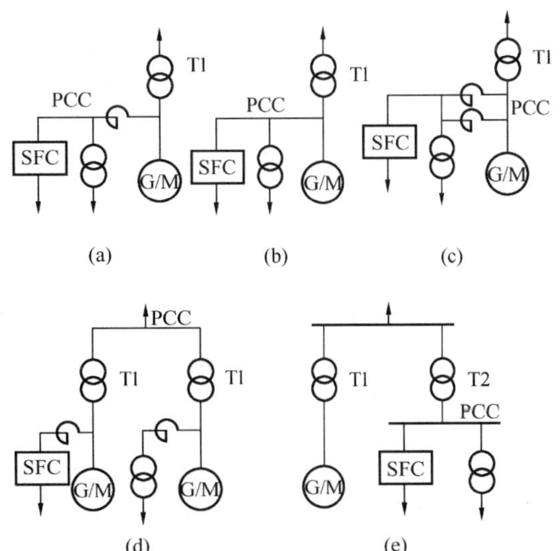

图1　SFC在抽水蓄能电站中的常用连接方式

5）图1（e）接线，是谐波电压对厂用电影响最严重的接线。

（四）结束语

SFC所产生的谐波，由于是短时的，对厂用电设备的发热影响不大，而电厂中所用的计算机监控、保护和自动化装置都采用不停电电源（UPS）或逆变电源，谐波不会通过电源窜入而使装置工作异常。蓄能机组变频启动所产生的谐波限制和检验不能盲目套用国标，而应当用厂内的公共连接点的电压总畸变率*THDu*来考核。对*THDu*限制值的要求，严格些不应大于5%，放宽些可以到8%。

采用SFC与高压厂用变压器分别经电抗器接于主变压器低压侧，即图1的（c）或（d）的接线，既解决了限制厂用分支的短路电流问题，又限制了SFC所产生的谐波对厂用电的影响，是一种理想的接线。

（北京国电水电工程公司　梁见诚　姜树德）

单只线棒VPI绝缘系统的应用

长期以来，国内发电机绝缘系统一直采用模压工艺的预浸渍多胶环氧玻璃粉云母绝缘体系。使用的多胶云母带由于制造和使用技术的限制，均为双面玻璃布补强云母带，采用标重80g/m²的云母纸作为基体材料，决定了主绝缘的组成成分为：云母含量在50%左右，补强的玻璃布含量约20%。模压线棒生产工艺技术存在一些不可避免的缺陷，例如模具温度差异、树脂的不均匀性及其绝缘层内的微小气隙等。这些因素限制了多胶绝缘结构的设计参数和使用寿命，绝缘结构的设计工作场强通常在2.5kV/mm以内。

为了满足超高电压，大容量和高工作场强发电机的需要，缩小与世界先进电机制造行业的差距，东方电机股份有限公司引进了世界著名绝缘系统供货商的全套技术和关键设备，在2004年底建立了单只线棒VPI绝缘系统。

（一）单只线棒VPI系统

该系统包括VPI浸渍系统、预烘和固化烘炉。VPI浸渍系统由浸渍罐、储漆罐、能量交换系统、真空系统、空气压缩干燥系统、浸渍树脂输回胶和脱气系统组成；可以实现整个工艺过程自动或人工手动操作，自动记录整个过程的温度、时间、压力和电容等工艺参数。

该绝缘系统可生产长度达12m的汽轮发电机和水轮发电机定子线棒，已完成生产的真机线棒最厚单面绝缘厚度达7mm。

（二）单只线棒VPI绝缘系统

1. 绝缘材料　分为浸渍树脂和云母带。目前用于发电机单只线棒VPI绝缘系统的浸渍树脂有两种：含活性稀释剂（苯乙烯）的浸渍树脂和纯环氧-酸酐浸渍树脂。从环境和操作人员健康和安全保护出发，纯环氧-酸酐浸渍树脂体系使用安全性能明显好于含稀释剂的VPI浸渍树脂，但使用成本和技术要求相对较高。东方电机VPI绝缘系统浸渍树脂选用了安全环保的环氧-酸酐浸渍树脂，材料组成简单，仅由双酚A型环氧树脂和酸酐树脂组成；性能和组分稳定，安全性能高，闪点在145℃以上，室温饱和蒸汽压低于0.1mbar，使用过程中几乎没有挥发物；但是使用和储存管理要求高。云母带采用的是单面玻璃布补强的少胶云母带，带中的云母纸标重160g/m²，远远高于目前常规的80g/m²云母纸的多胶云母带，单面的玻璃布只有23g/m²；可得到的主绝缘层的组成成分：云母含量60%；玻璃布补强10%；树脂含量30%。如此高的云母含量大大提高了主绝缘的耐电寿命和耐电击穿性能，为绝缘结构设计赶上世界先进水平提供了先决条件。

2. 工艺方式　单只线棒VPI技术的工艺方式有带模具浸渍和不带模具浸渍两种。从产量和质量方面考虑，东方电机的少胶VPI技术的工艺方式，选择了单只线棒浸渍后再入模具加压烘焙的工艺技术方式。线棒绝缘浸渍程度直接关系线棒绝缘质量，采用检测浸渍过程中线棒绝缘的电容值变化方式确定浸渍终点。

3. VPI绝缘系统的性能

（1）绝缘系统的常规性能见表1。

（2）已生产的各种电压等级定子线棒绝缘的介质损耗，在试验电压升高时几乎没有任何变化，表明线棒绝缘做到无气隙。

（3）线棒无论是在额定相电压15.6kV或额定电压27kV时的局部放电值都非常小，在1000PC以下，远远优于相关标准要求（小于5000PC）。实际整台线棒额定相电压的局部放电平均值为763PC。

（4）在真机线棒上进行了$3U_n$和$2U_n$耐电寿命试验，结果远远高于VDE530标准要求规定，即使绝缘结构的工作场强达到3.2kV/mm时，寿命也在20h左右。

（5）整只线棒瞬时交流电压击穿试验结果列于表2（试验电压只能升高到185kV，有两组试样没有击穿，只获得一个大于185kV的数据），试验数据高于行业标准优等品指标要求。

表1 绝缘体系的常规性能

序号	名称			试验方法	单位	试验数值
1	绝缘电阻率	3℃		IEC60173	Ω	>1×10[13]
2	体积电阻率			IEC60093	Ω·m	>1×10[14]
3	介质击穿	3℃，1kV/s		IEC60243－1	kV/mm	>40
4	介质损耗	23℃ 155℃		IEC60250	% %	≤0.6 ≤5
5	介电常数	23℃ 155℃		IEC60250		4.6 5.8
6	耐电痕迹指数	23℃		IEC60112	V	CTI600
7	抗压强度	23℃ 155℃		ISO604	MPa	447 271
8	拉伸强度	23℃	线棒纵向 线棒横向	ISO527	MPa	129 295
9	拉伸强度	155℃	线棒纵向 线棒横向	ISO527	MPa	83 183
10	冲击强度	23℃	线棒纵向 线棒横向	DIN53463	N	396 220
11	冲击强度	155℃	线棒纵向 线棒横向	DIN53463	N	319 286
12	弯曲强度	23℃	线棒纵向 线棒横向	ISO178	MPa	192 297
13	弯曲强度	155℃	线棒纵向 线棒横向	ISO178	MPa	74 94
14	导热系数				W/(m·K)	0.265
15	热失重法 TI			IEC20216	℃	165
16	弯曲强度法 TI			IEC20216	℃	160
17	玻璃化转变温度 Tg				℃	130

表2 已采用VPI绝缘结构线棒的瞬时击穿电压和场强

额定电压（kV）	击穿电压（kV）		击穿场强（kV/mm）		备注
	试验结果	标准要求	试验结果	标准要求	
10.50	84	70	35.00	28	水轮发电机
10.50	93	70	38.75	28	水轮发电机
13.8	105	90	37.50	27	水轮发电机
13.8	118	90	42.14	27	水轮发电机
18	155	110	43.06	24	水轮发电机
18	152	110	42.22	24	水轮发电机
18	144	110	40.00	24	水轮发电机
18	145	110	39.73	24	水轮发电机
18	154	110	42.19	24	水轮发电机
20	152	120	37.07	23	水轮发电机
20	150	120	36.59	23	水轮发电机
20	>185	120	>41.48	23	三峡机组
20	139	120	37.37	23	汽轮发电机
27	>187		>25.72		1000MW汽轮发电机

（三）实际应用情况

在短短的三年中，东方电机股份有限公司的单只线棒VPI绝缘系统的应用范围逐渐扩大，线棒产量每年飞跃上升，累计完成32台套的定子线棒，共计16500只线棒。使用单只线棒VPI绝缘技术的发电机覆盖容量等级数十兆瓦到一千兆瓦，电压等级10.5～27kV，线棒最长长度超过10m，最大高度尺寸超过100mm，最高工作场强达到3.24kV/mm。

（四）结论

单只线棒VPI绝缘技术在大型发电机组上的使用，对于提高定子线棒主绝缘的整体性，提高定子线棒的电气绝缘和机械性能，优化产品结构设计，提高产品质量，满足用户要求，增强市场竞争能力等多方面大有好处。

（东方电机股份有限公司 漆临生 皮如贵）

800kV GIS装置 VFTO特性的研究

（一）前言

GIS是20世纪70年代初期出现的一种先进的高压电气配电装置，具有占地少、运行可靠、安装维护工作量小、维修周期长等优点。但在GIS中操作隔离开关和断路器时，会在GIS内部产生特快速暂态现象，会出现特快速暂态过电压（VFTO），并且传播到与其连接的设备上，对相关设备构成威胁，随着超高压GIS的广泛应用，VFTO的影响也越来越突出。

根据研究和实际运行经验表明，在220kV及以下电压等级的GIS中，VFTO对GIS以及与其连接设备绝缘的影响和二次控制设备的电磁干扰虽然存在，但并不严重，这是由于220kV及以下电压等级中，绝缘的裕度较大，对操作过电压一般不采取限制措施，而在330kV及以上电压等级的GIS中，VFTO的幅值随运行电压升高而升高，而本身的绝缘裕度在降低，这会引起内部的击穿或外接设备的事故，给电力系统安全运行带来很大的威胁。其主要危害有暂态地电位升高、对二次设备的电磁干扰和对变压器、电抗器的绝缘影响。例如中国某一核电站的550kV GIS，曾先后两次发生了由于产生VFTO导致变压器绝缘损坏和线饼烧损的严重事故。另外，2000年和2001年也有两个电站的500kV变压器发生了突发性故障，均与VFTO有关。

在国内330kV和500kV系统中，由于在断路器中基本上装设了合闸电阻，其操作产生的VFTO得以抑制，但隔离开关操作过程中因预击穿、多次重燃产生的VFTO危害极大，也可以说，在这些电压等级中，重燃产生的VFTO成为突出问题。根据有关文献研究，由于影响VFTO的主要因素有残余电荷、变压器入口电容、电压上升时间、GIS支路长度、开关弧道电阻、GIS的布置、内部结构、接线方式及外部设备等。因此，目前在330kV和500kV系统主要采取的措施有装设避雷器、提高DS操作速度、改变操作程序、简化接线及在所连接设备中采取其他措施。

在超高压、特高压系统中采用在隔离开关断口并联分合闸电阻的方法限制操作过电压。在开关操作的过程中先串入电阻，阻尼作用使行波上升时间减少、幅值降低。20世纪80年代，国外对采用隔离开关分合闸电阻来限制VFTO已做了相关研究，但由于当时的制造能力限制，并未在800kV GIS上采用。有文献对一个1100kV GIS进行了仿真计算及实测，发现200Ω的隔离开关分合闸电阻可将过电压幅值降低到1.5pu以下，当分合闸电阻为1000Ω时，幅值降低为1.25pu左右。

目前800kV及以上电压等级的GIS在世界上运行较少，主要有南非ALPHA和BETA、美国DOE WALTZ MILL及韩国的唐津、新西山和安城等变电站。南非ALPHA和BETA、美国DOE WALTZ MILL主要是20世纪80年代产品，对于800kV GIS的VFTO虽然进行了较多的研究，但由于其GIS的隔离开关未装设分合闸电阻，其VFTO幅值较高，如南非ALPHA最大幅值为2.34pu（1475kV）。

本文将结合拉西瓦的GIS结构型式、接线特点及布置方式，建立800kV设备的计算模型，采用EMPT对800kV GIS操作所产生的VFTO特性进行分析和研究。

（二）VFTO产生的机理

GIS的隔离开关和断路器的操作会在GIS内产生特快速暂态现象（VFT），其中隔离开关操作尤为常见。GIS中所有元器件工作于稍不均匀电场，隔离开关两极为插入式的同轴圆柱体，操作中触头运动速度慢，断口在SF_6气体中会发生多次的预、重击穿。在每一个电压跳变处将产生波前很陡（一般为3～20ns）的阶跃电压波，并向断口两侧传播。GIS中SF_6的绝缘性能和灭弧性能都远优于空气，故相邻电气设备的间距和母线长度都比同型空气绝缘变电站（AIS）小得多，产生的阶跃电压波会在GIS内不断地产生、来回地传递，并且发生复杂的折射、反射和叠加，最终暂态振荡的频率剧增，可高达数百兆赫兹。

（三）计算原理和等效计算模型

800kV电力系统主要有发电机、变压器、输电线路、并联电抗器、断路器、隔离开关、电压与电流互感器、避雷器、套管和气体绝缘输电线（GIL）等电气设备。这些电气设备在结构和功能、特性上千差万别，对于采用计算机进行VFTO数值分析时，除电源外，其他电气设备都可用电阻、电感和电容来表征它们的功能和特性。计算结果的准确性与所选取的计算模型、参数和特性有关。计算模型参数主要有两种。一是集中参数，如发电机、变压器、电抗器等；另一种为分布参数，如架空线路、电缆和气体绝缘输电线等。在高频下，集肤效应的影响在理论上应加以考虑，但由于GIS的结构和材料的特点，忽略集肤效应的影响，对计算分析结果影响不大。

（四）计算结果与分析

根据电站的接线、运行方式、布置等特点，选用的计算运行方式有28种，计算采用EMTP程序。

1. 断路器操作时产生的VFTO　断路器在电源峰值附近，不带合闸电阻时合闸，在变压器出口处产生的VFTO波形及频率见图1和图2。

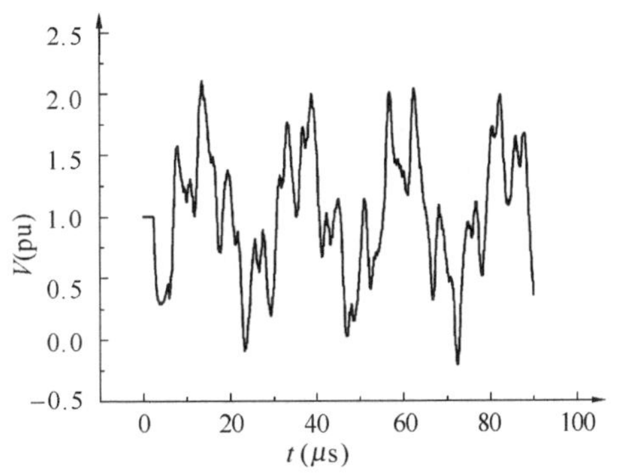

图1　变压器出口VFTO波形

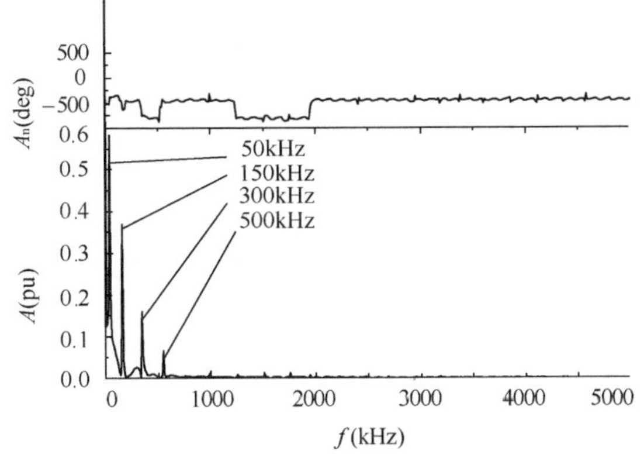

图2　变压器出口VFTO频谱分析图

由这次合闸计算表明：合闸操作过电压幅值并不高，即使没有MOA的限压作用和断路器并联电阻阻尼的情况下，变压器端部VFTO不超过2.189pu。

在上述同样的操作方式下，如果断路器带合闸电阻（600Ω），各设备的VFTO幅值见表1；合闸电阻为50Ω或600Ω时，变压器出口的波形见图3。

表1　断路器带合闸电阻（600Ω）操作时各设备的VFTO最大幅值

设备名称	断路器	隔离开关	气体绝缘输电线	BUS	TR.	LA
幅值（pu）	1.194	1.191	1.000	1.220	1.175	1.222

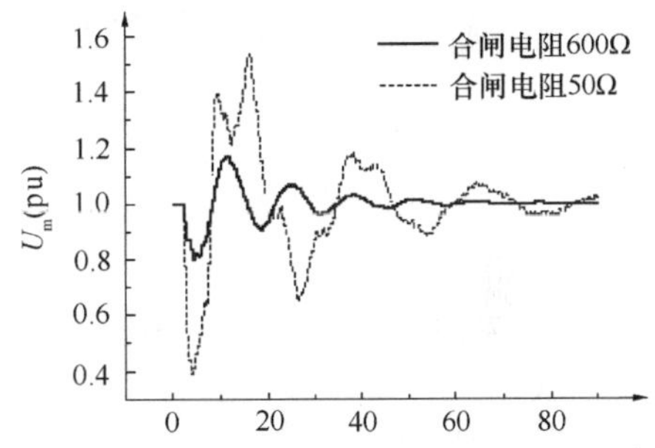

图3　不同合闸电阻下变压器端部VFTO波形

VFTO主要包含三个主要的频率分量：

一是频率为50kHz左右的基频分量，这是由GIS的自身结构特点和接线长度决定的；二是0.1～1.5MHz的特快速瞬变过程频率，这是由电压行波在GIS内多次折、反射形成的，叠加在基本频率分量上构成过电压最重要的部分，决定GIS绝缘的设计；另外还有接近2MHz的特高频分量，其幅值较低。

当并联电阻为600Ω时，由过电压波形可以看出，振荡幅值不高（1.175pu），且衰减较快，大约经过2～3个基频周期变压器端部VFTO就稳定在1pu左右。

因此，断路器的合闸电阻限制了系统的操作过电压的幅值的同时，也限制了变压器端部的VFTO幅值和频率，这对变压器绕组纵绝缘的保护是有利的。

2. 隔离开关操作时产生的VFTO　GIS内隔离开关不像断路器那样有专门的灭弧装置，因此当隔离开关进行分闸操作时会发生电弧的重燃，导致过电压幅值增高。为了限制分闸过电压，可采用隔离开关并联分闸电阻的方法。并联电阻在开关分闸过程中可以降低触头两端的恢复电压，从而避免隔离开关发生重燃，或降低重燃后的过电压值。

在不同的并联电阻下，操作隔离开关产生的VFTO幅值见表2和图4。

表2 不同并联电阻下隔离开关分闸过程中变压器端部VFTO幅值

R（Ω）	0	50	100	200	300	400	500	600	700	800
无重燃	1.000	1.000	1.000	1.000	1.000	1.000	1.000	1.000	1.000	1.000
一次重燃	1.903	1.447	1.435	1.411	1.389	1.367	1.346	1.326	1.307	1.289
二次重燃	2.806	1.894	1.871	1.822	1.778	1.733	1.692	1.651	1.613	1.579

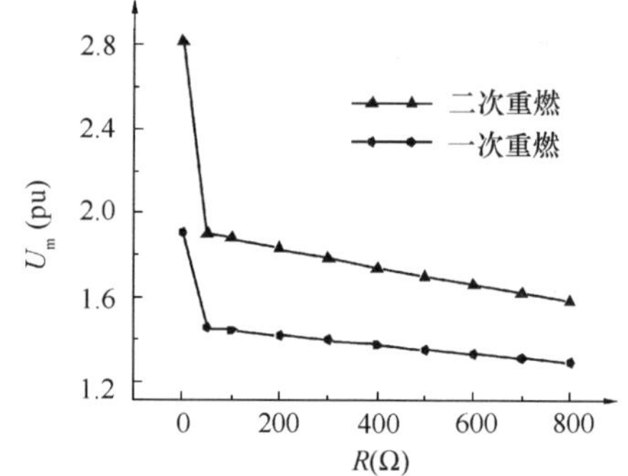

图4 分闸电阻与变压器端部过电压幅值的关系

由图可见，若隔离开关不带分闸电阻变压器端部过电压幅值很高，例如，考虑二次重燃时幅值高达2.806pu。分闸电阻与变压器端部VFTO幅值呈分段线性的反比关系。分闸电阻在一定程度上可限制VFTO幅值，当分闸电阻大于50Ω时，过电压幅值降低的幅度趋于平缓，基本上等幅下降。对于开关断口间一次重燃的情况，800Ω的并联电阻可使过电压幅值降低32.26%左右，而对于二次重燃的情况过电压下降更多。但是仅凭分闸电阻限制过电压是远远不够的，因为即使投入800Ω的并联电阻，考虑二次重燃时变压器端部过电压仍可达1.579pu。

对过电压进行频谱分析发现，500Ω的并联电阻使VFTO最高频率从2MHz下降到不足1MHz，过电压陡度也大大下降，这有利于变压器纵绝缘的保护。

3. 不同的操作顺序对VFTO的影响 根据接线形式和运行方式，经过对各种操作顺序的计算表明：

（1）开关操作顺序对VFTO并没有明显的统计规律，但操作方式对VFTO的幅值和频率有影响。

（2）操作短的母线，且分支较少时，VFTO的幅值和频率较高；反之，VFTO的幅值和频率较低。

综上所述，断路器和隔离开关并联电阻可以降低系统的操作过电压幅值，从而降低开关操作过程中变压器端部的VFTO幅值。同时，并联电阻的阻尼作用对降低过电压频率和降低过电压陡度也有一定的作用，这对变压器绕组绝缘的保护是十分有利的。在开关操作时，应尽量避免短母线的操作，有利于降低VFTO的幅值和频率。

4. 进出线方式对VFTO的影响 GIS采用何种进出线方式，进出线方式会对VFTO有什么影响，不但是技术层面上问题，而且影响到投资成本，安全运行，这是设计、运行部门非常关心的问题。本章比较详细地分析了工程采用GIS后，根据与系统连接可能出现的进出线方式，分别研究它们对GIS内部与外部设备VFTO的影响。考虑到GIL是GIS进出线的重要部件，是一种新型的输电装置，介绍了800kV GIL的结构、电气性能特点，特别对它的参数进行了理论计算，为建立计算模型打下基础，同时对800kV超高压电缆的参数进行了分析计算。研究结果表明：

（1）进线方式对变压器上VFTO数值差异较小，但是它们对GIS内设备上VFTO影响较大。电缆、GIL的进线方式由于它们的波阻抗相近，同一个节点，两种方式VFTO差别不大，但与架空线进线方式相比，数值相差比较大，GIS内同一个设备，就可能降低近28%。

（2）由于操作在GIS内产生很高频率的VFTO，经过GIL、电缆、架空线到达变压器，都使得它的高频分量大大减低，这对变压器保护有利。

（3）GIS的出线方式对电站的变压器端部VFTO没有影响，但直接架空线的出线会使GIS中与站外设备上VFTO略有上升，GIL、电缆出线长度的增加，使得GIS内部、外部设备上VFTO有下降的趋势。

（五）结论

本文结合拉西瓦800kV GIS，确定了系统中各元件的模型及其参数；然后利用EMTP程序计算了不同运行方式下断路器合闸操作和隔离开关分闸操作中的VFTO，得到如下结论：

（1）GIS由隔离开关和断路器操作，若无过电压防护措施，将会在GIS内部、外部产生幅值较高、频率甚高的VFTO，这会对GIS中设备元件、外部变压器和电抗器等绝缘造成威胁。GIS内断路器、隔离开关带并联电阻后，过电压的振荡衰减很快，其幅值、陡度得到很大的降低。

（2）由于VFTO的频率较高，其对变压器绕组的电压分布有直接影响，需加以研究。

（3）对变压器与GIS的几种不同连接方式比较可知，变压器通过电缆线路与GIS相连对变压器的

VFTO过电压防护是有利的，其次是GIL，用架空线由于需要出线套管的的连接，增加了对地电容，因此变压器端部VFTO虽高一点，与电缆、GIL相比，差别不大，但是对GIS内部设备上VFTO影响较大，这是由于架空线波阻抗大于电缆、GIL，在GIS端面上产生反射，使得GIS内部设备上的VFTO升高；显然三种连接方式的长度越长，对变压器的VFTO过电压防护是越有利。

对输电线路端部设备上VFTO来说，GIS三种出线方式幅值基本上没有差别；同样，GIS三种出线方式的长度越长，对输电线路端部设备的VFTO过电压防护是越有利。同样值得注意的是：如果直接是架空线出线会引起GIS内部设备上VFTO的升高。

（4）下一阶段需进一步研究现场测量方法和相关防护措施。

（中国水电顾问集团西北勘测设计研究院　阮全荣
西安交通大学电气工程学院　施　围　贯　磊）

金　属　结　构

水电工程金属结构设备发展概况

（一）金属结构专业概况

在水利水电工程中，水工金属结构是水利水电枢纽水库调节、电站运行、通航、供水及其他控制功能的关键设施，主要类型包括各类闸门、拦污栅、启闭设备、压力钢管、通航建筑物的升船机、船闸等，其设计、制造与安装质量及使用寿命，不仅关系到枢纽工程的正常运行和经济效益的发挥，而且影响到工程安全及社会安全。在水电工程建设中，金属结构和机械设备的设计、制造、安装、调试及监理涉及部门多、专业性强、技术复杂，是水电建设工作中的重要环节。

近年来我国相继兴建了三峡等一批大型水利枢纽和一批大中小型水电站，不仅控制了洪涝灾害，缓解了能源紧张的矛盾，同时给水工金属结构带来发展机遇，使金属结构专业技术水平有了很大提高。高坝大库电站的兴建，使闸门启闭机设备设计参数不断提高；同时通航建筑物的规模也不断提高，船闸、升船机的规模也越来越大。

继刘家峡、龙羊峡之后，岩滩、广州抽水蓄能、天荒坪抽水蓄能、天生桥一级、二滩、三峡、小浪底等电站均全部成功投运，水布垭、龙滩等大型电站已经下闸蓄水；拉西瓦、小湾、糯扎渡、溪洛渡、向家坝等巨型水电站金属结构设备设计、采购招投标工作已经深入开展。这些工程的金属结构设备已经达到甚至超过世界先进水平。

目前我国水电工程闸门、启闭机、通航建筑物金属结构设备技术参数水平如下：

（1）溪洛渡水电站进水口快速事故闸门液压启闭机容量将达12000kN；珊溪水库固定卷扬式启闭机容量达8000kN；小湾水电站的坝顶门机已达6000kN。

（2）溪洛渡水电站泄洪洞工作弧形闸门孔口尺寸14m×12m，总水压力14×10^4kN；溪洛渡水电站导流隧洞封堵平面闸门孔口尺寸9m×20m，挡水水头93.89m，总水压力为18×10^4kN；水布垭水利枢纽定轮闸门的轮压超过5000kN；五强溪水利枢纽表孔弧形闸门孔口尺寸19m×23m，草街枢纽表孔弧门孔口尺寸16m×25.5m。天生桥一级水电站放空洞工作弧形闸门采用突扩突跌门槽冲压式水封，孔口尺寸6.4m×7.5m，设计水头120m；小浪底水利枢纽孔板洞工作闸门采用突扩突跌门槽偏心铰弧门，孔口尺寸4.8m×5.4m，设计水头139.4m；小湾水电站的链轮闸门孔口尺寸5m×12m，挡水水头160m，目前已完成模型试验。

（3）水口水电站2×500t级全平衡卷扬提升式垂直升船机已经通过国家验收，投入正式运行；最大提升高度59m，最大提升荷载5500t，为目前国内最大的升船机。三峡工程3000t级齿轮齿条爬升式垂直升船机，提升高度达113m，最大提升荷载15500t，是世界上最大的升船机，正在设计阶段，即将投入兴建。

（4）三峡工程双线五级船闸，闸室有效尺寸280m×34m×5m（长×宽×槛上最小水深），总水级差113m。年单向通过能力约为5000万t，可通行万吨级船队。人字工作闸门最大门高38.5m，设计水头36.75m，单扇门叶宽度20.2m，运行淹没水深36m。采用卧式液压启闭机，启闭容量2800kN/2100kN。输水廊道反向弧门孔口尺寸4.2m×4.5m，工作水头45.2m，这些金属结构设备均为世界之最。

（二）金属结构专业的发展趋势

目前我国的水电工程建设正处于高峰期，随着一大批大型骨干水电工程的兴建，金属结构设备也向高水头、大孔口方向发展，启闭机的容量越来越大、扬程（行程）越来越高（长）。今后金属结构的重点和难点将主要集中在以下几方面：

1. 多支臂弧形闸门的设计　我国已经设计了300m级的挡水坝，随之而来的是闸门孔口尺寸的增大和设计水头的提高。国内几个潜孔超大型弧形闸门的孔口尺寸、设计水头及总水压力见表1。

表1　国内几个潜孔超大型弧门的孔口尺寸及水头

序号	工程名称	弧门安装位置	孔口尺寸—水头(m)	总水压力(kN)	备　注
1	小湾	坝身底孔	5×7—160	108500	
2	小湾	泄洪洞	13×13.5—48	95500	
3	溪洛渡	泄洪洞	14×12—65	145838	考虑了1.1的动载系数和6.5%的地震荷载系数
4	白鹤滩	泄洪洞	14×11.3—70	155000	考虑了动载系数和地震荷载系数

从表1可以看出，闸门的总水压力已经超过150000kN。从金属结构专业角度考虑，孔口尺寸的加大、设计水头的提高，意味着总水压力的加大，闸门的变形问题将最终影响到水封型式的选择，甚至影响到封水效果。在高水头压力的作用下，闸门将达到近30mm的变形，如何减小变形将是今后研究的主要课题。对于大孔口高水头的弧形闸门，国外曾采用3支臂或4支臂，以减小弧形闸门的变形，比如巴基斯坦的曼格拉水电站工程，就采用了4支臂。多支臂弧形闸门在我国还是一项空白，将是今后的研究发展方向。

2. 多种型式升船机　升船机的型式多种多样，有垂直式、斜面式。垂直升船机又分钢丝绳卷扬式、齿轮齿条爬升式、水力驱动式等。我国已经投入运行的岩滩、水口、高坝洲、隔河岩等工程升船机均为钢丝绳卷扬式。三峡工程升船机为齿轮齿条爬升式，景洪水电站升船机为水力驱动式，目前均在设计阶段。经过十几年的探索、试验和攻关，目前我国已能自主设计、制造、安装和调试钢丝绳卷扬提升式升船机。但对于水力驱动式和齿轮齿条爬升式升船机，无论是设计、还是制造、安装及调试等均缺乏经验。随着各种型式的升船机在工程中的广泛应用，还需进一步进行科学研究工作。

3. 高水头闸门及其水封型式、材质的研究　闸门孔口尺寸及设计水头的提高，对闸门的结构型式、水封型式及其材质提出了更高的要求。目前闸门的最高挡水水头已达到160m，实际工程中曾经设想将闸门的挡水水头提高到200m水头段，但因该水头段闸门的水封型式、材质科研、试验工作开展较少，缺乏设计、运行经验而未能实现。未来将研究200m水头段的水封型式及水封材质，以适应越来越高的挡水水头的需要。

4. 大容量启闭机的研究　国内已投入运行的固定卷扬式启闭机和液压启闭机的容量均已达到8000kN，门式启闭机容量已达到5000kN。正在规划、设计的水电工程，如溪洛渡快速门液压启闭机容量为12000kN，其他工程中的固定卷扬式启闭机容量也已达到10000kN，门式启闭机容量达6000kN，均已达到世界水平。未来将对大容量卷扬式启闭机、液压启闭机和门式启闭机进一步开展试验研究工作。

5. 各种新型式闸门　近年来一些沿海城市、河口城市由于城市防洪及景观环境的需要，建设了一些新型式的闸门，如南京外秦淮河三汊河口闸采用了护镜门、上海市苏州河河口水闸采用100m跨度的翻板门等。随着城市建设的需要，这些考虑景观及使用功能的闸门会逐渐增多。

（水电水利规划设计总院　林朝晖　龚建新）

向家坝水电站金属结构设计

（一）工程概况

向家坝水电站金属结构包括厂坝金属结构和垂直升船机两大部分，厂坝金属结构布置在电站泄洪、冲排沙、引水发电、灌溉及施工导流等5大系统中，共有各种闸门（拦污栅）123扇，门槽（栅槽）155套，启闭机52台（套），总工程量约42200t；垂直升船机在上、下闸首和下游辅助闸首布置各种闸门、门槽及启闭机各7套，升船机主体设备布置在船厢室段，总工程量约18500t。

向家坝水电站金属结构总工程量大，其中泄洪系统表孔挡水工作闸门、导流封堵闸门、垂直升船机等单项设备规模十分庞大，具有相当的设计难度。

（二）导流封堵闸门设计

电站导流底孔共布置6孔，由于施工截流后要求下游不断流，因此导流底孔须分2个阶段下闸封堵，其中的5孔一次下闸封堵，留1孔继续向下游供水，待上游水位上升到泄洪中孔可过流并达到供水流量时再下闸封堵。特殊的下闸封堵方案导致施工导流系统的金属结构规模庞大，设计参数大大超出国内已建工程的水平，特别是第6孔封堵闸门最大操作水头高达

72.93m，最高挡水水头 97.00m。鉴于导流工程要求一次性下闸封堵成功，因此封堵闸门的设计应充分考虑在大流量、高流速情况下封堵时的意外所带来的工程风险。

1～5 号导流底孔每孔进口处设置 1 扇封堵闸门，孔口尺寸为 10.00m×14.00m，动水操作水头为 39.14m，最高挡水水头 97.00m。采用平面滑动闸门，上游面板，下游止水，利用水柱下门。操作启闭机采用固定卷扬机，由于孔口尺寸大，闸门动水操作水头高，考虑到下闸时可能遇到的意外情况，启闭机容量选择 2×8000kN，保证在封堵过程中能够实施动水提门。

6 号导流底孔最后实施封堵，为了降低操作风险，采用两道闸门联合完成封堵及挡水的方案，即在导流底孔进口和出口部位各设置一道闸门，出口闸门按工作闸门设计，承担封堵水头下的动水闭门，进口闸门按事故挡水闸门设计，承担最大挡水水头。封堵时，先操作出口工作闸门动水闭门，紧接着操作进口事故挡水闸门下闸封堵孔口，接替出口工作闸门进行挡水。当出口工作闸门一次下闸成功，进口事故挡水闸门即静水下闸，如遇意外情况工作闸门没有顺利封闭孔口，进口事故挡水闸门则按事故工况动水下闸。

6 号导流底孔出口工作闸门孔口尺寸为 10.00m×12.70m，动水操作水头为 69.57m，门型经过对弧形闸门、平面滑动、平面定轮和平面链轮的综合比选，采用平面定轮闸门，上游面板和止水，通过自重（加配重）下门。操作启闭机采用固定卷扬机，其容量按下闸水头下可动水启门，设计为 2×8000kN。

6 号导流底孔进口事故挡水闸门按下闸水头动水闭门和最高水头挡水设计，其孔口尺寸为 10.00m×14.00m。考虑出口工作门下闸后上游水位的上升，其动水闭门水头为 72.93m，最高挡水水头 97.00m。采用平面滑动闸门，上游面板，下游止水，利用水柱下门。操作启闭机为固定卷扬机，其启闭机容量按下闸水头闭门最大持住力设计为 2×4000kN。

（三）垂直升船机设计

垂直升船机布置于枢纽左岸，由上游引航道、上闸首、船厢室段、下闸首（包括辅助闸首）和下游引航道等五部分组成，全长约 1530m。升船机设计年货运量 112 万 t、客运 40 万人次，按Ⅳ级航道设计，通航规模 2×500t 级一顶二驳船队，船队最大尺寸 111.0m×10.8m×1.6m（长×宽×吃水深），最大提升高度 114.2m。

升船机是建设在高水头水电站上的通航建筑物，具有过船吨位大、提升高度大、上下游水位变幅（率）较大、地震烈度高等特点，其规模和技术复杂程度均超过了国内外已建升船机，安全可靠性作为机型选择的首要考虑因素，经过全面比选后采用全平衡齿轮爬升螺母柱保安式。

船厢室段结构和设备构成升船机的主体部分，主要包括船厢结构、船厢设备、平衡重系统、塔柱结构、顶部机房、电力拖动及控制系统等。

升船机船厢及设备连同厢内水总重约 7200t，由相同重量的平衡重完全平衡。船厢结构采用盛水结构与承载结构焊接为一体的自承载式，船厢驱动机构和安全机构对称布置在船厢两侧的 4 个侧翼结构上。船厢上还设有对接锁定装置、顶紧机构、横导向机构、纵导向机构、船厢门及其启闭机、钢丝绳防撞装置，以及电气传动及控制、消防、疏散、照明、暖通等船厢正常运行和事故保安所必需的设备。

平衡重系统由钢丝绳、平衡滑轮、平衡重组、平衡链等组成。对称布置在船厢两侧，平衡重总重量与船厢及设备连同厢内水总重相等。因钢丝绳长度变化造成的不平衡载荷通过平衡链予以补偿。

升船机在下游对接时，操作复杂，时间较长，电站下游较大的水位变率将影响到升船机对接运行时的安全，特别是承船厢中船舶的安全。为保证升船机在下游水位变率较大工况下的安全、连续运行，在下闸首下游设置辅助闸首和辅助工作闸门，使得在下闸首工作闸门和辅助工作闸门之间形成一个辅助闸室，将下游水流挡在辅助工作闸门之外。

升船机目前正在进行设计研究，鉴于升船机规模大，运行条件复杂，国内尚无齿轮爬升螺母柱保安式升船机的建设经验，需要重点研究解决驱动机构及安全机构型式、承船厢结构型式、船厢对接锁定及顶紧机构型式、设备和结构抗震等关键技术问题。

（中国水电顾问集团中南勘测设计研究院　黄文利）

光照水电站金属结构设计

（一）工程概况

光照水电站永久金属结构工程按水工枢纽布置分为引水发电、泄洪两大系统。引水发电系统包括 14 扇拦污栅、14 道栅槽、6 扇进水口叠梁闸门、6 道进水口叠梁门槽、2 扇进水口检修闸门、2 道进水口检修门槽、4 扇调压井事故检修闸门、4 道调压井事故检修门槽、4 扇尾水检修闸门、8 道尾水检修门槽及相应的启闭设备（2 台 2×630kN 清污门式启闭机、1 台 2×320kN 进水口门式启闭机、2 台 2×1250kN 固定式卷扬机、4 台 3200kN 固定式卷扬机、1 台 2×630kN 尾水门式启闭机）。泄洪系统包括：1 扇底孔检修闸门、1 道底孔检修门槽、1 扇底孔事故检修闸门、1道底孔事故检修门槽、1扇底孔弧形工作闸门、1道底孔弧形工作闸门槽、1扇溢流坝检修闸门、3道溢流坝检修门槽、3扇溢流坝弧形工作闸门、3道溢流坝弧形工作闸门槽以及相应的启闭设备（1台1250kN固定式卷扬机、1台2500kN固定式卷扬机、1台2×800kN溢流坝门式启闭机、1台3600/630kN液压启闭机、3台2×5000kN液压启闭机）。临时设施有导流洞封堵闸门1扇及相应的启闭设备（1台2×3200kN固定式卷扬机）。

（二）引水发电系统

1. 进水口拦污栅及启闭设备　拦污栅设置在引水发电洞进口处，为平面直立结构。孔口数量14孔，孔口尺寸3.5m×76.5m，底槛高程670.00m，设置一道栅槽，拦污栅数量14扇。拦污栅分为26节，节间连接采用销轴连接，改性MC滑道支承，荷载按4m水压差计算。计算启闭力时，考虑污物重量5t、动水起吊时的水压差1m。平时清污采用2台2×630kN双向清污门机的清污抓斗清污，当水压差大于1m时报警清污。双向清污门机，轨上/轨下扬程5.5m/80.5m，轨距4.5m，机械清污，清污平台高程750.50m。

2. 进水口叠梁闸门及启闭设备　为实施分层取水，在进水口前拦污栅后面设置了一道叠梁闸门，叠梁闸门为平板滑动形式，孔口数量6孔，孔口尺寸7.5m×60m，底槛高程670.00m，设计水头4m。闸门分为20节，不设止水，主支承采用滑道支承，材料为改性MC，摩擦系数取0.13。工作条件为静水启闭，启闭机平台高程750.50m，计算启门力时考虑4m的水压差，启闭设备为1台2×320kN进水口双向门机，吊点距4.05m，轨上/轨下扬程6/80m，未使用的闸门存放在门库。

3. 进水口检修闸门及启闭设备　在进水口前叠梁门后面设置了一道检修闸门，检修闸门为平板滑动形式，孔口数量2孔，孔口尺寸8.0m×10.4m，底槛高程670.00m，设计水头77m。闸门分为4节，下游止水，主支承采用滑道支承，材料为NL150，摩擦系数取0.13。工作条件为静水启闭，利用闸门上设的充水阀充水平压。检修平台高程745.50m，启闭机平台高程763.50m，计算启门力时考虑2m的水压差，启闭设备为2×1250kN固定式卷扬机，吊点距5.972m，扬程77m，启闭机检修使用临时起吊设备，通过室顶预埋的吊钩进行。

4. 调压井事故检修闸门及启闭设备　在调压井处设置了一道事故检修闸门，事故检修闸门为平板滑动形式，孔口数量4孔，孔口尺寸4.5m×6.7m，底槛高程666.90m，设计水头100.5m。闸门分为2节，下游止水，主支承采用滑道支承，材料为NL150，摩擦系数取0.13。工作条件为利用部分水柱动水下门，静水启门，利用闸门上设的充水阀充水平压。检修平台高程780.30m，启闭机平台高程793.30m，计算启门力时考虑2m的水压差，启闭设备为3200kN固定式卷扬机，扬程114m，启闭机检修使用临时起吊设备，通过室顶预埋的吊钩进行。

5. 尾水检修闸门及启闭设备　尾水检修闸门设置在尾水管出口处，孔口数量8孔，闸门数量4扇，孔口尺寸6.60m×6.83m，底槛高程562.60m，设计水头43.75m。检修闸门为平板滑动形式。闸门分为3节，下游止水。主支承采用滑道支承，材料为HIV，摩擦系数取0.13。工作条件为静水启闭，利用旁通管充水平压。检修平台高程597.00m，启闭机平台高程608.65m，计算启门力时考虑2m的水压差，启闭设备为2×630kN尾水门机，轨上/轨下扬程8.5m/47m，吊点距4.76m。

（三）泄洪系统闸门及启闭设备

1. 放空底孔检修闸门及启闭设备　在放空底孔进口设置了一道检修闸门，检修闸门为平板滑动形式，孔口数量1孔，孔口尺寸4.0m×6.5m，底槛高程640.00m，设计水头107.07m。闸门分为2节，上游止水，主支承采用滑道支承，材料为NL150，摩擦系数取0.13。工作条件为静水启闭，利用闸门上设的充水阀充水平压。检修平台高程745.50m，启闭机平台高程762.50m，计算启门力时考虑2m的水压差，启闭设备为1250kN固定式卷扬机，扬程107m，启闭机检修使用临时起吊设备，通过室顶预埋的吊钩进行。

2. 放空底孔事故检修闸门及启闭设备　在放空底孔进口设置了一道检修闸门，检修闸门为平板定轮形式，孔口数量1孔，孔口尺寸4.0m×6.5m，底槛高程640.00m，设计水头107.07m。闸门分为2节，上游止水，主支承采用定轮支承，定轮直径1.2m，材料为ZG35CrMo。工作条件为利用加重块动水下门，静水启门，利用闸门上设的充水阀充水平压。检修平台高程745.50m，启闭机平台高程762.50m，计算启门力时考虑2m的水压差，启闭设备为2500kN固定式卷扬机，扬程107m，启闭机检修使用临时起吊设备，通过室顶预埋的吊钩进行。

3. 放空底孔弧形工作闸门及启闭设备　在放空底孔出口处设置了一道弧形工作闸门，弧形工作闸门为双主纵梁直支臂球铰形式，孔口数量1孔，孔口尺寸4m×6m，底槛高程640.00m，支铰高程648.50m，设计水头107.07m，闸门弧面半径10.5m，闸门分为2瓣，利用充压水封止水，支铰轴承采用德国DEVA生产的球面轴承，轴径为$\phi=$670mm，摩擦系数取0.14。工作条件为利用下压力动水下门，动水启门，启门水头85m。启闭机平台高程 658.70m，启闭设备为 3600/630kN 液压启闭机，行程 9m，启闭机检修使用临时起吊设备，通过室顶预埋的吊钩进行。

4. 溢流坝检修闸门及启闭设备　在溢流坝堰顶前设置了一道检修闸门，检修闸门为平板滑动形式，孔口数量 3 孔，孔口尺寸 16m×20m，底槛高程 724.86m，设计水头 20m。闸门由 4 叠相同的闸门组成，上游止水，主支承采用滑道支承，材料为 BJ，摩擦系数取 0.13。工作条件为静水启闭，小开度充水平压，启闭机平台高程 750.50m，计算启门力时考虑 4m 的水压差，启闭设备为 1 台 2×800kN 溢流坝单向门机，吊点距 11.268m，轨上/轨下扬程 6/26m，闸门平时存放在门库。

5. 溢流坝弧形工作闸门及启闭设备　在溢流坝堰顶后设置了一道弧形工作闸门，孔口尺寸（宽度）16m，设计水头 21m，底槛高程 724.84m，支铰高程 736.34m。闸门为斜支臂（三支臂）球铰弧形工作闸门，支铰轴承采用德国 DEVA 生产的球面轴承，轴径为 710mm，摩擦系数取 0.14。闸门弧面半径 22m，支铰离底槛高度 11.5m，闸门分为 7 节，三根主横梁，三根斜支臂。动载系数 1.2，由于三主梁为超静定，故按多跨超静定结构力学弯矩分配法计算。底、中主梁采用箱形结构，底、中支臂采用箱形结构，上支臂采用单腹板结构。工作条件为动水启闭，有局部开启要求。检修平台高程 745.50m，启闭机平台高程 750.50m，启闭设备为 2×5000kN 液压启闭机，行程 12.1m，吊点距 14.8m，一孔一机布置。启闭机检修使用溢流坝单向门机的回转起重机起吊。

（四）施工导流系统闸门及启闭设备

导流洞进口设置一道封堵闸门，孔口数量 1 孔，闸门数量 1 扇，孔口尺寸 11.5m×16.3m，底槛高程 583.00m，设计水头 109m。检修封堵闸门为平板滑动形式。闸门分为 8 节，下游止水，主支承采用滑道支承，材料为 HD-FZ8，摩擦系数取 0.13。底节主梁为箱形结构，其他主梁为单腹板结构。工作条件为动水启闭，启门水头 12.5m，闭门水头 11.6m。检修平台高程 604.00m，启闭机平台高程 627.00m，启闭设备为 2×3200kN 固定式卷扬机，吊点距 8.32m，扬程 25m。

（中国水电顾问集团贵阳勘测设计研究院　杨清华　张爱萍）

喜河水电站超大型闸门安装组焊技术

（一）工程概况

喜河水电站位于陕西省安康市石泉县与汉阴县交界处，上、下游分别为已建成的石泉水电站和安康水电站，河道距离分别为 40km 和 145km。水库总库容为 2.99 亿 m^3，调节库容 0.22 亿 m^3，电站装机 3×60MW，多年平均年发电量为 4.878 亿 kW·h。其导流闸共三孔，闸门门叶高度 36.63m，宽度 9.7m，为整体焊接闸门（无节间止水），闸门总重为227t。

（二）闸门设计工况及结构参数

为达到电站早日投产发电的目的，设计了导流闸门临时挡水发电，待后期主体工程完工投入运行后，进行改造后用作进水口检修门、泄洪排沙中孔事故门和中孔事故门。为满足不同功用的使用要求，该闸门设计正背两面均有水封座板，闸门结构为整体焊接结构。门叶组焊后总高大于启闭机扬程，门叶不能启出孔口。

闸门制造厂家共分 13 个单节出厂，单节结构尺寸为 9750mm×3000mm×1500mm（长×宽×厚），要求安装现场组装焊接，成型后结构件整体尺寸为 9750mm×36630mm×1500mm（长×高×厚）。最大单件重 24.5t，总重量 227t。不论是从结构尺寸还是重量上都属于超大型平面结构闸门，据设计单位不完全统计属目前国内最大的平面滑动闸门。具体结构如图 1 所示。

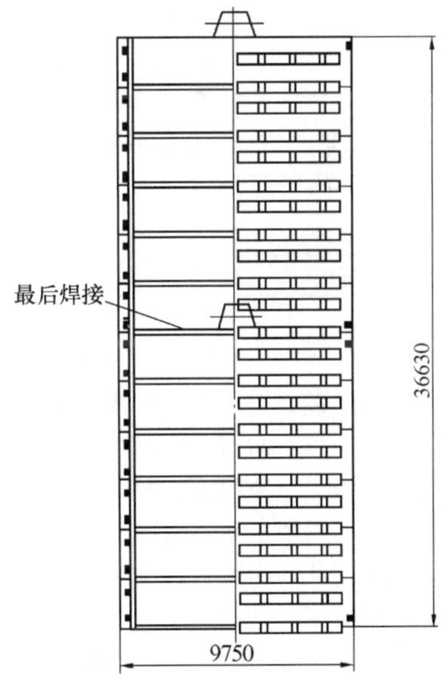

图 1　门叶结构图（单位：mm）

（三）主要技术方案

由于闸门尺寸大、重量重，施工场地及吊装能力有限，不可能在平地拼装，必须在孔口安装位置立体组装，合理的组装流程及吊装方案是一项技术难题。闸门为整体焊接件，焊接成型后无法处理变形（难以整体加工），且闸门正反两面都有水封座板及滑道支撑装置，因此，组装几何尺寸及焊接过程控制是又一技术难题。

1. 组装流程及吊装方案 鉴于吊装设备为坝顶双向门机，扬程不足以将整孔闸门吊出孔口，同时各单节门叶无吊耳，为此，确定门叶组装分两大段进行拼装，每大段组装顺序由上至下进行（见图2）。第1节先装上底水封，下段六节拼完后安装侧水封，在第六节上焊一个临时吊耳，采取从上向下的拼装顺序，即按6→5→4→3→2分别焊接节间焊缝；先在安装平台上将门6立放，焊接吊耳（载重120t），再将门5立在安装平台上，然后将门6重在门5上进行拼装，再立门4，将焊接好的5、6节门重在门4上，依次类推；这样既节省了大量临时吊耳的焊接工作量，同时避免了频繁更换钢丝绳和卸扣等环节，有效地保障工期进度的同时避免了各环节可能出现的安全隐患。用同样的方法安装上半段（顺序为12→11→10→9→8→7）。

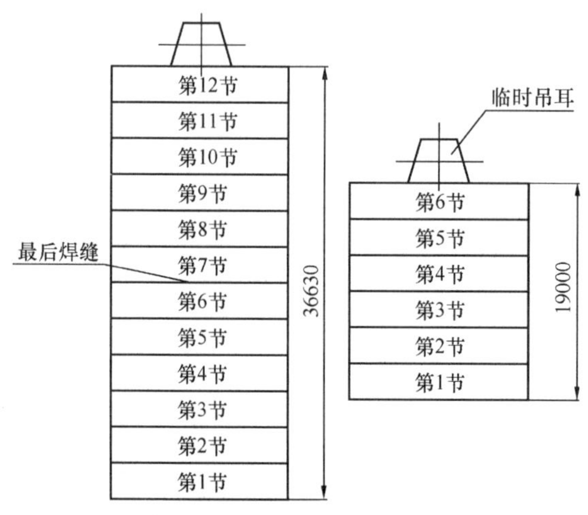

图2 门叶编号示意图（单位：mm）

门叶的整体组装，上、下两大段门叶各自组焊检查合格后，利用坝顶双向门式启闭机将下大段门叶吊至孔口锁定，再吊上大段在孔口竖立整体组装、焊接，检查合格后，组装水封等附件，闸门整体检查合格后，坝顶双向门式启闭机直接下闸。

实际实施过程中，为加快施工进度，利用储门槽增开了两个工作面，实现了三套导流闸门的同步施工，同时下闸。为电站提前发电提供了先决条件。

2. 焊接变形控制措施

（1）常用的焊接方法所产生变形的大小顺序依次为气焊、手工电弧焊、埋弧自动焊、气体保护焊。根据工地现场具体情况，适应于该工程的焊接方法有手工电弧焊和CO_2气体保护焊两种。该工程焊接采用CO_2气体保护焊，从根本上降低了焊接加热的不均匀程度进而降低焊接变形量。

（2）所有的焊接变形与焊接线能量密切相关。施焊前通过专项焊接工艺评定，制定了本工程的焊接工艺规范，最大限度地降低了焊接线能量的输入，减少了结构的焊接变形。

（3）按照先焊距构件形心轴近的焊缝，以便逐渐增加构件钢度，对构件变形影响最大的焊缝最后焊；当形心轴两侧有焊缝时，先焊焊缝较少侧；对大长度焊缝用断续焊代替连续焊；大结构件对称焊接等手段可大大降低焊接变形。本闸门的焊接程序如下：第一步，纵梁（隔板）对接缝，由形心轴位置为界朝两侧对称施焊；第二步，后翼缘板焊接，先闸门边梁后翼缘焊接再其他纵梁翼缘完成打底定位焊；第三步，面板焊缝，断续焊焊接打底；第四步，同时完成面板及后翼缘的所有焊缝。

（四）实际施工监测数据及效果

实际实施过程中，我们对闸门安装的各个阶段实行分工序检查控制，特别是焊接过程进行了实时监控，从而保证了本闸门的优质按期完工。三套导流洞闸门施工总工期仅为22天，相对合同工期提前38天完工，施工质量被监理工程师评定为优良。

（五）结束语

该工程导流孔闸门，据不完全统计属国内最高的平面滑道闸门，整套闸门无节间止水装置的整体焊接结构更属首次遇到，且受启闭机扬程限制门叶组焊后无法吊出孔口。这就要求安装质量必须一次性合格，其施工质量（特别是焊接变形控制）是建设各方最关心的问题，为此，研究制定了一系列专控措施，并在实际施工中做到了较好的监测控制，3套闸门焊接变形控制在规范要求范围之内，闸门施工质量一次性验收合格，施工质量得到监理单位认可被评为优良工程。

（中国水利水电第十工程局 张世平）

水布垭水电站放空洞事故检修门设计

（一）概况

湖北清江水布垭水电站放空洞事故检修门孔口尺寸5m×11m（宽×高），设计挡水水头152.2m，动水操作水头110m。闸门型式为平面多滚轮闸门，最大轮压5400kN，闸门由3600kN固定卷扬机操作，动水闭门，平压开启。其设计水头、操作水头、轮压等技术指标目前居于国内同类闸门之首。经过对闸门的滚轮、水封及埋件等关键技术进行研究后完成施工设计，目前已投入运行。

（二）闸门布置及结构设计

闸门结构型式为平面多滚轮闸门，闸门每侧边梁布置 11 个简支滚轮，其中上下为 ϕ700 滚轮，中间为 ϕ1000 滚轮。闸门面板及止水均布置在上游面，闸门顶设置吊头及平压阀。

闸门为焊接结构，门叶主横梁为焊接组合工字梁，纵隔板为实腹 T 型焊接结。门体分四个制造运输单元，节间采用高强螺栓并配以铰制孔螺栓连接；结合端面及两侧止水端面均机加工，面板要求水密焊。为消除焊接变形，减小焊缝残余应力，门叶采取了分节整体退火处理。

由于该闸门旁通阀布置困难，因此采用闸门顶部设置盖板式平压阀充水平压方案。

（三）滚轮设计

支承型式的选择是该闸门设计中的关键技术问题。在设计过程中，先后比较了链轮及滚轮等两种支承型式。由于滚轮支承的摩阻力稳定适中，承载力大，其关键技术是材料选择及制造工艺技术，经过综合分析比较选定简支式滚轮支承，滚轮轴承采用调心滚子轴承。

滚轮设计轮径 1000mm，踏面宽 300mm，材料采用 35CrMo 锻钢，调质处理，$\sigma_s=745N/mm^2$；轨道材料采用 ZG42CrMo 铸钢，调质处理，$\sigma_s=590N/mm^2$。轮压试验表明，滚轮与轨道的接触强度是安全可靠的。

滚轮及轨道表面硬度值，考虑轨道处于水下工作检修困难，设计时轨道表面硬度比滚轮稍高，滚轮表面硬度取 HB270～300，轨道表面硬度取 HB300～350，设计淬硬层深度 15mm，试验表明此硬度的匹配是合适的。

（四）水封设计

闸门水封型式，经综合比较分析，采用库水压山型伸缩式水封止水方案，水封材质及型式经试验，确定采用 LD-19 橡塑复合水封。

（五）埋件设计

由于事故检修门操作水头高达 110m，在水工模型实验的基础上，门槽体型选择了规范所规定的Ⅱ型门槽。为改善水流流态，在下游门楣处增设半径 R500 的弧形钢衬。

由于轨道要求有表硬里韧的性能，设计中将常规的整体铸钢件分两部分，采用锻钢 42CrMo 主轨承压板和 ZG270-500 轨道螺栓连接组合结构型式，这种结构有效防止了整体铸钢件铸造过程中因各种铸造缺陷影响铸造质量而导致铸件的报废；另一方面，这种组合轨道同常规的整体 ZG42CrMo 轨道相比，制造成本也大大降低。

为保证底槛的混凝土浇筑密实，采取了倒浇混凝土的方式；即在底槛钢衬制造好后即浇混凝土然后再整体吊装。底槛钢衬间的封板在焊接好后要求进行灌浆，并用螺钉封孔后堆焊磨平。同时钢衬过流面钢板采用复合钢板以提高抗冲耐磨性。由于轮压较大，为提高混凝土的承压强度，孔口段二期混凝土采用了 C35 钢纤维混凝土。

（六）结束语

国内同类闸门的大量试验研究和运行实践都为水布垭放空洞事故检修门在设计、制造、安装及运行等方面提供了宝贵经验，为水布垭放空洞事故检修门设计打下了良好的基础。为保证闸门运行安全可靠，其关键部位如滚轮、轨道、水封等设计均建立在试验与理论分析相结合的基础上。目前，放空洞事故检修门已通过竣工验收，投入运行。

（长江勘测规划设计研究院　汪鲁明　钱军祥）

上海市苏州河河口水闸设计

（一）工程概况

苏州河河口水闸位于上海市苏州河河口，外滩风貌保护区，毗邻外白渡桥、俄罗斯领事馆、上海大厦、人民英雄纪念塔等历史著名建筑，是上海市苏州河综合整治二期工程的标志性项目。

1991 年上海市在苏州河河口外白渡桥与乍浦路桥之间已建有吴淞路闸桥，但随着海平面上升、太湖流域及长江口水情变化及上海城市发展的要求，无法满足黄浦江现行千年一遇高潮位 6.26m 挡潮标准的要求，这将直接威胁到苏州河两岸数百万人民的生命和财产安全。另外，现有闸桥难以与周边环境相协调。因此，上海市政府决定拆除吴淞路闸桥，另建苏州河河口水闸。并要求河口水闸具有如下功能：①防御黄浦江苏州河口千年一遇的潮位；②能双向挡水、灵活启闭；③总体布置与周围环境相协调。同时要求施工期苏州河不断流、不断航。

（二）总体方案

水闸闸址中心线距外白渡桥约 80m；闸孔净宽 100m，与河口同宽；闸底槛高程－1.5m；闸门顶高程 6.26m；闸门尺度 100.00m×9.76m；底轴直径 2000mm；启闭设备为 2 台 2×6300kN 液压启闭机。

水闸采用 100.00m×7.76m 翻板闸门作为挡水结构，其门叶由底轴直接驱动旋转，转角范围 0°～90°，全关时，门叶呈铅垂状，全开时，门叶向外江侧卧倒呈水平状。闸室底板上设有一排冲淤孔，采用高压水泵进行冲淤。闸门底轴在净宽 100.00m 的范围内共设 10 个支点，用以承受闸门的径向荷载，侧水封为插拔式具自动补偿功能的双向止水装置，启闭设备布置在左右两岸机房内。

由于翻板闸门具有良好的调节水位特性，正向挡水运行工况时，可以按季节由自动控制系统将苏州河水位维持在相对稳定的状态，同时，当上游有多余来水时，可利用门顶溢流，使苏州河水呈缓慢的单向动态流；反向挡水运行工况的操作可根据当日潮汛、潮位预报，在外江水位超过翻板闸门门顶实际高程时，根据苏州河是否需要蓄潮以抬高水位的情况确定闸门关闭的时间及是否关闭。

全部设备布置在水面或地面以下，对原有景观、风貌不产生负面影响。闸门水下部分按 30 年免维修设计，减轻了运行管理的工作量。闸门全开时门叶与河床底面齐平，对航运不产生任何影响。

（三）设计特点

1. 底轴驱动的翻板闸门　水闸采用一扇单孔净宽 100m 的翻板闸门作为挡水结构，防御千年一遇的高潮，在国内和国际尚属首例。门叶采用纵向悬臂梁结构，由底轴旋转直接驱动。闸门孔口的宽度不受梁高的制约，单扇闸门的宽度可达百米。该门型的研究成果是对挡水闸门设计的一种突破，已获国家实用新型专利（专利号 ZL 02 2 54314.7）。翻板闸门由门叶、底轴、支承装置、水封等组成。闸门所有零部件及构件均在制造厂内制造，闸门闸孔部分的底轴、门叶、支承装置、水封在水闸预制钢筋混凝土底板的预制场所内进行安装、试验，安装、调试完成后，随底板一起浮运至水闸现场沉放就位。其余部分在水闸现场进行安装，采用临时钢围堰法施工。

2. 液压启闭机的同步控制　苏州河河口水闸液压启闭机四套油缸分别布置在水闸南北两岸机房内，相距约 107m，且水上无任何建筑物连接，因此，无法用同一油源通过液压管路的连接和布置实现液压同步。在经过多方论证和方案比选后，最终采用两岸独立设置油源，利用液压缸行程的电气检测信号，实施闭环电液比例同步纠偏调节方式实现两岸液压启闭机同步运行。启闭机设计同步精度为 10mm，实际控制结果为 6mm。

3. 水上安全设施　河口水闸位于黄埔江陆家嘴水域，船舶通航密集，水情比较复杂，为防止水上船只误入或失控撞击闸门，确保水闸安全，在水闸外侧设置一道水上安全设施。该设施是一种能够对水上大型建（构）筑物以及水上设施（防护范围可超过 100.0m）进行安全防护、同时又保持原有航道畅通的设施。设施主要由可随水位上下浮动的浮箱、安装在浮箱内用于收紧和释放拦阻索并提供恒张力的驱动装置、可拉出和沉入水面的拦阻索、可分段逐级提供阻力的牵引锚链及其他附件等组成。

（四）主要技术研究和科学试验

专题技术研究包括：①苏州河河口水闸门型及主体结构方案研究；②苏州河河口水闸翻板闸门及底轴结构形式研究；③苏州河河口水闸闸门结构振动及补排气措施研究；④苏州河河口水闸金属结构制造、安装问题研究；⑤苏州河河口水闸液压启闭机同步方案研究；⑥水下金属结构长效防腐问题研究；⑦苏州河河口水闸翻板闸门底轴支承结构及材料研究。

物理、数学模型试验包括：《苏州河河口水闸金属结构整体数学模型有限元计算》（南京水利科学研究院）；《苏州河河口水闸整体三维有限元结构分析》（河海大学）；《上海苏州河水闸翻板门结构模型试验研究》（浙江大学）。

（五）结束语

水闸于 2006 年 5 月正式投入运行，工程建成后苏州河的防御水平达到新的千年一遇标准，确保苏州河两岸数百万人民的生命、财产安全，提高上海市中心城区的城市防御能力；工程的实施使苏州河东引西排和西引北排综合调水成为现实，有效改善了苏州河及其下游支流水质，同时能够按需要维持一定的苏州河水位以满足城市景观和两岸亲水要求，并在一定的时段内通过门顶溢流在苏州河上产生一个人工瀑布的景观，环境效益十分巨大。

随着近年来世界气温变暖，海平面不断上升及各类灾难性气候的频发，给沿海城市和一些河口城市的城市防御体系带来了新的研究课题。根据国外发达国家的经验，在河口处设闸是一个行之有效的工程措施。该工程的建设实践可为同类工程的建设提供一个良好的借鉴实例。

（中国水电顾问集团华东勘测设计研究院　陈文伟）

南京外秦淮河三汊河口闸护镜门设计

（一）工程概况

三汊河口闸位于南京市外秦淮河入长江处、新三汊河大桥下游约 200m 处。该闸的功能是满足非汛期时蓄水、冲淤、换水、调节闸上（秦淮河侧）水位及汛期时参与行洪的要求。在非汛期时关闸蓄水，借此抬高和维持外秦淮河水位，并通过外来引调水对秦淮河进行冲洗，使河水流动起来；在汛期来临前则打开闸门放水，不影响秦淮河在汛期时的行洪。

（二）水闸的总体布置

三汊河口闸采用双孔护镜门方案。单孔闸门孔口净宽为 40.0m，两孔孔口净宽为 80.0m。

护镜门为半圆拱型结构，闸门高为 6.50m。闸门拱内圆半径为 21.2m，拱外圆半径为 22.8m。圆拱两端通过可绕水平轴转动的支铰支承在中墩和两侧闸墩上。闸门在挡水时为受压拱。

护镜门为双吊点，吊点距为42m。启闭机钢丝绳通过布置在圆拱形排架上的导向卷筒与闸门吊点相连。每个圆拱形排架上布置四个导向卷筒。护镜门采用2×1500kN盘香式启闭机操作。启闭机布置在圆拱形排架顶部的启闭机机房内。

为了满足护镜门在关闸挡水时能够调节闸上（秦淮河侧）水位在5.50～7.00m高程之间变化的要求，护镜门的顶部设有可垂直升降的活动小门叶。每扇护镜门在圆心角为120°的圆弧长度方向上设置六扇活动小门，每个活动小门宽约7.1m、高1.15m（挡水高度）。活动小门采用2×200kN倒挂式液压启闭机操作。

闸门在水平状态时挡水或门顶过流形成瀑布景观。开启闸门时，盘香式启闭机通过钢丝绳拉动闸门吊点，使闸门以铰轴为圆心向上转动，到达60°时停止并锁定，河道行洪过流。

（三）护镜门设计

1. 闸门结构设计　护镜门为圆拱形结构，沿门高设2根主梁，2根主梁构成密闭的箱型梁。上主梁以上、主梁翼缘及护镜门面板之间形成的空腔为活动小门的闸室，活动小门叶在闸室内可以上下升降。闸门门体上部人行通道的支撑圆立柱兼做活动门叶的支撑导向柱，方立柱作为活动小门的支撑门墩。闸门两侧设悬臂吊梁，作为闸门的启闭吊点。

闸门上的活动小门同样为圆拱形，每扇活动小闸门均可单独操作。活动小门的荷载通过沿圆周布置在大门体上的支承滑块和导向柱传递到大门体，安装在大门两支撑方立柱上的侧支承滑块兼做活动小门的侧止水。活动门叶的顶部设计成流线型的导流板，以利于挑流形成瀑布。

2. 闸门三铰拱结构　由于闸门跨度大，在保证闸门刚度、强度的前提下，减小闸门自重和降低闸门的启闭力是需要解决的关键问题。

在闸门设计中，把闸门的跨中部位设计成铰接结构，与闸门的两个铰接支承一起使闸门整体形成三铰拱结构，减小了闸门的断面尺寸，不仅降低了闸门的自重和闸门的启闭力，而且减少了闸门制造和安装误差及温度变化等对门体产生的影响。

闸门跨中部位的铰接形式采用了柔性铰的结构，即起铰接作用的闸门部位，其抗拉、抗压、抗剪能力满足要求，而截面尺寸远小于闸门其他部位的截面尺寸，从而使得该部位成为刚度较小的柔性结构。采用该结构，闸门的制造较简单，不存在安装问题，也不需要进行维护，闸门的外观比较整齐美观。

3. 闸门支铰　护镜门的主支承采用关节轴承。支铰结构的设计主要考虑保护关节轴承免于泥沙的进入。选择的双金属自润滑关节轴承具备较高的防腐能力，对有污染的河水有抗腐能力，同时再增设外层密封，防止水和泥沙的进入，防止润滑介质的流失，确保关节轴承的工作。支铰结构的设计除具有防泥沙的功能还有自动补偿磨损的功能以及适应关节轴承微摆动的功能。

4. 闸门止水　护镜门设底、侧止水。侧止水采用新型插拔式结构，由两种V型水封组合而成。在护镜门闸墩的侧墙上预留有燕尾形插槽，安装和检修时可将侧水封组件直接插入或拔出即可。底止水设计了新型的水封断面，即U型断面，并且在圆弧侧留有空腔，以进一步增强底水封的适应性。

（四）闸门操作设备

护镜门的操作设备采用2×1500kN盘香式启闭机。每台启闭机引出六根钢丝绳，钢丝绳通过布置在拱形排架上的四个导向卷筒后与闸门门体悬臂吊梁铰接。

启闭机的同步采用电气变频同步系统。通过安装在电动机上的测速仪，检测电动机的转速，当两个启闭机的电动机转速差超过设定值时，PLC控制变频器，使变频器变频改变电动机的频率，达到纠偏同步的目的。

护镜门门顶活动小门的操作设备采用液压启闭机，每扇小门布置两只油缸，两孔护镜门12扇小门共布置24只油缸。

（五）结束语

由于护镜门门型为拱型结构，因而具有结构轻巧，自重较轻，孔口跨度可以相对较大，制造相对简单，运行可靠，管理方便，且造型独特，视觉丰富，景色优美，具有较高的观赏性和新颖性。

护镜门门型在我国水利水电工程中尚无应用先例，目前该门型在国外也仅有几例。通过对护镜门的研究和设计应用，不仅填补了我国在该门型研究、设计、制造和应用的空白，而且改变了以往水利工程“傻、大、黑、粗”的形象，极大地提高了水利工程在城市水利的形象，为城市水利的建设拓宽了思路，提供了新的设计理念。三汊河口闸工程已成为南京市的标志性建筑物之一，成为国内独一无二的水闸建筑物。

（上海勘测设计研究院　张政伟　徐　平）

接力式液压启闭机

（一）概况

接力式液压启闭机是华东勘测设计研究院为解决水口水电站12孔溢洪道工作闸门启闭而开发的一种

新机型。此机型具有两大特点：①启吊点布置在弧门面板前沿，最大限度地利用了弧门的启闭力臂，使启闭容量比后拉式液压启闭机方案大为减小；②利用两组共4套液压缸交替接力持门，使液压缸行程基本与闸门高度无关。显而易见，此机型吸取了卷扬式启闭机和液压启闭机的优点，克服了大容量弧门卷扬机和大容量、长行程液压缸制造难度大、设备成本高的问题。国家专利局授予该机型实用新型专利。

接力式液压启闭机1986年开始进行模型试验，1990年完成设计，1992年陆续完成制造，并利用原型机的液压缸、液压控制系统、电气控制屏，配相应的模拟闸门进行了出厂前的整机联动试验。1994年汛期，12台启闭机全部投入正常运行；当年12孔弧形闸门共启闭达405次；1998年6月，闽江遭遇百年一遇洪水，泄放的最大洪水流量达35000m³/s。

由于汛期水口库面污物较多，影响挂钩可靠性，且液压元件质量不尽如人意。1997年进行了完善化设计，1998年改造完成，1999年通过枢纽安全鉴定，至2006年已安全运行7年，2005年完成了远方集中控制设计及设备改造，逐步实现福州调度中心控制。

（二）技术参数

水口水电站设有12孔溢洪道，孔口宽15.0m，高22.3m，采用露顶式弧形闸门挡水，弧门面板外半径25.0m，支铰高程54.0m，堰顶高程43.0m。根据弧门最大启门阻力矩和接力式液压启闭机的布置方案，确定设备的主要技术参数如下：

最大启门力	2×1400kN
闭门力	可依靠闸门自重关闭
液压缸行程	2.67m
闸门全开所需行程	2.67m×7
液压缸内径	340mm
活塞杆直径	140mm
杆腔计算压力	18.6MPa
启/闭速度	0.66m/min
整机自重	355t/12台

（三）工作原理

如图1所示，接力式液压启闭机有4套主液压缸铰支于闸门上部的启闭机机架上，控制吊钩的4套副缸固定在主液压缸的下部，闸门面板上对应地设有4排吊轴及导轨。1号与2号液压缸，3号和4号液压缸各为一组接力缸，每组接力缸对应弧门上的一个吊点，两组液压缸即可同步启闭双吊点弧形闸门。

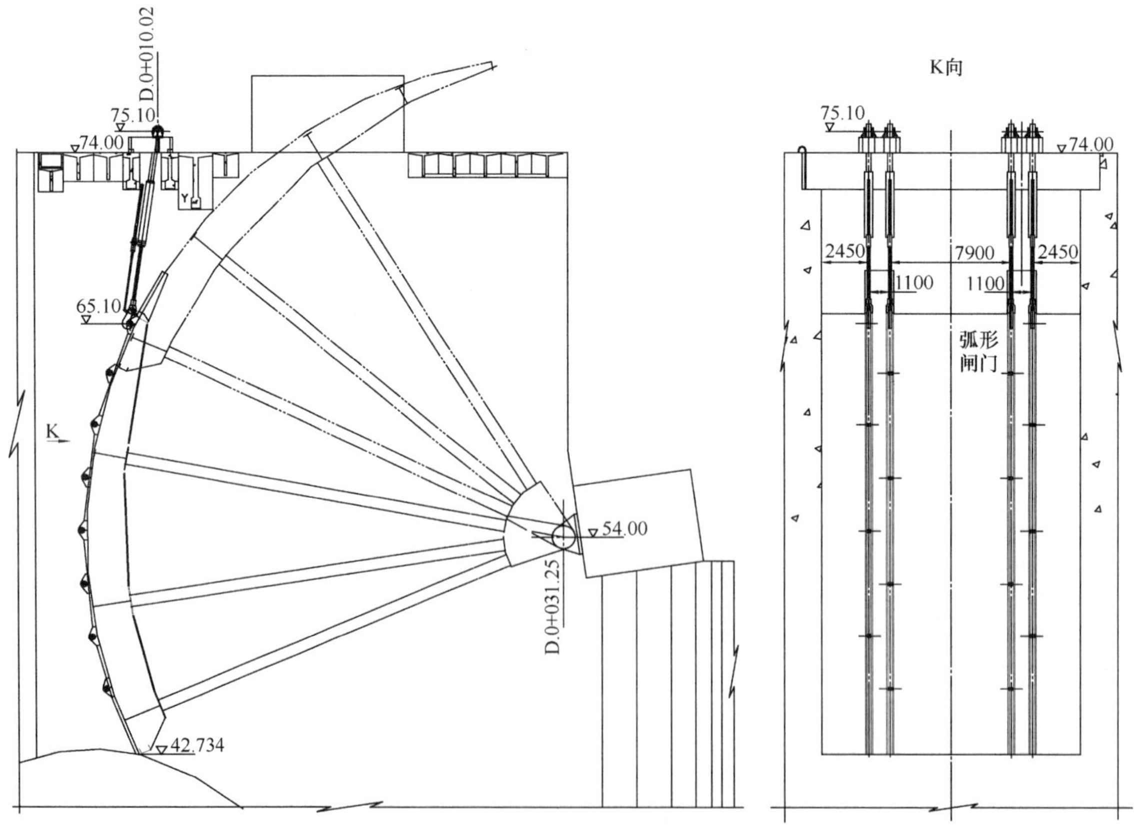

图1 接力式液压启闭机工作原理图

启门时，若1号、4号液压缸吊钩提升闸门，则2号、3号液压缸吊钩会同时空载下降，当1号、4号缸吊钩上行至上限位置时，2号、3号缸吊钩则同时越过闸门上的下一档吊轴到达下限位置。4只缸均到位后，到位信号指示液压控制系统换向动作，使2号、3号缸吊钩空载上行，同时，1号、4号缸吊钩持门下降，经过一段短小的接力行程，支承闸门的力逐渐由1号、4号缸转移至2号、3号缸，继而由2号、3号缸提升闸门……，如此往复交替运行，至闸门开至所需开度。

闭门时，动作程序相反，若2号、3号缸空载上行，则1号、4号缸持门下降，直至2号、3号缸吊钩持住闸门，使1号、4号缸卸载，2号、3号缸持住弧门后，在交接行程里稍作提升，接着，各液压缸的到位信号首先指示1号、4号副缸动作，使已卸载的1号、4号缸脱钩，然后作换向动作，使1号、4号缸空载上行，2号、3号缸同时持门下降……，如此往复交替运行，直至闸门关至所需要的开度。

由于闸门启闭过程中，由1号、4号缸和2号、3号缸交替接力持门，因此，每个液压缸的行程大小与闸门的最大开启高度无关，只与交接次数多少有关。所以，对本机型而言，液压缸行程可以大为减小，实现了以短代长的目的。

（四）液压系统设计

1. 同步问题　接力式液压启闭机需满足两方面的同步要求。

(1) 同一吊点相互接力的两只液压缸间的反向同步，即当一只液压缸的活塞到达液压缸顶部（上限）时，另一只液压缸的活塞应基本同时到达液压缸底部（下限），以保证挂、脱钩动作的准确、协调和可靠性。系统中采用将同组液压缸无杆腔串连的方法，从理论上保证其反向同步。考虑到液压缸和液压系统不可避免地存在着内、外泄漏，液压系统为每组液压缸上腔设置了补、排油换向阀，启闭运行时，配合每只液压缸上设置的上、下行程开关，使液压缸在每一行程结束时，都能消除可能出现的同步误差。假如由于泄漏，导致无杆腔油量减少，在上行液压缸的活塞到达上限位置时，下行液压缸的活塞将不能到达下限位置，该点行程开关不能给出到位信号，补油换向阀动作，向下行缸上腔补油，直至压力油把下行液压缸活塞推到下限位置，该点行程开关给出到位信号，系统发下一循环动作的指令……；相反，假如由于活塞密封泄漏，导致持门缸下沉，此时，如继续启闭操作，上行液压缸的活塞未到达上限位置时，下行液压缸的活塞将先到达下限位置，因此，系统也将得不到换向指令，直至排油换向阀动作，将上腔多余的油量排回油箱，使上行液压缸的活塞到达上限位置，该点行程开关给出到位信号，系统发下一循环动作的指令……

(2) 两吊点间的同步，由于采用了短行程液压缸，加之弧形闸门本身具有一定的刚度，侧向设有导轮，使双吊点的同步问题相对简单。系统在主供油回路中采用具有温度和压力补偿，性能良好的流量控制阀，并采取了对称布置管路的措施，经过精心调试，双吊点能达到很好的同步；加上在解决同吊点液压缸反向同步时，使每一循环动作的同步误差得以消除，因此，在闸门整个开启过程中，不会有同步积累误差。

2. 接力过程的平稳性问题　无论是在启门工况还是闭门工况，接力过程中，荷载始终是从1只液压缸转移到另1只液压缸，两接力缸的动作方向相反，相对速度为两者速度之和。本机上行的速度由泵组输出流量决定，其值为0.66m/min，为使下降缸的速度也处于控制中，以保证接力过程闸门荷载不脱离支承，在每只液压缸杆腔出口处设置的流量控制阀同时兼作背压阀用于支承闸门的重量。实际运行表明：经流量控制阀限速后，其产生的背压足以确保接力过程基本平稳，无明显冲击现象。

（五）主缸与副缸的配合关系

接力式液压启闭机有4只主液压缸，4只副液压缸，副缸是专为控制主缸吊钩而设的。为了减少控制环节，副缸通过对拉杆控制实现对吊钩的控制，拉杆设计成随动式，随着主缸活塞杆的伸缩而伸缩。当主缸活塞行至下限位置时，副缸的拉杆也随着全部伸出，此时，闸门荷载已不在该主缸上，系统若往副缸供油，副缸活塞杆上行即可推动拉杆上移，使空载吊钩张开；若主缸活塞未到达下限，即副缸拉杆未全部伸出，则即使向副缸内供油，也不会将力传到吊钩上，从而保证吊钩与闸门吊轴间的连接是可靠的。

由于主副缸的随动性，副缸的行程应与主缸行程相匹配，并留有一定的调节环节。本机在副缸支承处及吊头处留有一定的调节余量，主缸、副缸、拉杆的相对位置必须在制造厂内预先调节好。为减小调节难度，应使副缸、拉杆的伸缩长度有比主缸行程大60～80mm的余量。

（六）闸门与启闭机的配合关系

对应于4只主液压缸，在弧门面板上设有4排吊耳板及导轨，但4只主缸吊钩与闸门的连接是相对自由的，这就给本机带来了比一般启闭机与闸门间更难处理的配合关系。考虑闸门的制造、安装精度不能过高，因此，在启闭机上采取了以下一些措施：①液压缸的活塞行程留有足够的余量，并设有调节环节，以适应弧门上吊轴间距的误差及闸门、启闭机安装高程的误差；②液压缸的上支点采用球面辊子轴承支承，以适应闸门上导轨一定范围内的不直度误差，及启闭机与闸门吊点中心线的微小偏移；③液压缸吊钩设有导向装置，以保证吊钩在导轨槽内行走，并能可靠地越过吊轴耳板准确地钩住吊轴；④在闸门上设置了刚度较大的侧向导轮，限制弧门的侧向晃动。从现场调试的情况分析，设于弧门面板上的导轨的表面应进行机械加工，导轨顶部高差应≤3mm；使吊钩叉在导轨上的行走更为平稳，从而增加吊钩钩住吊轴的准确性。

（七）防止污物影响挂钩可靠性的措施

由于接力式液压启闭机在启闭过程中，有多次挂脱钩动作，要保证本机安全运行，挂钩点周围的防污是十分必要的。

首先，将闸门上第一个吊点设在水库正常蓄水位65m以上，同时，由于闸门全关状态时，始终有两只液压缸的吊钩持住吊轴，因此，开启闸门的第一轮操作实际上不会受污物的影响。第一轮操作完成后，闸门开度约2.524m，此时，门前水面将出现跌落，漂浮物将随水位的下降而下降，并且由于弧门前有一道检修门槽，弧门局部开启时，门槽形成的立轴旋涡对漂浮物有吸离弧门面板的作用。事实上，按水口水电站水库的调洪要求，受汛期限制水位控制，溢洪道弧门实际最高操作洪水位为61.39m，而液压缸吊钩中心下限高程为65.043m，因此，开启操作时，挂钩交替接力点比水面高得多。

其次，设计使液压缸轴线在挂钩时倾向下游，吊钩与缸体自重的水平分力指向弧门面板，只要吊轴上面无滞留有阻止吊钩下伸的污物，则挂钩的可靠性就能得到保证。为此，在闸门结构设计时，在吊轴上方的吊耳板间加设一块防污板，使污物不能滞留在轴上方。多年汛期的运行情况表明，上述措施是有效可行的。

（八）结束语

接力式液压启闭机通过多次技术改造，在水口水电站已成功运行近20年，曾经历了1998年宣泄百年一遇洪水的考验，取得了大量设计、制造、安装及运行方面的经验，其技术已基本成熟。由于它具有“以短代长”的特点，降低了设备的制造、安装及维修难度，减小了设备自重，比后拉式液压启闭机减少约30%以上，降低了造价和制造、安装难度。这一新机型对解决水电工程大型闸门的启闭问题，尤其是孔口高度特别大的闸门的启闭，具有开创性意义。

（中国水电顾问集团华东勘测设计研究院　金晓华　汪云祥）

三峡水电站厂内起重设备选型设计及关键技术

（一）概况

三峡水电站单机容量巨大，单台机组重量达6600多t，最重件为发电机转子，起吊总重量约为2200t（包括吊具重量和平衡梁重量）。单件重量大于600t的有2件（发电机转子和定子），100～600t之间的部件有7件（转轮、主轴、顶盖、下机架、上机架、转子中心体、主变压器），其他单件重量均在125t以下，每台机组需通过主厂房内起重设备起吊的总重量约为6800t（包括辅助设备、电气设备、专用工具等部件重量）。

三峡水电站机组及机电设备安装强度大，计划年装机4～5台。左岸14台机组由两大集团供货，右岸12台机组由3家制造商供货，左、右岸设备均由3个安装承包商安装，安装作业时相互干扰较大，厂内起重设备的设置将直接影响工程总工期目标的实现。

（二）起重设备的方案选择研究

三峡工程设计过程中，曾对门式、半门式、桥式起重机方案进行了充分的技术经济比较分析研究。在确定选用桥式起重机方案后，又分别对采用单小车和双小车桥式起重机方案进行了深入的对比分析：①采用600t+600t/125t双小车桥式起重机方案：桥式起重机可行走至安Ⅰ段卸车，用单台桥式起重机一个主钩可吊运转轮、主变压器等设备。吊运定子时，需利用一台桥式起重机的两个主钩和一根平衡梁联合起吊。吊发电机转子时，需两台桥式起重机并车、配置三根平衡梁、利用四个主钩联合起吊，增加了转子吊装的难度和复杂性。②采用1200t+125t大桥式起重机方案：桥式起重机可行走至安Ⅰ段卸车，主、副小车可在上、下游全程行走，工作范围宽，运行灵活。用一台桥式起重机主钩可吊运定子、转轮、主变压器等设备，两台桥式起重机并车吊发电机转子时，只需配备一根2200t平衡梁用两个主钩联合起钩，操作简便，并可用配备的125t副钩吊装125t以下的部件，平时参加在安Ⅱ、安Ⅲ段和机坑内的设备吊装工作，利用率高，总投资最低。

1200t+125t大桥式起重机和600t+600t/125t双小车桥式起重机方案，起重设备制造难度相当，大小桥式起重机分层布置，运行时相互之间都存在一定的干扰。为有利于机电设备最重件转子的吊装，确保年4～5台机组的安装目标顺利实现和减少工程总投资，三峡左、右岸电站主厂房内均选用2台1200t+125t大桥式起重机，主钩起吊重1200t，副钩起吊重

125t。另配制2台125/125t双小车小桥式起重机，受副主梁设计荷载的规定，小桥式起重机两个主钩联合起吊时总起吊重不得超过125t。大、小桥式起重机分层布置，大桥式起重机布置在下层，轨顶高93.5m；小桥式起重机布置在上层，轨顶高105.5m。

（三）1200t＋125t桥式起重机的关键技术、新技术

中国长江三峡工程开发总公司、长江勘测规划设计研究院、太原重工股份有限公司通过对“大型专用起重机的研制”专题技术攻关，取得了丰硕的研究成果，并将这些关键技术、新技术应用在1200t＋125t桥式起重机的设计制造上。关键技术、新技术主要有：

（1）桥架采用3梁结构，两根偏轨箱形主梁、一根中轨箱形副主梁，主梁和端梁采用超低铰接连接。取消了常规为解决多车轮受力均衡采用的庞大的叠摞式平衡臂结构，有效地降低了起重机高度。车轮平衡架与平衡臂架之间采用上、下半圆水平剖分套环固定式结构，车轮轴轴承支座采用45°剖分式结构、每个铰接孔上镶嵌了自润滑轴承，既可减少磨损，又方便更换。主梁端部与铰接式端梁之间采用高强度螺栓连接，更增加了安全可靠性。

（2）主起升机构传动方式采用2台250kW电动机驱动一个硬齿面行星齿轮传动减速器，减速器的4个输出轴驱动四个对称布置的单联双层缠绕的卷筒。当1台电动机故障时，另一台电动机仍可以1/2额定转速（0.075～0.750m/min）长期连续运行，使起升机构调速范围增加1倍（1∶40），在此工况下，传动链中任一零件都不过载。卷筒对称布置使减速器受力均衡。严格的加工工艺确保齿轮表面粗糙度达Ra6.3，精度达8-7-7级。

（3）双层缠绕和多根绳受力自平衡钢丝绳缠绕系统。减小了钢丝绳直径和卷筒、滑轮的卷绕直径。双层缠绕和2根钢丝绳平行缠绕，第二层钢丝绳缠绕在第一层钢丝绳形成的螺旋槽内，两层钢丝绳无交叉。

（4）起升机构采用支持制动与控制制动的多级制动方式。在主副起升机构的高速轴上，设置了2套盘式制动器，其中1套为工作制动器，另1套为辅助制动器，工作制动器和辅助制动器同时动作，每个制动器的安全系数为1.7左右。在主起升机构驱动系统传动链的最末端卷筒法兰上，还设置了一套盘式安全制动器，并配置1套检测系统，当起升机构断轴或超速时及时上闸，保护吊运物品不会因意外事故而坠落。安全制动器滞后于工作制动器1s动作。

（5）在起重机运行机构一侧使用窄踏面车轮，为导向侧，在另一侧使用宽踏面车轮，为自由侧。起重机在单侧轮缘约束下行走，配合车轮涂油器形成的油膜防止车轮啃轨。导向侧还设有一套偏斜信号发生器，能使大车运行机构实现电气同步，达到自动纠偏的目的。

（6）电气系统采用上位机（工控机）＋PLC＋变频传动组成的3级系统。上位机监控整个桥式起重机的运行和故障状态；PLC实现整车运行的时序逻辑控制；变频传动驱动各机构协调动作，实现可控运行。3级之间数据交换通过PROFIBUS DP总线通信实现，同级多台变频器之间采用点对点通信。

（7）1200t＋125t桥式起重机采用能量再生（回馈）式公用直流母线变频调速的电气调节技术。在总动力回路中设置2套整流/回馈装置（右岸采用AFE）和2台自耦变压器（右岸不设自耦变压器）并联使用。交流电经整流/回馈装置完成交—直（或直—交）变换，直流电以公用母线方式输出，各机构的传动装置为逆变器，挂在公用直流母线上，将母线上的直流电逆变为频率可调的交流电后送到各自的电动机上，完成电动机的速度、力矩控制运行。多电动机、大制动能量的三峡起重机完全取消了发热电量大、占地面积大的制动电阻器，制动时，电动机的制动能量全部经逆变器先送到直流母线上，完成能量的自行分配或经整流/回馈单元的回馈部分和自耦变压器回馈到交流电网上。

（8）主从控制系统：三峡桥式起重机跨度大、起重量大，大车运行机构选择了4台电动机、4套逆变器的传动方案。当1台电动机损坏时能将重物安全可靠地放回地面，还能在1套调速装置损坏时将被吊物体运至目标位置。如图1所示，运行在同一轨道上的2台电动机D1、D3或D2、D4采用转矩主从控制，通过逆变器间的点对点通信，将速度控制方式的逆变器C1、C2的转矩信号作为转矩给定送到转矩控制方式逆变器C3、C4上，保持从电动机与主电动机输出力矩时刻一致，达到了大车运行速度可控，同一轨道侧的电动机出力均衡，4台电动机协调工作。

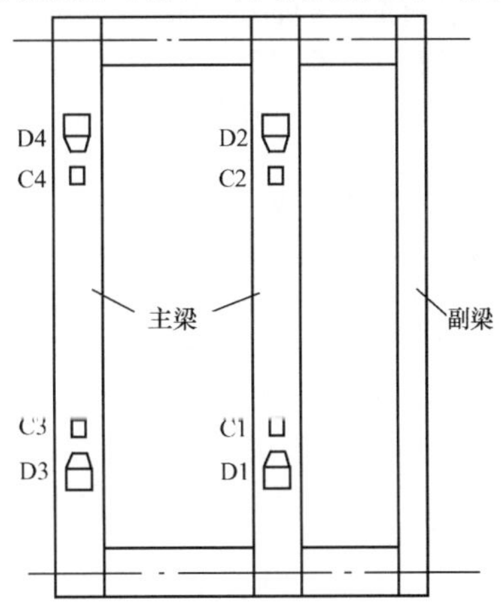

图1 三峡水电站桥式起重机主从控制系统

(9) 2 台 1200t＋125t 桥式起重机并车操作时，可设定其中 1 台为主车，主车仍可满足转速同步和转矩平衡的要求。为避免两台起重机同一侧的大车电动机一台车长期过载、一台车长期轻载运行，可通过并车转换信号将副车的 D1（D2）电动机转换为转矩控制，转矩给定信号来自主车的 C3（C4）逆变器，实现同一轨道侧 4 台电动机为转矩主从关系，仅主车的 D1（D2）为速度控制，这样可使两台起重机的大车电动机既保持速度可控，又保持转矩平衡。并车运行时，通过 PLC 点对点通信方式，以平衡梁水平为调节原则，实现两台起重机的同一机构为速度主从运行方式，达到机构的速度同步。

(10) 综合监控系统设在司机室内，由桥式起重机状态监测和故障显示系统组成，系统软件能在 Windows95 操作平台上运行。该系统具有综合故障监测、故障监测显示、三维坐标显示、主梁刚度挠度实时检测（右岸桥式起重机不设）及对各种运行信号、保护信号、监测信号、故障信号的显示、诊断、报警、记录和打印功能。主起升机构、大车、小车运行机构三维定位系统，能够实时动态地测量和显示吊点的 X、Y、Z 三维坐标，并能实现 X、Y 二维定点控制（右岸电站桥式起重机只要求能实时动态地测量和显示吊点的 X、Y、Z 三维坐标），精度为±3mm。

(四) 现场试验

在左岸厂房安Ⅱ段进行了 1500t 静负荷和 1320t 动负荷试验。试验于 2002 年 1 月 19 日开始，2 月 2 日全部结束。采用由主吊钩起吊吊篮加试重块的试验方式，吊篮尺寸和承载能力之大，是世界绝无仅有的。

主起升机构按 300t、600t、900t、1200t 4 个荷载进行合格试验，用来检验起重机的各项性能指标是否符合设计和有关标准的规定。1500t 静载试验主要检验起重机及其部件的结构承载能力。1320t 动载试验，主要检验起重机各机构和制动器的功能及动作可靠性。合格试验和动载试验均按 1、2、3、4 挡不同速度进行操作，测量了各挡的速度、加速度、转速、制动距离、噪声、电流、电压等参数。各挡参数完全满足设计及有关标准要求。1500t 静载试验用一挡速度提升重物，离地 100mm，重复 3 次，结构承载能力符合要求，主梁无永久性变形。

副起升机构试验目的、方法和测试数据与主起升机构同，试验荷载为 50t、100t、125t、156.25t、137.5t。测量了各挡的速度、加速度、转速、制动距离、噪音、电流、电压等参数。各挡参数完全满足设计及有关标准要求。

在主起升机构试验完成后，进行了主小车运行机构试验和大车运行机构试验，副起升机构试验完成后，进行了副小车运行机构试验，各挡参数均完全满足设计及有关标准要求，主小车、大车曾出现啃轨现象已矫正，2 台副小车无啃轨现象。

通过负荷试验，验证了 1200t＋125t 桥式起重机设计、制造、安装质量完全达到了合同要求。

（长江勘测规划设计研究院　熊腾晖）

水口水电站 2×500t 级垂直升船机总体设计

(一) 概况

水口升船机于 2003 年 11 月通过了福建省经贸委主持的竣工验收，2005 年 4 月 8 日，系统经完善后正式投入对外试通航运行，2005 年 12 月，通过了福建省科技厅组织的技术成果鉴定。以潘家铮院士为主任的技术鉴定委员会鉴定意见认为："在水电水利枢纽建造 2×500t 级湿运全平衡钢丝绳卷扬提升式垂直升船机并成功投运，在国内外都是第一次，水口升船机建设及运行经验为国内三峡等后续工程的升船机建设提供了借鉴。水口升船机的建设及运行项目成果总体上已达到了国际先进水平，其中，安全锁锭装置、折叠式对接密封装置和大惯量垂直提升系统二级调压事故制动控制等技术居国际领先水平。"

(二) 主要技术参数

水口水电站选用湿运全平衡钢丝绳卷扬提升式垂直升船机，主要技术参数为：

运量	货运 400 万 t/a 或竹木 250 万 m^3 ＋货运 171 万 t
一次过坝船队	2×500t 一顶两驳船队
通航水位	上游 65～55m； 下游 21.8～6.0m
最大提升高度	59m
最大提升重量	5500t
额定提升力	4×600kN
额定提升速度	0.2m/s
承船厢尺度	有效 114m×12m×2.5m；最大 123m×20.168m×7.6m
安全锁定能力	4×5000kN
地震设防	7 度

(三) 建筑物布置及土建工程

1. 主体建筑物布置　水口升船机主体建筑物由上游导航段，上闸首段，上工作门段，塔楼上、下提升段，塔楼上、下平衡段，塔楼交通楼梯段，下闸首段和下游导航段组成。

(1) 上闸首是挡水坝段的一部分，挡水前沿宽 30.8m。上工作门段，长度 15m，最大宽度 33.0m，顶部高程 74.00m，最大高度 79.50m。下闸首段长度 30.0m，最大宽度 34.0m，顶部高程 43.50m，最大高度 61.50m。下闸首按挡 $P=1\%$洪水设计。

（2）主要承重结构为 4 座上、下提升段塔楼和 4 座上、下平衡段塔楼，平面尺寸分别为 8.0m×25.0m 和 8.0m×22.0m（宽×长），左、右对称布置在升船机中心线的两侧，建基面高程－5.5m，高度 79.50m，在 43.50m 高程以下为薄壁箱形结构断面，在 43.50m 高程以上为薄壁 E 形结构断面。交通段塔楼结构长度 18.0m，建基面高程－5.5m，顶高程为 74.00m，平面尺寸为 8.0m×18.0m（宽×长）。

（3）主机房设在塔楼 74.00m 高程以上，左、右对称布置在升船机中心线两侧，总平面尺寸为 2.00m×11.00m×139.81m，顶高程 87.10m，高度 13.10m。集中控制室设在上提升段左、右主机房的连接段，平面尺寸 13.0m×10.0m，地面高程 78.9m。

（4）下游引航道在桩号 Sta. D. 0＋257.50～499.655m 范围内为升船机独立使用的引航道，宽度 30.0m；在桩号 Sta. D. 0＋499.655～829.97m 范围内为升船机和三级船闸共用引航道；总长度为 572.47m，开挖高程 3.5m。

2. 主要结构设计　上、下闸首整体稳定，基底应力满足规范要求。上闸首结构边界条件复杂，结构形体及受力特征具有明显的空间性，设计通过三维空间有限元计算其结构应力，为配筋计算提供依据。塔楼结构的抗浮稳定、整体弹性稳定能满足规范要求。塔楼结构设计经三维空间有限元计算和物理模型试验结果表明：顶部采用大梁联系后，其变位受到控制，位移量能满足上部机电设备运行要求，设计对 74.00m、43.50m、0.50m 高程应力控制部位的配筋采取了局部加强措施。塔楼在基本荷载组合和地震荷载条件下，经三维空间有限元计算，其结构顶部最大位移分别为提升段 26.4mm 和 30mm，平衡段 33mm 和 39mm，交通段 33mm。由于左、右结构不对称及 0.5m 和 43.5m 高程截面突变而产生应力集中现象，因此，在该高程需埋设钢筋计。经三维空间有限元计算，在地震工况下，塔楼在 0.5m 和 43.5m 高程处的拉应力分别为提升段 1.37MPa 和 2.36MPa，平衡段 1.12MPa 和 1.73MPa，交通段 0.66MPa 和 1.24MPa。

3. 观测项目　水口升船机塔楼为高柔薄壁结构，右侧紧邻高边坡，设计要求对其变形、内部应力、应变、温度，强震以及右侧边坡的稳定进行观测。

（四）提升设备

1. 承船厢　承船厢有效长度 114.0m，全长 123.0m；有效宽度和额定水深分别为 12.0m 和 2.5m；采用主纵梁作为主要受力构件的板梁组合结构，主纵梁的挠度按小于 $L/2000$ 控制；允许误载水深按升降运行工况和对接运行工况分别取值为 2.5±0.1m 和 2.5±0.4m；水平度允许偏差按全长 123.0m 两端高差小于 10cm 控制，设置承船厢液压调平系统，采用伺服闭环控制方式进行调节控制；主要设备包括厢端卧倒式通航闸门及启闭设备、船厢撑紧机构、防撞梁及操作设备、船厢调平液压泵站、船厢液压泵站、船厢消防设备等。

2. 主提升系统　主提升系统采用 4 吊点多钢丝绳卷扬提升方案，额定提升力 4×600kN，最大提升高度 60m，额定提升速度 0.2m/s；直流电动机驱动，额定驱动功率 4×160kW，晶闸管整流装置供电，调速比 20；纵向吊点距 75.0m，横向吊点距 18.2m，各吊点间采用闭环刚性同步轴连接；在卷筒上和电机轴上分别设置液控盘式安全制动器和工作制动器；传动系统为全闭式硬齿面减速器。

3. 平衡系统　设有三种平衡重装置，即转矩平衡重、可控平衡重和重力平衡重，三种平衡重的总重量等于承船厢及其设备自重、额定水深时的水体重量之和，约 5500t，其中，转矩平衡重和可控平衡重的重量约为船厢内 0.4m 水深的水体重量的 1.7 倍，能确保船厢内出现最大负值误载水深 0.4m 时的纵倾稳定。平衡系统的布置充分利用了承船厢的长度，采用了尽量增加悬挂钢丝绳的数量的方法，达到减少钢丝绳和滑轮的直径，改善承船厢和建筑物受力条件的目的。

4. 闸首设备　根据上、下闸首通航水位变幅 10m 和 15.8m 的要求，分别设置顶部带卧倒式通航闸门的下沉式挡水工作闸门，采用双缸液压启闭机操作；为减小工作闸门启闭力，设置了闸门平衡重；对接密封装置设置在上下游工作闸门上，并专门研究设计了折叠式对接密封装置（获实用新型专利）。上、下闸首由检修闸门防洪挡水，挡水标准分别为上游$P=0.01\%$、下游 $P=1\%$。

5. 安全锁锭装置及锁锭钢梯　为确保承船厢发生漏水事故时的安全，水口升般机研究设计了差速安全锁锭装置（获实用新型专利），最大锁定力 8×5000kN。锁锭钢梯共 8 条，安装在上、下游提升段塔柱上，根部埋入底板钢筋混凝土中。在锁定工况下，向上的锁定力通过钢梯直接传到底板埋件上。每条钢梯设有 13 挡锁锭横梁，锁锭横梁的间距 5.0m，最下面一挡横梁底面高程 6.0m，最上面一挡横梁底面高程 66.0m。

（五）动力及控制设备

1. 升船机供电和配电　采用高压 10kV 独立供电，设有独立的配电系统，配电系统设备布置在上游 38 号坝段的变配电室内。考虑到升船机供电电源的重要性，设计采用双电源供电。

2. 升船机接地、防雷　升船机接地设计除与水口水电厂主体工程各接地接口连接外，尽量利用垂直升船机自身的门槽及周围自然接地体接地。在－0.50m高程底板处，接地网与水口船闸底板接地网和水口水电厂坝前水下接地网并联。两条10kV进线的防雷保护由在水口水电厂厂内的10kV配电手车柜内设置的FZ2-10阀型避雷器承担。升船机左、右主机房的防雷保护采取在其屋顶女儿墙内设置防雷用避雷带的方式，并与垂直升船机74.00m高程接地网连接。

3. 主拖动系统设备　水口升船机主提升设备采用4台直流电动机驱动，由4套晶闸管整流装置供电。主拖动系统设备包括4台卧式它激式直流电动机，一套传动控制站，4套直流传动装置。每台直流电动机由一套直流传动装置供电，4套直流传动装置由一套传动控制站控制。

4. 计算机监控系统设备　水口升船机计算机监控系统由主提升子站、上闸首子站、下闸首子站、承船厢子站、主控级计算机、通信网络和UPS等组成。计算机监控系统设备被列为升船机的关键设备，通过国际招标采购。

5. 检测系统设备　主要检测项目包括水位测量、水深测量、同步轴扭矩测量、行程与开度测量、位置测量、压力检测、船舶红外探测装置、船厢升降减速与停位检测、安全锁锭装置三齿锁锭块位置检测等。

6. 工业电视监视系统　在集控室设置2台21in彩色工业监视器，对主提升设备，上、下游挡水闸门，船舶进出，船厢对接，承船厢水域及甲板等情况进行清晰的电视监视。

7. 通航交通信号系统及广播、通信　设在上、下闸首航道侧的远航信号灯用于升船机上、下游口门区错船段是否允许泊船的指挥信号；上、下闸首的上、下游还各设有1组进出船厢的信号灯。集控室设1套广播设备，供操作人员与升船机各设备运行点和航道进行联系和指挥。升船机的通信直接从水口水电厂电话调度总机用光缆接至集控室。

（六）消防设计

主机房、启闭机房、交通塔楼内设施层、船厢及闸门设备层等建筑物的火灾危险性类别按“丁”类，耐火等级按“二”级设计。在高程79.0m、74.0m、66.0m、43.5m和船厢甲板设置消火栓和灭火器，其中，船厢设有独立的消防水源，其余消防水源引自左岸高位水池；在4个船厢泵房内设有CO_2气体灭火装置。

在船厢室交通塔楼侧壁上设有紧急疏散楼梯，承船厢在任何位置时，人员都可以经疏散楼梯达到交通塔楼。

（七）原型观测设计

原型观测项目包括：①卷扬钢丝绳的力值变化测量；②承船厢内水面波动值测量；③承船厢内船舶系缆力测量；④承船厢纵倾力矩观测；⑤承船厢局部应力及挠度测量；⑥液压调平系统运行情况观测；⑦电气拖动及机械传动系统观测；⑧安全锁锭装置运行测试；⑨挡水闸门挠度及轮压测试；⑩对接密封装置密封条件及操作运行观测；⑪升船机土建结构与机械设备协调性观测；⑫船舶进出船厢过程船舶纵倾及船艉下沉量的观测；⑬主提升卷筒受力及变形观测。

（中国水电顾问集团华东勘测设计研究院　汪云祥）

8

科学研究与技术创新

水电科学研究

河海大学几个水电科研项目简介

（一）金安桥水电站碾压混凝土重力坝体型优化、应力应变及抗滑稳定分析

金安桥水电站地震烈度及动峰值加速度，在国内已建、在建及拟建的工程中，均属最高。坝基面为弱风化玄武岩中下部，坝基下伏相对软弱结构面 t_{1b}凝灰岩夹层，并广泛分布有裂面绿泥石化岩体，在地震工况下坝基稳定条件较差，应力较为复杂。为确保该坝体的设计经济合理、运行安全可靠，该项目用材料力学法、刚体极限平衡法和有限单元法对坝后厂房方案和地下厂房方案的坝断面进行静力和动力荷载作用下的优化设计、应力及抗滑稳定分析，比较两种方案的应力和稳定成果，建议设计单位采用坝后厂房方案。

该项目于 2004 年 1 月开始，到 2006 年 1 月结束。推荐的方案被设计单位采用，为工程的设计施工提供了理论依据，其研究成果及程序、方法也可用于其他的高地震区建坝设计分析。

（二）龙滩水电站底孔水工减压模型试验研究

龙滩水电站底孔水头较高，在前期水位 355.00m 和后期水位 380.00m 时，流速分别为 29.30m/s 和 34.46m/s，流速较高，高速水流问题较大，底孔进口段和事故门门槽的空化特性、工作门是否设置掺气坎（槽）以及掺气坎（槽）的掺气性能和掺气减蚀效果是否影响底孔安全的一个重要问题。

本项研究对龙滩水电站底孔在无掺气坎（槽）的情况进行了减压模型试验研究，结果表明：不设掺气坎（槽），在工作门出口会有一定程度的空化发生；其次，对掺气坎（槽）的体型结构，进行了 8 个主要方案的比较试验研究，研究表明：第 8 号方案在提高底孔工作门出口掺气减蚀作用方面有较好的效果，同时在各水位和在工作门不同开度条件，出口水流不会冲击门支座；经过设计修改后的进口段和门槽的减压模型试验表明，修改后的进口段和门槽体型未见到和测到空化。

该项目于 2006 年 2～6 月进行。建议第 8 号方案作为龙滩水电站底孔的推荐方案，基本可以满足工程的设计、施工和安全运行的要求。

（三）江苏华电句容发电厂一期工程（2×1000MW）涉水建筑物防洪影响评价

句容电厂选址位于长江镇扬河段世业洲南汊的大道河口至虹桥河口之间南岸，一期工程建设 2 台 1000MW 机组，因工程的建设占用长江行洪的部分面积，根据《中华人民共和国水法》、《中华人民共和国防洪法》和《中华人民共和国河道管理条例》等法规、条例，对河道管理范围内的建设项目，“严格进行防洪与河势影响论证”。2006 年 4～6 月，河海大学受中国华电集团公司戚电公司委托，进行江苏华电句容发电厂一期工程（2×1000WM）涉水建筑物防洪影响评价。

该项目通过河道演变分析、局部水域条件稳定性分析、数学模型计算电厂涉水建筑物兴建后对长江河势和防洪的影响分析，为工程设计和立项审批提供科学依据。

采用平面二维数学模型对工程河段进行了计算分析，结果表明：工程的建设引起的河道壅高较小，对流场影响不大，影响范围仅限于工程附近局部范围。河床演变和数模计算表明，工程建设对工程河段的河势、防洪不会带来明显的不利影响。

（河海大学）

华北水利水电学院两个有关水电的科研项目简介

（一）逻辑产品模型及 CIS2CAD 的自主研发

CIS/2 钢结构国际标准是近年发展起来的钢结构标准，已在北美、欧洲的钢结构领域得到应用。CIS2CAD 软件是中国学者率先开发的具有自主产权的系统软件包。该软件在 AutoCAD 环境下依照 CIS/2 逻辑产品模型准则，将钢结构设计、分析、制作的各个阶段形成了相互协调整合的模型和叙述标准。该软件系统具有在 CAD 环境下的 3 维建模功能、数据存储功能、图形拓扑运算功能及三维实体图形运算功能，可直接实现设计、施工、安装等阶段详图的自动生成。它为钢结构企业提供了有利的工具和方法，具有广泛推广应用价值。

该项目获得 2006 年河南省教育厅优秀科技成果一等奖。

（二）环形高效预应力混凝土新技术关键理论的研究

该项目为2001年度河南省青年骨干教师资助计划项目。科学地总结了环形预应力筋束的布束方式、锚固支撑方式、锚具选择和防腐处理措施及其应用范围。创造性地提出了单环预应力作用效应的计算方法和预应力混凝土压力管道施工阶段的验算方法，给出了预应力筋束的最大间距确定方法和以混凝土抗裂为目标进行预应力筋束分步张拉施工与荷载控制的方法，从理论上解决了压力管道预应力筋束的设计计算和施工张拉问题。提出了正常使用阶段预应力混凝土压力管道抗裂性能验算方法，从理论上解决了预应力混凝土压力管道的正常使用极限状态验算问题。建立了预应力混凝土压力管道的极限承载力计算公式，并结合工程实例进行了应用。

该项目获得2006年河南省教育厅科技成果一等奖。

（华北水利水电学院　刘丽丽）

龙滩碾压混凝土大坝温控防裂仿真计算研究

由龙滩水电开发有限公司委托河海大学、中国水利水电科学研究院等单位于2004年完成龙滩碾压混凝土大坝温控防裂仿真计算研究，结合不同的施工进度方案共研究了20余种计算工况，根据温控防裂仿真分析成果，提出了龙滩大坝碾压混凝土温控标准。

1. 基础允许温差　龙滩大坝基础部位取消了常态混凝土垫层，采取变态混凝土直接找平后即浇筑碾压混凝土，根据龙滩大坝施工的特点，基础允许温差见表1。

表1　基础允许温差表　℃

部　位	允许基础温差 T_o	允许浇筑温度 T_p	允许最高温度 T_{max}
(0～0.2)L	16	17	32
(0.2～0.4)L	19	20	35

注　L—浇筑块最大边长，单位m。

2. 上下层温差　上下层允许温差为10～12℃。当浇筑块侧面长期暴露时，上下层允许温差取其小值。

3. 内外温差　坝体内外温差规定不超过20℃。根据龙滩工程的多年月平均气温统计资料和利于施工管理，内外温差控制标准转化为控制坝体碾压混凝土各月允许的最高温度。其标准见表2。

表2　坝体碾压混凝土各月允许最高温度值

月　份	1	2	3	4～10	11	12
允许最高温度 T_{max}（℃）	29	31	34	36	34	31

（龙滩水电开发有限公司　贺华林　钟志军）

小湾水电站高拱坝关键技术研究

小湾水电站属一等大（1）型工程，永久性主要水工建筑物为1级建筑物。工程以发电为主，兼有防洪、灌溉、养殖和旅游等综合利用效益，水库具有不完全多年调节能力，系澜沧江中下游河段的“龙头水库”。该工程由混凝土双曲拱坝（坝高292m）、坝后水垫塘及二道坝、左岸泄洪洞及右岸地下引水发电系统组成。水库库容为150亿m^3，电站装机容量4200MW（6×700MW）。开展研究的4个专题主要内容为：

1. 小湾高拱坝结构及工程措施深化研究　分10个子题，分别对小湾高拱坝的坝踵开裂、混凝土温度控制优化、拱坝及坝肩抗震工程措施、拱坝高强度大体积混凝土动力特性试验、拱坝结构及附属结构水弹模型试验、拱坝横缝止水结构与止水材料研究、高拱坝安全可靠度分析、考虑开孔及闸墩拱坝三维动力分析等方面进行研究。

2. 拱坝坝肩（基）稳定工程措施研究　分8个子题，分别进行了小湾拱坝加固处理的有限元计算和地质模型试验研究、小湾高拱坝坝肩（基）稳定性及加固处理方案优化研究、小湾坝址区岩体灌浆技术研究、小湾电站坝基地下厂房整体渗控系统优化布置计算分析、小湾坝基开挖方式及加固措施研究、小湾左岸堆积体和厂房进口稳定分析和加固方案研究、小湾坝前堆积体、进水口及水垫塘高边坡加固处理措施等方面的研究。

3. 小湾高拱坝泄洪消能与雾化深入研究　分3个子题，分别进行了小湾泄洪消能雾化问题研究，小湾水垫塘体型优化研究，小湾泄洪洞体型优化、减蚀及出口流态研究。

4. 小湾高拱坝安全监测系统研究　分3个子题，分别进行了小湾水库地震监测预警系统方案设计、小湾电站水库诱发地震监测预测系统开发研究和小湾高拱坝上的安全监测仪器及大坝监测设计优化。

中国水电顾问集团昆明勘测设计研究院于2000年7月启动并组织了“小湾高拱坝关键技术研究”科技攻关工作，云南华能澜沧江水电开发有限公司、中国水利水电科学研究院、清华大学、河海大学、四川大学、武汉大学、天津大学、昆明理工大学、云南省地震局、中国水利水电基础工程局等，共 11 家单位 168 余人参加攻关；马洪琪、陈厚群、朱伯芳、张楚汉、吴中如、陈祖煜六位院士组织并参加了研究。2005 年 12 月完成研究工作，提交了《小湾电站高拱坝关键技术研究项目执行情况总结报告》、《小湾电站高拱坝关键技术研究课题报告》及 4 个专题报告、27 个子题报告。2006 年 8 月 9 日在昆明通过了国家电网公司委托中国水力发电工程学会组织的验收。

主要的创新成果有：

（1）通过与二滩工程的类比分析，研究了坝踵开裂问题，对小湾拱坝开裂安全度作出了对比评价；参考“九五”攻关成果，采用可靠度理论通过有限元分析，对小湾拱坝安全度进行了综合评价；通过多因素影响分析，提出了较完整的温度控制措施；通过对坝体运行条件的分析和不同止水材料的试验研究、调研，提出了小湾工程止水材料控制标准，以及可供小湾工程实际采用的止水材料和结构形式；在“九五”攻关的基础上，对小湾拱坝实际孔口布置进行了较详细的有限元分析，明确提出坝身开孔对坝体应力分布影响不大；采用数值分析和模型试验相结合的方法，对坝体开孔后的动力特性进行综合分析与评价；开展了大体积、高性能混凝土性能试验研究，为小湾拱坝混凝土动态参数的取值提供了依据；分析研究并提出了能够付诸实施的小湾高拱坝抗震工程措施。

（2）在国家“九五”重点攻关研究成果的基础上，针对高拱坝坝肩和坝基稳定问题进行了理论研究和工程措施优化研究：考虑坝体和坝肩岩体动态变形耦合、体系各项反应的时变特性和坝肩岩体动态失稳特点，提出了拱坝坝肩抗震稳定分析的新概念和方法，对小湾拱坝坝肩抗震稳定性进行了研究和评价；针对小湾坝肩和坝基的主要地质缺陷开展了高压固结灌浆试验，并提出了相应的灌浆工艺要求，为小湾软弱岩带的处理提供了依据；针对小湾坝基及地下厂房洞室群整体渗控系统进行了大量渗控方案的计算分析，提出了渗控布置的优化设计方案；通过岩石力学试验并采用多种数值计算方法，对坝肩和坝基边坡以及坝前的左岸饮水沟堆积体、右岸电站进水口和坝后水垫塘等重要高边坡开挖和加固过程进行了深入分析研究，提出了高边坡加固处理优化设计方案；在研究方法上有所创新，部分成果已被工程设计采用。

（3）在“九五”攻关成果的基础上，进一步确立了一条泄洪洞的泄洪消能总体布置原则与各泄水建筑物的细部体型；从大量泄洪雾化的原型观测资料入手，采用科学归纳、类比分析，以及人工神经网络等多种研究方法，建立了泄洪雾化的一套定量预测方法，针对小湾工程的预测成果已运用于岸坡防护设计中；从水力学与工程地形地质两个方面统筹考虑，通过数值计算与物理试验验证，提出了减少非主体消能区基岩开挖的非平底型水垫塘布置方案以及反拱形水垫塘比选方案；提出了能够适应小湾水电站水力学特点的掺气减蚀布置方案与掺气坎优化体型。

（4）对小湾工程安全监测系统进行了系统的规划，构建了小湾工程水库诱发地震监测预警和决策支持系统、大坝安全监测信息管理分析系统；采用工程类比和数值仿真优化方法，对小湾大坝监测布置进行了优化，强化了坝基坝肩的监测布置；采取压力平衡结构等创新技术，研制完成了适用于 300m 级高拱坝的超高压、超量程的应变计、测缝计、钢筋计和温度计，该专题成果已在小湾工程中得到应用。

该课题研究的各项内容均为当今高地震烈度区高拱坝设计中亟待解决的关键问题，其研究成果对小湾拱坝抗震设计及我国拟建的溪洛渡等一系列高拱坝工程的设计都有重要的实际参考意义。

该课题的攻关研究成果不仅密切结合小湾工程实际，针对我国西部强地震区高拱坝建设中急需解决的工程重大关键技术问题，而且涉及到当前工程建设学科发展中的一系列前沿课题，部分成果为目前国内外首次进行的创新成果。对高地震烈度区的高拱坝设计、建设有重大促进，具有重要的学术意义。

总之，本课题的研究成果具有广阔的应用前景和推广价值，将在我国西部高地震烈度区修建高拱坝中发挥重要作用，由此必将带来巨大的社会效益和经济效益。

（中国水电顾问集团昆明勘测设计研究院　刘一平）

250m 高心墙坝坝料特性及结构优化研究

昆明勘测设计研究院于 2002 年 3 月启动并组织了“250m 高心墙坝坝料特性及结构优化研究”课题的科技攻关工作。云南华能澜沧江水电开发有限公司、中国水电工程顾问集团公司、清华大学、河海大学、大连理工大学、中国水利水电科学研究院、南京水利科学研究院等，共 8 个单位 150 余人参加攻关；工程院院士马洪琪、科学院院士沈珠江、林皋、陈祖煜组织并参加了研究。2006 年 5 月完成研究工作，提交了课题报告和 5 个专题报告及 27 个子题报告。2006 年 8 月 8 日在昆明通过了国家电网公司委托中国水力发电工程学会组织的验收。

课题依托的糯扎渡水电站心墙堆石坝最大坝高 261.5m，在同类坝型中居国内之首、世界第三。水库总库容 237 亿 m^3，总装机容量 5850MW。该课题针对 250m 级高心墙堆石坝的关键技术问题进行了全面的研究，主要成果和创新点如下：

（1）研究了土石料的静、动力特性；论证了防渗土料掺砾的可行性，确定了掺砾比例及压实标准；研究了应力路径的影响，修正了实用模型；试验验证了初始渗透弱面是发生水力劈裂的重要因素；研究了心墙土体的抗裂特性及土石料的流变、湿化变形特性和计算模型。

（2）研究了土石坝裂缝发生的力学机理，建立了坝体裂缝分析及判别的方法；提出了心墙发生水力劈裂的计算模型，以及基于有效应力计算的水力劈裂分析的总应力判别方法；对接触面单元提出了采用刚塑性模型的建议；发展了心墙堆石坝坝坡稳定性的可靠度分析和强度折减有限元分析方法；研究了邓肯—张*EB*模型参数的不唯一性和相关性。

（3）论证了上游死水位以下坝壳使用含软岩的堆石料、心墙上部100m范围采用不掺砾土料的可行性，结合开挖料的特性，提出了坝体优化分区方案；论证并推荐了糯扎渡心墙堆石坝上游坝坡1∶1.9、下游坝坡1∶1.8的设计方案。

（4）研究提出了土石坝动力真非线性分析的量化记忆模型和粘弹塑性模型；提出了量化记忆（SM）模型中参数随应变和围压变化的关系；研究了250m级土石坝的地震惯性力分布特性，提出了综合抗震安全评价方法及抗震防护措施。

（5）研究和发展了渗流干区虚拟流动不变网格的有限元分析方法、带密集排水孔渗控的优化理论、排水孔幕渗流准解析理论和混凝土缝隙渗流模型。

该课题研究成果已被《糯扎渡水电站可行性研究报告》及《糯扎渡水电站大坝、围堰土建及金属结构安装工程招标设计报告》所采纳。通过坝坡坡度的优化、直心墙堆石坝抗水力劈裂安全性的论证，以及心墙和坝壳的合理分区、合理利用开挖料等，取得了显著的经济效益；静、动力本构模型及心墙水力劈裂的物理机制等创新性成果提升了我国在高土石坝研究领域的理论水平。该课题的研究成果可为同类工程所借鉴，推广应用前景广阔。

该研究成果总体上达到国际先进水平，其中软岩堆石料在上游坝壳的利用、土石料静动力本构模型、心墙水力劈裂机制研究等方面达到了国际领先水平。

（中国水电顾问集团昆明勘测设计研究院　刘一平）

小湾水电站坝体施工仿真研究

（一）坝体施工特性

小湾水电站混凝土双曲拱坝顶拱中心线弧长901.77m，弦长798.50m，拱冠梁顶宽12m，厚高比0.25，最大拱端底宽72.91m，拱坝划分为43个坝段，最大坝高292m，坝体混凝土总量847万m^3。

拱坝坝身设有5个溢流表孔、6个泄洪中孔、2个放空底孔、2个导流底孔和3个导流中孔，坝身金属结构总重约17842t，大坝结构及抗震钢筋共约7.6万t，坝身泄洪中孔和放空底孔的衬砌钢板及其附件约3784t，坝身辅助吊运工程量大。

工程于2004年10月下旬截流，2005年12月开始坝体混凝土浇筑，计划2009年10月底首台机组发电，2010年11月大坝混凝土浇筑完成，2011年4月底坝体接缝灌浆完成。

（二）坝体混凝土施工

1. 缆机布置　针对小湾工程的具体特点，拱坝混凝土采用缆机进行浇筑。缆机选用30t中高速缆机，采用“双层双平”布置方案，共设5台缆机，上层二台，下层三台。下层缆机主索出索点左岸为1330m、右岸为1317m，跨度1048.168m；上层缆机的布置高程主要考虑上层缆机能安全跨越下层缆机，按上下层高差50m考虑，左岸主索出索点为1380m、右岸为1365m，跨度1158.168m。

2. 缆机主要技术参数　缆机主要技术参数见表1。

表1　缆机主要技术参数表

项　目	上层缆机	下层缆机
额定起吊能力	30t	30t
混凝土吊罐容积	$9m^3$	$9m^3$
主索最大垂度	63m	56m
最大提升高度	339m	298m
满载下降速度	2.2m/s	2.2m/s
满载提升速度	3.0m/s	3.0m/s
空载提升速度	3.0m/s	3.0m/s
空载下降速度	3.0m/s	3.0m/s
小车牵引速度	7.5m/s	7.5m/s
主副塔行走速度	12m/min	12m/min

3. 供料平台布置　由于拱坝混凝土的料源位于左岸，为减少骨料及混凝土的运输距离，缆机供料平台设在左岸。供料平台设在坝顶1245m高程，过左坝肩部位采用钢栈桥。设计进料线总长288.6m，进料线与缆机主索方向垂直的长度276.4m。上层缆机有效进料线长度为250.3m，实际料罐停靠线长259.5m；下层缆机有效进料线长度为216.8mm，实际料罐停靠线长228.5m。

左岸混凝土生产系统主要为大坝提供混凝土，设置两组四座4×$3m^3$拌和楼，布置在缆机供料平台上。拌和楼至供料线外缘的宽度为35.39～37.5m，供混凝土运输的平台宽度为35.39～65.00m，供料距离平均 250m。

为减少左岸 1245m 高程供料平台的压力，还在缆机覆盖范围内的右岸进水口 1139m 高程平台及左岸拱坝上游 1130m 高程设置了辅助吊物平台。

4. 坝体施工　坝体混凝土浇筑初期缆机吊运混凝土单个循环的时间一般为 10～15min，单套缆机的小时循环数为 4～6 罐，小时浇筑强度约为 30～60m³/h，缆机的实际工作效率较低。要满足拱坝底部大仓面采用平铺法浇筑，至少需要 4 台缆机同时浇筑一仓，这样用于辅助吊运和两岸坝基清基出渣的缆机只剩一台，为确保坝体混凝土浇筑和两岸的清基工作同时进行，采用了类似平铺法的大台阶法浇筑。施工中采用 3 台缆机同时浇筑一个仓面，每台缆机负责 0.5m 厚的浇筑坯层，台阶宽度 8～12m。配合一段时间后，单套缆机的小时循环数为 8～10 罐。

（三）坝体施工计算机仿真

1. 模拟控制参数

（1）混凝土浇筑期内各月的有效施工天数列于表 2。日有效工作时间取 20.5h。

表 2　各月有效工作天数表

月份	1	2	3	4	5	6	7	8	9	10	11	12	全年
天数	29	23	28	29	27	24	24	24	25	27	29	30	319

（2）浇筑方法，固结灌浆高程以下允许采用大台阶法（台阶宽度不小于 13m）浇筑，其他采用平铺法浇筑。

（3）上下坯层混凝土覆盖允许间歇时间不大于 4h。

（4）所有坝段坝基岩体均按有盖重固结灌浆考虑，盖重厚度 6m，单个坝段坝基固结灌浆及间歇时间考虑 30d。坝体接缝灌浆全年施工，接缝灌浆灌区混凝土的龄期考虑为 120d。除顶层外，接缝灌浆区上部应有不少于一个灌区高度厚的混凝土盖重，盖重混凝土的龄期考虑 40d。

（5）固结灌浆高程以下范围内混凝土浇筑层厚 1.5m，间歇 5d；固结灌浆高程以上混凝土浇筑层厚 3m，间歇 7d。

（6）相邻坝段间最大高差不大于 12m。拆模时间不小于 3d。

（7）基础约束区内龄期超过 14d 或脱离约束区龄期超过 21d 的混凝土定义为老混凝土。在老混凝土面上继续浇筑时，老混凝土面以上 0.25L 范围内的新浇混凝土，其浇筑层厚为 1.5m。

（8）对于导流底孔、导流中孔、放空底孔、泄洪中孔、溢流表孔、抗震钢筋施工部位，模拟中的所取间歇期列于表 3。

表 3　孔洞、孔口等特殊部位施工控制参数

项　目	间　歇　期
导流底、中孔，放空底孔	单个孔洞施工时间 75d
泄洪中孔	单个孔洞施工时间 90d
溢流表孔	层厚 3m，间歇 7d
抗震钢筋	12d

（9）浇筑面貌控制采用奇数坝段高、偶数坝段低的原则。在相同坝段优先情况下，接近老混凝土的仓优先浇筑，除此之外，均考虑最低块优先安排浇筑的原则。

（10）6～43 号坝段混凝土主要采用 5 台 30t 平移式缆机浇筑。1～6 号坝段混凝土初步选用 2 台 MQ2000 型单臂架高架门机浇筑。门机需缆机转料，按照一台门机需要一台缆机转料考虑，实际上缆机转料运输能力大于门机，故计算中按照门机生产能力考虑浇筑。在缆机联合浇筑和干扰控制的模拟规则基础上，按缆机闲置率最小模拟规则考虑。

2. 模拟计算结果　根据模拟计算结果，坝体混凝土于 2005 年 12 月 12 日开始浇筑，2010 年 11 月大坝混凝土浇筑完成，2011 年 4 月接缝灌浆完成。具体计算结果见表 4。

坝体混凝土浇筑直方图及坝体施工形象面貌图分别如图 1、图 2 所示。

表 4　大坝混凝土浇筑和坝体接缝灌浆进度表

时　间	控制性节点高程		模拟结果		备　注
	浇筑最低高程（m）	接缝灌浆高程（m）	浇筑最低高程（m）	接缝灌浆高程（m）	
2005 年 12 月 12 日	950.5		950.5		拱坝混凝土开始浇筑
2006 年 5 月 31 日	974		969.5		
2007 年 5 月 31 日	1046	1013.5	1048.5	1025.5	
2008 年 5 月 31 日	1107	1082.5	1108.5	1082.5	
2009 年 5 月 31 日	1165	1144	1164.5	1144	
2009 年 9 月 20 日	1183	1165	1187	1165	
2009 年 10 月 31 日	1189	1174.5	1193.5	1174.5	首批机组发电
2010 年 5 月 31 日	1222	1202.5	1226.5	1202.5	

续表

时　　间	控制性节点高程		模拟结果		备　　注
	浇筑最低高程（m）	接缝灌浆高程（m）	浇筑最低高程（m）	接缝灌浆高程（m）	
2010年11月30日	1245	1221.5	1245	1245	拱坝混凝土浇筑完成
2011年4月30日	1245	1245	1245	1245	拱坝接缝灌浆完成

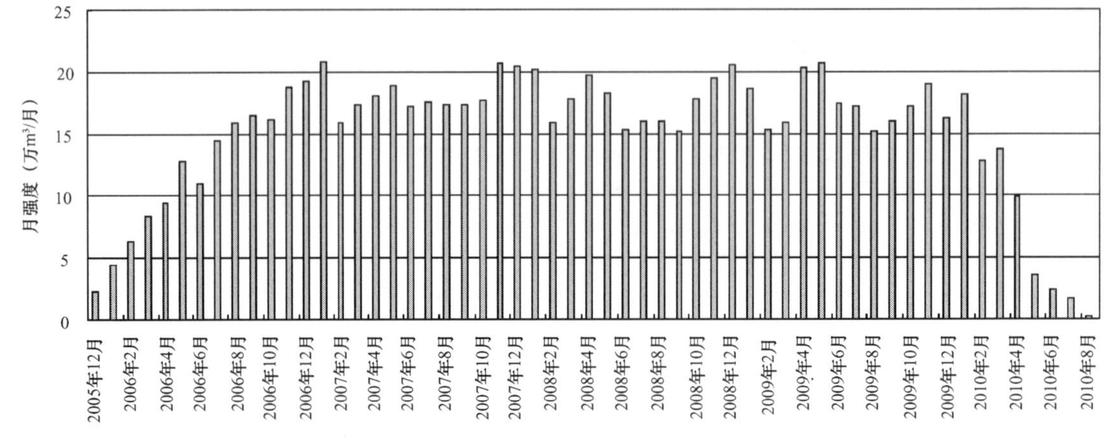

图1　混凝土浇筑强度直方图

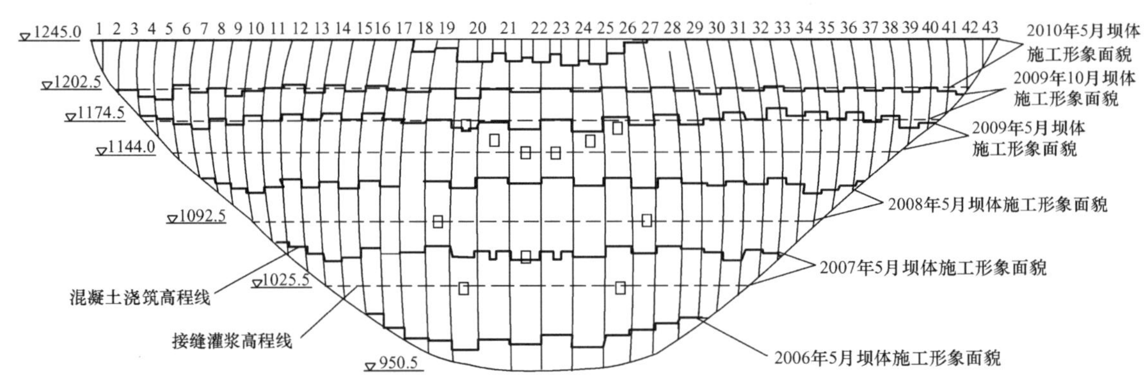

图2　坝体施工形象面貌图

根据模拟结果，模拟方案能满足坝体施工控制性节点的要求，混凝土浇筑的高峰月强度也控制在拌和系统的生产能力 $23\times10^4 m^3$ 以下。

3. 增加一台缆机的必要性分析　由于坝体混凝土开始浇筑时间由原计划的2005年9月1日推后至2005年12月12日，坝基开挖高程由953.0m降低到950.5m，坝体混凝土量也相应增加了约15万 m^3，但2009年10月底首台机组发电目标不变，缆机在较长时间内需保持较高强度（约3年半），每台月平均强度3.0万～3.6万 m^3，高峰月强度3.8万～4.5万 m^3。此外，由于拱坝施工分为两个标段，在仓面安排、缆机调度、缆机利用率等方面会产生不利影响，缆机实际的浇筑能力可能比预计的小；施工中的多种原因，造成缆机的小时循环时间较长，生产力较低；坝基清基等吊运工作量较大，会占用缆机浇筑拱坝混凝土的时间。

通过模拟分析，在加强缆机合理调配、确保缆机浇筑混凝土的时间利用系数的情况下，现有的5台缆机基本可以实现各年度汛和发电目标的强度要求，但有一定难度。增加一台缆机后，受拌和系统的强度制约，坝体的施工进度不会有明显的加快，各控制节点高程达到的时间与5台缆机方案基本一致，但缆机的浇筑利用率可从46.7%降至43.3%，其发电目标的保证率提高。结合目前缆机的效率不高等因素考虑，为确保实现2009年10月底首台机组发电目标，有必要增加一台缆机。增加的1台缆机布置在高缆平台上，缆机布置变成上层3台下层3台。

（中国水电顾问集团昆明勘测设计研究院　罗孝明　丁世来）

滩坑水电站面板堆石坝筑坝材料湿化变形研究

（一）前言

所谓“湿化”是指土石料浸水后引起其内部结构变化所产生的附加变形，它与土石料本身的性质有关，如矿物成分、颗粒级配、密实度和初始含水量等。堆石坝由于湿化变形可能会造成面板与垫层料脱空，引起面板出现较大的拉应力和开裂现象。滩坑水电站拦河坝为混凝土面板堆石坝，鉴于堆石的材料特性，且坝高达162m，又建立在深厚覆盖层上，因此有必要分析坝料浸水湿化后对坝体应力应变状态及面板变形的影响。

（二）坝料特性

滩坑筑坝堆石料来源于溢洪道和厂房等主要建筑物开挖料，坝料母岩岩性为熔结凝灰岩和火山集块岩，其中火山集块岩由集块体与胶结物两部分组成。集块体为致密坚硬的熔结凝灰岩，单轴饱和抗压强度80～130MPa，岩石抗风化、软化、崩解能力强，力学强度较高。胶结物分为硬质和软质两种，硬质胶结物与集块体呈熔结接触，结合较坚固，不易受构造影响，岩块力学强度较高，但开挖块体暴露在空气中，较易风化、出现裂纹。

软质胶结物由火山灰、玻屑等组成，与集块体呈压结接触，结合差，其力学强度较低，岩质软弱、易风化、极易崩解，易受构造挤压错动，常形成软弱破碎带。

火山集块岩以集块体为主，经统计，胶结物在集块岩中所占比例约20%，其中软质胶结物所占比例小，仅为3.123%。

经试验：软、硬质胶结物成分相同，主要由云母类粘土矿物、石英、长石、方解石绿泥石等组成，仅黏土矿物含量不同，造成硬质胶结物抗压强度比软质胶结物高。

全—强风化软质胶结物力学强度低、易软化、抗风化能力差、耐崩解性能极差，其原因是：全强风化软质胶结物矿物成分以亲水性较强的黏土矿物伊利石为主，且含少量蒙脱石，为膨胀性强的矿物。弱风化软质胶结物的耐崩解性指数虽较高，但软化系数小，仅0.29，属于易软化岩石。火山集块岩中的软质胶结物泡水后力学强度降低很多，湿抗仅为15.80MPa。

虽然弱风化硬质胶结物有一定的崩解性，但耐崩解性指数$I_d>90\%$，抵抗崩解的能力较好，说明硬质胶结物较坚硬、在水中不易崩解剥落，属于不易崩解岩石。弱风化硬质胶结物泡水后力学强度降低，饱水后的硬质胶结物岩块软化系数0.53，属于易软化岩石。

（三）湿化试验

滩坑湿化试验采用双线法，试验表明堆石料加硬质胶结物在浸水、饱和的状况下对堆石料的强度影响较小，堆石料的湿化系数较低。

三轴试验和压缩试验结果表明，随着硬质胶结物由新鲜到风化及胶结物含量的增加，混合料的强度逐渐变低，符合一般的规律，但减低值较小，三轴试验$\phi_{(饱和样)}$变化范围为37.8°～38.6°，压缩试验$E_{S0.4\sim0.8MPa(饱和样)}$变化范围245.8～315.1MPa。

从堆石料的三轴剪切试验应变曲线来看，堆石料均具有较高的抗剪强度指标，堆石料应力应变曲线均呈应变软化，在剪切过程中不同程度出现剪胀。

（四）湿化变形有限元计算

1. 计算方案　设计时仅考虑硬质胶结物的软化和湿化对堆石性质的影响。并比较了以下两种情况：首先对考虑与不考虑堆石湿化的计算结果进行比较，确定湿化变形对坝体和面板应力变形的影响程度。其次对比不同胶结物含量的堆石体湿化变形的规律，确定堆石料中合理可行的胶结物掺量。

2. 计算模型和计算方法　计算时堆石料的本构模型采用沈珠江提出的“南水”双屈服面弹塑性模型，可较为全面地反映堆石体变形特性。计算时，同时考虑含风化胶结物的堆石料的浸水软化和湿化变形问题。

3. 计算参数　坝内堆石料的计算参数由湿化试验提供；混凝土面板与垫层料之间的相互作用采用Goodman单元模拟；接触面单元的计算参数类比其他工程资料确定。

堆石料软化和湿化计算参数见表1。表2给出了坝料双屈服面模型计算参数。

面板混凝土计算参数为：$E=24\text{GPa}$，$\nu=0.167$，$\rho=2.45\text{g/cm}^3$。

混凝土面板与垫层料之间的接触面单元计算参数参照天生桥面板坝试验资料，参数分列如下：$c'=0$，$\delta=36.6°$，$k'=4800$，$n'=0.56$，$R'_f=0.74$。

计算全面模拟坝体的施工和水库蓄水过程。

表1　堆石料软化与湿化参数

参数	风化胶结物含量15%	风化胶结物含量20%	风化胶结物含量25%
α_1	0.21	0.44	1.51
α_2	0.38	0.26	0.21
α_3	0.21	0.44	1.51
α_4	0.21	0.44	1.51
A	0.000243	0.000234	0.000240
b	0.566	0.726	0.782

表 2　坝料模型参数

序号	材料＼参数		双屈服面模型参数							抗剪强度		干密度
			R_f	K	n	K_{ur}	R_d	c_d	n_d	ϕ_0 (°)	$\Delta\phi$ (°)	ρ (t/m³)
1	壤土卵（砾）石 Q_3		0.804	700	0.38	1050	0.63	0.35	0.65	42.9	4.1	1.96
2	砂卵（砾）石 Q_4		0.855	1000	0.35	1500	0.56	0.20	0.78	43.9	4.4	2.02
3	坝体堆石含 25% 风化胶结物	风干样	0.74	1009	0.29	1514				55.4	11.9	2.03
		饱和样	0.70	923	0.25	1384	0.69	0.48	0.80	54.4	11.5	2.03
3	坝体堆石含 20% 风化胶结物	风干样	0.74	1057	0.28	1585				56.3	12.4	2.03
		饱和样	0.73	944	0.27	1416	0.69	0.44	0.80	55.4	11.9	2.03
3	坝体堆石含 15% 风化胶结物	风干样	0.72	1135	0.3	1703				57.1	12.4	2.03
		饱和样	0.75	997	0.3	1495	0.70	0.37	0.85	55.8	12.0	2.03
4	坝体砂砾石		0.821	1150	0.33	1725	0.61	0.15	0.95	45.6	4.2	2.10
5	垫层料		0.823	1340	0.42	2010	0.60	0.39	0.67	52.1	9.0	2.20
6	过渡层料		0.886	1440	0.44	2160	0.59	0.51	0.52	56.0	11.5	2.15

4. 计算结果分析　分别计算了不考虑湿化和考虑湿化两种情况。图 1、图 2 为不计湿化变形的坝体竣工期、蓄水期水平位移和沉降等值线，竣工时坝体最大沉降为 85cm，上游向水平位移最大值 11.6cm，下游向水平位移最大值 21.2cm。蓄水期在正常蓄水位时坝体最大沉降为 92.6cm，上游向水平位移最大值为 7.6cm，下游向水平位移最大值为 25.6cm。由计算结果可以发现，坝体最大沉降为坝高的 0.6%，坝体沉降基本上在施工期完成，约占总沉降的 88%；随着库水位升高，坝体沉降有所增加，上游向水平位移有所减小，下游向水平位移有所增加。

考虑湿化变形的情况只研究水库正常蓄水位时的计算结果。图 3 为考虑湿化变形的坝体沉降等值线图，图中只给出运行期雨水入浸坝体后浸润线以上堆石体降雨饱和度为 100% 和 60% 的情况。

考虑湿化变形后，浸润线以上堆石体降雨饱和度为 100%、正常蓄水位情况下坝体最大沉降为 104.73cm。与不计湿化变形比较，坝体最大沉降增加了 12.06cm。

图 4 为正常蓄水位下，不考虑湿化变形和考虑湿化变形两种情况下，混凝土面板挠度曲线，不考虑湿化变形面板最大挠度为 43.6cm、考虑湿化变形面板挠度增加了 6.1cm，最大挠度为 49.7cm。

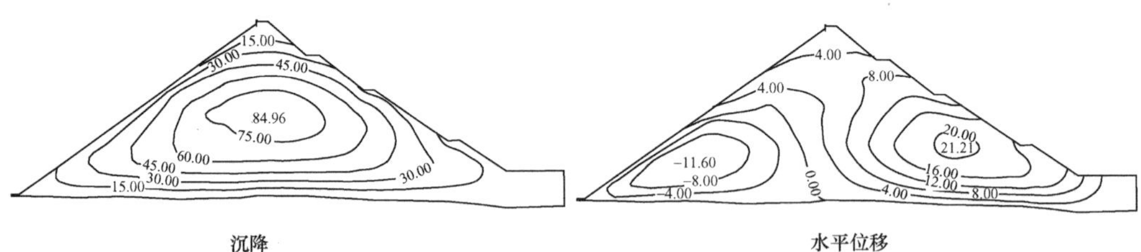

图 1　不计湿化变形的坝体竣工期水平位移和沉降等值线

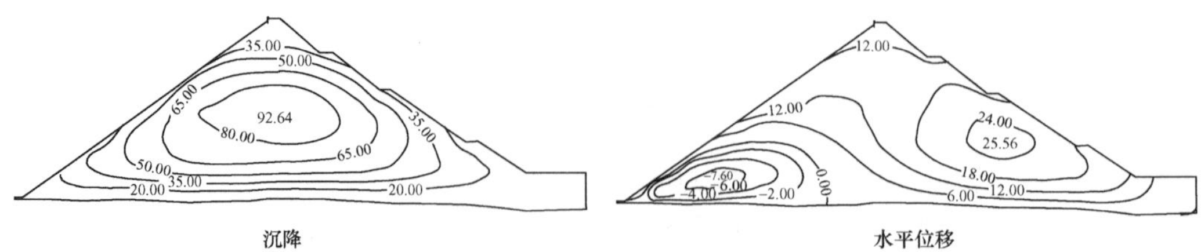

图 2　不计湿化变形的坝体蓄水期水平位移和沉降等值线

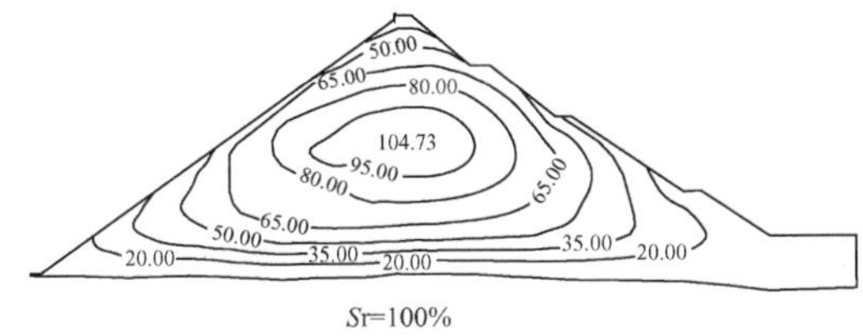

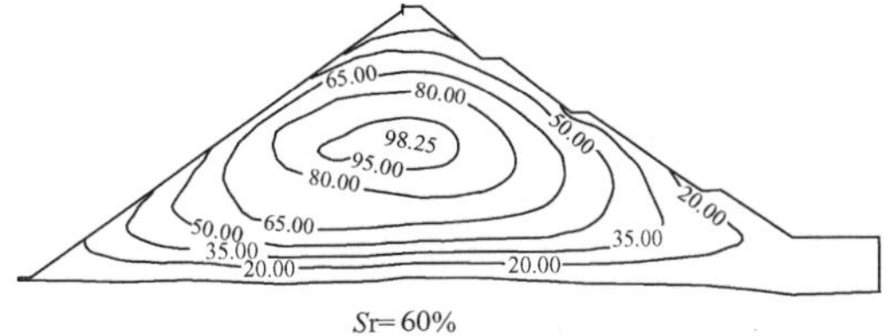

图 3 考虑湿化变形的坝体沉降等值线图

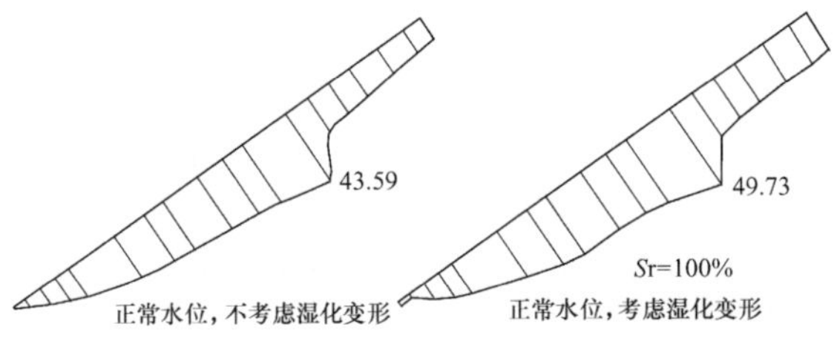

图 4 正常蓄水位混凝土面板挠度曲线

图 5 给出了正常蓄水位下，不考虑湿化变形和考虑湿化变形两种情况下，面板内顺坡向应力分布。面板应力主要为压应力，拉应力仅在面板上部局部区域出现。不考虑湿化变形面板顺坡向最大压应力为 6.0MPa，最大拉应力为 0.46MPa。考虑湿化变形后面板应力增加，当浸润线以上堆石体饱和度为 100%时最大压应力为 7.11MPa，最大拉应力为 1.05MPa，面板压、拉应力分别增加了 1.11MPa 和 0.59MPa，拉应力范围也有所增大。

表 3 给出了堆石料风化胶结物含量 25%、考虑和不考虑湿化情况下滩坑水电站混凝土面板堆石坝平面有限元应力变形计算的特征结果。

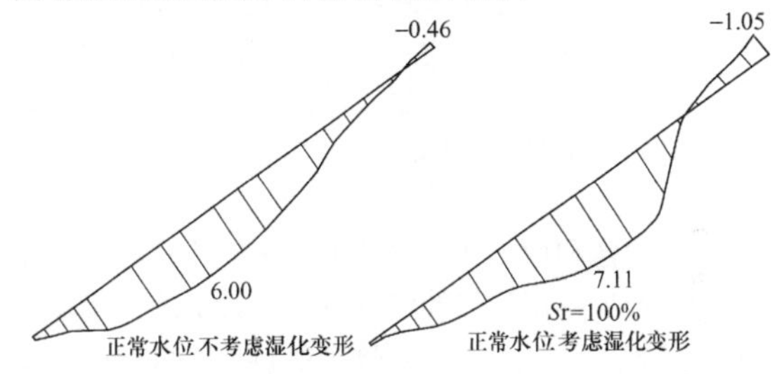

图 5 正常蓄水位面板内顺坡向应力分布

表 3 考虑与不考虑湿化计算结果（最大值）比较表

计算工况	不考虑湿化			考虑湿化			
工况 / 内容	竣工期	正常水位	校核水位	正常水位			
				饱和度 100%	饱和度 80%	饱和度 60%	饱和度 40%
坝体沉降（cm） 高程（m）	84.96 87.92	92.64 87.92	96.10 87.92	104.7 90.10	100.9 89.40	98.25 88.80	95.64 88.30
面板挠度（cm） 高程（m）		43.59 115.00	50.40 115.00	49.73 115.00	46.67 115.00	45.84 115.00	44.27 115.00
面板压应力（MPa） 高程（m）		6.00 68.12	5.71 68.12	7.11 82.27	6.97 82.27	6.71 82.27	6.45 82.27
面板拉应力（MPa） 高程（m）		0.46 168.4	0.92 168.4	1.05 168.9	0.85 168.9	0.72 168.9	0.57 168.9

由计算结果可以发现，考虑湿化变形后，坝体沉降有所增加，随着浸润线以上堆石体饱和度增加，坝体的湿化变形也增大，同时，坝体变形增大导致混凝土面板挠度增大，面板内压应力和拉应力值均有所增加。因此在滩坑堆石坝设计时应计入堆石体湿化变形的影响。

关于胶结物掺量的影响，从有限元应力变形计算可以发现，堆石料风化胶结物含量不同，计算结果有所不同，堆石料风化胶结物含量低时，其强度和变形模量稍高，故坝体应力变形性状也略好。随着堆石体中胶结物含量增多，坝体和面板应力变形量增大，但变化幅度较小。说明硬质胶结物的强度较高，对堆石体性质的影响较小，因此在堆石料中掺加一定比例的胶结物是可行的。

（五）结论与工程措施

通过以上的试验和计算分析，表明堆石体湿化变形对坝体和混凝土面板应力变形状态均有一定影响，在工程设计和施工中应采取一定的工程措施，尽量减小其不利影响。

(1) 堆石体湿化变形引起坝体沉降增加，将导致混凝土面板挠度和面板内应力增加，因此在堆石坝设计时应考虑堆石体湿化变形的影响；在填筑时应适当加水碾压，让湿化变形尽量在施工期完成，减少运行期坝体的变形，以免面板因坝体变形而产生面板脱空和开裂现象。

(2) 浸润线以上堆石体因降雨浸水产生的湿化变形随降雨量增大、饱和度增加而增加，当堆石体完全饱和时湿化变形最大。因此设计时应注意下游次堆石区也应保持良好的排水性，以减小因降雨而产生的下游堆石的饱和度。

(3) 采用试验参数进行计算时，各种工况下坝体的沉降均小于坝高的1%，面板挠度小于坝高的0.31%，应力变形状态均在允许范围内，说明坝料满足要求。至于计算坝体的最大沉降值，笔者认为可能偏小，有待在坝基及坝体埋设的观测仪器测值中给予分析、核实。

(4) 坝体和面板变形随着堆石中风化胶结物含量的增加而增大，但增加的幅度较小，说明滩坑集块岩中的胶结物具有一定强度，掺于堆石中不会引起强度大范围的变动，坝体堆石中掺加一定比例的胶结物是可行的，但应尽量使胶结物分散、不集中。

(中国水电顾问集团华东勘测设计研究院
陈振文　彭　育)

株洲航电枢纽14号闸段桩—承台基础荷载特性分析

(一) 前言

株洲航电枢纽坐落于湖南株洲市湘江干流上，设24孔泄水闸，电站装机容量140MW，右岸设1000t级船闸，是一座具有通航、发电、防洪等综合效益的大型工程。坝址处基岩中存在大量不规则的溶蚀风化深槽，需要进行基础处理。其中位于右汊的7号风化深槽长约170m，宽2～70m，建基面以下最大深度近30m，跨越了右汊13～16号闸段。经过专家的多次论证，对7号风化深槽采用群桩基础处理。

7号风化槽平面几何形状呈锐角三角形，在13号闸段跨度最大，往右岸跨度越来越小，并在16号闸段消失。其中14号闸段的风化槽跨越了闸底板和下游的基岩，使得闸底板一半坐落在基岩上，一半坐落在承台上。上游的基岩贯通了固结灌浆处理的软弱夹层，开挖后回填形成的混凝土承台在下游与基岩为斜坡面接触。承台的形状为倒梯形，几何特征对上部荷载的分担影响较大。现采用有限元数值模型对该结构进行模拟，考察桩和承台的荷载分担比，以此探讨倒梯形承台的承载特点。

(二) 有限元数值计算模型

以14号闸墩所在的闸底板两边的顺水流方向分缝为界，取14号闸段按照工程实际几何形状建立有限元模型。模型整体坐标系选取笛卡儿直角坐标系，X方向为河道的顺水流方向，Y方向为由右岸指向左岸坝轴线方向，Z方向为竖直方向。

根据结构复杂的几何边界条件的特点，材料属性全部设定为线弹性材料。有限元分析中单元采用四面体10节点单元对所有实体进行离散。模型的约束条件为：在闸底板的两侧分缝处不约束，其余的侧面采用法向约束，底面采用全自由度约束。

桩的布置图如图1，桩的长度根据风化槽不同位置的深度而变化，11根桩全部为端承桩，桩的长度见表1。承台的厚度为9.55m，结构的剖面示意图见图2。

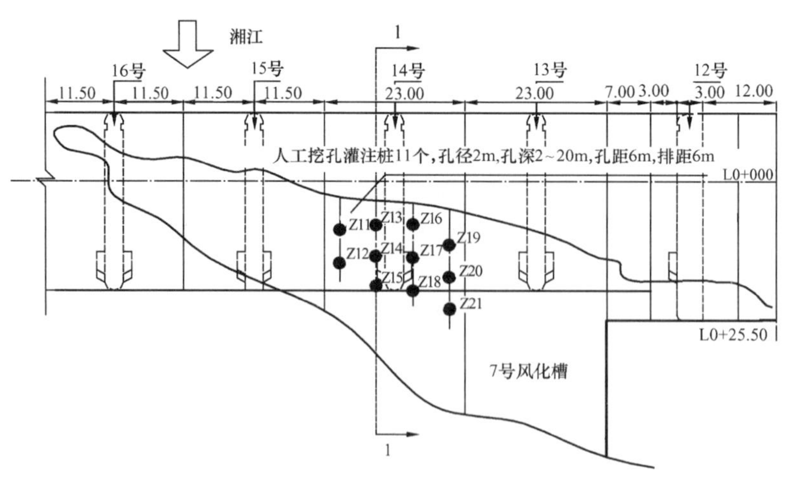

图1　14号闸段桩位布置图

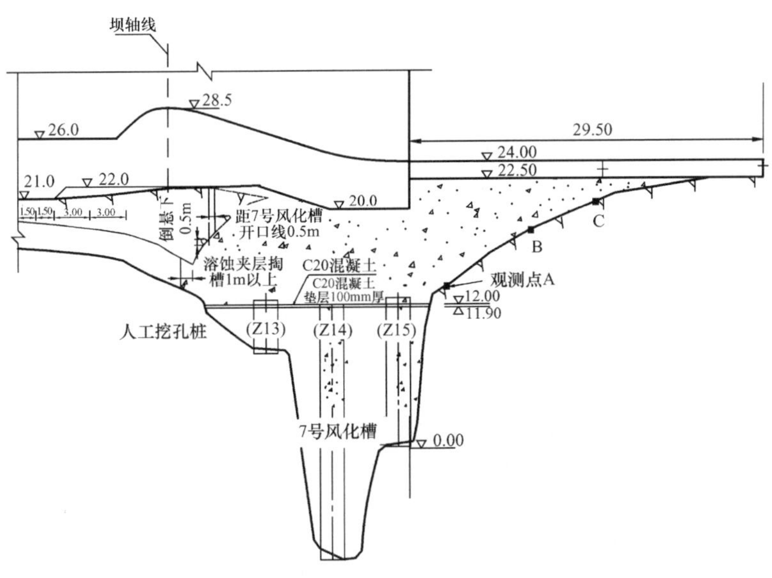

图 2 图 1 中 1—1 剖面图

表 1 桩 的 长 度

桩号	Z11	Z12	Z13	Z14	Z15	Z16	Z17	Z18	Z19	Z20	Z21
桩长（m）	12.18	12.14	4.69	21.94	12.5	1.8	16.3	16.8	1.9	20.65	20.81

（三）数值计算结果

结构中桩的材料为 C25 号混凝土，承台、闸底板、闸墩的材料为 C20 号混凝土，基岩为泥质胶结砾岩，贯通的软弱夹层经固结灌浆处理后弹性模量取 300MPa，有限元分析的计算参量见表 2。

表 2 计算中所采用的材料参数

材 料	弹性模量（MPa）	泊松比	密度（kg/m^3）
C25 混凝土	25500	0.167	2450
C20 混凝土	28000	0.167	2500
风化土	3	0.3	1910
泥质胶结砾岩	5000	0.29	

在有限元计算过程中，针对工程实际计算了两种工况：完全建成工况和正常使用工况，以下简称完建工况和使用工况。

完建工况的荷载主要为上部结构的自重；使用工况下除了结构的自重荷载之外，还有垂直水压力以及水闸上下游水头所造成的水平水压力的作用，主要通过闸墩上的牛腿传递给基础，将闸门对牛腿的作用力分成了顺水流方向、坝轴线方向以及竖向的作用力，分别为 $F_X = 9739860N$，$F_Y = 1800000N$，$F_Z = 4054310N$。计算结果列于表 3。

由表 3 所列的计算结果可见，桩 Z19 的内部应力值为最大值，结合表 1 中的桩的长度可以看出，短桩的应力值较大，如桩 Z16 和 Z13 都体现了该特点，说

表 3 计算结果中各特征点变形与应力结算结果

特征点	完建工况				使用工况			
	U_z（mm）	U_x（mm）	S_z（kPa）	S_x（kPa）	U_z（mm）	U_x（mm）	S_z（kPa）	S_x（kPa）
11 号	−3.044	−0.253	−4600	−1080	−2.753	0.231	−4000	−828
12 号	−3.031	−0.187	−3988	−874	−2.692	0.332	−3830	−776
13 号	−2.998	−0.276	−7200	−1630	−2.721	0.199	−5940	−1160
14 号	−3.088	−0.216	−3387	−593	−2.769	0.311	−3082	−428
15 号	−3.008	−0.142	−3619	−664	−2.613	0.398	−3881	−697
16 号	−2.941	−0.277	−9110	−2647	−2.673	0.216	−7070	−1770
17 号	−3.084	−0.231	−3930	−712	−2.762	0.326	−3640	−502
18 号	−3.031	−0.207	−3567	−504	−2.603	0.434	−3406	−476

续表

特征点	完建工况				使用工况			
	U_z（mm）	U_x（mm）	S_z（kPa）	S_x（kPa）	U_z（mm）	U_x（mm）	S_z（kPa）	S_x（kPa）
19号	−2.987	−0.234	−9260	−2870	−2.699	0.27	−7130	−1930
20号	−3.079	−0.174	−3586	−573	−2.695	0.386	−3318	−413
21号	−2.949	−0.063	−3371	−514	−0.243	0.527	−3220	−568
A			−785	−103			−601	−213
B			−425	−104			−340	−159
C			−358	−117			−233	−134

明都是端承桩的桩群基础中桩越短应力值越大；竖向变形最大的桩是桩Z14，竖向变形相对较大还有位于承台中间位置的桩Z17和Z20，承台的变形呈马鞍状分布。

从完建工况与使用工况的比较来看，桩在完建工况下的内部应力与变形较使用工况要大，下游承台与基岩斜坡面接触处的竖向应力值也是在完建工况下要大，说明水闸在完建工况下的竖向荷载大，在使用工况时闸门挡水对牛腿会作用一个竖直向上的集中力，同时上下游底板也会有垂直水压力的作用；但是该处的顺水流向应力值则是在使用工况时要大，可以知道这是闸门的牛腿顺水流方向作用力的作用效果。

桩—倒梯形承台基础是桩和承台共同承担外部荷载，桩承担的荷载分为两部分：桩侧摩擦力和桩端反力，在该模型中风化土的弹性模量非常小，因此对桩侧摩擦力忽略不计，桩端的反力可通过桩顶端与承台接触面上的法向应力计算；下游斜坡面基岩处承台所分担的竖向荷载则可通过该面的竖向法向应力计算。计算所得出的竖向荷载见表4。

表4 计算所得到的竖向荷载及分担比

工况	桩端阻力（kN）	承台斜坡面反力（kN）	桩的承载力分担比（kN）
完建工况	698916	240426	74.4
使用工况	609682	180013	77.2

由此可见，在完建工况下竖向荷载比使用工况要大，桩的承载比在使用工况时要大些，但变化范围不大。

（四）结论

通过对株洲航电枢纽14号闸段所进行的三维有限元数值计算，探讨了桩—倒梯形承台基础的共同承载作用机理。计算结果分析表明：①承台应力和变形呈马鞍形分布，即中间位置的应力与变形较大，而周围的应力与变形相对较小；②在含有不同长度桩的端承桩群基础中，桩的长度越短，则其桩身内部应力越大；③该基础中桩与承台的竖向荷载分担比各为一半左右；④随着往斜坡面方向水平荷载的施加，桩与承台所承担的竖向荷载都有所减少，而斜坡面承台所承担的水平方向荷载则增大。

（长沙理工大学 王崇宇 刘晓平）

置换碎石土作防洪墙基础持力层的分析

（一）概况

株洲航电枢纽下游进厂公路防洪墙位于枢纽左岸，最大高度20m、长度160m，每16m分一墙段，共10段。防洪墙大部分段位基础都坐落在不良地质区域，1～3号墙段基础位于岩基上，4～10号墙段基础位于2号溶蚀风化深槽内，全部为土基。2号溶蚀风化槽长达数百米，宽达25～200m，且发育深，最大深度超过65m。风化深槽内土体承载力较低，其上部防洪墙为大体积混凝土结构，作用在软弱土基上使其发生严重变形，会导致防洪墙体产生过大沉降和沉降差而使墙体严重倾斜。

（二）基础处理方案选择

根据防洪墙的工程地质条件知，2号溶蚀风化深槽空间范围很大且比较复杂，采用压实土体密度的强夯法处理措施，工程量巨大不经济，而不加固地基仅仅靠调整土中的应力状态以增加土体稳定性的处理措施在如此大范围复杂空间内又难以实现，故采取用其他材料来代替软弱土体的基础处理方案。

如将风化深槽内土体全部挖除，不但工程造价增加较大，而且加大了基槽开挖深度及范围，危及已经形成的厂房的基础稳定，同时基床厚度差异大，容易造成基床本身后期的不均匀变形。因此，决定不采取全挖全填，而改用挖取部分土体进行换土垫层，换基深度为6～9m，置换土为碎石土作为基础持力层。置换土具体要求为：碎石土采用黏土（风化土）掺级配卵石，要求5mm以上碎石含量控制在55%～65%范围内，黏粒含量要求不小于18%。在填筑人工土基前要求将开挖基面先夯压密实，进行基面处理后再填筑碎石土；碎石土要求采用15t的振动碾进行分层碾压，每层碾压厚度不得大于400mm。碾压后的碎石土要求其压实度大于93%，干密度大于1.9g/cm³，容许承载力大于350kPa。

图1为进行换基处理后的防洪墙下游立视图，由于各段墙体的高度与体积不同，各自底部的土体开挖换基深度也不相同，墙后回填土的表面为进厂公路的路面。

（三）计算模型的建立

作用在防洪墙上的荷载沿墙体轴线方向均匀分布，在任一截面自成平衡体系，且防洪墙沿墙轴线方向长度较长，故可近似为平面应变问题进行研究分析。在计算模型中，以垂直水流方向指向防洪墙垂直墙面为X正向，竖直向上方向为Y正向。根据类似工程经验，地基计算范围X（宽度）向约取4倍防洪墙底部轮廓长度，即60m；Y（深度）向约取2倍防洪墙底部轮廓宽度，即25m。假定材料全部为线性材料，各材料采用平面八节点矩形单元模拟，对于回填土材料与混凝土之间的相互作用采用接触单元来模拟。荷载为混凝土自重、墙后回填土和水的作用。有限元计算模型的材料参数如表1所示。

表1　有限元计算模型中材料的参数

材料＼参数	弹性模量(Pa)	泊松比	密度(kg/m³)
防洪墙混凝土（C20）	2.25×10^{10}	0.167	2.40×10^{3}
墙后回填土	4.50×10^{6}	0.320	1.90×10^{3}
碎石土	2.00×10^{7}	0.225	
风化槽土基	3.00×10^{6}	0.300	

（四）计算结果分析

施工工况、完建工况、使用工况的基本情况和特点如表2所示。

1. 防洪墙的沉降分析　施工完成的墙体在竖向的沉降位移从右至左即从墙体垂直面至墙后逐渐减小，最大沉降位移发生在靠墙体垂直面底部处，其数值约为9.9cm。墙后回填土体在自重作用下土体上部产生较大沉降约为20.4cm，墙体总体沉降增大，其数值范围在10～13.5cm，墙体最大沉降位移发生在墙趾处，发生以上沉降变化是因为完建工况下墙后回填土的自重对墙体后段的下压作用，使得墙体有向岸侧移动的趋势，墙体的作用重心会偏向岸侧墙后段，墙体的沉降位移分布是从墙后至墙体垂直面逐渐减小。增加了水压力作用使用工况下的墙体沉降位移分布相对于完建工况没有明显的变化，只是数值上有所增加，最大沉降位移仍发生在墙趾处约为16.2cm，沉降增加是由于作用在墙体垂直面的水平水压力在墙体产生了逆时针的弯矩，使得墙体有绕墙趾转动的趋势，墙体整体沉降增加。

2. 地基沉降变形分析　墙体施工完成，墙后没有回填土作用的施工工况，墙体的重心靠近墙踵处，

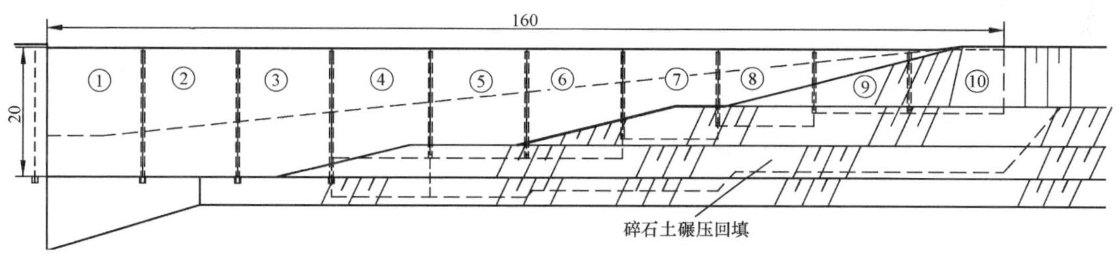

图1　下游进厂公路防洪墙立视图

表2　计算工况一览表

内容＼工况	施工工况	完建工况	使用工况
基本情况	基础处理完毕，防洪墙体施工到设计高程	墙后回填土回填到设计高程	防洪墙体正常使用，设计挡水高程45.60m
特点	防洪墙体和基础只受墙体的自重作用影响	防洪墙体和基础受墙体和回填土自重的共同作用	相对于完建工况增加了对墙体和基础的水平、竖向水压力作用

对基础的沉降变形影响作用大，故地基最大沉降位移发生在墙踵处约为9.9cm，且地基沉降呈从上至下逐渐减小弧形层状分布。回填土到设计高程，回填土在回填过程中其自重对墙体后段部位有下压作用，使墙体结构的重心移向墙趾部位，在墙趾处墙体对地基的作用增大，最大沉降为12.7cm，且墙体和回填土作用下的地基沉降变形比右侧地基（上部只有土体自重荷载）沉降变形大。使用工况下，在水平水压力的推动作用下，水压力通过墙体传向基础，沉降最大值增大到15.7cm，另外在水压力的竖向作用下，右侧基础也产生一定的沉降，从上至下递减并大致呈层状分布，基础沉降较均匀。

从1、2分析可知：使用工况下地基沉降比较均匀，防洪墙建成以后在正常使用阶段对墙体结构的沉降变形有利；从墙体建成到墙后回填土完工到投入使用阶段，基础最大沉降由墙踵处移向墙趾处，沉降值逐渐增大。

3. 地基承载力分析　施工工况下墙体重心靠近墙踵处，集中荷载效应比较明显，墙踵以下区域的地基压应力较大，最大压应力约240.9kPa；完建工况下，由于墙后回填土的作用使得墙体有向岸侧移动的趋势，墙体向右下方倾斜趋势减小，墙体的沉降发生变化（总体沉降减小）对地基的压力作用也发生变化，地基压应力最大值出现在墙趾以下区域约为226.2kPa；小于换基设计容许承载力350kPa，满足地基承载力要求。使用工况下，水平水压力对墙体有水平推力作用，一部分水压力通过防洪墙体传向底部地基，再加上竖向水压力的作用，地基压应力增大，最大压应力值为309.2kPa。以上地基最大压应力值均小于换基设计容许承载力350kPa。

综上可得：地基应力分布基本上与墙体底部基础的沉降位移相一致，三种工况下的地基承载力均满足设计承载力要求。

（五）结论

（1）地基承载力满足要求，换基处理方案满足地基稳定性要求，有利于基础和上部防洪墙体的均匀沉降，置换碎石土可作为防洪墙基础持力层。

（2）完建工况下，墙后回填土的自重对墙体有下压作用，使用工况下水平水压力对墙体垂直面的水平推力作用使得墙体整体向岸侧移动，减弱了墙体向河侧的倾倒趋势，有利于墙体的稳定平衡，墙体的稳定平衡状态较好。

（3）墙体在施工的过程中，其自身包括基础都会产生一定的沉降位移，完工时将墙体砌到设计高程，补充了一部分的结构沉降。而计算分析没有考虑施工的非线形过程，故计算结果值偏大，即实际情况的结构沉降位移会小于计算结果值。结合此考虑可认为墙体的结构沉降位移满足要求，且满足墙体的稳定平衡。

（4）该工程中采用置换碎石土作防洪墙基础持力层的换土垫层法进行地基处理，开挖深度不大，工程量小、造价低，满足工程的经济合理性。

（长沙理工大学　姚　迪　刘晓平　谢安丰）

龙滩水电站大坝右岸施工期安全监测成果初步分析

龙滩水电站右岸大坝指2～21号坝段，其中2～4号坝段为岸边挡水坝段、5号坝段为通航坝段、6～11号坝段为河床挡水坝段、12号和19号坝段为底孔坝段、13～18号坝段为溢流坝段、20号坝段为电梯井坝段、21号坝段为拐角转弯坝段。右岸大坝监测的内容主要包括：渗流监测、坝体大体积混凝土应力应变监测、温度监测、接缝和裂缝监测、局部结构应力应变监测和坝基变形监测、高程传递，以及水力学监测。重点是：①5号坝段的变形、应力应变和温度；②11号坝段的变形、温度、应力应变、渗流；③12号坝段的变形、温度、孔底周边的应力应变、渗流、闸墩的局部应力应变和水力学等；④16号坝段的变形、温度、应力应变、渗流、闸墩的局部应力应变、坝体地震反应和水力学等。右岸大坝监测仪器累计安装1329支（套），其中有5支失效，成活率99.6%。施工期及首次蓄水期监测成果初步分析如下：

（一）坝体混凝土温度情况

1. 建基面温度　在建基面布置了13支温度计，平均温度为24.06℃，说明坝体混凝土与基岩面接触良好，目前温度计所测混凝土温度处于平稳状态，有间歇性的轻微波动。

2. 坝体温度　由于坝体混凝土各高程浇筑时间和环境的差别，坝体内部各高程混凝土的温度差异很大。坝体混凝土已达到了最高温度，处于缓慢下降的阶段：5号坝段平均温度为22.52℃；11号坝段平均温度为29.56℃；12号坝段平均温度为29.58℃；16号坝段平均温度为26.89℃；21号坝段平均温度为34.08℃。

3. 基岩温度　右岸大坝布置了3个监测断面共埋设了30支基岩温度计，均已达到最高温度，所有基岩温度计处于稳定状态，整体温度变化量在0.3～0.5℃之间，平均温度为24.4℃。

（二）坝基与坝体结合情况

右岸大坝共埋设了16支裂缝计，裂缝计埋设于基岩面上，受温度的影响很小，大部分裂缝计处于受拉状态。开合度变化不大，受拉开合度最大值出现在 K_{21}－4 处，为 0.48mm，其余各坝段裂缝计开合度均处在 0.1～0.2mm 之间。说明基岩和混凝土结合情况良好，满足设计要求。

（三）坝体分缝结合情况

右坝大坝共埋设了 41 支，大部分测缝计处于轻微的受拉状态，开合度很小，受拉开合度最大值出现在 J_5－1 处，为 2.01mm，实测成果表明，接触灌浆的完成，缝面开度变化趋于稳定，没有继续大幅张开的现象。

（四）钢筋应力

钢筋应力主要受温度的影响而变化，温度升高应力下降，温度降低应力上升。16 号坝段廊道钢筋大部分处于受压状态，最大拉应力发生在上游灌浆廊道钢筋，为 17.87kN。

（五）大坝渗流情况

1. 大坝基础渗透压力　右岸大坝坝基部位共埋设了 16 支渗压计，蓄水前后水头的变化不大，除个别渗压计出现渗透压力外，其余渗压计均无渗透压力，部分特征值及变化量见表 1。

2. 坝基渗漏量　蓄水期间对右岸大坝所有的排水孔进行容积法观测，绝大部分的排水孔无水渗出，只有 76 个排水孔有水渗出，排水孔的渗漏总量最大值发生在 2006 年 12 月 16 日，为 2040.75ml/s，当天的上下游水位分别为：317.72m、222.54m。坝体排水孔渗漏量在 1215.78～2041.75ml/s 之间变化。水位与排水孔渗漏总量变化过程线见图 1。

从过程线可以看出，坝基渗漏量初期随着上游水位的增加而增长，当上游水位逐渐稳定时，排水孔渗漏量逐渐稳定并缓慢减少。

3. 基础扬压力　5～21 号坝段共布置有 52 支测压管，坝基上游帷幕灌浆廊道最大水头为 16.27m；坝基下游帷幕灌浆廊道最大水头为 6.72m。整体来看，蓄水产生对大坝的渗透压力和扬压力小，仪器测值真实地反映了大坝基础渗透扬压力的情况。

4. 坝体渗透压力　右岸大坝坝体内部共布置了 43 支渗压计，布置在基础面且纵向桩号接近上游面的渗压计与 11 号坝段底孔处的渗压计所测渗透压力较大，最大值为 32.90m，其余部位所测的水头为零。渗压计主要受水库水位的影响，随其涨落而升降，一般滞后于水位的变化；蓄水前后渗压计测值变化不大。

（六）底孔附近主要监测成果分析

1. 钢筋应力　布置在 12 号坝段底孔部位的 10 支钢筋计大部分处于受压状态，蓄水前后所测钢筋应力变化不大，最大拉应力出现在 R_{12}－13 处，为 20.10kN。19 号坝段钢筋计所测的拉应力值为 32.12 kN（R_{19}－10）。

2. 锚索应力　12 号坝段共埋设了 8 套锚索测力计（4 套主锚索、400t；4 套次锚索、200t），根据已埋设的锚索测力计观测数据来看，锚索应力有所损失，次锚索应力损失范围在 25.98～162kN，主锚索

表 1　渗压计特征值统计表

序号	设计编号	蓄水前水头最大值（m）	蓄水期水头最大值（m）	变化量（m）	备　注
1	P_{11}－1	21.32	93.22	71.90	
2	P_{11}－4	0.00	0.04	0.04	
3	P_{11}－5	0.00	0.45	0.45	
4	P_{11}－6	0.00	0.11	0.11	
5	P_{12}－3	0.00	2.56	2.56	
6	P_{12}－4	0.00	0.00	0.00	

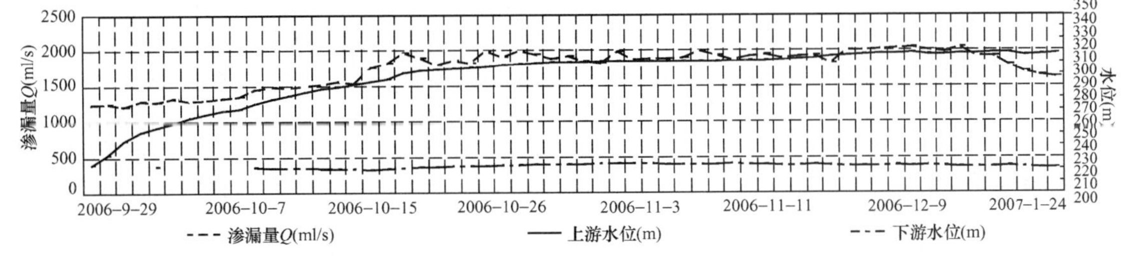

图 1　水位与排水孔渗漏总量变化过程线图

应力损失范围在100.25～427kN。

3.钢板应力 12号坝段底孔钢衬周围共布置了9支钢板计，从观测数据来看，钢板计普遍受压，最大值出现在$PS_{12}-7$，为－46.64MPa，其余各支钢板计变化范围在－1.48～－40.90MPa之间，符合现场工况。

（七）坝基深部变形

坝踵处基岩深处位移向上，坝中基岩深处位移向下，坝址处基岩深处位移向上，最大位移出现在坝踵处，为－4.235mm；总体来看基岩深部变形较小，变化范围在0.005～0.162mm之间，这说明上游坝体水位的变化不影响坝体深处位移。

（八）坝体垂直位移

蓄水期11号、21号坝段埋设有6条双管金属标，用来监测大坝及坝基的垂直位移。测值最大为：铝管温度变形0.16mm，钢管温度变形0.08mm，基座变形－0.07mm。垂直位移测值的变化量很小，月变化为±0.01mm。说明现阶蓄水后对大坝及基础的垂直位移影响很小。

（九）综合分析

（1）右岸大坝所有安装的安全监测系统（有5个测点失效外）运行状态良好，监测数据完整、真实有效。

（2）坝体温度在正常的温度允许范围内，个别高程在初期混凝土温度偏高，通过通水冷却后，温度降低到允许范围内，整个坝体温度处于良好的受控状态。

（3）混凝土应变很小，完全在允许范围之内，混凝土自身体积变形也在允许范围之内。

（4）钢筋应力随温度周期性变化，拉应力和压应力正常，钢筋受力情况良好。

（5）从所观测的测缝计成果表明，各坝段分缝处于收缩或微张开状态，缝隙发展良好。

（6）从裂缝计和岩石变位计的监测成果表明：坝基和基岩结合良好，坝基岩石深部变形较小，目前坝基稳定。

（7）上游水位上升了近100m，就观测成果来看，坝基渗透水压力较小；坝体混凝土层面间渗透压力除个别点有渗透压力外，其余均无渗透压力出现，层面间混凝土结合良好；坝基渗漏量基本保持在2000mL/s左右，随上游水位的变幅有微小的变化。

（8）底孔经过冲水，观测数据表明，周围各项监测指标均在正常范围内。

综上所述，整个大坝各项监测技术指标均在允许范围之内，大坝运行状态良好。

（中国水利水电第七工程局 谢基祥 屈大海）

龙滩水电站高边坡施工期监测信息反馈系统与长期稳定性研究

中国科学院武汉岩土力学研究所受龙滩水电开发有限公司委托，进行“龙滩水电站高边坡施工期监测信息反馈系统与长期稳定性研究”，2006年完成。项目分4个子题，简介如下：

1.“龙滩水电站坝址区左右岸高边坡监测信息反馈系统研究” 基于先进的GIS和可视化技术，在Windows平台上开发了大型的龙滩坝址高边坡监测信息反馈分析系统；建立了表达龙滩水电站坝址高边坡多元信息的三维地层信息系统，在三维场景中实现了对监测信息、地质、施工和设计信息的综合管理、可视化查询；研究了边坡非线性变形的预测方法，提出了新的多方法综合的边坡变形智能预测模型，开发实现了对边坡变形进行有效预测和监测突变预警提示的系统功能。

2.“高边坡变形与稳定反演分析研究” 以施工期地质勘察、力学试验、开挖进度、位移监测结果为基础，以考虑开挖卸荷效应的有限元、显式有限差分法等数值方法为基本方法，以正交设计、人工神经网络、遗传算法等现代数学方法为基本手段，建立了反倾向层状边坡岩体力学特性和稳定性的系统综合反演分析方法，进行了二维弹塑性有限元反演分析和开挖模拟计算；建立了边坡的三维数值仿真模型，进行了大范围三维弹塑性反演分析和开挖模拟计算；采用基于临界滑动场理论的极限平衡分析法分析了可能的滑移面及相应的安全系数。在多种分析方法研究成果的基础上，综合工程地质、岩石力学实验与现场监测成果，对边坡整体与局部稳定性进行了评价。

3.“高边坡岩体应力场、渗流场特征及其耦合作用研究” 建立边坡水文地质模型和数值计算模型，通过免疫进化规划算法，反演得到边坡岩体的渗透系数，并对不同水位情况下的边坡渗流场进行数值模拟，分析有无防排水措施情况下边坡渗流场的特征，评价防渗和排水措施的有效性。

4.“边坡岩体长期蠕变特征及其对结构物的影响研究” 利用智能分析方法建立边坡岩体变形量及典型变形阶段的预测模型，初步建立边坡岩体变形的稳定性分析判据；探讨岩体变形稳定标准和变形的稳定时间；进行边坡岩体与大坝结构物的相互作用分析，分析大坝结构物与边坡岩体之间的变形协调和变形响应。

（龙滩水电开发有限公司 贺华林 钟志军）

龙滩水电站全级配碾压混凝土特性研究

由龙滩水电开发有限公司委托中国水利水电科学研究院于2006年完成的“龙滩水电站全级配碾压混凝土特性研究”填补了国内碾压混凝土系统的全级配混凝土特性研究方面的技术资料空白。项目进行了珞璜Ⅰ级粉煤灰和凯里Ⅱ级粉煤灰有层面和无层面全级配试件及相应的湿筛混凝土试件在抗压强度、劈拉强度、弹性模量、极限拉伸和抗渗、徐变、自生体积变形等方面的对比试验研究，分析有层面和无层面全级配碾压混凝土之间的层面效应关系，全级配混凝土大试件与湿筛混凝土小试件之间的湿筛尺寸效应关系。

试验结果表明，全级配碾压混凝土抗压强度试验，层面对抗压强度有影响，但抗压强度降低不超过9%。两种粉煤灰有层面大试件与无层面大试件抗压强度的层面效应系数平均值为0.93。大试件抗压强度均比标准试件低，湿筛尺寸效应系数平均为0.92。全级配碾压混凝土劈拉强度试验，珞璜粉煤灰有层面大试件混凝土与无层面大试件混凝土劈拉强度的层面效应系数平均值为0.78。凯里粉煤灰的层面效应系数平均值为0.91。大试件的劈拉强度均低于标准试件，湿筛尺寸效应系数平均为0.81。全级配碾压混凝土弹性模量试验，层面效应系数测值接近于1.0。ϕ300mm断面试件比ϕ150mm断面试件的弹性模量略高，湿筛尺寸效应系数平均为1.02。全级配碾压混凝土轴拉强度和极限拉伸试验，珞璜粉煤灰有层面大试件的轴拉强度层面效应系数平均值为0.86；凯里粉煤灰的平均值为0.85。珞璜粉煤灰有层面大试件极限拉伸值层面效应系数平均值为0.84，凯里粉煤灰的平均值为0.87。轴拉强度和极限拉伸值的湿筛尺寸效应系数平均为0.72。全级配混凝土抗渗试验，无层面大小试件在水压4MPa下未出现透水现象，有层面大试件出现透水，渗透系数量级为10^{-13}m/s，满足坝高200m级重力坝要求。全级配混凝土徐变试验，两种粉煤灰的大试件徐变度总体上均小于小试件的徐变度。全级配混凝土自生体积变形试验，两种粉煤灰的大小试件的自生体积变形体现出先膨胀、后微缩的特征，但总体都是膨胀型。凯里粉煤灰大试件自生体积变形的最大膨胀量在13×10^{-6}左右，小试件的最大膨胀量在30×10^{-6}左右。珞璜粉煤灰大小试件自生体积变形的最大膨胀量在$7\times10^{-6}\sim8\times10^{-6}$左右。

（龙滩水电开发有限公司　贺华林　钟志军）

龙滩水电站碾压混凝土的温控防裂分析和评价研究

由龙滩水电开发有限公司委托河海大学于2004年完成的“龙滩水电站碾压混凝土重力坝胶凝材料用量及配合比优化的温控防裂分析和评价研究”，通过温度应力仿真计算可将不同配比下混凝土各种性能参数综合考虑，研究不同胶凝材料用量的抗裂性能，从理论分析上论证混凝土最优的配合比及胶材用量，以设计安全度为标准评价配合比的优劣。

该项目按施工进度计划和本阶段研究的胶凝材料用量的混凝土物理、力学、热学性能试验的指标以及大坝施工方案，进行大坝混凝土温控研究，提出符合实际、切实可行的温控措施及温控标准。

研究成果如下：

（1）配合比及胶材用量优化后混凝土的性能，有如下几个方面的特点（与设计配合比及胶材用量比较）：①绝热温升高，普遍比设计胶材用量的混凝土绝热温升高出2℃以上，尤其是碾压混凝土三级配中部R_2高出5.6℃；②弹性模量高，最大值为46.7GPa，最大差值6.0GPa；③强度高，180天强度值为3.3～4.0MPa；④极限拉伸值大，180天的极限拉伸值为（0.9～1.2）$\times10^{-4}$；⑤碾压混凝土自生体积变形变为膨胀型。

（2）根据混凝土新的特性，按9月开始浇筑混凝土的施工方案，算得坝内最高温度挡水坝段42℃、溢流坝段42℃、孔口坝段40℃，比用设计配合比计算结果高出4℃左右；各对应部位的基础温差大4℃。在基础约束区，温差超规范标准较多，需加通水冷却（4月中旬至10月中旬）措施，方可将最高温度控制在38℃以内。

（3）由于混凝土的强度和极限拉伸较高，在碾压混凝土部位，其安全系数与改变胶材用量前对比没有降低；但在孔口坝段孔口周围的变态混凝土中，安全系数小于1，不及原配合比安全系数大。

（4）两种胶材用量的剪应力变化规律一致，温差大处剪应力大，随着坝高而减少，靠上游面大于靠下游面的剪应力，蓄水前坝踵处在温度作用下剪应力最大，蓄水后在水压的作用下剪应力有所减少。

（5）根据坝内不同部位不同材料的抗剪强度算得安全系数随着龄期、高度、温度的变化而变化。两种安全系数都比较大，用设计配合比性能所得安全系数比优化配合比后的大一些。

（6）洪水期间，坝面过水会增加坝轴线方向拉应力 1.0MPa，最大值 1.4MPa，如果混凝土龄期较短，则过水引起坝面裂缝的可能性很大，要引起高度重视。

（龙滩水电开发有限公司　贺华林　钟志军）

雅砻江水电开发联合研究基金进展情况

为研究解决雅砻江水电开发中面临的关键技术问题，提升企业科技实力，同时发挥国家自然科学基金的导向作用，促进我国水电科技进步，二滩水电开发有限责任公司（以下简称二滩公司）和国家自然科学基金委员会（以下简称自然科学基金委）2005 年联合设立了雅砻江水电开发联合研究基金（以下简称雅砻江联合基金）。雅砻江联合基金由二滩公司出资 3000 万元，自然科学基金委出资 2000 万元，重点资助“高坝安全；高坝枢纽水力学和河道水环境；高压力大流量岩溶裂隙水环境下深埋长引水遂洞安全及其预报；岩石高边坡安全及其预报；流域水能开发利用管理”等领域的科学研究。

雅砻江联合基金的项目申报和评审都严格按照国家自然科学基金的管理程序进行，经过 2005 年 10 月和 2006 年 9 月两次项目评审，共安排了 50 项联合基金项目（其中有 19 项重点项目，研究年限为 4 年；31 项面上项目，研究年限为 3 年）。联合基金项目的承担单位中有清华大学、天津大学、河海大学等著名高校和中国水利水电科学研究院、南京水利科学研究院、中国科学院武汉岩土力学研究所等水电行业综合性研究院所，在项目负责人中有六位院士（科学院院士或工程院院士）和一大批中青年学术带头人，研究阵容非常强大。

雅砻江联合基金注重与工程实际相结合，并要求研究成果迅速转化为现实生产力，在雅砻江流域开发的工程建设中获得应用。2006 年是联合基金项目实施的第一年，各联合基金项目组都组织了现场调研和基础资料收集，在二滩公司的积极配合下，多数项目的基础资料收集工作已基本完成，为推动项目研究与工程实际紧密结合奠定了坚实的基础。截至 2006 年底，部分研究基础较好的联合基金重点项目已经取得了初步研究成果，在雅砻江水电开发的工程实践中得到应用，例如联合基金重点项目“雅砻江流域高边坡发育的动力工程及其工程适宜性评价”（批准号：50539050）的灌浆技术等研究成果已应用于锦屏工程的高边坡治理。

（二滩水电开发有限责任公司　申满斌）

三峡右岸地下电站水轮机调速器系统结构研究

受中国长江三峡工程开发总公司委托，中国水力发电工程学会水电控制设备专委会组织水电控制设备专业的资深专家承担了“三峡右岸地下电站水轮机调速器系统结构研究”项目。

项目组于 2006 年 4 月开始，对我国 19 座大型骨干水力发电厂的水轮机控制设备运行情况进行了较全面的调研，并对 7 个水轮机控制设备研发单位的产品进行出厂产品测试。所调查的水轮机控制设备，大多是单机容量在 200MW 以上的调速器，或主配压阀直径大于 150mm 工作油压 4MPa 以上的调速器，其中进口 20 台，国产 89 台。其间项目组参加了 3 台三峡右岸电厂水轮机控制设备的出厂试验、二滩水力发电厂水轮机控制设备改造后评估会议、岩滩水电厂调速器改造现场测试及“三峡电厂水轮机调速系统重大技术攻关并国产化研究”鉴定会。

通过半年多深入调查、分析与研究，提出了三峡右岸地下电厂水电控制设备实现国产化的指导思想和原则：采用进口的 PCC ，PLC 或 IPC 组成微机调节器及平板 PC 机；采用进口的比例阀或步进电机，各类传感器、继电器等；利用完全具有自主知识产权和创新性的应用软件，实现 PID 调节规律及基本的和特殊相关功能，包括如显示，I/O 控制，通信等；控制系统专用的如主配压阀、油泵等部件，均采用国产化产品，集成出有特色的符合业主要求的油压装置。

项目组结合三峡右岸地下电厂具体情况，提出调速器方案的设计原则应是简约、稳妥、可靠、有成功的运行经验，推荐的系统结构方案如下：

（1）具有双微机调节器，双电—机/液变换器，双位置传感器的冗余系统。

（2）电气开度限制机构用于调整试验、机组启动及手动操作等，备有纯机械手动，仅在非正常的紧急情况下能开关导叶。

（3）用工业平板 PC 机的彩色触摸屏实现人机界面，应具有显示、人机对话、管理、通信、存储、试验、事件记录等功能。

（4）具有衬套的立式主配压阀。

该项目验收会议由中国长江三峡工程开发总公司主持，验收意见如下：

（1）项目提交的研究报告有：主题报告、进口及国产调速器调研报告、油泵调研报告、测试报告。其中对比例伺服阀、步进电机、油压设备、测频技术、空载开度预测、液压系统内环校正等问题进行专门论述；对三峡地下电站水轮机调速器在系统结构、测频方案、冗余措施、技术指标、硬件平台、主配压阀、液压系统校正等提出全面的建议和要求。研究报告内容翔实丰富。

(2) 提出的报告为三峡地下电站水轮机调速器系统结构设计提供了有力的技术依据；也为中国长江三峡工程开发总公司承建的其他大型骨干水电站水轮机调速器的系统结构设计打好基础。

(3) 该项目成果将有力推动我国大型骨干水电站水轮机控制设备实现国产化及国家调速器行业的技术进步。

审查会议一致认为项目承担方圆满地完成了该委托合同的全部工作内容，报送文件符合要求，同意验收。

（中国水力发电工程学会水电控制设备专委会 孔昭年）

水 电 技 术 创 新

三板溪工程技术创新

（一）概况

三板溪水电站是沅水干流唯一具有多年调节性能的龙头水电站，位于贵州省锦屏县境内。工程属一等大（1）型，装机 4 台，总容量 1000MW。水库正常蓄水位 475.00m，相应库容 37.48 亿 m^3，总库容 40.94 亿 m^3，调节库容 26.16 亿 m^3。

枢纽布置为：河谷布置主坝，左岸布置副坝、溢洪道、泄洪洞与驳运码头，地下厂房、引水发电系统布置在右岸，溢洪道布置在主坝与副坝之间。

主坝和副坝均为混凝土面板堆石坝，坝顶高程 482.50m，主坝坝高 185.50m，坝顶长度 423.34m；副坝上游坝高 50.50m，下游坝高 92.13m，坝顶长度 233.72m。大坝填筑量约 900 万 m^3。

溢洪道水平投影长 686.00m、宽 70.00m；设 3 孔溢流堰，每孔宽 20.00m、高 19.00m；采用斜鼻坝挑流消能，设计最大下泄流量为 13360m^3/s，最大流速约 45m/s。

泄洪洞位于溢洪道左侧，塔式进水口底板高程 400.00m，进水口设 2 孔 5.00m×9.00m（宽×高）的深孔，其后接一条城门洞型无压隧洞。隧洞水平投影长 690.90m，标准断面尺寸为 13.00m×13.70m（宽×高），采用斜鼻坎挑流消能；设计最大下泄流量为 2940 m^3/s，最大流速约 41m/s。

（二）工程特点与关键技术

1. 用特坚硬岩和软岩筑 200m 级高面板坝　三板溪面板堆石坝坝高 185.5m，为我国已建成的第一高面板堆石坝。筑坝材料为凝灰质砂板岩、变余凝灰岩、变余凝灰质砂岩等。岩石饱和单轴抗压强度15～235MPa，最高近 300MPa，有坚硬岩或特坚硬岩，也有强度低的强风化岩，筑坝材料强度高低悬殊，岩性复杂。

2. 大坝施工，填筑强度高　大坝填筑量约 900 万 m^3，填筑工期 21.5 个月，连续 18 个月填筑强度达 40.00 万 m^3/月，高峰强度达 73.00 万 m^3/月。

3. 采用“一枯拦洪”度汛方案　从 2003 年 12 月 1 日开始，至 2004 年 4 月 30 日，将坝体临时拦洪断面填筑到 97.00m 高，填筑量达 230 万 m^3，高峰强度达 73.00 万 m^3/月，在一个枯水期内，坝体拦洪达到了全年 200 年一遇洪水的度汛要求。此举实现了坝体连续施工，为工程提前 14 个月发电奠定了基础。同时，还节省了围堰工程量。

4. 副坝为贴坡坝型　副坝建于左岸条形山脊，其上、下游均贴坡填筑，上游坝高 50.50m，下游坝高 92.13m，坝轴线部位坝高约 30.00m。

5. 泄水建筑物抗空蚀与抗冲磨要求高　溢洪道和泄洪洞最大流速分别为 46m/s、42m/s 左右，单宽流量分别为 191 m^3/s、226 m^3/s，抗空蚀和抗冲磨要求高。

综上特点，特坚硬岩筑坝技术（获得良好级配的特坚硬岩的爆破开采技术、获得高密度、低孔隙率的坝体填筑碾压技术），强风化可用料的合理利用及其与坚硬岩的混合开采，施工进度的合理安排，坝体合理分区分期，面板浇筑时段的选择，大坝止水系统的可靠性，溢洪道、泄洪洞掺气减蚀与抗冲耐磨设计，水库分期蓄水等是本工程的关键技术。特坚硬岩筑坝技术被列为国家“十五”科技攻关项目。

（三）科技攻关与创新成果

1. 特坚硬岩筑坝技术创新成果　以三板溪面板堆石坝工程为依托，对特坚硬岩筑坝技术进行了系统科技攻关，《特坚硬岩筑坝技术研究》（SP11－2002－03－52）于 2006 年 11 月 24 日通过国家电网公司科技部的验收。主要研究成果如下：

（1）通过对特坚硬岩等堆石料的爆破和填筑碾压研究，提出了一整套满足200m级面板坝坝料要求的爆破和碾压参数。碾压试验表明，采用20t牵引式振动碾或25t自行式振动碾均可以通过增加碾压遍数提高堆石密度；通过控制钻孔深度等措施，成功实现了强风化与弱风化岩石的掺混比例；得出了特坚硬岩单料和特坚硬岩、坚硬岩与强风化掺混料（7：3）都可以作为200m级面板坝筑坝材料的结论，拓宽了200m级筑坝材料的应用范围。观测资料表明，单料和混合料的压缩性接近。

（2）通过对特坚硬岩力学特性和本构模型研究，得出了堆石的应力应变与应力路径有关，在研究的应力范围内，特坚硬岩的强度和变形规律，属通常工程经验范围。建立了能较好反映堆石料复杂应力路径下的应力—应变—体变特性的本构模型，在一定程度上改善了双屈服面模型在高围压或高应力水平条件下模拟剪胀性偏大的缺陷。首次提出了利用现场压缩试验成果推求堆石体本构模型参数的“堆石料压缩试验的解耦$K-G$参数分析方法”，并利用其参数对三板溪面板坝进行了应力应变分析，可减轻常规三轴试验带来的“缩尺效应”。

（3）采用多个常用和改进的本构模型，对坝体和面板应力变形进行了二维、三维仿真计算，得出了特坚硬岩200m级面板坝坝体应力变形规律符合一般高面板坝工程经验的结论。

（4）通过接缝止水结构型式与材料研究，首次选择有代表性的内拐、外拐部位周边缝拐弯段进行仿真模型试验，推导了周边缝拐弯段变形相互关系的计算方法，验证了周边缝拐弯段是接缝止水薄弱环节的结论。模拟周边缝张开60mm、沉降100mm、剪切60mm进行仿真模型试验，论证了周边缝在大变形和高水头作用下止水结构防渗系统的可靠性。

通过该课题研究，深化了对面板坝筑坝材料特性的认识，解决了200m级面板坝特坚硬岩筑坝关键技术。在拓宽筑坝材料的应用范围、强风化岩的掺混利用、大坝变形分析方法、周边缝拐弯段接缝止水研究等方面都有所创新，研究成果具有重要的理论和实用意义，已应用于三板溪面板坝工程，取得了重大的经济效益，在类似工程中有推广应用价值。

2. 高水头、大泄量“二合一”泄洪洞进水口空化与水翅问题研究　高水头、大泄量“二合一”泄洪洞进水口易产生空化和水翅。通过理论分析和模型试验验证，采取在中墩后设置流线型浅堰过渡，较好地解决了空化和水翅问题。

水库于2006年1月7日下闸蓄水，年底水位约440.00m，水头约143m，约为总水头的80%，实测的坝体最大沉降为160cm，预计大坝总变形可控制在1%以内。工程运行一年来，各建筑物运行正常，没有发现异常情况。

（中国水电顾问集团中南勘测设计研究院　蔡昌光）

小湾拱坝混凝土材料与温控设计研究

（一）混凝土材料设计

1. 混凝土原材料性能检测

（1）胶凝材料。在满足国标要求的前提下，以水泥的28天抗压、抗折强度、比表面积和MgO含量为主要控制指标，研究开发了“小湾专供42.5级中热硅酸盐水泥”，这是小湾拱坝混凝土材料研究的主要创新点。对滇西水泥厂生产的“小湾专供42.5级中热硅酸盐水泥”和宣威电厂、曲靖电厂生产的Ⅰ级粉煤灰进行物理性能、化学性能及胶砂力学性能检测；深化研究了水泥的矿物成分、细度、比表面积、颗粒级配对性能的影响，水泥中MgO、SO_3含量对性能的影响，以及连续生产条件下水泥的质量稳定性等课题。

（2）骨料。对黑云花岗片麻岩及角闪斜长片麻岩进行品质鉴定试验，再分别按两种母岩单独和7.5：2.5、5：5比例进行混凝土配合比试验。

（3）外加剂。采取全面考查、分步骤比选的方法，通过外加剂本体试验、复合试验、复合外加剂与粉煤灰的适应性试验以及混凝土配合比复核试验等优选工作，对外加剂进行可靠性论证、技术经济比较等多因素分析后进行选择。

2. 混凝土配合比优选及性能试验　在混凝土原材料基本选定的基础上，进行水胶比、粉煤灰掺量与混凝土强度、抗渗、抗冻等参数的关系研究。通过分析，优化混凝土配合比，开展性能研究。对优化确定的配合比作相应的力学、热学、变形等性能试验。

3. 全级配混凝土特性研究　拱坝混凝土全级配试验以上述成果为基础，针对确定的配比、标号、级配及试验内容进行。全级配混凝土静力试验考虑对抗压强度、劈拉强度、抗弯强度、轴拉强度、静压弹模、抗拉弹模、极限拉伸值、自生体积变形等性能指标进行测试，研究混凝土的尺寸和形态效应，以验证拱坝安全性。

4. 坝体混凝土安全性研究　对实施的坝体混凝土配合比，从微观、亚微观的角度对其体积安定性、裂缝机理、使用寿命等进行分析，最终对坝体混凝土的安全性和耐久性作出评价，为坝体蓄水安全鉴定提供依据。

（二）混凝土温控设计

通过对 ANSYS 软件应用于水工大体积混凝土结构温度应力计算的深化研究，编制了温度场和温度应力全过程仿真二次开发计算程序，综合考虑实际施工中环境气候变化、混凝土浇筑过程、人工降温保温措施、水库蓄水过程、材料分区及材料性质随时间变化等各种因素，对小湾拱坝典型坝段稳定温度场和准稳定温度场、温差和温度应力标准、单坝段温度场和温度应力、坝体封拱灌浆温度进行仿真计算，提出可行的温控浇筑方案。

对浇筑层厚度、间歇时间、浇筑温度、绝热温升、水管冷却、自生体积变形、基岩变形模量、超冷等影响温度应力的各种主要因素进行敏感性分析，得出具有指导意义的结论。

考虑封拱顺序、蓄水过程、地基力学特性，采用三维非线性有厚度薄层单元和非线性接触单元两种方法来模拟拱坝全部 42 条横缝，对整个拱坝从浇筑开始到正常运行的温度场和应力场进行了全过程仿真计算，得出横缝开度变化情况，再应用系统分析方法，得出最优的封拱顺序和蓄水过程，对不满足灌浆的灌区提出增大横缝开度的工程措施。

（三）主要研究成果

1. 小湾专供水泥的性能指标

（1）水泥中氧化镁（MgO）含量不低于 3.8%，且不大于 5.0%。

（2）比表面积不高于 340m^2/kg，且不低于 250m^2/kg。

（3）水泥碱含量(Na_2O+0.658 K_2O)≤0.6%。

（4）水泥熟料中游离氧化钙（f－CaO）含量不超过 0.8%。

（5）水泥熟料中铁铝酸四钙（Ca_4AlFe）含量不低于 15%。

（6）水泥熟料粉磨时应加入二水石膏。

（7）各龄期的抗压强度和抗折强度不低于表 1 中的数值。

（8）其他指标均按国家标准 GB 200—2003《中热硅酸盐水泥、低热硅酸盐水泥、低热矿渣硅酸盐水泥》中对 42.5 级中热硅酸盐水泥的要求执行。

表 1　水泥各龄期强度指标

品种	强度等级	抗压强度（MPa）			抗折强度（MPa）		
		3d	7d	28d	3d	7d	28d
小湾专供 42.5 级中热水泥	42.5	12.0	22.0	46.5	3.0	4.5	7.5

2. 小湾专供水泥特性

（1）水泥细度越小，比表面积越大，水泥的水化就越充分，水泥胶砂强度越高；随着水泥细度逐渐减小，比表面积逐渐增大，水泥中粒径≤32μm 的颗粒含量逐渐增大，粒径在 32～80μm 范围内颗粒含量逐渐减少，水泥胶砂强度和水化热逐渐增高；其中粒径≤3μm 颗粒含量对水泥胶砂强度及水泥水化热的影响最为明显，粒径在 32～80μm 范围内颗粒含量的影响次之，粒径在 3～32μm 范围内颗粒含量的影响最小，水泥水化热受颗粒级配的影响较大。

（2）水泥熟料的 MgO 控制在 4.0%～4.2%为宜；适当提高熟料中的 MgO 含量使之产生延迟性微膨胀，可补偿混凝土在水化硬化过程中体积收缩，对拱坝防裂有利。

（3）当 SO_3 含量低于 1%时，水泥初、终凝时间分别为 13min、37min，不满足规范及施工要求；水泥中 SO_3 含量宜控制在 1.5%～3.0%之间。

3. 粉煤灰性能

（1）宣威电厂和曲靖电厂生产的Ⅰ级灰品质满足要求，两个电厂均具有生产和供应小湾工程坝体混凝土用Ⅰ级粉煤灰的能力和条件，且地理位置、煤源相近，是较理想的互补型的供应厂家。

（2）水泥中掺入粉煤灰后水泥水化热均有所降低，且粉煤灰掺量越大，降低效果越明显，净浆标准稠度随粉煤灰掺量增加而增大，初凝和终凝时间有不同程度的延长。

（3）28～90 天龄期的胶砂抗压强度增长率，宣威粉煤灰为 1.344%，曲靖粉煤灰为 1.452%，表明曲靖粉煤灰的后期活性略高。

（4）当电厂单机发电负荷小于 25kW 时，粉煤灰需水量比大于 95%，不能达到Ⅰ级灰要求。

4. 骨料特性

（1）混凝土骨料采用黑云花岗片麻岩及角闪斜长片麻岩混合人工砂石料，分别采用岩相法、化学法、砂浆长度法和快速压蒸试验法进行了碱活性鉴定，结果均评定为非活性骨料。为提高混凝土的耐久性，提出混凝土总碱量限值为不大于 2.5kg/m^3。

（2）采用规范法及单矿物分离法对人工砂进行云母含量分类及组合检测，对未经清洗的砂和经水冲洗的砂进行测定，其云母含量均未超过规范要求。

（3）黑云花岗片麻岩表观密度为 2.61～2.64g/cm^3，角闪斜长片麻岩表观密度为 2.91～2.95g/cm^3；根据石料场勘察报告和开采规划成果，成品骨料将会出现一定的容重波动，对混凝土的强度控制造成一定的影响，要求控制骨料中角闪斜长片麻岩骨料的比例不大于 50%。

（4）黑云花岗片麻岩骨料混凝土单位用水量较角

闪斜长片麻岩骨料混凝土低 8～19kg/m³。

(5) 角闪斜长片麻岩骨料混凝土较黑云花岗片麻岩骨料混凝土的导热系数低 1.6kJ/(m·h·℃)左右，绝热温升终值高 1.2℃左右，角闪斜长片麻岩骨料较黑云花岗片麻岩骨料传热能力差。

(6) 黑云花岗片麻岩骨料混凝土较角闪斜长片麻岩骨料混凝土的极限拉伸值略高、弹性模量略低，且前者自生体积变形早期呈微量膨胀，后者为少量收缩，即角闪斜长片麻岩骨料混凝土抗裂能力较差。

5. 混凝土配合比及其性能　经反复优化，提出配合比设计方案见表 2。

表 2　混凝土配合比及其性能

分区	骨料比例	粉煤灰掺量(%)	水胶比	用水量(kg/m³)	胶凝材用量(kg/m³)	抗压强度(MPa)				抗拉强度(MPa)			
						7d	28d	90d	180d	7d	28d	90d	180d
A	5∶5	30	0.4	89	223	22.3	34.3	45.0	51.2	1.91	2.49	3.33	4.09
B		30	0.45	89	198	21.1	30.5	38.8	43.0	1.70	1.95	3.08	3.15
C		30	0.5	89	178	17.8	25.9	33.3	37.8	1.28	1.85	2.63	2.91

分区	极限拉伸值($\times10^{-6}$)				弹性模量(GPa)				绝热温升(℃)		抗渗等级	抗冻等级
	7d	28d	90d	180d	7d	28d	90d	180d	28d	最终		
A	125.7	127.1	135.9	140.3	18.61	23.81	27.31	30.63	26.05	28.22	>W14	>F250
B	103.1	110.9	115.3	126.8	16.99	23.55	26.62	30.60	24.47	26.41	>W14	>F250
C	78.8	95.3	105.7	117.5	16.36	21.25	26.14	30.31	24.12	25.61	>W14	>F250

(1) 水胶比分别为 0.4、0.45、0.5 时，180d 龄期混凝土强度达到 51.2～37.8MPa，满足拱坝 A 区、B 区、C 区混凝土的要求。

(2) 混凝土的极限拉伸值随着龄期的增加而增长，180d 达到 $117\times10^{-6}\sim140\times10^{-6}$，各龄期检测值为设计指标的 1.12～1.48 倍。

(3) 混凝土 7 天弹性模量约为 17GPa，180d 增长到 30GPa，属中等弹性模量；弹压比随着龄期的增加逐渐下降，从 0.85×10^{3} 降低到 0.7×10^{3}，显示出混凝土的柔性特征。

(4) 当胶凝材总量为 178～223kg/m³ 时，混凝土绝热温升终值在 25.6～28.2℃范围内，平均热强比为 0.61℃/MPa。

(5) 混凝土自生体积变形趋势为先收缩后膨胀，然后趋于稳定，最终变形值在 $\pm20\times10^{-6}$ 左右，混凝土基本不收缩，表明适当提高水泥熟料中的 MgO 含量，可以改善混凝土收缩性态。

(6) 混凝土各项指标较理想，符合拱坝混凝土的设计原则。

6. 混凝土亚微观初步分析　采用Ⅰ级粉煤灰和复合外加剂后，硬化混凝土中的气泡多呈圆形及椭圆形，半径在 0.009～0.016cm 之间，气泡间距在 0.012～0.037cm 之间，较为均匀，有利于改善混凝土的和易性，增加混凝土的韧性和抗折强度，提高抗冻性；但在骨料与水泥砂浆的接触面上也存在气泡较少及形状不规则的情况。

通过研究水泥和混凝土中 MgO 的水化规律与分布状态，进行微观结构分析，了解其对混凝土安定性的影响；同时，还对大坝各部位混凝土取芯样品进行无损检测和耐久性分析，全面评价混凝土的长期安全性。

7. 混凝土温控措施

(1) 采用优选的原材料和优化的混凝土配合比。

(2) 采用混凝土骨料一、二次风冷，加片冰、加制冷水拌和等措施预冷混凝土，控制拌和楼出机口温度，要求坝体混凝土最低出机口温度控制在 7℃以下。

(3) 混凝土最低浇筑温度按 11℃控制，为防止浇筑过程中的热量倒灌，需加快混凝土的运输、吊运和平仓振捣速度，当浇筑仓内气温高于 23℃时，应采用机械设备进行仓面喷雾和采取仓面覆盖措施，降低混凝土浇筑温度，控制浇筑块最高温升。

(4) 控制浇筑层厚及间歇期，尽可能采用薄层、短间歇、均匀上升的浇筑方法，对河床坝段、岸坡坝段和有孔口部位分别提出相关要求。

(5) 坝体分两期进行人工通水冷却；一期通水采用10℃制冷水，冷却时间不少于15d；二期冷却采用6℃制冷水，通水时间15～35d，考虑沿高程方向和上下游方向的梯度冷却。

(6) 加强混凝土表面保护及养护，对拱坝上、下游面常年粘贴等效热交换系数$\beta \leqslant 10kJ/(m^2 \cdot h \cdot ℃)$的保护材料。

经验证，现场混凝土施工配合比及其性能与设计试验成果基本一致，以混凝土性能指标作为原材料选择的最终判据确定的混凝土原材料及配合比可满足"高强度、高极拉值、中弹模、低热、不收缩"要求；坝体内部混凝土温度未出现超标情况，设计提出的混凝土出机口温度、浇筑温度、浇筑层厚和间歇期、混凝土养护和保护、通水冷却等各个环节的温控措施和要求是合理有效的。

(中国水电顾问集团昆明勘测设计研究院　解　敏)

景洪水电站混凝土双掺料研究

粉煤灰作为混凝土掺合料已广泛地应用于水电工程。景洪水电站建设初期采用宣威发电有限公司生产的Ⅱ级粉煤灰，因运距远（距景洪工地近800多km），多个工程争用，造成了粉煤灰供应紧张、成本较高。为确保工程施工进度及质量，工程对水淬锰铁矿渣粉（简称"M"）、水淬铁矿渣粉（简称"T"）与凝灰岩粉（简称"N"）、石灰岩粉（简称"H"）双掺料混凝土性能进行了深入的试验研究，其结果均满足工程设计指标要求，现已在工程中应用。

（一）单一掺合料

(1) 水淬（锰）铁矿渣是生产铁制品的工业废渣，主要化学成分为CaO、SiO_2和Al_2O_3（含量为80%～93%），易生成水化硅酸钙凝胶，质量系数均大于1.2%。但由于冶炼的矿石品位、方式、炉子容量大小不一，水淬（锰）铁矿渣化学成分有一定的波动。

(2) 凝灰岩为火山喷发冷凝产物，主要成分为SiO_2、Al_2O_3，二者总和为85%左右。

(3) 石灰岩粉主要化学成分为CaO，含量占52%～55%；采用现阶段试验方法检测的烧失量高达41%～45%（由碳酸钙经高温煅烧时CO_2被分解出来的结果）。作为P·O水泥掺合料，应用时掺量受到一定的限制，而作为混凝土的掺合料，烧失量的合理指标，应该由胶材体积稳定及其性能满足工程设计指标而定。

（二）双掺料基本性能

双掺料作为掺合料用于混凝土中，在大朝山电站已有成功的工程实例（磷矿渣粉与凝灰岩粉双掺），而水淬（锰）铁矿渣粉与石灰岩粉双掺尚属首次。研究表明：

(1) MN双掺料在确定两种材料的混掺比例时，鉴于当地的凝灰岩活性低，二者的比例为M：N＝70：30，在30%～60%掺量条件下，凝结时间略有延迟，体积安定性合格，需水量比增加较大（约5%～10%），水化热降低幅度在5%～25%之间。

(2) MH双掺料中M活性较高，研究确定混掺比例分别为M：H＝50：50、40：60、30：70。在30%～60%掺量条件下，凝结时间略有缩短，体积安定性合格，需水量比增加2%左右，水化热则随着双掺料掺量和H含量的增加而下降，降低幅度在2%～28%之间。

(3) TH双掺料中T早期活性略低于M，研究确定混合比例为T：H＝50：50。在20%～60%掺量条件下，凝结时间无大的变化，体积安定性合格，需水量比略增加1%，水化热降低幅度在21%～42%之间。

（三）混凝土配合比及其性能

通过大量的室内外试验显示，双掺料混凝土具有下述特征。

(1) 双掺混凝土中，MH双掺料、TH双掺料混凝土单位用水量最低。碾压混凝土为75（三级配）～84kg/m³（二级配），相应胶凝材用量150（三级配）～187kg/m³（二级配），与同条件的粉煤灰混凝土比，用水量降低5（三级配）～11kg/m³（二级配），胶凝材用量降低10（三级配）～24kg/m³（二级配）且掺合料掺量增加10%。

(2) 双掺料早期活性较高，呈现出早期混凝土强度增长较快的趋势，28d时混凝土强度发展已达80%以上，比同龄期粉煤灰混凝土强度上升10%左右，即双掺料具有增强混凝土早期强度的特性。

(3) 从几种掺合料的优劣趋势来看，MH双掺料早期活性较高，混凝土强度、极限拉伸值较大，绝热温升中等，但存在干缩和自生体积收缩变形较大的缺陷；TH双掺料混凝土强度、极限拉伸值略低于MH双掺料混凝土，绝热温升、干缩变形中等，自生体积变形为不收缩型；MN双掺料活性较低，混凝土强度、极限拉伸值也较低，绝热温升较高，干缩变形居中，自生体积变形为微膨胀型；宣威粉煤灰早期活性较低，经二次水化反应混凝土强度、极限拉伸值适中，绝热温升、干缩变形较低，自生体积变形为不收缩型，但存在供应量难保证、运距较远、成本较高的问题。

(4) 双掺料混凝土抗渗等级、抗冻等级均达到或超过设计指标（W_6～W_8、F50～F100），其中MH

双掺料混凝土最为显著。

研究结果表明，几种双掺料混凝土性能均能满足景洪工程混凝土设计指标要求。

（四）研究、应用历程及质量控制

景洪工程锰铁矿渣品质选择工作于2003年2月开始进行，2003年7月启动MN双掺料混凝土性能的研究工作。随着工程的开工兴建，为了寻找更便宜且品质质量稳定的掺合料源，2004年8月启动了MH双掺料混凝土的研究工作，2005年4月MH双掺料应用于景洪水电站工程。同年受国际锰铁价格下降和区域限电的影响，锰铁矿渣出现紧缺，为了确定铁矿渣的补充料源，2005年9月启动了TH双掺料的混凝土研究工作，2006年5月TH双掺料应用于景洪水电站工程。截至2006年底工程浇筑MH双掺料、TH双掺料混凝土约140万m^3，使用双掺料约12万m^3，比采用粉煤灰方案，节约资金近1800万元，取得了明显的技术和经济效益，可供同类工程推广应用。

为了确保工程混凝土的施工质量，景洪工程明确制定的双掺料控制标准（见表1）。

表1 掺合料质量标准

名　　称	比表面积（m^2/kg）	0.16mm筛余（%）	0.08mm筛余（%）	0.045mm筛余（%）	含水量（%）	SO_3（%）	烧失量（%）	需水量比（%）
水淬锰铁矿渣粉（M）	330～380							
水淬铁矿渣粉（T）	350～400							
石灰岩粉（H）		≤2.0	≤12.0					
双掺料（MH、TH）				≤20.0	≤1.0	≤3.0	≤23	≤105

（中国水电顾问集团昆明勘测设计研究院　唐　芸）

骨料裹粉对碾压混凝土性能影响的试验研究

龙滩水电站大坝碾压混凝土使用大法坪石灰岩轧制的人工骨料，由于岩性偏软，在生产和运输过程中，经过不断碰撞、跌落，骨料中石粉含量明显增加，并包裹在粗骨料表面，形成裹粉现象。在到达拌和楼前虽经二次筛分楼冲洗、筛分，但进入拌和楼的运输过程仍使粗骨料产生裹粉现象。为此，龙滩水电开发有限公司中心试验室开展了粗骨料裹粉试验研究。研究结果如下：

1. 粗骨料裹粉的特性　试验研究表明：①粗骨料粒径越小，裹粉含量越大；②粗骨料裹粉含量越大，掉落的（损失率）也越大；③尽管裹粉含量相差较大，但筛分后裹粉含量在0.4%～0.7%之间。这说明粗骨料的裹粉（石粉）不全是紧紧包裹在骨料表面的，真正的裹粉只有一部分（0.4%～0.7%），其余容易掉落的石粉在混凝土拌和过程中实际上成了粗骨料中的细骨料。

经对粗骨料裹粉含量及粒径分析可以看出，①二次筛分前粗骨料裹粉基本上都超标，裹粉含量加权平均大于1.0%；②二次筛分后粗骨料洁净，裹粉含量在0.2%以下，完全满足规范要求；③筛分后到达拌和楼的粗骨料裹粉含量在0.5%～0.7%左右，基本上满足规范要求；④裹粉的粒径70%以上为小于0.045mm以下的微粒。

2. 混凝土力学变形性能　试验结果表明：①洁净骨料与裹粉骨料相比对混凝土抗压强度基本没有什么影响；②裹粉骨料对28d轴拉强度和极限拉伸值有影响，而90d则没有影响；③裹粉含量对混凝土的抗剪断强度几乎无影响，90d龄期的抗剪断强度较28d龄期略增长18%；④骨料裹粉含量对混凝土的抗冻性能的影响不明显；⑤采用含有不同裹粉的粗骨料拌制的混凝土抗渗性能均达到设计要求，且抗渗性能相差不大。

3. 拌和时间对碾压混凝土性能的影响　试验结果表明，拌和时间达到90s以上时，碾压混凝土的性能差别很小，说明拌和时间对碾压混凝土性能的影响甚微。

（龙滩水电开发有限公司　贺华林　钟志军）

中国水利水电建设集团公司科研项目简介

（一）中国水利水电建设集团公司2006年度科研项目（见表1）

表1　中国水利水电建设集团公司2006年度科研项目表

序号	项　目　名　称	完　成　单　位
1	三板溪水电站混凝土面板堆石坝主坝高面板坝快速施工技术	中国水利水电第十二工程局
2	过流面板堆石坝坝身溢洪道施工技术研究	中国水利水电第十二工程局
3	蓄能电站水库库底HDPE膜防渗系统施工技术研究	中国水利水电第十二工程局
4	半圆形预应力混凝土渠槽离心一振动成型机组及生产工艺研究	中国水利水电第十三工程局
5	高水头大容量六喷嘴冲击式水轮发电机组安装技术研究	中国水利水电第七工程局　河海大学
6	振捣式沥青混凝土心墙低温施工技术研究	中国水利水电第一工程局
7	400米级引水竖井开挖与混凝土衬砌施工技术研究	中国水利水电第一工程局
8	地下工程开挖变形的数字化摄影测量应用研究	中国水利水电第十四工程局　上海交通大学
9	WDB620高强钢模拟压力容器爆破试验及应用于大型蜗壳的焊接制造工艺研究	中国水利水电第十四工程局
10	公伯峡水电站右岸泄洪洞水平旋流消能起旋器施工技术研究	中国水利水电第四工程局
11	超大型引水岔管现场制作安装技术	中国水利水电第四工程局
12	三峡水利枢纽大坝混凝土防裂综合施工技术研究	中国水利水电第四工程局青云公司
13	30t无塔平移式缆机群安装工艺及技术	中国水利水电第四工程局
14	招徕河碾压混凝土双曲高薄拱坝快速施工技术	中国水利水电第十一工程局
15	索风营水电站大坝碾压混凝土温度控制施工技术	贵州索风营工程“89”联营体
16	输水系统大坡度超长斜井开挖技术研究	中国水利水电第三工程局
17	铁矿渣石灰岩双掺料混凝土施工技术研究	中国水利水电第三工程局
18	大型环保人工砂石系统半干式制砂工艺研究	中国水利水电第九工程局
19	云南小湾水电站导流隧洞进出口混凝土围堰及岩埂爆破拆除	中国水利水电第十四工程局
20	环氧地坪材料的开发和应用技术研究	中国水利水电第十一工程局

（二）项目简介

1. 700米级高陡边坡及堆积体开挖与锚固施工技术研究（略，获奖项目有介绍）

2. 高水头大容量六喷嘴冲击式水轮发电机组安装技术研究（略，获奖项目有介绍）

3. 三板溪水电站高面板坝快速施工技术研究（略，获奖项目有介绍）

4. 三峡右岸三期工程大坝混凝土防裂综合施工技术研究（略，获奖项目有介绍）

5. 招徕河碾压混凝土双曲高薄拱坝快速施工技术（略，获奖项目有介绍）

6. 环氧地坪材料研发　由中国水利水电第十一工程局自主研发的低黏度、无溶剂、自流平环氧地坪材料，其主要力学性能和施工性能优良，经国家建筑材料测试中心抽样测试，各项指标合格，符合环保要求。与国外同类材料相比，具有明显的性价比优势，技术经济效益显著。该项目同时研究并提出了环氧地坪材料的施工工艺及其质量控制方法，研制了配套的专用施工器具。该材料及施工工艺经工程实际应用效果良好。

7. 铁矿渣石灰岩双掺料混凝土施工技术　中国水利水电第三工程局依托景洪水电站C2标混凝土工程开展铁矿渣石灰岩双掺料混凝土施工技术研究，利用当地铁矿渣和石灰岩开发出一种新型的混凝土掺合料（铁矿渣石灰岩双掺料，简称“双掺料”），优化确定了双掺料碾压混凝土、常态混凝土、泵送混凝土（二、三级配）、自密实混凝土和抗磨蚀混凝土配合比，针对多棱角微观颗粒形态双掺料的特点，解决了双掺料混凝土易泌水、凝结时间短、振动液化性能差等难题，确定了适用的双掺料混凝土施工工艺参数。铁矿渣石灰岩双掺料混凝土已首次大规模应用于景洪水电站施工，有利于环境保护，经济和社会效益显著，取得了良好效果。

（中国水利水电建设集团公司　李红春）

中国葛洲坝集团公司 2006 年科技创新情况

一、重要科技成果

（一）ALSTOM 700MW 水轮发电机组安装调试技术研究与实践

该成果通过对三峡左岸电厂 ALSTOM 700MW 水轮发电机组关键安装技术的研究，形成了一整套大型水轮发电机组安装调试的系统理论和机组安装工艺优化技术，并对机组安装中出现的重大技术问题的处理过程和实际运用效果进行了详尽的总结。通过对项目的研究，取得了以下几个方面的关键成果：

(1) 通过建立数学模型、采用数学最小二乘法计算方法，对大型机组总装调整计算理论进行推导，建立了一整套机组总装调整新理论，切实有效地提高了机组安装精度。处于世界领先水平。

(2) 研制成功定子无尘、恒温、恒湿下线装置；造性地实施了“底环一次安装法”、“顶盖三次吊装法”、“水发大轴机坑外联轴铰孔法”及“下机架二次安装法”等工艺优化技术。

(3) 成功解决了转子磁轭热固技术、导叶端部间隙变化控制技术和水轮机开机振动重大技术难题。

该成果已成功指导了三峡左岸电站 700MW 大型水轮发电机组的安装调试及机组试运行，得到了国务院质量专家组的一致认可，为国内大型水轮发电机组安装调试工程提供了科学、成熟的宝贵的实践经验和理论技术，为推进我国大型水轮发电机组的国产化和相关自主知识产权的确立提供了有力保障。安装调试技术水平达到并超过世界同类工程先进水平。

（二）深厚覆盖层垂直防渗施工技术研究与工程实践

该项目属水利水电工程施工技术领域。项目紧密结合我国水利水电工程施工中亟待解决的深厚覆盖层垂直防渗施工关键技术问题，以四川冶勒水电站大坝坝基防渗工程和新疆下坂地水电站大坝坝基帷幕灌浆试验为研究对象，进行深厚覆盖层防渗墙、帷幕灌浆等施工关键技术开展研究。

(1) 通过对双轮铣、冲击反循环钻机以及冲击钻头、泥浆净化系统和排渣管等的研究与改造，开发了适合洞外施工的 CZF-1500 改型冲击反循环钻机和适合洞内施工的改型双轮铣槽机。

(2) 创造性地提出了单反弧连接的接头型式及其施工工艺，取得了防渗墙施工技术上的一次重大突破；提出了清水替代泥浆造孔的施工工艺，并对槽段划分进行优化，对副孔施工工艺进行改进，解决了钻孔工效低、槽底清淤困难等施工难题。

(3) 通过大量的试验对混凝土配合比进行了研究与优化，研究出适用于深厚覆盖层防渗墙墙体的高强低弹混凝土材料，并在工程中成功应用。

(4) 对深厚覆盖层的帷幕灌浆创造性地提出了“孔口封闭、自上而下分段、循环灌浆”的灌浆工艺，并针对相应的钻孔技术和灌浆技术进行研究，成功实现了该灌浆工艺，填补了国内外在这一领域的空白；提出了用后灌浆的排（序）灌浆孔的灌浆情况检查前面的灌浆效果，同时结合检查孔钻孔取芯、压水和声波检测等方法综合分析和评价帷幕灌浆质量。

(5) 刷新了国内垂直防渗施工新纪录，冶勒电站坝基垂直防渗深度达 220m，其中防渗墙最深达 84m,，厚度 1.2m；下板地帷幕灌浆深达 158m ，为国内坝基深厚覆盖层防渗处理的领先水平，达到了国际先进水平。

根据我国水利水电发展规划，在金沙江、雅砻江、大渡河、乌江等流域（地区）上在建和即将建设的大型水电工程中，大部分工程是在深厚覆盖层上进行施工，因此，本项目的研究对于加快我国西部水利水电建设的发展具有重要作用，对于提高我国深覆盖层坝基处理水平具有重要意义。

（三）高寒多雨地区碾压沥青混凝土心墙施工技术研究与应用

该课题来源于冶勒水电站碾压沥青混凝土作心墙堆石坝工程实际中，属于水利水电工程施工技术领域。碾压沥青混凝土心墙作为土石坝防渗体，其防渗性能好，能适应坝体大的变形和抗震，有独特的裂缝自愈能力，逐渐受到坝工界的重视和应用。国内水电站大坝上应用碾压沥青混凝土施工的经验少。特别是沥青混凝土的铺筑层厚被禁锢在 20.0cm 左右，施工规范允许铺筑施工的环境气温在 5℃以上等；每年适宜心墙碾压沥青混凝土的有效施工天数有限，高寒多雨地区尤为明显，严重制约着心墙的施工进度；从而也影响了这种坝型在我国的推广应用。针对如何在高寒多雨地区增加心墙碾压沥青混凝土铺筑施工天数，突破常规施工和规范允许的环境施工条件展开了一系列的研究。该课题对沥青混凝土搅拌、摊铺工艺，低温、多雨、夜间的施工工艺进行了探索研究和工程实践，总结出在特殊天气状况下的碾压沥青混凝土心墙施工工艺。

沥青混凝土现场铺筑研究试验是继室内配合比试验后的又一个研究阶段，目的是对室内配合比进行优化和验证，掌握沥青混凝土的材料制备、储存、拌和、运输、铺筑、碾压和检测等一套完整的工艺流程，取得、确定各种适合高寒多雨地区碾压沥青混凝土施工的有关工艺参数，保证按该施工工艺铺筑的沥青混凝土各项技术指标能达到设计要求，以指导碾压沥青混凝土心墙施工。

针对冶勒水电站坝区高寒多雨的施工气候环境，先后研究了沥青混合料摊铺层厚30cm、摊铺层厚30cm的日连续铺筑2～3层、－5～5℃环境温度条件下的层厚30cm的铺筑施工，雨季和夜间心墙碾压沥青混凝土施工等。研究取得了成功，获得了特殊天气状况下的心墙碾压沥青混凝土心墙施工工艺参数；这在碾压沥青混凝土心墙施工上是一个创举。

该成果具有先导性和开创性，在土石坝碾压式沥青混凝土心墙施工技术应用方面有新的突破，对碾压沥青混凝土心墙施工技术的发展具有指导作用，为土石坝沥青混凝土心墙施工的水工沥青混凝土施工、试验规程的修订积累了经验，提供了数据，为高寒、多雨地区推广碾压沥青混凝土防渗心墙奠定了基础。

（四）冶勒大坝心墙碾压沥青混凝土摊铺机研制

该项目是在DEMAG DF135C型公路沥青混凝土摊铺机主机基础上研制完成的，通过研制红外线加热系统、对中监控系统、沥青混合料保温料斗、刮板输送系统、料量控制系统、振动熨平装置、沥青混合料框模、心墙过渡料分料斗车、激光找平控制和相应的液压电控装置，实现了：

（1）在－5℃的环境气温条件下将沥青混凝土摊铺机前面的基础层沥青混凝土表面快速加热到70～90℃，具有较强的高寒条件下运行能力。

（2）随时监控沥青混凝土摊铺机按心墙中心线行走和沥青混凝土摊铺机前面的基础层沥青混凝土表面的温度。

（3）沥青混合料保温斗门液压控制开闭，具有保温和防雨功能。

（4）适合0.5～1.2m宽的沥青混合料布料和不均匀供料的沥青混合料摊铺。

（5）通过料量控制系统的控制，防止沥青混合料溢料。

（6）沥青混合料框模宽度能随心墙厚度的变化在0.5～1.2m范围内进行调整，并具有将摊铺的沥青混合料进行预振动夯实的功能。

（7）心墙铺筑施工时，具有沥青混合料和心墙过渡料同时摊铺的功能，并能准确地控制心墙过渡料的摊铺高度。

该沥青混凝土摊铺机经在三峡工程工地和冶勒坝区的心墙碾压沥青混凝土摊铺试验后，于2004年3月9日正式投入到四川南桠河冶勒水电站工程碾压沥青混凝土心墙堆石坝的碾压沥青混凝土心墙铺筑施工，截至2005年11月20日冶勒碾压沥青混凝土堆石坝心墙（达到2653m高程）施工完毕，堆石坝碾压沥青混凝土心墙共上升85.7m，累计摊铺沥青混合料423层，心墙碾压式沥青混凝土27250m^3，心墙过渡Ⅰ区过渡料56870m^3，高质量的、高效率的完成冶勒水电站碾压沥青混凝土心墙的施工任务，为冶勒水电站大坝按期蓄水、机组按时发电，以及冶勒工程按期竣工作出了极大的贡献。

该机实用性强，安装方便，调试简单，作业时操作简单、可靠。并实现了高寒多雨地区环境气温－5℃、雨季和夜间的施工作业，心墙沥青混合料摊铺层厚达到30cm的国内领先水平。

该设备的研制成果，开创了我国碾压式沥青混凝土心墙沥青混凝土摊铺机的先例，实现了碾压沥青混凝土心墙施工关键机械国产化，降低了工程施工成本，提高了经济效益，30cm的沥青混合料摊铺层厚，加快了工程施工进度，缩短了工程工期，具有巨大的推广应用价值。

二、主要科研项目

中国葛洲坝集团公司2006年立项的主要科研项目列于表1，目前都在按照合同进度进行研究。

表1　2006年度在研科研项目

序号	项目名称	申报单位	研究内容
1	斜坡沥青混凝土摊铺配套设备的研制开发	三峡实业有限公司	①整车总体设计研究；②摊铺机速度控制；③摊铺机、送料小车、二次碾压绞车卷扬、悬臂起重回转、牵引车行走、活动斜平台俯仰伸缩的设计研究；④拆卸、安装和运输分段技术设计研究
2	新型压力分散型预应力锚索受力性能试验	七公司	①新型锚索结构可靠性研究；②智能监测系统的适应性研究；③新型锚索预应力损失规律研究；④施工工艺研究；⑤配套设备的实用性研究；⑥锚孔灌浆试验研究

续表

序号	项　目　名　称	申报单位	研　究　内　容
3	三峡工程RCC围堰爆破拆除的相关技术研究与应用	易普力化工有限公司	①抗水、抗压、高威力的现场混装乳化炸药生产工艺与配方研究；②现场混装乳化炸药二次输送设备研制；③抗水、抗压、高威力的成品袋装乳化炸药配方；④非电雷管抗水、抗压、准爆性试验；⑤爆破网络模拟试验与改进
4	三峡三期混凝土围堰爆破拆除动态监测方法研究	试验中心	①差动电阻式观测仪器动态测试仪表适应性研究；②大坝动态响应问题研究，通过微观变化优化爆破设计
5	溪洛渡地下洞室群施工模拟与优化	技术中心	①单项洞室的施工进度模拟与优化；②洞室群施工进度的模拟与优化；③施工机械的优化配套与组合；④对外交通的规划与调度；⑤通风散烟规划与优化；⑥开发一套地下洞室群施工现场管理软件，供现场管理使用
6	地下工程施工技术研究（工法）	技术中心	结合集团公司已建和在建的地下工程，收集工程及技术图像资料，进行进一步技术研究和总结，编制施工工法，并采用多媒体技术，制作《地下工程施工专题片》光盘
7	三峡通航升船机安装技术研究	机电建设公司	根据三峡3000t级垂直升船机的设计布置，以及船厢驱动方式的选择，目前安装施工重点需要攻克的关键性难题有齿轮齿条螺母柱的安装调整工艺；船厢的制造分节，运输方式以及安装组拼工艺；升船机的调试
8	宜兴大型抽水蓄能电站机组安装技术的研究及应用	机电建设公司	①蜗壳座环整体安装及水压试验；②水泵水轮机安装工艺研究；③发电电动机定子、转子组装工艺；④水泵水轮机发电电动机总装调整工艺；⑤水泵水轮机发电电动机无水、有水调试；⑥可逆式抽水蓄能机组启动试验技术以及调速器和励磁装置系统智能化、机电一体化控制设备的安装调试技术研究
9	750kV输变电技术研究与应用	机电建设公司	调研750kV输变电技术标准、设备性能指标、安装施工特殊工艺，电气调整试验与高压试验的最新设备和方法，以及高海拔、低气温地区特高压设备的安全、运行、维护、管理相关信息。编制本企业的安装施工工艺，进行施工设备的前期调查，为投标青海拉西瓦水电站机电安装工程，取得该电压升压变电工程设备的安装施工资质打下基础
10	中华鲟幼鱼补偿生长的研究	中华鲟研究所	①研究中华鲟幼鱼是否存在补偿生长；②中华鲟幼鱼的补偿生长类型；③生产实践中适宜的养殖投喂方式

（中国葛洲坝集团公司）

中国水利水电第三工程局 2006年科技工程情况

多年来，中国水利水电第三工程局（以下简称水电三局）广大科技工作者大力实施“科技兴局”战略，在提高项目科技含量，提升全局科技水平，扩大业界影响，加快科技进步等方面作了大量卓有成效的工作。

一、召开科代会，部署新工作

2005年12月21日，水电三局召开了第二届科技代表会议暨2005年科技工作会议，工程局党政领导、机关部门及二级单位的领导、技术负责人、科技代表150余人参加了会议，中国水利水电建设集团公司（以下简称集团公司）、陕西省水电学会、陕西省水利学会、西安理工大学水电学院及十五局的有关领导应邀出席了会议。会议首先解决的问题是树立科学发展观，增强对科技创新重要意义的认识。会议总结了水电三局近年来科技工作的成果、经验与教训，反思检查了工程局科技创新工作的不足，制定自主创新发展的科技工作目标、任务和措施，讨论通过了水电三局四年科技发展规划，成立了科技委员会、专家委员会、科技评审委员会和科协，讨论通过了水电三局科技经费提取比例及考核办法，讨论通过了评选科技带头人的提案。

二、抓措施落实，结科技硕果

继2005年下发《水电三局科技进步奖励办法》后，2006年初又下发了《水电三局四年科技发展规划》、《水电三局科技进步考核办法》、《水电三局科技发展基金管理规定》、《水电三局科技论文奖励办法》、《水电三局技术委员会章程》、《水电三局职工技术协会章程》、《水电三局职工合理化建议和技术改进评选奖励条例》等多个相关文件，建立完善以总工为首的科技管理体系。在技术委员会启动工作的同时，调整了职工技术协会班子成员。全局建立科协分会15个，落实科技经费394万元（不包括集团公司投入），其中工程局计划投入215万元，各二级单位计划投入179万元，加上集团公司计划投入35万元，总计429万元。

2006年局科技项目计划结题验收13项（其中2项为集团公司结题的项目，2项为集团公司中间验收的项目），新立科研项目6项；获集团公司科研项目特等奖1个、三等奖1个；获陕西省第九届自然科学优秀科技论文一等奖1篇、三等奖1篇；获全国水利水电科技成果优秀论文奖1篇；水电三局施工的小峡水电站荣获甘肃省建筑业飞天奖，电力行业优秀工程奖；在中企联申报的7项全国施工科技新纪录已通过评审，并在北京人民大会堂发了证书。

三、增科技投入，提创新水平

为提高了科研项目的立项起点水平，2006年增加了科研项目单项费用投入，把属于“技术革新改造”和“四新推广”的项目安排由职协进行，增设了这方面的奖励，并把合理化建议列入奖励范围。这不但调动了二级单位和广大职工的积极性，也集中了经费和精力，保证了重点科研项目的创新成果水平及质量。2006年上半年职协立项“技术革新改造”和“四新推广”项目5项（包括合理化建议），实际完成7项，工程局总计奖励4.8万元，合理化建议5项，局总计奖励1.6万元。各二级单位工会在党委的领导下，积极参与此项活动，取得了较好的成绩。

四、着力在建项目的科技管理

（1）把在建项目的技术管理工作纳入了2006年考核范围，制定了量化的考核指标，并设立了20万元的考核奖励经费。历年来首次评出了局优秀科技人员9名，优秀科技工作者15名，优秀工程技术人员31名，优秀青年工程技术人员48名。在此基础上我们积极向中国电力建设企业协会，陕西省和集团公司推荐专家、科技带头人、优秀科技人员、优秀科研项目和优秀科技论文，其中2名被中国电力建设企业协会评选为行业专家；8名技术人员被集团公司评为优秀科技人员；2项科研项目获集团公司的奖励，2篇优秀论文获省部级奖励，4篇优秀论文被集团公司优秀论文集收录。

（2）制定了《水电三局项目工作管理办法》、《水电三局技术工作管理办法》、《水电三局在建项目施工技术管理暂行通则》、《水电三局测量管理办法》、《水电三局施工局或项目部试验室（站）授权、考核和管理办法》、《水电三局施工工法编制暂行规定》，这些制度办法的补充制定，基本满足了我局当前技术管理工作的需要。

（3）组织科研项目和施工组织设计评审奖励活动。2006年举办了优秀科研项目的评比奖励活动，评出一等奖1项、二等奖2项、三等奖3项，促进了科研项目的质量提高，品位上升，为今后在行业和社会上评奖打下了基础。工程局2006年对中标额1亿元，剩余合同额5000万元以上的21个在建项目的施工组织设计和3个项目的投标施工组织设计进行了专家评审、经济评估、履约评定，评选出优秀项目，并给予了奖励。

（4）2006年技术管理办公室组织有关专家，深入景洪、皂市、丹江、蜀河等21个项目现场进行技术工作检查、指导咨询，施工组织设计审查，大方案制定。对上亿元的工程项目提前组织进行了项目技术规划设计。项目的技术管理工作由过去的“救急事后处理”模式，逐步向“提前筹划、监控预测、预防风险、创新增效”模式过渡。

（5）为强化项目管理，提高施工技术水平，推广先进的施工工艺，下发了第一批6个工法的编制计划，截至年底全部编制完成。

（6）组织职工培训20次，参加人数2400人，计划投入经费约118万元。这些培训，加强了技术基础管理工作，提高了队伍的技术素质。

五、科协、职协，积极活动

2006年，局科协在丹江口召开了大坝加高八大难题的现场观摩交流会，局职协还在丹江口召开了陕西省“水电杯”职工技能大赛。这些工作的进行，推动了科技成果的转化，提高了职工努力钻研业务的自觉性。

六、创造中国企业新纪录情况

在2006年表彰的第十一批中国企业新纪录中，有7项由中国水电第三工程局创造，分别是：

（1）2005年向家坝水电站左岸高程300m以上边坡施工中，11～12月连续两个月完成100多万方土石方挖运，其中，11月份开挖111万m^3，挖运107万m^3，12月份挖运108.5万m^3，11月19日完成土石方挖运3.81万m^3，创国内水电行业土石方挖运月强度和日强度新纪录。

（2）2005年建成的西龙池抽水蓄能电站引水系统工程，由两条引水隧洞组成，1号引水洞总长1448.33m，2号引水洞总长1431.18m，都由三个平段两个斜段组成，斜段长度756.59m，最大倾角60°，最小倾角56°，该项目2003年12月开工，2005年12月贯通，创国内大倾角斜井开挖长度和发电引水水头最高新纪录。

（3）2004年5月，承建的西龙池抽水蓄能电站引水系统工程，长515.7m上斜段使用阿里马克爬罐和反井钻机联合开挖，轴线偏差仅1.8cm，偏差率万分之三点五，创国内水电行业大倾角超长斜井开挖轴线精确度新纪录。

（4）2002年完成的万家寨引黄工程连接段PCCP输水工程建筑安装项目，总长17km，其中明埋安装9km，隧洞内安装8km，PCCP管内径3m，单节长5m，重30～40t。于2001年7月10日开工，2002年8月31日完工，创国内同行业管道安装内径最大和隧洞内安装最长纪录。

（5）2002年建成的万家寨引黄工程总干线一级、二级泵站项目，引进日本丸红（荏原/东芝）联营体生产的水泵电动机组，设计扬程140m，设计流量6.45m^3/s，额定转速600r/min，转轮直径1.786m，单机配套定速电机12MW。自2000年8月～2002年7月完成了全部6台电机单机调试工作，创国内单机功率最大和泵站单台泵组功率（12MW）安装纪录。

（6）2003年在三峡水利枢纽工程建设中，自主完成的3号MQ2000型港机拆除及安装工作，自8月25日开始拆除，9月19日开始安装，10月20日通过负荷实验，拆除历时25天，安装历时32天，比合同期提前33天完成，创国内水电行业同类型港机拆除和安装速度纪录。

（7）2005年在湖南省筱溪水电站工程施工中，运用化学固结灌浆方法替代传统开挖回填方法处理电站厂房主机段复杂地基，创国内水电工程地基加固处理新纪录。

（中国水利水电第三工程局）

中国水利水电第八工程局的技术创新

（一）聚能预裂（光面）爆破技术研究及生产性应用

聚能爆破的机理是药包爆炸后，靠近聚能穴的炸药所产生的爆炸能量会朝向穴的轴线方向会聚，形成一股密度大、速度高的细长气体射流，在局部产生超常规的爆破能量，所以能大大提高爆炸破坏的局部作用。

聚能爆破应用于预裂（光面）爆破时，由于不耦合装药结构以及聚能药卷的聚能作用，炸药爆炸后在裂缝开始形成的同时聚能射流沿着裂缝喷射其气刃作用，进一步加强了裂缝的扩展和延伸。聚能预裂（光面）爆破可降低预裂（光面）爆破的单位面积装药量和单位面积造孔量，已在构皮滩、彭水、武引、白莲河、小湾、溪洛渡工地进行试验，并得到了推广应用。

1. 在构皮滩电站的应用情况　从构皮滩聚能预裂（光面）爆破试验效果可以看出：孔距在1.5～2.5m的预裂面成缝平整，半孔残留率100%，孔壁没有新增爆破裂隙，保留岩体的声波衰减小于规范要求。实施结果：①单位面积装药量降低60%；②单位面积造孔量降低60%；③单位面积成本降低55%。

2. 在小湾水电站的应用情况　小湾水电站水垫塘、二道坝建基面基岩岩性主要为黑云花岗片麻岩和角闪斜长片麻岩，两种岩层均属薄层透镜状片岩，部分片岩夹层有挤压现象，两侧有不连续的泥膜分布。通过二道坝及对开挖地段有影响的Ⅲ级以上断层有F_5，低于Ⅲ级的次级结构面较发育，这些结构面和部分被泥化、软化的片岩即为主要的软弱岩带。前期聚能预裂爆破试验成功后，在后续的大规模开挖中运用了该技术，预裂孔孔距从0.8m调整到2.0m，按实际施工的一个标准块计算，原来需造30个常规预裂孔，现在只需造12个聚能预裂孔，造孔时间缩短了60%，与此相应的是一个标准块的爆破时间将缩短45%，对于整个开挖施工工期而言也将缩短45%。据对建基面进行预裂爆破效果检查与统计分析，在微新岩体中其半孔保存率一般为93%～98%，平均半孔保存率大于95%，在局部地质缺陷部位，其半孔保存率均在80%以上；残留的半孔未见纵向再生裂隙；相邻炮孔间的平整度控制在5～10cm，满足了设计要求。

（二）BLJ600-40履带式混凝土输送布料机

该移动式布料机采用QUY50A型液压履带起重

机底盘为基体，臂架采用三节可伸缩桁架结构，配备快速胶带输送系统，实现各种级配混凝土的输送；其行走、变幅、回转动力源利用QUY50A型液压履带起重机的液压动力系统，布料臂架的伸缩、胶带机和供料系统采用交流电动机驱动；操作由可编程序控制器（PLC）实现手动和自动控制；系统设计安全报警、伸缩安全限位、变幅角度指示等安全装置；监控系统设有监控显示器及300min工作记录仪。移动式布料机能灵活、快速、安全、准确地将混凝土送达作业面的指定部位，并实现连续均匀布料，提高入仓强度，扩大覆盖面积，较好地解决了混凝土水平和垂直输送的布料问题，目前在国内外水利水电工程中已经得到了较好的应用。移动式布料机的成功应用为水电工程施工提供了一种高效混凝土水平运输装备。

“BLJ600-40履带式混凝土输送布料机研制”项目获中国水利水电建设集团公司2006度科技进度一等奖。

（三）水轮发电机座环、管形座制作与加工技术

座环和管形座为水轮机较为重要的部件，具有制造难度大、加工精度要求高的特点，通过对座环、管形座下料、拼装、焊接、加工涂装、运输等各个工序全面系统的研究与分析，确定每道工序的制作难点与重点，制定出了切实可行的制造加工工艺与方案，同时利用已有设备进行技术改进，克服了立车回转平台承重要求高、旋转半径受限制的缺点与不足，使座环和管形座加工能力大大提高，减少座环和管形座加工的对外依赖性，顺利地完成了座环、管形座的加工，拓展了金结制造领域，使之成为一个新的利润增长点。

“水轮发电机组座环、管形座制作与加工技术研究”项目获中国水利水电建设集团公司2006度科技进步二等奖。

（四）巴马克和棒磨机联合制砂工艺

三峡下岸溪砂石系统率先在国内采用巴马克冲击式破碎机和棒磨机联合制砂工艺。通过对巴马克和棒磨机联合制砂工艺的深入研究，形成了一套完整的人工制砂工艺和技术。该工艺具有成品产量高、砂级配分布连续、细度模数调节方便的特点，现已广泛用于国内外大型水电站人工砂石料生产。

（五）人工砂石系统污水处理工艺研究及应用

结合张河湾、构皮滩、光照、溪洛渡等人工砂石系统的具体情况，积极开展污水处理的工艺研究。通过细致的现场研究，科学严谨的过程分析，不断改进优化原有工艺，实现了对人工砂石系统污水治理“零排放”目标，系统总循环水量回收率高达85%以上，创同行业循环水回收率新高。同时在有力地保护了系统周边环境的前提下，取得了良好的社会效益。

（六）闸坝快速施工技术

通过嘉陵江上几座中型水电工程的施工，形成了一套完整的闸坝快速施工技术。小龙门航电工程原定三个枯水期施工，其中一枯围右岸岸坡，进行船闸施工；二枯进行大江截流，围19孔泄洪闸和船闸，进行泄洪闸底板、部分闸墩以及船闸部分混凝土施工；三枯再次大江截流，完成泄洪闸和船闸剩余部分工程的施工。根据青居工程的成功经验，经过充分论证分析，决定一个枯水期（二枯）把泄洪闸和船闸浇出常年洪水位，然后在汛期利用墩尾栈桥继续施工闸墩和坝顶结构。采用这一方案后，实现了均衡生产，提前把三枯的工作完成了，节省了导流费用，降低了施工成本，取得了良好的经济效益和社会效益。

（七）聚丙稀纤维混凝土试验研究及应用

解决混凝土的抗裂问题，是混凝土研究的重要课题。通过在混凝土中掺入一定含量的聚丙烯纤维，可以较好解决这一问题。2002～2004年，中国水利水电第八工程局科研所，对聚丙烯微纤维混凝土进行了系统的研究。试验从聚丙烯材料本身入手，通过比较其拉伸极限、抗拉强度、弹性模量、耐老化性、吸水性等理化性能，选定最适合水工混凝土应用的产品类型。在混凝土试验中，科研设计院通过不同纤维掺量试验，研究其对混凝土砂率、用水量、外加剂掺量、保水性、和易性的影响，同时进行了混凝土的力学、变形、抗渗、耐久、热学等性能的研究。此外，对聚丙烯微纤维混凝土的拌制工艺也展开了深入研究，通过干拌、湿拌对比，以及改变投料顺序和调整拌和时间，来寻求纤维达到最佳分散均匀的途径。通过大量的试验研究，取得了丰富成果。聚丙烯微纤维混凝土的科研成果最先在大朝山电站的坝面修复中得到应用，随后在马沙沟、引子渡、索风营、龙滩、小湾等工程建设中得到推广应用，取得了较大的技术经济效益。

（八）大坝安全监测信息管理系统

中国水利水电第八工程局综合了国内外多年在大坝监测信息管理、大坝安全自动化监测系统应用等方面的经验，率先独立开发了独具特征的可以满足岩土工程安全监测信息处理和管理的系统软件。该软件一是实现了利用INTERNET网或电话网对大坝安全监测传感器数据的远程采集、控制及分析管理，足不出户便可及时掌握大坝运行的安全情况；二是该系统的主要功能是对实时资料的分析处理，是目前从事的安全监测项目迫切需要解决的问题。实施资料的原始数据可以直接从自动化系统中采集或采用手工输入方法获取，通过采用多种分析方法，迅速以图表等界面形式反映大坝全局及指定部位的安全性态系数。该系统在施工期的安全监测信息管

理方面有创新和特色。中国长江三峡工程开发总公司安全监测中心专家对该系统进行了检查和鉴定，认为该系统技术方法处于国内先进水平，同意在三峡工程进行应用。

（中国水利水电第八工程局）

中国水利水电第十工程局的技术创新情况

2006年中国水利水电第十工程局（以下简称水电十局）获得了3项企业新纪录，其中自一里水电站气垫式调压室施工技术、伊朗塔里干电站滑模施工技术入选中国企业新纪录（第十一批）。开展了《气垫式调压室工法研究》的编写工作、合理化建议活动。进行了六项科技项目查新，其中，《双向空气潜孔锤冲击回转钻进新技术的研究与应用》、《引水隧洞平洞液压滑模施工新技术的研究与应用》两项通过预审。

（一）施工新技术研究与应用

2006年水电十局新施工技术研究与应用主要在以下几个项目：

1. 平洞滑模技术研究与应用　在宝兴刘河坝水电站引水隧洞混凝土施工中，通过平洞滑模技术研究与应用，提高了刘河坝水电站引水隧洞混凝土衬砌施工效率、施工质量。降低了成本。平洞滑模技术具有广阔的推广前景。

2. 双向空气潜孔锤冲击回转钻进新技术研究与应用　在布拖联补水电站大坝项目左岸高边坡处理工程中，成功地进行了双向空气潜孔锤冲击回转钻进新技术的研究与应用。双向空气潜孔锤冲击回转钻进新技术运用到水电站边坡锚固支护、土石坝地基高喷防渗工程的设计与施工中，可解决在复杂地质条件下边坡锚固支护与土石坝地基高喷防渗处理钻进技术的重大技术难题，对提高造孔质量和速度，降低施工成本，缩短工期等都具有十分重要的意义。

3. 不良地质条件下的高边墙矩形调压室施工技术研究　在茂县色尔古水电站调压室施工中，成功地解决了在围岩总体稳定性较差的条件下施工期结构安全和合理开挖与支护等难题，改善了安全作业环境，降低了施工期风险和施工成本，缩短了工期。

（二）科技成果推广交流

2006年水电十局科技成果推广交流主要在以下几个项目：

1. 气垫式调压室施工技术　气垫式调压室施工先进技术首次在中国应用，是由水电十局在四川平武县自一里水电站开始摸索应用。水电十局在自一里水电站首次应用后，又应用该施工先进技术成功修建了康定小天都水电站气垫式调压室、康定金康水电站气垫式调压室。2006年又将已经成熟的气垫式调压室施工先进技术推广应用于平武县阴坪水电站气垫式调压室施工。

2. 三重管法高压喷射灌浆技术　该灌浆技术能有效地解决覆盖层基础防渗技术难题，在工程中得到推广应用。

3. 竖井和斜井滑模、钢模台车　在水电十局已经是一项成熟的施工先进技术和工艺，继续在调压井、竖井、斜井、引水隧洞运用，具有保证施工质量，加快施工进度，节约成本，创造效益的作用。

4. 液压扭矩扳手　液压扭矩扳手是一种简便，高效的螺栓拧紧工具，主要应用于机电和金属结构安装，可显著地提高工效和拧紧质量，降低工人的劳动强度，改善安全作业环境。

5. 电动坡口机　电动坡口机是一种便携的管道坡口制作机具，主要应用于机电和金属结构安装。用电动坡口机处理管道接口，不仅节约时间，噪音低，作业环境好；而且坡口平整，对缝整齐，焊接质量有保证，焊缝美观。

6. 临时门机的应用　主要应用于机电和金属结构安装。一般的情况下，厂房只有一台桥式起重机能到机坑上方作业，只有一个工作面能作业，增设一台临时门机，就可以同时有两个大件安装作业面，从而解决了进度问题。

（三）技术咨询

2006年中国水电十局参与技术咨询主要有以下几个项目：

（1）2006年5月，参与了越南BANVE水电站（2×16万kW）水轮发电机组及其附属设备供货和技术服务合同技术协议等项目的咨询工作。

（2）2006年7月，参与了国电大渡河开发公司四川省汉源县瀑布沟水电站地下厂房施工方法的咨询工作。

（3）2006年8月，参与了云南滇能集团赛珠水电站地下厂房施工方法的咨询工作。

（4）2006年9月，参与了华电西溪河水电开发公司地洛水电站项目地下厂房改为地面厂房的咨询工作。

（四）水电行业学（协）会工作

水电十局积极参与水电行业学（协）会开展的各项工作。2006年参加了四川省水力发电工程学会第六次会员代表大会、中国水力发电工程学会第六次全国会员代表大会、中国工程爆破协会第四届会员代表大会，还参加了中国水力发电学会工程施工系统专业委员会与龙滩水电开发公司联合召开的中国水力发电工程首届施工系统与装备技术交流会、四川水力发电工程学会组织的水电建设项目管理及 P3e/c 系列软件应用策略研讨会、四川水力发电工程学会组织在瀑布沟水电站召开的四川水电在建工程现场交流会。2006年还出版了一期《四川水力发电》专辑。

（中国水利水电第十工程局 周学琼）

超厚衬砌硅粉混凝土施工技术研究

紫坪铺泄洪排沙隧洞，最高运用水头超过 130m，最大流速达 46.8m/s，水流空化数小，工程地质条件差，作为枢纽的主要和常用泄洪排砂建筑物，运用频繁，且由导流隧洞改建，断面比较复杂，对这样高流速的泄洪排砂隧洞，要妥善解决高速水流抗空蚀破坏问题属于国内具有挑战性的技术难题。

针对上述技术难题，开展了《超厚衬砌硅粉混凝土施工技术研究》。通过反复试验，采取掺用钢纤维、外加剂等措施和改进施工工艺，调整混凝土配合比，改善混凝土性能，有效地控制温升，取得了有重要推广应用价值的成果。

该研究成果在紫坪铺 1 号、2 号泄洪排砂洞施工中实际运用后，运行安全可靠，曾经得到“两院”院士潘家铮等专家的好评。《超厚衬砌硅粉混凝土施工技术研究》加快了工程施工进度，保证了施工质量，从而使泄洪排砂洞按期投入使用，确保了紫坪铺工程的安全防洪度汛和提前发电目标的实现，取得了良好的经济和社会效益。对类似工程施工有借鉴参考价值。

该研究获 2006 年度中国水利水电建设集团公司科技进步三等奖。

（中国水利水电第五工程局 杨秋桂）

MB 系列智能可编程控制器研发

MB 系列智能可编程控制器（简称 iPLC）是南瑞集团几十年来在电力系统自动化系统研究、开发和工程应用经验基础上研发的。MB 系列 iPLC 吸取了国际主流 PLC 的成功经验、改进了其不足之处、瞄准了当今 PLC 的最新发展方向，采用了计算机领域和工业控制领域的一系列最新成果和最新思想。MB 系列 PLC 的生产过程中整合了国内外壳结构模具设计与加工、PCB 板加工、表面贴装加工等优质资源，整个生产过程工艺先进，确保其性能更加可靠、技术更加先进、配置更加灵活、性能价格比更优，符合 IEC61131-3 国际标准的编程语言及独有的流程图编程语言，为用户提高优质、方便、快捷的服务。

（一）体系结构与系统配置

MB 系列智能可编程控制器采用 LAN/FieldBus 系统体系结构，提供标准的以太网接口完成与上位机系统的通信，通信规约采用开放的、标准 ModBus TCP 规约。CPU 模件和 I/O 模件之间采用现场总线作为内部总线及扩展总线，现场总线特有的高可靠性和对现场环境的适应能力，使得 MB 系列 PLC 系统配置的灵活性和可靠性也大大提高。高、中端 MB 系列 PLC 提供双 CPU 双以太网热备冗余、单 CPU 双以太网和单 CPU 单以太网三种典型的应用，为水电厂提供灵活的系统配置方式。

提供了类型丰富的模件以适应各种不同应用领域，包括电源模件、三种不同类型的 CPU 模件、串口通信模件（提供 8 个标准的 RS232/RS485）、开关量输入模件、SOE 模件、开关量输出模件、模拟量输入模件（电流型和电压型）、模拟量输出模件、交流量采集模件、自动准同期模件、温度量模件等。

（二）技术特点

1. 编程与调试 MBPro 编程和调试软件是针对 MB 系列 iPLC 开发的，支持 MB 系列所有型号的 PLC。提供了梯形图、流程图等编程语言，具有系统配置、数据库组态、数据库在线查询、梯形在线监视、流程在线调试及梯形图在线修改功能。

采用了“所见即所得”技术设计的流程图编程语言是一种可视化的编程语言，非常适合复杂的顺序控制过程，它与设计单位设计的控制流程非常类似。当控制流程设计完成时，即意味着编程的结束，编程过程简单易学。此外，用这些语言编写的程序之间可互相调用，使得程序编写更加灵活方便，能满足多种复杂工况的要求。具有流程图方式组态显示和操作；顺控流程调试图形化显示，支持单步执行方式；流程的加锁、解锁；流程执行的异常陷井处理；通过顺控流程的预编译，确保流程正确执行。

MB 系列 iPLC 使用统一的编程和调试环境 MB-Pro 编程和调试软件。提供 10M/100M 以太网作为编程与调试接口，提供程序下载和联机在线调试功能。通过以太网支持远程编程与调试，满足在远方控制中心（如梯调中心）对现地控制装置控制流程的修改、在线维护。远程编程与调试功能为电站实现无人值班、甚至关门运行提供了技术保障。

2. 通信网络 CPU 模件集成 10M/100M 以太网接口，支持 Modbus/TCP 规约，支持双以太网冗余配置。MB 系列 iPLC 提供了串口通信模块，并可自由配置模块的数量；每个串口通信模块提供 8 个串口，每个串口均支持 RS-232/RS-485 接口标准，并且全部支持编程。MB 系列 iPLC 采用现场总线网络，具有通信速率快、抗干扰能力强、成本低、结构简单、实时性好等特点，并且具有很好的扩展性，易于实现模块的灵活配置，且对于现场环境及安装要求都不高，同时为系统扩展及远程控制都提供了方便。

3. 高可靠性设计

（1）全智能 I/O 设计和一系列安全性、可靠性设计为系统的安全可靠运行提供了保障。开入模件和 SOE 模件的通道全部采用光电隔离，同时具有软件滤波功能；每一通道可以设置相应的滤波时间，可以有效地避免因现地信号抖动而产生的误动作信号。

1）开关量输出模件采用开出回路密码锁设计，通过开出模件的反读、校核及执行继电器的联合控制保证在任何情况下不会发生误动。同样由于模件本身具有 CPU 可以实现精确的脉冲型开出脉宽的控制。和其他 PLC 不同，MB 系列 iPLC 的脉冲宽度控制是由开出模件来控制的，CPU 模件将动作信息和动作时间发送到开出模件，开出模件完成开出动作及动作时间的控制。

2）温度量模件设计突破了常规温度巡检装置所有通道公用一路恒流源的设计，采用了先进的每路独立恒流源设计，因此有效地避免了因一路信号干扰过大而使其他各路产生串扰的问题，从而大大提高了采集速度和抗干扰性。

3）模拟量采集采用了新的设计方法保证了内部电路和外界干扰的绝对隔离，大大提高了采集精度，最大限度地降低了模拟量漂移。

（2）MB 系列 iPLC 提供了双机热备冗余配置方案。在双 CPU 热备系统中无须增加硬件资源（如有的 PLC 采用的热备模件）和软件编程，主从 CPU 模块之间每个扫查周期可以实时进行所有数据的备份。当 CPU 模块发生故障时，从 CPU 模块自动升主，完成所有功能。整个切换或称是无扰切换，不会对控制系统产生影响，即使在控制流程的执行过程中。

（3）全金属机械结构。MB 系列 iPLC 具有全模块式的插装结构，全部采用 SMT 表贴工艺；模块无硬件设置，即插即用；对外可使用 CableFast 端配板接线方式，控制机柜内不再有凌乱的配线，维护更加方便。MB80 系列采用全封闭结构，抗电磁干扰性及防尘、防潮、防震能力都较强；模块插箱有模件类型编码，可防止不同类型模块误插。

（4）满足一系列电磁兼容性国际标准。为了提高 PLC 系统的可靠性、在设计过程中遵循了电磁兼容性国际标准，通过研发中的针对性的设计，MB 系列 iPLC 具有如下的电气技术指标及电磁兼容性：

1）浪涌抗扰度：4kV(共模)/2kV(差模)，4 级(IEC61000-4-5)。

2）振荡及抗扰度：2.5kV(共模)/1kV(差模)，3 级(IEC61000-4-12)。

3）快速瞬变：±4kV(电源)/±2kV(I/O)，4 级(IEC61000-4-4)。

4）静电放电：±15kV(空气)/±8kV(接触)，4 级(IEC61000-4-2)。

5）辐射电磁场抗干扰：10V/m，频率 80MHz～1GHz，3 级(IEC61000-4-3)。

（5）通过了 CE 认证。MB 系列 iPLC 通过了严格的 CE 认证，具有出口到欧盟的入门证。

（6）更高的性能价格比。先进的系统体系结构设计保证了系统集成的先进性和经济性：①CPU 模件集成以太网接口（节省了网络模件）；②串口通信模件提供的丰富通信接口；③插箱的扩展无须扩展模件（节省了扩展模件）；④双机热备冗余仅靠一条冗余电缆即可完成（节省了热备模件）。

4. 独居特色的设计

1）方便的可视化流程图编程语言，使复杂控制流程的实现变得非常简单。

2）全汉化的梯形图设计大大提高了梯形图程序的可读性。

3）针对水电厂的专用功能块设计使其更适宜于水电厂（脉冲型开出、SOE)；独有的 SOE 模件大大提高了事件分辨率（<1ms）。

4）八串口模件设计，大大提高了与其他智能设备的通信能力。

方便的现地人机接口，提供了与触摸屏的串行通信接口，支持 Modbus 通信协议。可与多种触摸屏直接连接，无需增加辅助设备，也无需编写通信程序。

（三）结语

MB 系列智能可编程控制器具有传统通用 PLC 的所有特点，是通用的工业控制平台，可以广泛地应用于多种工业控制。同时 MB 系列 iPLC 又具有显著的特点使在应用中更灵活、更方便。为适用顺序控制的特点、解决传统 PLC 调试困难、不直观的缺点，MB 系列 iPLC 开发了可视化顺控流程图语言，使顺序控制过程的实现简单、调试直观；为便于电力系统应用，对传统梯形图语言功能块进行了扩充，增加了 SOE 功能块、脉冲型开出等独具特色的功能块使用户编程更加方便；MB 系列 iPLC 所具有的以太网远程编程与调试功能可以方便地解决远方（如远程控制中心等）对现地 LCU 的编程与维护，为电厂实现“无人值班”（少人值守）、甚至关门运行提供了技术基础。

以 MB 系列可编程控制器为核心平台的 SJ-600 型智能分布式现地控制装置已在国内多家水电厂得到成功应用。随着在甘肃西流水水电站、新疆吉林台水电厂、四川紫坪埔水电厂等近100多家水电厂的稳定可靠运行，MB系列iPLC在水电厂得到了越来越多用户的认可。

（国网南京自动化研究院　王善永）

大坝安全自动化监测系统研发

一、前言

大坝安全自动化监测技术主要包括数据自动采集技术和大坝安全信息的计算机管理与处理技术。

就大坝安全监测数据自动采集系统而言，因为其涉及多种学科、专业性强、技术难度大，而且市场需求不大，国外几乎没有长期专门而又系统从事大坝安全监测自动化的公司，很多从事环境监测的公司与其他公司合作把其产品推广应用到大坝安全监测自动化领域，代表性的产品有美国Geomation公司的2380系统和Campbell Scientific公司（CSI）的CR10X系统等。

我国大坝安全自动化监测技术的研究工作始于20世纪70年代末，以国网南京自动化研究院（NARI）为代表的相关的专业科研院所经过多年的研究开发、应用实践、不断提高的研发过程，成功地研制了一系列大坝安全自动化监测系统。近年来，随着微电子技术和计算机技术的飞速发展，国际测控界出现了模块化技术和虚拟仪器技术，其主要思想是硬件上实现低功耗、高速度、高集成度，取消了所有的开关、旋钮、显示等环节，由计算机系统通过鼠标和键盘来实现其功能，使系统配置更加灵活、可靠，功能更加强大。我国的科技人员紧密跟踪、适时应用新技术开展我国的大坝安全自动化监测技术研究，并取得了成功。

二、我国大坝安全自动化监测技术的现状

目前，我国自主研发的大坝安全自动化监测系统主要由两部分组成：①以MCU或DAU为核心设备所构成的现场分布式数据自动采集网络系统；②以监控计算机硬软件为中心的对分布式数据自动采集网络系统进行管理和对采集来的数据进行管理和处理的大坝安全监控信息管理网络系统等。

（一）分布式数据自动采集网络系统

1. 数据自动采集装置（MCU或DAU）的结构　数据自动采集装置（MCU或DAU）是数据自动采集网络系统的关键设备。目前，国内自主研发的MCU（DAU）大部分都采用的是智能模块化技术，它的特点是取消了底板，将主板、测点切换、信号采集、A/D转换、数据通信及电源管理等电路高度集成在一起，这种技术的好处包括：①电路结构高度集成化，提高了数据采集装置的可靠性，减少了失效风险；②智能化，提高了数据采集的速度，便于系统故障的自诊断；③高度兼容性，能够灵活方便地集入数据采集装置附近不同类型的传感器，减少了电缆长度，提高了信号传输和系统的可靠性。

2. 通信协议　目前国产的的分布式数据自动采集系统的通信协议包括以下两种形式：①符合工业标准的RS-485通信协议；②CANbus现场总线通信协议。

3. 通信介质　结合目前现有的成熟的通信技术，国产大坝安全监测数据自动采集系统所能支持的通信介质为：①双绞线通信；②光纤通信；③无线通信，包括采用无线电台、无线集群、卫星通信以及CDMA、GPRS等移动通信网等；④利用公共程控电话网通信；⑤通过Internet网实现数据传输。

4. 其他

（1）供电方式。可通过市电或太阳能板经蓄电池给各类MCU（或DAU）供电。

（2）数据存储。目前，各类MCU（或DAU）均设计有存储器用于现场采集数据的现场临时存储。

（3）时钟。

（二）大坝安全监控信息管理网络系统

大坝安全监控信息管理网络系统包括数据信息采集管理、资料整理分析、安全管理等方面的自动化，其主要功能如下：

1. 在线采集　针对所监测的大坝的特点，根据一定评判规则对所采集来的数据进行快速评判，判断其正常与否，并能提醒管理者对异常值进行及时分析，以分清异常值是属于数据采集系统的测量错误还是大坝建筑物本身结构性态出现异常。

2. 数据库管理　主要内容是进行成果计算、测值维护（含数据的入库、查询、修改、增删、制表打印等）及数据库备份等。

3. 网络系统管理　主要包括监测自动化系统管理、监测仪器信息管理、用户管理等几个方面。

4. 大坝安全管理　包括工程建设信息资料管理、工程运行及维护加固资料管理、大坝安全检查资料管理、大坝安全注册信息管理、大坝技术监督信息管理、险情预计及应急方案管理、其他工程资料管理等内容。

5. 图表制作　主要为大坝安全管理者提供形象直观的图形（如过程线、分布图、等值线图等）和报表（如周报、月报、年报等）。

6. 离线分析　提供一套计算工具，使得大坝安全管理人员能利用这一计算工具对一定时间长度的监

测资料进行计算分析，并由此找出有关该大坝结构性态的一些信息。

7. 预测预报　提供一些模型库，使得管理者能根据大坝所处的环境条件，利用这些模型库中的有关模型对有关物理量进行预测预报，供决策者参考。

8. 远程辅助服务　目的是帮助上级有关部门能及时了解所辖水电厂大坝及工程的安全状况和数据采集设备的运行情况，以及系统承建单位能远程实时为客户提供服务和了解仪器的运行情况，实施对各水电厂大坝及工程的在线监测和对设备、仪器的工作状态进行实时监控，建立安全评估系统，在线或离线帮助电厂分析、解决问题。

9. 大坝及工程结构的安全评估　根据大坝安全自动化监测的成果并结合其他的一些相关技术和资料对大坝安全的实际性态做评估。

三、工程应用

多年来，国产大坝安全自动化监测技术经历了从无到有，从低级到高级，逐步走向成熟与完善的过程。目前，国产大坝安全自动化监测系统已经获得了国内水利水电工程乃至交通、市政建设等非水电工程的广泛应用。大量的工程应用实践表明，国产大坝安全自动化监测系统在其可靠性、长期稳定性、可维护性及应用性能方面都优于国外同类产品。

（国网南京自动化研究院　刘观标）

国产高性能振弦式仪器的制造技术获得突破

（一）概况

20世纪30年代发明的振弦式仪器，具有结构简单、灵敏度高、体积小等特点。但是由于历史的原因，振弦式仪器自身一些技术问题（如长期稳定性、频率测试技术等）不能得到有效解决，阻碍着振弦式仪器在工程实践中的推广应用。相反的是，几乎同一时间发明的差阻式仪器由于性能可靠、稳定性好而在工程实践中获得了广泛的应用。20世纪70年代以后，随着现代科学技术（如材料、工艺、电子、计算机）的进步和发展，振弦式仪器的制造技术在欧美国家得以完善，并开始应用于工程实际。但国内制造技术上仍不够成熟，不能满足工程应用的要求。近年来，国网南京自动化研究院/南京南瑞集团公司（以下简称南瑞公司）对振弦式仪器的原理经过进一步研究，并对国内外振弦式仪器的制造技术进行全方位的比对分析，高起点高标准研制生产振弦式传感器，通过对仪器的制造材料、制造工艺的研究和改进，使国内振弦式仪器的技术性能指标大幅提高，赶上甚至部分超过了国外同类产品的先进水平，完全能够替代国外进口产品。

（二）国产高性能振弦式仪器的研究成果

1. 振弦式仪器制造材料的设计选择　振弦式仪器的部件包括钢弦、张紧固定端部件、保护套管、力（或位移）的传递部件、激振及信号感应部件、防水密封部件等。其中钢弦要求具有足够的刚度、强度和非常低的徐变度，以保证钢弦在长期的张紧状态下应力不松弛；张紧固定部件要有配合协调的强度、刚度和宜加工性，以保证对钢弦的固定稳固可靠；保护套管及力（或位移）的传递部件除了要求足够的刚度和强度及长期不锈蚀外，还要求其线膨胀性能与钢丝等其他部件的材料相匹配，以保证将外界温度变化对整个仪器的影响降低到最小；激振及信号感应部件除了要求在仪器的测量范围内对钢弦进行激振和感应振动信号以外，还需具备防水和耐腐蚀能力；防水密封部件要求其耐老化、密封性强，以保证仪器在长期的运行过程中钢弦不受潮气侵蚀而断裂。根据这些要求，南瑞公司经过大量的理论推导和计算试验，专门按各部件的要求提出了材料的性能要求和工艺配方，并委托相关的专业厂家专门冶炼制造，研制成功了能保证振弦式仪器品质的一系列材料。

2. 承受预张力钢弦两端固定技术的研究　振弦式仪器承受预张力钢弦两端的固定技术一直是影响国产振弦式仪器长期稳定性的一个关键因素。南瑞公司经过大量的理论计算和试验研究，在国内首次发明了钢弦夹持关键技术及其生产工装，经过近五年的试验验证，采用此种技术制造的振弦式仪器的钢弦张紧几乎没有零飘，保证了振弦式仪器的长期稳定性。此项技术已获国家知识产权局颁发的“振弦高度夹紧的振弦式仪器”专利证书。

3. 仪器的耐高水压特性研究　随着我国水利水电建设事业的蓬勃发展，越来越多的高坝、高水头抽水蓄能电站开始建设，因此监测仪器的耐高水压性能也越来越被工程技术人员所关心。通过采用内外压平衡以及其他（如结构、工艺等）的密封技术，部分高性能的国产振弦式仪器能够承受高达5MPa外水压力，可以满足高坝或其他有耐高外水压要求的工程监测的需要。

4. 激振自适应测法　振弦式仪器的振弦激振方式有两种，而且国内外不同厂家生产的振弦式仪器的激振电压值是不同的，这就要求对应的便携式读数仪表（或数据采集装置）具有很强的自适应功能，能够同时测量出不同激振方式和不同激振电压的振弦式仪器数据，这一技术国外至今没有获得突破。南瑞公司的技术人员经过多年的努力，所研制的便携式读数仪表（和数据采集装置）采用自适应测法，能够采集国内外不同厂家生产的振弦式仪器的输出信号。这项技术已服务于国内外100多个工程，获得了广大用户的一致认可和好评。

（三）国产高性能振弦式仪器的工程应用

目前，采用振弦原理和先进的制造技术研制的振弦式仪器已经形成了应变计、钢筋计（锚杆应力计）、测缝计（位移计）、锚索测力计、渗压计、水位计等系列化产品，其性能和各项主要技术指标达到甚至超过了国外进口产品的指标，相关的国家和行业标准也正在制订之中。同时，国产仪器的售价相对于国外产品也具有较强的优势，因此国内一些著名的工程甚至于一些国外的工程，如三板溪、黑麋峰、水牛家、向家坝、察汗乌苏、大朝山、锦屏一、二级等几十个大中型工程都选用国产高性能振弦式仪器，并取得了较好的效果。许多正在建设的工程也逐步倾向于采用国产高性能振弦式仪器。可以预计国产高性能振弦式仪器在国内工程安全监测行业有着广阔的应用前景。

（国网南京自动化研究院　刘观标）

获 奖 项 目 介 绍

700m级高陡边坡及堆积体开挖与锚固施工技术研究

“700m级高陡边坡及堆积体开挖与锚固施工技术研究”获2006年度中国电力科学技术一等奖。

该课题以目前国内外水电工程的最高开挖边坡——小湾近700m复杂地质高陡边坡开挖支护工程为研究对象。小湾电站两岸边坡地势险峻，地质物理现象发育较为突出，尤其两岸边坡均存在国内外最大、最厚的堆积体边坡，对开挖及边坡加固施工技术及工艺提出很高的要求。因此，结合小湾电站实际地质条件，开创及研究出一套适用于国内外高陡边坡开挖及边坡加固的施工技术及工艺，并在国内外原有技术的基础上加以改进。

该课题主要研究内容为：

对700m级高陡边坡开挖爆破中采用的预裂爆破、深孔梯段接力延时顺序起爆等技术，进行了岩体质点振速、岩体声波、描杆与锚索应力等多项测试，总结出一套有效控制堆积体及高陡边坡开挖及锚固安全施工控制标准。

对国内外多种锚固钻机进行了深入比选，改进了适应复杂地质条件下高边坡锚索施工钻机；研制了组合螺旋钻具、跟管钻具及其配套机具，成功地解决了高边坡堆积体深孔钻也难题。

针对小湾高陡边坡堆积体，对4种不同结构形式锚索进行了试验研究，总结了在岩体破碎的部位采用新型的荷载分散型锚索形式，极大地改善了锚索应力分布，减少了锚索长度，降低施工难度。

针对堆积体、破碎岩体锚索注浆无法采用常规注浆的方法，经专项试验研究，开创了土工布包裹锚索注浆堵漏防腐技术，成功地解决了锚索注浆及防腐施工难题。

研究的成功，确保了小湾工程边坡安全，为小湾工程大坝提前1年浇筑混凝土创造了条件。

研究成果应用于解决高边坡开挖及锚固支护施工技术难题。解决了高陡边坡开挖爆破施工手段及安全控制标准施工技术难题；解决了高陡边坡堆积体、破碎岩体锚索钻孔成孔技术难题；解决了堆积体、破碎岩体锚索灌浆堵漏及永久安全防腐施工技术难题；分析总结了解决锚索锚固段应力集中方法与手段问题，提出了不同地质条件边坡施工状况下的锚索结构型式的适用范围。

技术创新点：

（1）通过对岩体质点振速、岩体声波、锚杆与锚索应力等多项测试，总结出一套有效控制堆积体及高陡边坡开挖及锚固安全施工控制标准，大大提高开挖速度及开挖质量。

（2）创造性地使用常规配套或螺旋钻杆配备偏心、同心跟管钻具组合钻孔技术并改进国产轻型钻机，解决了高陡边坡深厚堆积体的钻孔成孔难题，解决了强风化卸荷破碎岩体边坡钻孔成孔难题，比常规施工工艺提高跟管施工效率6倍，提高钻具的使用寿命7倍。

（3）首次成功地将土工布加细帆布包裹锚索体注浆施工技术使用到堆积体锚索施工中，极大地解决了堆积体锚索因地质因素注不满灌浆施工难题，并解决了堆积体锚索永久防腐难题。

（4）首创偏心跟管钻具采用新的定位传动块和定位传动槽结构，取代了传统的传动销的连接和传力、受力结构，改善了偏心跟管钻具受力状况，对传统偏心跟管钻具进行研制及改造，有效地提高了偏心跟管钻具的使用寿命。

(5) 形成了高陡边坡开挖及堆积体边坡稳定加固和预应力锚索灌浆堵漏及锚索防腐等一系列施工工艺。

项目最终形成了一套针对裂隙发育的破碎岩体及深厚堆积体复杂地质结构、适合类似高陡边坡工程开挖与支护施工技术及施工工艺较为完整的技术研究成果。丰富了国内外高陡边坡开挖及支护施工技术。对指导国内外特高陡边坡开挖支护技术有极其重要的指导意义。它的推广应用将产生显著的综合社会经济效益。

该技术已成功应用于小湾水电站工程中，并在金安桥水电站，溪洛渡水电站工程中应用，取得了良好的经济效益。

获奖单位：中国水利水电第四工程局、中国水利水电第八工程局、中国水利水电第三工程局、中国水利水电第七工程局、四川准达岩土工程公司。

获奖人：楚跃先、戚志军、尹岳降、邵国辉、郝长福、刘中刚、何文泉、周裕岳、刘山伟、吴乃文、吴刚、任季恩、施汉东、葛培清、李正全、郭三成。

（摘自《中国电力科学技术奖获奖项目汇编》）

三峡工程导截流及深水高土石围堰研究

“三峡工程导截流及深水高土石围堰研究”获2006年度中国电力科学技术奖二等奖。

三峡工程导截流及深水高土石围堰是一项具有挑战性的高难度工程项目。该项目从试验研究、设计施工、组织管理、安全监测及运用等各个方面进行了全过程、全方位的系统研究并付诸实施，获得成功。研究内容和成果是：

(1) 针对三峡坝址复杂的弯道水流现象，对明渠的布置、规模、体型等进行了系列试验研究。最后选定的导流明渠体型及布置成功地解决了复杂弯道水流条件下明渠“导流”和“通航”的矛盾，使施工期导流明渠设计通航流量由20000m^3/s提高到40000～45000m^3/s，明渠导流经受了1998年特大洪水的考验，并成功地保障了6年施工期安全通航。

(2) 大江截流最大水深达60m。针对大江截流水深、戗堤进占出现堤头坍塌的难题，探讨了深水截流堤头坍塌的机理，提出并采用了深水平抛垫底措施，有效防止了堤头坍塌事故的发生。1997年11月8日，龙口顺利合拢，实测截流流量11600～8480m^3/s，落差0.66m，最大流速4.22m/s，截流最高日抛投强度12.09万m^3。

(3) 明渠截流具有截流流量大（设计流量为12200～10300m^3/s）、截流水深（20～25m）、落差大（相应设计流量落差5.77～4.11m）、龙口流速大（最大垂线平均流速7.47～6.68m/s，最大点流速达8.47m/s）、截流总功率大（达69.0万～41.5万kW），是当今世界上截流综合难度最大的截流工程。不论是截流工程关键技术研究，还是高质量截流的信息跟踪及动态决策保障系统研究等方面均取得了创新成果。

(4) 围堰最大高度82.5m，堰体施工最大水深60m，为深水土石围堰。围堰填筑方量达1032万m^3，且80%堰体为水下抛填，防渗墙面积达8.4万m^2。围堰于1998年6月抢至度汛高程，先后经受长江8次洪峰考验，在洪水流量61000m^3/s、最高水位77.8m时，围堰运行正常。

项目研究解决了一系列重大科技难题，多项成果具有世界领先水平，保证了三峡二期工程目标的实现。该项目研究成果已在三峡工程建设中得到了全面应用，取得了巨大的社会和经济效益；并已在溪洛渡、向家坝等大型水电工程中得到推广应用。

获奖单位：中国长江三峡工程开发总公司、长江水利委员会长江科学院、长江水利委员会长江勘测规划设计研究院、中国葛洲坝水利水电工程集团公司、中国水电基础局有限公司。

获奖人：戴会超、曹广晶、包承纲、杨文俊、彭启友、宗敦峰、蒋振中、程展林、李青云、夏仲平。

（摘自《中国电力科学技术奖获奖项目汇编》）

小湾拱坝超设计概率水平地震作用及极限抗震性能的试验和分析研究

“小湾拱坝超设计概率水平地震作用及极限抗震性能的试验和分析研究”获2006年度中国电力科学技术奖二等奖。

该项目主要针对云南澜沧江小湾拱坝在遭遇强地震作用下的安全问题而设立，主要研究内容及成果包括以下3个方面：

(1) 对小湾工程潜在震源区划分及其参数选取、小湾坝址设计地震动峰值加速度等进行了复核。针对一致概率反应谱存在的问题，建议了基于设定地震概念的确定场地相关设计地震动反应谱的工程实用方法。给出了小湾工程相应于设防概率水平和最大可信地震的设计峰值加速度和相应的设计反应谱。

(2) 提出了对拱坝体系整体抗震稳定安全评价的

新概念和相应的方法，把坝体和地基作为一个体系，同时考虑了在地震作用过程中两者的动态响应及其相互作用，坝体内的横缝、坝肩可能滑动岩体的边界、坝体和地基交接面等处接缝的局部开合和滑移。并以强震时坝体位移反应发生突变作为判断拱坝体系整体失稳的准则。按提出的拱坝体系整体抗震稳定安全评价的方法，定量给出了不同设防概率水平以及最大可信地震作用下的抗震超载安全度。

(3) 针对小湾拱坝动力模型特点研制了模型坝体材料，满足弹性模量、质量密度及抗拉强度相似率要求；模拟了坝肩部分可能滑动块体及构造面的力学特征；开发了模拟滑裂面上渗压作用的气动装置；采用阻尼边界模拟无限地基振动能量的逸散。采用激光无接触测量及高速摄像等方法观测坝体损伤。动力模型试验结果反映模拟条件下小湾拱坝在设计水平及超设计水平地震作用下的动力响应、开裂发生及开裂发展等破坏过程，为评价小湾拱坝的地震超载潜力提供了重要依据。拱坝体系整体抗震稳定安全评价的新概念和相应的方法，拱坝系统动力模型试验研究中的低强度模型材料开发、滑裂面力学特性及渗压模拟装置的开发和模拟地震能量辐射的阻尼边界的开发工作均为首创。

研究过程中运用多种创新方法对小湾大坝的抗震安全性进行了多角度的全面综合论证，并提出了相应建议。

该项研究成果对高地震烈度地区的高拱坝抗震安全评价的关键问题具有重要的理论意义和实用价值。研究成果为确保小湾大坝抗震安全提供了科学依据，在小湾大坝的抗震设计中被全面采纳。

获奖单位：中国水利水电科学研究院。

获奖人：陈厚群、王海波、张伯艳、涂劲、李敏、李德玉、禹莹、魏力。

（摘自《中国电力科学技术奖获奖项目汇编》）

抽水蓄能电站土工膜防渗技术研究

“抽水蓄能电站土工膜防渗技术研究”获 2006 年度中国电力科学技术奖二等奖。

在抽水蓄能电站中，水库防渗技术是与工程安全、工程造价和运行成本密切相关的主要水工技术之一。抽水蓄能电站的上水库一般位于地势较高处，往往需要采取全库盆或较大范围的防渗处理。已建和在建的多个工程中，主要采用混凝土面板和沥青混凝土面板的防渗措施。

在我国大型水电工程的永久建筑物中，泰安抽水蓄能电站是首例使用土工膜防渗技术的工程，防渗设计水头达 35.8m，是我国水库防渗技术跨越性的发展。

通过该项目研究和应用，确定了泰安抽水蓄能电站土工膜防渗结构设计方案及其细部构造设计要求，确定了土工膜的主要技术指标、土工膜与周边结构的机械连接形式，取得了厚的高密度聚乙烯（HDPE）土工膜的焊接、修补、检测施工工艺和施工经验。

泰安抽水蓄能电站上水库成功应用土工膜作为水平铺盖防渗材料，防渗面积约 16 万 m^2，节约工程造价 3200 万元以上。“水库防渗土工膜周边固定连接结构”获得国家实用新型专利（专利号：ZL200520013492.4）。

泰安抽水蓄能电站土工膜防渗方案的研究和应用，为大型水电工程防渗技术积累了经验，国内多座抽水蓄能电站已研究在库底回填堆渣体上采用土工膜铺盖防渗技术，产生了显著的社会经济效益，具有广阔的推广应用价值。

获奖单位：中国水利水电建设工程咨询公司、中国水电顾问集团华东勘测设计研究院、水电水利规划设计总院、中国水利水电第十二工程局。

获奖人：周建平、张春生、李岳军、何世海、侯靖、李秋生、周渊、吴毅瑾、李富春、李洪林、徐建军、赵厉涛、刘树军、谭建平、吴春鸣、宫奎。

（摘自《中国电力科学技术奖获奖项目汇编》）

不良地质条件下超大型调压井工程关键施工技术研究

“不良地质条件下超大型调压井工程关键施工技术研究”获 2006 年度中国电力科学技术奖三等奖。

中国水利水电第五工程局承建的四川福堂水电站调压井工程，开挖直径 31.4m，井筒高 117.7m，是目前世界已建水电站工程中直径最大的调压井工程。该工程处于北东龙门山断裂之后山断裂和中央断裂夹持的地块中，距活动性较强烈的茂汶断裂最近仅 0.5km，工程部位多属Ⅴ类、Ⅳ类岩体，声波速度小于 2000m/s，单位透水率超过 20Lu 的不良地质环境。

课题针对依托工程所处不良地质条件和空间尺寸特大的特点，结合四川福堂水电站调压井工程施工实践，开展了安全快速施工技术与施工安全机理等研究工作，取得了以下创新性技术与理论成果：

(1) 首次应用了加速遗传算法 AGA 对施工监测量进行预测分析，为工程施工决策发挥了指导作用。

(2) 采用扒渣机械下卧、分区开挖方法，施工成本明显降低，并创造了国内井挖施工的新纪录。

(3) 首次采用了倒挂混凝土整体式悬挂模板间隔

衬砌方法，施工成本明显降低，并创造了国内竖井工程倒挂混凝土衬砌施工的新纪录。

（4）采用了门槽二期混凝土翻模施工方法，创造了国内调压井工程门槽二期混凝土施工的新纪录。

（5）研制应用了国内同类工程中最大、最重的整体式悬挂模板，创造国内施工新纪录，并使倒挂混凝土施工工期由12个月缩短到5个月。

（6）研制应用了国内竖井工程直径最大的液压滑升模板，施工质量良好。

（7）研制应用了常态混凝土直溜系统，施工成本明显降低。

（8）建立了调压井工程施工过程数值仿真的预测分析评价系统，为井挖工程安全施工关键技术参数的确定提供了很好的参考和指导。

（9）建立了调压井工程施工过程围岩力学参数动态评估模型；为井挖施工方案优化提供了参考。

课题研究成果经专家鉴定，认为达到国际先进水平。研究成果的应用，取得了显著的经济和社会效益：有力保证了施工安全，依托工程施工中无任何安全事故记录；缩短了工期，工程提前完建；施工质量优良。工程获得的综合经济效益超过2.3亿元，其中直接经济效益达1.3亿元，施工成本降低达166.9万元。研究成果的应用，为我国今后在不良地质条件下设计、建造大型竖井工程树立了成功典范，奠定了理论与技术基础。

工程已通过竣工验收，工程质量达到优良，并已安全运行3年。该项目曾获得“全国五一劳动奖状”、“李冰优胜奖”；研究成果2005年获中国水利水电建设集团公司科技进步一等奖；2006年获四川省科技进步三等奖。

获奖单位：中国水利水电第五工程局、四川大学。

获奖人：高翔、吴高见、杨兴国、骆志明、陈新、王惠民、何鹏。

（摘自《中国电力科学技术奖获奖项目汇编》）

三峡水利枢纽大坝防裂综合施工技术研究

“三峡水利枢纽大坝防裂综合施工技术研究”获2006年度中国电力科学技术奖三等奖。

该项目是针对大体积混凝土施工经常发生裂缝而开展的综合技术研究。通过对混凝土配合比优化、特种混凝土在施工中的应用、混凝土内部温度控制及表面保护等方面研究的不断深入，大型水电工程主坝大体积混凝土综合防裂能力有较大幅度提高。从混凝土原材料研究（掺低热水泥混凝土与主坝施工温控防裂关系）、优化混凝土配合比，减少水泥用量、坝体特殊部位使用特种混凝土、控制混凝土出机口温度、浇筑温度、合理安排施工分层、严格控制混凝土施工层层间歇时间、加强混凝土内部冷却及表面养护、保温、混凝土水平施工缝面增加限裂钢筋等方面入手，进行了深入研究，制定了一套完整的三峡大坝综合温控防裂措施。三峡三期工程IA标段主坝大体积混凝土温控施工质量良好，满足坝体温控要求。

该项目的技术创新点是：

（1）对大体积混凝土施工每一环节都制定了温度预警预控。当其中某一环节大体积混凝土温度将达到预警底线时，启动预警系统，将施工中各环节的大体积混凝土温度控制在预警底线之内。

（2）大坝大体积混凝土表面保温采用后贴聚苯乙烯板工艺。采用后贴聚苯乙烯板及发泡聚氨脂喷涂工艺对大体积混凝土永久面保温，从根本上确保了坝体永久面、长间歇面的保湿和保温效果。

（3）应用了大体积混凝土3.0m升层施工工艺。在大体积混凝土3.0m升层施工高标号混凝土部位，采取加密冷却水管间距，由2.0m或1.5m改为1.0m，并在浇筑过程中提前开通冷却水，降低进水温度，加大通水流量等措施，对主坝大体积混凝土进行“个性化”通水冷却。

（4）对人工骨料大体积混凝土配合比进行优化并采用低热混凝土施工。为降低大体积混凝土水化热温升，采用减水性能好的高效缓凝减水剂JM—ⅡC，对掺中热水泥的人工骨料大体积混凝土配合比进行了优化。采用掺低热水泥混凝土施工，在同等条件下，掺低热水泥混凝土早期水化热释放量较掺中热水泥混凝土小。

研究成果可适用于其他大型水电工程大体积混凝土施工（施工温度控制、混凝土防裂），应用前景广阔，有广泛的推广使用价值。

获奖单位：中国水利水电第四工程局。

获奖人：邹强、万连宝、孙建明、王爱斌、胡君成、王永军、牟荣峰。

（摘自《中国电力科学技术奖获奖项目汇编》）

龙滩20t/25t缆索起重机开发研制

“龙滩20t/25t缆索起重机开发研制”获2006年度中国电力科学技术奖三等奖。

由夹江水工机械厂自行研发、设计、制造的龙滩20t/25t缆索起重机（简称缆机）为高塔架平移式缆机，是水利水电建设用的超大型非标起重设备，在龙滩水电站建设中承担大坝混凝土浇筑及金属结构、设备的吊运工作。

缆机是一种以柔性钢索作为大跨度架空支承架构件，起重小车在钢索上运行，有垂直和水平运输功能的特种起重机械。该缆机的技术参数为：工作级别（浇筑/安装）A6/A3；起重量（浇筑/安装）20t/25t；跨度（设计/使用）950m/906.44m；起升高度（设计/使用）260m/240m；重载升降速度125m/min；空钩升降速度200m/min；小车牵引速度450m/min；大车行走速度15m/min；主塔铰点高45.5m；副塔铰点高10m；整机自重763t。

在龙滩缆机上首次采用了起升绳为4倍率的双列起重小车、改进的固定张开式承马（支索器）、具有高性能摩擦衬垫的双绳槽摩擦轮的牵引机构、具有维修方便传动可靠的链条式排绳机构、适用的检修设备及防坠落的安全设施等先进技术，同时在电气控制上采用一套无线遥控系统，设置了具有保护功能的直流调速装置，是目前国产缆机中塔架最高、跨度最大的缆机。

首台缆机于2004年7月投入运行，技术指标满足合同要求，并已通过用户验收。经过2年多高强度运行证明，综合性能已接近国际水平，部分技术参数指标已达到了国际先进水平。

随着我国水利水电建设迅速发展，缆机已成为水电站大坝浇筑的主要设备。国产缆机仅为进口缆机价格的1/2～2/3，单台30t缆机价格约3000万元人民币。一个水电工程采用缆机施工，至少需要2台，多则需要4、5台，若选用进口缆机，将需要花大量外汇。目前，国家对西部水电开发力度加大，将要使用缆机的电站很多，缆机市场前景广阔。夹江水工机械厂已具备根据用户和工程需要研发、设计、制造各种形式缆机的能力，这对促进我国缆机国产化，对国民经济建设有着重大意义。

获奖单位：夹江水工机械厂。

获奖人：曾文、李启江、戴科、葛华、杨芳、杜强、陈旭。

（摘自《中国电力科学技术奖获奖项目汇编》）

李家峡水电站枢纽工程

该项目为重大工程类项目，获2006年度中国电力科学技术奖三等奖。

李家峡水电站工程地处青藏高原，是在高寒缺氧，气候条件十分恶劣，地形、地质条件十分复杂的情况下，建成的具有特色的水利水电枢纽工程。工程以发电为主，兼顾灌溉。拦河大坝为三心圆混凝土双曲拱坝，坝顶高程为2185m，最大坝高165m，总库容为16.5亿m^3。总装机容量为1600MW，多年平均发电量为60.63亿kW·h。

电站坝后式引水建筑物、三圆心混凝土双曲拱坝和新型的电站布置形式，可节约大量工程投资。由于施工技术难度大，不可预见因素多，对传统的施工工艺和技术，提出了挑战性的要求。

在技术和系统管理方面的重大创新有：通过对主要构造带的混凝土网络置换、抗剪传力洞、大吨位预应力锚索、化学灌浆加固及排水等多种深层处理措施，成功解决了拱坝坝肩岩体抗滑稳定、变形稳定、边坡稳定和渗透稳定等重大技术问题；在国内外率先研究开发并应用了400MW蒸发冷却水轮发电机技术，是具有自主知识产权的技术；10000kN百米孔深的锚索试验与施工工艺、大型压力钢管整体卷制新工艺技术、高寒地区高拱坝快速施工技术以及拱坝基础处理技术、大尺寸坝后式引水建筑物施工及施工工艺；在国内率先研究并应用了双排机发电厂房及施工工艺、高陡滑坡体的稳定及处理施工工艺。

上述关键技术的开发研究与应用，从基础处理、坝肩处理、大坝浇筑、大型机电安装、大型金属结构制作与安装、安全观测、运行调试、施工组织等综合技术方面均作出了突出贡献。从整体上提高了我国高拱坝施工技术的能力，形成了全方位的具有自主知识产权内涵的系列技术，使我国水利水电施工技术上了一个新的台阶。其中一大批新技术、新材料、新工艺的积极开发研究和推广使用，达到了世界当时的先进水平，很多关键技术在目前也处于领先地位并广泛应用于水利水电工程建设中。

项目所包含的技术内容，可应用于大中型水利水电工程建设、大型机电安装、大型金属结构制造、不良地质的处理、高边坡的稳定处理等工程中。特别是高寒地区的工程综合施工技术已非常成熟。

获奖单位：中国水利水电第四工程局、中国水电顾问集团西北勘测设计研究院、黄河上游水电开发有限责任公司。

获奖人：彭启友、李其友、王冰、韩福祥、郑征宇、杨存龙、吴质斌。

（摘自《中国电力科学技术奖获奖项目汇编》）

小湾水电站导截流关键技术研究及工程实践

“小湾水电站导截流关键技术研究及工程实践”获2006年度中国电力科学技术奖三等奖。

项目依托国家重点建设项目小湾水电站，对导截流关键技术开展了一系列课题研究和攻关工作，主要包括：①导流洞围堰拆除爆破存在堰前堆渣高，拆除爆破工程量大，距进水塔仅5m及爆破块度控制要求严格等诸多技术难点，通过专题研究，采用了安全可靠的爆破设计方案，确保了导流洞分流效果和周围建筑物安全。②河床上下游土石围堰堰基地层自上而下分布有10～20m的堆渣层、16～22m的冲积层，堆渣块度大、架空严重，各地层的物质构成、厚度、透水性、可造孔性和可灌性等特征各不相同，给堰基防渗造成很大困难，且围堰工程工期紧、任务重，通过围堰堰基防渗专题研究，采用了墙、幕、膜三位一体的新型防渗结构，运用了多种灌浆技术及先进的施工工艺，确保了围堰防渗效果和施工进度。③导流洞进、出口及洞身工程规模大，通过开展优化设计工作，减少了顶拱衬砌工程量，缩短了施工工期，确保了导流洞按期分流。

该项目的主要技术成果为：

(1) 导流洞围堰爆破震动控制在安全范围以内，爆破块度均匀，水力冲渣效果明显，爆破后24h分流比例达75%，分流效果非常理想。

(2) 上游围堰渗水量为$10m^3/h$，下游围堰渗水量为$100m^3/h$，是设计值的1/6，防渗效果十分显著。

(3) 顺利实现了2004年10月提前1年截流、2005年安全度汛的目标，进而为电站提前1年发电奠定了坚实的基础。

(4) 导流洞顶拱衬砌优化直接节约投资约2500万元。

小湾水电站导截流的成功实施，开创了西南地区大型水电工程后汛期截流的先例，对解决类似工程的关键技术问题有较高参考价值。

该项目成果可应用于水电工程导截流设计与施工，也可应用于建筑物控制爆破、基础防渗及导流洞设计等。

获奖单位：云南华能澜沧江水电有限公司、中国水电顾问集团昆明勘测设计研究院、小湾“141”水电工程联营体、云南小湾水电站工程“八七”联营体、中国水电基础局有限公司、小湾工程项目部、中国水利水电建设工程咨询西北公司小湾水电站工程监理中心。

获奖人：王永祥、马洪琪、杨光亮、郑爱武、罗孝明、周华、沈嗣元。

（摘自《中国电力科学技术奖获奖项目汇编》）

冶勒高水头大容量六喷嘴冲击式水轮发电机组安装技术研究

“冶勒高水头大容量六喷嘴冲击式水轮发电机组安装技术研究”获2006年度中国电力科学技术奖三等奖。

冶勒电站机组为6喷嘴立轴冲击式机组，单机容量120MW，设计最大水头644.8m，额定转速375r/min，转轮最大直径3.346m，节圆直径2.6m，21个水斗。发电机为悬吊式结构形式，推力轴承采用全刚性支撑结构，喷针采用液压内藏式接力器操作。水轮发电机组全套从法国ALSTOM公司引进，是目前亚洲首台喷嘴数最多、容量最大的高水头冲击式水轮发电机组。与常规机组比较，冶勒水电站机组安装技术的难点和重点创新项目主要有：

(1) 配水环管安装调整采用喷嘴法兰的高程、中心及垂直度、喷嘴法兰间距、喷嘴法兰和配水环管进水口法兰至机组中心的距离以及配水环管间环缝错牙等多参数的联合控制方法，保证了6个喷嘴的射流中心线在同一个切圆上，安装精度超过国标和厂家标准的要求；各参数的调整顺序、预留量的设定、焊接变形控制、脉动打压和配水环管排气措施都是国内最新采用的方法。

(2) 喷嘴的安装，在配水环管法兰与喷嘴法兰之间设有70mm厚的调整垫板，用于修正配水环管在安装、焊接、浇筑混凝土过程中引起的偏差，通过调整垫的修正，安装精度超过国标和厂家标准的要求；自主创新设计了水轮机喷嘴吊装支架，使喷嘴的安装和检修更加安全、快速。

(3) 制定和优化了立式冲击式水轮发电机组安装程序。

(4) 针对首次在大容量机组中采用全刚性支承推力轴承，研究制定了调整方法及调整要点。

(5) 调速器具有喷嘴的选择功能，根据水头和负荷情况选择喷嘴运行，有1、2、3、4、6个喷嘴运行的方式。

(6) 针对引水系统隧洞及压力钢管长，机组容量大、水头高、喷嘴数量多，机电系统调试复杂，拟订了完善可行的调试方案。

(7) 申请了配水环管排气装置、水轮机喷嘴吊装支架、压力钢管焊接结构3项国家实用新型专利，拥有自主知识产权。

该项目属于机电安装技术领域。安装调试关键技术研究提出的若干建议及设计的安装专用工具，将为后续同类机组快捷安全地安装、调试提供技术参考，为冲击式机组的安全、稳定、长期运行提供技术保障。

获奖单位：中国水利水电第七工程局、河海大学。

获奖人：赵显忠、程云山、覃国茂、何定全、陈宇、张德虎、粟皓维。

（摘自《中国电力科学技术奖获奖项目汇编》）

WDB620 高强钢模拟压力容器爆破试验及应用于大型蜗壳的焊接制造工艺研究

“WDB620 高强钢模拟压力容器爆破试验及应用于大型蜗壳的焊接制造工艺研究”获 2006 年度中国电力科学技术奖三等奖。

随着我国许多大型水电站工程的不断开工建设，600MPa 级别的高强钢在工程中的应用越来越广泛，尤其是应用于大型水电站的压力钢管、高压岔管和水轮机蜗壳。为了改变此类钢材主要依赖进口的局面，国内钢铁企业抓住机遇开发相关的高强钢品种来代替进口。舞阳钢铁有限责任公司和鞍钢新轧钢股份有限公司研制开发出低焊接裂纹敏感性高强钢板 WDB620 和 ADB610D。此类钢板属于 600MPa 级别的高强钢，具有高强高韧的综合性能、良好的可焊性和低焊接裂纹敏感性等特点，一般情况下可省去焊前预热，也无须进行焊后热处理。各项常规的性能指标已经达进口 600MPa 级高强钢的要求。力学性能和焊接性能完全满足设计要求。国内目前生产的 CHE62CFLH、J607RH、MK・G60、CHW—S9 等牌号焊材是该钢种的相匹配焊接材料。

主要研究成果为：

(1) 设计、制造了模拟压力容器并进行了容器水压爆破试验。通过监测试验过程中容器的应力—应变变化并进行综合分析，全面掌握了模拟容器关键部位的受力分布情况，复核验证了试验钢板的力学性能和焊接制造工艺的可行性与合理性。模拟压力容器设计合理，试验方法科学规范，监测数据真实可靠，试验结论准确。

(2) 系统深入地对 WDB620 高强钢进行了焊接性试验和制造工艺适应性试验，优化选择了焊接工艺参数，研究制订了一整套 WDB620 高强钢焊接制造工艺措施。

国产低焊接裂纹敏感性 WDB620 高强钢具有高强高韧的综合性能、良好的可焊性和低焊接裂纹敏感性等特点，与进口的同类钢材相比较，材料屈服强度和抗拉强度都很接近。通过本项目研究 ，促进了该钢材在水电站压力钢管、高压岔管及蜗壳制造应用，为发展民族工业，替代同类进口钢板，具有良好的社会及经济效益。

获奖单位：中国水利水电第十四工程局机电安装工程总公司。

获奖人：王建华、李斗、吴邦庆、刘诚、陈忠敏、杨东方、彭贵军。

（摘自《中国电力科学技术奖获奖项目汇编》）

三板溪水电站高面板坝快速施工技术研究

“三板溪水电站高面板坝快速施工技术研究”获 2006 年度中国电力科学技术奖三等奖。

混凝土面板堆石坝具有安全性好、适应性强、工期短、造价低等优点，但超高面板坝往往工程量大、受度汛因素制约，在较短时段内完成大方量填筑，造成施工强度大，机械设备投入多，施工组织和管理难度大，并且存在坝体后期沉降偏大以及不均匀变形、面板脱空、面板结构性裂缝等问题，需要解决。

三板溪水电站混凝土面板堆石坝主坝“高面板坝快速施工技术研究”这一课题，对相关问题通过试验研究和施工实践来探索解决的途径，其成果对高混凝上面板堆石坝筑坝技术的成熟和完善提供了技术保障。

该项目研究的技术内容与创新点有：

(1) “一枯拦洪”施工技术：大坝施工第 1 个枯水期内完成截流、基坑开挖，5 个月大坝填筑 240 万 m^3，4 个月坝体上升 93m，达到抵御超过 100 年一遇设计洪水标准。

(2) 高面板坝垫层料挡水：2004 年 7 月 19 日发生流量 4800m^3/s 的洪水，此时一期面板尚未浇筑，大坝上游水位达到 360.0m，垫层护面挡水高度为 63m。

(3) 细致的总体规划和严密的施工组织。

(4) 减少坝体后期沉降与不均匀变形、控制面板结构性裂缝与蜕空的措施。

(5) 提高面板抗裂性能、抑制混凝土碱骨料反应、采用水泥基渗透结晶性防水涂料等。

(6) 垫层坡面保护，一次施工高度达到 45m 以上，缩短了工期，减少了接缝。

科研成果直接应用于三板溪水电站混凝土面板堆石坝主坝实际施工，于 2004 年 4 月 13 日，提前 17 天实现“一枯拦洪”目标；2005 年 8 月大坝填筑顺利完成。由于快速施工的成功，电站首台机组比原规划提前 1 年于 2006 年 5 月发电，对及早缓解湖南用电紧张意义重大，并可多发电 24.28 亿 kW・h，增收 10 亿元以上。

以低土石围堰取代高混凝土围堰、坝体 390～450m 间填筑采用“预留道路、回头补平”方案，2 项方案分别节约工程费用达 1000 万元和 1500 万元。

获奖单位：中国水利水电第十二工程局。

获奖人：吴海平、费伟国、胡永富、施荣跃、文志元、钟平、蔡昌光。

（摘自《中国电力科学技术奖获奖项目汇编》）

招徕河碾压混凝土双曲高薄拱坝快速施工技术

“招徕河碾压混凝土双曲高薄拱坝快速施工技术”获 2006 年度中国电力科学技术奖三等奖。

招徕河碾压混凝土大坝系一同层变厚、变曲率中心的对数螺旋线型碾压混凝土双曲薄拱坝，坝址位于极不对称的“V”形峡谷中，河谷宽高比 1.76。最大设计坝高 105.0m，坝顶宽 6m，坝底厚 18.5m，厚高比 0.17；大坝曲率变化区间较大，最小曲率半径为 30.72m，最大曲率半径为 167.85m，最大倒悬度达到 0.41。是目前世界上已建成或在建的 100m 级以上最薄的碾压混凝土双曲拱坝。坝型设计具有倒悬度大、曲率变化区间大、仓内狭窄且施工工艺复杂、施工组织困难等特点，与已建的普定、沙牌、龙首和蔺河口碾压混凝土双曲拱坝相比，在模板的规划设计、大坝体型测量放线、二（三）级配碾压混凝土拌制、狭窄仓内施工工艺组织等方面都存在着未曾遇到或未曾解决的技术课题，直接制约大坝的快速施工。对于如此复杂的双曲拱坝体型，进行系统的研究和解决制约高拱坝快速施工的关键技术问题在目前国内外尚属首例。针对以上技术难题，在该工程施工过程中通过对双向可调收缝式的翻升模板技术、快速立模放样的数学模型和应用技术、国产连续强拌站生产二（三）级配干硬性碾压混凝土技术、高落差钢滑道输送半成品骨料技术、仓内变态混凝土拔管施工工艺等多项创新技术在招徕河碾压混凝土拱坝施工过程中的联台应用，实现了大坝连续快速上升施工，开创了碾压混凝土月上升高度达 27.3m 的新纪录。施工过程控制稳定，混凝土质量良好，上下游坝面比较平整且大坝美观，左右拱端及坝体廊道内均无渗、漏水现象。2005 年 5 月通过对大坝的蓄水安全鉴定，大坝施工满足有关规范和设计要求，蓄水运行安全，取得了施工质量达到了优级水平的评价。同时，工程提前 1 年投产发电，实现经济效益约 3000 万元。招徕河双曲拱坝快速施工技术获得了 2005 年度第十批中国企业重大创新项目的世界新纪录水平。实现了“节省投资、快速筑坝、早期投产”的碾压混凝土快速筑坝理念。

该课题的研究与应用是对碾压混凝土筑坝技术的补充与完善，通过该工程的施工，探索碾压混凝土变曲率双曲拱坝快速施工的理论和实践经验，解决其中的技术、组织等方面的技术难题，以实现碾压混凝土变曲率双曲拱坝快速施工，形成配套施工技术，为我国碾压混凝土筑坝技术的发展做出贡献。

获奖单位：中国水利水电第十一工程局。

获奖人：任学文、付兴安、刘松林、闻艳萍、葛建忠、何无产、徐申飞。

（摘自《中国电力科学技术奖获奖项目汇编》）

金沙江向家坝水电站泄洪消能雾化环境影响及对策措施研究专题报告

“金沙江向家坝水电站泄洪消能雾化环境影响及对策措施研究专题报告”获 2006 年度中国电力科学技术奖三等奖。

向家坝水电站是金沙江梯级开发中的最末梯级，位于四川省宜宾市与云南省水富县界河峡谷出口处，距水富县县城 1.0km，电站消力池前端距云南天然气化工股份有限公司（以下简称云天化）生产区中心约 1.9km。为解决向家坝水电站底流消能泄洪雾化引起湿度变化对云天化和水富县城居民生活的影响，从调查国内已建水电站底流消能与挑流消能引起雾化的基本情况入手，在进行大量前期相关研究的基础上，组织有关研究机构或单位，调研、收集资料和坝址区现场气象环境场观测，根据理论研究与已建工程泄洪雾化观测研究，建立了数学模型，利用类比水电站原型观测实测数据验证数学模型。通过风洞模拟试验、物理模型试验、数学模型等多种方法和手段预测向家坝水电站泄洪消能雾化、水雾在复杂地形条件下的输送扩散过程及对环境湿度的影响；评价泄洪消能雾化产生的水雾对云天化生产和水富县城居民生活的影响，提出减免环境影响的对策措施。

该项目具有敏感性突出、社会关注度高、研究无先例、技术难度大、历时长（达 10 年）等特点。评审专家一致认为“该项研究在国内尚属首次，部分内容具有创新性”。其技术创新点如下：

（1）在研究思路上，把涉及工程学、水力学、气象学和环境科学的多学科复杂问题分解为既相对独立又相互关联的 3 个子课题。

（2）通过已建工程泄洪消能雾化现场调查、原型观测和物理模型试验，基本弄清了底流消能工程雾化产生的机理、过程与影响因素等。

（3）建立了底流消能工程泄洪雾化雾源量计算和水雾扩散模拟数学模型，并利用风洞试验与原型观测取得的数据验证了数学模型。

（4）利用建立的雾源量和水雾扩散模拟数学模型计算水电站底流消能雾化对环境湿度的影响。

（5）本着“以人为本，共同发展；以工程措施为主，运行管理措施为辅”的原则，提出了减免雾化环境影响的工程措施和管理措施，有效解决工程建设与环保的矛盾。

该项目研究成果为减免向家坝泄洪消能雾化、优化工程设计提供了必要的参考依据，具有现实性和创新意义。该研究为今后同类雾化问题的防治研究提供了可借鉴的经验，同时为电站运行期，下泄水体中过饱和气体研究提供了参考资料。

获奖单位：中国水电顾问集团中南勘测设计研究院。

获奖人：薛联芳、王善达、胡斌、龙雪珍、曾雄辉、戴向荣、江志远。

（摘自《中国电力科学技术奖获奖项目汇编》）

DL/T 5195—2004《水工隧洞设计规范》

DL/T 5195—2004《水工隧洞设计规范》获2006年度中国电力科学技术奖三等奖。

该规范是对SD 134—84《水工隧洞设计规范》的修订。SD 134—84发布20年来，随着水电水利工程建设的发展，水工隧洞的建设也取得了长足的进步，与此同时，在科学研究、设计理论、施工技术、运行管理等方面，均有很多新的创造，积累了不少经验；另一方面在施工和运行的过程中，也出现了一些问题，有一些教训值得汲取。因此总结并推广新理论、新技术、新工艺和新材料，保证工程安全、缩短建设周期、降低工程造价的规范应运而生。

长期以来，水电工程给人的印象常常是设计偏于保守，但同时也往往伴随有一些安全方面的隐患。本标准将隧洞设计理论由以往的单一安全系数极限状态设计理论，过渡到了建立在概率论及数理统计学等科学理论基础上的概率极限状态设计理论。为扭转这一被动局面开创一个新的前景。

此次修订，在广泛吸收国内外信息的基础上，增加了抽水蓄能电站隧洞、预应力混凝土衬砌、高压混凝土衬砌岔洞及封堵体的设计等方面的有关规定；补充了锚喷、喷钢纤维混凝土的内容；扩大了锚喷混凝土衬砌的应用范围；建立了独立的、适用于水工隧洞钢筋混凝土衬砌的裂缝宽度计算公式。

本标准规定了新建和改建的水利水电工程的水工隧洞设计。

本标准适用于大、中型工程开挖于岩体中的1、2、3级水工隧洞的各设计阶段。

获奖单位：中国水电顾问集团成都勘测设计研究院、中国水电顾问集团北京勘测设计研究院、中国水利水电科学研究院、清华大学、武汉大学。

获奖人：郝元麟、段乐斋、郝志先、朱尔容、谷兆祺、张有天、侯建国。

（摘自《中国电力科学技术奖获奖项目汇编》）

DL/T 5010—2005《水电水利工程物探规程》

DL/T 5010—2005《水电水利工程物探规程》获2006年度中国电力科学技术奖三等奖。

工程物探是一项具有非常广阔发展前景的、高科技含量的技术型勘探手段。近10年来，随着水电建设速度的加快，具有快速、有效、经济特点的物探技术得到了飞速发展，很多新的物探技术日益完善，在生产实践中发挥着重要作用。原标准（DL/T 5010—1992《水利水电工程物探规程》）已不能很好地承担规范工程物探的工作，根据原国家经贸委电力［2001］44号文《关于下达2001年度电力行业标准、修编计划项目的通知》，对原标准进行补充、修编后形成了DL/T 5010—2005《水电水利工程物探规程》。

本标准与原标准相比：

（1）增加了多种成熟的新技术新方法，如高密度电法、可控源音频大地电磁测深法、瞬变电磁法、探地雷达法、瑞雷波勘探、层析成像、同位素示踪法。

（2）增加了防渗帷幕及堤防隐患探测、岩体质量检测、隧洞施工掌子面超前预报、灌浆效果检测、防渗墙质量检测、堆石（土）体密度及地基承载力测试、堆石坝面板质量检测、混凝土质量检测、洞室混凝土衬砌质量检测、钢衬与混凝土接触状况检测、锚杆质量检测、水下建筑物缺陷观察、质点振动参数测试、其他工程参数测试等多个领域的综合应用。

（3）对保留内容的具体规定作了大的修改，主要表现在：①删减了大量教科书式的说明；②对各种方法的应用条件、仪器设备的技术要求、现场工作和资料解释进行了重新规定，删除可操作性差的部分，并融入了大量新的内容。

十余年来，为了使水电水利工程物探应用和发展得到强有力的技术支撑，水电水利系统各设计院每年均有若干院级、省部级、国家级物探技术科研项目立项或验收，很多科研成果已成功应用于工程实践中。本标准在“方法技术”、“综合应用”中增加的部分均受其支撑。本标准较原标准增加与修改的内容达70%以上，保证了新标准的严密性、科学性、有效性和可行性，技术要求合理，达到了国内领先水平。

本标准由中华人民共和国发展和改革委员会于2005年2月14日发布、2005年6月1日实施。目前在水电行业已完全替代原标准。该标准的应用，使水电水利行业各应用单位保证了产品质量、工作质量，提高于工作效率，拓宽了应用领域，获得了显著的经济和社会效益。

本标准是国家电力行业标准，水电水利工程物探工作必须遵从本标准的规定，对于其他缺乏行业相关标准的单位或工作内容在其行业标准内容涵盖范围之外的工程物探工作也可参照执行。

获奖单位：中国水电顾问集团贵阳勘测设计研究院、中国水电顾问集团成都勘测设计研究院、中国水电顾问集团中南勘测设计研究院、中国水电顾问集团北京勘测设计研究院、长江水利委员会长江勘测规划设计研究院。

获奖人：王波、袁景花、肖伯勋、汪毅、沙椿、喻振华、柯玉军。

（摘自《中国电力科学技术奖获奖项目汇编》）

重大水工混凝土结构隐患病害检测与健康诊断研究

由河海大学完成的“重大水工混凝土结构隐患病害检测与健康诊断研究”获 2006 年度江苏省科技进步一等奖。

在国家自然科学基金重点项目“重大水工混凝土结构隐患病害检测与健康诊断研究”（批准号为 50139030）、国家重点基础研究发展规划项目“灾害环境下重大工程安全性的基础研究”（批准号 2002CB412707）以及龙羊峡和新安江等大型工程委托的科研项目资助下，开展了重大水工混凝土结构隐患病害监测与健康诊断研究。该项目属于水利水电工程安全领域中高科技的自主创新和应用基础研究项目。

主要研究内容有：

（1）首次提出并构建了具有感知结构内部性能与外部环境影响的重大水工混凝土结构智能系统。

（2）集成和发展了隐患病害检测与监测的方法，提出了检测与监测的集成融合理论和方法，实现了多种检测与监测成果的科学融合和集成。

（3）提出了隐患病害分析的理论和试验方法，开发了试验装置，从微观、细观和宏观上发现了多因素组合条件下的混凝土老化和病变的机理以及组合机理。

（4）以工程效益、工程安全和生态环境为原则，提出并构建了重大水工混凝土结构寿命和运行风险的分析评估理论和方法。

（5）融汇小波、神经网络、模拟退火等多种先进方法，建立了监测物理量的因果时变分析模型，提出了结构整体健康诊断的集成分析方法，分析了老化和病变的物理成因，拟定了健康等级与标准，建立了重大水工混凝土结构健康诊断体系。

（6）集成结构隐患病害检测与监测、老化机理、寿命评估和健康诊断等研究成果，提出了预警等级与标准，开发了重大水工混凝土结构病害诊断的预警系统。

该成果边研发边应用，已将研究的部分成果应用于新安江、龙羊峡等工程，取得了 2.12 亿元的直接经济效益，并产生了重大的社会效益。同时，提交科研报告 6 份，出版著作一本，发表重要论文 80 多篇，其中被 SCI、EI 和 ISTP 收录 45 篇。

成果针对本领域中的前沿科学技术问题，集成现代理论、方法和高新技术，理论密切联系实际，解决了重大工程安全的关键技术；提出并建立了水电工程隐患病害检测与健康诊断的理论、方法和技术体系，取得了多项创新成果，产生了重大的经济和社会效益，对其他工程也具有重要的指导意义，有广泛的推广价值。

主要完成人：吴中如、顾冲时、方永浩、陈建生、郑东健、宋汉周、江泉、汪在芹、苏怀智。

（河海大学）

二滩水电站荣获第六届中国土木工程詹天佑奖

经过专业预评、评审大会评审和“大奖指导委员会”的审定，二滩水电站因其在我国水电建设方面的突出贡献，荣获第六届中国土木工程詹天佑奖。

中国土木工程詹天佑奖是中国土木工程学会与詹天佑土木工程科技发展基金会于 1999 年设立的，是全国性土木工程最高荣誉奖（国家创新工程奖）。中国土木工程詹天佑奖评选范围包括：建筑工程、桥梁工程、隧道及地下工程、岩土工程、公路及场道工程、铁路工程、港口及海洋工程、市政工程、水利水电工程、特种工程等各类工程，每年评选一次，旨在奖励和表彰我国在科技创新和科技应用方面成绩显著的优秀土木工程建设项目。

2006 年 3 月，中国大坝委员会推荐二滩水电站参加第六届中国土木工程詹天佑奖评选。作为二滩水电站的建设单位，二滩水电开发有限责任公司负责，组织二滩水电站的设计单位中国水电顾问集团成都勘测设计研究院、主要施工单位之一的中国水利水电第八工程局、监理单位四川二滩国际工程咨询有限责任公司和四川二滩建设咨询有限公司，共同申报第六届中国土木工程詹天佑奖。

二滩水电站是我国20世纪建成投产的最大水电站，电站总装机容量3300MW，多年平均年发电量170亿kW·h。二滩水电站工程由我国自主勘察、设计，并引进国外先进施工技术和先进工程管理模式建设，是我国水电建设进入世界先进行列的标志性工程。

二滩水电站拦河大坝为混凝土双曲拱坝，最大坝高240m，是我国已建成的第一高拱坝，在世界同类型高坝中居第三位。二滩大坝是我国第一座超过200m的高坝，实现了从150m到240m的新的跨越。

二滩大坝承受的总水压力为980万t，为目前已建成高拱坝世界之最。

二滩大坝坝身泄洪能力为16350m³/s，居世界高拱坝之首。

二滩电站地下厂房为目前亚洲最大的地下厂房洞室群。

二滩水电站水轮发电机组单机容量550MW，实现了我国水轮发电机组单机容量从335MW到550MW的大跨越。

二滩水电站是我国数十家科研机构和高等院校科研成果的结晶，二滩水电站工程的科研成果获得数十项国家或省部级奖励。

1998年，经中国科学院和中国工程院两院院士评选，二滩水电站建成投产被列为当年十大科技进展之六。

二滩水电站于1991年9月14日正式开工建设，1998年5月下闸蓄水，同年8月，第一台机组投产，1999年竣工，2000年底通过国家组织的竣工验收。自投产发电以来，经过8年的实践检验，电站运行情况良好，为地方经济和社会发展发挥了巨大的作用。

（二滩水电开发有限责任公司　冯永祥）

华北水利水电学院水电科研获奖项目简介

（一）钢纤维高强混凝土材料与结构性能研究

“钢纤维高强混凝土材料与结构性能研究”获得2006年度河南省科技进步二等奖。

该项目通过试验研究提出了考虑基体混凝土强度影响的钢纤维混凝土抗压强度、抗拉强度计算方法和钢纤维高强混凝土立方体抗压强度试件尺寸换算系数及轴心抗压强度与立方体抗压强度的换算关系，提出了钢纤维混凝土轴心受拉应力应变全曲线的解析表达式及劈裂抗拉强度和轴心抗拉强度的相互关系转换计算公式。研究分析了基体混凝土强度、钢纤维体积率和钢纤维类型等对高强钢纤维混凝土弯曲韧性指数和弯曲承载力变化系数的影响规律。论证了钢纤维对混凝土抗拉强度和钢筋混凝土梁斜截面承载力增强效果的一致性，提出了直接采用钢纤维混凝土抗拉强度为基本参数的钢纤维高强混凝土梁斜截面抗裂和斜截面承载力计算方法。通过钢筋钢纤维高强混凝土柱在低周反复荷载作用下的压弯性能试验，提出了钢纤维高强混凝土柱的抗震位移延性系数的计算公式和抗震设计建议及其正截面和斜截面承载力的计算方法。研究了钢纤维对混凝土抗拉强度的增强效应与钢纤维对梁正截面抗裂弯矩、板抗冲切承载力的增强效应之间的关系，提出了钢筋钢纤维混凝土梁正截面抗裂、板抗冲切承载力计算建议。该研究成果被《纤维混凝土结构技术规程》（CECS38：2004）采用，已经达到国内领先、部分国际先进水平。

（二）基于三维有限元的水工结构可靠度评价及其工程应用研究

“基于三维有限元的水工结构可靠度评价及其工程应用研究”获得2005年度河南省科技进步二等奖。

项目对水工结构可靠度分析与评估的关键性技术进行了深入研究。其主要的研究成果如下：

（1）将结构可靠度理论与有限元法相结合，充分考虑水工结构的特点，建立了适应水工结构的考虑复杂基岩与上部结构相互作用的随机有限元方法，并编制了计算程序，实际工程应用良好，为水工结构设计和可靠度评价提供了依据。

（2）确定了水工结构极限状态的归纳问题，针对混凝土的强度特征，考虑多轴应力状态，引入压碎系数，用四参数破坏准则表征了混凝土极限状态方程的模式。

（3）根据水工结构的复杂性及其特点，通过实地调研及其统计分析研究，解决了各不定性分项因素的统计特征，特别是复杂的温度荷载作为随机变量的处理，建立起统计规律的具体统计参数计算公式。

（三）大型预应力U形薄壳渡槽施工技术及设计理论研究

“大型预应力U形薄壳渡槽施工技术及设计理论研究”获得2005年度河南省科技进步三等奖。

该研究是水利部科技创新项目。针对南水北调及广东省东江—深圳引水工程中渡槽施工技术问题提出的一项应用性研究课题。主要内容如下：

（1）建立了U形薄壳渡槽整体结构的计算模型，保证了U形薄壳渡槽在结构的强度、刚度和稳定性方面的设计是安全可靠的。

（2）考虑了预应力施工过程及造槽机过跨行走等因素作用，给出渡槽结构各种材料的力学行为变化规律，为U形薄壳渡槽结构预应力设计及施工提供理论依据。

(3) 根据结构抗裂止水的设计原则，使U形薄壳渡槽实现了结构抗裂的设计目标。

（华北水利水电学院　刘丽丽）

中国水利水电科学研究院获奖项目

中国水利水电科学研究院2006年度获奖情况见表1。

表1　中国水利水电科学研究院2006年度获奖情况表

序号	项目名称	主要完成单位	奖励名称	获奖等级
1	黄河流域水资源演变规律与二元演化模型	中国水利水电科学研究院、中国科学院地理科学与资源研究所、水利部黄河水利委员会水文局、中国科学院地质与地球物理研究所	国家科技进步奖	二等奖
2	小湾拱坝超设计概率水平地震作用及极限抗震性能的试验和分析研究	中国水利水电科学研究院	中国电力科学技术奖	二等奖
3	黄河水沙过程变异及河道的复杂响应	中国水利水电科学研究院、中国科学院地理科学与资源研究所、黄河水利委员会黄河水利科学研究院、国际泥沙研究培训中心	大禹奖	一等奖
4	青海省引大济湟工程规划	中国水利水电科学研究院、青海省水利水电勘测设计研究院	大禹奖	二等奖
5	水利科技发展战略研究	中国水利水电科学研究院、南京水利科学研究院、清华大学、中科院水土保持研究所、长江科学院、水利部长江勘测技术研究所、中科院地理科学与资源研究所	大禹奖	二等奖
6	生物生态技术治理污染水体的关键技术与示范	中国水利水电科学研究院、水利部中国科学院水工程生态研究所、江苏省水利厅、河海大学	大禹奖	二等奖
7	草场沙化、退化综合整治技术试验示范研究	中国水利水电科学研究院	大禹奖	二等奖
8	首都圈水资源保障研究	中国水利水电科学研究院、中国农业科学院农业资源和农业区划研究所、北京工业大学、中国社会科学院社会学研究所	大禹奖	二等奖
9	引黄灌区节水决策技术应用研究	中国水利水电科学研究院、武汉大学、山东省滨州市簸箕李引黄灌溉管理局、宁夏回族自治区水文水资源勘测局	大禹奖	二等奖
10	西北半干旱生态植被建设区饲草料节水灌溉与水草资源可持续利用技术研究	中国水利水电科学研究院	大禹奖	三等奖
11	宁夏经济生态系统水资源合理配置研究	中国水利水电科学研究院	宁夏科技进步奖	一等奖

（中国水利水电科学研究院　王　鹏）

中国电力科学研究院获奖项目

中国电力科学研究院2006年度获奖情况见表1。

表1　中国电力科学研究院2006年度获奖情况表

序号	项 目 名 称	奖 励 名 称	获奖等级
1	静止无功补偿器核心技术的研发及应用	国家科技进步奖	二等奖
2	输电线路固定串补/可控串补装置	中国电力科学技术奖	一等奖
3	我国第一条750kV输变电示范工程及其关键技术研究	中国电力科学技术奖	一等奖
4	国家电网提高电网输电能力的研究与实施	中国电力科学技术奖	一等奖
5	±500kV直流输电外绝缘特性研究	中国电力科学技术奖	二等奖
6	西北—华中联网灵宝直流背靠背工程	中国电力科学技术奖	二等奖
7	政平至宜兴同塔双回500kV紧凑型输电线路关键技术研究	中国电力科学技术奖	二等奖
8	故障电流对城市通信设施的影响和工频磁场测量的研究	中国电力科学技术奖	三等奖
9	三峡电厂PSS模型研究和参数整定	中国电力科学技术奖	三等奖
10	330kV紧凑型输电线路关键技术试验研究及工程应用	甘肃省科技进步奖	二等奖
11	±500kV贵广直流输电工程安顺换流站外绝缘设计与高海拔修正研究	四川省科技进步奖	三等奖

（中国电力科学研究院）

中国水电顾问集团华东勘测设计研究院获奖及专利项目

中国水电顾问集团华东勘测设计研究院2006年度获奖情况见表1，获得专利情况见表2。

表1　华东勘测设计研究院2006年获奖情况表

序号	项 目 名 称	奖 励 情 况
1	浙江省温州市珊溪水库工程	国家优质工程银奖
2	温州市珊溪水库工程	中国电力优质工程优秀奖
3	宁波市白溪水库工程	中国电力优质工程优秀奖
4	杭州市绕城高速公路南段工程地质勘察	浙江省钱江杯奖工程勘察二等奖
5	杭州市西湖西进工程五老峰隧道及接线工程地质勘察	浙江省钱江杯奖优秀工程勘察三等奖
6	杭州市天目山路改建工程	浙江省钱江杯奖优秀工程设计三等奖
7	国信·新安明珠工程设计	浙江省钱江杯奖优秀工程设计三等奖
8	万松岭隧道及接线道路工程设计	浙江省钱江杯优秀工程设计二等奖
9	瓯江流域水力发电规划环境影响研究报告	浙江省优秀工程咨询成果奖三等奖
10	浙江省曹鹅江大闸枢纽工程环境影响报告书	浙江省优秀工程咨询成果奖三等奖
11	抽水蓄能电站厂房结构振动研究	中国电力科学技术奖三等奖

表2 华东勘测设计研究院2006年专利授权情况表

序号	专 利 名 称	类 型	专 利 号	授权公告日
1	深孔多支承铰弧形闸门	实用新型	ZL 2004 2 0114683.5	2006-1-11
2	现场高压渗透试验系统	实用新型	ZL 2004 2 0090829.7	2006-1-25
3	抽水蓄能电站的井式进出水口结构布置	实用新型	ZL 2004 2 0119179.4	2006-1-25
4	多头加气振冲装置	实用新型	ZL 2005 2 0101555.1	2006-6-7
5	翻板式活动坝结构	实用新型	ZL 2005 20102255.5	2006-7-19
6	水库防渗土工膜周边固定连接结构	实用新型	ZL 2005 20013492.4	2006-8-23
7	钢筋混凝土面板堆石坝坝身溢洪道	实用新型	ZL 2005 20014719.7	2006-9-20
8	一种用于倒垂孔施工的防斜器具	实用新型	ZL 2005 20014720.x	2006-9-27
9	井点成孔冲击管	实用新型	ZL 2005 20116130.8	2006-10-4
10	一种用于边坡生态治理的植生槽	实用新型	ZL 2005 20014392.3	2006-10-11
11	面板堆石坝周边缝止水结构	实用新型	ZL 2005 2 0116466.4	2006-12-6

（中国水电顾问集团华东勘测设计研究院）

中国水电顾问集团昆明勘测设计研究院获奖项目

中国水电顾问集团昆明勘测设计研究院2006年获奖情况见表1。

表1 昆明勘测设计研究院2006年获奖情况表

序号	项目名称	主要完成单位	获奖年度	奖励名称	获奖等级
1	小湾水电站饮水沟堆积体综合治理报告	昆明勘测设计研究院	2005年	全国优秀工程咨询成果奖	二等奖
2	文山洲马鹿塘水电站二期工程可研报告	昆明勘测设计研究院	2005年	全国优秀工程咨询成果奖	三等奖
3	金沙江中游河段梯级电站水文泥沙研究报告	昆明勘测设计研究院	2005年	全国优秀工程咨询成果奖	三等奖
4	小湾水电站工程右岸坝肩600m高边坡稳定性及工程处理措施研究	昆明勘测设计研究院、小湾水电工程建设管理局、武汉大学	2005年	云南省科技进步奖	一等奖
5	昆明市掌鸠河引水供水工程山区长距离输水工程技术难题研究	昆明勘测设计研究院、天津大学、昆明市掌鸠河引水供水工程建设管理局	2005年	云南省科技进步奖	二等奖
6	小湾水电站饮水沟堆积体抢险加固工程安全监测成果分析及预警分析研究	昆明勘测设计研究院、中国水利水电科学研究院、小湾水电工程建设管理局	2005年	云南省科技进步奖	三等奖
7	金安桥水电站碾压混凝土重力坝动力分析和抗震安全评价	昆明勘测设计研究院、大连理工大学、武汉大学	2005年	云南省科技进步奖	三等奖
8	缅甸邦朗水电站引水发电建筑深化研究	昆明勘测设计研究院、大连理工大学、清华大学水利水电工程系	2005年	云南省科技进步奖	三等奖

续表

序号	项目名称	主要完成单位	获奖年度	奖励名称	获奖等级
9	小湾水电站2号山梁饮水沟堆积体抢险加固工程安全监测	昆明勘测设计研究院	2006年	云南省优秀工程勘察	一等奖
10	老挝南梦3水电站开发项目工程勘察	昆明勘测设计研究院	2006年	云南省优秀工程勘察	一等奖
11	云南省澜沧江糯扎渡水电站现场岩石力学试验	昆明勘测设计研究院	2006年	云南省优秀工程勘察	一等奖
12	云南省保山市苏帕河阿鸠田水电站工程勘察	昆明勘测设计研究院	2006年	云南省优秀工程勘察	二等奖
13	景洪水电站一期工程施工控制网测量	昆明勘测设计研究院	2006年	云南省优秀工程勘察	二等奖
14	景洪水电站项目水库区淹没建设用地土地定界勘测	昆明勘测设计研究院	2006年	云南省优秀工程勘察	三等奖
15	滇池草海污染底泥继续疏浚工程围埝安全监测	昆明勘测设计研究院	2006年	云南省优秀工程勘察	三等奖
16	南盘江天生桥一级水电站工程设计	昆明勘测设计研究院	2006年	云南省优秀工程设计	一等奖
17	阿鸠田水电站工程设计	昆明勘测设计研究院	2006年	云南省优秀工程设计	一等奖
18	小湾水电站坝顶高程以上边坡安全监测工程设计	昆明勘测设计研究院	2006年	云南省优秀工程设计	一等奖
19	老挝南梦3水电站及KHOK-SAAD变电站工程设计	昆明勘测设计研究院	2006年	云南省优秀工程设计	二等奖
20	小湾水电站围堰工程设计	昆明勘测设计研究院	2006年	云南省优秀工程设计	二等奖
21	金平县金河二级水电站工程设计	昆明勘测设计研究院	2006年	云南省优秀工程设计	三等奖
22	云南保山苏帕河乌泥河水电站工程设计	昆明勘测设计研究院	2006年	云南省优秀工程设计	三等奖
23	3DCC水电工程三维建模及工程量计算软件	昆明勘测设计研究院	2006年	云南省优秀工程勘察设计计算机软件	一等奖

（中国水电顾问集团昆明勘测设计研究院）

中国水电顾问集团贵阳勘测设计研究院获奖项目

中国水电顾问集团贵阳勘测设计研究院2006年度获奖情况见表1。

表1 贵阳勘测设计研究院2006年度获奖情况表

序号	项 目	获 奖 情 况
1	洪家渡水电站工程设计	贵州省第十四次优秀工程设计特等奖
2	引子渡水电站工程设计	贵州省第十四次优秀工程设计一等奖
3	洪家渡水电站工程勘察	贵州省第十一次优秀工程勘察特等奖
4	引子渡水电站工程勘察	贵州省第十一次优秀工程勘察一等奖
5	乌江洪家渡水电站外部变形安全监测	贵州省第十一次优秀工程勘察二等奖
6	乌江思林水电站施工控制网测量	贵州省第十一次优秀工程勘察二等奖
7	天生桥一级水电站枢纽监测控制网复测	贵州省第十一次优秀工程勘察三等奖
8	乌江思林水电站可行性研究修编报告	2006年度贵州省优秀工程咨询成果一等奖
9	北盘江光照水电站可行性研究报告（重编）	2006年度贵州省优秀工程咨询成果二等奖
10	乌江洪家渡水电站库首右岸构造切口防渗处理地质专题报告	2006年度贵州省优秀工程咨询成果二等奖
11	洪家渡高面板堆石坝筑坝技术研究及应用	2006年度贵州省科技进步二等奖
12	DL/T 5010—2005《水电水利工程物探规程》	中国电力科学技术三等奖

（中国水电顾问集团贵阳勘测设计研究院 王 芳）

中国水利水电建设集团公司获得专利情况

中国水利水电建设集团公司2006年获得2项国家发明专利，2项实用新型专利，并有多项专利申请被受理。

中国水利水电第一工程局申报的《陡倾角大直径长斜井混凝土衬砌滑模施工方法》获得国家发明专利，专利号ZL 200410011210.7。

中国水利水电第十三工程局申报的《MC尼龙管的研制》获得国家实用新型专利，专利号ZL2005 20081335.7。

中国水利水电第十一工程局申报的《环氧树脂砂浆及其制备方法》获得国家发明专利，专利号ZL200410031153.9。

中国水利水电第五工程局机电安装分局申报的《弧门面板加工装置》获得国家实用新型专利。

中国水利水电第七工程局申报的《水轮机喷嘴吊装支架》、《水轮机配水环管排气装置》、《水电站压力引水钢管焊接结构》，中国水利水电第七工程局申报的《人工砂石系统半干式制砂工艺》、夹江水工机械厂申报的《缆索起重机起升绳链条式排绳装置》、《突扩式门槽橡胶水封充压试验装置》、《电缆拉力缓冲保护装置》、《电缆接头快换接线箱》等8项专利被受理。

（中国水利水电建设集团公司 李红春
中国水利水电第五工程局 张喜英）

实用新型专利《高可靠开关量输出保护器》简介

（一）技术领域

该实用新型专利可应用于所有控制器（例如可编程控制器PLC）输出模件中的输出中间继电器回路中。

（二）背景技术

典型的控制器（例如可编程控制器PLC）是一个应用广泛的工业控制器，其开关量输出通常都驱动中间继电器来扩大输出能力。但是在使用当中不可避免的会遇到控制器的软硬件故障而引起的误输出，造成不必要的设备损坏甚至是人身伤害。

由软件引起的误输出我们可以通过优化控制程序、检测和试验所有流程等手段加以避免。但是由硬件故障（例如遭受雷击、受到电磁干扰、本身开关量输出模件损坏等）引起的误输出却无法有效的加以避免。

（三）发明内容

该实用新型所要解决的，就是针对上述难点，提供一种外部监视和控制电路来确保控制器开关量输出的有效性和可靠性，彻底解决由于控制器的软硬件故障而引起的误输出，从而提高整个控制装置的可靠性，保障生产活动的安全。

专利权人：南京南瑞自动控制有限公司。

地　址：210003 江苏省南京市南瑞路 8 号。

设计人：何云、朱乐、刘国敏。

（国网南京自动化研究院　何　云）

9

国际合作与技术交流

对外经营与承包

中国水利水电建设集团公司 2006 年国际经营工作

(一) 国际市场开拓取得新成就

2006 年，中国水利水电建设集团公司（以下简称中国水电建设集团）对外经营活动涉及到 63 个国家，实现营业收入 85 亿美元，同比增长 89.51%；实现国际经营利润 0.39 亿美元，新签约项目共计 31 个，合同额 40181 万美元。海外营销网络不断扩大，已在商务部正式办理了 32 个驻外机构的“中国外经贸企业驻外机构批准证书”，在 36 个国家直接参加了经营活动。

2006 年 3 月，中国水电建设集团与老挝政府签订了老挝万象平原约 1400km^2 钾盐矿资源开采备忘录，迈出了中国水电建设集团在海外开发矿产资源的第一步。

5 月 26 日，中国水电建设集团与泰国产电机构在北京人民大会堂就中泰缅三方合作投资开发萨尔温江哈吉水电站（装机容量 90 万 kW）签订了备忘录。

11 月 19 日，在中共中央总书记、国家主席胡锦涛和老挝人民革命党中央委员会总书记、国家主席朱马利·赛雅贡的共同见证下，中国水电建设集团总经理范集湘与老挝计划和投资委员会副主任通密在老挝主席府签署了老挝南槛 2 水电站和甘蒙塔克水泥厂项目合作协议书。

2006 年，中国水电建设集团在国际市场追踪并运作的重点大型项目有 20 多个，重点项目包括加蓬普巴拉水电站及马里费罗水电站、塔吉克斯坦水电开发、多哥贝宁阿贾哈拉水电站、印度尼西亚佳帝格迪水电站、加纳布维水电站、赤道几内亚项目群、菲律宾莱坂大坝和马尼拉Ⅲ期供水项目、萨尔温江流域开发及哈吉水电站项目、安哥拉中安信贷协议项目等。这些项目的特点一是项目本身规模大，在所在国及国际上有一定的影响力，二是项目多数为投融资项目，必须由具有较大影响且具较强实力的企业来承担，从经营层次来说，均属于经营尖端项目。

1. 塔吉克斯坦水电开发项目　中国水电建设集团先后几次组织专家工作组赴塔吉克斯坦，就该国的水电站及杰拉夫尚河流域水能资源等进行了实地踏勘考察。2006 年 4 月 25 日，塔吉克斯坦政府授权其国家电力公司与中国水电建设集团签署了《塔吉克斯坦共和国杰拉夫尚河、苏尔霍泊河和鄂毕兴国河水能资源开发谅解备忘录》，将塔吉克斯坦境内包含杰拉夫尚河在内的三条流域规划水电站开发事宜交中国水电建设集团进行开发。截至 2006 年底，中国水电建设集团已选取杰拉夫尚水电站作为第一个开发项目，坝址、地形测量、地质调查等补充勘查工作已完成，预可行性研究和项目建议书已完成。

2. 印度尼西亚佳帝格迪水电站项目　项目位于印度尼西亚西爪哇省，总装机容量 11 万 kW，是目前印度尼西亚政府决定开发的重点项目之一。根据测算，工程总造价约为 3.6 亿美元。项目一期工程为大坝、引水系统部分，造价约为 2.6 亿美元，资金拟采用中国政府给印度尼西亚的优惠贷款，印度尼西亚政府筹措配套资金 10%；二期项目包括电站厂房、尾水洞、金属结构及机电部分。中国水电建设集团拟以 BOT 方式进行开发建设。

3. 菲律宾莱坂大坝和马尼拉Ⅲ期供水项目　项目投资概算 10 亿美元。菲律宾政府已经立项，目前已进入使用中国优惠买贷的项目申请阶段，中国水电建设集团和哈尔滨电站设备集团组成联合体，已完成并提交了项目建议书。

4. 加纳布维水电站项目　该项目计划装机容量 40 万 kW，主要结构物有 110m 高的碾压混凝土重力坝和坝后式厂房，年发电量 10 亿 kW·h。中国水电建设集团被加纳政府有关部门推荐为独家议标公司与加纳进行合作。2006 年 6 月 18 日，中国水电建设集团副总经理刘起涛与加纳能源部长在加纳首都阿克拉签署了布维水电站合作协议。

5. 泰缅边境萨尔温江流域开发及哈吉水电站项目　萨尔温江整个流域水力资源丰富，泰缅两国拟合作开发边界附近的萨尔温江流域梯级水电站项目包括 5 座水电站，总装机容量约 1270 万 kW，其中拟开发的首个电站哈吉水电站装机容量 100 万 kW，总投资约 15 亿美元。经过相互讨论商谈，决定由中国建设水电集团、泰国产电机构、缅甸 DHP 三方合作开发哈吉项目。三方所持股份分别为泰国产电机构 45%、中国水电建设集团 40%，缅甸 DHP15%。2006 年 6 月 26 日，中、泰、缅三方在北京正式签署萨尔温江哈吉水电站合作备忘录。截至 2006 年底，已完成地形测量、地质勘查、钻探工作，正在编制可行性研究报告。

（二）多元化产业结构进一步构建

中国水电建设集团在坚持水电主业的同时，积极向非水电项目领域发展。2006年，在所签约的项目中，水电站项目占27.62%，而市政和公路项目占44.24%，工民建及机场建设项目占15.3%，水利工程项目占6.9%，输变电等其他工程项目占5.94%。中国水电建设集团以核心技术为支撑的竞争力正在向相邻相关专业发展，在国际市场上呈扇面形扩散。

（三）创利水平不断提高

2006年，中国水电建设集团实现国际经营利润14223万元，为年计划11563万元的123%；资产总额已经从2004年的28亿元上升到56亿元。国际经营利润已经成为中国水电建设集团整体利润的重要来源之一，对提高中国水电建设集团整体经济效益产生了积极的推动作用。

（四）高层次国际商务活动增强了企业国际市场竞争力

国际经营工作中，尤其是大型、特大型项目和投融资项目，往往都是项目所在国的重点工程、国家级工程，涉及到国计民生和国家的经济安全，因此，政府管理部门乃至国家领导人均高度重视。

2006年6月15～25日，中国水电建设集团副总经理刘起涛随国家总理温家宝出访埃及、加纳、刚果（布）、安哥拉、坦桑尼亚、南非等非洲六国，并进行了一系列的商务活动。

2006年7月13日，中国水电建设集团总经理范集湘在访问菲律宾期间，拜会了菲律宾众议长何塞·德贝内，并就菲律宾莱阪大坝和马尼拉城市供水工程三期项目合作表达了意愿。

2006年11月上旬，在中非论坛北京峰会期间，范集湘等中国水电建设集团领导，分别拜会了加蓬总统哈吉·奥马尔·邦戈翁丁巴、加纳总统库福尔、埃塞俄比亚总理梅莱斯、赞比亚总统姆瓦纳瓦萨等外国首脑和政要。

2006年11月19～26日，中国水电建设集团总经理范集湘随国家主席胡锦涛出访老挝和印度，并在国家主席胡锦涛和老挝国家主席朱马利·赛雅贡的共同见证下，与老挝计划和投资委员会副主任通密签署了中国水电建设集团承建老挝南槛2水电站和甘蒙塔克水泥厂项目的合同。范集湘还应邀出席了由商务部组织的中印经贸投资合作峰会暨CEO论坛，并在论坛上作了题为《以友好合作互利共赢为宗旨，积极推动中印两国水电建设事业的合作与发展》的演讲。

2006年11月23日，中国水电建设集团副总经理刘起涛拜会了来华访问的蒙古总理米耶贡布·恩赫包勒德，就蒙古泰西尔电站的开发建设进行了深入交谈。

另外，应中国水电建设集团邀请，中国驻巴基斯坦、马来西亚、老挝、加纳、安哥拉、蒙古国、泰王国、菲律宾、尼日利亚、缅甸、墨西哥等11国大使，在参加中央外事工作会议期间，相继到中国水电建设集团访问。

为了进一步扩大中国水电建设集团的品牌影响，2006年，中国水电建设集团参加了第24届巴拿马国际贸易博览会，宣传中国水电建设的成果、宣传中国水电建设集团的辉煌业绩；中国水电建设集团国际公司有关领导还参加了美国麦克劳·希尔—中国对外承包工程商会共同举办的2006年全球建筑业峰会，面对来自各国的建筑业专家，用丰富的专业知识和流利的英语进行演讲；选派有关人员参加在北京钓鱼台国宾馆举行的中俄经济工商界高峰论坛开幕式，聆听胡锦涛主席和普京总统的演讲；参与了上海经济合作组织会议的有关议题的准备工作等。

（五）在建项目履约状况良好

2006年，中国水电建设集团在经营规模快速扩张、在建项目大幅增加的情况下，工程项目实现了进度、质量、安全和文明施工等合同条件的履约，在国际建筑市场充分展现了“中国水电”的企业品牌和综合实力。

截至2006年底，中国水电建设集团签约并正在实施的国际工程项目103个，涉及到63个国家，在建合同总额36.55亿美元。在抓好在建项目日常管理的同时，中国水电建设集团加大在建大型项目及高风险项目的管理力度。针对巴基斯坦高摩赞项目、马来西亚巴贡项目、埃塞俄比亚泰克泽项目、苏丹麦洛维项目、卡塔尔鲁塞尔场地准备项目、阿曼马斯喀特污水收集项目、埃塞俄比亚公路项目等7个重点项目实施重点关注、管理，给予项目重点支持；督促项目部加强施工管理，加大与业主协商谈判力度，强化财务管理、合同索赔管理等。针对这些项目的紧急避险问题，在国内外组织了数次高层会谈，中国水电建设集团领导多次到各项目部视察，并多次召开专题会议，听取汇报，研究并制定具体应对措施。

此外，中国水电建设集团还建立了快速反应应急机制，制定了《关于建立处置国外机构突发恐怖事件工作预案的指导意见》《关于建立国外突发事件报告制度的规定》《关于处理国外承包项目突发罢工事件的工作预案》《关于制定国外突发重大质量安全及自然灾害紧急预案的指导意见》，从机制上、制度上、措施上保障在国外经营活动中人员的生命财产安全，提高和加强驻外机构应对突发恐怖事件的能力。

（六）建立了国际项目后勤保障体系

2006年，中国水电建设集团进一步完善了《合格供应商名录》和《合格运输商名录》，指导各项目部按照有关采购工作文件进行设备的采购。全年审批采购合同1673个，共涉及到47个国际项目，组织了约280批设备的发货装运事宜。中国水电建设集团海外项目物流管理体系基本形成，后勤保障中心的平台效应和规模效应得到体现。

（中国水利水电建设集团公司　杜永昌）

中国南方电网有限责任公司的国际合作水电项目

根据国家能源政策和有关部委提出的开发大湄公河次区域（GMS）电力资源的基本思路，中国南方电网有限责任公司（以下简称南方电网公司）加快实施“走出去”的战略步伐，积极参与老挝、缅甸、柬埔寨等国的水电资源开发。

（一）老挝南塔河1号水电站

2006年8月28日，南方电网公司董事长袁懋振与老挝计划和投资委员会副主任通密在老挝首都万象共同签署了《老挝南塔河1号水电站项目谅解备忘录》。谅解备忘录明确：中国南方电网有限责任公司将以BOT方式投资建设老挝南塔河1号水电站，水电站规划总装机容量264MW，一次建成投产，水电站经营期30年（含建设期）。

南塔河1号水电站位于老挝北部波胶省湄公河左岸支流南塔河上。坝址控制集雨面积7630km^2，多年平均流量168m^3/s，初拟水库正常蓄水位480.0m（假定基面），相应库容65.63亿m^3。电站规划装机容量264MW（3×88MW），年发电量13.1252亿kW·h,保证出力103.7MW。工程按220kV一级电压接入系统，具体接入系统方案需结合老挝北部水火电资源的综合开发和送出并兼顾老挝北部地方负荷的需要统筹考虑，在接入系统专题研究中进一步论证。现暂按接入云南电网考虑。根据估算，工程总投资24.97亿元。

2006年11月，广西电力工业勘察设计研究院承担编制的老挝南塔河1号水电站的预可行性研究报告通过了审查，可行性研究报告编制工作已开展。计划2008年11月大江截流，2010年11月水库下闸蓄水，2011年12月1号机组投产发电，2012年全部机组投产发电，工程竣工。

（二）缅甸瑞丽江一级水电站

缅甸瑞丽江一级水电站位于缅甸北部掸邦境内临近中缅边界的瑞丽江干流上。电站采用引水式开发，装机容量600MW（6×100MW），多年平均年发电量为40.33亿kW·h，年利用小时为6722h，保证出力可达174MW。待上游遮冒水库投运后，电站多年平均发电量可达42.07亿kW·h，枯水期电量增加5.52亿kW·h，平均利用小时可提高到7012h，技术经济指标十分优越。

南方电网公司所属云南电网公司与华能澜沧江公司、云南机械设备进出口公司以40%、40%、20%的股权比例组建了云南联合电力开发有限公司，与缅方合作开发瑞丽江电站。

2006年12月10日瑞丽江大江截流成功，2006年12月30日中缅双方在缅甸新首都内比多举行瑞丽江一级电站联营协议签字仪式，正式签署了联营协议。可实现2008年12月首台机组发电，2009年全部建成投产的目标。

（三）柬埔寨王国柴阿润水电站

柴阿润水电站位于柬埔寨王国西南地区国公（KOH KONG）省柴阿润河中部。距国公市直线距离约58km，距金边市直线距离约173km，距出海河口直线距离约53km。电站规划装机容量150MW（2×75MW）。

柬埔寨目前电力比较缺乏，只有15%的家庭能用上柴油电厂发的电。目前已投产的水电规模只有13MW，靠近泰国边界各省主要从泰国购电，国内主要依靠柴油电厂供电，电力需求每年都以10%左右速度增长。柴阿润水电站送电方向初步考虑为国公省、周边各省及首都金边。

2006年10月31日，南方电网公司与柬埔寨工业、矿产和能源部签署了《关于柬埔寨王国柴阿润水电站可行性研究的谅解备忘录》。根据该备忘录，南方电网公司将在12个月内完成柴阿润水电站项目的可行性研究并报柬埔寨政府审批。

（四）柬埔寨王国松博水电站

松博水电站位于柬埔寨王国金边市东北部的桔井（KRACHEH）省桔井市湄公河干流上游，离金边市的交通距离约360km（直线距离约140km）。

根据湄公河秘书处组织编制的《湄公河干流径流式水电站主报告》，松博水电站规划装机容量3300MW，机组台数为26台，年发电量148.70亿kW·h。

2006年10月31日，南方电网公司与柬埔寨工业、矿产和能源部签署了《关于柬埔寨王国松博水电站可行性研究的谅解备忘录》。根据该备忘录，南方电网公司将在24个月内完成松博水电站项目的可行性研究并报柬埔寨政府审批。计划2007年5月前完成松博水电站的水下勘察、测绘工作，2007年完成预可行性研究工作，2008年完成可行性研究工作。

（中国南方电网有限责任公司）

中国水利电力对外公司在老挝首个BOT水电项目进入实质性操作阶段

中国水利电力对外公司在老挝的BOT水电项目——南立1-2水电站项目的购电协议和股东协议，于2006年11月19日在中国国家主席胡锦涛和老挝国家主席朱马利·赛雅贡的共同见证下正式签署。中国水利电力对外公司总经理陆国俊和老挝国家电力公司总经理坎攀分别代表中老双方在协议文本上签字。

出席签字仪式的其他中方人员有中共中央政治局候补委员、中央书记处书记、中央办公厅主任王刚，外交部部长李肇星，国家发展和改革委员会主任马凯，商务部部长薄熙来，中国驻老挝大使刘永兴等，老挝副总理通伦、宋萨瓦等高层领导也出席了签字仪式。

最新统计显示，中国水利电力对外公司自1996年进入老挝市场以来，在当地共承建了4个水电工程项目，涉及合同及投资总额1.788亿美元。十年来，在老挝的业务实现了从单纯的承包方式到工程总承包方式（EPC方式）、再到现在的BOT带资承包方式的跨越式发展。

南立1-2水电站项目是中国水利电力对外公司在老挝市场获得的第四个工程项目，也是首个海外BOT项目。该项目特许经营期限为30年，含四年半的建设期，总投资1.42亿美元。电站装机容量10万kW，建成后除满足邻近地区用电需求外，还可向泰国出口电力创汇获得经济效益。

南立1-2水电站项目特许经营协议是在第三届中国—东盟博览会上签署的。特许经营协议（CA）、购电协议（PPA）和股东协议（SA），是BOT项目最主要的法律文件，这三个协议的圆满签署标志着中国水利电力对外公司在老挝首个BOT项目已进入实质性操作阶段。

（摘自中国水利电力对外公司网站）

中国水利水电建设集团公司海外项目建设情况

（一）伊朗塔里干水利枢纽项目

塔里干水利枢纽工程，位于伊朗德黑兰大峡谷塔里干长河厄尔布尔士山脉南部，距首都德黑兰市约150km。工程主要用于城市供水兼顾发电。整个工程分为大坝工程和发电工程两大部分。

2001年2月，中国水利水电建设集团公司（以下简称中国水电建设集团）与伊朗德黑兰地区水组织签订塔里干水利枢纽工程承包合同，合同额1.43亿美元。2002年3月15日正式开工；2003年10月实现截流；2005年11月10日，大坝工程施工全部达到设计高程并顺利封顶；2006年1月27日下闸蓄水，8月27日中国水电建设集团在塔里干举行塔里干水利枢纽工程落成典礼，伊朗总统艾哈迈迪－内贾德出席典礼仪式并致辞，伊朗能源部长法塔赫和中国驻伊朗大使刘振堂等300多位嘉宾出席了典礼仪式。

（二）苏丹麦洛维大坝项目

苏丹麦洛维大坝项目，位于苏丹共和国北方声卡瑞玛城东北部27km的尼罗河上，距首都喀土穆350km，由苏丹灌溉及水力资源部投资兴建，主要用于发电和农业灌溉，是苏丹最大的水电工程项目，也是目前尼罗河干流上仅次于埃及阿斯旺水坝的第二大水电站。麦洛维大坝项目包括混凝土重力坝、黏土心墙堆石坝、混凝土面板堆石坝与土坝等几种混合坝型，总长约9200m，最大坝高65m，总土石方挖填量约25000万m^3，混凝土浇筑量164万m^3，水电站装机容量为125万kW，工程总施工期为5年，维修期2年。

2003年6月16日，中国水电建设集团、中国水利电力对外公司组成的联营体中标承建麦洛维大坝工程。合同签字仪式在苏丹总统府隆重举行，合同总额为5.55亿欧元（折合6.5亿美元）。麦洛维大坝项目由中国水电建设集团承建施工，2003年7月麦洛维大坝项目开工，12月18日完成一期截流；2004年3月31日，完成一期导流工程上下游及纵向围堰施工；2005年12月30日，实现尼罗河主河道截流；2006年6月30日，大坝面板浇筑达到264m高程，完成安全度讯施工任务。截至2006年12月31日，麦洛维大坝项目完成主要实物工程量见表1。

表1　麦洛维大坝项目主要工程量完成情况表

项　目	单位	合同总量	完成工程量
挖、填土方	m^3	2358000	4479031.80
土方开挖	m^3	2358000	3762122.40
土方回填	m^3	—	716909.40
挖、填石方	m^3	2381760	10858957.40
石方开挖	m^3	6940000	4050029.90
石方回填	m^3	1687760	6808927.50
混凝土浇筑	m^3	1606822	1120215.08
钢筋制作安装	t	49383	54342.98
固结灌浆	m	49383	96335.32
帷幕灌浆	m	31500	119951.45

（三）柬埔寨甘再水电站 BOT 项目

柬埔寨甘再水电站 BOT 项目，位于柬埔寨西南部大象山区的甘再河上，距贡布省贡布市西北部 15km，距金边 150km，交通方便。工程内容主要包括 114m 高碾压混凝土重力坝、取水口、发电引水隧洞、调压室、地面厂房、开关站、输变电线、尾水调节堰和导流截流工程等。电站总装机容量 19.3 万 kW，年平均发电量 4.98 亿 kW·h，工程动态总投资 2.8 亿美元。项目特许经营期 44 年，其中施工期 4 年，商业运行期 40 年。

甘再水电站是柬埔寨目前最大的水电站项目，电站投资和建设将为柬埔寨提供大量优质、环保和低价能源，对加速国民经济发展和进一步吸引外资有着重要意义。甘再水电站项目是迄今为止中国政府在柬埔寨的最大投资项目，也是中国水电建设集团的第一个境外投资项目，对中国水电建设集团调整产业结构，建设具有国际竞争力的大型企业集团有着十分重要的意义。

2005 年 7 月 4 日，在昆明举行的大湄公河次区域经济合作第二次领导人会议上，在中华人民共和国国务院总理温家宝和柬埔寨首相洪森的见证下，中国水电建设集团副总经理兼国际公司董事长刘起涛、国际公司总经理黄保东代表中国水电建设集团，分别与柬埔寨工业矿产能源部部长书赛、财政部副部长奥珀莫尼罗特在《柬埔寨甘再水电站项目合作开发备忘录》上签字。2006 年 2 月 23 日，甘再水电站项目实施协议、售电协议和土地租赁协议签字仪式在柬埔寨首都金边举行。4 月 8 日上午，甘再水电站项目启动揭幕仪式在柬埔寨王国总理府新址隆重举行，中华人民共和国国务院总理温家宝与柬埔寨王国政府总理洪森分别代表两国政府亲手为项目启动揭幕。

截至 2006 年 12 月 31 日，甘再水电站项目已完成了前期补充勘探、测量和施工组织设计工作，临建设施建设正在进行，基本具备了大规模施工的条件。

（中国水利水电建设集团公司　杜永昌）

中国水利水电第十工程局国际项目承建情况

2006 年，中国水利水电第十工程局（以下简称中国水电十局）国际经营总计完成营业收入 4126 万美元，主要在建项目有：伊朗塔里干水利枢纽工程尾工、老挝色赛 2（Xeset 2）水电站工程、卡塔尔路赛尔场地准备项目、马其顿科佳水电站机组安装及金属结构制造安装项目。2006 年国际经营新签合同总额 7500 万美元，主要项目有：卡塔尔路赛尔场地准备项目、老挝甘蒙塔克水泥厂矿石开采、阿富汗卡嘉凯（Kajakai）水电站改建项目。

（一）伊朗塔里干水利枢纽工程

由中国水电十局承建的伊朗塔里干水利枢纽工程，其主要工程项目为黏土心墙堆石坝、发电厂房（发电厂房为水库库区内水下地下厂房）、交通竖井、地面副厂房。黏土心墙堆石坝坝高 109m，于 2005 年 11 月 10 日全部填到设计高程，并顺利封顶完成大坝填筑施工。塔里干水利枢纽工程施工历时 42 个月胜利结束，施工质量、进度、合同履约等方面均得到了业主的高度评价。项目共完成土石方开挖 540 万 m^3；大坝填筑 1600 万 m^3，创造了月填筑强度 105 万 m^3 的优异成绩；防渗墙 1.3 万 m^2；混凝土浇筑 16 万 m^3；帷幕、固结灌浆 11 万 m；钢筋制作安装约 7200t。累计完成营业收入 1.43 亿美元。大坝工程于 2002 年 5 月开始进行河床开挖，2005 年 11 月填筑完工，2006 年 1 月 27 日下闸蓄水，2006 年 4 月旁通管开始供水；厂房工程于 2006 年 7 月开始并网发电；溢洪道工程于 2006 年 8 月完成。2006 年 8 月 27 日，塔里干水利枢纽工程竣工落成典礼举行，伊朗总统艾哈迈迪一内贾德、中国驻伊朗大使刘振堂、伊朗能源部长法塔赫等官员及 300 多位嘉宾参加；艾哈迈迪一内贾德总统亲自按下了开机发电的按钮。

（二）老挝色赛 2（Xeset 2）水电站工程

中国水电十局承建老挝色赛 2（Xeset 2）水电站工程项目，合同金额为 6800 万美元，合同工期 2005 年 9 月～2009 年 8 月，共 48 个月。老挝色赛 2（Xeset 2）水电站以发电为主，装机容量 7.6 万 kW，计划 2009 年 7 月 1 日首台机组发电，2009 年 8 月工程完工。该项目主要工程量：土方开挖 76.12 万 m^3；石方开挖 78.92 万 m^3；石方洞挖 22.53 万 m^3；土方回填 35.2 万 m^3；石方填筑 6.7 万 m^3；混凝土浇筑 12.56 万 m^3；喷混凝土 1.2 万 m^3；钢筋制作安装 4418t；浆砌石 2.55 万 m^3；压力钢管金属结构制作安装 3105t。115kV 双回输电线路架设 40km。施工临建工程于 2006 年 6 月基本完成，主体工程全面开始施工，并在 2006 年 10 月 16 日完成大坝一期截流。截至 2006 年底，已完成产值 1760 万美元。

（三）卡塔尔路赛尔场地准备项目

卡塔尔路赛尔场地准备项目位于多哈市北郊，南与在建的卡塔尔明珠港及多哈高尔夫球场相邻，西与阿卡候高速公路相接，东部为大海，北边为荒地。卡塔尔路赛尔场地项目主要开挖包括三条深水航道、港池、鹦螺湖、平潮区；在距施工区域 18km 的深海挖沙建造海滩；回填海岸、场地及人工岛，包括软基替换和夯实。工程区域约长7km，宽5km；工程目的为通过开挖三条航道与互通港池，修筑海岛、护岸、挡土墙和景观沙滩，场地回填后安置居民20万人。

中国水电十局承建该项目的主要工程量为土石方开挖923万m^3，土石方回填519万m^3；合同金额7088万美元；合同工期为2006年2月～2008年8月，共900天。2006年4月第一批人员及设备进场，2006年5月21日开始组织工程施工。2006年累计完成营业额2200万美元，占合同总额的31%。

（四）老挝甘蒙塔克水泥厂矿石开采

老挝甘蒙塔克水泥厂位于老挝Muang Thakaek东北部26km，距离万象南部350km，厂区占地面积28hm^2。该项目总投资6800万美元，由中、老双方投资开发，中方公司控股占60%，其中，中国水利水电建设集团公司占45%的股份。2006年5月26日，中国水利水电建设集团国际公司与该水泥厂签订了矿石开采协议，并于2006年5月30日与中国水电十局签订了相应的委托实施协议，全权委托水电十局实施水泥厂矿石的开采供应，正常施工年份要求日供应强度为4000～4800t，年供应强度为100万～120万t。

2006年11月19日下午，在胡锦涛主席和老挝国家主席朱马利·赛雅贡的共同见证下，中国水利水电建设集团公司总经理范集湘与老挝计划和投资委员会副主任通密在老挝甘蒙塔克水泥厂项目合同协议书上签字，合同期限为20年。

老挝甘蒙塔克水泥厂于2006年11月中旬开始进入设备单机调试阶段，2006年12月28日老挝当地时间下午2时，水泥厂举行点火仪式，顺利实现点火烘窑，标志着水泥厂建设进入了全面调试阶段，将于2007年年初投产运营。

（五）阿富汗卡嘉凯（Kajakai）水电站改建项目

阿富汗卡嘉凯（Kajakai）水电站位于阿富汗赫尔曼德（HELMAND）省东北部境内赫尔曼德河附近，邻近阿富汗南部坎大哈（KANDAHAR）省的西北边，位处阿富汗首都喀布尔的西南部，距坎大哈省府约90km。坎大哈是阿富汗南部的重镇、交通要道，直接与邻国巴基斯坦西部重镇奎大相通。该电站由美国在20世纪70年代投资修建，装机3台共5.4万kW，设计水头68m，混流式机组。中国水电十局承担1台机组检修项目，于2006年5月签订检修合同协议，合同价1450万人民币，工期26个月。由于阿富汗局势不稳定等原因，该项目已顺延推迟了进场和开工时间。

（中国水利水电第十工程局　任明海）

越南SeSan3A水电站机电设计回顾

（一）概况

SeSan3A水电站位于越南中部的加莱省波来古市西北部SeSan河上。距其上游SeSan3水电站约20km。电站海拔高程为230.00m，有效库容为$4.0\times10^6m^3$。装机容量为108MW，机组为2台轴流转桨式水轮发电机。

发电机与2台三相变压器相连，将发电机电压从13.8kV升至220kV。每台变压器通过2×140m输电线接入220kV户外开关站。220kV户外开关站设置2回出线，其中一回线路引至SeSan3水电站220kV开关站，另一回线路送至波来古市500/242开关站，与国家电网连接。

电站机电合同包括：设计、制造、成套设备及材料供应、水机设备供应，室内电气设备；保护、测量及控制设备；其他设备系统；桥机；变压器；开敞式开关站；材料、备品备件、车间试验，抛光、涂装、储存、至越南龟仁港的海运、安装指导说明书、现场调试、运行指导和培训、机组启动兼电站工程的技术服务、机组投运、移交和电站技术设备维护说明书。

此外，本合同承包方应按合同SS3A-2、SS3A-3规定，负责对溢洪道闸门设备的开启/关闭、进水口闸门和监视设备进行连接和调试，以确保电站中控室的正常运行监控。

越南SeSan3A水电站是哈尔滨电站工程公司在越南承包的第一个水电站项目，中国水电顾问集团贵阳勘测设计研究院作为其合作伙伴，主要负责机电设备选型、招投标以及施工图设计等工作。

2006年12月首台机组投入运行，第2台机组将于2007年5月投入运行。

（二）主要机电设备参数

1. 水轮机　额定出力55.385 MW；额定水头21.5 m；转轮直径6.0 m；额定流量279.41 m^3/s；额定转速107.1 r/min。

2. 发电机　型号为SF54.4-56/9800；额定容量64 MW；功率因数0.85；额定电压13.8 kV；额定频率50 Hz；飞轮力矩GD^2：15200 t·m^2。

3. 桥式起重机　型号为300t/32t/10t；跨度18.0 m。

4. 调速器及油压装置　调速器型号为BWST-100-6.3；油压装置型号为YZ-8.0-6.3。

5. 主变压器　型号为SF10-65000/230；额定容量65MVA；额定电压为高压侧230kV，低压侧

13.8kV；额定频率 50Hz。

6. 厂用电变压器　干式厂用电变压器型号为 SCB10-1000/13.8；额定容量 1000kVA；油浸式厂用电变压器型号为 SZ10-1000/35，额定容量 1000kVA。

7. 发电机出口断路器　额定电压 13.8kV；额定电流 4000A；额定短路开断电流 63kA；额定短路关合电流 125kA。

8. 母线　型式为空气绝缘、自冷、三相共箱式；额定电压 13.8kV；额定电流 4000A；动稳定电流（峰值）100kA；1 秒热稳定电流（有效值）63kA。

9. 主变压器高压侧断路器　额定电压 245kV；额定电流不小于 1600A；额定短路开断电流 40kA；额定短路关合电流 100kA。

（三）机电设备布置设计

越南 SeSan3A 电站的机电设计主要涵盖的专业为水力机械、电气一次、电气二次、通信、消防给排水及采暖通风，特点为在土建结构不作重大调整的基础上进行设备选型及施工布置设计，应用标准以 IEC 为主。

越南 SeSan3A 水电站采用坝后式地面厂房，尾水管底板高程为 194.90m，机组安装高程（导叶中心线）为 211.42m，水轮机层高程为 219.20m，厂房安装间与发电机层同高程为 224.60m，装卸场高程为 230.00m，桥机轨顶高程为 240.50m。机组间距为 21.0m，装卸场长 13.8m，安装间长 13.2m，厂房总长 73.8m。主厂房跨度为 18.0m，下游副厂房宽度为 18.3m，上游副厂房宽度为 14.8m。

由于厂房尺寸偏小，机电设备的布置比较紧凑，具体布置为：

（1）在 2 台水轮机的 201.85m 高程，面积为 45.9m²，布置厂房渗漏排水系统和主变压器失火后的排污系统设备。

（2）在下游副厂房 208.40m 高程布置可正反向切换的机组技术供水系统、检修排水系统和机组水力量测系统等设备。

（3）在安装间下部 213.80m 高程布置污油处理系统和生活污水排放系统等设备。

（4）在下游副厂房 219.20m 高程布置发电机出口断路器和共箱母线、低压盘柜、励磁系统设备以及压缩空气系统等设备。

（5）在安装间下部 219.20m 高程布置透平油库及油处理系统设备。

（6）在下游副厂房 224.60m 高程布置中央控制室、蓄电池室、直流盘柜室、辅助电气设备、通信系统设备和通风系统等设备。

（7）在装卸场下部 224.60m 高程布置机修、焊接等设备。

（8）在上游副厂房 235.40m 高程布置消防系统供水设备和生活供水设备。

（9）坝顶 243.00m 高程布置生活用水净化设备。

（10）调速器机—电合柜及油压装置布置在发电机层第一象限。

（11）主变压器布置在 230m 高程尾水管平台上。

（12）开关站布置在距主厂房 140m 处，面积为 4290m²。

（四）经验与总结

（1）认真分析招标文件，明确供货范围，对有英文笔误或无法理解的设备做好记录，以备向发包方澄清。

（2）做好合同谈判以及设计审查会的会议纪要，对于需要修改的投标设备要以纪要的形式明确下来。

（3）对管道、电缆及其连接附件要有一定的备用余量，否则，所缺部分在当地采购费用偏高。

（4）电气设备的选型应充分考虑所在国家的地理环境、气候条件，并严格规定设备到达现场后的存放条件，避免不必要的损失。

（5）自动化元件的选型不仅需考虑所在国家的地理环境、气候条件，而且还需要与供货商就自动化元件的安装方式、安装附件及电缆长度进行明确界定。

（6）在电站接入系统设计方面，应对其对端设备配置高度关注。如果招标文件未明确对端系统设备型号，投标前应予以澄清。否则，采购的设备与系统专网难以兼容。

（7）电力线载波机必须确认对侧设备型号，以便采购相同型号。程控交换机必须了解对侧设备型号，以便所投标设备透明接入。对光通信系统，必须了解系统网管对设备兼容的要求，以便选用兼容设备。

（8）越南水电站通信设计一般多配置广播系统（国内一般不设），广播设备备用电源采用 48V 直流。由于广播设备功放功率较大，国内厂商一般不能提供合适的功放，可在中标后方案审查时建议采用 DC48/AC220 逆变电源作备用电源。

（9）对引水式电站，越南多采用 SDH 同步光通信系统。鉴于厂内光通信系统对信息量的要求有限，PDH 系统完全可满足要求。PDH 投资较低，投标或方案审查时可建议采用 PDH 系统。

（中国水电顾问集团贵阳勘测设计研究院　陈　坚）

苏丹麦洛维大坝面板堆石坝一期面板施工情况

截至 2006 年 6 月 25 日，中国水利水电建设集团公司承建的苏丹麦洛维大坝工程面板堆石坝一期面板浇筑，按计划全面达到合同所规定的目标，其中 2C

标段完成面板 21 块 9905m²，2A 标段完成 7 块 2791m²，累计完成 12696m²。这标志着中国水利水电建设集团公司苏丹麦洛维项目部在混凝土面板施工方面取得了实质性的突破，开创了中国水电施工队伍在国外进行大型水电枢纽工程混凝土面板施工的先河。

麦洛维大坝全长 9.5km，坝顶宽 10m，最大坝高 65m。工程枢纽左右岸分别布置为混凝土面板堆石坝，最大坝高 52m，其中左岸 2A 标段混凝土面板堆石坝坝轴线长 1450m，右岸 2C 标段混凝土面板堆石坝坝轴线长 4364.4m，两岸相加总长 5814.4m，占整个麦洛维大坝轴线长的 2/3。施工设计右岸分 7 个区 13.38 万 m²，左岸分 4 个区 8.18 万 m²，总面积 21.54 万 m²，相当于 4～6 个国内百米高坝混凝土面板，为国内外正在建设的面板坝之最。计划整个面板施工 2006 年年底完工。

麦洛维大坝工程混凝土面板一期施工，计划完成 30 块面板浇筑，仓号设计均为 15m×30m 的标准仓，要求 2006 年汛期前 6 月 30 日完成。为了做好一期面板堆石坝面板混凝土浇筑，项目部自行设计并在国内加工制作了面板滑模设备（主要包括滑动模板、侧模板和牵引设备三部分），并专门在 2C 工区和 2A 工区分别组建两支浇筑队，同时采用招标方式，选拔富有面板施工经验和组织协调能力的人担任队长，使面板浇筑一开始就进入有序组织轨道。

经过前期工作的充分准备，2 月 17 日～3 月 28 日，麦洛维大坝面板施工首先从 2C 标段六区段开始进行试验段四个仓的浇筑。在一个多月的试验段全过程探索中，混凝土面板专业浇筑队较好地掌握了单块面板滑模施工由坝面清理到拆除侧模共 14 道工序的技术要领，为正式开始面板浇筑创造了技术条件。面板混凝土施工正式开始后，为形成连续作业场面，各分区面板施工采用由中间起始块开始向两侧跳仓浇筑，有效地加快施工进度。

为满足合同规范要求，使面板施工每道工序和施工过程完全处于受控状态，CCMD 麦洛维项目部除积极采用新技术、新工艺外，还对混凝土生产、运输、浇筑的全过程制定了严格的质量控制措施。苏丹常年平均气温较高，做好混凝土施工温控，对于确保平均厚度达 30cm 的薄型混凝土面板质量尤为重要。为此，在混凝土施工中采取了提高骨料堆料高度，冷水拌和，混凝土罐车外裹防晒隔热套并经常用冷水喷洒，减少混凝土在仓外的停留时间，控制混凝土的开仓时段，利用夜间和清晨温度较低时浇筑等温控措施。根据苏丹天气炎热、水分蒸发快等特点，打破用水养护混凝土的常规，在单块面板混凝土浇筑完毕后，采用聚乙烯混凝土养护剂进行面板养护，即将养护剂涂在混凝土表面，形成薄膜状，避免水分迅速蒸发，既保证了面板质量，又方便了施工。

由于采取了上述措施，使面板的施工质量有了充分保障，在平均气温近 40℃的高温干燥地区所施工的面板居然无一裂缝，德国监理工程师在检查之后连称创造了奇迹。

V 形止水作为面板止水结构的重要组成部分，对确保面板质量具有特殊的意义。项目部专门邀请国内铜止水生产厂家派人现场指导，解决技术问题。V 形止水螺栓布置密集、规格大，国内一般螺栓间距要求 60cm，螺栓直径为 12mm，而麦洛维螺栓要求间距 15cm，螺栓直径 22mm，且螺栓紧固力要求每米达 60～100N，安装要求十分严格。为了有效地控制安装质量，现场施工人员熟悉止水施工工艺后，克服螺栓孔打孔速度慢、孔深控制难度大等困难。目前完成的 2C 七区面板 19 块 V 形止水安装，其质量已经得到拉美尔公司监理认可。

（中国水利水电建设集团公司　傅国华）

第一届水力发电技术国际会议

第一届水力发电技术国际会议在北京召开

2006 第一届水力发电技术国际会议于 10 月 28～31 日在北京召开。会议由中国水力发电工程学会和中国长江三峡工程开发总公司联合主办。会议主题为：蓬勃发展的全球水力发电技术（水电机电重大装备）。

来自世界 16 个国家的 510 余名专家（国外专家近 100 名）聚集在北京国际会议中心。国家电力监管委员会主席柴松岳，水利部副部长胡四一，国务院能源领导小组办公室副主任徐锭明，国家电网公司副总经理陆启洲，中国长江三峡工程开发总公司副总经理毕亚雄，以及中国南方电网有限责任公司、中国华能集团公司、中国大唐集团公司、中国华电集团公司、中国国电集团公司、中国电力投资集团公司、中国水利水电建设集团公司、中国水利水电科学研究院、国网南京自动化研究院、国网信息中心、中国机械工业联合会的领导，国际水电发电协会理事，法国国家电力公司负责人等出席了会议。中国水力发电工程学会理事长、中国国电集团公司总经理周大兵致欢迎辞；水利部副部长胡四一，国务院能源办副主任徐锭明，中国长江三峡工程开发总公司总经理李永安的代表及法国国家电力公司 Here Maehenaud、国际水电发电协会理事 The Hon Peter Ao 在开幕式上作了讲话；中国长江三峡工程开发总公司副总经理毕亚雄、中国机械工业联合会特别顾问陆燕荪、中国水电顾问集团公司总工程师彭程作了主旨发言。

本次会议是我国乃至全世界首次召开的以水电机电装备和管理为内容的一次盛会，规模之大、规格之高、影响之深远，史无前例。会议历时 3 天，分 10 个分会场就 10 个专题进行了交流；组织委员会为大会提供论文集上下两卷，共 500 余万字，中文、英文两种版本。会议达到了如期效果，对本学科事业发展和技术创新均具有深远意义。

会议全面系统展示了我国水电开发和水电机电装备国产化进程，充分体现了依托国家重点工程走出的一条引进技术、独立自主再创新的成功路子。三峡工程巨型混流式机组是如此，白莲河、宝泉、惠州抽水蓄能机组和桥巩、长洲工程灯泡贯流机组也是如此。以此模式，壮大了我国水电机电制造业，提高了创新能力，为 21 世纪上半叶开发我国 4 亿 kW 的本土绿色能源提供可靠的精品产品打下了基础。

会议还系统展示了我国水能资源的高效利用，以水电站群的联合优化运行，跨流域、跨地区的在线控制和故障诊断技术的新进展和新成就引领未来，进而使我国有限的水能资源发挥极大的作用和实现可循环、可再生利用，使我国的水电开发走上清洁和高效、循环利用、资源节约化的道路。

（中国水力发电工程学会秘书处）

水利部副部长胡四一在第一届水力发电技术国际会议上的致辞（摘要）

在第一届水力发电技术国际会议召开之际，我谨代表中华人民共和国水利部对会议的召开表示热烈的祝贺，对出席会议的各位专家和来宾表示诚挚的欢迎。

水资源是基础性的自然资源、战略性的经济资源和公共性的社会资源，是维系生态与环境的控制性要素。水能资源是水资源的重要组成部分，水资源及其水能资源的可持续利用是中国可持续发展战略的重要组成部分。目前，关于水电开发与生态环境保护的问题争论较多。借此会议召开之际，我非常高兴能有机会就中国的水电建设与可持续发展的问题，与各位同行进行交流。

中国水能资源有四大特点。一是河流众多，水能资源丰富，但人均资源量较低。以电量计，人均资源量只有世界均值的 70%左右。二是水能资源分布不均，与经济发展布局不匹配。水能资源 81%集中在经济发展相对滞后的西部地区，而经济发达、人口集中的东部沿海 11 省市，仅占 5%，用电量却占全国的 50%以上。三是江河来水量年内年际变化大，水电开发利用的难度较大。年径流量最大与最小量的比值，长江、珠江、松花江为 2～3 倍，淮河达 15 倍，海河更达 20 倍之多。四是开发利用不足。截至 2005 年底，全国水电开发量还只占技术可开发量的 21.5%，远低于国际上发达国家平均 60%以上的开发程度。

水电是国际公认的清洁可再生能源，由于技术相对比较成熟、运行成本低、环境污染小，在中国水电得以大力发展。2004 年 9 月 26 日，中国水电装机突破 1 亿 kW，实现了中国水电建设的历史性跨越，到 2005 年全国水电装机容量达到 11650 万 kW，发电量 3951 亿 kW·h。

从中国的能源建设发展趋势看，在今后 20～30 年中，水电仍将是中国能源发展的重要组成部分。根据初步规划，预计到 2020 年，全国水电装机容量容量将达到 3 亿 kW（其中小水电 9300 万 kW），按现有装机水平，平均每年需新增装机一千多万千瓦，水电建设任重道远。

水电是保障中国 21 世纪能源安全的重要支撑之一。中国的石油资源紧缺，煤炭供应接近极限，需要大力发展各种可再生能源，包括水能、风能、太阳能和生物质能等。我国的水能资源总量居世界首位，而目前我国已经开发的不到 1.2 亿 kW，与发达国家相比，开发程度还很低。大力发展水电，不仅可节约宝贵的煤炭、石油和天然气等资源，还有利于减少环境污染。由此可见，水电建设在保障能源供给，保障供电安全，提高供电质量，减少污染物排放，保护生态环境，以及防洪、供水、灌溉、航运等方面具有不可替代的、显著的综合效益，对促进经济社会可持续发展的重要作用已得到普遍认同。

根据中国水电建设的实践经验和当前经济社会环境协调、可持续发展的总体要求，加强水电建设应遵循以下原则。

（1）人与自然和谐共处。人与自然和谐相处，是可持续发展战略的核心问题，是经济社会不断发展的必然结果，也是经济社会高度发展的必然要求。水电建设中，要处理好经济社会发展与自然生态保护、开发建设与生态环境承载能力、当前利益和长远利益的关系。在发挥工程特定功能的同时，尽可能维持河流的天然流态，维护河流的健康生命。

(2) 规划优先，确保资源、环境、经济、社会协调发展。水电工程建设要遵循水的自然规律和经济规律，充分考虑水资源承载能力和水环境承载能力，在流域综合规划等战略规划的范围内，按照专项规划服从综合规划、区域规划服从流域规划的原则，统筹协调各地区、各行业对水资源的综合需求，合理安排水利水电建设的工程布局和发展重点，加强水资源的优化配置、合理开发、高效利用和有效保护，确保人口、资源、环境与经济、社会协调发展。

(3) 统筹考虑，综合开发，加强管理，依法审批。水电建设应统筹考虑上下游之间、当前与长远之间、开发与保护之间的关系。在充分考虑水资源和水能资源的开发条件和投资等因素的影响下，本着兴利与除害、水利与水电、供水与航运综合开发的原则，多角度、多层面、多方位地推进水电建设。在水电开发中，政府有关部门应综合流域各方面的要求，依法审批，并加强监管力度。

(4) 以人为本，做好移民安置工作。水电建设往往涉及大量的移民，移民问题是水电工程能否实施和最终成败的关键。水电工程的移民绝大多数是相对贫困的人口，移民工作要坚持以人为本，把搬迁安置和扶持发展作为山区群众摆脱贫困、加快发展的良好机遇，通过加强基础设施建设，扶持生产发展，提高移民生活质量和综合素质，逐步改变移民安置区社会、经济、文化的落后状态，为达到小康生活水平创造条件。

最后，我代表中华人民共和国水利部对世界各国水电专家长期以来对中国水电建设的支持和帮助表示衷心的感谢。希望世界各国的同仁携起手来，相互交流水力发电的技术和经验，以科学、永续地利用清洁、可再生的水电资源，服务人类，实现经济社会的可持续发展。

中国长江三峡工程开发总公司总经理李永安在第一届水力发电技术国际会议上的讲话（摘要）

三峡工程不仅是工程总量和装机容量位居世界第一的工程，也是当今世界技术水平最高的水电工程。三峡工程建设充分发挥国家重大工程对技术创新的带动作用，走出了一条有三峡特色的引进消化吸收再创新的成功路子，实现了我国水电装备技术水平和自主创新能力的新跨越。

（一）通过引进消化吸收形成自主创新能力

首先，充分发挥业主统筹协调的主导作用，以市场为导向，搭建了国际化的竞争平台。三峡工程设计安装 26 台 70 万 kW 特大型水轮发电机组，机组尺寸和容量大，水头变幅宽，设计和制造难度居世界之最。当时，我国只有自主设计制造 32 万 kW 水轮发电机组的能力，远远落后于世界先进水平。按照国家的部署和安排，在认真分析国际水电市场供求关系的基础上，于 1996 年 6 月宣布三峡左岸电站 14 台 70 万 kW 机组一次性进行国际招标采购。巨大的市场需求吸引了掌握世界水电装备前沿技术的多家制造商竞相投标。三峡机组国际招标成为世界水电装备技术最高水平的展示和较量，被誉为全球的“水电奥运”，达到了对世界最先进技术和装备比选的目的。

其次，坚持以我为主，把引进技术摆在比引进装备更重要的位置，从引进之初就重视消化吸收再创新。在招标文件中明确提出了“三个必须”：投标者必须同意与中国制造企业联合设计、合作制造，并对供货设备的技术和经济负全部责任；投标者必须向中国制造企业全面转让核心技术，培训中方技术人员；中国制造企业分包份额不低于合同总价的 25%，14 台机组中的最后 2 台必须以中国企业为主制造。三峡总公司支付了 1635 万美元的技术转让费，并在合同执行过程中，通过合同中的经济约束条款，根据技术转让的进程和执行情况分期支付，确保核心技术转让完全到位。

第三，对国内制造企业实现引进技术的消化吸收再创新提出明确要求和具体措施，避免走“引进、落后、再引进、再落后”的老路。瞄准世界一流技术水平，站在更高的技术起点上，全面提升自主创新能力，为未来参与国际市场竞争打下坚实的基础。哈尔滨电机厂有限责任公司（以下简称哈电）和东方电机股份有限公司（以下简称东电）作为技术受让方，全力做好关键技术、制造工艺、质量管理的引进和消化吸收。三峡左岸 14 台机组合同执行结果为：国内制造份额达到 50%以上，后 4 台机组由哈电和东电为主制造，投产后各项运行指标均达到设计要求。

（二）坚持以自主创新提升我国水电产业整体技术水平

在国外先进技术的高起点上，三峡工程相关企业在较短的时间内形成了自主创新能力。哈电和东电紧紧抓住历史发展机遇，把参与三峡左岸机组设计制造作为步入世界一流的契机，向国外合作伙伴派出了最强的技术力量，全过程参加机组的设计、制造、安装和调试，培养和凝聚了一批素质高、业务精的技术骨干；建立了国际一流的高精度水轮机模型试验台；配置了一批配套齐全的国际精尖加工设备，使加工检测达到数控化、精密化和集成化。哈电、东电完全掌握了特大型机组整体设计与制造的核心技术和关键工艺，在此基础上，向更高技术水平冲刺，形成了水轮机水力设计、定子绕组绝缘、发电机蒸发冷却等具有自主知识产权的核心技术，在水轮机高水头稳定性上有了较大的技术突破。

2003年，三峡右岸电站12台机组招标给哈电和东电创造了第一次与国际水电巨头同台竞争的机会。哈电、东电凭借自主创新形成的核心竞争能力，各自承担了4台（套）水轮发电机组的设计制造任务，用7年的时间顺利完成了从左岸机组分包商到右岸机组独立承包商的重大角色转变，标志着我国自主设计、制造、安装特大型水轮发电机组的时代已经开始，水电重大装备实现了30年的跨越。

除水轮发电机组外，在直流输电设备、主变压器、电站及梯调计算机监控系统等重大装备的国际招标中，三峡工程同样通过技术转让和引进，使大批国内企业在引进消化的基础上踏上自主创新之路。

中国水电设备制造业的现状与展望

——国务院三峡工程建设委员会重大设备制造检查组组长、中国机械工业联合会特别顾问陆燕荪在第一届水力发电技术国际会议上的讲话（摘要）

一、概况

中国水电设备制造业经过国家几个五年计划的基本建设和技术改造，在改革开放和市场经济中很快发展，目前已形成约800万kW的年生产能力。其中，哈尔滨电机厂有限责任公司（以下简称哈电）和东方电机股份有限公司（以下简称东电）在三峡工程的拉动下，年生产能力合计已达到600万kW，其他中小水电设备制造厂的能力约为200万kW。总的布局是：以哈电、东电为大型水电设备自主产业的主体，辅之以上海、天津、杭州等地的中外合资企业以及全国各地的一批中小型企业，可以基本构成比较完整的、居世界前列的水电设备制造体系。

中国水电设备制造业的技术水平已有长足的进步，总体上步入了世界先进行列。已能够独立自主设计制造70万kW大型混流式机组（转轮直径10m）、20万kW大型轴流式机组（转轮直径11.3m）、5万kW大型灯泡贯流式机组（转轮直径7m）、3.5万kW高水头冲击式机组（水头1000m），研制了4万～6万kW中型抽水蓄能机组。但技术上与国际先进水平相比尚有一定差距，产品品种上仍有一些缺口，不能全部满足市场需求如大型抽水蓄能机组，还有机组重要关键件、配套件的供应问题等。

二、水电市场需求与预测

自20世纪下半叶中国的水电建设掀起了新的高潮，一大批世界顶级的工程、一大批世界顶尖的技术在中国兴起，世界水电在中国，中国水电冠全球。据不完全统计，中国已投产的大中型各类水力发电机组：混流式机组301台；轴流式机组55台；抽水蓄能机组25台；贯流式机组83台。

在建和拟建的众多巨型电站和单机容量在70万～80万kW的特大机组共计120台。有关国家规划数字显示，2020年前，中国将投产的单机容量在70万～80万kW的混流机组约150台，单机容量30万～40万kW的抽水蓄能机组约150台；单机容量3万～6万kW的大型贯流机组约150台。由此可见，中国水电建设和发展已进入“黄金时代”。在国家的规划中，优先开发中国西南部金沙江、雅砻江、大渡河流域的大型水电基地，实施流域梯级滚动开发。为配合西电东送工程，同时开发特高压交、支流输电技术，将电能长距离输运到东南沿海发达地区。广阔的中国水电装备市场，众多特大机组的设计、制造和生产运行技术，除了加强自己的研发、创新外，仍需要借鉴国际先进技术和先进经验，加强与国际同行间的合作。

三、设计制造技术发展情况

（一）大型混流式机组

按照国家电力发展规划的安排，在2020年以前中国将投产的单机容量在70万～80万kW的混流机组约150台，将从三峡机组的100m水头段、70万kW级，提高到技术参数达200～300m水头段、80万～100万kW级的更大型机组。由于水头的提高和机组容量的增大，带来了新的技术问题，如水力稳定性、部件刚强度、电机绝缘技术、通风冷却等。

结合三峡机组的技术引进和消化吸收，哈电、东电已掌握具有国际水平的流体动力学分析软件技术，其设计的混流式转轮模型最高效率已超过95%；在机组的稳定性研究方面，较三峡工程引进的技术有了明显的改进和创新；在水力试验方面，装备了具有世界先进水平的水轮机模型试验台，测试技术已开发了光纤内窥镜、数字化摄像、扫描法测试等新技术。

在大型水轮发电机核心技术开发方面，哈电和东电建有3000t、1000t推力轴承试验台，蒸发冷却试验台和绝缘技术试验台。20世纪90年代初开始研究开发用于推力轴承的弹性金属塑料瓦，在大型水轮发电机上得到广泛的应用；在55万kW水轮发电机全空冷技术的基础上开发了70万kW全空冷新产品，正在应用此项成果制造三峡、龙滩、拉西瓦和小湾机组；近几年来，将具有自主知识产权的新技术——蒸发冷却应用到水轮发电机上，不仅能够突破空冷发电机设计制造的极限容量，还能克服水内冷的不足之处。目前这项技术已成功用于李家峡40万kW机组，正在进行三峡70万kW机组应用蒸发冷却技术的研制工作，并规划研究应用到100万kW级的特大型水电机组上。

（二）大型抽水蓄能机组

根据国家发展改革委的安排，宝泉、惠州、白莲河三个抽水蓄能电站共16台30万kW大型抽水蓄能机组于2003年9月进行捆绑式国际招标。经过竞标，由法国阿尔斯通公司于2004年8月中标，中外双方签订了技术引进和机组供货合同，中方哈电、东电两公司通过技贸结合、分包制造引进大型抽水蓄能机组成套设计制造技术，自2005年初已开始进行引进技术的消化和人员培训。

“十一五”期间，我国将有一批大中型抽水蓄能电站兴建，在消化引进技术的基础上，需要逐步建立我国自主的大中型抽水蓄能机组的设计制造技术体系。

（三）大型水电铸锻件

目前，大型铸锻件全球生产能力不足，已经成为制约中国水电设备制造发展的瓶颈。每台大型机组需要配套1个上冠、下环、镜板，2根轴和13～17个叶片。就制造难度很高的转轮叶片而言，计划新装机的150多台机组共需约2000多个叶片，单个叶片净重10～22t，尺寸可达到4m×5m×1.4m，表面几何形状复杂，通常需要采用精密五轴数控铣床加工，因周期长（一般每片15天），经常制约了转轮的制造工期，为此正在组织研制高效专用的加工机床。在叶片毛坯铸造工艺方面，除传统的砂型铸造外，应开发新的途径，如采用电渣熔铸变断面板坯后模压成型，可以大大减小叶片毛坯的加工余量，提高材料性能。

此外大型抽水蓄能机组、轴流式机组及贯流式机组的主轴锻件以及大型轴流式机组的转轮叶片铸件等也将有较大的市场需求。

为此，中国重型机械制造企业已经投入巨资，增建真空吹氧脱碳精炼钢水装置和加工设备，以缓解大型水轮机所需的低碳Crl3不锈钢铸件全球供应不足的问题。

四、机遇与挑战

面对中国水电设备如此巨大的需求，国内外制造商关注的焦点都集中在加速研发、扩大产能，以争取中国市场的份额。中国企业早已结合三峡工程的实施，采取积极应对的措施，在竞争中迎接挑战。

（一）加快水电设备制造行业的结构调整

中国水电设备市场是开发的市场，跨国公司在平等的条件下参与工程投标。在这种国内市场国际化的竞争中，国内企业要提高市场占有率并促进水电设备制造业的发展，一定要打破现有的格局，走出我国企业联合重组的道路。

为提高国内企业的竞争力，必须通过联合发展专业化生产，组织好供应链各环节的大协作，改变大而全、小而全的现状，进一步挖掘生产潜力，充分发挥现有生产要素的效率。国内供应链的形成对跨国公司在中国的独资、合资企业也将起到积极的作用。

（二）构建产学研相结合的创新体系，加速提高创新能力

我国水电设备制造企业竞争力弱的主要问题是高级科技人才少，技术创新能力薄弱，产品档次不高，为此要以核心企业为主体，建立产学研相结合的创新体系并加大科研与技术开发的投入。

按市场的需要和水电近期的发展目标，国家将指导企业有针对性地制定发展战略，以走出不断重复引进技术的老路。因此，目前企业的关键是要把着眼点放在持续提高企业竞争力的核心技术开发方面，联合研究机构、大学等科技力量尽快形成独立自主的创新开发能力。

在水轮机方面，如水力设计能够有能力不断开发出性能优良的模型转轮，在稳定性研究方面能预测稳定性，有提高稳定性防止机组共振的设计方法，有不断提高转轮可靠性及防裂纹的措施，以及大型转轮制造技术等方面的新成果；在水轮发电机方面，高压绝缘材料与绝缘结构、定子线圈制造技术、大容量机组的通风冷却技术、高速重载推力轴承的设计制造等，要掌握一批自主知识产权的核心技术。

加大科研和新产品开发的经费投入是企业取得技术进步的关键，但国内企业由于这方面的投入与国外企业相差较多，因此科研水平低，开发能力差。对此问题必须提高认识，要从战略发展的高度去考虑，要在获得应有利润的基础上，提高科研经费投入比例，并形成固定化。

（三）加强人才培养是加快行业发展的关键

市场竞争不仅是产品、技术、管理与服务等方面的竞争，人才竞争在市场竞争中也是决定性的因素，

是市场竞争中最核心的竞争，特别是高级专门人才对于企业的发展有着十分重要的作用。

首先是留住人才，除了完善激励机制外，要以事业留人，做好思想工作和公平分配是缺一不可的。更重要的是培养人才，并建立和谐的环境，以激发人才最大主观能动性。在未来的竞争中，谁拥有人才，谁就可能获胜，我们水电设备制造业的企业家们，要能在改革中培养人才、招揽人才、留住人才并最大限度地激发出他们的主观能动性，促使我国水电设备制造业全面赶上和超过世界先进水平。

（四）健全市场秩序，规范招投标制度，有序竞争

我国目前市场经济体制尚不完善，在各种因素的影响下，出现了招投标不规范、地方性保护及超范围压价的恶性市场竞争，使国内水电设备制造企业都产生了不同程度的亏损。企业没有了利润，就失去了生存的条件，没利润就不能建立激励机制；没利润就没有研发的投入；没利润就没有企业的装备更新。所以，必须建立完善的市场经济秩序，建立起行业内的反倾销法规，保证企业应有的利润所得。只有这样产业才能得到发展。

要坚持依法进行招投标，首先要破除行业的垄断和地方保护行为，破除招标中的随意性。应当建立招投标的监督机制，监督招投标公开、公平、公正地执行，国内企业、境内独资、合资企业都在平等地位上进行公平竞争，使中国水电设备市场成为企业各有用武之地的、有序的竞争大舞台，中国水电设备制造业才能得到持续稳定的发展，境内的独资、合资企业也才能得到发展。

梯级水电滚动开发建设和统一运行控制

——中国长江三峡工程开发总公司副总经理毕亚雄在第一届水力发电技术国际会议上的讲话（摘要）

一、梯级水电滚动开发建设和统一运行控制的理论依据

电力行业被认为是自然垄断行业，具有资源稀缺、规模经济和范围经济等特点。流域梯级滚动开发建设和统一运行控制就源于自然垄断理论及规模经济效应和社会效应。

（一）自然垄断的传统理论和现代理论

传统的自然垄断是建立在规模经济的基础之上的，规模经济是自然垄断的充分必要条件。自然垄断的基本特征就是生产函数呈规模报酬递增（成本递减）的状态，即生产规模越大，单位产品的成本就越小。自然垄断产业的固定成本一般具有投资巨大、使用时间长、专用性强的特点，一旦投入就往往“沉淀”在该产业中，形成较大的沉淀成本。固定成本沉淀性虽然并不是形成自然垄断的一个主要原因，但它能起到维持自然垄断的作用，是自然垄断得以稳定存在的条件。

自然垄断的现代理论是建立在成本的部分可加性，而不是规模经济的基础上。所谓成本的部分可加性就是指一起生产各种不同产品比分别地生产它们所花成本更低。利用成本的部分可加性定义自然垄断，不仅扩展了自然垄断的范围，而且能够更合理地描述自然垄断的经济特征。成本的部分可加性与规模经济性之间存在一定的联系，规模经济的存在肯定意味着成本的部分可加，但相反却不成立。

从理论上说，用成本的部分可加性来定义自然垄断更能反映其本质，但在实际应用这种方法时人们往往更倾向于利用规模经济、固定成本沉淀性等因素来判定自然垄断。

（二）发电领域有着较为明显的规模经济效应

发电领域的规模经济，体现在机组（设备）规模、工厂规模和企业规模等三个方面。在机组规模上，一般来说，大机组比小机组具有更低的生产成本，使用大机组可以获得规模经济效益。在工厂规模上，装机数量和容量的显著增加，长期以来被认为具有较为显著的规模经济性。而在企业规模上，发电企业的最佳经济规模与年发电总量及其平均成本曲线直接相关。

可见，从机组规模、工厂规模以及企业规模来看，发电领域有着较为明显的规模经济效应。发电领域的自然垄断属性表明，流域若干个梯级电站的滚动开发若统一由一家业主进行，易实现机组规模、工厂规模和企业规模的规模经济性。

二、梯级水电滚动开发建设和统一运行控制的经济效率特性

（一）从系统观点考察流域梯级滚动开发和统一运行管理的经济效率特性

流域内各梯级电站之间构成该流域的梯级电站系统。流域电站系统通过内部各组成要素的有机联系机制协调、协同与整合内外部资源，不仅优化调度水力资源，还将使各电站的人力、资金、设备等资源实现共享，使协同和整合后的资源达到“1+1>2”的效果，从而整体提高经济与社会效益。

(1) 有利于梯级电站间水资源的综合优化调度。由一个公司为主体进行流域水电开发，有利于

实现梯级最优开发，有利于建立统一的流域梯级控制中心，统一运行控制使水力资源得到最优化利用。通过流域梯级多电站统一管理，统一控制运行，有效调节互补技术特性从而弥补劣势，并更加增长优势，从而可以大大改善梯级电站调节特性，提高流域各级的供电和调峰调频能力，提高电网的稳定运行水平；还可以提高水能利用率，提高实时调度效率，增强实时调度效果；同时还能更好地保障防洪、航运、供水等社会公益，以及改善水质、植被，防止泥沙淤积等。实时运行调度必须以保障防洪调度和“生态调度”为前提，优化发电、航运等多功能调度。实践证明，改善和保护生态环境，在工程前期和过程中固然重要，工程运行后科学、合理、严谨的运用更是重要。其实，三峡枢纽“蓄清排浑”的设计理念，以及国内外水库“动水拉沙”的运行实践都可说明工程科学运用的重要性和巨大作用、效果。

（2）有利于梯级电站间实现资源共享。形成流域梯级开发公司后，在公司的统一合理安排下，人力、资金、设备、工器具等宝贵资源可在各梯级电站间得到充分共享，减少重复开销和资源闲置浪费，并能以最经济的成本建立各种长期稳定的专业化技术力量，使其长期发挥重要作用，而不会因无事可做或工作量不足而难以维持。如：组建专业化的建设管理队伍，在一个电站建设完成后，可继续投入到梯级下一个新电站的开发管理工作中，亦可有部分人力投入到梯级其他电站的运行管理工作中；组建一支专业化检修队伍，负责开展整个流域内梯级电站的检修维护任务，针对性强，保障有序，从而使梯级电站运行可靠性有保证；还有利于人才和技术交流，以及经验推广，可以少走弯路、少失误。

（二）从区域经济观点考察流域梯级滚动开发和统一运行管理的经济效率特性

流域是一种特殊类型的区域，它具有自然和经济二重性。一方面，它是一种典型的自然区域，是以河流中心被分水岭所包围的河川集水区域；同时，它又是以水资源开发利用为核心的综合开发的地域单位。流域开发正是以流域为单元，以水资源充分合理利用为中心，以发展流域经济为主要目标的自然、经济、社会多方面综合性区域开发。因此，流域开发的理论实际上是区域经济理论在流域这种特殊类型区域开发中的应用。水电按流域开发是一种比较科学的方式，在规划、资源利用、工程建设等方面可以统筹考虑，是一个典型的系统工程。

梯级开发对流域的经济资源结构、生态系统的冲突与平衡、社会结构的解体与重构都将产生重大影响，而且这种影响较单项工程而言具有群体性、系统性、累积性、潜在性等显著特征，因此也更加复杂和深远。

三、我国水能资源丰富，实现梯级开发的潜力巨大

2005年，全国装机容量已达5.1亿kW，其中水电1.17亿kW，火电3.84亿kW，核电700万kW；全国发电量达到24747亿kW·h。虽然总发电量和发电装机容量已居世界第二位，但人均用电量仅为世界平均水平的1/2、发达国家的1/6。中国的电力在某一时间段即便出现“过剩”也是暂时和相对的，短缺是绝对的。大力发展水电是21世纪中国实施社会和国民经济可持续发展战略的必然选择。

四、水电企业必然采用梯级滚动开发和统一运行控制模式

采用梯级滚动开发与统一运行控制模式也是中国电力发展和水电企业发展的必然要求和选择。

首先，“流域梯级开发”是一个科学、经济的概念，梯级滚动开发与统一运行控制模式是被国内外水电开发证明了的、行之有效的、成功的开发建设和运营管理模式。

水电开发的早期阶段，多数国家都处于单个电站孤立开发、独立管理的状态。1933年，美国在田纳西河流域的开发方案中首次提出多目标梯级开发的主张，并加以实施，随后的40年成为梯级开发迅猛发展的时期。除水电项目外，田纳西河流域在梯级开发过程中，综合利用各种有利因素合理规划和建设，在防洪、航运、化肥研制与推广、农林渔业生产以及旅游休憩业的发展等方面也取得了显著的综合效益。与此同时，加拿大、法国、挪威等国家流域梯级开发的步伐之快，开发程度之高也毫不逊色。新中国成立以来，我国黄河上游、清江、汉江等流域梯级开发也都积累了许多宝贵经验，现在长江上游干支流梯级开发进入了关键时期，应该借鉴国内外先进经验和成功办法。

其次，从理论上说，梯级滚动开发与统一运行控制模式的经济性和社会性都有据可依。

第三，从中国水能资源特别是西部水能资源及其开发利用情况、中国电网发展水平及其远景规划、以及中国水电企业本身的具体情况来看，采用梯级开发与统一运行控制模式是与中国电力资源结构和电力发展水平相适应的，而且有助于快速开发中国的水电资源和增加全国的电力供应。

第四，单一水电站运行的调节有限与均衡差异等技术劣势在电力市场也表现出竞争力不足，流域梯级多电站联合运行可以使技术特性互补，从而将劣势转

换成优势，使其更具电力电量（质量）竞争力。

第五，"流域统筹规划、梯级滚动开发、统一运行控制、综合功能运用"，既可有效防止开发过程中的无序和重复，又可有利于实现梯级优先开发：有利于统筹考虑接入系统和外送规划、移民迁建、环境保护，整体促进或带动区域经济结构调整；有利于节约投资，加强管理，加快开发进度和有序控制；有利于发挥梯级水电站的综合效益，有效解决梯级水资源调配、补偿问题。

五、几个问题的分歧与统一

（一）同一流域的开发主体问题对统一规划、开发、运营的影响

独资主体与多元投资主体的区别与统一。

规划与开发、运营与调度的区别与统一。

投资体制与运营管理机制的区别与统一。

（二）同一流域统一开发、运营、控制的（局部）自然垄断性对竞争市场的影响

有别于全行业纵向和横向一体化垄断。

有别于超规模经济和范围经济的垄断。

大电站远距离和跨区域送电的特点决定其不影响（参与）当地区域电力市场竞争。

（三）同一流域发电企业水电联合运行和统一控制对电力系统的影响

这里的"统一控制（或调度）"有别于电力系统的调度，不是"介入"，更谈不上"取代"，仅是传统调度中部分权、责"下放"，优化、突出履责主体和效果。例如，电网（批准）给定电站有功出力曲线和电压曲线，设定开机数量、接地点数等对系统有影响的指标参数后，允许（梯级）电站在保证母线（全厂）给（设）定前提下，自行决定实时调整单机有功和无功出力等参数，包括调换备用机组（正常起停），并保证调整过程中的安全，只需报电网调度部门备案。这对保证电力系统安全稳定，充分兼顾机组运行工况和设备状况以及流域梯级电站相关因素等，实际上有益无害。

"统一"的目的是实现应对各流域特点的防洪、航运、供水、生态与发电等综合应用的安全和协调的实时性、及时性、准确性，以及水资源的充分利用。

"统一"的前提是服从电网（系统）统一调度和保障电网与电站（枢纽）的安全稳定。由于电力系统独特的依存关系，即使是行政体内部职能、职责、职权的多层次科学分工，运行到位，各司其职，各履其责，也是充分必要的，何况在电网与电厂或流域电站组成的"协同体组织"，其内部分工协作更应如此。随着市场和法制的健全和完善，完全能够依靠制度、规则、条例和合约的约束力，互相支持、互相激励，共同保障电力安全供应和经济效益。

国家能源领导小组办公室副主任徐锭明在第一届水力发电技术国际会议上的讲话（摘要）

由中国水力发电工程学会和中国长江三峡工程开发总公司发起主办的第一届水力发电技术国际会议今天正式开幕。请允许我代表国家能源领导小组办公室对大会的顺利召开表示热烈的祝贺！对国际友人、各位专家、学者的到来表示最热烈的欢迎！对大家关心和支持中国水电事业的发展表示衷心感谢！

跨入新世纪以来，中国水电建设进入快速发展的新时期，取得了举世瞩目的成绩。截止到2005年底，中国水电总装机容量突破1亿kW，达到1.17亿kW。通过引进消化吸收再创新，中国高碾压混凝土坝技术、高混凝土面板堆石坝技术、高混凝土拱坝技术、高土石坝技术等坝工设计技术得到蓬勃发展；三峡右岸12台70万kW水轮发电机组的设计、制造、安装走出了一条国际合作与自主创新相结合的成功路子，极大地提升了中国大型水电设备自行设计制造安装以及运行管理的水平；国家已启动1000kV交流和±800kV直流特高压输电工程，大容量、远距离、高电压输送电技术正迈上新台阶；水电施工装备现代化程度不断提高，水电工程建设质量大幅度提升，水电施工建设周期大大缩短，水电项目建设成本大大降低，水电开发经济效益日益突出，水电综合竞争能力进一步增强；通过持续不断的实践和锤炼，全面有效地锻炼和培养了中国的水电队伍，拥有了一大批水电设计、施工、制造、建设管理和运营方面的高素质人才，形成了知识结构合理、年龄结构优化的人才梯队。中国水电事业蒸蒸日上，中国水电人才蓬勃向上。

大力发展水电，有利于减轻中国能源供应和环境保护的压力。由于长期以来中国以煤炭为主导资源，煤炭在能源消费比重中接近70%，粉尘、二氧化碳等大量排放，污染了环境，破坏了生态，发电产业结构必须调整，优化电源结构刻不容缓，"优先发展水电、优化发展煤电、积极发展核电、大力促进新能源和可再生能源发展"是中国电力工业的发展方向，也是中国电力结构的调整方针。在保护生态环境基础上，科学合理地安排好征地、移民，有序发展水电，最大限度地发挥水电这一清洁可再生能源的作用，对维护国家能源安全、调整能

源结构、减轻能源和环境压力，意义十分重大。为此，中国国家发展和改革委员会根据《可再生能源法》制定并发布了可再生能源管理办法，水能在可再生能源中占据重要地位，积极有序地开发利用水电资源是我们坚定不移的方针。

大力发展水电，有利于促进地方经济社会既快又好地发展。

大力发展水电，有利于提高水资源综合利用价值。

大力发展水电，有利于实施“西电东送”推动西部大开发，进一步促进东西部地区互利共赢、和谐发展。

由于受各种因素的影响，中国水电整体开发程度尚比较低。1.17 亿 kW 的装机容量，只占中国水电技术可开发量的 21.6%，这与中国水电资源世界第一的蕴藏量不相匹配，也与中国确定的水电发展目标不相适应。开发水电是调整能源结构、增加能源供应、保护生态环境、确保能源安全的重要战略举措。为此，中国政府在制定中长期能源发展规划时，明确提出：到 2010 年水电装机容量达到 1.8 亿 kW，占电力总装机容量的 27%，水电开发程度达 33%；到 2020 年水电装机容量达到 3 亿 kW，占电力总装机容量的 29%，水电开发程度达 55%。也就是说：未来 10～15 年间，中国水电年均新增装机容量要保持 1300 万 kW 左右的速度，重点开发金沙江、澜沧江、怒江、雅砻江、大渡河、乌江、红水河、清江、沅水、黄河上游干流等梯级水电站。同时，中国抽水蓄能电站也在迅速发展，到 2010 年总装机容量将达到 1800 万 kW，2005 年总装机容量将达到 3800 万 kW，到 2020 年总装机容量将达到 5000 万 kW。

中国水电事业正处于加快发展的新时期，总的来说是“前途光明，任重道远”。

我们要更加注重保护环境，促进人与自然和谐发展。坚持保护中开发，开发中保护，始终是中国水电开发遵循的基本方针。在保护生态基础上，有序开发水电，是能源发展的需要，是实现工业化的需要，是全面建设小康社会的需要。正确认识资源环境承载能力，协调好水电开发与其他自然资源综合利用，合理安排水电开发时序。

我们要毫不动摇地坚持以人为本的原则，全面认真落实国家颁布的移民政策。要认真贯彻执行《大中型水利水电工程建设征地补偿和移民安置条例》，妥善安置移民，切实保护水库移民的合法权益。将水电工程效益同移民生活改善、建设社会主义新农村相结合，努力做到建好一座电站，发展一方经济，造福一方人民。

21 世纪中国水电发展前景展望

——中国水电工程顾问集团公司
总工程师彭程在第一届水力
发电技术国际会议上的讲话（摘要）

一、中国水力资源概况

（一）水力资源总量

中国幅员辽阔，蕴藏着丰富的水力资源。根据最新水力资源复查结果，我国大陆水力资源理论蕴藏量年电量为 60829 亿 kW·h，平均功率为 69440 万 kW；技术可开发装机容量 54164 万 kW，年发电量 24740 亿 kW·h，其中经济可开发水电站装机容量 40179.5 万 kW，年发电量 17534 亿 kW·h。

（二）水力资源在能源结构中的地位

我国能源资源探明（技术可开发量）总储量约 8450 亿 t 标准煤（其中水能为可再生能源，按使用 100 年计算），探明剩余可采（经济可开发量）总储量为 1590 亿 t 标准煤，分别约占世界总量的 2.6%和 11.5%。我国能源探明总储量的构成为原煤 85.1%、水能 11.9%、原油 2.7%、天然气 0.3%，能源剩余可采总储量的构成为原煤 51.4%、水能 44.6%、原油 2.9%、天然气 1.1%。由此可见水能在我国能源资源中的地位和作用。

（三）水力资源分布

按照技术可开发装机容量统计，我国西部云、贵、川、渝、陕、甘、宁、青、新、藏、桂、蒙等 12 个省（自治区、直辖市）水力资源约占全国总量的 81.46%，特别是西南地区云、贵、川、渝、藏就占 66.70%；其次是中部的黑、吉、晋、豫、鄂、湘、皖、赣等 8 个省占 13.66%；而经济发达、用电负荷集中的东部辽、京、津、冀、鲁、苏、浙、沪、粤、闽、琼等 11 个省（直辖市）仅占 4.88%。我国的经济东部相对发达、西部相对落后，因此西部水力资源开发除了西部电力市场自身需求以外，还要考虑东部市场，实行水电的“西电东送”。

我国水力资源富集于金沙江、雅砻江、大渡河、澜沧江、乌江、长江上游、南盘江红水河、黄河上游、湘西、闽浙赣、东北、黄河北干流以及怒江等 13 大水电基地，其总装机容量约占全国技术可开发量的 50.90%。特别是地处西部的金沙江中下游干流总装机规模 5858 万 kW，长江上游干流 3320 万 kW，长江上游的支流雅砻江、大渡河以及黄河上游、澜沧江、怒江的装机容量均超过 2000 万 kW，乌江、南盘江红水河的装机容量均超过 1000 万 kW。这些河流水力资源集中，有利于实现流域、梯级、滚动开发，有利于建成大型的水电基地，有利于充分发挥水力资源的规模效益。

二、水电开发现状及规划

（一）水电开发现状

2004 年底，全国常规水电已开发装机容量 10256 万 kW（水电总装机容量 10826 万 kW，其中抽水蓄能电站 570 万 kW），年发电量 3280 亿 kW·h，占全国技术可开发装机容量的 18.9%，占全国总装机容量的 23.3%。其中，东北地区的辽、吉，华北地区的京、津、冀，华东地区的闽、浙、皖、鲁、赣，中南地区的豫、湘、粤、琼等省（自治区、直辖市）常规水电开发程度均超过技术可开发量的 50%，最大达 88.7%；水力资源富集的西南地区川、滇、藏开发程度分别为 11.7%、7.5%和 0.3%，西北地区陕、甘、青、新开发程度分别为 23.8%、36.5%、18.4%和 2.7%。

2004 年底，全国已建成投产的抽水蓄能电站 10 座，装机容量达到 570 万 kW。分别是：河北岗南（安装 1.1 万 kW 抽水蓄能机组），河北潘家口（抽水蓄能机组 27 万 kW），北京十三陵（80 万 kW），广州一期、二期工程（共 240 万 kW，其中 60 万 kW 供香港），浙江溪口（8 万 kW），浙江天荒坪（180 万 kW），安徽响洪甸（8 万 kW），江苏沙河（10 万 kW），湖北天堂（7 万 kW），西藏羊卓雍湖（9 万 kW）。2005 年，新增投产的抽水蓄能电站有吉林白山（30 万 kW），河南回龙（12 万 kW）和浙江桐柏（一台 30 万 kW）。2005 年底，全国建成投产的抽水蓄能电站装机容量达到 642.1 万 kW（其中 60 万 kW 供香港），占全国总发电装机容量的比例约 1.2%，属于较低水平。

（二）2020 年水电发展目标

到 2010 年，常规水电装机容量预计将达到 19400 万 kW，占电力总装机容量的 26.0%，开发程度达 35%；到 2015 年，常规水电装机容量将达到 27100 万 kW，占电力总装机容量的 28.6%，开发程度达 50%；到 2020 年，常规水电装机容量将达到 32800 万 kW，占电力总装机容量的 28.5%，开发程度达 60%。

按规模划分，大中型常规水电将在 2005 年底装机容量 7636 万 kW 的基础上，在“十一五”、“十二五”和“十三五”期间分别需要投产 6764 万 kW、6450 万 kW 和 4450 万 kW。到 2010 年、2015 年和 2020 年末，全国大中型常规水电站总规模将分别达到 14400 万 kW 、20850 万 kW 和 25300 万 kW ；小型水电站（装机容量 5 万 kW 以下电站）2005 年底装机容量 3794 万 kW，以后按每年 250 万 kW 左右投产，到 2010 年、2015 年和 2020 年末，全国小型水电站总规模将分别达到 5000 万、6250 万 kW 和 7500 万 kW。

按区域划分，到 2010 年，在全国水电发展到 19400 万 kW 规模时，东部地区开发总规模将达到 2700 万 kW，占全国的 13.8%，其开发程度达 90%以上；中部地区总规模为 5800 万 kW，占全国的 29.8%，其开发程度达到 78.4%；西部地区总规模为 10900 万 kW，占全国的 56.40%，其开发程度达到 24.9%。

按 13 大水电基地划分，到 2010 年、2015 年和 2020 年，13 大水电基地的总体开发程度分别达到 35%、55%和 70%。

根据全国水电电源规划及“西电东送”规划研究成果分析，至 2005 年、2010 年、2015 年和 2020 年，初步安排全国水电“西电东送”总容量分别为 1980 万、4440 万、8750 万 kW 和 10650 万 kW，其中，南部通道“西电东送”总容量分别为 880 万、1440 万、2430 万 kW 和 3260 万 kW，中部通道“西电东送”总容量分别为 1100 万、2850 万、6020 万、7090 万 kW，北部通道“西电东送”总容量分别为 0、150 万、300 万、300 万 kW。扣去 2004 年前已有的水电“西电东送”容量约 1470 万 kW（天生桥一、二级，云电外送，川电外送和三峡、葛洲坝等），上述各水平年全国水电“西电东送”累计增加外送容量分别为 510 万、2970 万、7280 万 kW 和 9180 万 kW。

（三）2020～2050 年水电开发展望与“藏电外送”

至 2020 年，13 大水电基地规划水电工程绝大部分已开工建设，结转 2020～2030 年投产容量约 4000 万 kW。从 2020 年开始，水电开发的主战场逐渐向金沙江、澜沧江和怒江上游转移，从而启动具有战略意义的“藏电外送”工程。

西藏自治区河流众多，水力资源丰富。根据全国水力资源复查成果，西藏自治区水力资源理论蕴藏量 20136 万 kW、年电量 17640 亿 kW·h，技术可开发装机容量 11000 万 kW、年发电量 5760 亿 kW·h。全区水力资源理论蕴藏量占全国的 29%，居全国首位，技术可开发量占全国的 20.3%，仅次于四川省，居全国第二位。西藏自治区水电开发完全有可能成为 2020 年后中国水电建设的主战场。

西藏自治区内水力资源分布较为集中，按区域划分，绝大部分分布在藏南的雅鲁藏布江干流曲松至米林河段（约 500 万 kW）、干流大拐弯（约 4800 万 kW）、支流帕隆藏布（约 700 万 kW）和藏东的怒江干流上游河段（1422 万 kW）、澜沧江干流上游河段

(636万kW)、金沙江干流上游河段(1666万kW,其中川藏界河段948万kW,属西藏自治区的按界河的1/2计为474万kW)。藏东三江顺河而下,至云南省和四川省距离较近,高程较低,随着三江水电开发向上游推进,藏东水力资源接续开发较为现实。藏南雅鲁藏布江的开发难度相对大一些,特别是墨脱水电站(3800万kW,水头达2000m以上),要科学地做好规划,依靠水电工程和输电工程的技术创新,以及通过国际合作拓展输电走廊或电力市场等,使我国这一水电富矿得以早日开发利用。

(四)抽水蓄能电站规划发展目标

根据各电网的负荷特性、电源规划、"西电东送"联网规划,以及抽水蓄能规划设计成果和抽水蓄能电站项目前期工作深度等分析测算,全国在2010年、2015年和2020年3个水平年的抽水蓄能装机规模预计将分别达到1800万(扣除供香港60万kW后,下同)、3400万kW和5000万kW。国家电网在2010年、2015年和2020年3个水平年的抽水蓄能装机规模将分别达到1440万kW、2800万kW和4000万kW。其中,华东电网分别达到576万kW、1116万kW、1516万kW;华北电网将分别达到428万kW、718万kW、1008万kW;东北电网将分别达到90万kW、270万kW和380万kW;华中电网分别达到319万kW、579万kW和829万kW。南方电网在2010年、2015年和2020年3个水平年的抽水蓄能装机规模分别达到360万kW、600万kW、1010万kW。

2020年前,全国抽水蓄能电站开发建设以华东最多,华北及广东省次之,华中、东北又次之。预计到2010年、2015年和2020年,全国抽水蓄能电站装机容量占全国总装机容量的比重将分别达到2.4%、3.7%和4.4%。

中国水电工程机电技术的发展概况(摘要)

一、我国水电开发概况

据1980年全国普查结果,中国水电资源理论蕴藏量为6.8亿kW,年电量5.9万亿kW·h,技术可开发容量3.78亿kW,蕴藏量和可开发容量均居世界首位。2000~2004年,中国水电工程顾问集团公司按国家发展改革委指示组织了全国水力资源复查,水电资源理论蕴藏量为6.94亿kW,年电量60829亿kW·h,其中技术可开发容量5.42亿kW,经济可开发容量4.02亿kW。

至2004年底,我国常规水电机组的装机容量达到1.045亿kW,已超过美国(9973万kW)跃居世界首位。应当指出,水电是我国的利润大户:1980~1999年这20年来,水电的发电量占全国总发电量的15.3%,利润却占总售电利润的64%。

根据国家的绿色能源发展规划,我国将增加水电和核电的建设规模,2010年和2020年,全国电力装机容量将分别达6.9亿kW和9.5亿kW,其中常规水电装机容量将分别达到1.8亿kW和2.46亿kW左右(其中,2010年、2015年和2020年抽水蓄能电站装机容量将分别达到1440万kW、2800万kW和4000万kW);核电装机容量分别达到1250万kW和4000万kW。

二、我国水电工程机电设计、安装和制造技术已逐步赶上和达到世界一流水平

我国水电工程机电技术,在20世纪50~60年代努力学习前苏联的先进经验,自80年代对外开放以来又积极开展对外技术交流,认真吸取了欧美、日本等国的先进技术,我国水电机电设计、制造、安装和运行的技术水平已明显进步,实现了较大的飞跃。

继刘家峡、龙羊峡之后,岩滩、漫湾、隔河岩、广蓄、天荒坪等一批30万kW左右单机容量的大型水轮发电机组和蓄能机组相继投产发电,单机40万kW的4台李家峡机组、单机55万kW的6台二滩机组,特别是单机容量为70万kW的三峡左岸14台机组均全部成功投运,加上以龙滩、拉西瓦、小湾、锦屏一二级、溪洛渡、向家坝等巨型水电站为标志的机电工程规划、设计以及机电设备招标采购工作的深入开展,已充分表明,我国水电工程机电设计正逐步全面达到世界先进水平。

在设备选型、参数研究和设计布置上,我国已有最大容量840MVA、推力轴承负荷达55000kN、转轮直径达10.6m的三峡混流式机组;最大水头189.2m、单机最大持续出力61万kW、空冷每极容量达14.57MVA、转轮直径6.247m的二滩混流式机组;五强溪转轮直径达8.3m,居世界第三;最大水头57.8m、额定容量20万kW、转轮直径8.0m、推力负荷达41000kN的世界单机容量最大的高水头轴流式水口电站机组;最大水头27.3m、额定容量4.5万kW、转轮直径5.46m的洪江灯泡式机组;最大水头637.2m、额定容量12万kW、转轮直径2.6m的冶勒冲击式机组(田湾河冲击式机组额定容量已达14万kW);定子绕组采用蒸发冷却技术的单机容量40万kW的李家峡水轮发电机;孔口尺寸6.4m×7.5m、设计水头120m、最大承压水头130m、总水

压力87000kN的天生桥一级放空洞深孔弧形工作闸门；2005年建成并已成功投运的水口水电站湿运全平衡式垂直升船机，通航船舶吨位2×500t，提升高度59m，承船厢带水最大重量5500t，其主参数规模名列世界第二；广蓄500kV 200m高差的充油电力电缆；二滩500kV 200m高差的挤包绝缘电力电缆；二滩、龙滩、三峡等多个百万千瓦级以上水电站的500kV GIS开关站；二滩18kV、120kA、22000A发电机出口断路器；水电站的过电压保护和接地技术等均已处于世界一流或世界领先水平。

水轮发电机蒸发冷却技术，是我国具备自主知识产权的自主创新技术之一，中央领导对此非常重视。2005年初，胡锦涛主席亲自到中国科学院电工所视察了蒸发冷却实验室，作了十分重要的讲话和批示，对我国装备工业自主创新战略有很重要的指导意义。

三、我国大型水电站的规划设计和机组国产化进程简介

（一）混流式机组

长江中游：三峡坝后左右岸电站一共26台单机70万kW机组，总容量为1820万kW，加上右岸地下厂房的6台70万kW，共32台机总装机容量2240万kW，名列世界第一。

金沙江流域：溪洛渡电站18台70万kW的机组，总装机容量1260万kW；向家坝水电站8台75万kW的机组，总装机容量600万kW。两电站均已开工建设，机组设备即将招标。乌东德水电站（总装机容量900万kW）和白鹤滩水电站（16台75万kW，总装机容量1280万kW）现分别处于预可行性研究和可行性研究设计阶段。白鹤滩水电站机组容量正在可行性研究阶段论证中，其最大容量80万kW左右，将是世界第一、单机容量最大的机组。

国外70万kW级的水电机组，如大古力、伊泰普、古里等电站，在30年前就成功投运了。我国三峡工程及其后的小湾、龙滩、拉西瓦电站，都是单机容量70万～75万kW这一等级的，而且已逐步过度到以我国哈尔滨电机厂有限责任公司（以下简称哈电）、东方电机股份有限公司（以下简称东电）为主设计、生产，外商当我国企业的分包商。随着未来几年龙滩、小湾、拉西瓦等水电站机组的投运，通过认真总结经验，特别是进行水轮机水力设计、大型铸锻件制造和发电机通风冷却、推力轴承、高压定子绕组等关键技术的攻关和创新，单机容量在70万kW的基础上，再增加一二十万千瓦，完全是可行的；100万kW的世界更高水平，经过认真努力，在不久的将来也是可以实现的。

虎跳峡电站，从环保考虑，水电工程技术人员为把著名的景观——虎跳石保留下来，已对电站站址和装机规模作了相应调整。上虎跳峡电站初拟6台70万kW机组，总装机容量420万kW；避开虎跳石景观区，在其下游侧布置两家人电站，总装机容量180万kW；两个电站加起来容量约600万kW。金沙江上还有金安桥电站，4台60万kW，总装机容量240万kW，已于2004年12月份通过可行性研究报告审查。还有龙开口电站，6台30万kW，装机容量180万kW。观音岩水电站现在是5台60万kW，装机容量300万kW，也在可行性研究阶段。

澜沧江流域：在建工程为6台70万kW、总装机容量420万kW的小湾电站；下游梯级为景洪（5台30万kW、总装机容量150万kW）和糯扎渡（9台65万kW、总装机容量585万kW），机组及主要机电设备已招标或正在招标中。

大渡河流域：瀑布沟电站6台55万kW，装机容量330万kW，根据国家有关主管部门指示，在“以人为本”、进一步落实和细化库区移民工作和政策后，2005年9月已复工，现主机及主要机电设备均已顺利完成招标工作。龙头石电站，机组已招标，为4台17.5万kW，总装机容量70万kW；大岗山电站4台机组，装机容量260万kW。处于可行性研究阶段的长河坝电站为4台65万kW的混流式水轮发电机组，总装机容量260万kW；猴子岩电站为4台42.5万kW，装机容量170万kW。

雅砻江流域：锦屏一级水电站6台60万kW机组，总装机容量360万kW，机组已招标。锦屏二级水电站8台60万kW机组，总装机容量480万kW，机组正在招标中。两河口电站系龙头水库，装设4～6台机，共300万kW，正在预可行性研究阶段。

黄河上游：拉西瓦电站6台70万kW，共420万kW，机组已于2004年招标，800kV主变压器和GIS等电气设备也已招标。

通过二滩、三峡等水电站大型水电机组引进技术、合作生产，以及龙滩、小湾、拉西瓦等水电站水电机组的技术合作、科研攻关，哈电和东电在特大型混流式机组的设计、制造能力上有了大幅提高，已具备立足国内设计和制造70万kW级机组的能力。

（二）灯泡贯流式机组

通过引进技术、合作生产，哈电、东电的设计、制造水平有所提升。四川红岩子电站，单机3万kW；广西长洲电站机组水头3～16m，单机4万kW，转轮直径7.5m，已达世界一流水平；广西桥巩电站8台5.7万kW，额定水头13.8m，转轮直径7.5m，单机容量世界排名第二，其设计、制造难度的综合指标已达世界最高水平。广西两电站的机组已招标，正

在制造中。

（三）抽水蓄能机组

2003年4月，国家发展改革委决定：以河南宝泉和广东惠州两座抽水蓄能电站（后增补了白莲河）为依托工程，通过统一招标和技贸结合的方式，引进抽水蓄能电站机组设备设计和制造技术，逐步实现我国抽水蓄能电站机组设备制造的自主化。

通过近一年多的招议标工作，哈电、东电两厂和三个业主与中标的法国ALSTOM（阿尔斯通）公司于2004年8月在北京钓鱼台国宾馆签订了技术转让和设备采购合同。

第二阶段，2005年5月8日，国家发展改革委又指示："为了支持技术转让接受方哈电和东电全面掌握、吸收和应用已经引进的技术，巩固技术引进的成果，实现抽水蓄能电站机组设备国产化目标，经研究，决定将辽宁蒲石河、桓仁，广东深圳，内蒙古呼和浩特，福建仙游和湖南黑麋峰抽水蓄能电站作为抽水蓄能电站机组设备国产化后续工作的依托项目，机组设备采用招议标方式在哈电和东电之间进行采购。"

这6个抽水蓄能电站主机设备的采购，将以哈电、东电两厂为主进行招议标，有资质的外国厂商作为技术支持方参与技术合作，哈电、东电各提出三个与外商合作的投标方案供业主选择。

同时，为促进和实施抽水蓄能机组关键辅机设备的国产化，对调速器、励磁系统、SFC等附属设备和计算机监控系统、进水阀等设备的采购，业主单位可通过招议标择优选定，将所选的辅机设备投标人作为抽水蓄能机组主机投标人的指定分包商；鼓励国内有相当资质和业绩的上述设备生产厂家与国外厂商联合设计、合作生产，并可直接参加上述设备的投标。

黑麋峰、呼和浩特和蒲石河蓄能电站机组及其附属设备的招议标工作已圆满完成，相关设备的采购合同已先后签订。

根据目前水电建设的规划，平均每年大型水电机组投产将达到800万～1000万kW。哈电、东电各自的年生产能力约300万～400万kW，还有近200万kW需国内合资或独资企业共同努力完成。

四、我国近年来水电机电设备选型的特点和趋势

（一）水轮发电机组

向高水头、大容量、高参数发展：如锦屏二级电站机组系世界上320m高水头段容量最大、低转速的混流式水轮发电机组，对国内、外制造厂家在水力设计、机械设计和制造经验上均是强有力的挑战。

特大容量空冷水轮发电机：三峡定子水冷发电机每极容量仅10.5 MVA。近年来，随着发电机空冷技术的进一步成熟，继每极容量15.29MVA的二滩发电机成功投运之后，每极容量分别为14.4MVA、17.45MVA和18.52MVA的龙滩、小湾和拉西瓦水轮发电机均采用了空冷方式，并通过了业主在制造厂家通风模型试验的验收，即将经受今后几年投产运行的真机验证，并为设计制造更大容量的机组积累经验。

水轮机转轮散件运输、现场组焊方式：受大西南高山峻岭运输条件的限制，加之转轮散件运输、现场组焊技术在小浪底、岩滩等机组的成功应用，目前龙滩、小湾和糯扎渡等电站均因地制宜地采用了转轮散件运输、现场组焊的方案，而不仅仅局限于转轮分半运输、现场组焊这一种方式。

水轮机圆筒阀：圆筒阀对多泥沙河流而言，可在一定程度上减轻泥沙磨蚀。随着水头增高，机组尺寸加大，导叶高度及分布圆尺寸也加大，顶盖充水后的变形也必然增大，完全靠活动导叶做到停机无泄漏的难度已越来越大。这种高强度的间隙空蚀对导叶密封的损坏将难以避免，而将导叶难以胜任的截断水流的封水功能改由圆筒阀来分担和完成，不失为水轮机结构选型的明智之举。圆筒阀已先后在我国漫湾、大朝山和小浪底等工程成功投运，小湾、瀑布沟、锦屏等电站也将采用圆筒阀。

特大型水电站控制保护系统：随着二滩、三峡等大型、巨型电站的投运以及龙滩、小湾、拉西瓦等机电设备招标工作的开展，亟须总结和推广大容量机组和巨型电站控制保护系统的经验、教训，以及时指导后续溪洛渡、向家坝、锦屏梯级等水电站控制保护系统的设计技术，例如计算机监控系统适当的冗余配置和脱离监控系统的应急方案，以及对常规设计的使用和硬布线的保留等。

蒸发冷却技术：在国家有关部委和中国长江三峡工程开发总公司的积极支持下，东电和哈电近期积极进行了巨型水轮发电机蒸发冷却技术的试验研究工作。三峡右岸地下厂房将由东电和中科院合作设计和制造两台840MVA蒸发冷却水轮发电机，并为日后1000MW级水轮发电机的设计和制造打下基础。

（二）电气主接线

对电气主接线方案的比较，传统上一直沿用静态技术经济评价方法。近年来，我国各大水电设计院在可靠性计算技术的应用上进展较快，已广泛采用了定量分析方法。根据修订后的《水力发电厂机电设计规范》，对75万kW及以上装机容量的大型水电站，需进行可靠性计算的评估，特别是要考虑到30年事故停电损失和检修、运行维护等费用进行动态分析，以便对各种接线方案的技术经济指标进行全面的分析和评价。

（三）主变压器

水电站地处深山峡谷，交通条件差，且大件运输的代价高昂，巨型变压器采用单相变压器、特殊三相组合式和组合三相式得到选用和推广。

（四）发电机断路器

考虑到水电站多处于峰、腰荷的运行位置，开、停机频繁，同期并网操作要求简便，可提高厂用电供电的可靠性和灵活性，可有选择性地可靠地保护价格高昂的发电机和主变压器，因此，不少水电站在发电机出口均设置了发电机断路器。这是我国水电站多年来设计和运行的成功经验。

（五）高压引出线

地下厂房主变压器高压侧 220kV 和 500kV 高压引出线，水电站采用过充油电力电缆、交联聚乙烯（XLPE）挤包绝缘电力电缆和低密度聚乙烯（LDPE）挤包绝缘电力电缆。我国十多年来的运行实践证明，XLPE 交联聚乙烯挤包绝缘电力电缆的可靠性较高，故障率较小。近年来，SF_6 气体绝缘管道母线（GIL）由于其传输容量大且价格逐步降低，已率先在我国岭奥核电站和张河湾抽水蓄能电站得到采用，后继一批大型水电站如溪洛渡、锦屏一级等也将改用 GIL，相应地将 500kV GIS 开关站由地面布置改为地下布置。拉西瓦电站已招标采用了 800kV 的 GIL。

（中国水电工程顾问集团公司　李定中）

中国水电机电安装 50 年发展与技术进步（摘要）

（一）引言

半个世纪以来，中国水电机电安装行业经历了从无到有、从小到大、从弱到强的发展壮大过程，在工程实践中取得了显著的技术进步，掌握了具有世界先进水平的施工技术和安装工艺。

（二）55 年成就与业绩

1. 机电安装施工企业的发展、壮大历程　1951 年，中国东北丰满水电工程公司安装工程队成立，1957 年成立国家水电总局机电安装工程公司，1963 年更名为水利水电机电安装局，1969 年水利水电机电安装局下属的各施工处分别划归分布在全国的各水电工程局管理。目前，中国水电机电安装施工从业人数共约 14000 人，全行业具有完成年安装投产大中型水电机组 8000～9000MW 和制造、安装各类水工金属结构 35 万～40 万 t 的能力。

2. 水电装机容量的发展（略）

3. 截至 2006 年底正在安装的主要水电机组　截至 2006 年底正在安装的主要大中型常规水电机组见表 1。

截至 2006 年底正在安装的主要抽水蓄能水电机组见表 2。

表 1　截至 2006 年底正在安装的主要大中型常规水电机组

序号	水电站名称	台数×单机容量（MW）	第一台机组发电时间	全部机组投产时间	机组安装单位	机组制造厂家
1	龙滩水电站	7×700	2007 年 6 月	2009 年 12 月	水电七局、水电十四局、葛洲坝集团	水轮机：东方/VSS； 发电机：哈电/Alstom 5 台、东方分包 2 台
2	三峡右岸电站	12×700	2007 年 9 月	2008 年底	葛洲坝集团水电四局、水电八局	哈电：23～26 号 东方：15～18 号 Alstom：19～22 号
3	小湾水电站	6×700	2009 年 10 月	2011 年 5 月	水电十四局	水轮机：东方/VSS； 发电机：哈电/Alstom
4	三板溪水电站	4×250	2006 年 5 月	2006 年 12 月	水电八局	哈电
5	水布垭水电站	4×400	2007 年 7 月	2008 年 12 月	葛洲坝集团	水轮机：VSS； 发电机：东方、哈电各 2 台
6	彭水水电站	5×350	2007 年 10 月	2008 年 12 月	水电八局	机组由天一阿制造
7	景洪水电站	5×350	2008 年 5 月	2009 年 10 月	水电八局	水轮机：哈电； 发电机：东方
8	光照水电站	4×260	2007 年 10 月	2008 年 12 月	水电七局	水轮机：哈电； 发电机：天一阿

续表

序号	水电站名称	台数×单机容量（MW）	第一台机组发电时间	全部机组投产时间	机组安装单位	机组制造厂家
9	构皮滩水电站	5×600	2009年5月	2010年4月	水电八局	水轮机：哈电；发电机：天—阿3台、东方2台
10	公伯峡水电站	5×300	2004年9月	2006年6月	水电四、十一局联营体	水轮机：哈电；发电机：东方
11	拉西瓦水电站	5×700	2008年12月	2010年4月	水电四局；葛洲坝集团	水轮机：VSS；发电机：哈电
12	长洲水电站※	15×41.42	2007年6月	2009年底	水电四局、水电七局	哈电—东芝：8台；东方：4台；天—阿3台
13	桥巩水电站※	8×57	2008年4月	2009年底	水电七局	天—阿、东方各4台
14	金安桥水电站	4×600	2008年3月	2009年9月	葛洲坝集团	东方
15	瀑布沟水电站	6×550	2009年7月	2010年12月	水电七局4台、葛洲坝集团2台	东方，其中3台水轮机由GE制造
16	乐滩水电站#	4×150	2004年	2006年12月	广西水电局	哈电

注 1. 以上统计为截至2006年底正在安装的单机容量为250MW及以上的混流式机组、150MW及以上的轴流式机组和有代表性的灯泡贯流式机组，共16座水电站99台机组，总安装容量40017.3MW。

2. #代表轴流式机组，※代表灯泡贯流式机组。

3. 哈电——哈尔滨电机厂有限责任公司；东方——东方电机股份有限公司；VSS——上海伏依特西门子公司；天—阿——天津阿尔斯通公司；GE——加拿大通用电气公司；Alstom——法国Alstom公司。

表2　截至2006年底正在安装的主要抽水蓄能水电机组

序号	电站名称	台数×单机容量（MW）	第一台机投产时间	全部机组投产时间	机组安装单位	机组制造厂家
1	泰安抽水蓄能电站	4×250	2006年5月	2007年3月	水电四局	水轮机：伏伊特 发电机：富士电机
2	桐柏抽水蓄能电站	4×300	2006年4月	2006年12月	水电五局、十二局联营体	水轮机：维奥、苏尔寿 发电机：伊林
3	琅琊山抽水蓄能电站	4×150	2007年5月	2008年3月	水电一局	维奥、伊林公司
4	宜兴抽水蓄能电站	4×250	2007年6月	2009年6月	葛洲坝集团	GE—挪威制造
5	张河湾抽水蓄能电站	4×250	2007年12月	2008年10月	水电四局	水轮机：阿尔斯通 发电机：伏伊特/富士
6	宝泉抽水蓄能电站	4×300	2008年	2009年	安能集团	阿尔斯通公司制造
7	西龙池抽水蓄能电站	4×300	2008年8月	2009年12月	水电三局	日立/东芝/三菱联合体
8	惠州抽水蓄能电站	8×300	2008年12月	2011年6月	水电十四局	阿尔斯通公司
9	黑麋峰抽水蓄能电站	4×300	2008年12月底	2009年9月底	水电八局	东方电机及阿尔斯通公司
10	白莲河抽水蓄能电站	4×300	2007年	2009年	葛洲坝集团	阿尔斯通公司

注 1. 以上统计为当前正在安装的抽水蓄能机组，共44台，12000MW。

2. 机电安装尚未招标的工程建设项目不在统计之内。

（三）安装技术和施工能力的进步

通过各时段水电机组设备安装工程的实践，已经掌握了水电站成套机电设备的安装、调试和试运行试验技术，可归纳为：

（1）能组装、焊接直径大于8m的混流式水轮机偏心或对称分瓣的转轮，其工艺技术已达到世界先进水平；已实现包括龙滩、三峡右岸电站在内的现场散件组装焊接直径超过8m的全不锈钢（马氏体）混流式水轮机的转轮，完成组焊、应力消除、加工、静平衡和抗磨层喷涂的全部工艺过程，质量完全符合国际标准。

（2）用先进的焊接工艺和焊接手段成功地组焊了近80台直径超过10m的水轮发电机转子圆盘式支架，其中包括具有斜向支臂非对称焊接收缩结构的圆盘支架，其变形被控制在允许的范围内。

（3）能在现场装配铁心外径大于16m、铁心高度大于3.3m的全空冷水轮发电机定子和铁心外径大于19m的水内冷水轮发电机定子，顺利通过铁心磁化试验和绕组绝缘耐压试验。水轮发电机定子现场装配在中国已成为规范性的机组设备制造原则，其工艺技术已经成熟，装配水平在世界领先。

（4）能安装调整各种型式的高速、重载推力轴承，高速可逆式推力轴承和重载推力导轴承，其中包括由世界上最先进的专利技术设计、制造的轴向负荷为4100t的双支点单弹性梁推力轴承、5000t级单支点多弹性销支承的推力轴承和小弹簧多支点支承的推力轴承，其推力轴瓦运行温度差最佳可调整控制在2.8K以内。

（5）能在施工现场制造各种类型水轮机的埋设部件，其中包括三峡、龙滩、小湾等大型水轮机的蜗壳、尾水肘管、锥管、基础环、机坑里衬等，其制造质量和供货保证率已得到国际上所有水电设备制造商的认可。

（6）在世界上首次安装了400MW定子蒸发冷却的水轮发电机，该发电机于1999年12月投入运行。继巴西伊泰普电站之后，我国安装了容量为840MVA、定子水冷、转子强迫空冷的水轮发电机，其安装和调试在内冷电机的技术领域又有创新。

（7）能制造和安装直径达14.4m的目前世界上最大的压力钢管、水头达600～700m的高压输水钢管、水电站船闸和升船机的超大型金属结构；适应抗拉强度达590～780MPa级高强钢材的各种加工、焊接和安装要求。

（8）能安装容量在360MVA及以上、电压等级达500kV的整体式或三相组合式电力变压器、油浸电抗器、500kV高压电力电缆、气体绝缘金属封闭开关设备（GIS）以及气体绝缘金属封闭输电线路（GIL）。

（9）能安装大型混流式水轮发电机组的单机容量已达700MW，并在三峡左岸电站创造了一年投产6台700MW机组的工程业绩。

（10）能安装目前世界单机容量最大的轴流转桨式水轮机组和单机容量大于40MW的灯泡贯流式水轮发电机组，并多次实现了同一电站一年投产3～4台的业绩。

（11）能安装大容量、高扬程的可逆式抽水蓄能水泵水轮机组、进出水球阀及其机组启动设备，针对蓄能电站上下水库的工程特点，实现和完善了机组的各种启动方式和工况转换，并能安装、调试晶闸管变频启动装置（SFC）。

（12）能实现由计算机监控系统管理和操作的水电站各种自动装置和自动化设备的安装，包括安装、调整和操作世界上一流的电器制造商生产的各种机电一体化控制设备，如微机调速器、励磁系统、智能化在线监测装置等。

（13）如果在建工程规模和电力设备供应能得到保证，全行业具有完成年安装投产大中型水电机组10GW以上的能力；单个工程项目年装机投产强度可达每3～4个月左右投产一台机组，流水作业、均衡生产和保持连续投产的概念和实践已被总结为编制网络计划的原则并形成优秀实用的计算机施工管理软件。

（四）55年带来变革性的重大技术创新（略）

（五）安装技术发展与展望

在“十一五”（2006年～2010年）内，水电机电安装企业所面临的是近65GW的在建水电工程规模和近60GW的机电安装规模，它们大致分成如下几类：

（1）以三峡、龙滩、小湾、拉西瓦、溪洛渡、向家坝等水电项目为代表的700MW及以上级巨型水轮发电机组和相应机电设备的安装。其中包括水内冷发电机、极限容量条件下的全空冷发电机、蒸发冷却发电机和大容量变压器、超高压（800kV）电气设备的安装和试验、大型水轮机稳定性工况试验、发电机全负荷下的温升试验、超大型水轮机埋设部件和金属结构制作、安装等。

（2）以惠州、宝泉、白莲河、浦石河、黑麋峰等抽水蓄能电站为代表的300MW级可逆式蓄能机组及启动设备的安装、调试，以及在不同上水库水位条件下的启动方法和试验。

（3）以公伯峡、水布垭、景洪、彭水、三板溪等为代表的300～400MW常规水轮发电机组及其330kV、500kV高压电气设备的安装。

（4）以长洲、桥巩、炳灵、乌金峡等水利水电工程为代表的一大批30～50MW低水头灯泡贯流式机组的安装。

(5) 以仁宗海、大发、金窝等中国西南地区特殊水电工程为代表的一批高水头（600m以上）大容量（100MW以上）多喷嘴冲击式水轮机组的安装。

(6) 以乐滩、桐子林、草街、龙口等为代表的100MW以上低水头大型轴流转桨式水轮机组的安装。

上述在建工程的划分，基本上构成了当前中国水电机电设备的安装格局，相应的机电安装技术也必将围绕着这些工程的建设和投产而继续展开，它们是：

(1) 超大型水电机组定、转子结构装配中的刚强度及装配应力控制技术、超大型转子磁轭加温热套技术；分半或散件转轮在现场组装、焊接、消应、加工和静平衡验收技术及相关标准。

(2) 大型机组埋件现场制作工艺流程的规范化与制造方式的产业化，埋件制造技术的进一步革新。

(3) 内冷电机绕组的安装与试验（包括检漏、水力和电气试验）技术，水处理系统或冷却介质参数与机组联合启动调试技术。

(4) 长铁心空冷电机的叠片成形工艺和通风空冷系统冷却通道结构件安装、调整技术和工艺措施，磁化试验技术和标准与国际的接轨。

(5) 超大型机组总装配工艺技术研究（连轴工艺，轴线垂直度，同心度，径、轴向间隙，受力，高程等调整工艺）。

(6) 800MVA及以上高电压超大容量变压器的运输、安装和试验，其中包括局部放电试验的要求和试验方法。

(7) 800kV超高压机电设备的安装试验技术和相关试验设备的应用。

(8) 研究从安装调整工艺上保证高转速可逆式抽水蓄能机组运行稳定性的措施。可逆式机组启动试验、调试技术的进一步成熟，工况转换智能化程度和转换成功率的进一步提高，并在安装系统内建设多个熟练掌握该调试技术的作业队伍。

(9) 大型灯泡贯流式发电机冷却系统的改进和安装技术，灯泡机组轴线调整标准的进一步规范、灯泡机组振动标准的确定与振动现场监测技术的研究。

(10) 水电站与电力系统之间长距离线路条件下调试和送出试验的研究与操作技术。

(11) 机组、主变压器及主要机电设备在线监测系统及其标准化，其中包括对机组稳定性监测和故障诊断技术，促使在电站计算机监控系统的安装、调试中将这部分相对独立的系统包括进去，并掌握其工作原理和智能软件。

(12) 机组安装技术标准体系的最终建成和技术标准的国际化输出。

（中国水利水电建设集团公司　付元初）

水电2006国际研讨会

水电2006国际研讨会在昆明召开

由中国水电工程顾问集团公司、中国水利水电科学研究院、中国大坝委员会、中国水力发电工程学会和中国水利学会联合举办的水电2006国际研讨会，于2006年10月23日至25日在云南昆明召开。会议由中国水电顾问集团昆明勘测设计研究院承办。来自20多个国家和地区的近300名代表参加了会议。共收到国内外论文171篇，主要涉及以下几个方面：

(1) 高拱坝设计和施工中的问题；

(2) 大坝安全评估与加固技术；

(3) 大坝与环境（包括鱼道的设置、环境友好的坝工技术、考虑环境的大坝调度等）；

(4) 水库泥沙淤积与下游河道的侵蚀。

水力发电国际研讨会已于1996年、1998年和2004年召开过三届。本次会议的成功举办，进一步加强了各国在水力发电领域的技术交流与合作。

（本年鉴编辑部）

开发利用水能资源　保护地球生态环境

——中国工程院院士、中国大坝委员会主席陆佑楣在水电2006国际研讨会上的讲话（摘要）

伴随着人类的文明和工业化的进程，人口随之增长，为了追求更高的生活质量，人类对资源需求的增长和资源供应有限的矛盾日益凸显，其中能源资源更为突出。同时地球环境恶化，全球气候变暖，灾害性天气频发。这些问题不能不引起当今世界各国的重视，为人类的可持续发展而担忧。

全球的矿物能源——石油和煤炭，是当今世界能源的主要来源。根据资源储量和当前的需求开采消耗量估计，煤炭约可使用 164 年就将枯竭，石油约可开采使用 41 年也将枯竭。这些矿物能源是不可再生的，人类将如何面对未来的可持续发展？这是世界各国都面对的重要课题。

矿物燃料通过燃烧才能获得能量，与此同时，不可避免地要排放二氧化碳（CO_2）以及各类废气，对地球的环境造成极大的影响。其中影响全球环境的排放物是 CO_2，它是形成地球温室效应的有害气体，CO_2 在大气中的浓度增高，积聚了太阳的辐射热，又吸收了地球表面的红外线反射热，就如同地球表面增加了一层“保温被”，地球自身的热量难以散发，就造成了地球表面的温度升高，南北极的冰盖融化缩小，大陆高山雪线冰川退缩，海平面升高，大气环流出现变化，从而导致影响人类的灾害性气候频发。这是人类不得不面对的现实。此外，矿物燃料燃烧过程还会释放其他有害酸性气体，如 SO_2、NO_x 等，造成大气中含酸量过多，有害于农作物和各种植物的生长，也有害于人类的健康。

以燃烧 1t 煤炭为例，会排放 CO_2 2.49t、SO_2 0.075t、NO_x 0.037t、固体粉尘和废渣 0.68t。当然，因煤质的不同，也会有不同的排放量。

全球各国为了本国的生存和发展，常常引起越演越烈的“能源战”，甚至上升为各国关系间的“政治战”、“军事战”。同时各国也在不断地探索新能源和清洁的可再生能源的开发利用。

中国正处在经济高速增长的年代，对能源需求的增长是不言而喻的。然而中国也是能源资源相对贫乏的国家，已查明的能源储量折合标准煤当量为 8320 亿 t，而其中可开采的当量仅为 1392 亿 t，约占全球总量的 10%。在这一总量中相对较为丰富的资源是煤炭，其可开采的储量为 1145 亿 t（原煤），按目前开采的水平，大约可开采 60 余年。

中国的能源结构以煤为主体，是能源储量结构所决定的。其中原煤占 58.8%，原油占 3.4%，天然气占 1.3%，水能资源（是可再生能源按 100 年计算）占 36.5%。当前煤炭的年开采和消耗量已达 20 亿 t 以上。

电力是现代社会使用能源最直接、清洁和便捷的使用方式，它是经过加工后的二次能源。中国的电力装机容量到 2006 年已达 5.3 亿 kW，按人均占有量刚到 0.4kW，尚处在较低的水平，还不能同发达国家相比。而在 5.3 亿 kW 的电力容量中，煤电占了 74%，每年为发电而燃烧的煤炭在 10 亿 t 以上，约占全国煤炭年产量的 50%。

中国是煤炭使用的大国，每年向大气层排放的 CO_2 气体已名列世界各国的第二位（第一位是美国），对全球温室效应的贡献率是可观的。此外，其他酸性废气的排放已造成中国 1/3 的国土遭受酸雨的侵袭。中国面临的环境问题是严重的。

水能资源既是相对清洁的同时又是可再生的优质能源，是将一次能源直接转化为二次能源——电力。它是利用水的势能，利用江河源远流长的流量和落差获得电能，完全是物理过程，在这一过程中既不消耗 1m^3 水，也不污染 1m^3 水，不排放 1m^3 有害气体，也不排放 1kg 固体废物，是清洁的能源。只要地球上的水循环不中止，江河不干涸，水资源就是永恒的，是可再生的能源。

中国具有相对丰富的水能资源。中国有众多河流的地理地形特征，形成了丰富的水能资源。根据最新的复查资料，全国水能资源理论蕴藏量为 6.94 亿 kW，年电量 6.08 万亿 kW·h。其中技术可开发量 5.41 亿 kW，年发电量 2.47 万亿 kW·h；经济可开发量 4.02 亿 kW，年发电量 1.75 万亿 kW·h。中国是世界上水能资源最多的国家，水能是中国可贵的能源资源。

中国水能资源的开发水平还很低，至 2005 年底仅开发 1.1 亿 kW，只占技术经济可开发量的 25%，远未达到世界部分发达国家的开发水平。美国在 1986 年时已开发 43.3%，加拿大在 1997 年时已开发 42.9%，日本在 1986 年时已开发 95.0%，法国在 1986 年时已开发 92.1%，意大利在 1986 年时已开发 93.0%，西班牙在 1997 年时已开发 61.6%。这些数据表明，世界发达国家都注重优先利用水能资源，尤其欧洲国家，这样做既充分利用了水能，又保护了环境。中国有丰富的水能资源，开发利用还有很大的潜力。

依据中国能源的总形势，相应的能源对策是节约能源，提高能源的利用效益。中国政府已作出规定，单位 GDP 的能耗水平在 2006 年要比 2005 年降低 4%。今后还要逐年降低能耗，同时积极开发新能源和可再生能源，这是中国能源的基本国策。在开发利用可再生能源中，最为现实的就是开发利用水能资源。水电是可再生的常规能源，其开发技术和经济评价都是成熟的，在有限资源情况下充分开发利用，既得到了能源又保护了环境。

中国已建的水电站装机容量 1.1 亿 kW 中有约三千多万千瓦属 5 万 kW 以下的小水电站，约有 40000 余座，占水电总容量的 30%。小水电资源丰富，为解决广大农村和偏远山区等大电网难以覆盖的地区用电起到了积极而有效的作用，替代了部分燃煤电源，保护了环境。小水电投资分散，私人、集体以及基层财政形成了投资多元化，技术和装备相对简单，建设周期短，是不可忽视的可再生能源。中国已将小水电列入可再生能源的优惠政策的扶持对象。

中国单站5万kW以上的大中型水电站是中国水电的主力，经过五十多年的开发建设，已建成226座。其中百万千瓦级以上的巨型水电站41座，50万kW以上的大型水电站66座，奠定了中国水电开发的基础。无论从勘探、科研、设计、施工、规范标准、专业人才和经营管理等各方面，都有了成熟的经验，以即将建成的世界上规模最大的长江三峡工程（装机容量1820万kW）为标志，中国的水电开发能力已上升到一个新的高度。

截至2005年底，中国在建的30m以上坝高的水电站173座，在建规模已达9300万kW，其中长江三峡电站已投产980万kW，尚有840万kW将在2009年前建成投产。

广西红水河龙滩水电站总装机容量630万kW，将在2007年投产。

澜沧江小湾水电站装机容量420万kW，将在2009年投产。

黄河拉西瓦水电站装机容量420万kW，将在2010年投产。

雅砻江锦屏一、二级水电站总装机容量800万kW，将在2014～2016年投产。

金沙江溪洛渡水电站装机容量1260万kW，将在2013年投产。

金沙江向家坝水电站装机容量600万kW，将在2012年投产。

除上述已开工建设的电站之外，尚有更多的大型和特大型电站正在开展前期的规划、勘探和设计工作，将按照中国政府规定的决策程序立项建设。预计到2020年，全国的水电装机容量将达到2.5亿kW。

中国水电正处在建设的黄金时期，这是中国经济发展对能源和环境的要求所决定的，但同时也面临一些困难问题，需要有相应的对策。

（1）中国水能资源主要集中在西南地区，离开电力负荷中心2000km，需要采用特高压输电技术（电压等级AC1000kV，DC±800kV），远距离输送电能。这一技术目前已开始工程试验阶段。

（2）为了改善和保护生态环境，水电站的选址必需纳入整条河流的流域规划，水能利用要与水资源综合利用相结合，以最优的选择获得最合理的开发利用。

（3）建立科学的环评标准和体系。水电站需要建坝和引水，改变了河流的状态，改变了环境，也影响了原有的生态。这一改变有不利的一面，也有有利的一面，要进行科学的评估，采取相应的措施规避不利的一面，如鱼类水生物的保护、土地淹没损失的补偿、植被的恢复和重建等。要建立能源评估的科学体系，要准确评价取得同等能量的环境成本，并以此为依据，作出最优的选择。

（4）水电开发建坝挡水形成水库，必然造成水库移民搬迁，必须改变历史上采取的简单赔偿、强制搬迁的方式，过分强调了移民自力更生，遗留了大量社会问题。应根据社会经济的发展，适度提高补偿标准，中国政府已出台了新的补偿标准，并制定了移民得以长期扶持的政策。更为重要的是，要把移民工作与脱贫致富、建立社会主义新农村、发展现代农业、调整城镇的产业结构、实现城镇化等一系列措施相结合，促进中国农村尤其是贫困山区农村改造，把水库移民与生态移民结合起来。随着国家经济的发展，水能资源开发产生的社会财富应得到更为合理的社会分配，移民的前景会更好。移民工作的成败是水电建设成败的关键。

（5）水电站离不开水坝工程，而水坝工程是高风险工程，水坝事故会造成严重的灾害，因此任何一座水坝工程必须是绝对安全可靠。中国水电站绝大部分地处高山峡谷，地质构造复杂，有些属于地震高发区，水头落差集中，很多水电站坝高都达到100m以上，最大坝高达到300m，建设条件极为艰难。面对这一现实，必须进一步提高筑坝能力，提高科学试验研究、勘探技术、设计理论和创新的施工技术水平。要建设高质量、安全可靠的大坝，成熟、先进的坝工技术是水能开发的基础。

（6）中国的河流泥沙含量大，建坝以后泥沙运动规律也随之发生变化，为避免泥沙淤积造成不良的后果，要开展深度和量化的泥沙研究。在水库泥沙淤积方面，中国已有失败的教训和成功的经验，根本的预防措施是加强库区植被的保护，妥善处理河流的泥沙，使河流处于相对稳定的状态。

水能资源的利用，是一项古老而又年轻的技术，在人类利用水能资源的过程中，既得到了清洁可再生的水电能，又保护了地球的生态与环境，应该成为能源利用的首选。中国的水电开发方兴未艾，欢迎世界各国的同行们与我们互相交流合作，为保护我们的地球环境作出贡献。

中国河流水电规划环境影响评价（摘要）

我国历来重视水电开发中的生态环境保护问题。

自 20 世纪 80 年代初，我国在一些已建水利水电工程环境影响回顾评价的基础上，参照国际上的经验做法（如国际大坝委员会的框架性环境影响评价导则），探索性地开展了水电工程环境影响评价。到 80 年代后期，大、中型水电建设项目基本纳入环境管理轨道，建立了比较健全的管理程序和环境影响评价技术标准体系。随着水电开发范围和规模的不断扩大，河流梯级电站建设对生态环境的连续、累积影响不断显现出来，河流水电规划环境影响评价工作提上了议事日程，并逐步成为一种制度要求。

（一）水电规划环境影响评价工作的发展过程

我国水电开发是从河流的水电规划开始的，水电规划作为一门综合性科学，经过几十年的发展，形成了一整套成熟方法，并且已经完成了大部分河流水电规划工作，为我国水电建设取得辉煌成就打下了坚实基础。

我国水电规划环境影响评价工作起步于 20 世纪 80 年代初期，1981 年国家有关部委出台了《加强水电规划工作的几点意见》，共强调了 9 点意见，其中第 7 点要求在规划阶段开展环境和生态平衡影响的调查研究工作，从此水电规划编制工作均开展了环境影响评价工作，规划报告中也有相应的章节内容。随着对水电开发环境影响认识的不断深入，有关环境调查、分析评价工作更加系统和完善。在不断总结工作经验的基础上，依据《环境保护法》和《水法》等有关法律法规的要求，1992 年 11 月，水利部和原能源部联合颁发了《江河流域规划环境影响评价规范》，对评价范围、内容、方法和深度等方面进行了明确规定。1995 年，原电力工业部颁布的《河流水电规划编制规程》对水电规划中的环境影响评价工作做了如下具体要求：

（1）对规划河流应进行环境状况调查，并对环境现状作出分析评价。

（2）应根据国家环境保护法规，结合规划河流的实际情况和技术条件、经济能力，提出环境保护要求。

（3）对拟定的各梯级组合方案应进行环境影响总体评价，从宏观上评价各梯级组合方案对流域环境的影响，分析各方案环境影响的差异，提出对方案的比选意见。

（4）选定的河流梯级开发方案和推荐的近期工程，应对可能造成的环境影响作出简要说明，并提出对不利影响的对策、措施和建议。

2003 年 9 月 1 日起实施的《中华人民共和国环境影响评价法》，把战略性的、规划性的环境影响评价纳入到法律的范畴，充分体现了我国实施可持续发展战略和科学发展观。环境影响评价是水电规划工作的重要内容之一。《中华人民共和国国民经济和社会发展第十一个五年规划纲要》指出：“进一步在保护生态基础上有序开发水电”。生态保护是水电开发一贯的目标和基本要求。更进一步说，国家鼓励积极开发水电的主要目的之一，就是要在解决能源问题的同时保护好生态环境。生态保护、环境友好历来都是工程建设不可忽视的基本前提。“十一五”规划的这种提法客观地反映出，制约我国水电开发的主要矛盾（资金）已经发生了转移，而国家在保护生态的基础上积极开发水电的能源政策丝毫没有改变。国家强调“有序开发”，更进一步体现了“预防为主”、“源头控制”的环境保护政策，由此对水电开发的合理规划布局提出了更高要求。水电开发建设正面临新的机遇和挑战。

按照新的法规和政策要求，我国从 2003 年开始先后开展了澜沧江、大渡河、怒江、雅砻江等大型河流和其他一些中小型河流水电梯级开发环境影响研究和水电规划环境影响评价工作。河流水电开发的环境保护工作得到了进一步的加强，环境影响评价工作又上了一个新的台阶。水电规划环境影响工作的深入对于保护河流生态环境，促进区域经济社会的可持续发展起到了十分重要的作用，同时也有利于我国水电事业的健康有序的发展。

（二）水电规划环境影响评价程序和工作重点

根据《环境影响评价法》，水电规划环境影响评价任务是对水电规划实施后可能造成的环境影响进行分析、预测和评估，提出预防或者减轻不良环境影响的对策和措施，以及跟踪监测的方法与制度。水电规划环境影响评价的基本内容包括：规划分析、环境现状调查分析、环境影响识别、确定环境目标和评价指标、环境影响分析与评价、环境保护对策措施、推荐规划方案、公众参与、监测与跟踪评价计划等，并在此基础上编报河流水电规划环境影响报告书。

（1）规划分析。包括分析拟议的规划目标、指标、规划方案与相关的其他发展规划、环境保护规划的关系。具体分为：规划的描述、规划目标的协调性分析、规划方案的初步筛选、确定规划环境影响评价内容和评价范围等。

（2）环境现状与分析。包括调查、分析环境现状和历史演变，识别敏感的环境问题以及制约拟议规划的主要因素。现状调查应针对规划对象的特点，按照全面性、针对性、可行性和效用性的原则，有重点地进行。调查内容应包括环境、社会和经济三个方面。现状分析与评价主要工作内容：明确当前主要环境问题及其产生原因；生态敏感区（点）分析，如特殊生境及特有物种、自然保护区、湿地、生态退化区、特有人文和自然景观，以及其他自然生态敏感点等；确定受到规划影响的重点环境因子；分析对规划目标和规划方案实施的环境限制因素；“零方案”分析等。

(3) 环境影响识别。识别环境可行的规划方案实施后可能导致的主要环境影响及其性质，编制规划的环境影响识别表，并结合环境目标，选择评价指标（因子）。

(4) 环境影响预测分析与评价。包括预测和评价不同规划方案（包括替代方案）对环境保护目标、环境质量和可持续性的影响。规划的环境影响分析与评价主要内容包括规划对环境保护目标的影响、规划对环境质量的影响、规划的合理性分析；常用的方法有专家咨询法、核查表法、矩阵法、数学模型法、叠图法等。环境影响预测内容包括直接的、间接的环境影响，特别是规划梯级电站的累积性影响预测。

(5) 环境保护对策措施。针对各规划方案（包括替代方案），拟定环境保护对策和措施，确定环境可行的推荐规划方案。拟定监测与跟踪评价计划。

(6) 环境影响报告书编制。规划环境影响报告书包括 9 个方面的内容：总则、拟议规划的概述、环境现状描述、环境影响分析与评价、环境保护对策措施、公众参与、监测与跟踪评价、困难和不确定性、执行总结。

（三）水电规划环境影响评价指标体系

评价指标主要是用来描述和标识环境背景状况、环境变化总体趋势，从宏观上把握规划实施可能产生的环境影响程度，作为确定环境保护目标和优化规划方案的重要依据。由于河流水电梯级的环境影响具有整体性、潜在性和累积性等特点，合理确定评价指标体系是十分必要的。

从我国近年来开展的澜沧江、大渡河、怒江、雅砻江等大型河流和其他一些中小型河流水电梯级开发环境影响研究和水电规划环境影响评价工作中，初步归纳出河流水电规划环境影响研究和评价指标体系（略）。

（四）结语

通过规划环境影响评价，可以使河流水电开发在更高的层面上充分考虑水资源综合利用、地方经济发展、区域生态环境保护等方面，研究规划水电梯级整体开发后可能产生的累积性影响，优化水电开发规模和梯级合理布置，因此，水电规划环境影响评价对科学合理有序地开发水能资源具有十分重要的积极作用。

由于规划的时效性，规划实施过程中累积性环境影响逐渐显现，随着社会经济的发展和对环境保护认识的加深，需要定期开展回顾评价，并对规划的后续实施可能产生的环境影响重新做出预测，以利于优化规划方案和环境保护对策措施。

鉴于河流水电规划环境影响评价工作的复杂性和艰巨性，需要从多个方面完善此项工作，如加强水电规划环境影响评价指标体系和环境影响评价模型的研究工作，使整个评价工作建立在一个各方共识和相对科学的基础之上，同时加强河流水电梯级开发对生态环境影响的环境监测和研究工作。

（中国水电工程顾问集团公司　顾洪宾　喻卫奇　崔　磊）

三峡工程研究生态调度的若干探索

水库具有灵活调控水位、流量的功能，是水生态环境中的关键因素之一。多年来，一方面，大规模的水库建设对国民经济的发展、社会的进步起到了巨大的推动作用，但同时也对生态与环境造成了一定的不利影响，有的不利影响还比较严重，应当尽可能加以消除或减轻；另一方面，水库对相关地区的水生态与环境有相当的改善作用，应当尽可能加以发挥。

三峡工程是治理开发长江的关键工程，具有并已经开始发挥巨大的防洪、发电、航运等效益。在研究传统的水库优化调度的同时，对三峡工程如何实施“生态调度”进行了初步的探索，现介绍如下。

一、三峡工程为改善长江口咸潮入侵情势的调度

（一）长江口河道及咸潮入侵概况

长江口从徐六泾至河口 50 号灯标，全长 181.8km，平面形态呈扇形分汊，江面宽由约 5.7km 扩展为约 90km，在吴淞口处有长江支流黄浦江汇入。在徐六泾以下，长江口河段先被崇明岛分成南、北两支，在吴淞口处南支又被长兴岛和横沙岛分为南北二港，南港又被九段沙分成南北两槽，形成三级分汊、四口（北支、北港、北槽和南槽）入海的格局。

长江口盐水入侵是因潮汐活动所致、长期存在的自然现象。长江口盐水入侵距离因各汊道断面形态、径流分流量和潮汐特性不同而存在较大差异。北支盐水入侵距离比南支远。北支盐水入侵界，枯季一般可达北支上段，洪季一般可达北支中段；南支盐水入侵界，枯季一般可达南北港中段，洪季一般在拦门沙附近。在长江口地区社会经济发展过程中，咸潮入侵问题是一个重大的影响因素。

长江口盐水入侵一般发生在枯季 11 月至次年 4 月。北支近百年来径流量逐年减小，潮流作用相应增强，咸潮入侵加剧，盐度居 4 条入海通道之首，在径流量小和潮差大时，出现盐水倒灌南支现象。因此，

南支河段有两个盐水入侵源，即外海盐水经南北港直接入侵和北支向南支倒灌。北支倒灌是南支上段水域盐水入侵的主要来源。

（二）三峡工程对长江口盐水入侵情势的影响

三峡工程设计调度方式为：汛期 6 月中旬至 9 月底，水库一般维持防洪限制水位 145m 运行，遇大洪水则按照防洪调度方案蓄泄；10 月份水库由 145m 均匀充蓄至 175m，11 月一般维持在正常蓄水位 175m 运行，以后如来水不满足电站发保证出力（499 万 kW）需要，则水库逐步消落。5 月底，水库水位消落到 155m；6 月 10 日，水库水位应降至 145m。

三峡工程的主要任务是防洪、发电和航运。按照这些任务的要求，运用其水库对长江来水进行调节，改变了大坝以下的径流情势。其改变主要在三个时段：一是在 10 月份（少数年份延至 11 月份），由于要从 145m 蓄水至 175m，蓄水量 221.5 亿 m^3，相当于减少了月平均流量 8400m^3/s：二是在 1～3 月，这时长江处于最枯水期，宜昌流量一般为 3000～5000m^3/s，而三峡电站发保证出力一般需要流量 5800m^3/s 左右，故需从水库中放水 1000～2000m^3/s 左右（具体数视当年来水流量确定），也就是说，1～3 月宜昌以下的流量要较天然情况增加 1000～2000m^3/s 左右；三是在 5、6 月份，这时三峡工程放水较多，使长江中下游流量增加。

为了具体分析不同水文年三峡工程水库调节对径流情势的实际影响，选择 1954 年代表丰水年，1970 年代表平水年，1957 年代表枯水年，研究长江下游的控制水文站——大通站径流受影响的情况。

计算表明，丰、平、枯三种典型年，10 月份大通站平均流量与天然情况相比，分别减少 16.2%、18.3%、29.0%，对河口径流有一定的影响，以枯水年影响比例为大；平、丰水年大通站流量减少后仍有 31000～43000m^3/s，影响不大。

枯水期 2 月份与天然情况相比，丰、平、枯三个典型年，大通站下泄流量分别增加 9.3%、7.8%、20.7%。可见枯水期下泄量增加，以枯水年最为显著。

根据以上对径流情势影响的分析结果，长江口地区各部位盐水入侵情况变化如下：①对长江出口与东海接合部位，有三峡后 10 月份盐度增加 0.15%～0.27%，但由于 10 月份盐度本底值较低，故影响不大；2 月份盐度减少 0.05%～0.12%，对高盐度具有一定的冲淡作用；②对吴淞水域，有三峡后枯水期出现氯度大于 250ppm 的时间较建坝前有所减少；③对宝钢水库，有三峡后枯水期氯化物峰值减少 8.3%～51.3%，改善明显；④对南支浏河口水域，有三峡后枯水期盐水入侵情况也有一定缓解。综上所述，三峡工程对改善长江口盐水入侵情势作用是明显的。

（三）增大三峡工程抗御咸潮入侵作用的调度研究

三峡工程水库具有较大的调节库容，能否利用这个十分有利的条件，在满足原定防洪、发电、航运等基本要求的前提下，适当改变调度运行方式，以减少在枯水年 10 月份三峡工程蓄水期对咸潮入侵的不利影响，增大三峡工程在长江的最枯水期抗御咸潮入侵的作用，值得深入研究。

1. 关于三峡工程蓄水期的考虑　三峡工程在汛后要蓄水 221.5 亿 m^3，这是必须的。从前述分析可知，10 月份蓄水时，由于此时长江流量尚比较大，长江口段盐度本底值较低，故流量减少后对咸潮入侵虽有些不利影响，但一般年份均很小，特枯水年要大一些；如能在枯水年适当提前蓄水，使在 10 月所蓄水量减少，则上述影响可有所缓解。事实上，设计中规定 10 月份才能蓄水，主要因素之一是考虑泥沙冲淤的要求。金沙江干流上的溪洛渡、向家坝水电站已经开始建设，约 10 年后即开始发挥巨大的拦沙作用，因此，可以考虑在枯水年的 9 月下半月，长江来沙量不大，在不影响重庆河段走沙的条件下，三峡水库适当充蓄一定水量（例如库水位在 9 月份充蓄到 155m），则可减少 10 月份的蓄水量，对长江口的影响便可明显减轻。至于 9 月下半月蓄水，由于尚处于汛末，更不会对长江口有影响。

2. 增大最枯水时期三峡工程抗御咸潮入侵作用的调度　按设计的调度方式运用，三峡工程在长江最枯水时期可使长江口河段流量增大 1000～2000m^3/s。在此基础上，还可以研究适当改变调度运用方式，进一步增大这方面的作用。初步设想为：由于长江口最枯水一般出现在 2 月份，可以考虑三峡水电站在 1 月底以前，均按天然来水量发电，水库水位不消落。2 月初开始（如考虑水流传播时间，可能要提前 10 天左右）加大发电，将原设计在 1 月底以前放的水与本应在 2 月份放出的水一道集中在 2 月份放出发电，从而可进一步增大三峡工程在长江最枯水期抵御咸潮入侵的作用。这样调度，虽削弱了 12 月、1 月三峡工程对盐水入侵的有利影响，但由于此时一般不是盐水入侵最严重时期，故影响较小，而对于最枯水期的二月份，由于又增大了近 1000m^3/s 下泄流量，对抵御咸潮影响显然是十分有利的，也不会减少发电量。

在实际运行中，还要根据长江枯水期水情预报，把三峡水库蓄存的水量用到最关键的时期，即不一定是在 2 月份加大放水。特别是如果长江出现了特枯水，长江口咸潮入侵形势特别严竣时，必要时国家还可实时调度三峡水库在最需要的时段加大放水发电，以缓解这一关系到长江口地区可持续发展的重大难题。

此外，三峡以上的金沙江干流上即将兴建一系列巨型水电站，仅下段向家坝、溪洛渡、白鹤滩、乌东德4级就具有调节库容近200亿m^3，且都将在2020年左右建成，如果也能按上述设想进行生态调度，则还可使长江下游枯水期流量有较大幅度增加，对改善长江口地区咸潮入侵的作用还可增大。

二、三峡工程适应“四大家鱼”繁殖的调度

青、草、鲢、鳙四种鲤科鱼类，是我国传统的优良养殖对象和主要经济鱼类，习惯上称之为“四大家鱼”，它们的自然产卵繁殖需要适宜的水温和水流条件。最低繁殖水温为18℃，适宜水温为21～24℃，天然情况下，这一水温条件一般在4月下旬至7月中上旬达到。同时，“四大家鱼”产卵需要河道水流涨水的刺激，其产卵场一般位于急流弯道、江面狭窄、江心有沙洲或一岸有矶头伸入江面的江段。据调查，从重庆至九江段具有一定规模的产卵场有30处，其中宜昌以上11处，产卵量约占30%，其他位于长江中游河段。

三峡工程的兴建完全改变了原库区河道的水流条件，从而使重庆至宜昌的原有产卵场基本淹没消失，新的产卵场将上移至库尾以上干支流。出流水温有所降低，但预测表明4月末水库水温已超过19℃，故不会成为影响产卵的限制条件。最重要的是，在“四大家鱼”产卵高峰的5、6月，天然情况下产生的小洪峰过程，可能被水库调平均匀下泄发电，从而不利于坝下游荆江河段“四大家鱼”产卵繁殖。这是三峡工程对长江水产的不利影响，应当尽可能采取措施加以消除或减缓。

通过有关部门研究，认为可以采取一定的水库调度措施放“人造洪峰”，为“四大家鱼”产卵创造合适的水流条件。实际调查表明，只要河道水位在4～5日内上涨2～3m，就能形成产卵的良好水流条件。由于三峡水电站采取尽可能维持高水头发电的运行方式，故在一般年份4月底库水位还是较高的，而防洪要求6月10日库水位要下降到防洪限制水位145m，因而在5月份至6月上旬本就有较大的蓄水量泄放出来，加之这一时段天然来水已较丰，故完全有条件创造“人造洪峰”。具体实施时，可通过电网调度在前一天先将发电出力适当减少，然后逐步加大，例如把流量从15000m^3/s（相应出力约1100万kW）在4～5天之内逐步加大到24000m^3/s（相应出力约1800万kW），就可以使水位上涨约3m，从而可引起大的苗汛。在5～6月份安排泄放2～3次这样的“人造洪峰”，就会对“四大家鱼”繁殖产生良好的促进作用，而通过电网适当安排，有序改变出力过程，其电能也完全能为电网吸纳。因而这种调度既有利于生态，也不会影响发电效益。

三、三峡工程为防止和缓解重大环境事故的调度

近年来，我国出现过不少重大环境事故，其中有一部分是易燃、易爆、剧毒品在运输过程中发生交通事故所造成的。在三峡、葛洲坝枢纽上下航道中，同样有运输这些危险物资的船舶在航行。这些船舶一旦发生搁浅事故，极易造成倾覆、断裂，从而引起危险品外泄，污染大片水域与河岸，后果十分严重。三峡水库具有较大的调节库容，如果在发生搁浅事故后短时加大出力发电，使下游河道水位上升，将有助于搁浅船舶复航，消除重大环境事故隐患。对已经发生的污染水质的事故，必要时也可通过加大出力发电来进行稀释。在坝上游万一有失控船舶进入坝前警戒水域而即将发生撞坝事故时，还可通过临时关闭相关运行机组以方便实施救援。这些调度措施，在围堰发电期已经实施过。如2005年5月，一艘2000t级的船舶满载成品油在枝江附近搁浅，三峡工程管理部门闻讯后立即调整发电计划，加大泄流，解除了险情，从而避免了一次环境事故。

四、结语

以上介绍了三峡工程实施生态调度两个方面的探索。从三峡工程涉及的生态与环境问题考虑，还有不少值得研究的地方，诸如库区支流库汊的富营养化问题、水质问题、中华鲟保护问题等，除了原有的治理措施外，都可以研究能否通过实施某种生态调度来加以改善。由于这些问题均十分复杂，还要在今后加强研究。

实施生态调度，牵涉面很广，例如要实施为改善长江口咸潮入侵情势的生态调度，就需要电力、水利、环保及有关地方的通力合作，必须在事先制定好协调机制，制定可操作性强的实时调度方案，其中，发挥流域机构在实施生态调度中的作用是很有必要的。

（长江勘测规划设计研究院　钮新强　谭培伦）

水库多目标生态调度（摘要）

水库蓄水运行后，对于河流上下游的物理性质的负面影响可以划分为两类：第一类问题是栖息地特征变化，主要指库区淹没、泥沙淤积、水库下游冲刷引起河势变化、河湖联通关系的变化等，由此引起栖息

地特征的变化，进而影响生境质量。第二类问题是水文、水力学因子影响，即流量、流速、水温、水质和水文情势等变化，由于水文、水力学因子变化，引起生态过程的变化。解决第一类问题主要靠河流生态修复工程。解决第二类问题的手段，目前可能选择的办法是改善现行的水库调度方法，在不影响水库的社会经济效益的前提下，尽可能满足水生生物对于水文、水力学因子的需求。另外，采用新的水库调度模式对于减轻水库淤积，改善河湖联通性等也会带来益处。可以说，实施“水库的多目标生态调度”，是对筑坝河流的一种生态补偿。

水库多目标生态调度方法是指在实现防洪、发电、供水、灌溉、航运等社会经济多种目标的前提下，兼顾河流生态系统需求的水库调度方法。

（一）现行水库调度方式的缺陷

水库调度方式是指依据水库担负的社会经济任务而制定的蓄泄规则。现行的水库调度方式主要有两大类，即防洪调度和兴利调度。这种调度发挥水库的社会经济功能，力求经济效益的最大化，但是忽视对于水库下游及库区的生态系统需求。主要表现在以下几方面。

1. 河流生态最小需水量　以发电为主要功能的水库，在进行发电和担负调峰调度运行时，发电效益优先，往往忽视下游河流廊道的生态需求，下泄流量无法满足最低生态需水量的要求。引水式水电站，运行时水流引入隧洞或压力钢管，进水口前池以下河道不下泄水流，造成若干公里的河段脱流、干涸，对于河流的沿河植被、哺乳动物和鱼类造成毁灭性的破坏。

2. 水文情势变化对于生物的影响　河流建设大坝以后，改变了自然水文情势的年内丰枯周期变化规律，影响了生态过程。首先是大量水生生物依据洪水过程相应进行的繁殖、育肥、生长的规律受到破坏，失去了强烈的生命信号。另外，由于一部分营养物质受到大坝的阻隔淤积在库区，加之下泄水流的水文情势变化，可能使大量营养物质无法依靠水流漫溢输移到滩地、湿地和湖泊。

3. 水库水温变化　多数水库都有垂向水温分层现象，但是表现有强弱之分。一般来说，库容大或者多年调节的水库或者库容较大而年来水量相对较小的水库，温度分层现象表现较为明显。水库水体水温分层现象，对于鱼类和其他水生生物都有不同程度的影响。

4. 对河口的生态影响　河流上建坝后，水文情势发生变化，泥沙状况也发生改变，打破了历史上形成的动态平衡状态，从而影响河口的生态系统健康，对于近海鱼类和其他生物生长繁衍也可能产生影响。

5. 库区淤积与富营养化　河流建成水库后，水库内即发生淤积，会引起库区生态与环境问题。水库蓄水，使原来河流的水域面积扩大、边界条件改变。水库河段的水文、水力学条件变化引起一些物质的输入量大于输出量，滞留量超出生态系统自我调节能力，导致污染、富营养化等。这种现象称为“生态阻滞”。

（二）水库多目标生态调度方法

改进现行的水库调度方式，涉及众多方面，需要从立法和技术措施等多方面入手。

1. 建立相应法规体系和协调机制　建议以法律和法规的形式确定以下原则：水库除满足社会经济需求外，还需兼顾生态健康的需求。需要建立权衡经济社会效益与生态效益之间关系的评估方法和指标体系。水库多目标生态调度是一种有效的生态补偿手段。要明确生态补偿的主体，即“谁受益，谁补偿”的原则，确定利用水库获取经济效益的水库业主为生态补偿的主体。

2. 保证水库下游维持河道基本功能的需水量　应综合考虑确定水库下游维持河道基本功能的需水量，包括维持河流冲沙输沙能力的水量；保持河流一定自净能力的水量；防止河流断流和河道萎缩的水量；维持河流水生生物繁衍生存的必要水量。除了河流廊道以外，还要综合考虑与河流连接的湖泊、湿地的基本功能需水量，考虑维持河口生态以及防止咸潮入侵所需的水量。

3. 模拟自然水文情势的水库泄流方式　需要改变现行水库调度中水文过程均一化的倾向，模拟自然水文情势的水库泄流方式，为河流重要生物繁殖、产卵和生长创造适宜的水文学和水力学条件。

4. 水库泥沙调控及水库富营养化控制　为减缓水库淤积，我国已经总结出行之有效的“蓄清排浑”的水库调度运行技术。通过水库采取“蓄清排浑”的调度运行，结合调整运行水位，利用底孔排沙等措施，降低泥沙淤积，延长水库寿命。

为防止水库水体的富营养化，可以通过改变水库的调度运行方式，在一定的时段降低坝前蓄水位，缓和对于库汊、库湾水位顶托的压力，使缓流区的水体流速加大，破坏水体富营养化的条件。

5. 降低温度分层影响　根据水库水温垂直分层结构，结合下游河段水生生物的生物学特性，调整利用大坝的不同高程的泄水孔口的运行规则。针对冷水下泄影响鱼类产卵、繁殖的问题，可采取增加表孔泄水的机会，满足水库下游的生态需求。

6. 恢复增强水系的连通性的调度方法　通过调整闸坝的调度运行方式，恢复、增强水系的连通性，包括干支流的连通性、河流湖泊的连通性等，缓解水利工程建筑物对于干支流的分割以及对于河流湖泊的阻隔作用。

（中国水利水电科学研究院　董哲仁　孙东亚　赵进勇）

我国高坝建设与高坝选型的思考（摘要）

（一）国外已建高坝概况

国外已建200m级以上超高坝情况见表1，多数是土石坝和拱坝；其中一些修建在地震烈度为Ⅷ度乃至Ⅸ度地区，经受了地震考验。20世纪90年代以来，国外高坝建设没有太大的进展，新的200m级以上的超高坝已不多见；新兴的面板堆石坝，已建最高的是墨西哥的阿瓜米尔巴坝，高186m；在建的有马来西亚的巴贡坝，高205m，由中国企业承担设计和施工任务。

表1　国外已建200m以上超高坝统计表

序号	坝名	国家	坝型	坝高(m)	坝长(m)	工程量(万m³)	地震烈度	库容(亿m³)	装机容量(MW)	建成年份
1	罗贡	前苏联	心墙堆石坝	335	660	7550	9	133	3600	不详
2	努列克	前苏联	心墙土石坝	300	704	5800	9	105	2700	1980
3	康巴拉金	前苏联	定向爆破堆石坝	275	560	11220		36	1900	不详
4	博鲁萨	哥斯达黎加	心墙堆石坝	267	700	4300		67		不详
5	奇科森	墨西哥	心墙堆石坝	261	485	1537	9	16.1	2400	1980
6	特里	印度	心墙堆石坝	260	575	2703	8	35.5	2000	不详
7	古肖	印度	心墙堆石坝	253	360			24		不详
8	瓜维奥	哥伦比亚	心墙土石坝	247	390	1776		10.2	1600	1989
9	买加	加拿大	心墙土石坝	242	792	3211	7～8	247	2610	1973
10	帕提阿	哥伦比亚	心墙堆石坝	240	550	2360		110		不详
11	契伏	哥伦比亚	心墙堆石坝	237	280	1030	9	8.2	100	1975
12	奥洛维尔	美国	心墙土石坝	230	2019	6116	7～8	43.6	644	1968
13	科汤威尼	南非	心墙堆石坝	213.3	900					1977
14	凯班	土耳其	心墙堆石坝	207	602	1530	8～9	306	1240	1974
15	卡伦	伊朗	心墙堆石坝	200	380	157		3.05	1000	1975
16	巴贡	马来西亚	面板堆石坝	205						在建
17	英古里	前苏联	双曲拱坝	271.5	605	396	8	11.1	1640	1980
18	瓦依昂	意大利	双曲拱坝	262	190	35	7～8	1.7		1961
19	莫瓦桑	瑞士	双曲拱坝	237/50.5	520	203/211	8	1.75/2.05		1958/1991
20	埃尔卡洪	洪都拉斯	双曲拱坝	234	382	160	7～8	56	60	1985
21	契尔盖	前苏联	双曲拱坝	232.5	333	136	8	27.8	1000	1978
22	康特拉	瑞士	双曲拱坝	220	380	66	6～7	1.05	105	1965
23	姆拉丁其	南斯拉夫	双曲拱坝	220	268	74	9	8.8	360	1976
24	卢佐纳	瑞士	双曲拱坝	208	530	133	7	0.88	418	1963
25	迪兹	伊朗	双曲拱坝	203	212	46	9	33.5	1280	1963
26	锡马潘	墨西哥	双曲拱坝	203	130	21		14.6	29.2	1995
27	阿尔门德拉	西班牙	双曲拱坝	202	567	219	8	26.5	810	1970
28	伯克	土耳其	双曲拱坝	201	270	73		4.27	51.45	不详
29	胡顿	前苏联	双曲拱坝	200.5	545	148	8	3.7	2100	1991
30	卡比尔	伊朗	双曲拱坝	200	380	157		33	2000	1977
31	柯恩布莱因	奥地利	双曲拱坝	200	620	160+46		2.1	881	1977
32	罗斯	美国	拱坝	164.6/201.4	380	69.5/80	8	17.4	400	不详

续表

序号	坝名	国家	坝型	坝高(m)	坝长(m)	工程量(万 m^3)	地震烈度	库容(亿 m^3)	装机容量(MW)	建成年份
33	萨扬舒申斯克	前苏联	重力拱坝	245	1066	908	7	313	6400	1989
34	胡佛	美国	重力拱坝	221	379	336	8～9	348	2451	1936
35	格兰峡	美国	重力拱坝	216	475	375	7～8	333	900	1966
36	大狄克逊	瑞士	重力坝	285	695	600	6～7	4	864	1961
37	巴克拉	伊朗	重力坝	226	518	413	9	96.2	1050	1963
38	德沃歇克	美国	重力坝	219	1006	493	7～8	43	1060	1973
39	托克托古尔	前苏联	重力坝	215	292.5	335	9	195	1200	1978
40	拉克瓦	印度	重力坝	204	454	287		5.8	300	不详
41	马尼克5级	加拿大	连拱坝	214	1314	226		1419	1344	1968

（二）我国高坝建设的现状

近50年，我国水利水电建设取得了举世瞩目的巨大成就，一批高坝工程设计建设，达到了国际先进水平。进入21世纪，水电开发建设速度前所未有，一些200m级甚至300m级超高坝已经开工建设或即将开工建设。中国超高坝的建设正在向300m级高的拱坝、250m级高的面板堆石坝和200m级的碾压混凝土重力坝发展。

1. 高拱坝　我国200m级高拱坝技术已经基本成熟，小湾、溪洛渡、锦屏一级、拉西瓦等超高拱坝，近年来已经相继开工建设（见表2）。

2. 高重力坝　我国200m级高混凝土重力坝统计见表3。在建的龙滩、光照等高坝均为碾压混凝土重力坝。与常态混凝土比较，从混凝土单价和施工强度来看，碾压混凝土坝的竞争力相对较强。经过近20年的发展，我国已基本建立200m级高碾压混凝土重力坝成套技术，处于国际领先水平。

表2　国内高拱坝建设统计表

序号	坝名	建设情况	河流	坝高(m)	坝长(m)	总体积(万 m^3)	库容(亿 m^3)	主要任务	装机容量(MW)
1	二滩	完建	雅砻江	240	774.7	414	58	发电	3300
2	龙羊峡	完建	黄河	178	1226	174.9	276.3	发电	1280
3	乌江渡	完建	乌江	165	395	186.5	21.4	发电	630
4	东风	完建	乌江	162	263	42.5	10.3	发电	510
5	李家峡	完建	黄河	155	414.4	75	16.5	发电	2000
6	锦屏一级	在建	雅砻江	305	568.6	428.4	77.6*	发电	3600
7	小湾	在建	澜沧江	292	892.4	755	150.43	发电	4200
8	溪洛渡	在建	金沙江	278	698.1	558	126.7	发电、防洪	12600
9	拉西瓦	在建	黄河	250	459.6	258	10.79	发电	4200
10	构皮滩	在建	乌江	232.5	552.6	245	64.55	发电	3000

* 正常蓄水位以下库容。

表3　国内高混凝土重力坝建设统计表

序号	坝名	建设情况	河流	坝高(m)	坝长(m)	总体积(万 m^3)	库容(亿 m^3)	主要任务	装机容量(MW)
1	三峡	在建	长江	181	2309.5	2820	393	防洪、发电、航运	18200
2	龙滩	在建	红水河	192.00/216.5*	761.26/849.44*	580.00/720.00*	162.10/272.7*	发电	4200
3	光照	在建	北盘江	200.50	410	271.1	32.45	发电	1040
4	向家坝	在建	金沙江	161	909.3	815	51.63	发电、防洪、航运	6000
5	金安桥	在建	金沙江	160.0	640	480	9.13	发电	2400

* 正常蓄水位为400m时对应的数据。

3. 高心墙堆石坝 我国完建最高的是黄河小浪底壤土斜心墙堆石坝，坝高160m；在建的有糯扎渡黏土碎石心墙堆石坝（261.5m）和瀑布沟砾石土心墙堆石坝（186m），见表4。

4. 高面板堆石坝 混凝土面板堆石坝在我国也已发展了20年。据不完全统计，到2004年底中国已建和在建的混凝土面板堆石坝已超过150座，坝高超过100m的有37座。已建和在建的200m级高混凝土面板堆石坝见表5，其中水布垭坝为世界最高。

天生桥一级面板堆石坝建成于2000年，为我国200m级高面板堆石坝建设积累了丰富的基础资料和实际经验。洪家渡面板堆石坝完建于2005年，已安全运行两年多。由表6可知，2000年后建设的坝，沉降量均较小，不超过坝高的1%，面板裂缝也较少，渗漏量和面板脱空度都不大，运行状况良好。这说明我国200m级高面板堆石坝筑坝技术已成熟，基本形成了一套完整的技术体系，处于国际领先水平。

（三）超高坝设计特点和要求

表7列出了21世纪上半叶将要修建的一批高坝大库工程。这些工程的坝高大都在250～300m，有的超过300m，均为超高坝。

表4 国内高心墙堆石坝建设统计表

序号	坝名	建设情况	河流	坝高（m）	坝长（m）	总体积（万 m^3）	库容（亿 m^3）	主要任务	装机容量（MW）
1	小浪底	完建	黄河	160	1667	5073	126.5	防洪、防凌、减淤	1800
2	糯扎渡	在建	澜沧江	261.5	608.2	3495	237	发电	5850
3	瀑布沟	在建	大渡河	186	573	2400	53.9	发电	3300

表5 国内高面板堆石坝建设统计表

序号	坝名	建设情况	河流	坝高（m）	坝长（m）	总体积（万 m^3）	库容（亿 m^3）	主要任务	装机容量（MW）
1	洪家渡	完建	六冲河	179.5	427.8	920	49.47	发电	600
2	天生桥一级	完建	南盘江	178	1104	1800	102.6	发电、防洪	1200
3	水布垭	在建	清江	233	660	1526	45.8	发电、防洪	1600
4	三板溪	在建	清水江	185.5	423.3	828.3（主堆石）	40.95	发电	1000
5	滩坑	在建	小溪	162	507	980	41.9	灌溉、防洪	600

表6 国内200m级高面板堆石坝河谷形状及运行指标统计表

坝名	坝宽高比	最大沉降（cm）（监测时间）	沉降与坝高比值（%）	面板裂缝数量（条）	趾板裂缝数量（条）	渗漏量（L/s）	面板脱空宽度（mm）
天生桥一级	6.2	346.0（2001年底）	1.94	4537	约400	183/80	150
洪家渡	2.38	132.2（2006年3月）	0.74	33	117	59/20	11.9
水布垭	2.83	187.2（2006年6月）	0.80	255（一期面板）			40（一期面板）
三板溪	2.28	144.96（2005年11月）	0.78	75	73		

表7 计划将要修建的高坝

序号	坝名	设计阶段	坝型	河流	坝高（m）	坝长（m）	库容（亿 m^3）	主要任务	装机容量（MW）
1	白鹤滩	可研	拱坝	金沙江	277	728	192	发电	12000
2	龙盘	预可研	拱坝	金沙江	276	563	389	发电、供水	6000
3	古水	预可研	待选	澜沧江	＞300	≈570	≈40	发电	2200
4	两河口	可研	心墙堆石坝	雅砻江	≈300	≈620	≈102*	发电	2760
5	双江口	可研	心墙堆石坝	大渡河	＞300	≈650	≈30*	发电	2000
6	马吉	规划	待选	怒江	≈300			发电	4200
7	松塔	规划	待选	怒江	≈300			发电	
8	茨哈	规划	待选	黄河	≈250			发电	

* 正常蓄水位以下库容。

1. 超高坝及其设计特点　与高坝相比，超高坝设计具有以下特点：

(1) 对应的总库容、装机容量和综合效益大，建设的风险也大。

(2) 枢纽工程等别高，设计安全级别也高，大坝及其泄水建筑物的防洪标准相应提高，消能设计条件更为复杂。

(3) 如果处于复杂区域构造背景且距离活动断裂较近，则基本烈度高，加上抗震设防的标准提高，抗震设防难度增加。

(4) 坝体所承受的荷载增大，应力水平增高，对坝体体形、构造设计和筑坝材料的性能等要求更高，材料强度安全储备可能降低。

(5) 地基及基础的应力水平高，对地基岩体结构、强度和抗变形能力及基础处理设计有更高要求。

(6) 坝体混凝土量或土石方填筑量大，施工工期长，要全年连续施工，为了控制混凝土温度变化或控制土石方填筑含水量要求，需对施工提出更加严格的限制。

(7) 库大水深，水库放空检查维修困难，地基处理、坝体结构和构造的薄弱部位，必须精心设计和施工，确保质量和长期运行的稳定性。

正因为超高坝的这些特点，加上我国目前坝工设计方面的规范尚不能完全满足超高坝设计的需要，200m 以上高坝有关规范应进行专门研究。

2. 超高坝及其枢纽布置

(1) 超高土石坝及其枢纽布置：①要以取得土石方开挖和填筑的总体平衡为原则；②坝体分区及坝料尤其是心墙料的设计，要更好地协调混凝土面板与堆石体或防渗心墙与坝壳料之间的变形；③通常采用岸边溢洪道为主、泄洪隧洞为辅的泄洪方式，泄洪出口和消能区要尽量远离坝脚并做好坝坡坡脚和岸坡的保护；④要重视施工设备配套、施工场地和施工道路规划等施工组织设计。

(2) 超高拱坝及其枢纽布置：①坝基开挖和地基处理要力求拱坝对称性，改善受力条件；②通常采用坝体表孔、中孔泄洪为主，岸边泄洪洞泄洪为辅，下游设置水垫塘的泄洪消能布置型式；③大多采用地下厂房布置方案。随着高拱坝体形的发展，拱坝枢纽不断推陈出新，在宽河谷、深覆盖层地基、不对称地基以及风化、卸荷较深的坝址，通过专门的地基处理或设置重力墩、拱下拱结构，也可以修建高拱坝。

(3) 超高重力坝及其枢纽布置：①坝身布置泄洪、排沙、放空孔口，结构简单且易解决消能防护问题；②坝踵、坝趾部位的应力水平高，而内部混凝土的应力水平较低，要通过合理的分区和混凝土性能的设计，以材尽其用，降低投资；③体形和地基处理的设计要经济合理；④采用坝式进水口、坝后背管为电站厂房布置提供了选择余地，既可压缩引水前沿宽度，又可缩短引水骨道长度，优化枢纽布置方案。

(四) 对超高坝选型的思考

(1) 重力坝，因混凝土方量大，水泥和粉煤灰等外来材料采购和运输成本高，工期和工程投资往往较大；加上目前国内缺少 250m 级超高重力坝的建设经验，重力坝一般不作为超高坝的首选坝型。

(2) 超高拱坝技术较为成熟，国内一些 300m 级超高拱坝正在建设。但超高拱坝对坝基坝肩岩体结构、强度和抗变形要求很高，找到合适的坝址很困难，或者拱坝基础处理的工作量很大，施工条件差；相对于堆石坝，外来材料采购和运输成本还是较高，对偏远交通不便的地区，工程投资还是较高。狭窄河谷、地形地质条件较理想的坝址，超高拱坝具有一定竞争力。

(3) 土石坝是目前为止建设数量最多、高坝数量最多的坝型，因此具有强大的生命力，据预测，将来要修建 500m、1000m 的超高坝，也会采用土石坝。但超高心墙堆石坝由于体积大、堆石料和黏土料用量多，建筑材料开采对环境植被的破坏范围较大；有的近距离没有合适的心墙料，需进行掺混或筛分；有的心墙料开采要征用大量耕地和安置大批移民；施工导流尤其是后期导流程序、措施复杂，抵御超标洪水的能力较差；土心墙和坝壳料自适应变形的时间效应与施工工期安排有一定的矛盾，这些都是超高坝选型考虑的重点问题。

(4) 面板堆石坝具有很好的安全性、经济性和良好的适应性，在多数坝址，往往是有竞争力的坝型之一。水布垭的成功建设为我国积累了 250m 级超高面板堆石坝设计建设经验和坝工技术。从现有设计、施工技术和水布垭工程经验分析看，建设 300m 级高面板堆石坝是可行的。筑坝材料强度、趾板嵌深和宽度、基础处理技术都不是 300m 级超高面板堆石坝的制约性问题，关键是处理好各时期堆石体的主压缩变形、次压缩变形和流变变形控制问题。300m 级超高面板堆石坝的设计应以变形控制为核心。

(水电水利规划设计总院　周建平　杨泽艳　陈观福)

其他科技交流

国际大坝委员会第74届年会及第22届大会简况

国际大坝委员会第74届年会和第22届大会于2006年6月15～23日在西班牙巴塞罗那召开。除安排了第74届执行会议、第22届大会和各专业委员会会议外，会议组委会还安排了“大坝在21世纪社会中的作用”专题研讨会及会前、会后技术考察等活动。本次会议有62个国家的1300多名代表参加，陪同人员400多名，加上参展等人员，有近2000人，与我国承办的2000年国际大坝会议规模相当。

中国组成了以水利部副部长矫勇为团长、中国水利水电科学研究院副院长贾金生为副团长的58人代表团，代表分别来自水利部及直属单位、中国水电工程顾问集团公司、中国长江三峡工程开发总公司、中国华电集团公司、中国国电集团公司、武汉大学、河海大学等单位。陈厚群院士、王柏乐设计大师等专家参加了此次大会。参加此次大会的政府官员除我国水利部副部长矫勇外，还有西班牙环境部副部长、摩洛哥水利部副部长、布基纳法索基础工程部副部长和韩国水资源公社社长（部级）。这次会议是各国坝工界专家的一次盛会，土石坝专家、国际大坝委员会荣誉主席HÖEG，拱坝专家、国际大坝委员会荣誉主席LONGBARDI等参加了会议的全过程，著名面板坝专家PINTO（巴西）、著名碾压混凝土坝专家IIDA（日本）获得了国际大坝委员会荣誉奖（每年两名，我国陆佑楣、潘家铮先后于2002年和2004年获奖）。

第74届年会安排：官员会议一天，专业委员会会议一天，执行会议一天，专题研讨会议一天。在6月17日召开的第74届执行会议上，通过了若干项议程。这次执行会议上，参与主席竞选的有西班牙LuisBerga（中国大坝委员会推荐）、南非PaulRoberts（韩国大坝委员会推荐）；经过投票选举，西班牙的Luis Berga当选为国际大坝委员会主席，任期为2006～2009年；法国的Tadleu当选为欧洲区副主席，巴西的Naurer当选为第6位（不分区）副主席。目前国际大坝委员会官员为：主席Luis Berga（西班牙），副主席A. Hughes（英国）、Y－N Yoon（韩国）、Arthur Walz（美国）、Adama Nombre（布基纳法索）、Tardieu（法国）和Naurer（巴西）。

执行会议上确定了保加利亚为2008年年会承办国，巴西为2009年年会及大会承办国。

执行会上新成立了节省投资委员会、地下水委员会、章程委员会、投资和咨询特别委员会；大坝与洪水委员会、大坝运行、维护和修复委员会工作延长1年；大坝在流域的开发和管理中的作用委员会工作延长2年。目前国际大坝委员会共设有24个专业委员会，中国参加了19个专业委员会工作。本次年会中，中国12位委员出席了专业委员会会议，其中，中国水利水电科学研究院陈厚群院士参加了大坝抗震专委会会议，中国水利水电科学研究院贾金生参加了大坝混凝土专委会会议，中国水利水电科学研究院郭军参加了大坝水力学专委会会议，南京水利科学研究院郦能惠参加了坝的填筑材料专委会会议，武汉大学水电学院陈胜宏教授参加了大坝设计计算分析专委会会议，中国水利水电科学研究院徐泽平参加了大坝安全专委会会议，南京水利科学研究院大坝中心盛金保参加了小坝专委会会议。专业委员会会议上，中国各位委员均积极发言，介绍中国大坝建设的状况，陈厚群院士应大坝抗震专委会主席邀请，在专委会会议上就公报《大坝地震参数选择导则》（Bulletin 72）的修订作了发言。

6月18日召开了“大坝在21世纪社会中的作用”专题研讨会，应西班牙大坝委员会主席的邀请，中国代表团团长、水利部副部长矫勇在研讨会开幕式上以《大坝与中国可持续发展》为题作了主旨发言，全面阐述了大坝在中国社会经济发展中的作用，中国大坝建设所取得的成就，21世纪中国大坝建设的新理念、技术新进展以及未来面临的主要挑战，发言内容翔实、条理清晰，获得了与会各国代表的热烈欢迎。这也是我国政府自2000年以来，第一次在国际大坝委员会的大会上全面地介绍中国大坝建设的理念、技术进展、成就和未来的挑战。中国大坝委员会向会议提交了40余篇论文，其中有4篇（中国国电集团公司周大兵、中国长江三峡工程开发总公司的曹广晶、小浪底水利枢纽建设管理局唐红海和长江科学院李端有）选定在会上发言。

第22届大坝会议于6月19日至23日召开，会议共有4个专题，即第84专题——减少工程投资和缩短施工时间的技术，第85专题——大坝运行过程中对下游地区的影响管理，第 86 专题——土坝和堆石坝的大坝安全，第 87 专题——洪水、干旱的评估和管理。中国水利水电科学研究院程晓陶担任大会第 87 专题总报告人，中国水利水电科学研究院郭军担任第 84 专题副主席。中国大坝委员会共投稿 12 篇，其中第 84 专题 4 篇，来自中国水利水电科学研究院、中国水利水电十二工程局、华能澜沧江公司和广西大学；第 85 专题 1 篇，来自长江水利委员会委汉江水文水资源勘测局；第 86 专题 6 篇，来自中国水利水电科学研究院、河海大学和南京水利科学研究院；第 87 专题 1 篇，来自中国水利水电科学研究院。其中第 85 专题和第 86 专题各有 1 篇文章安排在大会上发言。

我国代表在本次会议期间，积极参加所安排的各项活动，完成了预定的任务。

（摘自中国大坝委员会网）

水电开发与生态环境保护国际研讨会简况

由中国国家发展和改革委员会能源局和大自然保护协会主办，中国水力发电工程学会和中国水电工程顾问集团公司承办的“水电开发与环境保护国际研讨会”于 2006 年 11 月在北京召开。研讨会为期一天，来自国外的 100 余名专家进行了交流探讨。

与会者认为，中国是一个水能资源较为丰富的国家，在目前能源资源和技术水平下，水能资源在中国能源资源构成中占有十分重要的位置。开发利用水能资源是满足能源需求和保护环境的重要措施。经过多年的发展，中国的水电建设、施工、管理以及设备制造技术都达到了相当高的水平，但如何在水电开发中更好地保护好环境，实现人与自然的和谐发展，是摆在中国广大水电工作者面前的一个新的课题。

研讨会上，一些外国水电专家介绍了各自水电开发中的经验和教训。美国专家《美国东部洛诺克河和萨凡那河》和《科罗拉多河上游的河流系统修复行动：调整弗兰明峡大坝的调度运行》的报告，加拿大、巴西等国的水电专家的发言，都很有借鉴价值。

中国长江三峡开发总公司副总经理曹广晶在《坚持科学发展观，实现开发与环保双赢》的报告中，具体介绍了三峡工程的一些做法。他说，三峡工程早在勘测、设计、论证阶段就已经把环境保护作为一个重要项目进行研究；在勘测、规划、设计和建设阶段采取各种措施，尽可能减少对环境的负面影响；在运行、管理阶段有一个非常详尽的从水库的上游一直到河口的监测计划。

2006 年二滩水电站荣获“环境友好工程”。二滩水电开发有限责任公司总经理陈云华从施工区的环境保护、渣场处理、生物多样性保护、防护林的修造、鱼类资源恢复、库区疾病防治、文物古迹挖掘与保护等方面，对雅砻江流域水电开发与环境管理情况作了介绍。

中国水电工程顾问集团公司总工程师彭程报告了中国水电环境保护技术政策与实践。他说，中国水电在河流开发规划阶段，要对规划的环境影响进行评价；在可行性研究中，针对批复意见开展项目环境影响保护的设计；进入项目的建设和运行期以后，还有水电建设项目的环境监理和监测制度等。

（摘自中国水利网）

中国水电工程顾问集团公司赴瑞士、法国、德国考察高坝抗震技术报告（摘要）

受瑞士贝利能源有限公司、法国电力公司和德国拉玛雅国际工程咨询公司的邀请，以中国水电工程顾问集团公司副总经理董成银为团长的中国水电工程顾问集团公司考察团一行 12 人，于 2006 年 8 月 9～22 日赴瑞士、法国、德国进行了大坝抗震安全技术考察。

在瑞士期间，贝利能源有限公司主管水电业务的 Kurt Bobst 副总裁亲自接见了代表团一行，水电业务部主任 Knut Sierotzki 先生介绍了贝利公司的有关情况，国际大坝抗震委员会主席 Martin Wieland 博士做了多个专题讲座；另外，在 Grand Dixence 工程管理局专家 Franz Schafer 的陪同下，考察团参观了世界上最高的重力坝——Grand Dixence 重力坝。在法国期间，法国电力公司亚太部的方德义专员接待代表团并介绍了法国电力公司的业绩和在中国市场的战略考虑。在德国期间，拉玛雅国际咨询公司主管水电业务的 Roif Wigand 总裁接见代表团并介绍了该公司的业绩，设计处处长 Roland Schmidt 博士介绍了关于塔吉克斯坦罗贡工程复建融资可行性研究报告的主要成果。

访问三家公司期间，董成银介绍了中国水电工程顾问集团公司的主要情况，代表团做了“中国水电开发与高坝建设”的专题报告，并开展了技术交流。三家接待单位均表达了与中国水电工程顾问集团公司进一步加强技术交流，并积极寻求在中国水电开发业务领域合作机会的强烈愿望。

考察的主要体会与收获：

(1) 丰富的水力资源和国内社会经济的高速发展

为开发水电提供了很好的机遇。现在面临的一系列高技术难度，更是其他国家少有的，是国外同行所羡慕的。只要在广泛借鉴各方经验的基础上，逐步完善理论，深入做好研究工作，一定能设计出全世界称颂的优质工程。

（2）关于大坝设计地震动的输入：

目前进行的大坝地震作用下的动力分析中，已考虑了大坝、库水和地基系统的耦合作用，但对地震动的输入方式存在不同认识。常用的一致地震动输入方式，即假定地震沿建基面的输入是均匀的。尽管部分研究者采用了无限边界元等方法模拟地基，并考虑地基辐射阻尼影响，但因计算量巨大，地震输入时，有时仍采用与无质量地基均匀输入相同的假定。有些研究单位提出采用透射边界考虑地基辐射，并同时考虑地震动不均匀输入，但相应于给定地震动的基准面高程问题不能解决，且辐射阻尼考虑得是否合适也缺乏验证。

已有的混凝土坝强震观测资料标明，强震时坝基河谷各点地震动幅值和相位均有较大差异。国际大坝委员会抗震专业委员会主席马丁（Martin）博士引用的资料表明，混凝土坝地震放大作用非常明显，如日本高115m的Satsunai重力坝，实测地基地震动峰值加速度仅51gal，而坝顶达677gal。日本高120m的Takami堆石坝，实测基础地震动峰值加速度为54gal，而坝顶为325gal，土石坝的坝顶地震动幅值放大也较明显。台湾翡翠拱坝坝址的地震实测记录也证实了河谷不同高程的地震动幅值有较大的区别。

我国正在设计、施工的多座300m级高拱坝多处于高地震烈度区，坝址地震动幅值高，这类大体积建筑物的基础面范围大，河谷高程的影响是客观存在的，且这种影响还可能是较大的。我国在进行大坝地震危险性分析时，因缺乏足够的地震动空间分布实测记录，对空间放大效应、地基辐射阻尼效应等认识尚不统一。各方分析成果尚有差异，有时差别较大。Martin博士认为，日本在进行大坝动力分析时，采用无质量地基模型，取得的分析成果似乎更符合实测地震资料。

（3）关于地震反应谱研究：

我国进行高混凝土坝动力分析时，地震动峰值加速度直接采用中国地震局批准的数值，但反应谱并未采用地震部门提供的场地一致概率反应谱。《水工建筑物抗震设计规范》要求对高度大于250m的壅水建筑物的抗震安全性进行专门论证，规定加速度反应谱采用规范的标准谱，采用时程分析法计算地震作用效应时，应至少选择类似场地地震地质条件的2条实测加速度记录和1条以设计反应谱为目标谱的人工生成模拟地震加速度时程，对场地特定反应谱没有作出规定。而场地特定反应谱的确定受诸多因素影响，方法也不统一，国内至今尚未形成一致认识。然而，峰值加速度、反应谱和地震持时是表述地震动的三要素，缺一不可。

Martin博士也认为，仅关心地震峰值加速度是不够的，反应谱也是非常重要的指标。因此，在进行大坝地震危险性分析时，注重峰值加速度是应该的，反应谱的研究也是非常重要的，有时反应谱对大坝动力反应的影响会比峰值加速度更大。

另外，地震持时对土石坝的非线性分析，以及对重力坝的坝肩稳定和拱坝的坝肩稳定分析影响也不容忽视。

（4）值得关注的几个国外工程：

1）伊朗Bakhtyani工程。水库总库容48.5亿m^3，总装机容量1500MW。工程正处于勘测设计阶段。拦河坝为混凝土双曲拱坝，最大坝高315m，但坝顶长度仅为350m，属窄河谷高拱坝。设计地震峰值加速度为0.5g。

2）土耳其Deriner工程。工程已开工，已完成坝基开挖，混凝土双曲拱坝最大坝高247m，地下厂房，装机容量670MW。

（5）根据国际大坝委员会抗震专业委员会主席Martin博士介绍，如果在设计地震作用下，混凝土坝顶部被横缝和水平地震裂缝切割的块不会发生倾倒失稳，考虑到设计地震为罕遇事件，坝顶可考虑不设抗震钢筋。该思路可供国内高坝抗震设计参考。但对于小湾等强震区的高混凝土坝，即使经历设计地震后不垮坝，但如果不采取适当的加固措施，地震造成了坝段块体的较大错动，震后的修复难以进行，因此抗震措施的选择还需考虑到震后修复的便利性。另外，我国高坝抗震设计的经验较少，对于高坝大库工程的抗震设计，应适当留有余地。

（6）根据介绍的震害资料，有的土石坝坝坡出现塌陷，上游面和坝顶出现坝轴线方向裂缝，甚至有的面板坝面板发生挤压拱起变形，破坏止水，造成渗漏。对于以上震害，可研究采用以下措施：

1）根据2001年土耳其Bhuj地震中某土坝的震害情况，需重视上下游表面浅层区填料质量、坝料级配和碾压措施，对于上下游出现表面裂缝或沉陷的区域（但未触及防渗心墙），可采用表面回填加固。

2）为防止混凝土面板堆石坝挤压拱起，应适当增加受压区的垂直缝缝宽，填缝材料应具有一定的变形能力。

（7）当地材料坝静动力响应分析相对滞后，因此，大坝观测设计应全面系统，且观测应详细、连续，测量人员必须专门培训，对观测资料需进行连续、系统统计和分析。对于采用抗震设计的大坝，其抗震安全可以保证，但地震是随机事件，必须结合洪水等意外因素，考虑预测、预报和预警系统以及应急措施。我国需加大大坝预警应急方案方面的研究、投入和宣传教育，建立一套完善的应急预警系统，进一步保证大坝下游的生命财产安全。

(8) 对于当地材料坝，国外有些大型工程未设放空水库或降低库水位的泄水建筑物，只设较大的可超泄的表孔泄洪建筑物，泄水建筑物型式较单一，如马来西亚的巴贡坝。而我国类似工程设的泄水建筑物类型较多，增加了投资，在今后的工作中应总结、分析这方面的必要性。

(9) 对于高面板坝，采用挤压边墙可缩短施工工期，但对于强震区的面板坝，该措施对大坝抗震性能有何影响，以及如何消除不利影响，需认真研究，便于推进高面板坝在强震区的应用。

(10) 对于大坝抗震设计，国外的分级设计值得学习。目前所面临的工程很多都有坝高、地震动参数高的特点，有些是设计规范所不能覆盖的。这么高的大坝，这么高的动参数，一概而论用地震部门提供的动参数一级设防，且设防要求又很高，似乎难度较大，有必要考虑分级设防，分别提出不同设防水平下的大坝抗震性能要求。

(11) 应注重监测设计和反馈分析，为大坝设计提供原型观测依据。瑞士的大坝监测设计很完善，所有的大坝（坝高 15m 以上）每年都要将监测资料整理分析，提出一本整理后的监测资料及反馈分析报告，这不但为本工程的安全提供保证，而且对地震等监测资料的获取也非常重要。现在有这么多动参数很高的高坝，加强这项工作更为重要。

(12) 中国高拱坝大多处在西南地区，高地震、高地应力、高边坡及深厚覆盖层是其普遍特征，各个项目的地质条件、工程规模及重要性各不相同，需要研究对超高坝单独建立相应的大坝—地基抗震安全评价体系，具体对坝体应力、变位，坝肩稳定和高边坡稳定给出有针对性的设计准则。坝体混凝土的动态抗拉强度研究得较少，但对强震区高混凝土坝的抗震安全评价十分重要，需要加强研究。大坝抗震措施的有效性需要经过实际地震作用或模型试验的检验。

（中国水电工程顾问集团公司）

中国水电工程顾问集团公司赴巴西考察水电工程项目投资管理

2006 年 7 月 6～20 日，以中国水电工程顾问集团公司副总经理王民浩为团长的中国水电工程顾问集团公司工程造价考察团一行 8 人应巴西 COPEL 电力公司邀请，赴巴西进行水电工程项目投资管理考察。

考察团受到了 COPEL 电力公司的热情接待。COPEL 公司总裁亲自接见了考察团，COPEL 发电输电通讯公司总裁率领计划和工程管理等部门共 15 人参加了会谈和技术交流，双方就水电项目建设程序、项目投资编制、价格信息采集、投资管理模式、成本控制、电价以及环境保护等方面的内容进行了讨论，并签署了关于水电开发技术服务的战略合作协议，为双方将来在水电开发方面的合作奠定了基础。

此外，考察团还分别与 ITAIPU 水电站运行管理公司和 CEHPAR 设计中心等方面人士进行了座谈，参观了世界著名的 ITAIPU 水电站和 CEHPAR 设计中心的工程实验室，对巴西水电工程项目设计、建设与投资管理有了深入了解。

在全体人员的共同努力下，考察团圆满完成了考察任务，达到了预期目的。

（中国水电工程顾问集团公司）

中加大坝安全管理与风险分析培训项目实施情况

2006 年 10 月 27 日～11 月 13 日，中加大坝安全管理与风险分析培训项目技术管理团顺利完成了在加拿大的培训和考察任务。技术管理团由国家电力监管委员会华中电监局副局长刘政权带队，有国家电监会安监局、区域电监局和电监办、电监会大坝中心、国家电网公司、南方电网公司、国电集团公司、华电集团公司、中电投集团公司等单位的 25 位代表。该团访加成功归来，标志着该项目出国培训考察工作全部圆满结束。

该项目为中国和加拿大两国政府的合作项目，从 2005 年春项目进入实施阶段，中方先后派出高层考察团、管理团和技术管理团赴加考察和培训。该项目主要针对两国之间大坝安全管理与风险分析进行业务培训和技术交流。加拿大该项目的负责单位为加拿大国际开发署，项目执行机构为 CIPM 公司，主要参与单位还有 ACRES 公司、SNC－Lavalin 公司和 BC 省水电局。中国该项目的负责单位为商务部，中方项目执行机构为水利部大坝中心和电监会大坝中心，目前已有来自全国各地的电力监管单位和水电站运行管理单位的 60 名主管大坝安全的领导干部以及工程师参加了该项目培训。培训考察期间，根据各团组的组成特点以及学时安排，加方按 4 个模块组织了 11～34 个讲座，主要内容有：①模块 1——加拿大大坝安全管理结构：加拿大与 BC 省大坝安全实践、加拿大大坝协会大坝安全导则、大坝安全决策过程、BC水电局大坝安全实践和以风险为基础的大坝安全管理、魁北克水电局大坝安全实践。②模块2——加拿大大坝安全实施情况：大坝安全检查、运行维护和监测、应急行动计划。③模块3——大坝安全应用：入库水情测报与防洪调度、新建大坝设计的大坝安全方法。④模块4——大坝安全工程的环境保护：大坝安全程序和大坝退役的环境意识——案例分析。三个团组还实地参观了ClevelandB坝、Cheakamus坝和Lower St. Maurice坝，并在考察期间就中国大坝安全管理与实践情况与加方进行了充分的交流和沟通。

目前，中加大坝安全管理培训项目在中国商务部和加拿大国际开发署的亲自督导下，在国家电力监管委员会和水利部的领导下，在各参加单位的积极参与下，已顺利实施近两年。在项目实施的两年时间中，国内已有120多位工程师在加拿大参加了大坝安全培训，并现场考察了加拿大大坝，加方专家根据项目的实施和推进情况编写了一本大坝安全导则，在中方专家的配合下，导则已进行了数次修订。该项目下一个阶段的工作重点是大坝安全风险分析的案例研究以及技术研讨会。12月4～10日，由加拿大、中国方面组成的专家技术委员会在江苏省沙河水库开展大坝安全风险分析的案例研究，案例分析完成后，中加双方于2006年12月11～13日在南京召开“中加大坝安全与风险管理技术讨论会”，与会代表40余人，探讨了案例分析中加双方的异同，总结了项目实施两年来的工作成果，交流项目培训的体会和感悟，沟通水利和电力两个系统的大坝安全管理及技术发展与研究现状，以促进并提高中国大坝安全与风险管理的水平。

（大坝安全监察中心 许传桂）

二滩水电开发有限责任公司积极参与国际科技合作交流

二滩水电开发有限责任公司（以下简称二滩公司）致力于雅砻江流域水能资源开发，为解决雅砻江流域开发中面临的关键科技问题，积极参与国际科技交流。

2006年3月，瑞士安伯格（Amberg）咨询公司完成了全断面掘进机（TBM）在锦屏二级应用可行性的咨询工作，向二滩公司提交最终咨询报告，认为在锦屏二级长隧洞施工中使用TBM掘进获得成功的机会很大，使用TBM的风险可以接受。

2006年9月，HCItasca集团著名地下水问题专家Lee Atkinson博士、水文地质专家刘后茂博士、灌浆专家Stephen Philips一行到锦屏工程现场，针对锦屏二级地下涌水问题进行了现场考察和技术咨询。

2006年9月，根据二滩公司与挪威顾问集团（AGN）签订的咨询协议，AGN公司的地质专家Arild Palmstrom博士、岩土工程专家黄子平博士等一行到锦屏二级工程现场开展咨询工作，就锦屏二级辅助洞的快速掘进提出了咨询意见。

2006年10月16～18日，在中日韩大坝委员会第三次学术交流会议上，二滩公司总经理助理吴世勇参加了会议，并作了题为“Dam construction and environmental protection of China's Ertan Project”的大会学术报告，全面介绍了二滩水电工程的建设与环境保护的实施情况以及取得的成绩。

2006年10月17～19日，应二滩公司邀请，国际岩石力学学会当选主席（2007～2011年）、英国皇家工程院院士John A. Hudson一行到雅砻江锦屏二级水电工程施工现场进行了交流访问，主要针对长约17km、最大埋深约2600m的锦屏辅助洞施工中遇到的岩爆、高压大流量地下水等工程技术问题与二滩公司及设计、施工、监理单位进行了交流，并就岩爆治理及地下水处理提出了建议。

2006年10月28～30日，在北京召开第一届水力发电技术国际会议，二滩公司派代表参加了会议交流，并有7篇论文被收录入会议出版的论文集。

2006年11月14日，在国家发展和改革委员会能源局与美国大自然保护协会在北京联合组织召开的“水电开发与生态环境保护国际研讨会”上，二滩公司总经理陈云华作了题为“雅砻江水电开发与环境管理”的专题发言，介绍了二滩公司在雅砻江水电开发环境保护工作中所取得的经验，明确了雅砻江流域水电开发中“环保典范”的环境保护工作定位与和谐、可持续的开发理念。

（二滩水电开发有限责任公司 申满斌）

10

技术标准与水电新书

标 准 化 工 作

用科学发展观统领标准化工作全局

——国家质检总局局长李长江在全国标准化工作会议上的讲话

一、标准化工作为国民经济和社会发展作出了积极贡献

标准化是科技、经济和社会发展的基础。在我国经济保持持续快速稳定发展的形势下，标准化近年来发展势头很好，在经济社会结构调整中，在各项改革不断推进过程中，充分发挥了标准化工作对国民经济和社会发展的支撑作用。在各有关部门的大力支持下，在行业协会和标准化工作者的共同推动下，近年来我国标准化工作在六个方面取得积极成果。

一是全面清理国家标准。在国家标准委的统一组织下，经过国务院70多个部门、行业协会和各专业标准化技术委员会历时一年多的艰苦努力，对2万多项国家标准进行了全面清理。经过清理，确定有效的9526项，占44.2%；继续使用急需修订的9536项，占44.2%；废止的国家标准2513项，占11.6%。这是一项浩大的工程，没有同心协力，共同努力是完不成这项工作的。通过废止、修订以及合并，国家标准的数量减少了25%，初步解决了部分标准老化、适应性差的问题及国家标准之间、行业标准与国家标准之间的交叉、重复和矛盾，提高了国家标准的市场适用性。

二是大力推进农业标准化工作。农业标准化工作是促进农业增产、农民增收的重要措施。在各地，特别是农村试点效果很好，国务院领导多次给予高度评价。这说明我国农业不能再靠老办法、老套路耕种。代替的是农业标准化，这是农村生产方式的一次重大变革。农业标准化工作要按照我国农业发展规划，按照国际农产品市场要求，制定科学适用的标准，促进产量提高、质量提高，促进农副产品市场竞争力的增强。到目前，各级农业标准化示范区累计达4644个，包含了粮食、油料、水果、蔬菜、棉麻、畜禽、水产、中药、花卉等多种经济作物。全国示范区涉及700多万农户，示范项目产值平均占当地农民年收入的49%，全国示范区农民平均年增收达1000余元。

三是积极推进采用国际标准和国外先进标准。这项工作这一两年加强了力度，但还不够。现在采标率百分之四十几，虽然低于发达国家，但与过去相比，有明显提高，特别是一些大的企业，积极参与了国际标准的制修订工作。按照“市场引导、企业为主、政府推动、分类指导、国际接轨”的工作方针，把加快采用国际标准作为工作重点，积极筹备召开了全国采用国际标准工作会议，对我国采用国际标准和国外先进标准起到了积极的推动作用，使国际标准化活动更好地为提高我国产品的国际竞争力和促进对外贸易服务。加强了对外标准工作的合作和交流，积极参与ISO/IEC等国际和区域标准化组织的标准制定工作，积极与发展中国家沟通，开展国际合作，保护了国家的利益。

四是加强了标准化研究。标准化工作与标准研究紧密相连，标准委成立以来，开展了中国标准技术发展战略研究和国家技术标准体系建设的研究，这两项研究都通过了验收，得到专家组的一致好评。同时，以应对我国加入WTO及满足我国高新技术发展所急需的重要技术标准为切入点，开展了我国技术标准发展战略和技术标准体系、贸易技术性措施、重点领域重要技术标准、重要技术标准相关基础检测手段、方法和计量基标准研究以及技术标准试点工作。组织开展了农业标准、食品安全标准、机械装备标准、现代物流标准等标准体系课题的研究，开展了节能、节水和节材的标准体系的研究，提出了相应的标准制修订计划，加快了标准制修订速度。

五是加强标准化管理的信息化建设。这两年，国家标准委加大了信息化的开发建设力度，建立并完善了“国家标准制修订工作管理系统——计划申报和阶段管理”系统，实现了国家标准计划立项的网上申报，运用信息手段加强了国家标准制修订的管理。一是提高了效率，二是加强了科学管理，减少了人为因素。加强信息化建设工作，整合现有资源，建立统一权威的国家标准信息网络。组织开发了国家标准网上阅读、网络发行服务，提高了标准化的信息服务水平。

六是增强标准化工作的有效性。这两年遇到的突发事件很多，从2003年的非典，到去年的高致病性

禽流感，还有众多食品突发事件，如去年发生的苏丹红、孔雀石绿和结晶紫、啤酒中甲醛、液体乳标识标注、PVC保鲜膜等，在应对这些突发事件中，积极发挥标准的基础作用，积极开展了相关标准的制修订，紧急出台相应的标准，有效配合了事件的处理，减少了社会影响。

这些进展，不仅使标准化工作在促进经济和社会发展中发挥了重要作用，也使我国的标准化事业进入了新的发展阶段，为长远发展奠定了良好基础。这些成绩的取得，得益于党中央、国务院的正确领导和高度重视，离不开中央国务院有关部门的大力支持，也是标准化系统全体同志艰苦努力的结果。在此，我代表国家质检总局，向中央国务院有关部门的领导同志和全国从事标准化工作的同志表示衷心的感谢！

回顾标准委成立以来的工作，我们感到十分欣慰。面对质检工作和标准委工作日益繁重，面对大事多、急事多、难事多的复杂情况，不断提高认识、应难而上、开拓进取，圆满完成了任务，开创了标准化工作新局面。总结经验，我们深深地体会到，做好标准化工作，一是要坚持牢牢把握大局，从党和国家工作的全局出发，做好标准化工作，这是我们必须长期坚持的原则。二是要坚持管理与服务相结合，在管理中热情服务，在服务中严格管理，这是标准化工作必须时刻牢记的宗旨。三是要坚持深化改革，增强工作的有效性，这是我们必须牢牢把握的主线。四是要坚持加强标准化队伍建设，不断提高标准化队伍的战斗力、凝聚力，这是我们必须抓好的关键。五是要充分发挥各方面的积极性，尤其要发挥好行业管理部门、专业技术机构的积极性，共同做好标准化工作，这是我们抓好工作的重要保障。

二、全国落实科学发展观，扎实做好标准化工作

刚刚结束的第十届全国人民代表大会第四次会议审议批准了国务院提出的《国民经济和社会发展第十一个五年规划纲要（草案）》，规划纲要全面贯彻了党的十六届五中全会精神；提出了“十一五”期间经济社会发展的奋斗目标和主要任务。我们要坚定不移地把思想和行动统一到中央的决策上来，统一到贯彻落实科学发展观上来，用科学发展观统领标准化工作全局，努力提高标准化工作对经济社会发展的有效性，为实现第十一个五年规划提出的目标添砖加瓦，贡献力量。如何抓好今后一个时期的标准化工作，我提六个方面的问题，供大家参考。

第一，要实现标准化工作的跨越式发展。实现标准化工作的跨越式发展，就是要全面实施标准战略，经过今后五年的努力，使我国的标准化工作达到中等发达国家的水平。国家标准委对此征求了许多方面的意见，初步设想是“相关联的国际标准采标率达到80%；标准制修订6000项/年；标准制定周期2年；标龄在5年以内”的目标。这个目标很具体，完成这个任务也很艰巨。但我们必须充分认识到，只有完成这些硬任务，才能进一步完善适应社会主义市场经济要求、符合市场经济规律和国际规则、科学有效的标准化管理体制和运行机制；才能进一步完善与标准化法相配套的法律法规体系；才能形成强制性国家标准、自愿性标准和合格评定程序紧密结合的新型国家标准体系。只有这样，才能使标准成为我国走新型工业化道路、建设节约型社会、提升国家核心竞争力和综合国力的技术保障，成为全面建设小康社会目标坚实的技术基础。只有通过大家的共同努力，才能进一步提高我国在国际标准化舞台上的地位、作用和影响。

第二，要为建设创新型国家提供标准支撑。自主创新是科技发展的灵魂，是一个民族发展的不竭动力，是支撑国家崛起的力量源泉。标准化工作作为国民经济和社会发展的重要技术基础，必须发挥好技术支撑作用。一是加强标准化工作与科研工作特别是国家重大科技项目研究的紧密结合，促进标准制定与科研、产业化和技术更新同步。二是建立自主创新技术标准制定绿色通道，加快标准制修订速度，积极利用标准化手段推进技术创新成果快速形成生产力，尽快实现产业化。三是认真研究技术专利化、专利标准化和标准全球化的发展趋势，加快标准中涉及知识产权的相关问题研究，制定相关政策和措施，积极将我国自主创新的具有自主知识产权的技术制定为国家标准并推动制定为国际标准，以全面提升我国的技术创新能力和国际竞争能力。

第三，要突出贯彻落实科学发展观的重点工作。科学发展观是统领各项工作的基本指导思想，也是标准化工作必须坚持的指导思想。科学发展的实质是坚持以人为本，坚持持续、健康、快速、协调发展。我们要按照这样的要求来认真思考标准化工作，突出抓好节能、节材、节水、节地、新能源与可再生能源、废旧产品综合利用、清洁生产、矿产资源综合利用等8个领域标准项目的落实，认真研究对高耗能、高耗资源的企业采取的措施。标准化工作只有围绕落实科学发展观，在整个国家经济社会发展全局中考虑和安排工作，才会有突破性的进展，才会有位置，才会有作为。

第四，要加大农业标准化工作的力度。农业标准化的实施是农业产业化发展的重要基础。农业标准只有通过有效示范和有效实施，才能发挥促进和规范农业生产、经营和管理的作用。我们一定要带着对农民

群众的深厚感情，加快建立和完善统一、权威的农业标准体系。要突出重点，抓好农产品生产、加工、流通三个环节标准和农兽药残留限量等安全标准、农业生产良好操作规范和检验检疫等标准的实施，实行标准化、规范化的生产模式和严格管理制度。切实抓好农产品质量、安全准入标准的实施，确保农产品质量安全。要加大标准化知识普及力度，提高农民自我发展的能力，用标准化手段健全农产品批发市场管理，做好农业标准化信息服务，积极推进生产、加工、销售一条龙标准化建设，积极培养农产品名牌，促进农产品的增值。

第五，要尽快形成一个结构合理、层次分明、重点突出、科学适用、国际接轨的标准体系。围绕提高我国产品质量，增强产品竞争力，按照“五个统筹”的要求，突出抓好食品安全、消费品安全、公共安全、信息化、资源节约、装备制造、环境保护、服务标准、检测技术标准等九大标准体系的建设。要充分发挥各级标准化研究机构、科研单位、大专院校和标准化专业技术委员会的作用，重视与产品质量安全有关的科学技术的研究和开发，广泛开展产品质量安全标准的前期研究工作，不断提高科技成果的标准转化率。形成以国家标准为主体，行业标准、地方标准相互协调配套，强制性标准与推荐性标准互有侧重，结构科学合理、满足循环经济及产业链发展、满足人与自然和谐发展需要的标准体系。

第六，要改革标准化工作运行机制。近几年来，标准化工作运行机制改革取得了一定成效，但是当前，标准制修订速度跟不上市场变化和产业发展的需要，标准水平低、老化和滞后的问题还没有得到彻底解决，改革步伐缓慢，尤其是标准化工作机制不活、动力不足、缺乏创新的问题普遍存在。因此，标准化工作必须进一步解放思想，开拓创新，彻底打破旧观念、旧方式、旧方法，进一步深化运行机制改革。

一要在提高标准的总体水平上下工夫。要加快标准制修订速度，要遵循重点保障的原则，紧紧围绕落实科学发展观、建设节约型社会、转变增长方式、构建和谐社会和全面建设小康社会的工作重点，彻底改变过去在一定程度上照顾多数、迁就落后的做法，不断提高标准水平。

二要在充分发挥市场机制作用上下工夫。积极面向市场，不断探索市场取向改革的路子，今年要拿出一些标准制修订项目进行公开竞争，用类似招标的方式，积极鼓励企业参与标准的制修订工作，从单一依靠政府力量转到充分调动政府、企业、社会各方面的积极性共同制定标准上来，逐步形成以企业为主、广泛参与、公开透明的开放式工作模式。

三要在提高标准化工作效率上下工夫。要在进一步完善标准制修订网上管理系统、强制性标准网上免费阅览和推荐性标准网上销售系统的基础上，加强对现有信息资源的整合，进一步完善标准化信息平台，提高标准的时效性，为全社会提供及时、准确、高效、权威、便捷的标准信息服务。

四要在拓展标准化工作领域上下工夫。要加大对服务标准化工作的指导和推进力度，加大对实施标准情况的监督检查力度，注重发展标准化中介服务，培育和规范标准化中介服务市场，引导各级、各类标准化组织依法开展标准化咨询服务，扩大信息咨询覆盖面，进一步向全方位、多层次、宽领域的管理和服务上延伸。

各部门和各有关单位要在国家标准委的统一管理下，狠抓落实，切实把国家的有关规划、包括科技规划对标准化工作提出的要求，落实到具体工作中，进一步增强标准化工作的有效性。

三、努力造就一支过硬的标准化队伍

事业发展，关键在人。完成好今年和“十一五”期间标准化工作目标，必须加强队伍建设，努力提高队伍的创造力、凝聚力和战斗力。今后一个时期，标准化工作队伍建设要强化五个意识，着力打造一支政治合格、思想过硬、技术精湛、作风扎实、清正廉洁的优秀队伍。

第一，要强化学习意识。我们已进入一个知识经济时代，知识学科众多且日新月异。标准化工作涉及领域广，政策性、法规性、涉外性、前沿性强，涉及专业多，技术要求高，有大量的法律法规需要熟悉，有许多的专业知识需要弄懂。特别是在经济全球化进程加快、国外技术性保护措施日趋严重的情况下，更需要我们努力学习，深入研究国际经贸动态和有效应对技术贸易壁垒的措施。责任督促我们学习，形势逼迫我们学习，事业呼唤我们学习。我们常说，活到老，学到老。同志们都要自勉自励，自我加压，把学习作为一种政治任务、一种人生修养、一种精神追求，树立时时学习、处处学习、终生学习的理念。只有好学、勤思、深虑、远谋，才能与时俱进，提高层次，做到站得高；才能登高望远，境界开阔，做到看得远；才能辩证思维，审时度势，做到想得深；才能切中要害，把握关键，做到抓得实；才能具备综观大局的眼界、把握大局的能力、服务大局的觉悟，善于从政治上判断形势、处理问题、做出决策，提高加快科学发展、建设和谐社会的本领。

第二，要强化责任意识。标准化工作部门肩负着促进经济和社会发展的重任，我们必须强化责任意识，自觉发扬求真务实的精神，真抓实干，把心思用在“想干事”上，把本领体现在“会干事”上，把目标锁定在“干成事”上，真正做到改革有效思路，发展有新突破，开放有新局面，各项工作有新举措。要说了算，定了干，言必信，行必果；凡是看准的事情，部署的工作，都要以“咬定青山不放松”的韧劲，“不达目标不罢休”的干劲，一项一项地抓，一个环节一个环节地推进，抓住不放，一抓到底。通过脚踏实地的努力，取得实实在在的成绩，把标准化事业推向前进，把《标准化发展纲要（草案）》提出的任务落到实处。

第三，要强化忧患意识。我国正处于并将长期处于社会主义初级阶段，生产力还不发达，城乡区域发展不平衡；粗放型经济增长方式没有根本转变，经济结构不尽合理，自主创新能力不强，经济社会发展与资源环境的矛盾日益突出；解决“三农”问题的任务相当艰巨；收入分配中的矛盾较多，处理好社会利益关系的难度加大。工作在标准化工作战线的每一位同志，都应当增强优患意识，开拓进取，奋发有为，努力提高标准化工作在促进经济社会全面发展工作的有效性。这既是党性修养、政治觉悟、大局意识的表现，也是新形势下自我加压、与时俱进的内在动力。从实施标准化战略的形势来看，我们也会遇到许多新情况、新问题、新困难，这就要求我们必须增强忧患意识，立足本职，振奋精神，激励斗志，奋发有为，不断克服前进道路上的困难，不断夺取新的胜利。

第四，要强化以人为本的意识。标准化工作与人民群众的根本利益密切相关。在标准化工作中，要落实以人为本，就必须坚持把最广大人民群众的根本利益作为开展标准化工作的出发点和落脚点，高度重视和维护人民群众最现实、最关心、最直接的利益。当前，标准化工作要把关乎广大人民群众切身利益的具体问题作为突破口，按照国务院关于进一步加强食品安全工作的要求，加快建立和完善食品安全标准体系，认真做好食品安全、农产品安全、煤矿生产安全等一大批保障人民生命健康安全标准的制定和实放工作，尽最大可能消除各种事故隐患，排除和减少各种突发事件对社会稳定和人民生活的影响；对关系人民群众利益的标准要通过快速制定程序，随时立项，及时审批、及时发布。要加大对重要标准的宣贯与监督，继续探索群众喜闻乐见的宣传方式，让消费者学标准、懂标准、用标准，真正学会运用标准这个武器维护自身的合法权益，真正体现标准化工作以人为本的思想。

第五，要强化团结协作的意识。团结协作，密切配合，是增强凝聚力、提高战斗力的重要前提。标准化工作是一项涉及面广、专业性强、工作难度大、技术要求高的系统工程，光靠国家标准委的力量远远不够，需要各行业部门和协会乃至高等院校、科研单位、大型企业等大力配合协作。国家标准委作为统一管理全国标准化工作的职能部门，必须牵好头，要在如何形成合力，形成核心，形成凝聚力上下工夫。我们的事业不可能一帆风顺，会遇到很多困难。所有这些困难的解决，核心都在团结上。从事标准化工作的各个单位要分工不分家，该唱主角的时候要以我为主，该唱配角的时候不越位，搞好配合。希望大家都要有争上游的意识和精神，做团结的表率，做协调、配合的表率，做到思想同心，目标同向，行动同步，事业同干，精诚团结，共创大业。

强化五个意识是队伍建设的基础和前提，在这个基础上，要切实抓好队伍建设。从标准化工作特点出发，要着重抓好四支队伍。

一是抓好科研队伍建设。各级标准化机构要建立充满生机与活力的人才工作机制，着力营造有利于科研人才健康成长的良好氛围，形成鼓励人才干科研，支持和帮助人才干好科研的工作环境。各级标准化技术机构一定要把好科研人员质量关，制定和实施学术技术骨干的选拔培养方案，把那些愿意干科研且懂业务、素质高的人员配备到标准化科研队伍中，加快标准化学科带头人和技术骨干队伍建设。

二是抓好专家队伍建设。要加快标准化工作专家数据库建设，抓好重点领域和优势领域标准化高级人才队伍的业务培训，在“十一五”期间，培养1000名以上外语好、专业精、能力强的标准化骨干，积极参与国际标准制修订活动，实质性参与国际标准化组织的一些活动。中国必须在国际标准化舞台上占有一席之地，当务之急是人才，希望各部委协会、科研院所、大型企业积极推荐优秀人才参与国际标准化活动。

三是抓好企业标准化队伍建设。要探索建立和实施标准化工程师职业资格制度，改善企业标准化工作人员队伍的素质和结构，把好企业标准的质量关，强化企业的标准化工作。

四是抓好公务员队伍建设。各级标准化管理部门一定要把行业形象放在突出位置上来抓。有了公正、廉洁，在社会上就站得住；失去公正、廉洁，就会垮台。公务员原则上不得担任技术委员会委员、秘书长或主任委员的职务。对已经担任这些职务的行政人员，相关技术委员会要在半年内进行更换。与技术委员会有工作联系，但没有担任技术委员会职务的标准化管理机构工作人员不得参加技术委员会组织的标准审定会等技术会议。在标准制定中，体现公正廉洁。

最后，强调一点，也是一个十分重要的问题，就是要认真抓好行风建设，树立良好行业形象。各级标准化管理部门一定要把树立“科学，公正，廉洁，高效”的行业形象放在突出位置上来抓。要巩固和深化整治乱收费、乱办班、乱发证、乱评比的成果，加大查处违规违纪问题的力度，采取有效措施，坚决纠正和克服乱作为的问题，规范标准化培训工作，确保标准化宣贯培训工作的质量和有效性，促进标准化事业健康发展。

电力标准化 2006 年工作总结

电力工业是关系国民经济命脉的重要行业，对满足国民经济发展和人民群众生活水平的提高有着举足轻重的作用。近年来，随着我国电力工业体制改革的深入，电力标准化工作作为电力行业的重要基础性技术工作，越来越受到重视，广大电力企业围绕电力结构调整、“西电东送”、绿色能源和特高压电网的建设，实施了标准战略，为促进电力安全稳定可持续发展、建立和谐电力奠定了坚实基础，有力地配合了电力的大发展，保证了电力系统安全经济运行。

2006 年，电力标准化工作紧密联系电力企业，以电力建设和生产发展为中心，以资源节约、环境保护、特高压技术、核电等领域为重点，紧紧围绕电力结构调整开展工作，圆满完成了各项工作计划。

1. 抓好电力标准的制修订工作，为促进电力的高速发展提供技术支撑

（1）标准的制修订工作是标准化工作的基础，也是标准化日常工作的出发点和落脚点，标准对行业发展的技术支持作用都要通过标准的制修订工作来体现。

2006 年计划项目共有 202 项，其中产品类国标 25 项，工程建设国标 15 项，行标 161 项。新颁电力标准 193 项，其中行业标准 177 项，国家标准 16 项。截至 2006 年底，电力标准共有 1384 项，其中电力行业标准 1161 项，电力国家标准 223 项。在 2006 年的首届中国标准创新贡献奖颁奖大会上，《电力系统安全稳定控制技术导则》等四项电力标准分别荣获二、三等奖，展示了电力标准的技术实力和科技水平。

（2）根据国家发展和改革委员会的工作安排，组织各专业标委会和标准项目编写单位的专家，在 2005 年标准复审工作的基础上，进一步加强了标准复审工作的力度，对 2000 年以前颁布的电力行业标准开展了全面的复审工作。

2. 抓好标准化技术委员会的组织建设，为促进标准化工作提供保障

（1）标准化技术委员会作为标准化技术机构，对于标准的技术水平的把握有着决定性的作用，同时，一个标准化技术委员会的运作状况也对标准的制修订工作起着十分重要的作用。抓好抓实标准的制修订工作和标准化技术委员会的建设是电力标准化工作的重点和基础。

2006 年按照《电力行业专业标准化技术委员会章程》对电力行业水电规划设计、电容器、水轮发电机、电机、电力变压器、农村电气化标委会等 6 个标准化技术委员会进行了换届调整，新一届的标委会委员更加年轻，更加具有广泛性和代表性，加强分标委会的技术力量。为适应电力传输技术的发展需要，适时成立了电力行业电能质量及柔性输电标准化技术委员会，有力地促进了该领域的技术进步和标准化工作。目前，电力行业专业标委会已达 36 个，全国电力标准化技术委员会 6 个，电力行业中对口 IEC 中国技术归口单位 8 个，涉及电力行业的规划设计、施工、电网运行、环境保护、试验技术等各个专业。标委会委员人数达 1200 多人。

（2）随着我国直流输电建设步伐的加快，为满足西电东送、大容量输电的要求，现正在进行 800kV 直流输电技术研究与设备的开发，并启动了云南—广州、金沙江一期（溪洛渡、向家坝）送华中和华东、锦屏一二级电站送华东等多个项目的建设，已经投运 5 条 500kV 直流输电线路。但是，鉴于现有直流输电标准较少（特高压直流输电标准基本为空白）、管理分散的状态，标准制修订工作远远不能满足电力工程建设的需要，为此，国家标准化管理委员会高新技术部会同中国电力企业联合会标准化中心、国家电网公司特高压办公室、中国电力科学研究院有关人员在京就有关高压直流输电标准事宜进行了研究，重点讨论了成立全国高压直流输电标准化技术委员会的必要性和重要性，并达成了共识。与中国电器工业协会等组织进行协调，就全国高压直流标委会组建形式、职责分工等事宜达成共识，并就下一步工作作了安排。同时，结合电力行业的生产实际，中国电力企业联合会标准化中心根据国家标准化管理委员会征集有关标准科研项目的工作安排及电力工业生产与发展的实际，向国家标准化管理委员会报送了《±800kV 直流输电线路带电作业技术导则的研究》等 18 项标准科研项目计划。

（3）国家加大了对标准化工作的支持力度，更加重视标准化工作。2006 年 3 月，国家标准化管理委员会在京召开全国标准化工作会议，提出要全面实施标准战略，争取到 2010 年使我国的标准化总体水平达到中等发达国家的水平。5 月，国家发展和改革委员会召开行业标准化工作会议，明确要求要落实“规划纲要”，实施标准战略，促进我国工业由大变强。为加强标准化工作的力度，适应新形势下标准化工作的需要，中国电力企业联合会标准化中心向国家标准化管理委员会申请成立全国高压直流输电标委会等

21个全国标委会，向国家发展和改革委员会申请成立电力行业联合循环发电等5个行业标委会。有的标委会已经批准成立，有的正在积极争取和筹备中。

（4）标委会的组织建设是保证标准制修订工作的重要保证，目前电力标准化工作取得的成绩是历届标委会长期努力工作、多年经验积累的结果，为此，中国电力企业联合会标准化中心组织召开了电力标准化技术委员会工作会议，同时对在标准制修订计划完成上表现优秀，在标准化活动中积极工作表现突出和在维护电力行业利益工作中成绩显著的6个先进标准化技术委员会进行了表彰。

3. 立足企业，服务行业，使标准化工作落到实处

（1）企业标准化作为电力标准化工作的延续，其内容主要是指导企业的技术标准、管理标准、工作标准等三大标准体系的建立与实施。为此，中国电力企业联合会标准化中心根据有关国家标准组织编写了《质量、职业健康安全和环境整合管理体系　规范要求及使用指南》，把三大标准体系和三大体系认证结合起来。

（2）根据《电力标准化岗位培训管理办法》的有关要求，2006年中国电力企业联合会标准化中心再次组织召开了电力标准化岗位培训班，就标准化基础知识、企业标准体系的建立、“三标一体”等进行宣贯，受到广大电力企业的欢迎。同时，为更广泛地宣传标准化知识，2006年内中国电力企业联合会标准化中心先后与宁夏电网公司、宁夏电力行协、浙江省电力行协、华中电力调度中心等单位联合组织了企业标准化岗位培训或标准化知识宣讲，从而进一步提高电力企业对标准化工作的认知，提高电力企业的管理水平。据不完全统计，2006年参加电力标准化培训的人员近400人，受到电力企业的欢迎。

（3）为进一步推动电力企业开展标准化体系的建设，在国家电力监管委员会的领导下，中国电力企业联合会标准化中心完成了电力企业标准化良好行为确认的准备工作。已编制完成了有关标准化良好行为评价管理办法、实施细则、评分细则、专家系统管理办法等相关文件，并上报国家电监会。标准化良好行为评价工作的实施必将对电力企业深入开展标准化工作起到积极的推动作用。

（4）为了加强电力标准的宣贯工作管理，提高标准宣贯工作质量，规范宣贯工作秩序，奠定标准实施基础，中国电力企业联合会标准化中心制定并试行了《电力标准宣贯管理办法》，加强了对一些新颁布的、重要的、影响面较广的标准宣贯工作。根据工作安排，2006年就《工程建设标准强制性条文》（电力工程部分）《剩余电流动作保护装置安装和运行》《变电站运行导则》等涉及电力安全、稳定运行的新颁标准进行了宣贯，在宣贯教材、宣贯方式、组织形式等方面进行了认真的准备和尝试，取得了一定的效果，每次宣贯会均有来自电力企业的近百人参加，得到广泛的认可与好评。

（5）中国电力企业联合会标准化中心根据电力企业的要求，做了一系列个性化服务工作，如应中国华电集团公司的要求，对现行有效的水电及新能源、火电、电气及综合四大专业的标准目录按照中国华电集团公司的实际需求进行分析、整理，提供个性化服务，得到了企业的好评。云-广±800kV直流输电工程是我国首条±800kV直流输电项目，涉及的配套设备要求高、新技术多、难点广，为此南方电网公司特成立了专家工作组，其工作任务之一是负责起草相关技术标准。受南方电网公司之邀，中国电力企业联合会标准化中心派出有关专家指导与之配套的15个相关设备标准的起草工作，得到了充分的肯定。

4. 修订工程建设标准强制性条文，加强实施情况监督检查

（1）电力安全事关国家安全和社会的稳定，“十五”期间标准化中心加大了有关电力安全方面的标准制修订力度，确保电力工程建设以及电网运行安全。

2006年，组织并完成了2000年版《工程建设标准强制性条文》（电力工程部分）的修订工作，并经建设部批准发布，于2006年9月1日起正式实施。2006年版的强制性条文，吸收了最近5年的标准发展的成果，反映了电力建设的技术进步，从整体结构上仍依照原《工程建设标准强制性条文》格式，内容上增加了风力发电等新能源方面的强制性要求，对2000版以后发布或修订的新标准进行了补充，使之在整体上更具科学性，操作上更具实践性，内容上更具条理性。新的标准强制性条文的颁布，更有利地促进了电力工程建设的技术进步、保证了工程建设质量和施工安全。

（2）为更好地推动工程建设标准强制性条文在电力工程中的运用，中国电力企业联合会标准化中心协助国家电监会和建设部在电力行业开展了工程建设标准强制性条文的检查工作，并完成了各阶段工作的策划、筹备、组织、服务和联络工作。检查得到各电力企业的高度重视，在各电力企业自查的基础上，国家电监会、建设部和中国电力企业联合会共同召开工程建设标准强制性条文检查工作启动会，会议由国家电监会首席工程师顾竣源主持，国家电监会副主席史玉波、建设部标准定额司副司长杨榕、中国电力企业联合会副理事长孙玉才等到会并作了重要讲话。按照工作安排，检查工作按火电、水电和输变电专业分别组成六个检查工作组，对全国在建的15个电力工程项

目进行强制性标准符合性抽查，并于2006年11月份完成抽查工作，形成了总结报告。

5. 加强制度建设，进一步规范电力标准化工作

现行的《电力标准化管理办法》和《电力行业专业标准化技术委员会章程》是原国家经济贸易委员会发布的。随着电力体制的改革深入，已经远远不能适应当前的形势，国家发展和改革委员会于2005年发布了《行业标准制定管理办法》和《行业标准化技术委员会管理办法》，为更好地贯彻实施这两个管理办法，体现电力标准化工作的特点，中国电力企业联合会标准化中心草拟了《电力行业标准制定管理细则》和《电力行业专业标准化技术委员会管理细则》，并经电力标准化技术委员会工作会议进行讨论，得到各电力标委会的认可。

6. 充分利用现代信息技术，提高标准的服务水平

（1）电力标准化网站是一个面向电力行业，为电力企业提供权威标准化信息的专业网站，通过网站内容的及时更新，客户可查询全部有效电力标准目录及其文本、标准制修订情况、标准化工作情况、企业标准化知识、国际标准的最新动态等信息。运行5年来，网站的影响力不断增强，目前网站用户已发展到1000多个，点击率约20000次/月。2005年在中国电力企业联合会标准化中心的组织下完成了升级改造，并在2006年组建了电力标准化信息协作网。6月份，召开了协作网首次会议和企业标准化工作经验交流会，来自电力行业有关设计、施工以及发电、供电企业、行业协会的代表参加了会议，会上有关企业的代表作了标准化工作经验交流，会议还讨论和审查了协作网章程，并对协作网今后的工作作了展望。

（2）《电力标准化与计量》杂志是由中国电力企业联合会主办的、国内外公开发行的部级综合性专业季刊。在政策法规、标准介绍、专题研究、企业标准化、国内外经验交流、标准化工作动态、标委会工作、标准化知识及标准咨询服务、计量器具等方面为广大读者提供了大量的技术信息，发行量不断提高。为进一步扩大信息服务的范围，该杂志于2006年更名为《电力标准化与技术经济》，除保留原内容外，增加了定额管理等技术经济方面的信息与内容，并经国家新闻出版总署同意，自2007年始由季刊改为双月刊。

7. 立足行业发展，为政府宏观决策提供依据与建议

（1）《标准化法》是我国标准化工作的法律依据，该法自1988年发布实施以来，为我国标准化建设和发展起到积极的促进作用，然而，随着我国市场经济的发展和改革开放的深入，《标准化法》的很多内容已不能适应当前的形势和发展的趋势，该法的修订已列入相应管理部门的工作日程，为使该法的修订更加完善，根据国家有关部门征求对国家标准化管理委员会起草的《标准化法修改草案（送审稿）》修改意见的要求，中国电力企业联合会标准化中心组织行业有关专家，经过认真研究，从行业自律和完善社会主义市场经济管理体制的角度，就《标准化法修改草案（送审稿）》中的有关问题提出了电力行业的修改意见，并报送有关部门。

（2）《标准化"十一五"发展规划纲要》是指导我国"十一五"期间标准化工作的纲领性文件，为使该纲要更具操作性，国家标准化管理委员会向各有关行业征求意见，中国电力企业联合会标准化中心组织学习了"纲要"征求意见稿，结合电力工业的发展，提出了具体的修改意见。并建议国家标准化管理委员会从统一管理全国标准化工作的角度出发，协调好各级标准的规划（工作）重点，使之相互配套，发挥出各级标准的应有作用，共同推动我国标准化事业的发展。

（3）新华社"节电设备使用缺乏规范　危及电网安全"的报道引起相关领导的重视，国家电监会主席柴松岳批示要求调查研究并提出相关政策意见。为此中国电力企业联合会标准化中心在调查研究的基础上致函国家电监会安全监管局，提供了有关电网谐波标准，对现有的电网谐波国家标准、行业标准进行了整理并对其内容进行了简介。

（4）根据电力工业生产与发展的实际，标准化中心与卫生部、环保总局、信息产业部、广电总局以及全国照射人体有关电磁和电磁领域评定方法标准化技术工作组等有关单位和组织进行协调，就涉及人身健康与安全的国家标准《工频电场、磁场电磁暴露限制和测量方法》的联合编制问题进行了研讨，该标准已经启动了相应编写工作。

8. 积极参与国际交流，促进电力标准的国际化

（1）积极参与国际交流与合作是我国标准化工作的基本原则，应韩国大韩电气协会邀请，标准化中心派出有关专家参加"第四届技术标准国际化学术会议"，并作了题为《中国电力行业标准化政策及国际化的对策》的演讲，得到韩方和各国与会代表的高度重视。

（2）特高压交直流输电关键技术研究取得了丰硕成果，试验示范工程已奠基开工，因此有必要建立拥有自主知识产权的特高压交直流标准体系，同时积极推动这一体系在世界范围内使用，为世界特高压交直流输电的技术标准作出贡献。为此，中国电力企业联合会经与有关方面协商后，致函国家标准化管理委员会提出承办IEC特高压交直流输电技术及标准国际

研讨会的申请，并建议该会议于2007年7月在北京召开。

（中国电力企业联合会　许松林）

"十一五"的工作思路及2007年工作重点

"十一五"是构建和谐社会的重要时期，电力工业的发展不断加快，电力标准化工作也迎来了良好的发展机遇。"十一五"期间电力标准化工作的思路是：认真贯彻党的十六大精神，落实科学发展观，本着"政府推动、行业管理、企业为主、适应市场、突出重点、国际接轨"的工作方针，在大力实施可持续发展战略以及实现新型工业化的过程中，充分发挥行业标准化工作的重要基础性作用，促进科技创新，提高经济效益，发展循环经济。探讨新机制，促进电力标准化工作的健康发展；加强标准的实施监督工作，开展强制性标准条文的监督检查活动；加强标准的信息反馈，促进标准化工作的良性循环；加快电力生产建设中急需标准的制修订工作；加强企业标准化工作，开展电力企业标准体系评价活动，发挥企业在标准化工作中的主体作用；加强电力标准化专业人员的培训工作等。

2007年，重点开展的工作如下：

（一）进一步完善电力标准化工作队伍和工作网络

根据电力工业的发展以及电力体制改革的需要，申请成立一批国家和行业标准化技术委员会（简称标委会），明年要组建一批新的标委会，要加强对新成立标委会的指导力度，同时要对现有的电力行业专业标委会进行必要的调整，支持和鼓励标委会积极开展工作，调整一些长期没有正常开展工作的标委会设置，包括委员和挂靠单位的调整。加强对省行业协会标准化部门的业务指导，完善电力企业标准化工作网络，以促进标准的实施和信息反馈工作。

（二）面向电力工程实际，加强电力生产建设急需标准的制修订工作

根据电力工业发展的需要，以及行业标准发展规划中明确的重点技术领域，对于已有一定研究基础并已取得了一定实践检验的技术，及时组织制定相关的技术标准，使标准化工作适当超前，提高其影响力和生命力。依据产业政策，及时组织制修订相关的技术标准，发挥技术标准的壁垒作用，淘汰落后的技术和装备，加快产业结构的调整，提高能源利用效率，保护生态环境，满足可持续发展的需要。

（1）继续做好特高压相关的标准化工作，配合特高压电网建设，完成2006年立项的有关特高压标准的制修订工作，筹备相关标委会的组建；

（2）配合《可再生能源法》颁布实施，制定地热、风电标准和有关标准；

（3）配合核电标准体系的建立和完善，制定核电常规岛部分标准；

（4）按照十六大的要求，贯彻科学发展观，落实有关资源节约与综合利用技术以及自主创新技术等方面标准制修订工作。

（三）加强标准计划项目的管理工作

（1）加强对标准制修订过程的管理，拟对历年标准计划项目的完成情况进行动态管理，与标委会秘书处密切沟通，共同做好计划的跟踪管理工作，对逾期未完的项目要限期完成，已失去时效性的项目撤消其计划，强化行业标准计划项目的严肃性。

（2）建立对各专业标委会的考核机制，通过对标委会工作状况和标准计划完成情况的统计，了解计划项目完成情况，以便今后在计划项目的申请、标委会委员的调整以及秘书处的设置上作适当参考，以达到提高标准化工作质量和效率的目的。

（四）规范行业标准的复审工作

根据国家发展改革委的要求，在总结2000年以前的行业标准复审工作的基础上，建立对标龄5年以上的行业标准复审制度，使复审工作规范化，确保标准的适时有效性、先进性和科学性。

（五）继续加强对企业服务的力度，进一步做好标准的宣贯和培训工作

（1）要集中组织一些强制性标准或量大面广、技术含量高的推荐性技术标准的宣贯工作，为标准的实施打好基础；开展对企业标准化岗位的知识培训，进一步提高企业标准化意识，提高电力企业的管理水平。

（2）开展标准化良好行为评价工作，2006年已经完成相关技术文件的准备和审查工作，2007年要在国家电监会和国家标准化管理委员会的领导下，积极促进和推动标准化良好行为评价工作。

（3）开展三大标准体系的咨询服务工作。技术标准体系、管理标准体系和工作标准体系是企业标准体系的三大支柱，建立健全三大标准体系是企业全面提升企业现代化管理水平、推进标准化管理的基础。2007年，标准化中心将根据国家有关部门的总体部署和电力企业的实际需求，进一步加强三大标准体系咨询服务工作，为电力企业服务。

（六）支持水电企业"走出去"战略，将水电标准翻译成英文

我国的水电建设企业正在实施"走出去"战略，在国际水电建设市场上崭露头角，为配合此项工作，

标准化中心将积极支持有关标委会将我国的水电工程建设标准翻译为英文版的工作，使我国电力技术标准走向世界。

（七）组织好特高压技术标准国际研讨会

2007年7月要召开特高压技术标准国际研讨会，此次会议是IEC和国际大电网会议与我国联合组织的，是适应国际上特高压技术的发展而召开的。我国积极争取到此次国际会议在我国召开，反映了我国特高压技术在国际上的影响力，中国电力企业联合会经多方努力，成为此次会议的承办方，将会联合有关单位，共同努力，办好此次国际会议。

（八）制定《北京市电力设施保护管理暂行办法》

按照北京市发改委要求，以《电力设施保护条例》修改建议稿为基础，结合北京市电力设施遭受外力破坏特点，制定《北京市电力设施保护管理暂行办法》，为今后制定《北京市电力设施保护条例实施细则》做好准备工作。

（九）继续做好电力标准化网站工作和《电力标准化与技术经济》杂志编辑发行工作

电力标准化网站和《电力标准化与技术经济》杂志是宣传电力标准化的窗口，是连接广大电力标准化工作者的桥梁。

（中国电力企业联合会　许松林）

电力行业水电施工、水轮发电机及电气设备标准化技术委员会2006年度标准化工作情况

电力行业水电施工、水轮发电机及电气设备标准化技术委员会秘书处挂靠在中国水利水电建设集团公司。2006年主要开展了以下三个方面的工作。

一、开展了对有关标准的制定和修订工作

由水电施工标准化技术委员会负责，组织制定了《水工沥青混凝土试验规程》《水电水利工程施工导截流模型试验规程》《水电水利工程水流空化模型试验规程》《水电水利工程溃坝洪水模拟技术规程》《水工建筑物岩石基础开挖工程施工技术规范》5项标准；重新修订了《水工碾压式沥青混凝土施工规范》《水电水利工程施工通用安全技术规程》《水电水利工程土建施工安全技术规程》《水电水利工程金属结构与机电设备安装安全技术规程》《水电水利工程施工作业人员安全技术操作规程》5项标准。以上10项标准有5项已发布实施，其余5项标准也通过了审查。

由水轮发电机及电气设备标准化技术委员会负责，组织制定了《水电水利基本建设工程单元工程质量等级评定标准　第11部分　灯泡贯流式水轮发电机组安装工程》《水轮发电机组推力轴承润滑参数测量方法》2项标准，并已发布实施。

二、开展了水电标准项目的计划立项申报工作

2006年，由水电施工标准化技术委员会申报并获批准的水电施工标准项目共13项。其中：由中国水利水电建设集团公司及其子公司承担编制修订的标准项目8项；由长江水利委员会长江科学院承担编制修订3项；长江水利委员会长江科学院与中国水电顾问集团中南勘测设计研究院共同承担编制修订1项；中国长江三峡开发总公司承担编制修订1项。

由水轮发电机及电气设备标准化技术委员会申报并获批准的水电标准项目计划4项。其中：由中国水利水电建设集团公司及其子公司承担编制修订的标准项目2项；由中国葛洲坝机电建设有限公司承担编制修订1项；由东方电机股份有限公司承担编制修订1项。

三、水电行业标准推向国际化的编译工作开始启动

随着国家“走出去”战略的实施和各企业集团海外水电工程建设承包施工业务的飞速发展，我国水电行业技术标准亟须与国际化标准接轨。中国水利水电建设集团公司等单位多次向电力行业水电施工和水轮发电机及电气设备标准化技术委员会提出，将中国水电行业技术标准推向国际化的建议。

2006年，经电力行业标准化主管部门确认，赋予中国水利水电建设集团公司组织电力行业水电施工与水轮发电机及电气设备两个专业行业标准的翻译与审查工作的权力。截至2006年底，已落实DL/T 5144—2001《水工混凝土施工规范》等10部行业标准的翻译工作。

（中国水利水电建设集团公司　康明华　楚跃先）

标准制修订情况及2006年项目计划

2006年电力行业标准项目计划（水电、电气专业）

序号	项目名称	标准类别	制修订	完成年限	技术归口单位	主要起草单位	采用国际国外标准	代替标准
1	电能质量控制导则	方法	制定	2006	中国电力企业联合会供电分会	上海电力公司、南京供电局、大连供电局、深圳供电局等		
2	电力行业职业健康监护技术规范	安全	制定	2007	中国电力企业联合会电力职业安全卫生分会	国家电网公司职业病防治院		
3	电力行业劳动环境监测技术规范	安全	修订	2007	中国电力企业联合会电力职业安全卫生分会	中国电力企业联合会电力职业安全卫生分会		DL/T 799.1～799.7—2002
4	电力设备用户监造技术导则	管理	修订	2007	中国电力企业联合会标准化中心	西安热工研究院有限公司		DL/T 586—1995
5	光纤复合相线	产品	制定	2007	中国电力企业联合会标准化中心	国电通信中心		
6	输电线路行波故障测距装置技术条件	产品	制定	2007	中国电力企业联合会标准化中心	中国电力科学研究院		
7	固定串补和可控串补装置一次设备预防性试验规程	方法	制定	2007	中国电力企业联合会标准化中心	中国电力科学研究院		
8	固定串补和可控串补装置控制保护系统检验规程	方法	制定	2007	中国电力企业联合会标准化中心	中国电力科学研究院		
9	输电线路架线施工用放线滑车	产品	制定	2007	中国电力企业联合会标准化中心	国电电力建设研究所		
10	电力金具产品型号命名方法	方法	修订	2006	全国架空线路标准化技术委员会	国电电力建设研究所、中南电力设计院、南京线路器材厂		DL/T 683—1999

续表

序号	项目名称	标准类别	制修订	完成年限	技术归口单位	主要起草单位	采用国际国外标准	代替标准
11	架空输电线路导地线修补导则	方法	制定	2006	全国架空线路标准化技术委员会	武汉高压研究所、哈尔滨超高压局		
12	架空输电线路外绝缘配置技术导则	方法	制定	2007	全国架空线路标准化技术委员会	华东电网有限公司、武汉高压研究所		
13	接地和短路故障指示器技术条件	产品	制定	2007	全国高电压试验分标准化技术委员会	武汉高压研究所、天津电力科学研究院		
14	高压试验仪器设备选配导则	产品	制定	2007	全国高电压试验分标准化技术委员会	武汉高压研究所		
15	绝缘油耐压测试仪检定方法	方法	制定	2007	全国高电压试验分标准化技术委员会	武汉高压研究所		
16	能量管理系统应用程序接口 第 1 部分：导则和通用需求	方法	制定	2007	全国电力系统控制及其通信标准化技术委员会	国电自动化研究院	IEC61970-1：2005，IDT	
17	能量管理系统应用程序接口 第 2 部分：术语	方法	制定	2007	全国电力系统控制及其通信标准化技术委员会	国电自动化研究院	IEC61970-2：2005，IDT	
18	能量管理系统应用程序接口 第 501 部分：公共信息模型	方法	制定	2007	全国电力系统控制及其通信标准化技术委员会	国电自动化研究院	IEC61970-501：2005，IDT	
19	配电管理的系统接口 第 3 部分：网络操作的接口标准	方法	制定	2007	全国电力系统控制及其通信标准化技术委员会	中国电力科学研究院	IEC61968-3：2004，IDT	
20	电力负荷管理系统数据传输规约	方法	修订	2006	全国电力系统控制及其通信标准化技术委员会	中国电力科学研究院		DL/T 535—1993
21	变电站通信网络和系统 第 7-4 部分：变电站和馈线设备基本通信结构 兼容逻辑节点类和数据类	方法	制定	2006	全国电力系统控制及其通信标准化技术委员会	南京南瑞继保电气有限公司	IEC 61850-7-4：2003，IDT	
22	变电站通信网络和系统 第 7-1 部分：变电站和馈线设备基本通信结构 原理和模型	方法	制定	2006	全国电力系统控制及其通信标准化技术委员会	中国电力科学研究院	IEC 61850-7-1：2003，IDT	

续表

序号	项 目 名 称	标准类别	制修订	完成年限	技术归口单位	主要起草单位	采用国际国外标准	代替标准
23	变电站通信网络和系统　第5部分：功能的通信要求和装置模型	方法	制定	2006	全国电力系统控制及其通信标准化技术委员会	南京南瑞继保电气有限公司	IEC 61850-5：2003，IDT	
24	高压单边带电力线载波机	产品	制定	2007	全国电力系统控制及其通信标准化技术委员会	中国电机工程学会通信专委会、电力工业通信设备质检中心		
25	±800kV特高压直流换流站二次设备抗干扰要求	产品	制定	2007	全国电磁兼容标准化技术委员会	南方电网技术研究中心		
26	±800kV特高压直流线路电磁环境限值	环保	制定	2007	全国电磁兼容标准化技术委员会	南方电网技术研究中心、中国电力科学研究院		
27	带电作业用绝缘服装	产品	制定	2006	全国带电作业标准化技术委员会	武汉高压研究所		
28	同塔多回架空输电线路带电作业技术导则	安全	制定	2007	全国带电作业标准化技术委员会	无锡供电公司、武汉高压研究所		
29	带电作业用绝缘托瓶架通用技术条件	安全	修订	2006	全国带电作业标准化技术委员会	武汉高压研究所、华北电网有限公司		DL/T 699—1999
30	大中型水轮发电机自并励励磁系统及装置运行和检修规程	产品	修订	2007	电力行业水电站自动化标准化技术委员会	国电自动化研究院		DL 491—1999
31	水情自动测报系统技术条件	产品	制定	2007	电力行业水电站自动化标准化技术委员会	国电自动化研究院		
32	抽水蓄能机组自动化控制系统技术条件	产品	制定	2007	电力行业水电站自动化标准化技术委员会	国电自动化研究院		
33	水电厂计算机监控系统运行及维护规程	方法	制定	2006	电力行业水电站自动化标准化技术委员会	长江电力股份有限公司		
34	大中型水轮发电机静止整流励磁调节器的试验与调整导则	方法	制定	2006	电力行业水电站自动化标准化技术委员会	国电自动化研究院		
35	大中型水轮发电机静止整流励磁系统及装置技术条件	方法	修订	2006	电力行业水电站自动化标准化技术委员会	国电自动化研究院		DL/T 583—1995

续表

序号	项目名称	标准类别	制修订	完成年限	技术归口单位	主要起草单位	采用国际国外标准	代替标准
36	大中型水轮发电机静止整流励磁系统及装置试验规程	方法	修订	2006	电力行业水电站自动化标准化技术委员会	国电自动化研究院		DL 489—1992
37	重锤式水轮机进水液动蝶阀试验及验收导则	方法	制定	2006	电力行业水电站水轮机标准化技术委员会	长沙市阀门厂、水电水利规划设计总院		
38	六氟化硫气体回收装置的技术条件	产品	修订	2007	电力行业气体绝缘金属封闭组合电器标准化技术委员会	中国电力科学研究院、广东电力试验研究所		DL/T 662—1999
39	气体绝缘金属封闭开关设备安装和交接验收技术规范	方法	修订	2006	电力行业气体绝缘金属封闭组合电器标准化技术委员会	中国电力科学研究院		DL/T 617—1996
40	串联补偿系统可靠性评价规程	方法	制定	2007	电力行业可靠性管理标准化技术委员会	中国电力企业联合会电力可靠性管理中心、中国南方电网超高压输电公司		
41	污秽条件高压套管的人工淋雨试验方法	方法	制定	2006	电力行业绝缘子标准化技术委员会	中国电力科学研究院		
42	光纤通道传输继电保护信息技术规范	产品	制定	2006	电力行业继电保护标准化技术委员会	江苏省电力调度通信中心		
43	继电保护微机型试验装置技术条件	产品	修订	2007	电力行业继电保护标准化技术委员会	北京博电新力电力系统仪器公司		DL/T 624—1997
44	电力系统继电保护整定计算数据交换格式规范	方法	制定	2006	电力行业继电保护标准化技术委员会	华中电力调度（交易）中心等		
45	高压直流输电系统保护整定规程	方法	制定	2007	电力行业继电保护标准化技术委员会	国家电力调度中心、南方电网调度通信中心		
46	全国电网名称代码	基础	修订	2007	电力行业计算机信息技术标准化技术委员会	国电信息中心		DL 510—1993
47	高压直流输电换流站电气二次设备交接验收试验标准	方法	制定	2007	电力行业高压直流输电技术标准化技术委员会	国网建设有限公司、南方电网超高压公司		

续表

序号	项 目 名 称	标准类别	制修订	完成年限	技术归口单位	主要起草单位	采用国际国外标准	代替标准
48	高压直流输电工程系统试验规程	方法	制定	2007	电力行业高压直流输电技术标准化技术委员会	国网建设有限公司、中国电力科学研究院、北京网联直流工程公司、南方电网技术研究中心		
49	±800kV高压直流输电工程系统试验规程	方法	制定	2007	电力行业高压直流输电技术标准化技术委员会	国网建设有限公司、中国电力科学研究院、北京网联直流工程公司、南方电网技术研究中心		
50	高压直流绝缘子覆冰闪络试验方法	方法	制定	2007	电力行业高压直流输电技术标准化技术委员会	中国南方电网有限责任公司电网技术研究中心、中国电力科学研究院		
51	换流站导体可见电晕与电晕噪声的测试方法	方法	制定	2007	电力行业高压直流输电技术标准化技术委员会	中国电力科学研究院、南方电网技术研究中心		
52	直流无线电干扰测试方法	方法	制定	2007	电力行业高压直流输电技术标准化技术委员会	中国电力科学研究院、南方电网技术研究中心		
53	换流变压器现场局部放电测试技术	方法	制定	2007	电力行业高压直流输电技术标准化技术委员会	中国电力科学研究院等		
54	±800kV及以下直流输电工程电气设备预防性试验规程	方法	制定	2007	电力行业高压直流输电标准化技术标委会	中国电力科学研究院、南方电网有限公司		
55	±800kV特高压直流换流站电磁环境限值	环保	制定	2007	电力行业高压直流输电技术标准化技术委员会	中国电力科学研究院、南方电网技术研究中心		
56	直流换流站与线路合成场强、离子流密度测试方法	方法	制定	2007	电力行业高压直流输电技术标准化技术委员会	武汉高压研究所、中国电力科学研究院		
57	±800kV高压直流设备交接验收试验标准	方法	制定	2007	电力行业高压直流输电技术标准化技术委员会	中国电力科学研究院、南方电网超高压公司		
58	±800kV高压直流输电换流站主设备监造导则	方法	制定	2007	电力行业高压直流输电标准化技术委员会	北京网联直流工程公司、南方电网技术研究中心		

续表

序号	项 目 名 称	标准类别	制修订	完成年限	技术归口单位	主要起草单位	采用国际国外标准	代替标准
59	现场直流和交流耐压试验电压测量系统的使用导则	方法	制定	2006	电力行业高压试验技术标准化技术委员会	武汉大学、湖北省电力试验研究院等		
60	电力设备局部放电现场测量导则	方法	修订	2006	电力行业高压试验技术标准化技术委员会	四川电力试验研究院		DL 417—1991
61	交流高压隔离开关和接地开关试验及验收导则	产品	修订	2007	电力行业高压开关设备标准化技术委员会	中国电力科学研究院	IEC62271-102：2002	DL/ 486—2000
62	交流自动分段器试验及验收导则	产品	修订	2006	电力行业高压开关设备标准化技术委员会	中国电力科学研究院		DL/T 406—1991
63	电力系统通信自动交换网技术规范	产品	修订	2007	电力行业电网运行与控制标准化技术委员会	国家电力调度中心、中国南方电网有限责任公司、国电通信中心、国电自动化研究院		DL/T 598—1996
64	电力系统通信管理规程	管理	修订	2007	电力行业电网运行与控制标准化技术委员会	国家电力调度中心、中国南方电网有限责任公司、国电通信中心、国电自动化研究院		DL/T 544—1994
65	电力系统光纤通信运行管理规程	管理	修订	2007	电力行业电网运行与控制标准化技术委员会	国家电力调度中心、中国南方电网有限公司、国电通信中心、中国电力科学研究院		DL/T 545—1994
66	电力系统稳定计算用励磁系统模型规范	方法	制定	2006	电力行业电网运行与控制标准化技术委员会	国家电力调度中心、中国电力科学研究院		
67	绝缘油体积电阻率测定法	方法	修订	2007	电力行业电厂化学标准化技术委员会	无锡供电局、西安热工研究院有限公司	IEC60296	DL/T 421—1991
68	大型变压器油带电倾向性检测方法	方法	制定	2007	电力行业电厂化学标准化技术委员会	安徽电力科学研究院		
69	绝缘油中含气量测定方法　真空压差法	方法	修订	2007	电力行业电厂化学标准化技术委员会	无锡供电局	ASTM831-1999 ASTM945-2001	DL/T 423—1991
70	变压器油在线色谱监测装置选用导则	方法	制定	2007	电力行业电厂化学标准化技术委员会	西安热工研究院有限公司、北京供电局		

续表

序号	项 目 名 称	标准类别	制修订	完成年限	技术归口单位	主要起草单位	采用国际国外标准	代替标准
71	多功能电能表	产品	修订	2007	电力行业电测量标准化技术委员会	中国电力科学研究院		DL/T 614—1997
72	多功能电能表通信规约	产品	修订	2007	电力行业电测量标准化技术委员会	中国电力科学研究院		DL/T 645—1997
73	集中抄表系统技术规范	产品	修订	2006	电力行业电测量标准化技术委员会	中国电力科学研究院		DL/T 698—1999
74	钢弦式仪器测量仪表	产品	制定	2007	电力行业大坝安全监测标准化技术委员会	国电自动化研究院		
75	大坝安全监测数据自动采集装置	产品	制定	2007	电力行业大坝安全监测标准化技术委员会	国电自动化研究院、南京水利科学研究院		
76	测压管	产品	制定	2007	电力行业大坝安全监测标准化技术委员会	南京水利科学研究院		
77	光电式静力水准仪	产品	制定	2007	电力行业大坝安全监测标准化技术委员会	北京木联能工程科技有限公司		
78	电位器式位移计	产品	制定	2007	电力行业大坝安全监测标准化技术委员会	国电自动化研究院、南京电力自动化设备总厂		
79	中压交联聚乙烯绝缘电力电缆抗水树性能鉴定试验方法和要求	方法	制定	2007	电力电缆标准化技术委员会	武汉高压研究所		
80	电力变压器现场气密性检验导则	方法	制定	2006	电力变压器标准化技术委员会	武汉高压研究所		
81	电力变压器用绝缘油选用指南	方法	制定	2007	电力变压器标准化技术委员会	中国电力科学研究院		
82	变压器油带电度现场测试导则	方法	制定	2006	电力变压器标准化技术委员会	湖北省电力试验研究院		
83	水利水电工程施工组织设计规范	工程建设	修订	2006	电力行业水电规划设计标准化技术委员会	中国水电工程顾问集团公司		SDJ 338—1989
84	水电水利工程环境保护设计规范	工程建设	制定	2006	电力行业水电规划设计标准化技术委员会	中国水电顾问集团成都勘测设计院		
85	电力建设项目水土保持方案技术规范	工程建设	修订	2006	电力行业水电规划设计标准化技术委员会	中国水电工程顾问集团公司		DL/T 5051—1996

续表

序号	项目名称	标准类别	制修订	完成年限	技术归口单位	主要起草单位	采用国际国外标准	代替标准
86	水电水利工程天然建筑材料勘察规程	工程建设	修订	2006	电力行业水电规划设计标准化技术委员会	中国水电工程顾问集团公司		SDJ 17—1978
87	混凝土重力坝设计规范	工程建设	修订	2006	电力行业水电规划设计标准化技术委员会	中国水电顾问集团华东勘测设计院		DL 5108—1999
88	水电水利工程粗粒土试验规程	工程建设	修订	2006	电力行业水电规划设计标准化技术委员会	中国水电顾问集团成都勘测设计院		
89	水电水利工程钻孔土工试验规程	工程建设	修订	2006	电力行业水电规划设计标准化技术委员会	中国水电顾问集团贵阳勘测设计院		
90	水电水利工程岩土化学分析试验规程	工程建设	修订	2006	电力行业水电规划设计标准化技术委员会	中国水电顾问集团成都勘测设计院		SD 01—1979 部分
91	水电水利工程岩石试验规程	工程建设	修订	2006	电力行业水电规划设计标准化技术委员会	中国水电顾问集团成都勘测设计院		DLJ 204—1981
92	水电水利工程岩体应力测试规程	工程建设	修订	2006	电力行业水电规划设计标准化技术委员会	中国水电顾问集团成都勘测设计院		DL 5006—1992
93	水电水利工程岩体观测规程	工程建设	修订	2006	电力行业水电规划设计标准化技术委员会	中国水电顾问集团成都勘测设计院		DL 5006—1992
94	混凝土面板堆石坝设计规范	工程建设	修订	2007	电力行业水电规划设计标准化技术委员会	中国水电顾问集团昆明勘测设计院		DL/T 5016—1999
95	水轮发电机定子现场装配工艺规程	工程建设	修订	2006	电力行业水电站水轮发电机标准化技术委员会	中国水利水电第八工程局		SD 287—1988
96	灯泡贯流式水轮发电机组安装工艺规程	工程建设	修订	2006	电力行业水电站水轮发电机标准化技术委员会	中国水利水电闽江工程局		DL/T 5038—1994
97	水电水利工程固定式启闭机设计规范	工程建设	修订	2007	电力行业水电站金属结构及启闭机标准化技术委员会	电力行业水电站金属结构及启闭机标准化技术委员会		DL/T 5167—2002
98	水电水利工程移动式启闭机设计规范	工程建设	修订	2007	电力行业水电站金属结构及启闭机标准化技术委员会	电力行业水电站金属结构及启闭机标准化技术委员会		DL/T 5167—2002
99	压力钢管制造安装及验收规范	工程建设	修订	2006	电力行业水电站金属结构及启闭机标准化技术委员会	电力行业水电站金属结构及启闭机标准化技术委员会		DL 5017—1993

续表

序号	项 目 名 称	标准类别	制修订	完成年限	技术归口单位	主要起草单位	采用国际国外标准	代替标准
100	水电水利工程钢闸门设计规范	工程建设	修订	2006	电力行业水电站金属结构及启闭机标准化技术委员会	电力行业水电站金属结构及启闭机标准化技术委员会		DL 5039—1995
101	水工金属结构防腐蚀规范	工程建设	制定	2006	电力行业水电站金属结构及启闭机标准化技术委员会	电力行业水电站金属结构及启闭机标准化技术委员会		
102	水工混凝土掺用粉煤灰技术规范	工程建设	修订	2007	电力行业水电施工标准化技术委员会	长江水利委员会长江科学院、中国长江三峡工程开发总公司		DL/T 5055—1996
103	水工建筑物岩石基础开挖工程施工技术规范	工程建设	制定	2006	电力行业水电施工标准化技术委员会	长江水利委员会长江科学院		
104	水工混凝土掺用磷渣粉技术规范	工程建设	制定	2007	电力行业水电施工标准化技术委员会	长江水利委员会长江科学院、中国华电集团公司		
105	灌浆自动记录仪技术导则	工程建设	制定	2007	电力行业水电施工标准化技术委员会	中国水电基础局有限公司		
106	面板堆石坝挤压边墙混凝土试验规程	工程建设	制定	2007	电力行业水电施工标准化技术委员会	中国葛洲坝集团有限公司		
107	水泥土搅拌法地基处理技术规范	工程建设	制定	2007	电力行业水电施工标准化技术委员会	北京振冲公司、长江水利委员会建管局		
108	水电水利工程常规水工模型试验规程	工程建设	制定	2007	电力行业水电施工标准化技术委员会	武汉大学水电学院		
109	水电水利工程滑坡涌浪模型试验规程	工程建设	制定	2007	电力行业水电施工标准化技术委员会	武汉大学水电学院		
110	水工混凝土建筑物缺陷检测和评估技术规程	工程建设	制定	2007	电力行业水电施工标准化技术委员会	中国水利水电科学研究院		
111	土石坝碾压式沥青混凝土防渗墙施工技术规范	工程建设	修订	2006	电力行业水电施工标准化技术委员会	中国葛洲坝集团有限公司		SD 220—1987
112	水电水利工程施工通用安全技术规程	工程建设	制定	2006	电力行业水电施工标准化技术委员会	中国水利水电建设集团公司、三峡大学		
113	水电水利土建工程施工安全技术规程	工程建设	制定	2006	电力行业水电施工标准化技术委员会	中国水利水电建设集团公司、三峡大学		
114	水电水利工程施工作业人员安全技术操作规程	工程建设	制定	2006	电力行业水电施工标准化技术委员会	三峡大学、中国水利水电建设集团公司		

续表

序号	项目名称	标准类别	制修订	完成年限	技术归口单位	主要起草单位	采用国际国外标准	代替标准
115	水电水利工程锚杆施工无损检测技术规程	工程建设	制定	2007	电力行业水电施工标准化技术委员会	长江水利委员会长江科学院		
116	±800kV及以下直流架空输电线路工程施工及验收规范	工程建设	制定	2007	电力行业高压直流输电技术标准化技术委员会	国网建设有限公司		
117	±800kV及以下直流架空输电线路工程施工质量检验及评定规程	工程建设	制定	2007	电力行业高压直流输电技术标准化技术委员会	国网建设有限公司		
118	±800kV及以下直流输电接地极施工及验收规程	工程建设	制定	2007	电力行业高压直流输电技术标准化技术委员会	国网建设有限公司		
119	±800kV及以下直流换流站电气装置安装工程施工及验收规范	工程建设	制定	2007	电力行业高压直流输电技术标准化技术委员会	国网建设有限公司		
120	±800kV及以下直流换流站电气装置施工质量检验及评定规程	工程建设	制定	2007	电力行业高压直流输电技术标准化技术委员会	国网建设有限公司		
121	±800kV及以下直流输电工程项目启动至竣工验收导则	工程建设	制定	2007	电力行业高压直流输电技术标准化技术委员会	国网建设有限公司、南方电网超高压公司		
122	±800kV高压直流输电系统成套设计规程	工程建设	制定	2007	电力行业高压直流输电技术标准化技术委员会	北京网联直流工程公司、南方电网技术研究中心		
123	火力发电厂初步设计内容深度规定	工程建设	制定	2007	电力行业电力规划设计标准化技术委员会	中国电力工程顾问集团西北电力设计院		
124	火力发电厂热工电源及气源系统设计技术规程	工程建设	制定	2007	电力行业电力规划设计标准化技术委员会	北京国电华北电力工程有限公司		
125	220kV及以下无人值班变电所设计规程	工程建设	制定	2006	电力行业电力规划设计标准化技术委员会	江苏省电力设计院		
126	电力调度数据网络初步设计内容深度规定	工程建设	制定	2006	电力行业电力规划设计标准化技术委员会	中国电力工程顾问集团华东电力设计院		

续表

序号	项目名称	标准类别	制修订	完成年限	技术归口单位	主要起草单位	采用国际国外标准	代替标准
127	电力系统通信设计技术规程	工程建设	制定	2006	电力行业电力规划设计标准化技术委员会	中国电力工程顾问集团西北电力设计院		
128	电力数据通信网络初步设计内容深度规程	工程建设	制定	2006	电力行业电力规划设计标准化技术委员会	中国电力工程顾问集团华东电力设计院		
129	高压配电装置设计技术规程	工程建设	修订	2006	电力行业电力规划设计标准化技术委员会	中国电力工程顾问集团西北电力设计院		SDJ 5—1985
130	送电线路铁塔制图规定	工程建设	制定	2006	电力行业电力规划设计标准化技术委员会	中国电力工程顾问集团公司、国电电力建设研究所、中国电力工程顾问集团西南电力设计院、中国电力工程顾问集团东北电力设计院		

（中国电力企业联合会　许松林）

行业标准《蒸发冷却水轮发电机（发电/电动机）基本技术条件》已经报批

水轮发电机组蒸发冷却技术，是由中国科学院电工研究所、东方电机股份有限公司、中国水利水电建设集团公司等单位共同研发并具有自主知识产权的水轮发电机组设计制造方面的一项新技术。

与水内冷技术比较，蒸发冷却技术的特点是：自然循环蒸发冷却技术具有冷却介质绝缘强度高、泄漏引发电机事故的可能性极小；免除水处理及驱动泵系统；运行操作和维护简便等。目前，我国云南大寨水电厂（2×10MW，1983 年），陕西安康火石岩水电厂（1×50MW，1992 年），青海李家峡水电厂（1×400MW，1999 年）共 4 台蒸发冷却水轮发电机已持续多年实现安全和可靠运行，证明该技术已臻成熟。

为推进蒸发冷却水轮发电机（发电/电动机）的产业化、专业化和标准化，适应电力行业的发展和市场需求，提升和增强我国水电设备设计制造的技术含量和国际市场的竞争力，由电力行业水轮发电机及电气设备标准化技术委员会提出并归口，由中国科学院电工研究所、东方电机股份有限公司、哈尔滨电机厂有限责任公司、中国水利水电建设集团公司、黄河水电公司李家峡发电分公司共同编写的电力行业标准《蒸发冷却水轮发电机（发电/电动机）基本技术条件》已完成编写和审查，并正式报批。该基本技术条件，首次从标准上对我国自主研发的水轮发电机蒸发冷却技术进行规范。该标准是设计制造蒸发冷却水轮发电机（发电/电动机）的基本技术规范，是用户和制造厂签订设备采购协议的技术依据。

鉴于水轮发电机蒸发冷却技术已经成熟，相关的技术标准也已经正式形成，三峡水电站我国自主设计制造的部分 700MW 水轮发电机已决定采用这项技术。

（中国水利水电建设集团公司　李红春）

灯泡贯流式水轮发电机组安装工程质量等级评定标准已制定

根据原国家经济贸易委员会电力司《关于下达 2001 年度电力行业标准制、修订计划项目的通知》（电力[2001] 44 号）的安排和国家发展改革委《关于印发 2005 年行业标准项目计划的通知》（发改办工业 [2005] 739 号）的要求，中国水利水电建设集团公司和东芝水电设备（杭州）有限公司共同承担起草了行业标准《水电水利基本建设工程单元工程质量等级评定标准　第 11 部分：灯泡贯流式水轮发电机组安装工程》。该标准是在原能源部、水利部联合颁发的 SDJ 249.3—1988《水利水电基本建设工程　单元工程质量等级评定标准　水轮发电机组安装工程》中有关灯泡贯流式水轮发电机组安装的第二章和第七章的基础上，结合近年来国内外灯泡贯流式水轮发电机组的技术进步，经归纳总结并依据GB/T 8564—2003《水轮发电机组安装技术规范》的技术要求而编制的。该标准结构按GB/T 1.1—2000《标准化工作导则 第1部分：标准的结构和编写规则》的格式编写，符合DL/T 600—2001《电力行业标准编写基本规定》的要求。

该标准编号为DL/T 5113.11—2005，是《水电水利基本建设工程 单元工程质量等级评定标准》12个系列标准的第11部分，它规定了水电水利基本建设工程中灯泡贯流式水轮发电机组及其附属设备单元工程安装质量等级评定办法。适用于单机容量2MW及以上和转轮直径2.5m及以上的灯泡贯流式水轮发电机组的工程质量等级评定，其他类型的贯流式水轮发电机组和单机容量小于2MW及转轮直径小于2.5m的灯泡贯流式水轮发电机组可参照执行。该标准的发布实施，取代原部标SDJ 249.3—1988《水利水电基本建设工程 单元工程质量等级评定标准 水轮发电机组安装工程》中有关灯泡贯流式水轮发电机组安装的相关内容。

（中国水利水电建设集团公司 康明华）

行业标准《水轮发电机组推力轴承润滑参数测量方法》已制定

根据国家发展改革委《关于印发2005年行业标准项目计划的通知》（发改办工业［2005］739号）安排，中国水利水电建设集团公司会同北京万瑞达监控技术有限公司联合起草了《水轮发电机组推力轴承润滑参数测量方法》标准。该标准是结合近年来水电站水轮发电机组推力轴承润滑参数测量方法技术上的进步，经归纳总结而制定的。一些规定主要来源于实践经验，所推荐的测量设备和测量方法是以现有成熟技术为基础，并经实践检验，不排斥采用其他更先进、更可靠的测量设备和测量方法。标准力求制定出适用于各种类型水轮发电机组推力轴承润滑参数测量和试验时所使用的统一规则，确定测量和试验数据处理的方法，使各类型水轮发电机组推力轴承所积累的实测数据具有一致性。

该标准的结构按GB/T 1.1—2000《标准化工作导则 第1部分：标准的结构和编写规则》的格式编写，并符合DL/T 600—2001《电力行业标准编写基本规定》的要求。适用于各类型立式水轮发电机（发电/电动机）推力轴承润滑参数的测量，测量结果作为推力轴承出厂、现场型式试验、现场验收和同类产品性能比较的依据。

（中国水利水电建设集团公司 康明华）

《水利水电建筑安装安全技术工作规程》修订情况

（一）修订原因

SD 267—1988《水利水电建筑安装安全技术工作规程》（以下简称原标准）已实施近20年，该标准对促进水电水利施工企业的安全文明施工起到了较好的规范作用，有效地控制了各类事故的发生。近20年来，随着安全生产法规的不断完善；新工艺、新技术、新材料被广泛应用于水电水利工程施工；施工技术装备不断更新，施工水平日益提高；国外先进技术的引进、消化、吸收、创新，已达世界先进水平；随着国家经济体制的变革，水电建设体制已发生了根本性的变化，继而对安全生产技术提出了新的要求。为保证标准的有效性、实用性，根据国家发展和改革委员会《关于印发2006年行业标准项目计划的通知》（发改办工业［2006］1093号）的要求，中国水利水电建设集团公司作为主编单位牵头对原标准进行了全面的修订和完善。

（二）修订内容简介

（1）原标准（SD 267—1988）修订后分为4个标准，即《水电水利工程施工通用安全技术规程》《水电水利工程土建施工安全技术规程》《水电水利工程金属结构与机电设备安装安全技术规程》《水电水利工程施工作业人员安全技术操作规程》。4个标准在内容上各有侧重，互为补充，形成了一个相对完整的水电水利工程建筑安装安全技术标准体系。

（2）《水电水利工程施工通用安全技术规程》主要对原标准的第一、二、三、四、五、十二、十五、十七等篇内容进行了修订，增加了“施工排水”“现场保卫”“安全防护设施”“大型施工设备安装与运行”相关安全技术规定内容。

（3）《水电水利土建工程施工安全技术规程》主要对原标准第六、七、八、九、十等篇内容进行了修订，增加了“土石方填筑”“碾压混凝土”，突出新工艺的“沥青混凝土”，具有水利特色的“砌石工程”“堤防工程”“疏浚与吹填工程”“渠道、水闸与泵站工程”，危险程度较高的“拆除工程”相关安全技术规定内容。

（4）《水电水利工程金属结构与机电设备安装安全技术规程》主要对原标准的第十三、十四两篇内容进行了修订，并增加了“金属结构制作”“升船机安装”“其他金属结构安装”“金属防腐涂装”相关安全技术规定内容。

(5)《水电水利工程施工作业人员安全技术操作规程》主要对原标准的第十一、十六两篇内容进行了修订，删除了一些水电水利工程施工中现已少见的工种，按现行施工要求合并了一些工种，并增加了一些新的工种。同时对73个工种（包括水电水利工程施工的各专业工种和主要辅助工种）的行为准则进行了规范，相应制定了安全操作标准。

《水电水利工程施工通用安全技术规程》等四项标准在修订过程中吸收了近年来水电水利工程建设安全技术进步及管理的经验，反映了当前我国水利水电工程施工安全技术的水平和特点。修订后的标准框架结构总体合理，按专业和单位工程的分类方法具有一定的创新性。四项标准技术内容全面，实用性强，具有可操作性，达到了国内先进水平，作为专业性操作规程，填补了国内一项空白。

（三）编制情况

四项标准的结构均按GB/T 1.1—2000《标准化工作导则 第1部分：标准的结构和编写规则》的格式编写，并符合DL/T 600—2001《电力行业标准编写基本规定》的要求。

四项标准由中国水利水电建设集团公司负责编制修订，三峡大学，中国葛洲坝集团公司，葛洲坝机电建设有限公司，中国水利水电第一、二、三、四、六、七、八、十一、十二、十三、十四工程局，中国水利水电基础局有限公司，中国水利水电闽江工程局，中国水利学会，小浪底水利枢纽建设管理局等18个单位作为参编单位参加了四项标准的编制修订工作。四项标准在修编过程中还得到了中国电力企业联合会标准化中心和电力行业水电施工标准化技术委员会的大力支持和帮助。

四项标准于2006年11月29日全部通过了水电施工标委会专家组的审查，年底完成报批稿，将于2007年发布实施，取代SD 267—1988《水利水电建筑安装安全技术工作规程》。相信四项标准“以人为本，安全第一，构建和谐社会”的理念在水电水利工程建设中将会得到更好的贯彻执行，会发挥更好的规范作用，更有利于保障水电水利工程建筑安装的安全施工和安全作业。

（中国水利水电建设集团公司 康明华 楚跃先）

新 颁 标 准

2006年发布的电力国家标准

序号	标 准 编 号	标 准 名 称	实施日期	替代标准号
1	GB/T 17626.29—2006	电磁兼容 试验和测量技术 直流电源输入端口电压暂降 短时中断和电压变化的抗扰度试验	2007年9月1日	
2	GB/T 17626.28—2006	电磁兼容 试验和测量技术 工频频率变化抗扰度试验	2007年7月1日	
3	GB/T 17626.27—2006	电磁兼容 试验和测量技术 三相电压不平衡抗扰度试验	2007年7月1日	
4	GB/T 17626.13—2006	电磁兼容 试验和测量技术 交流电源端口谐波 谐间波及电网信号的低频抗扰度试验	2007年7月1日	
5	GB/T 17626.8—2006	电磁兼容 试验和测量技术 工频磁场抗扰度试验	2007年7月1日	GB/T17626.8
6	GB/T 17626.3—2006	电磁兼容 试验和测量技术 射频电磁场辐射抗扰度试验	2007年9月1日	GB/T17626.3
7	GB/T 17626.2—2006	电磁兼容 试验和测量技术 静电放电抗扰度试验	2007年9月1日	GB/T 17626.2—1998
8	GB/T 17626.1—2006	电磁兼容 试验和测量技术 抗扰度试验总论	2007年7月1日	GB/T 17626.1—1998
9	GB/T 50297—2006	电力工程基本术语标准	2006年11月1日	GB/T 50297—1999

续表

序号	标 准 编 号	标 准 名 称	实施日期	替代标准号
10	GB 50168—2006	电气装置安装工程　电缆线路施工及验收规范	2006年11月1日	GB 50168—1992
11	GB 50169—2006	电气装置安装工程　接地装置施工及验收规范	2006年11月1日	GB 50169—1992
12	GB 50170—2006	电气装置安装工程　旋转电机施工及验收规范	2006年11月1日	GB 50170—1992
13	GB 50287—2006	水力发电工程地质勘察规范	2006年11月1日	GB 50287—1999
14	GB 50150—2006	电气装置安装工程　电气设备交接试验标准	2006年11月1日	GB 50150—1991
15	GB/T 14285—2006	继电保护和安全自动装置技术规程	2006年11月1日	GB 14285—1993
16	GB/T 12168—2006	带电作业用遮蔽罩	2006年11月1日	GB/T 12168—1990
17	GB/T 12167—2006	带电作业用铝合金紧线卡线器	2006年11月1日	GB/T 12167—1990

（中国电力企业联合会　许松林）

2006年发布的电力行业标准（水电、电气专业）

序号	标准编号	标 准 名 称	实施日期	替代标准号
1	DL/T 1033.12—2006	电力行业词汇　第12部分：电力市场	2007年5月1日	
2	DL/T 1033.11—2006	电力行业词汇　第11部分：事故、保护、安全和可靠性	2007年5月1日	
3	DL/T 1033.10—2006	电力行业词汇　第10部分：电力设备	2007年5月1日	
4	DL/T 1033.9—2006	电力行业词汇　第9部分：电网调度	2007年5月1日	
5	DL/T 1033.8—2006	电力行业词汇　第8部分：供电和用电	2007年5月1日	
6	DL/T 1033.7—2006	电力行业词汇　第7部分：输电系统	2007年5月1日	
7	DL/T 1033.6—2006	电力行业词汇　第6部分：新能源发电	2007年5月1日	
8	DL/T 1033.5—2006	电力行业词汇　第5部分：核能发电	2007年5月1日	
9	DL/T 1033.4—2006	电力行业词汇　第4部分：火力发电	2007年5月1日	
10	DL/T 1033.3—2006	电力行业词汇　第3部分：发电厂、水力发电	2007年5月1日	
11	DL/T 1033.2—2006	电力行业词汇　第2部分：电力系统	2007年5月1日	
12	DL/T 1033.1—2006	电力行业词汇　第1部分：动力工程	2007年5月1日	
13	DL/T 1024—2006	水电仿真机技术规范	2007年5月1日	
14	DL/T 1023—2006	变电站仿真机技术规范	2007年5月1日	
15	DL/T 5365—2006	电力数据通信网络工程初步设计内容深度规定	2007年5月1日	
16	DL/T 5364—2006	电力调度数据网络工程初步设计内容深度规定	2006年5月1日	
17	DL/T 1036—2006	变电设备巡检系统	2007年5月1日	
18	DL/T 1028—2006	电能质量测试分析仪检定规程	2007年5月1日	
19	DL/Z 890.401—2006	能量管理系统应用程序接口（EMS-API）第401部分：组件接口规范（CIS）框架	2007年5月1日	

续表

序号	标准编号	标 准 名 称	实施日期	替代标准号
20	DL/T 860.92—2006	变电站通信网络和系统 第9-2部分：特定通信服务映射（SCSM）映射到ISO/IEC 8802-3的采样值	2007年5月1日	
21	DL/T 860.81—2006	变电站通信网络和系统 第8-1部分：特定通信服务映射（SCSM）对MMS（ISO 9506-1和ISO 9506-2）及ISO/IEC 8802-3的映射	2006年5月1日	
22	DL/T 860.10—2006	变电站通信网络和系统 第10部分：一致性测试	2007年5月1日	
23	DL/T 790.4512—2006	采用配电线载波的配电自动化 第4-512部分：数据通信协议 系统管理采用DL/T 790.51协议集的系统管理信息库（MIB）	2007年5月1日	
24	DL/T 790.4511—2006	采用配电线载波的配电自动化 第4-511部分：数据通信协议 系统管理CIASE协议	2007年5月1日	
25	DL/T 5363—2006	水工碾压沥青混凝土施工规范	2007年5月1日	
26	DL/T 5362—2006	水工沥青混凝土试验规程	2007年5月1日	
27	DL/T 1031—2006	运行中发电机用油质量标准	2007年5月1日	
28	DL/T 5360—2006	水电水利工程溃坝洪水模拟技术规程	2007年5月1日	
29	DL/T 1032—2006	电气设备六氟化硫（SF_6）气体取样方法	2007年5月1日	
30	DL/T 5361—2006	水电水利工程施工导流模型试验规程	2007年5月1日	
31	DL/T 5359—2006	水电水利工程水流空化模型试验规程	2007年5月1日	
32	DL/T 5358—2006	水电水利工程金属结构设备防腐蚀技术规程	2007年5月1日	
33	DL/T 1026—2006	核电厂非核级设备维修质量保证	2007年5月1日	
34	DL/T 5357—2006	水电水利工程岩土化学分析试验规程	2007年5月1日	
35	DL/T 5356—2006	水电水利工程粗粒土试验规程	2007年5月1日	
36	DL/T 5355—2006	水电水利工程土工试验规程	2007年5月1日	
37	DL/T 5354—2006	水电水利工程钻孔土工试验规程	2007年5月1日	
38	DL/T 417—2006	电力设备局部放电现场测量导则	2007年3月1日	DL 417—1991
39	DL/T 5353—2006	水电水利工程边坡设计规范	2007年3月1日	
40	DL/T 5352—2006	高压配电装置设计技术规程	2007年3月1日	SDJ 5—1985
41	DL/T 5351—2006	水电水利工程地质制图标准	2007年3月1日	
42	DL/T 5350—2006	水电水利工程电气制图标准	2007年3月1日	
43	DL/T 5349—2006	水电水利工程水力机械制图标准	2007年3月1日	
44	DL/T 5348—2006	水电水利工程水工建筑制图标准	2007年3月1日	
45	DL/T 5347—2006	水电水利工程基础制图标准	2007年3月1日	
46	DL/T 5345—2006	梯级水电厂集中监控工程设计规范	2007年3月1日	
47	DL/T 5344—2006	电力光纤通信工程验收规范	2007年3月1日	
48	DL/T 5343—2006	750kV架空送电线路张力架线施工工艺导则	2006年3月1日	

续表

序号	标准编号	标　准　名　称	实施日期	替代标准号
49	DL/T 5342—2006	750kV 架空送电线路铁塔组立施工工艺导则	2007 年 3 月 1 日	
50	DL/T 5341—2006	电力建设工程量清单计价规范　变电工程	2007 年 3 月 1 日	
51	DL/T 5040—2006	输电线路对无线电台影响防护设计规程	2007 年 3 月 1 日	DL/ T5040—1995
52	DL/T 1021—2006	电容式量水堰水位计	2007 年 3 月 1 日	
53	DL/T 1020—2006	电容式静力水准仪	2007 年 3 月 1 日	
54	DL/T 1019—2006	电容式垂线坐标仪	2007 年 3 月 1 日	
55	DL/T 1018—2006	电容式测缝计	2007 年 3 月 1 日	
56	DL/T 1017—2006	电容式位移计	2007 年 3 月 1 日	
57	DL/T 1016—2006	电容式引张线仪	2007 年 3 月 1 日	
58	DL/T 1015—2006	现场直流和交流耐压试验电压测量系统的使用导则	2007 年 3 月 1 日	
59	DL/T 1014—2006	水情自动测报系统运行维护规程	2007 年 3 月 1 日	
60	DL/T 1013—2006	大中型水轮发电机微机励磁调节器试验与调整导则	2007 年 3 月 1 日	
61	DL/T 1011—2006	电力系统继电保护整定计算数据交换格式规范	2007 年 3 月 1 日	
62	DL/T 1010.5—2006	高压静止无功补偿装置	2007 年 3 月 1 日	
63	DL/T 1010.4—2006	高压静止无功补偿装置	2007 年 3 月 1 日	
64	DL/T 1010.3—2006	高压静止无功补偿装置	2007 年 3 月 1 日	
65	DL/T 1010.2—2006	高压静止无功补偿装置	2007 年 3 月 1 日	
66	DL/T 1010.1—2006	高压静止无功补偿装置	2007 年 3 月 1 日	
67	DL/T 1009—2006	水电厂计算机监控系统运行及维护规程	2007 年 3 月 1 日	
68	DL/T 1008—2006	电力市场运营系统功能规范和技术要求	2007 年 3 月 1 日	
69	DL/T 1007—2006	架空输电线路带电安装导则及作业工具设备	2007 年 3 月 1 日	
70	DL/T 1006—2006	架空输电线路巡检系统	2007 年 3 月 1 日	
71	DL/T 1003—2006	水轮发电机组推力轴承润滑参数测量方法	2007 年 3 月 1 日	
72	DL/T 860.74—2006	变电站通信网络和系统　第 7-4 部分：变电站和馈线设备基本通信结构　兼容逻辑节点类和数据类	2007 年 3 月 1 日	
73	DL/T 860.71—2006	变电站通信网络和系统　第 7-1 部分：变电站和馈线设备的基本通信结构　原理和模型	2007 年 3 月 1 日	
74	DL/T 860.5—2006	变电站通信网络和系统　第 5 部分：功能的通信要求和装置模型	2007 年 3 月 1 日	
75	DL/T 636—2006	带电作业用脚踏式 500kV 四分裂导线飞车	2007 年 3 月 1 日	DL/T 636—1997

续表

序号	标准编号	标 准 名 称	实施日期	替代标准号
76	DL/T 603—2006	气体绝缘金属封闭开关设备运行及维护规程	2007年3月1日	DL/T 603—1996
77	DL/T 583—2006	大中型水轮发电机静止整流励磁系统及装置技术条件	2007年3月1日	DL/T 583—1995
78	DL/T 516—2006	电力调度自动化系统运行管理规程	2007年3月1日	DL 516—1993
79	DL/T 489—2006	大中型水轮发电机静止整流励磁系统及装置试验规程	2007年3月1日	DL 489—1992
80	DL/T 463—2006	带电作业用绝缘子卡具	2007年3月1日	
81	DL/T 593—2006	高压开关设备和控制设备标准的共用技术要求	2006年10月1日	DL/T593—1996
82	DL/T 860.91—2006	变电站通信网络和系统　第9-1部分：特定通信服务映射（SCSM）单向多路点对点串行通信链路上的采样值	2006年10月1日	
83	DL/Z 860.2—2006	变电站通信网络和系统　第2部分：术语	2006年10月1日	
84	DL/T 1001—2006	复合绝缘高压穿墙套管技术条件	2006年10月1日	
85	DL/T 1000.2—2006	标称电压高于1000V架空线路绝缘子使用导则　第2部分：直流系统用瓷或玻璃绝缘子	2006年10月1日	
86	DL/T 1000.1—2006	标称电压高于1000V架空线路绝缘子使用导则　第1部分：交流系统用瓷或玻璃绝缘子	2006年10月1日	
87	DL/T 413—2006	额定电压高于35kV（$U_m=40.5$kV）及以下电力电缆热缩式附件技术条件	2006年10月1日	DL 413—1991
88	DL/T 538—2006	高压带电显示装置	2006年10月1日	DL/T 538—1993
89	DL/T 5034—2006	电力工程水文地质勘测技术规程	2006年10月1日	DL/T 5034—1994
90	DL/T 5049—2006	架空送电线路大跨越工程勘测技术规程	2006年10月1日	DL/T 5049—1995
91	DL/T 5033—2006	输电线路对电信线路危险和干扰影响防护设计规程	2006年10月1日	DL/T 5033—1994和DL/T 5063—1996
92	DL/T 5340—2006	直流输电线路对电信线路危险影响防护设计技术规定	2006年10月1日	
93	DL/T 5338—2006	水电水利工程喀斯特工程地质勘察技术规程	2006年10月1日	
94	DL/T 5337—2006	水电水利工程边坡地质勘察技术规程	2006年10月1日	
95	DL/T 5336—2006	水电水利工程水库区工程地质勘察技术规程	2006年10月1日	
96	DL/T 5335—2006	水电水利工程区域构造稳定性勘察技术规定	2006年10月1日	

续表

序号	标准编号	标 准 名 称	实施日期	替代标准号
97	DL/Z 5334—2006	电力工程勘测安全技术规程	2006年10月1日	
98	DL/T 646—2006	输变电钢管结构制造技术条件	2006年10月1日	DL/T 646—1998
99	DL/T 474.5—2006	现场绝缘试验实施导则 第5部分：避雷器试验	2006年10月1日	DL/T 474.5—1992
100	DL/T 474.4—2006	现场绝缘试验实施导则 第4部分：交流耐压试验	2006年10月1日	DL/T 474.4—1992
101	DL/T 474.3—2006	现场绝缘试验实施导则 第3部分：介质损耗因数 $\tan\delta$ 试验	2006年10月1日	DL/T 474.3—1992
102	DL/T 474.2—2006	现场绝缘试验实施导则 第2部分：直流高压试验	2006年10月1日	DL/T 474.2—1992
103	DL/T 474.1—2006	现场绝缘试验实施导则 第1部分：绝缘电阻、吸收比和极化指数试验	2006年10月1日	DL/T 474.1—1992
104	DL/T 475—2006	接地装置特性参数测量导则	2006年10月1日	DL/T 475—1992
105	DL/T 999—2006	电站用2.25Cr-1Mo钢球化评级标准	2006年10月1日	
106	DL/T 995—2006	继电保护和电网安全自动装置检验规程	2006年10月1日	
107	DL/T 993—2006	电力系统失步解列装置通用技术条件	2006年10月1日	
108	DL/T 992—2006	冲击电压测量实施细则	2006年10月1日	
109	DL/T 5346—2006	混凝土拱坝设计规范	2007年3月1日	

（中国电力企业联合会 许松林 刘永东）

2006年发布的水利技术行标

序号	标准编号	标 准 名 称	替代标准号	实施日期
一、行业标准				
1	SL 36—2006	水工金属结构焊接通用技术条件	SL 36—1992	2006年4月1日
2	SL 141—2006	水泵模型浑水验收试验规程	SL 141—1997	2006年6月1日
3	SL 25—2006	砌石坝设计规范	SL 25—1991	2006年6月1日
4	SL 335—2006	水土保持规划编制规程		2006年6月1日
5	SL 336—2006	水土保持工程质量评定规程		2006年7月1日
6	SL 337—2006	声学多普勒流量测验规范		2006年7月1日
7	SL 338—2006	水文测船测验规范		2006年7月1日
8	SL 339—2006	水库水文泥沙观测规范		2006年7月1日
9	SL 06—2006	水文测验铅鱼	SL 06—1989	2006年7月1日
10	SL 340—2006	流速流量记录仪		2006年7月1日
11	SL 07—2006	悬移质泥沙采样器	SL 07—1989和SL08—1989	2006年7月1日

续表

序号	标准编号	标准名称	替代标准号	实施日期
12	SL 108—2006	水文仪器及水利水文自动化系统型号命名方法	SL/T 108—1995	2006年7月1日
13	SL 341—2006	水土保持信息管理技术规程		2006年10月1日
14	SL 342—2006	水土保持监测设施通用技术条件		
15	SL 343—2006	风力提水工程技术规程		
16	SL 21—2006	降水量观测规范	SL 21—1990	
17	SL 344—2006	水利水电工程电缆设计规范		
18	SL 44—2006	水利水电工程设计洪水计算规范	SL44—1993	2006年10月1日
19	SL 346—2006	水利信息系统项目建议书编制规定		2006年10月1日
20	SL 211—2006	水工建筑物抗冰冻设计规范	SL 211—1998	
21	SL 23—2006	渠系工程抗冻胀设计规范	SL 23—1991	
22	SL/Z 347—2006	水利公文主题词表		2006年12月1日
23	SL 348—2006	水域纳污能力计算规程		2006年12月1日
24	SL/Z 349—2006	水资源实时监控系统建设技术导则		2006年12月1日
25	SL 350—2006	沙棘生态建设工程技术规程		2006年12月1日
26	SL/Z 351—2006	水利基础数字地图产品模式		2006年12月1日
27	SL 352—2006	水工混凝土试验规程	SD 105—1982和SL 48—1994	2006年12月1日
28	SL 45—2006	江河流域规划环境影响评价规范	SL 45—1992	2006年12月1日
29	SL 353—2006	沙棘原果汁		2007年5月2日
30	SL 354—2006	水质初级生产力测定—“黑白瓶”测定法		2007年5月2日
31	SL 355—2006	水质粪大肠菌群的测定—多管发酵法		2007年5月2日
32	SL 140—20067	水泵模型及装置模型验收试验规程	SL 140—1997	2007年5月2日
33	SL 356—2006	小型水电站建设项目建议书编制规程		2007年5月2日
34	SL 357—2006	农村水电站可行性研究报告编制规程		2007年5月2日
35	SL 358—2006	农村水电站施工环境保护导则		2007年5月2日
36	SL 359—2006	水利水电工程环境保护概估算编制规程		2007年5月2日
37	SL 360—2006	地下水监测站建设技术规范		2007年5月2日
38	SL 361—2006	大坝观测仪器　位移计		2007年5月2日
39	SL 362—2006	大坝观测仪器测斜仪		2007年5月2日
40	SL 363—2006	大坝观测仪器　锚杆测力计		2007年5月2日
41	SL 364—2006	土壤墒情监测规范		2007年6月1日
42	SL 366—2006	水质　石油类的测定—分子荧光光谱法		2007年6月1日
43	SL 367—2006	城市综合用水量标准		2007年6月1日
44	SL 368—2006	再生水水质标准		2007年6月1日
45	SL 369—2006	大坝观测仪器　集线箱		2007年6月1日
46	SL 370—2006	土工试验仪器环刀	SD 191—1986	2007年6月1日
47	SL 371—2006	农田水利示范园区建设标准		2007年6月1日

续表

序号	标准编号	标 准 名 称	替代标准号	实施日期
48	SL 372—2006	节水灌溉设备现场验收规程		2007年6月1日
二、国家标准				
1	GB/T 50363—2006	节水灌溉技术规范		2006年9月1日
2	GB/T 20203—2006	农田低压管道输水灌溉工程技术规范		2006年7月1日
3	GB/T 20204—2006	水利水文遥测设备检验测试通用技术规范		2006年7月1日
4	GB/T 20465—2006	水土保持术语		2006年11月1日

（水利部　刘咏峰）

管 理 标 准 应 用

《水电项目核准咨询评估报告编写大纲》

中国国际工程咨询公司为保证咨询质量，按照GB/T 19001—2000《质量管理体系要求》制定了《水电项目核准咨询评估报告编写大纲》（ZY05/2019），作为质量管理体系的作业指导书。现全文登录如下。

导言

（Ⅰ）适用项目范围

1. 本大纲所称水电项目，是以水力发电为主要开发任务，通过大坝建设、发电设备安装及配套设施建设来完成水资源开发任务的基础设施建设项目，包括抽水蓄能电站。

2. 水电建设项目原则上应由企业投资建设。根据《国务院关于投资体制改革的决定》，企业不使用政府性资金投资建设的水电站，在主要河流上建设的项目和总装机容量25万千瓦及以上的项目，以及抽水蓄能电站项目由国务院投资主管部门核准，其余项目由地方政府投资主管部门核准。

3. 本大纲适用于接受国务院投资主管部门的委托，对企业上报的水电项目申请报告进行核准的咨询评估。对于地方政府投资主管部门核准的项目申请报告咨询评估，可参照本大纲执行。

（Ⅱ）评估的主要原则

1. 水电建设项目投资规模大，对区域经济和社会发展影响效果显著，涉及水土保持、环境影响、建设征地、移民搬迁安置等问题，具有明显的外部性和公益性特征。公司在开展水电项目申请报告的核准咨询评估中，应遵循在继续注重提高投资效益、规避投资风险的同时，更加注重经济社会的可持续发展的咨询理念，不断总结完善水电项目咨询评估的理论方法，提高评估工作质量。

2. 水电项目核准咨询评估应坚持以下原则：

（1）按照发展市场经济和政府职能转变的要求，从政府部门履行公共管理职能、引导企业对水电资源开发的投资行为等角度，充分发挥核准制对加强和完善水电资源开发的宏观调控，提高开发的综合效益，促进资源优化配置；

（2）从提高投资效益、规避投资风险的角度出发，重视规划方案的合理性，水电项目建设工程方案选择及工程安全保障能力；

（3）从以人为本的角度出发，重视分析项目建设对所涉及人群的生产、生活等方面的影响，关注受益受损群体，维护不同利益相关者的合法权益，促进经济社会的和谐发展；

（4）从全面发展的角度出发，注重分析企业投资水电工程建设对区域经济发展、关联产业带动、促进社会全面进步所产生的影响，推动企业及经济社会全面发展；

（5）从协调发展的角度出发，注重分析水电项目建设对城乡、区域、人与自然和谐发展等方面的影响，确保项目影响区域经济社会发展的协调性和适应性，兼顾当前利益和长远利益、局部利益和整体利益；

（6）从可持续发展的角度出发，统筹考虑流域水资源综合开发、水能资源合理利用、生态环境承载力等因素，符合建设资源节约型和环境友好型社会的要求；

(7) 坚持科学化、民主化，在广泛调研的基础上进行评估论证，确保独立、公正、科学、可靠。

3. 水电项目核准咨询评估应根据评估内容的需要，采用多种方法进行评估论证。按照目标明确、结构清晰、内容全面的要求，遵循定量分析和定性分析相结合、微观分析和宏观分析相结合的原则，反映委托咨询评估的具体要求，确保分析方法科学、思路清晰、逻辑性强，为核准机关对拟建项目的核准提供科学合理的咨询评估意见。

(Ⅲ) 内容提要的编写

对于正文篇幅较长的评估报告，应在报告的开头编写内容提要，扼要介绍报告正文的核心内容，主要包括：

1. 水电项目建设的基本背景。包括梯级规划总体情况、本项目所处地位、开发任务定位、站址位置、坝址以上流域面积、多年平均流量和年径流量等；

2. 项目基本情况，包括坝型、坝高、水库校核洪水位、正常蓄水位及库容、可调节库容、总装机容量、设计年发电量；

3. 输电方案，包括电站建成后的接入系统方案、至规划水平年电力输出、输入地区的电力负荷状况等；

4. 土地利用、建设征地和移民安置，包括土地利用情况及国土资源部门的建设用地预审意见、水库区和施工区主要实物指标、规划水平年移民生产安置人口、搬迁安置人口，移民安置规划方案要点、淹没耕地的补偿标准、移民后期扶持方案及评估主要意见；

5. 环境保护情况，包括项目建设的主要环境影响、采取的主要环保措施及可行性，环境保护、水土保持主管部门的主要批复意见；

6. 投资估算及财务方案，包括投资规模、资金筹措方案及落实情况，上网电价水平及与标杆电价的对比，电价竞争能力；

7. 项目建设对流域及区域经济社会发展的主要影响，包括对流域防洪、航运、灌溉、供水、流域综合开发、关联产业发展等方面的有利和不利影响；

8. 主要评估结论、存在的主要问题及风险规避措施建议。

(Ⅳ) 报告正文结构安排

项目经理应根据水电项目本身的特点和委托方的具体要求，有选择地确定核准咨询评估报告的内容和论述重点。评估报告正文原则上应包括以下内容：

1. 申报单位及项目概况；

2. 规划依据及准入条件评估；

3. 水能资源条件及开发利用分析；

4. 工程方案、配套条件及工程安全评价；

5. 土地利用、征地拆迁及移民安置；

6. 环境和生态影响分析；

7. 投资估算、财务方案及经济影响分析；

8. 社会影响分析；

9. 主要风险分析；

10. 主要结论和建议。

(Ⅴ) 评估工作过程简述

在正文的开始部分，应简要描述委托评估的依据和过程、委托评估重点或要求等相关内容。

一、申报单位及项目概况

1.1 申报单位概况

1.1.1 申报单位的基本情况不属于核准咨询评估的内容，但应是评估的重要依据和基础。应通过对项目申报单位基本情况的描述，为分析判断项目申报单位是否具备承担拟建项目的资格和能力提供依据。

1.1.2 项目申报单位概况应主要叙述拟建项目申报单位名称、成立主要背景，主要经营范围及状况、资产负债情况、股东构成、股权结构比例、以往投资水电项目简况或已有相关生产能力情况等内容。

1.2 主要股东情况

1.2.1 对于由多家发起单位共同投资建设的水电项目，应对主要股东情况进行叙述，以便进一步分析项目发起单位的相关背景。

1.2.2 主要股东情况应简单介绍股东单位名称、成立背景、企业属性、注册资本、资产规模、银行信用等级、主管业务范围，其中从事水电项目投资建设及运营的规模和能力等情况。

1.3 项目概况

1.3.1 应通过对水电建设项目概况的阐述，为以后各部分对相关核准事项进行分析评估奠定基础和前提。

1.3.2 项目概况主要应阐述拟建项目的地理位置，坝址以上控制流域面积，坝址处多年平均流量，电站开发任务，枢纽建筑物组成，基本参数描述，如最大坝高、水库正常蓄水位、调节性能、总装机容量、设计年发电量、施工工期、送电目标市场等。

1.3.3 应视项目具体情况阐述项目前期研究及审查情况，前期工作目前进展情况，包括前期工作的主要设计单位，各级政府部门、水电行业审查部门、项目单位主管部门的审查情况，以及待评的项目申请报告的编制情况等。

二、规划依据及准入条件评估

2.1 河流规划

2.1.1 河流状况概述，应阐述拟建项目所在流域或河流的简要情况，包括经过主要地区、流域面积、河流长度、天然落差、多年平均年径流量等。

2.1.2 流域水资源开发规划情况，包括河流开发任务、水电开发规划、梯级布局、总装机规模、设计年发电量、分期（或梯级）建设实施规划、河流梯级开发现状等。

2.1.3 河流规划是否已经有关部门批复。

2.2 电力发展规划

2.2.1 阐述拟建项目受电地区电力发展规划，拟建项目是否已纳入国家或区域电力发展规划，相关电力发展规划是否已经获得批准。

2.2.2 分析拟建项目在相关电力建设规划中的地位，是否具备开发建设的基础。对电站建设的合理性提出评估意见。

2.3 电力需求分析

2.3.1 电网现状分析。应阐述与拟建项目相关的电网现状，包括总装机容量及水电、抽水蓄能、火电（含燃气发电）、风电、核电等所占比例，最大发电负荷，年发电量，统调最大负荷，全社会用电量，年最大峰谷差，主网电压等级，电网主网架情况，网间输电情况，电源结构与电力需求的适应情况，存在的主要问题。

2.3.2 电力需求预测。主要阐述当地经济社会发展对电力的需求情况，未来年份（5～10年）的负荷构成及发电量需求情况，需要新增发电装机容量情况，以及本项目的市场空间分析。

2.4 准入条件评估

2.4.1 河流规划条件。拟建项目在梯级开发规划中的定位及作用，是否符合河流综合利用规划或水电开发规划。

2.4.2 市场准入条件。评估拟建项目是否符合国家宏观调控、产业政策、资源优化配置、电源结构调整、电网规划布局等政策法规要求。拟建项目是否符合电力发展规划，电网公司是否已出函同意拟建项目并网，是否已纳入输电规划。

2.4.3 准入资格条件。阐述项目法人单位是否具备水电站投资建设的资格条件，拟建水电项目的开发权是否经有关部门确认等。

在前述规划和准入条件分析的基础上，阐述拟建项目是否必要，进入时机是否合理。

三、水能资源条件及开发利用分析

3.1 水能资源开发条件

3.1.1 拟建项目河段水能资源情况。阐述拟建项目所在河段的河道长度、落差、坝址处多年平均流量，推荐坝址的建坝条件评价、水库淹没损失分析、水库调节性能，进而评价电能质量，阐述水能资源开发利用条件。

3.2 建设规模评价

3.2.1 特征水位分析。

(1) 正常蓄水位。应结合地质地形条件等因素，分析影响正常蓄水位选择的制约性因素，从与上游梯级尾水衔接、水库淹没、自然环境条件、能量指标等因素的综合比较，评估论证正常蓄水位的选择是否合理。

(2) 死水位及汛期限制水位分析。通过综合考虑能量指标、机组运行条件、当地枯期供电状况、下游城市及农田防护、水库淹没、枢纽布置等因素，提出死水位及汛期限制水位推荐方案及其合理性。

3.2.2 装机规模。应根据系统电力需求、水能资源利用条件、机组运行稳定性等因素，提出装机容量配置方案、设计多年平均发电量、枯水期发电量及年利用小时数等指标。

3.2.3 水库运行方式。根据防洪及发电需求、汛期控制水位，减少对河流水文情势及水生生物影响，进行拟定的水库运行方式的评估，以及区域内跨流域补偿调节方式的采用，提出优化水库运行方式的评估意见。

3.3 水资源开发利用合理性评价

3.3.1 工程开发任务。应对拟建水电站的功能定位进行描述，并通过对该河段水资源利用条件分析，提出电站开发任务定位是否合理的评估意见。

3.3.2 在水资源开发条件阐述的基础上，分析水能资源开发利用方案，并对利用方案的合理性进行分析评价。

3.3.3 拟建水电项目是否按照《取水许可和水资源费征收管理条例》，委托有资质的设计单位完成了建设项目水资源论证报告书，是否经过水行政主管部门的审查和取水许可，评价拟建项目取水水源、用水合理性及对其他用水户的影响。

四、工程方案、配套条件及工程安全评价

4.1 工程方案简述

4.1.1 工程等级与设计标准。应根据有关设计规程规范要求，分析评价拦河坝、泄水建筑物、引水发电建筑物、下游消能防护建筑物及其他建筑物的工程等级、设计标准、地震基本烈度及抗震设防标准的采用是否合理。

4.1.2 枢纽布置方案。对坝址、坝线、坝型选

择是否符合工程地形地质条件，枢纽布置方案是否合理进行分析评价。

4.1.3 挡水建筑物。应对坝体结构、坝料设计、坝基及坝肩抗滑稳定性、抗震、渗透稳定等设计标准的合理性进行分析评价，对引水建筑物、泄洪建筑物、坝基处理、边坡处理及下游岸坡防护等方案的合理性进行分析评价。

4.1.4 机组与金属结构。对机组选型及主要技术参数选择的合理性、关键设备国内制造的可行性进行分析评价，阐述关键技术参数。

4.2 配套条件评价

4.2.1 工程地质条件。通过对水库区、坝址区、溢洪道、厂房区、引水系统、导流洞及泄洪洞地质条件的分析评价，论证相应工程方案选择的合理性。

4.2.2 施工条件。分析施工导流方案的合理性，场料规划方案，土料场、石料场等建筑材料选取方案的可行性。

4.2.3 交通运输条件。分析电站对外交通条件，大宗物资运输需求，大件运输的实施方案及其合理性，论证运输受季节因素变化对工程的影响等。

4.2.4 电站接入系统，根据电站具体情况，分析供电范围确定的合理性、输电规模、电压等级、出线回路、电站与系统的连接方式、接入系统的可行性、电网部门的意见等。

4.3 工程安全评价

4.3.1 在上述工程方案、地质及其他配套条件分析评价的基础上，对主体水工建筑物的安全性进行分析评价，如大坝、厂房等建筑物，涉及坝基处理、高边坡稳定、泄洪消能、大坝抗震等内容。

4.3.2 对地震、滑坡、泥石流及其他地质灾害可能造成工程安全的，应提出防范的工程措施。

4.3.3 对于涉及重要流域及航道的水电建设项目，应分析工程建设对所在地区洪涝灾害、通航安全等可能产生的影响，以判断项目建设可能导致的公共安全问题（含国际河流）。

4.3.4 劳动安全与工业卫生。通过分析生产或作业过程中可能对劳动者身体健康和生产安全产生危害的物品、部位、场所及危害程度和范围进行分析评价，提出相应的安全措施。

4.3.5 消防安全。对水电站消防设计方案和主要消防措施的合理性进行分析评价，提出风险防范措施。

五、土地利用、征地拆迁及移民安置

5.1 土地利用及征地拆迁

5.1.1 项目用地情况。阐述拟建项目推荐坝址在正常蓄水位时的水库淹没影响面积，包括陆地面积和水域面积，水库淹没处理范围，枢纽工程建设场区范围，临时和永久占地、征占农用地、建设用地和未利用土地的情况，分析坝址选择、施工场地规划、集镇选址及布局是否符合集约和有效使用土地相关政策法规要求。阐述土地行政主管部门对建设用地预审的意见。

5.1.2 对拟建项目是否压覆矿床和文物，是否影响军事设施安全等进行分析论证。必要时应取得地方管理部门的批复意见。

5.1.3 征占土地合理性分析，应评估以下内容：

（1）项目建设用地（尤其是施工区、弃存渣场）是否符合因地制宜、节约用地、少占耕地、减少拆迁移民的原则，是否符合土地利用总体规划要求，占地规模是否合理。

（2）占用耕地是否符合占补平衡的规定，为安置移民开垦的耕地、因拟建项目的工程建设而进行调剂新增的耕地、新开垦的耕地能否抵扣或者折抵建设占用耕地的数量，质量能否满足要求，评估耕地占补平衡方案是否可行。

5.1.4 库区及施工区实物指标，重点阐述以下内容：

（1）拟建电站水库淹没涉及的地区，淹没损失实物指标，如人口、房屋、耕地，公路桥梁及输变电线路等基础设施，集镇、工矿企业等实物指标情况。

（2）枢纽工程建设区的实物指标，如人口、各类房屋、建筑物、构筑物等情况。

（3）库区淹没影响耕地、林地面积、人口等占总量的比例，水库淹没对当地经济社会影响程度，重点受到影响的区域和人群。阐述工程占地和淹没区实物调查结果是否经签字认可并公示，当地政府对实物指标的签署意见，省级人民政府有关库区和施工区停建令。

5.2 移民安置规划

5.2.1 阐述拟建项目移民安置规划大纲是否经过有关部门审批，移民安置规划是否依据经批准的移民安置规划大纲编制。

5.2.2 移民安置任务和目标，重点阐述以下内容：

（1）阐述库区和枢纽工程建设区域的移民安置规划设计水平年的确定，推算到规划设计水平年的搬迁及生产安置人口。

（2）通过分析移民生产生活水平现状，确定移民安置目标和补偿标准，分析评估移民安置目标和标准的合理性。

（3）重点评估土地补偿费和安置补助费的补偿标准是否满足国家有关规定。

5.2.3 移民安置规划方案，重点评估以下内容：

（1）安置原则。根据当地资源条件和环境承载能力，结合项目情况，分析农村移民生产安置方式（本地安置与异地安置、集中安置与分散安置、政府安置与移民自找门路安置等）是否可行，对移民安置目标设计的合理性及可实现程度提出咨询评估意见。

（2）分析安置规划方案是否考虑到尊重少数民族的生产、生活方式和风俗习惯，与相关国民经济和社会发展规划以及土地利用总体规划、城市总体规划、村庄和集镇规划相衔接的要求。

（3）对农村移民安置、城（集）镇迁建、工矿企业迁建、专项设施迁建或者复建、防护工程建设、水库水域开发利用、水库移民后期扶持措施、征地补偿和移民安置资金概（估）算等考虑是否全面。

（4）对农村移民安置规划，是否符合以农业生产安置为主，遵循因地制宜、有利生产、方便生活、保护生态的原则，农村移民安置点规划是否合理；农村移民安置后能否拥有与移民安置区居民基本相当的土地等农业生产资料。搬迁后生活水平预测。

（5）城（集）镇迁建、专业项目复建及移民安置规划，是否符合以城（集）镇现状为基础，节约用地，合理布局的原则；工矿企业的迁建是否符合国家产业政策等要求。

5.2.4 移民安置效果，对照移民安置目标和补偿标准，对移民安置的效果进行分析评价，包括耕地配置、移民收入及生产生活条件等能否实现移民安置规划目标要求。阐述地方政府对移民安置规划及补偿标准的意见。

5.2.5 后期扶持。应按照国家有关规定，说明移民后期扶持标准、实施方案及其合理性。

六、环境和生态影响分析

6.1 工程区域生态和环境现状

6.1.1 通过阐述拟建水电站站址的自然环境条件、现有污染物情况、生态状况、特殊环境条件及环境容量状况等基本情况，为水电工程的环境和生态影响分析提供依据。

6.1.2 对项目申请报告关于环境现状调查及收集的环境基础资料能否全面客观地反映工程区的环境及生态的现状特点提出评估意见。

6.2 生态和环境影响

6.2.1 分析建坝对河流水文情势的影响，如水温、流速、泥沙等，以及对水生生物生境的影响。

6.2.2 在生态和环境影响分析中，应重视对水电站所处整个流域环境影响、自然保护区、生物多样性的分析评价，重视对珍稀鱼类、野生动物栖息地、珍稀植物等影响分析，评价对生态和环境的综合影响。

6.2.3 分析水电工程建设过程中和投入运营期间对环境可能产生的破坏因素，如废气、废水、固体废弃物、噪声、粉尘、水土流失和其他废弃物的数量及对环境的影响程度，如对地形、地貌、植被及整个流域和区域环境及生态系统的综合影响等。

6.2.4 应对水库初期蓄水及电站运营可能导致的地质灾害如库岸再造、滑坡、泥石流、触发地震等影响及其发生的可能性进行分析评价。对依据国家有关规定需要编制地震安全性评价及地质灾害评估文件的项目，应简述相关评审结论及有关部门批复意见。

6.2.5 若拟建水电项目涉及历史文化遗产、自然遗产、风景名胜和自然景观等特殊环境因素，应对项目建设可能产生的影响范围和影响程度进行分析评价，同时说明国家或地方有关部门的批复意见。

6.3 生态和环境保护措施

6.3.1 针对拟建项目对水生生态、珍稀动植物等的影响，提出减轻或减免水资源开发引起的相关的生态和环境问题，包括水生生态及周边生态和环境的影响措施，简述国家环境保护部门对生态及环境保护措施的批复意见。

6.3.2 对工程建设涉及地质灾害及自然、历史文化遗产、风景名胜和自然景观等的影响，针对具体情况提出保护措施，并分析其可行性。

6.4 水土保持

6.4.1 结合拟建项目所在地区水土流失现状的分析，评价工程建设对水土流失的影响面积、影响方式和程度。

6.4.2 对水土流失防治目标、责任范围、水土保持措施总体方案及分区防治措施的可行性提出评估意见，并简述水利部门对水土保持方案的批复意见。

七、投资估算、财务方案及经济影响分析

7.1 投资估算

7.1.1 提出拟建水电项目所需投资额及其构成，包括建设投资、建设期利息及流动资金等。根据投资估算价格水平年、工程建设内容等因素的调整及完善，提出调整后的投资，并与项目申请报告提出的投资进行对比，说明调整的理由。

7.1.2 应重点评估生态环境保护方案、水土保持方案、征地拆迁和移民安置方案、补偿投资等所需要的投资额的充足性，对所列投资能否达到预期目标提出评估意见。

7.2 财务方案评价

7.2.1 资金来源。应针对所提出的资金筹措方案，分析资金来源及其落实情况，重点说明银行贷款承诺及股东关于资本金出资承诺的落实情况。

7.2.2 电价水平。应根据资本金比例、贷款利率、电站建设及运营期、发电量及售电量、目标投资收益水平等边界条件因素，测算上网电价，分析评估电价的市场可接受性（与标杆电价对比分析），并进行相应的敏感性分析。

7.3 经济费用效益分析

7.3.1 水电项目经济效益应包括发电效益、防洪效益、航运效益和供水效益等。发电效益应根据当地上网电价及售电量进行计算。防洪效益应根据防洪标准的提高情况及洪涝灾害损失的变化情况进行分析测算。航运效益和供水效益可根据当地条件进行分析计算。

7.3.2 水电项目经济费用应包括枢纽工程及其他工程建设、环境保护工程、地质灾害防治、征地拆迁及移民安置、土地淹没损失、各类运营费用，以及未来可能发生的生态环境、地质灾害及移民安置等方面的费用，全面分析整个社会为水电项目建设及运营付出的代价。

7.3.3 在水电建设经济费用和效益识别计算的基础上，按照有关规定计算经济净现值及经济内部收益率等经济评价指标，对水电项目建设的经济合理性进行分析评价。

7.4 经济影响分析

7.4.1 行业经济影响。分析项目建设对当地电力行业的经济影响，如对当地培育以水电为依托的电力支柱产业，发挥当地水能资源优势，实现跨区域能源资源优化配置等方面的影响；对流域减少汛期弃水、保证枯期出力、提高电能质量等方面的影响；对优化电源结构、开发水能资源、减少煤炭消耗、多能互补（保障能源安全）等方面的影响。

7.4.2 区域经济影响。应分析拟建项目对增加当地劳务收入、增加地方税收、带动当地建材、交通、（库区）航运、旅游等相关产业发展及推动周边地区经济发展的影响，分析拟建项目对促进区域经济合作，提升当地核心竞争力，优化产业空间布局等方面的影响效果。

八、社会影响分析

8.1 利益相关者分析

8.1.1 在前述征地拆迁、移民安置、环境影响、经济影响等分析评价的基础上，综述受到拟建项目影响的主要利益相关者及其受到的有利和不利影响情况，如就业、收入、城市建设、城市化进程等方面的影响。

8.1.2 在利益相关者分析中，重点应关注贫困人口、少数民族等特殊群体所受到的影响。

8.2 社会适应性分析

8.2.1 阐述前述征地拆迁方案、移民安置规划及补偿标准、环境保护措施、财务方案的制定，是否征求了相关利益群体的意见，是否参与了有关方案的研讨制定过程。

8.2.2 阐述有关利益各方对征地拆迁方案、移民安置规划及补偿标准、环境保护措施、财务方案等的满意和支持程度，存在的主要分歧。

8.3 社会风险及对策措施

8.3.1 在前述分析评价的基础上，提出征地拆迁、移民安置、环境保护、补偿标准等方案的实施可能出现的社会风险因素。

8.3.2 对于水电建设项目的实施可能出现的重要风险因素，应提出风险规避的对策措施。

8.3.3 对于可能出现移民安置负面社会影响风险的项目，应重视对移民安置规划方案的实施效果的分析评价，确保通过规划方案的实施，能够达到移民安置规划目标。同时，应重视对移民后期扶持规划的分析评价，对扶持的范围、期限、具体措施和预期达到的目标等提出咨询评估意见。

8.3.4 对移民安置规划方案实施效果的监督措施进行分析，评估所提出的监测方案能否对移民搬迁进度、移民安置质量、移民资金的拨付和使用情况以及移民生活水平的恢复情况起到监督评估的作用。

九、主要风险分析

9.1 主要风险因素

9.1.1 在前述对拟建水电项目规划背景及准入条件、水能资源条件及开发利用方案、工程方案、配套条件及工程安全保障能力、土地利用、征地拆迁及移民安置、环境和生态影响、投资估算及财务方案，以及经济社会影响分析评价的基础上，对影响项目成功实施的主要风险因素进行综述。

9.1.2 结合财务方案及经济费用效益分析中的敏感性分析结论，对影响项目经济评价结论的重要敏感性因素进行综述。

9.2 风险影响程度

9.2.1 针对重要的敏感性因素，对可能引起该因素变化的主要不确定性因素进行系统地识别和分析，研究各种不确定性因素变化的可能性及变化范围，并分析由此可能造成的影响后果。

9.2.2 对于一些重要的不确定性因素，应根据具体情况决定是否需要进行系统地风险概率分析，以估计各种风险因素发生的概率及对项目的影响程度，揭示影响项目成败的关键风险因素，为项目核准提供依据，并通过信息反馈，改进项目方案，规避项目风险。

9.2.3 对于需要进行风险概率分析的项目，应在评估报告中阐述选定的风险评价指标及需要进行概率分析的风险因素，预测风险因素变化的取值范围及概率分布，根据测定的风险因素取值和概率分布，阐述评价指标的计算结果及概率分布，以及评价指标的期望值和项目可被接受的累计概率，并根据计算结果，提出项目方案的风险影响程度及接受性等评估意见。

9.2.4 重视风险影响程度的定性分析，充分发挥专家在风险影响程度判断方面的重要作用，采用定量分析和定性分析相结合的方法，综合考虑多种因素，分析提出拟建项目可能面临的一般风险、较大风险、严重风险和灾难性风险。

9.3 风险规避措施

结合风险影响程度的分析结果，对重要风险因素提出规避措施，对措施方案的合理性及可行性提出咨询评估意见。

十、主要结论和建议

10.1 主要评估结论

10.1.1 综述前述分析的主要结论，重点阐述拟建项目在流域梯级电站规划、电力市场需求、河流水能资源开发利用中的地位和作用，工程方案的选择是否能够满足规划目标及工程安全的需要，土地利用、征地拆迁、移民安置方案是否可行，有关的环境影响、经济影响和社会影响及风险分析的评价结论。

10.1.2 评估结论的阐述应重点突出，观点明晰，提出项目建设必要性及是否满足核准条件的明确咨询意见。

10.2 主要建议

10.2.1 针对存在的主要问题，如移民安置方案、环境保护措施、市场需求、输电方案、资金筹集方案等，提出需要进一步完善的意见和建议。

10.2.2 提出在工程方案设计、施工准备、工程实施等阶段需要进一步研究解决的关键技术问题。

十一、附图、附表及附件

为了全面、清晰地表达咨询评估报告的相关内容，应重视有关附图及附表的编写，并作为咨询评估报告的重要组成部分。水电项目核准咨询评估报告一般应有以下附图、附表及附件，并应根据实际需要进行适当增减。

11.1 附图

(1) 干流或河段水电规划梯级开发纵剖面图（可选择）；

(2) 待评估水电项目地理位置示意图；

(3) 电站工程枢纽总布置图（可选择）；

(4) 电站工程输电方案地理位置示意图（可选择）。

11.2 附表

(1) 电力平衡汇总表（可选择）；

(2) 水库淹没前后人均占有耕地面积对比表；

(3) 主要补偿单价对比表（可选择）；

(4) 评估前后工程总投资对比表；

(5) 评估后主要技术经济指标汇总表。

11.3 附件

(1) 专家组评估意见（可选择）；

(2) 评估人员名单。

《水利项目可研咨询评估报告编写大纲》

中国国际工程咨询公司为保证咨询质量，按照GB/T 19001—2000《质量管理体系要求》制定了《水利项目可研咨询评估报告编写大纲》（ZY 05/2020），作为质量管理体系的作业指导书。现全文登录如下。

导言

（Ⅰ）适用项目范围

1. 本大纲所称水利项目，是指以水为主体，以兴利除害为目的，用于防洪、发电、供水、灌溉、排水以及改善生态环境等单一用途或多用途的基础设施建设项目。

2. 水利项目属于具有公益性的基础设施项目，一般需要政府出资建设。根据《国务院关于投资体制改革的决定》等规定，项目单位应按要求报送项目建议书和可行性研究报告，并需经过符合资质要求的咨询中介机构进行评估论证。对于不需要政府性资金投入的企业投资兴建的水利项目，国际河流和跨省（区、市）河流上的水库项目由国务院投资主管部门核准，其余项目由地方政府投资主管部门核准；其他水事工程，需要中央政府协调的国际河流、涉及跨省（区、市）水资源配置调整的项目由国务院投资主管部门核准，其余项目由地方政府投资主管部门核准。

3. 本大纲适用于受国务院投资主管部门的委托，对有关部门上报的仍需国务院或国务院投资主管部门进行审批的政府投资的水利项目可行性研究报告咨询评估。对于以水力发电为主要开发任务，实行核准制的水电项目申请报告核准咨询评估，按水电项目核准咨询评估报告编写大纲的规定执行。对于国务院投资主管部门委托的水利建设项目核准咨询评估、项目建议书咨询评估，及地方政府投资主管部门委托的属于上述范围内的水利项目咨询评估，参照本大纲执行。对于有关部门委托的水利专项规划咨询评估，参照本大纲及《经济社会发展规划评估办法》（GB/T 19001：2000—ISO 9001：2000 作业指导书 ZY 05/2017）执行。城市供水、排水项目的咨询评估，参照社会事业项目咨询评估的有关规定执行。

（Ⅱ）评估的主要原则

1. 水利建设项目投资规模大、涉及范围广，对区域经济和社会发展影响效果显著，涉及水土保持、环境影响、淹没搬迁、移民安置等问题，具有明显的外部性和公益性特征。公司在开展水利项目的咨询评估中，应遵循在继续注重提高投资效益、规避投资风险的同时，更加注重经济社会的可持续发展的咨询理念，不断总结完善水利项目咨询评估的理论方法，提高评估工作质量。

2. 水利项目可研咨询评估应坚持以下原则：

（1）按照发展市场经济和政府职能转变的要求，从政府部门履行公共管理职能，建立和完善科学决策的规则和程序，提高政府投资项目决策的科学化、民主化水平，完善政府投资项目管理、改进建设实施方式等角度出发，为提高政府性资金用于水利建设的投资效益服务。

（2）从提高综合开发效益、促进水资源优化配置、推动水利事业健康发展的角度出发，重视水利项目建设工程方案选择及规划方案的合理性评估。

（3）从以人为本的角度出发，重视分析项目建设对所涉及人群的生产、生活等方面的影响，关注受益受损群体，维护不同利益相关者的合法权益，尤其是项目所在地区的农民利益，促进经济社会和个人的和谐发展。

（4）从全面发展的角度出发，注重分析水利项目建设对促进农业发展、带动关联产业、推动新农村建设及社会经济全面进步所产生的影响，促进项目影响区域的经济社会全面发展。

（5）从协调发展的角度出发，注重分析水利项目建设对城乡、区域、人与自然和谐发展等方面的影响，确保项目影响区域经济社会发展的协调性和适应性，兼顾当前利益和长远利益、局部利益和整体利益。

（6）从可持续发展的角度出发，统筹考虑流域水资源综合开发及综合利用，以及生态环境承载力等因素，符合建设资源节约型和环境友好型社会的要求。

（7）坚持科学化、民主化，在广泛调研的基础上进行评估论证，确保独立、公正、科学、可靠。

3. 水利项目可研咨询评估应根据评估内容的需要，采用多种方法进行评估论证。按照目标明确、结构清晰、内容全面的要求，遵循定量分析和定性分析相结合、微观分析和宏观分析相结合的原则，反映委托咨询评估的具体要求，确保分析方法科学、思路清晰、逻辑性强，为审批机关对拟建项目的审批提供科学合理的咨询意见。

（Ⅲ）内容提要的编写

对于正文篇幅较长的水利项目可研咨询评估报告，应在报告的开始部分阐述有关内容提要，扼要介绍报告正文的核心内容，主要包括：

1. 本项目所处位置，开发任务定位，简要说明工程建设的必要性；

2. 简述项目建设的范围、规模、建设内容和建设方案的评价意见；

3. 简述土地利用，征地拆迁和移民安置规划方案的评价意见，包括土地利用情况及国土资源部门的建设用地预审意见，水库淹没范围、拆迁及移民安置规划方案要点，淹没耕地的补偿标准、移民后期扶持方案及评估主要意见；

4. 简述环境影响评价意见，包括环境影响情况，采取的主要环保措施及可行性，环境保护、水土保持主管部门的批复意见；

5. 简述上报投资、评估投资调整情况和最终评估投资数额及主要构成；

6. 简述投资计划、建设投资及建成后运营资金筹措方案，阐述对区域经济及社会发展影响情况；

7. 主要评估结论，主要风险因素及规避措施，主要建议。

（Ⅳ）报告正文结构安排

项目经理应根据水利项目本身的特点和委托方的具体要求，有选择地确定咨询评估报告的内容和论述重点。评估报告正文原则上应包括以下内容：

1. 项目背景及建设必要性；

2. 项目建设条件；

3. 工程任务、规模及建设内容；

4. 工程选址、总体布置及主要建筑物；

5. 施工组织设计及工程管理；

6. 土地利用、征地拆迁及移民安置；

7. 环境和生态影响分析；

8. 投资估算与资金筹措；

9. 经济评价；

10. 社会影响分析；

11. 主要风险分析；

12. 主要结论和建议。

（Ⅴ）评估工作过程简述

在正文的开始部分，应简要描述委托评估的依据及过程、委托方的主要要求，评估的重点等相关内容。

一、项目背景及建设必要性

1.1 项目背景

1.1.1 简述拟建水利项目地理位置和所在流域的规划概况，以及前期工作的依据和过程。

1.1.2 简述拟建项目在流域规划或区域规划中的地位和作用。对于分期建设项目或续建项目，还需阐述项目的分期情况或续建情况，阐述上期项目建设后的效果和存在的问题。

1.2 项目建设的必要性

1.2.1 根据国民经济和社会发展、地方经济和区域经济发展的需要，阐述拟建水利项目在其所在流域或区域应承担的作用、任务，论证拟建项目建设的必要性。

1.2.2 评估拟建项目是否符合现行流域规划或区域规划的总体要求，拟建项目是否已被纳入水利建设相关规划，与项目所在地区总体规划、区域规划及相关专项规划的衔接情况。

二、项目建设条件

2.1 水文条件

2.1.1 简述可行性研究报告中提出的水文基本资料收集、复核过程，评价资料的可信度。

2.1.2 简述可行性研究报告提出的径流、洪水、地下水、泥沙、冰情、潮汐、水面蒸发等结论。根据项目的开发要求和拟建项目所在地的水文特性，对相关结论提出咨询评估意见。

2.1.3 在水文条件分析评价的基础上，对建设水情自动测报系统的必要性和合理性进行评价，提出相应的咨询意见。

2.2 工程地质

2.2.1 评价区域地质构造的稳定性，确定场地的地震基本烈度。对于水库项目还需分析评价水库诱发地震的可能性。

2.2.2 对于水库项目，简述可行性研究报告提出的水库所在区域的地质条件，重点阐述产生水库渗漏、浸没、库岸失稳等环境地质问题的可能性或严重程度，评价水库库岸稳定性。

2.2.3 简述可行性研究报告提出的项目区工程地质条件，工程存在的主要地质问题和解决相应问题的措施建议，评价工程地质分析成果的合理性。对于重要的工程地质问题提出需要进一步研究的工作建议。

2.2.4 评价天然建筑材料的产地、数量、质量、运输开采条件及开采方案的合理性。

三、工程任务、规模及建设内容

3.1 工程任务

3.1.1 对拟建水利项目的功能定位进行描述，阐述拟建项目的工程任务；

3.1.2 对可行性研究报告提出的工程综合利用任务和主次顺序的合理性提出咨询评估意见。

3.2 工程规模及建设内容

根据拟建项目的工程任务要求，结合不同类型项目特点，对可行性研究报告提出的工程规模及建设内容的合理性进行分析评价。

3.2.1 对于灌溉、排水工程，简述灌溉和排水范围、初定的灌溉面积或排水面积，以及不同灌溉方式或排水方式的灌溉面积或排涝面积，通过水量平衡分析初定的灌溉需水量和可供水量，评价其合理性；简述工程规划布局，评价初选建设内容的合理性。

3.2.2 对于供水项目，简述供需分析成果，评价多年平均供水量、最大供水量以及供水流量等规模的合理性；简述工程规划布局，评价建设内容的合理性。

3.2.3 对于河道与堤防项目，简述根据河道防洪规划确定的不同防洪标准下的安全泄量和水位控制，河道整治的范围、堤距和长度，跨河或穿堤建筑物规模，评价其合理性；简述河道与堤防总体规划布局，评价建设内容的合理性。

3.2.4 对于水库工程项目，简述满足综合利用功能的水库正常蓄水位、死水位、汛限水位、防洪高水位、设计洪水位及校核洪水位等特征水位及相应库容，并对其合理性进行分析评价。结合工程具体任务，适当增加以下内容：

(1) 对于水力发电项目，简述电力电量平衡分析成果，初选的装机容量、保证出力和多年平均发电量的合理性。

(2) 对于以防洪、灌溉、供水、发电、航运、改善环境等综合利用的水利枢纽项目，根据工程任务的具体要求，简述各任务的工程规模和需要水库提供的水量规模。

四、工程选址、总体布置及主要建筑物

4.1 工程等级及设计标准

4.1.1 简述可行性研究报告对拦河坝、建筑物等的工程等级、设计标准。

4.1.2 根据有关规程、规范要求，对可行性研究报告提出的工程等级、建筑物级别、采用的设计洪水标准是否合理进行分析评价。

4.2 工程选址

4.2.1 简述可行性研究报告对工程选址所考虑

的因素，如地形、地质、工程型式及布置、工程量、施工条件、建材、工期、投资、环境影响、工程效益、运行条件等。

4.2.2 根据多因素的分析比较，对可行性研究报告初选的工程场址（如坝址、闸址、厂址、站址、堤线、渠线等）的合理性进行分析评价。

4.3 主要建筑物

4.3.1 简述可行性研究报告根据工程场址条件、基本选定的工程规模，经技术经济比较确定的基本坝型、引水、输水、泄水、发电、通航等建筑物的基本型式及其总体布置，评价其合理性。

4.3.2 简述可行性研究报告提出的主要建筑物布置、控制高程和主要尺寸，以及渗流处理、基础处理、边坡处理等方案，评价其合理性。

4.4 机组及金属结构

4.4.1 简述可行性研究报告提出的机电设备及金属结构方案选择的主要依据，阐述关键技术参数。

4.4.2 对可行性研究报告提出的机电设备及金属结构选择的合理性、设备国内制造的可行性或引进的必要性进行分析评价。

五、施工组织及工程管理

5.1 施工组织设计

5.1.1 主要工程量，对经过评估后确定的主要工程量及构成进行汇总。

5.1.2 施工导流方案，简述可行性研究报告提出的施工导流标准及导流方案，并对其合理性进行分析评价。

5.1.3 施工方案，简述可行性研究报告提出的主体工程施工方法、施工总布置方案及施工进度安排，并对其合理性进行分析评价。

5.2 工程管理

5.2.1 简述可行性研究报告提出的工程管理机构设置的初步方案，项目建设及运营管理方式，以及运行管理费用的计算，评价其合理性和可行性。

5.2.2 对于拟采用代建制的水利建设项目，应按照实施代建制的有关规定，对代建实施方案及其可行性进行分析评价，并对项目代建服务的费用进行估算，评价其可行性。

六、土地利用、征地拆迁及移民安置

6.1 土地利用

6.1.1 项目用地情况。阐述水库工程或其他水利工程可行性研究报告提出的项目用地范围、淹没影响面积，临时和永久占地，占用农用地、建设用地和未利用土地的情况，分析项目占地是否符合集约和有效使用土地相关政策法规要求，阐述土地管理部门对用地预审的主要意见。

6.1.2 对于涉及重要流域及航道的水利建设项目，应分析工程实施对所在地区通航安全等可能产生的影响，以判断项目建设可能导致的公共安全问题。对拟建项目是否压覆矿床和文物、是否影响军事设施安全等进行分析论证。

6.1.3 征占土地合理性分析，应评估以下内容：

(1) 项目建设用地（尤其是施工区、弃存渣场）是否符合因地制宜、节约用地、少占耕地、减少拆迁移民的原则，是否符合土地利用总体规划要求，占地规模是否合理；

(2) 占用耕地是否符合占补平衡的规定。为安置移民开垦的耕地、因拟建项目的工程建设而进行土地整理新增的耕地、工程施工新造的耕地能否抵扣或者折抵建设占用耕地的数量，评估耕地占补平衡方案是否可行。

6.2 征地拆迁范围和实物指标

6.2.1 简述水库工程及其他水利工程可行性研究报告提出的水库淹没实物指标及补偿标准（主要包括人口、房屋、耕地、林地、公路桥梁及输变电线路等基础设施、集镇、工矿企业等）情况。

6.2.2 阐述当地政府主管部门对实物指标的认可情况，评价是否满足有关规程规范的规定，指出存在的主要问题。

6.3 移民安置规划

6.3.1 简述可行性研究报告提出的移民安置规划设计水平年，及推算到规划设计水平年的搬迁及生产安置人口；根据当地资源条件和环境承载能力，结合项目情况，对提出的本地安置与异地安置、集中安置与分散安置、政府安置与移民自找门路安置等安置方案的合理性进行分析评价。

6.3.2 移民安置方案的分析评价应考虑以下因素：

(1) 安置规划方案是否考虑到尊重少数民族的生产、生活方式和风俗习惯，并与相关国民经济和社会发展规划以及土地利用总体规划、城市总体规划、村庄和集镇规划相衔接的要求。

(2) 对农村移民安置规划，是否符合以农业生产安置为主，遵循因地制宜、有利生产、方便生活、保护生态的原则，农村移民安置后能否拥有与移民安置区居民基本相当的土地等农业生产资料。

(3) 城（集）镇迁建、专业项目复建及移民安置规划，是否符合以城（集）镇现状为基础、节约用地、合理布局的原则。工矿企业的迁建是否符合国家产业政策等要求。

(4) 移民的后期扶持方案是否符合国务院关于完善大中型水库移民后期扶持政策的相关规定。

6.4 占地及淹没补偿投资

6.4.1 评价占地及淹没补偿投资估算编制的依据、原则和方法是否符合有关规定，对土地补偿费和安置补助费的补偿标准提出评估意见，指出可行性研究报告中需要评估调整的内容以及调整后的补偿投资，并与原上报投资进行对比分析。

6.4.2 对照移民安置目标和补偿标准，评估土地补偿费和安置补助费的补偿标准能否满足有关规定要求。

七、环境和生态影响

7.1 环境和生态影响分析

7.1.1 简述水利项目区的自然环境条件、现有污染物情况、生态现状、特殊环境条件及环境容量状况等基本情况，评价环境现状调查及收集的环境基础资料能否全面系统地反映工程区的生态及环境的现状特点。

7.1.2 简述水利工程建设和投入运营过程中对环境和生态可能产生的影响因素，如废气、废水、固体废弃物、噪声、粉尘、水土流失和其他废弃物的数量及对环境和生态的影响程度，如对地形、地貌、植被及整个流域和区域环境及生态系统（如珍稀鱼类、野生动物栖息地、珍稀植物等）的综合影响等。评价有利影响和不利影响，指出哪些影响可以通过工程措施加以避免，哪些是不可逆的。

7.1.3 对于水库工程，应对蓄水后可能导致的地质灾害如塌方、滑坡、泥石流、地震等影响及其发生的可能性进行分析评价。依照国家有关规定需要编制地质灾害及地震安全评价文件的项目，应简述相关评价结论及有关部门批复意见。

7.1.4 对于涉及历史文化遗产、自然遗产、风景名胜和自然景观等特殊环境因素，应对项目建设可能产生的影响范围和影响程度进行分析评价，同时说明国家或地方有关部门的批复意见。

7.2 环境和生态保护措施

7.2.1 在拟建水利项目环境和生态影响分析预测的基础上，对保护生态和减缓各种不利环境影响所采取的工程措施及其可行性进行分析评价。

7.2.2 对生态保护和环境治理措施的投资及工程措施的运营维护投资进行分析评价，对其能否满足生态保护和环境治理的要求提出评估意见。

7.3 水上保持

7.3.1 结合拟建水利项目的环境和生态影响分析结果，对可行性研究报告中提出的工程建设对水土流失的影响面积、影响方式和程度及其分析的合理性进行分析评价。

7.3.2 对水土流失防止目标、责任范围、水土保持措施总体方案及分区防止措施的合理性进行分析评价，指出与环境保护工程是否存在重复建设，并简述水利部门对水土保持方案的批复意见。

八、投资估算与资金筹措

8.1 投资估算

8.1.1 评价工程投资估算编制的依据、原则、方法，以及取费标准是否符合有关规程规范的要求。

8.1.2 简述投资估算需要调整的内容，包括定额取用、基础单价，主要材料价格，以及独立费用和预备费的计算等内容。提出评估调整后的投资总额及其构成，并与上报投资进行对比分析。如投资调整变化的幅度较大，应从政策性变化、设计标准及内容变更、工程量变化以及其他因素等方面对投资增减原因进行分析。

8.1.3 对水利工程各种配套设施（如农毛渠投资、网管配套工程等）、环境治理方案、水土保持方案、征地拆迁和移民安置方案、后期扶持基金等所需投资是否进行了充分考虑提出评估意见，对水利工程后期运营维护、大修等后续投资需求提出评估意见。

8.2 资金筹措方案

8.2.1 简述水利工程可行性研究报告提出的资金筹措方案，分析资金来源能否满足投资需求，包括水利主体工程、网管等配套设施、环境治理方案、水土保持方案、征地拆迁和移民安置方案、后期扶持基金等投资需求，并分析能否满足工程进度安排对投资的需求。

8.2.2 对资金来源可能存在的风险进行分析评价，包括中央政府投资、地方政府配套投资及通过以工代赈、农村自筹等各种方式筹集资金的可行性和存在的风险。

8.2.3 对于经营性水利项目，应阐述参与水利项目经营的股东基本情况、各股东出资额及其可行性，利用银行贷款数额及比例，银行承诺情况，其他资金来源方式，对资金筹措方案的可靠性及可能存在的风险提出评估意见。

九、经济评价

9.1 经济费用效益分析

9.1.1 对于大型水利设施项目，应进行经济费用效益分析。经济费用效益的识别和计算应考虑以下因素：

（1）水利项目经济效益应根据水库工程、河道与堤防工程、灌溉及排水工程、供水工程、水环境治理工程、水利发电及航运等综合利用工程的特点，按照有无对比增量分析的原则，分析测算供水、环境改善、防洪、发电等效益。

（2）水利项目经济费用应包括水利主体工程及其他工程建设、环境保护工程、地质灾害损失防治、征地拆迁及移民安置、土地淹没损失、各类运营费用，以及未来可能发生的生态和环境损害、地质灾害及移民安置等方面的费用，全面分析整个社会为拟建水利项目建设及运营付出的代价。

9.1.2 在水利建设经济费用和效益识别计算的基础上，按照有关规定计算经济净现值及经济内部收益率等经济评价指标，对水利项目的经济合理性进行分析评价，提出相应的咨询评估意见。

9.1.3 评估报告应简述经济费用效益分析的依据，重要参数的选择依据，经济费用和效益识别计算的范围、内容及主要结果，经济内部收益率及经济净现值等评价指标的计算结果及评价结论，敏感性分析的结果及相关结论。

9.2 财务可持续性评价

9.2.1 对于无收益的公益性水利设施建设项目，简述项目的管理及运营机构，分析测算项目运营期的日常运行维护费用、大修费用等，对包括建设期和运营期在内的整个评价期的投资需求和资金来源平衡情况进行分析评价，尤其应关注运行费用的补偿方式及其财务可持续性。

9.2.2 对于在项目运营期需要对受益者收取费用的水利项目，应结合受益者的支付能力、类似项目的取费标准、项目建设及运营的成本费用等因素，以及国家和当地政府的相关政策，分析评价水价、电价、排污费等收费标准的合理性，必要时还应阐述取费标准是否征求了当地政府、农户等的意见。

9.2.3 对于有收益的非经营性水利建设项目，简述项目的管理及运营机构，在收费标准的合理性分析评价的基础上，分析收费使用计划的合理性，评价是否能够足以补偿建设期运行费用，能否部分或全部回收建设期投资，并据此提出对运行费用及建设期投资进行补偿的方案，分析财务方案的可持续性。

9.3 经营性水利项目的财务评价

9.3.1 对于有收益的经营性水利建设项目，应在前述融资方案分析评估的基础上，进行财务分析评价。

9.3.2 对于同时涉及政府投资补助及市场化融资的水利项目，根据资金来源结构、贷款利率、供水量或售电量、目标投资收益水平等边界条件因素，测算供水水价（或上网电价），分析水价或电价的市场竞争力及可接受程度。

9.3.3 水利项目财务现金流量分析应重点评价以下内容：

（1）根据现金流量识别和计算的评估结果，测算项目全部投资或股权投资的财务内部收益率、财务净现值等评价指标，对拟建水利项目的财务盈利能力提出咨询评估意见。

（2）根据项目运营期的盈利能力、资产负债结构等因素，对项目运营主体的债务清偿能力提出咨询评估意见。

（3）将投资额、供水或供电量、收费标准等作为敏感性因素，对拟建水利项目的盈利能力及债务清偿能力进行敏感性分析。

9.4 经济影响分析

9.4.1 行业经济影响，分析拟建水利项目对发挥当地水资源优势，解决水库建设、河道整治、堤防加工、农业灌溉、排水供水、水环境治理工程及水利发电等领域存在的薄弱环节，对实现水利事业发展规划目标的贡献。

9.4.2 区域经济影响，分析拟建水利项目对促进农业及农村经济发展、增加农民收入、带动农业、航运、旅游等相关产业发展及推动周边地区经济发展的影响，分析拟建项目对促进区域经济合作，提高当地核心竞争力，优化产业空间布局等方面的影响效果。

十、社会评价

10.1 利益相关者分析

10.1.1 在前述征地拆迁、移民安置、环境影响、经济影响等分析评价的基础上，综述受到项目影响的主要利益相关者及其受到的有利和不利影响情况，如就业、收入等方面的影响。

10.1.2 重点分析水利项目建设对当地农民产生的影响，对供水排水、农业灌溉、防灾治灾等影响，以及拟建项目所引发的非自愿移民、贫困人口、少数民族等特殊群体受到的有利和不利影响。

10.2 社会适应性分析

10.2.1 阐述有关利益各方对征地拆迁方案、移民安置规划、环境保护措施方案、财务方案及补偿标准等的满意和支持程度，存在的主要分歧。

10.2.2 阐述项目有关方案的制定是否征求了相关利益群体的意见，有关利益各方是否参与了相关方案的研究制定过程。

10.3 社会风险及对策措施

10.3.1 在前述分析评价的基础上，提出征地拆迁、移民安置、环境保护、补偿标准等方案的实施可能出现的社会风险因素，并提出风险规避的对策措施。

10.3.2 对于可能出现移民安置负面社会影响的项目，应重视对移民安置规划方案实施效果的分析评价，确保通过规划方案的实施，能够达到移民安置规划目标。同时，应重视对移民后期扶持规划的分析评价，对扶持的范围、期限、具体措施和预期达到的目标等提出咨询评估意见。

十一、主要风险分析

11.1 主要风险因素

11.1.1 在前述对拟建水利项目背景及建设必要性、建设条件、工程任务、规模及建设内容、工程选址、总体布局及建筑工程、施工组织及工程管理、土地利用、征地拆迁及移民安置、环境和生态影响、投资估算及融资方案，以及经济社会影响分析评价的基础上，对影响项目成功实施的主要风险因素进行综述。

11.1.2 结合财务分析及经济费用效益分析中的敏感性分析结论，对影响项目经济评价结论的重要敏感性因素进行综述。

11.2 风险影响程度

11.2.1 针对重要的敏感性因素，对可能引起该因素变化的主要不确定性因素进行系统的识别和分析，研究各种不确定性因素变化的可能性及变化范围，并分析由此可能造成影响后果的严重程度。

11.2.2 对于一些重要的不确定性因素，应根据具体情况决定是否需要进行系统的风险概率分析，以估计各种风险因素发生的概率及对项目的影响程度，揭示影响项目成败的关键风险因素，为项目审批提供决策依据，并通过信息反馈，改进项目方案，规避项目风险。

11.2.3 对于需要进行风险概率分析的项目，应在评估报告中阐述选定的风险评价指标及需要进行概率分析的风险因素，预测风险因素变化的取值范围及概率分布，根据测定的风险因素取值和概率分布，阐述评价指标的计算结果及概率分布，以及评价指标的期望值和项目可被接受的累计概率，并根据计算结果，提出项目方案的风险影响程度及接受性等评估意见。

11.2.4 重视风险影响程度的定性分析，充分发挥专家在风险影响程度判断方面的重要作用，采用定量分析和定性分析相结合的方法，综合考虑多种因素，分析提出拟建项目可能面临的一般风险、较大风险、严重风险和灾难性风险。

11.3 风险规避措施

结合风险影响程度的分析结果，对重要风险因素提出规避措施，对措施方案的合理性及可行性提出咨询评估意见。

十二、主要结论和建议

12.1 主要评估结论

12.1.1 综述拟建水利项目在当地水利事业发展专项规划中的地位，在所在流域或区域开发利用中的地位和作用、任务，简述对项目建设必要性的评估结论。

12.1.2 综述土地利用、征地拆迁、移民安置、投资计划、资金筹措等方案的可行性，以及有关环境影响、经济影响和社会影响分析评价的主要结论，简述风险分析的主要结论。

12.2 主要建议

12.2.1 提出在工程方案设计、施工准备、工程实施等阶段需要重点关注的风险因素及需要进一步研究解决的问题，提出相关咨询建议。

十三、附图、附表及附件

为了全面、清晰地表达咨询评估报告的相关内容，应重视有关附图及附表的编写，并作为咨询评估报告的重要组成部分。水利项目可研咨询评估报告一般应有以下附图、附表及附件，并应根据实际需要进行适当增减。

13.1 附图

（1）流域（河段）综合利用示意图；

（2）防洪、灌区、治涝、供水、垦殖等工程布置图；

（3）水库淹没规划及移民安置示意图。

13.2 附表

（1）评估前后工程投资对比表；

（2）评估主要技术经济指标汇总表。

13.3 附件

（1）专家评审意见；

（2）评估人员名单。

应用ISO 9000系列标准指导电力生产

电力企业最突出的特点就是产、供、销同时完成，它是国民经济的先行者。它的特点决定了必须有一个好的管理方法对其进行管理。目前电力企业改革已进行多年，涌现出了不少好的管理方法和管理经验，如达标、创国内一流供电企业、创国际一流供电企业、三标一体化、两标一体化、安全性评价、每年的春秋季安全大检查、班组升级赛、党建工作评比、廉政工作检查、行风检查，以及现在推行的同业对标工作等，这些检查和评比从过去到现在对电力企业的发展起到了一定的推动作用。但是随着电力企业改革的不断深化，这种多标准、多体系同步运行的格局逐渐显现出诸多弊端，甚至阻碍了电力企业的改革和发展。当前急需一种好的管理方法指导电力企业的各种管理，ISO 9000 系列标准的管理方法就是很好的一种途径。

一、电力企业多标准、多体系同步运行的弊端

电力企业本来可以用一体化的管理方式进行管理，但是由于机构的设置、职能的交叉，被机械地进行了条块分割，造成了当前各自为政的局面，各说各的理，各管各的事，各自独立，接口关系模糊，职责不清，推诿扯皮，降低了工作效率。

由于多标准、多体系同步运行，使基层单位的投入加大，负担加重，执行难度加大，管理成本增加，从而造成资源的大量浪费。具体表现在，从年初到年底，基层单位整天都忙于各种资料的整理，以应付上级各个职能部门的各种检查。但是检查过后，检查结果的整改则无人问津，或者敷衍了事，得过且过，而真正达到效果者则寥寥无几。

鉴于上述情况，提出如下问题：为什么不能把众多的管理体系进行优化整合？为什么不能把众多的检查活动进行简化程序，提高工作效率？既然企业已经通过了 ISO 9000 认证，为什么不采用 ISO 9000 的管理方法进行过程控制，追踪整改，达到持续改进的目的？

二、质量管理八项原则在电力企业的具体应用

（一）以顾客为中心

所有组织都有依赖于顾客，因而组织必须了解顾客现有及将来的需要，以满足顾客需求，并努力超过顾客的期望。

电力组织的顾客即接受电能产品的对象。因此，理解电网用电负荷需求及电力顾客要求并超越他们的期望，是电力组织贯彻“人民电业为人民”行业宗旨的目标。为贯彻这一原则：

应了解客户对电能的质量、价格、可靠性、优质服务等方面的需求和期望，便于电力企业对相关措施和政策及时修订和完善。

确保客户的要求与电力企业的员工、电力设备的供应厂家、地方政府及社会各界的需求和期望之间达到有机协调，使客户取得良好的社会效益和经济效益。

将客户对电力的需求和期望传达到企业各个部门的所有员工，使其了解和理解，从而更好地为客户服务。

定期或不定期测量顾客满意度，并加强对客户的沟通和交流，及时掌握客户的需求和期望，便于及时纠正服务中的偏差。

（二）领导作用

组织的领导者应建立和明确本组织的目的和方向，并将两者有机地结合起来。领导者应创造一种内部环境，使员工积极参与各项管理活动，从而达到组织的目标。

电力组织领导者是安全生产、产品质量及电能供应服务管理的第一责任人，也是体系有效运行的关键。

为贯彻这一原则：

领导者应思路清晰，目标明确，以身作则。

领导者掌握着人力、财力资源和大量的信息资源，因此要及时对各种资源进行优化，及时了解外部环境对电力企业的影响，如用户负荷的增大、电网结构的变化、供电能力的减弱等，及时采取有效措施加以控制。

领导应根据客户、员工、供货厂家、政府及社会的需求和期望，及时调整工作思路和目标，采取有效对策，达到各方面的协调和平衡。

领导要经常深入基层，与员工公开和诚实地交流，了解、激发、鼓励员工的奉献精神。企业各级人员之间要建立信任合作关系，消除忧虑。

领导应了解各级人员的素质，掌握企业的短板，有针对性地为员工提供教育、培训的机会，为员工提供必要的资源和宽松、舒适的工作环境及生活环境。

企业应建立完善各层人员的责任制，将员工的远景目标转化为各级人员近期的、可达到的、可测量的明确目标，使员工有明确的努力方向。

（三）员工参与

各级员工是组织的基础，只有员工的充分参与才能使其才干为组织带来最大的收益。

电力组织的所有员工都是安全生产、产品质量及电能供应服务管理之本，员工的积极参与是组织取得业绩的基础。

为贯彻这一原则：

员工应按照自己的职责，完成本职工作，解决工作中存在的问题。

员工应从各自的角度为企业分担总目标，并主动寻求机会，为企业的决策和过程的改进提供建议。

用电客户是电力企业的上帝，要求员工集中精力为客户解决各种问题，为客户营造宽松的供电环境和创造价值。

电力企业的员工要时刻为企业在客户、政府和社会公众面前树立良好的形象。

员工要有企业主人翁的责任感，要以成为企业的一名员工而感到自豪。企业为员工提供了很多资源，

员工要有满足感和对企业的忠诚度，从而使员工有发展空间和获得利益的机会。

（四）过程方法

将有关的资源和活动当做一个过程来管理，更加有效地帮助组织达到预期的结果。

电力组织的产品单一，其产、供、销过程连续进行同时完成，这种特殊流程性产品（电能）的实现过程，活动复杂多变，以过程方法对过程进行实时有效管理是实现预期效果的基本模式。

为贯彻这一原则：

针对电力企业的安全目标和经营目标的实现进行过程控制，制定工作流程，明确各部门的职能和各专业之间的接口关系，明确并测量过程的输入和输出，将有助于预见工作的结果，有效地使用资源，缩短过程的周期，降低成本。

电力企业的安全运行与否，对客户、供货厂家、政府、社会各方面产生很大影响。因此要对电力生产的各个环节进行风险评估，根据风险的程度和后果的严重性制定过程控制的步骤、流程、控制方式、培训方法、信息等，以达到降低风险，避免严重后果的目的，并且还有助于降低成本，预防错误，控制差错，缩短周期，提高对其结果的预见性。

（五）管理的系统方法

在一个既定的目标下，明确、理解和管理一个由相互作用的过程所组成的体系，有助于提高组织的有效性和效率。

电力组织的管理特征要求运用“系统论”“信息论”和“控制论”的基本管理原则及方法，建立并运作系统的、透明的管理体系，才能保证组织长期成功。

为贯彻这一原则，应明确并规范所有与既定目标有关的过程，建立系统的结构，以最有效的方式达到目标。

对系统过程的各个环节必须熟悉，了解它们之间的相互关系和特征，才能系统地解决问题。

对体系进行定期测量，纠正偏差，优化资源，从而掌握问题的原因，及时采取改进措施。

（六）持续改进

持续改进应是组织的永久目标。

持续改进是一种不断突破、强化和完善的过程，是卓越组织管理的基本思想。

为贯彻这一原则：将持续改进列入企业各个部门的目标，并且把改进与效益结合起来，使企业及员工受益。

根据明确的验收标准，定期对电力企业的各个环节进行评估和评审，发现潜在的改进机会，努力超越，追求卓越。

电力生产坚决贯彻“安全第一、预防为主”的方针。

教育和培训企业内的每一名员工，学会使用持续改进的方法和工具来指导电力生产。如 PDCA 循环、过程的策划和创新等。

建立指导和跟踪改进的方法和目标。在电力生产过程中，有很多地方都缺乏跟踪改进的方法。如安全性评价、春秋季安全大检查中提出的问题等，不能及时纠正，从而丧失了消除隐患、避免事故的良机，因此必须对存在问题进行跟踪改进。

改进效果的确认在管理环节中相当重要，它是对跟踪改进方法效果的评估，是预防和纠正问题的关键。

（七）事实决策方法

对数据和信息的逻辑分析或直觉判断是有效的决策基础。

电力组织正确的决策需要领导者用科学的态度，以事实和正确的信息为基础，通过合乎逻辑的分析作出正确的决断，基于事实的决策方法是组织有效决策的规律。

为贯彻这一原则，应测量并收集与目标有关的数据和信息，确保数据和信息具有足够的精确度、可靠性和可获取性。

使用有效的方法和适当的统计技术，分析数据和信息，将逻辑分析结果与经验相结合，据此决策并采取措施，如电力生产过程中的缺陷统计和处理。每年各个电力生产企业由于自然、人为、设备因素等原因，导致电力生产中出现不同程度的缺陷。如果只单一地进行缺陷处理，可能还要发生类似的现象，造成资源的大量浪费。数据和信息分析与经验判断将十分重要，它明确了缺陷产生的原因、过程和杜绝的方法，从而提高了电力设备安全运行的可靠性。

（八）互利的供方关系

一个组织与其供应商既相互独立又相互作用，建立互惠互利的关系将增强双方创造价值的能力。

电力系统的发、供、用是一个统一整体，其电能产品具有广泛的社会公益性，电力组织与供方和相关方达到互利是共同目的。

为贯彻这一原则，应明确和选择主要供应商，与供应商建立长期的战略伙伴关系，有利于及时掌握新产品的信息与发展方向，减少中间环节，降低采购成本，使双方在短期的利益和长远的考虑中达到平衡。

双方对客户的需求有一致的看法，就是保证客户安全、优质、可靠的供电。客户的要求和期望也是电力企业和供应商共同关注的问题。因此要求双方广泛交流、沟通渠道，共同开发和改进产品，达到互惠互利的目的。

三、应用ISO 9000系列标准的审核方法指导电力生产

指导思想：针对电力企业各类检查评比，利用质量管理体系的审核方法，灵活地应用到繁多的检查项目中，使其核查标准化，达到过程控制、跟踪整改、预防和纠正、持续改进的目的，从而使企业降低成本，优化资源配置，职责分工明确，提高员工的工作效率和企业的经济效益。

具体实施步骤如下：

（一）建立审核机构

审核机构应根据审核内容确定专业人员。

（二）制定审核计划

根据电力企业年度工作目标和思路，制订审核计划。审核计划从以下几方面进行制定：

（1）“两标一体化”“三标一体化”的审核；

（2）电力企业安全性评价；

（3）春、秋季安全大检查；

（4）创国际、国内一流供电企业；

（5）业绩考核检查；

（6）行风检查；

（7）党建工作检查；

（8）工会工作检查；

（9）其他专业的各类检查。

其内容应包括下列要求：整理与审核内容有关的全部资料；编制详细的审核日程安排；确定审核组的规模和组成；安排对审核组的任务讲解；依据商定的标准，编写核查表；将最终安排通知被审核方。

（三）编制核查表

根据核查任务的不同，编制不同的核查表。核查表是审核员使用的主要工具之一。在核查中及时了解内容与标准的偏差，及时将审核中所了解的信息记录在核查表上，不至于造成遗漏，为编写审核报告提供依据。核查表应覆盖本次核查任务的每个要素，并且要跟踪验证上次不符合项所采取纠正措施的有效性。

（四）填写不符合项报告

核查组依据核查情况，对违背或偏离标准规定的，填写不符合项报告。不符合项分为三类：Ⅰ类不符合项为体系在建立和运行期间某一个要素完全被忽略和失效，出现质量问题导致产品和服务降低或出现违犯法律法规的要求。Ⅱ类不符合项出现的问题是明显的、偶然的、单一的，既是几个部门同时存在问题，但是这些问题没有造成标准和要素的失效，只是轻微的和不同程度地影响这个要素的运行。Ⅲ类不符合项出现的问题是明显的、偶然的、单一的，并且没有足够的客观证据。

不符合项的类别应在不符合项报告中注明。在核查过程中Ⅰ类不符合项应杜绝，Ⅱ类不符合项需要预防和纠正，Ⅲ类不符合项为观察项。

被审核方应依据审核组开列的不符合项，进行原因分析，提出纠正措施，限期整改。而审核组在被审核方整改期满后，对其纠正措施进行验证，以确认改进效果，从而达到跟踪整改、持续改进的目的。

（五）编写审核报告

审核报告是对整个审核情况的总结，要求内容实事求是，客观证据充分，既体现好的方面，也应对不足之处进行说明，必要时对存在的问题进行原因分析，提出纠正和预防措施。

当前，国家电网公司正在推行创一流同业对标工作。“同业对标”是立足于求真务实、开拓创新的条件下提出的，它以建设“一强三优”现代化公司为目标，坚持以人为本，坚持全面、协调、可持续的发展观，不断提升电力企业的技术水平、经营水平和管理水平。创一流同业对标工作细则所包含的主要内容“确定一个目标、建立两个数据库、建设三个体系、开展五种分析、建立六项制度”，都没有超出ISO 9000系列标准的组成部分，它只是对质量管理体系标准内容进行了细化，可操作性更强了，因此建议对于很多已通过ISO 9000认证的企业，不要放弃原有的质量管理模式，可以在此基础上开展国家电网公司提出的同业对标工作。

（郑州供电公司　李东超　朱艳莲）

试析质量、环境、职业健康安全管理体系的整合

随着我国加入世界贸易组织和全球经济一体化，市场竞争日益激烈，通过质量管理体系、环境管理体系和职业健康安全管理体系等认证，将是企业提高管理水平，实施可持续发展和实现与国际接轨的有效途径。因此，如何将质量、环境、职业健康安全管理体系相整合，形成统一协调、相互兼容、相互补充的有机整体，已成为当前正在策划和实施整合管理体系的企业关注的焦点问题。以温州发电有限责任公司质量、环境、职业健康安全管理体系的整合为例，作一分析，以期对企业实施质量、环境、职业健康安全管理体系的整合有所裨益。

一、质量、环境、职业健康安全管理体系整合的必要性

从管理体系发展趋势上看，企业的经营管理活动

涉及质量管理、环境管理、职业健康安全管理、财务管理、经营管理、人力资源管理、信息管理、物资管理等方方面面，如果企业一次次地建立独立的不同体系，会带来许多重复性的工作，造成资源浪费，不可避免地产生体系之间的不协调，直接影响企业综合管理水平和经济效益的提高。建立以质量、环境、职业健康安全管理为主体的整合管理体系，不仅可以优化整合资源，提高体系运作的有效性和效率，还可以促进企业管理与国际管理模式接轨，全面提升企业的管理水平，是企业管理体系发展的总趋势。

从管理体系的现状看，温州发电有限责任公司在企业运营实践中已建立起了以技术标准为主体，包括管理标准和工作标准在内的企业标准体系，企业的各项生产、经营管理活动已逐步纳入标准化的轨道，但同时也存在着企业标准体系难以有效实施的问题。而按 GB/T 19001、GB/T 24001、GB/T 28001 系列标准要求建立管理体系是企业标准体系有效实施的重要途径。因此，温州发电有限责任公司依据 GB/T 19001、GB/T 24001、GB/T 28001 系列标准要求，对原有的企业标准体系进行理顺和规范，将其有用的标准为程序文件所引用，建立起了质量、环境、职业健康安全一体化管理体系（以下简称一体化管理体系）。温州发电有限责任公司于 2005 年 1 月顺利取得质量管理体系、环境管理体系、职业健康安全管理体系认证，使企业标准体系与一体化管理体系有机地结合，为企业实施以质量、环境、职业健康安全管理为主体的整合管理体系创造了条件。

二、质量、环境、职业健康安全管理体系整合的方法

企业要建立起一个兼容质量、环境、职业健康安全三项标准的一体化管理体系，就要充分认识到三项标准的共性、兼容性和差异性，寻找整合的切入点，求同存异，建立既符合三项标准要求又结合企业实际特点的一体化管理体系。

温州发电有限责任公司整合一体化管理体系的方法是以 PDCA 管理循环模式，依据三项标准要求，结合企业实际，对三个管理体系进行整合。企业通过实施初始状态评审、组织机构调整、制定管理方针和目标、管理体系文件建立和管理体系运行等整合步骤，建立起了一体化管理体系。

（一）初始状态评审

在建立一体化管理体系之前，企业应对自身的安全生产、职业健康、环境状况进行一次全面系统的调查，以获得有关环境因素、危险源的信息，评价出重大环境因素和重大危险源，并评估企业对法律法规的遵守情况。这些是建立一体化管理体系的基础。

为了有效地建立起一体化管理体系，温州发电有限责任公司对现有的组织机构、职责分配、资源配置、标准规章等的有效性和适宜性进行了评价；识别和确定了一体化管理体系控制的重要环境因素和重大危险源；明确制定了企业应遵守的相关法律法规和要求；并对现有生产管理水平、环境表现和职业安全绩效以及各种信息反馈进行评价，找出差距，提出改进需求，为建立一体化管理体系打下了良好的基础。

（二）组织机构调整

为适应一体化管理体系的需要，企业应对组织机构进行适当调整、合并，以理顺业务关系，并按三项标准的要求进行部门的职能分配，确定各部门应承担的过程及工作任务，对部门和岗位的职责与权限作出规定。

温州发电有限责任公司从一体化管理的角度出发，并考虑现有的标准化工作机构，成立了一体化认证领导小组和工作小组，其中领导小组负责认证工作的总体规划，调整组织机构，进行职能分配和确定接口关系；工作小组负责根据总体规划，制订详细的工作计划，并按标准要求策划、建立文件化的管理体系。同时规定了由企业总工程师任管理体系的管理者代表，标准化办公室负责牵头落实管理体系的整合工作。为确保一体化管理体系的有效运行，还建立了由相关部门指定并经培训考试合格人员组成的内审员队伍，为有效开展一体化管理工作提供了保证。

（三）制定管理方针和目标

管理方针是一体化管理体系的总纲，可以由质量、环境、职业健康安全整合一体化方针形成，也可以由质量方针、环境与职业健康安全方针两部分组成，还可以由三个独立方针组成，在制定方针时要充分考虑三个体系标准的不同特点，并为不同目标制定分解起到框架作用。

温州发电有限责任公司以满足三项标准要求，充分体现最高管理者承诺和与企业总方针相一致为原则，制定了质量、环境、职业健康安全整合一体化的管理方针。在管理方针的框架下，制定了质量、环境、职业健康安全量化的目标与指标，起到了引导企业组织质量、环境、职业健康安全一体化管理前进的作用。

（四）管理体系文件建立

质量、环境、职业健康安全管理体系文件的整合过程，也是一体化管理体系的建立过程，其整合的原则是：三个标准相同的要求予以合并，相近的要求融合，相异的要求保持独立存在。整合后的一体化管理文件分为三个层次，即管理手册、程序文件和作业文件。

温州发电有限责任公司在一体化管理体系文件整合过程中，按照三个标准的要求，对原有企业标准体

系进行梳理，并以企业标准体系为指南，对一体化管理体系进行补充和完善。使管理体系标准中的部分内容和要求成为企业标准体系的组成部分，使企业标准体系为管理体系的实施提供大量的基础性的标准支持。

对管理手册的整合，采用以 GB/T 19001 章节为主线，按照 PDCA 循环的规律和标准各个条款的功能，再补充 GB/T 24001 及 GB/T 28001 的条款要求，将三项管理体系手册合并形成一体化管理手册，并将管理手册纳入企业管理标准体系。

对程序文件的整合，采用结合本企业的实际情况，充分考虑可行性和可操作性，将三项标准中规定需要建立程序文件的条款进行整合，并充分引用已有的企业管理标准，编写出了一套“三合一”程序文件即质量、环境、职业健康安全管理程序文件，并将程序文件纳入企业管理标准体系。

对作业文件的整合，企业依据其文件量大、技术性含量高、操作性强的特点，将三项管理体系的现场作业文件按照岗位的需要进行整合编制，从而方便了作业现场的使用。

（五）管理体系运行

管理体系的运行和维护通常包括：培训、日常运行、监视和测量、不符合纠正和预防措施、内部审核、管理评审、文件修改、一体化监督审核等内容。管理体系运行整合就是将三个管理体系的上述各个过程同步实施，以简化组织内部管理的步骤，减少三个管理体系维护的人力、时间、资金等资源投入。

温州发电有限责任公司一体化管理体系文件发布后，为了检验文件的实施情况，验证文件的符合性、有效性和协调性，体系进入了试运行阶段。通过定期的数据分析、内部审核等对体系运行的绩效进行监督，对发现的问题采取纠正和预防措施予以改进，并通过管理评审来评价体系运行的效果，达到了完善管理体系的目的。体系试运行阶段结束后，企业向认证机构提出一体化管理体系认证审核，认证通过后，体系进入正常运行阶段。

三、质量、环境、职业健康安全管理体系的持续改进

一体化管理体系认证后，持续改进完善，按期接受监督审核是企业一项不可缺少的活动，其目的是验证企业的一体化管理体系是否持续符合标准的要求，以保证管理体系持续有效运行，并取得更好的绩效。

为了提高管理体系的有效性和效率，温州发电有限责任公司采用 PDCA 过程方法对一体化管理体系进行动态管理，并将管理体系的监督审核工作，同企业标准体系评价、确认与改进相结合，建立一套有效的持续改进机制和改进措施的奖惩制度。企业标准化工作的生命力在于全面贯标，持续改进标准体系，不断提高企业的运营水平和经济效益，使企业建立起自我改进，自我完善的机制，从而保证了管理体系持续有效运行。

总之，建立起以质量、环境、职业健康安全管理为主体的整合管理体系，将大大提高体系运作的有效性和效率，有效地降低管理成本，是企业追求卓越绩效，发展核心竞争力的税利武器。因此，实施科学的整合管理体系是企业管理的必由之路。

（温州发电有限责任公司　陈宁娜）

水　电　新　书

2006年水电新书

书　名	出版日期	作　者
抽水蓄能电站工程建设文集	2006年1月	本书编委会
世界抽水蓄能电站新发展	2006年1月	邱彬如
水利水电施工企业技能岗位说明书	2006年1月	中国葛洲坝集团公司
水下工程	2006年1月	陈惠欣

续表

书 名	出版日期	作 者
土石坝技术 2005 年论文集	2006 年 2 月	本书编委会
中国南水北调工程建设年鉴 2005	2006 年 4 月	国务院南水北调办
水电建设工程安全评价与安全管理	2006 年 6 月	王柏乐
水电水利工程实用英语	2006 年 9 月	陈天照
第一届水力发电技术国际会议论文集（第一卷）	2006 年 10 月	本书编委会
第一届水力发电技术国际会议论文集（第二卷）	2006 年 10 月	本书编委会
第一届水力发电技术国际会议论文集（英文版）	2006 年 10 月	本书编委会
罗西北纪念文集	2006 年 10 月	中国水力发电工程学会
土石坝技术 2006 年论文集	2006 年 11 月	本书编委会
中国南水北调工程建设年鉴 2006	2006 年 12 月	国务院南水北调办

（中国电力出版社 姜 萍）

《水机磨蚀研究与实践 50 年》出版

水轮机泥沙磨损导致水轮机出力和效率下降，机组大修周期缩短，检修工期延长，材料耗损及备品增加，严重影响水电站的安全运行，给水电厂造成巨大经济损失。

我国从 20 世纪 50 年代考虑修建黄河三门峡水电厂时，就提出了泥沙可能对水轮机产生危害的问题，至今已有 50 多年的历史。

经过几十年的研究与实践，减缓水轮机磨蚀破坏的研究与实践已经取得了一定成果，但综观全局，我国含沙水流中水轮机磨损问题还很严重，尚未取得突破性进展。由于磨损破坏的机理十分复杂，影响因素很多，如泥沙含量、粒径、成分、形状、速度、冲角、水头、材质、设计水平、加工精度、运行工况、检修质量等。水轮机抗磨蚀是一项多学科的系统工程，必须采取综合治理措施才能有效减轻水轮机的磨蚀破坏。

为了比较全面地反映我国 50 年来在水力机械泥沙磨损和空蚀试验研究与现场真机实践方面所取得的成果，总结在多泥沙条件下水轮机设计、制造、运行、检修及防护等方面的成功经验与教训，全国水机磨蚀试验研究中心用两年多时间组织京津地区从事水力机械磨蚀研究专家编撰了《水机磨蚀研究与实践 50 年》一书。该书内容包括我国河流泥沙概况，我国水轮机泥沙磨损研究历史回顾，水电设备制造与材质，水轮机磨蚀破坏规律与机理，试验研究装置与方法，机组技术改造，金属和非金属材料（涂层）防护以及综合防护措施，如水电枢纽布置、排沙设施、水库及机组优化运行、水轮机水力设计及参数优选、结构改进、合理检修等方面的技术成果和基本经验。

全书包括三部分：论文 81 篇：论文摘要 215 篇；论文目录 869 条，共 103.8 万字。有 80 个单位 200 多位作者参与编写。

该书专业性、实用性强，是国内第一部来自科学实验和生产实践方面的较为全面的水轮机抗磨蚀方面的经验总结，可供从事水利水电工程科研、设计、制造、运行和管理等部门的领导和工程技术人员、管理人员参考，尤其适宜水利水电、水动、水机及相关专业的大中专院校师生阅读。该书由中国水利水电出版社出版，主编顾四行、杨天生。

（全国水机磨损试验研究中心 顾四行）

《水轮机抗磨蚀技术研讨会论文集》出版

泥沙来自水土流失，它是产生水轮机泥沙磨损破坏的根源。我国是世界上水土流失最严重的国家之一，几乎每个省（区、市）都有不同程度的水土流失，其分布之广、强度之大、危害之重，在全球屈指可数。

黄河流域是世界上水土流失最严重的地区，每平方公里水土流失达 5 万～6 万 t，每年输入黄河三门峡以下的泥沙达 16 亿 t。长江流域的水土流失也不容乐观，仅上游 35.2 万 km^2 水土流失区的土壤流失量就达 15.6 亿 t，严重的水土流失必然给水电站水轮机过流部件带来严重的磨损破坏。

水轮机泥沙磨损导致机组大修周期缩短、工期延长、材料耗损及备品增加、经济损失巨大，严重影响水电站的安全生产，因而引起各级领导和国内外专家的高度重视。

水轮机泥沙磨损是我国水电行业的特殊问题，经过 50 多年的研究与实践，已经取得了一定成绩，但总体上我国水轮机磨损还很严重，尚未取得突破性进展。由于磨损破坏的机理极为复杂、因素很多，其防护研究是一项多学科的系统工程，必须从实际出发，因地制宜，采取综合治理措施，包括：搞好水土保持，尽量减少泥沙入库；在水电工程枢纽设计中要充分考虑排沙设施；水库应采取"蓄清排浑"方式运行，正确处理调水调电调沙之间的关系；要优化水轮机水力和结构设计，采用优质材料并尽量提高精度；机组要避免在不稳定工况区运行；大力提高检修质量以及采用必要的金属和非金属防护层等。总之，要根据各个水电站的实际情况，具体分析，有针对性地采取多种治理措施才能取得较为满意的效果。

2006 年 11 月 29 日～12 月 2 日，全国水机磨蚀试验研究中心和甘肃省水力发电工程学会联合在兰州召开了"水轮机抗磨蚀技术研讨会"，来自全国各地 57 个单位共 100 人参加。会前编印了《水轮机抗磨蚀技术研讨会论文集》，内容包括水轮机泥沙磨损机理，机组增容改造，水轮机稳定运行，水轮机抗磨新结构、新材料、新工艺、新（涂层）配方等。全书共 35 万字，由中国文史出版社出版，主编顾四行、胡金荣。

（全国水机磨损试验研究中心　顾四行）

11

水电建设管理

工　程　管　理

中国大唐集团公司水电工程建设管理

根据国家能源战略要求，中国大唐集团公司已开始大力开发水电等清洁能源。截至2006年底，中国大唐集团公司已建成投产水电站装机容量为4555MW，在建水电站10座，37台机组，总装机容量7891MW。这些水电站主要分布在广西、云南、四川、重庆、甘肃、陕西等省市，位于云南省红河流域，珠江水系红水河流域，长江水系嘉陵江、金沙江、汉江等流域。

2006年，中国大唐集团公司对在建水电项目加强过程管理，面对移民征地困难、设备资源紧张、外围条件复杂等形势，那兰、崖羊山、喜河水电站均按期实现了投产发电，龙滩水电站9月30日提前实现了下闸蓄水，各项目工程造价得到了有效控制。

（一）工程建设安全管理

（1）中国大唐集团公司对在建水电项目安全管理坚持“安全第一，预防为主，综合治理”的方针，认真落实安全生产责任制，不断完善工程管理安全保证体系和安全监督体系。

（2）突出加强对重大危险源的管理，做好安全防汛、防溃坝、高边坡防护和施工运输机械的安全管理；大力推进施工现场安全质量标准化工作，针对建设任务重、工期紧和施工队伍经验不足的情况，加强对施工现场的管理和指导。

（3）通过安全专项检查、整改，重点整治，交流座谈等一系列安全管理活动，对及时消除现场安全质量事故隐患，规范基建安全设施和工作人员的作业活动，进一步夯实工程建设安全管理的基础，提高基建安全文明施工水平发挥了积极作用，确保了在建水电工程安全的可控在控。

（二）工程建设质量管理

2006年，中国大唐集团公司水电分项工程合格率100%，各项质量管理处于受控状态，建筑安装质量总体良好。

（1）注重完善工程质量管理责任制、质量保证体系和质量监督体系，加强施工过程工艺检查和质量验收，严格过程控制以保证内在质量，以达标投产的标准进行机组移交。

（2）针对以往基建各阶段暴露的质量问题，开展专项治理活动，组织编制突出质量问题汇编，制定预防和整改措施，各项目质量得到提高。电力建设工程质量监督总站组织专家进行定期及阶段性的质量巡视，对查出的质量问题限期整改。

（3）在开工时即对达标投产目标进行策划，制定措施。在施工过程中高标准、严要求以保证实现达标投产指标要求。严格进行达标自检、自查和复检，对未达到要求的应积极进行整改。

通过加强工程质量管理，工程建设质量和投产水平有了进一步的提高，创造了优良的技术指标。平班水电站和乐滩水电站工程均实现了达标投产。

（三）工程造价管理

2006年是中国大唐集团公司的“效益年”。工程造价管理重点围绕“效益年”工作要求和目标，通过细化目标、跟踪分析、责任到人，保证了各项具体任务和控制工程造价目标的实现。

（1）2006年1～6月，中国大唐集团公司组织人员对已投产和在建的主要水电、火电和风电工程造价进行了调查，根据40多个项目管理工作和管理成效的分析，形成了工程造价分析调研报告。在此基础上，制定了《加强工程造价管理工作的若干意见》等造价管理制度和标准。

（2）加强设计优化和新技术、新工艺应用。

（3）强化执行概算管理的力度，完成了麒麟寺水电站工程执行概算编审工作，与设计概算投资相比减少了4108万元。

（四）工程进度管理

2006年，工程项目进度管理重点围绕在影响工程建设进度和投产计划的关键上，克服设备供货紧张、送出工程工期短等种种困难以及洪水等自然灾害影响，严格执行工期进度计划，通过细化网络计划，定期盘点项目存在问题，使工期进度逐步提前。

（1）严格按照里程碑进度计划，逐级分系统将网络进度计划分解到季度计划、月计划和周计划，并坚持进行动态盘点分析，及时发现并解决工程建设中的问题。

（2）对于现场施工管理，中国大唐集团公司要求努力优化施工方案，合理安排施工力量和机具，定期检查现场的安全文明施工、土建、安装质量和计划的执行情况，同时注意协调控制好土建、安装、调试各单位的接口关系，最大程度发挥各方的积极性，积极创建和谐工程。

（3）重点协调制约机组按期投产的外部条件，尤其是送出工程。由于工期一再提前，相对滞后于主体工程进度，各项目不等不靠，主动协助电网建设方协调施工各方关系，协调工作落实到乡、镇、村甚至到户，逐一解决赔偿具体细节，最终保证了送出工程的建设进度要求。

通过采取这些有利措施，各水电项目建设进度总体加快，并保证了工程如期实现投产。

喜河水电站（3×60MW）从开工至首台机组投产发电历时38个月，较可行性研究审定相应工期提前10个月，比施工规划报告相应工期提前4个月。

那兰水电站（3×50MW）从开工至首台机组投产发电历时36个月，较可行性研究审定工期提前4个月；从开工至最后一台机组投产发电，较可行性研究审定工期提前7个月。

崖羊山水电站（2×55MW）从开工至首台机组具备发电条件历时35个月，较可行性研究审定工期提前1个月。

龙滩水电站工程现场建设进展总体比较顺利，9月30日提前实现下闸蓄水，10月15日9点30分恢复对下游供水，为2007年“三投”打下了良好的基础。

（中国大唐集团公司）

三板溪工程的建设管理

三板溪水电站是沅水干流具有多年调节性能的龙头电站，位于贵州省锦屏县境内。工程以发电为主，兼具防洪、养殖等综合效益。水库总库容40.94亿m^3，调节库容26.16亿m^3，为多年调节水库。电站总装机容量100万kW，保证出力23.49万kW，多年平均年发电量24.28亿kW·h。该电站为一等大（1）型工程；动态总投资61.15亿元；前期准备工程于2002年7月开工，2006年4台机组全部投产发电。

五凌电力有限公司（以下简称五凌公司）是三板溪水电站开发建设的业主。在国内现行项目建设管理通用模式（业主责任制、招标投标制、建设监理制、合同管理制、跟踪审计制等）的基础上，经过多年的探索，总结创新了一套具有自身特点的工程建设管理模式，即“小业主、大监理，招投标、总价承包，建管结合”。

“小业主、大监理”：由五凌公司驻现场业主代表全面负责三板溪工程的建设管理，行使业主职能。现场机构精简、人员精干，负责对设计、监理实行过程管理，对工程施工实行目标管理、宏观控制，负责协调解决重大问题、施工环境。对监理单位按合同充分授权，监理负责对工程实行“四控制、两管理、一协调”，充分利用监理单位的工程管理优势和业务专长为工程建设服务，实现全方位、全过程、全面的建设监理。

“招投标、总价承包”：三板溪工程严格按照《招标投标法》《合同法》等有关法律、法规对工程项目一律实行招标，根据项目特点，主要项目全部实行有限总价承包方式。

“建管结合”：电厂筹建处不仅是电站的建设者，同时也是电站的运行管理者。这就是真正意义上的建管结合。在工程建设过程中，结合将来电厂运行的需求，有计划地使运行管理人员超前参与，实行有效的建管结合。

（一）工程质量管理

五凌公司按国家、行业有关工程质量管理的方针、政策、法律、法规和中国电力投资集团公司关于工程建设质量的有关要求，逐步建立健全了质量管理体系，实行工程质量终身负责制。

三板溪工程建设质量管理体系是一个在五凌公司统一组织和指导下，监理单位监督和控制，设计和施工单位保证相结合的统一、完整的质量管理体系。以“达标投产”为主线，进行工程质量管理工作的策划，制定质量管理办法和质量职责以及质量责任制等。同时，各施工单位设置了专门的质量管理部门。三级质量管理机构的质量检验人员按照“三检制”的要求履行各自的质量管理职责。及时进行设计技术交底，监理单位及时研究、审核、审批施工单位报送的有关施工组织设计、施工技术方案、措施、作业指导书等文件，用可靠的技术措施、施工手段保证工程质量。对重大施工方案，必须进行设计方案比较，选择符合合同要求和三板溪工程建设条件的最优方案。完善各种基础性试验工作。鼓励采用新工艺、新技术、新材料、新结构。

在工程施工过程中，先后成立了锚喷支护小组、备料工作小组、地质工作小组、基础验收小组等保证质量的专门工作小组，并成立了中心实验室和锚杆无损检测中心、声波测试中心等专业机构。工程管理人员坚持每日到工地现场进行质量巡视检查，督促监理单位及施工单位加强对质量的控制。通过召开技术专题会、监理例会及邀请专家现场咨询等方式研究解决施工中存在的问题。

成立了以国内水电界知名院士、大师为成员的专家委员会，定期或不定期对三板溪工程中的重大技术问题及建设管理进行咨询，并通过招标方式聘请国内咨询公司组成三板溪水电站设计咨询团，系统地对三板溪工程的几个重大问题进行设计咨询，完成了三板溪工程设计咨询报告。与电力建设工程质量监督总站签订了工程质量监督协议，定期开展工程质量监督和咨询服务。

三板溪工程质量管理体系健全，责任明确，制度完整，质量管理措施落实到位，形成了施工单位执行、监理单位监督审查、业主单位协调批准的良性循环。截至2006年底，三板溪工程质量管理体系运行良好。

（二）工程进度管理

为了适应三板溪工程进场就要形成施工高峰的要求，需要确保设备、材料等物资的尽快到位，采取物资进场与预付款挂钩的办法，经过检查全部到位作为支付进度款的条件之一。在招标文件中明确了三板溪工程的进度控制目标和奖罚标准，定期或不定期地对各施工单位合同的执行情况进行检查和考核，坚持按合同办事。对于施工经验缺乏、管理及技术力量弱、机械设备配置不强、严重影响工程进度的施工队伍，坚决予以清退。

与设计单位每年签订设计供图协议，确定本年度设计供图计划，按月进行考评，按季度综合评定结果兑现奖惩金额。与各监理单位签订的特殊措施费协议中明确施工进度考核指标，按月进行考评，按季度综合评定结果兑现奖惩金额。

施工阶段的技术措施是质量安全进度和投资控制的重要手段之一。在进度管理方面，施工措施的保证，施工方案的先进，设计和施工的优化等工作是进度的促进剂，从开挖到过水仅用14个月时间，其中除资源配置、现场管理到位外，施工方案的选择和设计的优化起着重要的作用。三板溪工程已先后进行了导流洞设计优化、溢洪道布置优化、主厂房进水口高边坡优化、排风洞设计优化、地下厂房洞室群布置优化、主（副）坝设计优化等。有效减小了施工难度，增强了工程安全性，提高了施工质量，从而缩短了工期，为工程提前截流奠定了坚实的基础，为“一枯抢拦洪”目标的提前实现赢得了宝贵时间，为工程按期下闸蓄水创造了有利条件。积极开展进度分析与预测，及时纠偏或优化进度目标的分解、检查和落实。三板溪工程共有三家监理单位、多家施工单位，相互之间存在衔接配合问题，加上工期十分紧张，多项目、多部位、立体交叉施工的形势不可避免，因此要重视不同标段、交叉作业之间的协调，强调工序、项目之间的衔接。建立系统的设备催货机制，确保机电、金属结构设备按时到货。定期或不定期组织专家咨询，充分利用专家“外脑”解决工程中的关键问题。除每年一度的专家组咨询外，针对施工过程中的技术难题，随时邀请国内技术专家现场咨询。正确处理进度与安全、质量之间的关系，强调以质量促进度、以安全保进度。在进度管理上不能牺牲质量和安全，不允许出现返工和事故，影响计划的正常实施。做好外部关系协调工作，为工程建设创造良好的外部环境。

（三）安全文明施工管理

由于三板溪工程自身的特点，决定了其安全管理的重要性。工程的安全不仅是所有参建单位建设者的需要，是工程实现质量、进度目标的需要，更是上下游人民生活的需要。安全管理的目标就是实现“双零”，安全管理的理念就是以人为本，安全管理工作的重点就是检查、落实、整改、提高。

五凌公司提出的以安全文明施工为突破口，全面提升工程建设管理水平，不仅针对五凌公司自身，同时针对所有参建单位。坚决克服工期紧张时忽视安全文明的思想，把安全管理水平作为施工单位项目管理水平高低的重要体现。将安全文明施工贯穿到项目施工的各个环节之中，成为其不可或缺的重要组成。

（五凌电力有限公司　胡晓中）

喜河水电站的建设管理

喜河水电站位于汉江上游陕西省安康市石泉、汉阴两县交界处，是陕西省“十五”计划的重点工程之一。陕西汉江投资开发有限公司（以下简称汉江公司）作为业主，认真履行工程建设管理职责，实现了投资省、工期短、质量优、安全好、绿化早的目标。

一、管理体制及主要措施

汉江公司在喜河水电站工程建设中，按照市场化、科学化、国际化的发展思路，坚持以效益为核心、以发展为手段、以务实为保障，认真执行项目法人制、合同管理制、招投标制和建设监理制，充分发挥业主的核心主导作用。

（一）树立三个理念，推行一个模式，执行一个方针，探索一个运行方式

1. 三个理念

(1) 建管理念：与时俱进，科学求实，体现“三明”（开明、聪明、精明）。

(2) 服务理念：服务、协调、督促、管理、精心调理参建各方“四位一体”的协作关系。

(3) 发展理念：高效、务实、信用、效益的发展理念。

2. 一个模式　“小业主，大监理”建管模式。

3. 一个方针 “施工现场安全文明，工程环保同步进行，投资控制合理适度，关键项目确保工期，设计优化提前深入，质量检测源头入手，激励制约相互作用，诚信守约同舟共济，监理职能全面管理，业主开明协调服务”80字方针。

4. 一个运行方式 “建管结合，无缝过渡”的电厂运行方式，建设单位将做好工程完建期的工作，确保工程达标投产。进一步加强机组的安全运行管理，建成一流水力发电厂。

（二）建立高效精干的组织机构

按照“高效精干，树状结构，职责分明，宁缺勿滥”的原则组建了五部（总经理工作部、发展计划部、工程管理与安全生产部、人力资源部、财务与产权管理部），下设喜河项目部的骨干管理网络，建立有关管理制度，负责工程现场的管理工作，执行现场的管理职能。

（三）建立完善适用的质保体系

施工单位实行质量“三检制”，现场监理负责质量巡检及见证取样，建设公司经中心站批准成立了喜河水电站工程质量监督站（简称工程站），工程站在业务上受中心站的指导和监督，履行日常质量监督职能。

（四）保证实用合理的资源投入

结合现场施工的实施需要，参建各方必须在施工合同的框架下确保“人、财、物”资源的投入。

（五）建立迅速快捷的信息反馈和决策机制

对施工中出现的各种作业信息，必须通过协调例会或应急报告的途径迅速反馈到监理和建设公司，以便及时作出决策修正。

二、管理目标及实现情况

（一）工程投资

喜河水电站经国家发展改革委批准的工程总投资为12亿元（按2002年上半年价格水平测算），单位千瓦投资6667元。2004年10月编制的《陕西汉江喜河水电站执行概算》总投资为125439万元。汉江公司通过设计优化，积极推行限额设计；严格执行招投标制，健全设计变更审批制度，严把工程结算审核关，完善现场隐蔽工程现场签证手续，认真贯彻执行工程建设监理制度；认真执行建设项目法人责任制，严格合同管理，成立公司技术、经济专家组，广泛采纳专家的合理化建议；争取政府部门的大力支持等一系列激励和约束机制，在工程建设工期缩短6个月，提前投产发电增加费用约4600万元基础上，将工程总投资控制在执行概算总投资125439万元以内。

（二）工程进度管理

喜河水电站2003年6月26日正式开工，2004年10月29日实现大江截流。2006年6月30日首台机组发电，年内完成“三投”目标，主要措施有：

（1）召开专题会议，明确发电目标，召开动员大会，提出“大干六十天，拼抢保发电”口号。

（2）高效组织，科学分工，落实责任。成立喜河水电站工程“三投”指挥部，下设土建组、设备催交组等十个专业组，各组按所承担的工作倒排计划，分解细化，分级负责。

（3）建设管理人员全员深入现场，加强督办和检查，及时召开会议研究、解决出现的新问题、新情况，做到事不过夜，大大提高了执行力。

（4）加强现场机电设备安装管理，确保不出现返工，最大限度地缩短了安装工期，一次次打破了国内同类机组设备安装的进度纪录。

（5）加强设备催交力度，在两个月内实现了单台机组设备全部发运到工地，满足现场安装进度，创造了制造厂家的生产制造奇迹。

（6）加大节点考核力度，进行重奖重罚，对施工进度起到了巨大的促进作用。

（三）质量管理

（1）“百年大计，质量第一”是对建设工程质量重要性的高度总结，汉江公司在抢发电过程中，对质量工作高度重视，未出现因赶进度忽视质量的问题。相反，在坚持质量工作“三检制”的同时，要求监理工程师必须按《水电工程达标投产考核办法》的标准要求各个施工单位开展工作，重点部位和隐蔽部位实行旁站监理，并多次请陕西省水电工程质量监督中心监管人员到工地进行质量监督、巡检。因此，喜河主体工程989个施工单元通过验收，合格率为100%，其中823个单元工程质量评定为优良，优良率为83%以上。由于监督得力，机电设备出厂合格率很高，促进了安装质量，机电设备一次投运成功，实现了工程质量的有效控制。

（2）组织电厂生产管理人员提前介入机组安装，实现了“无缝交接”，三台机组自投入商业运行以来，截至2006年底未发生非计划停运。

（四）安全与环保工作

（1）汉江公司以创建喜河水电站安全文明施工样板工程为载体，把安全文明施工贯穿到工程建设管理的过程中，把防止发生人身伤亡作为第一目标，把反违章特别是反习惯性违章作为重点，使工程建设安全文明施工的整体水平不断提高。在组织体系上，健全安全管理体系，通过层层签订安全责任书的形式，落实安全管理的责任；加强安全培训教育，提高全体参建人员的安全防范意识；加强现场检查，加大对违章行为的考核力度；加强危险源控制；加强安全检查和整改。通过以上措施，使安全工作得到有效控制，实现了工程安全度汛和全年施工、安装无事故。

(2) 在工程管理范围内，在防止水土流失、改善生态环境的前提下，以植树措施为主，结合园林艺术的特点，开展"绿化、美化、园林化"建设，为企业创造了一流环境，为职工和游人创造了观赏、游览、休息为一体的优美环境。

(中国大唐集团公司)

溪洛渡水电站左岸导流洞施工建设管理

溪洛渡水电站是我国"西电东送"中线的骨干电源之一，位于四川省雷波县和云南省永善县交界处的金沙江干流上，由拦河大坝、泄洪建筑物、引水发电建筑物及导流建筑物组成。地下式厂房分设在两岸山体内，各装 9 台单机容量为 70 万 kW 的水轮发电机组。电站总投资 600 多亿元，是世界第三、中国第二特大型的水电工程。

溪洛渡水电站 3 条导流洞在平面上呈单弯道布置，洞身为城门洞形特大断面。标准洞段开挖断面面积 409～473m^2；闸室段最大开挖断面为 34m×32m（宽×高）；堵头段最大开挖断面为 26m×28m（宽×高）。导流洞洞身段总长 5003m，总计石方洞挖 260 万 m^3，锚杆 14.88 万根，混凝土工程量为 46.41 万 m^3，钢筋网 84t，钢支撑 360t，预应力锚杆 614 根，堪称世界最大规模的导流洞群。

金沙江溪洛渡水电站左岸导流洞与电站进水口开挖工程由中国水利水电第六工程局于 2004 年 6 月中标承建。该局大力发扬"秉承传统，追求卓越"精神，认真贯彻落实"科学管理，过程控制，质量一流"的质量方针，经过艰苦卓绝努力，在项目管理、施工进度、安全生产、施工质量、队伍建设等方面，都取得了好成绩。

一、加强管理，改革管理机制

(一) 实行内部集体承包机制

中国水利水电第六工程局溪洛渡施工局（以下简称施工局）各直属施工队，实行职工集体承包，原则是承包收入上不封顶，下不保底；收入分配，施工局下达指导性意见，经施工队班子集体研究决定；承包范围，包括工资，除主材以外的材料费、除折旧费、大修费，强制保养费以外的机械费、小型临时设施费等。同时，还制定了材料的供应和奖罚办法、机械设备使用办法、结算办法等。

为调动员工参与民主管理的积极性，施工局实行"队务公开"，包括公开承包收入、材料消耗、班组长以上的工资奖金等，让职工知队情、参队事、督队行，保证了集体承包的顺利进行。

(二) 大宗材料采取招标采购

为了确保工程质量，降低工程成本，提高经济效益，增强采购过程透明度，施工局制定了《大宗材料采购管理办法》，成立了三个小组，即：以施工局长为主的大宗材料采购领导小组、以物资部门为主的工作小组、以施工局党委书记为主的监察小组；以保证做到采购价格合理，材料质量合格。

采购材料，工作小组要填写采购审批计划单，写清材料名称、规格型号、单位、数量、所需单位、使用部位等，并向采购领导小组提供供货商的资质、报价单及供货物资质量证明，由领导小组决策。单价在 3000 元以上的，批量采购在 5 万元以上的，报采购领导小组审批后，物资部门需选 3～5 家具有资质的供货商，报价后进行质量、价格、售后服务的比较，报采购领导小组审批，选择满意厂商与之签订采购合同。材料入库验收，做到名称、规格、数量准确。厂商需提供产品检验报告单、合格证、生产许可证等。在施工局进行的钢模台车、钢筋台车、橡胶止水、钢筋接头及直螺纹连接套、聚丙烯纤维、速凝剂、食堂炊具等招标采购中，由于采取了上述管理手段，控制了工程成本，效果良好。

(三) 加强对外协队的管理

为了适应溪洛渡建筑市场，施工局将某些项目分包出去，以招投标的方式来选择施工队伍。对外协队伍的选择，严格履行程序。对外协队伍的材料供应，所有主材均由施工局统一提供，钢材发放的是成品料。由于工程规模大、部位多、喷混凝土项目多，无论是干喷还是湿喷，均由施工局统一供料，保证了质量，杜绝了材料的浪费和流失。

二、创建样板工程，打造六局品牌

施工局把"明挖工程赶超小湾，混凝土工程达到三峡三期水平"作为质量目标。为建设精品工程，粗活细做，积极开展创建样板段活动。

左岸导流洞开挖和 2 号公路洞混凝土衬砌施工中，确定了 10 个施工样板段，成立了专门的管理机构，明确管理和施工的职责；加强施工质量的过程控制，保证了工程质量上乘，提高了全体员工的质量意识和工艺水平，积累了创建精品工程的经验，带动全部工程施工按创造精品工程的标准实施，再度树立了水电六局地下工程的品牌。

三、技术创新，优化施工组织

溪洛渡导流洞跨度大、开挖断面大、洞室多、洞身长；洞挖工程量为 260 万 m^3，工期紧，平均月开挖强度15.2万m^3。其难度十分罕见，无现成经验供借鉴。施工局采取加强施工组织设计和施工方案的优化，提高技术水平和工艺水平，取得了很大成效。

导流洞主要为致密状玄武岩、含斑状玄武岩、斑状玄武岩、角砾（集块）熔岩和含凝灰质角砾熔岩，均为密度大、吸水率低的高强度、高弹模的致密坚硬岩石。导流洞沿线岩体以Ⅱ类围岩为主，层间、层内错动带局部围岩稳定性较差，为$Ⅲ_1$类，进出口段及闸室竖井段为$Ⅲ_2$～$Ⅳ_2$类。针对这些特点，施工中采取了优化的开挖技术措施，即导流洞分上、中、下三层开挖方案。上层采用先开挖中导洞，等中导洞全线贯通后，再进行两侧扩挖的方法；中层开挖采用两侧预裂爆破，中间垂直梯段爆破为主的施工方法，变洞挖为明挖；下层开挖高度在2.0～4.1m之间，采用手风钻水平钻孔，滞后中层100～150m，全断面一次开挖，周边孔光面爆破。

上述开挖技术方案先进合理，降低了工程成本，加快了施工进度。17个月完成了260万m^3石方洞挖，最高月开挖达到27.1万m^3，且安全可靠、进度快、质量好、效益显著，为特大断面隧洞开挖快速施工积累了经验。

四、科学管理外协队伍

业主中国长江三峡工程开发总公司的管理模式体现在高起点、高标准、高水平上。为此，施工局也积极探索施工管理的新思路、新举措。当前，水电建设的外协队伍不可缺少，其人力资源和设备资源是水电施工的一部分，施工局要依据有关法规和规定，做好相应的管理工作。

一是对外协民工队伍的管理，实行“五统一”，即：统一用工管理、统一培训管理、统一工资管理、统一劳保管理、统一食宿管理。二是机械设备实行了“三统一、一强制”，即：统一停放，统一维修，统一使用，强制投保。

通过上述统一管理，使外协民工队伍的管理实现了规范化。克服了过去职工队伍管理和外协民工队伍管理难以协调、难以融合的局面，使政令畅通、运行顺畅，使外协民工队伍纳入了企业规范管理的轨道，树立了良好的企业整体形象。外协队伍的配合、协作意识得到加强，积极响应施工局的各项管理，双方受益，从而保护了外协队伍的权益，维护了施工局的利益。此外，外协民工队伍的综合素质显著提高，他们的安全意识、质量意识、维权意识、守法意识，以及操作技能等都得到提高；截至2006年底，未发生任何大的安全事故和质量事故，外协队伍已经成为施工局生产一线合格的组成部分。

五、以人为本，加强队伍建设

干一个工程要树一座丰碑，炼就一支队伍。施工局重视队伍综合素质的提高，积极采取措施，加大资金投入，加强技术、技能、业务的培训，加强综合治理，加强员工营区建设。

（一）加强技术、技能、业务的培训

为了提高队伍的整体素质，一方面有计划、有步骤地招收大、中专毕业生，使从事专业技术人员达200人左右；另一方面广泛地开展技术、技能、业务培训。

施工局陆续组织了技术总工、质量总工、主抓生产副局长、工区主任等人员，去小湾电站、三峡电站参观学习和“取经”，回来后认真总结，寻找差距，不断提高管理水平。有组织、有计划地开展了岗前培训、技术技能培训、特殊工种培训。2005年共组织部门培训17专项，参加人员161人次；组织集中培训21专项，参加人员829人次；组织工人技能考试、考核1次，参加265人，通过认证248人。通过培训，提高了管理人员的素质，增强了操作人员的技能。

（二）大力加强综合治理工作，提高了员工队伍的思想政治素质

抓好综合治理工作，是业主与施工单位共同受益、维护社会稳定、保证生产顺利进行的重要工作，也是提高队伍素质、树立企业形象的有效途径。

（中国水利水电第六工程局）

百色碾压混凝土主坝施工建设管理

百色水利枢纽工程以防洪为主，兼有发电、灌溉、航运、供水等综合效益，是国家西部大开发十大标志性工程之一。主坝为碾压混凝土重力坝；轴线呈折线形布置，最大坝高130m，坝顶全长720m，混凝土总方量260.6万m^3，其中碾压混凝土210.2万m^3。主坝工程由中国水利水电闽江工程局和中国水利水电第四工程局组建的闽江—黄河水电工程联营体具体实施。

主坝工程2001年12月28日开工；2002年建成人工骨料、混凝土拌和两大系统，完成主坝基础开挖，实现大江截流、开浇主坝碾压混凝土的合同计划；2003年实现混凝土浇筑100万m^3；2004年实现混凝土浇筑120万m^3；2005年提前实现下闸蓄水目标并提前半年完成全部坝体碾压混凝土浇筑任务；2006年提前具备安全度汛条件并提前竣工。

该项目施工建设的成功，得益于闽江—黄河水电工程联营体和谐统一、发扬团队精神、创新的管理思想，形成了具有特色的“闽黄理念”：

(1) 总体目标：筑一流大坝，创一流管理，育一流人才，争一定效益。

(2) 技术管理目标：创新一点，领先一步。

(3) 质量管理目标：科学规范施工，严格过程控制，建设精品大坝。

(4) 安全管理目标：安全第一，预防为主；横向到边，纵向到底，综合治理。

一、和谐统一，创新联营体的管理模式

中国水利水电闽江工程局和中国水利水电第四工程局曾在福建水口电站有过联营的经历，在百色水利枢纽主坝工程上再次携手，取长补短，优势互补，组建形成了紧密型联营体。

(一) 建立有效的项目管理机构，各项工作处于良好受控状态

联营体参照现代企业组织特征建立施工管理机构，实行董事会领导下的总经理负责制，按照决策、管理、作业、协作各层构筑组织机构。董事会研究制定和修改联营体章程，决定组织机构的设置及主要人员配备，审定联营体年度财务预、决算方案及其他需要董事会决定的重大事项；总经理在董事会授权下负责工程项目的全面实施。由此，使项目管理过程形成良性互动，工程项目的建设进度、质量、安全与成本始终处于良好受控状态。

(二) 各层班子融为一体，统一目标理念

联营体决策层领导来自两个工程局，在管理过程中注重双方的融合，强调责任方与协作方只是职责分工不同，务必团结协作，坦诚共事，求大同存小异，互相配合，建立一个共识：百色工程是国家西部大开发的十大标志性工程之一，是双方进入西南水电大市场的第一个项目，合作成功与否直接关系到母体工程局今后能否立足国家西部开发大市场，必须思想统一、形成合力，努力实现 1+1>2 的目标。

(三) 制度管理，坚持一视同仁

联营体成立后，首先建章立制。在母体工程局已有的各项制度的基础上，组织编写了联营体《管理手册》，明确各项工作及各岗位的职责。联营体员工，必须按《管理手册》的要求培训，使其了解联营体的管理模式。在执行管理制度上，一视同仁，对事不对人。促进双方职工做到了团结协作、紧密配合完成各项任务。

(四) 和谐统一，提高联营体凝聚力

针对联营体双方的“母体意识”，需要加强教育，讲整体利益，顾全大局。联营体在利益分配、干部提拔使用、评功奖励上一碗水端平，不分彼此，共同围绕“四个一”目标，同心协力搞建设，使联营体形成和谐统一体。

(五) 创建学习型组织，增强组织的执行力

联营体在百色主坝项目管理目标是：建质量一流的大坝，并培训一流的队伍。为此，建立了员工培训中心，组织培训，外聘有关专家、教授授课。先后举办各类培训班 66 期，培训人员 4000 多人次，同时还分批组织生产骨干和管理人员到其他工地考察学习。联营体这项决策的实施，使整个企业生机勃勃，提高了员工的技术水平和创新意识，增强了企业可持续发展能力。

二、优化方案，提前实现计划

按照主坝工程施工总进度计划安排，基础开挖和约 260.6 万 m^3 的混凝土浇筑实际工期不足 4 年，加上汛期和高温季节碾压混凝土无法施工，故各枯水期的任务都十分繁重。

联营体在主坝工程开工后，须在一年内实现大江截流，完成基础开挖及开浇碾压混凝土；联营体采取大江预截流方案，经设计、监理和业主同意，付诸实施，提前半年实现大江预截流，使大坝基坑提前半年开挖，为年底开浇主坝碾压混凝土赢得了时间，使汛后大江截流无任何风险，并节省投资近 40%，为完成第一枯水期的任务创造了条件，取得了良好的经济效益和社会效益。

三、提高质量，安全文明施工

主坝大仓面施工对进度有利，但质量控制必须有高要求。为此，对全员进行质量管理教育，把质量管理贯穿到每一部位、每一工序中，对涉及施工质量的各项工序制定了详尽的规范，坚决执行“三检一验”和实验人员现场抽查、质控员旁站和仓面指挥长巡视监督、实施质量奖罚各项制度。通过召开施工质量分析会，每月一次进行施工质量报告，使质量管理科学化、规范化。截至 2006 年 3 月底，对已经完成的 2945 个单元进行评定，合格率达 100%，优良率达 90.9%，工程施工质量达到优良等级。

联营体实行安全生产责任制，坚持“安全第一、预防为主、横向到边、纵向到底、综合治理”的方针，实现了“六个到位”，即各级安全生产第一责任人职责到位、专兼职安全人员管理到位、安全责任制度落实到位、安全技术措施实施到位、监督检查落实到位、安全费用投入到位。联营体明确了从总经理到一线员工的安全生产职责，将安全目标层层分解，层层抓落实，层层负责任，不断强化员工安全意识。坚持每月安全大检查，协作单位的作业面也是重点检查

的对象，对查出的安全隐患及时发出整改通知书，限期整改。对于施工中出现的不符合安全的事件，虽未造成严重结果，仍然做到“四不放过”。主坝开工以来，没有出现过一起重大人身安全事故。联营体于2002年和2003年连续两年被集团公司评为安全文明优秀项目，2004年被集团公司评为文明工程。

四、技术创新，提高生产功效

对重大技术重点难点问题，采取邀请知名专家进行现场咨询方式解决。如坝基处理、消力池地基处理、大坝混凝土配合比等问题均采纳了专家意见，确保了大坝工程的顺利进行；同时还与西安理工大学等高校合作研究主坝工程中一些重要参数，为优化大坝施工提供了科学依据。

百色大坝采用辉绿岩骨料。由于辉绿岩制作的人工砂级配不连续，石粉含量高，作为骨料应用尚无成熟经验借鉴。经过一年的研究试验，完成了辉绿岩石粉微观分析、石粉对RCC性能的各种影响、高温气候碾压混凝土凝结时间、辉绿岩砂石粉利用可行性、辉绿岩砂掺河砂及掺纤维变态混凝土等项目的研究，取得了相关的试验数据，掌握了辉绿岩及其石粉的微观结构特点和性能，解决了高温气候碾压混凝土凝结时间问题，提出辉绿岩人工骨料碾压混凝土配合比的几种优化方案，为主坝碾压混凝土施工提供了科学的依据。

针对百色主坝的施工特点，联营体对机拌变态混凝土工艺、溢流面异种混凝土上升工艺进行了改进，提高了混凝土质量和外观水平。联营体研制的仓面自制喷雾机、入仓口可升降栈桥、二次污染处理设备、小型电动切缝机、坝体养护自动滴喷装置等设备，降低了成本，加快了进度。

五、制度创新，向管理要效益

联营体成立之初就着手规范成本控制，组织制定了《成本控制手册》；出台了成本控制核算体系、人工成本控制体系、材料成本控制体系、机械使用成本控制体系、间接费成本控制体系、成本目标制定体系、结算收入管理体系、结算支出管理体系、统计分析体系的一系列成本控制管理规定和办法，形成了十大成本目标控制体系。

联营体施工成本核算，实行一级控制、二级管理、三级核算，把每个工序按成本分解后，分配到工区、班组甚至每个岗位，使项目成本得到有效控制，并推行先预算后开支；材料采购方面，对小宗材料及设备坚持货比三家，购进质量可靠、价格适中，大宗材料及设备则采取招标方式，减积压，清库存，降低成本；在设备管理方面，实行科学管理，加强保养与维护，提高完好率和利用率；在资金管理方面，制定了货币资金、材料采购、资产管理等控制制度，保证了资金使用效率。同时制定部门岗位职责、个人岗位职责，使联营体的管理工作规范化；结合科学合理的奖励措施，激励先进，促进生产。

在“创新一点，领先一步”的理念下，联营体仅用三年多的时间快速优质地建成了百色主坝，项目管理水平和碾压混凝土筑坝技术水平得到国内同行专家的肯定。在此基础上，闽江—黄河水电工程联营体再次中标被誉为亚洲碾压混凝土第一高坝的贵州光照水电站主坝工程。

（闽江—黄河水电工程联营体）

中国水利水电第十工程局的工程管理

（一）概况

中国水利水电第十工程局（以下简称中国水电十局）隶属中国水利水电建设集团公司（以下简称集团公司），是具有水利水电工程施工总承包一级资质的国有大型建筑施工企业。主要经营水利水电施工、机电安装、金属结构制作安装、基础处理施工、工业与民用建筑安装工程、送变电工程、路桥、城市供水等市政设施施工以及水利水电地质勘探、测量、工程设计、监理和技术咨询。中国水电十局已通过GB/T 19001（ISO 9001：2000）质量管理体系、GB/T 24001（ISO 14001：2004）环境管理体系、GB/T 28001—2001职业健康安全管理体系认证，是银行授信的AAA级金融信用企业、四川省文明单位。

中国水电十局下属二级单位及控股公司14个，主要有一分局、二分局、三分局、云南分局、机电安装分局、基础工程分局。2006年末，中国水电十局全局在职职工总数为5209人，其中各类专业技术人员1486人（正高职称15人、副高职称168人、中级职称483人），各专业技师176人，一、二级注册建造师113人；资产总额9.25亿元，其中固定资产原值5.17亿元，净值2.06亿元，当年新增加固定资产2523万元，计提固定资产折旧5517万元，国有资产保值增值率为105.93%。

2006年，中国水电十局完成营业收入10.65亿元，其中主营业务收入10.17亿元，其他业务收入0.48亿元。新签合同总额14.15亿元。全年完成土石方开挖978.7万m^3，混凝土浇筑52.2万m^3，金属结构安装1.86万t，水轮机组安装12台、39.16万kW。

（二）国内主要承建项目

2006年，中国水电十局承建的主要工程项目有

30多个。其中国内有25项，主要水电项目简介如下：

1. 大金坪水电站厂区枢纽工程　该电站为长隧洞引水式电站，厂区枢纽位于四川省石棉县境内的松林河干流上；设计水头185m，装机容量12.9万kW。中国水电十局承建电站厂区枢纽工程，主要包括主厂房、副厂房、安装间、GIS开关站、主变压器室、调压井及压力管道。合同金额9595万元，2003年12月18日开工。

2. 赛珠水电站厂房工程　该电站位于云南省，装机容量9.9万kW。中国水电十局承担的工程由地下厂房、压力管道、高阻抗式调压井和引水隧洞组成，主要工程量：石方洞挖15万m^3、混凝土浇筑5万m^3、钢筋制作安装2185t。合同总金额9277万元；合同工期为2005年10月～2008年1月。

3. 鲁基厂水电站　该电站位于云南省普渡河下游河段，装机容量10.2万kW。中国水电十局承建的工程有临时工程、首部枢纽拦河坝工程、引水隧洞工程、金属结构和原型观测工程。合同金额9270万元，合同工期为2006年12月～2008年12月。

4. 灵关水电站工程　该电站地处青衣江支流宝兴河中游段，位于宝兴县灵关镇。中国水电十局承建烟溪沟渡槽工程、引水隧洞工程、调压井工程、压力管道工程、主副厂房土建及机电安装金属结构工程。合同金额8246万元，合同工期为2006年12月～2009年4月。

5. 阴坪水电站厂区枢纽　该电站位于四川省平武县境内的涪江支流火溪河上，为低闸引水式电站，装机容量10万kW；主要由首部枢纽、引水系统和厂房系统三部分组成。中国水电十局承建厂区枢纽。合同金额6658万元，合同工期为2006年9月～2009年5月。

6. 西溪河联补水电站工程　该电站位于四川省凉山州布拖县联补乡境内，是金沙江支流西溪河流域水电规划梯级电站的第三级；为引水式电站，装机容量13万kW。中国水电十局承建挡水闸坝、引水隧洞、上坝公路土建、金属结构安装及外供砂石料工程。合同金额6347万元，合同工期为2005年7月～2007年12月。

7. 西溪河地洛水电站工程　该电站位于四川省凉山州布拖县和金阳县境内的金沙江一级支流西溪河干流上，是西溪河干流梯级开发的第四个梯级电站，为闸坝引水式电站。中国水电十局承建厂区枢纽工程，主要建筑物：地下主厂房、地下副厂房、电气廊道、尾水建筑物、GIS室、绝缘油室及进厂公路、交通洞等。合同金额6884万元，合同工期为2006年7月～2009年6月。

8. 宝兴水电站首部枢纽工程　该电站位于四川省宝兴县境内东河上，主要由拦河闸坝首部枢纽、引水系统、地下厂房枢纽三部分组成，总装机容量为19.5万kW。中国水电十局承建首部枢纽工程。合同金额6661万元，合同工期为2006年2月～2008年4月。

9. 色尔古水电站　该电站位于四川省阿坝州黑水县境内，是黑水河梯级开发的第四级，装机容量15万kW。中国水电十局承担该电站调压室、引水隧洞的施工任务。合同金额6018万元，合同工期为2005年10月～2008年7月。

10. 小天都水电站厂区枢纽工程　该电站为引水式电站，位于四川省甘孜州境内，系瓦斯河干流梯级开发的第二级水电站，装机容量24万kW。中国水电十局承建气垫式调压室、压力管道、地下厂房工程；合同金额6036万元。该项目主体工程于2005年9月完成，收尾工作于2006年8月全部完成。

11. 绿叶水电站厂区枢纽工程　该电站位于四川省阿坝州理县上孟乡境内，装机容量5万kW。中国水电十局承担引水隧洞、调压井、压力管道、厂房工程施工任务；合同金额4237万元；合同工期为2004年6月～2007年12月。

12. 瀑布沟水电站尼日河引水隧洞工程　大渡河瀑布沟水电站尼日河引水工程，由拦河闸坝和引水隧洞组成。中国水电十局承建长4474m的引水隧洞和长345.7m的引水首部改线交通洞施工及维护和管理；合同金额4916万元；合同工期为2004年9月～2007年11月。

（三）工程管理

按照集团公司关于加强经营管理的要求，2006年中国水电十局对经营业绩考核办法进行了改进和完善，形成了体现工程局加强管控的内部绩效考核体系。体系中重点强调了"集团意识、大局观念、国企责任"，强调了二级单位、项目部的责任和义务。

2006年，成立了以局长为组长的在建工程领导小组，加强了在建项目监控和对原局直管项目、联营项目遗留问题的处理。为降低已经发生的联营项目风险，中国水电十局及时采取了应对措施。一是从源头上规定了严格审查联营方式的市场开发活动；二是加大整改力度，把原有的联营项目纳入局在建工程领导小组监督管理范围，加强分包管理，防范风险；三是对暴露出来的问题，全面跟踪，做好清理和监控。

2006年1月23日，中国水电十局在通过ISO 9001：2000质量管理体系认证的基础上，又获得环境、职业健康安全管理体系认证证书。

2006年中国水电十局下发了《关于加强培训管理制度的通知》《关于开展工人岗位从业人员职业技

能培训、鉴定工作的通知》，进一步加大了培训工作的力度。全年职工培训1689人次。培训方式主要采取内部培训和外部培训，培训类别有职工上岗资格准入培训，适应性培训，出国人员培训，技术更新培训，继续教育培训，特种作业培训，建造师、监理工程师、安全员、会计统计人员培训，大学生入厂教育培训，农民工技能培训等。2006年工程局职工培训中心被都江堰市委、市人民政府授予“促进城乡充分就业先进单位”。

（四）财务管理

2006年中国水电十局着力建立和完善以二级单位为主的新的财务管理体系，明确了工程局、二级单位、工程项目的职责和工程局的管控职能；加大了固定资产的管理力度，下发了《关于加强固定资产财务管理的若干规定》；加强风险管理，明确规定了局属各单位在发生重大经济事项、重大经营亏损等情况下必须实行风险预警报告，努力降低工程局的财务风险；对联营项目进行了认真清理，积极防范经营风险；规范会计核算，强化会计监督，提高会计信息质量，2006年度相继出台了《关于规范会计核算工作的若干规定》《关于加强财务管理工作的若干规定》《关于加强固定资产财务管理的若干规定》。在强化财务会计监督方面：①接受了会计师事务所对年度会计报表审计，获得了会计师事务所对工程局财务决算的无保留意见；②开展了财务大检查工作，规范各单位财务行为；③加强了内部审计工作，对相关单位和项目进行了内部审计工作，特别加强了完工项目和领导离任的审计。

为加强全局资金集中管理，促进全局资金的合理流动，成立了以局长为首的资金管理委员会。推进财务预算管理，将所属二级单位、项目所有涉及价值形式的经营管理活动，都纳入了预算管理并对各单位预算执行过程实行预算控制。

（五）安全生产

2006年，中国水电十局以邓小平理论和“三个代表”重要思想为指导，坚持科学发展，认真贯彻落实全国安全生产工作会议、集团公司安全生产工作会议精神以及集团公司新的安全观，坚持“以人为本”的管理理念，坚持“安全第一、预防为主、综合治理”的工作方针，紧紧围绕工程局年初制定的生产经营和安全生产目标，在加强内部安全管理、落实安全生产责任制的基础上组织开展了安全教育培训、安全事故隐患排查、安全生产执法监察、安全生产专项整治、安全生产月活动等一系列工作。2006年中国水电十局无人身伤亡事故发生，无重大设备、交通、火灾及职业健康事故发生，实现了死亡事故零目标。

在安全生产管理制度方面，2006年修订了《中国水电十局安全生产应急救援预案》，新制定了《中国水电十局事故“约谈”制度实施暂行规定》《中国水电十局安全施工技术措施管理规定》《中国水电十局特种设备安全管理规定》《中国水电十局施工道路交通安全管理规定》《中国水电十局机械设备安全管理规定》《中国水电十局安全生产检查考核办法》《中国水电十局突发事件总体应急预案》等安全生产管理制度，并下发执行。

在落实安全生产责任制方面，2006年初，中国水电十局局长与14个二级单位的安全生产第一责任人签订了2006年《安全生产责任书》，各二级单位与所属基层单位也逐级签订《安全生产责任书》。为了强化安全监管，2006年下发了《关于局属各单位、局管项目财务负责人和安全负责人实行委派制的通知》（水电局人［2006］291号），实行安全负责人委派制度。根据工程局机构的调整情况，各二级单位严格按规定建立了安委会，设置了安全管理部门，充实了管理力量，加大了监管力度。

按照国家电监会、集团公司的要求和部署，2006年4～5月，组织开展了安全生产隐患排查治理检查工作；6月下旬至7月下旬，结合全国安全生产月活动，对6个分局10个重点施工项目进行安全生产执法和专项整治检查；12月对局属12个二级单位进行年终检查考核。2006年工程局对所属二级单位的检查率达100%，对施工项目的安全检查率达90%。

全年共举办安全生产法律法规、安全管理知识讲座4期，接受教育的有中国水电十局的领导、项目经理、二级单位分管安全生产工作的领导和安全生产管理人员共计359人次，消防安全知识教育培训312人次，入厂安全教育培训133人次，特种作业人员复训525人次，企业负责人、项目负责人、安全管理人员培训21人次，注册安全工程师培训3人次。

（中国水利水电第十工程局）

中国水利水电第八工程局的工程建设情况

一、竣工、开工、投产项目

（一）合同竣工项目

2006年，中国水利水电第八工程局（以下简称水电八局）在国内有92个合同项目竣工，主要有：小湾电站左岸缆机基础及1000m高程以上坝基开挖与支护及相关工程（2006年6月），小湾电站1000m高程以下拱坝坝基开挖与支护及相关工程（2006年6月），索风营电站大坝工程（2006年9月），浙江西溪水库工程（2006年6月），雷打滩大坝围堰土建工程（2006年6月），湖北松树岭电站大坝土建及金属结构安装工程（2006年7月），云南谷拉电站大坝工程（2006年10月），湖南渔仔口水电站工程（2006年12月），云南柏香林电站首部枢纽工程（2006年3月），银盘电站319国道改线工程（2006年7月），三峡右岸电站机组埋件分包合同（2006年9月），三峡右岸水轮机埋件制作（2006年9月），小龙门航电闸门及启闭机制造安装工程（2006年3月），三板溪电站机电设备安装工程（2006年10月），彭水电站水机埋件制作工程（2006年5月），海南省三亚大隆水利枢纽金属结构工程（2006年11月），四川新政航电工程闸坝及厂房泄水、引水及尾水系统闸门与拦污栅制造工程（2006年6月），江苏龙源如东风力发电基础工程（2006年12月），广州番禺区石龙联围堤围达标加固工程第Ⅰ标段（2006年5月），福清市港头镇洋边洋土地整理工程（2006年3月），南托基地49～54栋住宅楼工程（2006年4月）。

（二）开工项目

2006年，有101个合同项目开工。主要有：云南小湾电站水垫塘、二道坝工程（2006年1月），四川美姑河坪头电站厂区枢纽工程（2006年1月），云南腊寨水电站厂房土建工程（2006年2月），银盘电站砂石生产系统（2006年1月），银盘电站混凝土生产系统（2006年1月），大渡河深溪沟水电站砂石、混凝土生产系统（2006年1月），金沙江向家坝水电站太平料场和马延坡砂石加工系统工程建设及生产供应工程（2006年2月），陕西榆林大柳塔小区橡胶坝工程（2006年5月），重庆草街航电枢纽厂房及冲沙闸土建工程（2006年9月），云南芒里水电站大坝及厂房土建部分工程（2006年10月），糯扎渡水电站进水口土建工程（2006年11月），乌江思林水电站升船机土建工程（2006年12月），溪洛渡电站右岸水垫塘边坡开挖及支护、坝肩连通开挖及供料平台工程（2006年12月），南水北调中线京石段应急供水工程（委托河北建设管理项目）第S28施工段（2006年3月），构皮滩电站金属结构设备制造第二标段（2006年1月），构皮滩电站金属结构设备制造第三标段（2006年1月），三峡右岸电站机电设备安装与调试公用系统工程（2006年5月），湖南黑麋峰抽水蓄能电站机电及金属结构安装工程（2006年4月），白市水电站机电及金属结构设备安装（2006年4月），广东省珠海市临港工业区鸡啼门西滩东大堤南段工程（2006年6月），江苏龙源如东风力发电工程（2006年9月），四川广元至巴中高速公路路基土建工程LJ5合同段（2006年8月），太（原）澳（门）公路广东省顺德碧江至中山沙溪段工程施工B类（2006年11月），华能巢湖电厂2×6万kW新建工程输煤土建工程施工（2006年11月），华能巢湖电厂2×6.01万kW新建工程化水、废水、燃油、升压站、厂前区土建工程施工（2006年11月）。

（三）机组投产发电

2006年水电八局完成11台机组安装，总装机容量114.35万kW：①江西廖坊电站3、2、1号机组分别于2006年3月11日、6月3日、9月26日投产发电，总装机容量5.1万kW；②程江口水电站1号机组2006年3月18日投产发电，装机容量1.25万kW；③松树岭水电站1号、2号机组分别于2006年1月23日投产发电，总装机容量2.5万kW；④三板溪水电站4、3、2、1号机组分别于2006年7月25日、8月11日、11月5日、12月25日投产发电，总装机容量100万kW；⑤越南西山电站1号机组2006年12月26日投产发电，装机容量5.5万kW。

二、联建、承建的工程项目及进展情况

（一）长江三峡水电站右岸厂房、砂石工程

水电八局（占50%股份）与水电三局、水电七局组建的三七八联营总公司承担的三峡水电站右岸厂房继续施工。2006年12月30日三峡右岸电站厂房23号机最后一榀网架吊装就位，右岸电站主厂房提前30天全线封顶，标志着三七八联营总公司（水电八局为责任方）承建的8台机组的厂房土建工程全面进入收尾阶段。水电八局独立承建的三峡下岸溪砂石料生产系统承担了三峡工程建设75%的砂石骨料供应任务。2006年生产销售成品砂石料95.6万m^3，其中砂32.3万m^3、碎石63.06万m^3。

（二）金沙江溪洛渡水电站右坝肩开挖、中心场砂石系统工程

水电八局独立承建该工程右岸坝肩开挖及缆机平台第二标段、中心场砂石系统等项目。截至2006年底，坝肩开挖至505m高程，常规支护至535m高程，泄洪洞边坡570m高程以上支护全部完成。水垫塘边坡开挖、常规支护至559m高程，供料平台混凝土浇筑完成。中心场砂石系统完成成品砂石料销售83.6万m^3。

（三）云南小湾水电站右坝、砂石工程

小湾水电站混凝土双曲拱坝，坝高292m，坝顶长922.47m，底宽69.49m，顶宽13m。1～23号坝段土建及金属结构安装工程由水电四局、水电八局组建的四八联营体（水电八局占40%股份）承建。到2006年底，14～23号坝段混凝土浇至1021～1034.5m高程。小湾水电站孔雀沟砂石系统建设、运行由水电八局独立承担，设计处理能力每小时2050t。2006年生产销售砂石料255万m^3，孔雀沟石料场2006年底开挖至1398m高程，支护至1434m高程。

(四) 贵州构皮滩水电站大坝

构皮滩水电站混凝土双曲拱坝，最大坝高232.5m，总库容55.64亿m^3，河床坝身泄洪，左岸三级垂直升船机。构皮滩水电站大坝工程由水电八局、水电九局组建的八九联营体承建。截至2006年底，大坝9、13、15、19号坝段混凝土浇至494m高程；10号坝段混凝土浇至506m；11、17号坝段混凝土浇至515m；12号坝段混凝土浇至500m；14号坝段混凝土浇至503m；16号坝段混凝土浇至497m；17号坝段混凝土浇至515m；18号坝段混凝土浇至509m；20号坝段混凝土浇至482m。

(五) 重庆乌江彭水水电站大坝、砂石、金属结构制作安装工程

彭水水电站位于重庆市彭水县的乌江上，是乌江干流水电开发的第10个梯级，大坝为Ⅰ等弧形混凝土重力坝，坝高116.5m，坝顶长309.53m，9孔泄洪闸，库容14.44亿m^3。右岸地下电站装机容量5×55万kW，多年平均年发电量61.24亿kW·h。水电八局承担大坝土建和金属结构安装工程、右岸鸭公溪砂石系统和混凝土生产系统土建、运行等项目。截至2006年底，彭水电站各项目工程形象进度如下：①右岸鸭公溪砂石系统：全年生产销售砂石料共计140.6万m^3；②右岸混凝土生产系统建设及运行管理：全年预计生产销售商品混凝土78.7万m^3；③大坝土建及金属结构安装：2006年底大坝2号坝段混凝土浇至295.0m高程，3号坝段混凝土浇筑至271m，4～6号坝段混凝土浇筑至248m，7～9号坝段碾压混凝土浇筑至251m，11～13号坝段碾压混凝土浇筑至254m，14号坝段混凝土浇筑至292.0m；④机电设备安装：完成1～5号机肘管、锥管安装，1、2号主厂房桥机安装调试，1、2号机排空管制作安装，2～5号机基础环、座环拼装，4号机机坑里衬安装，500kV开关站接地预埋，3、4号机母线竖井电气埋件安装，机组技术供水系统、场内排水系统管路安装随土建进度进行。

(六) 金沙江向家坝水电站砂石工程

向家坝水电站太平料场、马延坡砂石加工系统为目前国内最大的人工砂石系统，承担向家坝水电站主体工程混凝土浇筑所需的2680万t砂石骨料供应任务。2006年底，太平料场粗碎车间1、2号机主体混凝土浇筑完成。1、2号半成品土建完工；2号半成品料仓已完成回填80%。一筛、中碎车间土建完成。马延坡砂石系统3号半成品料仓地弄土建完成，弧门安装完成。成品加工区各车间土建全部完成，金属结构制作安装完成70%，棒磨车间，四筛、五筛车间设备安装完成，单机调试完成。成品料仓地弄土建全部完成，设备安装完成60%。

(七) 四川武都水库大坝工程

武都水库是武都引水的水源工程，坝址位于四川省江油市武都镇上游约4km的摸银洞峡谷涪江上游河段，是以防洪、灌溉为主，结合发电，兼顾城乡生活及环境用水等综合利用的骨干水利工程。

水库工程区位于龙门山褶断带前山构造带的北段，库尾上游附近、库首段分别有龙门主中央断裂与前山断裂通过，坝址区为泥盆系中统白石铺群观雾山组可溶岩地层，坝基岩溶洞穴、次级断层破碎带和层间错动带等软弱结构面发育，因此坝区工程地质条件十分复杂。

大坝坝顶高程661.34m，坝顶长度727.0，设计建基面最低高程541.0m，最大坝高120.34m，坝体为RCC重力坝。水库总库容5.72亿m^3，坝后式厂房位于左岸，装机容量3×50MW。GIS室、变压器室布置在厂、坝之间。坝轴线以下430m范围内的河床左右岸进行护岸及防泄流冲刷保护。水库工程属Ⅰ等工程，枢纽主要建筑物有碾压混凝土重力坝及坝后式厂房，其主要建筑物（水库拦河坝及坝身泄水建筑物）级别为1级，坝后式厂房为3级，大坝地震设计烈度Ⅷ度。

水电八局承建大坝工程，2006年坝基开挖完毕，坝肩二次开挖、厂房边坡开挖完成，碾压混凝土现场工艺试验及固结灌浆试验完成，左坝肩边坡支护完成，毛料场730m高程以上覆盖层开挖完成，坝基深层开挖及下游护坦开挖工程完成。

(八) 重庆草街航电枢纽厂房及冲沙闸土建工程

草街航电枢纽工程位于重庆合川市境内草街附近的嘉陵江干流河段上，是重庆市境内的嘉陵江自下而上规划的第二个梯级，是以航运为主，兼顾发电，并具有拦沙减淤、改善灌溉条件等效益的水资源综合利用工程。草街水库正常蓄水位203m，正常蓄水位以下库容7.54亿m^3，水库总库容22.12亿m^3；渠化航道里程180km，船闸过船吨位2×1000t；电站装机容量500MW（4×125MW），多年平均年发电量19.96亿kW·h。2006年9月12日，水电八局中标该航电枢纽厂房及冲沙闸土建工程。厂区枢纽建筑物主要由厂房坝段（含副厂房、主变压器及GIS室等）、导沙坎、引水渠、尾水渠及尾水导墙组成。2006年10月，工程正式开工建设。

(九) 贵州大花水电站大坝工程

大花水电站是在建世界上最高碾压混凝土拱坝，最大坝高134.5m，大坝坝轴线总长287.56m。水电八局（占70%股份）与武警水电江南公司联营体中标大坝工程。截至2006年底，拱坝左、右坝段碾压混凝土浇筑至872m高程；拱坝右中孔出口段启闭机架混凝土浇筑至829.5m高程；取水口护坡混凝土浇

筑至836 m高程；坝后左岸护坡常态混凝土浇筑至783m高程，右岸浇筑至790m高程。

（十）贵州乌江思林水电站大坝工程

思林水电站大坝为碾压混凝土重力坝，最大坝高117m，坝顶高程452m，坝顶全长310m。水电八局（占60%股份）和闽江工程局组成的八闽联营体中标思林水电站大坝土建工程。2006年底大坝碾压混凝土浇筑至345m高程，下游引航道开挖支护全部完成。

（十一）广东惠州抽水蓄能电站上水库大坝工程

惠州抽水蓄能电站是我国在建的最大的抽水蓄能项目，年抽水蓄能电量60.03亿kW·h。水电八局承建上水库大坝土建工程。截至2006年底，上水库主坝坝体混凝土浇筑至749.5m高程；742m高程以下固结灌浆完成，副坝一帷幕灌浆于2006年9月30日全部完成；11月18日坝基混凝土开始浇筑，截至2006年底完成设计量的36.3%。副坝二于2006年10月22日开始进行填筑，截至2006年底已填至751.1m高程，完成总量的63.93%；帷幕灌浆全部完成。副坝三帷幕灌浆于2006年7月10日全部完成，坝体填筑至765.75m高程；副坝四帷幕灌浆全部完成，坝体填筑至757.82m高程，完成总量的80.6%。

（十二）云南金安桥水电站左岸砂石工程

水电八局承建及运行管理的金安桥水电站砂石加工系统主要承担金安桥水电工程上游碾压混凝土围堰、大坝、引水发电系统等主体工程的砂石料生产，总工期6年。砂石系统于2006年8月8日正式投产，比合同工期提前53天。

（十三）南水北调中线京石段应急供水工程

水电八局承建的南水北调中线京石段应急供水工程六标段，截至2006年底，刘庄排水渡槽累计完成1、2、7、8号墩4个墩身混凝土施工。沙套沟排水涵洞洞身夯扩桩全部完成，截桩完成40%。白堡东公路桥完成桥台、桥墩混凝土施工。刘庄公路桥箱形墩墩基混凝土浇筑完成。白莲峪公路桥累计完成3件拱肋。

南水北调中线京石段应急供水工程S25施工段，截至2006年底，渠道工程完成总开挖量的16.35%；筑堤工程完成总填筑量的27.24%。大寺城涧排水渡槽槽身段桩基完成59.5%。杨城涧桥及城西桥完成基坑部位的土方开挖、桩基施工。

南水北调中线京石段应急供水工程S28施工段，截至2006年底，完成渡槽桩基先导孔的施工，渡槽工程桩、试验桩、渠道及闸室的土方开挖，南放水桥土方开挖正在施工。

（中国水利水电第八工程局）

企 业 管 理

黄河上游水电开发有限责任公司的企业管理

黄河上游水电开发有限责任公司（以下简称黄河水电公司）机关本部设总经理工作部、规划发展部、计划经营部、财务产权部、人事劳动部、市场营销部、安全生产部、工程项目部、监察审计部、党群工作部、工会办公室。

黄河水电公司下设二级机构有龙羊峡发电分公司、李家峡发电分公司、公伯峡发电分公司、陇电分公司（辖盐锅峡、八盘峡水电站）、宁电分公司（辖青铜峡、唐渠水电站）、建设分公司、拉西瓦建设分公司、火电建设分公司、青海新能源分公司、青海黄河发电运营有限公司、黄河电力检修工程有限公司、黄河电力测试科技工程有限公司、青海黄河中型水电开发有限责任公司、青海大通河水电开发有限责任公司（与青海黄河中型水电开发有限责任公司合署办公）、青海禹天监理咨询有限公司、梯级电站集中控制管理中心、新闻中心、培训服务中心、档案中心、陕西黄河水电物资有限责任公司、青海创盈投资集团有限公司、甘肃永明实业有限责任公司、兰州八盘峡电力实业有限责任公司、宁夏青铜峡水电实业有限公司。

一、经营指标

（一）生产能力

2006年，公伯峡水电站5号机组提前一个月投产发电，苏只水电站2、3号机组年内实现双投，公伯峡和苏只水电站机组全部投产发电。新增装机容量46.5万kW，期末生产能力达545.40万kW，期末续建规模462.18万kW，前期规模698万kW。

（二）资产规模

收购盐锅峡、八盘峡、青铜峡三电站增加资产

65883万元；成立大通河水电公司收购大通河流域电站增加资产93881万元。资产总额2802694万元，同比增长14.01%。

（三）发售电量和收支情况

发电量208.39亿kW·h，完成计划发电量194亿kW·h的107.42%，较上年同期增长40.02亿kW·h，同比上升23.76%；上网电量206.6730亿kW·h（含奖励电量78.6万kW·h），完成年计划193亿kW·h的107%，较上年同期增长39.83亿kW·h，同比上升23.87%。

主营业务收入285715万元，完成预算销售收入275984万元的103.53%，较上年同期增加35881万元，增幅14.36%。主要是因电量增加而使电力收入增加59623万元，电价下降使电力收入减少23772万元。

主营业务成本167768万元，完成预算主营业务成本170219万元的98.56%，较上年同期增加18285万元，增幅12.23%，主要是因固定资产增加而使折旧费增加20259万元。

二、企业发展

（一）发展战略

黄河水电公司坚持“流域、梯级、滚动、综合”开发原则，以科学慎重的态度，超前谋划、科学预测、抢抓机遇，在实践中不断完善发展战略，从最初确定“建设一座（水电站），筹备一至两座，储备两到三座”的电站发展思路，到2010年在青海省实现装机容量1000万kW，水、火、气、风等多种能源并举和发展电力上下游产品的发展战略和规划目标。

（二）拓展发展空间

充分把握“西部大开发”和“西电东送”战略机遇，积极拓展西北区域发展空间，发展区域遍布陕、甘、宁、青、新五省区。取得了黄河北干流古贤水电站陕西、山西两省政府给予的开发权；签订了宁夏枣泉煤电联营项目意向性合作协议；收购了黄河支流大通河流域的小水电；受托开展了青海过马营、茶卡风电场的前期测风工作；启动了新疆乌苏火电项目和额尔齐斯河流域水电项目的前期准备工作；多晶硅项目技术引进取得重大突破；格尔木燃气电站建设工作稳步推进，基本上具备了首台机组发电的条件。

三、工程建设

全年累计完成电源项目投资398114万元，完成年计划的102%。

各在建项目主要工程节点基本符合年度计划要求。拉西瓦水电站2006年完成主要工程量：土方明挖5.89万m^3，石方明挖62.07万m^3，石方洞挖52.79万m^3，基坑出渣80.76万m^3，混凝土浇筑51.52万m^3，钢筋制作安装12358.77t。大坝于4月15日开盘浇筑，共完成混凝土浇筑27.3万m^3，钢筋制作安装780t；大坝浇筑最大高度57m，达2269m高程。各项工程满足进度要求。公伯峡水电站5号机组提前1个月发电。苏只水电站2、3号机组按期投产。格尔木燃气电站建设克服各种不利因素，1号机组安装工作结束，进入全面调试阶段。积极协调大通河流域电站投产工作，基本实现了计划目标。

前期项目：积石峡水电站项目环境评价、土地与审议通过国家环保总局、国土资源部审查，具备项目核准条件；导流洞、边坡等工程开挖紧张有序地进行。龙羊峡以上班多水电站可行性研究工作全面展开。羊曲水电站预可行性研究报告通过国家主管部门审查，可行性研究工作按计划开展。茨哈峡水电站预可行性研究基本完成。宁木特、马尔挡水电站预可行性研究工作全面启动。

四、基础管理

为了推行精细化管理，夯实基础管理，黄河水电公司按照中国电力投资集团公司“策划、程序、修正、卓越”的工作理念，在公司系统内组织开展了“转变观念、找准差距、持续改进、追求卓越”大讨论活动。

全年制定发布制度178部，完成制度框架体系内容的91%，为公司构建了运转顺畅、精干高效的制度管理体系。

黄河水电公司聘请汇元律师事务所提供法律服务，所有对外合同和经济往来都经过律师事务所审查会签，建立企业法律风险防范机制。全年会签合同94份，会签率100%，涉及金额约65.7亿元；采纳律师等有关方面的意见600多条。

五、市场营销

2006年黄河水电公司认真研究电力营销策略，千方百计落实国家批复电价；同时不断加大电费回收力度，确保当年电费回收率100%（无争议部分），陈欠电费回收64%，主营业务收入28.57亿元。

（一）努力争取地方政府的支持，积极协调电价政策的落实

2006年1月青海省经委发布《优化配置电量资源开拓省内电力市场的安排意见》和《2006年青海电网电力电量平衡方案》，出台“省内竞价”和省外送电倒推结算价格政策，省外送电由青海省电网公司统一收购向外销售，目的是通过降低电价拉动高耗能市场，保持用电市场稳定，但该政策导致国家批复电价执行不能到位。黄河水电公司经过与当地政府多次协商，送省外电量结算价格由送省外倒推结算价格

120元/（MW·h）提高到125元/（MW·h）［8月份以后提高到130元/（MW·h）］。经过与宁夏电力公司的多次协调，黄河水电公司与宁夏电力公司签订了3.48亿kW·h的购售电协议，但由于从11月起青海电力市场电量开始短缺，青海电网开始向外购电，该合同的执行难度加大。

（二）依据“煤电联动”的相关政策，积极争取电价上调

在2006年新一轮“煤电联动”电价测算工作中，根据国家发展改革委疏导煤炭价格矛盾，解决电价方面存在的突出矛盾问题的精神，黄河水电公司成立了电价调整领导小组，上报了盐锅峡、八盘峡、青铜峡三电站的电价调整及龙羊峡电站已批复电价落实的方案。经过努力，国家发改委以《关于调整西北电网电价的通知》批准盐锅峡、八盘峡电站上网电价由原来的101元/（MW·h）调整为105元/（MW·h），青铜峡电站上网电价由原来的155元/（MW·h）调整为165元/（MW·h）。经过疏导落实，甘肃、宁夏两省区在7月开始执行。2005年煤电联动政策中上调的龙羊峡电价落实也出现转机，青海省政府初步同意龙羊峡电价进行调整，落实龙羊峡电站上网电价的意见已由青海省发改委上报省政府。

（三）积极配合电力监管部门，参与“竞价上网”工作

2006年8月，西北电监局在西安组织召开了西北电力市场建设研讨会，推出《西北电力市场建设方案（草案）》，黄河水电公司以市场营销部牵头对此方案进行了认真的研究，建议推荐盐锅峡、八盘峡、青铜峡作为水电参与竞价试点的方案，目的是在对公司的效益不会产生大的影响前提下，可以使公司参与到西北电力市场的建设中，积累竞价工作的经验。该意见已上报西北电监会。

六、企业改革

逐步完善专业化管理和市场化运作机制，率先在运营公司推行“六统一”工作（即统一的管理体制、统一的管理文件和作业文件、统一的资源配置、统一的薪酬制度和考核机制、统一的培训体系、统一的企业文化），培育专业化管理特色，挖掘专业化管理优势。健全各控股公司、辅业公司法人治理结构。积极稳妥推进企业分离办社会职能；重组青海创盈集团公司和富源电力股份公司，整合辅业各类资源，切实增强了辅业的生存和发展能力。不断深化“三项制度”改革，全面推行领导干部薪酬制和员工绩效考核制；全面实施岗位动态管理，本部、基层单位中层干部和一般管理人员全部实行竞聘上岗，充分调动了广大干部员工的工作积极性、主动性和创造性。

七、科技进步

1. 拉西瓦水电站主要项目

（1）原设计两岸坝基20m左右固结灌浆要待混凝土盖重满足规范要求后进行，与坝基浇筑上升速度产生明显冲突。经现场实验研究，对一期固结灌浆采取无混凝土盖重，二期固结灌浆采用引管法，接触灌浆预埋专用出浆器，排气系统采用溶蚀排气通道新工艺，解决了两岸边坡坝块上升与基础固结灌浆的矛盾。

（2）通过对700MW水轮机钢蜗壳埋入方式选择及相关技术问题研究，确定了水轮机蜗壳采用外包弹性垫层方式，达到国内外先进水平。

（3）在长期试验研究的基础上，拉西瓦水电站在国内首次采用坝后反拱水垫塘，这一结构型式既适应了拉西瓦窄河谷、高地应力地形地质条件，同时又减少了覆盖层开挖量9.064万m^3，减少石方开挖量13.0335万m^3，加快了施工进度。

（4）左低线延伸段公路工程调整进口明线段轴线，减少进口洞脸明挖和支护工程量，为加快隧洞开挖创造了条件；取消了出口10m明拱混凝土衬砌段；进口段全段混凝土衬砌，确保了进口段施工安全，共节约投资1020.34万元。

2. 公伯峡水电站主要项目

（1）导流洞工程：

1）延长涵洞的长度，取消右岸进厂桥，减少混凝土2000m^3，减少钢筋143t。

2）修改右护岸的位置并缩短明渠长度65m，修改后的右护岸可以在岩坎保护下施工，减少混凝土约4000m^3。

3）洞身段断面交初步设计减少2m，减少开挖量2万m^3、混凝土5000m^3。以上节约投资共计805万元。

（2）混凝土面板堆石工程：

1）大坝体形优化。坝体填筑量由招标阶段的486万m^3减至450万m^3。

2）趾板建基面由原1871.0m高程抬高至1877.8m高程，减少开挖量约5万m^3。

3）大坝监测系统优化。大坝监测由原四层布置减少一层，减少仪器20台套及施工、运行期观测费用。

4）大坝下游截水墙取消，优化为与厂房左边墙结合布置。减少开挖量约1万m^3，混凝土6000 m^3，钢筋20t。以上节约投资共计1550万元。

（3）溢洪道工程：引渠扩挖图0－376.284m以上部分取消（2051.0m高程以下），减少开挖17万m^3，节约投资477万元。

（4）引渠、进水口及压力钢管工程：

1）压力钢管由内外壁都用环氧煤沥青漆防腐改为外壁用水泥砂浆防腐，防腐面工程量（内壁＋外壁）8.3万m^2，其中外壁4.2万m^2。

2）进水口基础抬高，减少开挖量4000m^3、混凝土4000m^3。

3）压力钢管采用钢衬钢筋混凝土管（联合受力压力钢管），伸缩节改用高强钢。以上节约投资共计1760万元。

（5）厂房工程：

1）厂房基础灌浆优化。厂房基础灌浆比原设计减少577孔。

2）厂房屋顶结构由钢网架型式改为雁形板结构。以上节约投资共计700万元。

（6）右岸泄洪洞工程：由原设计的龙抬头方案改为旋流消能方案。节约投资4900万元。

（7）右岸防渗工程：右岸防渗墙改用混凝土面板防渗。节约投资980万元。

（8）施工供水工程：施工供水节约投资共计800万元。

（9）过电压保护优化：

1）取消了330kV GIS进线断路器的合闸电阻。

2）在初步设计中，断路器采用双断口结构。通过研究和设计优化采用单断口结构，其可靠性高，操作同期性好，结构简单和技术先进。

3）主变压器中性点接地方式采用小电抗器接地方式，降低了主变压器中性点绝缘水平，降低了主变压器制造难度，降低了变压器运输重量（约5%），降低了主变压器造价（约3%），限制了短路电流，避免了弧光过电压。

4）合理地配置避雷器，减少一组避雷器。以上节约投资共计695万元。

（10）330kV GIS开关站选择和布置优化：开关站初步设计330kV开关站采用敞开式设备，布置在右岸Ⅱ级阶地上，海拔高度为1945m。采用了330kV GIS方案，布置在电站下游右岸。比初步设计总投资减少2700万元。

（11）电气主接线优化设计：电气主接线初步设计330kV侧采用双母线三分段带旁路。电气主接线优化采用双母线接线方案。如按敞开式比较可节约设备投资约1200万元；按GIS比较可节约设备投资约2200万元。

（12）发电机配电装置布置优化：

1）发电机配电装置室布置在坝后，原设计跨度为17.5m，长度为128.35m，底板高程1892.00m。配电装置跨度减小到16m（减少了1.5m），底板高程抬高1.8m。节约土建投资约153万元。

2）增设发电机断路器，提高了电站的运行灵活性，减少了高压侧断路器操作次数，并提高了高压设备的使用寿命，提高了主变压器、厂用系统的可靠性。

3. 苏只水电站主要项目

（1）大坝工程：将挡水建筑物由原设计的黏土均质坝改为复合土工膜堆石坝，节约投资298万元。

（2）金属结构工程：通过优化金属结构节省钢材1401t，节约投资约1129万元。

（3）绝缘油压装置设计进行优化后，节约投资共计约145万元。

八、队伍建设

以“四好”领导班子创建活动为载体，不断完善“四好”邻导班子综合评价考核体系，调整优化班子结构，注重发挥班子整体合力，并通过通报表彰先进、戒勉谈话后进等措施，切实加强了领导干部队伍建设，形成了朝气蓬勃、奋发有为的公司两级领导层。2006年，黄河水电公司首次到各大院校公开招聘公司需要的各类优秀大学生，同时开办各类培训班19期，授课1872课时，689人次接受培训，切实提高了公司经营者队伍、专业技术队伍和技工队伍素质，有效优化了公司人才队伍结构。

黄河水电公司党组从讲政治的高度出发，专题研究和谐企业建设，印发了《关于建设和谐企业的决定》，并从六个方面全面建设和谐企业，努力营造以人为本、团结友爱、共同发展、和谐相处的内外部工作氛围。全面开展了“党员风采”主题实践、“八荣八耻”、“争先创优”、“劳动竞赛”等活动，党、工、团组织作用进一步发挥，切实提高了企业的凝聚力、向心力和感召力。与此同时，公司专门成立了企业文化建设推进领导小组，开始从物质文化、行为文化、制度文化、精神文化四个层面构建公司企业文化体系，并取得了实质性的进展。2006年，公司荣获了“全国五一劳动奖章”和“全国和谐劳动关系优秀企业”称号。

（黄河上游水电开发有限责任公司　胡耀斌　张文俊）

华东宜兴抽水蓄能有限公司的企业建设与项目管理

江苏宜兴抽水蓄能电站工程最早由江苏省电力公司等四家股东出资兴建，按照现代企业制度于2001年成立了项目公司。在股东方几经调整后，公司名称定为“华东宜兴抽水蓄能有限公司”，归属国网新源控股有限公司管理。公司下设七个部室，现有正式员工七十余人。

（一）公司企业建设

公司建立了具有本单位特色的企业制度、文化体系。其中，精神文化体系由公司精神、公司宗旨、人才理念、管理理念、安全理念、质量理念、服务理念、经营理念、公司作风、奋斗目标、职业道德等11部分内容构成；物质文化体系由公司标识、标准字、标准色、办公用品等内容构成；制度文化体系，由工程管理、行政管理、精神文明建设三大类包括合同、安全、质量、财务等13个系列200多个程序文件组成。

（二）工程建设与管理

工程建设全面按照项目业主负责制、招投标制和建设监理制要求进行。在实践中形成了“项目业主负责，设计技术保障，承包商组织保证，监理过程控制，政府总体监督”的建设管理体系。为确保工程建设顺利进行，项目公司在下述几个方面采取如下主要措施。

1. 综合管理方面

（1）确立工程建设目标：公司成立伊始便确立了“确保达标投产、争创精品工程”的建设目标，除将其写入招标文件外，还在承包商进场后利用多种形式进行反复宣传，以起点高、标准高、目标高的要求管理工程。

（2）建立健全各种管理体系：在安全、质量、档案管理、紧急事故预防等方面建立了涵盖业主、设计、监理、承包商各参建单位的组织机构和保证体系。

（3）制定“达标投产考核实施细则”并进行定期考核：公司按照有关规定，分标段、按权重核定分数、设立奖金，分专业、分层次、逐项考核的办法制定并下发了达标投产考核细则，工程建设前期按照半年一次、施工高峰期一季度一次进行全面考核，按考核结果对有关单位进行奖罚。

（4）设立工程建设节点目标：为调动承包商积极性，公司每年年初对关键施工项目，重要工程部位设立节点目标和奖金，在安全、优质、按时完成节点目标后进行奖励。

（5）进行设计代表、监理的定期考核：公司制定了包括资源配置、制度建立、现场服务与管理、记录、问题处理等内容的专门考核文件，公司分管领导与部门每季度进行一次考核，按年度根据节点目标实现与否及工作质量好坏进行奖罚。

（6）学习先进不断提高：项目公司多次组织承包商、监理等单位到外地获奖工程和先进单位参观学习，结合工地实际情况进行改进提高。

2. 安全、质量管理方面

（1）定期开展安全、质量大检查。公司要求，根据工程特点每季度对安全、质量工作进行不同形式的大检查，同时要求对检查中发现的问题限期整改，做到闭环管理。在安全管理方面，工程建设安委会坚持季度例会、安全部门半月一次例会的制度。工程开工至2006年底未发生一起人身死亡事故。

（2）充分发挥政府质量监督作用。项目公司从前期工程建设开始就请政府质量监督机构定期对工程进行质量监督，已进行八次定期巡检和六次专项检查。对检查中提出的问题，公司按举一反三的要求及时落实整改，此举有效地促进了工程质量、安全生产、文明施工等方面的提高和改进。

（3）建立第三方质量检测机构。公司通过邀请招标的方式，请有丰富经验的单位在工地建立中心试验室，规范、公正、有效地进行工程质量检测和分析工作。

（4）开展QC小组活动，解决关键问题。为提高工程质量，公司要求在全工地开展QC小组活动。在岩锚梁施工、砂石料加工等多个项目中，上述两个小组不但获得全国电力系统优秀成果奖，其活动还保证了岩锚梁施工质量，解决了砂石料生产能力不足的问题。

（5）签订安全生产责任状和协议书。公司每年度均与各部室负责人签订安全生产责任状，以加强各级领导的责任感，促进安全生产目标的顺利实现。另外，承包商进场时公司还与每个施工单位负责人签订了安全协议书，明确目标、义务和责任。

（6）注重细节，严格把关。公司对各主要工程项目均安排了专责工程师，从材料、工艺、检测各方面的细微之处做起，严格监督检查，防止各类问题发生。

3. 资金使用

（1）制定内部投资控制概算，确保资金合理使用。在过去的两年里公司组织内部力量，按工程实际发生量和资金使用状况，对工程投资进行了内部调整，编制了内部投资控制概算，在合理使用资金的基础上做到心中有数，以求节省投资。

（2）严格审查工程变更，规范合同管理，控制工程建设投资。为做好上述工作，按照公司程序文件规定，逐级审核工程变更项目、数量以及金额，一切按合同办事，工程投资始终处于可控状态。

4. 坚持工程建设周例会和月进度盘点会制度

为牢牢把握工程进度，公司明确每月召开一次进度盘点，公司领导、部门负责人，总监、设计总工、施工单位负责人均到会，分析形势，明确要求，落实责任。监理每周召开一次工程例会，公司有关部门人员参会，提出问题，制定解决办法，协调关系，安排下周工作。

5. *组织和参加劳动竞赛活动* 2005年江苏省总工会组织全省重点工程劳动竞赛活动，公司积极组织并参加。在2006年评比中，项目公司荣获江苏省总工会颁发的“江苏省群众性经济技术创新工程先进单位”，参建单位和个人还荣获了其他6个奖项。

（华东宜兴抽水蓄能有限公司 郭惠民）

中国水利水电第七工程局的企业管理

（一）以企业的经济发展促社会的繁荣发展

国有企业规模大、人员多、社会责任重和历史包袱重，是构建和谐企业的重点难点问题。要建设和谐企业，必须以“三个代表”重要思想为指导，以生产经营为中心，将发展作为第一要务，贯彻落实科学发展观，抓住机遇，提升核心竞争力，合理调整产业结构，努力开辟国内建筑、国外建筑和资本经营三大市场，形成水电产业与非水电产业两大经济支柱，扩大经营规模，增强综合实力，提高经济效益，使职工收入逐年增加。中国水利水电第七工程局（以下简称水电七局）年总产值从1997年的7.94亿元提高到2005年的41.05亿元；中标合同价款从9.7亿元提高到45亿元；年经营利润从203.5万元提高到9695万元；在岗职工人均年收入从0.735万元增长到2.33万元；总资产从7.98亿元增长到40.6亿元，跻身全国特级企业行列。通过改革发展，实现了水电七局机关和职工生活基地从边远山区向以成都为中心的城市的转移，使12000多名职工安居乐业，13000多名退休职工老有所养，老有所乐。分布在各地的工程项目，还为当地的经济建设和社会稳定作出了贡献。近年来，水电七局中标承建和参建的国内外工程价额已达人民币100多亿元，在基本满足本局职工上岗需要的基础上，引进素质高的外协队伍，为当地提供了数千个就业岗位，许多农村的民工增加了收入，改善了生活，有的还脱颖而出，先富起来。由此说明：必须坚持以经济建设为中心，以创业中形成的新体制、新机制、新素质、新文化和谐局面，推动经济的发展，增加社会财富，为构建和谐社会提供物质保证。

（二）以企业的科学管理促社会的稳定发展

企业和谐是社会和谐的基础。构建和谐企业要坚持信誉至上、管理为重、法治德治并举的方针，按照现代企业制度的要求，建立科学严格的管理体制和运行机制。

水电七局进入市场10年来，按照“科学、创新、高效、诚信”的管理理念，提出了“科学、规范、有序、受控”的八字管理方针，建立并完善了以《企业管理模块》、《企业处罚通则》为基石，以质量、职业健康安全、环境保护一体化管理体系为支撑的管理体制和以经济责任制、年薪制体现竞聘上岗、一岗一薪、岗变薪变等原则的激励约束机制，基本理顺了人、物关系，规范了劳动合同、工程合同的管理，做到了按时足额发放工资，开展职工素质教育和相关法律法规教育培训。水电七局参与国内外百余项工程项目建设，至今无一例业主投诉事件，全局未发生过一起聚众滋事和影响社会稳定的事件，荣获全国和谐劳动关系模范企业、全国建筑业安全生产先进企业、中央企业“四五普法”先进单位，全国工程建设企业管理现代化成果奖等荣誉。2002年以来，连续四年在中国水利水电建设集团公司安全生产、资产经营、党风廉政三项责任制综合考核中名列前三强。

企业民主管理、依法经营，就是企业以自己的良好行为保障职工的合法权益，维护良好的劳动关系，促进全社会形成安定有序的和谐局面；就是为构建和谐社会尽到应有的责任与义务。

（三）以企业的良好形象促社会健康发展

诚信是企业的求生之道、立足之本、发展之基，是企业长盛不衰的关键要素，成功的经营者无不把诚信视为企业的生命。

企业建立之初，所掌握资源较少，能力较弱，应从树立社会责任观念做起，遵守法律框架下的社会责任；在成长期，实力增强，应履行广泛利益层面的社会责任；进入成熟期，拥有相当的能力，就应该承担起资源节约、服务社区、关注环保和公益事业的神圣义务，塑造良好的社会形象。

首先，国有企业要诚信履约，以一流的质量、一流的服务为用户提供满意的产品。特别是工程建设为千年大计，必须把质量安全放在首位。水电七局本着“建一个工程，树一座丰碑，交一批朋友，拓一方市场，育一批人才”的理念，追求卓越，创造精品，许多工程包括一些获奖工程，都是在不良地质条件、低价中标等不利条件下建成的。水电七局也因此获得全国用户满意施工企业、全国重合同守信誉企业等荣誉，并凭借良好的信誉和品牌，开拓了市场，增强了发展后劲。

第二，国有企业要顾全大局，正确处理企业与国家、企业与社会、企业与地方政府的关系。特别要认真贯彻“人与自然和谐发展”的精神，反对急功近利，克服短期行为。水电七局参与开发建设的项目，大多处在秀丽的山川，做好环保工作意义重大。为此，局党政领导主动开展生态环保教育，要求职工自觉遵守国内和国际上有关环境保护的法律法规，不因经济效益而污染环境、破坏生态，必须尊重自然、关爱民生，正确处理开发建设与保护环境的关系，努力保护项目所在地的生态环境，积极参加相应的社会公益活动，从而树立企业良好的社会形象。因此，水电七局在九寨沟、都江堰以及雅砻江、澜沧江、雪域高原、天山南北的各项工程，都严格遵守国家环境保护的法律法规，坚持文明施工，力求工程建设与环境保护相得益彰，人与自然和谐发展，受到用户和当地政府的好评。

第三，办好企业要坚持以人为本，正确处理好个人利益与社会利益的关系，始终保持企业核心价值观与社会核心价值观的和谐统一，妥善处理各个群体的利益矛盾，不断给职工特别是弱势群体以真诚的人文关怀。水电七局加强企业文化建设和思想政治工作，一方面以“驾驭江河，传播光明，乐山乐水”的“双乐文化”激励职工艰苦创业，造福社会；另一方面，根据职工背井离乡、四海为家、开山治水的实际困难，充分理解他们思念亲人、渴望团聚的心情，组织丰富多彩的企业文化活动，坚持“送温暖”活动。1997 年至 2006 年，发放慰问金和困难补助款达 2000 多万元，并为 314 名困难职工子女解决了上学难问题，还拿出 1000 多万元，连续四年为职工包括离退休职工购买补充医疗保险。广大职工为分享企业改革发展的成果而欣慰。尽管企业因资金压力，不能在短期内满足职工的期望值，一些职工还有这样或那样的牢骚和怨言，但总体来说，感到了温暖，充满了信心，并自觉维护企业和社会的稳定。

第四，国有企业在生产经营追求利润最大化的同时，要尽到社会责任，实现经济效益与社会效益的双赢。企业社会责任一般由经济责任、法律责任、伦理责任和慈善责任四个方面的要素构成。

近年来，水电七局以应有的胸怀承担了社会责任，不仅在洪水、山体塌方等自然灾害中奋力救灾，而且关心甘孜、阿坝、凉山等边远贫困地区的经济建设和基础教育，向灾区和希望小学捐献财物折合人民币 800 多万元。积极响应四川省委、省政府开展“部门帮村、党员帮户”结对帮扶的号召，成立相应的机构，并出资 30 万元，助推贫困地区脱贫致富，再次树立了良好的社会形象。多年来，水电七局在水电兴川、工业强省、西部开发、全面建设小康社会的进程中创造精品、造福社会的同时，也得到地方党政、社会各界的支持帮助。可以说，水电七局的发展和成就，离不开党的领导、政府的支持、业界的协作、职工的努力、群众的理解。

和谐企业的建设是构建和谐社会的重要内容。国有企业只有外托市场，内聚合力，自我发展，回报社会，并在构建和谐社会的任务中发挥骨干作用、凝聚作用、纽带作用，作出应有的贡献，才能取得社会各界的信任支持，持续协调发展，不断做优做强做大，为民族的振兴和社会的文明进步作出更大的贡献。

（中国水利水电第七工程局　张建文）

龙羊峡发电分公司的企业管理

（一）基础管理

（1）认真履行资产管理职能。龙羊峡发电分公司（以下简称分公司）按照黄河上游水电开发有限责任公司委托的资产管理职能，进一步完善以资产为核心的经营管理模式，大力推行精细化管理，履行成本中心和利润中心的作用。

（2）加强招标和合同管理。坚持“五个统一”“两个透明”（计划管理要统一，合同管理要统一，物资采购要统一，资金审批要统一，要实现统一的纪检监察和审计；大宗物资的招标采购要透明，工程项目的管理要透明）的原则，规范招标和合同的洽谈、审核、运转等工作，加强合同的执行监督力度，全面参与工程项目合同的洽谈及竣工验收，严格按照合同规定，把好项目质量关。

（3）认真开展经济活动分析。定期召开季度经济活动分析会，分析各项经济技术指标完成情况，查找问题，落实整改，布置后期工作，并着重对发电量、厂用电量（率）、成本费用、管理费用等指标进行细致分析与研究，制定切实有效的措施，落实责任部门及责任人，保证了分公司经济活动的开展和各项经济指标的完成。

（4）加强内控审计、监察管理，开展清产核资效能监察、工程管理效能监察等工作，进一步规范企业经营行为。

（5）认真开展不良资产清理和责任认定工作。根据集团公司和黄河水电公司的要求，经过前期准备、自查清理、整理归类、上报数据、责任认定、技术鉴定、提出意见、中介评估等环节的工作，分公司依据黄河水电公司的批复，以优劣搭配、捆绑拍卖等灵活方式对“账销案存”实物资产进行了有效处置，收回资产残值 75.29 万元，同时追索收回债权 107.36 万元。

（二）制度建设

分公司按照“策划、程序、修正、卓越”的管理理念，积极开展建章立制和流程优化工作，初步形成了“理念、制度、流程”的三级制度体系。一是根据分公司年初工作会议要求，进一步规范了制度建设程序，制定了制度建设规划、制度建设管理流程、年度规章制度修订计划及规章制度的管理制度，编制了制度体系框架（草案）。二是落实责任，对口负责，按照部室职责的不同，明确制度的责任部室和完成时间，确保按期完成。三是加强培训，增强员工对制度管理的认同感，初步做到了“凡事有章可循，凡事有人负责，凡事有人监督，凡事有据可查”，减少中间管理层次与环节，基本实现直线型、程序化的流程管理，提高了工作效率。2006 年，分公司共制定（修订）制度 76 部，其中新制定制度 10 部、修订制度 66 部（归并制度 6 部）、起草待发布制度 36 部、已发制度 30 部。2006 年继续有效执行的制度为 190 部。同时对制度电子文本库内容进行了相应的调整和补充，为员工更好地查询、学习制度提供了便利。

（三）三项制度改革

继续深化三项责任制度改革，建立和完善绩效考核考评体系，制定分公司《岗位动态管理办法》、《绩效考核实施办法》和竞聘上岗实施方案。开展岗位工作分析，进一步规范和细化岗位工作说明书，为绩效考核提供更为细致、合理的标准和依据。全面推行岗位动态管理，截至2006年10月底，分公司共调整岗位20人次，占分公司岗位总数的34.4%。其中竞聘上岗3人次，占调整岗位数的15%。

（黄河上游水电开发有限责任公司　胡耀斌　张文俊）

李家峡发电分公司的企业管理

（一）基础管理

2006年，李家峡发电分公司以建设节约型企业为契机，首先加强了各项基础管理工作。

（1）加强综合计划与全面预算管理，编制形成了“十一五”发展计划、年度综合计划、年度工程项目执行计划，加强了计划调控力度，保障和规范了企业的经营行为。

（2）经济活动分析的广度和深度进一步加强，分析质量逐步提高，经济分析的前瞻性和预见性日渐显现。

（3）合同及造价管理更加规范，经济合同管理效能发挥显著作用，通过对招标和合同全过程管理，细化工作流程，有效降低工程造价，控制成本支出。全年合同执行情况良好，共签订经济合同108份，经公司审计未发现重大问题。

（4）严格执行物资管理规定和物资采购程序，规范了物资采购计划和流程，保证了电站物资供应。

（5）加强工程项目管理，全力做好跨年度技改项目和本年度工程项目的实施和资金申请拨付工作，年度大修、安措、防汛、零购等项目均已完成，技改项目按实施进度完成了投资。

（6）通过业绩评估的深入开展，基础管理工作进一步夯实，管理工作流程进一步理顺，工作水平进一步提高，经营管理工作迈入规范化、法制化、科学化管理轨道。

（二）财务管理

（1）完善预算体系，层层分解预算指标，通过承包控制或归口管理，保证了年内预算不突破。

（2）开展不良资产清理和责任认定工作。组织力量对不良资产进行了全面清查，完善了不良资产台账，对各专业公司占用分公司资产情况进行了成功划转，处置了2004年账销案存资产366项，收回残值11.99万元。不良资产清理和责任认定工作的开展为分公司理清资产、规范管理、建立不良资产管理和防范长效机制、维护国有资产安全运营、促进国有资产保值增值打下了良好的基础。

（3）全面清查固定资产，重新建立了固定资产卡片，结束了分公司几年来固定资产暂估入账、无资产明细的历史，为今后规范固定资产管理提供了便利。

（4）加强资金管理，分公司二级银行账户的管理纳入了中电投集团公司资金集中管理系统，实现了集团公司资金集中管理系统的资金划转及账户查询，有效地提高了资金的利用效率。

（5）制定了分公司资金管理制度和固定资产管理办法，保证了财务工作的规范化、制度化和程序化运作。

（三）实施精细化管理

（1）加强制度建设，完善制度建设组织机构，制定了全年制度建设总体框架和季度制度建设方案。

（2）信息化建设得到加强，对办公自动化系统进行了整体移植，更新了管理理念，改进了管理方法，实现了无纸化办公。

（3）完善了交通管理，实施了油料用管分离，严格执行派车制度，实现了车辆统一调配，提高了行车安全管理和车辆的使用效能。

（4）严格执行业务接待标准，有效控制接待费用。

（5）加强内部审计和效能监察，对经营过程进行全过程跟踪、监控，重点开展了对大修技改、招投标工程项目管理的效能监察。

（6）加强档案资料的规整和完善，规范了档案资料的借阅程序，完成整理积压档案247卷，档案目录检索已实现电子检索，为查阅档案带来极大便利。

（7）制定了人力资源“十一五”规划及中长期人才培养计划，组织参加脱产培训班25个，并邀请专家、学者进行“沟通与交流”等专题讲座。全年共计203人次参加了各类培训，员工素质得到进一步提升，人才培训工作取得了良好效果。

（四）三项制度改革

一是按照中电投集团公司对管理人员“讲政治、有本事、肯实干、能自律、业绩好”的总体要求，年初对部分中层干部进行了调整，同时通过公开竞聘，选拔任用了3名中层干部。按照岗位动态管理制度，对全体中层干部进行了民主测评，对一般管理人员进行了考核上岗，对部分岗位进行了调整，实现了人事工作的动态化管理和专业化管理。二是完善劳务用工管理制度，加强劳动用工管理，签订了派遣协议，派遣员工的权益得到了有效保障，创造了和谐用工的良好用人环境。三是全面推行绩效考核，把员工的业绩和薪酬有机结合在一起，充分发挥薪酬激励作用，提高工作效率和工作质量，为全面实施绩效考核奠定了良好的基础。

（黄河上游水电开发有限责任公司　胡耀斌　张文俊）

公伯峡发电分公司的企业管理

（一）经营管理

2006年，公伯峡发电分公司坚持“以经济效益为中心，以计划为龙头，以资产管理、成本控制为重点，规范经济合同管理，强化概预算管理，确保资产保值增值”的思路，加强经营管理，确保了全年经营目标的实现。

（1）加强综合计划管理。及时上报计划预案，根据批准计划及时编制下达分解计划，各项经营活动形成了先计划、后实施的良性循环机制，计划的龙头作用得到了有效发挥。

（2）规范经济合同管理。全年共签订各类经济合同82份，没有发生合同纠纷，保证了经济活动的健康与安全。

（3）强化概预算管理，不断提高概预算水平，有效控制了生产工程造价，所有生产工程造价均控制在概算值以内。

（4）坚持定期开展经济活动分析，确保了经济活动始终处于可控在控状态。

（5）经营管理的风险意识进一步增强，风险识别能力进一步提高，围绕物资、合同、资金，开展了经营管理风险分析，制定了经营管理风险预控指南，为防范经营风险开辟了有效的途径。

（6）民主管理不断推进。进一步完善职工大会制度，召开了首届三次职工大会；涉及职工切身利益的事项，特别是收入分配方案，通过职工团组长会议审议通过后实施；积极推行厂务公开，通过多种形式，公布企业的重大决策、重要生产经营活动、涉及员工利益的事项以及班子建设和党风廉政建设等事项，提高了企业管理的透明度；动员广大员工广泛参与企业管理、制度建设、经营决策等活动，促进了企业民主管理。

（7）严格执行资金使用程序，坚持资金支出会签审核制和“一支笔”审批制，保证了资金安全，防范了资金风险。

（8）加强固定资产管理，认真开展了固定资产清查工作，进一步摸清了家底，保持了价值管理与实物管理相协调，账、卡、物相一致，确保了资产安全与完整。

（9）加强财产保险的理赔工作，进一步提高了对理赔工作的认识，有效开展理赔工作，理赔资金19.6万元，减轻了财产损失。

（二）经济运行

公伯峡发电分公司始终把经济运行放在重要位置，在“以水定电”的原则下，充分发挥生产现场人员的主观能动性，强化管理，不断提高经济运行水平。

（1）积极与网调沟通，争得了网调的理解和支持，尽可能抬高库水位，全年平均库水位达到2004m高程以上，比2005年提高了1.0m。

（2）组织了尾水河道清理工作，2006年9月3日和16日分两次组织了公伯峡水电站尾水河道的平整清理工作，开挖砂石量近3万m^3，既降低了尾水水位，又削弱了尾水对两岸的冲刷。

（3）认真分析机组经济运行区域，争取合理的运行方式，优化机组间的负荷分配，确保机组在最佳经济区域运行，减少机组空耗，提高了机组效率。通过有效的工作，全年平均耗水率比设计值降低了0.37m^3/（kW·h），同比降低了0.29 m^3/（kW·h），节约水量约19.38亿m^3，增发电量约4.8亿kW·h，创产值约9000万元，大大提高了水能利用率，取得了显著的经济效益。

（4）加强厂用电管理，更换了线路和机组的计量装置，降低了误差，提高了计量准确度；合理安排厂用系统运行方式，控制厂用负荷，降低了损耗，节约了厂用电量；坚持厂用电管理的跟踪分析，发现异常，及时查找原因，及时采取措施予以纠正，确保了厂用电率指标的完成。

（三）制度建设

（1）开展了规章制度的专项评估工作。对以往颁布的规章制度进行了检查评估，查找制度本身存在的缺陷，查找执行过程中存在的问题，明确了有待改进的地方，为进一步搞好制度建设奠定了基础。

（2）充实完善了制度体系框架。根据基层单位规章制度的特点，确立了分公司制度建设的九项原则（合规原则、继承与借鉴原则、广泛参与原则、简单实用原则、界面清晰原则、协调一致原则、程序化原则、闭环管理原则、持续改进原则）和四个序列（管理规范、管理指南、技术规范、应急预案），促进了制度建设的科学性、规范性，增强了规章制度的可操作性。

（3）按照制度规划的总体要求，认真开展了制度的修订工作。目前，已颁布规章制度143部。其中管理规范88部，管理指南11部，技术规范39部，应急预案5部，基本满足了管理工作的需要。

（4）组织开展了“学习贯彻规章制度百日活动”，进一步增强了照章办事的自觉性，提高了规章制度的执行力。

（黄河上游水电开发有限责任公司　胡耀斌　张文俊）

价格与合同管理

国家电力监管委员会“十五”期间投产水电工程项目造价监管信息要点

2006年7月，国家电力监管委员会以第4号公告发布的《“十五”期间投产电力工程项目造价监管信息报告》，是我国第一次以政府主管部门公告的形式发布电力建设项目平均造价水平，其中对水电工程分析了项目总投资及各部分投资构成之间的关系，地区造价差异、建设规模和建设性质对造价的影响，并对批准概算和竣工决算做了对比，是对水电工程项目造价水平的一次较为全面的分析和研究。

（一）总投资及各部分投资构成情况

“十五”期间投产水电工程项目平均单位造价为7992元/kW，其中建筑工程单位造价最高，为2663元/kW，占33.33%。近年来，由于移民安置补偿标准的逐步提高，使建设征地和移民安置的费用快速增长，“十五”期间，其单位造价为1332元/kW，占16.66%，仅次于主体建筑工程，居第二位。机电设备及安装工程单位造价居第三，为1031元/kW，占12.90%。金属结构设备及安装工程单位造价最低，仅为240元/kW，占3.00%。水电工程项目总投资及各部分投资构成见表1。

表1　水电工程项目各部分投资构成

序号	项目名称	批准概算单位造价（元/kW）	所占比重（%）
1	施工辅助工程	561	7.02
2	建筑工程	2663	33.33
3	机电设备及安装工程	1031	12.90
4	金属结构设备及安装工程	240	3.00
5	建设征地和移民安置	1332	16.66
6	独立费用	567	7.09
7	预备费	755	9.45
8	建设期贷款利息	843	10.55
9	合计	7992	100.00

（二）地区造价差异

“十五”期间，华中地区投产水电工程项目概算平均单位造价最高，为11828元/kW；其次是华东地区，为6996元/kW；西北地区最低，为5388元/kW。华中地区概算单位造价偏高的主要原因是样本中部分项目（如小浪底、紫坪铺等工程）的开发任务除发电外，还兼顾了其他综合利用功能。另外还有的项目（如高坝洲水电站）或是水库淹没处理补偿费用较高，或是具有良好调节功能的龙头水库（如冶勒水电站），由于这些项目单位造价高，造成华中地区水电项目整体水平偏高。按项目所在地区的分析计算结果见表2、表3。

表2　各地区水电工程项目平均单位造价　元/kW

序号	项目名称	西北	华东	华中	南方	全国
1	施工辅助工程	444	470	648	563	561
2	建筑工程	2030	1705	4139	1699	2663
3	机电设备及安装工程	992	1290	1098	919	1031
4	金属结构设备及安装工程	222	192	331	165	240
5	建设征地和移民安置	405	1303	2568	586	1332
6	独立费用	544	637	707	411	567
7	预备费	244	739	1179	625	755
8	建设期贷款利息	509	661	1158	759	843
9	批准概算单位造价	5388	6996	11828	5728	7992

表 3 各地区水电工程项目各部分造价比例 %

序号	项 目 名 称	西北	华东	华中	南方	全国
1	施工辅助工程	8.23	6.71	5.48	9.83	7.02
2	建筑工程	37.67	24.37	34.99	29.66	33.33
3	机电设备及安装工程	18.40	18.43	9.29	16.05	12.90
4	金属结构设备及安装工程	4.12	2.75	2.80	2.88	3.00
5	建设征地和移民安置	7.51	18.62	21.71	10.23	16.66
6	独立费用	10.09	9.11	5.97	7.17	7.09
7	预备费	4.52	10.56	9.97	10.91	9.45
8	建设期贷款利息	9.45	9.44	9.79	13.26	10.55
9	合计	100.00	100.00	100.00	100.00	100.00

（三）装机规模与造价的关系

按装机规模分析，大（1）型工程项目单位造价最高，为 10721 元/kW；其次是小（1）型工程项目，为 7127 元/kW；大（2）型工程项目最低，为 6537 元/kW。大（1）型工程项目单位造价偏高的主要原因是其中包括了小浪底水利枢纽，其单位造价为 19291 元/kW，如果剔除小浪底工程，其他大（1）型水电工程项目的平均单位造价仅为 5308 元/kW。不同装机规模水电工程项目具体单位造价情况见表 4、表 5。

表 4 不同装机规模水电工程项目单位造价 元/kW

序号	项 目 名 称	装 机 容 量				全 部
		10～50MW	50～300MW	300～1200MW	1200MW 以上	
1	施工辅助工程	554	608	517	564	561
2	建筑工程	2551	2550	1985	3544	2663
3	机电设备及安装工程	1575	1158	950	933	1031
4	金属结构设备及安装工程	549	327	180	185	240
5	建设征地和移民安置	518	659	1362	2055	1332
6	独立费用	516	680	504	531	567
7	预备费	496	460	423	1447	755
8	建设期贷款利息	370	527	616	1462	843
9	批准概算单位造价	7127	6970	6537	10721	7992

表 5 不同装机规模水电工程项目各部分造价比例 %

序号	项 目 名 称	装 机 容 量				全 部
		10～50MW	50～300MW	300～1200MW	1200MW 以上	
1	施工辅助工程	7.77	8.73	7.91	5.26	7.02
2	建筑工程	35.78	36.59	30.37	33.06	33.33
3	机电设备及安装工程	22.10	17.62	14.53	8.70	12.90
4	金属结构设备及安装工程	7.70	4.70	2.75	1.73	3.00
5	建设征地和移民安置	7.26	9.45	20.84	19.17	16.66
6	独立费用	7.24	9.76	7.71	4.95	7.09
7	预备费	6.96	6.59	6.47	13.49	9.45
8	建设期贷款利息	5.19	7.56	9.42	13.64	10.55
9	合计	100.00	100.00	100.00	100.00	100.00

（四）不同建设性质与造价的关系

从此次分析结果可以看出："十五"期间投产新建水电工程项目单位造价为8368元/kW；扩建项目单位造价为2398元/kW。由于部分水电工程项目在新建时就预留了扩建的位置和库容，因此扩建项目的单位造价指标比新建项目要优越很多。不同建设性质水电工程项目分析计算结果见表6、表7。

表6 不同建设性质水电工程项目单位造价 元/kW

序号	项目名称	新建	扩建	全部
1	施工辅助工程	590	118	561
2	建筑工程	2791	764	2663
3	机电设备及安装工程	1047	798	1031
4	金属结构设备及安装工程	250	89	240
5	建设征地和移民安置	1414	115	1332
6	独立费用	585	299	567
7	预备费	800	87	755
8	建设期贷款利息	891	128	843
9	批准概算单位造价	8368	2398	7992

（五）批准概算与竣工决算的对比分析

通过对批准概算与竣工决算的工程总投资及构成总投资的各部分投资指标分别进行对比分析，具有竣工决算的水电工程项目批准概算平均单位造价为6294元/kW，竣工决算单位造价为5769元/kW，竣工决算比批准概算减少525元/kW，比例为8.34%。具体结果见表8。

表7 不同建设性质水电工程项目各部分造价比例 %

序号	项目名称	新建	扩建	全部
1	施工辅助工程	7.06	4.91	7.02
2	建筑工程	33.35	31.85	33.33
3	机电设备及安装工程	12.51	33.26	12.90
4	金属结构设备及安装工程	2.99	3.71	3.00
5	建设征地和移民安置	16.89	4.81	16.66
6	独立费用	6.99	12.47	7.09
7	预备费	9.56	3.64	9.45
8	建设期贷款利息	10.65	5.34	10.55
9	合计	100.00	100.00	100.00

通过对批准概算与竣工决算的对比分析可以看到：

（1）建设征地和移民安置投资增加40元/kW，反映社会各方对建设征地和移民安置问题日益关注，建设征地和移民安置补偿标准有较大提高，因此使工程投资超过概算。预计"十一五"期间这部分费用还会有较大幅度的增长。

（2）机电设备及安装工程投资较批准概算减少147元/kW，减少幅度为14.91%，这主要与"十五"初期电力建设规模有限，国内机电设备制造厂家生产任务不饱满有关，设备招标价格普遍低于概算价格较多。"十五"后期，国内主要机电设备供求关系有明显变化，设备价格上涨很快，预计"十一五"期间机电设备部分在总概算构成中的比例将有所提高。

（3）由于竣工决算中预备费大多包括在项目的主体各部分工程中，因此在竣工决算中预备费与批准概算预备费不具可比性。

（中国水电工程顾问集团公司 郭建欣等）

表8 水电工程项目批准概算与竣工决算各部分投资对比

序号	项目名称	批准概算单位造价（元/kW）	竣工决算单位造价（元/kW）	竣工决算—批准概算（元/kW）	变化百分比（%）
1	施工辅助工程	431	381	−50	−11.58
2	建筑工程	2151	2156	5	0.22
3	机电设备及安装工程	983	836	−147	−14.91
4	金属结构设备及安装工程	267	217	−50	−18.60
5	建设征地和移民安置	1074	1115	40	3.76
6	独立费用	495	455	−40	−8.05
7	预备费	401	155	−245	−61.24
8	建设期贷款利息	492	453	−39	−7.90
9	合计	6294	5769	−525	−8.34

水电参与电力市场竞价的若干问题

随着我国电力市场建设的推进，水电参与电力市场竞争是电力市场建设必然面临的问题，尤其是在水电占比重较大的地区，例如华中地区和南方地区。根据《国民经济和社会发展第十一个五年规划纲要》，我国建设资源节约型、环境友好型社会，水电是清洁能源，更需要合理、高效地利用。由于水电不同于火电的特性，例如来水具有不确定性、大部分水电站需要兼顾综合利用功能、梯级水电站之间存在水文联系等，使水电参与电力市场竞争面临很多问题。所以如何利用市场机制引导水电资源的高效利用，以及在电力市场条件下如何实现水电站综合利用的社会职能是水电参与市场竞争亟须解决的问题。

水电具有的特性包括：水电在电力生产中不排放有害气体、烟尘和灰渣等，没有核辐射污染，属于清洁能源，而且可以循环利用；水电站特别是大型水电站一般都担负有防洪、航运、灌溉、供水等社会职能；水电站之间存在天然的水文联系；水电站受来水不确定性和水情预报精度限制，导致发电出力和发电量的可控性不高；水电机组启停灵活、响应速度快，是电力系统理想的调峰、调频和备用电源。

水电站有多种分类方式。按综合利用情况可分为单一发电水电站、以发电为主兼顾综合利用功能的水电站（某些综合利用功能具有时间区间性如防洪，有些具有连续性如航运对下泄流量的约束）、以综合利用为主兼顾发电的水电站。按调节性能可分为径流式水电站（含日调节电站）、季调节水电站和年调节水电站（含多年调节水电站）。按水文联系可分为孤立水电站和梯级水电站。不同类型的水电站由于特性不同，其参与市场竞争的交易方式和竞价模式也应该有所区别。

（1）不同类型的水电站在参与市场竞争时需要充分考虑各自的特点，参与的交易类型以及参与交易的方式应该区别对待。同时，在防洪、航运、灌溉期间，水电站在参与市场竞争时应首先满足综合利用职能的要求。

（2）梯级水电站的报价主体建议采用按报价单元进行报价。可将同一流域中具有季调节及以上性能的水电站和下游水文联系紧密的径流水电站（包括装机容量在100MW以下的统调径流水电站）设置为一个报价单元。

（3）当梯级水电站在市场中的中标电量不协调时，建议首先充分利用水库的调蓄能力，使弃水减少；其次对于没中标或中标电量少的水电站，原则上由电力调度交易中心安排发电，供电价可按较低的价格处理，然后对电厂的报价进行重新排序。在电力市场建设初期，对电厂因梯级水电站中标电量不协调而产生的损失不考虑补偿问题，但是当电力市场逐渐成熟后应考虑采用市场手段解决。

（4）对于水电站因报价失误或其他原因在市场中未中标而产生弃水时，为尽量减少弃水，原则上只要网络安全允许，由电力调度交易机构在实际运行中安排发电，但是电价按照较低的价格处理，如按日前现货市场中最低中标价格（或水电的最低报价）的一定百分比例如80%执行。

（5）对于水电由于水情预测不准而产生的电量偏差，在电力市场建设初期建议通过年度合同电量或月度中标电量的滚动调整解决。但随着电力市场的逐步成熟，建议设置发电权转让市场解决水电的电量预测不准的问题。

水电参与市场竞争有很多问题需要进一步深入研究，如两部制在市场条件下如何充分发挥水电在电力市场中的作用。

（摘自《电力技术经济》）

全新FIDIC 99版与我国建设工程施工合同管理

（一）概述

随着我国越来越多的企业从事国际土木工程承包施工和国外施工企业进入国内建筑市场，按照国际通用的规则进行土木工程项目交易活动已经成为一种必然。企业要想生存和发展，就必须与国际接轨。对于建筑业来说，这种国际通行的标准以及与国际接轨的重要方式就是各种通用的合同文本，其中最完善、适用最广的是FIDIC施工合同条件。

（二）关注FIDIC 99版的原因

FIDIC委员会一直在对其条款进行跟踪调查和精心修订，并于1999年9月出版了重大调整后的全新版本，称为“1999年第1版”（以下简称FIDIC 99版）。它比较公正地规定了合同各方的职责、权利和义务，并且程序严谨，可操作性强，凭借其科学性和公正性得到国际上的广泛认可。

根据1996年英国Reading大学受FIDIC和EIC的委托针对FIDIC红皮书的应用情况的调查显示，全球38个国家的有关政府机构、业主、承包商以及工程师等204家单位中，使用最广的为1987年第四版，占80%；使用第三版的仍有14%。可见，在国际上FIDIC的应用范围相当广，而且普遍采用多次修改后相对完善的新版本。在国内，虽然直接应用FIDIC合同条件的工程并不多，然而随着我国加入WTO后我国建筑市场的进一步开放，目前以及将来参照或者采用FIDIC合同条件签订的施工合同将越来越多，其应用前景相当乐观。考虑到FIDIC 99版与实际结合以及利益权衡上的优势，采用精心修订后的FIDIC 99版将是大势所趋。所以，有必要认真学习和掌握FIDIC 99版，提高认识，以便开展我国《建设工程施工合同（示范文本）》的修订工作。

（三）FIDIC 99版中的改进

FIDIC 99版在条款的编排以及对雇主的职责、权利和义务等方面都有了很多新的规定，例如在强调雇主的支付义务方面规定雇主应该向承包商提供"支付保函"并在专用条款后附有此保函的格式，增加了雇主的"资金安排"和"付款计划表"等保护承包商权益的举措；在违约鉴定和处罚方面也对雇主提出了严格的规定，增加了构成雇主违约的三种情况；在保护雇主权利方面首次明确了业主的索赔程序等。然而引起关注的还是关于对工程师权利和争端解决方面的修订。

1. 对工程师权利的修订　英国Reading大学对FIDIC红皮书做过一项调查，列举现行的红皮书有19个"最差的特点"和16个"最好的特点"，工程师的作用位于最差的特点之首和最好的特点之六。可见，工程师在项目实施过程中起着重要作用，是各方密切关注的一个重点。FIDIC 99版合同条件规定，工程师仅行使合同中规定的或必然隐含的权利，其独立行使权受到了很大的限制，将最后的"生杀大权"交给了争端裁决委员会（DAB），所以工程师几乎已降为"雇主的受托人员"。另一方面，第四版的FIDIC中，任命后的工程师是不可以替换的，而FIDIC 99版修正了这一缺陷，赋予了雇主自由任命工程师的权利（当然也要征得承包商的同意），这也更加突出了工程师是雇主代理的身份特征。

事实上，虽然FIDIC合同条件在国际工程界广泛应用，人们对其规定的工程师的特殊地位还是颇有争议的。由于工程师是受雇于业主的，以赢利为目的提供商业性技术服务，这层经济的关系就很难保证其在处理争端时的公正性。另外，承包商向工程师提交的争端大多数是由工程师在工程实施过程中已作出的决定，而如果承包商不满，要求复审推翻或修改工程师原来的决定，基本上也是不可能的。

2. 引入争端裁决新机制　合同的订立一定要遵循公平、公正、公开的原则，尤其是在处理争端的时候。FIDIC 99版合同条件在这方面有了很大的改进，尤其是DAB的引入，实践证明也取得了良好的效果。公正一般包括实体的公正和程序的公正，实体公正体现在事实认定真实和法律适用正确两个方面，程序公正则要求裁判中立、当事人平等、程序参与和程序公开。DAB方式采用中立的第三方专家裁判方式，充分听取当事人意见，更容易达成令人满意的结果，实现实体和程序的公正。DAB方式所采取的非对抗争议解决方式，有助于防止两败俱伤，减少诉讼风险。

FIDIC 99版合同条件采用的DAB和所附"争端裁决协议书的通用条件"、"程序规则"等文件，形成了系统解决国际工程争端的方法和组织机构。双方应在投标书附录中规定的日期前，联合任命一个三人或一人的DAB，成员由合同双方共同决定。当采用三个成员时，合同条款要求每一方指定一名成员由另一方同意，第三个成员则由双方共同指定，并成为DAB的主席。这种指定方法与国际工程的仲裁委员会的确定很相似。而且DAB是在工程开始前就已指定好的，这比在争议后再成立调解小组要合理，效率也更高。可以说DAB是一种介于调解和仲裁、诉讼之间的非法律程序性的争端解决办法。但是DAB和工程师裁决相比也有它的劣势，因为毕竟工程师是每天都在现场的，他们对工程的情况比一年才来两三次的DAB成员要了解得多，作决定时考虑的证据更充分，对项目的控制力也更强。从DAB成员的产生程序和有关工作制度可以看出，DAB比由雇主单方面任命并付报酬的工程师更能公正地处理争议。

（四）FIDIC 99版对我国建筑工程合同修订的指导作用

开始我国引进FIDIC合同条件是因为一些利用外资的大型国际工程（例如鲁布革水电站、小浪底工程）必须使用国际招标和国际通用条款，在实际应用过程中逐步发现采用FIDIC的项目在工期、质量和成本三大目标上都能达到令人满意的效果，例如二滩水电站因此而节省了5.5亿的建设资金，所以越来越多的国内项目也开始采用FIDIC合同条件。鉴于国内目前更多采用的还是《建设工程施工合同（示范文本）》（以下简称《示范文本》），而随着我国建筑市场与世界的接轨，参照国际惯例尤其是利用FIDIC 99版合同条件更全面、更细致、更严谨的特点，有必要对《示范文本》进行较大幅度的修改和补充。以下便是借鉴FIDIC 99版合同条件对我国《示范文本》的几点修改建议：

（1）对《示范文本》各类时间限期要区别对待。由于各个工程的规模大小、合同所涉及单位的资源及效率都有一定差异，所以不能统一地都采用一样的时间约束。

（2）确定监理工程师的权威性。我国推行的施工监理制与FIDIC合同条件所体现的管理模式是一致的。但是我国的《示范文本》赋予监理工程师的权力是不够的。29.1 款对工程师变更权利的限制，《示范文本》中只规定了发包人对承包人提出变更，工程师只是对承包商提出的施工组织设计的改动予以确认，可见监理工程师对变更工作是相当被动的。应该借鉴FIDIC合同条件 13.1 款中由工程师发布变更指令（即使是业主希望的变更也要得到工程师的同意）的做法。

(3) 学习 FIDIC 99 版合同条件对索赔和争端的解决办法。首先是条款的规定上要明确、全面和具体，使双方在出现争端时有证可依、有据可循，明文规定解决索赔和争端的方法和程序，增强可操作性。当世界银行采用 FIDIC 99 版后，预计会全部改为采用 DAB（或 DRB）方式，因此应该抓紧学习和熟悉 DAB。就我国目前的条件而言，完全有条件建立 FIDIC 99 版合同条件中 DAB 或类似的机制。建议有条件的机构（比如中国工程咨询协会）在政府以及企业的支持和帮助下，宣传、推动建立真正独立于雇主与承包商，能够公正、快速、低成本地处理争议的机制。

(4) 学习 FIDIC 99 版合同条件的合同管理思想。合同管理是项目管理的核心，任何一个项目均应设立合同管理部，负责管理合同实施中的各项工作，包括风险管理、索赔管理，以及有关文档资料管理。合同双方只有深刻理解该合同条件的管理模式，才能认清自己在工程中的责任与权利，避免造成不必要的经济损失。尤其是在我国加入 WTO 后所处的新世界经济环境中，需要尽快建立与国际惯例接轨的合同管理机制，才能加强我国企业的自我保护意识和提高参与国际竞争的能力。FIDIC 99 版合同条件中的很多文档管理、审批、索赔与反索赔的思想对我国的《示范文本》的应用与改进都有极大的借鉴和参考价值。

（五）结束语

工程建设随着环境的变化以及项目本身的特点而不尽相同，所以固定的合同条件还不能真正发挥其应有的作用，这也是 FIDIC 合同条件和我国《示范文本》都在不断改进的原因。对雇主、承包商和咨询工程师来说，加入 WTO 后应用 FIDIC 合同条件是与国际接轨的重要方面之一。它是用国际惯例适用的法律来保护雇主或承包商应得利益的法律条款依据，其浓厚的案例法色彩体现了案例法国度“合同是法律的唯一依据”的通则。所以，认真学习 FIDIC 合同条件，理解并掌握其中的精髓，借鉴国外工程建设管理的成功经验以及失败的教训，努力提高我国工程建设企业的管理水平，才能在激烈的国内外两个竞争市场上都有出色的表现。

（重庆大学建设管理与房地产学院　陈孝琴
西安理工大学水利水电学院　马　斌　朱记伟）

推进电价改革，促进电力工业又好又快发展

一、关于电价改革

（一）改革的特点和目标

“十一五”电价改革的任务：继续深化电价改革，逐步理顺电价机制。为此，要按照《国务院办公厅关于印发电价改革方案的通知》（国办发［2003］62号）及相关规定，稳步推进各项电价改革。要结合区域电力市场建设，尽快建立与发电环节竞争相适应的上网电价形成机制，初步建立有利于促进电网健康发展的输、配电价格机制，销售电价要反映资源状况和电力供求关系并逐步与上网电价实现联动。要实行有利于节能、环保的电价政策，全面实施激励清洁能源发展的电价机制，大力推行需求侧电价管理制度，研究制定发电排放的环保折价标准。在实现发电企业竞价上网前，继续实行煤电价格联动。此外，要逐步健全电力市场监管体系，依法实施有效监管。

总体看，“十一五”电价改革不是想象的“突飞猛进”，而是与大众的预期有一定的差距。电价改革作为一项影响到全行业，乃至上下游利益格局的改革，每走一步都必须稳妥，否则，差之毫厘，就可能与改革的初衷失之千里。国务院办公厅《关于“十一五”深化电力体制改革实施意见》（以下简称《实施意见》），部署了“十一五”电价改革重要的工作任务，传递了明确的价格政策信号。

“十一五”电价改革具有延续性特点，即电价改革的方向、原则、主要内容都是既定的，“十五”期间已做了大量工作，“十一五”的任务要在此基础上，进一步推进、落实、做好。改革的目标是要逐步形成与市场经济相适应的电价机制。但要看到，电价改革是一项复杂的系统工程，涉及到各种主体的直接利益，难度和阻力不可小视，不可能一蹴而就，但改革的方向是明确的，决心不能动摇，必须积极、稳妥推进。

（二）改革的重点工作

针对“十一五”电力体制改革和电价改革任务，输配电价改革和销售电价与上网电价联动将是“十一五”电价改革的重头戏。

作为上网电价和销售电价“翘翘板”中间支点的输配电价改革，将对电力行业利益格局产生重大影响。独立的输配电价机制的确立及价格水平的确定，既是电网企业赖以生存和发展的重要政策机制，也提供了重要的市场价位信号，是发挥市场配置资源作用

的关键，同时监管的对象和基础也更为清晰，有助于形成有效监管。

输配电价改革的路径可描绘成三个步骤：首先是尽快实施电网的主辅分离和主多分离改革，解决输配电主业、辅业和多经混业经营问题，清晰资产和成本，使得输配电成本真实可控；第二步是要加快制定电网输配电价格成本监审办法，从成本项目的构成和归集、成本的核定原则和方法、成本的审核权限和程序等规范输配电价格成本行为，严格控制输配电计价成本，尤其是工资、奖金、福利等人力成本要重点控制；第三是在上述基础上确定合理的输配电价（近期为支持电网发展，应采取成本加成方法核定电价），使电网的运营和发展在机制上得到保障，同时要对电网的经营实施严格监管，纠正和制止电网谋求不合理利益的行为。

此外，制定合理的输配电价是推进大用户直供的关键所在。但大用户直供的输配电价只是正常输配电价的一种特殊形式，合理的输配电价机制确立及价格水平确定了，大用户直供的输配电价及大用户直供问题也就迎刃而解。

销售电价要反映资源状况和电力供求关系并逐步与上网电价实现联动，这是《实施意见》提出的明确要求。从目前的情况看，尽管厂网已经分开，部分区域电力市场陆续启动，但是，由于输配电价尚未独立定价，销售电价反映资源稀缺程度和电力供求并与上网电价实行联动的机制还未建立起来，所以，市场配置资源的作用还远未发挥，从这个意义上说，电价改革可谓任重道远。

在电力市场化改革未到位的情况下，煤电价格联动也不失为一种临时解决煤电矛盾的有效办法，可以说是权宜之计。从本质上讲，煤电联动仍是一种政府行为，或者说是计划行为，实施起来管理成本还比较高，需要不断改进和完善。而上网电价与销售电价联动则是反映供求关系的市场行为，是改革的方向和目标，也是电力市场正常运行的关键，应加大改革力度，积极创造条件施行。但前提是，只有在校正扭曲的价格的基础上实现市场联动，才能反映资源的稀缺程度和污染治理成本水平，才能真正发挥电价的杠杆调节作用。

此外，“十一五”期间，推进电力市场建设，加快竞价上网步伐，建立与发电环节竞争相适应的上网电价形成机制；逐步实施有偿提供辅助服务的机制，研究制定辅助服务收费标准；推进销售电价分类改革，优化有价结构，减少交叉补贴；实行输配环节财务分开独立核算试点，为输配电价分开打下基础等也都是重要的改革任务。

二、关于电价政策

1. 政策取向和特点　“十一五”电价改革没有大的起伏，电价政策取向非常明确，就是要围绕节能、环保作文章，推动经济结构调整、经济增长方式转变，促进电力工业健康协调发展。电价政策的特点是：杠杆调节作用更为明显，宏观调控色彩更加突出，反映资源稀缺程度和市场供求状况的要求更高。《实施意见》中明确，实行有利于节能、环保的电价政策，全面实施激励清洁能源发展的电价机制，大力推行需求侧电价管理制度，研究制定发电排放的环保折价标准。国家之所以实施或强化节能环保的电价政策，原因在于我国经济发展面临严峻的资源和环境约束，一些高耗能污染产业过快增长，经济增长的资源和环境成本过高，代价太大。不加快调整结构、转变增长方式，资源很难支撑，环境会日趋恶化，发展难以为继。必须下大力气、采取强有力的措施加以解决，这也是构建社会主义和谐社会、实现经济又好又快发展的必然要求。要解决这些问题，必须是行政手段、经济措施、市场力量多管齐下进行调控，而电价政策在促进节能环保、推动经济结构调整等方面具有不可替代的作用，是最直接、最灵敏、最有效的一种手段。因此实行或强化节能环保的电价政策，实施激励清洁能源发展的电价机制，实属必然。其实，《实施意见》尚未出台前，一系列有关节能、环保的政策已经将电价调节作为促进电力工业健康协调发展的手段之一，而《实施意见》的进一步明确，扩大了电价改革和电价政策的操作空间，使其有了更加实在的着力点。

2. 脱硫电价政策　2004年，国家针对燃煤发电机组排污问题，出台了脱硫电价政策，一是将安装脱硫设备的新产燃煤机组标杆电价较未安装脱硫设备的每千瓦时提高1.5分钱；二是在部分有条件地区，对已进行脱硫改造的燃煤发电机组上网电价提高1.5分钱。应该说，脱硫电价政策对于提高发电企业安装脱硫设备的积极性，减少煤炭燃烧后二氧化硫的排放量起到了明显的作用。但在脱硫电价政策执行过程中，由于全国煤炭资源含硫量千差万别，脱硫成本存在差异，目前用一个电价水平来核定脱硫成本不尽合理，对参与主体也不公平。“十一五”期间，要进一步完善脱硫电价政策，逐步实施根据燃煤机组脱硫改造的实际投资和运行成本核定脱硫电价，将环境保护成本完整计入电价，实现环境保护的“外部成本内部化”。同时，要加强监管，确保安装脱硫设施的正常运行，按标准排放。没有正常运行的，要扣减脱硫电价。

3. 降低小火电机组上网电价政策　具体规定为，2004年以前投产的小火电机组，价差在0.05元/

(kW·h)以内的，分两年降低到标杆电价；价差为0.05～0.1元/(kW·h)的，分三年降低到位；价差在0.1元/(kW·h)以上的，分四年降低到位；并不得实行价外补贴。目的在于发挥电价的调节作用，逐步淘汰效率低下、污染严重的小火电，促进“上大压小”；促进小火电关停，鼓励投资建设大容量、低消耗的发电机组，实现电力资源的优化配置。

4．促进可再生能源发展的电价政策　“十一五”期间将根据可再生能源法的规定，实施《可再生能源发电价格和费用分摊管理办法》和《可再生能源电价附加收入调配暂行办法》，制定并颁布水电、风电、生物质能等可再生能源发电上网电价和接网费用标准，对可再生能源发电企业上网电价高于常规发电企业平均上网电价的部分以及可再生能源发电项目的接网费用，通过电价附加形式在全国范围内的销售电价中分摊，从电价政策上促进可再生能源发展。2006年国家在煤电价格联动时，已在电价中附加了一厘钱用于可再生能源发展，2007年正式启动附加收入的调配工作。

5．峰谷分时电价和丰枯电价政策　2003年全国大范围缺电以后，很多省市加强了需求侧管理，推出了峰谷电价和丰枯电价政策。据统计，2004年，国家电网公司系统销售侧执行峰谷分时电价电量达到7003亿kW·h，占总售电量的53%；执行丰枯电价电量达到596亿kW·h，占总售电量的13%。峰谷分时电价政策的实施，对于削峰填谷、调节需求，提高负荷率，调整用电结构以及减少弃水，减少资源浪费，提高水能利用效率等发挥了重要作用。但也存在政策制定及操作机制不够健全，执行力度不够，措施需要细化等问题。针对这些问题，“十一五”期间，需要对现有的峰谷分时电价和丰枯电价制度进行补充和完善，加大推行力度。

三、关于电价监管

（一）找准定位，突出重点

电价监管是电力监管机构的重要工作。认真贯彻落实《实施意见》，在新的条件和形势下，加大电价监管力度，做好电价监管工作，必须要把握和处理好以下几个问题。

(1) 要理清思路，突出重点。理清思路就是要正确认识当前电力改革、发展和电力监管工作的形势，分析当前开展电价监管工作的有利条件和面临的困难，本着思想要活跃、思维要开阔、头脑要清醒、思路要清晰的原则来梳理工作思路，确定工作目标和重点。突出重点就是要抓住当前电力改革和发展中亟须解决的问题，选择一两件重点工作，集中力量、全力以赴地做好，抓出实效。

(2) 要找准定位，主次得当。电力监管要依法监管，找准定位就是要根据法律、法规和国务院赋予的职权，依法进行电价监管，既不缺位，也不错位、越位。主次得当就是根据职责分工和权限，属于负责或牵头的工作，要负起责任，切实履行职责，全力做好；属于共同管理的工作，要积极主动，发挥作用；属于配合、参与的工作，要积极参与，提出意见。

(3) 要扎实工作，“有为有位”。要加强学习和研究，提高业务水平、综合素质、监管能力，切实履行法律、法规和国务院赋予的电价监管职责，要加大电价监督检查力度，敢于碰硬。对于查实的违法违规案件，要严肃处理，典型案件要通过媒体公开曝光。要通过扎实而有效的工作来增加发言权，扩大影响力，赢得声誉，做到“有为有位”。

（二）主要工作

(1) 加快电价监管的规章和规范性文件的出台，促进电价监管法制化、规范化。根据《电力监管条例》的有关规定和中编办《关于明确发展改革委与电监会有关职责分工的通知》中规定的职责以及《实施意见》，要抓紧研究制定并陆续出台一批电价监管的规章和规范性文件，包括《跨区域输电价格审核办法》《输配电价格成本审核办法》（与国家发展改革委共同制定）《电力辅助服务收费管理办法》和《电价监督检查管理办法》等。以加大电价监管力度，规范电价行为，维护电力市场秩序，保护市场主体的合法权益，使电价监管做到有法可依，依法监管，促进电价监管法制化、规范化。

(2) 加强对垄断的输配电环节成本和价格的监管。按照电力体制和电价改革的方向，竞争性的发电、售电价格将逐步由市场竞争形成；垄断性的输、配电价格由政府制定。输配电环节将是今后国家管制的重点。按照国务院办公厅赋予国家电监会“拟定输电和供电企业成本规则”的职能和中编办［2005］13号文件有关规定，将与国家发展改革委共同研究制定《输配电价格成本审核办法》，对电网企业的输配电成本进行规范和控制，加强对输配电成本的监管。为此，要积极主动，加强研究，提出意见和建议，在输配电成本和价格监管工作中发挥应有的作用。

(3) 加强跨区跨省价格的监管。根据中编办［2005］13号文件，跨省（区）电力价格由电监会负责监控，并根据交易情况提出价格调整意见，其中跨区输配电价以电监会为主进行审核。据此，针对跨区跨省价格存在的问题，要加强对送电、输电和售电价格的研究和监管，提出调控意见。对跨区输配电价，要尽快了解情况，出台审核办法，加快跨区输配电价的审核工作。同时对原有价格要合理调整，该上调的就上调，该下调的就下调。要进一步规范跨区跨省交易的价格行为，协调解决存在的问题，促进跨区跨省电量交易，促进资源在更大范围内的优化配置。

(4) 结合电力市场建设，对电价改革和电价调整提出建议，促进合理电价机制形成。电价改革与电力市场建设相辅相成，相互依托，一定程度而言，电价改革影响着电力体制改革和电力市场建设的进程和成败。因此，客观上要求有关部门加强合作和配合，共同推进电力市场建设和电价改革。电力监管机构要密切配合价格主管部门，加快电价改革步伐，促进合理电价机制形成。在推进电价改革中，要以国家电价改革方案的原则为依据，以市场化改革为取向，以区域电力市场为平台，同步推进上网电价、输配电价和销售电价改革，建立销售电价与上网电价的联动机制，加大销售电价结构性调整。要建立合理、规范、透明的电价监管制度，形成政府宏观调控和监管机构依法监管相结合的电价管理体制。同时要针对电力企业成本变化的影响以及市场供求的变化情况，对电价调整提出建议，以缓解电力企业经营困难，促进电力行业发展。

(5) 加强电价监督检查，促进电价行为的进一步规范。电价监督检查是电价监管的重要内容，也是电价改革和电价政策实施的保障，还是维护正常电价秩序的重要手段。按照中编办文件规定，做好电价监督检查是电监会的一项重要职能。近期要结合电价改革和一系列电价政策的出台实施，强化监督检查，确保执行到位。通过检查，纠正并查处违法违规行为，维护市场主体和群众的合法利益，同时提出完善电价政策的建议。对典型违法案件，要公开曝光，震慑违法行为。同时要研究制定规范性的制度、办法，使电价监督检查制度化、规范化。

(6) 加强对电价信息披露的监管。信息作为一种独特的资源在经济发展和市场交易中有着重要的作用。由于信息不对称，市场交易难以公平、公正，同时会造成市场价格信号失真。为规范电力市场秩序，根据《电力监管条例》的有关规定，监管部门将加强对价格及相关信息资料的统计分析并定期向社会披露，逐步解决发电企业、电网企业信息不对称问题，增加社会公众对电价信息的知情权，增加电价等信息的公开、透明、对称，维护市场主体的合法权益。

（国家电力监管委员会　黄少中）

现代企业制度下的施工成本管理

当前国有大中型企业正面临转换机制、全面走向市场的关键发展期，根本在于增强企业活力，增强企业自主经营、自负盈亏、自我发展和自我约束的能力。作为建筑施工企业也面临着激烈的市场竞争，能否在市场竞争中立于不败之地，关键在于能否为社会提供质量优、工期短、成本低的产品，而企业能否获得良好的经济效益，关键在于成本是否低廉，因此做好施工项目成本控制十分重要。

一、施工项目成本控制的原则

施工项目成本控制就是在项目成本形成过程中，对工程施工中所消耗的各种资源和费用开支进行指导、监督、调节和限制，及时纠正可能发生的偏差，把各项费用的实际发生额控制在计划成本范围之内，以保证降低成本目标的实现。其目的是合理使用人力、物力、财力，降低成本，增加收入，提高工程项目成本的管理水平，创造较好的经济效益。为此，在项目成本控制中要遵循以下原则。

（一）全面控制原则

1. 全员控制　施工项目成本是考核施工项目经济效益的综合性指标，它涉及到与施工项目成本形成有关的各部门、各单位和班组，也与每个职工切身利益相关，因此，施工项目成本的控制需要大家共同关心。有关的各部门、各单位和个人都要肩负成本责任，把成本目标落实到每个部门乃至个人，真正树立起全员控制的观念。

2. 全过程控制　施工项目成本的发生涉及到项目整个周期。因此，项目成本形成的全过程（从投标开始至中标后的实施及竣工验交）都要有成本控制的意识。在投标阶段，做好成本的预测，签好合同；在中标后的施工过程中，要制定好成本计划和成本目标，并采取技术和经济相结合的有效手段，控制好事中成本；在竣工验收阶段，要办理工程结算及追加的合同价款，做好成本的核算和分析，使施工自始至终处于有效控制之下。

（二）开源与节流相结合的原则

成本控制为了提高经济效益，其途径包括降低成本支出和增加预算收入两个方面。这就需要一方面“以收定支”，定期进行成本核算和分析，及时发现成本节约、超支的原因；另一方面，加强合同管理，及时办理合同外价款的结算，提高项目成本的管理水平。

（三）目标管理原则

成本控制的目标管理是管理工作的基本方法和手段，即目标设定、分解→目标的责任到位和执行→检查目标的执行结果→评价和修正目标，从而形成目标管理的计划、实施、检查、处理循环。在实施目标管理过程中，目标的设定应切实可行，越具体越好，要落实到各部门、班组甚至个人；目标的责任应全面，既有工作责任，更要有成本责任。如技术人员在选择施工方法时，要做到技术上切实可行即工作责任的要求，同时经济上要合理即成本责任的要求；目标的检查应及时全面，发现问题，及时采取纠正措施；评价应公正、合理。只有将成本控制置于上述良性循环之中，成本目标才可能实现。

（四）责、权、利相结合的原则

成本控制过程中，项目经理及各专业管理人员都负有一定的成本责任，从而形成了整个项目成本控制的责任网络。要使成本责任得以落实，责任人应享有一定的权限，即在规定的权限范围内可以决定某项费用能否开支、如何开支和开支多少，以行使对项目成本的实质控制。如物资采购人员在采购材料时，应享有选择供应商的权力，以确保材料成本相对最低。最后，企业领导对项目经理，项目经理对各部门在成本控制中的业绩要进行定期检查和考评，要与工资、奖金挂钩，做到奖罚分明。只有责、权、利相结合，才能使成本控制真正落到实处。

（五）节约原则

节约人力、物力、财力是提高经济效益的核心，也是成本控制的一项最重要的基本原则。应做好三方面的工作：一是严格执行成本开支范围、费用开支标准和有关财务制度，对各项成本费用的支出进行限制和监督；二是提高施工项目科学管理水平，优化施工方案，提高生产效率；三是采取预防成本失控的技术组织措施，制止可能发生的浪费。真正做到向管理要效益，向技术要效率，确保成本目标的实现。

二、施工项目成本控制的有效途径

（一）按照量、价分离原则，控制工程直接成本

工程直接成本主要是指在施工项目成本形成过程中直接构成工程实体和有助于工程形成的人工费、材料费、机械使用费及其他直接费，按照量、价分离原则，应从以下几个方面着手进行有效控制。

1. 材料成本控制　包括材料用量控制和材料价格控制两方面。

（1）材料用量的控制包括：

1）坚持按定额确定的材料消费量，实行限额领料制度，各班组只能在规定限额内分期分批领用，如超出限额领料，要分析原因，及时采取纠正措施。

2）改进施工技术，推广使用降低料耗的各种新技术、新工艺、新材料。

3）在对工程进行功能分析、对材料进行性能分析的基础上，力求用价格低的材料代替价格高的材料。

4）认真计量验收，坚持余料回收，降低料耗水平。

5）加强现场管理，合理堆放，减少搬运，降低堆放、仓储损耗。

（2）材料价格控制包括：

1）买价控制，通过市场行情的调查研究，在保质保量的前提下，择优购料。

2）运费控制，合理组织运输，就近购料，降低运输成本。

3）考虑资金、时间价值，减少资金占用，合理确定进货批量和批次，尽可能降低材料储备。

2. 人工费控制　主要从用工数量方面进行控制。

（1）根据劳动定额计算出定额用工量，并将安全生产、文明施工及零星用工按一定比例（一般为5%～10%）一起包给领工员或班组，进行包干控制。

（2）要提高生产工人的技术水平和班组的组织管理水平，合理组织，减少和避免无效劳动，提高劳动效率。

（3）对于技术含量较低的单位工程，可分包给分包商，采取包干控制，降低工费。

3. 机械费控制　要充分利用现行机械设备，内部合理调度，力求提高主要机械的利用率，在设备选型配套中，注意一机多用，减少设备维修养护人员的数量和设备零星配件的费用。

（二）精简项目机构、合理配置项目部成员、降低间接成本

项目机构的设置要根据工程规模大小和工程难易程度等因素，按照组织设计原则，因事设职，因职选人，各司其职，各负其责，选配一专多能的复合型人才，降低管理人员的费用。当前，应控制项目部的招待费，根据工作制定出招待标准，严格控制。

（三）加强质量管理，控制质量成本

质量成本是指项目为保证和提高产品质量而支出的一切费用，以及未达到质量标准而产生的一切损失费用之和。它包括两个主要方面：控制成本和故障成本。控制成本包括预防成本和鉴定成本，属于质量保证费用，与质量水平成正比关系；故障成本包括内部故障成本和外部故障成本，属于损失性费用，与质量水平成反比关系。质量标准比较适宜，是合适的质量成本。当前迫切需要的是降低故障成本。

（四）强化索赔观念，加强索赔管理

在竞争日趋激烈的市场中施工企业面临着施工风险，特别是承包国际工程时，更离不开索赔。通过索赔，以弥补承包商不应承受的风险损失，使承包工程的合同风险分担程度趋于合理。为增强索赔意识、合同意识、时间和成本观念，必须培养提高索赔的管理能力，提高合理管理水平。

（五）用好调价文件，正确计算价差，及时办理结算

随着市场经济的不断完善，各种价格要素要由市场调节。在工程建设活动中，价格变化会对工程的造价产生重大影响，因此在工程结算时必须及时、客观、全面地予以考虑。目前国内工程主要采用调价系数和实际价格差价方法，相对简单一些；国际工程大都采用调值公式法进行调价。实践证明，承包商通过价格调整是获取额外收入的重要途径之一。如果事先确定好调价公式中的各种价格指数及各种可变因素和不变因素的调价比重，则是一种潜在的、比较客观增加额外收入的方法。

三、结语

由于工程施工产品的唯一性、特殊性，各个项目都有其成本管理的重点控制的科目与阶段，这就需要所有的管理人员，积极开拓思维，在现代企业制度下，探索出施工项目成本管理的有效方法，为企业争取更大的利润。

（中国水电基础局有限公司　白丽萍）

12

水电站生产运行

生 产 管 理

黄河上游水电开发公司 2006 年水电生产情况

黄河上游水电开发有限责任公司（简称黄河水电公司）拥有龙羊峡、李家峡、公伯峡、盐锅峡、八盘峡、青铜峡、唐渠等水电站。2006 年，公伯峡水电站 5 号机和苏只水电站 2、3 号机投产，两电站机组全部投产发电；新增装机容量 46.5 万 kW；期末生产能力达 5454MW。

（一）生产指标完成情况

1. 发电量　2006 年，计划发电量 194 亿kW·h，实际完成 208.39 亿 kW·h，完成年发电量计划的 107%。其中龙羊峡发电分公司全年发电量 60.4270 亿 kW·h，完成年计划的 109.53%；李家峡发电分公司全年发电量 56.9665 亿 kW·h，完成年计划的 108.76%；公伯峡发电分公司全年发电量 52.3825 亿 kW·h，完成年计划的 110.09%；苏只水电站全年发电量 3.1262 亿 kW·h，完成年计划的 59.43%；陇电分公司盐锅峡水电站全年发电量 16.2104 亿 kW·h，完成年计划的 111.03%；陇电分公司八盘峡水电站全年发电量 8.0662 亿 kW·h，完成年计划的 97.77%；宁电分公司全年发电量 10.0285 亿 kW·h，完成年计划的 101.35；唐渠水电站全年发电量 1.1850 亿kW·h；完成年计划的 136.96%。

2. 综合厂用电率　2006 年，黄河公司综合厂用电率 0.83%，同比降低 0.09 个百分点。其中：龙羊峡水电站综合厂用电率 0.97%，同比增加 0.01 个百分点；李家峡水电站综合厂用电率 0.23%，同比减少 0.20 个百分点；公伯峡水电站综合厂用电率 0.61%，同比持平；盐锅峡水电站综合厂用电率 1.77%，同比持平；八盘峡水电站综合厂用电率 1.83%，同比减少 0.45 个百分点；青铜峡水电站（唐渠）综合厂用电率 2.04%（1.37%），同比增加 0.17（—0.02）个百分点；

3. 机组可靠性　①机组台均利用小时 4041.71h，同比增加 239.09h；机组等效可用系数 90.05%，同比减少 0.97 个百分点。②全年发生非计划停运（7 次）0.19 次/台，同比增加 0.10 次/台。其中：列入生产考核非计划停运 1 次，同比减少 2 次；处于试生产期的非计划停运 6 次（不列入生产统计）。

4. 继电保护装置投入率　2006 年，继电保护装置投入率 100%，同比持平；自动化装置投入率 99.44%，同比提高 0.41 个百分点；继电保护及安全自动装置正确动作率 98.8%，同比提高 0.62 个百分点，梯级水电站故障录波次数 10 次，录波完好率 100%，同比持平。

5. 机组检修　全年完成机组检修 38 台·次，其中机组 A 级检修 2 台·次、B 级检修 6 台·次、C 级检修 26 台·次、D 级检修 4 台·次，检修全优率 100%。

6. 耗水率　龙羊峡水电站为 3.22 m^3/（kW·h），李家峡水电站为 3.32 m^3/（kW·h），公伯峡水电站为 3.69 m^3/（kW·h），苏只水电站为 31.19 m^3/（kW·h），盐锅峡水电站 11.06 m^3/（kW·h），八盘峡水电站为 27.22 m^3/（kW·h），青铜峡水电站为 21.18 m^3/（kW·h），唐渠电站为 23.63 m^3/（kW·h），均未超出控制指标。

7. 来水量　龙羊峡水库全年累计入库水量为 146.69 亿 m^3，累计出库 194.85 亿 m^3。年末水库水位 2582.22m，相应库容 183.32 亿 m^3，水位较上年同期低 13.65m，库容同比减少 48.16 亿 m^3。

（二）安全生产情况

黄河公司系统牢固树立“任何事故都是可以避免的”安全理念，下移重心，前移关口，切实落实安全责任和保障措施，全面加强业绩评估工作，采用对标管理的科学方法，有计划、有步骤、分层次地对公司所属各单位进行了综合评估和安全专项评估，持续改进安全生产薄弱环节，不断提高安全生产管理水平。充分发挥专业化管理优势，着力提高机组运行和检修质量，逐步加大设备技术改造力度，稳步提高设备自动化水平，龙羊峡、李家峡、公伯峡、苏只、盐锅峡、八盘峡、青铜峡七座水电站水调、电调信息全部接入梯级电站调度自动化系统并通过验收；苏只水电站实现远方调度，在流域电站“无人值班”（少人值守）和“四遥（遥测、遥信、遥调、遥控）”方面迈出了实质性步伐。2006 年，黄河水电公司所有电站和专业公司经受了大负荷、大流量运行等诸多考验，刷新原来保持的长周期安全生产纪录。其中龙羊峡水电站 3435 天，李家峡水电站 2399 天，公伯峡水电站 1582 天，盐锅峡水电站 2084 天，八盘峡水电站 2866

天，青铜峡水电站2403天，苏只水电站366天。

2006年龙羊峡水电站发电设备经受了高水位、大负荷运行，一些设备问题通过检修得到解决。6月14～16日公司组织对龙羊峡水电站高水位、大负荷运行进行安全评估，专家组一致认为，龙羊峡水电站机组完全能够在高水头、大负荷下稳定区安全运行。

（三）专业化管理

1. 检修管理　黄河电力检修工程有限公司（黄河水电公司的子公司）严格按照中国电力投资集团公司推进的检修“三制一化创全优（检修文件包制、点检定修制、监理制，标准化）”的工作部署，强化检修管理过程的监督与指导，完成了《黄河水电公司机组检修文件包》编制目录。各发电分公司正在进行机组检修文件包的修订、完善和升级工作。检修公司严格执行检修规程，全面推行A级机组检修第三方监理制，加强机组检修质量控制，全年完成机组A、B、C、D四级类检修，质量全部优良。

2. 运行管理　青海黄河发电运营有限公司（黄河水电公司的子公司）开展了质量管理体系和职业健康安全管理体系认证贯标活动，取得了质量管理体系和职业健康安全管理体系资质认证。结合生产现场运行管理工作的特点，运营公司深入开展运行分析、危险点分析和预控工作，推广各运行部的“良好的实践经验”，做到“勤联系、勤调整、勤汇报”，严肃调度值班纪律和运行值班纪律，严格执行“两票三制”及安全生产各项管理规定，认真履行并网调度协议，运行操作程序规范化、标准化的目标在公司系统已基本实现，机组的安全经济运行水平得到进一步提高。根据工作需要，运营公司承担了集控电调水调值班工作和大通河流域电站运行维护工作。

3. 测试管理　黄河电力测试科技工程有限公司（黄河水电公司的子公司）在各电站技术监督、水工建筑物维护和大坝安全管理工作中，及时发现和督促消除设备缺陷和隐患，加大对发现问题的跟踪监督力度，实现各项工作的闭环管理，确保了机电设备和水工建筑物的安全、稳定、经济运行。全年共办理工作票1064张，发现各类缺陷691项，缺陷消除率为98.52%，确保了各电站机电设备和水工建筑物及其附属设备的安全稳定运行。组织完成了六个电站的汛前详查工作，进行了拦污栅、排洪设施和危石清理、防汛物资补充、大坝自动化系统检查维护等工作，完成了各电站防汛项目的实施，保证了各电站水工建筑物及其附属设备汛期的安全运行。编制完成了黄河水电公司系统2006年度技术监督计划及外委项目，并结合设备检修工作，逐步完善部分技术监督计划。编制完成了2006年度仪器设备维修、率定计划并已按计划实施。对公司的各项技术监督工作进行了检查，针对检查中发现的问题安排限期进行了整改。

（黄河上游水电开发有限责任公司　胡耀斌　张文俊）

南方电网公司成立调峰调频发电公司

为确保南方电网安全、经济、优质运行，加强南方电网调峰调频电厂的运营、维护、管理和建设，中国南方电网有限责任公司2006年7月设立调峰调频发电公司。

调峰调频发电公司是南方电网公司的专业化分公司，按照南方电网公司授权，统一运营、统一管理、统一建设南方电网区域调峰调频电厂。目前，调峰调频发电公司下属天生桥水电总厂、鲁布革水电厂、广州抽水蓄能电站、惠州抽水蓄能电站和规划中的清远抽水蓄能电站，分布在贵州、云南、广东省境内，已投运装机容量4320MW，在建装机容量2400MW，“十一五”规划容量4500MW。

2006年南方电网调峰调频发电公司认真贯彻“更加注重科技进步”的工作方针，加大科技投入，不断向科技要实力，取得了明显成效。

天生桥水电总厂继续建设设备在线监测系统，提高掌握主设备健康状态的能力。针对2号主变压器修复和电抗器总烃超标问题，加装了天二2号变压器、天平Ⅱ线电抗器B相油色谱在线监测装置，实施了天生桥水电总厂4号机组在线监测系统，增强了主设备事故隐患的监测能力。

鲁布革水电厂于2004年12月5日启动厂房无人值班试运行，2005年4月27日，通过专家组验收。2006年又对无人值班工作进行完善，开展96点负荷曲线控制研究，进一步满足水电厂厂房无人值班的要求。2006年9月，鲁布革水电厂“创建厂房无人值班运行管理模式”荣获全国电力企业管理现代化创新成果一等奖。

广州抽水蓄能电站在MAXIMO平台上，融入电厂生产管理方面的经验，研制开发了e-PMADS软件产品，该系统包含了设备资产管理、工作规范管理、工作管理、物资管理、采购管理、决策支持、合同与服务、系统管理及基础服务等八大功能，将先进的计算机软硬件技术、网络通信技术和管理信息技术融入到电厂生产管理中，给生产管理带来了效率与活力，有效的提高了电厂信息化管理水平。目前，除e-PMADS系统外，广州抽水蓄能电站已建设、完善了办公网络机组温度实时监控系统、办公网络调速器实时监控系统、图纸电子化系统、PDA巡检系统等一批结构合理、技术领先的生产辅助系统；完成了A

厂主变状态监测PLC改造、尾闸远方控制改造、励磁滑环碳刷换型和B厂主变压器高压套管在线监测系统安装应用、蓄增乙线保护升级等27项技改。丰富了重要设备的状态监测手段，增强了主设备事故隐患的监测能力，提高了设备运行可靠性。

惠州抽水蓄能电站工程通过应用“惠蓄管理信息系统（HXPMS）”这个信息化综合应用平台，进行全方面的工程项目管理，达到了实现信息资源共享、提高工程建设管理水平和提高管理效率的目的。该系统是结合惠蓄建设管理实际和水电建设工程管理特点，通过利用计算机网络信息技术，以工程管理为基础，以合同管理为纽带，将业主、监理、设计、施工等各参建单位的业务集成到一个统一的信息平台之下，管理的内容涉及工程建设管理的各个领域，涵盖了合同、质量、投资、安全、物资、图纸、文档等各个方面。2006年，该系统的应用已全面深入到惠蓄所有参建单位和公司各个部门，为惠蓄工程建设管理发挥了重要的作用。

另外，抓紧做好广东清远抽水蓄能电站工程前期工作。该电站规划站址位于广东省清远市清新县境内，与广州直线距离约75km，电站装机容量1200～1800MW。上水库坝址以上集雨面积1.33km^2，下水库坝址集雨面积10.18 km^2。在《南方电网抽水蓄能电站发展规划》中，广东清远抽水蓄能电站是列为“2007～2008年开工建设、2015年前建成投产”的项目。2006年5月31日，项目的预可行性研究工作和系统论证工作启动。2006年10月31日，项目预可行性研究报告完成，不久又通过了水利水电规划设计总院与广东省发展和改革委员会的审查。

（中国南方电网有限责任公司）

广西桂冠电力公司水电生产运行情况

广西桂冠电力股份有限公司（简称桂冠电力公司）成立于1992年9月，是国有控股大型股份制企业。2002年12月29日，根据国务院批准的国家电力体制改革方案，桂冠电力公司的控股股东由原来的广西电力有限公司变更为中国大唐集团公司（以下简称集团公司）。2006年5月11日，桂冠电力公司在广西工商行政管理局重新登记注册，注册资本135072.717万元。

截至2006年底，桂冠电力公司可控发电装机容量3133MW。其中，大化水电厂装机容量456MW，百龙滩水电厂装机容量192MW，茂县天龙湖电力有限公司装机容量180MW，广西桂冠开投电力有限责任公司装机容量600MW，大唐桂冠合山发电有限公司装机容量1120MW，广西平班水电开发有限公司装机容量405MW，四川茂县金龙潭电力有限公司装机容量180MW。

2006年桂冠电力公司水电生产运行情况如下：

（一）生产运行统计

2006年度桂冠电力公司水电在役机组23台，总装机容量2013MW。水电企业发电量总计为71.51亿kW·h，同比增长46.42%；上网电量总计为70.43亿kW·h，同比增长46.85%。

（二）运行调度

针对龙滩水电站9月30日开始下闸蓄水事宜，桂冠电力公司积极与广西电网调度部门沟通协调，及时组织桂冠电力公司系统各水电企业研究应对措施，优化水库调度方案和机组运行方式，并制定保供电措施，圆满完成2006年国庆、龙滩下闸蓄水及“三会一节”期间的保供电工作任务。

（三）质量管理

2006年，桂冠电力公司根据质量管理体系工作需要，举办一期质量管理体系内审员培训班。2006年9月完成质量管理体系内部审核工作，12月6～7日通过方圆标志认证集团广西有限公司质量管理体系外部监督审核。

2006年5月，百龙滩水电站第一次大坝安全定期检查工作正式启动，整个大坝定期检查工作历时一年，计划于2007年4月完成。截至2006年底，百龙滩水电站第一次大坝安全定期检查9个专题报告的编制工作已全部完成，为综合评价报告编制工作奠定了基础。

（四）标准化工作

根据集团公司《两票管理、使用标准》修编制定了桂冠电力公司《两票管理使用实施细则》，公司系统各单位制定了相应的实施计划，将作业危险点分析、作业指导书和两票标准化有机结合，不断补充完善标准票库和两票管理系统。针对两票三制标准化执行过程中遇到的问题，桂冠电力公司及时组织召开总结分析会并研究解决，努力实现两票“三个百分百”的要求。

（五）科技工作

2006年桂冠电力公司在水电科技发展方面分别荣获四项中国大唐集团公司颁发的科技成果奖，科技论文奖四篇。其中：广西桂冠大化水力发电总厂的《大化、百龙滩水库梯级联合调度方式探讨及应用》和广西平班水电开发有限公司的《平班水电站厂用电系统优化》分别获科技成果二等奖；广西桂冠大化水力发电总厂的《百龙滩电厂水库优化调度》获科技成果三等奖；广西桂冠大化水力发电总厂的《大化电厂机组低水头运行方式分析研究》获科技成果优秀奖；广西桂冠大化水力发电总厂的《百龙滩电厂弃水损失电量原因分析及对策》和《大化水电站库区泥沙淤积分析与研究》分别获科技论文三等奖；广西桂冠开投电力有限责任公司的《乐滩水电厂机组超低水头运行初探》和广西桂冠大化水力发电总厂的《大化电厂水导轴承座抗重螺套焊缝裂纹处理》分别获科技论文优秀奖。

（广西桂冠电力股份有限公司）

清江水电开发公司电力生产经营情况

2006年，清江水电开发公司克服流域来水历史特枯的严峻形势，通过不断优化梯级电站调度，狠抓设备安全管理，确保了全年电力生产安全、稳定运行，无重大责任事故发生，流域梯级电站安全度汛。

1. 来水及发电情况　2006年，清江流域累计降水量1002.3mm，比多年平均值少25.9％，同比少17.5％；隔河岩水库累计来水53.05亿m^3，比多年平均偏少55％，为有水文资料以来历史最低；流域未发生超预报等级洪水，年最大洪水为2500m^3/s，出现在2006年9月9日2时。清江梯级电站完成发电量17.5亿kW·h（隔河岩电厂12.4亿kW·h、高坝洲电厂5.1亿kW·h），同比减少12.6亿kW·h；实现主营业务收入5.45亿元。截至2006年底，公司已建成的隔河岩、高坝洲电站已累计完成发电量352.8亿kW·h，实现电力销售收入107亿元，为电网的安全稳定运行和湖北经济社会发展发挥了重要作用。

2. 梯级电站调度　2006年，清江水电开发公司进一步完善了流域梯级调度集控运行模式，调整梯调中心机构设置，充实了市场分析营销、调度控制、技术支撑与设备维护等三个中心管理职能；将隔河岩、高坝洲电厂监视、控制和调节权全部转移到梯调中心，优化了梯级调度方式。梯调中心对梯级电厂机组远方开/停机操作达3464次；将高坝洲的库水位控制在79m附近运行，与多年平均相比，年平均水耗减少0.65m^3/（kW·h），节约用水2.88亿m^3，相当于相同水量多发电量0.26亿kW·h，增加效益915万元。

3. 电力设备管理　2006年，公司大力开展了发电公司质量、职业健康安全管理体系贯标工作，并于2006年11月29日正式通过国家审核认证。ISO 9000标准条款要求覆盖到电力生产、管理、后勤服务各个环节，有效优化了电力生产流程，提高了电力生产效率，刷新了安全生产纪录，高坝洲电厂实现安全运行2000d。2006年发电公司完成机组计划检修12台次。其中，D级检修6台次，C级检修4台次，B级检修2台次。流域电厂共发现缺陷373项，消除缺陷365项，消缺率97.86％。流域电厂主设备一类率达100％，辅助设备一类率达96.5％。

4. 电量电价情况　经多方联系、积极推动，湖北省政府于2006年4月研究决定，水布垭电站上网电量在湖北省内消纳，由华中电网公司授权清江公司实行梯级调度，为电站如期投产发电奠定了基础；6月，国家发改委批复隔河岩上网电价由0.34399元/（kW·h）调增至0.36元/（kW·h），顺利完成清江电价恢复第一阶段工作目标。

（湖北清江水电开发有限责任公司　王　文）

二滩水电站投产累计发电量突破1000亿kW·h

二滩水电站是我国20世纪建成投产的最大水电站，位于攀枝花市境内雅砻江与金沙江的汇合处，装机容量3300MW，共安装6台550MW的混流式水轮发电机组，多年平均发电量为170亿kW·h。二滩水电站由高达240m的双曲拱坝（居中国第一、亚洲第一、世界第三）、大型地下厂房和泄洪设施组成，水库库容58亿m^3，调节库容34亿m^3，具有季调节能力。

二滩水电站从1972年开始进行规划选点，1978年完成选坝报告，1982年完成可行性研究报告，1985年完成初步设计报告，1986年2月初步设计报告获准。1987年7月17日，经国务院同意，国家计划委员会（简称国家计委）以计燃［1987］1213号文向四川省计经委、水利电力部发出《关于四川二滩水电站建设有关问题的复函》，同意将四川二滩水电站补充列入"七五"计划和1987年计划。二滩水电站于1991年9月14日开工建设，1993年11月26日，河床截流；1995年2月25日，大坝混凝土开始浇筑；1996年8月1日，第一台机组开始安装；1998年5月1日，二滩水库开始蓄水；1998年8月18日第一台机组开始并网发电，1999年12月4日，6台机组全部并网发电，2000年全部工程竣工。

二滩水电站自1998年8月18日投产发电以来，先后创下了521天、263天、720天（截至2006年12月31日）的安全生产记录，最高年发电量为158.0229亿kW·h。截至2006年12月5日，二滩电厂累计发电量达1000亿kW·h。1998～2006年逐年发电量及主要指标情况见表1。

表1　二滩水电站各年发电量统计表

年度 \ 指标	发电量（万 kW·h）	机组等效可用系数（%）
1998	80928	97.5
1999	512372	85.5
2000	838476	73.3
2001	1270523	93.14
2002	1360657	94.46
2003	1446978	93.08
2004	1580229	94.56
2005	1573390	94.54
2006	1394196	95.4

（二滩水电开发有限责任公司　林雪梅）

太平驿水电厂生产情况

四川华能太平驿水电厂位于四川省阿坝藏族羌族自治州汶川县银杏乡境内，系岷江上游总体规划的第三座引水式电站，装机容量 260MW，装设 4 台 65MW 混流式水轮发电机组，设计多年平均年发电量 16.87 亿 kW·h，年利用小时数 6488h，保证出力 104MW。主体工程于 1991 年 7 月开工，1996 年 2 月 1 日第四台机组并网发电。全部工程于 1996 年 5 月完工。机组至今投运 12 年。

太平驿水电厂经改制，于 1994 年 9 月成立四川华能太平驿水电有限责任公司。公司注册资本为 1 亿元人民币，股权比例为中国华能集团公司 60%、阿坝水电开发有限公司 40%。

自投产至 2006 年底，电厂已累计发电 160.79 亿 kW·h。2006 年，全年发电量达 16.53 亿 kW·h，超额完成华能四川公司下达的 15.4 亿 kW·h 发电任务。年平均发电利用小时数达 6358h，完成年计划 107.14%，接近设计发电利用小时。平均等效可用系数为 93.53%。各项指标均超过了历史较好水平。

企业先后荣获了华能集团公司授予的“安全文明生产达标企业”；省电力系统“优秀政工企业”；中共阿坝州委授予“四好”领导班子荣誉称号；州级最佳“文明单位”；州委、州政府授予的“优秀经营团队”；中国华能集团公司授予的“文明单位”和“一流水力发电厂”等荣誉称号。企业为四川民族地方经济发展作出了一定贡献，并取得较好经济效益和社会效益。

（四川华能太平驿水电有限责任公司）

设 备 技 术 改 造

三峡水电站 2006 年机电设备技术改造工作综述

一、水轮机及其辅助设备

1. Alstom 机组活动导叶中轴套漏水处理与改进　左岸 Alstom 水轮机导叶中轴套采用单一唇形密封设计，密封材质较硬，且由于安装的需要，唇形密封的预紧量不能过大，而导叶轴与自润滑轴承瓦的间隙为 0.35～0.46mm，可移动量较大，运行中出现较大的漏水情况。经研究，采取了在导叶中轴套上方增加压盖和盘根的方案改造，以达到止水效果，改造后实际运行效果较好。

2. VGS 机组运行中推导油槽油雾偏大的处理与改进　VGS 机组推导油雾吸收装置每台机共三套，包括用于吸收油雾的电机、风机、油雾滤网及所有的必需的管路和控制装置，实际运行效果不理想。由于油雾吸收器与环管之间的连接橡胶软管采用管箍连接，且油雾吸收器、环管与橡胶软管的连接距离较短，很难连接紧密，因此机组运行时有大量油在软管两端连接处渗漏。同时因为油雾吸收器风机外罩连接处采用卡式连接，渗油情况非常严重。

对上述问题作了两点改进，一是对油雾吸收装置换型，改为南京晨光 WHY-500 型油雾收集过滤装置；二是对推导油槽盖进行换型，改为哈尔滨通能电气设备厂的全接触式密封。该接触式密封盖主体采用轻质铸铝合金材料（ZL102），为 12 等分结构，每两瓣之间用定位螺栓和紧固螺栓把合。每一瓣均能径向前进和后退，能紧随轴的位移做径向跟踪。密封盖主体上装有两道与转轴直接接触的可以径向跟踪的密封齿。该密封齿由自行开发研制的非金属多元复合材料制成，具有耐磨、耐油、耐高温、耐老化、耐化学腐蚀等特性，并具有自润滑功能。密封齿沿圆周亦为多等分结构，每瓣均与转轴形成自动跟踪，在转轴偏心运行时，能自动跟踪，保持与转轴零对零的接触，实现无间隙稳定运行，确保不漏油。整个部件经过特殊的表面活化处理，具有美观、大方、轻便和不易变形等特点。

运行情况表明：上述两项改造措施实施后效果较好。

3. 水轮机大轴补气阀改造　Alstom机组大轴补气阀在运行中存在因浮筒开度小、进气孔截面积小、浮筒活塞杆两端密封不严，致使补气量过小、在负压较大的情况下浮筒易变形损坏的现象，同时补气阀运行一段时间之后，存在活塞杆两端密封磨损而漏油和活塞杆因缺油而磨损的问题。针对以上情况，将原补气阀本体组件拆除，更换新的补气阀组件。

实施改造后，浮筒动作基本灵活，能够满足正常补气功能要求，但活塞端盖两端存在漏油现象，可能为两端端盖密封磨损所致；对浮筒活塞施加外力打至全开状态时，缓冲压力调节螺杆处有少量润滑油渗出，初步认为是密封不严所致，有待进一步分析改进。

4. Alstom水轮机仪表盘换型改造　左岸Alstom机组水轮机仪表盘安装位置处于水车室，靠墙安装。由于原仪表盘柜体较小、内部元器件布置紧凑、工作环境较恶劣、运行温度偏高，易造成电器元件误动和损坏，曾因电源模块损坏而引起机组跳闸。改造后的仪表盘柜体尺寸略有增加，并合理布置了柜内元器件位置，全面改善了柜体的通风散热状况，提高了运行的可靠性。

5. 调速系统压油泵换型改造试验与流程优化

(1) 原厂家提供的高转速压油泵，运行噪声大，曾多次出现过泵体和管路裂纹等问题。此前也作过改进，采用了加强筋型重力泵，问题得到了一定的控制，但运行噪声仍然很大。2006年冬季检修时，试用一台低转速油泵（SMH1300ER42U12.1）和电动机（315M-4B3）。试验结果显示，泵出口流量和压力完全能够满足调速系统运行要求，同时运行噪声明显降低，运行后未发现泵体渗油和破裂等现象；目前已经在每台机组上分别更换了一台该类型的压油泵。

(2) 原调速系统集油槽油温通过加热器自动控制，但集油槽油静态时投入加热器却未进行油循环，造成局部油温高，对油质造成不利影响。现已经取消了加热器控制，采用油泵启动循环加热的方式进行油温控制，运行表明能有效的保证油温在设计范围，满足了油系统运行要求。

(3) 调速器开机伺服阀有TR10和ED12两个。调速器通道的自动切换是在主用通道有报警情况下才进行。但原程序没有TR10电气控制线圈断线或阀发卡的故障报警判断条件，若TR10电气故障或发卡时将不能报警，从而不能自动切换至ED12运行，势必造成机组运行中溜负荷的严重情况，此现象在2006年中也发生了一次。改进后的程序有效解决了这一问题。

二、发电机及其辅助设备

1. Alstom发电机定子绝缘测量方式研究与相应的技术改进

由于左岸水轮发电机定子绕组采用水内冷冷却方式，定子绝缘电阻测量不同于空冷机组，水回路对测量影响很大。如何真实准确测量发电机定子绝缘电阻值一直是难题。尽管采用国内外多种测量摇表进行了试验，但定子绝缘电阻值分散性大，甚至多台发电机测得的绝缘电阻值为零的问题没有得到解决。

水内冷发电机组采用低压屏蔽法测量定子绕组绝缘电阻试验原理图如图1所示。

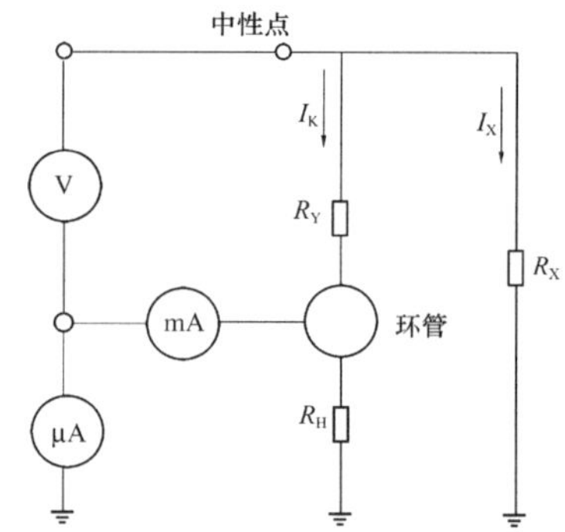

R_Y—定子绕组对环管的电阻（特伏龙管水阻）；
R_H—环管对地电阻；　R_X—定子绝缘电阻

图1　低压屏蔽法测量定子绕组绝缘电阻试验原理图

用低压屏蔽法接线时，可将流经水回路的电流I_K和泄漏电流I_X分开，R_Y的大小影响测量设备的容量。由于微安表与汇水环管的对地电阻R_H并联，微安表上的读数I_X/实际小于I_X，这说明R_H的大小会影响到绝缘电阻测量的准确度。

经过分析认为：纯水电导率和环管对地电阻影响较大。Alstom机组有210个水支路，VGS机组有175个水支路，每个支路均有一个RTD，如果其中一个RTD在安装中对地绝缘未处理好，将直接影响环管的对地绝缘。试验发现纯水环管RTD普遍存在接地现象，环管对地电阻R_H值很低，从而导致无法用低压屏蔽法测量定子绝缘电阻。三峡水电站对机组纯水环管上的RTD逐台机逐个进行检查处理，消除了RTD环管绝缘的影响。

由于纯水汇水环管绝缘法兰的绝缘厚度只有2mm，RTD处理完后 R_H 的值仍然不高，影响测量精度，但可以用低压屏蔽法测出定子绕组绝缘电阻值。为进一步提高定子绝缘测量精度，机组检修时增加了绝缘法兰的厚度，绝缘法兰厚度由 2mm 改为15mm。从而提高了 R_H 值。

改造后经试验表明，测量数据稳定，达到了预期目的。

2. VGS 发电机中性点电流互感器过热的处理

水库蓄水至 156m 后，机组进入额定工况运行。运行中 9 号机组发电机中性点电流互感器过热损坏，引起发电机裂相保护动作；随后 2 号、8 号机组也存在发电机定子裂相横差电流明显增加的现象；检查发现均是发电机中性点电流互感器 4 B 相过热引起，停机测量电流互感器温度最高达 120℃。初步分析是由于该电流互感器安装位置不当，周围导体产生的磁场造成电流互感器内部涡流较大、且通风散热不好等原因，同时也与电流互感器厂家制造工艺有关，随后分步骤地采取了技改措施。

改进措施包括：①将 A/B 相电流互感器全部更换为新型的磁屏蔽性能更好的国产电流互感器；②将所有 6 台 VGS 机组的电流互感器 4 B 相、A 相均采取增加紫铜板屏蔽措施；③将穿过电流互感器的分支母线铜排改进为双股铜排，并增大了截面积；④将电流互感器附近的上机架支墩进行屏蔽包扎。

改造措施实施后，电流互感器运行温度下降明显，达到了预期效果。

3. 发电机定子纯水冷却系统的优化

(1) 完善了纯水大泄漏信号的报警功能，将原来泵故障和水泄漏信号区分开，便于程序的控制和运行人员对故障信息的判断；

(2) VGS 机组纯水系统膨胀水箱均改为金属波纹型膨胀水箱；

(3) ALSTOM 机组纯水泵全部由电磁泵改为机械连轴泵。

通过一系列技术改造的实施，使三峡左岸电站发电设备的运行可靠性有了进一步的提高，有效地保证了机组的长期安全稳定运行。

（长江电力股份有限公司　张　诚）

小浪底水利枢纽主要机电设备技术改造简介

（一）概况

小浪底水利枢纽位于黄河干流下游。地下厂房内安装 6×300MW 混流式水轮发电机组，在河南电网主要以调峰方式运行。2000 年 1 月第一台机组联网，2001 年末 6 台机全部投产。主要机电设备见表 1。

（二）技术改造项目和内容

小浪底水利枢纽主要机电设备来自国内外著名厂商，出厂时的技术水平也比较先进，但是经过多年运行，也出现一些问题，为此电厂对有关设备进行了部分更新改造和处理，主要项目分述如下：

1. 对水轮机转轮叶片裂纹的处理　前 4 台机组投产不久，转轮叶片上出现部位相同、形状相似的有规律裂纹，运行时间最长的 1130h，最短的只进行了启动调试、还没有带负荷。经过国内外专家和制造厂历时一年的多次研讨和全面的动态应力/应变测试后，

表 1　　小浪底水利枢纽主要机电设备情况表

设备名称	主要规格	生产厂商	配套设备	备注
水轮机	$D_1=6356$mm $H=68\sim141$m $H_r=112$m $P_r=306$MW	美国 Voith-Simens 公司	圆筒阀、调速器及液压系统	上冠、下环、13 个叶片在现场组焊成整体转轮
发电机	333.33MVA/300MW 18kV　10692A $n=107.1$r/min	哈尔滨电机厂设计，哈尔滨电机厂和东方电机厂各制造 3 台	ABB 励磁系统俄罗斯塑料推力瓦	推力轴承负荷 36.67MN
主变压器	360MVA/220kV	沈阳变压器厂	日产水冷器	
高压电缆	220kV 干式	德国 Simens 公司		
发电机断路器	18kV　12kA	ABB 公司	电制动开关	
发电监控系统	开放式　全分布	奥地利 Elin 公司		
主厂房桥式起重机	2-2×2500kN	太原重型机器厂	起重平衡梁	

找到了原因：机组启动时水力激振与机组轴系自然频率共振带动叶片强迫振动，为裂纹产生主因；停机关导叶后，机组惯性减速过程中短时水泵工况水力激振与叶片某阶自然频率发生共振（一般在60%～20%额定转速范围内），是裂纹产生又一原因；当过流量超过75%Q_r时，叶片出口边存在卡门涡振动，对裂纹产生促进作用。

分析计算认为，正是由于机组在启停过程中存在激烈共振，大约经历30次启停操作就将导致疲劳裂纹发生。因此，有针对性的采取了三项处理措施：

（1）从尾水管锥管处补入0.7MPa压缩空气90s后打开导叶开机，以消除轴系共振。

（2）叶片出口边厚度由38～40mm修薄到7mm，以消除停机和大流量运行时的卡门涡共振。

（3）在叶片与上冠连接出口边加焊300mm×300mm三角体，以降低该处静态应力，提高抗疲劳强度。

采取这些措施后，机组相继投入运行至2006年末，各台机组已分别开停机2000～3000次，带各种负荷12600～21500h，未再发现裂纹。

2. 对推力油槽渗油的处理　由于推力负荷较大（3740t），推力油槽外径达6800mm，外壁安装20个抽屉式油冷却器。现场装配运行后，由于刚度不够，在机架微振条件下，多处组合缝出现渗油现象，影响机坑环境和安全运行。为此，从2004年开始进行处理。曾采取在底座处加垫楔子板提高刚度，控制了渗油现象；最近采用封焊组合缝的办法，以彻底解决这一问题。

3. 技术供水操作系统改为PLC控制　原来设计采用常规继电器控制，由于元器件老化故障，远方操作阀门时，经常出现拒动现象，影响开机成功率和可靠性，而且维护工作量大。目前已改为PLC方式控制。

4. 检修排水系统盘柜位置上移　机组检修排水系统布置在地下厂房最底层（104m高程），在尾水管底板以下，湿度大、环境恶劣，原继电器控制元件锈蚀严重，还有遭受到水淹的危险。目前已将其6面盘柜全部上移到水轮机层（134.5m高程），并采用PLC控制。

5. 直流供电系统改接　原设计全厂直流系统分两段供电，6台机组的励磁电源都接在同一段上，一旦该段直流故障保护动作，可能造成全厂停机的严重后果。目前已分别接在两段上（各接3台机）。

6. 进口闸门充水系统改造　原设计排沙洞、孔板洞、明流洞和发电洞等进口闸门充水平压采用旁通管和电动阀门操纵系统，各个系统互相连通。这些管路和阀门布置在进水塔廊道内，位于上游水位以下，环境潮湿，空间狭窄，操纵可靠性不高，最大的问题是在操作过程中存在相当大的振动和噪声，管路系统变形大，电动装置多次振断，危及电站和枢纽的安全运行，因此决定进行安全性技术改造。由于条件限制，改造工作尚在进行中。

（小浪底水利枢纽建设管理局　钟光华）

二滩水电站主要机电设备技术改造

二滩水电站自1998年8月首机投产以来，作为川渝电网近年来唯一的500kV电源点和最大容量的机组，担负着繁重的调频、调压、调峰和事故备用任务，在电网的安全稳定运行中处于举足轻重的地位，设备、设施经受住了长期的运行考验。通过全厂人员的艰苦努力，克服了国际理念与中国国情的偏差而造成的种种难题，针对设备投运初期暴露的缺陷与隐患，大胆地实施技术改造，设备可靠性水平逐年提高，实现了“前方值守，后方监控”的运行模式。

几年来，二滩水电站对机电设备进行了：水导轴承防甩油改造、推力/下导轴承防甩油改造、水轮机顶盖排水改造、水轮机大轴补气系统改造、供水系统阀门改造、机组尾水充水系统改造、中孔闸门水封及充水系统改造、发电机通风系统改造、发电机励磁他励电源改造、主变压器中性点端部接头改造、加装电气设备绝缘状态监测系统、厂用6kV馈线保护和备自投装置更换、厂内400V备自投装置更换、500kV线路故障录波装置更换、加装500kV线路行波测距装置、发变组故障录波器更换、加装电网稳定监录系统、加装川电东送安控装置、发电机励磁系统更换、水轮机调速器控制系统更换、直流控制系统设备改造、水轮机压油装置控制系统改造、空压机控制系统更换、加装辅机监录系统、增设后方中控室系统、调度通信系统设备改造、机组振动监测系统更换、计算机监控系统（CCS）升级改造、IMS系统改造、LPU变送器换型改造、联合控制系统（AGC/AVC）改造等。

（一）水导轴承防甩油改造

6号机组水导轴承从1998年6月第一次启动，就出现了严重的内甩油现象，油槽内部油位波动激烈，产生大量泡沫；开机10min甩油6L，开机一个小时甩油17L，长期运行甩油8L/h。制造商、安装单位进行两次改造，均告失败。电站接管后，只能靠定时补油来维持机组的正常运行。透平油被甩出后，通过顶盖排水孔汇集进入渗漏集水井；长时间运行后，顶盖底部积存厚厚的透平油乳化物，部分顶盖自流排水孔被堵塞，还产生了严重的环境污染问题。经运行观察，且通过专门的低油位运行和甩油试验，决定进行如下改造：

(1) 为降低内挡油圈爬升油位，在内挡油圈内壁距油槽底部 300mm 的圆周上平均分布焊接 36 块水平夹角为 10°的压油叶栅。

(2) 为进一步抑制油沿内挡油圈爬升，在高于水导正常静油位处的内挡油圈内壁上加装两道伞型挡油环。

(3) 为稳定油槽油位波动幅度及油流流态，消除油流中的泡沫，在水导瓦背法兰外侧上安装一圈孔板，以导顺油流。

改造首先在 5 号机组（第 2 台机组）安装时实施，获得成功，后续机组照此实施。6 号机的改造，在其第一次小修期间实施。水导轴承经此改造，甩油得到根治，机组运行一年无须补油。科学的叶栅分力压油技术，有效地降低轴承内挡油圈处的油位，二滩水电站已经取得国家专利。

(二) 推力/下导轴承防甩油改造

6 台机组投运初期，下导/推力轴承相继出现了不同程度的甩油现象，且伴有特别严重的油雾。甩油较为严重的 2 号、4 号、6 号机组中，又以 6 号机组甩油最为突出，尽管采取了临时的措施，也不得不在上风洞内挂一个油桶来定时给油槽加油来维持运行，每日加油量约 120L。甩油现象的存在，污染了设备，给发电机的检修和巡视带来困难，同时堵塞了发电机定子的通风孔道，使定子线棒及磁极线圈等部件的通风冷却和绝缘散热受到严重影响，并造成了严重的火灾隐患。经研究，进行如下改造：

(1) 在挡油圈内壁距油槽底部 700mm（高出静止油位约 10mm）的圆周上平均分布焊接 47 块水平夹角为 6°的叶栅。叶栅迎着油流方向侧高，出油侧低，起到了压油的作用，防止油沿挡油圈壁“上爬”。

(2) 在推力头上部内圈平面上，加装一高度为 223mm 的抛油环，防止油流在推力头内侧平台处堆积。

(3) 在推力头上表面加工 12mm×9mm（宽×深）的密封槽，安装 ϕ10mm 耐油橡胶条密封，防止油从推力头与转子中心体的结合缝处甩出。

(4) 在挡油圈上对焊高 150mm、内外径均与挡油圈相同的挡油环，加高的挡油环外圈加工有反螺纹槽挡油环。

(5) 将原来的间隙式毛毡密封改为接触式炭精密封，并在盖板上安装 6 个吸附元件层次多、通气过滤孔细小的呼吸器，以防止油雾逸出。

防甩油的改造措施随着机组首轮大修的开展，在 1999～2004 年陆续实施。经长时间运行观察，发电机下导/推力轴承甩油得到了根本性的治理，效果理想。油雾的轻重因机组而异，但均已大大减轻，长时间运行后，推力/下导的运行油量损失极微。大部分发电机内部干燥、清洁，仅在空冷器附近的地面上出现少量油迹。

(三) 水轮机大轴补气系统改造

补气系统设计为大轴中心孔自然补气方式，补气管垂直段有检修蝶阀；水平管段有防返水逆止阀和自动气动补气量控制蝶阀，补气进气口段有消音器。但该系统存在问题：①在机组部分负荷段存在激烈的“喘气”现象，使防返水逆止阀频繁损坏，失去了防返水的功能，汛期尾水倒灌地下厂房；②在部分负荷段，水轮机尾水涡带明显，振摆值大幅增加，根据国内专家经验，认为原 DN241mm 的管径不能满足补气量的要求；③补气量控制蝶阀的控制方式不符合机组的实际运行情况，而且容易发生卡阻现象；④水平补气管段的连接方式为管箍连接，多次出现漏水现象；⑤位于泄水锥内部的补气管最末段容易脱落。因此进行如下改造：

(1) 拆除消音器，在此位置安装复合式排气补气阀，并加高补气阀的进口管路到 1028m 高程（20 年一遇洪水尾水位）。

(2) 加大补气管至 DN500mm，更换相应的其他部件。

(3) 将补气量控制蝶阀更换为手动蝶阀，常开。

(4) 水平补气管段的连接改为法兰，在管路的两个方向上各安装一个波纹管补偿器。

(5) 对补气管最末段法兰螺栓采取防松动措施，管段加装径向支撑。

大轴补气系统改造从 2000 年开始结合机组的大、小修逐步实施，在 2006 年小修中，对改造措施彻底进行了整理和加强，消除了固有缺陷。

(四) 发电机通风系统改造

发电机通风方式为双向封闭自循环无风扇通风系统，定子上、下端部靠回风冷却；励磁碳刷冷却风引自上挡风板内部。存在：①线棒上下端部的温差过大（达 40K），有损于发电机的绝缘寿命且不能满足机组最大容量（642MVA）运行时温升限值的要求；②较大负荷运行时，励磁碳刷温度超过 130℃。为此：

(1) 调整上下挡风板密封间隙，最小至 5mm，以减小漏风量。

(2) 封堵转子支臂上进风口面积 35%，重新分配上下回风量。

(3) 励磁碳刷加装 1 套冷却进风、排风管路，加大冷却风量；调整励磁碳刷挡风板位置，上下层碳刷之间加装一导流板，使碳刷得到更有效的冷却。

改造后，定子线棒上下端温度得到了平衡，励磁碳刷温度大幅度降低。2005 年 12 月 5 号机组温升测试表明，在额定工况下，定子线棒上下温差仅约 4K，励磁碳刷温度 76℃，发电机温升整体可满足最大容量运行的要求。发电机效率预计能提高 0.09%。

（五）主变压器中性点端部接头改造

主变压器为进口产品，3 台单相变压器通过中性点套管连接在一起形成变压器组的中性点，该中性点在 B 相室内直接接地。主变与中性点接线分别由不同的厂家供货。

因连接方式不当，造成中性点套管导电杆端部导电头与套管引出线过渡夹件之间接触电阻偏大，自设备投运以来多台主变压器多次出现发热现象。其中，6 号主变压器 B 相中性点套管端部由于过热严重（最高温度达到 200℃），导致套管端部的橡胶密封圈老化而漏油。

改造时，简化连接方式，取消过渡夹件，将导电头与过渡夹件合二为一，专门制作一个带连接板的导电头以替代原相应元件。

自从 2005 年改造以来设备运行稳定，红外测温显示 18 台主变压器中性点套管端部运行温度在 25℃～33℃之间。

（六）水轮机压油装置控制系统改造

原控制系统采用的是常规继电器形式，由机械式油位接点及压力开关信号对油泵进行启停控制。压油装置系统油位开关工作不可靠，经常造成油泵不能在整定值启动；机械式油位开关，油位接点调整非常困难，而且定值很难调整准确；继电器比较多，而且布置紧凑，无散热装置，元件容易损坏；压力开关精度不高，无法实现自动补气；正常情况下，油泵工作方式一直是辅助泵主用，造成辅助泵加速磨损；只依赖机械油位接点，没有备用，油泵启动可靠性不高。

改造时：①控制屏整体更换，改用进口的 FX2N 型 PLC 可编程控制器；②保留部分原外围测量元件作备用，增加一只压差变送器（测压油罐油压）、二只压力变送器（一只测压油罐压力，一只测回油箱液位）、二只电磁阀（压油罐补气、排气）等外围自动化元件；③油泵的启停由原来的油位控制改为压力控制；④增加远方启停泵的功能；⑥整体更换动力屏，增装进口的软启动器。

改造后，整个控制系统的自动化程度较高、功能齐全、具备完善的自动控制、保护及信息传递功能，能适应油压装置的各种运行工况；信号设置全面、清晰，故障判定容易；实现了自动补气。

（七）调度通信系统设备改造

因电网的要求，对调度通信系统设备进行了如下改造：

（1）从硬件上采用双控制器、双规约转换服务器冗余结构设计，每一套控制器—规约转换服务器均可实现与国调、四川省调的通信，实现了硬件设备的完全冗余。

（2）每套控制器—规约转换服务器同时具备 IEC870-5-101 规约和 TASE2 规约，实现了规约的冗余设计，同时具备通信通道监视功能、软件故障监视功能。

（3）新系统实现了四川省调向二滩联合控制系统（AGC/AVC）实时下发全厂总有功设定值功能，实现了四川省调向二滩联合控制系统（AGC/AVC）下发调度曲线功能。

（4）新系统具有强大的外接能力，最多可接 8 个不同的调度中心，可满足今后相当长一段时间内调度发展的需要。

从 2004 年 8 月投入运行以来，新的调度通信系统很好地实现了 101 规约和 TASE2 规约的冗余，并增加了通道故障监测功能，彻底弥补了旧系统数据转发的丢失现象，运行效果良好。该系统的成功改造也为二滩联合控制系统（AGC/AVC）的投入提供了强有力的技术支撑。

（八）联合控制系统（AGC/AVC）改造

为通过计算机监控系统实现全厂机组功率自动分配、自动调节并保证发电机组安全运行和全厂效率最大化，减轻运行人员工作负担，提高电能质量，进行了该系统改造：

（1）采用全新的系统结构设计，将系统的核心计算程序在服务器上采用 C++编程，代替原来的 AC450 控制器上的 AMPL 编程，程序长度无限制，实现了各种工况下各机组负荷最优化分配的庞大计算、选择。

（2）用 2 台工控机进行主程序的主备用冗余，采用原来的 11LPU AC450 控制器实现联合控制系统与电厂计算机监控网络的接口，确保了联合控制系统运行的可靠性和系统运行过程中的快速响应。

（3）负荷分配方式上改变了原来的梯度分配原则，采用最佳设定值原则，实现了负荷分配最佳、机组移动次数最少。

（4）具备了自动开、停机功能和开机后自动投入调速器闭环运行功能，无需运行人员干预即可完成机组自动开停机、并网并自动进行负荷调整的全过程。

新的联合控制系统（AGC/AVC）于 2004 年 6 月投运，彻底弥补了旧系统因受程序长度限制无法修改程序和因负荷分配原则不合理导致的负荷分配缺额及无法监视机组响应状况等问题，极大地提高了二滩电厂的自动化水平，减轻了运行人员的操作劳动强度，运行效果良好。

（二滩水力发电厂　徐文峰　田开华）

岩滩水电厂新一代调速器运行情况

广西岩滩水电厂位于红水河上游，装设4台哈尔滨电机厂生产的302.5MW水轮发电机组，总装机容量1210MW。电厂原采用瑞士苏尔寿公司的DTL595型微机电气调速器，因设备老化及备品不足，于2006年对4号机调速系统进行改造，采用了能达公司WB（L）DT系列水轮机调速器，计划2007年4月，全厂调速器全部改造完成。

（一）机组主要参数

1. 水轮机　型号为HLA286a-LJ-800；设计水头59.4m；最大水头68m；最小水头37m；设计流量580m³/s；额定转速75r/min；水流惯性时间常数2.0s。

2. 发电机　型号为SF302.5-80/17000；额定功率302.5MW；额定电压15.75kV；额定电流12673A；机组惯性时间常数8.025s。

（二）调速器简介

新的调速器型号为WB(L)DT-150-4.0；控制器为双PCC；测频方式为残压＋齿盘；供电方式AC220V＋DC220V；电机（液）转换装置为A套比例阀＋B套步进电机；主配压阀直径150mm；额定油压4.0MPa。

WB（L）DT水轮机调速器是由双PCC控制器控制的步进式无油自复中伺服加比例阀伺服完全冗于的系统。其控制系统由双PCC控制器、触摸显示系统、电源系统、步进式无油自复中伺服系统、比例阀伺服系统、液压切换系统、中位位移传感器反馈系统、主接位移传感器反馈系统组成。其中液压随动系统由引导阀、辅助接力器、主配压阀、主接力器组成。

主要功能：①手/自动开、停机及紧急停机。②导叶手动运行、自动运行。③远方控制、现地控制。④远方可进行自动开/停机、增/减负荷（或频率开度）等操作。⑤自动开机时可按水头计算最佳启动开度、空载开度；当没有水头信号或水头信号不准确时，仍可以保证正常开机。⑥速动性好，操作安全可靠，可随时无扰动进行手/自动方式的切换。在调速器停电的情况下可进行纯机械手动开/停机。⑦具有网频跟踪功能，使调速器快速并网发电。⑧调速器具备开度限制功能，运行人员可以方便地从上位机或调速器触摸屏中更改。同时，调速器具有按水头出力限制和功率限制，按水头出力限制如投入运行，调速器根据水头，自动调整开度限制值。功率限制根据运行人员设定的120%额定负荷限制，作为第二道限制机组过负荷保护。

主要特点：①双电液转换单元，既保证了比例阀调速器的灵敏性，也有步进式调速器可靠性。②调速器具有自动、电手动、机械手动三种运行方式。保证了整个系统的安全性和可靠性。③积木式安装结构，结构简单，操作方便。④采用大过油量主配，主配三阀盘等径，高硬度，小间隙，抗油污能力强。⑤采用梯形图和高级语言C混合编程，保留了程序易懂易读、修改方便、用户便于掌握的特点，同时，使用C语言编程，还具有易于实现复杂的数学运算、能提高控制精度等优点。⑥新一代32位可编程计算机控制器PCC作为调速器控制平台，运算性能、可靠性能大大提高。⑦采用高精度可编程测频，可靠性高、线性度更好，精度更高，响应速度更快。⑧使用中文液晶触摸屏，人机交互界面友好，显示信息量大。

（三）试验情况（4号调速器投运试验）

调速器自动开机过程顺畅；调速器A套甩15%负荷测得接力器不动时间T_q＝0.11s，B套甩15%负荷测接力器不动时间T_q＝0.15s；调速器A套甩100%负荷试验，结果如图1所示，主要指标为：f_{max}＝71.69Hz，f_{min}＝49.82Hz，T_p＝8.0s，波动次

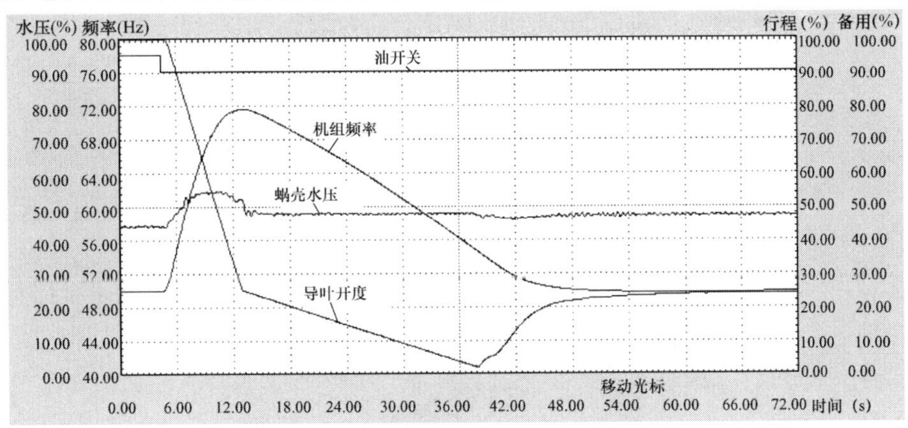

图1　4号机调速器A套甩100%负荷试验

数0.5，蜗壳水压上升22.4%。

（四）调速器运行情况小结

岩滩水电厂是南方电网主力调频厂，机组负荷调节频繁，开停机次数多，对调速器要求比较高。同时，岩滩水电厂只有4台机组，备用机组少，电网对机组的可调小时考核非常严格。

改造后的WB（L）DT调速器结构简单，信号切换回路少，可靠性高；采用大触摸屏后，界面友好，信息量大，面板操作简洁，运行人员比较容易掌握；采用二段改良规律开机，机组从启动到50Hz迅速，并网快，性能指标优良，满足电厂的要求。

（岩滩水力发电厂 庞理声 韦 昆）

二滩水电站调速器的交叉冗余双微机调节器

（一）概况

二滩水电站位于雅砻江下游四川省攀枝花市境内，装有6台单机容量550MW的水轮发电机组，是我国20世纪建成投产的最大的水电厂。为满足电站以及电力系统的安全稳定运行，以及实现“无人值班”（少人值守）的生产管理模式，根据电厂要求，经过招标由武汉事达电气股份有限公司对其原有的微机调节器进行改造。

武汉事达电气股份有限公司的二滩水电站数字式电液调速器微机调节器的技术特点为：“交叉冗余双微机调节器/适应式变参数转速、功率调节规律”。

（二）调速器总体结构框图

二滩水电站调速系统总体结构图如图1所示。调速系统保留了原有的机械液压系统，其电机转换装置为电—液转换器。微机调节器采用Quantum系列的双PLC交叉全冗余系统，CPU、AD、DA、DI、DO和电源等均为全冗余结构；采用残压信号（双路）和齿盘信号（双路）冗余的频率测量方式；频率（转速）为适应式变参数PID调节规律，机组功率是适应式变参数PI调节规律。

（三）调速器工作原理

1. 系统构成 微机调节器核心控制元件采用Quantum系列PLC，它具有模块化、可扩展的体系结构，所有模块均为相互独立可热插拔形式；具有防爆的安全型模块、符合美国军标的表面涂敷涂层的模板特性；它具有极高的抗干扰能力、可靠性及稳定性。

两个调速器微机控制器均配置有同样的Quantum系列PLC模块：电源模块（140 CPS 214 00）、CPU模块（140 CPU 434 12A）、开关量输入模块（140 DDI 353 10）、开关量输出模块（140 DDO 353 10）、模拟量输入模块（140 AVI 030 00）、电压模拟量输出模块（140 AVO 020 00）、电流模拟量输出模块2个（140 ACO 020 00）、高速计数模块2个（140 EHC 202 00）。

（1）所有PLC摸板都符合IEC 1000系统技术规格：抗射频干扰（80～1000MHz，10V/m），连续接地（2kV shield to ground），静电放电（8kV air/4kV contact），快速瞬变冲击（0.5kV共模方式），衰减振荡冲击（1kV共模方式），抗浪涌冲击（1kV共模方式）。其中电源模块输入电压：20～30VDC；输入电流：3.8A最大；浪涌电流：25A @24VDC；输入电源中断：1ms最大@24VDC；内部电力消耗：22W。

（2）可编程序控制器的编程软件是针对PLC的开发软件Concept 2.2软件包，是工控界公认的功能

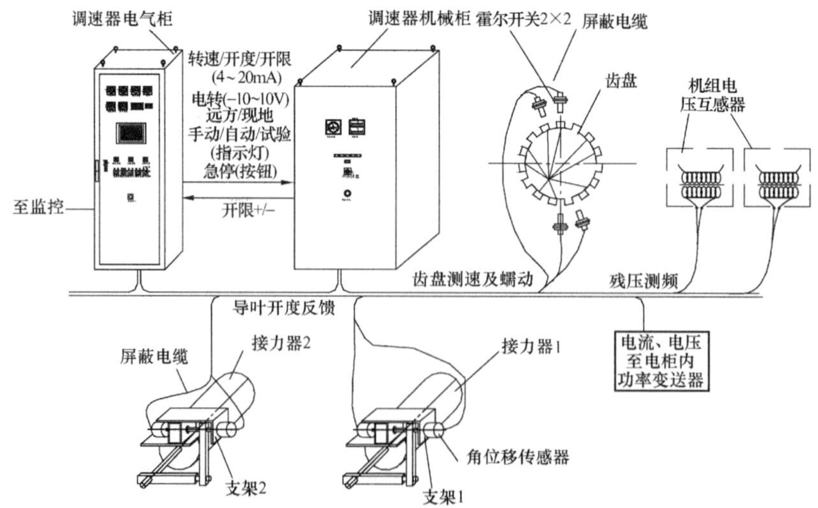

图1 二滩水电站调速系统总体结构图

强大的编程软件平台，支持 WIN98/NT（及更高版本）操作系统；有专业化的过程控制函数库，提供过程控制的基本函数，包括 PID、全馈、串级、回路整定工具、模糊控制逻辑、诊断等，可实现复杂的过程控制及专家控制系统；提供多达 7 层的软件存取保护，防止非法访问，安全、可靠强大的在线帮助功能；界面友好，信息量大，方便应用开发人员的使用；程序编制采用符合 IEC 1131-3 标准的 FBD 功能块图，特别适于过程控制，可用 IEC 仿真器调试。

(3) CPU 模块（140 CPU 434 12A）含有 Modbus 和 Modbus Plus 两种三个通信端口。Modbus 是具有超过 500 个工业供应商支持的通信协议，已成为事实上的工业标准，能实现在线编程或数据采集，很容易地从任何计算机的串口端口得到支持。Modbus Plus 作为一个判定性令牌传递网络，以一兆波特的速率进行通信，具有快速的数据存取过程。

(4) 根据电厂要求，微机调节器由两路厂用直流 220V 的电源供电（也可以用直流 220V 和交流 220V 的电源供电），用 MEANWELL 的 S-250-24 和 Q-250 型开关电源进行隔离、稳压。内部模块和器件（CPU、输入输出、印制板、导叶开度传感器、工控机）均用双路电源冗余供电。

2. 导叶开度的测量　二滩水电站微机调速器的导叶开度测量装置选用美国 LUCAS 的角位移传感器 RVIT-15-120I。该角位移传感器分辨率高，以 4～20mA 直流模拟信号输出，分别在 1、2 号接力器上安装。

3. 功率测量　功率测量装置采用 SINEAX PQ502 型功率变送器，以 4～20mA 直流模拟信号输出，指示 0～650MW 功率，分别作为 1 号 PLC 和 2 号 PLC 的实时机组功率变送器。

4. 软件调节框图　频率调节为适应式变参数 PID 调节规律（适应机组运行工况和水头），功率和开度调节为适应式变参数 PI 调节规律（适应机组运行工况、水头和调节偏差）。调速器软件原理框图如图 2 所示。

5. 机组功率适应式变参数调节　如图 3 所示，二滩电站双可编程微机调速器的功率控制，通过适应式变参数的调节规律进行控制。当功率给定和实际功率的偏差（称为功率偏差）较大时，以较快的速率增加/减小机组功率，使其尽快逼近功率给定值；当功率偏差值小，进入区间Ⅰ工作，减慢调节速率；在更小的区间（区间Ⅱ）中，使机组功率按指数曲线规律趋近于机组给定功率。这样，使功率的调节快速而平稳，避免超调。

6. 微机调节器交叉冗余容错原理　CPU、输入模块、输出模块、传感器、测频单元、电源均为冗余结构，实现“主机/热备”功能；微机调节器自动调节主通道采用两个独立的微机调节器 A 和 B，通过现场总线 MB+实现双机状态和数据一致；每一个微机调节器与相应的机械液压系统等相配合，均能独立实现全部控制功能和保证达到全部调节性能要求；当微机调节器 A 或 B 之一故障时，可发出故障信号并自动、无扰动地切换到正常机工作，故障机可在线更换

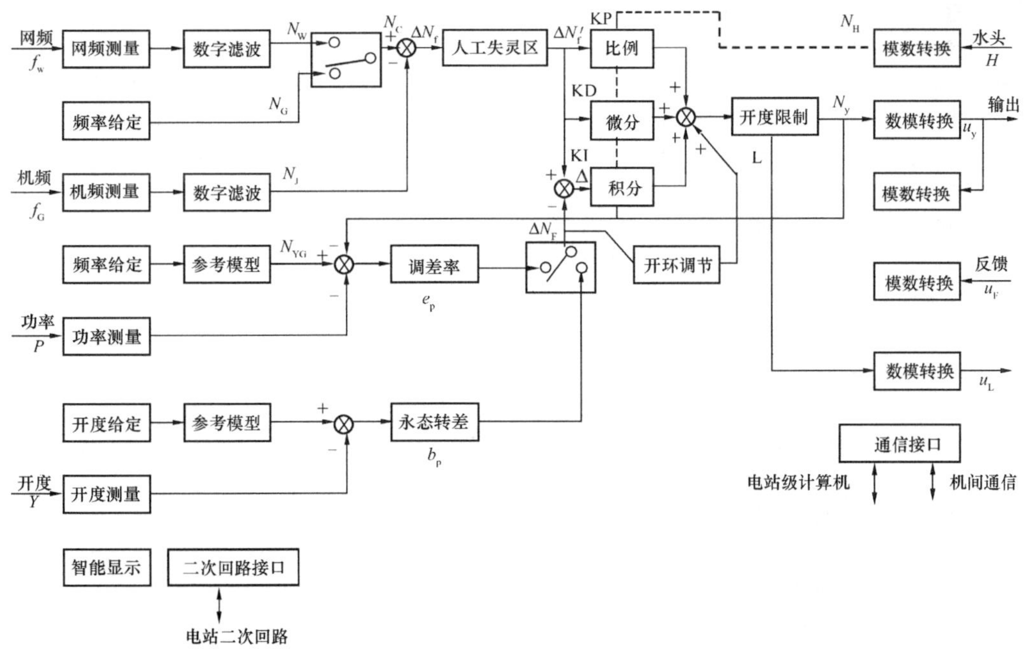

图 2　二滩水电站水轮机调速器微机调节器软件原理框图

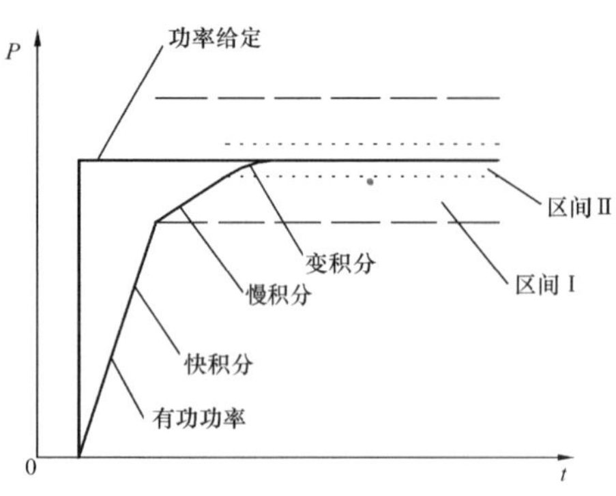

图3　机组功率的适应式变参数调节

模块、检修。

（四）结束语

二滩水电站2号和6号机组调速器改造后分别于2003年5月、2004年5月投入运行。更换后的交叉冗余双微机调节器在技术性能和控制功能上取得了满意的结果，并于2003年12月19日通过专家改造评估论证。现正对其余机组陆续进行改造。该交叉冗余双双微机调节器的用户软件具有我国自主的知识产权，微机调节器的控制性能优越、可靠性高、操作简单、便于维护。

（武汉事达电气股份有限公司　张富强　胡乙进
二滩水电开发有限责任公司　谭中美）

大坝安全管理

2006年度水电站大坝安全监督服务工作

2006年，国家电力监管委员会大坝安全监察中心（以下简称大坝中心）认真贯彻“安全发展”的指导原则和党中央、国务院关于加强安全生产工作的一系列重大决策和重要文件，以科学发展观为统领，按照法规的规定和要求，加强组织建设，夯实工作基础，全面开展大坝安全注册、大坝安全定期检查，做好以大坝安全信息化、险情预计与应急预案编制为基础的应急管理和消除缺陷、除险加固等一系列技术监督和服务工作。

（一）积极协同有关部门，做好大坝安全的法规建设和日常监管工作

2006年大坝中心继续积极配合安监局修订、完善《水电站大坝运行安全信息报送办法》（简称《报送办法》）。在广泛征求各电网公司和电源公司意见后，大坝中心配合电监会于3月底在福州召开了《报送办法》的审查会。会后按审查意见进行了修改，使该办法日臻完善。9月底电监会正式颁布《报送办法》后，大坝中心又编制了《水电站大坝运行安全信息化建设规划》，为《报送办法》的实施进行具体安排和部署。12月6日大坝中心协同安监局在北京召开了《报送办法》宣贯暨大坝安全信息化工作会议，对《报送办法》的贯彻落实、信息化建设工作的具体安排进行了部署。信息化管理是大坝安全风险管理与应急管理的必要手段，与会代表一致认为《报送办法》是电力行业大坝安全信息化建设的纲领性文件，必将推进我国水电站大坝安全信息化建设进程，有利于运行单位、大坝业主、监管各方提高大坝安全动态管理的水平。

大坝中心经常与安监局沟通主要工作安排、进程、面临的问题及对策措施，及时上报注册评定意见、定检审查意见；并积极发挥专业技术单位的优势，做好电监会的技术参谋。如浙江珊溪水库发生诱发地震后，大坝中心根据电监会的指示，及时进行了跟踪、分析，并派人赴现场了解情况，及时向电监会提交了技术报告；昆明电监办在对漫湾、大朝山等水电站进行安全检查后，大坝中心也针对大坝存在的问题，及时进行了落实处理；10月，云南石龙坝水电站因水污染导致设备损坏事件经新华社报道后，大坝中心又与昆明电监办一道，提交了情况调查报告，从电力生产、大坝安全、环境保护等方面提出了意见和建议，供会领导决策参考。

（二）按法规要求有序推进大坝安全注册，保证水电站大坝持证运行

在新形势下，大坝安全注册工作的政策性、系统性很强，是大坝安全管理的基础工作。大坝中心认真总结前几年的工作经验，分析存在的问题，及时予以改进，工作流程日益完善。2006年完成了雪山湖、蔺河口、陡岭子、青居、白水峪、南河、姚河坝、黄龙滩、浮石、左江、桂平、贵港、抱子石、羊卓雍湖抽水蓄能、狮泉河、华光潭一级、华光潭二级等17座水电站大坝的初始注册现场检查和绿水河、丰满、葛洲坝、龙羊峡、东江、小东江、普定、上标等8座水电站大坝的换证注册现场检查，对安康、徐村、东西关、莲花、八盘峡、刘家峡等6座大坝进行了注册现场抽查，对符合注册条件的大坝及时进行评级、报

批和颁发（换发）注册证。6月初根据有关运行单位的整改情况，完成了2005年暂缓注册或换证的拉浪、洛东、柘林、良浅、茄子山、以礼河二级、白渔潭等大坝的注册审查、评级和报批手续。针对注册检查或抽查中发现存在较多问题的安康水电站等及时发函要求进行整改。2006年已累计发放注册证48份。目前在大坝中心注册的水电站大坝已达169座。

（三）继续开展定检工作，保证各级人员及时掌握大坝安全性态

2005年大坝中心组织或委托大坝主管单位组织了小山、富春江、雍口、东江、小东江、安康、铜头、雨城、石泉、宝珠寺、高砂、孔头、斑竹、乌江渡、普定、上犹江、青铜峡、龙羊峡、葛洲坝、大峡、二滩、新丰江、枫树坝、托海、沙县城关等25座大坝的三轮定检，2006年启动了沙溪口、芹山、百龙滩、潘家口下池、镜泊湖、李家峡、天荒坪上水库坝、天荒坪下水库坝、古田一级、大山口、铁门关、桓仁、回龙山、沙河上水库坝、徐村、百丈漈一级、碧口、刘家峡、西津、天生桥二级、哈巴河山口等21座大坝三轮定检。根据《水电站大坝安全定期检查办法》的规定，对其中的高坝、大库及安全特别重要的37座大坝，大坝中心直接组织定检工作，保证了定检工作的质量和成效。

在专家组工作结束后，大坝中心及时组织有关人员对专家组报告进行审查，出具定检审查意见。目前已经完成或初步完成了葛洲坝、上犹江、大峡、小山、托海、雍口、铜头、雨城、富春江等工作的定检报告审查。

2006年，继续对二轮定检的后续工作进行收尾。到去年12月29日丰满大坝定检专家组工作的结束，标志着二轮定检123座大坝的专家组工作已经全部完成。2006年中心完成了柘溪、洪门、白渔潭、大寨、铜街子、南河、古田二级、十三陵上池、凤滩、上硐、下硐、回龙寨、五强溪、洛东14座大坝的定检报告审查并已上报电监会备案，目前尚有丰满、东风、池潭3座大坝待完成最后的审查备案工作。

（四）继续加强大坝安全监测工作，推动信息化建设，确保及时掌握大坝运行安全信息

2006年，大坝中心继续加强大坝安全的监测管理工作，开展了新丰江、大峡、普定、富春江、沙溪口、二滩、龙羊峡等工程的监测系统评价和鉴定，完成了天生桥一级、沙溪口、上犹江、雨城、新丰江等大坝的监测资料分析工作，进一步认识和掌握重要大坝的运行性态。针对《报送办法》的要求，继续加强大坝安全信息系统的建设和完善，进一步完善了天荒坪等试点大坝的信息管理系统功能，为《报送办法》的颁布施行做好了技术准备。还按3号令的规定参加了流溪河、拉浪、洛东、百龙滩、上犹江、雪卡、莲花、柘林、新安江等水电站的监测系统更新改造设计审查或验收，审查批复了十三陵、沙县城关、隔河岩等大坝的监测系统停测封存申请。

此外，大坝中心多次派出专家，参加了雅砻江等流域新建水电站监测系统的专项咨询或审查会。

（五）开展大坝安全运行管理人员的业务培训，夯实大坝安全管理的基础

积极开展了大坝安全培训工作，除了在3月组织了“水电站大坝安全定期检查工作会议”外，9月与河海大学联合举办了第十一期“大坝安全监测人员上岗培训”，有关水电站运行单位的60余人参加了培训；12月初针对《混凝土坝安全监测技术规范》、《大坝安全监测自动化技术规范》、《混凝土坝安全监测资料整编规程》、《土石坝监测仪器系列型谱》、《混凝土坝监测仪器系列型谱》5个规范，与水力发电工程学会联合举办了“大坝安全监测规范培训班”，来自全国有关水电设计院、水电开发公司和水电站运行单位的74名代表参加了培训。这些培训授课内容丰富、针对性强，学员普遍反应收获很大，培训取得了预期的效果。

（六）积极开展应急管理体系建设，确保应急预案逐步规范

2006年初国家防总颁布了《水库防洪抢险应急预案编制大纲》（办海［2006］9号），对水库与大坝安全的应急预案有了明确的编制标准。大坝中心对此极为重视，一方面及时将该通知转发到所有注册水电站大坝的运行单位和主管部门，另一方面及时与国家防总及地方防汛部门联系，就有关技术细节进行沟通交流，以便准确把握标准的内涵与要求，指导电力行业按大纲要求编好应急预案。年初大坝中心组织审查了华能四川公司上报的该公司所属大坝的应急预案，对预案的修订和完善进行了指导；根据新安江水电站大坝的实际，大坝中心受新安江电厂的委托，与该厂共同编制了《新安江大坝应急预案》，该预案目前已由新安江水电厂作为企业标准予以发布实施；大坝中心还应华电集团公司的邀请，于11月18～22日派出专家对华电集团公司2006年防汛和大坝安全管理工作总结会时安排的应急预案演练进行了点评和指导，并就新时期大坝安全的法规和要求进行了专题演讲。

（七）推动病险坝的管理和补强加固、消缺处理，改善大坝安全状况

在开展二轮定检过程中，专家发现丰满大坝存在的问题较严重，因此及时要求业主单位对丰满大坝进行补强加固。大坝中心对加固方案的选择、施

工过程的质量监控为业主单位提供指导和咨询，并主持了大坝防渗处理灌浆方案的设计审查会，为提高丰满大坝的安全性态把好关，为提高大坝运行安全性态提供技术支持。大坝中心还参加了洪门、青铜峡、江口等大坝补强加固方案评审或竣工验收会议；针对龙羊峡水库2005年首次高水位运行，大坝中心于2006年4月及时完成了运行安全状况的评价，为龙羊峡大坝的高水位运行安全性态提出了准确的分析和评价；12月派专家参加了华电云南发电公司组织的以礼河二级大坝溢洪道闸门、绿水河大坝泄洪闸和挡水闸弧形闸门更新改造工程竣工验收会。此外，大坝中心还参与了中朝界河朝方管理的水丰大坝的安全检查工作。

（八）加强国内外技术交流与合作，提高大坝安全管理水平

为提高我国电力行业大坝安全管理人员的技术水平和专业素质，开阔视野，学习、借鉴发达国家大坝安全管理的先进理论、方法和实践经验，扩大国际间大坝安全技术交流，经过长期的立项评估和磋商，中国与加拿大大坝安全管理培训项目在2005年正式启动。大坝中心作为中方的项目执行机构，具体承担了项目的联络、协调与推进工作。大坝中心协助电监会于2006年4月、10月分别组织了管理团、技术团的赴加培训工作，7月、11月接待了加方项目有关官员的来华协商和沟通，确定了后续阶段的安排和要求。该项目的实施，已经使电力系统的60位专业人员接受了加拿大大坝安全管理法规、大坝安全检查与监测、大坝应急预案、大坝安全风险管理等方面的培训，对提高我国电力系统的大坝安全管理水平发挥了有益的作用。

2006年，大坝中心承担的原国电公司的科研项目《混凝土坝运行期安全评价方法初步研究》、《大坝安全在线管理系统开发研究》通过了验收。

（九）发挥专委会和标委会的作用，推动大坝安全工作不断深入

中国水力发电工程学会大坝安全监测专业委员会和电力行业大坝安全监测标准化委员会挂靠在大坝中心。专委会作为群众性的学术团体，积极开展学术交流活动。2006年大坝安全监测标准化委员会进一步加强了对历年立项标准的制、修订进度计划的落实、督促和检查工作，分别于6月、9月组织召开了二次标准审查会，对13项标准进行了审查，其中通过审查的12项标准中已有10项完成报批稿报中电联标准化中心，另外2项标准正在根据审查意见修改完善；12月标委会向中电联标准化中心申请立项《土石坝安全监测技术规范》、《土石坝安全监测资料整编规程》、《大坝声波检查技术规程》等12项电力行业标准的制定，并正在开展相关的工作。

（国家电力监管委员会大坝安全监察中心 张秀丽）

2006年水电站大坝安全注册工作情况

（一）工作概况

根据《水电站大坝运行安全管理规定》和《水电站大坝安全注册办法》的具体要求，2006年国家电力监管委员会大坝安全监察中心（以下简称大坝中心）继续全面、深入地开展大坝安全注册工作。通过现场检查、管理实绩考核、督促企业整改、注册等级评定、核发注册登记证等各项工作，履行水电站大坝安全注册的职责。全年共安排湖北、陕西、吉林、黑龙江、青海、西藏、云南、广西、甘肃、江西、四川、湖南、贵州、浙江等省（区）的30座大坝进行注册现场检查，其中新申请初始注册有雪山湖、蔺河口、陡岭子、白水峪、南河、姚河坝、黄龙滩、浮石、左江、桂平、贵港、抱子石、羊卓雍湖抽水蓄能、狮泉河、华光潭一级、华光潭二级等16座大坝，注册登记证有效期已到期或即将到期的绿水河、丰满、葛洲坝、龙羊峡、东江、小东江、普定、上标等8座大坝，并抽查了安康、徐村、东西关、莲花、刘家峡、八盘峡等6座大坝。2006年内陆续办理了48座大坝的注册手续，其中初始注册的大坝16座，注册换证的大坝32座。至2006年底，在大坝中心注册的大坝共计有169座。

（二）主要工作

1. 悉心指导　夯实基础　2006年是申请初始注册大坝数量最多的一年。全年共计对姚河坝、青居、黄龙滩、浮石、左江、贵港、桂平、抱子石、蔺河口、陡岭子、南河、白水峪、华光潭一级、华光潭二级、狮泉河等16座申请初始注册大坝进行了现场检查。除黄龙滩和南河大坝外，其余大坝蓄水运行时段都相对较短，有的刚刚完成竣工安全鉴定，在大坝安全运行管理方面尚缺乏经验。在现场检查过程中，大坝中心按照6大项80个元素的普遍性要求，紧密结合各水电厂的具体情况，从管理理念、机构设置、制度建设、人员配备、监测工作开展、技术资料保管以及消缺资金筹措、实施等方面悉心加以指导，取得明显成效。目前，姚河坝、青居、抱子石、蔺河口、陡岭子、白水峪、华光潭一级、华光潭二级等一批新投运的水电站大坝已初步走上规范化的管理轨道，已经取得了安全注册证。

2. 强化管理　督促整改　大坝中心对于管理水平差、大坝缺陷严重的水电厂，及时发出整改通知，

督促和帮助这些水电厂尽早完成整改项目。安康大坝由于管理制度不规范，日常巡查不认真，廊道维护很差，日常监测工作不正常，与甲级注册的要求严重不符。大坝中心在抽查中发现此现象后，立即发函要求安康水电厂必须在2006年内做好这几方面的整改工作，否则将降低大坝的注册等级。该厂接到整改通知后，作了认真的研究和布署，及时向大坝中心报送了2006年度全面整改的计划，并筹措近500万元资金对大坝观测廊道进行整治，所有廊道安装了照明设施、平整了地面、疏通了排水沟、设置了楼梯以及扶手。柘林大坝第二溢洪道下游没有泄洪通道，目前下游长约7.5km的行洪区内计有人口3500多人，房屋14.7万m^2，还建有公路、桥涵、输电和通信线路等大量设施，一旦开闸泄洪后果将不堪设想，2005年现场检查中发现这一重大安全隐患后，大坝中心决定该坝暂缓注册换证，要求柘林水电厂尽快与地方政府相互配合，研制出切实可行的应急处理方案，以便开闸泄洪时，能最大限度减少下游的灾害损失。江西省电力公司和柘林电厂对此高度重视，多次与地方政府协调，制订了详细的预案，就第二溢洪道启用时，有关泄洪时间预报、下游人员转移、后勤保障等事项，明确了职责分工。至此，一个拖延20多年的重大安全隐患，终于有了比较安全可靠的应对措施。

3. *严格抽查　力戒懈怠*　水电站大坝安全管理状况是一个动态问题，随着电力体制改革、机构调整或人员变动等情况的变化，有关水电站的大坝管理水平有可能发生较大波动，而大坝安全的重大责任，不允许管理工作有丝毫懈怠，在注册换证间隔3年（乙、丙级）或5年（甲级）期满时再去检查，将不能适应这种动态变化规律的需要，必须进行严格抽查。2006年，共安排6座大坝开展了注册抽查，结果表明，有的水电站大坝管理状况短期内出现了松懈，有的有了明显提高，对于管理松懈的水电厂，大坝中心及时提出整改要求，对于管理工作明显提高的水电厂，大坝中心给予表扬鼓励，或及时提升大坝注册等级。莲花大坝2004年换证检查时，大坝安全管理机构齐全，各项管理工作基本满足注册要求，换证注册为甲级，有效期至2009年。2006年注册抽查发现，该厂已将统一的水工管理机构撤销，分散在几个部门的水工观测，日常检查、运行维护等工作未能妥善安排和协调，2004年换证检查提出的建议也未能落实或处理，大坝中心要求该厂立即进行整改。八盘峡大坝2004年检查时发现，大坝管理工作比较混乱，大坝中心决定其注册等级降为乙级；2006年抽查表明，该坝纳入黄河上游水电开发有限责任公司的梯级水电厂管理系统后，管理人员的精神面貌焕然一新，各项水工管理工作井井有条，大坝中心决定并经电监会批准将该坝的注册等级由乙级提升为甲级。

（三）存在的主要问题

（1）部分运行单位或主管单位对大坝安全注册的重要性认识不足。水电站大坝安全注册制度，是政府对水电站大坝安全监督管理的主要手段之一。我国自1996年实施这项制度以来，为促进水电站大坝安全状况的改善和提高大坝安全管理水平，保证大坝安全运行，发挥了重要作用。电力体制改革以后，许多水电站的运行和主管单位，积极认真贯彻执行大坝注册规定，但也有部分运行或主管单位大坝安全法制观念淡漠，对大坝注册的重要性认识不足，不按规定进行注册换证，尤其是一些承担重大社会公共安全责任的大型工程的大坝，注册证到期后迟迟不予办理注册换证手续。这种状况必须尽早加以改变。

（2）多数水电厂未能制订针对性和可操作性强、职责明确的大坝安全责任制。我国20世纪80年代后期明确规定，水电厂防汛工作实行厂长负责制。多年来，绝大多数水电厂都能严格按照这一要求开展防汛工作，但随着国民经济的飞速发展，为了能使大坝安全管理从事后应急式管理，上升到事前预防式管理，必须进一步完善大坝安全管理体系。另外，个别水电厂虽然规定厂长是大坝安全第一责任人，由于没有针对性和可操作性很强的具体要求，有的厂长在任期内甚至一次也未进入过大坝廊道，没有参加过一次巡视检查，不了解影响大坝安全的主要症结。自21世纪初开始，大坝中心要求所有注册大坝都要制订大坝安全责任制，规定从厂长（总经理）到大坝监测、运行、维护所有岗位的具体职责，并力求具有很强的针对性和可操作性，从现场检查情况来看，多数水电厂距离这一要求尚有一定差距，这是今后需要改进的一个比较普遍的问题。

（3）防汛抢险应急预案的编制、审批和预演工作，滞后于形势的要求。2005年和2006年，国家防汛抗旱总指挥部先后颁发《关于明确水库水电站防汛管理有关问题的通知》和《关于印发水库防汛抢险应急预案编制大纲的通知》。部分水电厂按照这二个文件的要求，及时开展相应工作，如黄龙滩水电厂详细编制了本厂范围内的防汛抢险预案，按原设计单位提供的资料初步作了溃坝分析，并将编制的防汛抢险预案，于2006年汛前按防洪影响范围报湖北省十堰市防汛抗旱指挥部审批，6月下旬组织了一次防汛抢险演习。但在防汛抢险应急预案的编制、审批和预演三个环节上，目前总体上尚滞后于形势的要求。在编制预案方面，大坝险情分析、溃决分析、影响范围和损失的确定成了许多水电厂的难题。在审批这一环节上，必须改变部分水电厂延续以往由行业主管部门审批的做法，应按规定将预案报防洪影响范围的有关部门（机构）审批，并将审批后的预案报电监会大坝中心和派出机构备案。为与大坝定期检查和注册换证期限规定相协调，一般每隔3～5年开展一次防汛抢险演习是比较合适的。

（大坝安全监察中心　杜德进）

2006年度第三轮水电站大坝安全定检情况

2006年是《水电站大坝运行安全管理规定》颁布实施的第二年，也是电力系统水电站大坝第三轮定检工作启动的第二年，继2005年启动25座大坝的定检工作之后，2006年按第三轮大坝定检规划应启动23座大坝定检，除福建安砂和贡川2座大坝未能按要求及时启动外，其余21座大坝均按规划要求及时开展，具体是：沙溪口、芹山、百龙滩、潘家口下水库、镜泊湖、李家峡、天荒坪上水库坝、天荒坪下水库坝、古田一级、大山口、铁门关、桓仁、回龙山、沙河上库坝、徐村、百丈漈一级、碧口、刘家峡、西津、天生桥二级、哈巴河山口。本年度启动的21座大坝中，百龙滩、西津2座大坝经大坝主管单位申请，大坝中心委托其组织，其余均由大坝中心直接负责组织。

已经启动大坝定检工作的主管单位和运行单位对大坝安全工作高度重视，积极筹措资金，给予大力支持和配合，使大坝定检工作得以顺利开展。到2006年底，第三轮大坝定检专家组提交定检报告的有14座，并且均在2006年度内完成，具体是：托海、葛洲坝、大峡、雍口、上犹江、小山、铜头、雨城、富春江、普定、石泉、新丰江、枫树坝和安康大坝，上述大坝定检报告已经报请大坝中心组织进行审查。

总结前两年的定检工作，总体情况是好的，是卓有成效的。目前共启动定检工作的有46座大坝，其中37座由大坝中心直接组织，其余9座大坝由大坝主管单位负责组织，大坝中心派员参加专家组工作，对定检工作程序、质量和进度进行全过程指导、把关和监督，确保了大坝定检工作质量。无论是大坝中心直接组织还是委托大坝主管单位组织，均能按照大坝定检工作要求落实各项工作，从大坝定检的范围、内容、专题研究成果和大坝安全评价等均基本满足总体工作要求。

（大坝安全监察中心　谭秀娟）

2005～2006年水电工程安全鉴定情况

2005～2006年度，国家电力监管委员会大坝安全监察中心、中国水电工程顾问集团公司、中国水利水电科学研究院完成的水电工程安全鉴定见表1。

表1　2005～2006年完成的水电建设工程安全鉴定情况汇总表

序号	水电站名称	坝型	鉴定阶段	鉴定单位
1	陕西蔺河口	碾压混凝土拱坝	竣工	大坝安全监察中心
2	陕西葫芦头	混凝土重力坝	竣工	大坝安全监察中心
3	甘肃达拉河口	混凝土面板堆石坝	蓄水	大坝安全监察中心
4	甘肃龙首二级	混凝土面板堆石坝	竣工	大坝安全监察中心
5	甘肃海甸峡	碾压混凝土重力坝	蓄水、竣工	大坝安全监察中心
6	青海直岗拉卡	混凝土闸坝、土石坝	蓄水	大坝安全监察中心
7	河南回龙抽水蓄能电站	碾压混凝土重力坝	竣工	大坝安全监察中心
8	江西居龙滩	混凝土闸坝	蓄水	大坝安全监察中心
9	福建周宁	碾压混凝土重力坝	竣工	大坝安全监察中心
10	浙江华光潭一级	混凝土拱坝	蓄水、竣工	大坝安全监察中心
11	浙江分水江	混凝土闸坝	蓄水	大坝安全监察中心
12	重庆藤子沟	混凝土拱坝	蓄水、竣工	大坝安全监察中心
13	重庆牛栏口	混凝土闸坝	蓄水、竣工	大坝安全监察中心

续表

序号	水电站名称	坝型	鉴定阶段	鉴定单位
14	四川青居	混凝土闸坝	竣工	大坝安全监察中心
15	西藏狮泉河	土石坝	蓄水	大坝安全监察中心
16	西藏直孔	土石坝、泄洪闸	蓄水	大坝安全监察中心
17	湖南凤滩扩机工程	混凝土空腹重力拱坝	竣工	大坝安全监察中心
18	湖北鄂坪	混凝土面板堆石坝	蓄水	大坝安全监察中心
19	湖北峡口	混凝土拱坝	蓄水	大坝安全监察中心
20	湖北寺坪	混凝土面板堆石坝	蓄水	大坝安全监察中心
21	湖北大峡	碾压混凝土重力坝	蓄水	大坝安全监察中心
22	湖北纳吉滩	混凝土重力坝	蓄水	大坝安全监察中心
23	贵州三板溪	混凝土面板堆石坝	蓄水	大坝安全监察中心
24	贵州鱼塘	混凝土面板堆石坝	蓄水	大坝安全监察中心
25	贵州东风扩机工程	混凝土拱坝	竣工	大坝安全监察中心
26	云南崖羊山	混凝土面板堆石坝	蓄水、竣工	大坝安全监察中心
27	云南冲江河（扩容）	混凝土重力坝	蓄水	大坝安全监察中心
28	云南云鹏	土石坝	蓄水	大坝安全监察中心
29	云南土卡河	混凝土闸坝	蓄水	大坝安全监察中心
30	浙江桐柏	土石坝	蓄水	中国水电工程顾问集团公司
31	山东泰安	土石坝	蓄水	中国水电工程顾问集团公司
32	贵州索风营	碾压混凝土重力坝	蓄水	中国水电工程顾问集团公司
33	三峡二期	混凝土重力坝	蓄水	中国水电工程顾问集团公司
34	四川龙头石	土石坝	截流	中国水电工程顾问集团公司
35	吉林白山抽水蓄能电站	拱坝	发电	中国水电工程顾问集团公司
36	湖北洞坪	拱坝	蓄水	中国水电工程顾问集团公司
37	丰满三期反调节水库	重力坝	竣工	中国水电工程顾问集团公司
38	广西乐滩	重力坝	蓄水	中国水电工程顾问集团公司
39	长江三峡	混凝土重力坝	上游基坑进水	中国水电工程顾问集团公司
40	长江三峡	混凝土重力坝	蓄水（156m）	中国水电工程顾问集团公司
41	青海苏只	混凝土重力坝	蓄水	中国水电工程顾问集团公司
42	安徽琅琊山	土石坝	蓄水	中国水电工程顾问集团公司
43	青海康扬	重力坝	蓄水	中国水电工程顾问集团公司
44	贵州洪家渡	面板堆石坝	竣工	中国水电工程顾问集团公司
45	江苏宜兴（下水库）	土石坝	蓄水	中国水电工程顾问集团公司
46	陕西喜河	重力坝	蓄水	中国水电工程顾问集团公司
47	湖北水布垭	面板堆石坝	蓄水	中国水电工程顾问集团公司
48	广西龙滩	碾压混凝土坝	蓄水	中国水电工程顾问集团公司
49	河北张河湾（下水库）	重力坝	蓄水	中国水电工程顾问集团公司

续表

序号	水电站名称	坝型	鉴定阶段	鉴定单位
50	广西平班	重力坝	竣工	中国水电工程顾问集团公司
51	青海公伯峡	面板堆石坝	竣工	中国水电工程顾问集团公司
52	广西乐滩	重力坝	竣工	中国水电工程顾问集团公司
53	河南宝泉（下水库）	重力坝	蓄水	中国水电工程顾问集团公司
54	长江三峡电源电站	重力坝	竣工	中国水电工程顾问集团公司
55	青海苏只	混凝土重力坝	竣工	中国水电工程顾问集团公司
56	黄河小峡	混凝土闸坝	竣工	中国水利水电科学研究院
57	贵州黔西沙坝河水库	混凝土面板堆石坝	蓄水	中国水利水电科学研究院
58	湖北竹山松树岭	混凝土重力坝	蓄水	中国水利水电科学研究院
59	云南那兰	混凝土面板堆石坝	蓄水	中国水利水电科学研究院
60	广西洞巴	混凝土面板堆石坝	蓄水	中国水利水电科学研究院
61	广西金鸡滩	混凝土重力坝	蓄水	中国水利水电科学研究院
62	黄河小浪底	斜心墙堆石坝	渗控专题	中国水利水电科学研究院
63	华能跷碛	土石坝	蓄水	中国水利水电科学研究院
64	华能水牛家	土石坝	蓄水	中国水利水电科学研究院
65	湖北竹山松树岭	混凝土重力坝	竣工	中国水利水电科学研究院

（大坝安全监察中心　聂广明　中国水电工程顾问集团公司　郑新刚
中国水利水电科学研究院　朱耀泉）

水电站大坝运行安全信息化建设规划

（一）建设任务

水电站大坝运行安全信息化建设的任务是，建设国家电力监管委员会大坝安全监察中心（以下简称大坝中心）的大坝安全信息主系统、电监会派出机构和大坝业主单位（或主管单位，下同）或者流域开发公司的大坝安全信息分系统、水电站运行单位的大坝安全信息子系统。

（二）基本原则

（1）水电站运行单位应当建立本单位的大坝安全信息子系统，并将其接入大坝安全信息主系统，向大坝业主单位和大坝中心报送大坝运行安全信息。

（2）根据对不同水电站大坝的风险分析和水电站运行单位的大坝安全管理状况，按照“高坝、大库先上”和“具备条件的先上”的原则，统筹安排。

（3）对于大型水电站大坝、坝高 70m 以上的高坝或者工程安全特别重要和安全问题较突出的中小型水电站大坝，要求通过大坝安全信息子系统（或者分系统）向大坝安全信息主系统自动报送运行安全信息（以下简称“网络直接报送”）；其他中小型水电站大坝，要求采用大坝中心提供的专用程序通过电子邮件方式向大坝安全信息主系统报送运行安全信息（以下简称“电子邮件报送”）。

（4）对于管理多座大坝的水电站运行单位或者大坝业主单位，可以由各水电站直接向大坝中心报送大坝运行安全信息，也可由水电站运行单位或者大坝业主单位汇总各水电站的信息统一报送。若其中有一座大坝采用“网络直接报送”方式，其他大坝应当尽可能采用此方式。

（三）建设规划

目前，已在大坝中心安全注册和正在办理注册手续的 169 座水电站大坝，按其工程规模、坝高、大坝重要性和安全状况分类，有 100 座大坝应当采用“网络直接报送”方式，其余 69 座大坝应当采用“电子邮件报送”方式。

对于采用“网络直接报送”方式的 100 座大坝，应当在三年内完成信息化建设。2007 年计划安排 20 座大坝，2008 年计划安排 37 座大坝，2009 年计划安排 43 座大坝。

对于采用“电子邮件报送”方式的69座大坝，应当在两年内按要求实现信息报送。2007年计划安排27座，2008年计划安排42座。

（四）实施要求

（1）水电站大坝运行安全信息化建设工作，应当按照电监会《电力二次系统安全防护规定》及其配套规章的要求，做好相关工作，保证系统安全和信息安全。

（2）水电站运行单位和大坝业主单位应当按照规划，对负责管理的水电站大坝的信息化建设工作制定具体的实施计划，给予人力、物力和财力保障，将所需费用列入生产计划，切实采取有效措施，确保此项工作的正常开展并按要求完成大坝安全信息子系统（或者分系统）的建设。

（3）在大坝运行安全信息化建设过程中，若受客观条件限制不能按计划实施，水电站运行单位或者大坝业主单位应当与大坝中心协商，适当调整计划。对具备提前实施条件的，可不受规划限制，提前实施。

（4）对于大坝安全集中管理的流域公司或者大坝业主单位，应当尽早建设大坝安全信息分系统。

（5）对于未列入本规划的新投入运行的水电站大坝，水电站运行单位或者大坝业主单位应当自申请大坝安全注册之日起，按本规划的基本原则和要求进行信息化建设并报送信息。

（6）对于待投入运行的在建水电站大坝，大坝业主单位应当增补工程预算，保证大坝在投入运行时一并按要求完成信息化建设工作。

（7）对于采用“网络直接报送”方式的大坝，水电站运行单位或者大坝业主单位可以通过电力专网或者公共数据网等网络将信息直接上传到大坝中心。

（8）对于采用“电子邮件报送”方式的大坝，水电站运行单位或者大坝业主单位应当定期录入信息并生成加密文件发送到指定邮箱：daminfo@dam.com.cn。

为了降低工作人员劳动强度，提高信息准确性，水电站运行单位或者大坝业主单位应当积极创造条件，尽早采用“网络直接报送”方式。

（9）水电站运行单位和大坝业主单位在完成大坝运行安全信息化建设后，应当进一步加强大坝安全的日常管理工作，特别是加强对大坝运行安全监测信息的深入分析工作，及时发现并消除事故隐患，保证大坝安全，切实履行好主体责任。

（10）大坝中心负责指导并协助水电站运行单位、大坝业主单位，以及电监会派出机构在现有的信息管理系统基础上建立其大坝安全信息子系统或者分系统。

（11）大坝中心负责受理上报的大坝运行安全信息，应当安排专人负责信息管理，收到上报信息后立即进行分析处理，对发现的异常情况，应当及时反馈信息至报送单位和大坝业主单位，并通报电监会相关派出机构。

（12）大坝中心应当加强对报送信息的分析研究和对水电站运行单位的检查指导，督促各单位按要求开展大坝运行安全的日常监测、管理和信息报送工作，及时掌握水电站运行单位的监测系统和监测管理状况，协助发现大坝重要部位、薄弱环节运行性态的异常变化，消除大坝事故隐患。

（13）大坝中心应当每年对电力系统的水电站大坝运行安全信息进行全面的分析，通报大坝运行安全管理情况，检查本规划的落实情况，形成报告报电监会安监局。

表1为水电站大坝运行安全信息化建设规划表。

表1 水电站大坝运行安全信息化建设规划表

公 司	网络直接报送			电子邮件报送	
	2007年	2008年	2009年	2007年	2008年
国家电网公司	新安江，天荒坪上、下库坝，十三陵，水口（5）	丰满，太平湾，白山，红石，云峰，柘林，东江，紧水滩，风滩，柘溪（10）	小山，松山，莲花，富春江，水东，大山口，安康，刘家峡，黄龙滩（9）	潘家口，百丈漈一级，托海（3）	雍口，小东江，映秀湾，渔子溪，耿达，铁门关，镜泊湖（7）
中国南方电网有限责任公司	广蓄上、下库坝	天生桥二级，麻石，拉浪，洛东，西洱河一级，鲁布革（6）	西津		西洱河二、三、四级（3）
中国华能集团公司	漫湾	铜头	徐村	东西关，青居	石塘，太平驿，雨城，小关子，冷竹关（5）

续表

公　司	网络直接报送			电子邮件报送	
	2007年	2008年	2009年	2007年	2008年
中国大唐集团公司	陈村，岩滩，百龙滩，大化（4）	碧口	鱼潭，石泉	纪村，白渔潭	贺龙
中国华电集团公司	湖南镇	古田溪一级，池潭，棉花滩，宝珠寺（4）	安砂，芹山，安溪，以礼河一级，普定，东风，引子渡，乌江渡（8）	黄坛口，高砂，孔头，斑竹，贡川，沙县城关，范厝，良浅（8）	古田溪二、三、四级，华安，船场溪，峡阳，以礼河二、三、四级，绿水河，平地哨（11）
中国国电集团公司	万安	桓仁，回龙山，龚嘴，铜街子（4）	红枫，百花，太平哨，大广坝（4）	南河，螺丝湾，姚河坝（3）	红岩，修文，窄巷口，红林，大寨，六郎洞，南亚河三级（7）
中国电力投资集团公司	龙羊峡，沙溪口	李家峡，五强溪，凌津滩（3）	青铜峡，盐锅峡，大洪河，狮子滩，江口，上犹江，洪门，近尾洲，洪江，碗米坡（10）	罗湾，八盘峡	马迹塘，上硐，下硐，回龙寨（4）
中国长江三峡工程开发总公司		葛洲坝			
国开投公司	大朝山	大峡		小峡	
二滩水电开发公司	二滩				
粤电集团公司	新丰江	天生桥一级，流溪河	枫树坝，长湖，长潭，南水（4）	青溪	
湖北能源		隔河岩，高坝洲	白水峪		
江西能投			东津	抱子石	
北京能投				落坡岭，珠窝	
江苏国信				沙河	
浙江能源				上标	
贵州黔能					李官
湖南湘能					花木桥
海南水利电力			牛路岭		
甘肃电投			龙首一级		
重庆		重庆江口			
遂昌国资委	成屏				
峨眉山电力					苦蒿坪
安徽省					毛尖山
陕西水电		蔺河口			
数量合计	20	37	43	27	42

（大坝安全监察中心）

葛洲坝水利枢纽大坝安全第二次定期检查工作圆满结束

2006年6月3～5日，在湖北宜昌召开了葛洲坝水利枢纽大坝安全第二次定期检查第三次专家组会议，专家组根据工程运行实际和多项专门的检测、分析研究成果，经认真讨论，一致同意葛洲坝水利枢纽闸坝为正常坝。

葛洲坝水利枢纽是第三轮水电站大坝安全定期检查中开展最早、结束最早的项目。本次定检由大坝安全监察中心负责组织，聘请了由李浩钧、郑守仁、徐麟祥等知名专家组成的专家组，对地基剪切带性状、三号船闸基础排水廊道堆积物、众多闸门及启闭机的安全可靠性、电站排沙底孔磨蚀坑成因等问题进行了大量的检查和分析，对闸坝的安全状态进行了全面的评价，得出了论据充足、切合实际的结论，为第三轮大坝安全定检工作的开展提供了极为成功的范例。

（大坝安全监察中心）

碧口大坝的运行与管理

碧口水电站是白龙江流域梯级开发的一座大型水利枢纽。电站装机容量3×100MW，水库总库容5.21亿m^3，有效库容2.21亿m^3。设计洪水位703.4m，校核洪水位710.1m，正常高水位704m，汛期限制水位695m，死水位685.0m。

（一）大坝安全管理特点

（1）防汛责任重大。碧口水库库区及下游一带受川西北暴雨天气和区间流域特定地形条件的影响，暴雨频发，洪水汇集迅猛，峰形陡涨陡落，加上水库库容小、调节性能差，大坝又是土石高坝，交通不便，抢险难度大。近年来，由于下游河床大规模无序采金，导致河道堵塞，行洪能力下降。大坝下游还有陇南重镇碧口镇及212国道。实际运行中，下游电站、交通、地方政府甚至采金矿主经常对碧口水电站泄洪提出较为严格的控制要求，使碧口水库防洪调度的难度和复杂性进一步加大。

（2）水工建筑物分散，监测工作量大。碧口水电站水工建筑物分散布置，从右到左分别为右岸泄洪洞、溢洪道、挡水建筑物、引水建筑物、排沙洞和左岸泄洪洞，库区上游距坝址4km有青崖岭古滑坡体。为有效监控大坝及其水工建筑物的运行性态，布设了较全面的监测网，主要包括大坝与各水工建筑物的变形监测、坝体渗流和两岸绕坝渗流监测、各水工建筑物的内部监测，右岸高边坡、厂房后山坡危岩以及青崖岭滑坡体的变形和稳定监测等。

（3）水库泥沙淤积成为电站运行隐患。目前，死库容损失率已超过95%，总库容损失率达56.8%，大大降低了调洪能力。更严重的是，淤积三角洲推到坝前，进水口漏斗消失，已威胁到发电系统和泄水建筑物的安全运行。

（二）防汛及大坝安全管理

（1）健全防汛机构，落实防汛及大坝安全责任。每年汛前成立防汛领导小组，全面负责协调全厂的防洪度汛工作。防汛领导小组设防汛办公室，主要负责编制年度水库调度运用计划、防汛抢险预案、水库蓄水方案及日常水库调度等，做好24小时防汛值班；负责开展洪水预报、大坝及水工建筑物巡视检查；负责向上级主管部门、防汛指挥部门、调度部门和地方政府通报汛情、险情和灾情。成立厂防汛抢险突击队，明确生产现场各部门安全第一责任人为抢险突击队队长。每年进行一次防汛演习。多年来，电厂修订和制定了一系列规程规章制度，制定了防汛预案和各种险情应急措施，加强了日常巡视检查、汛前汛后安全检查和水工建筑物评级等工作。每年厂部与部门、部门与班组、班组与班员签订防汛责任书，进一步明确了各级人员防汛及大坝安全管理的职责、工作内容与要求，结合检查与考核，形成了较为完整的防汛及大坝安全管理体系。

（2）严格调度纪律，加强大坝安全管理。每年汛前，电厂编制当年《水库汛期调度运用方案》，报送防汛指挥部门批准后，严格执行。为确保坝坡稳定，电厂制定了《水库控制运用规定》，责成水库调度部门和中心控制室共同监视控制库水位骤降速度。电厂每年根据长期水量预报，制定方案科学、措施严密的蓄水计划，既利用汛末最后一场洪水完成水库蓄水任务，又能确保安全度汛。同时，加强蓄水期和高水位运行时期的水库巡查，检查库边稳定情况，保证蓄水工作顺利进行，并为下一年科学制定水库运行计划提供了依据。制定了大坝日常巡查制度和年度详查制度，规范了巡查人员组成、巡查线路、巡查内容、巡查方式及记录格式，掌握大坝及其他水工建筑物运行状态，发现缺陷及时消缺处理。加强特殊检查和汛前检查，及时如实地向上级主管部门和大坝中心汇报检查情况。

（3）依靠科技进步，提高防汛及大坝安全管理水平。1993年以来，电厂相继建成了水情自动测报系统、卫星云图接收处理系统、大坝自动监测系统和泄水建筑物闸门远程监控系统。

（4）采取措施确保引水系统和泄水建筑物安全运

行。制定了防止水工泄水建筑物淤堵的措施，加强泄水建筑物门前淤积高程监测，规定门前淤积高程超过某一高度或长时间没有启用时，进行短时间开门冲淤，既保证了泄水建筑物安全运行，又减少了弃水。2005年9月，电厂成功实施了全厂停机大规模水库低水位拉沙。后期运行显示，泥沙等杂物对拦污栅、发电机组堵塞的安全隐患已消除；过机沙量减少，沙粒变细，减轻了泥沙对过流部件的磨损危害。电厂及时进行补强加固和维护消缺，主要项目有：三次对大坝防浪墙与心墙接缝进行了灌浆，引水系统压力钢管上平段进行了化灌补强，对右岸泄洪洞出口护坦和排沙洞出口高边坡进行加固。2005年对发电厂房进行了防渗化灌处理，对进厂公路、排水系统等影响防汛及大坝安全的部位进行了补强加固。

（三）面临的问题及工作思路

上游小水库群和低标准工程的投运，破坏了碧口水库原有的洪水天然汇流属性，加大了碧口水库的洪水调度难度，影响碧口枢纽的防洪标准，下游电站的建设可能影响碧口水库正常泄洪。应研究复核碧口枢纽的防洪标准，加强水库调度管理，探索研究区域水库联调方式，最终实现梯级电站联合调度、区域防洪效益和经济效益最大化。

继续采取有效措施消除或减轻泥沙对电站安全经济运行造成的危害。一是抓住有利时机实施低水位拉沙，恢复门前漏斗和近库区库容，避免泄水建筑物淤堵，减小泥沙对电站过流部件的磨损；二是加强入库泥沙监测，提高调洪调沙水平，减少新淤积量；三是及时清除库区漂浮物，以免沉积后加速拦污栅堵塞。

坝址周边岩石风化严重，大坝及其水工建筑物混凝土、泄水建筑物钢闸门等老化现象逐渐显露。应加强重点部位的监测力度，发现问题及时处理。

（大唐碧口水力发电厂　景建中　何录合）

二滩水电站水垫塘安全运行管理

（一）水垫塘概况

二滩水电站水垫塘由水垫塘护坦板、二道坝和二道坝下游护坦组成。水垫塘横断面为复式梯型、钢筋混凝土衬护结构；底宽40m，长300m；底板厚度为3～5m；边墙护坦厚度为2～3m；表层40cm为硅粉混凝土。水垫塘底板与基岩间设有锚筋。二道坝坝型为重力坝，溢流段坝顶高程1015m，最大坝高为38m。二道坝下游混凝土护坦长42.9m，护坦顶板高程为985.0m，护坦板厚5m。

水垫塘采用分块浇筑，每块尺寸为9m×9m，周边设收缩缝；左、右混凝土边墙每9m设一条垂直于水流向的收缩缝，并在顺水流方向设施工控制缝。所有收缩缝（包括与拱坝和二道坝的收缩缝）和施工控制缝均设A型止水铜片。止水铜片设置在混凝土面下40cm，全长约14.7km。

水垫塘排水系统包括排水廊道、排水孔、排水盲沟及渗漏集水井。渗漏集水井布设在左岸山体内，设专用排水泵，自动化控制，将渗水抽排至下游河道。排水廊道布置在水垫塘底板两侧，各设置了1条顺水流向的排水廊道，5条垂直水流向的水平廊道；左、右边坡各设置了四条斜廊道。排水廊道设排水沟。所有排水廊道，按间距5 m布置了孔深5 m的排水孔，共4226个；二道坝在左右交通廊道内各布置一排向上的排水孔，共计45个；横纵向廊道内布置142个向下的排水孔。水垫塘每条垂直于水流方向的收缩缝底部均设有排水暗沟，在水垫塘的重力墩顺水流向也设有排水暗沟。

（二）水垫塘运行管理

1. 水垫塘运行　二滩水电站水垫塘1998年投入使用以来，承受的最大泄量为9216m^3/s，小于设计洪水位下的坝体最大下泄流量，且远小于校核洪水位下的下泄流量。因此，水垫塘仍有较大的安全裕度。在运行过程中，尽量避开对水垫塘安全不利的泄洪工况，对泄洪前后及泄洪过程中的水垫塘渗流情况进行监测，并加强对各部位的巡视检查。

2. 检查　对水垫塘的检查分为日常巡视检查和抽水检查，日常巡视检查在汛期和非汛期坚持不同的频次，汛期为1次/周，非汛期为1次/半月，在泄洪工况变化的情况下增加检查。检查重点为排水孔、排水盲沟渗水量变化，边墙、底板裂缝情况，有无异常析出物等。抽水检查频次根据现场运行情况而定。

3. 改造　2000年，对各支廊道增加了量水堰，并实现了自动化观测，从而可以对水垫塘的渗流量进行实时监测。对水垫塘二道坝进行加高，坝高从原来的35m增加到38m，使水垫塘的水垫深度增加，提高了水垫塘的消能安全性能，同时对水垫塘抽干检查创造了条件。

（三）水力学特性观测

1. 测点布置　1999年，对水垫塘的水力学特性进行了观测。观测的内容包括：泄洪时水垫塘底板脉动压力特性；泄洪时水垫塘底板时均压力、冲击压力；泄洪时水舌轨迹。测点布置主要根据二滩水电站整体模型试验的压力分布进行布置。沿水垫塘中心线相间布置了7个测压管和9个脉动压力传感器，在桩号0+110.0及0+123.0横向分别布置了9个测压管和9个脉动压力传感器，又在水垫塘中心线桩号0+141.0两侧各布置了一个测压管，用以监测表孔或表、中孔联合泄洪情况下水垫塘的时均压力和脉动压力。

2. 观测工况及成果　二滩水电站水垫塘水力学原型观测包括表孔全开、中孔全开及表、中孔联合开启等13个工况，水位约在1200m，最大泄水流量约达8000m^3/s。通过原型观测和资料整理分析，水垫塘的消能效果良好。在各种泄水工况下水垫塘底板时均压力分布均匀，未出现较大的突峰，都小于模型试验的11.5×9.81kPa，且未超过允许值15×9.81kPa；表孔单独泄水时底板的冲击压力远大于表、中孔联合泄水时底板的冲击压力，这说明空中对撞消能对减小水垫塘底板上的冲击压力是有效的；扬压力受泄水影响具有明显的波动特性，时均扬压力值较小，但瞬时最大值达到4.96×9.81kPa，并且将随水位的上升和泄量的加大而增大，需要关注。

3. 振动稳定监测系统研究　二滩水电站的管理单位与有关高校联合，对水垫塘的安全进行永久性的监测研究。在现有条件下，研制出了“二滩拱坝水垫塘泄洪消能安全实时监控系统”，通过分析水垫塘的动力响应特性以及动力响应特性与水垫塘工作性态的关系，建立水垫塘底板结构的安全监控指标，以准确、及时地诊断出水垫塘结构的隐患和病害、破坏前兆，为二滩水电站的安全和优化运行提供实时技术支撑。该系统采用了“一机四库”结构，即将推理机、知识库、数据库、模型库、图库等有机整合，可单独运行，也可作为整个管理信息系统的子系统，与大坝其他监控系统和管理系统联合应用。系统包括现场数据采集部分及后续数据处理软件两部分。现场数据采集设计采用DP型地震式低频振动传感器，共布设测点30个，主要集中在表、中孔跌落区范围，主要监测在泄洪工况下水垫塘底板的水平方向和垂直方向的振幅大小。后续数据处理软件包括数据采集系统、信号分析系统、数据统计系统、健康诊断系统和帮助系统。2005年该系统正式投入运行，很好地指导了水垫塘的运行，目前系统运行情况良好。

（二滩水力发电厂　王锋辉）

新安江水电站进水口快速闸门动水闭门鉴定试验

（一）概况

新安江水电站有9个进水口，设9扇平面快速闸门，均由单油缸液压启闭机独立控制启闭运行。进水口快速闸门是机组安全运行的重要保护措施。新安江进水口快速闸门服役40年，超过经济折旧年限，原有补气孔附属设施的补气量不足，并且原设计的闸门体型抗振性不是很好，在快速闭门时发生剧烈振动的概率危害很大，因此进行了动水闭门鉴定试验。

（二）闸门基本数据调查

1. 外观与腐蚀度　闸门整体未见明显的门体变形和构件缺损；防腐层保持完好，但表面长满河蚌且存在均布原蚀坑。蚀坑平均深度为0.53mm，平均锈蚀速度为0.019mm/a；主要构件最大平均锈蚀速度仅为0.026mm/a；均低于我国普通碳素钢的淡水锈蚀速率0.040mm/a。

2. 金属材料性能　金属闸门主要材料均为CT3（相当于现行标准Q235A）。在非受力部位切取2块钢板，用机械方法冷加工成标准试件进行力学性能试验，同时进行金属材料化学成分分析。检测数据表明：闸门金属材料除钢Q235外，还有少量低于原设计的金属材质钢Y30混用。

3. 焊缝质量　本次检验焊缝不合格率为19%，应返修率为12%，其中一类焊缝应返修0.05m，二类焊缝应返修3.28m。

（三）闸门结构特性分析

1. 静力学特性分析　抽取3号快速闸门进行静应力试验，并根据测试数据推演计算闸门在设计工况下的结构应力。试验时，闸门上游水位98.5m，下游无水，底槛标高70.4m；设计水位108.0m。考虑折减系数0.9，闸门金属材料钢Y30的容许应力为：106MPa（$\delta_{厚}\leqslant16$），99MPa（$\delta_{厚}=16\sim40$），95MPa（$\delta_{厚}=40\sim60$）。根据DL/T5039《水利水电工程钢闸门设计规范》校核结构应力，快速闸门静力学强度特性的安全裕量不能满足要求。

2. 动力学特性分析　分别应用有限元方法计算分析和实验模态分析得到其结构前4阶自振频率及固有模态。实验及计算工况：闸门上下游侧均无水，即闸门仅受到底部铅垂方向支撑约束且两边梁支撑台车为自由状态。对比发现：实验模态分析和有限元模态计算分析的成果，两者吻合较好；快速闸门第1阶模态表现为整体扭曲振动，计算基频12.3Hz，实测基频10.1Hz，如考虑闸门在实际水压和门槽作用下，一般不易发生整体共振现象。

（四）动水快速闭门试验

1. 快速闭门程序

（1）水轮发电机组甩100%负荷试验：①在正常情况下，当调速器置于自动运行位置时，机组甩去100%负荷后不会过速，此时进水口快速闸门不会关闭，调速器将自动调整转速从甩负荷升高状态逐渐回到额定转速，并相应地调整导叶开度至某小开度。②当调速器置于手动位置（或者调速器自动运行参数没有调整好）时，机组甩去100%负荷后将导致过速，水机过速保护动作以后将自动关闭进水口快速闸门；同时调速器事故电磁阀动作，将导叶快速关到底。过速停机后，在系统允许情况下，应检查发电机。③有时过速保护测量装置会产生误动作，这时应将发电机开关跳开（甩去100%负荷），其余与前述程序相同。

（2）进水口快速闸门在机组带100%负荷时的动水闭门试验：机组带100%负荷运行，压力钢管达到额定流量；启动手动控制按钮，将进水口快速闸门落下（这时水机过速保护没有动作）；当负荷为零时，发电机开关跳开，停机。在此项落门试验中，主要是考核快速闸门、液压启闭机及液压控制系统、门槽及补气孔附属设施等是否正常。

2. 快速闭门原型观测　选择3号快速闸门进行试验，机组在负荷100%时，快速闸门进行动水闭门，并在平压状态下进行启门。实验全程原型观测并电脑记录。

（1）启闭力监测：在机组100%负荷时，快速闸门动水闭门的最大闭门力为1191kN，位于闸门底边距门槽底槛2.6m处；在整个闭门过程中，闭门力未出现突变，启闭机闭门运行正常。闸门在平压状态进行启门时的最大启门力为819kN，位于闸门底边距门槽底槛102mm处；在整个启门过程中，启门力未出现突变，闸门启门运行正常。

（2）动应力检测：分别在闸门面板、下段门叶主梁翼缘和腹板等4处布设单向或直角三向应变计，监测并记录快速闸门动水快速闭门时的结构应力响应。在机组100%负荷运行进行动水闭门实验时，闸门在距门槽底槛3.8～2.1m时出现了剧烈振动的现象。闸门距底槛1.05m处，门叶下主梁翼缘瞬时动应力达175MPa，其端部腹板瞬时动应力达228MPa，面板瞬时动应力进入金属材料屈服限。下主梁和面板的瞬时动应力均超过Q235容许应力。

（五）结语

安全鉴定建议报废更新。2004年10月～2005年2月，7号机快速闸门报废更新；2005年10月～2006年1月，5号机快速闸门报废更新。

（水利部水利机械质量检验测试中心　蒋建国　章好民
新安江水力发电厂　李建华　顾　鸣）

中加大坝安全管理与风险分析培训项目实施情况

2006年10月27日～11月13日中加大坝安全管理与风险分析培训项目技术管理团顺利完成了在加拿大的培训和考察任务。技术管理团由国家电力监管委员会华中电监局刘政权副局长带队，参加单位有电监会安监局、区域电力监管局和电力监管办公室、电力监管委员会大坝中心、国家电网公司、中国南方电网有限公司、中国国电集团公司、中国华电集团公司、中国电力投资集团公司等单位的25位代表。该团访加成功归来，标志着该项目出国培训考察工作全部圆满结束。

该项目为中国和加拿大两国政府的合作项目，从2005年春天项目进入实施阶段，中方先后派出高层考察团、管理团和技术管理团赴加考察和培训。该项目主要针对两国之间大坝安全管理与风险分析进行业务培训和技术交流。加拿大该项目的负责单位为加拿大国际开发署，项目执行机构为CIPM公司，主要参与单位还有ACRES公司、SNC-Lavalin公司和BC省水电局。中国该项目的负责单位为商务部，中方项目执行机构为水利部大坝中心和电力监管委员会大坝中心，目前已有来自全国各地的电力监管单位和水电站运行管理单位的60名主管大坝安全的领导干部以及工程师参加了本项目培训。培训考察期间，根据各团组的组成特点以及学时安排，加方按4个模块组织了11～34个讲座，主要内容有：①模块1——加拿大大坝安全管理结构：加拿大与BC省大坝安全实践、加拿大大坝协会大坝安全导则、大坝安全决策过程、BC水电局大坝安全实践和以风险为基础的大坝安全管理、魁北克水电局大坝安全实践；②模块2——加拿大大坝安全实施情况：大坝安全检查、运行维护和监测、应急行动计划；③模块3——大坝安全应用：入库水情测报与防洪调度、新建大坝设计的大坝安全方法；④模块4——大坝安全工程的环境保护：大坝安全程序和大坝退役的环境意识——案例分析。三个团组还实地参观了ClevelandB坝、Cheakamus坝和Lower St. Maurice坝，并在考察期间就中国大坝安全管理与实践情况与加方进行了充分的交流和沟通。

目前，中加大坝安全管理培训项目在中国商务部和加拿大国际开发署的亲自督导下，在国家电力监管委员会和水利部的领导下，在各参加单位的积极参与下，已顺利实施近两年。在项目实施的两年时间中，国内已有120多位工程师在加拿大参加了大坝安全培训，并现场考察了加拿大大坝，加方专家根据项目的实施和推进情况编写了一本大坝安全导则，在中方专家的配合下，导则已进行了数次修订。该项目下一个阶段的工作重点是大坝安全风险分析的案例研究以及技术研讨会。12月4～10日由加拿大、中国方面组成的专家技术委员会在江苏省沙河水库开展大坝安全风险分析的案例研究，案例分析完成后，中加双方于2006年12月11～13日在南京召开“中加大坝安全与风险管理技术讨论会”，与会代表40余人，探讨了案例分析中加双方的异同，总结了项目实施两年来的工作成果，交流项目培训的体会和感悟，沟通水利和电力两个系统的大坝安全管理及技术发展与研究现状，以促进并提高中国大坝安全与风险管理的水平。

（大坝安全监察中心　许传柱）

大 坝 安 全 监 测

真空激光系统在龚嘴、铜街子大坝监测中的应用

一、龚嘴大坝真空激光系统

（一）系统设置情况

龚嘴水电站对原大坝变形观测系统进行更新改造，在坝顶设置一条真空激光准直系统。该系统布置在坝轴线下游 3.75m 处，激光轴线长 372.29m，轴线高程 530.27m；发射端设在右岸灌浆平洞约 20m 深处，可视为稳定不变点；接收端设在左岸 2 号坝段，为测定其位移并对各测点位移进行修正，其旁设置一倒垂线，孔深为 81.5m，锚固点在基岩面以下 20.5m，作为校核基准点；4 号、5 号、7～9 号坝段左右侧各布置 2 个测点，在 6 号、10～20 号坝段中间部位各布置 1 个测点，共计 22 个测点；2 台 2X-30 型真空泵设在接收端观测房内。1994 年 9 月初，系统投入试运行，当时条件下，实现了现场即时观测及定时观测自动化，同时相应项目均配备有人工校测装置。

（二）初期运行情况

系统运行初期，管道进水致使管壁和测点箱锈蚀，脱落的锈粉和尘埃粘附在测点箱内的波带板、可逆电机和精密轴承内，造成波带板起落和正常聚焦困难，观测精度难以保证，严重影响了系统的正常运行，必须经常处理。1995 年 4 月完成管道清尘和设备清洗、调试，同时对一些小缺陷如限位装置弹簧片被卡住或者起落不到位、人工与自动观测装置切换问题等进行处理，5 月该系统再次投入试运行。1996 年 9 月前，原配置的 286 微机经常出现故障，自动观测时常中断；9 月，因采样放大器的四块芯片阻值不对称，自动观测部分测值误差较大；同年底更换放大器芯片后测值恢复正常，系统投入正常运行。

（三）系统运行情况

到 1999 年，自动观测测值误差波动一直较小；同年 10 月，1 片硅光电池已坏，2000 年自动观测停测，人工观测正常进行。每周观测 1 次，每测次观测两测回，约需 30min，管道内的极限真空度可达 15Pa。

2002 年底完成该系统的升级改造，将光斑探测改造为 CCD 探测方式，更换了控制箱和循环冷却水系统，改进了测点箱内波带板起落的控制方式，更换了操作系统和工作软件。

2004 年底在沙湾集控中心实现了包括龚嘴、铜街子两坝三套真空激光系统、所有正倒垂设施和气温等项目的远程监控，目前该系统运行状况良好。

（四）观测资料分析

1. 新旧系统测值过程线分析　经对比分析，激光系统测值准确可靠，符合大坝的变化规律，减少了人为观测误差，观测精度远远高于原来的监测系统。

2. 新旧系统资料逐步回归分析　沉陷观测的复相关系数最小，视准线次之，激光最大；剩余标准差中视准线最大，沉陷次之，激光最小。

3. 影响因素分析　坝体温度变化是水平位移变化的主要因素，故温度分量占总水平位移的比重较大。温度分量呈年周期变化，夏季坝体向上游变形，而冬季坝体向下游变形。由于坝体平均温度滞后于坝区气温约 30 天，故水平位移的最大或最小值也滞后于坝区气温约 30 天。

4. 激光系统人工观测与自动观测结果比较分析　两种方法的测值过程线吻合较好，自动观测位移过程线更为光滑。从激光系统人工与自动观测测值的逐步回归分析来看，其复相关系数均在 0.98 以上，回归分析标准差为±0.1～±0.3mm，与要求接近，其中上限值为人工观测，下限值为自动观测。说明激光系统人工与自动观测测值的精度均较高，自动观测值比人工观测值的精度更高。

5. 激光系统误差分析　水平和垂直位移中误差分别为±0.17mm、±0.20mm，满足设计要求。

6. 系统升级改造前后资料对比　改造前后资料衔接较好，精度在原基础上有进一步提高，保证了观测资料的连续完整性，总体来看该系统的改造效果较好。

二、铜街子大坝真空激光系统

（一）坝顶真空激光系统

2000 年 6 月在坝顶 478.60m 高程、坝轴线下游 7.2m 处、4～24 号坝段间建成了一条激光轴线长

449.714m、有26个测点的真空激光准直系统。该系统发射端设备布置在4号坝段，接收端设备和真空抽测设备布置在24号坝段。在4号、24号坝段各布设有一套双标倒垂设备作为端点位移改正用，其倒垂孔深度分别为89.2m、97.32m。

该系统采用了以下技术：采用精密坐标仪配合CCD探测方式采集光斑坐标，提高了探测精度和速度；波带板起落控制采用全电子、无接触式光电限位开关代替原机械式开关，提高了设备的稳定性和可靠性；在接收端管道附近装设了一套辅助光轴调整装置，使光轴的调整更易实现；采用了密封性能较好的智能型垂线仪和双标仪，大大提高了设备可靠性；真空抽测设备具有人工、自动抽测、自动定时抽测及真空泵循环水排空等功能，同时还有多项自动保护功能，以防止设备的意外损坏。

2002年9月之前，系统工作正常，激光测点测值完全反映了混凝土坝周期性变化规律；9月，由于4号、24号坝段双金属标处理被迫中断观测。2003年9月，改造后系统运行正常。

（二）423廊道真空激光系统

2003年9月，新建了423廊道激光系统。该系统激光轴线高程424.145m，轴线总长353.08m，位于坝轴线下游2.75m；在4～20号坝段间设有15个测点，发射端设备布置在4号坝段，接收端设备和真空抽测设备布置在20号坝段；在20号坝段重新布设有一套双标倒垂设备作为接收端端点位移改正用，其倒垂孔深度为54.03m；发射端则利用4号坝原倒垂线和原高程传递孔安装倒置双金属标进行端点位移改正。

系统工作正常，测值变化符合规律，精度满足要求。

三、真空激光系统的应用价值

龚嘴水力发电总厂现有龚嘴大坝和铜街子大坝真空三条真空激光系统。其特点有：①主要设备采用模块化设计和软件的故障判别，某部分故障，能及时发现并处理；②机械真空泵的故障率低、寿命长，维修或更换时可逐台进行，不会造成全线观测工作中断；③激光管失效更换，不影响监测数据的连续性；④管道是一个“真空干燥装置”，形成无腐蚀和氧化条件，其中的设备就很少出故障；⑤波带板及其翻转装置采用波带板支架和电机支架分离的形式，结构简单、定位精度高，维护方便，维修电器设备时不会引起波带板位置变化；⑥系统两端的仪器设备均安装在条件较好的观测室内，出现故障的几率较小。

真空激光系统具有如下优越性：

（1）能同时观测水平位移和垂直位移，且实现观测自动化较为容易。

（2）观测精度高，能监测出年变幅仅约1mm的大坝变形规律。当管道内的真空度达到140Pa以下时（龚嘴、铜街子大坝三条激光系统观测真空度均在40Pa以下），完全消除了大气湍流引起的激光束漂移、象点抖动误差，大大减小了大气折射率梯度引起的折光差。采用CCD光电探测技术解决了微弱光斑的探测精度问题，使系统精度进一步提高。

（3）数据采集速度快，作业效率高。只要把管道内的真空度抽到工作真空度，任何时候都可以及时观测，特别有利于在恶劣的自然条件如特大洪水、地震等情况下监测大坝的运行情况。

（4）适用范围广。既适用于短坝，也适用于长度达千米的大坝。由于实现了定时自动观测和真空自动抽测，保持管道内部干燥，既适用于温度变幅大、位移大的坝顶，也适用于湿度大、位移小的基础廊道。

（5）维护量小，可靠性高，数据连续性有保障。

（国电大渡河公司龚嘴水力发电总厂　沈定斌）

陈村大坝安全监测自动化系统的土建设计与施工

（一）工程概况

陈村水电站位于青弋江上游，控制流域面积$2800km^2$，总库容26.88亿m^3，是一座以防洪、发电为主，兼有灌溉、航运、养殖等综合效益的大（1）型水利枢纽工程。

陈村大坝自动化监测系统分两期实施。一期工程实现垂线、内部仪器、气温共110个测点的自动化监测，安装1个CCU、9个MCU，MCU为插板式，采用RS485全双工电缆通信。二期工程实现绕坝渗流、排水流量、排水测深、扬压力共134个测点的自动化监测，与此同时，将一期插板式MCU更换为智能模块化的MCU。一、二期共安装30个MCU，通信和电源仍保留一期工程的设置。

（二）监测系统的土建设计与施工

1. 垂线　每条垂线设置专用观测房，房门上锁防止人为破坏。正垂观测房顶用白铁皮制作顶棚，防止竖井滴水和结露。观测墩采用钢筋混凝土结构，观测台分上下两层，下面一层安装自动化监测仪器，上面一层安装人工比测仪器，观测台面用不锈钢板，上层仪器的正上方安装3只36V40W灯泡对垂线仪进行烘烤。

2. 内部仪器　内部仪器电缆埋入混凝土内，用红漆标明电缆走向和项目名称，电缆测头就近集中在安装MCU的位置。

3. 扬压力和排水测深　安装自动化仪器前对扬压力、排水测深孔口进行改造。当孔内水位低于孔口时，孔口加二通，打开孔盖可以人工测量，自动化仪器电缆从侧面出口，用不锈钢堵头固定后穿 6 分 PVC 管进线槽；当孔内水位高于孔口且用压力表或玻璃管测量时，孔口加三通，人工用压力表或玻璃管测量，自动化仪器从三通出口。

4. 排水流量　孔口安装两个球阀，人工测量球阀在人工测量后及时关闭，自动化测量球阀始终开启。流量计底板要求绝对水平，用膨胀螺栓固定。

5. 绕坝渗流

(1) 先对孔口进行改造。孔口固定一铁保护圈，上面盖保护盖，防止人为破坏，人工比测时用吸铁石打开，保护盖上再盖上混凝土盖板，防止雨水进入孔内。混凝土墩侧面浇混凝土电缆井，预留 5～10m 电缆，用以调节电缆放入孔内的深度，电缆井底部留排水孔，上面盖板用水泥砂浆固定，需要维护时可以打开。

(2) 电缆用镀锌钢管保护并埋入管沟内，浇筑混凝土保护，管沟开挖深度为 50cm ，镀锌管接头处焊扁铁搭接，钢管交汇处开挖电缆井，埋入沙子，表面浇筑混凝土，维修时凿除混凝土，清除沙子即可看到电缆。

(3) 安装镀锌管时管内预留铁丝，根据事先丈量的电缆长度，把每个测点的电缆剪断，电缆头上与事先预留的铁丝捆好，并用宽胶带缠紧保护电缆头，防止在镀锌管中间卡住。

6. MCU 测控装置　30 个 MCU 分别安装在 8 倒 2、8 倒 3、18 倒 2、26 倒 1、29 倒垂线房和 105m 高程廊道 7 号、18 号门口。观测房内比较干燥，105m 高程廊道门口墙壁上开挖空间，MCU 挂在空腔里面，并安装铝合金推拉窗子。每个 MCU 安装门锁，防止人为和动物破坏。每个 MCU 内张贴测点名称、自动化编号、仪器接线情况，接入每个 MCU 内的每根电缆上对号贴上标签，便于维护。

(三) 通信与电源设置

自动化监测系统中央控制装置 CCU 设在坝后副厂房二楼，利用 220V 的厂用电给系统供电。CCU 配备 1 台 UPS 不间断电源和一组蓄电池，当厂用电消失时，由 UPS 和蓄电池给系统供电，当 UPS 或蓄电池失效时，MCU 自备蓄电池可自动维持一周的自报测量。电厂电压高于 220V，MCU 设备容易过热损坏，为此在 CCU 配置 1 台稳压电源。

陈村自动化监测系统 CCU 与 MCU 之间采用 RS485 双胶电缆全双工通信方式，陈村 CCU 与纪村管理中心采用电厂光纤网络通信。

(四) 电缆布置

从 CCU 到廊道的电缆穿镀锌管，埋入地面以下，传感器到 MCU 电缆布置在 15cm×7cm 的 PVC 线槽内。线槽用盖板保护，渗流观测孔电缆出口至线槽段穿 6 分 PVC 管，用线卡铅直地卡在廊道壁上，地面段开挖管沟埋入地下，电缆出管口用不锈钢堵头固定，堵头尾部有密封圈防止漏水。

(五) 防雷设计

自动化系统必须设置可靠的接地系统，布置线槽的同时布置扁铁，MCU 的外壳与扁铁连接，扁铁固定在坝体的钢筋上。廊道外面的仪器电缆穿镀锌管，镀锌管接头处用扁铁焊接。

(大唐陈村水力发电厂　郝建龙　叶桂萍)

铜街子水电站大坝变形监测系统更新改造

(一) 原监测系统存在的问题

铜街子大坝原设计的变形监测分水平位移监测系统和垂直位移监测系统，前者由坝顶视准线（包括左堆石坝视准线、左主视准线、右主视准线、坝 0-009 桩号临时视准线）、筏闸边墙水平位移及开合度、坝顶及 423 高程廊道引张线、4 号与 20 号坝段正倒垂线、坝区平面控制网组成；后者由坝顶及廊道沉陷、倾斜，筏闸边墙沉陷、倾斜和坝区高程控制网组成。该系统存在的问题较多，主要有：

(1) 一些监测设施不能正常工作或停测多年，如：①引张线，在观测时需调整并拨动测线及加水调平浮船，随机性较大且难以控制，同时因引张线较长(350m)，垂度较大，加上水黏滞力，都会使引张线不直，复位误差增大，经分析，资料的真实可靠性、可用性较差，于 2000 年停用；②视准线，均采用小角度法观测，观测成果较差，资料分析难度较大；③重力坝垂线观测，由于观测仪器及其底座安装问题等原因，测值不可信而停测多年。

(2) 左岸滑坡体测点较少，右岸高边坡缺少必要的监测手段；筏闸右侧边坡在开挖时设置了 8 个位移观测点进行了 3 年的观测，由于是临时观测点，后期未保留。

(3) 所设坝区平面监测网，观测天数较长（约 20d），劳动强度较大，测值精度较低，存在精度不够、时间延迟等问题，达不到原设计目的。

(二) 变形监测系统更新改造

从观测资料分析成果和现场观测设施存在的问题看，特别是存在右坝体抬高、坝顶和廊道引张线及两条倒垂线不能正常工作、水准测量的起测基点存在变位等问题，必须实施观测设施改造；另一方面龚、铜两站设备自动化改造已完成，并在沙湾集控楼实现了远方监控调度，现场已实现“无人值班”（少人值守）的运行模式，大坝监测系统的更新及其自动化改造也是必要的。

改造原则及方案应为：①总体规划，逐步实施，在已有监测项目的基础上完善、改造，有选择地纳入自动化监测系统；②自动化监测设施，应辅以必要的人工比测手段，以检验自动化设备的可靠性和确保资料的连续性；③硬、软件设备应首先考虑国内成熟产品，并尽量采用统一类型的监测仪器和系统，便于维护；④要求前期完成的各自动化监测子系统应具有使用灵活、维护方便，功能及扩充性强的特点。

（三）系统更新改造情况及效果

2000年6月、2003年9月先后建成了坝顶、坝基两条真空激光变形监测系统；改造完善了4号、20号坝段的正倒垂线组和双标倒垂孔并实现了自动化观测；三个高程传递孔内均增设了倒悬式双金属标作为高程传递装置，其中4号、20号坝段的倒悬式双标实现了自动化观测；增设了左岸滑坡体、右岸高边坡监测设施。2004年底实现了龚嘴、铜街子两坝变形监测系统的远程监控。

1. 坝顶真空激光系统　2000年6月在坝顶478.60m高程、坝轴线下游7.2m处、4～24号坝段间建成了一条长449.714m、有26个测点的真空激光准直系统，作为坝顶变形观测项目。该系统发射端设备布置在4号坝段，接收端设备和真空抽测设备布置在24号坝段。在4号、24号坝段各布设有一套双标倒垂设备作为端点位移改正用，其倒垂孔深度分别为89.2m、97.32m。2002年9月，由于4号、24号坝段双金属标处理中断观测。2003年9月在坝顶双金属标处理的同时对该系统进行了升级改造，系统运行正常。

2. 4号、24号坝段双金属标处理　坝顶激光系统自2000年6月投运以来，4号、24号坝段双金属标两年的观测成果几乎无变化，分析认为这是不正常的，估计是钢管、铝管在轴线方向受到了很大的约束，不能自由伸缩变形所致。2002年底查明其主要原因是支承结构问题，改用不锈钢球面点接触支承结构。4号坝段为拔管后重新安装，终孔深87m，24号坝段多次处理无结果而报废，后在附近重新钻孔，孔深约97m。

2003年9月中旬坝顶激光系统恢复及倒垂线埋设后即投入了正常观测，从一年多的资料来看，倒垂、双标测值均按正常规律变化，改造达到了预期效果，解决了坝顶水平和垂直位移的基准问题。

3. 423廊道真空激光系统　基础廊道引张线已停测多年，原取得的资料没有使用价值，而廊道沉陷观测值误差较大，精度较低，劳动强度大，观测手段落后，为此，将引张线改成真空激光系统。该系统激光轴线高程424.145m，轴线总长353.08m，位于坝轴线下游2.75m，在4～20号坝段间设有15个测点。发射端设备布置在4号坝段，接收端设备和真空抽测设备布置在20号坝段，并在20号坝段重新布设一套双标倒垂设备，作为接收端端点位移改正，其倒垂孔深度为54.03m，发射端则利用4号坝段原倒垂线和原高程传递孔安装倒置双金属标进行端点位移改正。在廊道激光系统改造的同时，完成了4号、20号坝段原正垂线、倒垂线的自动化改造、气温自动观测，并将所有自动观测项目组网，在沙湾集控中心实现了远程监控。通过一年多的运行，系统工作正常，测值变化符合规律，精度满足要求。

4. 增设倒悬式双金属标高程传递装置　在1号、4号和20号坝段原高程传递孔位置增设倒悬式双金属标将廊道与坝顶高程有效地联系起来，对提高垂直位移观测精度、减小劳动强度具有重要意义。2003年8月完成了以上三处倒置双金属标的安装，4号坝段还安装了遥测双标仪。双标测值均按一定的规律变化，对比20号坝段新设的双金属标与倒置双金属标测值，其规律是一致的，倒置双金属标变化要大些，这与两者的温度梯度差异有关。

5. 增设左岸滑坡体、右岸高边坡监测设施　2005年3月在左岸滑坡体和右岸高边坡分别钻设了2个和3个监测不同岩层水位的长观孔（含C5软弱夹层），新增左岸滑坡体和右岸高边坡表面位移监测点11个，测点纳入Ⅰ等水准网和平面控制网进行观测。

（四）结语

铜街子大坝变形监测系统更新改造完成后，形成了以下格局：①远程控制与现场控制并存，在沙湾集控楼实现对所有自动监测项目的远程控制操作，同时在现场也能进行自动控制和操作；②自动观测与人工观测并存；③坝顶，4～24号坝段采用激光系统自动观测，4号坝段以左（含左堆）和24号坝段以右（含筏闸）采用视准线和水准测量，其基准采用4号、20号坝段的倒垂双金属标；④廊道，4～20号坝段采用激光系统自动观测，4号坝段以左（含左堆）和20号坝段以右采用水准测量，其基准点利用4号坝段的倒悬双金属标和20号坝段的双金属标；⑤近坝区，仍采用边角网和水准网观测，并利用坝顶4号坝段和24号坝段的倒垂双金属标作为相应人工项目的基准。

从自动观测与人工观测两者的资料对比分析来看，改造的效果较为理想，测值可靠、资料连续、观测精度大幅度提高。待取得一定系列的资料并经对比分析认为自动观测完全可取代人工观测后，相应的人工观测项目或人工比测手段即可停测。

（国电大渡河公司龚嘴水力发电总厂　沈定斌　文　豪）

新丰江大坝监测自动化系统的成功实施与现场维护

（一）概况

新丰江水电站枢纽由大坝、厂房及放水洞等水工建筑物组成，大坝为单支墩大头坝，除两岸各一个重力坝段外，大坝从左到右共分 19 个坝段。6～9 为引水发电坝段，10～13 为溢流坝段，其余为挡水坝段。

现有大坝观测系统有变形观测（包括坝顶、坝体、基础水平位移和坝顶沉陷）、渗流渗压观测（包括坝基排水、坝体排水、绕坝渗流和坝基扬压力）、现场检查及库水温度观测。已经安装自动化设备的有坝体水平位移垂线监测、坝顶及基础引张线监测、扬压力、绕坝渗流和坝体排水量水堰监测。各观测项目人工观测每月一次，2005 年 3 月开始，日常巡视检查也每月一次，包括大坝上游、下游、坝顶、两岸、坝腔及发电厂房。

（二）大坝监测自动化系统的实施

大坝监测自动化工程分四期进行。

第一期工程只安装了垂线自动化监测一个项目，采用集中式数据采集系统，垂线布置在坝高最高的 8 号坝段及地质条件最差的 14 号坝段，各安装一条正、倒垂线。共安装 11 台 RZ-25 型电容式双向垂线坐标仪进行坝体水平位移自动化监测。测点部位还同时安装了 MZ-1 瞄准仪进行人工比测。

第二期工程在各个坝段 1 号孔及三个控制坝段（5 号、8 号、14 号）的扬压力测孔和两岸的绕坝渗流孔上共安装 30 个 GYY-50 型扬压力计。在 14 号、16 号、17 号坝段左侧，5 号、6 号排水、19 号坝后加固块、右重力坝段 100m 高程处设置 6 台量水堰，并对第一期工程进行升级（将原有的监测装置更换，将转换箱升级为 MCU 装置，纳入现有的软件信息管理），以及将系统从低级的 MCU 测控单元过渡到先进高级的 DAU 功能模块。

第三期工程包括进钻控制垂线的 4 个倒垂直孔（坝顶两岸及 43 廊道两端）、坝顶和基础廊道引张线。坝顶引张线全长 409m，设 21 个测点（与下游侧的视准线测点相对应），基础引张线长 109.58m，设 6 个测点。共安装了 27 台电容式引张线仪及 4 台垂线仪，由分别安装于坝顶上游侧 1 号、10 号、18 号坝段及 43 廊道上游侧 8 号坝段的 4 台 DAU 控制。

第四期工程只是在第二期工程的基础上补充扬压力剩余的未安装电测仪器的 19 个点。

系统采用 RS-485 进行通信，前方测控单元（MCU）与监控机房用光纤连接。

（三）系统的维护

1. 雷击对系统造成的危害　新丰江大坝监测自动化系统测点有多种种类，分布较广，覆盖大坝内外各部位，尤其坝顶两岸绕坝渗流测点与 MCU 测控单元的连接点均处于暴露状态，这就给雷电的袭击留下隐患。1999 年 6 月 18 日在新丰江大坝附近出现强雷，6 月 21 日进行数据采集时系统出现所有 MCU 测控单元呼叫不成功（当时系统共有 6 台 MCU 测控单元），系统几乎处于瘫痪状态。经现场反复检测，在这次事故中，6 台测 MCU 控单元中有 5 台集成板被损坏，还有通信线出现短路以及扬压力传感器损坏等恶劣情况。现场维护人员确定这次严重故障是由雷击引起的。

2. 防雷处理　电厂因地制宜，对大坝自动化系统作了许多特殊的防雷处理，主要有：①绕坝传感器电缆全部加保护管保护；②各 MCU 测控单元的 AC220V 电源输入端均加了 160W 隔离变压器，避免了不同地点的 MCU 测控单元通过电源线形成泄放回路的可能；③在扬压 MCU 测控单元的 CPU 板上的通信输入端都加上了 1A 自恢复熔断器和防雷二极管，同时在开关板、放大整形板也都加上了防雷二极管；④在扬压力传感器的输入端全部串入防雷板；⑤对各 MCU 测控单元的地线作了简单处理，摘除一些不良的接地线，并将各箱的接地通过原电源线上的黑色地线连在一起等；⑥电厂用扁铁在发电厂房和大坝内外以及附近铺设接地网，将大坝自动化系统良好地接地。此外，厂家于 1999 年 8 月对垂线和量水堰自动监测进行免费升级改造，采用 DAMS－Ⅳ 型模块化智能分布式大坝安全监测系统。

3. 防雷处理成效　处理后，系统经过几次强雷击考验，垂线和量水堰监测系统运行正常，扬压力和绕坝渗流监测系统也极少出现雷击的现象。所做的防雷措施有一定的防雷效果。

4. 环境对垂线系统的影响　第一期工程的垂线系统实施较早，没有足够的实施经验，设备和产品以及现场应有的保护措施也相对较落后，垂线系统在运行的初始三年未能取得连续可靠的数据。

（1）电缆、电线损坏的影响。垂线自动化自 1990 年安装并投入试运行至 1993 年，其中由于电缆、电线原因造成数据缺失和不正常占总数的 40%，有三次较严重的电缆事故，第一次是 14 芯总线被磨断致使电源短路，信号线距离检测装置 35m 处断开；第二次是由于电缆的质量问题无法正常通信，抢修不及时导致系统瘫痪；第三次是由于电缆和线路未加任何保护被老鼠咬断。另外，系统无良好接地也使当时采用的SRB数据采集装置所采集的数据完全失真。这些是导致系统崩溃的主要原因。

（2）环境干扰：大坝第二次定期检查，专家组视察现场观测设施时提出垂线线体受风干扰，提出对所有垂线线体加挡风保护措施，电厂在最短时间内用铁皮将垂线完整包围保护，在每一个测站点加设小观测房（人工比测）。随后再采集数据时发现测值明显比先前稳定，尤其和人工测值相比精度明显提高。同时，电缆走线和电厂的动力电缆一起也使采集信号遭受干扰而影响了测值的稳定。

（3）湿度对传感器的影响：垂线系统对传感器的要求很高，首先对双向垂线坐标仪极板的绝缘要求高，要求极板的绝缘度要保持在50MΩ以上，但当时垂线周围工作环境十分恶劣，坝腔湿度大，加上渗漏严重，RZ-25型双向坐标仪几乎就是长期处于水中工作状态，极板绝缘很快下降并严重影响了测值的真实性。

2000年5月，南瑞公司再次对扬压力和绕坝自动监测进行免费升级改造。至此，整个系统都采用DAMS-Ⅳ型模块化智能分布式大坝安全监测系统。新系统具有高稳定性、高可靠性、高抗干扰及防雷电感应能力。

系统升级改造后，投运至今已经历了高低气温、高湿度及多次强雷击的考验，运行情况良好，未出现系统故障。

（广东粤电新丰江发电有限责任公司　郭洁惠）

乌孜别克斯坦安迪间水电站及塔什肯特水库大坝安全预警系统

（一）工程概况

乌孜别克斯坦安迪间（Andijan）水电站修建在Karadarya河流上，水库库容1900万m^3。大坝为混凝土支墩重力拱坝，坝顶高程907.5m，最大坝高115.5m，坝顶弧长965m。

塔什肯特（Tashkent）水库修建在Akhangaran河流上，总库容2.5亿m^3，兴利库容2.24亿m^3，为季调节水库，主要用于灌溉。该水利枢纽工程修建于1962年，由土坝、左右岸灌溉取水口及表面溢洪道等建筑物组成。大坝的坝顶长度为2.9km，其中左右岸连接坝段总长为1.9km。建筑在Akhangaran河床上的主坝为亚黏土心墙坝，其上、下游均以卵石护坡，坝顶兼做Tashkent至Bekabad高等级公路路段。

塔什肯特水库溢洪道长度为440m，其水头差为34m，下泄流量为760m^3/s。溢洪道堰顶高度为16m，共设有三扇弧型闸门。

（二）安迪间大坝监测内容

安迪间大坝安全监测的内容包括廊道水平位移监测、廊道垂直位移监测、扬压力监测、上下游水位监测、闸门开度及流量监测和异常情况报警系统等。

1. 廊道水平位移及挠度监测　采用引张线和垂线组成廊道水平位移监测系统，共设置12条引张线，安装70台电容式引张线仪，用以监测各个坝段的水平位移。每条引张线的端点位移采用设置在端点旁的垂线来监测，共安装27台双向垂线坐标仪。此外，在廊道内还安装有8台DAU2000数据采集单元，内置13个NDA1314智能数据采集模块，对廊道内监测仪器的输出信号进行自动采集。

2. 廊道垂直位移监测　采用静力水准仪和静力水准管线组成廊道垂直位移监测系统，共安装50台电容式静力水准仪、4台DAU2000数据采集单元（内置7个NDA1314智能数据采集模块）。

3. 扬压力监测　在廊道测压管中选择60个典型断面的有压力测压管和10个典型断面的无压力测压管进行自动化监测，共安装70支渗压计监测测压管内水位；同时在廊道内还安装有5台DAU2000数据采集单元，内置6个NDA1514智能数据采集模块对渗压计的输出信号进行自动采集。

4. 上下游水位监测　在上游设立1台浮子编码式水位计测量上游水位，在下游设立6台高精度陶瓷压力传感器监测下游水位；同时为了自动采集这些水位传感器的输出信号，在坝顶还安装有2台DAU2000数据采集单元，内置2个NDA1514智能数据采集模块和1个NDA1703智能数据采集模块。

5. 闸门开度及流量监测　每个闸门装有一个闸门开度计测量闸门开度，根据闸门开度和流量的关系计算出相应的流量；共设立18个闸门开度计、3台DAU2000数据采集单元（内置3个NDA1703智能数据采集模块）。

6. 异常报警　在大坝坝顶设立1台定向警报器，在大坝下游不同区域另设5台警报器，同时还随警报器共安装有6个NDA6802警报器控制模块，当水库水位和流量异常时自动触发警报器报警。

7. 数据自动采集系统及信息管理系统　上述项目的监测仪器通过信号电缆与相应的智能数据采集单元（DAU2000）连接，各数据采集单元之间通过通信总线按RS-485通信协议互联，最后由RS-485总线、无线集群和有线电话网络等与监控主机、网络管理主机进行通信，形成一套完整的自动化监测系统。各智能数据采集单元（DAU2000）能自动采集所接入的各类传感器的输出信号，能按监控主机的命令或设定的时间自动进行测量，并将模拟量转换为数字量暂存于智能数据采集单元中，根据监控主机的命令向监控主机传送所测数据。监控主机根据一定的模型或评判规则对实测数据进行检验和在线监控，并负责向管理主机传送经过检验的数据入库。管理主机主要负责对存储的数据进行处理和分析，并向各级主管部门发送有关大坝安全监测的信息，此外，在水库水位发生异常时触发报警器。

（三）塔什肯特大坝监测内容

塔什肯特大坝安全监测的内容包括扬压力监测、上下游水位监测、闸门开度及流量监测和异常情况报警系统。

1. 扬压力监测　所有测压管为无压管。共安装27支扬压力计和2台DAU2000数据采集单元（内置2个NDA1514智能数据采集模块）。

2. 下游水位监测　在大坝的下游共安装2支压力传感器测量下游水位，并接入NDA1514智能数据采集模块中。

3. 闸门开度及流量监测　每个闸门装有一个闸门开度计测量闸门开度，根据闸门开度和流量的关系计算出相应的流量；共设立7个闸门开度计、2台DAU2000数据采集单元（内置2个NDA1703智能数据采集模块）。

4. 异常报警　在大坝坝顶设立1台定向警报器，在大坝下游区域另设1台警报器，同时还随定向警报器共安装有2个NDA6802警报器控制模块，当水库水位和流量异常时自动触发警报器报警。

5. 数据自动采集系统及信息管理系统　数据自动采集系统及信息管理系统的结构和特点与安迪间大坝类同。

（四）系统的现场安装调试

整个系统的安装调试分两部分完成，一部分为与系统设备安装调试相关的土建施工工作。该项工作的施工图纸由南瑞公司负责完成，现场的土建施工工作由业主方雇请施工承包商完成。另外一部分则为系统设备的安装调试，该部分工作由南瑞公司派技术人员在现场完成。截至2006年6月9日，整个工程完成工程验收，并投入现场运行。

（国网南京自动化研究院　刘观标）

大　坝　维　修

二滩水电站1号泄洪洞改造

（一）概况

二滩水电站泄洪设施采用坝身表、中孔与右岸泄洪洞相结合的布置方案；校核洪峰流量达23900m^3/s，相应泄洪功率近13000MW。其泄洪洞的主要特点：泄洪功率大、水流流速高；泄洪频繁；下游河道狭窄，河床抗冲能力较低。

1号泄洪洞全长924.24m，隧洞断面采用圆拱直墙型式，典型断面尺寸为13m×13.5m（宽×高）；由进水口段、龙抬头段、直坡段及出口挑流段组成。进口段设平板检修门和弧形工作门。正常蓄水位到反弧段的高差为104m。斜坡坡度为1∶1.3，在斜坡上设1道掺气槽；洞身直坡段底板纵坡为7.9%，分别设置4道U型挑坎加跌坎掺气设施。出口挑流段距大坝轴线约1000m，采用扭曲斜切挑流鼻坎。设计洪水位下的泄洪能力为3700m^3/s，校核洪水位下泄洪能力为3800m^3/s。直坡段最大流速为42～45m/s。设计采用的减免蚀措施有：沿程设置掺气设施；过流面采用高强硅粉混凝土；严格控制过流面的不平整度。

（二）1号泄洪洞的损坏情况

2001年汛后检查中发现，1号泄洪洞2号掺气坎下游约400m范围内的边墙和底板遭到了严重损坏：边墙几乎全部被破坏，基岩外露；底板混凝土全部被剥离，基岩外露；300多米长的边墙和底板被磨损，平均厚度1～5cm；SF0＋270.00附近局部冲坑最深达13m。

初步认为：破坏有施工方面的原因，如个别掺气孔顶缘高出挑坎；设计的掺气坎主要是用于底板掺气减蚀，对边墙减蚀效果不明显，光靠底板掺气难以解决。

（三）修复和运行

2002年作出了修复设计：维持原设计体型，将2号、3号和4号掺气孔顶缘下降至挑坎顶以下10cm。2003年6月完成修复工作，同时增加了水力学观测设施和永久监测设施，以便更好地监控1号泄洪洞的安全运行。

为检验修复后的减蚀效果，试运行进行了水力学原型观测。根据水力学观测成果，以及泄水间歇的现场巡视检查，泄洪洞底板没有发生空蚀破坏，掺气设施对底板起到了很好的掺气减、免蚀作用；但2号掺气坎以下约45 m范围内的两侧边墙上出现了多处局部空蚀斑点或麻面，特别是桩号0＋226.00m处边墙施工缝后，距底板高度3.5m的地方形成了4个连续的空蚀坑。水力学观测报告表明，在2号掺气坎后底空腔段边墙附近的水流噪声信号具有间断的空化噪声特征，这说明该部位存在间歇性的空化水流，给1号泄洪洞的安全运行又带来隐患。

（四）改造

经研究，2号坎改为两侧低、中间高的凸型差动坎，同时，在边墙增加了侧墙贴角。根据四川大学高速水力学国家重点实验室试验成果，改造后的体形在各种工况下水流流态平稳，消除了坎下原边墙清水区，同时较好地解决了挑射水流表面水翅串顶及空腔回水问题；虽实测水面线、压强及洞身整体流态与原设计体形基本一致，但改造后体形坎下空腔无回水，有效平均空腔程度大于原设计体形，在正常蓄水位闸门全开时，该坎通风量明显大于原设计体形，边墙掺气浓度有较大提高，最小增加值约为5%。

2005年汛前对2号坎体型进行了改造。改造后的体型采用“突坎＋侧收缩”的三维掺气坎形式，把原设计的“U型”掺气坎改造为凸型差动坎，并在1～2号掺气坎间对边墙进行了侧收缩，以便在其后面突扩形成掺气空腔，从而达到边墙掺气减蚀的目的。

为了检验模型试验成果，又进行了试运行和水力学原型观测试验。在试验工况下，掺气空腔段以外的过流表面没有出现负压，时均动水压力符合正常变化规律，各测点的时均动水压力随着闸门开度的增大、库水位的升高而增加，最大的实测时均动水压力为95.56kPa。脉动压力主要为低频脉动，主频范围为0.4～3.6Hz，脉动压力的均方根值最大为11.34kPa，出现在各水位工况下闸门全开时。

边墙的掺气浓度大于83%，这说明侧收缩能形成完整的侧空腔，且掺气效果良好。底板第三道掺气坎前的掺气浓度为4.2%，这说明底部水流掺气效果良好，且保护长度能达到3号掺气坎的位置，该掺气坎型式下2号到3号掺气坎间的长度是合适的。

水流噪声信号在高频段的声压级差变化最大的幅度达到1.0～3.5dB，小于初生空化水流的噪声声压级差增量判断标准5.0～7.0dB，不具有空化特征。

补气洞内风速和补气量没有发生明显的变化，且在试验工况下，闸门开度越大，补气洞内的风速越大，相应的补气量也越大。

（五）结语

二滩水电站将“突坎＋侧收缩”的三维掺气消能方式首次应用于高水头、大流量的城门洞式泄洪洞的反弧末端。改造是成功的。这对其他工程高流速、大泄量的泄水建筑物的设计具有很好的借鉴意义，可以得到以下启示：

（1）对于高流速、大流量的泄水建筑物，采用龙抬头设计方式需要慎重。由于该形式水流条件复杂，特别是龙抬头段后面，成为空蚀破坏的薄弱段，且在洞体的中部，一旦出现问题，全洞安全受到影响，有必要进一步探索其他泄洪形式，如龙落尾形式等，把高速水流段设在泄洪洞的末端，使检查和维护都变得方便，即便出现异常，也不至于全洞受影响。在实际中还应根据工程的实际情况，选择适宜的布置形式。

（2）对于泄水建筑物，在掺气消能方式的选择上应根据各部位不同的水流条件选择不同的消能方式。

（3）改造过程中要充分论证，综合考虑。

（4）加强运行过程管理，做好检查维护。

（二滩水力发电厂　王锋辉）

葛洲坝泄水建筑物进水口冲磨与修复问题

（一）概况

葛洲坝水利枢纽工程设置了众多泄水建筑物：27孔二江泄水闸、9孔大江泄洪冲沙闸、6孔三江冲沙闸，二江电厂设置9个排沙底孔、7台机组，大江电厂14台机组，设置28个排沙底孔、2个排沙洞、2个排漂孔。

检修发现排沙底孔（洞）流道除上游检修门槽和下游工作门槽附近的混凝土表面砂浆层冲蚀磨损外，流道内混凝土过流面光滑平整，基本上保持原浇筑面外观，无明显冲蚀磨损痕迹。其中，大江电厂排沙底孔检修门底槛区域破坏具有以下特点：电厂左、右两侧破坏程度重于中间，右侧重于左侧；冲坑形成与排沙底孔开启运行关系不密切，与机组运行有关；水下修补虽能减缓冲磨速度，但不能阻止冲坑重新形成。

2003年9月～2004年4月，对二江泄水闸进水口及进口前沿进行检查，结果如下：

（1）在第1、2、6、11和12孔侧墙检查发现6处冲蚀坑，最大冲坑高度方向50cm，宽度为5～10cm，深度为5～15cm；其他孔侧墙混凝土和检修门槽情况良好，表面光滑。

（2）底板混凝土大部分露出细骨料，冲磨深度1～2cm；底板局部面层及小骨料全部冲失，部分中骨料冲失，露出粗骨料。有4处墩头闸室底板与上游防渗板出现沿缝冲蚀，缝上冲蚀坑宽10～50cm，沿缝长4.5m，深度为5～16cm，未发现钢筋出露。

（3）9～10孔、12～13孔、18～19孔、21～22孔和24～25孔闸墩墩头接缝内填料出现不同程度的淘刷，淘深20～50cm，其中21～22孔墩头接缝根部有一高27cm、宽30cm、深6cm的冲蚀坑。其他闸墩墩头混凝土及缝墩接缝情况良好。

（二）冲坑形成原因分析

检查发现机组进水口前淤积的主要是沙质推移质和卵石推移质，在机组发电引水进水口水流紊乱，排沙底孔进水口底板长年受到挟砂石水流冲磨。水下摄像显示：进口底板面上基本上无淤积，冲蚀坑内充填有卵石推移质，裸露的底板混凝土面上卵石似回旋状，说明冲坑显然受到挟石水流冲磨。

枢纽实际运行证明，无论大江泄洪冲沙闸运用与否，大江电厂底孔自左至右的排沙效果是递增的；又由于大江电厂前缘的边界条件，使电厂前底流方向明显右偏，右侧机组、底孔的过沙浓度大，冲磨也较严重。在坝址常见洪水流量下，大江和二江电厂总引用流量占来水流量的47%～60%，大量泥沙将带入电站前池，并经过底孔排向下游。

沙砾推移质和卵石推移质增加是造成底孔底板冲磨的主要原因。研究表明，过水建筑物的磨损，一方面与建筑物本身的抗蚀性能有关，另一方面与含沙水流及泥沙特性，如过流速度、含沙量、泥沙粒径、矿物成分、硬度、颗粒形态等因素有关。磨损量与泥沙粒径和泥沙中坚硬矿物的含量成正比，与过流速度的2.7～3次方成正比。坚硬的棱角状泥沙颗粒，其磨损能力为圆形颗粒的两倍，尖角状颗粒的磨损能力则可达到圆形颗粒的三倍。三峡工程距葛洲坝仅38km，施工弃渣的花岗岩卵石基本没有磨耗即到葛洲坝坝前，又加之1998年大洪水冲刷更加重卵石推移质泥沙对泄水建筑物进口底坎的冲磨。

从冲磨情况分析，机组不能排走水库卵石推移质，只有开启排沙底孔才能将坝前沙质推移质和卵石推移质排走，因此今后如条件允许应尽量增加排沙底孔的运行时间。

（三）关于修复材料和手段的探讨

1. 修复材料　目前采用的材料全部为水下修复材料，分别采用不同的黏结剂、骨料及配料组合，如HK水下环氧+NFJ型超硬合金颗粒+金刚砂+聚丙烯纤维，HSY水下环氧+NFJ型超硬合金颗粒+金刚砂+聚丙烯纤维，HK水下环氧+NFJ型超硬合金颗粒+金刚砂+钢纤维，HSY水下环氧+NFJ型超硬合金颗粒+金刚砂+钢纤维等。工程处理取得了一定效果，但大江电厂大部分排沙底孔的进口检修门底坎及其两侧的混凝土面受冲磨的现象仍然很普遍。这种冲磨除修复材料外还与修复质量有关，因此，应研究旱地施工的材料和材料配比等。

2. 修复手段　水下气压沉柜使检修面处于旱地施工条件，多种材料便于使用，护坦检修取得良好的效果。龚嘴水电站采用了浮体闸门坝前深水自动封堵底孔进水口，创造检修门段洞内旱地施工条件，进行检修门段洞内修复的施工，其经验葛洲坝可以借鉴，且龚嘴电站浮体闸门也可以应用于葛洲坝排沙底孔检修门底坎检修。

旱地检修具有很多水下施工无法实现的优点：首先可以应用旱地施工的材料、可以更好地保证施工质量；有利于破损面清理和施工质量的监督检查；可让更多的施工人员进入现场施工。葛洲坝大江电站排沙底孔底坎冲磨经过多次修复只能减缓冲磨破坏的速度，不能根本阻止冲坑重新形成，因此应该探讨创造旱地施工条件进行旱地施工的方法。

（宜昌长江水电工程技术服务公司　庄正新）

白山拱坝坝基漏水处理

（一）拱坝基础

1. 地形地质条件　白山拱坝的坝基为前震旦系混合岩，岩质坚硬，新鲜状态饱和抗压强度可达到122MPa；岩体微风化带厚7～18m，半风化带厚1～4m，表层有1～3m（局部约6m）的砂砾石夹碎块石，体内穿插有中基性岩脉。密度比较大的岩脉为细粒角闪斜长岩脉，位于左岸345～355m高程，横穿坝肩，出露宽度9～17m，质坚性脆，节理发育，完整性差，与围岩接触处岩石破碎，沿接触带形成宽5～30cm的断层泥和片状破碎带。

2. 坝基处理

（1）建基标准。420m高程为半风化带中部，400m、310m高程为微风化带上部，290m高程为微风化带中部。依此标准，坝基开挖深度为：右岸最大9～18m，一般9～14m；河床最大9～17m，一般8～13m；左岸最大14～36m，一般8～34m。

（2）基础固结灌浆分坝基和上、下游坝外固结灌浆。固结灌浆孔孔距3m，排距4m，上、下游坝外固结灌浆孔距为2m。坝基固结灌浆为铅直孔，上、下游坝外固结灌浆为铅直孔和斜孔两种。断层破碎带和节理密集处钻孔加密或增加布孔。钻孔深度一般为岩下8～17m，最大达20m。灌浆压力，Ⅰ序孔为0.3MPa，Ⅱ序孔为0.5MPa，最大压力上游坝内、坝外为0.8MPa；下游坝内、坝外为1.2MPa。平均单耗为15.96kg/m，个别坝段耗灰量，由于受构造影响而较大。

（3）坝基防渗帷幕分主帷幕、副帷幕和加强帷幕三排。主帷幕轴线长788m，向两岸坝头延伸并折向库内，坝基内的基本孔距为2m。主帷幕为铅直孔，孔深25～50m，最大孔深为100m；副帷幕位于2～38号坝段主帷幕上游，排距1m，以3°倾角向上游倾斜，孔深28～31m；加强帷幕位于10～36号坝段副帷幕上游，以8°倾角向上游倾斜，孔深10m。大坝帷幕灌浆总耗灰量约888t，平均单位耗灰量27kg/m，随灌浆期次增加耗灰量呈明显减少趋势。

(4) 基础排水为：① 基础廊道排水，孔径127mm，孔距3m，孔深为主帷幕的0.6倍，在基岩内的深度为25～35m，向下游倾角12°；下游排水廊道排水孔径108mm，孔距3m，铅直孔，基岩内深度15m。② 岸坡排水洞，左岸312m、360m，右岸308m、360m高程，各设一条排水洞，断面为2.5m×3.0m；排水孔径60mm，呈放射性向洞顶布设，两排孔距3m，孔深20～30m，排水洞全长90m。

(二) 大坝基础渗漏情况

随着水库水位由313.48m上升到414.50m，各层廊道漏水部位的漏水量也随着增大，总漏水量由2.82L/min增加到14.82L/min。1995年汛期大坝基础廊道漏水量出现如下变化：

(1) 上游水位超过415.0m后漏水量急剧增加，一般在水位最高时漏水量达到最大值，但也有的部位滞后。

(2) 有两处漏水最为严重，一处是10号坝段基础廊道底板的表面混凝土已被破坏，由破坏处往外涌水；另一处是26号坝段基础廊底板有一处往外射水。

(3) 上游侧漏水量比下游侧大。

(4) 与1986年高水位时相比，总漏水量由14.82L/min增加到316.10L/min。

(5) 水位下降到414.71m时，总漏水量为166.00L/min，并未恢复到相应水位时的总漏水量。

从现场检查发现，渗漏水大部分来源于基础廊道地面上的一些孔洞，比帷幕后的正常排水孔渗漏水量要大得多。经分析和现场检查核对，几处大的渗漏水点是加强帷幕孔漏灌所致，并不是坝基或坝踵开裂引起的。为此对这些孔洞进行了补充灌浆处理。

(三) 基础廊道帷幕补充灌浆

1. 灌浆设备　钻孔采用SGZ-Ⅲ型地质钻机，最大钻孔深度300m，最大开孔直径150mm；灌浆采用SGB6-10型灌浆机，灌浆压力可达10MPa。灌浆胶管采用高压钢丝胶管，耐压8MPa。

2. 钻孔布置及作业时间　基本孔距2m，帷幕线距基础廊道上游墙0.5m（右岸部分坝段受条件限制改为1.0m），钻孔倾向上游倾角82°，孔深一般为岩下15m。整个施工作业历时57个月，累计作业工时177840h。

3. 灌浆　灌浆方式采用自下而上分段钻孔灌浆，灌浆方法为孔内循环式。制浆与灌注连续进行，保证不间断灌注施工。灌浆水泥为425号普通硅酸盐水泥。

4. 总工程量　总钻灌浆孔3840m，其中岩石2400m，混凝土1440m。帷幕灌浆480t。

(四) 补充灌浆效果

从外观上看，灌浆后渗漏水明显减少，未发现管涌、错动、不均匀沉陷等现象。10号坝段和26号坝段的涌水和射水已经消失，整个基础廊道漏水并不明显。在基础廊道共发现46处漏水点，部分点有钙质析出或黑褐色黏稠物。坝基共有排水孔189个，大部分无水或水位未到管口。排水量不大，水质清，部分漏水点有铁锈或钙质析出。从漏水量观测看，补充灌浆后，基础廊道总漏水量逐年减少，1996年已由1995年的319.80L/min下降到78.23L/min，1999年为40.36L/min，2003年为14.81L/min，已恢复到正常状态。

全国第二轮大坝安全定期检查时分析认为：

(1) 近几年呈逐年下降的趋势，2003年的最大渗漏量仅为14.81L/min，但总渗漏量的逐年减小与库水位年平均变化没有明显的对应关系。

(2) 从现场检查看，以前的渗漏水大部分来源于基础廊道地面上的一些孔洞，是加强帷幕钻孔漏灌所致，这部分渗漏比帷幕后的正常排水孔渗漏要大得多。造成右岸基础渗漏量大于左岸的主要原因也是该类渗漏点较多。首次定检后对这些孔洞已进行处理，帷幕灌浆后，防渗效果得到不断改善，总渗漏量随之不断减小。

(3) 统计模型定量分析表明，在水位高于410m时，总渗漏量与库水位增加的趋势一致，但水位在410m以下的关系较为复杂，受到了多种因素的影响；时效分量的变幅分别占总变幅比重较大，表明不断减小的时效分量是渗漏量变化的主要成分。

(4) 渗压总体是减小趋势，综合漏水量和渗压两方面的分析结果可以认为，基础渗流是向着有利于工程安全方向发展的。

（辽宁省电力有限公司　宋恩来）

新安江大坝坝基固结灌浆补强处理

(一) 概况

新安江水电站大坝顶长466.5m，最大坝高105.00m，坝顶高程115.00m。大坝自右至左共分26个坝段，坝轴线呈折线，两岸折向上游。右岸0～6号坝段为挡水坝段，河床7～16号坝段为溢流坝段，左岸17～25号坝段为挡水坝段。大坝坝基岩石岩性软硬相间，石英砂岩、乌桐石英砂岩及千里岗砂岩质坚而脆，页岩质软弱，节理发育，地质构造复杂。

新安江大坝首次定期检查指出，右岸坝段下的基岩中页岩夹层共有 23 条，存在着不同程度的软化和泥化现象。第二次定期检查时对坝基 sh_1、sh_2 页岩进行补充勘探，并对其中两孔分别进行了孔内电视、声波波速和地质 CT 探查。结果表明：孔内分别出现不同程度的坍塌淤积现象，钻孔岩芯破碎，在地下水的长期侵蚀下，页岩尤其是薄层页岩有缓慢泥化和软化发展趋势，从而降低了地基的承载力及抗剪强度参数。对右岸坝体抗滑稳定的敏感性分析表明，提高混凝土与基岩完好结合面的面积可以改善坝体抗滑稳定条件。增大混凝土与基岩凝聚力 C' 值，能提高抗滑稳定安全系数。《新安江水电站大坝第二次定期检查报告》指出："2 号、3 号坝段基础厚层页岩含有少量亲水矿物，地下水呈弱酸性腐蚀，在坝基渗水活动频繁部位，可能加剧页岩的泥（软）化趋势。从大坝的长治久安计，对坝基页岩进行防护、处理，确保大坝安全，还是必须的；可根据对页岩进行防护、处理的目的性，选定处理方案，适时进行处理。"

因此，决定对 2～7 号坝段坝基固结灌浆补强加固。

（二）2～7 号坝段坝基固结灌浆补强加固的可行性

在 70m 高程交通廊道 3 号坝段坝基设两个固结灌浆试验孔，经试验如下：

（1）混凝土下伏基岩均为石炭系乌桐石英砂岩，不同区域差异较大，总体上岩体节理裂隙较发育、较破碎，尤其在断层带附近岩性更差，局部还夹有页岩，其成分和性状差异也较大。

（2）从试验孔段压水试验情况看，岩体以中等至微透水层为主，岩体的可灌性与透水率成正向关系。

（3）目前的条件下，坝基固结灌浆补强孔可布置在宽缝、排水廊道及其他廊道等范围内，其正是地下水活动频繁区域，也是裂隙充填物和水泥结石被析出较严重的部位。这些部位固结灌浆补强处理的可灌性应该好于交通廊道试验段。

（三）固结灌浆补强孔设计

1. 固结灌浆补强孔设计基本原则

（1）利用原灌浆廊道、排水廊道、检查廊道、交通廊道及宽缝等对坝基进行固结灌浆，以减少混凝土内钻孔长度。布孔位置宜尽量减免对坝基扬压力的影响，并采取相应的工程措施，降低补强灌浆带来的不利影响。

（2）原坝基已经过了固结灌浆，且地下水对水泥有溶出性破坏，灌浆材料采用超细或磨细强度数 42.5 的耐蚀硅酸盐水泥。

（3）在较陡的 1 号基础排水廊道内的补强固结灌浆孔深入基岩面以下 5m（风钻），在宽缝及其他廊道内的补强固结灌浆孔深入基岩面以下 8m（机钻）。

（4）孔深为 5.0m 的补强固结灌浆孔，除岩石特别破碎或灌浆注入率特别大者，一般可做全孔一次灌注；孔深为 8.0m 者，应自上而下分段灌注。

（5）经灌浆试验，固结灌浆补强孔压力，第Ⅰ段可为 0.5MPa，第Ⅱ段为 0.8MPa。

2. 固结灌浆补强孔布置　在高程 85m 检查廊道、高程 61m 检查廊道斜坡段、高程 38m 检查廊道斜坡段，固结灌浆补强孔布置在廊道上、下游方向各一排，离廊道壁 0.4m，沿坝轴线方向水平间距 2.5～3m，三角形布置。上游排固结灌浆补强孔垂直廊道基底造孔，下游排固结灌浆补强孔向下游侧倾 5°角度造孔。在 3 号坝段的 70m 高程交通廊道包含通向坝下出口的廊道内，廊道左、右侧各布置一排固结灌浆补强孔，各距廊道壁 0.4m，分别向左、右侧各倾 15°角度造孔，水平间距 2.5m，三角形布置。在 3 号坝段与坝轴平行的廊道内，上、下游方向各布置一排固结灌浆补强孔，沿坝轴线方向水平间距 2.5m，上游排固结灌浆补强孔垂直廊道基底造孔，下游排固结灌浆补强孔向下游侧倾 15°角度造孔，三角形布置。在 4～5 号坝段宽缝内固结灌浆补强孔沿上、下游方向间距 3m，坝轴线方向布置三排，排距 2.6m。靠 4 号坝段侧（右岸方向侧）的一排固结灌浆补强孔，在离回填混凝土基面高 0.4m 处往右岸方向倾 25°角度造孔，中间的一排垂直造孔，靠 5 号坝段侧的一排固结灌浆补强孔，在离回填混凝土基面高 0.4m 处往河床方向倾 10°角度造孔。井字形布置，深入基岩深度 8m。其余坝段和宽缝内固结灌浆补强孔布置与 3 号坝段和 4～5 号坝段宽缝内基本类似。以上廊道固结灌浆补强孔除 1 号基础排水廊道深入基岩 5m 外，其他廊道内固结灌浆补强孔均深入基岩 8m；灌浆补强孔孔径 75～91mm，终孔孔径不小于 ϕ75mm。

3. 主要施工技术要求

（1）坝基已经过固结灌浆，现为补强性质，可灌性没施工期好，且地下水对水泥有溶出性侵蚀，采用耐腐蚀磨细灌浆水泥，即掺 15%～20%矿渣粉的强度系数为 42.5 的磨细硅酸盐水泥，比表面积要求达到 9000cm^2/g。

（2）在设计压力下，灌浆注入率不大于 0.4L/min，延续 30min，即可结束该段固结灌浆。

（3）封孔采用压力灌浆封孔法，在同段灌浆压力下，灌注 0.6：1 的浓浆。

（4）固结灌浆检查孔数量为固结灌浆补强孔总孔数的 10%。

4. 坝基排水孔保护措施　为防止排水孔堵塞，固结灌浆施工前先将排水孔内填满黄沙，而后进行固结灌浆施工。固结灌浆完工后，再扫孔，清除黄沙，保持和恢复排水孔功能。固结灌浆中若附近排水孔发生串浆，在排水孔附近补打排水孔。

（四）施工成果分析及评价

1. 压水试验成果分析　各部位固结灌浆结束 7d 后，进行灌浆质量检查。共进行 37 段次压水试验，其中孔段岩体透水率大于 0.03L/（min·m·m）的孔段为 1 段，占总段次的 3.0%。最大孔段透水率达到 0.040L/（min·m·m），最小值为 0.001L/（min·m·m），孔段平均透水率为 0.008L/（min·m·m）。从压水情况看，均在设计透水率合格范围之内，灌浆质量合格。

2. 灌浆成果分析　检查孔共 19 孔，灌浆 37 段次，灌浆进尺 149.20m，灌入水泥总量为 1234.91kg。其中孔段最大单位耗灰量为 13.10kg/m，最小值为 0.66kg/m，平均单位耗灰 2.46kg/m。从检查孔各孔（段）单位吸浆量看，检查孔灌浆单耗与固结灌浆孔相比有明显减少，说明各区段灌浆结束后，岩体节理裂隙得以有效充填。

本次固结灌浆施工后，右岸坝基岩体得到一定程度的固结，岩体完整性和力学强度也得到一定的提高。建议对右岸坝基地质条件和地质力学参数进行复核和综合评价，并进一步计算和评价右岸坝段的稳定性。

（华东勘测设计研究院　王淡善　徐德芳　吴三顶
新安江水力发电厂　何少云）

新安江大坝溢流面弹性环氧砂浆现场试验

（一）概况

新安江水电站泄洪采用厂房顶溢流结构，为了提高厂房顶溢流面的抗冲磨强度，溢流面采用了环氧砂浆作为防护层。

新安江水电站与中国水利水电科学研究院结构材料所合作，采用弹性环氧砂浆对 7 号、8 号坝段进行面积为 120m² 的修补试验，重点研究弹性环氧砂浆大面积施工工艺和可能遇到的质量问题。

（二）弹性环氧砂浆的特点

弹性环氧从分子链的结构上进行改性，采用分子结构设计的手段，通过控制交联密度来调整链段的长度，以获得良好的变形性能。弹性环氧砂浆的主要成分是环氧树脂、固化剂、填料及其他增塑剂。正常固化的弹性环氧砂浆的特点是抗拉强度高，黏结力强，适应变形能力强，有较好的伸长率和抗裂性能好，在 −20～+80℃条件下冻融循环进行强化开裂试验，10 个循环不开裂，抗低温开裂性能远优于一般环氧砂浆，比较适用于温和地区的露天施工。

（三）前两次现场试验及存在的问题

1. 施工工艺　两次试验使用的环氧树脂 E44 黏度大，施工期间气温低，这给材料的称量、搅拌及涂层的涂抹等带来了很大困难。现场采取了加热环氧的方法来降低树脂的黏度：①第一次施工现场把环氧树脂加热至 60～70℃，第二次把加热至 40℃左右的环氧树脂倒入容器中称量，然后立刻加入固化剂；②用手持电动搅拌机搅拌环氧与固化剂的混合液；③把填料与混合好的环氧浆液倒入砂浆拌和机中搅拌，然后出料浇筑。两次试验完后，经过夏天的曝晒考验，弹性环氧涂层均出现了表层开裂、受热发软、发黏以及不固化等问题。

2. 施工工艺存在的问题及涂层质量原因分析

（1）加热的影响。把环氧树脂加热至 60～70℃，立刻加入固化剂，这时环氧树脂正处于热态，加之固化反应放热，容器中环氧浆液的热量不易散失，随着反应放热的累积，浆液内部温度会陡然窜升，导致环氧材料“爆聚”。“爆聚”会使材料的性能下降或完全丧失材料的原有性能。前两次施工的环氧涂层受热时发软、发黏，当气温降低时就会变硬，这与“爆聚”试验结果完全一致，属于环氧材料的非正常固化。

（2）搅拌方式的影响。前两次施工现场成型的试件其强度低，密实性差，砂浆内有很多气孔。部分原因是施工过程使用了电动搅拌机搅拌，其转速在 2000r/min 以上，使环氧浆液混入大量气泡，因为环氧树脂的黏度大，搅拌时混入的气泡不易被排出，所以在浇筑的砂浆涂层中出现了很多气孔，造成涂层密实性差。一般应采取低速搅拌来避免大量空气混入到液体中，搅拌速度应小于 300r/min。

（3）涂层颜色的差异。第一次施工使用砂浆拌和机拌料，但环氧浆液黏度大，容易黏附在搅拌机器壁和搅拌轴上，在搅拌时如未及时刮下参与反应的原料，就会形成无法控制的夹生层，使得填料与浆液不能混合均匀，不仅影响涂层整体的颜色，而且还会影响涂层的整体质量。第二次施工在砂浆中添加了一些遮盖色料，解决了颜色差异的问题。

（4）涂层开裂的原因分析。前两次施工的砂浆涂层表面都出现了不同程度的开裂，涂层开裂处环氧树脂有拉丝的情况。当时砂浆表层温度为 35～38℃，砂浆层变软，能卷曲，这说明砂浆强度很低。开裂的原因主要是由于砂浆的非正常固化，非正常固化的原因是环氧树脂“爆聚”所致。爆聚后的环氧材料对于温度的变化特别敏感。由于白天日光照射涂层受热后，表面强度降低或几乎没有强度，夜晚温度降低时涂层表面变硬，或涂层受热后再受到雨水浸泡，这时涂层会出现收缩，这种收缩力很容易把没强度的涂层表面拉裂。

（四）第三次弹性环氧砂浆涂层现场试验

1. 第三次现场试验前的准备　在第三次现场试验前，找到了弹性环氧砂浆大面积施工中可能出现影响施工的问题，并在原材料选择、砂浆配方和施工工艺等方面均进行了合理的调整。

2. 施工工艺

(1) 混凝土基面处理。用电锤凿除老环氧砂浆层直至新鲜混凝土面，然后用高压空气吹净混凝土表面的灰尘和碎渣。若表面有油渍或有机杂质则用丙酮擦净。底层混凝土表面有裂缝时，为了防止裂缝进一步扩展，凿出一条宽和深分别为50mm左右的“V”型槽，清除槽内松动颗粒和粉尘，涂底涂料固化后，用环氧砂浆回填密实并抹平表面。由于涂层靠近导流墙，沿墙凿成2cm×2cm的凹槽嵌填环氧砂浆，以保证环氧材料能与墙体更好地结合。

(2) 对伸缩缝的处理。由在大面积涂抹之前先用潮湿水下环氧砂浆对伸缩缝进行封堵，当弹性环氧砂浆施工完成后，再用切割机进行分缝。

(3) 标高定位。为保证涂层的平整度，在施工前要设定标高。以伸缩缝钢板面为基面，用膨胀螺栓调节标高点。

(4) 涂层施工。①底涂料的涂抹。施工过程中，为保证砂浆对基层混凝土的良好黏结需要涂底涂料（或称基液），作为底涂料的基液要随用随拌，视面积大小决定拌料量，拌好的基液要在30min之内用完，涂刷要薄而均匀，底涂料涂刷后固化一段时间，再涂抹弹性环氧砂浆，时间的长短视现场温度而定，以手指触之拉丝断开为准。②涂抹弹性环氧砂浆。施工时应用卧轴式拌和机拌制弹性环氧砂浆，控制转速30r/min，每批拌料量30kg左右。为确保环氧砂浆涂层与基面紧密黏结，在摊铺砂浆后先用铁锤锤实砂浆层，有利于空气的排出，再用平板振捣器振捣密实。由于施工基面被多次开挖，平整度差，最大的达到7cm以上，一次性浇筑砂浆涂层太厚，因此采用分层浇筑的办法。第一层捣实后，把砂浆表层轻微拉毛，再进行第二层砂浆的施工。首先在第一层砂浆上涂刷基液，然后浇筑环氧砂浆，第二层砂浆要捣实、找平和收面。③养护。砂浆固化前不要触动其表面，要注意防雨淋、防水浸泡。在日光很强时（尤其在夏季）要搭防晒棚，避免未固化的涂层直接在阳光下曝晒。另外，环氧砂浆涂层固化后，其强度未达到使用要求时，避免涂层受到重压和外力的冲击，环氧砂浆一般需养护7天以上。

（五）现场检测

对运行了一年多的第三次弹性环氧涂层试验结果进行检查，并对弹性环氧砂浆涂层进行了现场拉拔测试。检测结果表明，拉断的界面大部分为原混凝土部分。在弹性环氧与混凝土之间界面拉断的试件，黏结强度均大于2.2MPa，黏结强度小于2.0MPa的试件均是从混凝土内部拉断的，说明弹性环氧砂浆与混凝土的黏结强度大于原混凝土的抗拉强度。

第三次现场成型的弹性环氧砂浆试块抗拉、抗压强度要高于前两次试块强度，黏结强度也高出前两次施工黏结强度30%左右，前两次弹性环氧砂浆与基面黏结强度低。对比三次施工弹性环氧材料的伸长率，第三次试验弹性环氧材料伸长率低于前两次试验材料，但经过强化开裂试验，试件在−20℃～+80℃经过10个循环弹性环氧材料不开裂。以上测试结果说明当弹性环氧砂浆能正常固化、且砂浆密实性好时，其力学性能和抗裂性完全能满足设计要求。

（新安江水力发电厂　张运雄　周华文
中国水利水电科学研究院　孙志恒　方文时　鲍志强）

石泉大坝表孔闸墩混凝土表面裂缝检测及处理

（一）概况

石泉水电站设有4个表孔和1个岸边溢洪道（小表孔）。2000年4月对表孔支铰和支墩进行首次安全检测时发现，闸门支墩受拉区存在许多裂缝。2005年11月，对石泉大坝表孔闸墩支墩区的裂缝进行了普查和超声波检测，随后根据检测情况对这些裂缝进行了处理。

（二）闸墩裂缝的检查

1. 裂缝的分布情况　裂缝分布于表孔混凝土闸墩竖直面，几乎所有的裂缝均为竖向略向下游倾斜，绝大部分裂缝位于铰轴上游3m以内或铰轴下方，即处于支墩受拉区。

2. 裂缝检测　裂缝表面开度较小，基本属于微细裂缝，只就其长度和深度进行检测。裂缝长度用钢卷尺沿裂缝走向分段测量。裂缝深度使用CTS-45型超声波非金属探伤仪，采用单面平测法，在裂缝的被测部位，以不同的测距，按跨缝和不跨缝布置测点（布置测点应避开钢筋的影响）进行检测。

3. 检测结果　此次检测最大裂缝在小表孔左闸墩上，其长度为3.9m，平均深度为127mm。裂缝最长3.9m，最短0.3m，平均长度1m，总长度为280m。

（三）裂缝处理

处理方法主要分为灌注化学浆液法和表面V型槽封闭法两种，化学灌浆法对裂缝起密闭和固结作用，表面V型槽封闭法可以增强裂缝承受表面张拉力的能力，根据裂缝分布发育特征选用。

1. 灌注化学浆液法 ①表面清理。用钢钎或电动工具凿面V形槽（槽深控制在10～15mm，槽宽控制在10～20mm），用钢丝刷或毛刷清除缝表面的灰尘、松散层，用压缩空气清除缝内杂质；对缝两侧各250mm范围内的混凝土面，清除剥落、疏松、蜂窝、腐蚀等老化混凝土，进行打磨处理，除去表层浮浆、油污等杂质，露出混凝土结构新面，并保持表面干燥；然后用丙酮清洗裂缝，清洗宽度为50～60mm。②埋设灌浆嘴。在裂缝的交叉点、较宽处、端部每隔350～700mm埋设灌浆孔，灌浆嘴用结构胶泥粘接。③配胶封缝。按胶体材料使用说明和配合比例配制适量浆液，将封闭胶挤入V型槽，连续压抹三遍，最后用刮板刮平表面；裂缝表面用胶泥封闭，封闭宽度为20～30mm。④配浆液。灌浆浆液采用Araldite xH160A/B，配制比例为4：1，配制量与施工速度及胶的凝固时间有关。⑤灌浆，接通灌浆机具。打开所有灌浆嘴，吹净管路灰尘杂质，然后注入浆液，进行灌注。灌注由裂缝一端顺次进行，且注意压力变化，不可过高，以防崩管。一般压力可掌握在0.2MPa。当吸浆率低于0.1ml/min时，停止灌浆。⑥拆除、清洗灌浆设备。浆液初凝后，卸掉灌浆嘴，并用胶封闭灌浆嘴位置。⑦底层树脂配制及涂刷。按一定比例配制底层树脂胶，一次配制量应根据现场温度、施工条件确定，用滚筒刷将底层树脂均匀涂抹于混凝土表面，待树脂表面指压干燥时即进行下道工序。⑧找平处理。按一定比例配置找平材料，混凝土表面凹陷部位用找平材料填补平整，且不应有棱角。待找平材料指压干燥时即进行下道工序。⑨贴碳纤维布。按一定比例配置浸渍粘贴胶，按500mm长裁剪碳纤维布；将浸渍粘贴胶均匀涂抹于所要粘贴的部位；垂直于裂缝方向粘贴碳纤维布，其中裂缝单侧碳纤维布延伸长度为250mm，总宽度为500mm。用特制的滚筒沿纤维方向多次滚压或用特制刮板沿纤维方向挤压，挤出气泡，并使浸渍粘贴胶充分浸透碳纤维布。最后在布表面均匀涂抹浸渍粘贴。⑩表面防护。在碳纤维布粘贴牢靠后，先糙化处理，再用聚合物PO32.5R水泥抹平。

2. 表面V型槽封闭法 表面裂缝（深度一般小于50mm）采用表面V型槽封闭方法处理。施工工序如下：①表面清理；②配胶封缝。按胶体材料的使用说明和配合比例配制适量的浆液。配制量与施工速度及胶的凝固时间有关。施工用胶为爱牢达Araldite XhIIInormal。将封闭胶挤入V型槽，连续压抹三遍，最后用刮板刮平表面。

（石泉水力发电厂 朱战齐 张双平 牛汉德）

古田溪二级大坝补强加固

（一）大坝存在的主要缺陷

古田溪二级大坝坝型为钢筋混凝土支墩平板坝，坝顶高程261.5m，最大坝高43.5m，坝顶全长208.5m。大坝存在如下主要缺陷：

（1）坝址环境水对混凝土具有分解类中等溶出型腐蚀。2002年对坝址环境水质进行化验分析，结果揭示：坝前和尾水水质类型属HCO3－CaNa型，呈弱酸性，对混凝土具有分解类中等溶出型腐蚀；左右岸坡地下水具有复合型侵蚀作用；坝基地下水多数存在弱至中等溶出型侵蚀作用。

（2）坝基帷幕呈逐渐削弱趋势。2002年选取4个坝段进行钻孔压水试验，检查结果表明，在基础表面5m深范围内岩石较破碎，裂隙发育，甚至无法进行压水试验，其余各段的透水率比竣工时的压水试验增大较多，说明帷幕墙已不是很完整，甚至形成了渗漏通道。

（3）右岸重力坝段未按设计要求施工。大坝左、右岸为接头混凝土重力坝段，2000年8月检查发现大坝右岸接头重力坝段结构与设计图纸不符，在离坝顶1m以下原应为混凝土的坝体有近半为碎石、纸张、草皮填充。复核计算表明，在校核洪水位水压力的作用下，面板拉应力值较高，上游坝踵附近表面侧最大主拉应力达1.5MPa，上、下游面板中间及靠顶部范围均出现1.0MPa的主拉应力，强度不满足规范要求。

（4）垛墙侧向抗震能力不足。大坝支墩两垛墙间每隔7m设置一排加劲梁，每排两根，加劲梁为尺寸30cm×50cm的钢筋混凝土结构。2002年对垛墙和加劲梁进行安全复核，结果表明位于最上端的加劲梁存在较大的拉应力，且由于加劲梁配筋量不足，在遭遇地震荷载作用时，将造成破坏，继而造成面板等的变形破坏。

（5）面板病害严重。大坝面板背水面渗水、渗白浆处较多，面板局部出现滴水，河床坝段的中下部有连续性的渗白浆和沥青流出；同时在面板中部出现多条裂缝。2001年在面板背水面进行混凝土碳化深度检测，结果表明，面板表面混凝土碳化深度（单面）大部分在22mm以上，最大的碳化深度达45mm；碳化速率为3.1～3.5mm/a；使面板有效截面逐渐减小，承载能力逐年降低。

（6）面板抗裂强度不足。2002年，对大坝进行安全复核，结果表明，碳化后面板大部分部位抗裂弯矩低于设计规范要求。

(7) 大坝溢流面冲刷严重。运行以来，经过多次泄洪水流的冲刷，溢流面混凝土有较严重的淘蚀，造成大面积碎石骨料外露、表面凹凸不平。在堰顶附近有一条大致平行于坝轴线方向的裂缝，缝宽 1～3mm，在溢流面中间部分也有 4 条长约 1～3m 的裂缝。

(二) 大坝补强加固

1. 大坝帷幕加固和固结灌浆　大坝面板底部帷幕补强孔置于坝垛间的空腔内，钻孔向上游倾斜，倾角成 45°左右，底部延伸至原帷幕中心线 3m，每个补强孔分上、中、下三层，上层离面板底部约 1.5～2m，中部在原帷幕的中点，下部在原帷幕上方约 2m。灌浆材料采用 525 号普通硅酸盐水泥，平均单位耗灰量为 4.54kg/m。大坝固结灌浆针对河床中间的 12 个坝腔，平均单位耗灰量 5.09kg/m。帷幕和固结灌浆补强结束后，经过压水试验检查，单位透水率均小于 1Lu。

2. 右岸重力坝段回填混凝土　2001 年将内部碎石和泥土全部挖出并回填 C15 混凝土，在重力坝上游侧增设一排帷幕。新增帷幕总长度 120m。

3. 面板后加浇混凝土支撑块　在面板后面的坝腔内填筑 C15 混凝土支撑块。支撑块混凝土与基础和垛墙之间采用锚筋连接，支撑块混凝土与面板间自由接触。支撑块混凝土在溢流坝段浇至 250m 高程，挡水坝段浇至 253m 高程。共浇筑混凝土 37284m³。

4. 垛墙间加浇抗震隔墙　在大坝每个坝腔坝轴线略偏下游位置加浇一道 1m 厚的钢筋混凝土防震隔墙，隔墙在溢流坝段浇至 247m 高程，挡水坝段浇至 254m 高程。防震隔墙与垛墙采用锚固钢筋连接。共浇筑钢筋混凝土 2553m³。

5. 大坝面板防渗、防腐处理

(1) 对面板背水面出现的裂缝、渗水点、渗白浆点采用 4：1 的 LW、HW 混合浆液进行封闭灌浆，灌浆压力控制在 0.1～0.15MPa；完成灌浆长度 328m。对溢流面上的裂缝在裂缝处凿一条上宽 6cm，深 4cm 的"V"型槽，用环氧聚合物砂浆填充。对堰顶处 16 号垛墙部位空鼓深坑进行凿除，打磨清洗干净后用环氧砂浆填充。

(2) 对面板迎水面和背水面 250m 高程部分，在其表面涂抹一层密封性能好的材料，以阻隔库水向面板渗透途径。

(3) 对面板背水面支撑块顶高程以下防腐处理，以防止空气、水汽与混凝土直接接触，保护混凝土不受侵蚀。先清除老混凝土面上的浮渣、苔藓、油污、碎屑等杂物，凿除混凝土表面碳化混凝土，再涂刷一层 0.8～1.0mm 增厚型环氧砂浆涂料。

(4) 在溢流面表面浇筑一层厚 1cm 左右的抗冲蚀聚合物水泥砂浆，再在抗冲蚀聚合物水泥砂浆表面涂刷二道抗冲磨涂料，以达到溢流面抗冲磨和防渗的要求。

(三) 加固效果评价

工程完成后，坝基整体性及帷幕得到了加强，大坝的整体稳定性、面板防渗能力和抗老化性能得到提高，有效地改善了大坝运行状况：①坝基渗水量明显减少；②减缓了面板混凝土碳化速度；③坝体受力结构得到改善，大坝的整体稳定性提高；④从溢流面裂缝的漏水已大大减少。

（福建省古田溪水力发电厂　徐世元）

上犹江大坝辛、壬坝段坝基渗漏处理及效果

(一) 基本情况

从 20 世纪 80 年代后期起，上犹江大坝左岸地下水出现异常。从 1992 年起排水隧洞渗流量有日趋严重之势，最大达 60 L/min（主要来自洞顶排水孔）。由于渗漏通道越来越集中，裂隙不断扩张，渗流量也将不断增大，对大坝安全产生不利影响，因此须对渗漏进行处理。

(二) 渗流量增大原因分析

1. 观测与定性分析

(1) 经估算，自由水排水隧洞年渗漏总量比影响范围年降雨入渗总量大数倍，说明左岸自由水排水隧洞的渗漏水，除降雨形成的地下水外，还有其他来源。

(2) 停止供应生活用水 48h，同时控制现场工业用水，以观测渗漏水的变化，结果表明渗漏量无变化，表明其不受生活、工业用水影响。

(3) 左岸有 N50°W、NE∠85°顺陡坡走向的大裂隙，在自由水排水隧洞左 0＋031m 处，延伸到坝前左 0＋020m 处通入库内。此缝施工时，作了膨胀混凝土嵌缝与高压水泥固结灌浆处理，初期防渗效果较好，由于日久天长，填充材料老化，且所在坝段基础高程相差悬殊，在高水位与低气温情况下，会产生向下游变位不均而出现扭力，致使裂隙轻微拉张，引起渗漏量增加。

2. 伪随机流场法检测　2004 年 8 月采用伪随机流场法对渗漏进行检测，结果表明，自由水排水隧洞渗漏水与库水存在较密切的联系，坝前壬坝段及左岸坝肩库底存在两个明显的渗漏异常区 L1 和 L2，为库水渗漏入口部位。其中渗漏异常区 L1 与 N50°W、NE∠85°顺陡坡走向的大裂隙在坝前的出露位置重合，该裂隙防渗效果下降；L2 所在的坝前桩号左

0+030附近有一条大裂隙，施工时也做了膨胀混凝土嵌缝与固结灌浆处理，初期取得了较好的效果，但较长时间的运行后，该裂隙又成为了库水的渗漏通道。

通过以上工作，基本可以确定坝前左0+020以及左0+030原有裂隙是形成库水渗漏的主要通道。

（三）处理方案及施工

此次渗漏处理采用在辛、壬坝段坝顶钻孔深入坝基进行帷幕灌浆的方法。

1. 处理方案　考虑坝基裂隙比较发育，以及坝上游面离坝轴线仅有1.7m，下游副厂房上游面离坝轴线也只有3.5m等情况，确定灌浆孔在辛、壬坝段（左0+015～左0+030）分两排布置。灌浆孔上排桩号：0+000（坝轴线），下排桩号：下0+001.5，按梅花形布孔，排距1.5m，孔距1～1.5m，裂隙附近孔距1m，其余部位孔距1.5m，同时为使此次处理形成的帷幕与原帷幕连成一体，布孔时将上、下排两边两个端孔均上移0.6m，帷幕中心线距坝上游面的距离为2.45m，是平均坝底宽的0.1倍。由于坝基存在薄层泥化板岩，此泥化板岩组成为承压水层之顶板，确定灌浆孔均穿过泥化板岩底面后再往下钻1m，裂隙附近钻孔适当加深，除个别孔外，大部分孔深在静水头的0.30倍以上。

2. 灌浆材料选择　选择超细水泥（标号52.5）进行灌浆，对水泥浆液可灌性较差的细小裂隙岩层，改用化学浆材灌浆。

3. 灌浆压力　确定设计灌浆压力按1.5～1.8MPa控制，接触段压力1.0MPa，压水试验压力0.8～1.0MPa。

4. 灌浆施工

（1）钻孔开孔孔径为ϕ75，终孔孔径为ϕ59。

（2）浆液水灰比（重量比）为：2∶1、1∶1、0.8∶1、0.5∶1等四个比级，开灌水灰比为2∶1。

（3）灌浆先施工下游排钻孔，后施工上游排钻孔，各排孔均分三序施工，采用自上而下分段钻孔、孔内循环灌浆法施工。

（4）灌浆结束标准：在灌浆段最大设计压力下，当注入率小于1 L/min时，继续灌注60min后可结束灌浆作业，但在灌浆全过程中，在设计压力下的灌注时间不应少于90min。

（5）基岩段封孔采用全孔段一次压力封孔，封孔压力采用该孔最大灌浆压力，封孔水灰比0.5∶1。坝体混凝土段则直接采用“机械压浆封孔法”封孔。封孔材料采用Po32.5普通水泥。

（四）处理效果

（1）灌浆结束后，通过钻检查孔，采用单点法对基岩进行压水试验，三个孔段的透水率分别为0.36Lu、0.24Lu、0.15Lu，平均值为0.25Lu，大大低于规范要求小于5Lu的规定。

（2）自由水排水隧洞渗流量由灌浆前的约32L/min（时库水位194.94m）减小至灌浆结束后的1.2L/min（时库水位191.86m），减少幅度为96.0%，处理效果比较显著。

（江西上犹江水电厂　曾登峰）

黄坛口大坝溢洪道弧形闸门更新改造

（一）概况

黄坛口水电站大坝溢洪道弧形闸门为露顶式弧形钢闸门。弧门为双主横梁、桁架铆接直支臂结构，由面板+小横梁+纵梁+横梁+支臂桁架+支铰体系形成，闸门尺寸（宽×高）为10.5m×10.5m，设计水位为水库正常高水位115m，设计总水压力为658.2t，可动水启闭和局部开启。闸门支撑在预埋于闸门支墩上的箱形梁上。闸门启闭由2×23 t卷扬启闭机操作。电站于上世纪60年代曾将弧形门加高1m，闸门极限挡水位提高到116m。

（二）存在的主要问题

1989年首次大坝定检时，发现闸门支铰轴承座和闸门支墩支撑箱梁处的局部承压应力已超过允许应力，闸门启闭机存在超载现象。

2000年，第二次大坝定检进行了闸门结构的完整性检查和静力、动力原型观测以及相应的理论计算，校核了闸门各部位的应力，全面分析了闸门的运行情况，发现弧门在强度和稳定方面存在如下问题：①在水库水位116m时，上、下支臂内角应力超出允许应力约10%，其他构件应力尚可满足规范要求，但没有强度储备；②弧门直支臂近支铰端实测应力最大，安全储备不大，是弧门的危险部位；③弧门支撑箱梁的应力分布极不均匀，有两个角点，应力集中突出；④弧门钢板屈服强度下降15%，强度极限下降12%，断面收缩率下降12%，呈现由塑性向脆性转化的现象；⑤个别闸门的支臂部位锈蚀程度严重，最大腐蚀量达2.6mm；⑥弧门启闭机额定容量偏小。因此，第二次大坝定检报告指出，大坝溢洪道弧形闸门存在诸多重大缺陷，有可能造成闸门突发事故，对闸门安全运行构成威胁，必须尽快进行更新改造。

（三）改造措施和效果

1. 弧形闸门更新

（1）弧门整体更新应用了16Mn钢制作门叶，用Q235B制作支臂。这消除了旧弧门材料物理性能指标老化的问题，提高了闸门材料的允许应力，保证新弧门有可靠的强度和稳定性。

（2）新弧门的结构设计采用组合梁Ⅱ型框架结构，支臂采用为斜支臂实腹式焊接结构。新弧门应力分布合理，结构刚度好，还减轻了弧门的重量，减少了闸门的启门力；支臂的工字梁截面对今后金属防腐处理也很有利。

（3）新弧门水封由原P型水封改为L型水封，在闸墩相应部位焊上不锈钢水封板，启闭时摩擦阻力较低，对减少弧门的启门力有利。

（4）新弧门的轴套应用钢基铜塑三层高分子材料，可以减少弧门支铰的摩擦阻力，同时设立了加油孔，便于进行正常的闸门维护工作。

2. *支撑箱梁加固*　利用旧弧门预埋的钢支架，采用改善结构应力分布的局部加固方式。在支撑箱梁中部设立纵向肋板，以缩小箱形梁前板的支撑跨度，改善受力条件，并使载荷通过肋板传递到后板上去。对上板和下板采用增加上、下支持翼板，把上、下板的载荷通过支持翼板传递到闸门支墩上。支撑箱梁通过加固和应力调整后，抗扭刚度增加，前板、上板、下板的应力水平有所下降，均在材料允许应力范围之内，整个结构趋于安全。

3. *弧门启闭机局部更新*　经对启闭机进行全面检查，表明弧门启闭机仍有保留利用价值，但对使用多年且电气性能老化的电动机和制动器应更换，适当增加启闭容量，以确保长期运行的安全可靠性。通过增加弧门启闭机的容量和减少弧门最大启门力的两个方面的努力，原有弧门启闭机容量不足的缺陷得以消除，并有了足够的容量储备。

（浙江华电乌溪江水电厂　费修渔）

其　　他

二滩水电站库区断面测量

为详细掌握二滩水电站水库运行以来库区泥沙淤积状况及特性，分析泥沙淤积对水库运行方式及有效库容的影响，研究相应措施并修正现有库容曲线，满足水库优化运行的需求，2004年8～12月间进行了二滩水电站第四次库区泥沙断面测量及首次库容率定工作。

（一）*库区断面测量方法*

本次库区断面测量采取GPS载波相位差分定位＋勘察测量仪器（RTK基准站与RTK流动站配合全站仪）＋水下地形测量仪的测量方法。现场作业分水下测量（指水面线以下）和岸上测量（指水面线至1205m高程范围内）两部分。

现场检测仪器及数据处理装备主要有水下地形测量仪（带测量修正功能）、多功能测量型GPS接收仪（含HD5800一体化蓝牙RTK动态接收机、HD8600静态接收机等）、全站仪、便携式现场数据存储计算机等。

本次断面测量基准，平面坐标采用雅砻江坐标系，高程系统采用1956年黄海高程系。

测量中，需测断面基点的平面坐标可根据已知基点测量，然后采用GPS测量的常用方法平差，得出该断面基点的坐标成果。地理位置较偏僻，接收卫星信号较弱，不能由GPS测量的库区上游部分断面的点，则采用全站仪进行测量。

作业中，首先进行GPS控制网布设、网点选择，基线长度选择2～15km，一般每隔1km左右布设一条固定断面，断面方向大致与平潮水位主泓方向垂直。对原有断面间距超过1.5km的断面间增设新断面，使新增断面后的间距保持在1km左右。新增断面高程应尽量与原断面高程等高，在观测困难的情况下，则应高于对应断面的最高水边线以上10m。

（二）*库区断面测量工艺要点*

1. *库区控制网控制站点建立*　本次库区断面勘测作业按照四等水准测量标准。首先建立、完善相应的GPS测量控制网控制站点。完成新增120条永久观测断面对应控制点的水平坐标和高程测量；校测60条原始观测断面对应控制点的水平坐标和高程，并对新增断面控制点、原始断面控制点、已知水准点和四等GPS点进行联测。库区GPS控制站点的建立从已知坝区附近两点大地坐标开始，向库区上游方向采用边连法布设控制点；然后将所布控制网点的坐标值输入计算机，建立库区测量定位精度所需的GPS测量D级控制网站。同时，做好测量卫星可见性预报及实测情况记录。利用库区（或大坝附近）现有已知基准点的高程，采用多功能测量型GPS接收机的RTK基准站和RTK流动站，辅以水准仪将高程坐标引至水面，建立库区及支流河道各个测量断面的水尺基准，以确定库区河道各个水下测量断面高程。

2. *确定待测断面坐标并GPS定位*　通过全球卫星导航定位系统（GPS）的RTK基准站，辅以RTK

流动站、水准仪等测量仪器，以相邻两条断面的四个控制点构成一个四边形同步观测环，连续地由坝前向上游对库区河道及支流约180条量测断面的360个基点进行GPS静态定位测量；然后对待测的各断面坐标进行大地坐标与全球卫星定位系统（GPS）坐标之间的转换，确定各待测断面的GPS坐标值。现场就位后，对各观测断面的每一端进行两点定位，其中一点设在水线与岸边交接处，另一点设在需测库容的最大标高处（比如1205m高程），以便人工测量水面以上部分河床。各断面内的测量采用GPS差值法定位，水下地形测量仪的每一次脉冲都对应接收一组GPS差值坐标。

3. 库区断面水下部分测量　库区断面水下部分的测量采用GPS自动导航法进行：将水下地形测量仪和全球卫星定位系统（GPS）置于测量船上，并将事先设定好的各横断面左右基点的水面坐标位置输入GPS，建立测量导航迹线。作业时，测量船在GPS的导航指引下按预定的航迹匀速从此岸向彼岸移动，保证各点位置均在断面线上。航行中，同时将水下地形测量仪连续测得的深度值和来自GPS系统RTK方式测定的定位坐标值，按一定的时间间隔（如3s）自动读取并输入计算机进行数据采集和存储，以供数据分析处理。测船无法驶入的断面近岸边处，则采用扇扫方式完成探测。

4. 库区断面水上部分测量　库区断面水上部分的测量从断面基点沿断面线，采用GPS定位系统的RTK基准站与RTK流动站，配合全站仪，在相应断面的水线处及该断面的延长线上（即需要测量库容的最大高程1205m处）测定横断面上各点的位置坐标（平面坐标及高程坐标），输入计算机与已取得的断面水下部分测量数据一并处理。此方法定位准确，测量精度高，能真实反映库区断面的地形情况。

（三）库区断面测量数据处理

1. 平面控制网的数据处理　断面基点及控制网测量的数据处理，以分区后的每个GPS网为一单元，分基线向量解算和网平差两部分。在基线处理设置中，数据采样间隔为15s，截止角为15°。基线向量解算合格后，导入库区断面测量GPS点成果和四等水准点成果，作为平面控制点和高程控制点。所有基线经初步处理后选择各闭合环中同步观测的基线向量，构成同步观测环（一般情况下尽量不选择异步观测环）。不影响网图连通性时禁用观测效果差和部分重复的基线。具体基线处理以观测数据图和基线残差图为调整对象，以基线方差比和整数解误差为参考参数反复调解，合格为止。利用GPS对各断面基点测量完毕后，采用HDS2003数据处理软件处理数据。一个GPS分区中的基线调解合格后，检查基线闭合差，若闭合差超限应再次调解基线和选择基线，直到闭合差通过。闭合差通过后，将网图中已知站点的相应坐标固定，作为平面控制点或高程控制点。网平差设置中，平差方式采用二维平差和高程拟合，拟合方式采用曲面拟合，二维平差方式采用平移＋旋转＋缩放。上述设置完毕和相应参数通过后，进行网平差即得出相应的控制网平差成果。

2. 测量断面的数据处理　将库区河道及支流河道180个断面的测量数据存入计算机，采用专用水库大坝测量数据处理软件和3D绘图软件分析测量数据，建立库区断面数据信息库，并由此绘制三维地貌图和等高线图，直观地反映库区水下地形情况及库底泥沙淤积或冲刷情况。

（四）库区断面测量的工程应用

1. 库容率定　对二滩水电站库区及支流河道选定的断面测量数据进行分析处理，并应用三角柱法数学计算模型，将由相邻测线上三个测点构成的三角柱体积累加，从而推算出目前二滩水电站库区的总库容。此法是建立在库区实际测点的基础上，可以实现适当的三角形边长来适应库底地形之变化，用连续的相邻三角形柱体逼近实际水库水体，精度较高。本次库区测量的计算结果：水库总库容为53.101799亿m^3。其中，干流主库区库容为42.404506亿m^3，鳡鱼河等支流库区库容为10.697293亿m^3。

2. 淤积分析　本次断面测量的实际计算结果表明，二滩水电站干流库区断面几乎全线淤积，主要淤积区段出现在二干18至二干32区段之间，长度约52.62km，其余区段淤积相对较轻；支流库区主要淤积区段出现在支04至支61区段之间，长度约10.48km，其余区段的淤积相对较轻。其中，坝前干流的最高淤积高程约在1130～1160m（二干23断面）和1160～1195m（二干32断面）附近。

（二滩水力发电厂　宋明富
上海申乾锐达水下工程有限公司　董纪平
张国光　赵　强）

引子渡水库诱发地震及库岸稳定

（一）概况

引子渡水电站位于乌江上游三岔河上。工程于2000年11月正式开工建设，2003年4月10日下闸蓄水，同年5月首台机组投产发电，2004年12月枢纽工程竣工。

可研阶段开展库区地质调查，分析判断水库蓄水后的库岸稳定性。在水库淹没实物指标调查时，统计软岩库段暂按淹没线提高20 m范围内的土地、房屋、人口、树木等。在可研阶段地质调查基础上，还开展了库岸稳定专项调查和地质灾害危险性评估工作。

结合库岸稳定地质调查及地质灾害危险性评估，预测库区可能失稳的不良地质体有10处，其中6处（编号为HP5、HP15、HP17、HP18、HP28、HP31）沿库岸有村民居住，一旦失稳将造成生命和财产损失，定性为地质灾害危险性大区。

为监测库坝区地震活动，及时提供蓄水后的地震活动资料，确保大坝和库区安全，确定在库区设置水库地震台网，进行水库诱发地震观测。

对可能失稳的库岸边坡进行监测以及对其上建筑物裂缝变化情况进行观察，判断预测其稳定性，以便有针对性地采取科学合理的措施，为此，开展了库岸稳定监测工作。

（二）监测实施

1. 水库诱发地震监测　按《地震台站观测规范（90版）》的要求，历时4个月完成了地震台网台址选址、观测房基建、台站信号线架设、仪器设备安装调试及测震人员培训等工作，并于2004年3月建成投运。2004年3月10日～12月31日，引子渡地震台网共记录到85次地震（以引子渡大坝为中心，震中距Δ≤50km范围内的地震，下同），其中有震中位置的有28次，震级为0.6～2.6（包括交汇在库区的2次，震级分别为1.5，1.6），单台记录到的地震有57次。2005年，引子渡地震台网共记录到39次地震，其中有震中位置的有10次，震级1.4～2.0（包括交汇在库区的1次，震级2.0）。2006年1月1日～6月30日，引子渡地震台网共记录到13次地震，库区无地震记录。

2. 库岸稳定监测　对库岸定期巡视，开展表观裂缝观测和表面变形工作。另外，还对有感地震活动的织金县上坪寨乡五甲村等一带建筑物裂缝进行了跟踪观测。

（1）在每年汛前、汛期和汛后，巡视检查整个库岸。2005年10月巡查发现在距大坝约25.9～26.2km处出现局部坍塌。在水库地质调查和地质灾害危险性评估中，均未预测到该库岸会发生坍塌等地质灾害，明显属水库蓄水后引起。在后来的巡视中，未发现该库岸进一步塌滑。

（2）每个斜坡体上的房屋在蓄水前均存在不同程度开裂，为跟踪裂缝变化，在建筑物缝两端设标记，或地表裂缝两边埋设观测桩，测量观测桩的距离来分析裂缝变化情况。观测频率为每周1次，雨季加密观测。

（3）每个滑坡体布置3～5条监测剖面，约10个测点，每个滑坡体同时布置3个基准点，做三等控制测量观测。测点沿着与主滑动线相垂直的方向布设若干排，每排在滑坡体以外的稳定区域适当布点，同时测点布设在滑坡有可能发生变形部位及地表裂缝的关键位置，使其具有代表性，并且每个测点至少与三个基准点中的两个通视，以保证用边角交会法测量变形点时的精度。按规范要求的规格制作、埋设观测点永久性标石。2004年每月测量两次，2005年每月测量一次，2006年汛期每月测量一次。

（4）为了监测地震活动对地面建筑物的影响，对地面建筑物上的裂缝变化情况进行跟踪观测，共设置了9个表观裂缝观测点，每周观测1次。监测以来至2006年6月底，所有监测点均未发现变化，说明水库蓄水后的地震活动并未给库周建筑物带来不利影响。

（三）岸坡稳定分析

根据表观裂缝观测，HP15、HP17、HP18、HP31四处斜坡体上的建筑物裂缝无进一步发展迹象，该四处斜坡体未受水库蓄水的影响，但HP28斜坡体上的房屋裂缝部分测点处于变化状态，推测HP28可能处于蠕滑变形状态。

根据变形监测成果分析，各测点的位移变化整体上无相对滑移趋势，即无明显的主滑面，从位移量上看，各测点的位移变化量不大，五处斜坡体均处于相对稳定状态。

结合库岸建筑物情况分析HP28斜坡稳定性如下：

（1）HP28斜坡体上共有住户130户，裂缝有变化的仅7户，建筑物裂缝变化不是普遍现象，斜坡体没有发生整体变形，个别测点变形是建筑物本身基础原因引起的。

（2）裂缝变化的房屋，基础建置于不均匀土体上；房屋结构为干砌石墙房或土墙房，结构差；房屋四周及整个斜坡体地表未发现贯穿性裂缝，进一步说明斜坡体没有发生整体变形。

（3）根据监测结果，每个监测点每次位移方向不一致，无规律，无明显主滑方向，且位移量小，属测量误差，而不是斜坡体变形引起。

根据以上情况分析认为，HP28斜坡体是相对稳定的，没有受到水库蓄水的不利影响。

（贵州黔源电力股份有限公司　许　勇
中国水电顾问集团贵阳勘测设计研究院　王　波）

东江水库诱发地震问题

（一）概况

东江水库总库容81.2亿m^3，库区面积160km^2，大坝坝高157m，坝顶长438m，正常蓄水位285m。

该水库位于南岭东西复杂构造带中段北缘，是湘中南印支褶皱带与湘东新华夏系的复合部位。库区的地质构造形迹纵横交错，组合极为复杂，褶皱和断裂构造发育。一系列走向北东彼此平行的背、向斜基本控制了水库的形态，水库的主体座落在一向斜构造上。该向斜轴部主要地层为二迭系灰岩和页岩、石炭系灰岩夹页岩；两翼及背斜核部依次为泥盆系砂岩及灰岩，寒武及震旦系浅变质砂岩等。灰岩地段岩溶发育。库区的断裂构造主要有北北、北东和北西向三组。

（二）水库蓄水后地震情况

东江所在的资兴市在水库蓄水前没有地震记载，蓄水后一年零三个月就开始出现地震活动。每年不少于100次，最多的1992年达447次，目前已达4286次，震级大于等于1.0级以上地震所占比例相当高。

东江水库库区，存在石灰岩发育的岩溶，岩溶发育的强烈程度，与地震的诱发有直接联系。如离大坝不远的兜率岩，是库区可见的较大溶洞，蓄水以来，曾在附近发生过无数次地震，不排除是岩溶所致。随着库区蓄水时间的延长，这些库段就可能存在不同程度的诱发较大地震的危险性。

（三）东江水库地震活动特征

从近几年来的监测总结，东江水库的诱发地震具有几个明显的特点。

1. 地震的成丛性　多年地震监测发现东江水库的地震活动具有明显的成丛性，尤其是近几年来更加显著，如离大坝不远的兜率岩两侧和大丘头一带。

2. 地震的群发性　东江水库的地震活动以群发性为主，单个地震活动较少，有时一天发震数次至数十次。

3. 地震与汛期　东江水库的较大地震在蓄水初期，多发生在雨水较多的汛期7月份，尤其是近几年来，雨水相对减少，库水位下降，地震发生的频度与汛期相当。随着蓄水时间的推移，这种对应关系被打破，地震与库水位的关系越来越不明显。

4. 震源向深处发展　从库区地震震源深度资料的分析表明，东江水库诱发地震的震源深度在不断发生变化。蓄水初期，地震的震源深度一般为2～2.5km，现在发生的地震一般都在5km以上，少数地震已接近10km。这充分说明库水逐渐沿着库区的断裂构造带和溶洞，向库底深部渗透，使地下岩石发生物理和化学变化，有的甚至向四周扩散，从而诱发地震。

5. 震中向大坝的逼近性　通常水库诱发地震的震中都邻重要水利工程设施，其震源浅，震中烈度高，破坏性较大。东江水库属高坝大库，具有水库发生诱发较大地震的条件。从近十年来所记录的小地震看，有明显向大坝逼近的趋势。

（四）水库地震活动及发展趋势

水库不是造成诱发地震的直接力源，但一定条件下，水库蓄水确实能改变水库所在地区的地震活动性。有许多因素可以控制决定诱发地震是否发生以及在何处发生。其中有相当一部分因素在水库之外，如库区的构造地质条件、水文地质条件、构造应力积累程度等。但诱发的主要因素来自水库，如水库的水载荷作用，孔隙水压效应和库水对库基岩石的物理化学作用等都是地震的重要诱发因素。从近十多年来的地震监测来看，上述的几个明显特征是客观存在的，尤其应该引起重视的是地震活动有向大坝靠近的趋势和震源深度的增大。地震一旦在大坝附近发生，就会对挡水建筑物构成威胁。浅源地震在地表反应大，感觉强烈，而深部地震会影响整个库区。东江水库诱发地震仍需继续进行监测。

（东江水电厂　曹　华）

天荒坪抽水蓄能电站6号钢管外排水问题

（一）概况

天荒坪抽水蓄能电站由上水库、下水库、引水系统和地下厂房洞室群等部分组成。引水系统设两个相同的引水单元，6台机组为一洞三机、尾部式布置。两条斜井平行布置，斜井及岔管均用钢筋混凝土衬砌，下平段接高压钢管。

为减小在输水道放空时钢管承担的外水荷载，设计采用了一系列措施，归纳起来就是通过堵和排的双重措施来保证钢管的稳定，其中，6-C是6号钢管排水系统中的一根排水管。

2004年6号支洞钢管外排水突发涌水，之后，涌水量有增大趋势并有固体颗粒析出。析出物主要有碎石颗粒、砂、水泥片状结石和少量的泥，碎石最大粒径超过1 cm。随后每周均有析出物，数量无明显变化。表面看，析出物类似混凝土骨料，块石表面无明显水泥浆包裹。另外，每台机组的钢管外排水量从6号到1号机组呈明显递减，其中6-C排水量最大，峰值流量达33L/s左右。

对带出物来源进行讨论，认为带出物最可能为施工期间人工沙石骨料污物进入钢管外排水管所致，并认为此现象不会对水工建筑物的安全、稳定运行产生明显不利影响。为验证此观点，采用人工补给高压水对所有钢管外排水管轮流交替冲洗，每次冲洗时间为6h，冲洗压力1MPa左右，流量33～36L/s。

冲洗压力钢管外排水管时，相邻钢管的外排水管渗水增大；随着冲洗次数的增加，各排水管内的带出物逐渐减少。由此可看出：施工污物在各排水管均存在；相邻钢管外排水管之间有渗水通道存在。

（二）问题分析及可能产生的后果

从冲出物可以得出施工污物在各排水管大量存在的结论，但也不能排除由于水流长期淘刷而使钢管外回填混凝土、断层结构面破坏的情况发生。

分析6-C问题的原因，有如下几个方面：首先，从地质条件比较来看，2号输水系统比1号要差，2号输水系统的下平段岔管区域存在低地应力区，断层、节理不利组合区，但设计对围岩防渗固结的标准没有相应提高，即内水外渗的第一道防线不够坚固；其次，钢管端部的环状帷幕有效范围很小，孔越深，孔间距离越远，灌浆有效范围越不能搭接，因此形成的帷幕作用有限；再次，钢管外排水系统的排水孔布置型式存在欠缺，排水孔对析出物没设反滤功能，且第一环排水孔离输水道钢筋混凝土衬砌部分非常近，仅6m左右，而钢筋混凝土衬砌又属透水衬砌，如此则第一环排水孔的渗透比降至少在30倍以上，若其间存在软弱结构面则是非常危险的。

6-C排水孔流出的水流若是通过结构面，其中的软弱夹层经长时间的水流携带冲刷，通道将逐步扩大，造成排水管和输水道完全连通，当流量大到无法控制时则酿成事故。若是水流通过钢管外回填混凝土与围岩结合面，混凝土受长期淘刷，局部形成空腔，则钢管尤其是16MnR段可能在内水压力下受力条件恶化。

（三）问题处理

目前，考虑到电站的实际运行情况，为了避免流动水在钢管起始处沿节理裂隙渗透破坏而带出析出物，计划将6-C试关闭，并按试关闭情况确定是否最终关闭所有钢管外排水管。同时也可以根据排水管关闭后输水钢管区域渗流场的变化及渗压增加情况，在钢管上方排水廊道补打排水孔以释放因排水管关闭而升高的渗压，但所有的排水孔均需增设反滤设施。压力钢管外排水管是压力钢管抗外压的辅助措施之一，在输水系统放空时，应提前半小时打开外排水管的阀门，以确保压力钢管放空的安全。

要从根本上解决问题，应放空输水道，对钢筋混凝土衬砌的岔管、下平段、渐变段进行针对性的补充防渗固结灌浆，并对衬砌体的贯穿性裂缝进行有效封闭，或者在条件许可情况下增加钢衬端部的竖向截水帷幕，以减少内水外渗的渗量和压力。但此措施代价大、难度高，必须有精心设计，选择合适的时机，周密的计划方能实施。

（天荒坪抽水蓄能有限责任公司　周民权　焦修明）

洪门水电站溢洪道基础排水问题处理

（一）问题的发现

2004年11月23日，对溢洪道堰体陡坡段基础排水廊道进行检查时，发现整个廊道底板被一层黄泥浆覆盖，深度5～10cm，部分排水孔口堆积有小土堆状析出物，黄色泥浆中有少量黑色带状细颗粒分布。

根据颗粒级配得出粒组范围及各粒组含量为：黏粒含量占19.6%，粉粒含量占55.1%，细砂粒含量占17.1%，粗砂粒含量仅占8.2%。结合到现场观察的析出物的颜色、质感得出结论：此黄色析出物为黏土。

（二）析出物成因分析

1. 溢洪道工程地质概况　工程地段岩性较复杂，其中引渠两岸为侏罗系炭质砂页岩，溢流堰和副坝所在地主要为三叠系上统侏罗系下统厚层状中细砂岩夹黑色炭质砂岩。细砂岩多呈中厚层、致密、弱风化，节理发育，岩石一般较破碎。据钻孔压水试验资料，岩基上部岩层属于较严重透水层；岩基中部岩层属于微透水层；其下部及右侧山坡则属极微弱透水层。中墩主要座落在强、弱风化细砂岩上，左边墩位于强风化页岩、砂岩互层上，右边墩位于弱风化砂岩上。泄槽陡坡段部分置于强风化页岩、砂岩互层上，部分置于弱风化细砂岩之上。堰基岩层和节理裂隙主要为北东东、倾南东，且陡坡段岩石较破碎，断层较发育，左侧有F_{31}、F_{30}、F_1三条断层，渗水沿着岩层的产状及节理裂隙方向溢出，因此廊道左侧（靠近副坝）渗水量大于右侧。

2. 深色沉积物成因　经分析，深色沉积物主要是CaO、MnO和Fe_2O_3；量很少，应是炭质砂岩、细砂岩，其颗粒在地下水动力作用下进入基础排水廊道，并与其他析出物或排水孔铁锈混合。

3. 黄色析出物成因　本工程黏土有二处，一为副坝填筑料，二为溢流堰的上游黏土铺盖。靠近左侧的副坝，基础较为破碎，填筑料为黏土，可能通过断层、节理、裂隙流向廊道排水孔。溢流堰上游设有黏土铺盖，由于帷幕可能部分受损及溢流堰基础存在渗流通道，其黏土可流经溢流堰基础，到堰基排水廊道内排水孔排出。溢流堰基础工程地质条件复杂，节理、裂隙发育，风化充填物长期在地下动水作用下也可能经排水孔流出。因此，黄色析出物（黏土）成因复杂，可能来自副坝、黏土铺盖或岩石中的充填物，可能是三者的混合物。

（三）工程处理

1. 工程处理措施　溢流堰基础置于中厚层细砂岩之上，细砂岩层中局部夹有少量页岩，堰基左侧及副坝基础为炭质页岩、炭质砂岩，断层、裂隙发育，风化强烈，透水性强。这是溢洪道堰体陡坡段基础排水廊道析出物形成的客观条件。工程处理措施主要包括修复灌浆帷幕和黏土铺盖、对溢流堰左侧基础进行小范围的固结灌浆，对排水孔进行改造使其有反滤功能。

2. 工程处理效果　工程处理于2005年5月初基本结束，从目前情况看，廊道水量已明显减少；部分测压管水位有所降低；黄色析出物（黏土）已经很少。2005年11月已经通过了工程整体验收，处理效果明显。

（江西三和电力股份有限公司　蒙在京
江西三和洪门水电厂　吴新翔）

水工混凝土老化修补材料及工程应用

中水北方勘测设计研究有限责任公司经过多年来的试验研究，针对水工建筑物不同的老化情况，研制了不同类型的水工混凝土修补、防渗材料，并且成功应用于多个水利工程项目中，积累了许多水工混凝土老化病害防治方面的技术经验。

一、修补加固材料

（一）TK聚合物砂浆

TK聚合物砂浆是将TK聚合物乳液掺入新拌水泥砂浆中，使砂浆的性能得到明显改善而制成的一种有机——无机复合材料，具有强度高，黏结好，收缩较小，耐久性好的特点，同时因改性之后的砂浆碱性状态，还具有保护钢筋的作用。适用于水工、港工等混凝土建筑物因碳化、空蚀、冻融或化学侵蚀等原因引起的混凝土表面开裂、起鼓、剥落等破坏形式的修补。

TK聚合物砂浆最早在20世纪80年代末应用于河北省岳城水库溢流坝面的修补中，90年代中后期开始应用较多，主要有天津蓟运河防潮闸、海河二道闸、宁车沽防潮闸、秦皇岛大汤河闸、北京延庆白河堡水库溢洪道、潘家口水库溢流坝面、海河三岔口堤岸板桩改造等修补或除险加固工程。

TK聚合物砂浆修补的基本工艺流程为：凿毛→清理基面→湿润基面→配料拌和→抹面→养护→涂刷防碳化剂。在立面施工时，最好增加钢丝网，对砂浆起到加筋、防裂的作用；对于大面积修补时，宜切割分块预留收缩缝；当修补厚度较大时，宜配制成聚合物豆石混凝土使用等。

（二）TK锚固剂

TK锚固剂用于混凝土或岩基中插筋、植筋的锚固，能在几小时内产生一定的锚固力，具有早强、无收缩、握裹力大等特点，将其灌注成锚杆，可以解决建筑物顶部垂直与水平施工的技术难题。该锚固剂具有微膨胀效应，对钢筋无锈蚀，对人体无毒害。TK锚固剂根据凝结时间和拉拔力的不同，分为早强型、普通型和水下型，可以满足工程的不同需要。该种锚固剂还可以在水下进行施工，能够大大简化施工程序，加快施工进度。

TK锚固剂在四川省大邑县虎跳河水电站压力引水隧洞、天津海河改造工程护坡加固、岳城水库海漫和溢流堰、永定新河护坡、山东四女寺闸、福建官蟹水电站前池护坡和厂房边坡、安徽宿迁闸改造、江苏嶂山闸改造等加固工程中应用，并且在四川映秀湾水电站闸底板、富春江水电站、蓟运河防潮闸（码头）、海上石油平台等水下锚固工程中应用。

TK锚固剂的施工方法简便，其工艺流程为：先将锚杆浸水30～40s，达到浸水时间后尽快插入锚筋孔中，然后再将钢筋插入孔内，达到拉拔力设计要求后进行下一道工序的施工。施工中需要注意的是：如果环境气温低于0℃，必须使用40～60℃的温水浸泡锚杆。

（三）TK建筑结构胶

TK建筑结构胶是双组分、高性能、反应型的黏结材料，具有强度高，黏结力强、抗剪性能好，弹性模量高、线膨胀系数小、耐久性能好、施工简便等特点，可用于混凝土建筑物粘贴钢板加固工程或锚固钢筋工程。

TK建筑结构胶在山西引黄入晋工程西坪沟渡槽、天津海河二道闸闸墩等粘贴钢板工程中应用，其工艺流程为：表面处理→卸荷→配胶→粘贴→固定→固化→防腐处理。

施工中对混凝土和钢板的表面处理要干燥、平整，且使钢板具有一定的粗糙度，以利于发挥TK结构胶的黏结性能。胶液涂抹不宜太厚，以粘贴钢板加压使胶液从边缘均匀挤出为度，并防止粘贴面有漏胶、敲击出现空洞声的现象发生。施工中使用膨胀螺栓作为永久锚固措施，但钻孔、焊接时需注意不能破坏TK结构胶的胶层。

二、止水堵漏材料

TK堵漏剂是申请水利部水利科技开发基金项目研制的产品，分为普通型和快凝型两种，均为单组分灰色粉状材料，普通型主要用于防潮防渗，快凝型主要用于止水堵漏，尤其可用于水下堵漏。TK堵漏剂的主要特点是：无毒、无味、无污染、黏结力强、抗压强度高，凝结时间可调，可带水快速堵漏，迎背水面均能使用，施工简单方便。

2000年9月，TK堵漏剂在万家寨引黄入晋工程2号洞、3号洞现场试验成功后，在南1～3号洞大面积推广，解决了现浇混凝土衬砌渗水点和有压地下水渗冒问题。之后，在南干线一出水洞及国际Ⅱ、Ⅲ标段，岳城水库、汾河水库大量应用进行渗漏水封堵，均取得了较好效果。另外，天津海王星海上工程有限公司进行检修海面下8m深的一条天然气管道时，在水下采用TK堵漏剂对工作仓排气孔实施封堵，也取得圆满成功。

TK堵漏剂的施工工艺流程为：基面处理→配料→封堵→保湿养护。无渗水面宜选用普通型，渗水面、漏水口须选用快凝型。TK堵漏剂的施工，基面处理干净、牢固、充分湿润，以及掌握配料料团封堵的时机是保证其防渗堵漏效果的关键，封堵成功后，再根据工程情况选用防水材料做防护层。

三、防渗和防碳化涂层材料

（一）KJ防水涂料

KJ防水涂料是聚氨酯类材料，具有抗拉强度、粘结强度、撕裂强度和剥离强度优良，黏度较小，浸润性能好等特点，能够充分渗透到界面的空隙和凹坑内，并且被界面充分接触，产生吸附、扩散。施工时可以人工刷涂，也可机械喷涂，尤其适用于防止内水外渗的混凝土输水建筑物中做防渗涂层，既可降低渗水引起的安全隐患，又可减少渗水带来的经济损失，还可起到减糙作用，提高输水效率。

KJ防水涂料适用于混凝土基面干燥的防渗涂层施工，在引黄入晋工程总干一、二级泵站出水岔管，南干一、二级泵站出水压力平洞、出水消力池，偏关河渡槽等防渗工程中得到应用。

KJ防水涂料施工的工艺流程为：喷砂（或打磨）处理→基面清洗→配料→喷涂。该涂料在施工中，应优先选择喷砂处理，使基面有均匀的粗糙度，增加涂料的黏结强度；应优先选择机械搅拌和机械喷涂，充分保证施工质量。涂料需要多次喷涂才能达到要求的厚度，每次喷涂需要等上一遍的涂层实干后再进行。

（二）TK防水涂料和TK防碳化涂料

TK防水涂料和TK防碳化涂料均是双组分复合材料，是在水泥基材料中掺加TK高分子聚合物，使水泥基材料的性能得到改善，具有黏结强度高，抗裂、抗渗性能好，并有一定的延展性等特点，是良好的混凝土防渗、防碳化、耐侵蚀的涂层材料。

TK防水涂料适用于混凝土基面无明流的防渗涂层施工，在引黄入晋南干线6号、7号、8号洞缺陷处理工程中采用，其中在6号洞的使用面积达14000余m^2；在云南李仙江戈兰滩碾压混凝土上游坝面防渗涂层应用27000余m^2；TK防碳化涂料在天津蓟运河防潮闸、海河二道闸、阿富汗帕尔旺水利工程修复项目等防碳化工程中得到应用。这两种涂料的工艺流程相近：基面处理→清洗湿润基面→配料拌和→涂刷→养护。

与KJ防水涂料相比，TK防水涂料对水潮湿条件下的混凝土防渗是更好的解决方案。KJ防水涂料要求基面必须干燥，TK防水涂料则要求基面必须充分湿润。从施工中得到的经验，TK防水涂料的基面处理至关重要，否则会大大降低涂层的黏结强度，涂层如若起皮或脱落也是因为粘掉基面未处理干净的东西所致。另外，TK防水涂层的厚度为1.0mm就可达到满意的防渗效果，超过此厚度，不仅会增加施工的劳动作业强度，更不利的结果是，涂层的黏结作用反而降低，容易出现翘起、脱落现象。

四、化学灌浆材料

JH化学灌浆材料是环氧树脂类浆材，由环氧树脂和改性固化剂加增韧剂、促进剂等聚合组成。该浆材黏度小、稳定性好；流动性、可灌性好；固化时间可调；凝胶或固化时收缩率小或不收缩；固结体有良好的力学性能，抗压、抗拉强度高，与被灌体有良好的黏结强度；凝胶体或固结体的耐久性好；柔韧性好，具有一定的变形能力；能充分渗透到缝隙深层，与界面充分接触，产生吸附、扩散，从而达到补强加固的目的。

JH系列化学灌浆材料先后在岳城水库泄洪洞廊道，引黄入晋工程南干一级泵站出水压力平洞，北京滞洪水库退水闸和连通闸铺盖、消力池、护坦、闸墩、翼墙，海河二道闸闸墩和翼墙，天津蓟运河闸改造、天津西河闸上游铺盖、南水北调中线干线工程等混凝土裂缝补强加固工程中采用，其基本工艺流程为：灌浆孔布设→开槽→钻孔→封缝→埋设灌浆嘴→灌浆→检查验收。

化学灌浆施工中的技术经验与责任心非常关键：每个工程都是个案，需要技术经验判断；化学灌浆是隐蔽性工程，责任心确保施工质量。针对工程具体情况，化灌浆材品种的选择，单一灌浆还是复合灌浆，灌浆孔的布设方式，灌浆的递进次序，灌浆效果的检查都是施工中重要的环节。另外，现在的工程对其外观要求越来越高，使用改进配方的TK聚合物砂浆进行封槽，可兼顾性能与外观。

（中水北方勘测设计研究有限责任公司　郭宏盛
杨天生　王大实）

13

环境保护与水库移民

环 境 保 护

二滩水电站荣获“国家环境友好工程”称号

2005年8月，国家环保总局启动“国家环境友好工程”评选活动，每年评选一批体现中国环保最高标准的工业项目、环境治理项目和社会项目。经四川省环保局推荐，二滩公司申报二滩水电站参评“国家环境友好工程”。2006年6月，二滩水电站荣获“国家环境友好工程”称号。

二滩水电站位于四川省攀枝花市，为20世纪我国建成的装机规模最大的水电站。工程以发电为主要，总装机容量3300MW，总投资人民币277亿元，其中世行贷款9.3亿美元。工程于1991年正式建设，1999年竣工，2001年通过环保竣工验收。

作为我国第一个与国际全面接轨又同中国国情相适应的大型水电工程，二滩水电站的环境保护工作受到国家环境保护总局及世界银行的高度重视，在环境影响评价、环境保护设计、环境保护措施实施、环境保护工程竣工及运行的各个阶段，环境保护工作均依照国家和世界银行的双重环保标准开展，达到水电工程环保工作的国际先进水平。

项目建设及运行过程中，业主对工程环保工作从设计到实施均给予了高度重视。在工程建设的同时组建了环境管理机构，创造性地、成功地实施了环境保护项目的“四制管理”，即业主责任制（项目法人责任制）、工程招投标制、工程监理制和合同管理制，并且在全国同类工程中率先开展了环境监理工作，对各环保项目实行全过程的咨询、监控、评估，各环保项目实现了“事前指导、过程监督、竣工验收”。

工程建设与运行期间，及时、有效地实施了施工期“三废”处理、库岸防护林营造、血吸虫疫区治理、下游预警系统设置、施工迹地绿化、库底卫生清理、文物古迹保护等减免措施和泥沙、水文、雨量、水质、水温、气象、地震和滑坡监测、陆生生物、水生生物等监测、调查工作。工程各项环境保护措施在服役期间运行正常，实施效果达到设计要求，符合国家有关法律法规规定；各项环境监测及调查成果数据翔实、成果可靠，为水电站乃至雅砻江流域的环境保护工作提供了丰富的资料。

工程建设期间，国家环境保护总局、原国家电力公司环保司、水利部水土保持司及省、市各级环保部门多次对工程环境保护工作组织检查，并给予较高评价；世界银行环保官员每年进行一到两次环保措施执行情况检查，对水电站环保工作作出了肯定评价，认为达到国际先进水平，堪称水电站工程环境保护工作的典范。

（二滩水电开发有限责任公司　王红梅）

河流生态系统服务功能及水坝对其影响

一、河流生态系统服务功能分析

河流生态系统是指在河流内生物群落和河流环境相互作用的统一体；由陆地河岸生态系统、水生生态系统、湿地及沼泽生态系统等在内的一系列子系统组合而成的复合系统。目前，还没有全面、系统、科学的生态系统服务功能分类理论。根据河流生态系统提供服务的类型和效用，河流生态系统服务功能可划分为河流生态系统产品和河流生态系统服务两方面。

二、河流生态系统服务功能的内容

1. 河流生态系统产品　河流生态系统产品是指由河流生态系统产生的，通过提供直接产品或服务，维持人的生产、生活活动的功能。主要包括：供水、水产品生产、内陆航运、水力发电、娱乐休闲、美学文化。

2. 河流生态系统服务　河流生态系统服务是指河流生态系统维持的人类赖以生存的自然环境条件和生态过程的功能。主要包括：调蓄洪水、河流输送、蓄积水分、土壤保持、净化环境、固定CO_2、养分循环、提供生境、维持生物多样性。

三、水坝对河流生态系统的可能影响

在河流筑坝蓄水后，河流将产生一系列复杂的连锁反应，改变河流的物理、生物和化学因素。水坝对河流生态系统的影响主要体现在非生物要素和生物要素两个方面，影响程度可以划分为3个等

级。筑坝最先引起流域中非生物要素的变化（流域水文、水质和泥沙等），进而引起流域生态系统中初级生物要素（初级生物和浮游生物等）和流域地形地貌的变化（河道变形和三角洲萎缩等）；第一、二级共同综合作用，引起第三级较高级（无脊椎动物和鱼等）和高级（哺乳动物和鸟类等）生物要素的变化。

四、水坝对河流生态系统服务功能的影响

（一）水文变化

河流生态系统水文变化包括河流流量、水位的变化和河流附近地下水位的变化。在河流上筑坝蓄水后，给河流强加了一种人工的流量变化模式，改变了河流原有的自然季节流量模式，消除了水文出现的极端变化，对河流径流和地下水补给产生显著的影响，引起河流生态系统服务功能的变化。

1. 对河流生态系统产品的影响　在河流上修建水坝，会引起供水、水力发电等河流生态系统产品的变化。①供水：在河流上筑坝后，提高了河流生态系统的供水能力，扩大了灌溉面积，弥补了水资源区域分布不均衡（调水）和河流流量季节性变化的缺点，保持了河流供水的稳定性。②水力发电：拦蓄河水发电是水坝的主要功能之一，所以水坝的修建增强了河流生态系统的发电能力。

2. 对河流生态系统服务的影响　在河流上修建水坝，会引起调蓄洪水、蓄积水分等河流生态系统服务的变化。①调蓄洪水：防洪是水坝的主要功能之一。修筑水坝提高了河流生态系统调蓄洪水的能力。②蓄积水分：流域内的地表水与地下水有着密切的水力联系，河流水文条件的改变也会影响到地下水的水位。坝址上游水库蓄水使其周围地下水水位抬高。上游山区拦河筑坝，大大减少了下游地下水的补给来源，致使地下水位下降。

（二）水质变化

河流因建坝而经历的化学、物理和生物变化会极大地改变原有的水质状况。

1. 对河流生态系统产品的影响　在河流上修建水坝，会引起供水、水产品生产、休闲娱乐、文化美学等河流生态系统产品的变化。①供水：水坝后面库区内的水流速慢，滞留时间长，降低了水的自身净化能力；再加上由于水库淹没生物腐烂引起水的酸性增加、库面蒸发引起水的盐度增加、水温分层、富营养化等，破坏了水质，降低了河流生态系统提供优质淡水的能力。②水产品：水质变差，影响了生物的生长繁殖，降低了水产品的提供能力。③休闲娱乐、文化美学：水质变差，降低了这方面的功能。

2. 对河流生态系统服务的影响　在河流上修建水坝，会引起环境、生境、生物多样性等河流生态系统服务的变化。①环境：水质变差，将散发出难闻的气味，影响了空气净化；同时也会影响水体自身的纳污净化能力。②生境、生物多样性：水质变差，影响了水生生物的生活环境，如水库深孔下泄的水温比河水温度低，这会影响下游鱼类的生长和繁殖；一些深水水库，水体温度较低，放水过程会造成一些土著鱼类等水生生物难以适应，这会破坏水生生物物种间的平衡，降低了生物多样性。

（三）泥沙、河道、河床、河口等变化

1. 对河流生态系统产品的影响　①内陆航运：修建水坝，抬高了河流水位，扩宽了流域面积，增强了河流的航运能力。②休闲娱乐、文化美学：在河流上修建水坝、形成库区，将对河流生态系统的自然环境产生破坏，影响了休闲娱乐和文化美学；但是，大坝的雄伟气魄，再加上广阔的水域面积，又给人们带来了新的休闲娱乐方式和新的美感，同时也将逐渐形成新的文化。

2. 对河流生态系统服务的影响　①泥沙输送：江河流经地区的土壤和岩石被侵蚀，正常的河流是把上游的泥沙搬运到中下游及河口，使河道、河床、河口、三角洲保持一种动态的平衡。但是，修建水坝的河流，水坝则留存了大量的沉积物，河流所携带的沉积物大量减少，导致三角洲、冲积平原和海岸线不断退缩，使滨海地区受到了严重侵蚀，这种影响将从河口沿海岸线延伸到很远的地方；同时，水坝拦蓄了大量的营养物质，减少了向水坝下游和河口输送的营养物质。②蓄积水分、土壤持留：筑坝建库储存大量的淡水资源，提高了河流生态系统蓄积水分的能力，同时也把大量的泥沙拦截在水库里（失去了造地功能）；但是，修建大坝水库失去了大量的沼泽、湿地、洪泛区（水库淹没、大坝下游沼泽、湿地等干涸），这又降低了河流生态系统蓄积水分、土壤持留（具有造地功能）的功能。③净化环境：库区广阔的水域面积增加水的蒸发量，增加了空气湿度，这将有利于净化局部空气环境；但是，由于水坝分割了河道，减缓了水的流速，这又降低了水的自身净化能力。④提供生境：修建水坝使水生生物的生境发生了显著的变化：水坝上游形成的库区扩大了原来河道的宽度、广度和深度，减缓了水的流速；水坝下游河道变深、变窄，使原来沙洲、河滩和多重河道交织在一起的蜿蜒河流变成了相对笔直的单一河道的河流；水坝拦截了大量的卵石、泥沙等，使水坝下游的河床发生了变化；水坝分割了河道，阻隔或隔断了水坝上、中、下游及水库两岸之间的自由联系；大量湿地、沼泽、洪泛区丧失等。修建水坝引起的这些变化使河流生态系统为水生生物提供的生境趋向简单化。⑤维持生物多样性：

水坝阻隔了回游类生物，分割了水生生物群落的自由联系，使一些物种灭绝；同时，生境的变化也使生物多样性降低了。

（四）生物要素变化

1. 对河流生态系统产品的影响　水库富营养化将滋生一些劣质藻类等水生植物，影响饲料提供；河床、河道、河口等的变化，河流中下游湿地、沼泽、洪泛区等的萎缩，再加上水坝的分隔作用，将影响鱼类、两栖动物、软体动物、昆虫、水禽及其他滨河生命形式的栖息、产卵、繁殖、生长，这降低了水产产品的提供；但是，修筑水坝形成水库，扩大了水域面积，为发展水产养殖业提供了广阔的空间，同时也促进了水鸟等野生物种的生存和发展，这增加了水产品的提供。

2. 对河流生态系统服务的影响　①固定 CO_2：水文、水质、泥沙、河道、河床等的变化，破坏了河流生态系统中绿色植物和藻类等的生长，进而影响了对 CO_2 的固定。②养分循环：由水坝引起的河流生态系统生物与非生物环境的变化，影响了生物与非生物的元素交换，进而对养分循环产生影响。

（河海大学　肖建红　施国庆　毛春梅　邢贞相）

水库库周区土地的极限承载力

在移民安置规划决策中，水库库周区土地承载人口能力，即土地资源能供养人口数量，以及提高承载力的可能性与具体途径等是必须考虑的重要问题。土地极限人口承载力作为移民安置的限制因素之一，不仅关系到移民规划的制定，更关系到当地社会稳定、经济发展、生态环境保护等诸多方面。

一般计算公式为：土地人口承载力＝土地资源的生产潜力/人均食物消费水平。

由于水库工程绝大多数都建在相对偏僻的山区，而水库淹没的通常是河道两岸大量农民长期耕种、具有较好水利条件、经济效益较高、相对肥沃的土地，所以淹没之后的库周区剩余土地数量少、相对瘦薄、质量较差、效益较低，应基于保证移民的生活水平能动态（考虑社会经济正常发展）恢复到搬迁前同等水平和摆脱贫困这两个前提条件，来计算水库库周区的土地极限人口承载力。

（一）水库库周区土地极限人口承载力预测工作程序

在对水库库周区进行实地调查的基础上，处理分析调查资料，并建立模型，进行优化设计，计算土地极限人口承载力，即：①土地资源现状分析；②生产项目投入产出分析；③库区人口预测；④收入恢复目标值预测；⑤土地资源生产效益潜力计算模型；⑥土地极限人口承载力计算。

（二）应用案例

五强溪水电站位于湖南省沅陵县境内的沅水干流，是湖南省目前最大的电源点，也是我国“七五”计划的重点工程之一。五强溪库区淹没影响的沅陵、泸溪和辰溪 3 县 23 个乡以及沅陵、泸溪 2 个县城。水库淹没耕地 2940hm^2，淹没影响人口 96639 人（1994 年底），其中沅陵县淹没耕地占总淹没数的 96.79%。需进行生产安置 53311 人，占需安置人口数的 92.79%。淹没影响沅陵的 20 个乡镇 130 个村，其中以粮食生产为主的有 124 个村，以商品蔬菜为主的有 4 个村，另有 2 个村淹没影响轻微。沅陵县移民人口 75172 人（2002 年底），为主要库区县。为了制定水库移民安置 2 次搬迁和后期扶持规划，需进行沅陵县五强溪库周区土地极限人口承载力研究。

1. 库周区土地资源现状分析　对沅陵县 20 个乡镇中 130 个村的 623 个组进行社会经济调查，基本摸清了库区社会经济、自然资源现状、移民意愿、乡村组规划设想等内容。资源现状调查结果为：水田 2159.4hm^2，旱地 614.0 hm^2，荒地 4567.8 hm^2，果园 717.8 hm^2，茶园 107.4 hm^2，林地 1316.3 hm^2，水面 3411.8 hm^2。可见，沅陵县库区可利用荒地资源、林地资源和养殖水面资源相对丰富，具有较大的生产开发潜力。但部分村人均可持续开发利用资源占有量较少，分布不均，只能通过异地开发方式解决。

2. 生产项目投入产出分析　根据沅陵县传统的生产方式和库区 1986 年以来的统计年鉴，结合县农业局的调查结果，依据库区的实际情况确定产品和生产要素投入的价格，预测种植业、林果业、畜牧业、水产养殖业和工副业各品种的单产。

3. 沅陵县库区人口预测　根据沅陵县库区 20 个乡镇 1992～2002 年的人口统计资料，用回归分析法得出 2011 年沅陵县移民村预测总人口为 80548 人。

4. 收入恢复目标值预测

（1）考虑动态恢复的收入目标。以沅陵县 26 个没有搬迁的乡镇基准年 1986 年人均纯收入确定基准年的频率曲线，将 130 个移民村的人均纯收入代入 3 次样条插值函数程序，求出其基准年的频率。根据长系列（1980～2002 年）参照系各乡镇人均纯收入值，对各乡镇进行回归分析，预测 2011 年参照系各乡镇的人均纯收入值，即图 1 中 2011 年预测值。再由预测所得参照系各乡镇的人均纯收入值确定中长期的频率曲线，如图 1 所示，按照相对位置保持不变的原则，将各移民村的频率代入 3 次样条插值函数程序，预测 130 个移民村收入的中长期目标值。

（2）考虑脱贫的收入目标。上述方法计算出

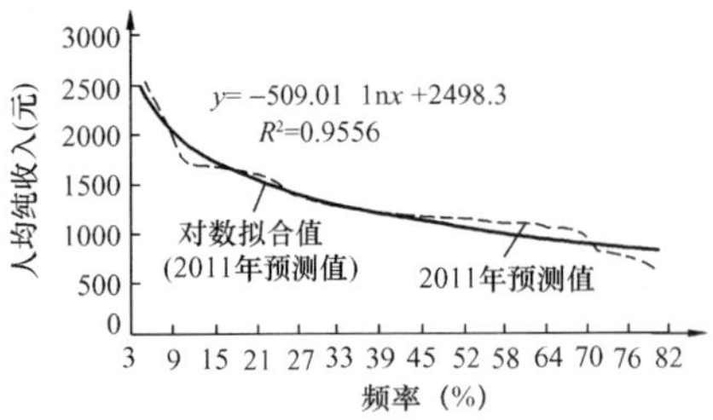

图1 2011年非库区乡频率曲线

的移民村后期扶持规划收入目标值是考虑了横向比较后的动态恢复目标。如果进一步考虑脱贫目标，预测后期扶持规划水平年2011年的贫困线，则移民收入的目标值不应低于规划水平年当年的贫困线。根据1982～2002年国家贫困线历史资料，采用二次多项式曲线拟合，并趋势外推，预测结果2011年贫困线为1428元，取整数确定为1400元。

(3) 综合考虑动态恢复与脱贫收入目标值的确定。考虑动态恢复的收入目标值如果低于贫困线，则脱贫的目标没有实现，因此要综合考虑恢复和脱贫双重目标。采用频率法预测的2011年目标值，如果低于贫困线1400元，则目标提高至1400元，高于1400元，则目标值不变。

5. 库周区土地极限人口承载力估算　根据有关公式求出各村的新增效益，再用土地极限人口承载力估算求出130个移民村的土地极限人口承载量，逐级汇总到乡，结果见表1。

表1　2011年沅陵县土地极限人口承载计算结果

乡　名	承载人口（人）	预测人口（人）
白田乡	4414	5510
北溶乡	10884	7294
陈家滩乡	16974	6758
丑溪口乡	1844	5204
高坪乡	4042	2850
苦藤铺乡	9764	5519
落鹤坪乡	2063	309
落坪乡	1419	438
楠木铺乡	154	170
七甲坪乡	200	124
棋坪乡	1872	2412
清浪乡	12047	4141
沙金滩乡	350	505
深溪口乡	5063	4025
舒溪口乡	18275	9072
太常乡	6872	6746
乌宿乡	18324	6831
肖家桥乡	15901	6126
沅陵镇	342	5819
郑家乡	1539	695

由表1（乡镇级）可见，沅陵县库区2011水平年总人口承载量为132343人，预测人口为80548人，说明库区乡镇土地人口承载总量完全能满足人口发展的需要，但是分布不均。在20个库区乡镇130个库区村中，有6个乡44个村的人口承载量低于预测的人口数，处于超载状态；有44个村17279人（2002年水平）需要异地搬迁安置，这些村主要集中在白田乡、北溶乡、丑溪口乡、太常乡、乌宿乡和沅陵镇，占需外迁总人数的88.8%。

根据实例计算的结果，由五强溪水库引起的沅陵县的移民问题可以在该县完全解决，但必须跨乡、跨村进行，实际操作有待于进一步规划安置。

（三）结语

从发展的观点看，一般水库库区的水产、林果、畜牧业具有较大的发展潜力，应该改变移民的思想观念，促进农、林、牧、副、渔相结合的大农业生产，提高移民生活水平。

土地资源的极限人口承载力是有界的，如果不进行极限人口承载力分析而随意进行规划，在规划完成后，移民生产生活将存在风险。水库库周区的土地极限人口承载力是动态变化的，要提高承载力，应从提高土地的合理利用程度及改变生产方式、提高劳动生产率、进行外出劳务输出培训等方面着手。

通常水库库周区的耕地资源较少，依靠粮食产量来估计承载力得到的结果与现实情况差距较大，本文在计算过程中，只考虑了主要参数，对其他参数，如近年实物指标增长、物价上涨等对价格的影响考虑较少，但是在土地生产潜力的计算过程中留有一定余度。

（河海大学　陈晓楠　施国庆　赵言文　余文学）

浙江小水电开发的生态环境补偿制度研究

（一）问题的提出

水电开发中引起的问题很多，除水能资源开发权问题和外部性补偿问题外，还有生态环境用水问题。而第三个问题更难解决，是一个世界性的问题，技术上很难有满意的答案。因此，根据经济学中的产权理论和契约理论，提出水电资源开发中的生态环境补偿制度。

（二）水电资源开发与生态环境的关系

在所有的水工程中，水电工程的实施结果不是水而是另外一个产业——电力，而其他水利工程实施结果都是水，从少水到多水、从清水到污水、从污水到清水、从多水到少水。目前我国水工程中，水电是唯一的一项私人许可投资的领域；而其他都是政府行为，从防洪、灌溉、供水、抗旱、水土保持等所有工程都属于政府投资领域，私人很少涉足，就是允许私人涉足的少许供水企业，也实行政府强管制状况。

水资源是生态环境的一个基本的要素，改变水资源的原始状态，就会改变生态环境的现状，因此水电资源开发同样会改变生态环境现状（其他水利工程亦如此）。水电企业为追求利益最大化，不是增加水头就是增加水量。这就出现加大坝高、加长引水路程、跨流域引水。对于投资主体为私人企业更是如此。由此加剧生态环境的改变，出现局部水环境的恶化。

水电资源的开发对于大气环境来说是开发清洁能源，而对于水环境来说会带来局部影响。

（三）水电资源开发生态补偿研究现状

水的生态环境问题国外研究较多，国外对生态需水的研究，主要集中在河流生态系统，从最初的满足河流某些特定功能，如航行发展到结合水生生物的目标保护，到维持河流生态系统完整性的流量需求研究。国内专家提出最小生态需水量和适宜生态需水量，这两把尺子是从河流、环境、生态的角度提出的。流域水资源配置方向是经济用水和生态用水，前者带来国民经济服务价值，后者得到生态服务价值。但对生态流量标准，实际执行中存在问题，因为是一个技术性标准，刚性太强，正常降水年份太小，干旱年份又无法达到，一个标准难以解决实际问题。这里的难点关键在于水资源时空分布不均。在自然科学目前无法解决情况下，任何一个生态环境问题到最后体现在人与人之间的关系问题——即人的权利界定和补偿的问题。为此，首先要确定水权，然后按水权交易处理。

（四）水权和有限水权

1. 关于水权理论问题　水权即是水资源的产权，水权转让应包括水能水权、水量水权、水质水权、水体水权……。我国水法规定水资源所有权属于国家所有。国家水资源所有权体现规划改变权，而使用权在于社区公众或企业。国家有权把水资源从一个利益主体中重新配置到另一个利益主体中，利益主体有义务服从国家规划改变的命令，但从经济上可以得到合理的补偿。水电资源开发属于水资源开发的一部分，其质量的优劣不仅与水资源量多寡有关，而且还与另一要素“水头落差”有关。目前我国水权交易多是农业灌溉用水转让给工业城市生活用水，工业企业或城市政府出钱给灌区搞节水灌溉工程，这种交易主要是水资源量的交易，有别于水电资源的水权交易。

2. 关于初始水权转让——水能水权转让　由于水能包括水量和水头两个要素，因此初始水能水权转让包括水量和水头两个要素的同时转让。前期水能水权转让仅仅是水能资源使用权转让，从国家所有者到个人使用者，转让的方式一般是有偿转让，包括协议转让、招标和公开拍卖。

3. 关于后期水权转让——水量水权转让　由于以下三个因素导致水资源产权的后期转让问题：①水资源的经济价值在各种用途中不一样，人的生命用水高于一切，因此出现了行政指令式的调度；②降水量的丰枯不同，水资源的使用价值会有较大的差别，人类总希望把水资源配置到最高价值的用途上去，因而水电站运行期的水权问题特别复杂，不能单靠技术解决，但可以通过制度解决；③政府提供的公共产品，其质量、数量在经济发展过程中会受社会需求影响，政府必须适应社会需求的变化而变化。后期水权转让具有强制性，因此，可以把前期转让的水能水权和水量水权称为“有限水权”。

（五）“有限水权”的成因及经济学解决的方法

1. 有限水权的成因

（1）降雨不确定性。由于水资源年内年际变化的复杂性和对特定时点的不可预计性，将给流域内人们的生产和生活带来风险，这是客观方面。而从主观上来说，水资源水环境的质量对人的效用值随着时间的不同而不同的。因此，无论是从客观上还是主观上来说，在一个水电站开发建设期，要将今后50年运行中的水资源开发权一次性买断是不现实的。对50年水电站运行期间的水资源再配置问题最好运用契约原理解决。

（2）信息不对称性。在水能资源有偿转让时，水资源使用权已转让给私人，但由于下列原因，业主必须同意按公共利益再次配置水资源。①水资源的所有权是国家的，这个所有权的体现恰恰只有在水资源配置与再配置时才能体现，其他时间水资源产权所体现的都是使用权。②水资源再配置所增加的社会福利要大于原来的状况，一切资源配置的目的是使资源社会福利最大化。关键是在再配置中交换双方要谈判到最有效率点，而契约曲线认为最有效率点的轨迹是一条曲线，该曲线上每一点都满足交换的帕累托最优条件，也称为合同曲线。③业主是私人业主，而另一方公共利益方由谁来代表进行谈判，这又是一个效率问题。我国目前村级社区组织议事制度不健全，水资源又具有跨行政村的特点，要找到一个全权代表河流各利益相关者的利益上代表十分不容易。

2. 经济学的解决方法

（1）经济学的补偿原则的实质是：如果一些社会成员经济状况的改造不会同时造成其他成员经济状况的恶化，或者一些社会成员状况的改善补偿了其他社会成员状况的恶化，社会福利就会增加。通过引水进行水能资源开发，确实对下游河道的年径流产生了人为的变化，这种变化对水坝与水电站之间的人们和水电站尾水以下的人们带来两种截然不同的福利影响，根据补偿原则，应该给予经济或其他方面的补偿，使其经济状况不致恶化。水电资源开发三大补偿机制中，对资源采取的是市场挂牌、协议转让、拍卖等方式，对移民的补偿采用的是讨价还价办法，而对环境补偿不能采用前面两种办法，要用非市场评价法。

（2）契约理论实际上就是风险配置理论。利益主体对风险预期有困难，可以通过契约形式将它固定下来，目的主要是降低风险，提高不可预期因素发生时的承受能力。将水电开发中水资源对环境生态和对人的舒适度的未来影响放在一个契约内，以一定的权利和义务条款锁定风险。契约虽然没有规定具体的情况，但其目标是很清楚的，即政府保证社会公平运行。

（3）契约补偿制度的作用——降低交易费用。在生态环境流量问题中，外部环境是充满不确定性的，所以要选择相对应的契约来规定未来的权力。建立风险规避和分担机制，有利于投资体制改革，由单纯国家集体投资或单纯民间投资转向国民合营投资的制度演变，即水电站的私人物品部分由私人投资，公共物品部分由国家投资。同时约束政府部门项目审批行为和防汛调度部门工作的随意性，有利于小水电可持续发展。

（六）水电开发中“有限水权”的几种形式（略）

（七）生态的“有限水权”补偿制度框架设计

水权转让中补偿方式应根据水权转让后水资源产品的经济所有权属性再确定补偿性质。如转让的水资源属于公共产品或准公品物品，则应该由政府进行出资补偿给水电站业主，如果转让后水资源经济所有权属性属于私人物品，则应该由受让企业出资补偿。①电力短缺期水权转让的经济补偿应由电网公司出资对水电站业主补偿；②干旱期由于缺水转让水权给供水公司的，水电站水库由发电水库转变为供水水库的库容部分水权应由受让水权的自来水公司出资进行补偿；③用于生态、环境水量或农民非正式供水企业的供水的库容水权应由政府补偿，它属于公共物品属性；④主汛期，根据水文气象预报、政府主管部门的通知，水电站水库提前下泄水量，意味着水库满足防洪库容防洪拦截洪水，这种防洪泄流留出库容应由政府引起的水权补偿，这里仅讨论后两者引起的“有限水权”的补偿。

1. 建立水权的有效分配制度　小水电站建成后，山区河道中的流量还是可以控制的，并不是说脱水段将永远成为脱水段。通过工程措施控制和生态自我修复两者结合的办法，使山区河道特定枯水期流量向好的方向转变，改进自然水流状态。这里要研究两个问题：一是生态流量标准；二是遇到特枯年份时，投资者拥有的水库中的水应该转让给下游。这两个问题表现为生态水权的界定和水能水权的转让。由于生态环境的利益代表者十分模糊，要解决生态水权的界定问题，只有通过政府强制确定生态流量和保证实施生态流量的工程措施、规章制度。这里讲的水库中的水是指投资者已经取得水能水权的水量，这种水量水权的转让是由水能水权转换来的，因此属于私人产权，私人产权交易可以通过协商性合同解决。

强制性生态流量＋协商性补偿流量＝生态环境改善

2. 建立流域水资源统一配置制度　国家对水电站水库在洪水期调度权已较明确，水库水位控制必须服从水利或防汛部门调度。而对于水电资源实行有偿转让的水电站水库，由于水资源使用产权已定为私人产权，应实行差别对待，但有一条应该是坚持的，在人类生命权遭受威胁时，私人利益应该服从公共利益，即水资源产权无论是公有权还是私人产权，都应该接受国家的调度，这种调度制度应在水权初次转让时即水电资源公开拍卖或协议转让时得到承诺并以契约形式固定下来。这种情况包括洪水期和干旱枯水期，上面仅仅谈到国家对洪水期的调度权，而对于生态环境用水来说，干旱枯水期国家对水库的调度权显得更加重要，只有这样才能改善生态环境用水。

3. 研究确定生态流量　生态流量是一个范围值，包括最大生态流量 Q_{max} 和最小生态流量 Q_{min}。由于水电站建设一般能使洪水的负面影响降低，均匀来水过程，产生正的外部性，使水资源配置朝着有利于达到$Q_{min}-Q_{max}$区间的方向发展。而当河道来水偏少，处于枯水期时，水电站建设对下游河道加剧了这种水资源的稀缺程度，使河道中的流量朝着小于Q_{min}方向而且远离$Q_{min}-Q_{max}$区间的方向移动，使河道存在生态危机，因此水电站的下游河流应该确定最小生态流量Q_{min}。由于生态流量包含了环境流量，在我国目前阶段由于经济发展水平的制约，生态流量主要侧重于环境流量。

4. 建立企业与生态利益代表之间的契约　由于上面已经确立了具体河道的具体生态流量，在这一阶段要决定水库的未来运行方式，即具体框定在将来特定条件下的特定放水模式。如江南一带春季多雨水，这一季节无需放生态流量，而夏季应该多放一些生态流量，总体上水量保持一个定值。契约中的企业是水电站，而生态利益代表应该是河道管理部门或下游村民的利益总代表。

5. 建立补偿基金　由于生态环境用水具有公益性质，要对水库进行补偿，需要社会筹资，有效的办法是建立补偿基金，资金来源包括：

(1) 可再生能源补偿传递到生态补偿。经济学理论认为，可再生能源的数量应达到这样的水平，即边际项目的成本刚好等于可避免的损害成本。用另外一种表达方式来说，可再生能源和化石燃料应在社会成本的基础之上进行比较，煤电的社会成本是生产成本加上它的环境损害成本（特别是环境水造成的污染）。可再生能源电力的社会成本包括了生产成本、外部性（例如，风场对候鸟造成的影响，或小水电项目对下游鱼的生命生产的影响）和任何的容量抵扣——这是因为有些电力（风电和径流式水电）没有可调度性（这就意味着，电网也许需要建设额外的备用容量，在可再生能源资源不足时，满足峰荷需求）。因此，在可再生能源经济最优量应是，社会成本低于煤电社会成本的那些可再生能源之和。总的来说，可再生能源的环境损害成本远远低于化石能源的环境损害成本。将这些成本货币化的研究认为，可再生能源的环境损害成本要比煤电成本大约低两个数量级。

(2) 抗洪抗旱经费。水电资源开发中，为了改进环境生态而出现的“有限水权”转让问题一般都发生在洪水期和干旱期，实际上这种“有限水权”的转让不仅解决生态用水问题，从传统意义上看，更主要的是解决了防洪和抗旱的问题，使洪涝旱灾的损失降低到最低的程度。因此政府应该拿出一部分抗旱、防洪经费用于补偿水库所承担的这种私人生产“公共产品”的支出和损失。

(3) 其他经费。

（八）结束语

由于水资源涉及到人类生命的安全，任何人都不能离开水而生存；同时由于时空分布不均，各种利益机制作用下，将导致水资源配置过程的长期性、随机性，因此水权转让不可能是一次性完成的，即使转让成功的水权也仅仅是“有限水权”，因此，“相机抉择”理论引入“契约补偿机制”是比较科学的。

（浙江省水电开发管理中心　叶　舟）

移　民　工　程

新移民条例对移民安置工作的新要求

（一）新移民条例的基本特点

修订后的《大中型水利水电工程建设征地补偿和移民安置条例》（以下简称《新条例》），已于2006年9月1日起正式实施。《新条例》在老条例的基础上作了全面的修订，内容更加全面，规定更为具体，考虑更为周全，充分体现了坚持以人为本、保护移民合法权益、维护社会稳定、落实科学发展观的指导思想。

《新条例》由老条例的5章27条增加到8章63条，新增了“移民安置规划”、“后期扶持”、“监督管理”等几个重要章节。就新老条例总体而言，其共同点主要体现在4个方面：一是坚持开发性移民的方针不改变，仍然采取前期补偿与后期扶持相结合的办法，使移民的生活达到或超过原有水平；二是“分级负责、县为基础”的基本管理体制不变，县级人民政府是移民工作的组织者和实施者，担负着工作主体、责任主体和实施主体的责任；三是“以农为主”的安置模式不改变，对农村移民仍然坚持农业生产安置为主，保证移民拥有与安置区居民基本相当的土地等农业生产资料，土地补偿费和安置补助费主要用于解决移民的生产资料和生活安排；四是“三原”（原规模、原标准、恢复原功能）的原则不改变，即对集镇及专业项目的复建，强调以现状为基础，按照“原规模、原标准、恢复原功能”的原则进行复建。

《新条例》增加的内容，主要体现在7个方面：一是明确了移民工作管理体制；二是强化了移民安置规划；三是提高和统一了征地补偿标准；四是扩大了补偿范围；五是规范了移民安置程序；六是加大了移民后期扶持力度；七是加强了移民工作的监督管理。

《新条例》的实质可以用三句话来表述，就是“提高征地补偿标准、适当扩大补偿范围、加大后期扶持力度”。《新条例》解决了多年来水库移民工作存在的移民补偿标准偏低、扶持力度不够、补偿标准和扶持方式不统一的问题，对改善移民生产生活条件、维护库区社会稳定、保障新时期水利水电事业健康发展，具有十分重要的意义。

（二）《新条例》对移民工作的新要求

《新条例》对移民工作提出了许多新的要求，对移民安置实施前、实施中、实施后的关键环节都作了政策性监控，力争将当前移民工作中存在的突出问题解决在相应的阶段和消化在具体的工作中，并用法规的形式加以明确，强化其法律地位和严肃性，确保移民遗留问题减少到最低程度。这些新要求主要体现在下述6个方面。

1. 对移民安置规划设计提出了更高要求，切实加大了移民前期工作深度　《新条例》将“移民安置规划”专门列为第二章、共14条，体现了移民前期工作的重要性和国家对移民前期工作的高度重视，并用法规的形式规定了移民安置规划制度。其具体内容为：

（1）增加了编制移民安置规划大纲这一环节，即《新条例》规定了移民安置规划大纲编制的内容和审批程序。值得注意的是，这里所说的移民安置规划大纲是一项新的工作要求，不是过去的移民安置规划工作大纲，而是编制移民安置规划的依据，而且是要在实物指标调查完毕后根据实物调查结果和资源环境承载能力来编制。移民安置规划大纲必须经省级人民政府批准。

（2）用法律的形式规定了移民的参与权和监督权。《新条例》规定：①编制移民安置规划大纲和移民安置规划，都应当广泛听取移民和移民安置区居民的意见，必要时应当采取听证的方式；②实物指标调查时移民必须参与，调查结果必须现场公示，确保全面准确并须经移民签字认可；③县级人民政府应当以村为单位将水库淹没的土地数量、土地种类和实物调查结果、补偿范围、补偿标准和金额及安置方案等向群众公布，若群众提出异议的，县级人民政府应当及时核查，并对统计结果不准确的事项进行改正。

（3）要求妥善处理好淹没线上的影响问题。《新条例》规定，对淹没线以上因水库蓄水造成的居民生产、生活困难问题，其受影响范围也应当纳入移民安置规划，按照经济合理的原则妥善处理。特别是对移民外迁后淹没线上剩余的零星树木、林木、耕地、园地等，不仅要调查清楚，更要提出切实可行的处理方案，确保移民的合法财产不受损失。

（4）规定了设计深度的要求。《新条例》规定，对农村居民点、城（集）镇、工矿企业及专项设施等基础设施的迁建或者复建选址，应当依法做好环境影响评价、水文地质与工程地质勘察、地质灾害防治和地质灾害危险性评估。显然，这是按初步设计的深度提出的要求，主要是为了避免因设计深度不够造成投资缺口而影响这些项目的建设，这是目前各个库区面临的突出问题。

2. 对移民安置的质量提出了更高要求，明确了安置方式和安置标准　《新条例》规定，移民可以结合自身实际选择集中安置、分散安置、跨县安置、跨省安置或自愿投亲靠友等不同的安置形式。农村移民的住房，应当由移民自主建造，有关地方人民政府或者村民委员会应当统一规划宅基地，但不得强行规定建房标准。农村移民生产安置坚持以农为主、以土为本，移民安置后应当使移民拥有与移民安置区居民基本相当的土地等农业生产资料。

3. 对移民资金管理提出了更高的要求，移民资金补偿兑现必须透明化　《新条例》规定，对移民个人财产（包括搬迁费以及移民个人房屋和附属建筑物、个人所有的零星树木、青苗、农副业设施等补偿费）要直接全额兑付给移民；对集体财产（包括土地补偿费、安置补助费和集体财产补偿费）也要直接全额兑付给村集体经济组织或者村民委员会，并结合安置方式通过村民会议讨论分配使用方案。

4. 对移民安置的监督管理提出了更高要求，移民安置必须实行全过程的监督评估　《新条例》对移民安置实行全过程监督评估的具体要求与措施为：

（1）有关地方政府和项目法人应当采取招标的方式，共同委托有监督评估能力的单位对移民搬迁进度、移民安置质量、移民资金的拨付和使用及移民生活水平的恢复情况进行全过程监督评估。

（2）国家对移民资金实行稽查制度，对有关人民政府及其部门的负责人依法实行任期经济责任审计。

（3）明确规定了应当追究法律责任的违法行为，加大了处罚力度，明确了处罚金额；尤其是对各级人民政府及其有关主管部门的工作人员，设定了严格的法律责任。

5. 对移民后期扶持的部门协调和资源整合提出了更高要求，努力形成合力机制　《新条例》特别提到，各级人民政府应当加强移民安置区的交通、能源、水利、环境保护、通信、文化、教育、卫生、广播电视等基础设施建设，扶持移民安置区发展。移民安置区地方人民政府应当将水库移民后期扶持纳入本级人民政府国民经济和社会发展规划。国家在安排基本农田和水利建设资金时，应当对移民安置区所在县优先予以扶持。国家在移民安置区和大中型水利水电工程受益地区兴办的生产建设项目，应当优先吸收符合条件的移民就业。

6. 对依法移民提出了更高要求，移民干部和移民都必须依法办事 《新条例》明确，国家切实维护移民的合法权益。移民认为其合法权益受到侵害的，可以依法向县级以上人民政府或者其移民管理机构反映，县级以上人民政府或者其移民管理机构应当对移民反映的问题进行核实并妥善解决，也可以依法向人民法院提起诉讼。移民安置后，移民与移民安置区当地居民享有同等的权利、承担同等的义务。按照移民安置规划必须搬迁的移民，无正当理由不得拖延搬迁或者拒迁，已经安置的移民不得返迁。违反条例规定拖延搬迁或者拒迁的，当地人民政府或者其移民管理机构可以申请人民法院强制执行；违反治安管理法律、法规的，依法给予治安管理处罚；构成犯罪的，依法追究有关责任人员的刑事责任。

（贵州省移民开发办公室 吴贵胜）

龙滩水电工程征地移民工作的管理

（一）基本情况

龙滩水电工程是西部大开发的标志性工程，是实施西电东送战略的骨干项目之一。龙滩水电工程坝址位于广西天峨县境内红水河干流，施工区占地面积1.34万亩，涉及2个乡镇、6个村、31个村民小组，共需搬迁移民420人，拆迁房屋总面积1.76万m^2，2000年国家审定的补偿投资为8357.19万元。水库正常蓄水位375m时，淹没涉及贵州、广西两省（区）的10个县（贵州的罗甸、望谟、册亨、贞丰、镇宁5个县和广西的天峨、南丹、乐业、田林、隆林5个县）；淹没土地面积56.53万亩，其中耕地面积为8.42万亩（贵州4.83万亩、广西3.59万亩），林地为21.87万亩（贵州6.6万亩、广西15.27万亩）；需搬迁移民7.82万人，其中贵州4.58万人占58.5%、广西3.24万人占41.5%；淹没12个乡集镇及公路等专业项目一批。依据1991年国务院第74号令公布实施的《大中型水利水电工程建设征地补偿和移民安置条例》，原国家经贸委2000年6月审定整个库区的水库移民补偿投资为46.16亿元（含税费5.47亿元），其中广西部分21.49亿元，贵州部分24.67亿元。2006年2月，国家发展和改革委员会根据国务院关于完善移民政策并妥善解决龙滩水电工程移民安置有关问题的指示精神和《国家发展改革委办公厅关于做好龙滩水电站建设征地移民安置补偿投资概算调整工作有关要求的通知》（发改办能源［2006］172号）的要求，对龙滩水电工程建设征地移民安置补偿投资概算进行了调整，调整后的静态投资概算为95.98亿元（含税费5.82亿元），其中广西部分为46.58亿元，贵州部分为49.40亿元。根据调整后的静态投资概算，龙滩公司于2006年4月28日，在北京由国家发展和改革委员会组织分别与贵州、广西两省（区）政府重新签订了《龙滩水电站贵州库区建设征地移民安置任务及补偿投资包干协议》和《龙滩水电站广西部分建设征地移民安置任务及补偿投资包干协议》。

（二）水库移民安置工作的原则

（1）龙滩水电工程征地补偿及移民搬迁安置工作遵循“政府负责、投资包干、业主参与、移民监理”管理体制，纳入地方政府移民工作的管理范畴，采取前期补偿、补助与后期生产扶持相结合的原则，使移民的生产生活水平达到或超过原有水平。

（2）贵州省人民政府和广西壮族自治区人民政府分别负责本行政区的移民搬迁安置工作，依据《龙滩水电站广西（贵州）库区移民安置实施管理办法》，按照国家审定的龙滩水电工程征地移民安置补偿总费用，由龙滩公司分别与贵州、广西两省（区）政府签订投资包干协议。包干投资中包括基本预备费，由两省（区）分别掌握商龙滩公司使用。

（3）龙滩水电工程征地补偿及移民安置工作，采取“施工区与库区实行统一政策、统一标准（国家审定的标准）、统一管理”的原则，并分别与两省（区）政府共同委托有资质的监理单位对移民工程实行综合监理。

（4）龙滩水电工程征地补偿及移民搬迁安置工作根据主体工程的建设进度按施工区和库区两部分进行规划，分施工区阶段、围堰截流阶段（290m水位以下）、下闸蓄水阶段（290～330m）、蓄水发电阶段（330～355m）、竣工验收阶段（355～375m）等五个阶段实施。

（三）制定《龙滩水电站移民安置实施管理办法》

依据国家有关政策规定，龙滩水电工程的征地移民工作应遵循“政府负责、投资包干、业主参与、移民监理”的管理体制。龙滩库区的移民工作主要由贵州和广西两省（区）政府负责，业主和其他有关单位配合。由于移民工作在实施过程中涉及面广，实施时间长，国家在移民安置实施管理方面又没有统一的管理办法，致使两省（区）在水库移民管理机构的设置、管理方式等方面均存在一定差异。这些差异使两省（区）政府在征地移民工作中需协调的问题增多，难度加大。为有效解决这一矛盾，争取在一个框架内妥善安置龙滩水电工程的移民，龙滩工程移民工作领导协调小组委托中国水电工程顾问集团公司会同两省（区）移民主管部门和龙滩公司，编写了《龙滩水电站移民安置实施管理办法》（以下简称《管理办法》）。此《管理办法》经原国家计委，经济贸易委员会，原国家电力公司，贵州、广西两省（区）政府、原计委、移民主管部门，龙滩公司，中南勘测设计研究院等单位共同审查，两省（区）政府颁布实施。该《管理办法》对移民安置工作的组织机构及职责、项目管理、资金管理、移民监理、移民安置验收、奖励与处罚等方面做出了具体规定，进一步明确了有关方面的工作责任，规范了龙滩库区移民项目的建设与管理，对加强两省（区）移民安置工作的领导与协调，确保龙滩库区移民安置工作的顺利进行发挥了重要作用。

（四）水库移民搬迁安置采取分区规划和分阶段实施

龙滩公司结合龙滩工程的实际，提出了按施工区和库区两部分进行移民安置实施规划，分施工区阶段、围堰截流阶段（290m水位以下）、下闸蓄水阶段（290～330m）、蓄水发电阶段（330～355m）、竣工验收阶段（355～375m）等五个阶段实施的意见。

在国内，大中型水利水电工程建设项目的前期工作一般较主体工程开工早，不少项目业主为了主体工程的开工抢时间、赶进度，自行承担施工区的移民搬迁安置工作，采取的是建设征地的办法，只负责搬迁，不负责安置，忽视了移民的生产开发与后期扶持，造成了施工区与库区的搬迁方式和补偿标准不一样，移民享受的待遇不一样等问题，使移民的后续生活没有保障，移民不稳定。

为了避免龙滩水电工程出现类似情况，1999年在工程前期准备阶段，龙滩公司即请求广西壮族自治区库区移民开发局介入龙滩施工区征地移民搬迁安置工作的管理，并共同委托中国水利水电建设工程咨询公司为施工区移民综合监理单位，提出了“库坝一致，迁安并重”的工作思路，即施工区与库区工作管理一致、补偿标准一致、移民待遇一致，搬迁安置并重。并按照国家审定的施工区移民安置实施规划，精心组织，严格管理，资金落实到位，在较短的时间内完成了施工区征地移民搬迁安置任务，并组织移民进行生产开发。截止目前，施工区的移民生活稳定，没有发生阻挠施工的现象。

实践证明，龙滩水电工程按施工区、库区进行移民安置实施规划设计，分施工区阶段、围堰截流阶段（290m水位以下）、下闸蓄水阶段（290～330m）、蓄水发电阶段（330～355m）、竣工验收阶段（355～375m）等五个阶段实施，界面清晰，目标明确，重点突出，并保持了移民工作的统一性和连续性，能有效地调动和集中人力物力做好当前的移民安置工作，实施效果比较好。

（五）实物指标补偿标准实行两省（区）、施工区与库区统一

龙滩水电工程建设涉及广西和贵州两省（区），补偿范围有施工区、广西库区和贵州库区，计算各类实物指标补偿单价的依据是国务院74号令、国家的有关政策和规程规范、贵州和广西两省（区）颁布的有关法规。由于两省（区）配套出台的地方政策、对土地补偿补助倍数、补偿单价的计算方法以及各地年产值的不同，计算出两省（区）的各类实物指标补偿单价必然会出现差异。若龙滩库区简单按两省（区）的政策规定计算的补偿单价进行补偿，势必造成两省（区）补偿标准不一致的局面。补偿标准低的移民会觉得政府的补偿不公平，激化与政府间的矛盾，导致移民不满，增加移民搬迁的难度。

为切实解决好龙滩库区移民补偿问题，贵州、广西两省（区）政府及有关各方，在充分考虑稳定库区移民生产、生活的基础上，达成一致意见：实物指标的补偿单价原则上按照两省（区）补偿标准平均办法计取。据此龙滩水电站移民安置补偿在可行性研究阶段即实现了“两省（区）统一标准，施工区与库区统一标准”的补偿方式。这一做法避免了由于两省（区）的政策规定不同所带来的补偿标准不一致的问题，对推动龙滩库区移民工作的顺利开展，确保移民稳定意义重大。

（六）制定移民资金管理政策，加强移民资金的使用及管理

国家审定的龙滩水电工程移民静态补偿总投资为46.16亿元，2006年2月，对龙滩水电工程征地移民补偿投资概算调整后，静态总投资为95.98亿元。对这样一大笔移民资金，如何加强其监管，并有效控制在国家批准的概算内合理使用，是两省（区）政府及移民主管部门及龙滩公司一项十分重要的工作任务。

两省（区）政府及移民主管部门在资金管理方面高度重视，总结过去有的工程由于监管工作不到位，发生侵占、挪用、贪污移民资金的现象。因此，在移民资金必须专款专用、规范移民资金的管理程序、实行移民资金和任务层层签订投资包干责任书等方面做了大量的工作，制定了相关的管理办法。

龙滩公司根据国家颁布的有关大中型水电工程水库移民的政策、法规及两省（区）有关方面的规定和移民安置实施管理办法，结合龙滩库区移民安置工作

的实际，按照中国大唐集团公司对资金管理的要求，编制了《龙滩水电工程水库淹没处理补偿投资使用及管理程序》，作为龙滩公司的内部管理办法。进一步加强了龙滩公司对水库淹没处理投资的拨付、使用及监督管理。

龙滩水电工程已累计完成移民补偿投资 48.36 亿元。由于两省（区）政府及参与移民工作的有关单位高度重视移民资金的管理，措施到位，到目前没有发生侵占、挪用移民资金的现象，保证了移民工作的顺利进行。

（七）制定《龙滩水电工程移民政策宣传提纲》，加强水库移民政策的宣传

为了使库区政府、相关部门、移民工作者及广大移民全面了解龙滩水电工程各项补偿政策、补偿标准和补偿方式，维护移民合法权益，保持库区社会稳定，稳步推进移民工作，龙滩公司与广西区库区移民开发局和贵州省移民开发办共同编写了《龙滩水电工程移民政策宣传提纲》；并印发给每户移民一份，每个移民干部一份，使各级干部和广大移民正确理解国家政策，真正做到识大体，顾大局，为了国家的全局和长远利益，积极配合政府做好搬迁安置工作，以实际行动积极支持国家重点工程建设起到了重要作用。

（八）实施移民综合监理制

龙滩水电工程移民搬迁安置实行综合监理制度，对移民搬迁安置实施的全过程进行综合监理，同时对各类移民工程的实施按国家有关规定实行建设监理。移民综合监理的主要任务是：依照国家审定的移民搬迁安置实施规划，对移民搬迁安置实施的总体进度、投资和综合质量进行监督与控制；做好移民搬迁安置的合同与信息管理；协调有关各方的关系。

由于移民搬迁安置工作实行政府负责，投资包干，并以县为基础负责移民搬迁安置的工作体制，因此各级政府既是移民搬迁安置工作的“业主”又是移民搬迁安置工作的实施单位，工程业主在移民搬迁安置过程中的主要职责是筹措移民资金，保证移民资金按计划足额到位，做好相关配合工作。鉴于这种特殊的工作关系决定了移民综合监理单位应由省级移民主管部门和工程业主共同委托。这种委托方式实质上已不同于工程监理只对工程业主负责的关系，更重要的是对省级人民政府及移民主管部门负责。目前，龙滩库区两家移民综合监理单位中国水利水电建设工程咨询公司和中国水电顾问集团贵阳勘测设计研究院在工作过程中，充分发挥综合监理的优势，独立公正地开展工作，切实履行移民综合监理的职责，促进了龙滩库区移民工作的开展。

（龙滩水电开发有限公司 蒋锦华）

小湾水电站建设征地和移民安置实施规划

小湾水电站为澜沧江中下游河段的第二个梯级电站，位于临沧市凤庆县小湾镇与大理州南涧县小湾东镇的界河上。水库正常蓄水位 1240m，澜沧江干流回水长度约 179.6km，支流黑惠江长度约 125.3km，水库淹没总面积 193.98km^2。水库总库容 149.14 亿 m^3，电站装机容量 420 万 kW（6×70 万 kW），年发电量 189.9 亿 kW·h。

小湾水电站建设征地和移民安置实施规划分三个阶段完成，枢纽工程建设区实施规划于 2003 年 4 月份完成，截流围堰区实施规划于 2004 年完成，水库淹没影响区实施规划于 2006 年完成。实施规划报告通过了水电水利规划设计总院审查，并由云南省人民政府审批。

建设征地和移民安置实施规划包括：实物指标分解细化、移民安置方案优化、农村移民安置规划设计、城镇搬迁建设规划、专业项目改（复）建规划设计、环境保护和水土保持规划设计、库底清理规划及后期扶持措施等项目。

（一）实物指标

小湾水电站建设征地涉及云南省大理州南涧、巍山、永平、漾濞和云龙县，临沧市凤庆县，保山市隆阳区、昌宁县，共计 8 个县（区），31 个乡（镇）117 个村民委员会，806 个村民组。建设征地总面积 211.102km^2，其中水库淹没影响区（含截流围堰区，下同）200.697km^2，枢纽工程建设区 10.205 km^2；水域面积 27.61km^2（均为水库淹没区）；耕地面积 69495.28 亩，其中水库淹没影响区 67500.42 亩，枢纽工程建设区 1994.86 亩；园地面积 1463.79 亩，其中水库淹没影响区 1448.2 亩，枢纽工程建设区 15.59 亩；林地面积 148907.18 亩，其中水库淹没影响区 137279.8 亩，枢纽工程建设区 11627.4 亩；草地面积 14820.11 亩，其中水库淹没影响区 13950.37 亩，枢纽工程建设区 869.74 亩；人口 11582 人（农业人口 10118 人，非农业人口 1464 人），其中水库淹没影响区 11235 人（农业人口 9800 人，非农业人口 1435 人），枢纽工程建设区 347 人（农业人口 318 人，非农业人口 29 人）；房屋 796301.9m^2，其中水库淹没影响区 772535.1m^2，枢纽工程建设区 23766.8m^2；三级公路 19.2km（均为水库淹没影响区），四级公路 131.65km（均为水库淹没影响区）；通信线路 112.6km（均为水库淹没影响区）；10kV 输电线路 96.6km（其中水库淹没影响区 93.5km、枢纽

工程建设区3.1km；文物古迹6处等均为水库淹没影响区）。

（二）农村移民安置规划

基准年农业生产安置人口40813人，其中枢纽工程建设区893人，水库淹没影响区39920人；搬迁人口35618人，其中枢纽工程建设区332人，水库淹没影响区35286人；散居在农村非农业移民806人，其中枢纽工程建设区29人，水库淹没影响区777人；计算至规划水平年农业生产安置人口43619人，其中枢纽工程建设区901人，水库淹没影响区42718人，农业搬迁人口38121人，其中枢纽工程建设区332人，水库淹没影响区37789人；农村非农业安置人口886人，其中枢纽工程建设区29人，水库淹没影响区857人。

就近恢复生产安置涉及24个乡（镇）90个村民委的8592人（基准年人口，下同），其中枢纽工程建设区893人，水库淹没影响区5761人；跨组安置534人（水库淹没影响区）；跨村安置点49个，安置6197人，跨乡安置点13个，安置13719人；跨县安置点4个，安置12368人。

农业移民安置规划土地面积131047.64亩（枢纽工程建设区2783.37亩，水库淹没影响区128264.42亩），其中生产开发用地126212.7亩（枢纽工程建设区2769.65亩，水库淹没影响区123443.05亩）；居民用地4834.94亩（枢纽工程建设区13.72亩，水库淹没影响区4821.22亩）。

配套设施有机耕路94.43km（生产开发），水库7座514.2万m^3，引水渠411km，引水管道505.36km，10kV输电线路长139.2km，变压器64台7675kVA。

搬迁完成年农村非农业移民安置人口872人（枢纽工程建设区29人，水库淹没影响区843人），在建设征地范围外重建安置70人，纳入专业项目规划94人，房屋补偿，人口各单位自行安置的240人，随农业移民搬迁的468人。

（三）集镇（街场）迁建规划

迁建非建制镇1个，街场5个，规划水平年集镇安置人口共计1296人，其中农业生产安置人口494人，非农业人口802人。集镇街场新址占地210.78亩，集镇外供水水库1座$5\times10^4m^3$，高位水池3个$225m^3$，镇外供水干管长11.88km；输电线路10.45km（其中10kV 7km，35kV 3.45km）镇内供水干管长596m，给水管室外长5618m，室内长1592m。排水沟长35451m。设变压器2台250kVA，配电箱12台，集镇内输电导线长18382m。

（四）专业项目迁建规划

复建三级公路17.51km，四级公路155.01km，大中型桥梁8座1530m，新建汽车轮渡码头1个、简易车轮渡1个，移民安置区和库周交通恢复需改建和新建机耕路89.16km。改建长途通信线路68.1km，中继线路29.8km；需修建变电站3座（2520kVA），10kV线路架设139.2km，安装变压器总容量7675kVA。

（五）投资概算

枢纽工程建设区按2003年一季度价格水平，水库淹没影响区按2006年二季度价格水平计算，小湾水电站建设征地和移民安置实施规划补偿投资概算为578379.27万元（枢纽工程建设区8141.57万元，水库淹没影响区570237.7万元），其中农村移民安置补偿费349214.22万元（枢纽工程建设区5316.91万元，水库淹没影响区343897.31万元），国有土地划拨费2788.48万元，集镇搬迁费4330.06万元，专业项目迁建费71812.04万元（枢纽工程建设区251.11万元，水库淹没影响区71560.93万元），库底清理费1812.22万元，独立费120944.26万元（枢纽工程建设区2249.74万元，水库淹没影响区118694.52万元，预备费27477.99万元（枢纽工程建设区323.81万元，水库淹没影响区27154.18万元）。上述投资概算中漭街渡大桥复建暂按轮渡码头方案投资计，云龙县功果桥至旧州四级公路与云龙至保山四级公路的改线工程按小湾水电站淹没复建项目投资计，不含宾川县水利建设补助投资。

（六）主要特点

（1）实物指标与可行性研究阶段审定实物指标相比，除个人财产增加5%外，其他指标基本没有发生变化。

（2）安置人口计算按搬迁完成时间和规划水平年分别进行计算。

（3）安置目标和安置标准根据水库淹没区和库岸失稳区实际情况，分县（区）进行复核。

（4）农业生产开发资金平衡分析以生产开发点进行平衡分析。

（中国水电顾问集团昆明勘测设计研究院 朱兆才）

金沙江中下游水能资源开发与农村移民安置问题

一、概况

金沙江中下游河段全长1331.9km，流经川、滇两省，天然落差1557.2m；规划兴建梯级水电站12座，装机总容量为59980MW，年发电量为2481亿kW·h。其中：中游河段自石鼓至雅砻江口，长563.5km，落差837.9m，规划按“1库8级”开发，即龙盘、两家人、梨园、阿海、金安桥、龙开口、鲁地拉和观音岩水电站，总装机容量 21980MW，年发电量 943 亿 kW·h；下游河段自雅砻江口至宜宾，长 768.4km，落差 719.3m，分 4 级开发，自上而下分别是乌东德、白鹤滩、溪洛渡和向家坝水电站，总装机容量 38000MW，年发电量 1538 亿 kW·h。开发情况见表 1。

表 1　金沙江中下游梯级水电站开发方案

河段	梯级序号	梯级名称	装机容量(MW)	主要投资方	项目阶段
中游	1	龙盘	4200	金沙江中游水电开发有限公司	预可行性研究
	2	两家人	4000	金沙江中游水电开发有限公司	预可行性研究
	3	梨园	2280	金沙江中游水电开发有限公司	可行性研究
	4	阿梅	2100	金沙江中游水电开发有限公司	可行性研究
	5	金安桥	2400	华睿投资集团有限公司	可行性研究
	6	龙开口	1800		可行性研究
	7	鲁地拉	2200	云南华电鲁地拉水电有限公司	可行性研究
	8	观音岩	3000	中国大唐观音岩水电开发有限公司	可行性研究
下游	9	乌东德	7400	中国长江三峡工程开发总公司	预可行性研究
	10	白鹤滩	12000	中国长江三峡工程开发总公司	可行性研究
	11	溪落渡	12610	中国长江三峡工程开发总公司	已开工
	12	向家坝	6000	中国长江三峡工程开发总公司	已开工

金沙江中下游 12 级水电站总库容 865 亿 m^3，调节库容为 449 亿 m^3，不仅可以提高川江上游段城市的防洪标准，对长江防洪发挥作用，而且可改善金沙江及其下游航运条件，为周围城镇提供充裕的工业和生活用水。

金沙江中下游计划开发的 12 个大型水电站总投资将近 6000 亿元，这对我国西南地区的社会发展将产生巨大的拉动作用，但大规模开发的同时也必然造成大量的工程移民。根据预可行性研究和可行性研究阶段测算，共涉及移民 50 万人，其中中游 8 级 20 万人，下游 4 级 30 万人，90%为农村移民。妥善安置农村移民，将成为水电工程建设的重要制约因素。

二、农村移民安置

（一）规划中的主要安置模式——大农业安置模式

在各项目移民安置规划编制中，对农村移民主要采取“以大农业安置为主，以土为本，采取后靠和适当外迁相结合”的大农业安置模式。

1. 大农业安置模式的积极意义　金沙江中下游规划中的水电工程地处云南、四川两省的深山峡谷中，交通不便；自古以来就是一个相对封闭的区域，社会生产为传统的农业生产方式，自给自足的特点明显。移民文化素质普遍较低，文盲、半文盲率高，谋生技能单一，承受风险能力低。在这种情况下，采取以土为本的大农业安置模式，保障了农村移民基本需求，有利于农村移民的生产和生活适应性。

2. 大农业安置模式的限制性因素　大农业安置模式的核心问题就是宜农耕地的获取。在云南、四川两省，农村移民大农业安置无论是后靠还是外迁都受到现实条件的限制。

（1）后靠安置土地资源开发宜耕性差、生态环境脆弱。移民后靠安置用地主要来源于待开发的后备土地资源，即荒山荒地。这些后备土地质量较差，大多存在诸如地形坡度偏大、土层薄、土质差、有机质和养分含量低、干旱缺水、位置偏僻等因素限制，产出率低，新垦荒地单产大多低于 1.50～2.25t/hm^2。因此，移民后靠开发荒坡地不仅投资成本高、产量低，影响移民群众的生活水平，对库区生态环境也必然带来新一轮的破坏。

（2）外迁安置耕地资源调整困难、质量不高。进行跨乡（镇）、跨县、跨地州市安置，要有异地提供相当数量和质量的耕地资源条件。目前云南、四川两省耕地资源状况并不乐观，云南省人均耕地面积大约为 0.06hm^2，四川省人均耕地面积仅为 0.05hm^2，均远低于我国人均耕地面积 0.1hm^2。两省耕地资源质量也比较低，云南省坡耕地面积占耕地总面积的 81.2%，坡度多为 8°～25°；四川省坡耕地占耕地总面积的 83.5%，坡耕地中大于 15°的陡坡耕地占 74.31%。

（二）可行的创新安置模式——入股分红移民安置模式

金沙江中下游水能资源开发投资模式主要采取股份制公司形式。以金沙江中游水电开发有限公司（参见表 1）为例，该公司是由中国华电集团公司、中国华能集团公司、中国大唐集团公司、华睿投资集团有限公司以及云南省开发投资有限公司按照 33%、23%、23%、11%、10%的股比组建，负责全资建设龙盘、两家人、梨园和阿海水电站，参股建设金安桥、龙开口、鲁地拉和观音岩水电站。中国三峡工程开发总公司也成立了金沙江开发有限公司筹建处负责下游 4 级电站开发，不久将引进其他性质资本注入正式成立金沙江开发股份有限公司。这些投资者包括了中央国有企业、省属国有企业和民营企业，分别代表了不同的利益群体。农村移民是水电项目开发的核心利益相关者，因项目开发征地而承受了巨大的贫困风险，但是他们却被排斥在效益分享之外。农村集体经济组织作为集体土地的所有者和土地使用权的发包者，应当允许以土地权益入股水电项目开发。农村集体经济组织以土地权益入股水电项目开发所获分红用于安置因土地占用造成的多余劳动力。

1. 实施方法

（1）投资主体。《国务院关于固定资产投资项目试行资本金制度的通知》（国发［1996］35号）规定：投资项目资本金可以用货币出资，也可以用实物、工业产权、非专利技术、土地使用权作价出资。根据该通知，可在保留集体土地所有权性质的前提下，农村集体经济组织将项目实际占用土地使用权，经过有资格的资产评估机构依照法律、法规评估作价后，入股水电项目开发有限公司。农村集体经济组织以土地的所有权人和土地使用权的发包者成为入股水电项目的投资主体。

（2）持股形式。集体经济组织以土地使用权入股应采用优先股形式，并通过附加条款设计为集多种权利于一身的优先股模式，其附加权利条款包括：参加条款（领取优先股股息后仍可参加公司的利润分配），表决权条款（在特定情况下参与公司事务表决），转换条款（能够转换成普通股股票），累积条款（未支付股息累积至有利润时支付）等。这些附加条款，不但保障了移民的固定收益，而且有可能使其得到超过优先股股息的收益（如参加条款）。采用优先股形式，避免了高风险，更具备了安置农村移民所需要的稳健性。

（3）收益分配。根据农村集体经济的实际，股份合作制是一个很好的选择，公司对外以经营土地资产获利为目的，对内按股份分红。首先是明确土地所有权归集体所有，在集体经济组织的股份合作制改造中，土地所有权折算为集体股，类似国有企业的法人股；其次是以现有户籍为标准确定股东资格，以家庭所承包土地数量确定持股数量，类似于流通股；此后本集体经济组织成员娶妻生子或有新户籍加入，则不再直接取得股权，而通过转让或继承等方式取得。集体经济组织以所淹没土地资源入股水电项目开发所取得的分红收益，在经济组织内部按照股份比例进行分配，集体股部分收益分配归村集体所有。

2. 配套措施

（1）明确农村集体经济组织的法人资格。集体经济组织在入股分红移民安置中充当的是投资主体角色，需要拥有独立的法人资格。根据《民法通则》中规定的4种法人要求，农村集体经济组织不属于其中的任何一种，致使其不具备法人资格。集体经济组织作为一个不具有法人地位的社会组织，它与自然人或其他法人签订的民事或经济合同都没有法律效力，也不受法律保护。农村集体经济组织的性质应定位于单纯经济性质的法人，可以通过立法明确农村集体经济组织的成员范围、组织形式、组织机构、议事规则、责任财产范围和责任形式等内容，使农村集体经济组织实名化、实体化、法人化。

（2）允许规划范围内集体农用地直接转用后入股。国发［2004］28号文提出："对有稳定收益的项目，农民可以经依法批准的建设用地使用权入股"。国土资发［2004］238号文也明确了"入股分红安置"作为被征地农民安置的一个重要途径。两个文件中提到的允许入股的土地使用权均为"经依法批准的建设用地使用权"。水电工程项目大坝库区占地类型中农用地所占比例较大，因此入股分红安置实施中必然涉及到大量集体农用地转为集体建设用地。水电项目建设所需新增建设用地应纳入到地方土地利用总体规划之中。在水电项目所需占地范围内，可以通过立法允许集体农用地直接转为集体建设用地后入股项目开发。

三、结语

金沙江中下游水能资源开发的合理规划与实施不仅对改善我国能源结构和布局具有重大意义，还将极大推动云南、四川两省实现能源优势转化为经济优势、能源大省迈向能源强省的战略目标。农村移民安置是金沙江中下游水电开发建设中的重要组成部分，直接关系到项目的成败与社会的稳定。规划中的大农业安置模式有其积极意义，也面临着实施中的限制性因素。"入股分红安置"作为一种新的移民安置理念和安置模式，目前还仍处于理论探索和初步实践阶段，还有待于做进一步系统研究。

（河海大学　孔令强　施国庆　张峻荣）

平原微丘河段水库农田淹没问题

（一）株洲航电枢纽水库特性

株洲航电枢纽工程位于湘江下游株洲县空洲岛，上距大源渡梯级96km，下距株洲市24km。枢纽工程主要建筑物包括拦河闸坝、通航船闸、发电厂房及坝顶交通桥等。1000t级船闸布置在右岸台地，年通过能力为1260万t；电站装机5×28MW，灯泡贯流式水轮发电机组，设计年发电量为6.636亿kW·h。

工程效益以航运为主、航电结合，兼有灌溉、供水、养殖和旅游等综合效益。

株洲航电枢纽水库为平原微丘地区河槽型水库，控制流域面积 66002km^2，多年平均流量为1720m^3/s，水库正常蓄水位为 40.5m，湘江干流长度为 96km，水库总面积为 58.9km^2。建库后，主要抬高了河槽枯水期水位，洪水期敞开泄洪，各种频率的洪水在坝前的壅高值不大于 0.2m，坝前 1km 处尖灭，洪水期河道基本恢复到天然行洪状态。水库淹没涉及株洲县、衡山县、衡东县、湘潭县、醴陵市等 5 个县市 14 个乡镇的 99 个村、583 个村民小组。正常蓄水位 40.5m时的主要淹没实物指标如下：淹没耕地 20643 亩，林地 100 亩，鱼塘 895 亩；淹没影响人口 1165 人，房屋总建筑面积为 68737m^2；淹没影响各类排水涵闸 223 处，抽水站 246 处；还有部分道路、桥梁、电力电信线路。

平丘河段水库最主要的淹没影响是耕地。根据统计，株洲航电枢纽水库淹没的 20643 亩农田中，1000 亩以上的农田 5 片，分别为三门镇、龙船港、昭陵、淦田及朱亭，合计 13516 亩，200～1000 亩之间的农田有 8 片，合计 2634 亩。淹没农田中 38.5m 高程以上的农田面积为 17284 亩，占淹没耕地总数的 83%。因此，总体来说受淹耕地主要为集中成片，且淹没深度不大的农田。

（二）农田淹没的工程处理措施

根据现行国土政策要求尽可能优先保护耕地资源，保证被征地群众基本生产生活条件，大型建设项目征用土地必须考虑的两个基本要求是：耕地占补平衡和农村土地征用环境容量不低于 0.5 亩/人。株洲枢纽水库农田淹没处理采取了抽排防护、抬高农田和撇洪渠防护等三种工程措施，共保护农田 15562.6 亩，保证了库区受淹没影响的群众有基本的生产资源，库区移民不需要外迁安置，最大限度减少了对群众生产生活的影响，确保了库区的安定。下面就农田防护措施设计方案及成效分述如下。

1. 抽排设计方案及成效　株洲枢纽水库由两岸湘江大堤形成，在建库前，当地政府为减少洪水对农田的淹没影响，湘江一线沿岸修筑了防洪大堤，部分农田修建了高排渠和抽排设施。因此，抽排方案主要目的是解决农田内涝问题，从设计起排水位开始启动泵站抽排，当保护区汇水面积相当大时，为减少泵站工作时间和装机容量，适当布置高排渠。抽排设计方案要点为：①已有完整的堤防设施或完善堤防设施，工作量不大；②对已建抽排泵站复核抽排容量，确定需新增抽排装机容量是否可行；③对堤防临河侧进行适当防护；④具备高水高排条件的，应尽量利用已建排水设施，因地制宜布置高排渠，减少抽排容量，尽量少拆迁房屋，少占耕地；⑤抽排区内应适当布置调蓄水面，合理确定泵站起排水位和装机容量。

根据上述原则，株洲航电枢纽共对库区 11 片农田采用抽排保护，工程总投资 1477 万元，保护农田 4829.6 亩，新增抽排装机 2585kW，年维护管理费为 104.74 万元。采用该种措施，基本不影响群众的原有生产生活状态，单位面积耕地保护措施投资较少。

2. 抬高农田设计方案及成效　株洲航电枢纽库区处于平丘河段，地势较平缓，大部分受淹没影响的耕地高程在 38.5m 以上。因此，抬高农田方案主要是解决水库正常蓄水后耕地不被淹没问题，处理方法是将低于一定高程以下农田耕作层推开后，回填黏土，再回铺耕作层至设计高程。农田抬高设计方案应根据涵闸调洪计算成果，按原标准进行规划设计，填高后的农田田面高程按如下原则确定：①复建后涵闸闸前水位可完全恢复至原闸前水位时，农田应填高至正常蓄水回水位加 0.5m；②复建后涵闸闸前水位高于正常蓄水回水位 0.5～1.0m 时，将农田填高至复建后闸前水位；③复建后涵闸闸前水位大于正常蓄水回水位 1.0m 时，农田应填高至正常蓄水回水位加 0.5m，同时在原有沟渠修建防洪子堤。

根据上述原则，株洲航电枢纽共对库区 40 片农田采用抬高保护，工程总投资 11536 万元，保护农田 5583 亩。被抬高农田均为原来平丘地区地势较低洼（俗称“大水田”）的农田，往往仅能耕种一季。采用抬高措施后可以种植两季，旱涝保收，并且做到了当年抬田，当年即收获，产量比农田抬高前还有所提高。

3. 撇洪渠设计方案及成效　株洲航电枢纽坝址上游约 4.5km 范围内，有三门和湖田两片较大的农田淹没区，为Ⅰ级阶地，阶面宽 100～1200m，长达 4km，阶面高程为 37.5～42.5m，淹没影响耕地 5973 亩，淹没影响人口 442 人，房屋 28000m^2。该区域内基本上没有排涝和排渍措施，农田防护标准低。非洪水期渍水通过原三门涵闸自流排入湘江，洪水期当湘江水位抬高，涵闸防洪门自动关闭，涝水汇集在高程较低地区，区内大片农田经常遭受短期淹没。由于淹没影响区受淹农田数量巨大、且连续成片，采用征用的办法无法满足区内人口环境容量要求，采用抬高农田方案工程投资巨大，但该片淹没区位于坝址上游，距坝轴线较近，在地形地貌上具备布置通向坝址下游的撇洪渠的有利条件，经方案比较，布置了一条 5.74km 的撇洪渠，工程投资 4263 万元，将该区内涝水排入坝址下游湘江河道内，达到了保护农田的目的。

（三）耕地征用与工程处理措施投资分析

1. 耕地征用投资　根据《中华人民共和国土地管理法》和国务院国发［2004］28号《关于深化改革严格土地管理的决定》的规定，2004年底以后新开工项目土地征用补偿加安置补偿倍数最低标准为16倍，耕地年产值最低标准为1500元/（亩·年）。每亩耕地土地征用费用分析见表1。

表1　新开工项目每亩耕地土地征用费用分析表

项　目	费用（元/亩）	备　注
土地征用补偿	15000	耕地年产值标准1500元/亩，补偿倍数10倍
安置补偿	9000	耕地年产值标准1500元/亩，补偿倍数6倍
耕地开垦费	5000	年产值标准的3～4倍
耕地占用税	4000	耕地占用税为6元/m^2
合计	33000	

2. 工程处理措施投资　以株洲航电枢纽工程为例，每亩耕地工程处理措施投资分析见表2。

表2　工程处理措施每亩投资费用分析表

序号	处理措施	项目	费用（元/亩）	备　注
一	抽排措施	工程投资	3058	
		运行维护	17854	按每亩年运行维护费用平均，年限计50年，静态计算
		小计	20912	
二	抬高措施	工程投资	20663	恢复基本耕作条件，运行管理费不计
		青苗补偿	1000	
		减产补偿	800	
		水系恢复	1500	
		小计	23933	
三	撇洪渠措施	工程投资	7137	恢复基本耕作条件，运行管理费不计
		青苗补偿	1000	
		减产补偿	800	
		水系恢复	1500	
		小计	10437	

3. 水库农田淹没处理投资分析　从表1、表2分析可得以下结论：

（1）国家对国土资源的控制越来越严格，耕地开垦费和耕地占用税标准也有大幅度提高，2005年以来的新开工项目土地征用费较以前有大幅度提高。同时，水库淹没使农民失去土地造成生产资源不足，可能造成移民生活水平下降，不利于库区的长治久安，因此必须对水库移民配套采取相应生产安置措施，生产安置投资也在大幅度提高。

（2）抽排处理措施一次性工程投资虽然不大，但建成后须承担的运行管理费高，且此项费用的支出是长期的，每年都要发生。

（3）抬高处理措施虽然一次性工程投资大，但抬高后基本恢复了农田耕种条件，不需后续运行管理费用。特别是土地征用标准大幅度提高后，平丘河段水库淹没土地采用抬高处理措施，可一劳永逸，同时工程投资低于土地征用投资。从株洲航电枢纽抬高农田耕作恢复情况来看，效果较好。

（4）撇洪渠处理措施相对每亩保护农田投资较其他工程处理措施节省50%以上，但必要条件是受影响区在坝区附近，具备将上游防护区内滞水排至坝下的条件。

（四）结语

在平丘河段兴建航电枢纽工程，水库淹没影响较大，特别是淹没大量的耕地，如何切实有效地保护好有限而宝贵的耕地，确保满足库区移民环境容量要求，达到长治久安和可持续发展的目的，株洲航电枢纽水库淹没处理进行了较有成效的探索，可供平丘河段水库淹没处理设计和实施借鉴。

（湖南湘江航运建设开发公司　黄建清　路莅枫）

水利水电工程移民的管理决策

（一）水利水电工程移民管理决策的涵义及类型

水利水电工程移民管理决策是水利水电工程移民管理工作的中心环节和核心问题，贯穿于水利水电工程移民管理工作的全过程。无论是确定目标，还是制定移民规划、组织实施移民安置，都需要做出相应的决策。水利水电工程移民管理决策的正确与否直接决定着水利水电工程移民管理工作的成败。

目前，水利水电工程移民管理决策可以划分为不同的类型：依水利水电工程移民管理决策所具有的条件和可靠程度不同，分为确定型决策、不确定型决策和风险型决策；依水利水电工程移民管理决策主体的行政管辖权限情况不同，分为国家决策和地方决策；

依水利水电工程移民管理工作的内容不同，分为水利水电工程移民安置规划决策、水利水电工程移民补偿决策、水利水电工程移民安置实施决策、水利水电工程移民生产生活安置决策等。

（二）水利水电工程移民管理决策的原则

水利水电工程移民管理决策的基本原则，是指移民决策制定过程中所必须遵循的基本准则，它是水利水电工程移民管理决策过程固有的客观规律的反映和要求。体现水利水电工程移民管理决策共同规律的原则有：

1. 系统原则　系统性是水利水电工程移民管理决策的重要特点之一。水利水电工程移民工作是一项涉及政治、经济、社会、人口、资源、环境与工程技术多学科的复杂的系统工程。系统原则要求水利水电工程移民管理决策必须对整体与局部、内部条件与外部环境、当前利益和长远利益、主要目标和次要目标，以及他们之间的相互关系、相互作用，加以综合分析，然后进行决策。越是高层次的决策，综合性越强，越应坚持系统原则。

2. 信息原则　信息是决策的基础，在通常情况下，决策的科学性、准确性，是和信息成正比的，信息越全面、准确、及时，决策过程思维的广度和深度也就越大。

3. 可行原则　决策的目的是解决问题，付诸实施，要实施就得具备必要的现实条件。

4. 择优原则　决策总是在几个方案中进行选择。本着择优精神，权衡利弊，全面对比，择优确定最终方案。

5. 动态原则　一项决策的制订、执行、修改是一个很长的动态过程。水利水电工程移民工作随着社会经济的进步而变化着，各个因素之间有着有机的联系。一旦发现决策与客观情况不相适应，就要及时调整。

6. 民主参与原则　水利水电工程移民决策机构要想规避水利水电工程移民决策风险，必须在决策的过程中，在社会范围内进行比较充分的信息交流和能量交换，发动与水利水电工程移民有关群体广泛参与。通过建立合理有效的参与机制，以实现资源公平、合理的配置和有效的管理，最终实现社会的可持续发展。

（三）水利水电工程移民管理决策组织体系

水利水电工程移民管理决策体系指承担水利水电工程移民管理决策工作的机构、人员所形成的组织体系及制度。它随着社会经济条件的发展变化而发展变化。现代水利水电工程移民管理决策体制一般由中枢系统、咨询系统、信息系统和控制系统组成。

1. 决策中枢系统　决策中枢系统是指拥有移民管理决策权的领导集体或领导个人。它是水利水电工程移民管理决策的核心，主要职能是统筹考虑决策目标，组织领导整个决策工作。

2. 决策咨询系统　决策咨询系统又称“思想库”或“智囊团”。决策咨询系统的主要任务是：一是调查研究，进行科学预测，为决策者提供战略性意见；二是辅助决策者拟定、评估、论证决策方案。

3. 决策信息系统　简单地说，决策信息系统就是对信息进行收集、加工和传递的总称。

4. 决策控制系统　决策控制系统就是对决策中枢系统做出的决策进行监督控制的系统。其主要任务是：一是监督各项决策按计划执行，检验制定的计划是否正确、合理；二是通过检验，发现决策的执行和计划之间存在的偏差，采取措施纠正偏差；三是反馈信息。为保证预期目标的实现，水利水电工程移民工程实行移民监理制，对移民的全过程进行“三控制（投资控制、进度控制、质量控制）、二管理（合理管理、信息管理）、一协调”，就移民搬迁前后的生产生活水平和跟踪调查移民安置的效果进行评价。

（四）水利水电工程移民管理决策过程

通常，决策经过以下几个过程：①确定问题所在，提出决策目标；②发现、探索和拟定各种可能的备择方案；③从各种可能方案中选出最合适的方案；④执行方案。这四个过程中，确定决策目标是决策的前提，拟定备择方案是决策的基础，而方案选择是决策的关键，执行方案是决策的结果和检验。四者是完整的决策过程所不可缺少的过程。

实际工作中，对决策目标和执行方案非常重视，而对拟定各种备选方案和从方案中进行选择这两步往往被忽略。其实，这两步是判断决策正确与否的重要过程，不能忽视也不能跳过。

（五）水利水电工程移民管理决策的内容

1. 水利水电工程移民规划决策

（1）社会经济调查是编制移民安置规划的基础，也是水利水电工程移民规划决策和实施的基本依据。内容包括水利水电工程影响的人口、资源、经济、社会、生产发展、生活条件及基础设施等方面的情况。

（2）水利水电工程移民规划内容包括：移民目标和政策、实施概要、机构责任、公众参与、与当地居民融合、社会经济调查、法律体制、安置点选择、损失财产估价和补偿、培训、就业、信贷、房屋基础设施和社会服务设施建设、环境保护和管理，以及计划的实施、监督和评估，费用预算，安置时间表等。

2. 水利水电工程移民补偿决策　根据我国的国情，《大中型水利水电工程征地补偿及移民安置条例》规定水利水电工程移民采取“前期补偿或补助，后期生产扶持”的方针，按照“原规模、原标准、原功能”的原则计算移民补偿费。移民资产评估应遵循公平性、科学性、独立性、替代性、可行性和据实评估的原则。

3. 水利水电工程移民安置决策

（1）移民安置方式主要分集中安置和分散安置两种。如果接收地环境容量好，土地承载力大，集中安置较可取。环境容量一般，但经济发展水平相对较好，分散安置就比较可取。两种方式各有利弊，但都应建立在安置地环境容量状况基础上。

（2）移民安置点的选择（略）。

（3）社会适应性调整（略）。

4. 水利水电工程移民生产开发决策　应尽量注意保持移民的社会角色与搬迁前一致，使他们以前掌握的技能在搬迁后还能得到发展。同时要为移民提高文化素质和科技水平提供职业培训，兴办一些非农业产业，并在安置区投入资金，为移民创造就业机会。

（六）水利水电工程移民管理决策的优化

1. 提高移民管理决策主体的素质和能力　通过优化决策者的素质和能力，来提升决策的科学水平。第一，建立科学的选人用人制度，把真正有知识、有能力、负责任的合适人才选拔到决策者岗位上来，充分发挥人才的积极作用。第二，优化决策主体的知识结构、能力结构及职责岗位结构。第三，加强对移民管理决策人员的职业道德教育和相关业务培训，强化其“为移民服务”的奉献意识和“对移民负责”的责任意识。

2. 建立健全移民管理决策的相关机制

（1）健全移民决策体制，加强科学论证。要建立健全科学的移民决策中枢系统，正确区分中央、省、市、县、乡镇的决策权力，变一级决策为多级决策，避免决策失误和损失。要建立以社会、技术、法律、经济、民族等专家学者组成的咨询系统，充分发挥参谋作用。

（2）建立移民沟通对话机制和协商机制，加大移民参与决策的力度。在移民安置过程中，应当充分体现民主，赋予移民参与权和选择权，并且分享发展的利益和成果是维护移民的基本权益的根本措施。

（3）建立移民决策失误赔偿制，追究决策失误者的责任。为了加强移民决策者的责任心和风险意识，要建立“移民决策失误赔偿责任制”，纳入库区各级政府移民工作年度考核内容并作为晋级提升的重要依据，造成损失的，应追究参与决策的领导的责任，赔偿一定的经济损失。

（4）促进移民决策体系结构的分化，加强移民决策体制的整体协调能力。移民管理决策系统的中枢系统、信息系统、咨询系统和控制系统应该有其明确的分工，同时又要有必要的整合。把参谋与决断分开，把决策和执行分开，把决策、执行与监督分开，使其各司其职，相互制约，以提高整个决策系统的决策能力和决策质量，并杜绝一些不利因素对决策规范化的干扰和影响，保持各个决策之间的相互一致性和重大决策的历史延续性。

（河海大学　杨　涛　周　建　施国庆）

水电工程移民共享经济效益的机理与机制研究

（一）问题的提出

世界大坝委员会（WCD）于 2000 年公布的《大坝与发展：一个新的决策框架》报告中承认“大坝对人类的发展起到了重大作用，人类从大坝建设中取得了巨大的效益”。这些效益的内容一般视大坝的功能而定，主要包括发电、防洪、灌溉、供水、航运以及休闲娱乐等方面。同时，也指出：大坝的首要受益者居住在远离大坝的地方，例如，发电总是使城市人口和受影响区域外的工业受益；灌溉则惠及生活在大坝下游的少部分农民；防洪保护的主要还是位于大坝下游的发达城市。而生活在受项目影响区域的移民群体却蒙受着大坝带来的很多负面影响。这就要求大坝项目建设的发起人、运营商和地方政府采取相应措施保障移民群体的经济福利和发展机遇。允许移民群体参与共享大坝的运营效益是满足和实现这一要求的有效途径。

大坝的非经济效益难以度量和分配，本研究仅对经济效益共享进行探讨。水电工程是利用大坝蓄水后产生的水头差发电的水利基础设施，发电为其主要功能，所涉及受影响移民人数和永久占用土地资源均远高于其他类型工程。水电工程不仅对促进经济发展和社会繁荣贡献巨大，项目运营后自身经营利润也非常丰厚。因而应对蒙受负面影响的移民群体作出相应补偿。水电工程的移民问题在参与大坝运营效益共享理念中具有重大意义。

（二）效益共享分析

移民参与水电工程经济效益共享的机理依据概括为两方面：第一，水电工程运营可以带来远高于等资本金平均效益的“经济租金”。第二，移民作为经济财产、社会文化和精神心理全方位的受损者，不应该排斥在“经济租金”共享者之外。

1. “经济租金”理论　“经济租金”最基本内涵指的是具有有限供给特点的资源所产生的超平均效益。“经济租金”可以看成是这样一种要素收入：其数量的减少不会引起要素供给量的减少。有许多要素的收入尽管从整体上看不同于租金，但其收入的一部分却可能类似于租金，亦即如果从该要素的全部收入中减去这一部分并不会影响要素的供给。将这一部分要素收入称为“经济租金”。简言之，“经济租金”等于要素收入与机会成本之差，代表着要素收入中超过其在其他场所可能得到的收入部分。“经济租金”的大小取决于要素供给曲线的形状，当供给曲线垂直时，全部要素收入均为“经济租金”，它恰好等于租金或地租。

“经济租金”主要有以下三种类型：垄断租金、李嘉图租金、熊彼特租金。随着民营资本大规模的进入水电行业，传统国有水电公司所获取的垄断租金逐步消失。现阶段看，水电工程项目开发所得“经济租金”日趋符合“李嘉图租金”的特点。“李嘉图租金”的创造是企业拥有独特资源要素的结果。资源要素的独特性同时包含了有价值、很稀少、不可替代三项特性。江河流域水电开发要求进行科学规划，并需要政府部门进行严格审批。水电工程项目业主开发权通过审批后，便获取了某流域水能这一独特资源要素。水能资源要素能否为业主创造出“李嘉图租金”，其关键在于业主获得和使用水能资源的成本是否低于其未来创造价值的贴现值。而事实上，当前水电开发公司为获取水能资源所付出的成本非常小，除移民安置资金和缴纳水资源费外，基本等于国家无偿划拨。从长期看，无弹性的流域水能资源供给曲线将是垂直的，那么水电开发所得净利润全部都具备经济租金性质。

2. “经济租金”的享有者　“经济租金”存在的同时也提出了“经济租金”的享有者问题。在大多数国家，水能资源作为一种自然资源，被视为国家性财产。我国《水法》第三条规定：水资源属于国家所有，即全民所有。代表国家行使资源所有权的政府，可以通过征收特许使用权税、规费、公开拍卖及其他方式让度使用权而获得经营资源产生的“经济租金”。而目前我国的水能资源开发者经过行政审批获得水能使用权（水权的一种）后仅需要缴纳水资源费，现行的水资源费是地方政府征收，不是真正产权的价值补偿。这样水电工程创造的“经济租金”最终的享有者是水电开发业主、电网公司、水电终端消费者和地方政府。水能资源和承载蓄水的土地资源传统使用权归属于受影响移民群体，这些资源构成了移民群体的基本生计条件。移民群体非自愿的为项目开发做出牺牲，丧失了部分或者全部传统使用这些资源的权利，促成了工程的建设，最终不应该被排除在“经济租金”享有者之外。

3. “经济租金”的测算　水电工程运营产生的“经济租金”一般由水电价格减去发电边际机会成本来进行测算，但在实际情况中，边际机会成本是难以确定的。水电企业募集资金时经常以较低的贷款利率获得贷款，另外政府还对其提供优惠的税收政策。在大部分发达国家，对水电企业征税时，核定成本参照的是公共事业项目的平均成本。发展中国家甚至还有将税收列入到发电成本中，作为间接补贴水电企业的一种财务手段和计税方法。我国政府对小水电一直采取优惠税收政策，小水电增值税按6%的优惠税率征收，并将有可能继续下调至3%。大型水电公司则能够利用其国有背景获得长期优惠利率的贷款和国债资金支持。国有大型水电公司员工的薪酬标准也是一直高于社会正常的工资水平。在这种情况下，水电企业成本并不能反映真实的边际机会成本。

准确测算水电工程运营产生“经济租金”，可以按照4个步骤来进行：①调整水力发电的财务成本，尽可能反映生产要素的完整机会成本；②确定水电站所在地的电力最低成本替代资源；③用最低成本替代法估算所有生产要素的完整机会成本；④最后用第3步计算出的所有生产要素完整机会成本减去水力发电的财务成本，即可得到该项目运营产生的“经济租金”。

（三）效益共享机制

从目前国内外水电项目相关案例来看，移民参与水电工程经济效益共享主要有5种机制。在实际操作中，对于特定的水电项目可以同时采用几种机制。

1. 水电税费共享　税收是国家获得水电站利益的主要途径，大型水电站的税收主要包括销售额17%左右的增值税和10%左右的营业收入税。以漫湾电站为例，2002年它一共创造了2.1亿元的税收收入，其中中央收取1亿元左右，省和地方政府分别是5000万元和6000万元，另外还不包括由水电站缴纳的水资源费。在税费共享机制下，地方政府可以将水力发电征收的税费中的一定比例二次分配给移民所在的村民自治组织。

2. 移民发展基金　建立移民发展基金主要为改善移民生活水平和库区基础设施条件而设置，资金来源可以直接从水电站电力销售价格中按比例提取。移民发展基金作为一种效益共享机制，它的范围、期限、标准、具体措施和预期目标都是政府、业主和移民等多方商讨的结果，在项目研究性阶段就应编入到移民安置规划中，最终以国家法律法规和地方实施办法的形式出台。2006年国务院发布了《国务院关于完善大中型水库移民后期扶持政策的意见》，决定对2006年6月30日之前搬迁的水库移民现状人口再扶持20年，2006年6月30日之后搬迁的水库移民原迁人口从搬迁之日起扶持20年，扶持标准为移民每人每年补助600元。

3. 移民入股水电开发　水电工程移民入股水电开发是指移民将经评估后承包地使用权或者将被征用土地的土地补偿款和安置补助款，以资本金的方式投入到水电工程项目开发经营中，根据所占股份比例分享水电工程经营效益。征地补偿和安置费用入股，是以征地补偿安置的费用入股，实质上相当于将货币安置的资金用于投资项目经营。

4. 移民享受长效补偿　移民长效补偿是指对移民进行生活安置基础上，以移民被淹没法定承包耕地前三年的农作物平均产量为原始依据，根据当地粮食主管部门公布的粮食交易价格确定耕地平均年产值，采取货币形式对移民实行逐年补偿，相当于移民每生产周期领取一份“工资”。对生产力发展，同地区耕地产量提高，或出现粮食市场交易价格上涨等情况，每年应对补偿标准进行一次相应的调整。补偿年限的原则是“电站存在一年、补偿继续一年”，原迁移民去世后其受偿资格可以由家庭成员继承。

5. 移民享受优惠电价　水电工程竣工后，水电企业和电网公司对移民的生活生产用电提供优惠的电价。

水电工程是富民工程，从工程所在地的发展环境看，水电开发是移民发展的良好机遇。水电开发应更新移民安置思想观念，引入经济效益共享机制，使移民真正能够“搬得出、稳得住、逐步能致富”，达到“在共建中共享，在共享中共建”的各方利益均衡局面。水电工程移民共享经济效益作为一项全新课题，有待于在具体实践中不断探索，对共享机制进行不断完善和创新。

（河海大学　孔令强　施国庆　李天华）

生态移民的整合问题

移民问题是复杂的社会问题之一。自有人口发展过程存在，就有移民现象存在。作为世界性的难题，它牵涉到一系列有关经济社会发展中的重大问题，如公平、贫困、地区差距、利益冲突、社会稳定、生态问题等。伴随着城市化、西部大开发和水电开发进程的加快，将产生更多的移民。

宏观来看，自然环境整合是影响移民的基本因素，经济利益整合是重要因素，社会整合是核心问题。

移民有多种分类方法。按移民成因分，可分为工程性移民、灾害性移民、战争性移民、政治性移民、经济性移民和生态环境性移民；按意愿分，可分为自愿移民与非自愿移民；按移民方向分，可分为农村到农村、农村到城市、城市到农村、城市到城市及国际间移民。近些年，生态移民作为自愿移民与非自愿移民的一部分，规模逐渐扩大。而我国真正意义上的生态移民只有十余年的历史。

一、生态移民及生态移民整合

1. 生态移民的界定　生态移民是指以保护生态为目的而进行的移居行为或由此行为结果而产生的人群。例如：因为沙漠化地区、岩溶山区、高寒山区、严重水土流失地区生态环境条件恶化而丧失人类居住条件等原因胁迫产生的人口迁移；为改善上述地区以及湿地、自然保护区、水源保护地区、动物与植物保护区的生态环境状态而主动进行的人口迁移。

2. 生态移民整合的界定　对于生态移民整合，应该是指生态移民在得到妥善安置的基础上，通过充分发挥移民系统内部的能量，使得生态移民不同群体之间、生态移民与安置地非移民之间在经济、社会、文化、组织等多方面的调整、相互适应和融合。

3. 生态移民整合的目标　生态移民整合的目标是：根据生态移民工作的实际需要，通过有关政府部门制定的方针、政策和具体措施的引导、指导，充分发挥生态移民系统内部的能量，通过一定时间的努力，基本消除生态移民与安置地原有居民在经济、社会、文化等多方面存在的差异和差距，使生态移民在安置地的经济收入达到与当地原有居民基本相同的水平，同时在经济和社会发展的状态和潜力上，也达到与当地居民同步发展的程度，并且在社会文化和观念等方面完全消除“移民状态”，使生态移民不但能跟上当地的现代化进程，而且能毫无隔阂的融合到安置地当地经济社会的发展环境中去。

二、中国生态移民整合

生态移民整合与非自愿移民整合同属综合性系统工程，由自然环境、经济利益、社会文化等方面的要素融合而成。其中，社会文化整合所需要的时间最长，难度最大，尤其是文化整合中关于语言、心理、宗教方面的内容，甚至不可能在一代人的时间内完成。

生态移民的过程同时也是社会整合的过程，是社会结构重构和发展的过程。其过程中存在的程度不同的社会解组与社会解体现象也成为研究非自愿移民的社会整合以及移民社会重构和发展的核心议题。

（一）生态移民整合的内容

1. 自然环境整合　首先，在地理环境上，生态移民的原住地多为中西部原生态环境脆弱、恶化地区以及交通不便和人为破坏环境严重，不足以承载该地人口的地区；而安置区多为原生态环境较好，交通相对便利，有足够人口承载能力的地区；其次，在地形地貌上，生态移民原住地多为高寒山区、高寒陡坡地区、严重缺水区或远离文明的深山区、草场，地质构造复杂；而安置区多为平原、谷地、水资源丰富地区，文化相对发达地区；第三，土壤条件相差较大，生态移民原住地多为土壤条件因地质、地貌、气候水文等主要成土因素随海拔、地理位置而异，土壤贫瘠；而安置区土壤条件相对单一，土壤中养分、有机质丰富，土地质量高；第四，气候差异明显，生态移民原住地多为沙尘暴肆虐地区，年降雨量低，气象灾害较为频繁；而安置区远离灾害活动区，移民的基本生产生活基本不受灾害影响。

2. 经济利益整合　马克思主义认为，经济关系是基础，它决定了其他一切社会关系，其中，利益是人们社会经济关系的具体体现。经济利益整合是生态移民整合问题最重要、最直接的问题。利益是指人对周围世界一定对象的需要，它反映了社会集团和个人利益的一种关系。利益关系包含着多方面内容：首先是个人或部门与整体的利益关系，其次是个人或部门与个人或部门之间的利益关系。

(1) 利益相关群体整合：由不同区域的利益关系决定，如移民原住地与安置区的利益关系，移民与非移民的关系，移民内部的关系等。

(2) 生产资料调整中的经济利益整合：对各种类型的移民而言，只有尽快适应安置地的生产方式和条件，才能尽早的使生产、经营、生活走上正轨。

(3) 土地资源的整合：首先涉及移民与安置区居民如何共享土地，第二是安置区居民如何与移民共同享受基础设施的问题。

(4) 生产方式的整合：生态移民地区多为西部传统农牧区，几乎没有任何的第二、第三产业，移民搬迁前赖以生存的是畜牧业和林业，辅以少量的人工耕种经济，基本没有机械化，即移民从来没有接触过这种先进的生产工具和技术，而安置地原有居民的生产方式多为农业耕种，畜牧为辅，农业机械化或半机械化程度较高，生产技能较为先进。这些都让移民无论在财力、心理还是生产技能上都无法很快适应。

(5) 基础设施及其他：基础设施的重建与完善有助于改善移民的生产条件，方便他们的生活，有助于移民社区及安置区的社会整合。基础设施中的利益关系协调，某种程度上决定了移民区与非移民区的利益整合。我国的耕地资源非常有限，为减缓土地对当地经济社会发展的影响，改善基础设施往往成了减少土地约束的替代要素。当移民征用了当地居民的一部分土地时，安置地居民就永远地失去了一部分土地。为了减少因土地而产生的负面影响，通常将一部分征地补偿费用于基础设施建设，让移民与非移民共享道路、水利、电力、学校等基础设施，以促进地方经济的发展。

3. 社会整合　社会整合是指因移民而引起的社会利益与移民有关的各个群体之间的协调与调整，促使移民群体和安置地群体结合成为生活共同体的过程。它通过体制和机制调整，使移民系统内部的能量得以发挥，从而消除“移民”状态，迅速使移民融入到迁入区当地经济社会环境中去，以实现社会整合的目标。

(1) 移民社区行政组织与社会整合（略）。

(2) 民族、文化与社会整合（略）。

(3) 宗教与社会整合（略）。

(4) 教育与社会整合（略）。

(5) 生态移民社会整合的政府干预（略）。

(二) 我国生态移民整合的特点

1. 生态移民整合促进社会整合进程　生态移民的实施区域多为我国西部生存条件、生态条件十分脆弱、恶劣的地区，尤其是边远、少数民族地区，那里偏僻封闭、人员进出性差、人口密度较小、居住分散且难以形成有规模的社区，一个社区往往只有十几户甚至几户人家，发展第二、第三产业缺乏基本的人口规模，只能维持原始的小农经济、庭院经济或者游牧经济。同时，交通不便阻隔了与外部社区、社会的交流，造成了封闭的心理和保守的观念，导致自然与文化上的双重封闭。只有通过移民搬迁以及整合才能使他们脱离原有的环境，融入到安置地新的环境中去，才能促进社会整合的进程。

2. 生态移民的整合需要政府的宏观把握　由于经济欠发达、文化水平低等因素的限制，原住地的居民是无法进行自发迁移的，这就使得生态移民的迁移必须在政府的组织下发生。因此，所有的原住地、安置地、迁移对象、迁移时间、迁移规划、后期扶持等全部都是在政府的投资、组织协调和动员发动下，移民迁移才可能进行。

3. 生态移民整合是一项复杂的系统工程　生态移民整合不仅是经济利益的整合，同时也是政治任务和复杂的社会工作的整合，涉及到原住地、安置地、项目承担单位、生态移民、安置地原有群众以及相关部门在政策、经济、社会、生态、民族、文化、宗教、教育等方面的一系列利益问题。只有把这些问题处理好，生态移民才能顺利实施。

(三) 生态移民整合成功的标准

1. 经济整合成功标准　经济整合方面的成功可以衡量一系列重要的经济指标。例如：生态移民在原住地和安置地的人均社会总产值对比、人均经济收入、人均支出、人均家庭资本积累、人均经济自我发展能力等硬性经济指标。此外，还有各种实物指标，例如：

牲畜数量、耕地数量、房屋面积、棚圈面积等。

2. 社会整合成功标准　公共资源的合理共享，公共设施的完善，也可以建立数量指标来有效说明生态移民在安置地社会整合工作的成功完成。例如：学校硬件设施的配备以及师资力量、公路、铁路等道路工程的建立、医疗卫生水平、公共建筑的面积等。

3. 宗教、民族、文化、心理整合成功标准　文化设施的面积、宗教场所的面积、适龄儿童的入学率、生态移民的满意度等，并通过对这些指标在生态移民前后的对比，说明生态移民在该领域取得整合的程度。

通常，在整个生态移民整合的过程中，经济整合完成的时间是最短的，但是有一定难度；社会方面的整合比较复杂，但成功以后就会比较顺利；而文化方面的整合耗费时间，甚至不可能在一代人的时间内得到成功。因此，社会、文化整合的成功才是生态移民真正意义上的成功。

（河海大学　李菁怡　施国庆　周　建）

14

水电工程的综合效益

二滩水电站对局地环境的影响及效益

一、前言

二滩水电站位于四川省攀枝花市雅砻江下游，是雅砻江上建成的第一座水电站。工程以发电为主，堤坝式开发，总装机容量 3300MW；水库正常蓄水位 1200m，总库容 58 亿 m^3，具季调节能力。工程总投资 285 亿元，其中引进 9.3 亿美元世界银行贷款。工程建设的环保工作按国内、国际双重标准进行。

二滩水电站工程准备及建设期间，依照国内、国际环境保护要求，开展了环境影响评价工作，对工程建设前的陆生生态、水生生态、地质环境、水文、气候、环境质量、社会环境状况等进行了大量的监测、调查工作，掌握了翔实的基础资料，对工程区域环境本底有了充分的了解。

工程建设期间，为减免工程兴建对环境的影响，保护和改善区域生态环境，二滩水电开发有限责任公司（以下简称二滩公司）对工程涉及及影响区域实施了库岸防护示范林营造、血吸虫疫区治理、施工迹地绿化等多项环境保护措施，完成工程区域及雅砻江流域生物多样性等环境要素调查监测工作 7 项。上述工作将工程对区域环境可能产生的不利影响减至最小，并获取了丰富、翔实的本底数据，为二滩水电站乃至雅砻江梯级电站开发的环境保护工作积累了宝贵的资料。

工程建设运行后，根据世行要求及雅砻江中、下游水电站环境影响评价工作的需要，对工程区域的水质、气候、鱼类、社会经济等主要环境因子进行了后续监测、调查工作。调查结果表明，电站建成后，工程区域的社会、自然环境状况发生了一定的改变。鉴于电站运行时间不长，长期的环境影响仍有待进一步认识。

二、对局地环境的影响

1. *局地气候*　根据库区 1998～2003 年气象观测资料，二滩水库蓄水后，库周年降雨量明显增加，空气湿度增大，对原干燥少雨、干雨季分明的干热河谷气候有所改善，出现干季有降雨、雨季无大涝的新特点。

（1）气温。蓄水后干季（11 月至次年 4 月，下同）普遍有所升高，升温幅度随海拔的升高而加大，1 月、4 月升温最大，均超过 1℃；而雨季（5～10 月，下同）的气温下降，在各海拔高度上差距不大，气温的下降以 5 月、8 月最为明显，特别是 5 月降温超过 2℃。

（2）降雨量。无论是干季还是雨季，均呈增加趋势，6 月、8 月各海拔高度的增幅均超过 100mm，仅 9 月的雨量减少，在 60～80mm 之间。

（3）相对湿度的变化与降雨量基本一致。干季、雨季均呈增加趋势，并随海拔的升高而增大。5 月增加最多，超过 10%，而 2～4 月无明显变化。

（4）天气现象。蓄水后，大风日数略有减少，雾日数、露日数、雹日数均有所增加，其中露日数增加较明显。

2. *陆生生态*　二滩水电站所在雅砻江下游河谷地区属于旱河谷地区，水分缺乏，河谷植被以稀树灌草丛为主，植被覆盖率低，营林困难。为解决营林的技术问题，二滩公司委托四川省林业科学研究院完成了《二滩水电站库区库岸防护林作业设计报告》，并在盐边县、米易县和西昌市分 16 个地点共成功营造示范林 240.3hm²。库周防护示范林的成功实施，解决了库周各县营林的技术难题，有效推广、促进了地方的植树造林工作。自 1998～2000 年间，地方已在雅砻江河谷成功营林约 1000hm²。由于水库建成后降雨量与湿度增加，有利于河谷植被的生长，植被覆盖率较建库前明显增加。

3. *鱼类*　根据 2002 年 4～5 月和 9～10 月二滩水库库区鱼类调查成果，二滩库尾河段生态环境与建库前相比变化不大，鱼类资源相对较丰，主要鱼类为喜流水的裂腹鱼类、鳅类和鮡类，以及喜静水生活的鲤、鲫类，也有底栖类如大口鲇；库中水库水深、流速缓，主要鱼类为喜静水生活的湖泊类鱼类，如鲤鱼、鲫鱼和鳙鱼，偶见喜流水鱼类，底栖鱼类已不见踪迹。总之，水库形成后，库区鱼类多样性仍维持原有水平，但种群组成发生了变化。裂腹鱼类、鮡类、鲈鲤等急流险滩生活鱼类或者产漂流性卵的鱼类在库区渔获物中减少，适合静水、微静水鱼类在渔获物中比重增大。

4. *水质*　根据 1999～2000 年水质监测结果，二滩水库形成后，除水中 Mn、Cu、大肠菌群等参数浓度在库尾断面较建库前高，库尾以下浓度均较建库前有所下降外，其余指标无明显变化。分析原因，建库后，悬浮物在水中沉降作用较天然河流状态明显加强，经水库沉降后，Mn、Cu、Zn、P、大肠菌群、凯氏氮等与悬浮物含量密切相关的物质至姑表断面浓度已显著降低。人群居住相对集中的支流鳡鱼河水质富营养化问题，从目前的监测结果看，受网箱养鱼的影响，P 浓度虽较天然状态下有所降低，但因建库后营养化指标标准的变化，丰水期 P 在各断面均超标，超标范围 1.08～18.12 倍，平水期盐边断面略有超标，超标 1.20 倍，故鳡鱼河支库区富营养化问题仍需继续关注。

5. 地质环境　二滩水电站蓄水前后连续 16 年的库区地震监测成果表明，库坝区未发现地震活动因蓄水而出现异常，监测到的地震活动与多年平均水平接近，属于天然构造地震活动的正常表现。但根据国内外工程震例资料，水库诱发地震可能会有长短不等的滞后期，现有监测资料还不足以作出最后结论。

根据库区近坝主要滑坡体近期监测结果，金龙山谷坡蓄水前较为稳定，表浅部有蠕变现象，蓄水后变形速率有所增大，但仍属蠕变范畴，发生高速滑动的可能性不大；霸王山滑坡蓄水前整体稳定，后缘有零星崩落，蓄水后该坡体被淹没三分之二，未发现明显的滑动迹象，判断整体仍较稳定；盐塘—大坪子滑坡和横壁滩蠕变岩体规模巨大，蓄水前整体稳定，存在局部坍滑和崩坍，水库蓄水未发现变形发展迹象，整体复活失稳的可能性不大。总体而言，水库蓄水对库区主要滑坡体有所影响，但不会破坏其整体稳定性。

6. 库区疾病　根据世界水电建设的教训，水库的形成有可能带来血吸虫病的传播。二滩水库淹没涉及的盐边县境内有四个乡镇历史上发生过血吸虫病病例。血吸虫病的疫情及其防治，成为电站备受关注的问题之一。二滩工程建设期间，建设单位先后出资帮助疫区进行彻底治理，完成了疫区人群普查、患者治疗、钉螺杀灭和修建沼气池等工作。防治工作结束后至今，经对盐边县卫生局访问证实，疫区无新发病例。

三、对移民和社会经济的影响

1. 移民的生产和生活　二滩水电站共淹没耕地 2181.4 hm^2，林地 2480hm^2，建设中搬迁安置移民 45812 人，其中主要包括农村移民 28482 人，盐边县城搬迁 12454 人，集镇搬迁 1263 人，防护堤安置 1112 人，企事业单位安置 2501 人。二滩公司在移民安置中，贯彻“以人为中心”的指导思想，提出“枢纽工程建设、输电线路建设、机电设备制造安装、水库移民安置”四个轮子一起转，以移民安置工作为“前驱轮”，十分重视。同时委托省移民开发中心进行移民监测评估工作。保证移民安置做到“移得出”、“稳得住”，同时为“富得起”创造条件。

（1）为妥善安置移民，共新开、调整田地 20494 亩；建房 652100m^2；修建水库三座，控灌面积约 570hm^2；建自来水厂两个，日供水能力 1500t；修建提水泵站，控灌面积 433hm^2；修筑灌溉支渠 127km；筑堰约 205km。

（2）为使移民具备可持续发展的能力，在世界银行移民特别咨询团的指导下，通过二滩公司的努力，后期扶持取得了显著效果。主要包括：①向红格集中移民区提水泵站免费供电 3300 万 kW·h/a；②二滩水电站所发电量每度电提取 1 厘钱，作为库区维护基金，其中 80%用于移民后期扶持；另外，全省水电电量每千瓦时电提取 2.7 厘，用于包括二滩移民在内的四川所有水库移民后期扶持。在移民基金支持下，库区移民成功培育、种植了枇杷、荔枝、芒果等水果。水果产业经济使移民从新的发展机遇中受益，也成为地方经济的新亮点。良好的基础设施为培育农业相关产业提供了条件。便捷的交通为优质的水果、农产品及时运输至中心城市乃至国际市场提供了条件，运输和农产品加工使部分移民成为富裕的私营业主。

2. 社会经济　二滩水电站建设促进了当地社会建筑、建材、机电设备制造、金属结构制造等相关产业的发展，推动了攀枝花市区域经济的发展和城镇化作用。二滩水电站兴建前，当地交通条件差、基础设施落后；电站修建过程中，建设、生活物资，工程投资和水库淹没补偿投资对攀枝花市经济起到巨大的拉动作用，加快了当地商品经济和第三产业发展，同时公路和有关公共设施的修建也使当地基础设施得到改善。二滩水电站建设期的 1991～1999 年对攀枝花市 GDP 贡献率达到 76.8%，工业增加值 11.1 亿元，税源增加值 30 亿元，道路、桥梁、水泥厂扩建、火车站扩建等基础设施建设投资 3 亿多元，并建起一座盐边新县城，使社会经济、人民生活得到明显改善。

四、环境效益

1. 发电　二滩工程建成后，在川渝电力系统中担任重要角色，除每年可向电力系统提供 1000MW 保证出力外，通过对河流流量调节还可增加长江葛洲坝电站枯期发电能力，使其保证出力增加 5%。水电为可再生的清洁能源，二滩水电站每年提供清洁电量 170 亿 kW·h，较同规模火电，每年可减少消耗煤炭 630 万 t，减少排放大气污染物 SO_2 23 万 t，减少燃煤弃渣 190 万 t，减少废水排放量 4500 万 t。截至 2004 年底，二滩水电站累计发电 703 亿 kW·h，相当于节约燃煤 2692 万 t，减排温室气体约 9180 万 t。

2. 航运　水库蓄水至正常蓄水位时，坝上游干流 145km、鳡鱼河支流 40km 河段已成为库区主要交通通道。库区乡镇居民可通过渔门集镇与库区码头至攀枝花市，为库周五县商品流通和旅游业的发展提供了便利条件。现库区航船已成为库周居民对外交通的主要工具。

3. 防洪　虽然二滩工程开发无防洪任务，1998 年，长江发生特大洪水，当时二滩大坝尚未完建，但应国家防汛总指挥部的要求，通过对水库运行的精确控制，二滩水库 6 次洪峰共拦蓄洪水 33 亿 m^3，最大一次削减洪峰流量 3710m^3/s，削减了长江下游洪峰流量，对长江防洪发挥了重要作用，受到国家防汛总指挥部的表彰。

4. *旅游*　工程建成后，水库及库周环境改善带来的旅游需求成为二滩水电站原未料及的一项效益。旅游船只、旅馆、饭店的收入增加，尤以渔门镇收益最大。水库蓄水后，成都——攀枝花开辟了"阳光之旅"旅游线路，吸引了来自成都、昆明及中国其他地区的游客。二滩大坝、水库、欧方营地及方家沟已成为该线路不可缺少的景点。随着成都——昆明公路的贯通及攀枝花市机场的建成投运，旅游业得到了较好的发展。

五、结语

二滩水电站建成后，库区生态环境，特别是陆生生态环境得到明显改善；库区喜急流鱼类退至库尾及上游生存，鱼类多样性仍维持在原有水平；干流库区水质状况良好，支流库区受网箱养殖影响，局部水域营养元素超标。二滩水电站的建设，对攀枝花市地区经济的拉动作用明显，库区移民的生产生活水平得到了不同程度的改善。可以说，二滩水电站环境效益显著，不利影响在采取相应的措施后降至了较低的水平，电站对区域环境及社会经济的影响是积极有利的。

（二滩水电开发有限责任公司
吴世勇　王红梅　黄新生）

大渡河干流水电梯级开发经济效益

国电大渡河流域水电开发有限公司（以下简称大渡河公司）由中国国电集团公司、国电电力发展股份有限公司、四川省川投控股股份有限公司投资组成，成立于 2000 年 11 月 16 日。公司利用已建龚嘴水力发电总厂存量资产，滚动开发大渡河流域水力资源。

（一）项目开发规模

大渡河公司在大渡河干流水电梯级，获开发权项目装机容量 1541万 kW，总投资 1281亿元，见表 1。

（二）项目开发竞争力

大渡河干流水电梯级瀑布沟、深溪沟、大岗山、双江口、猴子岩、枕头坝、沙坪、金川、丹巴、巴底等 10 个电站由大渡河公司统一开发、经营，具有较强综合竞争实力和市场盈利能力。

（1）距负荷中心较近，区位优势明显，环境负面影响较小，淹没损失小，电能质量好。

（2）总装机容量达 1673 万 kW（含龚嘴、铜街子 132 万 kW），占流域 2340 万 kW 的 71.5%，规模巨大，流域开发主体地位巩固，市场占有率提高。

（3）双江口、瀑布沟为控制性水库，调节库容达 59.1 亿 m^3，基本实现梯级不完全年调节、统一调度，在提高四川省水电站群的供电质量、保证系统安全经济运行上作用显著。

表 1　大渡河公司获开发权建设项目的装机及投资情况表

水电站名称	装机容量（MW）	年发电量（亿 kW·h）		静态投资（亿元）	总投资（亿元）	单位电能投资［元/（kW·h）］	单位千瓦静态投资（元/kW）
		单独	联合				
瀑布沟	3600	145.8	146.5	178.66	216.94	1.48	4963
深溪沟	660	31.49	32.35	49.99	57.98	1.79	7574
大岗山	2600	110.2	117.4	141.06	174.19	1.48	5425
双江口	2000	83.41	83.41	163.25	205.93	2.47	8163
猴子岩	1760	75.61	80.37	129.37	150.93	1.88	7351
枕头坝	870	41.66	44.08	71.8	85.8	1.95	8253
沙　坪	780	36	37.76	70.2	79.9	2.12	9000
金　川	800	31.53	34.61	69.9	77.68	2.24	8738
丹　巴	1560	64.85	69.85	125.71	146.48	2.1	8058
巴　底	780	32.27	34.34	69.91	84.96	2.47	8963
合　计	15410	653	681	1070	1281		

注　已建成龚嘴、铜街子水电站装机容量 132 万 kW。

(4) 近期开发项目单位电能投资、静态投资指标较好。随着设计深入、技术进步和方案优化工作开展，后期开发项目指标从远景和全国角度看也相对较好。

(5) 按照四川新投产水电站的上网电价0.239元/(kW·h)测算，开发电站财务指标为：全部投资财务内部收益率为10.23%、资本金财务内部收益率为14.69%、股本金回报率为11.03%，盈利能力较强。

(6) 按照全部投资财务内部收益率8%测算的基础上网电价低于四川电网新投产水电站的上网电价0.239元/(kW·h)。与华中四省电网新投产水电站的上网电价0.267元/(kW·h)、华中四省电网新投产火电站的上网电价0.276元/(kW·h)相比，竞争优势明显。

(三) 项目开发经济意义

1. 符合国家产业政策　水电是可再生的清洁能源，我国的水电开发率很低，东西部开发差异很大，截至2003年，全国平均开发率按装机容量计仅为17.6%，居世界八十几位。四川省水力资源理论蕴藏量为14351.47万kW；技术可开发量12004.0万kW,年发电量6121.59亿kW·h；经济可开发量10327.07万kW，年发电量5232.89亿kW·h，可开发装机容量、年发电量均居全国第一。因此，大力开发大渡河水电资源，符合国家产业政策，不仅能满足川渝地区、华东、华中地区经济发展的用电需求，确保“西电东送”，而且必将在四川及全国的能源建设和国民经济发展中发挥重要作用。

2. 具有显著社会效益　大渡河流域下游地区为雅安市、乐山市，上游地区则属于阿坝藏族羌族自治州和甘孜藏族自治州，该地区既是少数民族地区又属四川省贫困地区。目前，该地区仍主要以传统的农业经济为主，人均国民生产总值水平较低。随着大渡河梯级水电站的陆续建设，库区对外、对内交通条件的改善，移民及工程开发建设资金的投入，将为当地群众的脱贫致富带来机遇，必将积极推动少数民族地区、贫困地区的经济发展。

大渡河干流梯级水电站的相继建设，不仅对长江上游的“天保工程”和绿色生态屏障建设以及水土保持、生态环境改善具有重要作用，而且其巨大的清洁能源替代火电电源，大量节约一次能源消耗，减少燃煤火电站排放二氧化硫和一氧化碳对环境的污染。统计测算，大渡河公司开发项目投产发电后，年节约标准煤2040万t，标准煤价格按400元/t计，即节约煤炭资源费用81.6亿元/年，若考虑环境污染的治理费，其环境保护效益、社会效益显著。

(国电大渡河流域水电开发有限公司)

锦屏二级水电站开发效益

一、雅砻江流域及锦屏二级水电站概况

雅砻江发源于青海省巴颜喀拉山南麓，自西北向东南在呷衣寺附近流入四川省，流经四川甘孜、凉山两州，在攀枝花市的倮果注入金沙江，系金沙江的最大支流。

雅砻江全长1570km，流域面积13.6万km^2，涉及四川、青海、云南三省的五个地市州，二十六个县(市)，97%的流域面积属四川省，主要为甘孜、凉山两州及攀枝花市所辖。雅砻江流域水能资源理论蕴藏量3816.4万kW，其中干流为2177.5万kW，占全水系的57.1%。流域干支流技术可开发容量3547万kW，干流初拟规划21级开发，其中两河口以下至江口是我国能源发展规划的十三大水电基地之一，技术可开发装机容量2616万kW，水能资源占雅砻江流域可开发量的73.8%。

锦屏二级水电站利用雅砻江卡拉至江口下游河段150km长大河湾的天然落差，通过长约17km的引水隧洞，裁弯取直，获得水头约310m。电站总装机容量4800MW，单机容量600MW，额定水头288m，多年平均发电量242.3亿kW·h，年利用小时5048h。它是雅砻江上水头最高、装机规模最大的电站。工程静态总投资251.28亿元，总投资298.13亿元。建成后将成为四川省境内（金沙江省际界河除外）规模最大的水电站。

二、构建和谐水电，促进民族地区发展

我国水电理论蕴藏量69440万kW，技术可开发容量54164万kW，经济可开发容量40180亿kW，西部地区约占水力资源蕴藏量的80%。开发水电资源对于调整我国能源结构促进流域经济发展都具有深远意义。利用水电资源优势引进资本、弥补发展差距，积极参与西部大开发的建设，是西部地区将资源优势转化为经济优势的重要途径。四川水力资源技术可开发装机容量1.2亿kW，水电开发及其送出设施配套等将投入约9000亿元。水电站建成后，年发电量约5569亿kW·h，年经济增长超过2000亿元（含有输配电），同时必将带动流域地区经济的快速发展。

和谐社会必须以人为本，经济和谐、政治和谐、文化和谐、人与人和谐。落实科学发展观要求水电开发除了注重经济和谐、自然和谐外，还须实行以人为本的人文理念导向，注重人文关怀、文化和谐。雅砻江流域多为少数民族聚居地区，也应深入学习研究少

数民族文化，做好对民族地区的社会影响及稳定性研究与评价，促进水电建设与民族地区相互和谐发展。

锦屏二级水电站以其优越的开发条件、良好的电能质量、优越的技术经济指标以及显著的社会经济和环境效益，对优化四川电网的能源结构、促进四川经济发展、推动“川电外送”将起到十分重要的作用，对促进民族地区经济发展和社会进步具有重要的推动作用。

电站位于凉山彝族自治州，经济基础薄弱，社会教育程度较低。全州17个县（市）中有12个贫困县（其中，国定贫困县10个、省定1个、州定1个，冕宁县属省定贫困县，木里藏族自治县和盐源县属国定贫困县），与州内发展相对较快的西昌等安宁河流域市县形成较强的反差。锦屏二级水电站的兴建对改善当地人民群众生活、增加就业机会起到积极作用，将带动该地区其他资源的开发，加速其经济和文化的发展，使资源优势早日转化为经济优势，对拉动当地少数民族地区经济发展和保持国家长治久安起重要作用。电站的建设也将增加当地地方财政收入，改善交通、通信等基础设施条件并为当地水泥、钢材、机电行业等带来广阔的市场前景，也将带动地区其他资源的开发，加速少数民族地区脱贫致富，促进少数民族地区经济发展和社会进步，具有显著的社会经济效益。

三、优越开发条件，巨大经济效益

锦屏二级水电站利用长约17km的隧洞可获得310m的水头，近期有锦屏一级水库调节，远景有雅砻江龙头水库两河口的调节，在发电量达242.3亿kW·h的同时，出力稳定，保证出力可达1972MW，电能质量优良；由于水头主要由隧洞集中形成，水库水位变幅小，电站出力年内基本不受阻，机组运行稳定，装机容量利用率高，开发条件十分优越。

锦屏二级水电站的工程开发任务为发电，工程建成后参与“西电东送”，其上网电价具有很强的竞争力。对促进西部资源优势和东部经济优势互补，相互支援，共同发展经济具有深远意义。电站单位千瓦投资为5216元（静态，不含送出工程投资），单位电能投资1.033元/(kW·h)（静态，不含送出工程投资，按年发电量242.3亿kW·h计）。与目前国内设计的各种规模的电站相比，各项指标均具有优势，是国内难得的水电电源点。电站投资低于产生相同效益的火电投资，经济指标十分优越。当以燃煤火电为替代电源，其国民经济评价指标为：经济内部收益率为13.37%，大于社会折现率10%，经济净现值为560117万元，远大于零。

经测算的经营期平均含税（含增值税）出厂电价为0.213元/(kW·h)，相应的全部投资财务内部收益率为8.01%，资本金财务内部收益率为9.69%，投资回收期17.17年，借款偿还期25年，电站还清贷款后的投资利润率9.76%、投资利税率14.48%、资本金利润率48.82%。该水电站出厂电价水平较低，还贷能力较强，盈利能力较好，具有较强的抗风险能力。

在价格竞争力方面，锦屏二级水电站的经营期含税平均出厂电价为0.213元/(kW·h)，计入线损及过网费之后，送电到川渝电网的下网电价为0.263元/(kW·h)，低于川渝电网在建、新建电厂的电价水平；送电到华东电网的下网电价为0.353元/(kW·h)，低于华东电网火电厂的平均出厂电价及在建、新建电厂的电价水平。

四、对拉动流域梯级电站补偿效益的积极作用

雅砻江干流规划有两河口、锦屏一级和二滩三大水库电站，总调节库容145.6亿m^3，具有非常强的径流调节能力，三大水库建成后可使雅砻江干流梯级水电站群实现多年调节。目前，二滩电站已建成发电，锦屏一级水电站也已正式开工建设，计划2013年前后投产发电，两河口水电站已完成预可行性研究报告并通过审查，目前正进行可行性研究，计划2020年前投产发电。

锦屏二级水电站紧接上游锦屏一级水电站，可利用锦屏一级水电站的高坝大库及其年调节能力，可以在不修高坝的情况下，将调节能力从日调节提高到年调节。据测算，锦屏二级电站按单级运行保证出力为617MW，多年平均发电量为213.4亿kW·h；与上游锦屏一级联合运行，二级电站保证出力达1443MW，年发电量为237.6亿kW·h，保证出力增加826MW，年电量增加24.2亿kW·h。锦屏一、二级水电站总装机容量8400MW，双剑合璧，将发挥出巨大效益。

五、以环境保护为己任，努力创建一流生态电站

提高环境意识、开发生态能源、建设生态电站、做到水电与环境协调发展是创造一流电站必备的条件之一。随着我国环境保护工作的逐步推进，流域水电开发所产生的累积性和总体性质的环境影响问题也逐渐受到社会各界的重视。人们开始认识到，流域水电开发所产生的某些关键性的、累积性的影响必须在河流规划阶段即给予足够的重视。在流域水电规划环评工作中正确处理水电规划与其他规划的关系，客观评价规划实施存在的主要环境影响，并统筹考虑保护措

施，提出符合可持续发展原则的环境可行规划方案，对相关部门的决策具有重要的意义。

2006年6月9日，国家环保总局授予雅砻江二滩水电站工程等十个项目“国家环境友好工程”荣誉称号，这是我国建设项目环境保护的最高奖项。这也为锦屏二级水电站环保工作做出了榜样。锦屏二级水电站的开发必须与环境协调发展，考虑环境的承载能力，通过科学的规划协调二者的错综复杂的关系。处理环境问题要遵循国家法律法规要求，各项环保措施与主体工程同时设计、同时施工和同时投产使用的原则，坚持预防为主、防治结合、合理布局各项措施，不降低工程区域原有环境功能，减少对生态环境的破坏。在兼顾流域开发特点同时，环保措施尽量与上、下游梯级环保要求协调统一，维护了流域生态环境的可持续发展。

锦屏二级电站正常运行后，可替代火电机组容量4738MW，替代火电机组年发电量227.5亿～239.6亿kW·h，可使系统节省标煤728万～767万t，替代大量的煤炭或油气资源，减少资源的消耗，同时减轻供电地区和受电地区的环境污染。

六、结语

锦屏二级水电站是西部水电资源中需优先开发的电站之一，建成后将获得巨大的经济效益和显著的环境效益以及社会效益。锦屏二级水电站是雅砻江水电开发标志性工程，雅砻江流域水电符合我国可持续发展战略，是“西电东送”、“川电外送”和我国能源发展战略的重要组成部分，对于促进国民经济持续稳定发展具有十分重要的意义，对于促进民族地区经济发展及和谐发展具有巨大的推动作用。只有坚定不移的走流域水电开发的道路，妥善处理工程与环境、民族地区经济的和谐发展，才能更大发挥工程效益。

（二滩水电开发有限责任公司　瞿小江　李锦成）

新安江水电站综合利用效益及水库运行方式研究

新安江水电站是我国自行设计、自制设备和自己建设的第一座大型水电站，是华东电网调节性能最好的水库电站，也是华东电网重要的调峰、调频和事故备用电厂之一。电站建成四十多年来，对增加浙江及华东地区电力供应，确保电网安全稳定运行，提高下游地区防洪能力，增加下游地区城镇供水和灌溉用水，促进库区渔业、航运、旅游以及地方经济和社会的发展发挥了重要作用。近年来，随着经济社会的快速发展，华东电网规模和新安江水电站下游建德、桐庐、富阳及杭州等城镇规模不断扩大，电网安全稳定运行及城镇的防洪、供水等对新安江水电站的调度运行提出了更高的要求，新安江电站的综合利用协调及优化调度问题的重要性凸显出来。

2005年十届全国人大三次会议上浙江省代表团提出了第1651号和第6645号提案，要求调整新安江水库的管理体制、水库功能和调度方式，以充分发挥水库综合效益等。为此，国家发展改革委能源局于2005年6月会同有关部门和单位赴新安江水电站进行调研。根据人大提案和调研情况，国家发展改革委办公厅以发改办能源［2005］1344号《关于委托开展新安江水电站综合利用效益及水库调度运行方式研究工作》委托水电水利规划设计总院等单位对新安江水电站综合利用问题进行研究和分析。通过调研和分析论证，于2006年6月提出《新安江水电站综合利用效益及水库运行方式研究报告》，主要结论为：

（一）新安江水电站工程任务

新安江水电站位于浙江省建德县境内钱塘江支流新安江上，坝址控制流域面积10442km^2，多年平均入库流量334m^3/s。水库正常蓄水位108m，死水位86m，有效库容102.7亿m^3，具有多年调节能力，水库汛期限制水位106.5m，正常蓄水位以下预留防洪库容9.5亿m^3。电站原装机容量662.5MW，设计保证出力178MW，多年平均发电量18.6亿kW·h。水力枢纽为混凝土宽缝重力坝和溢流厂房，最大坝高105m。电站于1956年动工兴建，1959年9月封孔蓄水，1960年基本竣工，同年4月第一台机投产发电。1999～2004年，新安江水电站结合设备更新改造进行了电站增容。增容改造后电站装机容量增至810MW。

原设计新安江水电站以发电为主，兼有防洪、灌溉、渔业、航运、旅游等综合功能。新安江水电站是华东电网重要的调峰、调频和事故备用电源，同时也是钱塘江流域防洪、水资源利用和配置中的控制性工程，对浙江省乃至华东三省一市的经济社会发展都具有重要作用。本次研究认为，考虑到发电、防洪、供水等方面对新安江水库提出的新的要求，建议新安江水电站的工程任务调整为发电、防洪、供水，兼顾旅游、库区灌溉、航运、渔业等综合利用要求。

（二）发电

新安江水电站距用电负荷中心近，建成至今一直是华东电网的直调电厂，是华东电网常规水电站中装机容量最大、水库调节性能最好的骨干电站，承担着华东电网和浙江电网事故备用、调频、调峰和调相重任，是电网安全稳定运行的重要保证。电站1960～2004年间累计发电量656.0亿kW·h，年均发电量14.6亿kW·h，峰荷电量约占80%以上，每年提供峰荷电量约11.7亿kW·h，建成至今为华东电网提供了大量的清洁、优质电能。

新安江水电站将继续作为华东电网的第一调峰、调频、黑启动电源，除满足紧急事故备用的需求之外，利用其良好的库容条件，还能承担时间较长的事故备用，将为电网的安全、稳定、经济运行作贡献。

（三）防洪

据水库建成至今45年实际运行资料统计，水库遭遇大于10000m^3/s的洪水26次，通过水库合理调度，新安江水电站仅有5年共8次正式泄洪，其余各次洪水全部被拦蓄在库中。据统计，新安江电站建成至今泄洪最大出库流量为6706m^3/s（1999年，洪峰流量为17700m^3/s），其中6次泄洪流量小于5000m^3/s，远小于天然情况2年一遇的洪水，大大削减了电站下游河道的洪峰流量和防洪压力，富春江坝址下游地区包括桐庐、富阳及其沿江近30万亩农田经常性洪水威胁大大减轻。

水库原设计汛期限制水位106.5m，经复核汛期限制水位106.5m可保证大坝安全要求。在下游防洪设施建设运行合理的情况下，从规划和长远角度分析，新安江水库汛期限制水位106.5m方案仍基本合适，且实际安全度超过设计。由于现状下游堤防防洪能力未达规划要求，近期要求新安江水库协助提高其防洪标准，据此，宜适当控制水库汛期水位。具体操作可通过汛前适当加大发电出力，利用新安江水库库容大的潜力，优化水库调度的方式实现，经分析采用国办通［1996］9号文精神控制汛前及汛期出力，以达到降低汛期水位减小富春江河段流量的目的。

新安江水电站大坝控制流域面积仅占富春江水电站坝址控制流域面积的33.2%，对富春江河段防洪最不利的洪水典型来自新—富大区间。从长远看，不同防洪标准的富春江河段的安全行洪能力应与同频率区间洪峰流量相适应，否则无论新安江水库采取怎样的调洪规则或怎样降低汛期限制水位，甚至完全不放水也是无法满足下游防洪要求。

（四）供水

钱塘江河口区是我国经济最发达的地区之一，在浙江省经济社会发展中具有举足轻重的地位，用水需求量较大，是新安江水库重要供水区。新安江水电站坝址多年平均年水量约105亿m^3，水库有效库容102.7亿m^3，水库水质好，为水库周边地区、下游建德、桐庐、富阳市及钱塘江河口两岸生活、生产、生态用水提供了可靠且水质上乘的淡水水量，还为钱塘江河口江道冲淤起到了积极作用。

新安江水电站具有多年调节性能，新安江、富春江水电站历年发电、供水运行实迹及水文长系列发电、供水调度操作分析计算表明，通过调整新安江、富春江水电站发电调度运行方式，降低新安江水电站保证出力运行，在现状工况珊瑚沙取水口条件下，现状需水水平和远景需水水平依靠新安江水库增供水量，可以满足下游用水需求。

（中国水电顾问集团华东勘测设计研究院　计金华）

15

农村水电及电气化

农 村 水 电 综 述

我国农村水电工作的形势与任务

近年来，在水利部党组的正确领导和亲切关怀下，经过广大农村水电干部职工的努力，水力资源管理和农村水电工作取得了显著的成绩。2006 年全国新增农村水电装机容量再创历史新高，“十一五”水电农村电气化建设顺利启动，小水电代燃料工程试点范围扩大，水力资源管理取得初步成效，农村水电开发秩序逐步规范，农村水电行业管理得到进一步加强，农村水电事业发展势头良好。

（一）水力资源管理和农村水电工作的形势

1. 农村水电继续快速增长　农村水电在 2005 年新增装机容量突破 5000MW 的基础上，2006 年又上新的台阶。据统计，全年新增装机容量已突破 6000MW，年发电量达到 1500 多亿 kW·h，在建装机容量 20000MW。到 2006 年底，农村水电总装机容量达到 47200MW，约占全国水电总装机容量的 36.7%，成为国家电力供应的重要组成部分。

2. “十一五”水电农村电气化建设顺利启动　《“十一五”及 2020 年全国水电农村电气化规划》编制完成并正式批复，全国将继续选择 400 个县开展电气化建设，通过进一步开发山区丰富的水力资源，建设与社会主义新农村相适应的更高标准的水电农村电气化县。为规范电气化建设工作，国家发展改革委和水利部联合下发了《关于做好“十一五”全国水电农村电气化县项目建设管理有关工作的通知》，水利部颁发了《关于加强水电农村电气化县建设项目管理的通知》。目前“十一五”水电农村电气化县建设正式启动，各地正在掀起电气化建设的新一轮高潮。

3. 小水电代燃料试点范围和规模扩大　在全国小水电代燃料试点取得圆满成功的基础上，水利部编制完成了《2006～2008 年小水电代燃料生态保护工程规划》，将在全国更大范围和更大规模开展小水电代燃料试点建设。国家发展改革委已正式批复。该规划涉及全国 21 个省、自治区、直辖市和新疆生产建设兵团的 81 个项目区，规划代燃料装机容量 150MW，代燃料人口 63.6 万人，有效保护森林 13.53hm^2，带动改厨、改厕、改电、改水、改路等农村基础设施建设。

4. 水力资源管理工作取得初步成效　各地水力资源管理体制逐步理顺，全国已有 10 多个省（区、市）基本解决了水力资源管理缺位问题，明确水行政主管部门的水力资源管理职能，出台了水力资源管理办法，规定水力资源开发权取得和转让的要求等内容。水力资源有偿使用和市场配置的实施范围进一步扩大，继浙江、江西、贵州等省之后，福建、湖北、重庆等省（直辖市）2006 年已全面推行招标、拍卖等方式有偿出让水力资源使用权的做法，明确水力资源使用权出让金专项用于河流治理、生态补偿和利益纠纷处理等方面。

5. 农村水电建设管理秩序逐步好转　针对农村水电建设管理的新情况、新问题，2006 年继续部署制止无序开发、进一步清除“四无”水电站的工作，各地认真开展重点整治，挂牌督办，“四无”水电站基本清除或落实整改方案。以四川省屏山县中都镇双龙水电站发生的重大安全事故为突破口，强化政府安全监管职责，严查水电站建设安全事故隐患，并注重加强事故案例教育，预防为主，确保安全。

为规范在建水电站项目管理，及时出台了《水利部关于加强农村水电建设管理的意见》、《农村水电建设项目环境保护管理办法》等文件，对农村水电建设全过程的规划、设计、审批、施工、验收、安全、环境保护等工作都提出了明确要求。

6. 其他各项工作取得积极进展　截至目前，县城电网改造基本完成，农网完善工程建设进展顺利。水利部水电局配合有关部门进行了《能源法》的起草和《电力法》、《电力供应与使用条例》、《供电营业区划分及管理办法》等法规的修订工作。加强农村水电站的安全管理，先后制定《农村水电站安全管理分类及年检办法》、《农村水电安全生产监察管理工作指导意见》等文件，认真开展安全大检查，以确保农村水电的安全生产。

（二）挑战与对策

当前正值农村水电工作机遇与挑战并存之际，我们面临着不断推进农村水电加速发展并最终实现“十一五”水电农村电气化跨越式发展的全新挑战。因此，面对水力资源管理和农村水电工作取得的成绩，我们仍需要保持清醒的头脑，要正确认识到工作中还存在着一些问题。一是长期以来将水力资源管理与水电开发管理混淆等同起来，使水力资源管理缺位，河流水力资源开发规划等工作长期滞后于水电开发，造成水力资源无序开发、资源开发纠纷时有发生等问题；二是中央财政对贫困地区农村水电开发支持力度不够，一些地方农村水电建设管理职能和管理权限不明确，部门之间职责缺位、错位；三是农村水电立法工作没有实质性进展；四是行业自身建设也亟待加强。

对解决这些问题，温家宝总理曾给予明确指示："小水电开发应该确定正确的方针和政策，使其与农民利益、地方发展、环境保护和生态建设结合起来，走科学、有序、可持续发展的道路"。2006年，水利部水电局认真贯彻批示精神，组织开展了大量调查研究工作，明确了"十一五"水能资源管理和农村水电工作的方针——要继续以邓小平理论和"三个代表"重要思想为指导，认真落实科学发展观，紧紧围绕构建社会主义和谐社会和新农村建设的战略目标，按照中央水利方针和水利部党组治水思路的要求，科学、合理、可持续利用水能资源，规范、有序开发农村水电，维护河流健康生命。

今后工作中，我们要使水力资源管理和农村水电开发利用与农民利益、地方发展、环境保护和生态建设结合起来，加快推进水电农村电气化建设和小水电代燃料工程建设。要从过去主要强调装机容量和发电量，转变为在注重装机容量增长的同时，更加注意综合效益的发挥；要从过去过分强调水头的有效利用，转变为在注重水力资源开发的同时，尽量减少对生态与环境的不利影响，维护河流健康生命；要从过去着重强调地方发展，转到在促进地方发展的同时，更加重视农民利益，努力增加农民收入，改善农民生活条件。

（水利部农村水电及电气化发展局　田中兴）

我国小水电与国际的差异

中国小水电发展虽然在数量和装机容量方面为世界第一，且遥遥领先。但在技术方面却并不是最先进的，与发达国家仍有相当差距，特别是在小水电科研、设计、机电设备设计制造技术等方面，还有不少薄弱环节。其中，有的是研发能力差，有的则是国情和思路不同，以致不能与国际全面接轨，直接影响了我国小水电设备的出口和国际合作。

（一）电站设计方面

发达国家近年来为减少温室气体排放压力，对小水电及其他可再生能源的开发作了大量研究。欧洲各国近年发表的多个重要文件，对如何加强科技研究以克服当前小水电建设的困境，加速其发展，提出了科学的指导思想。例如，欧洲小水电协会（ESHA）2004年提出了《欧盟小水电发展战略研究》及《欧洲小水电研究开发战略文件》，都对技术路线和战略作了规定。

纵观发达国家的技术战略，他们认为小水电科技发展首先要为提高电能质量与可靠性、降低电能成本，增加小水电在电力市场中的竞争能力服务。与此同时，还要十分重视大坝与电站的安全，重视解决日益增长的环境和生态问题对小水电发展的制约。

实际上，发达国家也普遍存在小水电上网电价低于小水电发电成本的问题，欧盟统计了10多个国家，有9个国家就是这样。这个问题在20多年前已存在。国际社会在青睐小水电这个绿色可再生能源的同时，也注意并强调了降低小水电造价的问题。1981年8月联合国新能源与可再生能源大会总结的附件之三，水电专家组报告就强调"有必要研究降低小水电造价，提高可靠性以及选择改进小水电联入大系统的途径。"二十多年来，中国和多数国家都在为解决这个小水电本质问题做出不懈的努力。但中国更多注意了体制、电价机制等外部条件的改善，对改善小水电自身竞争力方面，尤其是依靠技术进步方面，无论是指导思想或具体技术措施方面，都还有相当差距。

为了降低小水电造价，发达国家在设计上就强调了简单、经济、适用的原则。例如，小水电站的机组台数，一般尽量要少，多数为2台甚至1台，很少有3～4台多机组的电站，这就显然将造价降低很多。当然，采取少机组的电站，在技术上必须做到：①机组质量优良，故障极少，停机维修少，大修周期长；②机组运行范围大，可在50%或更低负荷下运行，效率及稳定性无影响，才便于负荷分配的灵活性。尤其是混流式机组，做到这点不容易。我国制造的混流式机组一般只能在50%以上的负荷运行。解决这些问题均需制造厂密切配合。在发达国家，小于10MW的小水电站，常采用1～2台机组，厂房很小，自动化程度高，无人值班，关门运行，经济可靠。我国设计与运行单位对上述2点要求觉得麻烦，宁愿选择多机组，传统技术。近二十多年来，国外同行来华参观、考察中反复提出这个问题，表示对我国做法不理解，但长期以来，得不到解决。

再如，在厂房设计方面，发达国家的小水电站（25MW以下）大多是无人值班或少人值守，副厂房一般很小，甚至没有。主厂房外表也简单、朴素，有的像个仓库，但厂房内非常整洁，外观强调与环境协调。而我国近年来虽然已有一些小电站适当简化了设计，但仍有不少地方套用大、中电站的规定，把它“小型化”而已，追求“美观”，不切实际，搞自动化后，副厂房不仅没有简化，反而越来越豪华，浪费较大。

在辅机设备方面，为了强调可靠性，我国基本上采用主、备两套配置，如空气压缩机、油泵、滤水器等。但实际运行中，备用装置投入使用的机会非常小。而国外相当多小水电站，辅机设备非常简化，如油压装置，一台机的调速器、进水阀、制动系统共用一套，有的电站甚至两台机共用一套。实际上，对小水电来说，即便发生故障，停机检修也不需要很长时间，电站损失不大，更不会对电力系统有任何影响。例如，浙江有两座小水电站，装机容量分别为 3×1600kW 和 4×1500kW，采用引进加拿大控制设备，同期装置只有自动没有手动，不符合设计规范，当时让人很不放心，但电站运行 5 年多，还没发生过因同期问题造成不能发电的情况。

设计上因循守旧，对依靠技术进步，不断改进、更新技术水平不够积极，是我国与发达国家的主要差距。

发达国家十分重视小水电环境保护，提出了建立与生态环境友好的小水电工程体系的开发原则。在科研方面要求小水电科研必须广泛涵盖生态工程，并与环境结合，如研究采用筑坝新材料、气垫式调压室技术、搭建简易快速厂房等，保护电站周围植被；采用生物可降解油代替润滑油，防止渗漏、污染下游水质；设计鱼类友好的生态型水轮机转轮，避免通过转轮的鱼类被绞死、绞伤等。在工程设计方面，合理考虑生态流量，减少截流及河流取水的环境影响。我国已开始重视小水电环保问题，2006 年 6 月国家环境保护总局环发［2006］93 号文件发出了《关于有序开发小水电切实保护生态环境的通知》，水利部以水电［2006］274 号文印发《农村水电建设项目环境保护管理办法》。但是，在小水电环境保护科研和设计方面，也就是具体对策方面，还需要做很多工作。

当然，有些发达国家常用的鱼道设施等，以及近年来研究开发的一些新型设施（如海洋能发电），在我国尚没有研究、应用。

（二）机电设备制造方面

我国小水电能够顺利快速大规模发展的一个重要原因是国家相应地发展了中小水轮机设备制造业，为水电建设提供了坚实的物质基础。几十年来，中国小水电站绝大多数机电设备都是国产的，这在发展中国家是极少的。

多年来，中国中小型水轮机组实行了系列化、标准化，降低了造价，缩短了订货、制造周期，促进有些梯级或相邻电站的标准化，采用同型机组，降低了电站造价。这些在当时条件下，起到了积极作用。

在经济全球化，国际贸易竞争激烈的形势下，我国小水电建设向纵深发展，新的技术要求日益出现，而我国小水电制造方面的问题也不断显现，需要制造主管和水利主管部门共同研究解决。

（1）品种尚欠齐全。我国现有中小水轮发电机组的品种虽已能基本满足当前国内建设需用，但从提高性能与质量，扩大开发领域和参加国际竞争考虑，还有相当缺口。除特高水头和低水头水轮机尚不能生产外，还有不少机型制造也落后于发达国家。例如，转轮直径 2m 以下的贯流转桨式水轮机国内不愿生产（只生产定桨式），小水电恰恰常需 2m 以下的转轮，像加拿大等国，甚至能生产转轮直径为 0.58m 的贯流转桨式机组。其他，如水头 10m 以上的转桨轴伸贯流式，我国也无法制造，只能以立轴定桨式代替。此外，国外对 150kW 以下常用的双击式机组，以及微型机组及其配套的 ELC 等，我国均不生产。由于这些原因，我们错失了许多国外订货机会。增速器质量不过关，容量稍大（如＞1000kW）就不愿生产，能制造的无刷励磁品种甚少等，都使我们在国际市场上占不了优势。

（2）技术性能欠佳，指标不高。在水轮机效率、空蚀性能等方面，我们曾强调小水电不必苛求。但西方国家长期不改，发展中国家多数依靠西方专家、技术，采用西方标准，国际公开招标时，要求严格，我国在竞争中常处于劣势。过去，我们曾有过价格优势，近年也在滑坡。在国内市场供不应求的形势下，制造业对这些问题的改进不感兴趣。任其自流，危机显然。

（3）机组整体质量不够稳定。不仅供国内使用的小厂制造的设备质量有所下降，有的大厂生产的或供出口的设备质量也不稳定，与发达国家比较差距较大。

（4）技术单一，缺乏多样化的设计。例如，小水电常用的卧式发电机的通风方式，我国几十年来沿用传统的轴端进风、径向出风并直接排入厂房；发达国家的设计花样较多，有方形发电机，改进通风的；有出风经排风管排到室外，降低厂房室温的。在国外小水电站常见的这些形式，在我国从未尝试过。

再如，水轮机与发电机匹配，我国传统方式均用一台水轮机带动一台发电机（卧式），从未改变。而欧洲和大洋洲一些国家多有用两台水轮机带一台发电机的（在新西兰就广泛采用）。这种方式的电站，不仅发电机造价降低，而且负荷调节灵活，保护开关及调整系统均有所节约，可比一台水轮机带一台发电机的提高转速，而且厂房尺寸可缩小，据新西兰经验，厂房部分（土建＋机电）的造价约为传统方式的70%。当然需要电站设计和制造厂密切配合，对调速系统，发电机转子轴心问题，水转机迷宫冷却、推力轴承与安装步骤等作周密细致考虑。没有依靠技术进步推动小水电发展的积极理念，就不会千方百计的去探索，去实践。

(5) 关于系列化、标准化问题。国际学术机构虽提倡鼓励，但多数投资机构，西方设计咨询专家以及业主（包括发展中国家）在订货时总要求按"量体裁衣"(Customizcd) 方式，订购系列外的非标准产品。我国许多小工厂这方面能力不足，也常常失去供货机会。

(6) 生产厂不注意企业形象。许多生产厂家（特别是国有厂），生产车间设备堆放杂乱无章，工人不戴安全帽，厂房破烂不堪，不注意企业形象，以致外商到现场考察后，就不谈合作。例如，土耳其的一个客商，参观了我们一家国有厂后说，我们和你们一样都通过 ISO 9000，但标准好像不一样，说得厂长无地自容，当然合同肯定是丢了。我们参观过国外的设备小厂，有的厂房和设备也很陈旧，但摆放得整整齐齐，一尘不染。其实设备的新旧只能说明你的经济实力，并不代表你的管理水平。而外商更注重的是你的管理水平，好的管理才有好的质量。

以上这些问题的解决有赖于制造部门、水利部门和科技主管部门共同重视，委托通过专门机构，加强研发，才能解决。

（水利部农村电气化研究所
程夏蕾　朱效章　吕建平）

浙江省农村水电资源开发权市场配置的制度研究

（一）问题的背景

1. 焦点之一　进入 2001 年，有关小水电的水事纠纷明显增多，不同程度地发生了电站业主与当地居民之间的矛盾。这些矛盾大致分为四种：①老百姓预期电站建成后水库回水将造成上游村镇防洪标准降低，要求停建电站（如泰顺凤县岙潭水电站、天台县大港水电站等）；②由于预期引水发电会对下游居民和环境用水产生负面影响，引起老百姓的不满（如景宁县景润水电站、永嘉县张溪水电站等）；③业主一味追求的经济效益，置有关法规于不顾（如青田县巨浦水电站业主把县政府有关部门批准的技改方案改为异地重建，实施跨流域引水），导致当地居民强烈不满；④基层组织内部矛盾引起电站建设工程被迫中止（如莲都区严溪水电站，本届村政府班子对上届政府班子决定的电站建设项目不予支持，并煽动群众阻止工程建设），造成严重纠纷，引起村民群体性事件。这四种情况之间不是孤立存在的，其内在的经济动因是一致的，矛盾的几方都知道电站是经济效益明显的企业，都想利用各种与电站相关的因素，取得水电资源开发权，或电站效益的分配权和处置权。

2. 焦点之二　由水力资源开发权获得机会不均、股份分配不公引起的纠纷（如黄岩柔极溪和望春水电站是由于当地村政府所占股份比例偏低引起的，景宁县林圩水电站是两个投资者争相投资）明显增多，为了减少矛盾，浙江省部分市、县率先实施资源的市场配置，对开发权实行有偿转让：①文成县于 2001 年 4 月 16 日公开拍卖珊溪坝后一级电站的开发权，共有 30 位投资者参与竞标，某投资者以 362.1 万元的最高报价中标，取得了开发权；②云和县于 2001 年初由金坑口水电有限责任公司出资 2000 万元，取得金坑口水电站的开发权和包括进厂公路、11 万 kV 线路和变电设施、通信线路等公用设施的使用权（其中 660 万元用于购买金坑口水电站水电资源开发权，1340 万元用于分摊沙铺垄电站已投入的与金坑口电站共用设施部分的投资）；③丽水市政府分别以 160 万元、74 万元、65 万元的价格协议转让瓯江干流上的三溪口水电站、外雄水电站、五里亭水电站开发权（土地和水力资源使用期限为 50 年），浙江宏发能源有限公司、杭州凯利达有限公司、中国广厦建设集团有限责任公司获得开发权后 60 日内组建项目有限责任公司。

3. 焦点之三　作为政府主管部门的浙江省水利厅和有关市县水行政主管部门已将小水电资源及其开发权的管理纳入其日常工作范围。2001 年 8 月，浙江省水利厅召开全省小水电工作会议，把小水电资源及其开发权管理作为本次会议的主题，会议形成共识，小水电资源有偿转让是市场经济发展的需要，是小水电发展中的制度创新，充分体现了公开、公正、公平的原则，有利于提高资源配置效率。同月，浙江省水利厅下发浙水电［2001］7 号《关于加强小水电建设项目前期工作的通知》。2001 年 12 月，丽水、松阳、遂昌等市、县率先在水电资源及其开发权管理方面进行试点。松阳县政府出台了《加强自然资源开发权管理办法》，并以松政发［2001］98 号文转发了松阳县水利局《松阳县水电资源开发权管理办法（试行）》；遂昌县和丽水市也在积极制定相应的电力资源开发的有关管理办法。

（二）新制度经济理论及其对现实阐述

上面三种焦点现象实际上反映了三对矛盾，即投资者与当地居民、投资者与投资者、投资者与国家之间的矛盾。浙江经济的市场化和民营化程度比较高，由于利益驱动，市场主体之间的矛盾冲突也在所难免，正是这种矛盾的运动更进一步推动浙江经济发展和社会的进步。可用制度经济理论来阐述利益主体之间的这些矛盾及政府在哪些方面应有所作为、哪些方面应有所不为。

1. 新制度经济理论（略）

2. 产权与水电资源开发权——维护国家利益（略）

3. 水资源的公共物品与水电开发的公共选择——维护当地居民的利益（略）

4. 交易成本与优化投资组合——维护投资者的利益（略）

（三）水电资源有偿转让的市场配置机制

一般来说，在市场经济秩序建立中，为了减少由于资源稀缺而导致的经济损失，政府有必要根据资源的不同稀缺程度，制定稀缺资源的占有和利用的法律和法规，通过市场竞争，选择条件最合适的企业来占有和利用这些资源。

1. 通过市场竞争有偿获得水电资源开发权的条件　浙江省经济发展和小水电资源的开发已经为竞争机制的引入创造了条件：①可开发水电资源越来越稀缺，至 2000 年底，水电资源开发率达到了 45%左右，稀缺是市场配置的首要条件；②使资源利用率达到最大化的流域性规划和专业性水电规划已经完成；③水电投资为社会所公认，已越来越成为欠发达山区社会团体投资的首先目标；④2000 年统一电价方案出台，改变了原来一个电站一个价的做法，使投资者可以预期其未来的收益；⑤浙江民营经济发达，投资者市场经济意识普遍较高。有了这几个条件，水电资源公开拍卖就是顺应了潮流。

2. 资源的市场价格　价格是市场经济最有效的调控手段。通过竞拍开发权所得价款，是资源在市场中的价值体现。投资者取得开发权要支付价款，势必增加其单位电能生产成本——资源成本。该资源成本应包含两部分，一部分是水资源费，按生产的电能交纳，目前浙江为 0.01 元/(kW・h)；另一部分暂且称其为水力资源费，按资源优劣而定。由于市场经济条件下，单位电能生产成本＝资源成本＋开发建设成本＋经营成本，而现行电价的决定依据是单位电能的社会平均生产成本，因此，开发建设成本和经营成本之和低，资源价格就高。反之，如果资源较差，开发建设成本和经营成本之和达到或接近社会平均成本时，则资源市场价值应为零或接近零；二者之和超过社会平均生产成本，则资源价值为负值。如防洪工程中的附属电站，政府必须贴钱，才有投资者投资建设整个防洪工程和水电站。

3. 水电资源有偿转让的相关问题　要建立一种公开、公平、公正的资源转让市场机制，必须注意以下几个方面的问题：

(1) 政府部门在进行资源有偿转让前，应先做好规划，掌握区域内资源情况，要根据投资额大小在相应广度的媒体上披露信息，破除由于投资额度大形成的进入壁垒。

(2) 对综合性利用的水资源开发项目，特别是承担防洪除涝等社会公益性功能的项目，其市场竞价结果有可能使开发权的价格为“负”，即国家财政需要贴钱给投资者。实际上，政府的贴钱数额与资源转让价格之和就是投资者对项目中除发电功能以外其他公益性功能的投资额，这部分投资本身就应该由政府出资建设的，因此开发权转让价格实际上还是正的，表面上的“负”价格与稀缺资源的市场配置理论并不矛盾。

(3) 参与者数量太少不足以引起公开竞拍的条件下，双方应采用协议有偿转让机制，但必须体现一定量的资源价格，从根本上消除历史发展可能会带来的法律纠纷。

(4) 政府有意扶持投资者时，可以采取资源股的形式入股，但股权属国家所有，而不为当地居民所有。

（四）实现资源公开有偿转让的积极意义

(1) 在按社会平均成本核定电价的政策前提下，通过有偿转让，提高投资者的生产成本，平抑投资者的利润，既是电价政策的补充，又是确定垄断行业合理利润的有效手段。

(2) 提供公正、公平、公开的市场竞争机制，使各社会成员都有平等参与的机会，减少因水电资源开发权转让过程导致投资者与村民，投资者与投资者之间的矛盾。至此，水电开发从资源管理和转让、工程建设，直到电站生产经营都走向了市场经济。

(3) 防止政府官员和国家工作人员利用稀缺资源的人为配置而产生的腐败行为，减少“寻租”，杜绝业主为谋取暴利私下转让国家水电资源开发权行为。

(4) 提高水电资源管理的意识，倡导社会公德意识，提高公民对社会公共事务的责任感。

（五）结束语

综上所述，政府不仅要管理好水资源，而且还应规范好水力资源市场开发行为：

(1) 自然的水资源属公共物品，作为清洁的、可再生的水力资源，国家应该鼓励社会投资开发，但水资源一旦交给“经济人”进行水电开发就进入非公共物品的范畴。公共物品与非公共物品的转换要按市场经济规律进行处置，即公共物品的转换必须进行公共选择，最后达到利己不损人或双赢的目标。

（2）水电开发中，利益主体有国家（政府）、投资者和居民三者，分清利益主体是实现有偿转让的前提，才能对三者的权益进行保障；国家需制定相应的政策法规，保证国家和居民得到必要的补偿。

（3）单位电能生产成本应包括资源成本、建设成本和经营成本；资源成本应包含水资源费和水电资源费，是业主交给国家的资源使用权的租金；建设成本中应包含对上、下游居民的补偿金。

（4）采用市场机制，在投资者中间实现水电资源公开、公正、公平地配置，是新世纪水资源管理和配置的必然趋势。

（浙江省水电开发管理中心　叶　舟）

武宁县水电及农村电气化调查与思考

（一）水电农村电气化的地位和作用

水电和农村电气化的建设，是农村发展、农民增收的重要基础，是带动农村各项事业发展的强劲动力，是建设社会主义新农村的有力支撑。武宁县地处赣西北部，位于修河中游两岸，是1995年通过国家验收的全国第二批农村水电初级电气化县。自20世纪90年代以来，武宁县一直把水电农村电气化建设摆在重要位置，作为县域经济发展的五大产业之一。自创建全国第二批农村水电初级电气化县以来，农村小水电建设如火如荼，县域经济已步入了“以电养林、以林蓄水、以水发电、以电促农、以电促工、以工补农”的良性发展轨道。2005年全县农村电炊户率达20%，每年节约木柴约3.5万m^3，乱砍乱伐现象不复存在，全县森林覆盖率达到67.1%。工农业生产突飞猛进，自1995年全国第二批农村电气化县验收以来，全县农业总产值增长2.1倍，工业产值增长3倍，农民人均纯收入增长2.4倍。水电农村电气化的建设为武宁建设美丽、富裕和谐的社会主义新农村奠定了良好的基础。

（二）水电农村电气化现状

截至2004年底，武宁县全县乡、村通电率均达100%，户通电率达99%，全县年总用电量14090万kW·h，人均年用电量405kW·h，户均年生活用电量408kW·h，丰水期电炊户数1.8887万户，电炊户率占20%。

1. 电源现状　武宁县属鄱阳湖流域修河水系，境内有大小河流107条，其中集雨面积在100km^2以上河流有10条，水能理论蕴藏量146.6MW，技术可开发量89.11MW。截至2005年底，全县已建成水电站85座，总装机容量53.52MW，其中2000～2005年新建水电站65座，装机容量34.33MW。

2. 电网现状　武宁县电网位于九江电网的中西部，以水电站、110kV变电站为主电源，形成了以35kV为主干网架，10kV配电网络和低压网络为支柱的网络结构，覆盖在武宁县3506.6km^2的土地上。其中输变电网，全县共有35kV及以上变电站12座，总变电容量6.28万kVA。全县电网输电线路有110kV线路两回，总长82.5km；35kV线路22回，总长280.7km。10kV配电网中，全县共有21座供电所，所辖10kV配电变压器1212台，总容量75167kVA，共有10kV线路48回，总长度1373.2km；均为钢芯铝绞线，截面共有5种，即185mm^2、70mm^2、50mm^2、35mm^2和25mm^2，其中以50mm^2、35mm^2和25mm^2为主。

（三）水电农村电气化建设存在的主要问题

1. 水电站建设不规范，“四无”电站多　2000～2005年间，全县共兴建65座水电站，其中绝大部分电站是在无河流水电开发规划、无水行政部门水资源取水许可、无环保部门环境影响评价的情况下立项，在没有经过有资质的设计单位设计的情况下进行施工，在无上岗培训、无验收的情况下进行上网发电的“四无”电站。

2. 变电容量不能满足负荷发展需求　目前，县域内只有1座110kVA变电站，主变压器容量为2×20MVA，现状容载比较高，2005年配电变压器容量为10MVA的电石厂和配电变压器容量为3.63MVA的唐龙工业城投产，加上万福工业园入园项目不断增多，110kV中心变电站将无法满足供电需求；部分35kV变电站变压器容量不足，不能满足小水电上网和负荷要求。据调查，县域内有4座35kV变电站因为主变压器容量不足而导致峰水期其辖区内部分小水电站无法上网，负荷高峰期只得限负荷运行。

3. 农村35kV变电站布点不足　不少地方由于35kV变电站布点不够，造成原有的35kV主变压器和10kV线路主变压器超负荷运行；部分变电站10kV供电半径过大，最远达42km。

4. 35kV线路线径偏小　部分35kV线路架设于20世纪90年代后期，经过多年运行，已不能满足负荷需求，常常处于过载运行，使得末端电压质量难以达到要求。

5. 农村供电所部分线路状况差　由于电网改造资金不足，农村供电所还有30%线路尚未改造，未改造线路大多为木杆、拆股线架设，不符合技术要求。

（四）问题分析

1. 水电管理职能不健全　1998年农电管理体制

改革，取消了水利部水电建设管理职能，撤销了农村水电司，县级也进行了同样的改革，武宁县取消了水电局管电职能，撤销了县水电局农电总站，将乡镇水利水电管理站一分为二，一部分人员归属乡（镇）政府从事水利工作，另一部分人员归属县电力供电公司，成立乡镇供电所，原乡镇水管站的财产归供电所。从此，县水利局对水电建设的行业管理大大削弱，农村水电建设由电力部门统揽，小水电站开发从立项到建成上网发电，都可以不经过水利部门审批、监管，形成了水电管理职能错位、缺位等不正常现象。

2. 小水电开发无序　随着水电开发热潮的掀起，水电开发商纷至沓来，竞相进入这一行业，一些部门为了招商引资，尽量方便投资商，减免了一些不该减免的程序。开发商为了自身利益，私自采点，哪个地方建站符合自己意愿就在那个地方建电站，不考虑流域的综合现划，造成水资源浪费。一些开发商为了节省成本，请一些收费低、无设计资质的单位或个人设计，而一些设计单位（或个人）为了利益迁就开发商提出的不合理开发方案。一些建设单位不按批准的技术方案和规范进行施工，招收价格低的非正规专业施工队伍进行施工。电站建成后不验收、不培训上岗，造成“四无”电站多，给工程运行留下质量和安全隐患，有的甚至危及到公共安全和生态安全。

3. 电源建设与电网改造、建设不匹配　“十五”期间，一些水资源丰富的山区县水电装机容量猛增，同时随着人民生活水平的提高，用电负荷也在不断增加，造成部分35kV变电站容量不足，部分线路线径偏小，使得发电高峰期小水电无法上网，负荷高峰期限负荷运行。究其原因，主要是电网改造、建设投入资金不足。民间资金很少投资电网改造，电网建设全落到供电企业身上，而不少供电企业面对巨额的电网改造资金，望而却步，结果造成“电站开发投资热，电网建设投资冷”的不匹配现象，影响了水电农村电气化的建设。

4. 政府投资补贴水电农村电气化建设资金偏低　农村电气化电网建设改造工程需要大量资金，但是自从1998年国家取消了每年30亿元的中央小水电专项贷款后，2000年以后又逐步减少了中央对水电农村电气化县建设财政补助比例，“七五”期间中央财政补助比例是30%，现在不到3%，虽然“十五”期间农网改造国家投入了大笔资金，但由于武宁县地处山区，农村电网设施相当落后，经济不发达，国家扶助资金只完成了70%的农村低压线路改造，还有30%的线路未改造，仍是木杆、拆股线。

（五）解决水电农村电气化建设问题的思路和对策

1. 理顺管理体制，保证小水电有序开发　政府要加强小水电资源的管理，理顺小水电开发的管理体制，明确政府有关部门在小水电开发方面的职能，做到“权责统一，联合执法”。水利部门在有关部门的支持和配合下，要依法对小水电规划、设计、审批、建设、运行进行全程监督，确保小水电开发的有序进行。对小水电开发，一是要严把项目审批关，按照法律法规的要求，切实做好水资源和水力资源开发许可、土地和林地合法使用以及环境影响评价、水土保持方案和移民迁安等前置审批工作；二是要把好项目设计和工程质量关，电站开发商应聘请有资质的设计单位进行设计，招收正规专业的施工队伍进行施工，按照“四制”要求进行建设管理；三是要严把运行管理关，各小水电要建立健全安全调度和生态调度制度，确保汛期公共安全和枯水期河道生态安全。

2. 广开筹资渠道，加快电网建设和改造　供电企业要想方设法广开筹资渠道，利用国家投资、地方筹资、银行贷款和其他集资，采取设备入股、引用外资等多渠道、多层次融资方式，改造不适应电气化发展的地方电网，努力做到电源电网负荷配套，提高自身的供电能力，巩固和扩大电力销售市场。

3. 实施政府扶持，推进水电农村电气化健康发展　实现和推进农村电气化，是社会主义新农村建设的重要组成部分，没有农村的电气化，就不会有农村生产、经济的发展。为此，各级政府要大力支持农村电气化建设，一是要在政策上扶持小水电和农村电网建设；二是要提高国家补贴标准，继续实施或推进农村水电电气化建设，扩大电气化建设范围，以电气化促进农村现代化；三是中央和地方政府仍要加大电网建设力度，继续搞好农村电网改造。

4. 创新小水电扶贫机制，为山区贫困农民脱贫致富创造条件　小水电资源大多分布在贫困人口较多的山区，把小水电开发和利用与扶助山区贫困农民结合起来，是一条山区人民脱贫致富的好路，要开通此条致富路可尝试如下几条途径：

（1）把国家对农民的补助或农民投劳、投地折资转为农民资本金，投入电站的开发，作为电站的股权资本，电站有红利后按股进行年利分红。

（2）划定电站附近的“贫困居民区”，允许电站按上网电价直供“贫困居民区”电力，使该区域贫困农民用低价电发展生产，脱贫致富。

（3）政府贴息帮助农民小额贷款投资入股小水电站。

（江西省九江市武宁县水利局　张　润）

农村水电管理

水力资源管理工作进展情况

（一）水力资源概况

我国水力资源总量丰富，居世界首位。根据2005年公布的复查成果，我国水力资源理论蕴藏量年电量为60829亿kW·h，平均功率为694400MW；技术可开发装机容量541640MW，年发电量24740亿kW·h；经济可开发装机容量401800MW，年发电量17534亿kW·h。这次水力资源复查成果与1980年的普查成果对比，理论蕴藏量增加了6.7%，技术可开发量增加了43.1%；发电量分别增加了6.7%和28.6%。50MW及以下的农村小水电资源开发量为1.28亿kW，其中这次水力资源复查范围内的小水电资源可开发量为65210MW，水利部初步补充复查增加62790MW。

我国水力资源在地域分布上极不平衡，总体来看，西部多、东部少，水力资源相对集中在西南地区，而经济发达、能源需求量大的东部地区水力资源量极小。大多数河流年内、年际径流分布不均，丰、枯季节流量相差较大，需要建设调节性能好的水库，对径流进行调节，缓解水电供应的丰枯矛盾，提高水电的总体供电质量。水力资源主要富集于金沙江、雅砻江、大渡河、澜沧江、乌江、长江上游、南盘江红水河、黄河上游、湘西、闽浙赣、东北、黄河北干流及怒江等水电基地，其总装机容量约占全国技术可开发量的51%，占经济可开发量的60%，有利于集中开发和规模外送。全国水力资源技术可开发量最丰富的三省（区）的排序为四川第一、西藏第二、云南第三，其技术可开发量装机容量分别占全国的22%、20%和19%。全国江河水力资源技术可开发量排序前三位为长江流域、雅鲁藏布江流域和黄河流域，分别占全国的47%、13%和7%。

（二）小水电资源开发利用情况

2006年，以小水电为主体的农村水电在建规模20000多MW，全年建成投产6400MW，超过“八五”期间五年投产总量，超过改革开放前三十年投产总量。农村水电装机容量达到47200MW，占全国水电装机容量的36.7%，占全国电力总装机容量的8%，占全国可再生能源电力的97%以上。中小河流小型水力资源开发利用率超过33%。

（三）管理工作进展情况

1. 重视水力资源管理　水力资源是水资源不可分割的重要组成部分，是我国重要的能源资源和河流生态资源。一年来，各地政府及水利部门认真贯彻《水法》、《可再生能源法》等法律法规和中央有关加强自然资源管理的要求，通过举办研讨会、论坛等方式，相互交流经验，探索工作方式，不断提高对水力资源管理工作重要性的认识，转变过去重水电项目管理忽视资源管理的工作思路，为做好水力资源管理工作奠定了思想基础。

2. 积极理顺管理体制　2006年，继贵州、广西、福建等省（区）之后，湖北、陕西等省针对水力资源开发存在的问题，制定出台了一些重要的法规或政府规章和规范性文件，理顺了管理体制，加强了水力资源管理力度，促进了水电建设的有序进行。如，湖北省人大常委会修订出台的实施水法办法规定：“水力资源属于国家所有，实行有偿开发使用”。“水力资源开发利用，采用招标、拍卖、挂牌交易等公平竞争的方式确定开发权人，由政府组织水行政等相关部门实施”。《湖北省人民政府关于加强水力资源开发利用管理的意见》（鄂政发［2006］25号）规定：水利部门是水力资源开发管理的主管部门，负责水能资源开发规划编制、使用权出让的组织实施、设计审查、建设监管、水库防汛调度等管理及前期勘测设计各阶段的技术审查和建设施工全过程的安全质量监管。陕西省人大常委会出台的实施水法办法规定：水力资源的开发利用可以由水行政主管部门会同有关部门提出具体方案，由本级人民政府通过招标、拍卖等方式有偿出让。出让金应当作为专项资金用于水资源的保护、管理。陕西省《关于农村水电建设管理职能分工的通知》（陕编办［2006］131号）规定：水利部门负责全省水力资源开发利用管理工作；组织编制省内河流水力资源开发利用规划并监督实施。自此，全国已有10多个省（区、市）相继以地方性法规、省政府文件、地方编办文件或部门联合发文等形式理顺了水力资源管理的体制，为河流水资源科学、有序、可持续开发利用提供了体制保障。

3. 水力资源使用权有偿出让范围进一步扩大　水力资源与土地、矿产等资源一样属于国家所有，是全民的资源性资产。水能开发利用实行投资多元化，全民资源长期由少数人或部分人无偿占有和收益，势必引起资源分配不公和社会分配不公及跑马圈河、抢占资源等问题。随着市场经济的不断完善，这个问题将日益严重。在2005年基础上，各地继续推进水力资源开发使用权有偿出让工作，不断扩大出让范围，规范出让程序。通过有偿使用，改变了水力资源无价的落后观念，建立了适应社会主义市场经济的水力资源市场，规范了水力资源的开发秩序，逐步建立了水力资源开发反哺河流健康的机制，在一定程度上遏止了“跑马圈河”、无序开发水力资源的现象。为规范水力资源开发使用权有偿出让工作，重庆市人民政府还制定出台了有关管理办法，明确了出让方式、出让程序。截止到2006年底，水力资源开发使用权有偿出让工作已推广到全国10多个省（区、市）。

（水利部农村水电及电气化发展局　周鹏飞）

农村水电政策法规制定和实施情况

（一）制止无序开发，规范农村水电建设秩序

我国农村水电事业蓬勃发展，不仅成为农村经济社会发展的重要基础和强大推动力，而且对增加能源供应，改善能源结构，保障能源安全，保护生态环境都发挥了不可或缺的作用。但农村水电在快速发展和体制转轨过程中，也出现了一些无序开发和影响公共安全及社会稳定的问题。为此，自2003年以来，水利部陆续下发了有关清查“四无”水电站确保安全度汛、清除“四无”水电站事故隐患、加强农村水电站工程验收管理、明确水库水电站防汛管理有关问题、农村水电站安全管理分类及年检办法、农村水电安全生产监察管理指导意见、农村水电建设项目环境保护管理办法等系列文件，对制止无序开发、清除安全隐患、加强水力资源及农村水电管理提出了具体的规定和要求。各地做了大量工作，取得了显著成效。但一些地方在管理上职责不清、审批不严、监管不力的问题仍然存在。

2006年，在总结实践的基础上，为全面落实科学发展观，落实中央关于加强农村水电开发规划和管理的指示，水利部发布了《关于加强农村水电建设管理的意见》（以下简称《意见》）。《意见》从农村水电建设全过程的9个环节明确提出要求：切实加强河流水力资源开发规划工作，严格项目初步设计审批，落实环境影响评价预审、取水许可等制度，坚持项目开工报告审批，强化施工过程监管，认真执行工程验收制度，严格工程安全监管，加强建设市场监管等。这一《意见》贯穿农村水电规划建设管理的全过程，是建立科学有序的农村水电开发建设秩序，维护公共安全、公共利益和河流健康生命的重要法规性文件，为指导各地加强农村水电建设管理工作提供了基础和保障。

为贯彻落实《意见》精神，2006年11月，水利部在四川成都举办了《水能资源管理和农村水电建设管理》培训班。来自全国20多个省（自治区、直辖市）水利（水务）厅（局）、地（市）和县水利局农村水电主管部门负责人和业务骨干，以及部分县级水电公司、水电站的负责人共80多人参加了培训研讨。此次培训对于《意见》的贯彻落实，指导各地加强水力资源管理和农村水电建设管理有重要意义。

各地在认真学习，积极宣传贯彻的基础上，结合本地实际，出台了一些实施细则，按照文件要求对“四无”水电站及其安全隐患进行了全面排查和重点检查。对清查出问题的电站，制定了整改方案，落实到责任人。在消除紧急安全隐患基础上，全面落实限期整改措施。“四无”水电站清查整改工作初见成效，农村水电建设秩序逐步好转。

（二）加强农村水电建设项目环境保护管理，坚持在保护生态基础上有序开发水电

2006年，针对小水电开发中出现的无序开发、影响生态环境等问题，水利部颁布了《农村水电建设项目环境保护管理办法》，对农村水电生态环境保护工作作出了具体规定，有效推动了环境影响评价制度在农村水电行业的全面实施。要求各地在农村水电开发中认真落实环评预审制度和环境保护措施，加强对初步设计阶段有关环境保护设计和建设过程中的环境保护监管。

通过贯彻落实《农村水电建设项目环境保护管理办法》，各地生态环境保护意识明显增强，人为的生态破坏得到有效遏制。经过采取工程措施和非工程措施，一些曾经断流的中小河流生态流量得以恢复，生态环境逐步得到修复和改善，许多地方还出现了可供观光旅游的“生态水电站”。

（三）联合出台新政策，努力破解农村水电上网难、电价低的难题

长期以来，各地农村水电普遍存在上网难、电价低两大难题，并已成为其发展的严重桎梏。2006年4月，国家发展改革委、国土资源部、水利部、国家环保总局、国家电力监督委员会等八部委联合发出《关于加快电力工业结构调整促进健康有序发展有关工作的通知》，明确提出要依法贯彻落实《可再生能源法》中有关可再生能源发电电价、电量、上网等政策，加大对可再生能源的扶持力度，实现水电全额上网，同网同价。这意味着今后水电站的发电量，电网要全部接纳，杜绝停机弃水的现象，同时，在同一个电网，

水电与火电执行相同的价格。

多年来农村水电深受上网不公和价格不合理两大难题的困扰。按全国小水电上国家电网平均电价计算，农村水电企业仅因电网限发造成的直接经济损失，2003 年 6 亿多元，2004 年 4.6 亿元，2005 年超过 5 亿元。此次八部委联合出台“水电全额上网，同网同价”政策，有助于从根本上提升农村水电企业的市场竞争力，从根本上保护农村水电的合法权益，对于促进农村水电这一清洁可再生能源的可持续发展，必将发挥重大作用。

这项政策的出台，将有效引导社会投资，加快先进技术的推广应用，加大高素质人才的吸纳力度，推动农村水电行业提高管理水平和技术水平，从根本上提升农村水电企业的市场竞争力，同时有力促进水电新农村电气化县建设、小水电代燃料生态保护工程、农村水电增收解困工程建设，必将对繁荣农村经济，促进新农村建设发挥重要作用。

（四）积极贯彻落实《可再生能源法》，促进适用水力发电的政策出台

为贯彻落实《可再生能源法》，2006 年 6 月水利部报送国家发展改革委《水力发电对〈可再生能源法〉适用政策的建议》，指出小水电应全面适用《可再生能源法》，特别是在上网政策、电价政策以及经济激励政策等方面，享有风能、太阳能、生物质能、地热能、海洋能等可再生能源应法定享有的无差别待遇。目前，12 项《可再生能源法》配套法规已制定 8 项，《水力发电对〈可再生能源法〉的适用性政策》仍在研究制定当中。

（水利部农村水电及电气化发展局
邹体峰　张学进）

农村水电安全生产监察管理

2006 年，各级水利部门认真贯彻落实全国安全生产电视电话会议、全国水库安全度汛电视电话会议精神和水利部安全生产领导小组关于加强水利安全生产工作的要求，根据农村水电安全生产的特点和实际，强化安全生产监督管理，坚决清查“四无”水电站，农村水电企业认真落实安全生产各项措施，全国农村水电安全生产工作取得了明显成效。

（1）以制度建设为先导，建立农村水电安全生产管理长效机制。2006 年，水利部下发了《农村水电站安全管理分类及年检办法》（水电［2006］146 号）、《农村水电安全生产监察管理工作指导意见》（水电［2006］210 号），进一步加强农村水电行业安全管理。各地水行政主管部门坚持“谁主管、谁负责”的原则，普遍实行行政首长负责制，进一步加强对农村水电安全生产管理工作的领导，把安全生产大检查作为切实履行农村水电管理职能，强化政府公共管理的重要措施和手段。大部分农村水电企业按照“安全生产，预防为主，防患于未然”的方针，建立健全安全管理规章制度，签订安全生产目标责任书，确定安全生产目标，明确安全责任，切实做到“谁主管，谁负责；谁在岗，谁负责”。

（2）以清查“四无”水电站为切入点，整顿农村水电建设秩序。2006 年，水利部出台了《关于制止无序开发，进一步清除“四无”水电站的意见》（水电［2006］336 号），继续对“四无”水电站进行清查。大部分省区“四无”水电站均按规定进行了整改或正在整改。对整改不到位的“四无”水电站，根据具体情况分别责令限期整改或依法关闭。新建农村水电站项目大多能按基建程序报批，符合已经批准的水能资源开发规划，有水行政主管部门的技术审查和初步设计审批手续。民营资本开发农村水电的建设工作正在逐步走上正轨，建设程序渐趋规范。

（3）以年度汛前安全大检查为重点，查找和消除安全隐患。为扎实有效地落实防汛工作责任，做到有备无患，确保水电站的安全施工、安全运行、安全度汛，2006 年各地水行政主管部门都把防汛方案的确定和完善作为主要检查内容。明确责任，严格水库调度方案和防汛预案的审批，加强对水电站安全度汛的监管。明确水电站管理单位、业主单位、主管部门的防汛职责，按照“谁投资、谁负责”的原则确定业主、管理单位，落实各项防汛措施，承担管理和度汛的主要责任。加强上下游沟通、联系，加快流域梯级水电站防洪调度系统建设。具有蓄水功能的水电站也要当作水库进行管理，以保证水电站、水库的安全。

（4）以安全事故督查处理为突破口，及时消除事故隐患，确保发、供电安全。2006 年，各地农村水电企业普遍对电站可能存在的事故隐患，特别是对电站大坝、渠道、发供电主要设备、电力设施采取了重点防范，并制定了事故应急处理预案，以保证一旦发生事故，能够快速、准确地拿出相应措施，把事故损失降低到最低程度。个别地区发生安全事故后，能够做到及时上报事故分析报告，按“三不放过”原则对事故原因责任及预防措施进行认真分析，按照相关规程、规范进行补救和防范，使此类事故不再发生和少发生；对事故主要责任者和相关人员进行批评教育，严重者追究相关的刑事责任。

（5）以加强教育、培训、宣传工作为基础，切实增强职工素质和安全意识。各地坚持以人为本的安全理念，除定期对安全、监察员、机电运行工等一些从事特殊工种的人员组织学习和培训，还加强对其他工

作人员技能方面的培训。组织开展形式多样的安全生产技能活动，既采用现场实际操练、技术问答等传统培训方式，又根据实际情况创新培训形式，拓宽培训渠道，积极采用计算机仿真、网络教育等多种形式和手段，研究探讨规范职业技能培训和评价的方法，切实提高安全生产工作的能力和水平。同时，开展丰富多彩的安全文化宣传教育活动，提高安全文化影响力，增强企业职工安全生产意识。

（6）以安全监察员队伍建设为关键，建立健全农村水电安全监察体系。水利部农村水电及电气化发展局要求各地和各企业按照国家有关规定建立农村水电安全监察网络，明确安全监察职能、人员和责任。加强安全监察人员培训，提高安全监察人员素质。凡是从事农村水电电力安全监察工作的人员必须经过安全监察技术培训，考核合格后获得“水利部电力安全监察员资格证”才能上岗。建立健全各项制度，特别是要制定农村水电生产事故调查有关规定，严格事故报告制度，加强事故通报、信息交流。为完善安全监察人员培训制度，水利部已发出《农村水电安全生产监察管理工作指导意见》，目前正在组织有关专家编写《农村水电安全监察员培训教材》和建立相应的考试题库，促进培训工作规范化和制度化。

（水利部农村水电及电气化发展局
黄 明 程 骏）

农村水电站实行安全管理分类及年检制度

2006年，水利部发布了《农村水电站安全管理分类及年检办法》（水电［2006］146号文），规定对全国农村水电站实行安全管理分类及年检制度。此项制度的实施对加强农村水电安全监督和管理，提高行业管理水平，保障安全生产和人民生命财产安全，具有重大意义和作用。

（一）加强农村水电站安全监管的必要性

截至2006年底，农村水电站总数达到4.5万座，总装机容量47200MW，年发电量1484亿kW·h。近几年，随着国民经济的快速发展，全国各地掀起了新一轮农村水电建设热潮，在建装机容量15000MW，年新增装机容量达到5000MW以上，每年都有数以千计的新电站投人运行。但对人量运行电站的管理长期以来一直是我国农村水电行业管理中的薄弱环节，首先是政府管理缺位，没有建立相关的监管制度和保障措施。其次，水电站水轮机运行，发电机运行，励磁系统运行，调速系统运行，机组自动控制、保护及其他设备运行，机组技术管理、维护及检修，电站环保设施运行缺乏统一的国家或行业质量安全评定标准。在小型水电站中，水轮发电机组是完成电能生产的关键设备，其运行综合性能质量的优劣直接关系到电站经济效益的高低，影响着电站能否安全可靠地正常生产。针对多年来农村小型水电机组运行中普遍存在的效率低、故障率高及安全可靠性差等问题，迫切需要对小水电机组的运行性能质量进行规范化管理。再其次，农村水电站量大面广，政府监管难度大。在我国4.5万座农村水电站中，装机容量在1MW以下的小水电站有3万余座，装机容量在1～10MW的水电站有12000余座，装机容量在10MW以上的水电站只有900余座。农村水电站技术装备和管理水平与全国电力行业相比还存在较大差距，所有制性质国有电站只占近20%，绝大部分电站是股份制和私营。尤其是离网孤立运行的农村水电站，大部分分布在偏远贫困山区和经济落后地区，电站运营管理机制不健全，缺少合格的运营员工，导致政府安全监管成本较高。

在政府管理缺位的情况下，有的电站存在重大安全事故隐患仍在运行；一些机组长期在非正常状态下运行，经济效益低下；一些电站的环保工程不能正常运行，对流域生态系统造成损害等，电站的安全性、经济性、可靠性难以保障。特别是被查出的3000多座无立项、无设计、无验收、无管理的“四无水电站”，成为威胁国计民生的重大隐患。近年来，“四无水电站”多次发生重大安全事故，造成严重的经济损失和社会影响。因此，当前迫切需要加强农村水电安全管理制度建设，落实安全管理的政策措施，加大政府监管力度。在此背景下，水利部发布了《农村水电站安全管理分类及年检办法》水电［2006］146号文。

（二）实施农村水电站安全监管的可行性

近年来，随着我国体制转型加快，政企分开、政资分开逐步实施，民间资本大量涌入水电市场，各地农村水电企业普遍改制，私营电站迅速增多。在以往国有企业为主的非市场经济模式下，各级农村水电主管部门习惯于系统、部门内的行政管理，不适应基于市场的法制化的行业管理；体制转型使各部门的权力重新配置，为了实行分散化公共治理，提高政府服务效率，部门之间的协调问题日益凸现；电站私营化后，企业员工的素质发生了较大变化，电站安全管理机构和制度不健全，借山区交通不便不能实行适时监管之机，违规运营的现象增多；在偏远地区，每年数以千计离网分散孤立运行的电站投入电力生产，加大了农村水电主管部门的安全管理工作量；以往安全管理的内容主要是电站大坝度汛安全和机组运行安全，现在还要涉及经济安全和生态安全。这些因素都增加了农村水电安全管理的难度，导致政府安全监管无力。面对这一新形势，必须尽快转变政府管理职能，由系统、部门行政管理及时向行业、市场法制管理过渡，不断改革创新管理方式。

贯彻落实水利部水电［2006］146号文的关键在于协调与有关部门的关系。为了适应市场化转型的需要，目前我国行政管理体制正逐步打破部门利益和高度集权的格局，向着政府职能社会化、实行绩效管理制度、建立部门之间信息共享与合作机制、引入政府干预成本效益分析的方向转变，以便能够更好的履行政府管理职责，科学整合行政资源，节约社会管理成本，提高行政效率和质量。在农村水电安全管理上，水利部门、国家安全监督局、国家电监会都负有监管的权力，由于存在职能交叉，容易产生行政缺位和越位。需要各部门之间合理划定监管边界，既有分工，又有合作，既不能各自为政，也不能独揽权力、相互代替，更不能行政无作为。应通过信息交流与政策协调，使各部门在独立性与合作性之间保持平衡，其程序与权力的行使必须体现依法行政的要求。

水利部门在农村水电安全管理上与有关部门开展联合执法取得了良好经验。水利部《农村水电站安全管理分类及年检办法》（水电［2006］146号）发布后，各地水行政主管部门及时转发文件，召开会议部署安排工作，并依据农村水电行业管理职能，主动与国家安监局、电监会开展信息交流与政策协调，争取得到有关部门的支持，促进该文件的贯彻落实。黑龙江、吉林、辽宁、重庆、贵州、山西、河南等省水行政主管部门结合农村水电《电力业务许可证（发电类）》的申报工作，与地区电力监管机构联合发文，联合现场执法检查。其中重庆、河南水行政主管部门与地区安监局、电力监管机构三家联合发文，保证了146号文罚则的权威性。职能部门之间的这些协作对推动146号文的贯彻落实，提高农村水电安全监管质量起到了重要作用。

水利部三定方案中具有全国农村水电建设运行的行业管理职能，长期以来对农村水电站实行安全管理积累了丰富经验，初步建立了省地县分级管理的电力安全监察管理体制，颁布了一系列安全管理办法，拥有一大批专业化的安全管理干部和电力安全监察员执法队伍，每年例行开展一次全国农村水电安全大检查，监督存在安全事故隐患的单位限期进行整改。146号文的发布全面加强了农村水电安全管理制度建设，将会对保障地处偏远、分散量大的农村水电站安全运行，降低事故发生率具有重大意义。

（三）农村水电站安全管理分类及年检制度的主要内容

水利部《农村水电站安全管理分类及年检办法》（水电［2006］146号）的主要内容，一是规定了农村水电站安全管理分类标准，将农村水电站按照安全管理水平确定为A、B、C、D四类。A类电站是安全可靠，管理优秀，实现了“无人值班”（少人值守），具有示范作用的水电站；B类电站是管理较好，能安全生产的水电站；C类电站是管理差，存在重要安全隐患，需限期整改的水电站；D类电站是存在严重安全隐患，必须停产整改的水电站。对农村水电站安全管理水平分类首次实行了全国统一评定标准，改变了各地安全管理无统一标准的状况。二是确定了农村水电站实行安全管理年度检验制度。规定了首次申报基本条件、工作程序和分级管理的审批部门。首次申报基本条件包括：①非违规建设的水电站；②有完整的水电站勘测、设计、施工、监理、质检资料和运行监测资料；③已经通过竣工初验或竣工验收，并有水电站大坝工程安全鉴定报告；④有健全的安全生产制度、职责明确的管理机构和符合岗位要求的运行人员。水电站安全管理类别实行年度检验制度，水行政主管部门对上报的年度检验申报表进行检验，采取适当方式进行现场检验或抽查，并按照水电站安全管理分类标准，对已确定类别的电站进行定级、晋级或降级。水行政主管部门根据本地实际，确定省、地、县三级水行政主管部门对水电站安全管理分类及年度检验管理权限。三是规定了奖惩和整改条文，对冠名金牌的水电站，由水行政主管部门给予表彰奖励，并向当地政府推荐参加相关表彰评比，向金融部门推荐提高贷款信誉等级；被确定为C类的水电站，必须在限期内进行整改。整改后报原审核单位验收并重新确定类别；被确定为D类的水电站，必须立即停产整改。整改仍不合格或拒不接受整改或年检的水电站，由水行政主管部门吊销其使用证，并通知电网企业不准其并网，建议工商行政管理部门吊销其营业执照；对造成严重后果的，追究其法定代表人及相关负责人责任；对构成犯罪的，依照相关法律，移交司法部门追究当事人法律责任。

加强农村水电站安全管理分类及年检制度建设是当前水利部农村水电及电气化发展局的一项重要的中心工作。各级水行政主管部门正在开辟多种途径，利用多种方式抓紧落实146号文，水利部农村水电及电气化发展局办网站中国农村电气化信息网在显著位置专门开辟了农村水电安全监管专栏，及时跟踪报道各地有关的工作进度、发布文件、调研报告、理论探讨和成功经验。目前辽宁省已在全国首先完成农村水电站安全管理分类及年度检验工作，该省共有电站151座，参加安全管理分类的电站共127座（其他24座为已报废或无能力更新改造），A类电站4座，B类电站89座，C类电站31座，D类电站3座。经检查确认为A类的电站有宽甸县境内的石榴沟电站、新宾县境内的穆家水库电站、桓仁县境内的金哨电站和双岭电站。对于A类电站将根据水利部农村水电及电气化发展局的统一要求授予金牌电站称号，并给予一定奖励。对于C类电站限期进行整改。对于D类电站则要求立即停产整顿。据统计，其他省市区的农村水电站安全管理分类及年度检验工作正在加紧进行，总体工作预计将在2007年年内结束。

（水利部农村水电及电气化发展局 黄 明 刘京和）

建立科学有序的农村水电建设管理秩序

农村水电是指各种所有制经济主体兴建的，主要为农村经济社会发展提供电力和服务的水电站及其配套电网，是农村重要的基础设施和公共设施，是可再生能源的重要组成部分。我国农村水电一般以50MW及以下的小水电为主。发展农村水电，对加强农村基础设施建设、改善农村生产生活条件、繁荣农村经济、优化电力结构、增加农村能源供应、保护生态环境具有重要意义。

近年来，全国农村水电持续快速发展。但一些地方在管理上仍存在职责不清、违反规划、越权审批、以批代审、违规建设、无证从业等问题，相继出现了一些无序开发和影响公共安全及社会稳定的问题。2006年，水利部在连续几年开展清查“四无”水电站专项整治并取得阶段性成果的基础上，针对新情况、新问题，及时出台文件，对农村水电建设全过程进行规范，继续部署制止无序开发，进一步清除“四无”水电站的工作。各地认真落实，开展重点整治，农村水电建设管理秩序逐步好转，行业管理得到全面加强。实践证明，从法律和制度上确立农村水电开发利用的方针政策、基本原则和具体规定，对农村水电开发利用管理的全过程加以规范，实现科学、有序、可持续发展，非常必要，十分迫切。

（一）农村水电存在的一些问题需要从法律和制度上进行规范

我国正处于改革发展的关键时期，经济体制深刻变革，社会结构深刻变动，利益格局深刻调整，思想观念深刻变化。这种空前的社会变革，给发展进步带来巨大活力，也必然带来一些新的矛盾和问题。近年来大量民营资本进入农村水电开发领域，加快了农村水电的开发步伐，使得农村水电投资多元化的趋势也越来越明显。与之不相适应的是，由于水能资源的无偿使用和分配不公、政府规划的滞后和监管跟不上，加上一些地方管理职责不清、监管不力，部分水电开发者违反规划、抢占资源、无序建设，造成大量带病运行的“四无”水电站，质量隐患、安全隐患严重，有的已发生重大安全事故造成巨大损失，还有的影响到农民利益形成了不稳定的隐患。这些无序开发和影响公共安全及社会稳定的问题引起了中央的高度重视，也受到了社会的普遍关注。

农村水电建设点多面广，管理工作复杂，每一个管理环节的疏忽，都可能造成严重后果。随着社会主义市场经济体制改革不断深入和政府职能的不断转变，对依法行政的要求不断提高，迫切需要通过法规建设，进一步明确农村水电发展的方针政策，强化政府监管职能，对农村水电的规划、审批、建设、运行和市场等实行统一规范、引导、监督和管理。

（二）强化制度建设制止无序开发的实践

针对农村水电在快速发展和体制转轨过程中出现的一些无序开发和影响公共安全及社会稳定的问题，水利部在陆续下发清查“四无”水电站确保安全度汛、清除“四无”水电站事故隐患、加强农村水电站工程验收管理、水库水电站防汛管理等文件基础上，2006年又相继下发《农村水电建设项目环境保护管理办法》、《关于加强农村水电建设管理的意见》、《农村水电站安全管理分类及年检办法》、《农村水电安全生产监察管理指导意见》、《关于制止无序开发进一步清除“四无”水电站的意见》等系列文件，对制止无序开发、清除安全隐患、加强水能资源及农村水电管理提出了具体的规定和要求，为建立科学有序的农村水电开发建设秩序，进一步加强农村水电建设管理工作提供了基础和保障。

在制定政策基础上，水利部进一步加强了文件落实和安全事故的督查工作，2006年分别对四川省屏山县双龙水电站“8·21”重大事故、贵州罗甸县双河口电站事故、湖南中方县牌楼水电站“4·6”安全事故等进行了重点督查，并与国家安全生产监督管理总局、国家电力监管委员会等有关部门积极协作配合，全面加强了农村水电行业建设安全监管。

各地按照水利部要求，全面清理和整顿违规小水电，进一步加强农村水电项目建设管理。强化农村水电的建设监管，保障水电站防洪安全、供水安全、生态安全。全国大多数省、市、区已开始通过招标、拍卖等方式有偿出让小水电资源开发使用权，实现水力资源的有偿使用和市场化配置。一些水电比较丰富的省（区、市）出台了关于加强水能资源管理和农村水电建设管理的行政法规或政府文件，科学有序管理使得抢占资源无序开发的问题得以初步控制。各地农村水电安全生产意识明显增强，安全事故得到有效遏止，应对突发公共事件和事故紧急处理能力也有了显著提高。

（三）坚持在保护生态基础上有序开发水电

在全国农村水电行业树立河流健康生命的理念，树立保护优先意识，正确处理开发与保护的关系。转变传统的规划观念，调整传统开发思路，切实保证下游生产生活和生态用水，全面落实环境影响评价预审制度。2006年水利部出台的《农村水电建设项目环境保护管理办法》，对初步设计阶段有关环境保护设计和建设过程中的环境保护监管提出了明确要求，有效推动了环境评价制度在农村水电行业的全面实施。简化了一些小型水电站复杂的环境影响报告书编制规程，“对处于非环境敏感区和单机容量小于1000kW的项目，可只编制环境影响报告表”。过去流域综合规划主要是围绕重大工程建设进行规划，对生态问题、环境问题等重视不够。水利部目前已经全面启动新一轮流域综合规划修编工作，并坚持以科学发展观为统领，坚持以人为本，把建设资源节约型、环境友好型社会，促进人与自然和谐相处，维护河流健康，保障水资源可持续利用，支撑流域经济社会可持续发展作为规划修编的主线，划定保障流域可持续发展不可逾越的红线。在此基础上，还将对中小河流水力资源的规划工作进行进一步落实。

（四）农村水电建设管理工作趋于规范

在总结实践的基础上，经过充分酝酿、调研，广泛征求各方面意见，2006年出台了《水利部关于加强农村水电建设管理的意见》，对农村水电建设全过程的规划、设计、审批、施工、验收、安全等九个方面都作出具体规定，提出明确要求。发布这一贯穿农村水电建设全过程的综合性意见，旨在全面落实科学发展观，落实中央关于加强农村水电开发规划和管理的指示，建立科学有序的农村水电开发建设秩序，维护公共安全、公共利益和河流健康生命。

各地在认真学习，积极宣传贯彻的基础上，结合本地实际，出台了一些实施细则，采取了一些措施。如广东省出台了《关于加强我省农村水电建设管理的通知》；福建省、湖北省从理顺管理体制、确定管理主体、明确管理原则入手，先后出台《加强水能资源开发利用管理的意见》，确立了水行政主管部门作为水能资源开发利用管理主体的法律地位，重新明确了省水利厅水能资源管理及水电建设管理职能；广西自治区落实了自治区、市、县三级水力资源管理和农村水电管理职能，实现了对水能资源开发的全过程管理。还有贵州、湖南等省通过人大立法方式出台地方法规。其他如陕西等省份的建设管理职能也纷纷归位，农村水电建设管理工作全面推进，建设秩序逐步好转。

（五）切实加强政府建设安全监管

前一时期，违规建设造成的小水电工程安全隐患不断，事故时有发生，严重威胁和危害国家财产和人民生命安全。水利部要求各地水行政主管部门积极负责本行政区域内农村水电工程的建设安全监管。要求各地有关部门和参建的项目法人、勘察、设计、施工、工程监理及其他有关单位，必须遵守国家安全生产法律法规，建立健全安全生产责任制度和安全生产教育培训制度，加强事故案例教育，加大预防力度，确保公共安全。

2006年8月，水利部、国家安全生产监督管理总局、国家电力监管委员会针对四川省屏山中都镇双龙水电站发生的重大安全事故，现场进行督查，并联合发出了《关于四川省屏山县中都镇双龙水电站“8·21”重大事故的通报》。要求以该事故为教训，切实加强政府安全监管，严格水电站建设安全责任制度。目前，各地农村水电安全培训、持证上岗制度全面开展，水电站安全分类年检制度也在有效推进。

（六）打击资源转让和项目审批中的商业贿赂行为，规范审批秩序

针对个别地方长期存在的农村水电建设管理职责不清、监管不力造成水能资源无序开发、安全事故不断发生的问题，2006年水利部下发《关于制止无序开发，进一步清除“四无”水电站的意见》，要求各地要站在对国家和人民负责的高度，提高认识，加强领导和管理，采取有效措施，坚决制止抢占资源和无序开发行为。加大资源转让、资产转让和项目审批中的监督检查和后续监督工作力度，认真查处和严厉打击水能资源和农村水电资产转让以及项目审批中的商业贿赂行为。对于个别地方长期存在的水能和农村水电管理缺位和职责不清的，水行政主管部门有责任建议政府尽快明确管理部门和管理职责，做到有人负责，权责统一；对于一些地方审批权限不清或管理混乱、越权审批和无序开发的，进行一次清查清理，重新明确省、地、县三级审批权限，该上收的要上收，该明确的要明确；要采取有效措施，坚决改变个别地方整改不积极、监管不及时、管理不到位、行政不作为的现象。

（水利部农村水电及电气化发展局　樊新中）

2006年农村水电标准化工作情况

为了发挥农村水电标准化工作在水力资源开发、水电工程建设、科技进步和现代企业管理等领域的行

政与技术保障作用，促进政府职能和管理方式转换，水利部农村水电及电气化发展局（以下简称水电局）密切结合全国农村水电行业管理的各项中心任务，2006年标准化工作取得较大进展。

（一）强化农村水电标准化的管理工作

标准化工作是实施农村水电行政与行业管理的重要基础。国家和行业标准是政府转变职能、依法行政的依据。水电局为了加强标准化建设，采取的主要措施有：①不断完善水电局标准化管理制度，建立了由主管处牵头，有关处室协调配合的专人负责的管理体制；制定标准化工作管理办法。②加强标准编制管理基础工作，做好标准编制合同档案管理；建立主编单位定期汇报制度，按季度进行标准编制工作汇报，及时了解编制进度，解决编制工作存在的问题。③建立水电技术标准审查专家库，在农村水电规划、设计、施工、运行、质量、设备及实验等专业领域，选择行业内有影响力的专业带头人、资深工程技术与管理专家组成水电标准审查组，为标准编制提供评审、咨询等服务。④定期举办编写知识讲座，提高标准编写人员的业务素质，对参编人员进行标准编写基本知识的统一培训。

（二）修订小水电及电气化技术标准体系

2006年水利部国科司组织开展了《水利技术标准体系表》修订工作。原体系表包括规划、设计等小水电及电气化八大专业序列46项技术标准。近几年，随着农村水电事业的快速发展，科技现代化、小水电代燃料工程、保护生态和提高效率多项工作已经成为农村水电新的中心任务，需要制订新的技术标准为其提供技术支撑。这些新标准涉及规划、设计、施工、运行、质量、设备及实验等诸多专业序列，为了保证修订工作质量和技术水平，做到每一个环节都要有相应的管理标准和技术法规对其进行规范，不留技术标准空位。水电局本着让水电科技成果尽快转化为技术标准，让技术标准通过市场尽快转化为生产力的原则，开展了大量调研工作，多次召开专家论证会，编制完成了《小水电及电气化技术标准体系表（修订表）》。

修订后的《小水电及电气化技术标准体系表》共有91项标准，其中：综合技术类8项，规划类14项，设计类11项，施工类8项，质量类7项，管理类19项，试验类7项，设备类17项；其中新提出的标准49项。本次新提出的技术标准中，综合类4项，规划类5项，设计类1项，施工类2项，质量类6项，管理类15项，试验类4项，设备类12项。这次修订工作使小水电及电气化技术标准体系进一步完善。

（三）全面推动农村水电标准制修订工作

在研究制定农村水电标准体系的基础上，水电局为适应中心工作的需要，不断加大标准编制力度和规模。截至2006年底，发布实施的国家和行业技术标准已有25项。正在制、修订中的技术标准有9项，其中《农村水轮机型式参数及通用技术条件》、《农村水轮机验收试验规程》、《农村水电站建设项目建议书编制规程》、《农村水电工程可行性报告编制规程》、《农村水电站工程施工环境保护导则》在报批阶段；《农村水电站计算机监控系统基本技术条件》在送审阶段；《农村水电站机组运行综合性能质量评定标准》在征求意见阶段；《农村水电站和泵站现场效率试验规程》、《漏电保护器农村安装运行规程》在编制大纲阶段。

为适应水利部重点工程和可再生能源法实施的需要，今年还新启动了《小水电代燃料生态保护工程标准》、《小水电代燃料生态保护工程规划编制规程》、《小水电接入电力系统技术标准》三项技术标准的编制工作。

（水利部农村水电及电气化发展局　刘京和）

农 村 水 电 建 设

2006年农村水电建设情况

2006年，农村水电建设以发展小水电为主体，坚持以水资源的可持续利用为原则，以改善农村、农民生产生活条件，促进农村经济发展，保护生态环境为出发点，以改革和科技创新为动力，继续加快发展，新增装机再创历史新高。

1. 电站建设　继2005年新增装机容量突破5000MW，2006年全国农村水电新增装机再上新台阶。全年完成电站建设投资399亿元，同比增长15.3%，新投产电站2437座，装机容量6400MW。新增装机主要集中在华东、华中和西南地区，为促进这些地区的经济发展和缓解国家电力供应紧张局面发挥了重要作用。

截至2006年底，全国农村水电站达4.5万座，装机容量47200MW，占全国水电总装机容量的36.7%。农村水电装机容量超过5000MW的省（区）有4个，分别为四川6750MW、福建6150MW、广东5790MW、云南5190MW。

农村水电年发电量达1484亿kW·h，占全国水电总发电量的35.6%。四川、福建、云南、广东、湖南等5个省的农村水电年发电量超过100亿kW·h，分别为259亿kW·h、217亿kW·h、183亿kW·h、178亿kW·h和127亿kW·h。农村水电已成为国家电力供应的重要组成部分。

2. 电网建设　2006年，全国农村水电电网建设完成投资55亿元，新投产10kV及以上高压线路2万km，投产低压线路7.7万km。新增35kV及以上变电站201座，变电容量385万kVA，新增配电变压器2万台，容量419万kVA。

截至2006年底，农村水电电网共建成高压线路48万km，低压线路97万km。建成35kV及以上变电站3041座，变电容量3040万kVA，配电变压器32万台，容量2965万kVA。

3. 在建工程　截至2006年底，全国农村水电在建电站装机容量20650MW，其中，当年新开工项目1216个，装机容量4500MW。2006年，“十一五”全国水电农村电气化县建设正式启动，涉及26个省（自治区、直辖市）的460个县，幅员面积200多万km^2，惠及人口近2亿人。小水电代燃料试点范围扩大到21个省（自治区、直辖市）和新疆生产建设兵团的81个项目区，项目区受益人口63.6万人，可有效保护森林203万亩。

4. 建设管理　2006年，水行政主管部门继续加强水力资源管理，理顺水力资源管理体制，有10多个省（自治区、直辖市）明确了水行政主管部门的水力资源管理职能。各地积极探索和实施水力资源有偿使用和市场化配置新机制，出台水力资源管理办法，明确水力资源开发权取得和转让的基本规定，水力资源有偿使用和市场配置的实施范围进一步扩大。

2006年，水行政主管部门继续加强农村水电建设管理，理顺行业管理体制。广西、陕西、湖北等7个省（自治区、直辖市）的农村水电建设管理职能重新归位到水行政主管部门。水利部出台了农村水电建设管理、环境保护、安全分类管理等一系列法规性文件，加强行业监管。各地全面开展安全大检查，重点整治、挂牌督办，加强对“四无”水电站的清查整治工作，全国“四无”水电站已基本查清，正在落实整改方案。各级水行政主管部门继续加强对农村水电设计市场、建设市场、设备市场和产品市场的监管。全国有19个省，成立了100多个农村水电协会。农村水电建设管理秩序逐步好转。

（水利部农村水电及电气化发展局　赵　虹）

“十一五”水电农村电气化县建设顺利启动

到2005年底，全国共建成409个水电农村电气化县，超额完成国务院部署的建设任务。水电农村电气化建设，加快了农村水力资源有序开发，在增强农村基础设施，增加农民收入，改善农村生产生活条件，带动县域和农村经济社会发展，促进农村全面建设小康社会等方面效果十分明显，对缓解电力供应紧张、改善农村能源结构，促进经济与人口、资源、环境协调发展、人与自然和谐发展发挥了不可替代的作用。水电农村电气化建设的显著成效，得到国务院领导的充分肯定。2006年4月，国务院副总理回良玉在水利部副部长胡四一的致信上批示：“十五”期间，农村水电开发，农村电气化建设取得积极进展，经济、生态和社会效益明显。“十一五”时期，应积极推广小水电等清洁能源技术，继续推进水电农村电气化县建设，为社会主义新农村建设作出新的贡献。

近年来，中央把建设社会主义新农村作为我国现代化建设进程中的重大历史任务，要求扎实推进。当前广大山区农村电力供应仍然不足，用电水平还很低。为加快解决农村用电问题，提高农村电气化水平，促进全面小康社会和新农村建设，根据农村用电水平、电力需求和资源开发条件，水利部决定“十一五”期间在全国水力资源丰富、经济比较落后的地区选择400个县继续开展电气化建设，建设更高标准的水电农村电气化县。

2005年水利部在全国26个省级规划和565个县级规划基础上，编制了《“十一五”全国水电农村电气化县建设规划》并上报国家发展改革委。2006年10月国家发展改革委批复了《“十一五”全国水电农村电气化县建设规划》。根据规划，“十一五”期间将建成400个更高标准的水电农村电气化县，实现人均年用电量800kW·h以上，户均年生活用电量不低于600kW·h。规划新增1000座农村水电站，新建和改造水电装机容量477.1万kW，其中具有调节能力电站装机容量2590MW。使530条河流水力资源得到优化配置，增加有效电量12.8亿kW·h。将解决88.3万无电人口和485.6万缺电人口用电问题，丰水期代燃料户增加10.6个百分点。规划总投资408.6亿元，其中电源工程投资314.3亿元，农村电网配套工程投资69.5亿元，辅助工程投资5.6亿元，环境保护工程投资19.2亿元。

2006年10月国家发展改革委和水利部联合下发

了《关于做好“十一五”全国水电农村电气化县项目建设管理有关工作的通知》，对规划和项目前期工作、投资计划管理、管理体制和运行机制等提出了明确的要求。事后，国家发展改革委办公厅和水利部办公厅联合下发了《关于“十五”水电农村电气化县建设范围的通知》，确定了460个县的建设范围，其中西部地区229个，中部地区150个，东部贫困山区81个，涉及25个省、自治区、直辖市和新疆生产建设兵团，幅员面积达200多万 km^2，人口近2亿人。

2006年中央安排水电农村电气化投资3亿元，用于全国410个电气化项目建设。按计划2007年中央还将安排水电农村电气化投资3亿元，用于367个电气化项目建设。目前，各地正在抓紧开展电气化建设的各项工作，同时进一步完善待启动的电气化建设项目前期工作。

（水利部农村水电及电气化发展局　周　双）

小水电代燃料试点范围和规模扩大

2005年中共中央1号文件要求“扩大小水电代燃料工程建设规模和实施范围”。《国务院2005年工作要点》要求“加快发展小水电代燃料”。2006年中共中央1号文件要求“扩大小水电代燃料试点规模”。

为贯彻落实党中央、国务院指示精神，在全国小水电代燃料试点的基础上，水利部编制完成了《2006～2008年小水电代燃料生态保护工程规划》，提出在全国更大范围和更大规模开展小水电代燃料试点建设，明确了今后三年小水电代燃料扩大试点建设的指导思想和基本原则，提出了建设目标任务、要求和保障措施等。根据规划，2006～2008年在全国21个省、自治区、直辖市和新疆生产建设兵团的81个项目开展小水电代燃料建设，规划代燃料装机容量150MW，代燃料人口63.6万人，有效保护森林203万亩，带动改厨、改厕、改电、改水、改路等农村基础设施建设，为社会主义新农村建设做出贡献。

2006年3月，受水利部委托，水利水电规划设计总院召开《2006～2008年小水电代燃料生态保护工程规划》审查会议，对规划进行了技术审查。会议基本同意该规划，认为规划是在认真总结试点经验的基础上编制完成的，内容较全面，方案基本合理可行，经适当修改后上报国家发改委。2006年8月国家发改委正式批复该规划，原则同意规划提出的主要目标、实施范围、建设规模等，同意实施该规划。要求对规划进行修改并按规定及时向社会公布，认真做好组织实施工作。

2006年9月20～21日，水利部农村水电及电气化发展局在湖南长沙召开全国小水电代燃料会议，部分省（市）水利厅（局）分管领导、各有关省（区、市）水利厅（局）水电局（处）长以及部分县代燃料领导小组组长和项目负责人共200余人参加了会议。会议就如何正确理解和把握小水电代燃料工作进行了讨论，布置扩大小水电代燃料试点工作。

水利部根据三年规划，以各省联合上报的建议计划为基础，按照突出重点、兼顾一般，三年全部完成建设任务、两年内全部项目开工的原则，编制了2006年小水电代燃料工程中央预算内专项资金投资计划，在规划范围内选择21个省、自治区、直辖市和新疆生产建设兵团的58个项目开展小水电代燃料工程建设。2006年10月中旬下达了本年小水电代燃料工程中央预算内专项资金投资计划，小水电代燃料扩大试点建设正式启动。国家发改委和水利部还同时下发小水电代燃料项目建设管理办法，对扩大试点项目前期工作、投资计划申报、资金筹措与管理、项目实施、检查与验收、建后运行管理等方面进行规范。目前各地正在积极开展小水电代燃料试点项目的各项建设工作。

（水利部农村水电及电气化发展局　王　甲）

水利系统农网完善和县城电网改造

（一）农网完善工程

为了提高西部地区农村电网改造覆盖面，更好地满足西部地区用电增长的需要，促进西部地区经济和社会的更快发展，国家继一、二期农网改造之后，启动了西部地区农网完善项目。

水利系统农网完善工程涉及四川和云南两省，总投资计划14.5亿元（四川7.9亿、云南6.6亿），分别由四川水利电力产业集团有限责任公司和云南水利电力有限公司统贷统还。截至2006年12月底，到位资金合计3.2亿元，占下达计划比例22.2%。累计完成投资5.4亿，占到位资金的169%，占投资计划的37.5%。

累计建设和改造110kV变电站1座，容量0.8MVA、线路31.4km；35kV变电站7座，容量3857.6MVA、线路216.3km；10kV线路4082.5km，配电台区1930个，配电变压器3788台，容量194.2MVA，低压线路9795.7km。

（二）县城电网改造工程

县城电网改造工程是继农网“两改一同价”工作后，国家加快电网建设的又一重大举措，旨在通过改造县城电网，进一步优化电网结构，降低损耗，提高供电能力和供电质量，满足县城地区经济发展和人民生活用电的需要。

水利系统县城电网建设与改造工程总投资 58.49 亿元，涉及四川、云南、湖南、广西、吉林、湖北等 6 省（自治区）208 个县。到 2006 年 12 月底，到位资金 30.18 亿元，占投资计划的 51.6%；累计完成投资 38.68 亿元，占已下达投资计划的 66.14%，占到位资金的 128.17%。累计建设和改造 110kV 变电站 119 座，容量 3440MVA、线路 2098.58km；35kV 变电站 112 座，容量 841MVA、线路 1352.88km；10kV 线路 5464km，配电台区 5836 个，配电变压器 5700 台，容量 1594.16MVA，低压线路 11927.7km。

（三）技术现代化进展情况

据统计，到 2006 年底，全国农村水电拥有 35kV 以上的无人值班变电站 394 座，占全部变电站总数的 13%；无人值班（少人值守）的水电站 555 座，容量 7260MW，占全部水电站总数的 1.2%，占全部水电装机容量的 13.7%；拥有节能型变压器 16.3 万台，容量 14375MVA；实现调度自动化的电网数为 133 个，综合网损率为 8.48%，比上年的 8.99%有所降低（注：统计口径有调整，与 2005 年有所不同）。

（水利部农村水电及电气化发展局　张　翔）

加拿大政府向中国转让小水电技术赠款项目近况

（一）概况

2003 年 5 月 19 日中加两国政府在北京签署《加拿大政府向中国转让小水电技术项目谅解备忘录》，确立开展中加两国在小水电技术转让方面的合作，目的是通过提高中国小水电利用效率，减少温室气体排放，示范加拿大小水电技术替代高排放能源资源的有效性。

本项目总投资 1014 万加元，加拿大国际开发署（加拿大气候变化基金）出资 193 万加元，加拿大矿产能源中心投入 14.5 万加元，加拿大合作伙伴投入 65.5 万加元；中方总配套资金 741.4 万加元（现金与实物配套折合总计），以实物配套为主，流动资金全部来自各项目执行单位，项目截止日期为 2006 年 12 月 31 日。

（二）进展情况

分项目一“水电站自动化”选点 6 处，安装 14 套电站自动控制元件，基本安装完毕。

分项目二“郴州东江水文测报与调度优化”由郴电国际执行，所需流域优化调度模块现已安装并运行，目前电站能够完成实时发电优化调度。

分项目三“水轮机设计改进”的转轮于 2006 年 9 月安装完毕，目前新转轮运转正常，效率明显提高。

分项目四“微型水电示范项目”的设备已在湖南安装完毕，运转正常，效果良好。

分项目五“国际中心能力建设”的示范电站（山西省娄烦县汾河电站）所需的加拿大自动化控制元件已安装完毕，使用良好。

另所有项目规定的赴加拿大培训都已完成，取得了预期效果。

（水利部农村水电及电气化发展局　张学进）

中國水力發電年鑒

16

机构及学术团体

机　　构

水电建设单位情况一览表

单位名称	地址	电话	邮编
国家电网公司	北京市西长安街86号	010-66597721	100031
中国南方电网有限责任公司	广东省广州市珠江新城华穗路6号	020-38122222	510623
中国华能集团公司	北京市海淀区学院南路40号	010-62291666	100088
中国大唐集团公司	北京市西城区广宁街1号	010-66586666	100032
中国华电集团公司	北京市西城区西直门内大街273号	010-62270006	100035
中国国电集团公司	北京市西城区阜成门北大街6-8号	010-58682000	100034
中国电力投资集团公司	北京市西城区金融大街28号院3号楼	010-66216666	100032
中国长江三峡工程开发总公司	湖北省宜昌市西坝建设路1号	0717-6738068	443002
国家开发投资公司	北京市阜城门外大街7号	010-68095101	100037
二滩水电开发有限责任公司	四川省成都市双林路98号	028-82907333	610021
国投云南大朝山水电开发公司	云南省昆明市护国路2号广业大厦	0871-5168729	650011
云南华能澜沧江水电有限公司	云南省昆明市官渡区世纪城中路1号	0871-7216597	650214
金沙江中游水电开发有限公司	云南省昆明市人民东路115号水电科技大厦		650051
云南华电怒江水电开发公司	云南省昆明市东风东路48号金泰大厦		650051
华能四川水电有限公司	四川省成都市人民南路四段47号华能大厦		610041
龙滩水电开发有限责任公司	广西自治区南宁市思贤路38号	0771-5644008	530023
广西桂冠电力股份有限公司	广西南宁市望仙坡一里3号	0771-5640938	530023
贵州乌江水电开发有限责任公司	贵州省贵阳市新华路9号	0851-5784588	550002
贵州黔源电力股份有限公司	贵州省贵阳市市南路48号	0851-5592190	550002
国电大渡河流域水电开发有限公司	四川省成都市总府路35号总府大厦25F、26F	028-86896600	610016
四川华电杂谷脑水电开发有限公司	四川省成都市羊西线蜀汉路530号	028-87575412	610036
四川南桠河流域水电开发公司	四川省成都市一环东四段8号江源大厦6楼B座	028-84457992	610066
五凌电力有限公司	湖南省长沙市天心区五凌路188号	0731-5893188	410004
湖北清江水电开发有限责任公司	湖北省宜昌市东山大道95号清江大厦	0717-6318830	443000
黄河上游水电开发有限责任公司	青海省西宁市五四西路43号	0971-6322201	810003
国电新疆吉林台梯级水电开发有限公司	新疆自治区尼勒克县	0999-4859956	835716
甘肃小三峡水电有限责任公司	甘肃省兰州市敦煌路157号	0931-2954701	730050
陕西汉江投资开发有限公司	陕西省西安市尚德路48号	029-7453733	710004
福建尤溪流域水电开发公司	福建省福州市火车站沁园路65号	0591-7587174	350013
吉林松江河水力发电有限责任公司	吉林省抚松县抚松镇南新区	0439-6228011	134500

续表

单位名称	地址	电话	邮编
华睿投资集团有限公司	北京市西长安街88号首都时代广场11层		100031
华东天荒坪抽水蓄能有限责任公司	浙江省安吉县88号信箱	0572-5041845	313302
华东桐柏抽水蓄能发电有限责任公司	浙江省天台县桐柏岭脚	0576-3975050	317200
华东宜兴抽水蓄能有限公司	江苏省宜兴市环科园绿园路3号	0510-7967310	214206
山东泰山抽水蓄能电站有限公司	山东省泰安市	0538-8142036	271000
华东琅琊山抽水蓄能有限责任公司	安徽省滁州市光明路200号	0550-3040518	239000
河北张河湾抽水蓄能发电有限责任公司	河北省井陉县测鱼镇	0311-2362288	050300
山西西龙池抽水蓄能发电有限责任公司	山西省五台县东冶镇	0350-6650008	035503
湖北白莲河抽水蓄能有限责任公司	湖北省浠水县白莲镇莲花南街6号	0713-4826300	438218
河南国网宝泉抽水蓄能有限公司	河南省新乡市开发区五一路东段8号	0373-3362202	453003
辽宁蒲石河抽水羌能有限公司	辽宁省丹东市沿江开发区A区7号楼		118000

（本年鉴编辑部）

水电设计单位情况一览表

序号	单位名称	主要领导及总工程师	在职职工人数	地址	邮编	电话	传真	网址
1	中国水电工程顾问集团公司	总经理：李菊根 总工程师：彭程、周建平	247	北京市西城区六铺炕北小街2号	100011	010-51973399	010-82084665	http：//www. checc. cn/
2	中国水利水电建设工程咨询公司	总经理：李菊根	139	北京市西城区六铺炕北小街2号	100011	010-51973399	010-82084665	http：//www. checc. cn/ZX/
3	中国水电顾问集团北京勘测设计研究院	院长：李志谦 总工程师：吕明治	970	北京市定福庄	100024	010-51977001	010-65766934	http：//www. bjgd. cn/
4	中国水电顾问集团华东勘测设计研究院	院长：张为民 总工程师：张春生	922	浙江省杭州市上塘路	310014	0571-88076606	0571-56738301	http：//www. ecidi. com/
5	中国水电顾问集团西北勘测设计研究院	院长：郑合顺 总工程师：安盛勋	2071	陕西省西安市丈八东路18号	710065	029-88290000	029-88290006	http：//www. chidi. com. cn/
6	中国水电顾问集团中南勘测设计研究院	院长：李玲龙 总工程师：冯树荣	2134	湖南省长沙市圭塘	410014	0731-5584080	0731-5075441	http：//www. msdi. cn/

续表

序号	单位名称	主要领导及总工程师	在职职工人数	地址	邮编	电　话	传　真	网　址
7	中国水电顾问集团成都勘测设计研究院	院长：郑声安 总工程师：王仁坤	2712	四川省成都市浣花北路1号	610072	028-87329997	028-87399557	http：//www.chidi.com.cn/
8	中国水电顾问集团贵阳勘测设计研究院	院长：兰春杰 总工程师：范福平	1007	贵州省贵阳市解放路85号	550002	0851-5565974	0851-5560914	http：//www.ghidri.com.cn/
9	中国水电顾问集团昆明勘测设计研究院	院长：蔡绍宽 总工程师：张宗亮	1424	云南省昆明市人民东路115号	650051	0871-3138701	0871-3135723	http：//www.khidi.com/

（中国水电工程顾问集团公司　张　建）

水利设计单位情况一览表

序号	单位名称	主要领导及总工程师	在职职工人数	地　址	邮编	电　话	传　真	网　址
1	水利部水利水电规划设计总院	院长：汪洪 总工程师：刘志明	186	北京市西城区六铺炕北小街2-1号	100011	010-62033377-转	010-62070508	www.giwp.org.cn
2	水利部长江水利委员会长江勘测规划设计研究院	院长：钮新强 总工程师：杨启贵	3130	湖北省武汉市解放大道1863号	430010	027-82829200 027-82827793	027-82828694	www.cjwsjy.com.cn
3	黄河勘测规划设计有限公司（原水利部黄河水利委员会勘测规划设计研究院）	总经理：李文学 总工程师：景来红	1853	河南省郑州市金水河路109号	450003	0371-66026449 0371-66023520	0371-65959236	www.yrec.cn
4	中水淮河工程有限责任公司（原淮河水利委员会规划设计研究院）	总经理：唐涛 总工程师：何华松	209	安徽省蚌埠市凤阳西路41号	233001	0552-3092542 0552-3092539	0552-3066358	www.cwhh.com.cn
5	中水珠江规划勘测设计有限公司（原水利部珠江水利委员会勘察设计研究院）	总经理：游赞培 总工程师：林少明	550	广东省广州市天河区天寿路沾益直街19号	510611	020-87117779	020-38810724	www.prpsdc.com

续表

序号	单位名称	主要领导及总工程师	在职职工人数	地址	邮编	电话	传真	网址
6	中水东北勘测设计研究有限责任公司（原水利部东北勘测设计研究院）	总经理：金正浩 总工程师：苏加林	1600	吉林省长春市朝阳区工农大路10号	130021	0431-5092001 0431-5607262	0431-5092000	www.neidri.com
7	中水北方勘测设计研究有限责任公司（原水利部天津水利水电勘测设计研究院）	总经理：张和平 总工程师：杜雷功	1129	天津市河西区洞庭路60号	300222	022-28702887 022-28702222	022-28343991	www.tidi.ac.cn

（水利部水利水电设计协会）

水利水电施工单位情况一览表

序号	单位名称	主要领导及总工程师	地址	邮编	电话	传真	网址
1	中国葛洲坝集团公司	总经理：杨继学 总工程师：周厚贵、江小兵	湖北省宜昌市清波路1号	443002	0717-6713010	0717-6713011	www.cggc.cn
2	中国水利水电建设集团公司	总经理：范集湘	北京市海淀区车公庄西路22号	100044	010-58382678	010-58382888	www.sinohydro.com
3	中国水利水电第一工程局	局长：刘万海 总工程师：李伟	吉林省长春市绿园区锦西路933号	130062	0431-7987316	0431-7991536	www.zsyj.com
4	中国水利水电第二工程局	局长：杨南安 总工程师：李启友	北京市西城区六铺炕南小街1号	100011	010-62023344	010-62018014	www.sdej.com
5	中国水利水电第三工程局	局长：吴新琪 总工程师：王鹏禹	陕西省西安市龙首北路西段22号	710016	029-86283939	029-86252476	www.cteb.com
6	中国水利水电第四工程局	局长：王维斌 总工程师：席浩	青海省西宁市互助西路7号	810006	0971-8140656	0971-8149160	www.csdsj.com.cn
7	中国水利水电第五工程局	局长：郑久存 总工程师：吴高见	四川省成都市一环路东四段8号	610066	028-84461307	028-84422633	www.zswj.com
8	中国水利水电第六工程局	局长：厉建平 总工程师：厉建平（兼）	辽宁省丹东市锦山大街324号	118002	0415-6191612	0415-6191600	www.zgsdlj.com
9	中国水利水电第七工程局	局长：张建文 总工程师：但东	四川省成都市郫县成灌东路349号	611730	028-87912035	028-87912515	www.cscb.com.cn

续表

序号	单位名称	主要领导 及总工程师	地　址	邮编	电　话	传　真	网　址
10	中国水利水电第八工程局	局长：林修建 总工程师：涂怀健	湖南省长沙市城南中路 2 号	410007	0731-5563756	0731-5563353	www. baju. com. cn
11	中国水利水电第九工程局	局长：陈学云 总工程师：王琳瑞	贵州省贵阳市延安中路 5-9 号	550001	0851-5873553	0851-5832501	www. sdjj. com
12	中国水利水电第十工程局	局长：茹彩江 总工程师：陈茂	四川省都江堰市蒲阳路 164 号	611830	028-87132933	028-87133995	www. cwet. com. cn
13	中国水利水电第十一工程局	局长：孙玉民	河南省三门峡市黄河路 147 号	472000	0398-2813325	0398-2812325	www. cwbll. com
14	中国水利水电第十二工程局	局长：孙阳 总工程师：李秋生	浙江省杭州市环城北路 141 号	310004	0571-28906025	0571-28906018	www. water12. com
15	中国水利水电第十三工程局	局长：何占颂 总工程师：杨涛	山东省德州市东风东路 88 号	253009	0534-2688618	0534-2623461	www. sdssj. com
16	中国水利水电第十四工程局	局长：周宇 总工程师：和孙文	云南省昆明市环城东路 192 号	650041	0871-3329000	0871-3333460	www. fcbmis. com
17	中国水电建设集团十五工程局有限公司	董事长：王增发 总工程师：何小雄	陕西省西安市科技路 16 号	710065	029-88758215	029-88758100	www. cweb15. com
18	中国水利水电闽江工程局	局长：李良顺	福建省福州市湖东路 82 号	350003	0591-87821294	0591-87853663	www. mjgcj. com
19	中国水电基础局有限公司	董事长：张源智 总工程师：肖恩尚	天津市武清区雍阳西路 86 号	301700	022-29341551	022-29345523	www. chinafec. com
20	中国水利水电夹江水工机械厂	厂长：雷建容 总工程师：曾文	四川省夹江县西和路 40 号	614100	0833-5672462	0833-5672451	www. jhmw. com
21	中国人民武装警察部队水电指挥部（中国安能建设总公司）	主任（总经理）：李光强 政委（党委书记）：吴云峰	北京市丰台区莲花池南里 11 号	100055	010-83999999	010-83999951	www. anneng. cn
22	中国人民武装警察部队水电第一总队（江南水利水电工程公司）	总队长（总经理）：刘松林 政委（党委书记）：王军	广西自治区南宁市	530028	0771-5751000	0771-5751000	
23	中国人民武装警察部队水电第二总队（江夏水电工程公司）	总队长（总经理）：岳曦 政委（党委书记）：巫振云	江西省南昌市	330001	0791-8552000	0791-8552000	

续表

序号	单位名称	主要领导及总工程师	地址	邮编	电话	传真	网址
24	中国人民武装警察部队水电第三总队（安蓉建设总公司）	总队长（总经理）：林友汉 政委（党委书记）：李永胜	四川省成都市	610036	028-82863000	028-82863000	
25	中国人民武装警察部队水电三峡工程指挥部（宜昌安联水利水电有限责任公司）	主任（总经理）：孙来成 政委（党委书记）：王富才	湖北省武汉市	430050	027-84555000	027-84555000	

（中国葛洲坝集团公司　中国水利水电建设集团公司　中国人民武装警察部队水电指挥部）

学　术　团　体

中国水力发电工程学会产生第六届理事会

中国水力发电工程学会成立26年来，在各届理事会、全体会员和广大水电科技工作者的共同努力下，伴随着中国水电事业的发展而不断发展壮大，目前已经在全国建立省、直辖市、自治区水力发电工程学会26个，专业委员会31个，在全国水电科技工作者中拥有会员近4万人。2006年10月19日，在中国水力发电工程学会第六次全国会员代表大会上，经过与会代表郑重表决，产生新一届理事会；并在六届一次理事会上确定了领导成员。

中国水力发电工程学会第六届理事会名单如下：

理事长：周大兵

常务副理事长：李菊根

副理事长（共14人，按姓氏笔画排序）：

乌若思（蒙古）　石成梁　孙玉才　郑宝森
李光强　李焯芬　杨继学　匡尚富　周创兵
钟　俊　范集湘　贺　恭　徐　辉　曹广晶

秘书长：李菊根（兼）

副秘书长：周尚洁（常务）　李　新　张博庭

常务理事（共41人，按姓氏笔画排序）：

马怀新　王民浩　王永祥　乌若思（蒙古）
史立山　石成梁　刘　宁　刘金焕　闫华锋
关　雷　孙玉才　吴贵辉　宋　密（女，回）
郑宝森　陈　飞　陈允鹏　陈东平　陈云华
张玉新　张向明　张建云　李菊根　李光强
李焯芬　杨继学　匡尚富　周大兵　周创兵
钟　俊　范集湘　贺　恭　徐　辉　夏　忠
郭际康　曹广晶　崔继纯　葛正翔　程念高
潘坤华　戴　波　戴绍良

理事（共189人，按姓氏笔画排序）：

于海鸣　马怀新　马晓佳（女）　马海晨
马震岳　乌若思（蒙古）　孔昭年　孔繁森
毛亚杰　牛明证　王　栋　王　琪　王民浩
王永祥　王国玉　王建荣　王忠良　王松春
王信茂　王柏乐　王维斌　王琳瑞　王德宽
兰春杰　冉贤厚（土家）　冯国斌　冯树荣
卢　放　史立山　田廷山　石小强　石成梁
仲志余　关　雷　刘　宁　刘本粹　刘　哲
刘　徽　刘万海　刘之平　刘文雪　刘志明
刘明江　刘金焕　刘德有　刘德富　匡尚富
孙永娟（女）　孙玉才　孙志禹　孙洪水
曲　波　朱荣华　毕亚雄　祁宁春　许文斌
许可达　闫华锋　阮光华　何开明　何志华
何海源　何琴雯（女）　吴　毅　吴中如
吴世勇　吴伟章　吴贵辉　吴新琪
宋　密（女，回）　张　克　张为民　张玉新

张向明　张庆堂　张启琛　张和平　张学知
张建云　张建民　张泽明　张俊才　张勇传
张博庭　张瑞凯　李　新　李一平　李光强
李同春　李庆斌　李克毅　李志谦　李良顺
李定中　李治平　李玲龙　李海生　李菊根
李喜增　李焯芬　杜至刚　杨正广　杨继学
汪元良　汪际锋　沈益源　陆忠民　陈　飞
陈　凯　陈云华　陈五一(土家)　陈允鹏
陈双权　陈方枢　陈东平　陈其伟　陈建康
陈振荣　周　宇　周　游　周大兵　周世平
周创兵　周志芳　周尚洁　周建平　周孝德
宗敦峰　林修建　范集湘　郑久存　郑声安
郑宝森　姚冬生　洪荣坤　茹彩江　贺　恭
贺建华　赵　琨　赵存厚　赵克健　赵金表
钟　俊　唐　健　夏　忠　徐　辉　晏志勇
莫宏杰　贾金生　贾崇安　郭义华　郭占池
郭光文　郭际康　郭建欣　郭建堂　顾正兴
顾洪宾　高季章　崔继纯　常晓林　曹广晶
曹楚生　梁福林(回)　梅锦煜　黄　凌
黄　峰　黄宪培　黄锦波　龚建新　彭　程
游赞培　程念高　童劲松　董述春(女,满)
葛正翔　蒋健平　靳东来　廖建华　蔡绍宽
蔡跃波　裴哲义　潘坤华　樊海斌(满)
燕福龙　戴　波　戴占强　戴会超　戴绍良

（中国水力发电工程学会秘书处）

中国水力发电工程学会 2006 年工作情况

（一）组织建设

1. 搞好学会理事会换届工作　学会五届理事会于 2001 年选举产生，至 2006 年届满。搞好学会理事会换届选举工作，确保新旧领导班子的顺利衔接过渡，是学会维持健康和谐发展的坚强组织保证。

在中国科协以科协学发［2006］046 号文批复《关于中国水力发电工程学会办事机构挂靠关系变更的报告》，学会正式挂靠中国水电工程顾问集团公司后，着手学会理事会换届筹备工作。2006 年 5 月 8 日，在北京新世纪大酒店召开学会五届常务理事会七次会议，审议了换届方案。随后学会向中国科协上报《关于报送中国水力发电工程学会换届方案的函》，中国科协以科协学发［2006］097 号文批复同意。2006 年 5 月 26 日召开学会换届筹备工作领导小组办公室第一次工作例会，6 月 8 日召开换届领导小组会议，6 月 16 日召开全国省级水力发电工程学会秘书长会议，7 月 14 日周大兵理事长签发《关于推荐第六届理事会理事候选人的通知》，7 月 25 日召开学会换届筹备工作领导小组办公室工作例会，学会换届筹备工作稳步推进。2006 年 9 月 19 日，召开学会五届常务理事八次扩大会议，研究决定学会“六大”召开的相关事宜。

2006 年 10 月 18～19 日，学会第六次全国会员代表大会在北京京西宾馆胜利召开。我国水电界的新老领导、院士、知名专家及 310 名来自全国数百个水电企事业单位的会员代表齐聚一堂，共商水电发展建设大计。前全国人大委员长李鹏同志为大会发来了贺信；全国政协原副主席、中国工程院院士钱正英同志亲临大会开幕式并发表了重要讲话。大会审议通过了水电学会第五届理事会工作报告，修改章程的报告以及财务报告，选举产生了第六届理事会和新一届理事会领导机构，表彰了五届理事会任期内的先进集体和个人。新当选的理事长周大兵就未来 5 年水电学会的工作目标和努力方向作了重要指示。

2. 加强学会秘书处建设　秘书处作为学会的办事机构，承担着学会大量的日常工作，因此学会建设很重要的一个内容就是要进一步加强秘书处建设。学会理事会换届后，秘书长着手秘书处组织机构调整和人员增补，进一步提高学会秘书处整体素质，努力树立科学、严谨、务实形象。

2006 年 11 月 7 日，新一届学会秘书长李菊根主持召开学会秘书处第一次工作会议。会议主要部署了至 2006 年年底前学会的工作安排，提出了改革学会组织建设的设想和方案，讨论了学会 2007 年工作基本思路。

2006 年 12 月 6 日，秘书长李菊根主持召开学会秘书长工作会议。会议讨论确定了学会秘书处组织机构设置方案，进行了定员、定岗、定编，为学会下一步正常开展工作提供了组织保证。

3. 加强对专业委员会的管理　专业委员会是学会的重要组成部分，是学会发挥学术交流主渠道、科普工作主力军、国际民间科技交流与合作主要平台作用的主体，是学会正常履行服务职能的基础。按照中国科协《关于进一步规范成立全国学会分支机构初审工作的通知》(［2006］162 号)、《中国科学技术协会所属全国学会分支机构、代表机构管理办法》等有关文件精神，明确要求各个全国学会对于“未正常开展工作的分支机构，要加强整顿，限期整改，对不适应形势发展要求的分支机构应该按规定进行申报注销处理”。因此，学会第六届理事会产生后，对现有专业委员会提出了调整改组意见，同时部署其换届改选工作。

2006 年 12 月 12 日，2006 年度学会专业委员会工作会议在北京中民大厦召开。学会正、副秘书长，各专业委员会主要负责人共约60人出席了会议。会议就专业委员会换届改选、调整分支机构、《专业委员会管理办法》、2007年工作计划等进行了广泛深入的交流，取得了一定的成果。会上确定了学会专业委员会调整改组和换届工作将于2007年一季度完成，布置了相关筹备工作等事宜。

（二）学术交流

2006年学会共举行学术活动20次，参加人员1999人（境外人员15人），交流论文590篇（境外人员论文5篇）；举办国际学术会议2次，参加人员510人（境外人员66人），交流论文409篇（境外人员论文36篇）。

1. 重大学术交流活动

（1）2006年10月23～25日，由中国水力发电工程学会、中国水电工程顾问集团公司、中国水利学会、中国大坝委员会和中国水利水电科学研究院联合主办的“水电2006国际研讨会”在昆明召开。来自瑞士、法国、日本、韩国、意大利、澳大利亚、南非、泰国、挪威等国家的水电专家，以及国家能源领导小组办公室、水利部、国家电力监管委员会以及云南省政府等有关单位的领导和国内水电专家、学者、工程技术人员300余人参加了此次盛会。

会议共提交论文170余篇，其中中方论文153篇，外文17篇，分别就“高拱坝设计和施工”，“大坝安全评估和加固技术”，“大坝与环境研究”和“水库泥沙与河道侵蚀”等四个专题进行了广泛的技术交流。会议的成功召开促进了水力发电领域世界各国同行的广泛交流与合作，必将有力推动全球水电事业不断向前发展。

（2）2006年10月28～30日，由中国水力发电工程学会和中国长江三峡工程开发总公司联合主办的“第一届水力发电技术国际会议”在北京召开。大会吸引了我国水电界的领导、院士、专家、学者与500余名中外代表一起，以“蓬勃发展的全球水力发电技术”为主题，围绕特大型水电站，特大型水电机组的设计、制造和生产技术经验，促进全球水电装备制造业的发展与创新等内容进行了广泛交流。水电站群梯级水库调度自动化、网络化、信息化，控制设备的智能化，机组运行状态远程诊断技术等，也是会议代表讨论的重点内容。

大会共收到中外学术论文410余篇，内容涉及大型水轮机设计、制造运行的关键技术问题、大型水电站的保护和控制技术、大型水电站的梯级调度及水情测报技术等。一方面，大会为我们带来了国际最新的水电技术成果、最前沿的水电发展方向、最宝贵的水电工程实践经验，另一方面，它向世界展示了我国水力发电建设和机电重大装备研发与自主创新成就，也为我国水力发电业界提供了借鉴国际先进技术和先进经验的良好机会，对促进我国水力发电走向世界，让世界更多了解我国水力发电将起到巨大的推动作用。

（3）2006年11月14日，由国家发展和改革委员会能源局和美国大自然保护协会共同主办，中国水力发电工程学会和中国水电工程顾问集团公司承办的“水电开发与生态环境保护国际研讨会”在北京召开。来自我国政府有关部门的领导、水力发电领域的专家、学者和广大科技工作者及美国、加拿大、巴西等外国专家代表共120余人出席了会议。

大会为水力发电技术领域如何正确处理好水电开发与生态环境保护的关系的科技交流搭建了一个良好的国际平台，对提高我国水电建设和管理的技术水平，进一步做好我国的流域开发规划和水电建设工作，进一步增强我们的环境保护意识，为我国在水电开发利用中更好地保护好环境，积极构建资源节约型、环境友好型社会，实现人和自然的和谐发展，具有重要的借鉴作用和积极的推进作用。

2. 各专业委员会学术交流活动

（1）2006年4月1～3日，由施工专业委员会、龙滩水电开发公司联合主办的“中国水利水电工程首届施工系统与装备技术交流会”在广西召开。会议共收到论文110余篇，主要对中国水利水电工程施工系统与装备技术进行广泛交流和探讨，其中有近105篇论文入选论文集。

（2）2006年4月28～30日，水工金属结构专业委员会“三汊河口闸技术交流会”在南京召开。代表们就三汊河口闸闸门设计、制造、安装过程中遇到的技术难题及经验教训等进行广泛的交流。

（3）2006年7月1日，电力系统自动化专业委员会在湖北宜昌组织召开了专委会2006年年会暨学术交流会。会议围绕“发电机励磁技术”和“设备在线监测与故障诊断”等专题进行了广泛交流，带来了水电自动化科研、设计等各方面的最新学术成果及应用情况，沟通了水电自动化方面新产品、新技术信息，这些必将对我国水电自动化专业的发展产生积极的影响。

（4）2006年7月21～23日，继电保护专业委员会“2006年年会暨学术研讨会”在广州召开。与会代表就抽水蓄能机组的继电保护进行了深入广泛的交流探讨，有力地促进了我国水电继电保护事业的蓬勃发展。

（5）2006年10月13～16日，信息化专业委员会“水力发电机电、自动化技术交流会暨全国水利水电机电技术信息网2006年年会”在呼伦贝尔召开。大会认真总结了近年来我国在水电机电技术、自动化技术方面引进吸收、自主研发等方面积累的宝贵经验，推广相关领域新技术、新成果、新工艺的应用，努力促进“十一五”水电事业的发展。

(6) 2006年10月15～20日，大坝安全监测专业委员会2006年学术年会在大连召开。与会代表就大坝安全监测、大坝安全管理中的一些共同感兴趣的问题展开了热烈的交流与讨论。大家一致认为要有好的大坝安全监测系统，设计是龙头，施工是关键。

(7) 2006年10月28～29日，抗震防灾专业委员会“首届全国水工抗震防灾学术会议”在南京召开。会议就水工建筑物与地基材料动态特性、水工建筑物抗震分析与设计、水工结构现场检测与监测、健康诊断与鉴定、水工建筑物抗震防灾与加固改造及水工结构工程振动、爆炸与冲击等专题，结合国内外近年来的发展和研究工作进行了广泛的学术交流。大会交流论文70多篇，印有50万～60万字的论文集。

(8) 2006年10月28～30日，由水电监理专业委员会、二滩水电开发有限公司共同主办的“水电建设监理TBM施工监理专题研讨会”在成都召开，交流水电施工监理经验，提高监理服务水平，为推动水电施工监理做出了贡献。

(9) 2006年11月1～5日，由水工及水电站建筑物专业委员会、中国水利学会水工结构专委会等联合主办的“第六届全国水电站压力管道学术会议”在贵阳召开。会议主要以水电站压力管道（含输水管道、分岔管、蜗壳）近年来在设计、科研及施工方面的科技成果进行学术性交流。会议的成功召开必将为提高我国压力管道设计水平，推动我国水力发电事业的发展与技术进步，培养和锻炼工程技术专家和科研型人才，起到重要的促进作用。

(10) 2006年11月1～3日，由机械疏浚专业委员会、中国水利工程协会、中国疏浚协会水利疏浚设计施工专业委员会主办的“中国第十九次疏浚与吹填技术经验交流会暨2006年年会”在河南郑州召开。大会主要研究探讨在新形势下加大全国江、河、湖、库、港湾的整治力度，疏浚与吹填施工技术经验交流、总结，与之相关的配套设备介绍等，为我国机械疏浚事业有更大发展献计献策。

(11) 2006年11月1～3日，梯级调度控制专业委员会第二届年会在西宁召开。与会代表踊跃交流了各流域水电开发公司在梯级调度（控制）技术和管理、促进梯级调度（控制）管理工作的完善和发展、政策争取、行业协调、信息提供等方面好的经验和面临的挑战，讨论并通过了《关于开展流域梯级调度充分利用水资源的倡议书》。

(12) 2006年11月30日～12月1日，由抽水蓄能专委会与国网新源控股有限公司联合举办的“积极推进我国抽水蓄能发展高层论坛暨2006年抽水蓄能专委会学术年会”在北京召开。论坛围绕“抽水蓄能发展的合理布局及规模”、“抽水蓄能电站的投资体制、运营模式和回收机制”、“抽水蓄能的环保效益”等议题，深入探讨了抽水蓄能电站可持续发展问题。此次论坛的成功举办必将为实现抽水蓄能优化发展，完成国家“十一五”规划中提出的“适当建设抽水蓄能电站”的要求起到积极的推动作用，对未来我国抽水蓄能朝着健康有序的方向发展具有重要的指导意义。

(13) 2006年12月5～6日，面板堆石坝专业委员会“2006学术年会暨深厚覆盖层筑混凝土面板堆石坝技术研讨会”在昆明召开。本次会议以介绍100米级那兰坝的建设经验为主，广泛开展趾板建在深厚覆盖层上面板堆石坝技术交流和讨论，将为察汉乌苏、九甸峡和多诺等深厚覆盖层上100米级高面板堆石坝的建设和斜卡、溪谷和金川等水电站坝型的选择提供经验，从而促进我国深层厚覆盖上筑面板堆石坝技术的进步。

(14) 2006年12月6～8日，水电站运行管理专业委员会“2006年水电站运行与水库调度技术交流会”在江苏省南京召开。会议就水电站运行与水库调度管理、水库（群）优化调度与水火电优化调度、水文预报与水库水位动态控制、水情测报与水调自动化技术、水电站自动控制、水电与电力市场6方面议题进行了大会交流和讨论。大会共收到来自全国水电站运行管理与水库调度行业科研开发、设计运行、生产管理部门及高等院校科研人员撰写的论文近百篇，录用论文68篇。

（三）刊物出版工作

2006年学会主办学术期刊3种，共48000册，发表论文478篇；编辑科技图书1种，计4000册；编辑论文集11种，共计4970册，发表论文632篇。有关各专业委员会的会刊或杂志出版工作也得到了正常开展。

1.《水力发电学报》 《水力发电学报》是中国水力发电工程学会的会刊，属国家一级学术性刊物，主要刊登与水力发电有关的科技学术论文，反映我国水力发电领域科学研究和开发应用的最新科技成果。自创刊以来，为广大水电科技工作者、研究者和学者等提供了大量颇具学术研究和实践指导价值的论文，受到国内外读者、作者以及国内外某些文摘刊物的好评。2006年共收到来稿275件，发表文章166篇，其中规划方面的11篇；水工建筑设计方面的55篇；水资源、水力学、泥沙方面的47篇；机电设备、运转方面的24篇；水电站施工方面的

14篇；管理、运行、观测方面的13篇；其他方面的2篇。录用率为60%。目前已知被中国学术期刊文摘收录的约为80%，被美国EI摘录的前四期发表的文章为100%。

2.《中国水力发电年鉴》 《中国水力发电年鉴》是我国水电行业的专业性年鉴，是水电类专业的资料性工具书和系列性史册。它发挥了全国水电行业科研成果、技术创新、工程实践经验交流平台的作用，其连续编纂出版是学会的重要工作内容之一。自1983年开始编纂出版以来，至2005年发行了9卷。其中第一卷（1949～1983年）为三十五年卷，第二～七卷有五年、三年、二年卷，自第八卷起，改为一年卷。2006年学会完成了《中国水力发电年鉴》第十卷的编纂出版工作。该卷共编列21个篇目，58个栏目，345个条目，共210余万字。

3.学会《会讯》 学会秘书处为适时宣传国家有关水电的方针，交流生产信息、学会动态，介绍学术研究和科技创新成果而编辑出版的内部刊物，2006年共出版了8期。

（四）学会网站

为进一步加强学会的宣传职能，为外界提供更加全面和深入广泛的学术动态、行业信息和相关资料等，2006年11月学会对网站进行了换版更新，努力办成学会对外宣传的主窗口。新网站内容涵盖面更广，功能更齐全，链接划分更具体到位，信息更新更及时。

（五）科技培训和技术咨询

技术培训一直是学会的重要工作内容。2006年，为贯彻落实《干部教育培训工作条例》，全面落实大规模培训干部任务而开展了一系列技术培训工作，全年共举办培训班10个，培训人数达875人次（其中继续教育660人次）。举办的培训内容包括水电厂计算机监控系统、现地控制单元新技术、现场总线应用、微机水轮机调速系统、水电工程造价等。

各专业委员会充分发挥各自专业领域的优势，发挥学会专家群体作用，常年为行业领域、为各会员单位和全体会员提供技术咨询服务。

（中国水力发电工程学会秘书处）

中国水力发电工程学会分支机构情况表

专业委员会名称	主任委员	秘书长	专业内容	挂靠单位
水能规划及动能经济专业委员会	晏志勇	李世东	水能规划及动能经济	水电水利规划设计总院
水库经济专业委员会	董述春	李明传	水库移民安置、水电工程征地、区域经济发展规划等	水电水利规划设计总院
环境保护专业委员会	童显武	顾洪宾	环境影响评价、咨询，环境保护设计，水土保持方案设计	水电水利规划设计总院
水文泥沙专业委员会	何根寿	朱鉴远	水文、泥沙专业的学术交流和技术总结	水电水利规划设计总院
地质及勘探专业委员会	郭义华	张性一	水电水利工程地质、测绘、物探、钻探、岩土试验专业的学术交流	水电水利规划设计总院
水工及水电站建筑物专业委员会	王柏乐	党林才	水工	水电水利规划设计总院
水工水力学专业委员会	刘之平	郭　军	水工水力学	中国水利水电科学研究院
高坝通航工程专业委员会	张瑞凯	李　云	通航技术交流、通航科技发展战略及政策咨询、委托项目论证	南京水利科学研究院
碾压混凝土筑坝专业委员会	梅锦煜	郑桂斌	碾压混凝土筑坝技术（坝工、材料、运行、建设管理等）	武警水电指挥部

续表

专业委员会名称	主任委员	秘书长	专业内容	挂靠单位
混凝土面板堆石坝专业委员会	周建平	孙永娟	混凝土面板堆石坝设计、施工、材料、变形观测、运行管理等技术交流、咨询	水电水利规划设计总院
工程造价专业委员会	王民浩	郭建欣	工程造价、工程经济技术管理	水电水利规划设计总院
电气专业委员会	李定中	于庆贵	电气一次专业	水电水利规划设计总院
自动化专业委员会	闫华锋	施　冲	水电电气二次技术及相关内容	国网南京自动化研究院
水力机械专业委员会	赵　琨	戴康俊	水力机械设计、试验、安装、运行、改造	水电水利规划设计总院
水工金属结构专业委员会	龚建欣	林朝晖	闸门及启闭设备、通航设备的设计、安装、调试	水电水利规划设计总院
水电站运行管理专业委员会	赵玉柱	裴哲义	水电站运行管理、水库经济运行	国家电力调度通讯中心
水电建设管理专业委员会	石成梁	毛亚杰	水电建设管理经验与技术交流	中国水力发电工程学会
信息化专业委员会	汪小刚	王桂平	计算机及自动化技术在水电工程规划、设计、施工及电站运行中的应用	中国水利水电科学研究院
大坝安全监测专业委员会	何海源	许传桂	水库、大坝的安全监测技术与安全管理	国家电力监管委员会大坝安全监察中心
机械疏浚专业委员会	童劲松	王　究	机械疏浚与吹填学术交流，推广先进经验，介绍新的技术、材料、设备、产品	中国水利水电第十三工程局
电网调峰与抽水蓄能专业委员会	崔继纯	郝荣国	开展抽水蓄能电站建设必要性、经济合理性及优化布局的研讨，介绍先进技术，组织学术交流，承接站点规划和技术咨询服务	中国水电顾问集团北京勘测设计研究院
水电监理专业委员会	陈东平	王平稳	水电监理经验与技术交流，监理技术与理论研究	华北电力大学
建设合同专业委员会	李跃平		编制水电工程涉及的各类合同范本，起草管理文件，组织有关软件课题研究，开展学术交流	中国水利水电建设集团公司
水电控制设备专业委员会	杨晓东	田忠禄	水轮机调速、励磁装置，自动化元件，智能仪表	中国水利水电科学研究院
施工专业委员会	孙洪水	阮光华	大坝浇筑填筑、混凝土生产、砂石料开采加工三大系统及设备	中国水利水电建设集团公司
抗震防灾专业委员会	李同春	张燎军	大型水利水电工程、大电网的抗震、防灾技术、预案、对策研究	河海大学
电力系统自动化专业委员会	毕亚雄	陈国庆	水电厂自动化系统，自动调压、调频装置，水电长距离输电稳定装置	中国长江电力股份有限公司
梯级调度控制专业委员会	袁　杰	侯保民	流域梯级调度控制、流域水资源运用	三峡水利枢纽梯级调度通信中心

（中国水力发电工程学会秘书处　王　玉）

各省、市、自治区水力发电工程学会组织情况表

地方学会名称	会员总数	会员分类					办事机构设置地点	学术专业设置	会刊学报
		教授级高级工程师	高级工程师	工程师	助理工程师	其他			
天津市水力发电工程学会	1329	111	591	446	59	122	天津市河西区洞庭路60号（中水北方勘测设计研究有限责任公司）	施工及基础处理专委会 水电成套设备专委会 水工专委会 机电专委会 大坝安全监测与管理专委会 动能经济及抽水蓄能专委会 勘测专委会 青年工作委员会	《水利水电工程设计》
河北省水力发电工程学会	175	18	87	38	22	10	石家庄市富强大街3号		
山西省水力发电工程学会	604	55	186	253	88	22	太原市南肖墙12号	水电电气自动化专委会 水工建筑及水力机械专委会 水电站运行管理专委会 农村水电电气化专委会 抽水蓄能电站专委会	《电力学报》、《山西省水力发电工程学会简报》（均为季刊）
江苏省水力发电工程学会	783	114	259	317	51	42	南京市西康路1号（河海大学水电馆306室）	水工结构专委会 水工水力学专委会 水电站电气及自动化专委会 仪器仪表专委会 小水电专委会 泵站及流体机械专委会 水资源及环境专委会	
上海市水力发电工程学会	244	40	138	46	20		上海市逸仙路388号（上海勘测设计研究院）		《上海水利水电技术》、《上海市水力发电工程学会会讯》
浙江省水力发电工程学会	1309	140	513	480	151	25	杭州市梅花碑7号	水能规划及动能经济专委会 水工及水电站建筑专委会 水电站运行管理专委会 中小水电开发与管理专委会 施工专委会 机电设备专委会 地质勘测及技术处理专委会 计算机运行及信息专委会 大坝安全监测专委会	《浙江水利水电》（内刊、学会通讯）
安徽省水力发电工程学会	746	31	213	321	142	57	合肥市芜湖路411号（安徽省电力公司）	水工专委会 小水电专委会 水电站运行专委会	

续表

地方学会名称	会员总数	会员分类					办事机构设置地点	学术专业设置	会刊学报
		教授级高级工程师	高级工程师	工程师	助理工程师	其他			
江西省水力发电工程学会	461	29	248	136	26	22	南昌市永外正街266号（江西省电力公司）	水工专委会 施工专委会 运行专委会 水库专委会 机电专委会	
福建省水力发电工程学会	1930	178	634	804	173	141	福州市省府路1号（福建省电力公司）	水能规划及动能经济专委会 工程勘查专委会 水工及水电站建筑物专委会 水力机械及金属结构专委会 水电站电气及自动化专委会 施工机械及施工管理专委会 水电建设管理专委会 水电站运行管理专委会 农村电气化专委会 水库经济专委会 水电站经济及水库调度专委会	《福建水力发电》
河南省水力发电工程学会	910	63	430	350	45	22	郑州市金水路11号（黄河水利委员会国科局）	水能规划及动能经济专委会 水工及水电站建筑物专委会 水电站电气及自动化专委会 施工机械及施工管理专委会 水电站运行管理专委会 水工金属结构专委会 中小型水电专委会 地质专委会 青年工作委员会	《河南省水力发电工程学会简报》
湖北省水力发电工程学会	4287	344	857	1800	1072	214	武汉市武汉大学工学部行政楼	水能规划及动能经济专委会 水工及水电站建筑物专委会 水工水力学专委会 水利水电工程施工专委会 水电站运行管理专委会 水力机械专委会 中小水电专委会	《湖北水力发电》
湖南省水力发电工程学会	3262	160	1450	1474	92	327	长沙市圭塘（中南勘测设计研究院）	勘测专委会 环境保护专委会 施工专委会 库区经济专委会 水电站设备专委会 水电站运行管理专委会 小水电与农村电气化专委会 计算机运行专委会 水工结构与水电站建筑物专委会 水能规划与动能经济专委会	《中南水力发电》

续表

地方学会名称	会员总数	会员分类					办事机构设置地点	学术专业设置	会刊学报
		教授级高级工程师	高级工程师	工程师	助理工程师	其他			
广东省水力发电工程学会	1490	58	638	572	195	27	广州市五羊新城寺右南二街四巷3号	水能利用专委会 水工及水电站建筑专委会 水电建设管理及施工专委会 水电站运行与自动化专委会 风电及新能源专委会 评优工作专委会	
广西水力发电工程学会	3365	50	1240	1430	465	180	南宁市民主路6号（广西电网公司）	水能规划及动能经济专委会 地质勘测专委会 水工及水电站建筑物专委会 水力机械专委会 金属结构专委会 水电站电气及自动化专委会 施工机械及施工管理专委会 水电建设管理专委会 水电站运行管理专委会 小水电及农村电气化专委会 水库经济专委会 水电厂防汛及水库调度专委会 计算机应用专委会 工程造价专委会 电气及自动化专委会	《红水河》
四川省水力发电工程学会	3108	213	1325	1457	81	32	成都市东风路21号	地质勘探专委会 运行专委会 工程造价专委会 施工专委会 水工专委会 规划专委会 水机专委会	《四川水力发电》
贵州省水力发电工程学会	1734	53	531	776	303	71	贵阳市新华路9号（乌江水电开发有限责任公司）	水资源及水能规划专委会 地质与勘探专委会 水工及水电站建筑物专委会 水电站建设及工程经济专委会 金属结构及水力机械专委会 施工管理专委会 水库经济专委会 水电站运行管理专委会 小水电技术专委会	《贵州水力发电》

续表

地方学会名称	会员总数	会员分类					办事机构设置地点	学术专业设置	会刊学报
		教授级高级工程师	高级工程师	工程师	助理工程师	其他			
云南省水力发电工程学会	1966	127	650	873	264	52	昆明市拓东路49号（云南电网公司3号楼203室）	水工及水电站建筑物专委会 水能规划及动能经济专委会 水电站电气及自动化专委会 水力机械及金属结构专委会 施工机械及施工管理专委会 水电站运行管理专委会 工程经济定额预算专委会 地质及勘测专委会	《云南水力发电》
陕西省水力发电工程学会	3385	1088	1309	200		学生会员788	西安市丈八东路18号（西北勘测设计研究院）	水工专委会 规划动能经济专委会 工程地质勘测专委会 小水电专委会 机电运行专委会 水电站施工专委会 工程造价专委会 通航专委会 水电站自动化专委会 水库及环保专委会	《西北水力发电》（西北五省、区联合办刊）
甘肃省水力发电工程学会	1207	23	396	430	111	247	兰州市七里河西津东路38号（甘肃省电力局）	水能规划与动能经济专委会 地质与勘探专委会 水力机械专委会 水电站运行管理专委会 小水电专委会 水工与施工专委会	《甘肃电力技术》、《西北水力发电》
宁夏水力发电工程学会	481	39	197	161	56	28	银川市贺兰山西路589号（宁夏大学土木与水利工程学院）	水电站运行专委会 水力机械气蚀磨损专委会 电气自动化专委会 水工专委会 水电施工专委会	《西北水力发电》（西北五省、区联合办刊）
青海省水力发电工程学会	1005	18	289	425	175	98	西宁市五四西路43号（黄河上游水电开发公司）	水电工程经济定额预算专委会 小水电专委会 水工专委会 水能经济专委会	《青海水力发电》

续表

地方学会名称	会员总数	会员分类					办事机构设置地点	学术专业设置	会刊学报
		教授级高级工程师	高级工程师	工程师	助理工程师	其他			
新疆水力发电工程学会	1164	21	195	196	154	38	乌鲁木齐市（水利部新疆水利水电勘测设计研究院）	水利水电工程大坝专委会 水电站机电及自动化技术专委会 岩石力学与工程专委会 水利水电工程招标投标专委会 水能规划与动能经济专委会 水电工程经济专委会 水工与施工专委会 水库与环保专委会 金属结构水工机械专委会 水库经济专委会	《新疆水利水电》

（中国水力发电工程学会秘书处　王　玉）

中国水利学会 2006 年工作情况

（一）组织建设

1. 理事会　2006 年共召开了 1 次理事会和 2 次常务理事会。增补以下同志为中国水利学会八届理事会理事：水利部科技委副主任、中国工程设计大师、水利部原总工程师高安泽，水利部政法司司长赵伟，水利部离退休干部局局长何源满，中国水利学会水文专业委员会主任委员、水利部水文局副局长林祚顶，安徽省水利厅厅长纪冰，上海勘测设计院院长石小强，中国水利水电建设集团公司副总经理孙洪水。朱尔明因年届 70，不宜再担任理事长职务，经八届六次常务理事会审议，并经八届三次理事会全体会议选举，高安泽自 2006 年 11 月 6 日起担任该会第八届理事长。朱尔明被聘为八届名誉理事长。

2. 专业委员会　开展了对专业委员会情况的问卷调查。中国水利学会对 40 个专业委员会进行了一次问卷调查，通过对问卷调查的统计分析，基本上掌握了中国水利学会专业委员会的现状，也听取了各专业委员会对中国水利学会工作的意见和建议。

修订并印发了《中国水利学会分支机构管理办法》。中国水利学会根据中国科协关于《中国科学技术协会所属全国性学会分支机构、代表机构管理办法》，对已试行 4 年的《中国水利学会分支机构管理办法》进行了修订，并经过常务理事会通信会议审议通过，现已印发实施。

组织制定《中国水利学会专业委员会评价考核指标体系》。该指标体系在该会分支机构工作会议上征求意见，从 2007 年 1 月 1 日起正式实施。

召开中国水利学会分支机构工作会议。2006 年 10 月 11～13 日，中国水利学会分支机构工作会议在杭州召开，会议分析了专业委员会的现状和存在的问题，提出了对新时期专业委员会工作的思路及要求。会议安排了滩涂湿地保护与利用等 5 个开展活动较有特色的专业委员会进行了大会交流，就《中国水利学会专业委员会评价考核指标体系》进行了讨论。

成立新的专业委员会。经中国水利学会常务理事审议批准，中国水利学会地下水科学与工程专业委员会成立大会于 10 月 15 日在河海大学举行。

3. 地方水利学会　指导省级水利学会换届改选。2006 年间，换届改选的省级水利学会有重庆、西藏、广西、北京等 4 省（区、市）。

（二）国内学术活动

2006 年间，中国水利学会秘书处、各分支机构、各省级水利学会围绕水利中心工作，开展了一系列学术交流活动。据不完全统计，学会各类学术活动 30 余次，出版论文集十余种。主要活动详见表 1，其中较大的几次活动情况如下：

（1）举办 2006 中国水博览会。4 月 26～29 日，本次活动在北京农业展览馆举行。来自国内外的 150 多家企业和单位参加了本届水博会，其中包括 18 家国际参展商、3 个流域机构和 25 个省、自治区、直辖市的水利（水务）厅（局），展会规模 $10000m^2$，观众达2.6万人次。水博会期间举办了中国水务高峰论坛，300余人与会，围绕中国水务事业的改革与发展展开讨论。

（2）举办中国水利学会2006学术年会。11月5～7日，年会在合肥市召开，年会的主题为“节水型社会建设——科技工作者的历史责任”。年会共设5个分会场：农村水利与社会主义新农村建设（农水专业委员会）、水文水资源新技术应用（水文专业委员会）、滩涂与生态（滩涂湿地保护与利用专业委员会）、大型调水工程建设及排涝泵站更新改造（泵及泵站专业委员会），以及国际分会场。水利部部长汪恕诚、副部长胡四一分别为大会作主旨报告，10位专家作大会特邀报告。在年会分会场上，与会的科技工作者携带各自的成果进行了交流。年会安排了两条技术考察线路，一条是治淮骨干工程临淮岗，一条是淠史杭灌区。600余人参加了该届年会。

（3）举办中国水利现代化高级论坛。11月16～17日，本次论坛由中国水利学会与水利部农水司、中国水利经济研究会在江苏无锡共同举办。160多位代表参加了会议。

表1　中国水利学会2006年主要学术活动一览表

序号	活动名称	时间	规模（人）	地点	主、承办单位
1	中国水利学会2006学术年会	11月5～7日	600	合肥	中国水利学会主办，安徽省水利厅、淮河水利委员会协办
2	中国水利学会2006学术年会农村水利分会场	11月6日	60	合肥	农田水利专业委员会
3	中国水利学会2006学术年会水文分会场	11月6日	70	合肥	水文专业委员会
4	中国水利学会学术年会滩涂与生态分会场	11月6日	70	合肥	滩涂湿地保护与利用专业委员会
5	中国水利学会2006学术年会大型调水工程建设及排涝泵站更新改造分会场	11月6日	70	合肥	泵及泵站专业委员会
6	首届黄文熙讲座学术报告会	1月10日	100余	南京	岩土力学专业委员会、《岩土工程学报》编辑部主办；南京水利科学研究院承办
7	2006中国水务高峰论坛	4月26～27日	200	北京	中国水利学会、水利部展览音像制作中心
8	沙特雨水项目咨询	4月18日～5月13日	7	沙特阿拉伯	甘肃省水利科学研究院、雨水利用专业委员会
9	第八次全国水利水电地基与基础工程学术研讨会	5月22～24日	106	南京	地基与基础工程专业委员会主办，河海大学江苏河海工程技术总公司承办
10	农村水电自动化技术培训	7月	90	长沙	水利部水电局主办，长沙华能集团承办
11	2006年城市水利学术研讨会	9月6～8日	110	太原	城市水利专业委员会主办，山西引黄管理局承办
12	2006年北京城市雨水收集利用与洪水管理国际学术研讨会	9月12～15日	140余	北京	中国水利学会、北京市科协、北京市水务局主办，北京水利学会、中国水利学会城市水利专业委员会承办

续表

序号	活动名称	时间	规模（人）	地点	主、承办单位
13	第十一届全国水利量测技术综合学术研讨会	9月20～21日	55	郑州	水利量测技术专业委员会、黄河研究会联合主办
14	水利信息化技术交流会	9月22日	50余	贵阳	水利信息化专委会
15	“洪水预报和水资源评价新方法”国际研讨会	9月28～30日	120	北京	水利部水文局（IAHS国家委员会）主办，清华大学承办
16	国内雨水利用技术培训班	10月16～20日	67	兰州	中国水利学会、雨水利用专业委员会、甘肃省水利科学研究院
17	第七届全国环境水力学学术研讨会	10月26～28日	130	宜昌	水力学专业委员会主办，三峡大学、中国水产科学研究院长江水产研究所承办
18	第五届全国水利工程渗流学术研讨会	10月26～28日	100余	南京	岩土力学专业委员会主办，南京水利科学研究院、河海大学、水利部大坝安全管理中心、中国水利水电科学研究院、长江科学院、黄河水利科学研究院、江苏省水利厅等7家单位承办
19	全国橡胶坝技术交流推广会暨橡胶坝技术规范宣贯培训	10月30日～11月2日	120	江苏扬州	农田水利专业委员会
20	全国水管理学术研讨会	11月10～14日	34	南昌	农田水利专业委员会
21	第一届中国水利水电岩土力学与工程学术讨论会	11月10～13日	260	昆明	岩土力学专业委员会主办，云南省水利水电勘测设计研究院、南京水利科学研究院、中国水利水电科学研究院、长江科学院和武汉大学共同承办，昆明勘测设计研究院协办
22	中国水利现代化高级论坛	11月16日	200余	江苏无锡	水利部农水司、中国水利学会、中国水利经济研究会联合主办
23	2006年水力发电学术研讨会	11月22～24日	130	昆明	中国水利学会、水利部水电局联合主办，水力发电专委会承办
24	河口治理与保护专业委员会2006年度学术年会	11月27～30日	30	广州	河口治理与保护专业委员会主办，珠江水利委员会承办
25	全国水利工程白蚁防治技术研讨会	11月28～29日	70余	武汉	水利管理专业委员会、水利部水利建设与管理总站联合主办
26	水工建筑物抗冲磨新型材料技术交流会	12月4～6日	70余	成都	水工结构专业委员会、水工混凝土建筑物病害修补和处理信息网联合主办
27	马里农田水利项目咨询	12月6～23日	5	非洲马里	甘肃省水利科学研究院、雨水利用专业委员会

续表

序号	活动名称	时间	规模（人）	地点	主、承办单位
28	台湾农田水利会联合会 2006 年大陆参访团	12 月 12 ～21 日	33	四川、重庆、湖北、江西	农田水利专业委员会
29	尼日利亚雨水项目咨询	全年	13	尼日利亚吉嘎瓦州	甘肃省水利科学研究院、雨水利用专业委员会

（三）国际民间科技交流

1. 主要交流活动

（1）5 月 17～20 日，应韩国水资源协会邀请，该会派出 3 位专家参加了在韩国济州举行的韩国水资源协会 2006 年会，三位专家均在会上作了学术报告，会间还与参加年会的中国留学生进行了交流。

（2）6 月，该会接待安排了由韩国水资源协会会长宋在偶教授为团长的 40 人专家团赴三峡工程考察。

（3）8 月 24～31 日，应日本水文水资源学会邀请，中国水利学会派出专家参加在日本冈山大学举行的日本水文水资源学会 2006 年年会，并赴东京、广岛参观访问和学术交流。在年会上，中国水利学会专家就日本同行关心的问题，分别作了题为“中国水资源与水环境”、“中国南水北调工程”和“长江的水资源与洪水管理”的报告，日本同行对报告给予了积极反馈，部分专家还表示了今后的合作研究意向。

（4）9 月 12～15 日，2006 年北京城市雨水收集利用与洪水管理国际学术研讨会在北京召开。日本、韩国、尼泊尔，以及国内的水利专家，包括台湾地区的水利同仁，共 140 余人参加了会议。会议由中国水利学会、北京市科学技术协会、北京市水务局主办，北京水利学会、中国水利学会城市水利专业委员会承办。

2. 支持国际学术组织中国委员会的工作　中国水利学会按中国科协要求，对《中国科协及所属全国性学会参加国际科技组织名录》进行了更新；与中国灌排委员会共同组织专家，参加国际灌排委员会《滩涂地区可持续发展手册》（英文版）的编写工作；与中国水电工程顾问集团公司等单位合作主办了“水力发电 2006 国际研讨会”。

国际水利工程与研究协会亚太分会秘书处于 5 月在北京召开了 IAHR 中国分会委员会工作会议，讨论了 2008 年第 16 届 IAHR-APD 大会和 IAHR 工程水力学国际研讨会、2007 年第三届全国水力学与水利信息学大会、中国学者参加 IAHR 各专业委员会成员名单等，以及争取再一次承办 2013 年或 2015 年国际水利学大会的有关事宜。8 月，组织了大陆 21 位专家学者参加在印度钦奈召开的第 15 届亚太地区国际水利学大会，其间举行了 APD 执委会会议，秘书处做了大量的筹备组织工作。

（四）学术期刊管理与专著出版

中国水利学会管理的科技期刊有《水利学报》、《岩土工程学报》、《泥沙研究》、《水科学进展》和《灌溉排水学报》。2006 年，向中国科协申报“2006 精品科技期刊工程项目”，经过现场答辩和专家评选，《水利学报》和《岩土工程学报》分别获得 5 万元和 15 万元的资助。另外，积极支持中国水利学会专业委员会的办刊工作，协助减灾专业委员会办理《中国防汛抗旱》杂志转为正式期刊的手续，已获新闻出版署的批准。

由中国水利学会编写《黄河三门峡工程泥沙问题》已由中国水利水电出版社出版发行。

（五）科学普及与人才举荐

1. 科学普及方面　一是继续举办“青少年水利夏令营”活动。二是中国水利学会各级组织利用世界水日、中国水周、科普周、全国科普日开展科普宣传活动。如在全国科普日期间，浙江省水利厅、省水利学会联合水利水电专科学校、省水力发电工程学会设立了“水法咨询”、“节水猜谜”、“科普资料宣传”等展台，开展了“科学节水”科普宣传，通过资料发放、水法咨询和科学节水有奖猜谜等形式，向广大市民较好地宣传了水资源短缺、水利科普知识。

2. 人才举荐方面　一是与水利部联合向中国科协、科技部、中宣部推荐第九届中国青年科技奖候选人 7 人，其中水利部水利水电规划设计总院的朱党生获此奖项。二是建立中国水利学会学会奖。2006 年度颁发了中国水利学会杰出青年奖，7 名青年科技工作者获奖，颁奖仪式在中国水利学会 2006 学术年会开幕式上举行。

（六）政府部门委托的有关工作

1. 科技奖励　2006年是第二届大禹奖的首次评奖，与首届不同的是在奖励范围方面增加了“其他科学技术成果”，包括水利标准、计量、科技信息、科学普及等科学技术基础性工作，以及规划、政策、发展战略、管理等软科学研究成果。经过组织申报、形式审查、初评、专业评审、评审委员会评审以及公示，10月10日，大禹奖奖励委员会召开全体会议，确定了34项成果为2006年度大禹奖获奖成果，其中一等奖3项，二等奖14项，三等奖17项（详见表2)。颁奖仪式在该会2006学术年会开幕式上举行。

表2　2006年大禹水利科学技术奖获奖项目表

序号	获奖等级	项目名称	主要完成单位	主要完成人员
1	一等奖	基于WebGIS平台的国家防汛会商系统（V1.0）	水利部水文局	张建云、孙继昌、刘金平、张建新、孙春鹏、梁家志、蔡元龙、刘志雨、陈树娥、章四龙、王光生、李　岩、周砺、程琳、王金星
2	一等奖	黄河水沙过程变异及河道的复杂响应	中国水利水电科学研究院、中国科学院地理科学与资源研究所、黄河水利委员会黄河水利科学研究院、国际泥沙研究培训中心	胡春宏、郭庆超、许炯心、姚文艺、吉祖稳、陈浩、王兆印、曹文洪、李文学、陈建国、陆中臣、侯志军、陈绪坚、李勇、戴清
3	一等奖	黄河流域水资源演变的多维临界调控模式	黄河勘测规划设计有限公司、水利部黄河水利委员会、西安理工大学、郑州大学	陈效国、石春先、张会言、王煜、王海政、黄强、吴泽宁、侯传河、畅建霞、丁大发、王道席、彭少明、左其亭、张新海、佟春生
4	二等奖	青海省引大济湟工程规划	中国水利水电科学研究院、青海省水利水电勘测设计研究院	王浩、刘东康、谢新民、马维成、汪党献、秦大庸、刘锡宁、王芳、尹明万、王建华
5	二等奖	水利工程管理单位体制改革研究	水利部发展研究中心	俞衍升、周学文、李焕雅、祖雷鸣、张严明、丁民、孔慕兰、刘六宴、郑通汉、侯京民
6	二等奖	面向水利信息化的应用集成中间件平台及其应用	水利部水利信息中心、西安理工大学、西安交通大学、黄河水利委员会、陕西省水利厅	蔡阳、解建仓、张永进、辛立勤、常志华、周维续、余达征、程益联、洪小康、娄渊清
7	二等奖	水利科技发展战略研究	中国水利水电科学研究院、南京水利科学研究院、清华大学、中科院水土保持研究所、长江科学院、水利部长江勘测技术研究所、中国科学院地理科学与资源研究所	董哲仁、胡四一、张有天、高占义、王光谦、王光纶、郭军、陈式慧、程晓陶、李纪人
8	二等奖	生物生态技术治理污染水体的关键技术与示范	中国水利水电科学研究院、水利部中国科学院水工程生态研究所、江苏省水利厅、河海大学	周怀东、董哲仁、陈文祥、吴泽毅、刘玲花、张建华、栾建国、阮晓红、刘家寿、彭建华
9	二等奖	草场沙化、退化综合整治技术试验示范研究	中国水利水电科学研究院	何京丽、陈渠昌、梁占岐、荣浩、崔崴、刘艳萍、邢恩德、霍再林、翟进

续表

序号	获奖等级	项　目　名　称	主要完成单位	主要完成人员
10	二等奖	水工金属结构安全评估的技术标准研究	水利部产品质量标准研究所、河海大学	蒋建国、刘德有、周建方、叶 翔、胡康军、谢亚琴、吴燕明、郑圣义、杨海霞、郭建斌
11	二等奖	首都圈水资源保障研究	中国水利水电科学研究院、中国农业科学院农业资源和农业区划研究所、北京工业大学、中国社会科学院社会学研究所	阮本清、魏传江、韩宇平、成建国、张春玲、姜文来、陆学艺、王东胜、李智、陈光金
12	二等奖	霍林河流域和扎龙湿地生态与环境需水量研究	水利部松辽水利委员会	党连文、李青山、齐玉亮、王教河、李金祥、李兴春、吕 军、赵若雨、迟鹏超、马铁民
13	二等奖	长江中下游河道采砂规划研究与实践	长江水利委员会、水利部水利水电规划设计总院	刘 宁、马建华、周学文、吴志广、陈肃利、马毓淦、曾令木、赵 义、卢金友、匡少涛
14	二等奖	引黄灌区节水决策技术应用研究	中国水利水电科学研究院、武汉大学、山东省滨州市簸箕李引黄灌溉管理局、宁夏回族自治区水文水资源勘测局	许 迪、谢崇宝、崔远来、刘和祥、方树星、刘 钰、杨金忠、王少丽、丁昆仑、董 斌
15	二等奖	水利水电工程征地移民监理理论与实践探索	河海大学、广东省东江—深圳供水改造工程建设总指挥部、广东省政府移民办	沈菊琴、杨文健、彭泽英、曾建生、熊振时、李杰夫、杨志勇、杜晓荣、陆庆春
16	二等奖	《水利技术标准体系表》编制及实施	水利部国际合作与科技司、江苏省水利勘测设计研究院、水利部水工金属结构检测中心、中国水利水电科学研究院、南京水利水文自动化研究所、中国水利水电出版社	李赞堂、刘咏峰、陈登毅、李 明、窦以松、高建标、贺 鸣、徐海峰、王志媛
17	二等奖	SL 303—2004《水利水电工程施工组织设计规范》编制关键技术研究	中水东北勘测设计研究有限责任公司、武汉大学	任金明、肖焕雄、胡志根、崔金铁、程 燕、赵永君、齐志坚、林淀翔、周宜红、贺昌海
18	三等奖	大型机械在黄河防洪抢险中的应用研究	黄河水利委员会河南黄河河务局	高兴利、王德智、周念斌、赵雨森、武良海、曹克军、王相武
19	三等奖	应用 WEPP 进行重庆市水土流失动态监测研究	西南大学	何丙辉、陈晓燕、张崇庆、陈建华、唐学文、缪驰远、孔德树
20	三等奖	兴电灌区泵站监控与信息化管理系统（简称 XPIT 系统）	甘肃省白银市靖远兴堡川电灌工程管理处	万国庆、王生全、闫天成、贾小明、关永杰、马玉福、林 旺
21	三等奖	水利工程供水两部制水价制度研究	水利部海河水利委员会、水利部发展研究中心、中国水利水电科学研究院	郑通汉、任宪韶、黄秋洪、许学强、李 华、刘鹏鸿、钟玉秀

续表

序号	获奖等级	项目名称	主要完成单位	主要完成人员
22	三等奖	交流变频调速技术在水文缆道中的推广应用	贵州省水文水资源局	高永春、朱新明、吴育才、熊伟、陆军、王秉祥、成小松
23	三等奖	爆炸置换法处理海堤软土地基技术的研究与应用	浙江省围垦技术开发中心、浙江省中水围海技术咨询中心、浙江省洞头县北岙后二期围垦工程建设指挥部、宁波科宁爆炸技术工程有限公司、浙江省水电建筑安装有限公司	金利军、裘江海、朱小敖、庄峥嵘、黄罗春、江礼茂、夏义好
24	三等奖	水库汛限水位动态控制方法研究	国家防汛抗旱总指挥部办公室、大连理工大学、中国水利水电科学研究院、水利部水利水电规划设计总院、湖南省防汛抗旱指挥部办公室	田以堂、万海斌、王本德、周惠成、黄金池、蒋肖、王国利
25	三等奖	国际跨境河流典型山体滑坡（崩塌）堵江水文极值事件应急实验研究	西藏自治区水文水资源勘测局、西藏自治区防汛抗旱指挥部办公室、云南大学亚洲国际河流中心、水利部长江委水文局三峡分局、水利部南京水文水利自动化研究所	李文汉、巩同梁、何大明、李云中、陆云扬、孙杰、谢玉红
26	三等奖	振动时效技术在大型高强钢岔管的应用与研究	新建伊犁河流域开发建设管理局、水利部水工金属结构质量检验测试中心	李现臣、李鹏、袁关堂、王静、铁汉、李详波、贺锋
27	三等奖	东深供水改造工程大型现浇后张无黏结预应力混凝土压力涵管的设计研究	广东省水利电力勘测设计研究院、华北水利水电学院	李玉珪、严振瑞、黄建添、张黎明、赵顺波、杜练、傅章吉
28	三等奖	汉江丹江口水库可调水量研究	长江水利委员会长江勘测规划设计研究院	王忠法、钮新强、魏山忠、王方清、刘子慧、管光明、毛文耀
29	三等奖	水利工程维修养护定额标准研究	黄河水利委员会财务局、黄河水利科学研究院、中国灌溉排水发展中心	徐乘、张红兵、赫崇成、夏明海、苏铁、周明勤、张希芳
30	三等奖	黄河下游工情险情会商系统	黄河水利委员会防汛办公室、黄河水利委员会信息中心	张金良、翟家瑞、李银全、王震宇、毕东升、娄渊清、祝杰
31	三等奖	西北半干旱生态植被建设区饲草料节水灌溉与水草资源可持续利用技术研究	中国水利水电科学研究院	郭克贞、李和平、杨燕山、赵淑银、徐冰、佟长福、史海滨
32	三等奖	甘肃河西内陆区水资源战略安全及优化节水技术研究与开发	甘肃省水利科学研究院、中国科学院寒区旱区环境与工程研究所、清华大学、甘肃省农科院土壤肥料研究所、甘肃省武威市凉州区黄羊河灌区水管处	李元红、张新民、王以兵、胡想全、金彦兆、王忠静、刘发民

续表

序号	获奖等级	项 目 名 称	主要完成单位	主要完成人员
33	三等奖	广东省潮州供水枢纽工程西溪截流技术	广东省韩江流域管理局、广东省水利电力勘测设计研究院、广东省水利水电科学研究院、广东水电二局股份有限公司、广东省水文局	何承伟、李敬俊、黄智敏、李奎炎、曾陈平、郑道贤、符能江
34	三等奖	白石水库工程建设实施阶段工程造价控制与管理的应用研究	辽宁省水资源开发总公司、辽宁省白石水库工程建设管理局、辽宁省水利水电勘测设计研究院	王永鹏、刘大军、于长生、吴雅克、李锐、尚燕绮、卜丽华

2. 标准化工作　一是采取多种措施加强对已立项项目的管理。清理了11项长期未签合同项目，落实了9个项目的主编单位，调整了2个项目；完成了300项在编标准的阶段检查，调研了12个主持机构和部分主编单位，提出了进度滞后项目的处理建议。截至9月底，2006年度发布标准达40余项，160余项项目上报了阶段性成果。二是完善项目立项前期组织和论证协调工作，做好2007年度标准项目计划建议。完善了项目建议书格式、细化了项目立项程序，对135项申报2007年度标准化年度计划的项目进行了论证，最终提出了99项1477万元的项目建议上报水利部主管司局。三是具体承担《水利技术标准体系表》的修订工作。四是继续开展水利标准化理论和标准编写规定的宣贯等工作。2006年间，举办了两期近200人参加的标准化理论和编写规定宣贯班。

3. 技术职称工作　根据水利部职改办的要求，负责接收水利部直属单位职称申报材料，并具体承办一年一度的职称评审会会务工作。4月和5月，分别在杭州和北京召开了水利部2005年度职称评审会。在评审会结束后，组织专家编制了水利系统职称考试各系列考试大纲并进行了部分专业考试题库建设，使职称考试工作更趋规范。2006年的水利部职称考试工作于11月12日在全国24个考点53个考场同时举行。本次考试包括计算机知识和专业理论两个科目，共有3200余人次报考。

（七）科技培训和技术咨询

1. 技术培训　2006年间，该会为贯彻落实《干部教育培训工作条例》，开展了一系列技术培训工作，有16项专业技术内容的培训活动列入到了水利行业培训计划，已经举办的有防汛抢险技术、农村饮水安全管理、雨水利用、水利工程招投标与项目管理等11期，培训专业技术人员近千人。

2. 咨询服务　2006年间，学会承担了水利部中央财政项目“节水型社会建设”的咨询任务。主要是完成《节水型社会知识问答》的编写。

（中国水利学会秘书处　赵洁群）

17

统 计 资 料

2006年全国水电增长情况表

全国及各省、自治区、直辖市	装机容量（万 kW）			发电量（亿 kW·h）		
	总量	水电	水电增长率（%）	总量	水电	水电增长率（%）
全　国	62369.8	13029.2	11.0	28498.5	4147.7	4.6
北　京	506.1	105.3		211.3	4.4	2.6
天　津	654.1	0.5		362.8	0.1	58.6
河　北	2709.0	78.5	0.1	1461.0	6.2	33.9
山　西	2745.1	79.0	0.9	1526.4	23.9	17.5
内蒙古	3028.1	81.8	44.0	1416.0	13.0	14.8
辽　宁	1833.8	140.1	−0.2	1010.5	45.9	−19.1
吉　林	1113.1	387.2	4.1	455.6	51.5	−34.2
黑龙江	1342.5	85.3	0.8	646.1	14.7	−18.0
上　海	1478.0	0.0		726.7	0.0	
江　苏	5207.3	13.6	−4.9	2535.5	3.0	−7.0
浙　江	4687.0	836.9	20.4	1766.4	139.8	3.4
安　徽	1513.5	100.1	35.4	734.2	12.9	3.4
福　建	2204.7	895.7	8.9	904.3	346.8	19.2
江　西	985.6	328.8	8.9	435.8	88.3	30.1
山　东	5005.5	55.3	973.4	2272.6	1.5	19.0
河　南	3515.6	255.3	0.5	1582.6	80.3	13.8
湖　北	2994.4	1832.1	2.4	1313.0	750.5	−7.8
湖　南	1938.0	864.8	10.2	748.3	276.4	14.6
广　东	5389.9	932.0	3.1	2471.9	253.9	22.2
广　西	1305.8	762.4	25.3	523.3	243.7	24.4
海　南	258.0	58.9	2.6	94.8	9.4	−10.9
重　庆	759.7	197.9	3.5	288.7	53.2	−20.9
四　川	2728.5	1773.0	18.0	1129.8	689.5	20.1
贵　州	2188.3	753.4	4.2	980.2	195.2	−8.5
云　南	1826.1	969.8	21.2	757.4	352.3	6.0
西　藏	37.9	34.3	−18.2	13.1	11.8	−6.9
陕　西	1193.4	216.5	9.5	574.7	38.2	−24.5
甘　肃	1093.9	429.1	7.1	528.8	167.6	1.9
青　海	694.0	542.3	12.4	279.9	207.2	24.0
宁　夏	644.1	42.9	−0.2	390.9	16.6	−0.7
新　疆	789.2	176.6	29.9	356.2	49.9	18.0

（中国电力企业联合会）

2005年电源项目基本建设投资情况表

全国及各省、自治区、直辖市	总投资额（亿元）	水电投资额（亿元）
全　国	3228.06	861.98
北　京	10.27	3.66
天　津		
河　北	100.19	9.93
山　西	115.92	33.80
内蒙古	250.37	0.55
辽　宁	35.09	4.02
吉　林	32.44	6.82
黑龙江	31.97	1.47
上　海	38.70	0.00
江　苏	409.40	5.84
浙　江	273.44	20.65
安　徽	112.05	6.90
福　建	195.61	55.62
江　西	41.39	1.09
山　东	152.05	65.95
河　南	101.79	11.39
湖　北	192.09	152.21
湖　南	87.58	7.67
广　东	186.23	18.75
广　西	88.64	60.34
海　南	8.58	
重　庆	46.19	18.15
四　川	230.23	150.99
贵　州	182.69	73.50
云　南	138.93	99.91
西　藏	0.31	
陕　西	50.62	7.35
甘　肃	34.53	15.11
青　海	32.21	21.36
宁　夏	23.54	1.56
新　疆	25.00	7.35

（中国电力企业联合会）

2006年电源项目基本建设投资情况表

全国及各省、自治区、直辖市	总投资额（亿元）	水电投资额（亿元）
全　国	3195.34	783.79
北　京	13.40	
天　津	12.25	
河　北	135.31	9.50
山　西	101.11	10.53
内蒙古	298.65	9.30
辽　宁	66.93	2.14
吉　林	30.59	5.24
黑龙江	54.13	
上　海	24.42	
江　苏	229.16	10.15
浙　江	188.44	16.69
安　徽	117.19	5.13
福　建	122.29	16.35
江　西	47.59	2.18
山　东	195.37	6.05
河　南	99.55	5.77
湖　北	178.40	106.14
湖　南	46.52	0.52
广　东	179.57	0.74
广　西	126.82	76.96
海　南	9.78	
重　庆	70.19	19.98
四　川	292.17	220.84
贵　州	167.16	77.28
云　南	194.59	125.87
西　藏		
陕　西	74.08	6.20
甘　肃	36.32	19.24
青　海	28.26	23.70
宁　夏	31.55	
新　疆	23.55	7.28

（中国电力企业联合会）

2006 年水电施工企业完成产值及工程量表

单位名称		企业总产值（千元）	企业建筑业总产值（千元）	实物工程量					
				土方（万 m^3）	石方（万 m^3）	混凝土（万 m^3）	金属结构安装（t）	水电机组投产（台）	水电机组投产（万 kW）
中国葛洲坝集团公司		12544900	9668870	15271	10182	557	50204	10	57.2
中国水利水电建设集团公司	集团公司总部								
	中国水利水电第一工程局								
	中国水利水电第二工程局								
	中国水利水电第三工程局								
	中国水利水电第四工程局								
	中国水利水电第五工程局								
	中国水利水电第六工程局								
	中国水利水电第七工程局								
	中国水利水电第八工程局								
	中国水利水电第九工程局								
	中国水利水电第十工程局								
	中国水利水电第十一工程局								
	中国水利水电第十二工程局								
	中国水利水电第十三工程局								
	中国水利水电第十四工程局								
	中国水利水电第十五工程局								
	中国水利水电闽江工程局								
	中国水利水电基础工程局								
中国人民武装警察部队水电指挥部	中国人民武装警察部队水电指挥部（中国安能建设总公司）	3358000	3358000	3550	1609	290	17205	3	30
	中国人民武装警察部队水电第一总队（江南水利水电工程公司）	1147000	1147000	1400	838	150	8846		
	中国人民武装警察部队水电第二总队（江夏水电工程公司）	886000	886000	1243	250	69	8199	3	30
	中国人民武装警察部队水电第三总队（安蓉建设总公司）	750000	750000	453	321	60			
	中国人民武装警察部队水电三峡工程指挥部（宜昌安能水利水电有限责任公司）	350000	350000	455	200	11	160		

（中国葛洲坝集团公司、中国水利水电建设集团公司、中国人民武装警察部队水电指挥部）

2006年全国农村水电装机及发电量情况表

行政区划	装机容量		发电量	
	(kW)	(%)	(万kW·h)	(%)
全　国	47196651	100.00	14835889	100.00
北　京	42920	0.09	2479	0.02
天　津	5000	0.01	42	0.00
河　北	349292	0.74	38610	0.26
山　西	157100	0.33	30147	0.20
内蒙古	53360	0.11	9748	0.07
辽　宁	274999	0.58	79058	0.53
吉　林	385783	0.82	115164	0.78
黑龙江	230585	0.49	57491	0.39
江　苏	59486	0.13	7072	0.05
浙　江	3037119	6.44	675779	4.56
安　徽	699122	1.48	121088	0.82
福　建	6147238	13.02	2170267	14.63
江　西	2047437	4.34	562009	3.79
山　东	71713	0.15	7191	0.05
河　南	336516	0.71	71581	0.48
湖　北	2516456	5.33	509513	3.43
湖　南	3886716	8.24	1270210	8.56
广　东	5787168	12.26	1778007	11.98
广　西	3112396	6.59	938624	6.33
海　南	266804	0.57	76452	0.52
重　庆	1203796	2.55	389599	2.63
四　川	6747892	14.30	2587253	17.44
贵　州	1362652	2.89	498539	3.36
云　南	5189969	11.00	1829183	12.33
西　藏	62720	0.13		0.00
陕　西	619386	1.31	184054	1.24
甘　肃	935467	1.98	310987	2.10
青　海	379861	0.80	176288	1.19
宁　夏	3200	0.01	800	0.01
新　疆	919511	1.95	227713	1.53
新疆兵团	199687	0.42	68199	0.46
部直属	105300	0.22	42742	0.29

（水利部农村水电及电气化发展局　赵　虹）

2006年大中型水电厂生产运行情况表

	水电厂名称	发电运行情况					水库运行情况			
		总装机容量	年发电量	平均耗水率	单位发电成本	等效可用系数	年入库总水量	发电用水量	年末水位	年末库容
		万kW	亿kW·h	m³/(kW·h)	元/(MW·h)	%	亿m³	亿m³	m	亿m³
1	潘家口蓄能电厂	27.00	0.30	5.57		90.06	6.68	1.60	209.74	13.60
2	广州蓄能水电厂	240.00	33.01			A厂80.39 B厂81.66				
3	响洪甸抽水蓄能电厂	8.00	1.42	8.01	52.32		6.90	11.30	120.00	9.50
4	天荒坪抽水蓄能电厂	180.00	23.70	0.66	0.85	88.41				
5	沙河抽水蓄能电站	10.00	1.93	3.8	454	94.81				
6	白山抽水蓄能电站	30.00	0.27	3.17				0.86		
7	万家寨水电厂	108.00	26.01	6.20	100.00	93.25	165.31	161.20	970.68	3.72
8	白山水电厂	170.00								
9	其中：白山	150.00	15.26	3.76	159.77	101.8	46.93	57.38	407.64	43.38
10	红石	20.00	3.55	16.64	159.77	96.45	48.62	59.07	290.30	1.67
11	松江河(小山)水电厂	16.00	2.61	4.39	516.88	90.26	12.05	11.43	680.72	0.89
12	佛子岭水电厂	4.01	0.80	11.90		98.50	13.20	9.50	116.78	2.00

续表

水电厂名称		发电运行情况					水库运行情况			
		总装机容量	年发电量	平均耗水率	单位发电成本	等效可用系数	年入库总水量	发电用水量	年末水位	年末库容
		万 kW	亿 kW·h	$m^3/(kW·h)$	元/(MW·h)	%	亿 m^3	亿 m^3	m	亿 m^3
13	响洪甸水电厂	4.00	1.04	8.85	310.65	92.20	6.90	9.22	120.00	9.53
14	紧水滩水电厂	30.00	5.78	5.48	321.29	95.91	36.12	31.68	172.86	6.99
15	水口水电厂	140.00	61.20	7.46	138.56	102.80	623.72	477.04	59.79	18.52
16	棉花滩水电站	60.00	18.97	4.45	163.31	89.54	95.91	84.46	165.32	12.53
17	故县水电厂	6.00	1.28	6.00	290.00	90.00	7.48	7.46	530.12	5.60
18	葛洲坝水电厂	277.70	146.31	18.67		90.80	2815.78	2731.10	64.84	6.76
19	黄龙滩水电厂	49.00	4.86	6.40	246.76	90.13	29.49	32.17	231.89	5.05
20	五强溪水电厂	120.00	43.78	8.73		95.44	411.70	382.30	105.38	26.40
21	凌津滩水电厂	27.00	9.72	40.77		97.49	416.40	396.40	50.91	1.45
22	洪江水电厂	27.00	7.29	17.34		91.98	137.40	126.40	185.83	1.21
23	碗米坡水电厂	24.00	4.17	11.93		96.79	54.30	49.80	244.46	2.05
24	马迹塘水电厂	5.50	2.77	67.84	214.51	86.6	235.53	187.69	55.33	0.11
25	新丰江水电厂	33.50	13.31	6.18	87.71	95.38	85.71	82.27	108.99	83.91
26	枫树坝水电厂	18.00	7.16	6.51	115.64	94.21	55.91	46.58	153.87	9.92
27	青溪水电厂	14.40	4.86	20.11	339.6	94.51	118.38	97.66	70.18	0.48
28	长潭水电厂	6.00	1.68	10.77	139.41	96.86	24.14	18.09	144.02	0.92
29	岩滩水电厂	121.00	46.87	6.89	69.36	90.88	404.81	320.82	221.30	24.32
30	大化水电厂	45.60	17.94	16.66	73.11	91.82	429.26	298.84	154.55	3.47
31	平班水电厂	40.50	13.26	11.68	79.85	91.22	157.98	154.74	438.77	1.98
32	百龙滩水电厂	19.20	6.83	40.50	192.68	92.10	457.72	276.51	125.18	0.66
33	乐滩水电厂	60.00	20.86	16.70	151.54	85.34	485.14	366.96	111.77	3.96
34	西津水电厂	24.22	7.96	28.63	78.04	93.77	326.85	228.05	61.27	10.91
35	牛路岭水电厂※	8.00	2.44	7.33	112.00	88.05	14.86	17.91	91.65	2.39
36	乌江渡水电厂	125.00	13.32	4.10	110.03	93.13	67.21	55.14	755.59	19.37
37	东风水电厂	69.50	13.04	3.78	95.36	93.44	52.37	49.34	963.18	7.45
38	红枫水电总厂	26.70	3.55		266.18	98.05	2.72	2.48	1235.16	3.68
39	引子渡水电厂	36.00	4.93	4.38	120.87	98.35	23.86	21.60	1080.04	3.78
40	普定水电厂	8.40	2.45	8.27	80.13	97.59	21.83	20.28	1140.42	2.68
41	鱼塘水电厂	7.50	1.92	8.14	124.93	95.70	20.13	15.63	457.35	0.66
42	索风营水电厂	60.00	9.89	5.87	91.84	95.32	58.63	58.12	833.13	1.48
43	漫湾发电厂	125.00	54.49	4.97	155.00	91.44	289.33	261.09	993.12	2.36
44	绿水河水电厂	6.55	3.45	1.48	114.30	91.97	5.42	4.72	476.85	0.003
45	柴石滩水电厂	6.00	1.71	6.02	135.00	100.00	11.04	10.33	1639.96	3.36
46	二滩水电厂	330.00	139.42	2.39	76.37	95.40	377.54	333.80	1198.11	56.01
47	龚嘴水力发电总厂									
48	其中:龚嘴	72.00	31.20	8.90		94.02	380.34	285.72	526.97	0.83
49	铜街子	60.00	26.20	11.46		88.73	387.14	308.51	473.47	0.77
50	南椏河水电厂	12.00	4.63	1.60	124.19	77.42	8.80	7.40	1367.60	
51	石泉水电厂	22.50	5.05	10.24	128.43	96.60	57.79	51.68	407.77	2.34

续表

水电厂名称		发电运行情况					水库运行情况			
		总装机容量	年发电量	平均耗水率	单位发电成本	等效可用系数	年入库总水量	发电用水量	年末水位	年末库容
		万kW	亿kW·h	m^3/(kW·h)	元/(MW·h)	%	亿m^3	亿m^3	m	亿m^3
52	青铜峡水电厂									
53	其中:青铜峡水电站	27.20	10.03	21.18	156.30	92.53	252.84	212.39	1155.90	0.38
54	唐渠水电站	3.00	1.18	23.62	167.20	86.11		27.99		
55	刘家峡水电厂	135.00	55.88	4.01	55.97	89.19	236.58	225.99	1724.28	27.32
56	碧口水电厂	30.00	8.51	5.34	103.90	96.24	51.95	51.68	704.87	1.76
57	李家峡水电厂	160.00	56.97	3.37	83.05	91.41	189.23	188.90	2179.10	16.23
58	龙羊峡水电厂	128.00	60.43	3.23	68.72	87.23	146.70	194.92	2582.22	183.32
59	红山嘴电厂									
60	其中:一级电站	3.20	0.15	4.60	88.17					
	一级电站	1.28	0.51	14.70	88.17	91.40				
	一级电站	2.63	1.06	6.96	88.17	89.27				
	一级电站	1.40	0.54	14.55	88.17	89.65				
	一级电站	1.40	0.54	14.59	88.17	90.06				

(各水电厂提供资料)

2006年全国电力基本建设统计

一、电力投资

根据中国电力企业联合会2006年快报统计,2006年,全国电力投资完成5137.86亿元,比上年增长9.96%。其中,电源建设投资完成3122.09亿元,占全部投资的60.77%,比上年下降3.28%;电网建设投资完成2015.75亿元,占全部投资的39.23%,比上年增长37.98%。2006年全国电力投资完成情况见表1。

表1 2006年全国电力投资完成情况

分类		投资完成额(亿元)	占当年全部投资额的比例(%)	投资额比上年增长(%)
电力建设全部项目		5227.84	100.00	9.96
其中	电源建设项目	3122.09	59.72	−3.28
	电网建设项目	2105.75	40.28	37.98

注 为全国电力工业统计快报(2006年)数据。

二、电源基本建设

(一)电源整体情况综述

1. 发电装机规模 继2005年底全国发电装机容量突破5亿kW后,2006年12月4日,华电邹县电厂7号100万kW超超临界燃煤发电机组投产,标志着我国发电装机容量突破6亿kW。截至2006年底,全国发电装机容量达到62369.82万kW,比上年增长20.59%。其中,水电达到13029.22万kW,占总容量的20.89%,比上年增长10.99%;火电达到48382.21万kW,占总容量的77.57%,比上年增长23.62%;水电、火电占总容量的比例比上年分别下降了1.81%和上升了1.9%。电源建设的结构性问题突出。2006年,全国核电装机容量为684.6万kW,约占总装机容量的1.10%。另外,田湾核电站1号机组已经过满负荷试运行发电,于2007年上半年投入商业化运行。2006年底,可再生能源发电也以较快速度发展,表现出良好的发展势头。已并网投运的风力发电机组装机容量达到207.25万kW,约占总容量的0.33%,比上年增长96.29%。

2006年全国发电装机构成情况见图1。

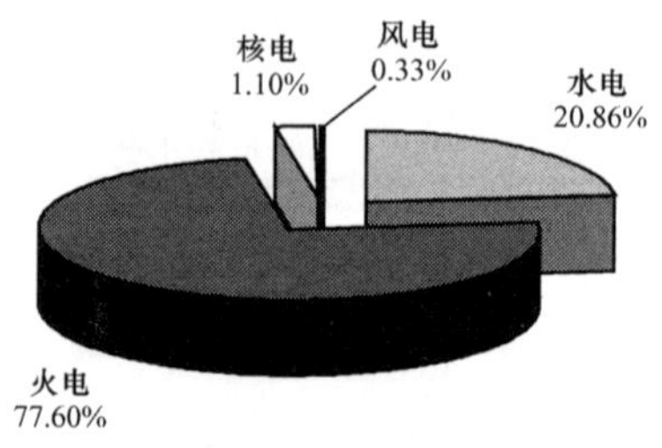

图1 2006年全国发电装机构成情况

2. 百万千瓦以上电厂　截至2006年底，全国共有装机容量100万kW及以上电厂191座，比上年底增加了63座。其中水电厂23座，火电厂164座，核电厂4座；百万千瓦及以上电厂总装机容量28377万kW，占全国发电装机容量的45.26%，比上年底增加9183.6万kW。其中水电4395.7万kW，火电23327.7万kW，核电653.6万kW。百万千瓦及以上电厂总装机容量及其水、火电厂总容量占全国同类发电总装机容量的比例，分别比上年提高8.16%、－0.44%和10.79%。其容量结构等情况见表2。

表2　2005年、2006年全国百万千瓦及以上电厂容量结构情况

类别		2005年装机情况			2005年发电量（亿kW·h）	2006年装机情况			2006年发电量（亿kW·h）
		容量/电厂数量（万kW/座）	占百万千瓦电厂总装机容量的比例（%）	占全国同类发电总装机容量的比例（%）		容量/电厂数量（万kW/座）	占百万千瓦电厂总装机容量的比例（%）	占全国同类发电总装机容量的比例（%）	
百万千瓦电厂合计		19193.4/128	100.00	37.10	10429	28257.4/191	100.00	45.26	14105
其中	水电	4014.7/20	29.92	34.20	1557	4395.7/23	15.56	33.76	1571
	火电	14525.1/104	75.68	37.11	8365	23208.1/164	82.13	47.90	12024
	核电	653.6/4	3.40	95.47	507	653.6/4	2.31	95.47	510

3. 风电厂和生物质能发电　截至2006年底，全国投入生产运行的风电装机总容量为207.25万kW。其中，6000kW及以上风电场总容量为203.77万kW；共有14个省（区、市）已拥有风电，江苏省是2006年新增拥有风电场的省份；拥有风电装机容量最大的省份是内蒙古，其容量占全国风电总量的25.8%。

2006年底，全国在建秸秆发电项目总装机约120万kW，已有山东单县、江苏如东、河北晋州3座共8万kW国家级秸秆发电示范项目机组相继投产，填补了我国秸秆发电的空白，为大规模发展秸秆发电起到了很好的示范作用。

（二）电源投资及新增装机情况

1. 电源项目核准情况　2006年，国家核准开工电站项目容量合计7952.7万kW，其中水电1951.1万kW，火电5961.6万kW，其他40万kW。见表3。

表3　2006年国家已核准开工电站项目容量情况表

项　目	核准项目规模容量（万kW）	占核准项目总容量的比例（%）
合　计	7952.7	100.00
其中：水电	1951.1	24.53
火电	5961.6	74.96
其他	40.0	0.50
东北电网	399.4	5.02
华北电网	1761.2	22.15
华东电网	1752.5	22.04
华中电网	1506.0	18.94
南方电网	1961.1	24.66
西北电网	572.5	7.20

2. 电源建设投资完成情况　据全国电力工业统计快报（2006）统计，2006年全国电源建设投资完成3122.09亿元，比上年下降3.28%。其中，常规的水电和火电建设投资完成增速小幅回落，核电和风电建设完成投资均有较大幅度的增长。2006年全国电源建设投资完成情况见表4。

表4　2006年全国电源建设投资完成情况

项　目	当年完成投资（亿元）	完成投资增长率（%）	新增容量（万kW）
全国合计	3122.09	－3.28	10117.05
水电合计	793.45	－7.95	970.59
火电合计	2162.43	－4.76	9047.89
核电合计	97.05	187.98	0
风电合计	51.25	12.91	91.97
其他合计	17.91	9.07	6.60

3. 基建新增发电装机情况　据全国电力工业统计快报（2006年）统计，2006年全国基建新增发电装机容量10117万kW，其中水电971万kW、火电9048万kW、风电92万kW。是历史上电力生产能力增长最快的一年。电力生产能力的快速增长是全社会电力需求仍然旺盛情况下，电力供需形势较快趋于缓和的主要因素。

2006年四季度，浙江华能玉环电厂1号、2号机组、山东华电邹县电厂7号机组共3台国产超超临

界百万千瓦燃煤火电机组相继投运，标志着我国电力工业技术装备水平和制造能力进入新的发展阶段。大唐太原第二热电厂六期扩建工程30万kW 10号机组顺利通过168h满负荷试运行，标志着我国首台30万kW直接空冷供热机组投产发电。该机组的投产对解决北方缺水地区的电力工程建设和生产运行将产生积极影响，填补了国内30万kW等级供热机组应用直接空冷技术领域的空白。2006年5月20日，三峡大坝全线建成；10月18日，三峡电站14台机组发电出力达到额定功率980万kW，这是我国、也是世界最大的水轮发电机首次实现满负荷发电，标志着我国已进入自主运行巨型机组的世界领先领域。

（摘自《中国电力行业年度发展报告(2007)》）

2006年全国电力生产统计

（一）发电量

2006年全国发电量保持高速增长，达到28498.55亿kW·h，比上年增长14.11%，增速提高了0.29个百分点。其中，水电发电量4147.69亿kW·h，占全部发电量14.55%，比上年增长4.64%；火电发电量23741.46亿kW·h，占全部发电量83.31%，比上年增长16.17%；核电发电量548.44亿kW·h，占全部发电量1.92%，比上年增长3.31%；风电发电量28.45亿kW·h，其他类型发电量32.51亿kW·h。截至2006年底，全国各省(市、区)发电量情况见表1。

表1 2006年全国各省(市、区)发电量情况

	发电量（亿kW·h)	同比增长（%）	水电发电量（亿kW·h)	同比增长（%）	火电发电量（亿kW·h)	同比增长（%）	核电发电量（亿kW·h)	同比增长（%）
全国	28498.55	14.11	4147.69	4.64	23741.46	16.17	548.44	3.31
北京市	211.32	−1.21	4.37	2.60	205.70	−1.19		
天津市	362.76	−2.63	0.13	58.58	362.63	−2.64		
河北省	1460.98	9.14	6.17	33.94	1451.17	8.91		
山西省	1526.40	16.34	23.87	17.47	1502.54	16.33		
内蒙古自治区	1416.00	34.02	12.95	14.81	1397.14	34.05		
辽宁省	1010.52	11.76	45.89	−19.10	961.84	13.83		
吉林省	455.61	5.12	51.50	−34.22	400.60	13.11		
黑龙江省	646.11	6.50	14.74	−18.02	629.68	7.16		
上海市	726.66	−2.02			710.66	−2.26		
江苏省	2535.52	19.60	3.05	−6.97	2512.58	18.85	14.04	
浙江省	1766.36	21.28	139.76	3.44	1403.49	28.21	222.26	−1.70
安徽省	734.16	13.14	12.94	3.35	721.23	13.33		
福建省	904.25	16.21	346.82	19.23	555.80	14.16		
江西省	435.77	16.68	88.32	30.12	347.46	13.69		
山东省	2272.60	18.90	1.54	19.01	2269.49	18.85		
河南省	1582.56	14.53	80.31	13.85	1502.26	14.56		
湖北省	1312.99	1.80	750.51	−7.76	562.47	18.13		

续表

	发电量 (亿 kW·h)	同比 增长 (%)	水电 发电量 (亿 kW·h)	同比 增长 (%)	火电 发电量 (亿 kW·h)	同比 增长 (%)	核电 发电量 (亿 kW·h)	同比 增长 (%)
湖南省	748.30	16.12	276.40	14.56	471.82	17.04		
广东省	2471.89	8.48	253.92	22.23	1903.41	7.87	312.13	2.42
广西自治区	523.35	17.33	243.69	24.44	279.66	11.76		
海南省	94.77	15.31	9.35	−10.92	85.29	19.21		
重庆市	288.66	13.78	53.23	−20.93	234.41	26.16		
四川省	1129.80	10.90	689.51	5.53	440.29	20.49		
贵州省	986.16	23.63	195.24	−8.5	784.98	34.35		
云南省	757.41	25.17	352.32	6.03	405.09	48.49		
西藏自治区	13.09	−5.68	11.76	−6.91	0.06	−2.72		
陕西省	574.68	4.72	38.15	−24.51	533.65	7.62		
甘肃省	528.83	4.63	167.55	1.94	356.86	5.97		
青海省	279.91	25.89	207.21	24.04	72.70	31.45		
宁夏自治区	391.28	26.74	16.56	−0.74	374.17	28.77		
新疆自治区	356.15	14.84	49.93	17.96	302.33	13.88		

从分省情况看，发电量比上年增长较快的省份依次：内蒙古（34.02%）、宁夏（26.74%）、青海（25.89%）、云南（25.17%）、贵州（23.63%）、浙江（21.28%）。发电量同比下降的省份有北京（−7.21%）、上海（−2.02%）、天津（−2.63%）。这些地区发电量比上年下降的主要原因是外购电比例较高，在供需形势相对缓和、电网峰谷差拉大的情况下，本地机组调峰调频任务加重导致发电设备利用小时数下降（三市分别下降 421h、876h 和 197h）。

2006 年，水电发电量增速比上年回落 15.12%。2006 年水电大省中只有福建和青海的来水较丰，水电发电量与上年相比增长很快（分别达到了 19.23%和 24.04%）。大部分江河流域来水偏枯，特别是夏季长江、黄河、松花江等河流出现了历史罕见的枯水现象，导致湖北、云南、吉林等水电大省的水电发电量出现较大幅度的负增长（湖北 8 月、9 月与上年同期相比增长分别为−23.1%和−23.2%）；华中地区的四川、重庆、湖北和南方电网的云南等地由于汛期来水偏枯，导致了这些省区的电力供需紧张形势。

2006 年，受全国大部分地区来水偏枯、水电出力下降及火电装机比例继续增加等因素共同影响，全年火电发电量快速增长，与上年相比，增速高达 16.17%，是近年来比较高的增长水平。

水电设备利用情况。2006 年汛期，除华北、福建及黄河上游部分地区以外，全国大部分地区来水情况不理想。其中，四川、重庆地区出现历史上较为严重的干旱天气，其他流域来水量大多处于平水年或偏枯两三成甚至更多的水平，水库蓄水严重不足，水电出力下降比较明显。与上年相比，全国水电设备利用小时数下降 312h。湖北、四川、重庆、云南等省市的水电设备利用小时数下降幅度较大（分别下降了 815h、622h、1173h 和 651h），也造成了这些地区供需紧张形势超出了年初的预期。在主要水电大省中，唯有福建水电设备利用小时数上升较多（达到 320h），青海保持不变。

（二）水电机组运行可靠性指标

2006 年，4 万 kW 及以上各容量等级水电机组运行可靠性指标见表 2。

表 2 2006 年 4 万 kW 及以上各容量等级水电机组运行可靠性指标

	统计台数(台)	运行系数(%)	等效可用系数(%)	等效强迫停运率(%)	非计划停运次数(次/台年)
轴流机组	89	60.22	90.56	0.07	0.91
4.0 万～9.9 万 kW	49	51.04	91.13	0.23	1.1
10 万～19.9 万 kW	40	65.22	90.25	0.01	0.68
混流机组	284	57.26	92.81	0.05	0.46
4.0 万～9.9 万 kW	123	53.63	93.49	0.05	0.61
10 万～19.9 万 kW	63	47.11	92.7	0.13	0.34
20 万～29.9 万 kW	42	50.47	93.14	0.04	0.36
30 万 kW 及以上	56	64.51	92.52	0.03	0.32
抽水蓄能机组	21	33.29	85.95	0.58	3.52
4.0 万～9.9 万 kW	3	4.34	90.06	23.94	0.33
20 万～29.9 万 kW	4	15.88	93.8	0.00	0
30 万 kW 及以上	14	38.47	84.19	0.41	5.21
总 计	394	55.63	91.95	0.08	0.72

水电机组中，轴流机组 89 台，总容量 798.02 万 kW，占水电总装机容量的 12.64%；混流机组 284 台，总装机容量 4986.9 万 kW，占水电总装机容量的 79.01%；抽水蓄能机组 21 台，总装机容量 527 万 kW，占水电总装机容量的 8.35%。水电装机按单机容量分类，4 万～9.9 万 kW 机组 175 台，总容量 1036.62 万 kW，占水电总装机容量的 16.42%；10 万～19.9 万 kW 机组 103 台，总装机容量 1373.1 万 kW，占水电总装机容量的 27.75%；20 万～29.9 万 kW 机组 46 台，总装机容量 1040 万 kW，占水电总装机容量的 16.48%；30 万 kW 及以上机组 70 台，总装机容量 2862.2 万 kW，占水电总装机容量的 45.35%。

（摘自《中国电力行业年度发展报告(2007)》）

2006 年中国水资源公报

中华人民共和国水利部

2006 年，全国各级水利部门按照新时期水利工作方针，贯彻落实科学发展观，结合实际积极实践可持续发展水利，水利事业呈现出发展氛围好、政策力度大、协调性增加、区域特色鲜明的良好态势，实现了“十一五”时期的良好开局。

2006 年，我国大江大河水势基本平稳，但受台风影响，江南、华南部分地区暴雨频繁，一些中小河流发生了超过保证水位或历史最高水位的洪水。西南地区东北部以及东北、华北、西北部分地区发生严重干旱，其中重庆遭遇百年一遇特大伏旱，四川东部发生了 1951 年以来最严重伏旱。面对频繁、并发、严重的水旱灾害，在党中央、国务院的高度重视和正确领导下，国家防汛抗旱总指挥部办公室和水利部周密部署，有关部门通力协作，受灾地区领导靠前指挥，广大军民团结一致，奋起抗灾，最大限度地减轻了水旱灾害损失。

（一）水资源量

1. 降水量　2006 年全国平均降水量 610.8mm，折合降水总量为 57840 亿 m^3，比常年值(多年平均值，下同)偏少 4.9%。从水资源分区看，松花江、辽河、海河、黄河、淮河、西北诸河六个水资源一级区(简称北方六区，下同)面平均降水量 308.8mm，比常年值偏少 5.9%；长江(含太湖)、东南诸河、珠江、西南诸河四个水资源一级区(简称南方四区，下同)面平均降水量 1146.7mm，比常年值偏少 4.5%。在 31 个省级行政区中，降水量比常年值偏多的仅有 7 个省(自治区)，其中福建和广东分别偏多27.9%和19.2%;降水量比常年值偏少的有24个省(自治区、直辖市),其中北京、重庆、湖北、内蒙古的偏少程度超过20%,河北、天津、山东、四川偏少15%~20%。

2. 地表水资源量 2006年全国地表水资源量24358亿m^3,折合径流深257.2mm,比常年值偏少8.8%。从水资源分区看,北方六区地表水资源量比常年值偏少10.8%,南方四区比常年值偏少8.4%。在31个省级行政区中,地表水资源量比常年值偏多的有7个省(自治区、直辖市),其中福建和广东分别增加37.6%和21.2%;比常年值偏少的有24个省(自治区、直辖市),其中河北、北京偏少60%以上,山东、湖北、陕西、山西、天津、重庆、甘肃偏少50%~30%,河南、四川、内蒙古、海南、贵州、辽宁、云南偏少30%~20%。

2006年,从国外流入我国境内的水量为185亿m^3;从国内流出国境的水量为5332亿m^3,流入国际边界河流的水量为966亿m^3;全国入海水量为14620亿m^3。

3. 地下水资源量 2006年全国矿化度≤2g/L地区的地下水资源量为7643亿m^3,其中平原区地下水资源量为1668亿m^3,山丘区地下水资源量为6284亿m^3,平原区与山丘区之间的地下水资源重复计算量为309亿m^3。2006年全国平原区地下水总补给量为1734亿m^3,其中北方六区平原地下水总补给量为1406亿m^3,占全国总补给量的81.1%。北方平原地区的降水入渗补给量、地表水体入渗补给量、山前侧渗补给量和井灌回归补给量分别占总补给量的48.2%、38.8%、8.4%和4.6%。

4. 水资源总量 2006年全国水资源总量为25330亿m^3,比常年值偏少8.6%。地下水与地表水资源不重复量972亿m^3,占地下水资源量的12.7%,即地下水资源量的87.3%与地表水重复。北方六区水资源总量4761亿m^3,比常年值偏少9.5%,占全国的18.8%;南方四区水资源总量20569亿m^3,比常年值偏少8.4%,占全国的81.2%。全国水资源总量占降水总量的43.8%,平均每平方公里产水26.8万m^3。

(二)蓄水动态

大中型水库蓄水动态。2006年对全国471座大型水库和2865座中型水库进行统计,水库年末蓄水总量2423亿m^3,比年初蓄水总量减少115亿m^3。其中,大型水库年末蓄水量2118亿m^3,比年初减少102亿m^3;中型水库年末蓄水量304亿m^3,比年初减少13亿m^3。南方四区水库年末蓄水量比年初共增加39亿m^3,其中长江区增加25亿m^3;北方六区比年初共减少154亿m^3,其中黄河区减少84亿m^3。各省级行政区水库年末蓄水量与年初比较,湖南、浙江、广东等10个省(直辖市)共增加蓄水量78亿m^3,其中湖南增加了31亿m^3;其余省(自治区、直辖市)水库共减少蓄水量193亿m^3,其中青海和河南分别减少了48亿m^3和37亿m^3。

北方平原区浅层地下水动态。2006年北方17个省级行政区对76万km^2平原地下水开采区进行了统计分析,年末浅层地下水储存量比年初减少89亿m^3。在各水资源一级区中,除松花江区地下水储存量略增1亿m^3外,其余5个水资源一级区均有不同程度的减少,其中海河区减少达44亿m^3。在各省级行政区中,地下水储存量增加的有6个省级行政区,增加幅度均不大;储存量减少的有11个省级行政区,其中河北、新疆和山东减少幅度较大,分别减少30亿m^3、17亿m^3和14亿m^3。

平原区地下水位降落漏斗。2006年,21个省级行政区对地下水位降落漏斗(以下简称漏斗)进行了不完全调查,共统计漏斗81个,漏斗总面积6.4万km^2。在37个浅层(潜水)漏斗中,年末漏斗面积大于500km^2的共10个,年末漏斗中心水位埋深大于20m的共21个。在44个深层(承压水)漏斗中,年末漏斗面积大于500km^2的共16个,年末漏斗中心水头埋深大于50m的共14个。2006年末与年初相比,浅层漏斗面积扩大的有22个,中心水位下降的有25个;深层漏斗面积扩大的有17个,中心水头下降的有6个。

(三)水资源开发利用

1. 供水量 2006年全国总供水量5795亿m^3,占当年水资源总量的23%。其中,地表水源供水量占81.2%,地下水源供水量占18.4%,其他水源供水量占0.4%。在4707亿m^3地表水源供水量中,蓄水工程占34.5%,引水工程占37.1%,提水工程占25.9%,水资源一级区间调水占2.5%。在1066亿m^3地下水供水量中,浅层地下水占80.5%,深层承压水占19.0%,微咸水占0.5%。

北方六区供水量2602亿m^3,占全国总供水量的44.9%;南方四区供水量3193亿m^3,占全国总供水量的55.1%。南方各省级行政区以地表水源供水为主,大多占其总供水量的90%以上;北方各省级行政区地下水源供水占有较大比例,其中河北、北京、山西、河南4个省(直辖市)占总供水量的50%以上。

另外,全国有10个省(自治区、直辖市)直接利用海水共计269亿m^3,主要作为火(核)电的冷却用水。其中广东和浙江两省利用海水较多,分别为136亿和43亿m^3。

2. 用水量 2006年全国总用水量5795亿m^3,其中生活用水占12.0%,工业用水占23.2%,农业用水占63.2%,生态与环境补水(仅包括人为措施供给的城镇环境用水和部分河湖、湿地补水)占1.6%。与2005年比较,全国总用水量增加162亿m^3,其中农业用水增加84亿m^3，工业用水增加59亿m^3(其中火电用水增加21亿m^3)，生活用水增加19亿m^3。

在各省级行政区中，用水量大于400亿m^3的有江苏、新疆、广东3个省(自治区)，用水量少于50亿m^3的有天津、青海、北京、西藏、海南5个省(自治区、直辖市)。农业用水占总用水量75%以上的有宁夏、新疆、西藏、内蒙古、海南、甘肃6个省(自治区)，大多位于西部地区；工业用水占总用水量30%以上的有上海、重庆、江苏、福建、湖北、安徽、浙江7个省(直辖市)；生活用水占总用水量20%以上的有北京、重庆、广东和天津4个省(直辖市)。

3. 用水消耗量　2006年全国用水消耗总量3042亿m^3，其中农业耗水占75.7%，工业耗水占10.2%，生活耗水占12.2%，生态与环境补水耗水占1.9%。全国综合耗水率(消耗量占用水量的百分比)为53%，干旱地区耗水率普遍大于湿润地区。各类用户耗水率差别较大，农田灌溉为62%，工业为23%，城镇生活为29%。

4. 废污水排放量　废污水排放量是指工业、第三产业和城镇居民生活等用水户排放的水量，但不包括火电直流冷却水排放量和矿坑排水量。2006年全国废污水排放总量731亿t，其中工业废水占2/3，第三产业和城镇居民生活污水占1/3。

5. 用水指标　2006年，全国人均用水量为442m^3，万元国内生产总值(当年价格)用水量为272m^3，城镇人均生活用水量为每日212L(含公共用水)，农村居民人均生活用水量为每日69L，农田实灌面积亩均用水量为449m^3。按可比价计算，2006年全国万元国内生产总值用水量和万元工业增加值用水量均比2005年下降了7%。

各省级行政区的用水指标值差别很大。从人均用水量看，大于600m^3的有新疆、宁夏、西藏、黑龙江、内蒙古、江苏、广西、上海8个省(自治区、直辖市)，其中新疆、宁夏、西藏分别达2529m^3、1294m^3、1255m^3；小于300m^3的有山西、天津、北京、陕西、河南、山东、重庆、四川、贵州、河北10个省(直辖市)，其中山西最低，仅176m^3。从万元国内生产总值用水量看，大于1000m^3的有新疆、西藏、宁夏3个自治区，均位于西部地区；小于200m^3的有北京、天津、山东、上海、山西、浙江、辽宁、河北、广东、河南、陕西11个省(直辖市)，大多位于东部地区，其中北京、天津分别为42m^3和52m^3。

(四)水体水质

1. 河流水质　2006年，对约14万km河流水质进行评价，Ⅰ类水河长占3.5%，Ⅱ类水河长占27.3%，Ⅲ类水河长占27.5%，Ⅳ类水河长占13.4%，Ⅴ类水河长占6.5%，劣Ⅴ类水河长占21.8%。与2005年比较，全国水质总体状况变化不大。各水资源一级区中，西南诸河、西北诸河、珠江、长江和东南诸河5个区水质较好，符合和优于Ⅲ类水的河长占93%～65%；黄河、辽河、淮河、松花江和海河5个区水质较差，符合和优于Ⅲ类水的河长占42%～30%。

2. 省界水体水质　对全国248个省界断面的水质进行了评价，水质符合和优于地表水Ⅲ类标准的断面数占总评价断面数的38.7%，水污染严重的劣Ⅴ类占35.1%。总体来看，省界水体的水质状况不容乐观。各水资源一级区中，省界断面水质较好的是西南诸河区、东南诸河区和长江区(未含太湖流域)，海河区、淮河区、辽河区省界断面水质较差。省界断面的主要超标项目是化学需氧量、高锰酸盐指数、氨氮、五日生化需氧量和挥发酚等。

3. 湖泊水质　对43个湖泊的水质进行评价，水质符合和优于Ⅲ类水的面积占49.7%，Ⅳ类和Ⅴ类水的面积共占15.3%，劣Ⅴ类水的面积占35.0%。对43个湖泊的营养状态进行评价，云南的泸沽湖为贫营养，17个湖泊处于中营养状态，25个处于富营养状态。国家重点治理的“三湖”情况如下：

(1)太湖：水质状况较2005年有所下降。若总磷、总氮参加水质评价，湖体水质均劣于Ⅲ类，Ⅳ类、Ⅴ类、劣Ⅴ类水面积分别占评价面积的7.4%、11.4%和81.2%。若总磷、总氮不参加水质评价，则Ⅲ类水面积占67.5%，Ⅳ类水面积占15.5%，Ⅴ类水面积占5.3%，劣Ⅴ类水面积占11.7%。全湖整体处于富营养状态。

(2)滇池：耗氧有机物及总磷和总氮污染均十分严重。无论总磷、总氮是否参加评价，Ⅴ类水水面均占评价面积的33.3%，劣Ⅴ类水水面占63.7%。全湖处于富营养状态。

(3)巢湖：与2005年相比水质变化不大，西半湖污染程度明显重于东半湖。若总磷、总氮不参加评价，东半湖评价水面水质为Ⅲ类，西半湖评价水面水质为Ⅳ类，总体水质为Ⅳ类。若总磷、总氮参加评价，东半湖评价水面水质为Ⅳ类，西半湖评价水面水质为劣Ⅴ类，总体水质为劣Ⅴ类。全湖总体处于富营养状态。

4. 水库水质　在评价的327座水库中，水质优良(优于和符合Ⅲ类水)的水库有260座，占评价水库总数的79.5%；水质未达到Ⅲ类水的水库有67座，占评价水库总数的20.5%，其中水质为劣Ⅴ类水的水库有11座。主要超标项目为总磷、总氮、高锰酸盐指数、化学需氧量和氨氮。对275座水库的营养状态进行评价，2/3的水库处于中营养状态，1/3的水库处于富营养状态。

5. 地下水水质　2006年，对北京、辽宁、吉林、黑龙江、上海、江苏、海南、甘肃、青海、宁夏10个省(自治区、直辖市)776眼地下水监测井的监测资料进行了评价。评价结果表明,水质适合于各种使用用途的Ⅰ～Ⅱ类水井占监测井总数的10.1%,适合集中式生活饮用水水源及工农业用水的Ⅲ类水井占28.6%,适合除饮用外其他用途的Ⅳ～Ⅴ类水井占61.3%。

(五)近10年水资源及其利用状况简析

1. 水资源量　1997～2006年(简称近10年),全国年平均降水量为635.4mm,比常年值偏少1.1%,其中北方六区偏少3.4%,而南方四区则偏多0.3%;全国平均地表水资源量为26722亿m^3,比常年值偏多0.1%,其中北方六区偏少5.4%,而南方四区则偏多1.2%;全国年平均地下水资源量为8302亿m^3,比1980～2000年多年平均值偏多2.9%。全国年平均水资源总量为27786亿m^3,比常年值仅偏多0.3%,其中北方六区偏少4.0%,而南方四区则偏多1.3%。按省级行政区统计,近10年平均水资源总量比常年值偏多程度较大的有上海(29.6%),偏多20%～10%的有江苏、新疆和湖南;比常年值偏少程度较大的有天津(49.4%)、北京(42.8%)、河北(36.6%),偏少30%～20%的有辽宁、山西、甘肃和陕西,见表1。

2. 水资源开发利用　近10年,全国平均总供水量5560亿m^3,约占近10年平均水资源总量的20.0%。其中,地表水供水量平均占总供水量的80.7%,地下水供水量基本维持在1050亿m^3左右,平均占总供水量的18.9%,其他水源供水量约占0.4%,见表2。全国总用水量总体呈缓慢上升趋势,其中生活和工业用水呈持续增加态势,而农业用水则受气候影响上下波动、总体呈下降趋势。生活和工业用水占总用水量的比例逐渐增加,农业用水占总用水量的比例则明显减小。2006年与1997年相比,北方六区总用水量略有减少,南方四区总用水量有所增加。全国人均用水量基本维持在430m^3上下,万元国内生产总值用水量和万元工业增加值用水量均呈显著下降趋势,按2000年可比价计算,万元国内生产总值用水量由1997年的705m^3下降到2006年的329m^3,万元工业增加值用水量由1997年的363m^3下降到2006年的178m^3。农田灌溉亩均用水量总体上呈缓慢下降趋势,由492m^3下降到449m^3,见表3。

说明:《公报》中涉及的全国性数据,均未包括香港、澳门特别行政区和台湾省。

表1　2006年各水资源一级区水资源量　单位:亿m^3

水资源一级区	降水量	地表水资源量	地下水资源量	地下与地表水资源不重复量	水资源总量
全　国	57839.6	24358.0	7642.9	972.1	25330.1
南方四区	39135.0	20445.2	5207.0	124.0	20569.2
北方六区	18704.6	3912.8	2435.9	848.1	4760.9
松花江	4334.5	1085.4	449.2	198.1	1283.5
辽　河	1482.7	321.1	163.1	72.2	393.4
海　河	1402.5	96.2	189.1	123.5	219.8
黄　河	3237.1	456.0	357.8	108.3	564.3
淮　河	2662.2	634.1	387.3	247.3	881.4
长　江	17366.9	7958.7	2189.6	101.0	8059.6
其中:太湖	402.3	131.1	40.6	15.2	146.4
东南诸河	3925.3	2329.5	603.9	10.9	2340.4
珠　江	9369.0	4985.2	1166.3	12.2	4997.3
西南诸河	8474.0	5171.8	1247.3	0.0	5171.8
西北诸河	5585.5	1320.1	889.3	98.6	1418.6

表 2　　2006年各水资源一级区供用水量　　单位：亿 m^3

水资源一级区	供水量				用水量				
	地表水	地下水	其他	总供水量	生活	工业	农业	生态	总用水量
全　国	4706.8	1065.5	22.7	5795.0	693.8	1343.8	3664.4	93.0	5795.0
南方四区	3042.7	139.9	10.7	3193.2	443.2	996.5	1711.8	41.7	3193.2
北方六区	1664.1	925.6	12.0	2601.8	250.6	347.3	1952.6	51.3	2601.8
松花江	237.9	158.8	0.0	396.7	32.4	77.4	284.4	2.4	396.7
辽　河	88.7	113.0	1.8	203.5	30.1	29.1	141.9	2.4	203.5
海　河	134.0	252.1	4.9	391.0	56.5	55.2	274.7	4.6	391.0
黄　河	256.2	137.0	2.9	396.1	39.4	60.4	292.5	3.7	396.1
淮　河	420.0	171.0	1.4	592.4	76.9	107.2	402.9	5.5	592.4
长　江	1796.6	82.5	5.2	1884.3	237.6	678.6	943.4	24.7	1884.3
其中：太湖	365.4	1.8	0.0	367.2	41.5	214.1	97.5	14.0	367.2
东南诸河	315.0	11.1	1.4	327.6	45.5	112.7	161.3	8.2	327.6
珠　江	832.3	42.7	3.8	878.9	150.4	199.9	520.0	8.6	878.9
西南诸河	98.7	3.6	0.2	102.4	9.8	5.3	87.2	0.3	102.4
西北诸河	527.4	93.5	1.0	622.0	15.2	18.1	556.1	32.6	622.0

表 3　　2006年各水资源一级区主要用水指标

水资源一级区	人均GDP（万元）	人均用水量（m^3）	万元GDP用水量（m^3）	农田实灌亩均用水量（m^3）	人均生活用水量（L/d）	
					城镇生活	农村居民
全　国	1.597	442	272	449	212	69
南方四区	1.799	460	252	541	246	84
北方六区	1.764	439	244	390	165	54
松花江	1.605	617	382	487	159	54
辽　河	1.942	368	187	448	195	63
海　河	2.222	292	130	254	168	54
黄　河	1.503	358	236	419	153	44
淮　河	1.637	298	180	274	150	58
长　江	1.647	440	264	455	221	71
其中：太湖	5.195	780	144	516	294	102
东南诸河	2.594	440	166	525	232	101
珠　江	1.974	514	258	852	309	118
西南诸河	0.652	491	751	581	173	64
西北诸河	1.537	2107	1299	713	221	45

2006年全国水利发展统计（摘要）

（一）水利固定资产投资

2006年，全社会水利固定资产计划投资932.7亿元（含南水北调工程建设投资84.6亿元）。其中，中央政府投资308.4亿元，地方政府投资441.5亿元，利用外资11.6亿元，国内贷款112.0亿元，企业和私人投资28.9亿元，其他投资30.3亿元。在水利固定资产投资计划中，防洪工程投资418.8亿元，水资源工程投资358.2亿元，水土保持及生态工程投资43.2亿元，水电及其他专项工程投资112.4亿元，分别占总投资的44.9%、38.4%、4.6%、12.1%。

全年中央水利建设投资计划共下达298.71亿元，比2005年增加27.13亿元。其中：国家预算内拨款158.79亿元，占53.2%；国债专项资金129.42亿元，占43.3%；水利建设基金10.50亿元，占3.5%。

全年水利工程建设项目4614个，在建项目投资总规模6121亿元，较2005年增加3.4%。其中，中央参与投资的水利建设项目3478个，在建投资规模4750亿元。当年新开工项目2158个，新增投资规模883亿元；当年部分投产项目1596个，新增固定资产332亿元；当年全部投产项目1422个，新增固定资产199亿元。在建项目累计完成投资3280亿元，在建项目投资完成率为53.6%。

全年水利建设完成投资793.8亿元，较2005年增加47.0亿元。其中，建筑工程完成投资583.7亿元，各类安装工程完成投资31.9亿元，机电设备及各类工器具购置完成投资38.4亿元，其他完成投资（包括移民征地补偿等）139.8亿元。

在全部完成投资中，防洪工程建设完成投资288.1亿元，占36.3%；水资源工程建设完成投资317.7亿元，占40.0%；水土保持及生态工程完成投资42.2亿元，占5.3%；水电、机构能力建设等专项投资完成145.8亿元，占18.4%。

七大江河流域完成投资629.9亿元，东南诸河、西北诸河以及西南诸河等其他流域完成投资163.9亿元。东部、东北、中部、西部地区完成投资分别为340.6亿元、37.6亿元、164.2亿元、251.4亿元，占全部完成投资的比例分别为42.9%、4.7%、20.7%和31.7%。东部地区水利建设完成投资中，地方自筹和民间投资比例较高；西部等其他地区完成投资中，政府投资和银行贷款比例较高。

在全部完成投资中，中央项目完成投资161.1亿元，地方项目完成投资632.8亿元；大中型项目完成投资296.2亿元，小型及其他项目完成投资497.6亿元；各类新建工程完成投资583.6亿元，扩建、改建等项目完成投资210.2亿元。

全年在建项目累计形成固定资产2299.9亿元。当年新增固定资产541.5亿元，固定资产形成率为68.2%。当年完成土方、石方、混凝土方和金属结构分别为20.16亿m^3、3.98亿m^3、0.20亿m^3和14.32万t。在建项目计划实物工程量完成率分别为：土方62.4%、石方55.7%、混凝土方65.6%、金属结构55.9%。

（二）重点水利建设

1. 大江大河治理　全年在建江河治理工程873处，累计完成投资1205.8亿元，占总投资的58.9%。在建堤防工程545处，加高加培堤防2523km，防渗处理250km，险工险段处理214km，新建堤顶公路592km，新建改建涵闸1874处，新增达标堤防长度6813km。当年河道整治长度1888km，完成1018km。治淮19项骨干工程已累计安排投资348亿元，占2003年工程估算总投资的77.8%；累计完成投资285亿元，占已安排投资的82%，淮河入海水道通过验收，临淮岗洪水控制性工程建设完成，已有6项工程竣工验收，3项基本完成，各项在建工程施工进度加快。

2. 水库枢纽工程　当年在建水库枢纽工程243座，在建规模860.5亿元，累计完成投资588.6亿元，占工程总投资的68.4%。其中在建大中型水库枢纽工程51座，累计完成投资442.7亿元，占工程总投资的69.9%。嫩江尼尔基、广西百色、四川紫坪铺等水利枢纽工程基本完成主体工程建设，全部机组实现并网发电；黄河西霞院、湖南皂市、海南大隆、内蒙古三座店、山西张峰、云南麻栗坝等在建枢纽工程进展顺利；黑龙江西山、湖北三里坪、湖南洮水等水库枢纽开工建设；重庆“泽渝”、云南“润滇”等西南中型水库工程建设取得成效，部分水库已建成发挥效益。当年在建病险水库除险加固工程883座，累计完成投资138.4亿元，占总投资的58.6%，305座水库基本完成除险加固任务。全国大型水库病险率已由1999年底的42%下降到14%，中型水库病险率由41%下降到25%。

3. 水资源配置工程　南水北调东、中线一期工程有10项单项工程的23个设计单元工程在建，累计下达工程建设投资计划210.6亿元，累计完成投资121.1亿元，在建项目进展顺利（参见图1），受水区配套工程前期工作步伐加快，西线一期工程项目建议书阶段工作稳步推进。辽宁大伙房输水二期、甘肃引洮一期等工程开工建设。

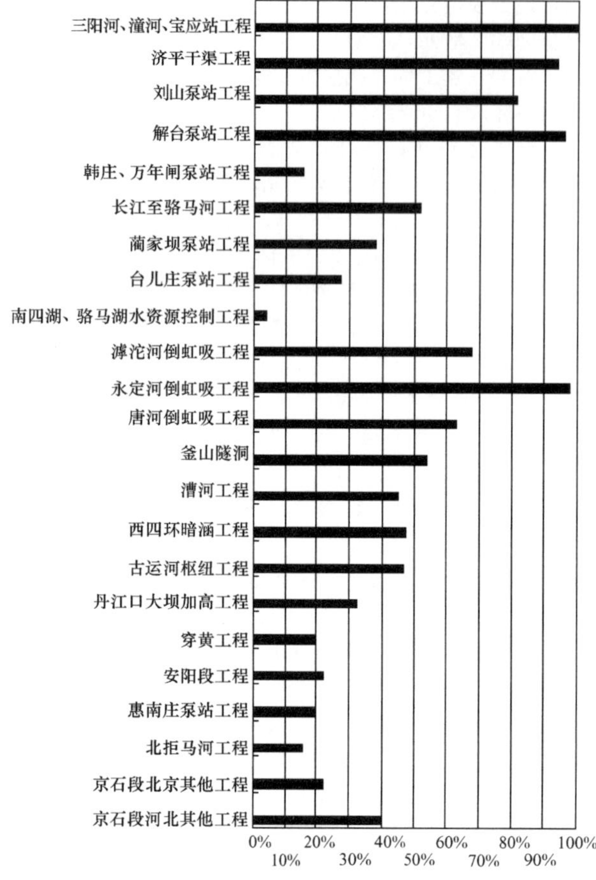

图 1 南水北调在建工程投资完成进度

4. 农村水利 全年农村饮水安全工程在建投资规模 254.1 亿元，累计完成投资 107.7 亿元。当年解决 2945 万人的饮水安全问题，农村饮水安全人口达 5.59 亿人。以大型灌区节水改造、节水灌溉示范项目及牧区水利试点为重点的农村水利设施建设继续推进，在建规模 764.7 亿元，累计完成投资 264.2 亿元，当年完成 68.8 亿元。全年新增和改善有效灌溉面积 75 万 hm^2，新增节水灌溉面积 155.9 万 hm^2。实施长江流域水利血吸虫病防治项目 67 项。湖北、湖南、江西、安徽等中部四省大型排涝泵站更新改造继续实施。

5. 农村水电 水利系统新增水电装机容量 719 万 kW，其中，新增农村水电站 2437 座，装机容量 640 万 kW。当年在建水电站装机容量 2065 万 kW，其中新开工项目 1216 个，装机容量 450 万 kW，解决了 140 万无电人口的用电问题。小水电代燃料试点范围扩大到 21 个省（自治区、直辖市）和新疆生产建设兵团的 81 个项目区 63.6 万人，可有效保护森林 13.53 万 hm^2。

6. 水土保持及生态 全国新增水土流失综合治理面积 4.0 万 km^2，其中小流域治理面积新增 1.46 万 km^2。当年实施生态封育保护面积 6.15 万 km^2，实施 4779 条小流域水土流失综合治理，新建黄土高原淤地坝 1113 座。当年新修水平梯田 29.8 万 hm^2，新增沟坝地淤地面积 8.4 万 hm^2，新栽种水土保持林面积 171.4 万 hm^2，新增种草面积 45.9 万 hm^2。长江上游、黄河中游、东北黑土地和西南石漠化地区等国家水土保持重点工程建设力度进一步加大，云南、贵州、湖北、重庆水土保持世界银行贷款项目开始实施。塔里木河流域综合治理、黑河流域综合治理、首都水资源保护工程继续实施，石羊河流域综合治理开始启动。

7. 行业能力建设 全年水利行业能力建设完成投资 17.6 亿元。其中，防汛通信设施投资 0.4 亿元，水文设施投资 2.8 亿元，科研教育设施投资 1.2 亿元，水利前期投资 10.2 亿元，其他投资 3.0 亿元。水利信息化建设有序开展，水利电子政务系统（一期）工程建设取得阶段成果，国家防汛抗旱指挥系统一期工程建设进展顺利。全国水土保持监测网络和信息系统建设一期工程通过验收，建成水利部水土保持监测中心、长江水利委员会水土保持监测中心站，山西、内蒙古等 13 个省（自治区、直辖市）监测总站，以及 100 个监测分站等。

（三）主要水利工程设施

1. 堤防和水闸 已建成堤防 28.08 万 km，保护人口 5.5 亿人，保护耕地 4500 万 hm^2。累计达标堤防 10.6 万 km，堤防达标率为 37.7%。一、二级堤防累计达标长度 2.36 万 km，达标率为 72.7%。全国已建各类水闸 41209 座，其中大型水闸 426 座。

2. 水库及枢纽 已建成各类水库 85849 座，水库总库容 5842 亿 m^3。其中，大型水库 482 座，总库容 4379 亿 m^3，占全部总库容的 75.0%；中型水库 3000 座，总库容 852 亿 m^3，占全部总库容的 14.6%。

3. 工程供水能力 全国水利工程实际供水能力达到 6591 亿 m^3，占原设计能力的 79.3%。在水利工程供水能力中，蓄水工程、引水工程、提水泵站工程、已配套机电井和其他水源工程分别占总供水能力的 36.5%、30.9%、14.4%、13.1%和 5.1%。

4. 农业灌溉 全国有效灌溉面积达到 5707.8 万 hm^2，30 万亩以上大型灌区 285 处，有效灌溉面积 1461.2 万 hm^2。工程节水灌溉面积达到 2242.6 万 hm^2，其中，渠道防渗节灌面积 959.4 万 hm^2，低压管灌面积为 526.4 万 hm^2，喷滴灌和渗灌面积 357.8 万 hm^2，集雨节灌等其他工程节水灌溉面积 399 万 hm^2。万亩以上灌区干、支、斗渠防渗长度占相应渠道总长度的 27.2%。全国农业灌溉水利用系数为0.46。

5. 机电井和泵站　已累计建成各类机电井485.9万眼，其中安装机电提水设备可正常汲取地下水的配套机电井436.5万眼，装机容量4072万kW。年末累计建成各类固定机电抽水泵站47.3万处，装机容量2453万kW。除固定抽水泵站外，流动排灌设施装机容量达2019万kW。

6. 农村水电　年末全国水利系统水电装机容量累计达5293万kW，占全国水电装机容量的41.2%，其中农村水电装机容量4720万kW。水利系统水电年发电量1636亿kW·h，占全国水电总发电量的39.3%，其中农村水电年发电量达到1484亿kW·h。

近十年水利系统水电装机容量见图2。

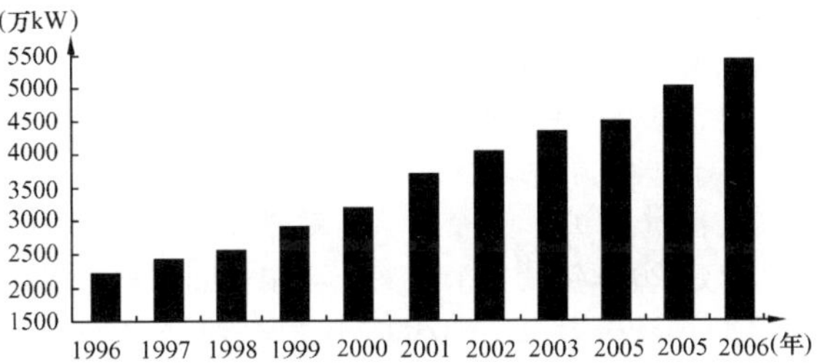

图2　水利系统水电装机容量

7. 水土保持工程　水土流失综合治理面积累计达97.5万km^2，其中小流域治理面积37.9万km^2，累计实施生态修复面积67万km^2，建成黄土高原淤地坝2.9万座。

8. 水文及信息化　年末已建成国家基本水文站3183个，水位站1180个，雨量站13866个，水质站5140个，地下水监测站12598个，蒸发站13个，实验站78个。全国共有8220个拍报水情站，1142个水文预报站，水环境监测（分）中心260个，基本覆盖了江河湖库主要控制断面、省际边界的水质监测。

（四）水资源利用与保护

据初步统计，全年水资源总量25567亿m^3，比2005年减少8.9%，比常年减少7.7%。人均水资源量1945m^3，比2005年减少9.3%；全年平均降水量615.5mm，较2005年减少4.5%，比常年减少4.2%。年末全国465座大型水库蓄水总量2109亿m^3，比年初减少128亿m^3。

全年总供水量为5716亿m^3，其中地表水源占81.4%，地下水源占18.2%，其他水源占0.4%。全年总用水量为5716亿m^3，比2005年增加83亿m^3，其中，居民生活用水472亿m^3，占总用水量的8.3%；生产用水5150亿m^3，占总用水量的90.1%；生态与环境用水94亿m^3，占总用水量的1.6%。与2005年比较，生活用水增加2.2%，生产用水增加1.4%，生态与环境用水增加1.0%。在生产用水中，第一产业用水3720亿m^3，占总用水量的65.1%；第二产业用水1335亿m^3，占总用水量的23.3%；第三产业用水95亿m^3，占总用水量的1.7%。全国人均用水量为435m^3，比2005年略有增长。万元GDP（当年价）用水量273m^3，按可比价计算比2005年减少8.3%；万元工业增加值（当年价）用水量144m^3，按可比价计算比2005年减少9.8%。

黄河水量调度管理进一步规范化、法制化，实现了连续7年不断流。组织山西、河北两省向北京市集中输水4600万m^3，保障首都供水安全。首次实施引黄济淀补水工程，引江济太受益范围扩大，珠江压咸补淡应急调水有力地保障了澳门、珠海等地区的供水安全。

根据全国13.5万多千米河长水质评价结果，水质符合和优于Ⅲ类水的河长占60.5%。与2005年比较，全国江河水体的水质状况变化不大，主要超标项目是氨氮、高锰酸盐指数、五日生化需氧量和化学需氧量等。全国已有27个省（自治区、直辖市）批准实施了水功能区划。完成了长江三峡、海河、淮河、松花江、辽河、太湖流域水域纳污能力核定工作，提出了限制排污总量意见。基本完成全国七大流域入河排污口调查登记工作。核准公布了第一批全国重要城市饮用水水源地名录。已有11个省（自治区）划定了地下水超采区，制定了压采地下水方案和行动计划。

（五）防洪抗旱（略）

（六）水利改革与管理

1. 水利规划和前期工作　全国水资源综合规划水资源配置取得初步成果，七大流域综合规划修编准备全面部署，国务院审批了《全国农村饮水安全“十一五”规划》、《全国山洪灾害防治规划》。2006年水利部组织编制完成水利规划9项，上报国务院2项，上报国家发展和改革委员会7项。国务院审批水利规划2项，国家发展和改革委员会审批4项，水利部批复8项。“十一五”重点水利建设项目前期工作取得进展，国家发展和改革委员会等批复水利前期项目立项16项，项目总投资规模394亿元。

2. 水利立法和水政执法（略）

3. 水资源管理　取水许可证保有量59万套，其中水力发电取水许可证2.2万套。当年征收水资源费46.5亿元。截至2006年底，共审批水资源论证甲级资质单位151家，乙级资质单位533家；省级以上水行政主管部门共审查水资源论证报告书1870份；评定国家级水资源论证报告书评审专家1413名。当年新增30个全国节水型社会建设试点，总体试点规模达到42个。已有24个省（自治区、直辖市）发布了行业用水定额。全国已有9条主要江河确定了水量分配方案。

4. 水务管理（略）

5. 建设与管理改革　全国29个省（自治区、直辖市）出台了省级水利工程管理体制改革实施意见，有水管体制改革任务的6个流域机构全部完成直管工程改革任务。全国完成"两定"测算的水管单位约占总数的74%；水管单位落实公益性人员基本支出约35亿元，占应落实经费的41%；落实公益性部分维修养护经费约29亿元，占应落实经费的32%。当年水利部组织完成43个水利建设项目稽察工作，完成40多个在建工程的生产安全专项检查，到2006年底，已累计完成1.1万多座水库大坝安全的鉴定工作。审批22家建筑企业资质升级，考核认定115人具有水利水电工程专业建造师执业资格。清理水利行业拖欠工程款比例达到97.1%。水利行业各类水利水电施工企业约2500个，具有水利水电工程施工特级、一级资质的企业144个。取得水利建设监理单位资质等级证书的单位有477家，其中甲级138家，乙级111家。全国现有水利工程建设管理工程师约2.7万人，水利工程造价师6400人。

6. 农村水利改革（略）

7. 水土保持管理（略）

8. 水价改革（略）

9. 水电改革和管理　全国有10个省（自治区、直辖市）基本解决了水能资源管理缺位问题。一些地方通过推行招标、拍卖等方式，有偿出让水能资源使用权，有5个省（自治区、直辖市）制定了水能资源有偿出让实施办法。已有19个省成立了100多个农村水电协会。

10. 水库移民　在建水利工程规划安置移民人数97.8万人，已累计安置70.1万人，其中当年安置13.7万人。尼尔基、百色、皂市、西霞院等4座在建骨干水库工程移民12.63万人，当年搬迁移民2.24万人，累计搬迁移民11.57万人，占规划搬迁人口的91.65%；累计完成移民投资65.50亿元，占移民概算总投资的93.26%。全年财政部共下拨21个省（自治区、直辖市）库区建设基金预算7.85亿元，用于解决中央直属水库移民遗留问题处理工作。

11. 水利科技　制定并发布了《关于加强水利科技创新的若干意见》。由水利部牵头组织或参与组织的国家三大主体科技计划项目13项。7项科技成果获国家科学技术进步二等奖。34项成果获得大禹水利科学技术奖。发布53项水利行业标准，报批国家标准15项，完成300项水利技术标准的复审工作。完成水利计量认证评审的质检机构38家。

12. 国际合作（略）

（七）水利行业状况

1. 职工与工资　全国水利系统从业人员113.07万人，比2005年减少1.37%，其中全国水利系统在岗职工109.17万人，比2005年减少1.17%。在岗职工中，部直属单位在岗职工2126.84万人，比2005年增加4.24%，地方水利系统在岗职工102.34万人，比2005年减少1.51%。全国水利系统在岗职工工资总额184.31亿元，比2005年增加15.37%。全国水利系统在岗职工年平均工资16776元，比2005年增加20.09%，其中，部直属单位在岗职工平均工资33649元，比2005年增加17.06%，地方水利系统在岗职工平均工资15666元，比2005年增加19.79%。全国水利系统职工与工资近年情况见表1。

表1　全国水利系统职工与工资近年情况表

	2000	2001	2002	2003	2004	2005	2006
在岗职工人数（万人）	138.1	131.4	128.9	122.9	118.2	110.5	109.2
其中：部直属单位	6.8	6.6	6.4	6.4	6.4	6.6	6.8
地方水利系统	131.4	124.9	122.5	116.5	111.8	103.9	102.3
在岗职工工资（亿元）	115.5	129.3	136.3	140.6	157.1	159.8	184.3
年平均工资（元/人）	8430	9838	10652	11443	13054	13969	16776

2. 资产及经营　全国水利系统水利资产总额达4989亿元，比2005年增加0.61%；全年水利经营总收入1093亿元，比2005年减少1.72%；全年实现利润15.26亿元，增幅达34.53%。第一产业收入52.76亿元，比2005年减少1.09%；第二产业收入786.08亿元，比2005年减少5.00%；第三产业收入253.91亿元，比2005年增加9.90%；水利经营第一、二、三产业占水利经营总收入的比重分别为4.83%、71.94%、23.23%。

3. 勘察设计　全国具有水利行业勘测设计甲级资质的单位65家，乙级资质的单位280余家，甲、乙级单位从业人员7万多人。2006年水利行业勘察设计项目收入中，水利主管部门下达的指令性项目占18%，市场经营性项目占70%。当年完成地质钻探82万标准米，平硐2万标准米，竖井7万标准米，坑槽19万标准立方米，工程测量1.5万标准平方千米，物探233万标准点。

4. 水利风景区 累计批准国家级水利风景区234个，风景区面积3518km²。其中，水库型139个，自然河湖型37个，城市河湖型14个，湿地型18个，灌区型15个，水土保持型11个。

（摘自中华人民共和国水利部《2006年全国水利发展统计公报》）

2004～2006年全国水利发展主要情况表

指标名称	单位	2004年	2005年	2006年
1. 灌溉面积	10^3hm^2	61511	61898	62559
2. 有效灌溉面积	10^3hm^2	56252	56562	57078
其中：本年新增	10^3hm^2	1160	1013	1343
3. 机电井灌溉面积	10^3hm^2	16937	17046	16799
4. 机电排灌面积	10^3hm^2	36978	37867	37563
其中：提灌面积	10^3hm^2	32873	33517	33091
5. 节水灌溉面积	10^3hm^2	20346	21338	22426
6. 万亩以上灌区处数	处	5800	5860	5894
其中：30万亩以上	处	280	287	285
万亩以上灌区有效灌溉面积	10^3hm^2	25506	26419	28021
其中：30万亩以上	10^3hm^2	13771	14310	14612
7. 当年解决农村饮水安全人口	万人		1104	2945
8. 除涝面积	10^3hm^2	21198	21340	21376
9. 水土流失治理面积	万km^2	92.00	94.65	97.49
其中：本年新增	10^3hm^2	4.44	4.20	3.97
10. 水库座数	座	85160	85108	85849
其中：大型水库	座	460	470	482
中型水库	座	2869	2934	3000
水库总库容	亿m^3	5542	5624	5842
其中：大型水库	亿m^3	4147	4197	4379
中型水库	亿m^3	796	826	852
11. 水利工程年实际供水能力	亿m^3			6591
12. 全年总供（用）水量	亿m^3	5545	5573	5716
13. 堤防长度	万km	27.7	27.8	28.1
保护耕地	10^3hm^2	43934	44121	45486
堤防保护人口	万人	53065	54174	55403
14. 水闸总计	座	39313	39839	41209
其中：大型水闸	座	413	405	426
15. 已配套机电井眼数	万眼	426	428	437
装机容量	万kW	3841	3887	4072
16. 水利系统年末水电装机容量	万kW	4336	4841	5293
全年发电量	亿kW·h	1229	1513	1636
其中：农村水电装机容量	万kW	3865	4309	4720
全年发电量	亿kW·h	1229	1357	1484
17. 当年完成水利建设投资	亿元	783.5	746.8	793.8
按投资来源分：				
（1）预算内拨款	亿元	125.9	133.1	193.2
（2）预算内专项	亿元	192.2	179.4	184.7
（3）水利建设基金	亿元	28.8	30.3	36.1
（4）国内贷款	亿元	102.6	94.2	80.7
（5）利用外资	亿元	12.2	19.3	14.3
（6）自筹资金	亿元	296.3	242.2	212.3
（7）其他投资	亿元	25.5	48.5	72.5
按投资用途分：				
（1）防洪工程	亿元	367.0	292.8	288.1
（2）水资源工程	亿元	218.4	223.1	317.7
（3）水土保持及生态建设	亿元	58.7	39.2	42.2
（4）水电工程	亿元	71.5	65.5	57.3
（5）行业能力建设	亿元	17.5	32.7	20.2
（6）其他	亿元	50.5	93.6	68.3

注 1. 不包括香港特别行政区、澳门特别行政区以及台湾省的数据。
2. 2006年供用水的有关数据来源于《2006年中国水资源简报》。

（摘自《2006年全国水利发展统计公报》）

2006年全国科技经费投入统计公报

国家统计局 科学技术部 财政部

2006年，我国科技经费投入继续保持较快增长。国家财政科技拨款力度加大，全社会研究与试验发展（R&D）经费投入稳步增加，研究与试验发展经费投入强度达到历史最高水平。

（一）研究与试验发展（R&D）经费支出情况

2006年，全国研究与试验发展（R&D）经费总支出为3003.1亿元，比上年增加553.1亿元，增长22.6%，研究与试验发展（R&D）经费投入强度为1.42%。按研究与试验发展人员（全时工作量）计算的人均经费支出为20万元，比上年增加2万元。

分研究类型看，基础研究经费支出为155.8亿元，比上年增长18.8%；应用研究经费支出为504.5亿元，增长16.4%；试验发展经费支出为2342.8亿元，增长24.3%。基础研究、应用研究、试验发展经费支出所占比重分别为5.2%、16.8%和78%。

分执行部门看，各类企业经费支出为2134.5亿元，比上年增长27.5%；政府部门属研究机构经费支出567.3亿元，增长10.6%；高等学校经费支出276.8亿元，增长14.2%。企业、政府部门属研究机构、高等学校经费支出占全国总支出的比重分别为71.1%、18.9%和9.2%。

分产业部门❶看，七大行业的研究与试验发展（R&D）经费投入强度超过1%。医药制造为1.76%，专用设备制造业为1.7%，电气机械及器材制造业为1.48%，通用设备制造业为1.47%，交通运输设备制造业为1.38%，橡胶制造业和通信设备、计算机及其他电子设备制造业为1.19%。

分地区看，研究与试验发展（R&D）经费支出超过100亿元的有北京、江苏、广东、上海、山东、浙江、辽宁、四川和陕西9个省（市），共支出2154亿元，占全国经费总支出的71.7%。研究与试验发展投入强度达到或超过全国平均水平的有北京、上海、陕西、天津、江苏、辽宁和浙江7个省（市）。

（二）财政科技拨款情况

2006年，国家财政科技拨款额为1688.5亿元，比上年增加353.6亿元，增长26.5%；科技拨款占当年国家财政支出的比重为4.2%，为1998年以来的最高水平。在国家财政科技拨款中，中央财政科技拨款为1009.7亿元，比上年增长25%，占中央财政支出的比例为10.3%；地方财政科技拨款为678.8亿元，比上年增长28.8%，占地方财政支出的比重为2.2%，比上年略有提高。

具体情况见表1、表2和表3。

表1 2006年财政科技拨款情况

	财政科技拨款额（亿元）	比上年增长（%）	占财政科技拨款总额的比重（%）
合计	1688.5	26.5	—
其中：科技三项费	779.9	27.9	46.2
科学事业费	483.4	24.2	28.6
科研基建费❷	134.4	19.5	8.0
其中：中央	1009.7	25.0	59.8
地方	678.8	28.8	40.2

表2 2006年各地区研究与试验发展（R&D）经费支出情况

地区	R&D经费支出（亿元）	R&D占GDP的比重（%）
全 国	3003.1	1.42
北 京	433.0	5.50
天 津	95.2	2.18
河 北	76.7	0.66
山 西	36.3	0.76
内蒙古	16.5	0.34
辽 宁	135.8	1.47
吉 林	40.9	0.96
黑龙江	57.0	0.92
上 海	258.8	2.50
江 苏	346.1	1.60
浙 江	224.0	1.42
安 徽	59.3	0.97
福 建	67.4	0.89
江 西	37.8	0.81
山 东	234.1	1.06
河 南	79.8	0.64
湖 北	94.4	1.25
湖 南	53.6	0.71
广 东	313.0	1.19
广 西	18.2	0.38
海 南	2.1	0.20
重 庆	36.9	1.06
四 川	107.8	1.25
贵 州	14.5	0.64
云 南	20.9	0.52
西 藏	0.5	0.17
陕 西	101.4	2.24
甘 肃	24.0	1.05
青 海	3.3	0.52
宁 夏	5.0	0.70
新 疆	8.5	0.28

❶ 产业部门仅包括大中型工业企业的数据。

❷ 本公报中财政科研基建费为根据全社会科研基建费支出和全社会科技活动经费筹集总额中政府资金所占份额测算的数据。

表 3 2006 年地方财政科技拨款情况

地 区	地方财政科技拨款（亿元）	占地方财政支出的比重（%）
全 国	678.8	2.22
北 京	60.5	4.66
天 津	18.3	2.79
河 北	13.5	1.14
山 西	8.1	0.88
内蒙古	7.9	0.97
辽 宁	34.5	2.43
吉 林	8.5	1.18
黑龙江	13.6	1.40
上 海	94.9	5.23
江 苏	54.4	2.70
浙 江	62.9	4.29
安 徽	8.9	0.94
福 建	15.4	2.11
江 西	6.0	0.86
山 东	41.1	2.24
河 南	17.6	1.22
湖 北	16.2	1.55
湖 南	14.3	1.34
广 东	104.1	4.08
广 西	9.3	1.27
海 南	1.7	0.86
重 庆	7.5	1.26
四 川	14.6	1.08
贵 州	7.6	1.25
云 南	11.4	1.27
西 藏	0.9	0.45
陕 西	10.3	1.25
甘 肃	4.4	0.83

续表

地 区	地方财政科技拨款（亿元）	占地方财政支出的比重（%）
青 海	1.5	0.68
宁 夏	2.0	1.01
新 疆	7.3	1.01

主要指标解释：

研究与试验发展（R&D）经费支出。指统计年度内全社会实际用于基础研究、应用研究和试验发展的经费支出。包括实际用于研究与试验发展活动的人员劳务费、原材料费、固定资产购建费、管理费及其他费用支出。

基础研究。指为了获得关于现象和可观察事实的基本原理的新知识（揭示客观事物的本质、运动规律，获得新发展、新学说）而进行的实验性或理论性研究，它不以任何专门或特定的应用或使用为目的。

应用研究。指为了确定基础研究成果可能的用途，或是为达到预定的目标探索应采取的新方法（原理性）或新途径而进行的创造性研究。应用研究主要针对某一特定的目的或目标。

试验发展。指利用从基础研究、应用研究和实际经验所获得的现有知识，为产生新的产品、材料和装置，建立新的工艺、系统和服务，以及对已产生和建立的上述各项作实质性的改进而进行的系统性工作。

研究与试验发展（R&D）经费投入强度。指全社会研究与试验发展（R&D）经费支出与国内生产总值（GDP）之比；产业部门研究与试验发展经费投入强度指产业部门的研究与试验发展（R&D）经费支出与其主营业务收入之比。

财政科技拨款。指统计年度内由各级财政部门拨付的直接用于科技活动的款项，包括科学事业费、科技三项费、科研基建费及其他科研事业费。

18

大事记

一　月

1月6日　中国长江三峡工程开发总公司召开三峡工程2006年生产计划会，明确了三峡工程施工目标：右岸大坝混凝土全线浇至坝顶设计高程185m；右岸主厂房按计划向机电安装交面；临时船闸改建冲沙闸工程全部完工；完成首批导流底孔封堵；右岸挡水围堰爆破拆除；升船机主体工程设计完成等。这是根据2006年汛期右岸大坝挡水、三峡枢纽承担防洪任务及汛后蓄水156m、双线五级船闸完建施工和2007年、2008年右岸水电站各安装6台机组的总体目标安排的。

1月7日　国家“十五”计划、西电东送重点工程——三板溪水电站成功下闸蓄水。三板溪水电站是沅水干流规划13个梯级电站中的第二级，也是沅水干流上唯一具有多年调节能力的龙头水电站。该水电站地处贵州省锦屏县内。工程以发电为主，兼有防洪、灌溉、旅游、养殖等综合效益。总装机容量100万kW，安装4台25万kW混流式水轮发电机组，年发电量24.28亿kW·h。主坝最大坝高185.50m，属世界级高坝。2002年7月开工；2003年9月大江截流；2005年12月通过了大坝安全鉴定，并于2006年1月6日通过由贵州省发展和改革委员会组织的下闸蓄水验收。

1月9日　《中国电力报》报道：近日，《国家电网“十一五”电网规划及2020年展望》编制工作完成。国家电网公司“十一五”电网发展重点有：加快建设1000kV交流试验示范工程，开工建设±800kV直流输电工程；加快跨区电网建设，进一步强化全国联网结构；继续加强区域电网、省级电网500kV（330kV）主网架建设，加快形成西北750kV网架；加强重点城市电网的建设，抓好其他地、市城市和县城电网建设改造，完善农村电网，提高农村电气化水平；大力推进先进适用输配电技术的应用。

1月10日　三峡右岸电站机电设备安装与调试工程合同签字仪式在湖北宜昌市举行。葛洲坝集团公司、中国水利水电第四工程局、中国水利水电第八工程局等3家中标单位的代表与中国长江三峡工程工发总公司代表分别在合同文本上签字。三峡右岸水电站机组招标文件，将水电站机电设备安装与调试工程划分为3个标段。葛洲坝集团公司机电建设公司中标的为哈尔滨电机厂有限责任公司、东方电机股份公司制造的8台套国产70万kW机组。中国水利水电第四工程局中标的，为阿尔斯通公司制造的4台套跨国公司生产的70万kW机组。中国水利水电第八工程局中标的为电站公用系统（500kV GIS设备，水电站公用的监控保护系统，油、水、气系统，厂用电系统，消防及报警系统，暖通系统，照明系统等）标段。

1月13日　中国国电龙源电力集团公司和甘肃省电力投资集团公司，在兰州签订了联合开发建设玉门昌马100万kW、安西100万kW风电场的协议。两座风电场总投资达170亿元，建成后年发电量可达47亿kW·h，每年可节煤186万t，减少二氧化碳排放560万t。

1月14日　国家风力发电工程技术研究中心北京检测站在北京交通大学揭牌。这是我国设立的首家风力发电工程技术检测站，是第一家服务于海内外风电投资商和设备供应商的中介机构。

1月16日　由中国华电集团公司、中国电力企业联合会和中国水力发电工程学会联合主办的2006年水电新春联谊会在京举行。水电界领导、专家欢聚一堂，畅谈2005年我国水电事业的辉煌成就，展望水电事业的发展前景。水利部部长汪恕诚，国家发展和改革委员会能源局局长徐锭明，中国电力企业联合会理事长赵希正，人大财经委员会委员王文泽，国家开发投资公司总裁王会生，中国华电集团党组书记、总经理贺恭，中国国电集团党组书记、总经理周大兵，中国大唐集团副总经理杨庆，中国电力投资集团副总经理石成梁，武警水电指挥部主任李光强，中国水电顾问集团总经理李菊根，中国水利水电科学研究院院长匡尚富以及水电界的老领导、专家出席了联谊会。大家表示开发水能资源是国家经济可持续发展的需要，水电建设者一定要以科学发展观为指导，实现水资源开发与社会、经济和环境的协调发展，为祖国经济建设、民族振兴作出更大贡献。

1月17日　中国大唐集团公司召开2006年工作会议。2005年，中国大唐集团公司实现了“发电装机容量4000万kW，发电量2000亿kW·h，销售收入500亿元”三个突破的工作目标。根据公司提出的“十一五发展规划”，到2006年末，中国大唐集团公司的发电装机容量要突破5000万kW，发电量突破2500亿kW·h，销售收入突破700亿元，利润总额突破40亿元。到2010年末，实现规模和效益在2005年末基础上再翻一番，进入世界500强企业的行列。

1月17日　中国南方电网有限责任公司在广西南宁召开2006年工作会议，提出《公司发展战略纲要》，争取在10年内全面实现“两型两化、国内领先、国际著名企业”的目标，按照“强本、创新、领先”的战略发展思路，推动公司发展切实转入科学发展的轨道，实现更快更好发展。

1月17日　国家科技部发出通知，公布南京南瑞集团公司等118家单位为首批“国家级企业研究开发中心”。国网自动化研究院是国家科技部“国家电力自动化工程技术研究中心”和国家发展和改革委员会

“电力系统自动化—系统控制和经济运行国家工程研究中心”的依托单位；南瑞集团公司是电自院创建的“国家火炬计划重点高新技术企业”和“国家规划布局内重点软件企业”，现已跻身中国软件企业100强。

1月18日 中国国电集团公司召开2006年工作会议。国电集团在“十一五”期间，要将集团公司建设成投资控股型、规模效益型、资源节约型、集团化、市场化、现代化、国际先进的大型企业集团。该集团公司将着力打造以“科技领先、管理先进、人才优秀”为特色的核心竞争力，到2010年综合实力位居国内发电行业前三名。会议对2006年的工作进行了部署，提出全口径发电量达到2100亿kW·h，供电煤耗少于358g/(kW·h)，利润总额26.16亿元，新开工发电容量700万kW，力争投产800万kW。

1月19日 中国华能集团公司召开2006年工作会议。华能集团确定了该公司“十一五”的发展目标：到2010年，公司所有企业达到资源节约型企业标准的要求，各项能源、资源消耗指标和排放指标达到国内领先、国际先进水平；装机容量超过8000万kW，总资产超过4000亿元，销售收入超过1400亿元，进入世界500强企业行列。

1月19日 中国水电工程顾问集团公司总部召开2006年工作会议。2005年集团公司认真做好国家“十一五”和2020年电力尤其水电、风电的计划和中长期战略规划，组织完成了全国水力资源发布的有关工作，扎实推进“藏电外送”战略研究工作，编制了风电“十一五”发展战略规划等。集团公司分析了2006年的发展形势，提出了总体目标：签订合同总额1亿元，实现经营收入1亿元，利润总额1000万元，净资产收益率达到30%以上，并继续强化总部“三个中心，一个核心”的战略定位。

1月19日 《中国电力报》报道：近日，五凌电力有限公司、中电投国际招标有限责任公司与东方电机股份有限公司在湖南长沙五凌电力有限公司签订了黑麋峰抽水蓄能电站机组及其附属设备采购合同。黑麋峰抽水蓄能电站是湖南第一座规划开发的抽水蓄能电站，电站总装机容量为120万kW。该合同的签订标志着我国大型抽水蓄能制造和设计技术国产化进程向前迈出了重要的一步。

1月20日至22日 国家电网公司召开一届一次职工代表大会暨2006年工作会议。国家电网公司提出了“十一五”发展的总体目标：到2010年，公司220kV及以上交、直流输电线路达到36万km，交流变电容量达到14亿kVA，直流输电容量超过2500万kW；年售电量超过2.2万亿kW·h，销售收入超过1.1万亿元，实现利税超过1100亿元。2006年，国家电网公司将以特高压交流试验示范工程开工建设为重点，加快电网发展；完成电网建设与改造投资1600亿元，投产220kV及以上线路2万km左右，变电容量1亿kVA左右；开工220kV及以上线路2.8万km；完成售电量16310亿kW·h，跨区输电量1199亿kW·h；力争实现利税总额增长16%，利润增长18%以上。

1月22日 中国华电集团公司召开2006年工作会议。华电集团总经理贺恭在会上对2006年的工作进行了部署，强调要以科学发展观统领公司工作，努力做到全面把握形势，持续协调发展；积极稳健经营，扩大经营成果；深化企业改革，转变增长方式；推动科技创新，提升管理素质，实现华电更快更好发展。

1月23日 中国电力投资集团公司在湖南长沙召开2006年工作会议。公司“十一五”规划，到2010年末，初步形成水、火、核、综合产业并举的局面，并在2011年进入世界500强企业行列。

1月25日 《中国电力报》报道：国务院日前发布了电网大面积停电事件应急预案。该应急预案共9章，分别为总则，组织机构，事件分级，应急响应，应急保障，宣传、培训和演习，信息发布，后期处置，以及附则。预案规定国家成立电网大面积停电事件应急领导小组，统一领导指挥大面积停电事件应急处置工作。应急领导小组下设办公室，负责日常工作。办公室设在国家电力监管委员会安全监管局。

1月25日 由广西水电工程局承建的贵港航运枢纽工程获得的2005年度中国建筑工程鲁班奖。贵港航运枢纽工程位于广西贵港市郊的郁江中游河段，是西江航运二期建设的主干项目，以航运为主，兼顾发电。该工程总装机容量为12万kW，由4台单机容量3万kW的灯泡贯流式机组组成。

1月29日 大年初一，在延安同老区人民一起过年的中共中央总书记、国家主席、中央军委主席胡锦涛专程来到延安供电局，亲切慰问节日期间坚守工作岗位的电力干部职工。

二 月

2月6日 由四川东风电机厂有限公司为台湾名间水电站制造的机组预埋件发运，这是大陆水轮发电机组首次落户台湾。名间水电站位于台湾省南投县。台湾名间电力股份有限公司通过近6个月的不懈努力，终于使东风电机厂有限公司的机电产品进入台湾市场。按要求，2套水电机组2006年5月制造并发运完毕。

2月10日至11日 中国长江三峡工程开发总公司在湖北宜昌召开2006年工作会议。2005年，三峡工程三期建设取得重大进展，左岸电站实现了14台机组提前一年全部投产发电；右岸大坝全线浇筑超过158m计划，达到了160m，而且未出现任何裂缝等质量问题。温家宝、曾培炎就“三峡工程2005年建设、运行情况和2006年的工作思路”作重要批示。李永安分别在开幕式和闭幕式上发表讲话，要求认真贯彻国务院领导重要批示精神，坚持以科学发展观为指导，切实转变水电开发理念，更加注重质量安全，更加注重生态保护，更加注重移民群众利益，更加注重节约资源。

2月14日 中国长江三峡工程开发总公司宣布将转战海上，开发一个20万kW的风电项目。目前，中国长江三峡工程开发总公司已组建了长江新能源开发公司，并同浙江省人民政府签订了战略合作协议。

2月16日 中国水利水电建设集团公司2006年企电债券在北京人民大会堂隆重发行。经国家发展和改革委员会批准，发行规模为12亿元人民币，债券期限10年。

2月17日 由西安高压电器研究所承担的国家重点技术装备成套设备研制项目——800kV断路器大容量试验系统技术改造项目顺利通过国家验收。改造后的试验系统可满足550kV/63kA罐式断路器及800kV/63kA罐式断路器1/2极型式试验，满足252kV/63kA及以下电压等级三相共箱式断路器三相合成试验，各项技术性能指标均满足或优于研制前的技术要求。

2月21日至23日 金沙江乌东德水电站正常蓄水位专题研究报告在北京通过专家评审。中国国际工程咨询公司受中国长江三峡工程开发总公司委托，组织召开了此次评审会议。中国长江三峡工程开发总公司、水利部、铁道部、国家环保总局、长江水利委员会、水利水电规划设计总院、水电水利规划设计总院、云南省、四川省及有关地市部门、有关单位代表共120余人参加了会议。

2月23日 中国水电建设集团国际工程有限公司的第一个BOT项目——柬埔寨甘再水电站项目的实施协议、售电协议和土地租赁协议签字仪式在柬埔寨首都金边隆重举行。甘再水电站位于柬埔寨西南部大象山区的甘再河上，工程主要包括：114m高碾压混凝土重力坝、取水口、发电引水隧洞、调压室、地面厂房、开关站、输变电线路等。水电站总装机19.3万kW，多年平均发电量4.98亿kW·h，工程动态总投资2.8亿美元。项目特许经营期44年，其中施工期4年，商业运行40年。

2月28日 国家环保总局批复了晋东南—南阳—荆门1000kV交流特高压试验示范工程的环境影响报告书。此前，水利部批复了该工程的水土保持报告书，山西、河南、湖北三省的国土资源管理部门通过了该项目的用地预审并上报国土资源部。至此，我国首个交流特高压输电工程的前期工作已经按国家的规定顺利完成。

2月28日 水利水电第十四工程局小湾水电站金属结构制造厂建成投产，标志着云南小湾水电站尾水肘管、锥管、蜗壳和引水压力钢管等大型金属结构设备制造正式开工，为确保按期完成水轮机埋件，金属结构制造和安装工程任务，保证电站建设按提前一年发电计划目标推进打下了基础。

2月28日 目前国内最大的人工砂石系统——向家坝水电站人工砂石系统正式开工建设。中国长江三峡工程开发总公司与系统承建单位中国水利水电第八工程局正式签订工程建设及生产供应合同。该人工砂石系统由太平料场、马延坡砂石加工系统及31km的骨料输送线组成，工程总投资约10.2亿元。该系统位于云南省绥江县和水富县境内，计划于2007年3月1日建成投产，生产运行至2014年向家坝水电站竣工时为止，承担向家坝水电站主体工程混凝土浇筑所需的3000万t砂石骨料供应任务。

三 月

3月2日至3日 受国家发展和改革委员会委托，中国机械工业联合会在东方电机股份有限公司组织召开了“十五”国家重大技术装备研制项目三峡水利枢纽工程成套设备研制验收会。东方电机承担的三峡重大科技攻关7大专题通过验收。中国工程院院士、验收专家组组长梁维燕主持了验收。中国机械工业联合会、中国长江三峡工程开发总公司、哈尔滨大电机研究所、机械科学院哈尔滨焊接研究所、沈阳铸造研究所、哈尔滨电机厂有限责任公司、第二重型集团公司和东方电机股份有限公司的领导、专家及代表32人参加了会议。

3月7日 中国长江三峡工程开发总公司在成都召开了金沙江下游梯级电站水库地震监测系统2006年工作会议，并与中国地震局、中国水利水电科学研究院分别签订了系统建设合同及一期工程监理合同。该系统监测范围覆盖了金沙江下游河段向家坝、溪洛渡、白鹤滩和乌东德4座梯级水电站。

3月10日 国家电力监管委员会在北京召开大用户直购电试点工作会议。会议全面总结了吉林大用户向发电企业直购电试点工作开展一年来的情况，对下阶段直购电试点工作进行了安排部署。国家发展和改革委员会、国家电网公司、南方电网公司、四川省经济委员会、湖北省经济委员会、有关发电企业及电监会各有关部门、派出机构的代表参加了会议。

3月14日至15日 国家电力监管委员会南方监管局在昆明召开了《水电参与南方电力市场竞争交易

研究课题》专家评审会议。专家组一致认为，在我国水电如何参与电力市场竞争是一个具有重大现实意义的课题，建议课题组就水电参与市场竞争的相关运营规则、水电竞争规模、梯级协调调度、年度交易的报价形式（按年/按月）、数据核准、发电权交易机制和考核等问题，进一步深入研究。

3月14日至17日　锦屏二级水电站项目申请报告通过了受国家发展和改革委员会委托的中国国际工程咨询公司组织的专家评估。锦屏二级水电站位于四川省凉山彝族自治州木里、盐源、冕宁三县交界雅砻江干流锦屏大河湾上，为雅砻江下游河段自下而上的第四级。水电站计划安装8台60万kW水轮发电机组，总装机容量480万kW，工程总投资298亿元。

3月20日　国务院国有资产监督管理委员会以国资任字［2006］21号文任命范集湘为中国水利水电建设集团公司总经理；国资党任字［2006］14号文任命刘起涛为中国水利水电建设集团公司临时党委书记，范集湘任中国水利水电建设集团公司临时党委副书记。

3月21日　中国水利水电建设集团公司召开2006年工作会议。会上，新任总经理范集湘分析了下一步发展面临的机遇和挑战，提出要着力推进集团统一的发展战略，着力创新企业发展模式，提高经济增长质量和效益，加快改革创新步伐，调整产业结构，增强国际化经营能力，努力追求集团财富创造最大化。到2010年，力争实现集团营业收入500亿元（其中国际营业收入65亿元、国内非建筑营业收入132亿元），总资产560亿元，利润总额15亿元，将集团初步建设成为具有较强自主创新能力、可持续发展能力和国际竞争力的企业集团。

3月22日　湖北清江水布垭电站大坝二期面板混凝土施工比原计划提前9天完成，为全面完成大坝施工任务奠定了坚实的基础。该工程位于湖北省巴东县水布垭镇，是国家和湖北省重点工程，是清江开发的龙头工程，总装机容量为160万kW。

3月28日　长江上游珍稀、特有鱼类及保护区保护措施补偿科研项目——白鲟生活史及其人工繁殖技术研究（Ⅰ）在宜昌通过阶段性验收。由中国长江三峡工程开发总公司投资建造的白鲟科考艇也同期通过了专项验收，并将从三峡西行金沙江，开展白鲟试验性捕捞和栖息地科学调查。此举标志着金沙江白鲟保护工程正式进入实质性工作阶段。

3月29日　国务院总理温家宝主持召开国务院常务会议，审议并原则通过《大中型水利水电工程建设征地补偿和移民安置条例（修订草案）》。会议认为，1991年国务院发布实施的《大中型水利水电工程建设征地补偿和移民安置条例》，对于确保征地补偿和移民安置资金的合法使用、保障工程建设顺利进行，发挥了积极作用。根据形势发展的需要，有必要在总结实践经验的基础上，对现行条例进行修订。修订后的条例调整了征收耕地的土地补偿费和安置补助费标准，规范了移民安置的程序和方式，完善了对水库移民的后期扶持制度和移民管理体制。

3月30日　《中国电力报》报：上旬，我国首批配电变压器节能产品颁证会在京举行。新疆特变电工股份有限公司、天津特种变压器厂、衡阳特变、上海置信电气股份有限公司、保立晓星天威变压器有限公司等9家企业的26个单元产品获得配电变压器节能产品认证资格，并入选政府采购节能产品清单。根据"十一五"期间能源消耗降低20%的目标要求，国家发展和改革委员会制定了我国节能中长期专项规划，从2006年起要在用电设备上推行强制的能效标准、节能认证与能效标志等措施。

3月30日　广西长洲水利枢纽船闸上游引航道围堰提前填筑成功。这标志着制约外江过流的关键部位已经解除。该工程上游子围堰长250m，最大宽度100m，高程29.6m。承建该工程的武警水电部队全体官兵发扬"特别能吃苦、特别能战斗"的精神，争分夺秒抢工期，保证了工程的顺利进行。

3月31日　国家劳动和社会保障部部长田成平在中国长江三峡工程开发总公司党组书记、总经理李永安等陪同下考察了三峡工程。

四　月

4月1日　本日起，有三部电力监管规章开始施行。这三部规章分别是《电力监管机构行政处罚程序规定》、《电力监管机构举报处理规定》和《电力监管机构投诉处理规定》。

4月1日　随着广西龙滩水电站2号尾水岩塞段最后一车洞渣出洞，由中国水利水电第十四工程局为责任方的1478联营体承建的龙滩地下引水发电系统开挖提前47天结束。至此，该联营体在龙滩水电站引水发电系统工程中累计完成石方洞挖302万m^3，创下我国水电建设地下工程开挖史上又一项记录。

4月3日至7日　国务院三峡工程质量检查专家组在组长潘家铮院士的率领下，对三峡工程2005年度工程建设质量进行现场检查。通过听取参建各方的工作汇报、察看三期工程建设现场、与有关单位进行详细座谈和查阅工程建设资料，专家组充分肯定三峡工程在过去一年中取得的巨大成绩，对2005年度工程总体质量做出了高度评价。

4月6日　葛洲坝水电站首台改造增容机组14号机首次启动，顺利进入试运行阶段。葛洲坝水电站125MW机组改造增容研究于1998年立项，2005年

10月31日和11月7日，首批两台机组14号机和3号机改造增容工作先后铺开。改造后，机组额定容量可由原125MW增容到146MW。

4月10日　国土资源部部长孙文盛考察了三峡工程。中国长江三峡工程开发总公司总经理李永安、副总经理曹广晶陪同孙文盛考察，并向孙文盛介绍了三峡工程的综合效益等和有关建设情况。

4月15日　装机容量420万kW的拉西瓦水电站正式开工。在开工典礼上，青海省委书记赵乐际、中国电力投资集团公司总经理王炳华为水电站开工纪念碑揭幕；赵乐际宣布拉西瓦水电站开工；黄河上游水电开发有限公司总经理夏忠致词。中国水利水电建设集团公司副总经理孙洪水，中国水利水电第三工程局、中国水利水电第四工程局、中国水利水电第十一工程局领导出席开工典礼。

4月17日　南方电网公司《HVDC（高压直流输电）系统地中电流对交流系统的影响及防范措施研究》研究项目，通过了中国电机工程学会组织的鉴定委员会评审。高压直流输电系统单极大地回路运行时，从大地中流过的直流电流会对附近的交流系统产生影响，对电网安全稳定造成威胁。为解决这一问题，南方电网公司开展HVDC系统相应的科研工作，并研制出抑制变压器偏磁电流的中性点小电阻接地装置。专家认为，抑制变压器偏磁电流的中性点小电阻接地装置，具有较高的创新性和工程实用价值。

4月17日至18日　中国水利水电第十四工程局“地下工程开挖变形的数字化摄影侧量应用研究”和“WDB620高强钢模拟压力容器爆破试验及应用于大型蜗壳的焊接制造工艺研究”两项科技成果，在昆明通过鉴定。

4月18日　国内顶尖的电力科研机构武汉高压研究所与当地政府签订了国家电网公司特高压交流试验基地征地合同。国家电网公司特高压交流试验基地占地200亩，根据建设规划，将形成具有国际一流水平的特高压交流设备户外试验场、特高压交流试验线段等多个高科技试验场所，并将在我国特高压交流电磁环境试验、特高压交流污秽及环境试验等领域发挥突出作用。

4月21日　国家电网公司召开贯彻落实国务院办公厅《关于加强电力设施保护工作的通知》电视电话会议。统计表明，电力设施遭受外力破坏已经成为影响电网安全运行的重要因素，成为威胁城市电网安全运行的首要因素。其中，输电线路是遭受外力破坏最频繁、最严重的电力设施。2005年，国家电网公司系统共发生盗窃、破坏电力设施案件12554起，直接经济损失8875万元。

4月21日　国务委员陈至立在湖北省省长罗清泉、中国长江三峡工程开发总公司总经理李永安、副总经理曹广晶等陪同下，冒雨考察三峡工程。陈至立说，三峡工程对湖北省的经济发展起到了巨大的拉动作用，对长江防洪、航运起到了积极作用。

4月22日　中央企业科技工作会议在三峡工地召开。国务院国有资产监督管理委员会主任、党委书记李荣融在会上作了题为《大力推进中央企业自主创新，为建设创新型国家做出积极贡献》的工作报告。这次会议由国务院国有资产监督管理委员会主办，中国长江三峡工程开发总公司承办，中国葛洲坝集团公司协办。国务院国有资产监督管理委员会、科技部、国家发展和改革委员会、财政部等中央部委相关领导和代表，湖北省、宜昌市有关领导，160余家中央企业负责人共300多人参加会议。

4月23日　世界首创±800kV直流棒形悬式复合绝缘子，在山东省淄博市通过由中国电力企业联合会组织的专家鉴定。专家认为，该项技术为世界首创，填补了国内外空白，具有自主知识产权，处于国际领先水平。该项成果由山东泰光电气有限公司和清华大学联合研制。

4月24日　中国长江三峡工程开发总公司与国家电网公司在湖北省宜昌市签署战略合作协议。双方一致认为，中国长江三峡工程开发总公司和国家电网公司在三峡电能消纳、水电基地开发建设、国际能源合作等方面具有共同的责任和利益，愿意结为战略合作伙伴关系，并建立长期、稳定的协作机制，共同推进我国电力事业的发展。

4月25日　浙江桐柏抽水蓄能电站首台机组顺利通过30天试运行。该工程是国家重点工程，装机容量为4×30万kW，由华东电网有限公司、浙江电力公司、上海电力公司等出资建设。作为秦山核电的配套项目，该工程建成后有利于优化电源结构，改善浙江电源布局，在华东电网中起削峰填谷作用。

4月25日　国内电力资产证券化的第一单——华能澜沧江水电收益专项资产管理计划（以下称澜沧江项目）获中国证监会批准，将于近期发售。澜沧江项目是证监会企业资产证券化试点阶段批准的第四家，也是华能集团通过资产证券化的创新方式进行直接融资的尝试。该项目发行总规模为20亿元的受益凭证。其中，优先级受益凭证总规模为19.8亿元，面向境内合格投资者发行，持有人可在深圳证券交易所大宗交易系统进行交易。

五　月

5月10日　2006年中国长江三峡工程开发总公司企业债券（简称06三峡债）发行签约仪式于在北京举行，中国长江三峡工程开发总公司30亿元无担保三峡债券11日正式向社会公开发行。自1996年开始，至本期债券发行前，中国长江三峡工程开发总公司共发行了六期、八个品种的企业债券，其中96三峡债和98三峡债3年期品种已到期成功兑付。

5月11日 三峡右岸首批发电机组26号机定子机座在右岸机组安装段吊装就位。这标志着右岸12台发电机组安装拉开了序幕。

5月11日 《中国电力报》报道：由衡阳变压器有限公司自行研制开发的750kV电抗器，日前通过鉴定。该电抗器是目前我国高电压等级的变压器类产品，是衡阳变压器有限公司在引进国内外先进技术的基础上，通过吸收和不断创新，自行研制开发出我国高电压等级的电抗器产品。

5月12日 国务院总理、国务院三峡工程建设委员会主任温家宝主持国务院三峡工程建设委员会第十五次全体会议，审议批准三峡水库2006年汛后蓄水至156m的工作方案，部署今后一段时期的重点工作。国务院副总理、国务院三峡工程建设委员会副主任曾培炎，国务委员兼国务院秘书长华建敏出席会议。国务院三峡工程建设委员会组成人员出席会议，三峡工程建设专家组和稽查检查组有关成员、国务院有关部门、部分企业和湖北省、重庆市有关部门负责人列席会议。

5月12日 国电大渡河流域水电开发有限公司通过招标，新引进四大水电勘测设计院参与大渡河流域的水电开发。公司总经理刘金焕在四川成都分别与北京、华东、西北、贵阳勘测设计研究院负责人签订了丹巴、巴底、枕头坝、沙坪、金川水电站的勘察设计合同。这5座水电站总装机容量为460万kW。

5月14日 中国大唐集团公司岩滩水电站扩建工程可行性研究报告通过审查。水电站扩建工程装机规模为2×30万kW。竣工后，装机总容量将增至181万kW，多年平均发电量将达74.4亿kW·h。

5月20日 三峡大坝全线达到185m设计高程，三峡大坝基本建成，比初步设计工期提前10个月。三峡大坝的建成标志着中国坝工技术达到世界领先水平，意味着三峡工程提前两年发挥防洪能力。

5月21日 中国长江三峡工程开发总公司、水利部长江水利委员会、长江水利委员会设计院合作协议签字仪式在三峡坝区举行。中国长江三峡工程开发总公司副总经理杨清主持签字仪式，中国长江三峡工程开发总公司总经济师兼计划发展部主任陈文斌、长江水利委员会郑守仁院士、长江水利委员会设计院院长钮新强代表各自单位签字。水利部部长汪恕诚，中国长江三峡工程开发总公司总经理李永安，长江水利委员会主任蔡其华，中国长江三峡工程开发总公司副总经理曹广晶、毕亚雄、樊启祥，总工程师张超然等出席了签字仪式。

5月21日至23日 国务院三峡工程验收委员会枢纽工程验收组组长、水利部部长汪恕诚率验收组成员，对三峡三期上游基坑进水前的挡水建筑物进行了验收。枢纽工程验收组认为：三峡三期枢纽工程上游基坑进水的条件已具备，可按预定计划于2006年6月上旬爆破拆除碾压混凝土围堰。

5月22日 “乌礁湾风电二期”技术改造项目第15号机组安装完成。这标志着亚洲单机容量最大的第一台风电机组安装成功。此项目是福建省重点技术改造项目，装机总容量为3万kW，年发电量约7000万kW·h，单机容量2000kW。

5月23日 中国水电工程顾问集团公司西北勘测设计研究院与西藏勘测设计研究院联合组织专家，完成了首次对怒江干流西藏段、帕隆藏布、伊贡藏布、尼洋河等江河进行查勘。整个查勘行程10000多千米，历时39天，查勘了4条江河的二十多个电源点。这次查勘标志着在保护生态的基础上，有序开发西藏水电的前期工作的序幕已缓缓拉开。

5月23日 水利部部长汪恕诚，中国科学院院士、中国工程院院士潘家铮一行到葛洲坝集团公司考察。汪恕诚、潘家铮一行参观了葛洲坝集团公司中华鲟研究所、景风苑小区和集团公司总部，并和葛洲坝集团公司领导进行了座谈。

5月26日 西藏自治区党委书记张庆黎、副主席杨海滨，在西藏自治区电力公司总经理王庆华等陪同下，到直孔水电站工地考察工作。

5月30日 紫坪铺水利枢纽1号机组并网发电，至此，该工程4台发电机组提前六个月全部投产，这标志着四川省实施西部大开发战略的第一个重大建设项目胜利完成。该工程坝高156m，水库总库容12.32亿m^3；水电站安装4台单机容量19万kW水轮发电机组。该工程2001年3月开工建设；2005年9月底下闸蓄水，同年11月，3号、4号发电机组先后投产；2006年3月，2号机组发电。

5月30日 由国家标准化管理委员会和国家电力监管委员会等权威机构专家组成的专家组，通过了对浙江华电乌溪江水力发电厂的企业标准化良好行为4A级的确认。这是国家企业标准化良好行为最高等级的确认，为全国水电厂第一家。

5月29日至6月1日 受国家发展和改革委员会的委托，水电水利规划设计总院会同四川、云南两省发展和改革委员会在北京主持召开了《金沙江白鹤滩水电站预可行性研究报告》审查会议。与会代表经过4天的认真审议，认为《金沙江白鹤滩水电站预可行性研究报告》满足本阶段设计深度和内容的要求，基本同意该报告，并提出了审查意见。

六　月

6月1日　那兰水电站第三台投产机组1号机组通过72h试运行并投入商业运行，至此该工程3台机组已全部建成发电。那兰水电站是“西电东送”的云南省重点项目，位于云南省红河州金平县境内藤条江下游河段，总装机容量3×5万kW。

6月2日至7日　葛洲坝水利枢纽大坝安全第二次定期检查第三次会议于在宜昌市召开。会议由国家电力监管委员会大坝安全监察中心主持，定检专家组、长江电力、三峡通航管理局的有关领导及主要技术人员参加了会议。专家组对长江电力和三峡通航管理局提供的十五个专题报告进行了认真评审认为：葛洲坝水利枢纽大坝为正常坝。葛洲坝大坝第二次定期检查工作从2004年底开始启动。

6月4日　黄河公伯峡水电站5号机组完成72h试运行，至此，公伯峡水电站5台30万kW机组全部投产。

6月5日　温家宝总理在段应碧同志“关于调整水电开发方式的意见和建议”的调查报告上明确批示：“小水电开发应该确定正确的方针和政策，使其与农民利益、地方发展、环境保护、生态建设结合起来，走科学、有序、可持续的发展道路。请水利部牵头，会同发展和改革委员会、农业部、能源办研究提出意见，报国务院。”

6月5日　中国华电集团公司20亿元企业债券正式向社会公开发行。这是中国华电集团公司发行的第三期企业债券。

6月6日　三峡三期RCC围堰成功爆破拆除。此次围堰爆破拆除总工程量18.63万m^3，总装药量近192t。三期围堰成功拆除，为三峡水库2006年汛后蓄水至156m提供条件，三峡工程由围堰挡水发电期进入大坝挡水发电期。

6月6日　索风营水电站3号机组正式投产，乌江干流的梯级开发又上了一个台阶，装机容量已达到358万kW。

6月7日　西藏自治区党委书记张庆黎考察了阿里狮泉河水电站建设情况。此前一天，西藏自治区副主席杨海滨也考察了狮泉河水电站。

6月9日　国家环保总局在京向首批入选“国家环境友好工程”的十个项目颁奖。雅砻江二滩水电站工程项目入选。中国水电工程顾问集团公司成都勘测设计研究院获得环境影响评价优秀奖。

6月10日至13日　水电水利规划设计总院在新疆开都河察汗乌苏水电站工地主持召开了新疆开都河柳树沟水电站预可行性研究报告审查会议。与会专家认为，尽快建设柳树沟水电站是十分必要的。

6月16日　中国水力发电学会组织专家组，在北京召开了“抽水蓄能电站土工膜防渗技术研究”科技成果鉴定会。鉴定认为，该成果总体达到国际先进水平。通过该项科技研究，实现了土工膜防渗技术在泰安抽水蓄能电站的成功应用，为国内大型水电工程采用HDPE土工膜防渗积累了宝贵的技术经验，具有推广应用价值。

6月18日　国家环保总局下发《关于有序开发小水电，切实保护生态环境的通知》，要求加强小水电资源的合理开发利用和保护，防止不合理开发活动造成生态破坏，切实保护和改善生态环境。《关于有序开发小水电，切实保护生态环境的通知》明确要求，未进行环境影响评价的开发规划，规划审批机关不予审批。未列入规划的小水电建设项目，以及未开展环境影响评价的规划中的小水电建设项目，环保部门不予审批，规划审批部门不予审批或核准。

6月20日至21日　黄河班多水电站工程可行性研究阶段勘测设计科研大纲咨询会召开。班多水电站位于青海省海南藏族自治州兴海县和同德县交界的黄河干流班多峡谷出口处，是黄河干流龙羊峡向上第二个梯级电站；初拟装机容量34万kW，年发电量14.12亿kW·h；主要由拦河坝、泄洪闸、河床式发电厂房等组成，最大坝高约75m。

6月21日　西藏雪卡水电站主体工程合同签字暨进场动员会在拉萨召开。西藏电力公司雪卡水电站指挥部分别与中国水利水电第五工程局、中国安能建设总公司、中国水利水电基础工程局和西藏电力建设总公司联营体签订了主体工程三个标段的施工合同。雪卡水电站位于林芝地区工布江达县境内，是巴河巴松湖以下河段梯级开发规划中的第六个梯级电站，装机容量4万kW，总投资7.23亿元。

6月22日至23日　在湖北省省委副书记、省长罗清泉的陪同下，由四川省省委书记、人大常委会主任张学忠和省委副书记、省长张中伟率领的四川省党政暨经贸代表团考察了三峡工程。

6月22日至25日　在龙滩工程建设现场举行“中国碾压混凝土坝建成20周年暨龙滩200m级碾压混凝土筑坝技术交流会”。与会31位专家认为，碾压混凝土大坝是环保型、节约型和安全型大坝，是21世纪最有发展前途的坝型；20年来，我国实现了从50m级低坝到龙滩200m级高坝的历史性跨越；龙滩大坝是我国水电建设新的里程碑。

6月26日　中国水利水电建设集团公司与泰国产电机构（EGAT）在人民大会堂正式签署了怒江—萨尔温江哈吉水电站合作开发备忘录。该水电站位于缅甸克钦邦境内，将由中国水利水电建设集团公司、泰国产电机构、缅甸电力部水电局（DHP）合作建设。水电站装机容量 60 万 kW，总投资约 10 亿美元。

6 月 27 日 中国安全生产标准化技术委员会正式成立。这标志着中国安全生产标准化专家队伍初步建立，安全标准工作开始步入正常发展轨道。

6 月 27 日 吉林省集安市长川水力发电有限公司和朝鲜朝中水力发电公司理事会朝方业务局签署了《关于文岳电站建设合作协议书》。按照协议，双方将在鸭绿江中游合作修建一座装机容量为 4 万 kW 的水电站。

6 月 29 日 湖南电力电瓷电器厂在国家电网公司招标会上，中标近 200 台 500kV SF_6 电流互感器。该厂自主研发的这种气体绝缘电流互感器为国内首创，使用寿命长、技术含量高，可满足电网对变电设备提出的高可靠性要求，打破了国外公司的垄断，使产品各项费用减少了三分之一。

6 月 30 日 陕西汉江喜河水电站首台机组 3 号机组成功完成了 72h 试运行，顺利实现提前半年发电目标。喜河水电站是汉江上游七级水电站的第三级，位于石泉、汉阴交界处，水电站安装 3 台 6 万 kW 的轴流转浆式水轮发电机组，由大唐陕西发电有限公司控股建设。

6 月 30 日 黄河龙口水利枢纽工程开工。该工程位于黄河北干流托克托龙口河段尾部，距上游万家寨水利枢纽电站 25.6km，是万家寨水利枢纽电站的反调节工程。枢纽由拦河坝、发电厂房、开关站、供水设施等建筑物组成。大坝为混凝土重力坝，坝顶长度 408m，最大坝高 51m，总库容 1.96 亿 m^3；河床式电站，总装机容量 42 万 kW；将于 2009 年底全部建成。该项目由新华水利水电投资公司、内蒙古电力公司和山西省万家寨引黄工程总公司三方各出资三分之一共同投资建设。

七 月

7 月 1 日至 2 日 中国水力发电工程学会电力系统自动化专业委员会 2006 年年会暨学术交流会在三峡召开。会议确立了励磁系统和设备在线监测两个交流专题。中国工程院院士卢强的《非线性最优和非线性鲁棒励磁控制器的原理及应用》报告，让国内各大水电站和制造厂商的技术人员耳目一新。

7 月 4 日至 6 日 金沙江向家坝水电站可行性研究阶段建设征地移民安置规划设计报告在北京通过审查。国家发展和改革委员会能源局、国土资源部、国家林业局、中国国际工程咨询公司、国家开发银行、云南省政府、四川省政府，以及相关地、市、县人民政府及有关部门，中国长江三峡工程开发总公司和中国水电顾问集团中南勘测设计研究院的有关领导参加了会议。水电水利规划设计总院主持了会议。

7 月 12 日 百色水利枢纽电站首台机组 4 号机 72h 试运行圆满完成。7 月 15 日，4 号机组正式移交右江水力发电厂。百色水利枢纽位于珠江水系郁江流域右江干流 、广西壮族自治区百色市上游，是一座以防洪为主，兼顾发电、灌溉、航运、供水等效益的综合利用水利枢纽工程。该水电站共安装 4 台 13.5 万 kW 的水轮发电机组，总装机容量为 54 万 kW。

7 月 12 日 泰安抽水蓄能电站 1 号机组正式投入商业运行。这是国网新源控股有限公司正式投产的第一台抽水蓄能机组，其投产运行，结束了山东零水电的历史。泰安抽水蓄能电站共安装 4 台 25 万 kW 抽水蓄能机组，工程于 2003 年 9 月底开工。1 号机组经过 30 天试运行，发电成功率 100%，抽水成功率 97%。

7 月 16 日 尼尔基水利枢纽首台（4 号）6.25 万 kW 机组正式并网发电。这标志着嫩江干流唯一的控制性工程基本建成，并转入运行管理阶段。尼尔基水利枢纽是国家“十五”计划批准修建的大型水利工程项目，也是国家实施西部大开发战略的标志性工程项目之一，具有防洪、工农业供水、发电、航运、环境保护、鱼苇养殖等综合效益，水电站总装机容量为 25 万 kW。

7 月 16 日至 19 日 第三届长江水环境学术研讨会分别在武汉及宜昌召开。会议主要内容和形式为特邀报告与学术交流、“十一五”重大环境项目建议及三峡库区环境考察。来自长江沿岸宜宾大学、重庆大学、三峡大学、武汉大学、同济大学、南京大学、河海大学、浙江大学等十多所高校的领导及专家 40 多人出席了会议。会议特邀中国长江三峡工程开发总公司教授王儒述及科技环保部主任孙志禹分别就三峡工程与环境保护作了专题报告。

7 月 19 日 国家“十五”重点能源建设项目、西部大开发重点工程——三板溪水电站首台机组正式发电。三板溪水电站位于湘黔两省交接处，是沅水干流继五强溪电站之后的第二个百万级水电站，安装 4 台 25 万 kW 混流式水轮发电机组，全部投产后，年发电量将达到 24.28 亿 kW·h。

7 月 21 日至 28 日 由中国工程院院士潘家铮、谭靖夷、马洪琪、张超然等多名专家组成的澜沧江流域水电工程质量检查组，对国家重点工程华能小湾水电站工程进行了检查。检查组经过认真讨论和分析研究，认为小湾工程建设质量处于受控状态。

7 月 28 日 《中国三峡工程报》报道：近日，国家发展和改革委员会、国家环保总局、国家电力监管委员会等联合发布《关于加快电力工业结构调整，促进健康有序发展有关工作的通知》，明确提出“调整发电调度规则，实施节能、环保、经济调度”。

7月29日 中国葛洲坝集团公司旗下上市公司——葛洲坝股份公司投资兴建的湖北寺坪水电站首台机组完成72h试运行。这标志着寺坪水电站从工程建设期全面转入发电收益期。该水电站位于湖北保康县境内的南河水干流上，概算总投资5.79亿元；总装机容量6万kW，年发电量1.79亿kW·h。

八 月

8月1日 武警水电部队迎来了组建40周年华诞。水利部、铁道部、国务院三峡工程建设委员会、国务院南水北调办公室、军事科学院、武警部队及国家电网公司、华能集团、大唐集团、华电集团、国电集团、中电投集团、中国水电顾问集团公司、中国水利水电建设集团公司的有关领导，先后来到武警水电指挥部机关，祝贺武警水电部队成立四十周年。李鹏同志为武警水电部队组建四十年题词：“水电雄师治水兴邦，开发江河造福人民”。1966年8月1日，中国人民解放军基建工程兵水电部队正式组建。1985年1月1日，经国务院、中央军委批准，中国人民解放军基本建设工程兵水电部队正式转入武警部队编制序列。武警水电部队组建40年来，共承揽国家大中型水利水电工程50多项、总装机容量400多万kW。

8月8日 由上海福依特公司生产、中国水利水电第十四工程局协作现场制造的龙滩电站首台混流式水轮机转轮通过出厂验收。这是目前世界上同类规模机组中真正实现在工地进行完全工厂化生产的第一个转轮，是转轮工地制造工艺发展的成功典范。龙滩电站水轮机转轮设计直径7.9m，高5.3m，重259t。由于沿途码头、公路、桥梁、隧洞等交通设施无法满足整体转轮的运输要求，经过充分论证，决定转轮在工地由散件装配、调整、焊接和加工而成。

8月9日 为广西龙滩水电站工程生产的78万kVA/500kV的三相组合式变压器，从特变电工沈阳变压器集团有限公司以分体运输方式成功发运。该公司设计人员通过三相组合、分体运输、现场组装、合三为一的方式，不仅为产品运输找到成功的解决方案，而且可以减少工程土方量，大大降低工程造价。

8月9日 国家发展和改革委员会印发《关于晋东南至荆门特高压交流试验示范工程项目核准的批复》，正式核准了晋东南经南阳至荆门特高压交流试验示范工程。

8月9日 国家电力监管委员会发布第6号公告：根据国家电力监管委员会的《电力业务许可证管理规定》和《关于加快电力业务许可证颁发工作的通知》（电监办［2006］26号文）的有关规定，凡是在2005年12月1日后竣工投产的发电项目，必须及时领取电力业务许可证。其中，2006年7月31日前项目全部建成的电厂，应在2006年底前获得电力业务许可证，否则将不得并网运营；2006年8月1日后项目全部建成的电厂，必须在投产运行后3个月内连同原有发电项目一并取得许可证，否则也不得并网运营。

8月10日 国家电网公司特高压直流试验基地在北京中关村科技园区昌平园开工建设。该基地建成后，不仅能够充分满足特高压直流输电工程建设的科研需要，而且将为该公司占领世界电力科技领域制高点、取得世界一流的科研成果奠定坚实基础。

8月14日 国家发展和改革委员会已正式批复水利部编制的《2006～2008年小水电代燃料生态保护工程规划》。该规划提出在全国更大范围和更大规模开展小水电代燃料试点建设，涉及全国21个省、自治区、直辖市和新疆生产建设兵团的81个项目区，规划代燃料装机容量15万kW，代燃料人口63.6万人，有效保护森林203万亩，带动改厨、改厕、改电、改水、改路等农村基础设施建设，为社会主义新农村建设做出贡献。

8月15日 《中国电力报》报道：国务院总理温家宝日前签署第471号国务院令，公布了新的《大中型水利水电工程建设征地补偿和移民安置条例》，将补偿与补助费提高到耕地原年产值的16倍。几乎与此同时，新华社受权发布《国务院关于完善大中型水库移民后期扶持政策的意见》。上述事实表明，国家正在加大对大中型水利水电工程移民的补偿与扶持力度。

8月15日至16日 水电水利规划设计总院会同云南省发展和改革委员会在昆明市共同主持召开了大盈江水电站（四级）可行性研究报告审查会议。会议认为《大盈江水电站（四级）可行性研究报告》在设计深度和内容方面满足有关规范的要求，基本同意该报告。该水电站位于云南省德宏州盈江县境内的大盈江干流上，属引水径流式水电站，引水线路长约14km，水电站装机4台、总容量70万kW。

8月18日至20日 国电集团公司在国电万安水电厂主持召开评审会，通过了国电井冈山一级水电站工程初步可行性研究报告。该水电站位于赣江中游的江西省万安县，计划安装6台灯泡贯流式机组，总装机容量为10.2万kW，设计年发电量3.982亿kW·h，为江西省剩余水电资源中开发条件较好的中型水电站站址之一。工程以发电为主，兼有航运和旅游等综合效益。

8月19日 国家电网公司晋东南—南阳—荆门交流特高压试验示范工程奠基仪式在山西长治举行。这标志着填补我国百万伏级电压等级空白的交流特高压试验示范工程进入启动建设阶段，这也是世界上技术最先进的特高压交流试验示范工程。特高压电网是1000kV交流和±800kV直流输电网络，具有远距离、大容量、低损耗输送电力和节约土地资源等特点。

8月20日 宁夏回族自治区政府召开“黄河青铜峡水电站技术改造项目可行性研究论证会”。青铜峡水电站始建于1958年，1967年底第一台机组发电，1978年底8台机组全部投运。截至2005年底，已累计发电量310亿kW·h，创造产值20.65亿元。由于受当时技术水平限制和黄河泥沙影响，各类设备设施老化，性能降低，故障频发，对水电站进行技术改造十分必要和紧迫。预计技术改造总投资达6.7亿元，改造后可增容4.3万kW。

8月23日 国务院公布《国务院关于加强节能工作的决定》。今后，凡是固定资产投资项目，无论是新建、改建，还是扩建项目，有关部门和地方政府都必须对其进行节能评估和审查。对未进行节能审查或未能通过节能审查的项目一律不得审批、核准。

8月24日 水利部下发了《关于制止无序开发进一步清除“四无”水电站的意见》，要求各地坚决贯彻落实科学发展观，坚持在保护生态基础上有序开发水电的方针，认真落实水利部关于清除“四无”水电站有关文件要求，加强领导，明确责任，加大监督检查力度，开展拉网式复查。

8月25日 中共中央政治局常委李长春在文化部部长孙家正、新闻出版总署署长龙新民、中宣部副部长雒树刚、广电总局副局长张海涛、财政部部长助理张少春，青海省省委书记赵乐际，省委副书记、省长宋秀岩，省委副书记刘伟平，省委常委、宣传部部长曲青山等领导陪同下视察了黄河流域目前在建规模最大的水电站—拉西瓦水电站。

8月26日 华能小天都水电站1号机组顺利通过72h试运行，投入商业运行。这标志着国内设计、制造的第一台400m水头段大容量混流式水轮发电机组顺利投产。小天都水电站装机3×8万kW，采用了气垫式调压室。

8月26日至9月2日 国务院长江三峡三期工程验收委员会枢纽工程验收组专家组成员，在组长潘家铮的率领下，对三峡工程蓄水至156m水位进行了技术预验收。

8月28日至9月1日 国务院长江三峡工程三期工程验收委员会移民工程验收组全体成员在组长、三峡工程建设委员会办公室主任蒲海清率领下考察了三峡工程三期156m蓄水水位涉及的湖北省、重庆市库区13个区县移民工程搬迁建设和库底清理工作情况。经过4天的现场考察和最后审议，国务院长江三峡工程三期工程验收委员会移民工程验收组通过了三期（156m水位）移民工程验收。

九 月

9月2日 国家发展和改革委员会批复了《“十一五”及2020年全国水电农村电气化规划》。全国将通过进一步开发山区丰富的农村水电资源，建设与社会主义新农村相适应的更高标准的400个水电农村电气化县。

9月5日 三峡三期工程枢纽工程蓄水156m正式通过国家验收。国务院长江三峡三期工程验收委员会副主任、枢纽工程验收组组长、水利部部长汪恕诚和枢纽工程验收组副组长、验收专家组组长潘家铮等在验收鉴定书上签字。验收意见认为：长江三峡三期工程蓄水156m水位条件已具备，可于2006年汛后（末）开始蓄水。这标志着三峡工程将提前结束运行了三年的围堰期发电，进入正式的初期运行阶段，工程将进一步全面发挥防洪、发电、航运效益。

9月20日 《中国电力报》报道：近日，国家发展和改革委员会正式批复核准龙滩水电站送出输变电工程。龙滩水电站规划总装机容量630万kW。建设龙滩水电站送出输变电工程，可保证龙滩水电站电能的安全可靠送出和在南方电网的合理消纳，满足“十一五”期间广西、广东负荷增长和西电东送的需要，加强广西500kV骨干电网的建设。发展和改革委员会批复核准该工程静态总投资为30.96亿元，动态总投资为31.8亿元。

9月30日 龙滩水电工程成功下闸蓄水。这标志着，大唐龙滩工程建设取得重大阶段性成果。

十 月

10月1日 西藏阿里地区狮泉河水电站首台机组正式投产发电，标志着这一全国唯一一个无常规发电地区彻底结束了用柴油发电的历史，为阿里地区经济社会的发展增添了新活力。狮泉河水电站是一座具有较好水库调节性能的水利水电枢纽工程，水电站总装机0.64万kW，年发电量1341.9万kW·h，水库库容1.85亿m^3。武警水电第十一支队承担了该水电站施工任务，于2007年竣工。

10月10日 国民党中央评议委员会主席团主席李焕；11日，亲民党甘泉党部主委黄幸强、新党主席郁慕明，在中国长江三峡工程开发总公司总经理李永安、副总经理曹广晶陪同下参观了三峡工程。参观结束后李焕兴奋地称自己“不虚此行”，称李永安是“不虚此生”。黄幸强在题词中写道的：“三峡工程证明了中国人高度的智慧”。郁慕明欣然挥毫题词“伟哉中华三峡行”。

10月12日 随着上坝碾压的最后一车填筑料检测合格，坝高233m的湖北清江水布垭混凝土面板堆石坝建成。此举标志着，我国水电施工界再次登上世界筑坝科技新高峰。

10月17日　草街航电枢纽左岸上游围堰截流成功。草街航电枢纽工程是重庆市的重点建设项目之一，位于重庆合川市境内草街附近的嘉陵江干流河段上，以航运为主，兼顾发电，并具有拦沙减淤、改善灌溉条件等效益。水电站总装机容量50万kW，多年平均发电量19.96亿kW·h。

10月18日至19日　中国水力发电工程学会第六次全国会员代表大会在北京京西宾馆召开。学会理事长、国电集团总经理周大兵在会上作了第五届理事会工作报告。会议进行了学会的换届选举。经民主投票，确定第六届理事会理事长为周大兵，常务副理事长为李菊根，副理事长为（按姓氏笔画排序）乌若思、石成梁、孙玉才、郑宝森、李光强、李焯芬、杨继学、匡尚富、周创兵、钟俊、范集湘、贺恭、徐辉、曹广晶。

10月18日　由清华大学联合水利、水电行业有关单位共同发起设立的“张光斗科技教育基金”在北京成立。基金委员会名誉主任、全国政协副主席钱正英，基金委员会名誉副主任、水利部部长汪恕诚，基金委员会名誉副主任、两院院士潘家铮出席了成立仪式。94岁高龄的张光斗先生在会上讲话。

10月23日　中国工程爆破协会第四届会员代表大会在武汉召开。会上，由中国葛洲坝集团公司等单位组织实施的“三峡三期RCC围堰爆破拆除科学试验设计、施工及监测技术”，被中国工程爆破协会科学技术奖评审委员会评为特等奖。这也是该委员会1994年成立以来，评出的唯一一个特等奖。

10月23日至25日　由中国水电工程顾问集团公司、中国水利水电科学研究院、中国大坝委员会、中国水力发电工程学会和中国水利学会联合举办的“水电2006国际研讨会”在云南昆明召开。来自世界20多个国家和地区的水电科技精英近300人参加了会议。会议共收到国内外论文171篇，涉及四个专题：高拱坝设计和施工中的问题、大坝安全评估与加固技术、大坝与环境（包括鱼道的设置、环境友好的坝工技术、考虑环境的大坝调度等）、水库泥沙淤积与下游河道的侵蚀。

10月26日　三峡大坝坝顶公路全线通车。三峡大坝坝顶公路全长2309m，宽约12m，与左岸、右岸大坝一起分两段建设。左岸大坝坝顶公路已于2005年首度向游人有序开放。

10月27日　三峡水库蓄水至156m。从9月20日22时开始，三峡水库从135.5m水位向156m蓄水，10月27日9时50分到达目标。这标志着三峡工程由围堰发电期转入初期运行期，三峡工程防洪、发电和航运效益将得到进一步发挥。三峡工程蓄水后防洪库容达到110亿m^3，长江中下游防洪体系初步建立。

10月29日　三峡左岸水电站14台水轮发电机组，满负荷980万kW 72h试运行结束，这标志着我国已进入自主运行巨型水轮发电机组的领先领域。自2003年7月首台机组投产以来，三峡水电站运行水位一直在135～139m之间，没有达到机组满负荷运行的水位，机组发电功率一直在50万kW左右。按照安排，从26日9时三峡水库蓄水超过148m起，三峡已投产14台机组开始进行72h满负荷试验，每台机组发电出力全部达到70万kW的额定功率。14台机组经受住了高水位考验，运行状态优良。

10月27日　公安部发出《关于组织开展打击盗窃破坏电力电信设施犯罪专项行动的通知》（以下简称《通知》），决定于2006年11月～2007年1月，组织开展打击盗窃破坏电力、电信设施犯罪专项行动。《通知》指出，2006年以来，盗窃破坏电力、电信设施犯罪活动日益突出，不仅给电力、电信企业造成了巨大经济损失，还扰乱了人民群众的正常生产生活秩序，严重影响了经济建设的顺利进行。

10月28日至30日　由中国水力发电工程学会和中国长江三峡工程开发总公司共同主办的第一届水力发电技术国际会议在北京国际会议中心隆重举行。潘家铮院士、薛禹胜院士、梁维燕院士等水电界专家在内的400多名国内水电业内人士、企业家代表与世界水力发电协会理事长彼特·罗恩、法国电力公司亚太区总裁Herve. Machenaud为首的15个国家的近百位水电专家和企业界精英聚集一堂，共同就特大型水电机组的设计、制造和生产技术，水电站群梯级水库调度自动化、网络化、信息化，控制设备的智能化，机组运行状态远程诊断技术等问题进行了广泛交流。国家电力监管委员会主席柴松岳、中国水力发电工程学会理事长周大兵、水利部副部长胡四一等领导出席了10月28日上午的开幕式。本次大会共收到中外学术论文412篇，分中英文结集出版。会议期间，中国长江三峡工程开发总公司、阿尔斯通水电公司、GE能源公司、东芝水电设备（杭州）有限公司等数十家企业还同时举办了水力发电技术装备及产品展示活动。会议代表还参观了中国水利水电科学研究院水力机械实验室和新水工试验厅；部分代表分别赴三峡电厂和广州抽水蓄能电站进行了参观考察。

10月31日至11月2日　以“三峡工程建设技术与管理”为主题的中国工程院第55场工程科技论坛在三峡工地举行。工程科技论坛由中国工程院于2000年1月开办，至今已举办了54场，旨在研讨工程科技领域中具有重大方向性和具有良好应用前景的热点和难点问题，推动多学科之间的交流，提出新的经济增长点，促进我国工程科学技术事业的发展，同时也为工程科技界的专家，特别是青年科技人才提供展示才华的讲台。本次论坛由中国长江三峡工程开发总公司承办。全国政协原副主席钱正英等18位中国工程院及中国科学院院士，中国长江三峡工程开发总公司总经理李永安，长江水利委员会主任蔡其华，中国长江三峡工程开发总公司副总经理杨清、曹广晶、毕亚雄和来自中国工程院、中国科学院、中国长江三峡工程开发总公司、水利部、国家环保总局、河海大学、三峡大学、长江水利委员会有关部门及三峡工程参建单位的120多位专家和代表参加了论坛。

十一月

11月1日 国务院总理温家宝主持召开国务院常务会议，审议并原则通过《关于“十一五”深化电力体制改革的实施意见》。会议指出，“十一五”时期，要抓住电力供需矛盾缓解的有利时机，巩固已有改革成果，把电力体制改革继续推向深入，重点解决电源结构不合理、电网建设相对滞后、市场在电力资源配置中的基础性作用发挥不够等突出问题。要通过体制机制创新和法制建设，转变电力工业增长方式，促使电力企业提高效率、降低成本、改善服务，促进电力行业稳定、健康、协调发展和安全运行，为经济社会又好又快发展提供可靠保障。

11月1日 在中国南方电网有限责任公司召开的领导班子会议上，中组部干部五局副局长荆德建受中组部领导委托，宣读了中共中央、国务院关于赵建国同志任中国南方电网有限责任公司总经理的通知。

11月8日 由湖南省科技厅主持的，国家电网公司、清华大学、湖南大学等单位的领导、专家参加的全国“特高压直流输电换流阀6英寸晶闸管”研发及产业化项目阶段成果验收会在长沙召开。株洲南车时代电气公司研制的“特高压直流输电换流阀6英寸晶闸管”是目前世界上诞生的最大直径、最高电流电压容量的晶闸管。该成果的取得标志着我国通过自主创新，已达到国际大功率半导体器件技术的顶尖水平，为我国特高压直流输电技术国产化发展具有重大的战略意义。

11月9日至10日 国务院三峡工程建设委员会办公室副主任高金榜、宋原生率国土资源部、交通部、水利部、环保总局等10部委有关负责人联合检查了三峡水库156m水位蓄水情况。此次检查结果，国务院三峡工程建设委员会办公室将形成文字材料上报国务院。

11月14日 国家发展和改革委员会能源局和大自然保护协会在京联合举办水电开发与生态环境保护国际研讨会，中外专家就共同关心的问题进行了交流。

11月15日 董箐水电站成功实现大江截流。该水电站位于北盘江下游贵州省镇宁县与贞丰县交界处，是北盘江流域梯级开发的第三级水电站，总装机容量88万kW。

11月15日 弄另水电站截流成功，如期实现节点目标。该水电站位于云南省德宏州梁河县，是龙江流域梯级开发规划调整的第11级电站，以发电为主，装机容量为18万kW，水库总库容2.33亿m^3。

11月21日 西藏直孔水电站首台机组4号机顺利完成72h试运行投产发电。这大大缓解了拉萨地区冬季用电高峰期的压力。该水电站主要用于发电，同时兼有灌溉及下游防洪等综合效益，由武警水电部队第十支队承建。直孔水电站是中央第四次援藏工作会议确定的西藏“十五”期间重点能源项目之一，是西藏羊湖水电站配套工程和藏中电网骨干工程，也是西藏水电建设史上的标志性工程之一。该水电站以发电为主，兼顾防洪和灌溉，库容2.24亿m^3，总装机容量10万kW，年发电量超过4亿kW·h。

11月21日 由安徽省委书记、省人大常委会主任郭金龙，省委副书记、省长王金山率领的安徽省党政代表团考察了三峡工程。中共中央政治局委员、湖北省委书记俞正声，国务院三峡工程建设委员会副主任、中国长江三峡工程开发总公司党组书记、总经理李永安等陪同考察。

11月25日 中共中央政治局委员、国务院副总理、国务院三峡工程建设委员会副主任曾培炎视察了三峡工程。他要求三峡建设者精益求精，严格坚持三峡工程质量保证体系，高标准、高质量地制造安装好三峡国产化机组。要确保三峡船闸完建工期，加强船闸调度运行管理，确保长江黄金水道安全畅通。中央政治局委员、湖北省委书记俞正声，省长罗清泉，国土资源部部长孙文盛、国务院副秘书长张平、国家环保总局局长周生贤、国务院三峡工程建设委员会办公室主任蒲海清、国家发展和改革委员会副主任杜鹰，中国长江三峡工程开发总公司总经理李永安和副总经理杨清、曹广晶、毕亚雄等的陪同视察。

11月26日 我国第三大水电站——向家坝水电站正式开工建设。中共中央政治局委员、国务院副总理曾培炎出席开工仪式并宣布正式开工。向家坝水电站是我国“十一五”期间开工的第一座特大型水电站，坝址位于四川省宜宾县与云南省水富县交界的金沙江下游河段，是金沙江下游水电梯级开发最末一个电站。水电站设计总装机容量600万kW，建成后年发电量将超过300亿kW·h，是我国西电东送骨干电源点，并兼具防洪、航运、灌溉等经济社会效益。

计划2008年截流，2012年水库蓄水，2015年机组全部投入运行，工程竣工。

11月27日 哈尔滨电机厂有限责任公司在北京签约了辽宁蒲石河4台单机容量30万kW抽水蓄能机组采购合同，合同金额达9亿元。在蒲石河项目中，哈尔滨电机厂有限责任公司作为主包方，法国阿尔斯通水电公司作为技术支持方和分包方。辽宁蒲石河抽水蓄能电站是我国东北地区第一座大容量纯抽水蓄能电站，该合同标志着我国抽水蓄能机组国产化进程又迈出了重要的一步。

十二月

12月4日 全国对口支援三峡库区移民工作会议在京召开，中共中央政治局常委、国务院总理温家宝作重要批示。中共中央政治局委员、国务院副总理曾培炎出席会议并讲话。会议强调：加大对口支援力度，提高移民安置质量，坚持方针不动摇、政策不改变、措施不减弱。

12月4日 雅砻江下游锦屏一级水电站成功截流。这标志着，锦屏一级水电站主体工程建设全面展开。本次截流采取“双洞过流，从右向左，单向进占，单戗立堵”的方式，由中国葛洲坝集团公司实施。截流时，来水流量为470m^3/s，龙口宽度10m，龙口流速2.18m/s。截流龙口抛填石料1260m^3。

12月4日至7日 国务院三峡工程质量检查专家组10名院士、专家赴三峡工地，对三峡工程2006年度建设质量进行检查，这也是专家组第16次现场检查三峡工程质量。

12月9日 三峡—上海±500kV直流输电工程正式投产运行。它是三峡工程配套的近万千米输变电工程中的第三条直流线路，同时也是继三峡—常州直流输电工程、三峡—惠州直流输电工程、贵州—广州直流输电工程后我国投产的第四个3000MW大型直流输电工程。它的竣工投产将使三峡电站向华东地区的送电能力提高一倍。该工程于2004年12月开工建设，静态总投资69.8亿元。其西起湖北省宜昌市宜都换流站，东至上海市青浦区华新换流站，途经湖北、安徽、江苏、浙江和上海四省一市，线路全长1048.6km。

12月10日 在中缅双方和参建各方的共同努力下，瑞丽江一级水电站于成功截流，翻开了瑞丽江电站建设崭新一页。瑞丽江一级水电站是云南联合电力开发有限公司投资的第一个境外水电项目。该水电站位于缅甸北部掸帮境内的瑞丽江干流上，距云南边境城市瑞丽仅90km。水电站装机容量6×10万kW。

12月11日 国家发展和改革委员会核准了长洲水利枢纽工程。该项目是国家西电东送和广西实施西部大开发战略的重点项目之一，由中电投集团公司控股的广西长洲水电开发有限责任公司负责开发建设。水电站安装15台4.2万kW灯泡贯流式水轮发电机组，总装机容量63万kW，年均发电量30.97亿kW·h，船闸年单向通过能力4012万t。项目投资概算73.9亿元，计划2007年首台机组投产，2009年工程全面竣工。

12月15日 中国长江电力股份有限公司质量环境职业健康安全管理体系认证证书颁发仪式在北京富凯大夏举行。长江电力获得质量管理体系认证证书、环境管理体系认证证书、职业健康安全管理体系认证证书。

12月15日至16日 《金沙江下游梯级水电站水文泥沙监测与研究规划》报告在成都通过专家审查。金沙江是长江上游泥沙最多的河流，下游段的乌东德、白鹤滩、溪洛渡、向家坝4座梯级水电站，水库泥沙问题突出。中国长江三峡工程开发总公司总工程师、中国工程院院士张超然主持会议。中国工程院院士韩其为与来自清华大学、四川大学、中国科学院、水利部成都山地灾害与环境研究所、中国水电顾问集团成都勘测设计研究院、中南勘测设计研究院、华东勘测设计研究院、西北勘测设计研究院、长江水利委员会长江勘测规划设计研究院、长江科学院，中国水利水电科学研究院，长江水利委员会水文局和中国长江三峡工程开发总公司等有关单位的50余名专家和代表参加了会议。

12月19日 静态总投资132.38亿元的西电东送“超级高速公路”——云南—广东±800kV特高压直流输电示范工程在云南楚雄开工，这是世界上第一项±800kV直流输电工程，也成为世界上最高电压等级的直流输电工程。该特高压直流工程容量为500万kW，输电距离1438km，计划2009年6月单极投产，2010年双极投产。

12月20日 由河北保定天威保变电气股份有限公司研制的世界最高电压等级1000kV特高压变压器一次性试验成功。据悉，此台1000kV、4万kVA单相户外油浸式双绕组有载调压变压器，是为国家重点项目——武汉国家电网公司特高压试验基地研制的，也是我国第一条百万伏特高压试验线路研制开发的产品，总研制时间历时1年。其研制成功，标志着中国特高压输变电装备的研发制造能力步入世界先进水平行列。